中華人民
People's Repub

カ ザ フ ス タ ン 共 和 国

バルハシ湖

アラコリ湖

バクト

サイラム・ノール
（睿里木湖）

阿拉山口

博楽

イーニン
（伊寧）西

ビシュケク

アルマトイ

コルガス
（霍爾果斯）

●タシュケント

キルギス
共和国

イシク・クル湖

天　　山　　山

ウズベキスタン
共和国

アクス（阿克蘇）西

クチャ西
（庫車）

輪台

アフガニスタンイスラム共和国

タジキスタン
共和国

カシュガル（喀什）甲西

巴楚

アラール（阿拉爾）

新疆ウイグル

タリム盆

タクラマカン

タシュクルガン
（塔什庫爾干）

ヤルカンド（莎車）

ホータン河

葉城

ケ

ヤ
河

ルカ

パキスタン
イスラム共和国

クンジュラブ峠
（4934）

崑

ホータン（和田）西

チラ（策勒）

ユルンカシュ河

チラ

千田

ニヤ（民豊）

●イスラマバード

ラーワルピンディー

カ

ラ

コ

ル

ム

山脈

補

◎ルディーアーナー

パンコン・ツォ

ルトク（日土）

チベット自

◎アリ（噶爾）

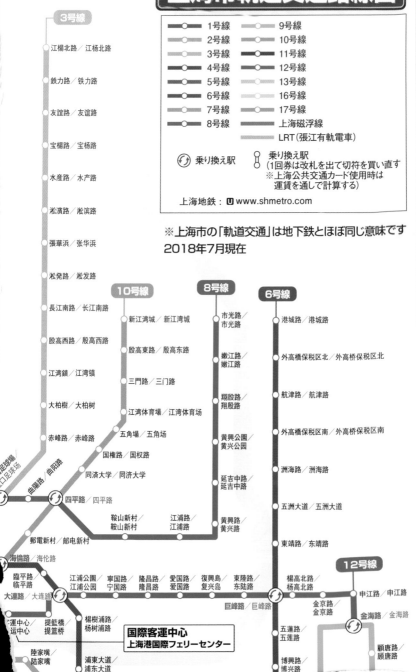

地球の歩き方 D01 ● 2019〜2020年版

中 国
China

南天門に続く1630段の階段「十八盤」(山東省泰安市泰山)　写真:オフィス カラムス(碓井正人)

地球の歩き方 編集室

中 国　目 次

621 旅の準備と技術

コラム

インフォメーション

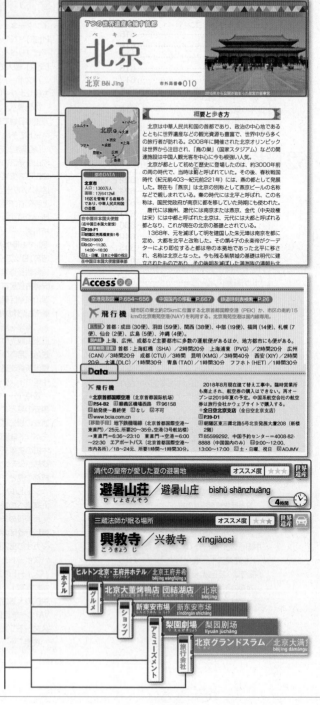

歩き方の使い方

ヘッダ部分には、該当都市の市外局番（エリア番号）、日本漢字と読み、中国語とその発音などを記載

折込「中華人民共和国全図」で見つけやすいよう、都市のおよその位置を●で図示

人口、面積と管轄を記載。データは『中华人民共和国行政区划简册2017』に準拠

[M]地図上の位置
[住]住所（所在地）
☎電話番号
[FAX]ファクス番号
※ヘッダ部分と異なる場合のみ市外局番（エリア番号）を明記
[オ]開館時間、営業時間
[休]定休（休館）日
[料]料金
[交]行き方、アクセス
[U]ウェブサイトのURL
※“http://”と末尾の“/”は省略

都市のアクセスは、概略とデータを飛行機、鉄道、バス、船に分けて記載。路線や時刻は頻繁に変わるので現地で必ず最新情報の確認を！
※国慶節や春節の前後は鉄道切符の入手が困難。この時期の移動は極力避けたい（祝祭日→P.13）

★の数は観光ポイントのオススメ度。オススメ度★★★には観光所要時間の目安を合わせて記載
★★★＝見逃せない
★★＝訪れる価値あり
★＝時間が許せば行きたい

見どころタイトル色分けの意味
上（赤色）＝目的地までのアクセスがかなり楽な見どころ
下（青色、右に🚗のマーク）＝目的地までの移動に中国語力や個人旅行のスキルなどが必要になるので、車のチャーターをおすすめする見どころ
[世界遺産]見どころが世界遺産であることを示す

掲載物件は、ホテル、グルメ、ショップ、アミューズメント、旅行会社をそれぞれ色分けして表示

7つの世界遺産を擁す首都

北京（ペキン）

北京（ベイジン） Běi Jīng　市外局番●010

2015年から公開が始まった故宮の慈寧宮

都市DATA

北京市
人口：1300万人
面積：1万6412㎢
16区を管轄する直轄市であり、中華人民共和国の首都

在中国日本国大使館
（在中国日本国大使馆）
[M]P.39-F1
[住]朝陽区亮馬橋東街1号
☎85319800
[オ]9:00～11:30、14:00～16:30
[休]土・日曜、日本と中国の祝日
在中国日本国大使館領事部

概要と歩き方

北京は中華人民共和国の首都であり、政治の中心地であるとともに世界遺産などの観光資源も豊富で、世界中から多くの旅行者が訪れる。2008年に開催された北京オリンピックは世界から注目され、「鳥の巣」（国家スタジアム）などの関連施設は中国人観光客を中心に今も根強い人気。

北京が都として初めて歴史に登場したのは、約3000年前の周の時代で、当時は薊と呼ばれていた。その後、春秋戦国時代（紀元前403～紀元前221年）には、燕の都として発展した。現在も「燕京」は北京の別称として燕京ビールの名称などで親しまれている。秦の時代には北平と呼ばれ、この名称は、国民党政府が南京に都を移していた時期にも使われた。

唐代には幽州、遼代には南京または燕京、金代（中央政権は宋）には中都と呼ばれた北京は、元代には大都と呼ばれる都となり、これが現在の北京の基礎とされている。

1368年、元を滅ぼして明を建国した朱元璋は南京を都に定め、大都を北平と改称した。その第4子の永楽帝がクーデターにより即位すると都は帝の本拠地であった北平に移され、名称は北京となった。今も残る紫禁城の基礎は明代に建立されたものであり、その後明を滅ぼした満洲族の清朝も北

Access 交通

空港見取図→P.654～656　中国国内の移動→P.667　鉄道時刻表検索→P.26

飛行機 城市区の東北約25kmに位置する北京首都国際空港（PEK）か、市区の南約15kmの北京南苑空港(NAY)を利用する。北京南苑空港は国内線専用。

[国際線] 首都：成田（30便）、羽田（59便）、関西（38便）、中部（19便）、福岡（14便）、札幌（7便）、仙台（2便）、広島（5便）、沖縄（4便）。
[国内線] 上海、広州、成都など主要都市に多数の運航便があるほか、地方都市にも便がある。
[所要時間(目安)] 首都：上海虹橋（SHA）／2時間20分　上海浦東（PVG）／2時間20分　広州（CAN）／3時間20分　成都（CTU）／3時間　昆明（KMG）／3時間40分　西安（XIY）／2時間20分　大連（DLC）／1時間30分　青島（TAO）／1時間30分　フフホト（HET）／1時間30分

Data

飛行機

●**北京首都国際空港**（北京首都国际机场）
[M]P.54-B2　[住]順義区機場西路　☎96158
[オ]始発便～最終便　[休]なし　[カ]不可
[U]www.bcia.com.cn
[移動手段] 地下鉄機場線（北京首都国際空港～東直門）／25元、所要20～35分。空港（3号航站楼）→東直門＝6:36～23:10　東直門→空港＝6:00～22:30　エアポートバス（北京首都国際空港～市内各所）／18～24元、所要1時間～1時間30分。

2018年8月現在建て替え工事中。臨時営業所も廃止され、航空券の購入はできない。再オープンは2019年夏の予定。中国系航空会社の航空券は旅行会社かウェブサイトで購入する。
●**全日空北京支店**（全日空北京支店）
[M]P.39-D1
[住]朝陽区東三環北路5号北京発展大廈208（新楼2階）
☎85599292、中国予約センター＝4008-82-8888（中国国内のみ）[オ]9:00～12:00、13:00～17:00 [休]土・日曜、祝日 [カ]ADJMV

清代の皇帝が愛した夏の避暑地　オススメ度 ★★★　[世界遺産]

避暑山荘（ひしょさんそう）／避暑山庄　bìshǔ shānzhuāng　4時間

三蔵法師が眠る場所　オススメ度 ★★★　[世界遺産] 🚗

興教寺（こうきょうじ）／兴教寺　xīngjiàosì

[ホテル] ヒルトン北京・王府井ホテル／北京王府井希 běijīng wángfǔjǐng

[グルメ] 北京大董烤鴨店 団結湖店／北京 běijīng

[ショップ] 新東安市場／新东安市场 xīndōngān shìchǎng

[アミューズメント] 梨園劇場／梨园剧场 líyuán jùchǎng

[旅行会社] 北京グランドスラム／北京大满 běijīng dàmǎn

上から、直轄市または省、自治区、特別行政区名→都市名→見出し。エリア（6つ）によって色分けして表示

北京市 北京

概要と歩き方

コラム

旅のヒントになるトピックです

インフォメーション

該当都市に関する役立つ情報です

ホテルの料金表示

付記のないかぎり、ひと部屋当たりの料金（ただし「D＝ドミトリールーム」は1ベッド当たりの料金）を表示しています。

サに記載のある場合、部屋代にその金額が加算されます。

掲載料金はホテルが公表する個人宿泊客向けの一般的料金です。都市によっては季節変動があります。ホテル予約サイトで大幅なディスカウント料金が提示されることもありますので、宿泊や予約の際は、必ずその時点での料金を確認しましょう。

両替 ホテル内で両替可
ビジネスセンター ビジネスセンターあり
インタ 利用 インターネット併用可
※グレーは不可またはなし

S シングルルーム　T ツインルーム
3 3人部屋　4 4人部屋
D ドミトリールーム
サ サービスチャージや各種税金
カ 使用可能なクレジットカード
　A アメリカン・エキスプレス
　D ダイナース
　J JCB
　M MasterCard
　V VISA
✉ メールアドレス

■データの取り扱い

2018年6月～2018年8月の調査をもとに編集しています。記載料金は外国人割増料金や季節的変動の影響も受けるため目安としてご利用ください。

急速な経済発展により、交通機関の料金、発着時間や経路、あらゆる物件の開場時間、連絡先などが予告なく変更されることが多々あります。できるかぎり現地でご確認ください。

■地図

地図の凡例は、各図の下部に示してあります。

軍事上の理由により中国の正確な地図は公表されていません。掲載地図はできるかぎり補正していますが正確性に欠ける点をご了承ください。特に郊外図は概要を把握する程度でご利用ください。

■中国語の表記

中国では漢字の正字を簡略化した簡体字が採用されています。中国語学習歴のない人には理解しにくい文字であるため、下記の対処を取っています。
①日本漢字を使用し、必要に応じてカッコで併記
　例：天壇公園（天坛公园）
②そのまま日本漢字にするとわかりにくい単語は意訳しているものもあり
　例：「国際机場」＝国際空港
③日本の習慣に従いカナ表記
　例：「厦门」＝アモイ
④漢字のルビは、日本語発音はひらがな、外国語発音（中国語含む）はカタカナで区別

■掲載情報のご利用に当たって

編集部では、できるだけ最新で正確な情報を掲載するよう努めていますが、現地の規則や手続きなどがしばしば変更されたり、またその解釈に見解の相違が生じることもあります。このような理由に基づく場合、または弊社に重大な過失がない場合は、本書を利用して生じた損失や不都合について、弊社は責任を負いかねますのでご了承ください。本書掲載の情報やアドバイスがご自身の状況や立場に適しているかは、すべてご自身の責任でご判断のうえでご利用ください。

■発行後の更新情報と訂正

発行後に変更された掲載情報や、訂正箇所は、『地球の歩き方』ホームページ「更新・訂正・サポート情報」で可能なかぎり案内しています（ホテル、レストラン料金の変更などは除く）。ご旅行の前には「サポート情報」もお役立てください。
🔗 support.arukikata.co.jp

香港とマカオは中国に返還（香港1997年、マカオ1999年）されてからは、中国の一行政区となった。しかし、一国二制度の政治体制で運営されているため、通貨や公用語が異なり、それぞれを移動する場合には、入出境審査を受ける必要もある。香港→P.16、マカオ→P.17

中国の基本情報

▶ 中国を知ろう！
→P.698
▶ 中国語を使おう！
→P.704

正式国名
中華人民共和国
People's Republic of China
中华人民共和国
（Zhōnghuá rénmín gònghéguó）

国旗
　五星紅旗と呼ばれている。赤は革命と成功、黄色は光明を象徴する。また、大きい星は共産党を、残りの4つの星は労働者、農民、中産階級者、民族資本家を表す。

国歌
義勇軍進行曲
义勇军进行曲
（Yìyǒngjūn jìnxíngqū）

面積
約960万㎢（日本の約25倍）

人口
約14億1142万人（日本の11倍）
※世界保健機構（WHO）統計
　（2018.5.25発表）

首都
北京（ペキン）
北京（Běijīng）

元首
習近平　国家主席
（しゅうきんぺい　こっかしゅせき）
习近平 国家主席
（Xí Jinpíng Guójiā zhǔxí）

政治体制
人民民主共和制（社会主義）

民族構成
　全人口の92%を占める漢族と、残り8%の55の少数民族で構成。

宗教
　イスラム教、仏教（チベット仏教を含む）、キリスト教など。

言語
　公用語は、国民の大多数を占める漢族の言葉である「漢語」のなかの北方方言を主体にして作られた「普通話」。このほか民族ごとにそれぞれの言語をもつ。
　さらに、国土がこれだけ広いため、中国における多数民族の言語である「漢語」も北方方言、呉語（上海周辺）、福建語、広東語、客家語などの方言に分かれており、それぞれの方言は、会話が成り立たないほど大きく異なる。なお、町なかでは、英語はあまり通用しない。

通貨と為替レート

▶ 通貨・両替・カード →P.640

両替可能な銀行の入口には、このようなマークや文字がある

　通貨単位は人民元（人民元／Rénmínyuán）で、中国語では単に元（元／Yuán）と呼び、口語では块（块／Kuài）とも言う。略号の「RMB」は人民元と同意の人民幣（人民币／Rénmínbì）から。補助通貨単位は角（角／Jiǎo。口語では毛／Máo）と分（分／Fēn）。ただし、「分」が使われることは少なくなっている。
　1元＝10角＝100分≒21.4円（2024年4月3日現在）。

sample

2019年〜2020年に50元、20元、10元、5元、1元新紙幣と1元、5角、1角新硬貨が発行されている

電話のかけ方

▶ 中国の通信事情（電話）→P.695

日本から中国（香港、マカオ）へ

事業者識別番号 **0033** （NTTコミュニケーションズ） **0061** （ソフトバンク） 携帯電話の場合は不要	+	国際電話 識別番号 **010**	+	中国(香港、マカオ) の国(エリア)番号 **86（852、853）**	+	相手先の 電話番号 （最初の0は除く）

※携帯電話の場合は010のかわりに「0」を長押しして「+」を表示させると、国番号からかけられる
※NTTドコモ（携帯電話）は事前にWORLD CALLの登録が必要

祝祭日

中国の祝日は、西暦と陰暦（農暦）を合わせたもので、毎年日付の異なる移動祝祭日（※）もあるので注意。また特定の国民に対する祝日や記念日もある。

1月	1/1	新年	新年
	1/25（2020）※	春節	春节
2月	2/5（2019）※	春節	春节
4月	4/5（2019、2020）※	清明節	清明节
5月	5/1	労働節	劳动节
6月	6/7（2019）※	端午節	端午节
9月	9/13（2019）※	中秋節	中秋节
10月	10/1	国慶節	国庆节

■特定の国民の祝日および記念日

3月	3/8	国際勤労婦人デー　三八国际妇女节
5月	5/4	中国青年デー　五四中国青年节
6月	6/1	国際児童デー　六一国际儿童节
8月	8/1	中国人民解放軍建軍記念日　中国人民解放军建军纪念日

★政府が許可する休日の取り方は毎年調整され、年末に発表される

ビジネスアワー

ショップやレストランなどは店によって異なるが、公共機関でも休日、業務時間の統制は取れていない。以下の時間はあくまで目安にすぎないので、各都市のデータ欄などで確認すること。

デパートやショップ
10:00～20:00（休日なし）

銀　行（両替業務）
9:00～12:00、13:30～17.00
（土・日曜、祝日休み）

レストラン
11:00～15:00、17:00～22:00
（春節に休業する店が多い）

電圧とプラグ

中国の電圧は220V、周波数は50Hz。このため、日本の電化製品を使う場合は変圧器が必要となることが多い。なお、現地で使用されているプラグの種類は7種類ほどあるが、B型やC型、O型が多い。変圧器や変換プラグは日本の旅行用品店や大きい電気店、旅行用品を扱うインターネットショップなどで購入できる。

マルチ変換プラグが便利

ホテルのコンセント

放送＆映像方式

VHS、VCD、DVD、BDを買うときは、放送方式とリージョンコードの両方に注意。放送方式は日本がNTSCで中国はPAL。日本で再生するにはPAL対応のデッキ、プレーヤーとテレビ、またはPALをNTSCに変換できるデッキ、プレーヤーが必要（BDは両対応）。DVDのリージョンコードは中国が6で日本が2、BDのコードは中国がCで日本がA（VHS、VCDは無関係）。ソフトとプレーヤーのコードが一致しなければ再生できないが、いずれかがオールリージョン対応なら再生できる。

中国（香港、マカオ）から日本へ 📞 (03)1234-5678 または090-1234-5678へかける場合

国際電話識別番号	+	日本の国番号	+	市外局番と携帯電話の最初の0を除いた番号	+	相手先の電話番号
00		**81**		**3または90**		**1234-5678**

▶**中国（香港、マカオ）国内通話**　市内へかける場合は市外局番が不要。市外へかける場合は市外局番（頭の「0」を取る）からプッシュする

▶**公衆電話のかけ方**　①受話器を取り、カードを矢印の方向に差し込む。カードはシールの貼ってあるほうが上なので注意　②「00」を押して相手先の電話番号を押す　③通話が終わったら、受話器を置き、カードを受け取る

飲料水

▶ 体調管理→P.685

中国の水道水は硬水のため、日本人はそのまま飲むことを避けたほうがよい。できるだけミネラルウオーターを飲むようにしよう。ただ、偽物も多いようなので、スーパーなどで購入することをおすすめする。600mℓで2元〜。

気　候

▶気候と旅の服装・道具→P.634
▶町の気象データ→各都市の第1ページ本文下

日本の約25倍の国土をもつ中国は、気候も寒帯から熱帯まで存在している。エリアによっては高低差で気候も異なってくるので注意！

掲載都市については、その最初のページに気象データを掲載している。

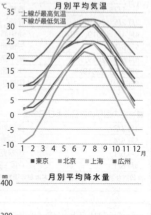

中国各都市と東京の気温と降水量

月別平均気温
上線が最高気温
下線が最低気温

■東京　■北京　■上海　■広州

月別平均降水量

日本からのフライト時間

日本の主要都市から北京、上海までのフライト時間は下記のとおり。
北京／東京（成田）＝4時間25分、大阪（関西）＝3時間25分、名古屋（中部）＝3時間35分　**上海**／東京（成田）＝3時間35分、大阪（関西）＝2時間35分、名古屋（中部）＝2時間15分　**広州**／東京（羽田）＝4時間40分、大阪（関西）＝3時間45分、名古屋（中部）＝7時間（経由便）

時差とサマータイム

日本との時差は−1時間（日本の12:00が北京の11:00）。北京を標準として、国内に時差を設けていない。しかし、東西に広い国土の両端では、4時間ほど時差がある計算になり、新疆ウイグル自治区などでは非公式に「新疆時間」（北京時間−2時間）を用いる場合もある。

サマータイムは導入されていない。

郵　便

▶中国の通信事情→P.694

中国の郵便のカラーは深緑で、ポストも赤ではなく、濃いグリーンだ。日本へのエアメールは、はがきが5元、封書が6元（20g以下）から。なお、中国では、郵政事業と通信事業が分割されたため、ほとんどの都市では、郵政局（郵便と電報）と各通信会社に分割された。

出入国

▶パスポートとビザ→P.636
▶入出国書類の記入例→P.648
▶中国に入国する→P.652
▶中国を出国する→P.664

ビザ

日本人は15日以内の滞在は、基本的にビザは不要。ただし、16日以上の滞在および特殊な旅行をする者はビザが必要。なお、渡航目的によってビザの種類が異なるので注意。観光の場合は30日間の観光ビザ（Lビザ）を取得する。

パスポート

パスポートの残存有効期間は6ヵ月以上が無難。また、査証欄余白も2ページ以上あったほうがよい。

入国／出国カード

入出国一体型のものだが、切り分けて置かれているケースも多い。

中国の入国／出国カード。左が出国用、右が入国用

※本項目のデータは中国大使館、中国国家観光局、外務省などの資料を基にしています

チップ

中国にはチップの習慣はないので基本的には不要。また、中・高級ホテルでは宿泊代にサービス料が加算される所が多く、そういった場合は不要。

▶ホテルの手配と利用→P.691

税金

中国では、ホテルに宿泊する際に税金（サービス税、城市建設税など）がかけられることがある（一律ではない）。付加価値税（VAT）還付制度については、指定店で500元以上購入し、所定の手続きをした場合にかぎり出国時に還付される。

▶ホテルの手配と利用→P.691
▶VATの一部還付を開始→P.714

安全とトラブル

中国では、急激な経済発展のため、貧富の格差が拡大し、それにつれて治安は悪化している。事実がどうであるかにかかわらず、日本人旅行者は金持ちと見られるため、狙われていることを覚えておこう。また、見知らぬ者から日本語で話しかけられたときには警戒するようにしよう。

警察（公安局）	**110**
消防	**119** 救急医療センター **120**

▶安全対策→P.687

年齢制限

中国では、車の運転免許証は18歳から。飲酒や喫煙については法律による年齢制限はない。なお、現在のところ、旅行者が気軽に利用できるようなレンタカー制度は存在しない。

度量衡

基本的に日本の度量衡と同じだが、それぞれに漢字を当てている（例：m＝米／mǐ、km＝公里／gōnglǐ、g＝克／kè、kg＝公斤／gōngjīn）。ただし、日常生活では中国独自の度量衡も残っており、特に食べ物関連では斤と両（1斤／jīn＝10両／liǎng＝500g）がよく使われる。

その他

トイレ

トイレは中国語で厠所（cèsuǒ）または卫生间（wèishēngjiān）という（建物内では洗手间／xǐshǒujiān）。都市部では水洗トイレも増えており、街頭にも有料の公衆トイレ（公共厕所／gōnggòng cèsuǒ）の設置が進んでいる。ただし、トイレットペーパーを常備している所は少ない（有人の所では入口でもらえる）ので、用を足すときは持っていこう。また、紙を流すとトイレが詰まるケースが多いので、使用後は備え付けの籠に入れること。

たばこ

2017年3月に喫煙に関する条例が改正施行され、屋内や公共交通機関の車内は全面禁煙、屋外でも学校や病院、競技場、公演会場、文化遺産などの公共施設付近では禁煙。喫煙室も撤去。違反者には罰金が科せられる。

乾燥対策

中国は一部を除き、かなり乾燥しているので、乾燥に弱い人は、季節にかかわらず、リップクリームやのど飴など、保湿対策用品を持参しよう。

道路事情

中国は日本と異なり、車は右側通行。赤信号でも右折可なので横断時は要注意。道路には自転車専用レーンが設置された所も多い。車道を横断する際には、自動車のほかに自転車にも注意が必要。また、急増している電動バイクは交通法規を守らず、歩道でも運転している人も多い。後ろから音もなくやってくるので、歩道でも注意が必要。

携帯電話やICカード

SIMフリーの端末なら中国で購入したSIMカードに差し替えて使える。中国では、ICカードやプリペイド式携帯電話にチャージしたお金は、一定期間使用しないと失効してしまう。データ通信に際しては、中国ではインターネット規制によりGmailや一部SNSが使えない等の点に注意（→P.413）。

パスポート

切符購入窓口や博物館などの見どころ、郵便局などでパスポートの提示が必要なケースが増えている。地下鉄駅などで抜き打ちの身分証明書チェックが実施されることもあるので、外出時にはパスポート実物（コピーは不可）の携帯をおすすめする。

公衆トイレを示す標識

トイレの鍵にある無人の表示。使用中は「有人」

香港の基本情報

▶電話のかけ方
→P.12、13

正式名称
香港特別行政区
Hong Kong Special Administrative
Region of the People's Republic of China
香港特別行政区
（Xiānggǎng Tèbié Xíngzhèngqū）

特別行政区旗
香港特別行政区旗

面積	人口
約1104㎢	約740万9800人

※「香港特別行政区政府 政治統計處」

行政長官
林鄭月娥（Carrie Lam）

民族構成
98%を占める漢族と残り2%の外国人で構成。

宗教
イスラム教、仏教、道教、キリスト教など。

言語
公用語は英語と中国語（普通話と広東語）。

通貨と為替レート

▶通貨・両替・カード →P.643

基本通貨単位は香港ドル（HK$）、補助通貨単位はセント（¢）。1HK$＝100¢≒14.2円（2018年7月31日現在）。紙幣は1000HK$、500HK$、100HK$、50HK$、20HK$、10HK$の6種類。20HK$以上の紙幣は3つの銀行から発行されている（10HK$は香港特別行政区政府発行のみ）うえ、新旧札が流通しているため、紙幣の種類が非常に多い（金額ごとに色は統一されている）。硬貨は10HK$、5HK$、2HK$、1HK$、50¢、20¢、10¢の7種類。

■香港印鈔有限公司
U www.hknpl.com.hk

祝祭日

▶「中国の基本情報」祝祭日→P.13

中国の祝日以外に次のものがある（※は移動祝祭日）。
元日翌日
※聖金曜日＝4/19（2019）
※聖金曜日翌日＝4/20（2019）
※イースターマンデー＝4/22（2019）
※仏誕（灌仏会）翌日＝5/13（2019）、特区成立記念日＝7/1
※中秋節翌日＝9/14（2019）
※重陽節＝10/7（2019）、クリスマス＝12/25、ボクシングデー＝12/26

電圧とプラグ

BF型プラグ

香港の電圧は220V、周波数は50Hz。このため、日本の電化製品を使う場合は変圧器が必要となることが多い。プラグは3つ穴のBF型が主流。

飲料水

水道水は避け、できるだけミネラルウオーターを飲むように。500㎖で5HK$～。

チップ

イギリスの統治下にあったため、中国とは異なり、チップの習慣は定着している。

出入国

▶入出国書類の記入例
→P.651

ビザ
日本人は90日以内の滞在についてはビザが不要。

日本からのフライト時間

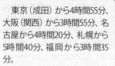

東京（成田）から4時間55分、大阪（関西）から3時間55分、名古屋から4時間20分、札幌から5時間40分、福岡から3時間35分。

パスポート
パスポートの残存有効期間は「30日プラス滞在予定日数」となっている。

入出国カード
複写式のもの。中国やマカオとの行き来には必ず入出境審査を受けなければならない。

時差とサマータイム

日本との時差は－1時間（日本の12:00が香港の11:00）。サマータイムはない。

緊急連絡先

■香港政府観光局ビジター・ホットライン
☎2508-1234
■緊急サービス（警察・消防署・救急車）
☎999

郵便

日本へのエアメールは、はがき4.9HK$、封書4.9HK$（20gまで）～。詳しくは香港郵政ウェブサイトを。　**U** www.hongkongpost.hk

マカオの基本情報

正式名称
マカオ特別行政区
Região Administrativa Especial de
Macau da República Popular da China
澳門特別行政区
（Àomén Tèbié Xíngzhèngqū）

特別行政区旗
マカオ特別行政区旗

面積　　　**人口**
約30.8km²　約65万3100人
※2017澳門特別行政區政府統計暨普査局

行政長官
フェルナンド・チュイ（崔世安）

民族構成
94%を占める漢族と、残り6%のポルトガル系や外国人で構成。

宗教
イスラム教、仏教、道教、キリスト教など。

言語
公用語はポルトガル語と中国語（普通話と広東語）。英語は商業用の第3公用語。

▶電話のかけ方
→P.12、13

通貨と為替レート

基本通貨単位はマカオパタカ（Pataca: MOP）、補助通貨単位はアボス（Avos）、1MOP=100Avos。1パタカ≒13.8円（2018年7月31日現在）。紙幣は1000MOP、500MOP、100MOP、50MOP、20MOP、10MOPの6種類、硬貨は10MOP、5MOP、2MOP、1MOP、50Avos、20Avos、10Avosの7種類。紙幣の発行は大西洋銀行と中國銀行マカオ分行の2行で行っている。

香港ドルもほぼ等価値の通貨として流通している。パタカはマカオで通用するのみで、中国と香港では使えない。

▶通貨・両替・カード →P.643

祝祭日

中国の祝日以外に次のものがある（※は移動祝祭日）。
※グッドフライデー＝4/19（2019）
※イースターホリデー＝4/19～20（2019）
※仏誕（灌仏会）＝5/12（2019）
※中秋節翌日＝9/14（2019）
※重陽節＝10/7（2019）、万霊節＝11/2、聖母マリア祭（聖母無原罪の御宿りの祝日）＝12/8、特区成立記念日＝12/20
※冬至＝12/22（2018、2019）、クリスマスホリデー＝12/24～25

▶「中国の基本情報」祝祭日→P.13

電圧とプラグ

マカオの電圧は220V、周波数は50Hz。このため、日本の電化製品を使う場合は変圧器が必要となることが多い。プラグはホテルでは3つ穴のBF型が主流。

チップ

タクシーには不要だが、端数を切り上げて支払うとよい。高級レストランではおつりの小銭を残す程度（大衆食堂やファストフード店は不要）でよい。ホテルでは部屋係などに10MOPが目安。

飲料水

水道水は避け、できるだけミネラルウオーターを飲むように。500mℓで約22MOP～。

日本からのフライト時間

成田から5時間35分、関西から4時間45分、福岡から3時間30分

時差とサマータイム

日本との時差は－1時間（日本の12:00がマカオの11:00）。サマータイムはない。

郵便

日本へのエアメールは、はがき5MOP、封書5MOP（10gまで）～。

出入国

ビザ
日本人は90日以内の滞在についてはビザが不要。

パスポート
パスポートの残存有効期間は「30日プラス滞在予定日数」となっている。

入出国カード
香港や中国との行き来には必ず入出境審査を受けなければならない。従来の入出国カードは2013年7月に廃止された。入国時には「入境申報表（ARRIVAL CARD）」を受け取る。出国時に提出不要だが、念のため保管しておこう。

緊急連絡先

■マカオ観光局ツーリスト・ホットライン
☎2833-3000
■旅行者用緊急電話 ☎中国語＝110　英語＝112

タクシーとバスの乗り方
TAXI & BUS

タクシー／出租车（chūzūchē）

　中国の移動手段ではそれなりに高いが、日本の物価で考えるとかなり安く、行きたい場所に直接行けるので便利な乗り物！

1 車を停める

　空車表示は日本語と同じ「空车（kōngchē）」なのでわかりやすい。停め方も同じ。行き先を告げたらメーターを使っているか確認。

※反対車線を走っていたり、運転手の交代時間だったりすると空車でも停まってくれない。また、地方や郊外ではメーターなしのタクシーもある。乗車前に必ず料金を交渉すること

2 メーターを確認して降車

　支払いはメーターどおりでよいが、町によっては燃油代が加算される所も。チップは不要。ドアは手動。

料金体系

　日本とほぼ同じ。初乗り区間（料金）があり、それを超えると加算される。また、片道利用の場合、一定距離を超えると割増料金になる。そのほか、低速料金（交通渋滞時は走っていなくてもメーターが上がる）や夜間料金（町により異なるが、目安は22:00頃〜翌5:00頃）などもある。

タクシーは中型
セダン車が多い

空車表示

支払い金額はメーターで確認できる

バス／公共汽车（gōnggòng qìchē）

　かなり小さな町にもある公共の交通手段。市内なら1〜2元程度と安い料金が魅力だ！

1 行き先を確認

　バス停にはおもな停留所（すべてではないことが多い）と進行方向が表示されている。バスの正面には番号と起終点を表示。

2 乗車する

　一律運賃のバスは乗車時に運賃箱にお金を投入。ワンマンバスはつり銭をもらえないので、乗車前に小銭の用意を忘れずに！　区間制は車掌が同乗していることが多く、乗車後に行き先を告げて支払う。

※交通カードを利用する場合、料金投入箱あたりにセンサーがあるのでそこにタッチする（車掌乗車時は、センサーを携帯していることも）

3 降車する

　基本的に後ろのドアから降りる。混んでいるので、事前に車中を移動しておこう。区間制の場合、降車時にもセンサーにタッチする。

上：路線の表示（北京）
下：バス停の停留所表示（北京）

🗣 便利なひとこと会話

（地図などを指して）
ここに行きたいのですが
▶我要去这个地方
wǒ yào qù zhè gè dìfang

ここで（前で）停めてください
▶停在这儿（前边）
tíng zài zhèr（qián biān）

前を右折して！
▶前边右拐
qián biān yòu guǎi

前を左折して！
▶前边左拐
qián biān zuǒ guǎi

真っすぐに！
▶一直走
yī zhí zǒu

反対方向に行って！
▶去到反方向
qù dào fǎn fāng xiàng

もっと先
▶更前头
gèng qián tóu

急いで
▶快走
kuài zǒu

ちょっと待って
▶等一下
děng yī xià

停まって！
▶停车
tíng chē

領収書をください
▶要发票（收据）
yào fā piào
（shōu jù）

地下鉄の乗り方
SUBWAY

地下鉄／地铁（dìtiě）

中国では、地下鉄関連の会社が運営する乗り物は、地上地下を問わず「地铁」と称することが多い。「軌道交通（guǐdào jiāotōng）」とも呼ばれる。

2018年8月現在、北京や上海など30以上の都市（香港を含む）で営業または試験営業しており、今後も多くの町で開業の予定がある。

地下鉄のメリットは、タクシーやバスと違って予定どおりに移動できること。ただし、路線は限定されるので、タクシーやバスとの組み合わせが必要。また、乗り換え通路が長く、移動が面倒な駅もある。

地下鉄の入口（長沙）

1 入口を見つける

入口には各地下鉄のマークと駅名が大きく表示されている。地元で購入した地図には路線が明記されている。

2 切符を買う

1回券は自動券売機で買う。切符は回収式ICカードやコイン型のトークン。自動券売機は小額紙幣にも対応しているが、つり銭がないときや紙幣がボロボロだと受け付けないことも。できれば硬貨がよい。小銭がないときは有人窓口へ。交通カード利用の場合は、そのまま改札に向かう。

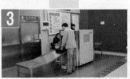

切符販売は自動化（深圳）。券売機の利用停止時は窓口へ！

安全検査を行う駅も多い

1回券はICカード（上）やトークン（右）

3 安全検査後、改札へ

切符購入前か改札手前にX線による安全検査がある。改札機のセンサーに切符や交通カードをタッチして通過。電車は日本と異なり右側通行。ホームでは進む方向を勘違いしやすいので注意。

4 降車する

目的地に近い出口を探して改札を出る。切符は出口で回収されるので、紛失しないこと！　駅員は基本的に中国語しかできないので、事情を説明するのに苦労し、時間も取られてしまう。

切符は自動回収

車内ドア上に路線図がある

---

card ## 便利な交通カード

中国各地でバスと地下鉄共通のIC式交通カードが採用されている。運賃が割引になるうえ小銭の用意が不要なので便利。ただし、一部地域を除き各地のカードには互換性がないので、その町でしか使えない。

購入は一部地下鉄駅の窓口やバス起終点近くなどにある専用キオスクなどで。購入時にはデポジット（保証金）が必要で、チャージ金額と合わせて支払う。払い戻しは指定された駅の窓口か専用キオスクで可能（解約手数料あり）。

なお、近年はスマートフォンのアプリを利用した支払い方法も増えており、交通カードより早く、全国的に利用できるフォーマットが登場するかもしれない。

乗り物を
使いこなそう！
3

列車の乗り方
TRAIN

路線が増え続ける高速鉄道

列車／火车（huǒchē）

中国にはさまざまなタイプの列車が走っており、鉄道が旅の主要な目的だという人もいるだろう。利用方法として、中国では乗車時間が決まっていることが大きな違いだが、それ以外にも注意したい点がいくつかある。このページを読んで、列車を乗りこなそう！

1 駅に着いたら待合室に入る

発車時刻の10分前に改札を通れば列車に乗れるが、余裕を見て発車時刻の1時間前には駅に着くようにしたい。

駅の入口で、切符と身分証明書を見せ荷物のX線検査を受ける（→P.19 **3** の写真と同じようなもの）。検査が終わったら待合室（候车厅／hòuchētīng）に入る。待合室は複数あるが、列車や座席の種類によって場所が決まっているので、わからない場合は駅員に尋ねてみよう。

中に入ると列車番号が記されたボード（または電光掲示板）がかかっている。室内には硬いベンチが並んでおり売店もある。

大きな駅では有料待合室もある。

2 改札を通ってプラットホームへ

発車時刻の10〜20分前に改札が始まる。長距離列車の始発駅になると1000人以上の列となることも。

改札口には駅員が立っているので、自分の番が来たら切符を見せるか自動改札機に投入する。改札口でもパスポートの提示が必要なケースもあるので、事前に取り出しやすい所に入れておくとよい。

改札が終わったら自分の列車が停まるプラットホームに行く。案内板は出ていないことが多いが、周りの人について行けば迷わないだろう。在来線ではよく周りの人が大きな荷物を持って走っているが、車内で自分の荷物置き場を確保したいためだ。一緒になって走る必要はない。始発列車の場合は、ホームにすでに列車が停車しているので、自分の切符に書かれている車両を探す。途中駅から乗車する場合、切符の種類ごとに並ぶ位置が決まっているので、指示された場所で待つ。

3 乗車する

車両の乗降口には乗務員がいるので、在来線であれば切符を見せて乗車する。日本と異なり、指定車両で乗車しなければならないので、自分の車両番号を確認しておくこと。

寝台車の場合は、乗車時に切符をプラスチック製の

高速鉄道専用駅の待合室には開放的なものが多い（泰安駅）

待合室は購入した切符のタイプや駅によってさまざま。普通切符であれば早く行かないと席は取れない（ラサ駅）

高速鉄道はほとんどが自動改札。青い磁気式切符（ほとんどのタイプ）であれば所定の箇所に切符をタッチするだけ

ここに氏名とパスポートナンバーが記載される

号車番号や座席番号は切符の右上に記載してある

切符預かり証（換票証）と交換することになっており、切符は下車時にそれと交換で受領する（座席利用者は自分で自分の切符を管理する）。乗ったら自分の座席を探して荷物の置き場所を確保する。

4 座席を換える

高速列車など一部を除き、乗車したあとで切符の種類を換えることもできる。列車が出発したら切符を交換してもらえる車両（列車長乗務車）に行く。列車ごとに異なるので、乗務員に尋ねること。真ん中近くの硬座車両の端にあることが多い。手続きは先着順なので、乗車したらすぐにここに行って並ぼう。しばらくすると空席状況をチェックした乗務員が戻ってくるので、順番が来たら切符を渡して、希望する座席を申し出る。空きがあれば差額料金と引き替えに新しい切符をくれる。

また、軟臥で友人同士がバラバラのコンパートメントになっていたときなど、寝台車両では乗客同士の交渉で席を交換することができる。その場合、必ず乗務員にその旨を告げて、切符預かり証も交換しておくこと。

寝台車の通路にある表示。10号車の19、20コンパートメントであることを示す。こういった表示を目印に自分の席を探す

車両の乗降口で乗客を待つ乗務員

座席を見つけたら荷物の置き場所を確保！

切符預かり証はしっかり保管！

5 降車する

寝台では列車が目的地に着く1時間ほど前に、乗務員が切符預かり証と切符を交換に来る。

列車が停車してホームに降りたら、人の流れに沿って出口を目指す。出口には駅員がいるので、ここで切符を見せる。切符を記念に残したいなら、駅員に言って処置してもらえばよい（高速鉄道は見せるだけでOK）。

出口までは人の流れに乗って歩いて行けばよい

🍴 列車内の食事

食堂車の様子

中国の列車には、一部の短距離列車や夜行列車を除いて食堂車が連結されている。連結位置は列車全体のほぼ中央。営業時間がアナウンスされるので、それを聞いたら速攻で移動しよう。座席数は非常にかぎられ、遅れると食事を取れない可能性もある。

ひとり旅の場合、気軽に荷物を置いたまま食事を取るのは心配。そういった人のために、弁当の車内販売もある。食事どきになるとトレイに入れて各車両に販売に来るので、逃さずに購入しよう。弁当はほぼ1種類、ご飯におかずが3〜4種類。地方を走る列車だとおかずがひとつということもある。

いずれにしても、価格的には割高なので、少しでも節約したい人は、乗車前に食べ物やミネラルウオーターを買っておくこと。

最後に食事とは関係ないが情報をひとつ。乗車後に座席の変更を希望する人は、出発後に列車長を訪ねることになるが、列車長は食堂車にいることが多い。

👣 切符の購入

2018年8月現在、鉄道切符は28日以内のものが販売されている。基本的に外国人は駅や市内の切符売り場で購入することになるが、Trip.com（→P.413）など中国系の旅行手配サイトを利用すれば、日本にいながら予約購入もできるようになった。また、中国でスマートフォンを使えるようにしておけば、アプリを利用して中国でも予約可能だ！

外国人でも使える

中国の**モバイル決済**に**チャレンジ**しよう!

中国では都会でも田舎でも、買い物もレストランの支払いもチケットの購入も、モバイル決済が当たり前になってきている。外国人でもWeChat Pay（ウィチャットペイ／微信支付）やAlipay（アリペイ／支付宝）のアカウントを取得できれば、現地の人たちと同じように利用できるようになった。

ここではWeChat Payに焦点を当て、概要を説明するので、興味のある人は次の中国旅行でチャレンジしてみよう!

※本記事の内容は、2018年3月と8月の実地調査による情報。中国で各種アプリサービスを使うには、SIMフリーのスマートフォンを購入し、現地の携帯番号を持つのが一般的だが、本企画では短期滞在の旅行者の利用を想定し、日本で普段使っているスマートフォンをそのまま使って実地検証を行った。ただし、一部のサービスは中国で使える携帯電話が必要。また中国は随時ルールや料金が変わるため、利用前に確認が必要。なお、中国アプリのダウンロードおよび利用は自己責任で!

市場や屋台でも使えるので、モバイル決済なら小銭の管理から解放される

WeChat Payとは

WeChat Payは、中国の大手IT企業テンセントが提供しているSNS、WeChat（ウィチャット／微信）に連動したモバイル決済サービス。QRコードを利用して決済するシステムで、キャッシュレスで快適な生活を中国に広めた。

以前は外国人が中国でこのサービスを使うには、中国の銀行口座、中国の身分証で登録しなければならなかったが、2017年頃から国際クレジットカードによる本人認証でアカウントの取得が可能になっていた。つまり、外国人でも自分のスマートフォンでアカウントを取得しさえすれば使えるのだ。

ただし、突然アカウントが取得できなくなる事態も発生しているので、このサービスに興味のある人はできるときにアカウントを取得しておこう。

WeChat Pay利用のための準備

A アカウントの取得

WeChat Payのアカウントを取得するためには、まずWeChatのアカウントを取得する必要がある。App StoreやGoogle Play Storeで「WeChat」をダウンロードし、名前、携帯番号、パスワードを設定する。開設手順の流れは次のとおり。

❶WeChatを開き、トップ画面右上の「＋」から「マネー」を選択

❷「マネー」から「お金を受け取る」を選択

❸「実名認証」で「添加銀行卡（銀行口座）」か「験証中国大陸身份証（中国身分証）」による本人認証を求められるので、前者を選ぶ

❹国際クレジットカード番号16桁を入力する（アメリカン・エキスプレスは15桁）

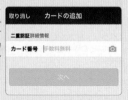

❺「カード情報」で「有効期間」「セキュリティコード」「住所」「携帯番号」「メールアドレス」を入力する

❻支払いパスワード6桁を決め、入力する
※カードの追加など登録事項の変更に必要なので、忘れないようメモしておこう

B 日本で電子マネーを入金するには

上記❹の手順で取得は完了だが、現状では外国人旅行者はクレジットカード決済による入金はできない。中国で実際に使うためには、スマートフォンに人民元の電子マネーを入金する必要がある。そのために重宝するのが「ポケットチェンジ」というサービスだ。訪日外国人が帰国時に余った日本円を電子マネーなどに交換できる端末サービスだが、これを使って日本円を人民元の電子マネーに交換し、チャージすることができる。同端末は国内主要空港ロビーなどにある。設置場所、サービスの詳細については同サイトを参照のこと。

ポケットチェンジ
🔗 pocket-change.jp/ja

以下、ポケットチェンジの入金方法。

❶端末のトップページから「中国」を選び、希望の交換先サービスとして「WeChat」を選ぶ
❷交換したい額の日本円を入れる（中国の銀行両替窓口よりレートはよくない）
❸受取金額を確認後、「確定」を選ぶと、レシートが出てくる。レシートのQRコードをスキャンすると、「確認登録」などのプロセスを経て入金完了

C 決済方法

中国では、多くの人が買い物に利用している。コンビニや書店はもちろん、市場や屋台、自動販売機でも使える。決済方法は下記のようにふた通りある。

WeChatを開いて右上の「＋」から
❶「QRコードのスキャン」を開いて店のQRコードを自分でスキャンする
❷「マネー」を開いて自分のバーコードまたはQRコードを店の人にスキャンしてもらう

コンビニや本屋などは❷、市場や屋台は❶が一般的だ。

❶の決算手段。フルーツ売り場の壁に貼られている大きなQRコードをスマートフォンで読み込む

決算完了後に表示される画面。「Payment successful（決済完了）」と出ればOK。「Quick Pay」が有効の場合は1000元までの支払いに「支払いパスワード」は不要（店舗等への支払いにかぎる。個人間の送金は金額にかかわらず必要）

¥42.90

❷の決算手段。新華書店での決算。レジで精算する際にWeChat Payで支払う意思を伝える。スキャン後、左写真赤囲み部をタップすれば、決済は完了

D Wi-Fiルーターとモバイルバッテリー

日本のスマートフォンでモバイル決済するのに必要なのがWi-Fiルーター。Wi-Fiルーターは購入しなくても簡単にレンタルできるので、出発前に手配しておくとよい。ただし、中国では、普段日本で利用しているFacebookやLineなどのSNSは使えない。それらを使いたければVPN（→P.697）の使えるサービスを追加することになるので、料金は少し割高になる。

スマートフォン、Wi-Fiルーターともに電力消費が激しいので、常時携帯して使うためには、モバイルバッテリー（注意事項→P.665）が必要。

多くの会社がWi-Fiルーターのレンタルを行っている。インターネットでサービスや料金体系を比較検討するとよい

移動に
おすすめ！

シェアサイクルを利用する

シェアサイクルとは、人々が相互に利用できる自転車を複数の拠点を設けて利用するサービスで、日本でも都市部での導入が進んでいる。日本とは比較できないほどに普及している中国では、スマートフォンがあれば、旅行者でも利用できるようになった。

Mobikeは日本から完全撤退し、中国でも美団集団に買収された。シェアサイクルサービスは存続しているが、中国の銀行口座を持たない非居住外国人はモバイル決済が利用できなくなったため、事実上サービスを利用できない。

※中国の交通事情は日本と大きく異なるので、中国で自転車に乗る
　場合はそのことを十分に理解しておく必要がある
※中国アプリのダウンロードおよび利用は自己責任で！

Ⓐ アカウントの取得

中国のシェアサイクルにおける二大巨頭が、Mobike（モバイク／摩拝単車）とofo（小黄車）。ともに日本で試験サービスを開始しており、スマートフォンにアプリをダウンロードしてアカウントを取得すれば、中国でもサービスを利用できる。

ここではMobikeを例にして、開設の手順を説明する。

❶「Mobike」アプリをインストールする

❷電話番号を入力する（このとき、簡易パスワードが自分の携帯電話にショートメッセージで送られてくるので認証する）
　↓

❸利用方法を選んでチャージ金額を決め、クレジットカードを登録し、チャージ金額を支払う。利用料をチャージする。最低500円から。

モバイク 🔗mobike.com/jp
ofo 🔗www.ofo.com

Ⓑ 利用手順

シェアサイクルの利用手順は次のとおり。

❶現地でアプリを立ち上げると地図が表示され、付近にある自転車が表示されるので、そこに移動する

❷自転車の状態をチェックして選ぶ。画面下の「ロック解錠」をタップするとQR読み取りが可能となるので、その自転車のQRコードをスキャンして解錠する

❸目的地で自転車を停め施錠して完了。施錠し忘れると次の利用者の使用料も支払うことになるので注意！

インターネットで中国の鉄道検索

中国の列車に関する各種情報を掲載するウェブサイトは充実しており、ネット環境さえ整っていれば、時刻表からリアルタイムで残席の状況まで知ることができる。

数あるウェブサイトのなかでもおすすめなのが、中国鉄路の公式ウェブサイト「中国鉄路客戸服務中心」。

ここには、切符予約、余剰切符検索、列車時刻表検索、切符予約開始時間検索、運行状況検索、切符販売地点検索などのメニューが用意されている。公式ウェブサイトなので情報の精度も高い。メニューはトップページ左の青い部分にあるが、メニューを選び開いたページの上部、日付の下にあるバーにも表示されるので、毎回トップページに戻る必要はない。

中国鉄路客戸服務中心
（中国鉄路客戸服務中心）
Ⓤ www.12306.cn
※一部ブラウザでは、セキュリティエラーが出る場合があるが、ページを開くボタンをクリックすればアクセスできる。IEの使用がおすすめ

おすすめメニュー
「余票査詢（余剰切符検索）」
リアルタイムで各列車の残席を確認できるメニュー。必須項目は、調べたい区間（出発地と目的地）をプルダウンで選択、日付（当日から28日以内）をバーからクリックし、右上にある「査詢」ボタン（オレンジ）をクリックすると結果が表示される。

この際、乗車駅と降車駅は、中国語のピンイン（発音表記）の頭文字順に一覧が出てくるので、そこから選択すればよい。ピンインによる直接入力も可能。その場合、「北京南／běi jīng nán」であれば「bjn」と入力する。

残席は数字で表示され、売り切れの場合は「无」（無）と表示される。残席数字をクリックすると下に料金が表示される。「折」という表示が出ることがあるが、これは昼間に寝台

車を座席として販売するときなどの割引運賃のこと。左端の"车次"をクリックすると、その列車の全停車駅と発着時間および停車時分が表示される。

「購票／預約（切符購入／予約）」
2012年初めから、ほとんどの列車の切符をこの「中国鉄路客戸服務中心」上で購入できるようになった。しかし前提として下記のような条件があり、観光で訪れる外国人が事前に中国外から切符を押さえるのは現実には非常に困難である。

●切符のネット購入に必要な条件
・決済手段はデビットタイプの銀聯カードもしくは中国内指定銀行のキャッシュカード（国際クレジットカードは不可）などに限定される
・予約後45分以内に決済しないと無効（支払わずに予約だけするのは不可能）
・予約手続きの前に「支付宝（アリペイ）」などの中国のオンライン決済システムへの登録や、公式サイトへの個人情報登録が必要（すべて中国語）

賢い使い方と日本での切符予約
「中国鉄路客戸服務中心」では、基本的に中国国外居住の日本人がオンラインで鉄道切符を購入することはできないが、残席がリアルタイムで表示されるので混雑状況を知るには有用。残席が少ない場合は早めに切符を購入しておこう。

出発前に日本から中国の鉄道切符を買っておきたい場合は、民間オンライン旅行会社のTrip.comを利用するとよい。列車の検索や国際クレジットカード決済による支払いができる。切符は予約整理番号が記載されたメールをプリントアウトして駅の窓口や市内切符売り場に持参し、パスポートを提示して受け取るか、中国内指定箇所（ホテルなど）に宅配を依頼する（有料）。
Trip.com
Ⓤ jp.trip.com

（記事の内容は2018年7月現在）

2024年1月現在、中国鉄路12306の英語版ではメールアドレスによる本人登録と国際クレジットカード決済に対応している。事前にチケットを予約・購入し、スマートフォンを使ってチケットレス乗車が可能。

「余票査詢」を使って2018年8月17日の北京南～上海虹橋区間の状況を検索した結果。「--」は座席種類がその列車に用意されていないことを、「无」は切符の売り切れを、「数字」は残席数を、「有」は相当数の残席があることを表す

華北エリア

青島天主教堂は青島を代表するゴシック様式の教会（山東省青島市）
写真：オフィス カラムス（碓井正人）

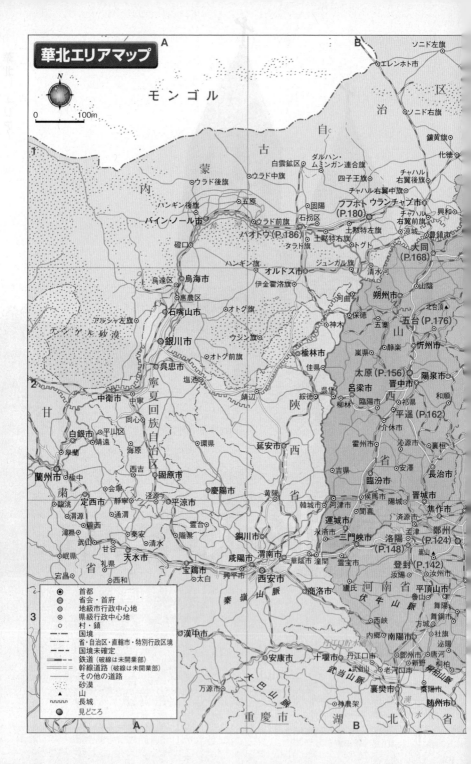

華北エリアマップ

モンゴル

ソニド左旗
エレンホト市
ソニド右旗
鑲黄旗
化徳

白雲鉱区
ダルハン・ムミンガン連合旗
四子王旗
チャハル右翼後旗
チャハル右翼中旗

ウラド後旗
ウラド中旗
固陽
石拐区
ウラド前旗
フフホト ウランチャブ市 (P.180)
チャハル右翼前旗
涼城
豊鎮市
興和

五原
ハンギン後旗
バイン・ノール市
パオトウ (P.186)
タラド旗
土黙特左旗
土黙特右旗
トクト
大同 (P.168)

磴口
ハンギン旗
オルドス市
ジュンガル旗
清水河
山陰

烏達区
烏海市
別別区
伊金霍洛旗
河曲
保徳
朔州市
北台頂▲
五台 (P.176)

恵農区
オトグ旗
神木
五寨
山西
忻州市

石嘴山市
アルシャ左旗
テンゲル砂漠
ウジン旗
楡林市
嵐県
静楽
太原 (P.156)
陽泉市

銀川市
オトグ前旗
佳県
呂梁市
祁県
晋中市
和順

呉忠市
塩池
靖辺
綏徳
呉堡
柳林
臨県
平遥 (P.162)
介休市

中衛市
中寧
同心
陝西
延安市
西
霍州市
沁源県
襄垣
長治市

白銀市
平川区
靖遠
海原
西吉
環県
吉県
臨汾市
安沢

蘭州市
楡中
会寧
固原市
慶陽市
黄陵
韓城市
河津市
侯馬市
陽城
晋城市
焦作市

甘
臨洮
定西市
静寧
泾源
平涼市
霊台
隴県
永済市
運城市
聞喜
済源市
孟津
鄭州市 (P.124)

渭源
通渭
甘谷
清水
銅川市
渭南市
三門峡市
洛陽 (P.148)
嵩山

漳県
隴西
秦安
咸陽市
興平市
華陰市
潼関
霊宝市
登封 (P.142)
汝陽

武山
岷県
天水市
宝鶏市
太白
西安市
盧氏
河南省
平頂山市
魯山

宕昌
礼県
西和
秦嶺山脈
商洛市
西峡
内郷
南陽市
社旗
泌陽

漢中市
安康市
十堰市
丹江口市
武当山
襄樊市
随州市

万源市
大巴山脈
神農架
重慶市
湖北省

N
0 100m
A   B
1
2
3

首都
省会・首府
地級市行政中心地
県級行政中心地
村・鎮
国境
省・自治区・直轄市・特別行政区境
国境未確定
鉄道（破線は未開業部）
幹線道路（破線は未開業部）
その他の道路
砂漠
山
長城
見どころ

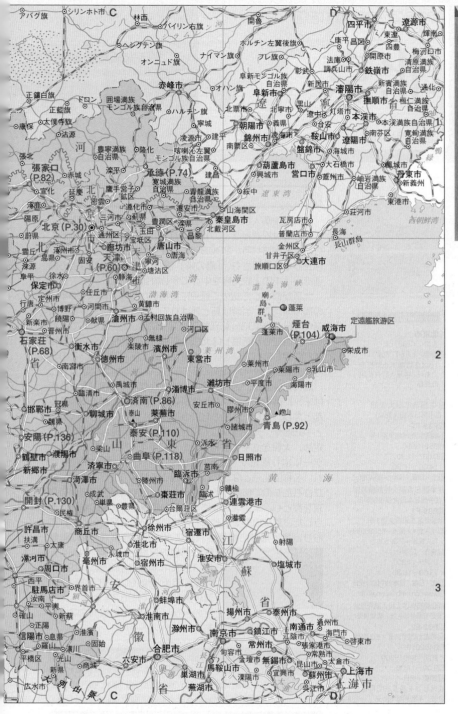

アバグ旗　シリンホト市　C　林西

バイリン右旗

ヘジグテン旗

オンニュド旗　ナイマン旗　フレ旗

赤峰市

阜新モンゴル族
自治県　彰武　新民市

正鑲白旗　ドロン　囲場満族
モンゴル族自治県　オハン旗　阜新市　潘陽市

正藍旗　ハルチン旗　北票市　北寧市

康保　太僕寺旗　寧城　義県　遼中

張北　豊寧満族　凌源市　建平　錦州市　凌海市　鞍山市

張家口　自治県　隆化　咳喇沁左翼　南票市

(P.82)　赤城　深平　モンゴル族自治県　葫蘆島市

宣化　延慶　鷹手営子　承徳(P.74)　寛城満族　興城市　営口市

涿鹿　密雲　鉱区　自治県　綏中　大石橋市

陽原　三河市　薊県　青龍満族　山海関区　盖州市

蔚県　北京(P.30)　自治県　道化市　秦皇島市

雲丘　北　通州区　玉田　豊潤区　深州区　昌黎　北戴河区

涿州市　廊坊市　宝坻区　唐山市　金州区

易県　固安　天津　寧河　唐海　普蘭店市

涿源　(P.60)　塘沽区　長海

阜平　徐水　静海区

保定市　任丘市　黄驊市　廟島群島　蓬莱

行唐　定州市　河間市　孟村回族自治県　蓬莱市　煙台

新楽市　博野　献県　無棣　(P.104)　威海市

石家荘　饒陽　河口区　栄成市

(P.68)　衡水市　徳州市　濱州市　莱州湾　莱陽市　乳山市

南宮市　臨清市　馬城県　東営市　海陽市

邯鄲市　冠県　聊城市　淄博市　潍坊市　平度市

魏県　泰山　莱蕪市　安丘市

安陽(P.136)　泰安(P.110)　膠州市　嶗山

鶴壁市　濮陽市　梁山　山　済寧市　諸城市　青島(P.92)

新郷市　済寧市　曲阜(P.118)　沂水　省　日照市

開封(P.130)　成武　滕州市　臨沂市　贛榆

民権　単県　棗荘市　臨沭　連雲港市

許昌市　商丘市　豊県　合嗣荘区　灌雲

漯河市　太康　徐州市　宿遷市　射陽

西平　周口市　永城市　淮北市

駐馬店市　界首市　亳州市　宿州市　淮安市　塩城市

汝南　平輿　宿州市

羅山　正陽　新蔡　息県　淮濱　淮南市　蚌埠市

信陽市　固始　揚州市　泰州市

平橋区　光山　羅山　滁州市　南京市　鎮江市　南通市　通州区

新県　商城　六安市　合肥市　常州市　海門市　啓東市

広水市　列　安　巣湖市　馬鞍山市　無錫市　蘇州市　上海市

C　省　蕪湖市　D

7つの世界遺産を擁す首都

北京
（ペキン）

北京 Běi Jīng

市外局番 ●010

2015年から公開が始まった故宮の慈寧宮

ウルムチ● ●ハルビン
北京○ ●大連
ラサ● ●西安 ●上海
●成都
昆明● ●広州
●香港

都市DATA

北京市
人口：1300万人
面積：1万6412km²
16区を管轄する直轄市
であり、中華人民共和国
の首都

在中国日本国大使館
（在中国日本国大使館）
MP.39-F1
朝陽区亮馬橋東街1号
☎85319800
⏰9:00～11:30、
14:00～16:30
休土・日曜、日本と中国の祝日

在中国日本国大使館領事部
（在中国日本国大使館領事部）
MP.39-F1
朝陽区亮馬橋東街1号
☎パスポート関連=65326539
邦人保護=65325964
⏰旅券、証明受付=
9:00～11:30、
13:00～16:30
休土・日曜、日本と中国の祝日
Uwww.cn.emb-japan.go.jp

市公安局外国人出入境管理処
（市公安局外国人出入境管理処）
MP.33-E2
東城区安定門内東大街2号2階
☎84020101
夜間=84015300
⏰9:00～17:00
休日曜、祝日
観光ビザを最長30日間延長
可能。手数料は160元

概要と歩き方

　北京は中華人民共和国の首都であり、政治の中心地であるとともに世界遺産などの観光資源も豊富で、世界中から多くの旅行者が訪れる。2008年に開催された北京オリンピックは世界から注目され、「鳥の巣」（国家スタジアム）などの関連施設は中国人観光客を中心に今も根強い人気。

　北京が都として初めて歴史に登場したのは、約3000年前の周の時代で、当時は薊（けい）と呼ばれていた。その後、春秋戦国時代（紀元前403～紀元前221年）には、燕の都として発展した。現在も「燕京」は北京の別称として燕京ビールの名称などで親しまれている。秦の時代には北平と呼ばれ、この名称は、国民党政府が南京に都を移していた時期にも使われた。

　唐代には幽州、遼代には南京または燕京、金代（中央政権は宋）には中都と呼ばれた北京は、元代には大都と呼ばれる都となり、これが現在の北京の基礎とされている。

　1368年、元を滅ぼして明を建国した朱元璋は南京を都に定め、大都を北平と改称した。その第4子の永楽帝がクーデターにより即位すると都は帝の本拠地であった北平に移され、名称は北京となった。今も残る紫禁城の基礎は明代に建立されたものであり、その後明を滅ぼした満洲族の清朝も北京を都とし、紫禁城を改修して使い続けた。北京の魅力はそうした、悠久の歴史に育まれた貴重な文化遺産に集約されており、世界遺産に登録されたスポットは故宮（1987年登

黄砂と大気汚染は深刻な問題となっている（写真は昼間の様子）

録）、万里の長城（1987年登録）、天壇（1998年登録）、頤和園（1998年登録）、明十三陵（2003年登録）、周口店猿人遺址（1987年登録）、大運河の一部（2014年登録）の7つもある。

	1月	2月	3月	4月	5月	6月	7月	8月	9月	10月	11月	12月
平均最高気温(℃)	1.4	4.2	11.2	20.2	26.5	30.7	31.3	29.9	26.0	19.6	10.1	3.1
平均最低気温(℃)	-9.6	-7.0	-0.8	6.9	13.1	18.2	21.5	20.4	14.3	6.9	-0.7	-7.2
平均気温(℃)	-4.6	-1.8	4.7	13.6	20.0	24.5	26.0	24.7	19.8	12.7	3.9	-2.6

町の気象データ（→P.517）：「預報」>「北京」>区から選択

北京のおもな観光スポット

●王府井と東単、東四／王府井和东单・东四

【ワンフーチン　ドンダン、トンスー／wángfǔjǐng hé dōngdān dōngsì】

王府井は、北京を訪れる国内外の観光客が必ず足を運ぶ繁華街。新旧の大型ショッピングセンターが建ち並び、ダイナミックに発展し続ける地域でありながら、一歩踏み込めば昔ながらの胡同（フートン）が現存する歴史探索の町でもあるのが大きな特徴。王府井大街に並行する東単北大街と東四南大街は、比較的小規模なレストランやショップが多く、庶民的かつ情緒ある雰囲気。

王府井という地名のいわれとなった古井戸をのぞき込む人々

●南鑼鼓巷／南锣鼓巷【なんらここう／nánluógǔxiàng】

什刹海の前海から、500mほど東にある胡同が南鑼鼓巷。ごく普通の胡同だったが、次から次へとセンスのよいカフェや雑貨店ができ、おしゃれなエリアへ変身した。地下鉄6、8号線でアクセスがよいこともあり、休日午後は大混雑。

南鑼鼓巷は流行のスナックが現れては消える激戦区でもある

●西単／西单【シーダン／xīdān】

西単はデパートやショッピングセンターが集中する一大ショッピングエリア。10〜20代の若者が多く訪れ、いつもにぎわっている。

●前門・大柵欄／前门・大栅栏

【ぜんもん・だいさくらん／qiánmén・dàshílànr】

前門（正陽門）の南側は清朝時代から庶民の町として栄えた商業エリア。茶葉や薬、シルクの老舗本店がある。

●什刹海／什刹海【じゅうさつかい／shíshāhǎi】

現在は西海、前海、后海に分かれているが、かつてはひとつの大きな湖であった。世界遺産に登録された大運河の末端でもある。王府（皇族の邸宅）や庭園、著名人の旧居が見られ、北京でも有数の観光名所として知られる。銀錠橋付近にはモダンなカフェやショップが並ぶ。

●琉璃廠／琉璃厂【るりしょう／liúlíchǎng】

和平門を南新華街に沿って南下すると現れる、東西に延びる路地が琉璃廠。筆や墨、紙といった書道や絵画の道具、いわゆる「文房四宝」の専門店が軒を並べ、最高級品から安価なみやげ用までさまざまな種類の品が売られている。

●CBD／中央商务区【シー・ビー・ディー／zhōngyāng shāngwùqū】

東は西大望路、西は東大橋路、南は通恵河、北は朝陽北路に囲まれたエリアは、CBD（Central Business District）と呼ばれる。高層ビルが林立するビジネス街で、世界的な大企業500社以上がこの地に進出している。

協和医院（协和医院）
[M]P.34-B3〜4
[住]東城区帥府園1号
☎国際医療部＝69156699（24時間、英語可）
[オ]救急は24時間対応
[休]なし
[U]www.pumch.cn

中日医院
（中日医院）
[M]P.33-E1
[住]朝陽区桜花園東街2号
☎国際医療部ナースステーション＝64222952
[オ]救急は24時間対応
[休]なし
[U]www.zryhyy.com.cn
※日本語を話す医師は基本的に月〜金曜の8:00〜11:30、13:00〜16:00はいるが、不在の場合もある

VISTAクリニック
（维世达诊所）
[M]P.37-B3
[住]朝陽区光華路1号シャングリ・ラ ケリーセンター北京3階
☎日本語＝85296618
英語、中国語＝85299486
※日本語での電話は8:00〜21:00が望ましい
[オ]24時間
※専門医の場合は要予約
[休]なし
[U]www.vista-china.net

市内交通

【地下鉄】 2018年8月現在、21路線が営業。詳しくは公式ウェブサイトで確認を。
北京地鉄
[U]www.bjsubway.com
京港地鉄（4、14、16、大興号線）
[U]www.mtr.bj.cn
路線図→折込裏

【路線バス】 運行時間の目安は市区中心部で5:00〜23:00。10km未満が2元、10km以上は5kmごとに1元加算

【タクシー】 5:00〜23:00
初乗り3km未満13元、3km以上1kmごとに2.3元加算
※時速12km以下の場合、5分ごとに1元加算
※7:00〜9:00、17:00〜19:00で時速12km以下の場合、5分ごとに2元加算

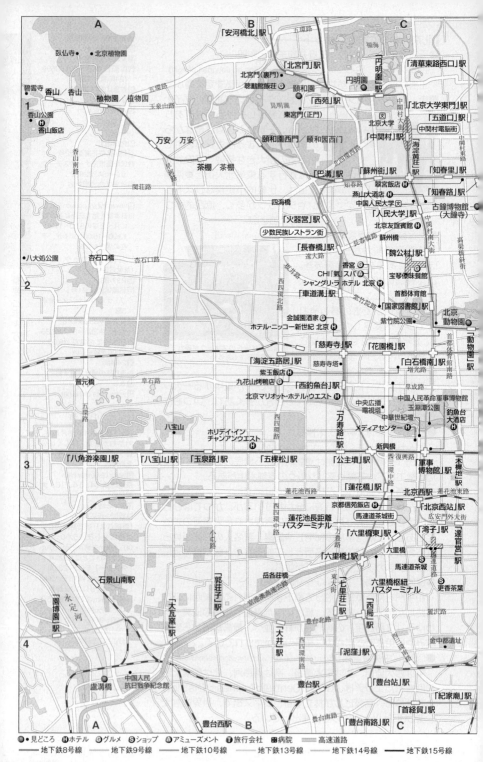

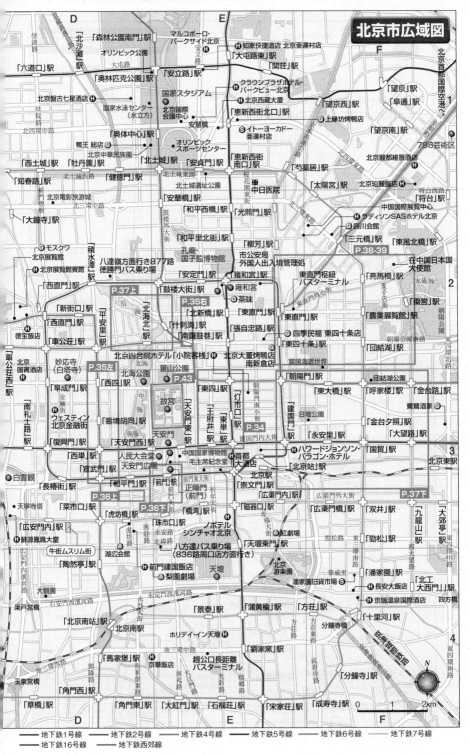

北京市広域図

798芸術区

地図凡例：地下鉄1号線　地下鉄2号線　地下鉄4号線　地下鉄5号線　地下鉄6号線　地下鉄7号線
地下鉄16号線　地下鉄西郊線

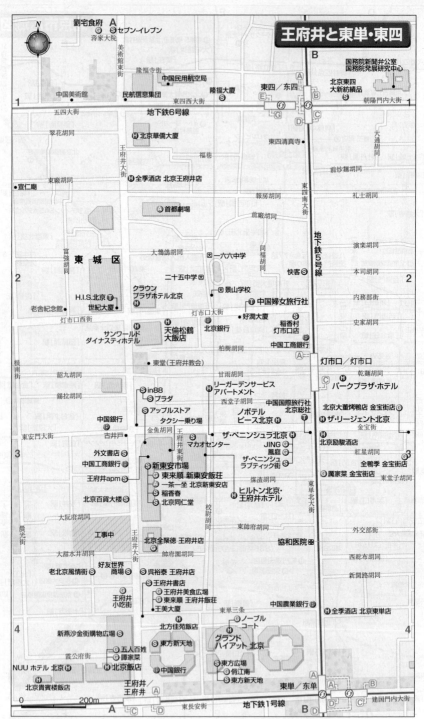

王府井と東単・東四

凡例
- ●見どころ
- Ｈホテル
- Ｇグルメ
- Ｓショップ
- Ａアミューズメント
- Ｂ銀行
- Ｔ旅行会社
- Ⓧ学校
- ⊞病院

━━ 地下鉄1号線 ━━ 地下鉄5号線 ━━ 地下鉄6号線 ◎乗り換え駅 Ａ地下鉄出入口

王府井と東単・東四マップ／西単・西四マップ／南鑼鼓巷マップ

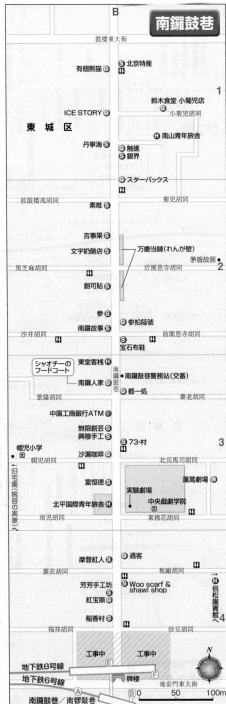

● 見どころ ● ホテル ● グルメ ● ショップ ● アミューズメント ● 銀行 ● 学校 ● 郵便局 ● トイレ

―― 地下鉄1号線 ―― 地下鉄2号線 ―― 地下鉄4号線 ―― 地下鉄6号線 ―― 地下鉄8号線 ● 乗り換え駅 ▲ 地下鉄出入口

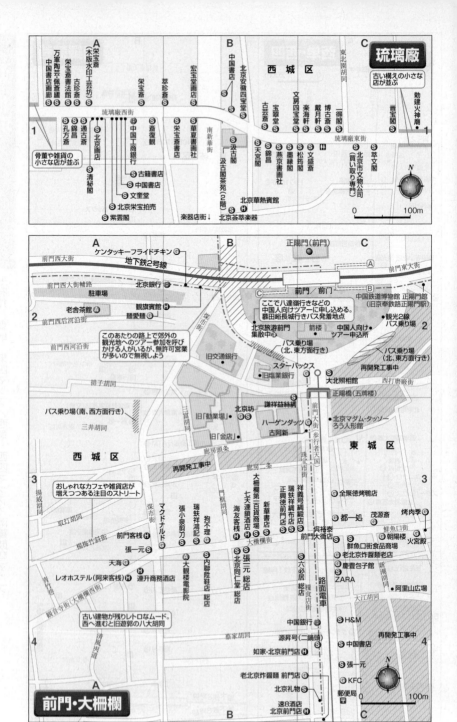

前海・后海

CBD

東三環北路

左家荘中街

A　　　B　　　C

朝陽区

香河園公園

地下鉄綾鋪連線

新源街

東三環北路

地下鉄13号線

東直門北橋

百老匯電影中心
当代MOMA

東直門香河園路

新源西里中街

新東路

新源里

格納斯主題酒店
琨莎中心2座
琨莎中心3座

琨莎中心1座
北京
インターナショナル
SOSクリニック

ロシア大使館
自来水博物館

亮馬河

鼎泰豊
北京漁陽店

新源西里東街

漁陽飯店

亮馬河南路

東直門中学区

東直門北大街

バス車庫

紅螺寺行き867路、
古北水鎮（司馬台長城）行き、
金山嶺長城行き
バス乗り場

慕田峪長城行き、
黄花城水長城行き
バス乗り場

東直門枢紐
バスターミナル

ファミリーマート

エアポートバス
降車地点

全季酒店
北京東直門店

胡家園

海油大廈
万国公寓

三里屯西大街

三里屯西五街

東直門外小街

東直門橋　東直門

東直門

中国銀行
宇飛大廈
セブン-イレブン
天恒大廈
エアポートバス乗車地点

東城区

東直門外大街

カナダ大使館　ドイツ大使館

東直門外大街

幸福二村

幸福三村

幸福三村五巷

ラッフルズ広場
銀座mall
中国銀行
東方銀座

新東路

幸福村四巷

幸福一村路

東方花園飯店
天地劇場

新中街

金波羅国際青年酒店

新中街

新中街

華通新飯店

華通国際青年旅舎
新疆紅玫瑰餐庁
BODHI

幸福村七巷

工体北路郵政支局

世茂百貨

H&M

華普万邦大廈

保利劇院
保利大廈酒店

セブン-イレブン

工人体育場北路

MAAN COFFEE
MIX

工人体育場北路

東四十条橋　東四十条／四十条

工人体育場北路

スイソテル北京香港マカオセンター
富華大廈

亜洲大酒店
瑞士公園
老坑記　北京工体北路店
セブン-イレブン

北京工人体育館

紅街

セブン-イレブン
東門倉胡同

地下鉄2号線

朝陽門北大街

東直門南大街

倉夾道

北京工人体育場

工人体育場西路

工人体育場東路

京武賓館
武装警察
北京市総隊

A　　　　B　　　　C

吉口八条

● 見どころ　Ⓗ ホテル　Ⓖ グルメ　Ⓢ ショップ　Ⓐ アミューズメント　Ⓣ 旅行社　Ⓑ 銀行　Ⓧ 学校　Ⓜ 郵便局　田 病院　バス停

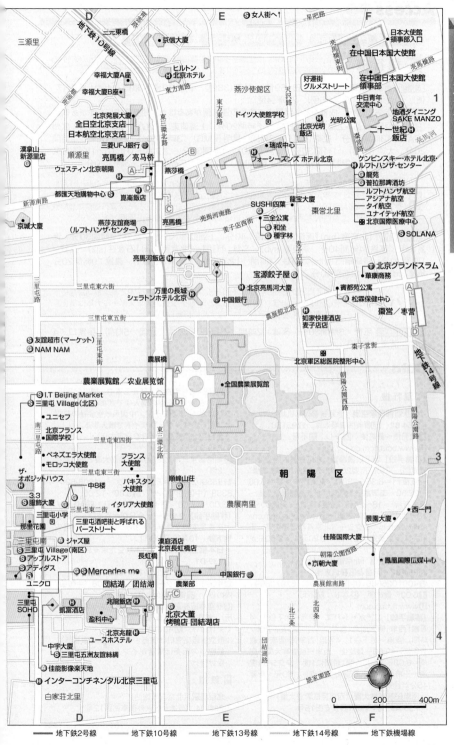

Access 交通

| 空港見取図➡P.654～656 | 中国国内の移動➡P.667 | 鉄道時刻表検索➡P.26 |

✈ 飛行機

城市区の東北約25kmに位置する北京首都国際空港（PEK）か、市区の南約15kmの北京南苑空港（NAY）を利用する。北京南苑空港は国内線専用。

国際線 首都：成田（30便）、羽田（59便）、関西（38便）、中部（19便）、福岡（14便）、札幌（7便）、仙台（2便）、広島（5便）、沖縄（4便）。

国内線 上海、広州、成都など主要都市との多数の運航便があるほか、地方都市にも便がある。

所要時間(目安) 首都：上海虹橋（SHA）／2時間20分　上海浦東（PVG）／2時間20分　広州（CAN）／3時間20分　成都（CTU）／3時間　昆明（KMG）／3時間40分　西安（XIY）／2時間20分　大連（DLC）／1時間30分　青島（TAO）／1時間30分　フフホト（HET）／1時間30分　ハルビン（HRB）／2時間　南苑：上海紅橋（SHA）／2時間　広州（CAN）／3時間20分

🚆 鉄道

北京の主要駅は、北京南駅、北京西駅、北京駅の3つ。北京北駅は2016年11月から2019年まで休止中。北京西駅と北京駅が地下鉄で結ばれ、主要3駅がすべて高速鉄道発着駅となった。北京南駅は上海虹橋方面の京滬高速鉄道と天津行き京津城際鉄道、北京西駅は鄭州、武漢経由で広州に向かう京広高速鉄道の列車が発着する。

所要時間(目安) 【北京南（bjn）】天津（tj）／城際：40分　上海虹橋（shhq）／高鉄：4時間30分　青島（qd）／高鉄：4時間40分　瀋陽北（syb）／高鉄：4時間　【北京西（bjx）】石家荘（sjz）／高鉄：1時間20分　洛陽龍門（lylm）／高鉄：4時間　【北京（bj）】フフホト（hhht）／直達：9時間20分　承徳（cd）／快速：4時間40分

🚌 バス

長距離路線は高速鉄道網の発達で減少傾向。承徳や懐柔、密雲など高速鉄道路線のない北京市近郊以外はあまり利用価値はない。麗沢橋長距離バスターミナルは廃止され、一部の便は蓮花池長距離バスターミナルに移転した。

所要時間(目安) 承徳／3時間30分　天津／2時間　石家荘／4時間　大同／5時間　張家口／4時間　済南／7時間

---- Data ----

✈ 飛行機

●**北京首都国際空港**（北京首都国际机场）
M P.54-B2　**住**順義区機場西路　**☎**96158
オ始発便～最終便　**休**なし　**カ**不可
U www.bcia.com.cn
[移動手段] 地下鉄機場線（北京首都国際空港～東直門）／25元、所要20～35分。空港（3号航站楼）→東直門＝6:36～23:10　東直門→空港＝6:00～22:30　**エアポートバス**（北京首都国際空港～市内各所）／18～24元、所要1時間～1時間30分。19の路線がある。詳細→**U** www.bcia.com.cn/traffic/airbus　**タクシー**（北京首都国際空港～王府井大街東長安街交差点）／120元、所要50分が目安

●**北京南苑空港**（北京南苑机场）
M P.54-B2　**住**豊台区警備東路
☎4001026666（中国国内のみ）、67978899
オ6:00～最終便　**休**なし　**カ**不可
U www.flycua.com
[移動手段] エアポートバス（空港～地下鉄1、4号線「西単」駅西南角（教育街傍）／25元、所要1時間。空港→地下鉄1、4号線「西単」駅西南角（教育街傍）＝9:00～最終便　西単民航営業大廈→空港＝6:00～19:00の間1時間に1便　**タクシー**（空港～王府井大街東長安街交差点）／60元、所要45分が目安

●**西単民航営業大廈**（西单民航营业大厦）
M P.35-A3　**住**西城区西長安街15号

2018年8月現在建て替え工事中。臨時営業所も廃止され、航空券の購入はできない。再オープンは2019年夏の予定。中国系航空会社の航空券は旅行会社かウェブサイトで購入する。

●**全日空北京支店**（全日空北京支店）
M P.39-D1
住朝陽区東三環北路5号北京発展大厦208（新楼2階）
☎85599292、中国予約センター＝4008-82-8888（中国国内のみ）　**オ**9:00～12:00、13:00～17:00　**休**土・日曜、祝日　**カ**ADJMV
[移動手段] タクシー（全日空北京支店～王府井大街東長安街交差点）／35元、所要25分が目安
地下鉄／10号線「亮馬橋」

●**日本航空北京支店**（日本航空北京支店）
M P.39-D1
住朝陽区東三環北路5号北京発展大厦208室
☎中国予約センター＝4008-88-0808（中国国内のみ）　**オ**電話受付8:00～18:00
休航空券販売窓口は廃止された（住所地は事務所）。航空券の販売は電話かインターネットのみで受け付け　**カ**ADJMV
※航空券販売窓口は廃止された（住所は事務所）。航空券の販売は電話かインターネットのみで受け付け

🚆 鉄道

●**北京南駅**（北京火车南站）
M P.33-D4　**住**豊台区永外街車站路12号

☎51867182 オ5:30～23:30
休なし カ不可
【移動手段】タクシー（北京南駅～王府井大街東長安街交差点）/35元、所要30分が目安 地下鉄/4、14号線「北京南站」
　28日以内の切符を販売。

●**北京西駅**（北京火车西站）
M **P.32-C3** 住豊台区蓮花池東路118号
☎51861561 オ24時間 休なし カ不可
【移動手段】タクシー（北京西駅～王府井大街長安街交差点）/35元、所要35分が目安 地下鉄/7、9号線「北京西站」
　28日以内の切符を販売。

●**北京駅**（北京火车站）
M **P.33-E3** 住東城区毛家湾胡同甲13号
☎51831812 オ24時間 休なし カ不可
【移動手段】タクシー（北京駅～王府井大街東長安街交差点）/20元、所要15分が目安 地下鉄/2号線「北京站」
　28日以内の切符を販売。

🚌 **バス**

●**東直門枢紐バスターミナル**（东直门枢纽站）
M **P.38-A2**
住東城区東直門外斜街45号交通枢紐站
☎63360177
オ5:00～20:00 休なし カ不可
【移動手段】タクシー（東直門枢紐バスターミナル～王府井大街長安街交差点）/25元、所要25分が目安 地下鉄/2、13号線、機場線「東直門」
　東直門枢紐バスターミナルは916路懐柔行き、980路密雲行きなど900番台の郊外行き路線バス（緑と白の車体）を運営する八方達客運のターミナル。前売り切符はなく乗車時に運賃を支払う（交通カード「一卡通」使用可）。

●**六里橋枢紐バスターミナル**
　（六里桥枢纽站）
M **P.32-C4** 住豊台区六里橋南里甲19号
☎83831716、83831717
オ5:30～19:30 休なし カ不可
【移動手段】タクシー（六里橋枢紐バスターミナル～王府井大街東長安街交差点）/45元、所要35分が目安 地下鉄/9、10号線「六里橋」
　15日以内の切符を販売。承徳（5:40発、6:40～18:50の間30分に1便）、石家荘（1便）、大同（10便）、張家口（7:00～17:30の間20～30分に1便）

●**趙公口長距離バスターミナル**
　（赵公口长途汽车站）
M **P.33-E4** 住豊台区南三環中路34号
☎67229491、67237328
オ5:30～19:00 休なし カ不可
【移動手段】タクシー（趙公口長距離バスターミナル～王府井大街東長安街交差点）/30元、所要30分が目安 地下鉄/5号線「刘家窑」、徒歩15分 路線バス/17、54、93、120路「赵公口桥西」
　天津行きは当日の切符のみ、それ以外は15日以内の切符を販売。天津（11:30発）、済南（6:10、11:00発）など。

●**蓮花池長距離バスターミナル**
　（莲花池长途汽车站）
M **P.32-C3** 住豊台区広安路35号
☎63322354、63443258
オ6:30～19:30 休なし カ不可
【移動手段】タクシー（蓮花池長距離バスターミナル～王府井大街長安街交差点）/35元、所要30分が目安 地下鉄/9号線「六里桥东」
　一路線を除き当日の切符のみ販売。易県（7:00～18:15の間20～40分に1便）など。

🛈 ▶▶▶ インフォメーション

【北京】リピーターにおすすめの便利なプリペイドカード「一卡通」

　JR東日本のSuicaなどと同じシステムのIC式プリペイドカード。地下鉄とバス共通で、運賃が一部割引になる特典付き。初回購入はデポジット20元＋最低20元のチャージで40元。購入、チャージ、払い戻しはバス終点などにある専用窓口か機場線を含む一部地下鉄駅窓口にて。地下鉄駅はチャージのみ取り扱いの場合が多いので注意。

　「一卡通」を利用すると割引運賃が適用されることもある。適用基準は次のとおり。

　地下鉄は毎月100元以上利用した場合に100元を超えたぶんについて2割引き、150元を超えたぶんについて5割引きとなる。バスは市区中心部区間では5割引きとなる。

【北京】個人での見どころ観光の際はパスポートの持参を

　個人で見どころを観光する際はパスポートをホテルのセキュリティボックスなどに預けず、持参したほうがよい（ツアーではガイドの指示に従う）。国慶節や大規模イベントの期間中には、セキュリティチェックが強化されるうえ、平常時でも天安門広場の周辺施設への入場にパスポートの提示が必要。故宮の入場券購入時もパスポート提示は必要。また、中国国家博物館など無料で見学できる施設は受付でパスポートを提示して無料入場券の交付を受けるシステムが一般的なので、パスポートの持参は必須。

　なお、国民に写真付き身分証明書の携帯を義務づけている中国では、パスポートのコピーは一般に身分証明として通用しないことが多い。

故宮

MP.33-D～E3、P.43
東城区景山前街4号
85007114、85007057
4～10月8:30～17:00
11～3月8:30～16:30
※入場は閉館1時間前まで。
1日8万人までの入場制限
があり、中国の連休時など
には制限を超えてしまうこ
とがあるので注意
休なし
料4～10月＝60元
11～3月＝40元
※2017年10月から窓口での
切符販売を中止したが、外
国人は午門手前東側の「総
合服務窓口」でパスポート
を提示し、当日券を購入で
きる（8:30～16:00）。予約
は不可
※身長120cm以下は無料
※奉先殿区（鐘表館）と寧寿宮
区（珍宝館）は別途各10元
※日本語音声ガイド料＝40元。
デポジット（保証金）は不要
※午門は入場専用、神武門・
東華門は出場専用。神武門
から出て天安門広場に戻り
たい場合は、観光1線か観
光2線バスの利用が便利
地下鉄1号線「天安門東」
「天安門西」
Uwww.dpm.org.cn

(i) ▶▶▶ インフォメーション

故宮の入場券購入

　5月や10月の大型連休およ
び春節休暇期間は入場者制
限を超えることが多く、当日
券の購入は事実上不可能とな
る（平日は人数制限に達する
ことは少ない）。このような
こともあり、故宮関連部門
は、外国人に旅行会社やホテ
ルでの入場券予約を推奨して
いる。

　個人で購入する際は、公式
ウェブサイトで10日以内の予
約状況が確認できるので、そ
れを見て判断するとよい。購
入時は午前中早めに当日券売
り場に行くことをおすすめす
る。

「故宮在線订票」
Ugugong.228.com.cn

膨大な文化財を収蔵する故宮博物院　オススメ度 ★★★　世界遺産

故宮／故宮 gùgōng
こ きゅう

⌚ 2時間

　紫禁城とも呼ばれる宮殿の遺構。明、清の歴代皇帝と皇后
が暮らし、広大な中華帝国の中心となった場所が、そのまま
故宮博物院となり往日の姿を今に伝えている。収蔵する文化
財はおよそ150万点と膨大な数に上る。皇宮の遺構と、歴
代王朝がその正当性を強調するために収集した超一級の珍宝
を合わせ見られるのが魅力だ。1987年には世界遺産に登録
された。

　故宮の建設開始は1406（明の永楽4）年。永楽帝がこの
地に遷都を決め、元の都であった大都に手を加え、皇宮を
15年の歳月をかけてほぼ新しく造営した。1421年に完成
したものが故宮の原型である。明の滅亡後は清に引き継が
れ、1912年、清朝最後の皇帝溥儀が退位するまで、24人
の皇帝がおよそ500年にわたりこの地から中国を支配して
きた。建物の多くは清代に建て直されたものだ。溥儀が紫禁
城を退去させられた後、故宮と呼ばれるようになり、1925
年から博物館として公開されている。

　故宮の全体は縦長の長方形で、周囲は幅約52mの筒子河
という濠に囲まれている。城壁は高さ約10mあり、四隅に
は角楼が配されている。南の午門から北の神武門を中心に左
右対称に造られており、総面積は72万㎡。その中に総計で
15万㎡を占める大小の建物が立つ。部屋数は約9000とも
いわれる。

　故宮は「外朝」と「内廷」というふたつのエリアに大別で
きる。午門を入り乾清門までの外朝は公的な区域で、国家行
事や式典が行われた。外朝の中核をなす建物は三大殿と呼ば
れ、太和殿、中和殿、保和殿がある。いちばん南にある太和
殿は、中国最大の木造建築物で、皇帝の即位や冬至の儀式な
どに用いられた。中央の中和殿は皇帝が執り行う式典の準備
や休憩をする所。保和殿では大宴会が催されたり、科挙の最
終試験の会場として使われたりした。乾清門から北側の内廷
は、皇帝一家の居住スペース。乾清宮、交泰殿、坤寧宮の3
つの建物を中心に構成されている。乾清宮は皇帝の執務室か
つ寝室で、皇帝が死去したときは棺が安置された。交泰殿は
皇后の誕生日を祝った場
所。坤寧宮は明代には皇
后の寝室として使われ、
清代には皇帝と皇后が行
う祭礼儀式の場所となっ
た。2015年から午門、
慈寧宮、寿康宮などが新
公開されている。

観光客でにぎわう内金水橋と太和門

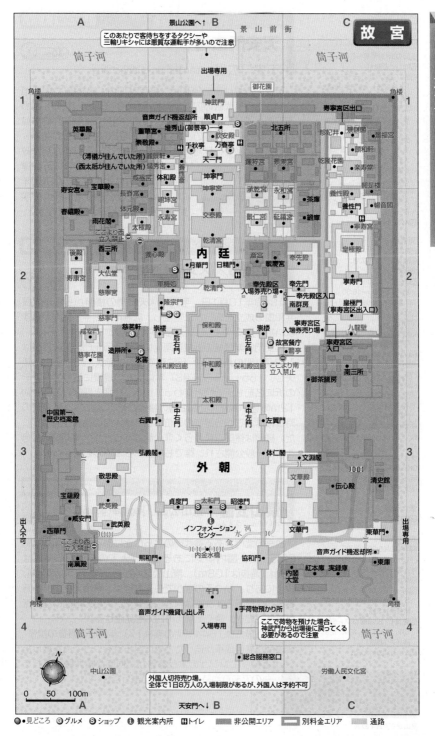

故 宮

A **B** **C**

景山公園へ↑ 景山前街

このあたりで客待ちをするタクシーや
三輪リキシャには悪質な運転手が多いので注意

筒子河　　　　　　　　　　　筒子河

出場専用

御花園口

角楼　　　　　　　　神武門　　　　　　　　　　角楼

1　　　音声ガイド機返却所　順貞門　S　北五所　　寿寧宮区出口　**1**
　　　英華殿　童華宮　堆秀山(御景亭)　欽安殿　　　　　珍妃井●景棋閣●●瑞福宮
　　　　　　　乗敬殿　　千秋亭　万春亭　　　　　　　　　　　●顔和軒
　　　(溥儀が住んでいた所)　麗景軒　天一門　　　　　　　乾隆花園　●楽寿堂
　　　(西太后が住んでいた所)　儲秀宮　養性殿　　　　　　　　　　閲是楼
　　　寿安宮　宝華殿　咸福宮　体和殿　坤寧門　　　　承乾宮　永和宮　　養性殿●　錫音閣
　　　　　　　長春宮　　坤寧宮　　　　　　　　　　養性門
　　　春禧殿　　　翊坤宮　交泰殿　　　景仁宮　延禧宮　茶庫　皇極殿
　　　　　雨花閣●　　永寿宮　　　　　　　　　　　　　　緞庫　寧寿宮
　　　　　　太極殿●　乾清宮　　　　　　　　　　　　　　　寧寿門
　　　ここより西　　　　　　　　　　　　　　　　　　　　皇極殿
　　　立入禁止　西三所　養心殿　　**内 廷**　　斎宮　奉先殿　　　寧寿宮
　　　後殿　　　　　　　　　　　　毓慶宮　奉先殿区
2　寿康宮　大仏堂　S　月華門　日精門　H　　奉先門　　　皇極殿　**2**
　　　　　慈寧宮　　　　軍機処　乾清門　　　奉先殿区入口　寧寿宮区（寧寿宮区出入口）
　　　　慈茗軒　隆宗門　　　　　　南群房　　入場券売り場
　　　慈寧花園　崇楼　　保和殿　　崇楼　　　故宮餐庁○　　寧寿宮区入口
　　　　造辨所●　后右門　　　　　后左門　　箭亭○　　　　九龍壁
　　　　氷窖●　　　　中和殿　　　保和殿回廊　ここより南　南三所
　　　　保和殿回廊　　　　　　　　立入禁止　　御茶膳房
　　　中国第一　　　　　　太和殿
　　　歴史档案館　右翼門●　中右門●　中左門●　左翼門●
3　　弘義閣●　**外 朝**　体仁閣●　**3**
　　　　　　　　　　　　　　　　　文淵閣●
　　　　敬思殿●　　　　　　　文華殿●　　清史館●
　　　宝蘊殿●　武英殿●　貞度門　太和門　昭徳門　伝心殿●
　　　　咸安門●　武英殿●　S　S　文華門●
　　　西華門●　　　　インフォメーション　　　　　　東華門●
　　出入不可　ここより西　　　センター　　　　音声ガイド機返却所　出場専用
　　　　立入禁止　　i　　　金　水　河　　　　　東庫●
　　　　　南薫殿●　熙和門●　内金水橋　協和門●　　紅本庫 実録庫●●
4　角楼　　　　　午門　　　内閣　　　　東庫●　角楼　**4**
　　　　音声ガイド機貸し出し所　　　　手荷物預かり所●　大堂
　　　　　　　　　入場専用　　ここで荷物を預けた場合、
　筒子河　　　　　　　　　　神武門から出場後に戻ってくる　筒子河
　　　　　　　　　　　　　　必要があるので注意

　　N　　　　　　　●総合服務窓口
　　　　　中山公園　　　　　　　　　　労働人民文化宮
0　50　100m　外国人切符売り場。
　　　　　全体で1日8万人の入場制限があるが、外国人は予約不可
　　　　　　　天安門へ↓

●見どころ　●グルメ　Sショップ　i観光案内所　Hトイレ　非公開エリア　別料金エリア　通路

天安門広場
MP.33-E3
🏠東城区天安門広場
📞65118713
🕐日の出1時間前～日の入
🚫なし　💴無料
🚇地下鉄1号線「天安門東」
「天安門西」。地下鉄2号線
「前門」
※広場に入るには指定通路を
通り、安全検査とパスポー
トチェックを受ける。入場
者の多い朝はたいへん混雑
する。3月の全国人民代表
大会など、公式行事開催時
や賓客の滞在時は入場禁止
となる
※毛主席紀念堂と正陽門への
入場は天安門広場からとな
る
🌐www.tiananmen.org.cn

天安門
MP.33-E3
🏠東城区天安門広場
📞63095630
🕐3～10月8:30～17:00
11～2月8:30～16:30
※入場は閉門30分前まで
🚫なし
💴15元
🚇地下鉄1号線「天安門東」
「天安門西」
🌐www.tiananmen.org.cn

ⓘ ▶▶▶ インフォメーション
天安門内部への手荷物持
ち込みは不可
　門の内部へは大小にかかわ
らずバッグ類、液体ボトル
類、ライターの持ち込みは不
可。貴重品小袋や裸のカメ
ラ、ウエストポーチなどは
OK。入場前に有料荷物保管
所（存包処）に預けること。
💴大きさにより1～6元

景山公園
MP.33-E3
🏠西城区景山西街44号
📞64038098
🕐4～10月6:30～21:00
11～3月6:30～20:00
※入場は閉園30分前まで
🚫なし
💴2元
※牡丹花展荷花展など特別展
開催時は10元
🚇観 光1、2、3線バス、58、
101、103、109、124、128
路バス「故宮」
🌐www.bjjspark.com

景山から見渡す故宮

| 重要国家機関に囲まれた巨大な広場 | オススメ度 ★★★ |

天安門広場／
てんあんもんひろば
天安門広場　tiānānmén guǎngchǎng

30分～ 🕐

　天安門広場は南北880m、東西500m、総面積は44万㎡という世界最大級の広場だ。もともとは正陽門（前門）から天安門へ通じる広めの通路で、両側に朝廷の諸機関が建ち並んでいた。毎日、日の出、日の入り時に催される国旗掲揚・降納式には多くの見物人が集まる。一方で、天安門広場は政治運動の中心地。1919年の五四運動をはじめ、文化大革命、1989年のいわゆる天安門事件では多くの学生や市民が集合し政治運動を行った。

天安門広場と天安門

| 国章にも描かれた中国の象徴 | オススメ度 ★★★ |

天安門／天安門　tiānānmén
てんあんもん

30分 🕐

　1949年10月1日、毛沢東は天安門の楼閣から中華人民共和国の成立を高らかに宣言し、広場には拍手と歓声がうずまいた。天安門は今にいたるも中国の象徴である。
　天安門は紫禁城の外城壁南側に位置する正門。その原型は1417（明の永楽15）年に建てられた承天門だが明末に焼失し、1651（清の順治8）年に現在の規模に増築され、その折に名前も天安門と変わっている。紅墻と呼ばれる高さ約12mの赤い城壁の上に2層の楼閣がそびえ立ち、明や清の時代にはここから皇帝の即位などの重大事の詔書が発せられた。楼閣は建国以来長らく非公開であったが、1988年から有料で一般公開され、誰でも楼上からの眺めを楽しめる。

| 故宮を北から一望できる絶景ポイント | オススメ度 ★★★ |

景山公園／景山公園　jǐngshān gōngyuán
けいざんこうえん

1時間 🕐

　故宮の北門である神武門のさらに北にある公園。面積は約23万㎡で、園内南側にある景山（人工の築山）の高さは43m（海抜は108m）。景山公園は故宮と同じく北京の中心線上にあり、かつそのなかでも最高地点。景山頂上にある万春亭から見下ろす故宮はまさに絶景で、大小の殿閣の瑠璃瓦が燦然と輝き、遠く北京市の四方を見渡せる。
　東側山麓には1644（明の崇禎17）年、明の最後の皇帝、崇禎帝が李自成軍が迫ったときに自ら首をつって命を絶ったというエンジュの木があるが、何回か植え替えられたものであり当時の木ではないようだ。

頤和園／颐和园 yíhéyuán
いわえん

4時間

頤和園は万寿山とその南に広がる昆明湖の総称。面積は約290万㎡、昆明湖の面積が全体の4分の3を占めている。周囲は8kmあり、背後の玉泉山や西山を庭園の風景のなかに取り入れている。北京最大の皇家園林（皇帝とその一族の庭園）で、1998年にユネスコの世界遺産に登録された。

1750（清の乾隆15）年に乾隆帝が、母親の長寿を祝って造営した庭園が前身で、当初は清漪園といった。乾隆帝は杭州の西湖を模した昆明湖など、江南地方の風景をこの庭園に再現するとともに、中国伝統の神仙蓬莱思想を庭園の各所に表現した。

清漪園は、乾隆帝の全盛期に、円明園、暢春園、静宜園、静明園とともに、三山五園と呼ばれる広大な離宮の一部となったが、1860（清の咸豊10）年に英仏連合軍の破壊によって廃墟と化した。

これを1888（清の光緒14）年に西太后が再建し、「頤養沖和（穏やかさを養う）」という言葉から取って頤和園と名づけた。再建費用は海軍や政府の公金から銀3000万両（海軍の年間経費の15年分）が流用され、国家防衛に支障をきたす要因となった。

しかし再建された頤和園は、1900（清の光緒26）年に8ヵ国連合軍によって再び破壊されてしまう。頤和園に強い愛着をもっていた西太后は、1902年にこれを再建した。彼女は1年の3分の2を頤和園で過ごしたため、毎日、紫禁城から銀1万両が運ばれたといわれる。

広大な頤和園は、宮殿区、湖岸区、万寿山区、後山・後湖区、昆明湖区の5つのエリアに区分されている。これらをゆっくり見て回ったら1日では足りない。

短い時間で頤和園の魅力を楽しむなら、湖岸に造られた728mの長廊を歩いてから、万寿山に登って山上から昆明湖を眺めよう。時間があるなら西岸まで歩いて西堤を渡り、東岸の南湖島に架かる十七孔橋まで行ってみたいところ。昆明湖の遊覧も楽しい。

頤和園
M P.32-B1
住海淀区新建宮門路19号
☎62881144
オ4～10月6:30～20:00
※園内の見どころは8:30～17:00
　11～3月7:00～19:00
※園内の見どころは9:00～16:00
※入場はともに閉園2時間前まで
休なし
料4～10月＝30元（下記文昌院ほかとの共通券60元）
　11～3月＝20元（下記文昌院ほかとの共通券50元）
※文昌院＝20元、仏香閣、蘇州街＝各10元、徳和園＝5元。共通券は14:00で販売終了
※日本語音声ガイド機＝40元。デポジット（保証金）として50元が必要
交A：東宮門（宮殿区に近い正門）から入場する場合
　①地下鉄4号線「西苑」、徒歩12分
　②331、332、508、579路バス「頤和園」
　B：北宮門（蘇州街に近い裏門）から入場する場合
　①地下鉄4号線「北宮門」、徒歩5分
　②観光線8バス、331、394、563路、594路バス「頤和園北宮門」
　C：新建宮門（十七孔橋に近い南門）から入場する場合
　74、374、437路バス「頤和園新建宮門」
　D：西南門から入場する場合
　地下鉄西郊線「頤和園西門」
※頤和園はとても広いため、同じ門から出入場せずに、東宮門から入場し北宮門から出る（あるいは逆）と時間の節約になる
U www.summerpalace-china.com

ⓘ ▶▶ インフォメーション

頤和園内の渡し船
オ8:30～16:30
休4～10月＝なし
　11～3月＝全休
料銅牛～石丈亭＝20元、石舫～南湖島～＝20元
※いずれも片道

昆明湖での船遊びが楽しい

天壇

M P33-E4

🏠 東城区天壇内東里7号

📞 67028866

🕐 4〜10月：
公園入口6:00〜21:00
※入場は閉門1時間前まで
（共通券販売は16:00まで）
公園内の見どころ
8:00〜17:30
※入場は閉館30分前まで
11〜3月：
公園入口6:30〜21:00
※入場は閉門1時間前まで
（共通券販売は15:30まで）
公園内の見どころ
8:00〜17:00
※入場は閉門30分前まで

🚫 北神厨、斎宮＝月曜、その
他の＝なし

💴 4〜10月：
入場料＝15元、共通券＝34元
11〜3月：
入場料＝10元、共通券＝28元
通年：祈年殿＋回音壁＋園
丘＝20元、神楽署＝10元、
北神厨、斎宮＝パスポート
提示で無料（1日500人限定）
※共通券で園丘、皇穹宇、祈
年殿を参観できる
※共通券に神楽署は含まれない
※日本語音声ガイド機＝40元。
デポジット（保証金）として
50元が必要

🚇 東門＝地下鉄5号線「天壇
東門」
北門＝地下鉄7号線「桥湾」
6、34、35、72、106、
110路バス「天壇北門」

🌐 www.tiantanpark.com

円明園

M P32-C1

🏠 海淀区清華西路28号

📞 62628501

🕐 公園入口
1月1日〜3月15日、10月16
日〜12月31日7:00〜19:30
3月16日〜4月30日、9月1
日〜10月15日7:00〜20:00
5〜8月7:00〜21:00
※入場は閉園2時間前まで
西洋楼遺址、円明園盛時
全景模型展4〜10月7:00
〜17:30、11〜3月7:00〜
17:00
※入場は閉門30分前まで（3
ヵ所共通券販売は4〜10月
16:30まで、11〜3月16:00
まで）

🚫 なし

💴 入場料＝10元、西洋楼遺
址＝15元、円明園盛時全
景模型展＝10元、3ヵ所共
通券＝25元

🚇 ①地下鉄4号線「圆明園」
②長春園東門＝特4、320、
365、375路バス「圆明園
東門」

🌐 www.yuanmingyuanpark.cn

天壇／天坛　tiāntán
てんだん

🕐 2時間

　天壇は、明、清時代の皇帝が天を祭り五穀豊穣を願って祭祀を行った場所で、現存する中国最大の祭祀建造物。北京市街の南部に位置し、総面積は273万㎡と、広大な面積を誇る緑豊かな公園になっている。

　天壇は園丘と皇穹宇、祈年殿を合わせた総称で、1420（明の永楽18）年に創建された。敷地内には、園丘、皇穹宇、祈年殿が南北一列に整然と並んでいる。大地を象徴する南端は方形の壁で囲まれ、天を象徴する北端は半円形の壁で囲まれており、北側を高く設計することで天地の世界を表現している。1998年に世界遺産に登録された。

北京を代表する建築物の祈年殿

円明園／圓明園　yuánmíngyuán
えんめいえん

🕐 2時間

　北京市の北西にある、かつての清朝の離宮跡。1860（清の咸豊10）年、アロー戦争（第2次アヘン戦争）の際に英仏軍から徹底的な破壊と略奪を受け、修復と整備が進められてはいるものの、ほとんどの部分は今なお廃墟そのものといった様相だ。

　円明園が造られたのは、清の康熙帝の時代。明末の内乱の際に荒廃し廃園となっていた皇族の離宮を康熙帝が再建したのが始まりで、その事業は歴代皇帝に引き継がれた。完成までに5代150年という長い年月が費やされている。

　特に雍正帝、乾隆帝の時代には、当時中国を訪れていたイエズス会の宣教師カスティリオーネらも設計に参加し、バロック様式と中国様式が融和された壮麗極まりない庭園が造り出されることになった（現西洋楼遺址部分）。

ありし日の偉容を思い起こさせる廃墟（大水法）

北海公園／北海公园　běihǎi gōngyuán

1000年以上の歴史をもつ　オススメ度 ★★★

2.5時間

ほっかいこうえん

現存するもののなかでは、世界で最古の皇室庭園といわれる北海公園。北京にある3つの大きな湖「西苑三海」のうち、北海の周辺に広がる御苑跡だ。

庭園の誕生はおよそ1000年前、遼代にまで遡る。その後、金、元、明、清と王朝が替わっても、北海は皇室の御苑であり続けた。元朝の初代皇帝フビライ・ハン（在位1260～1294年）は、ここを中心にして現在の北京の前身である大都を造営しており、「先有北海、後有北京」（先に北海あり、後に北京あり）ともいわれている。

公園の総面積は約70万㎡で、その半分以上を湖面が占める。「一池三山」と呼ばれる造園様式は、皇室庭園にのみ許されたもの。「東の海に、不老不死の仙人が住む三神山（蓬莱、瀛洲、方丈）がある」という伝説をもとに、北海を東の海に、そして園内の瓊華島、団城、犀山台をそれぞれ、蓬莱、瀛洲、方丈に見立てているという。

えいしゅう

なお「西苑三海」のほかの二海（中海、南海）は、共産党政府機関がおかれているため、関係者以外は立ち入り禁止となっている。

有名な九龍壁

北海公園
M P.33-D2～3
住 西城区文津街1号
☎ 64031102、64033225
開 北海公園
　4～10月6:30～21:00
　11～3月6:30～20:00
　瓊華島、団城
　4～10月9:00～17:30
　11～3月9:00～16:30
※入場は閉門30分前まで
　遊覧船9:00～16:45
休 なし
料 4～10月=10元
　11～3月=5元
　瓊華島=10元
　団城=1元
※団城は北海公園と瓊華島の
　共通券購入で無料
　公園内の五龍亭東岸～瓊華
　島北岸の遊覧船=1人片道
　10元、往復15元
※11～3月は運休
交 ①地下鉄6号線「北海北」
　②南門=5、101、103、109、
　124、128路バス「北海」
　③北門(北海后門)=3、13、
　42、107、111、118、612、
　701路バス「北海北門」
U www.beihaipark.com.cn

雍和宮／雍和宮　yōnghégōng

チベット仏教の大伽藍　オススメ度 ★★★

ようわきゅう

清代に開かれた北京最大のチベット仏教寺院。寺院の総面積は6万6000㎡に及び、満洲、モンゴル、中国、チベットの各文化圏の様式が入り交じった建築物が並ぶ。南から北に向かって順に雍和門、雍和宮殿、永佑殿、法輪殿、万福閣。万福閣の中央には地上約18m、地下約8mの弥勒仏があり、これは長さ26m、直径10mもある1本のビャクダンの樹を彫り上げたものとして世界的にも有名だ。

雍和宮
M P.33-E2
住 東城区雍和宮大街12号
☎ 84191919、64074951
開 4～10月9:00～16:30
　11～3月9:00～16:00
※入場は閉門30分前まで
休 なし
料 25元
※日本語音声ガイド機=50元。
　デポジット(保証金)として
　100元が必要
交 地下鉄2、5号線「雍和宮」

正陽門（前門）／正阳门（前门）　zhèngyángmén (qiánmén)

今も残る北京内城の城門　オススメ度 ★★★

せいようもん　（ぜんもん）

毛主席紀念堂の南側にある城門。1420（明の永楽18）年に造られた高さ42mの門は、正式名は正陽門だが、通称の「前門」と呼ばれることが多い。1949年の中華人民共和国成立後は、城壁や城門のほとんどが壊されたが、残った城門のなかで完全に保存されているもののひとつ。

堂々とそびえる正陽門

正陽門（前門）
M P.33-E3、P.36-B～C2
住 東城区前門大街正陽門
☎ 65118110、65118106
開 9:00～16:30
※入場は閉門30分前まで
休 月曜
料 20元
交 地下鉄2号線「前門」
※入場は天安門広場からとなるので、安全検査とパスポートチェックが必要。また、3月の全国人民代表大会期間など天安門広場閉鎖時は入場不可（→P.44）

鐘楼・鼓楼

M P.37-C1

- 住 東城区鼓楼大街
- ☎ 鐘楼＝64012674
  鼓楼＝64075176
- 🕐 9:00～17:00
  ※入場は閉門30分前まで
- 休 なし
- 料 鐘楼＝15元
  鼓楼＝20元
- 交 ①地下鉄8号線「什刹海」
  地下鉄2、8号線「鼓楼大街」
  ②5、60、82、107、124路バス「鼓楼」

歴史を感じさせる鐘楼の外観

人民大会堂

M P.33-E3

- 住 西城区天安門広場
- ☎ 63096156、83084776
- 🕐 5月～10月上旬
  9:00～16:00
  10月中旬～4月
  9:00～14:00
  ※入場は閉館30分前まで。
  オープン時間は日によって異なる。翌日のオープン時間は前日に決まり、自動案内電話☎83084776で告知
- 休 会議があるときは見学不可
- 料 30元
  ※小さなバッグ以外の荷物はチケット売り場脇の預け所に預けること（別料金）
  ※液体物やライターの持ち込み不可
- 交 地下鉄1号線「天安門西」

盧溝橋

M P.32-A4

- 住 豊台区盧溝橋城南街77号
- ☎ 83892521、83896510
- 🕐 8:00～18:00
  ※入場は閉園1時間前まで
- 休 なし
- 料 20元
- 交 309、339、458、459、624路バス「盧溝新橋」
- U www.lugouqiao.org.cn

巨大な太鼓と鐘を擁する元、明代の楼閣 ｜ オススメ度 ★★★

鐘楼・鼓楼／钟楼・鼓楼　zhōnglóu・gǔlóu
しょうろう　ころう

昔は時を知らせた鼓楼

鐘楼は旧北京城の中心軸の最も北に位置する時計台。1420（明の永楽18）年、鼓楼と対になる形で建立されたが一度火災で焼失し、1747（清の乾隆12）年に再建された。高さ47.95m。楼内にはその名のとおり高さ4.5m、重さ63トンにもなる巨大な銅製の鐘が設置されており、1924年まで実際に使われていたという。その鐘の音は、40km四方に響き渡ったそうだ。

鼓楼は1272（元の至元9）年に創建された木造の時計台で、明代と清代に大規模な修復が行われた。現在の建物は高さ31m。中には高さ1.79m、直径1.42mの大太鼓が収められている。かつては1日に2回、5:00と17:00に大太鼓を打ち鳴らし角笛を吹いて、人々に城門開閉を知らせていた。現在は毎日9:30～11:30と13:30～16:30の間1時間ごとに、無料で約5分間の太鼓ショーを観賞できる。

日本の国会議事堂に当たる会議場 ｜ オススメ度 ★★★

人民大会堂／人民大会堂　rénmín dàhuìtáng
じんみんだいかいどう

天安門広場の西側に位置する建物で、中華人民共和国の建国10周年を記念し、1959年に建造された。床面積17万㎡を超える建物の内部には、1万人を収容できる会議場「万人礼堂」や全国の省の名がついた応接室をはじめ、300に及ぶ会議場などの部屋がある。毎年3月には全国人民代表大会が、5年に1度中国共産党大会が開催される。建物の一部は一般公開されており、重要な会議がないときは見学可。

歴史にその名を残す名所 ｜ オススメ度 ★★★

盧溝橋／卢沟桥　lúgōuqiáo
ろこうきょう

北京南西20kmの豊台区を流れる永定河に架かる石橋で、1192（金の明昌3）年に造られた。全長260m、幅7.5m。橋桁は11の弓形アーチで構成され、欄干の上にはそれぞれ異なる姿と大きさの石造りの獅子が500体ほど並んでいる。元代にここを訪れたマルコ・ポーロは『東方見聞録』の中で、「これほど美しい橋は世界中どこを探してもほかには見つからないだろう」と述べている。

パンダ舎が充実　オススメ度 ★★★

北京動物園／北京动物园　běijīng dòngwùyuán
ペキンどうぶつえん

愛くるしいパンダは人気者

面積50万㎡、中国最大規模を誇る動物園で、市区西北部に位置する。ジャイアントパンダや金絲猴（きんしこう）、野生では絶滅したシカの一種、四不象（しふぞう）という珍獣など、中国ならではの動物をはじめとする約450種5000匹余りの動物を飼育している。園内にある水族館「海洋館」では、500種1000匹の魚介類を見ることができる。

元気に動き回るパンダを見るには、朝がおすすめ。

道教全真派の祖師が眠る　オススメ度 ★★★

白雲観／白云观　báiyúnguàn
はくうんかん

739（唐の開元27）年に建てられた道教全真派の道観。1957年に中国道教協会所在地に定められた。現存するのは1706（清の康熙45）年に修築されたもの。

元代の初めに全真派の祖師で著名な道士邱処機（長春子）が、当時太極宮と呼ばれたこの道観に居住したことで、彼の名にちなみ長春宮と改称されたという逸話が残っている。邱祖殿の邱処機像の下には祖師の遺骨が眠る。

白雲観の牌坊

古代の賢人の遺徳をたたえる　オススメ度 ★★★

孔廟・国子監博物館／孔庙·国子监博物馆　kǒngmiào·guózǐjiàn bówùguǎn
こうびょう　こくしかんはくぶつかん

1302（元の大徳6）年に、時の皇帝フビライが当時被支配民族となっていた漢族の知識階級の人々を懐柔するために築かせたといわれる、古代中国の賢人孔子を祀った廟。2万2000㎡の広さを有し、山東省曲阜の孔廟に次ぐ規模を誇る。

中心的建造物の大成殿は、明の永楽帝の時代に設けられたもので、清代にもさらに規模が拡張されている。元、明、清代の科挙合格者の名を刻んだ石碑など多くの歴史的文物があり、科挙の受験生が筆を洗ったと伝えられる井戸も残されている。隣接の国子監も孔廟から入る。

孔廟の大成殿

北京動物園
[M]P.32-C2
[住]西城区西直門外大街137号
☎68390274
[オ]4～10月7:30～18:00
11～3月7:30～17:00
※海洋館
4～10月9:30～17:00
11～3月10:00～16:30
※入場は閉園30分前まで
[休]なし
[料]4～10月＝15元
11～3月＝10元
※パンダ館＝別途5元、小動物クラブ（犬猫）＝別途各10元。入園料とパンダ館の共通券は4～10月19元、11～3月14元
※海洋館＝150元
[交]①地下鉄4号線「动物园」
② 特4、27、105、107、111、347、360、563路バス「动物园」
[U]www.beijingzoo.com

白雲観
[M]P.33-D3
[住]西城区西便門外白雲路白雲観街9号
☎63396074
[オ]4～10月8:30～17:00
11～3月8:30～16:30
※入場は閉門30分前まで
[休]なし　[料]10元
[交]26、45、80、320路バス「白云观」
※陰暦12月30日～1月7日は廟会（お祭り）を開催

孔廟・国子監博物館
[M]P.33-E2
[住]東城区国子監街13-15号
☎84011977、64075259
[オ]5～10月8:30～18:00
11～4月8:30～17:00
※入場は閉門30分前まで
[休]11～4月の月曜
[料]30元（国子監との共通券）
[交]①地下鉄2、5号線「雍和宫」
②13路バス「国子监」。116、117路バス「雍和宫」
[U]www.kmgzj.com

科挙の様子を人形で展示

世界最大の大鐘が鎮座する　オススメ度 ★★★

古鐘博物館（大鐘寺）／
こしょうはくぶつかん　　だいしょうじ
古钟博物馆（大钟寺）　guǎzhōng bówùguǎn(dàzhōngsì)

　明の永楽年間に鋳造された大鐘を蔵することから、1733（清の雍正11）年に大鐘寺と改称された寺院。1985年からは「古鐘博物館」として、大小400以上の鐘を保管している。寺名の由来となった大鐘は高さ6.75m、直径3.3m。その音は100m四方に響き渡り、3分以上の余韻を残すといわれる。

チベット式仏塔が美しい　オススメ度 ★★★

妙応寺（白塔寺）／妙应寺（白塔寺）miàoyingsì (báitǎsi)
みょうおうじ　はくとうじ

　白塔寺の通称で知られる寺院。1271（元の至元8）年にネパールから職人を招聘し、仏舎利塔を改修して建立された。当時のチベット仏教の活動の中心であったが、1368（元の至正28）年に焼失。1433年に再建され、妙応寺と改称された。シンボルである高さ51mの白塔は幸いにも火災を逃れ、元代の姿を今に伝える貴重な建築物となっている。

2008年五輪会場となった　オススメ度 ★★★

国家スタジアム／国家体育場 guójiā tǐyùchǎng
こっか

　2008年に開催された北京オリンピックのメイン会場となった大型多目的競技場。スイス人建築家によるユニークな外観は通称「鳥の巣」と呼ばれる印象的なもの。西側には水泳競技の会場となった「水立方」がある。

独特の外観が見もの

世界から注目を浴びる現代アート村　オススメ度 ★★★

798芸術区／798芸术区 qījiǔbā yúnshùqū
ななきゅうはちげいじゅつく

旧ソ連や東ドイツの援助によって1950年代に建設された電子工業の798国営工場を再利用した一大芸術区。大山子芸術区とも呼ばれる。
　大小のギャラリーやアトリエが建ち並び、おしゃれなカフェやレストランも多い。

ユニークな屋外アートが多い

インフォメーション

三輪リキシャに乗って北京のいにしえの世界へ小旅行

昔からの路地「胡同」を三輪リキシャで回るミニツアーが人気。

北京グランドスラム

什刹海周辺の三輪リキシャサービスの手配（予約代行）を行える旅行会社。日本語での対応が可能。北京在住の日本人も利用するという信頼のおけるサービスが自慢だ。胡同1日コース（食事付き9:00〜16:30）は、鼓楼（もしくは鐘楼）、恭王府（もしくは宋慶齢故居）、銀錠橋などを、日本語ガイドとともに三輪リキシャで回るという内容。また胡同にある伝統住居「四合院」を見学し、中国家庭料理を体験。

Ⓜ P.39-F2 Ⓗ朝陽区農展館北路麦子店街78号華康商務2階2028室
☎65006900（日本人スタッフ対応） Ⓤ www.grandslam.com.cn
Ⓞオフィス9:30〜18:30 ※電話は年中無休対応
Ⓕ1人当たり：胡同1日コース＝400元（2人以上）※日本語ガイド料込み

郊外の見どころ

延々と連なる様は圧巻　｜オススメ度 ★★★｜｜世界遺産｜

万里の長城／

ばんり　ちょうじょう

万里长城　wànlǐchángchéng　｜2時間｜

北京北部を東から西へ、龍がはうごとく横たわる万里の長城。総延長約2万km、司馬遷の『史記』に長さを「万里余」と記されたことが名前の由来。

敵の襲来を防ぐために築かれた土壁を、中国統一を果たした秦の始皇帝（紀元前259〜紀元前210年）がつなぎ合わせ、北側の国境地帯を守ったのが始まりといわれる。

現存する長城は、おもに明朝が造営したもの。4世紀にわたる北方民族王朝の支配を経て南方から興った明は、建国後も彼らの脅威と常に向き合わざるを得ず、長城を今見られるような堅固なものに修築したのだった。1987年の世界文化遺産登録から、すでに30年。ぜひ自らの一歩を印して帰りたい。

長城の傾斜はかなりきつい

インフォメーション

万里の長城では防寒対策を万全に

万里の長城は「城」といっても、標高が高い山岳地帯に延々と築かれた壁だ。北京市区中心部に比べると標高が高いぶん、気候も市区中心部とは異なる。強い風が吹いており、体感気温は市内よりも5℃くらい低いと考えよう。晴れれば紫外線も強い。秋〜春に訪問する際は冬の北海道に行くような服装を心がけ、夏でも高地では肌寒いので軽く羽織るものを持参すると安心だ。長城を散策するなら、すべりにくい靴も必須。また、未整備の部分は危険なので登らないように。

八達嶺長城
Ⓜ P.54-A1
Ⓗ延慶県八達嶺長城
☎69122222
Ⓞ4〜10月6:30〜19:00
　11〜3月7:30〜18:00
※入場は閉門1時間前まで
※日没後は入場不可（旅行会社のツアーを除く）
Ⓕなし
Ⓕ4〜10月＝40元
　11〜3月＝35元
Ⓒ①地下鉄8、13号線「霍営」、隣接する「黄土店」で城際S2線に乗り換えて「八達嶺」。黄土店発7:46〜16:53または17:20の間6〜9本、八達嶺発7:24〜18:59または19:31の間6〜10本運行、6元、所要約1時間10分
※当日の切符のみ販売。「一卡通」使用可
②徳勝門（地下鉄2号線「积水潭」下車。Ⓜ P.33-D2）から877路直達バスで終点（6:00〜12:00の間15分に1便。12元、所要1時間〜1時間30分）
※八達嶺長城行き877路直達バスは12:00以降の運行はない。919路バスでも近くまで行ける
※「八达岭」からの最終は17:00発
③タクシーをチャーターする。8時間貸し切りで、八達嶺と明十三陵を回り、900元が目安
※行き先を途中で増やすと割増料金を要求されるので、出発前にしっかり目的地を決めておくこと
Ⓤ www.badaling.cn

ⓘ ▶▶▶ インフォメーション

八達嶺長城の乗り物
ロープウエイ（女坂）
☎69121016
⏰7:00～16:00
🎫片道=100元
　往復=140元
※往復券の販売は14:00まで

司馬台長城
ⓂP54-B1
🏠密雲県古北口鎮司馬台長城
☎81009999
⏰古北水鎮9:00～22:30
　司馬台長城9:00～16:00
※古北水鎮入場は閉園1時間
　30分前まで、司馬台長城
　入場は閉門1時間前まで
※司馬台長城と古北水鎮の共
　通券販売は15:00まで
なし
🎫古北水鎮=150元
　司馬台長城=40元
　共通券=170元
　ロープウエイ=片道90元、
　往復160元
　観光車=10元（予約なし
　の場合）
🚌①東直門枢紐バスターミナ
　ルから980路バスで「密雲
　鼓楼」。道路向かい側から
　密37路バスに乗り換えて
　「古北水鎮」
※到着後、古北水鎮の入口に
　ある游客中心で入場券を購
　入し、観光車（10:00、12:
　00、14:00発。予約者は無
　料）で長城に向かう。長城
　から游客中心への戻り便は
　12:30、13:30、14:00、
　15:30、16:30発
　②東直門枢紐バスターミナ
　ル東北のバス車庫（ⓂP38-
　B2）から古北水鎮行きで
　終点。9:00、12:00、15:30
　発、古北水鎮からの戻り便
　は12:00、16:00、21:00
　発。48元、所要約2時間
※土・日曜は東直門14:00発、
　古北水鎮19:00発を増便
　③旅行会社で車をチャータ
　ーした場合、8時間900元
　が目安
🌐www.wtown.com

ⓘ ▶▶▶ インフォメーション

個人で司馬台長城を観光
する際の注意
　前日までに下記にて予約す
る。個人観光客の入場は10:
00、12:00、14:00のみ。なお、
古北水鎮との共通券を購入す
れば、事前連絡は不要で入場
時間の指定もない。
☎81009999（英語可）
✉gubeishuizhen01@163.
com（英語可）
🌐www.wtown.com

おもな長城

▶八達嶺長城（はったつれいちょうじょう）／
八达岭长城（bādálǐng chángchéng）

　北京近郊の長城のなかでも観光地として整備が進んでいる長城。北京市街から約75kmの地点にあるが、高速道路があるため北京中心部からのアクセスがよく、市内からのツアーも大多数がここを目指す。観光客にとっては最も訪れやすい長城といえるだろう。全長約3700mで、比較的上質の材料が使用されているので、長城のなかでも最も美しいという人も少なくない。

　入口からのルートはふたつあるが、北側の山沿いに緩やかに延びるルート（通称「女坂」）なら、多くの人が折り返す4つ目の城楼まで往復約40分。南側の山沿いに続く傾斜のきついルート（通称「男坂」）なら往復1時間30分ほど。

▶司馬台長城（しばだいちょうじょう）／
司马台长城（sīmǎtái chángchéng）

　北京市の北東に連なる燕山山脈に築かれた長城。北京近郊の長城では、明代の姿をよくとどめているものとして知られる。明の建国と期を同じくして、1368（明の洪武元）年に着工し、明代中後期に将軍、威継光によって修築されたと伝えられる。

　司馬台長城の最大の特徴は、「天梯」（天のはしご）や「天橋」（天の橋）とまで呼ばれる道の急峻さと、見晴らしのよさ。海抜986mの望京楼が最高地点。長らく続いていた修復工事が2014年に完了し、リニューアルオープンした。

▶慕田峪長城（ぼでんよくちょうじょう）／
慕田峪长城（mùtiányù chángchéng）

　八達嶺の東、緑豊かな山あいにある長城。南北朝時代の北斉が建設した長城を、明の太祖洪武帝（朱元璋）から命を受けた重臣の徐達が造り直したとされる。八達嶺ほど混んでいないので、ゆっくりと観光したい人にはおすすめだ。

　慕田峪長城の全長は、約2250m。谷底にある入口から、ルートは東西に分かれる。東が高く西が低い地形のため、見晴らしのよい東側へ向かう人が多いが、東側のルートは500m弱の距離で約120mもの高さを登る急坂。約1000段の階段は、上りはもちろん下りもきついので、ロープウエイを利用するのも一策だろう。

　慕田峪長城で注目したいのは、その城壁自体。ほかの長城

2015年にチケットセンターができた。ここで入場券と乗り物券を購入する

スライダーで下りると楽しいが、操作に自信のない人はロープウエイをおすすめする

では外側の城壁にのみ付いている射撃孔が、ここでは両側に設けられている。これは明代の中後期、倭寇征伐にも功績のあった将軍、戚継光の修築によるもので、領内に敵が入ったときのことを想定し、城壁上から追撃するために開けたと伝えられる。

延々と続く慕田峪長城

明朝の皇族が眠る陵墓群 | オススメ度 ★★★ | 世界遺産 | 🚗

明十三陵／明十三陵 míngshísānlíng
みんじゅうさんりょう

⏰ 2時間

　北京中心部から北西に約50km、昌平区の天寿山南麓にある明代皇帝の陵墓群。ここに明朝16皇帝のうち13人の皇帝が眠っている。1409（明の永楽7）年の着工より1644年の明朝滅亡まで、造営期間は延べ200年余りにわたり、広さは陵区（陵墓エリア）だけでも40km²に及ぶ。2003年には世界文化遺産に登録されている。

　観光客に公開されているのは陵道（参道）である神路と、定陵、長陵の2陵墓（2018年8月現在、昭陵は非公開）。路線バス利用の場合、八達嶺長城と合わせて1日で回るのは時間がかかり効率的でないので、初めてならツアー参加がおすすめ。

定陵地下宮殿にある万暦帝宝座

関連遺物を展示する十三陵博物館

長陵の祾恩殿（祭祀の場所）

慕田峪長城
🗺 P54-B1
📍 懐柔区渤海鎮慕田峪長城
☎ 61626022
⏰ 4～10月8:00～17:00
　11～3月8:30～16:30
🚫 なし　💴 40元
🚌 ①東直門枢紐バスターミナルから916路バスで「懐柔北大街」。H23、H24路バスで「慕田峪环島」
②北京旅游前門集散中心（🗺 P.36-B2）から直通バスで終点（9:00発。30元、所要1時間30分。戻り便は15:30発）
③東直門枢紐バスターミナルの北東から直通バスで終点（8:30発。30元、所要1時間30分。戻り便は16:00発）
🌐 www.mutianyugreatwall.com

ⓘ ▶▶▶ インフォメーション

慕田峪長城の乗り物
ロープウエイ
💴 片道=100元
　往復=120元
観光専用車
💴 片道=10元、往復=15元
　チケットセンターと長城入口を結ぶ。

明十三陵
🗺 P54-B1
📍 昌平区長陵鎮十三陵
🚗 旅行会社で車をチャーターする。1日900元が目安
※各陵墓へのアクセスは下記参照
🌐 www.mingtombs.com

定陵博物館
☎ 60761424
⏰ 4～10月8:00～17:30
　11～3月8:30～17:00
🚫 なし
💴 4～10月=60元
　11～3月=40元
※定陵博物館と長陵博物館、神道博物館の共通券は4～10月=130元、11～3月=100元
🚌 ①徳勝門から872路バスで「定陵」
②地下鉄昌平線「昌平东关」。314路バスに乗り換えて「長陵」

長陵博物館
☎ 60761888
⏰ 4～10月8:00～17:30
　11～3月8:30～17:00
🚫 なし
💴 4～10月=45元
　11～3月=30元
🚌 ①徳勝門から872路バスで「長陵」
②地下鉄昌平線「昌平东关」。314路バスに乗り換えて「長陵」

清東陵
住河北省遵化市馬蘭峪鎮塔
　山頂南坡
☎(0315)6945475
⏰3〜11月8:00〜17:00
　12〜2月8:50〜16:00
※入場は閉門1時間前まで
休なし
料3〜11月=150元
　12〜2月=110元
※電動カート含む
交①ツアーバスを利用する。
　地下鉄1号線「四惠」駅A
　出口を出て、四惠橋下（地下
　鉄1号線「四惠」駅A出口と
　四惠長距離バスターミナルの
　間の陸橋下駐車場）へ。ツ
　アーバス出発は9:00、東陵
　出発は16:00。入場料込み
　で198元。前日までの予約
　がおすすめ。
　☎82001862、
　携帯=13810270677
　②旅行会社で車をチャータ
　ーする。1100元が目安
※路線バスや現地でタクシー
　を乗り継いでも行けるが、
　便数の少なさや言葉などの
　困難があるうえ、時間もか
　かる
Uwww.qingdongling.com

清東陵／清东陵　qīngdōnglíng
しんとうりょう

2時間

　河北省遵化市の北西部、昌瑞山南麓に広がる清朝の皇室陵墓群。北京の東（約125km）に位置するため、清東陵と呼ばれている。2000年に世界遺産に登録された。
　1661（清の順治18）年に造営が開始され、1663年に第3代皇帝の順治帝（在位1644〜1661年）が埋葬された。その後も皇室の陵墓として使用された。
　清東陵は5人の皇帝の陵墓を中心にその周囲には后や皇女の陵墓を配置し、それぞれを参道で結んでいる。
　最大規模を誇るのは順治帝が眠る孝陵。その東隣にある孝東陵には后など28人が眠っている。ほかに康熙帝の景陵、同治帝の恵陵、乾隆帝の裕陵、咸豊帝の定陵、西太后の定東陵があり、裕陵と定東陵は内部を公開している。

定東陵にある慈禧陵には西太后が眠る

考古学史上の大発見の現場　オススメ度 ★★★　[世界遺産]

周口店猿人遺址／周口店猿人遺址 zhōukǒudiàn yuánrén yízhǐ

北京の中心部から南西に約50km、車で約1時間の場所にある。1929年に北京大学の考古学者裴文中らの手によって北京原人の頭蓋骨の化石が発掘された。北京原人は今から50万年ほど前に生きていたホモ・エレクトスの仲間。このあたりの岩盤は、石灰質で化石が残りやすい性質をもっていたため、世紀の大発見となった。

周口店の発掘現場は、その歴史的価値の高さから1987年にユネスコの世界遺産に登録された。

ここでは北京原人の石器や動物の骨などの出土品、実際に北京原人が暮らしていたとされる洞窟などを見ることができるが、北京原人の骨そのものは第2次世界大戦中に行方不明になってしまっており、展示されているのはレプリカである。

周口店猿人遺址
[M]P.54-A2
[住]房山区周口店大街1号
☎69301090
[オ]4～10月9:00～16:30
11～3月9:00～16:00
※入場は閉門30分前まで
[休]なし（博物館は月曜休み）
[料]博物館＝30元
遺址公園＝30元
[交]①旅行会社でタクシーをチャーターする。900元が目安
②天橋（北緯路の八方達バス乗り場[M]P.33-E3）から836路バスで「周口店路口」。房38路バスに乗り換えて「猿人遺址」
③地下鉄房山線「良乡南关」。北へ徒歩12分の「拱辰南街」または「拱辰南街」バス停で房38路バスに乗り換えて「猿人遺址」
※「车厂」行きに乗車すること。「区间车」と表示のバスは途中止まりで周口店猿人遺址には行かない
[U]www.zkd.cn

ホテル

ホテルニューオータニ長富宮／长富宫饭店 chángfùgōng fàndiàn ★★★★★

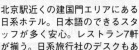

北京駅近くの建国門エリアにある日系ホテル。日本語のできるスタッフが多く安心。レストラン7軒が揃う。日系旅行社のデスクもあるので、航空券の手配も便利だ。長期滞在者用施設あり。

両替　ビジネスセンター　インターネット

[M]P.37-A4
[住]朝陽区建国門外大街26号
☎65125555
[FAX]65139810
[S]1045～1450元
[T]1045～1450元
[サ]なし
[カ]ADJMV
[U]www.cfgbj.com

チャイナワールド ホテル 北京／中国大饭店 zhōngguó dàfàndiàn ★★★★★

CBDの中心部、国貿にある。世界的有名ブランドが入るデパート国貿商城に隣接している。ロケーションがよいので各国VIPにも人気。

両替　ビジネスセンター　インターネット　[U]www.shangri-la.com/jp

[M]P.37-B4
[住]朝陽区建国門外大街1号
☎65052266　[FAX]65050828
[S]1400～1700元
[T]1400～1700元
[サ]10%＋6%　[カ]ADJMV

グランド ハイアット 北京／北京东方君悦大酒店 běijīng dōngfāng jūnyuè dàjiǔdiàn ★★★★★

王府井の巨大ショッピングモール、東方広場に隣接する。すべての客室に大理石のバスタブがあり人気。

両替　ビジネスセンター　インターネット　[U]beijing.grand.hyatt.cn

[M]P.34-B4
[住]東城区東長安街1号東方広場
☎85181234　[FAX]85180000
[S]1475～1575元
[T]1475～1575元
[サ]15%　[カ]ADJMV

北京飯店／北京饭店 běijīng fàndiàn ★★★★★

1900年創業の北京で最も古い老舗ホテル。天安門に近い。ホテル内に5軒あるレストランは、いずれもレベルの高い味わい。

両替　ビジネスセンター　インターネット　[U]www.chinabeijinghotel.com.cn

[M]P.34-A4
[住]東城区東長安街33号
☎65137766　[FAX]65137307
[S]1250～1450元
[T]898～998元
[サ]なし　[カ]ADJMV

ザ・ペニンシュラ北京／王府半島酒店 wángfǔ bàndǎo jiǔdiàn ★★★★★

中国式外観と西洋建築の要素が美しく融合されたホテル。客室のバスルームは大理石製。広東料理レストラン「鳳庭」も人気。

両替　ビジネスセンター　インターネット　[U]www.peninsula.com

[M]P.34-B3
[住]東城区王府井大街金魚胡同8号
☎85162888　[FAX]65106311
[S]2000元
[T]2000元
[サ]10%＋6%　[カ]ADJMV

ヒルトン北京・王府井ホテル／北京王府井希尔顿酒店 ★★★
bēijīng wángfǔjǐng xīěrdùn jiǔdiàn ★★
王府井大街すぐに位置しており、故宮や天安門の観光、ショッピングにも便利。部屋は広く落ち着いた雰囲気。

両替　ビジネスセンター　インターネット　U www.hilton.com.cn

M P.34-A3
住 東城区王府井東街8号
☎ 58128888　**FAX** 58128886
S 1310元
T 1310元
サ 10%+6%　**カ** ADJMV

ザ・リージェント北京／北京丽晶酒店 ★★★
bēijīng lìjīng jiǔdiàn ★★
王府井まで徒歩約5分の場所にある。ビジネスエリアにありながら、昔ながらの胡同にも近いというロケーションが魅力。

両替　ビジネスセンター　インターネット　U www.regenthotels.com

M P.34-B3
住 東城区金宝街99号
☎ 85221888　**FAX** 85221818
S 1300元
T 1300元
サ なし　**カ** ADJMV

フェアモント北京／北京华彬费尔蒙酒店 ★★★
bēijīng huábīnfèiěrméng jiǔdiàn ★★
北京随一のビジネスエリアに位置する。ネットの口コミサイトでの評価も高い。付近にはさまざまなレストランやショップがある。

両替　ビジネスセンター　インターネット　U www.fairmont.cn

M P.37-B4
住 朝陽区建国門外大街永安里南街8号
☎ 85117777　**FAX** 85073999
S 1200元　**T** 1200元
サ 10%+6%　**カ** ADJMV

首都大酒店／首都大酒店 ★★★
shǒudū dàjiǔdiàn ★★
美しい庭園が自慢の老舗ホテル。A棟とB棟に分かれている。空港からのタクシー料金は120元が目安。航空券の手配可。

両替　ビジネスセンター　インターネット　U www.capitalhotel.com.cn

M P.33-E3
住 東城区前門東大街3号
☎ 58159988　**FAX** 65120307
S 739〜809元
T 739〜809元
サ なし　**カ** ADJMV

パーク ハイアット 北京／北京柏悦酒店 ★★★
bēijīng bǎiyuè jiǔdiàn ★★
CBDの中心部にあるホテル。南側にあるエレベーターから63階のフロントへ行く。65階には北京市全景が見渡せるバーがあり人気だ。

両替　ビジネスセンター　インターネット　U beijing.park.hyatt.com

M P.37-B4
住 朝陽区建国門外大街2号
☎ 85671234　**FAX** 85671000
S 1800元
T 1800元
サ 15%　**カ** ADJMV

ワンダ ビスタ北京／北京万达文华酒店 ★★★
bēijīng wàndá wénhuá jiǔdiàn ★★
地下鉄1、14号線「大望路」駅の近く。再開発が進む複合開発エリアにある。旧ソフィテルワンダ北京。新世界デパートなどが隣接。

両替　ビジネスセンター　インターネット　U www.sofitel.com

M P.37-C4
住 朝陽区建国路93号万達広場C座
☎ 85996666　**FAX** 85996686
S 1280元　**T** 1280元
サ 10%+6%　**カ** ADJMV

ウェスティン北京金融街／北京金融街威斯汀大酒店 ★★★
bēijīng jīnróngjiē wēisītíng dàjiǔdiàn ★★
金融街にあるモダンなデザインのホテル。客室には自慢のヘブンリーベッドがあるなど、設備が充実している。

両替　ビジネスセンター　インターネット　U www.starwoodhotels.com

M P.33-D3
住 西城区金融街乙9号
☎ 66068866　**FAX** 66068899
S 1500〜1900元
T 1500〜1900元
サ 10%+6%　**カ** ADJMV

グランドミレニアム北京／北京千禧大酒店 ★★★
bēijīng qiānxǐ dàjiǔdiàn ★★
CBDエリアの地下鉄10号線「金台夕照」駅徒歩1分と交通至便。客室はモダンで広め。

両替　ビジネスセンター　インターネット　U www.millenniumhotels.com

M P.37-B3
住 朝陽区東三環中路7号
☎ 85876888　**FAX** 85876999
S 1300元
T 1300元
サ 15%　**カ** ADJMV

ノボテル ピース北京／北京诺富特和平宾馆 ★★
bēijīng nuòfùtè hépíng bīnguǎn ★★
王府井大街まで徒歩3分で行けるロケーションで日本人観光客にも人気が高い。美容院や茶館なども隣接している。

両替　ビジネスセンター　インターネット　U www.novotel.com

M P.34-B3
住 東城区金魚胡同3号
☎ 65128833　**FAX** 65126863
S 799〜899元
T 799〜899元
サ なし　**カ** ADJMV

パークプラザ・ホテル／北京丽亭酒店 ★★
bēijīng lìtíng jiǔdiàn ★★
近くに大手日系企業が多く入居するオフィスビルがあり、日本人出張者の利用が多い。ホテル内にジム、エステなどもある。

両替　ビジネスセンター　インターネット　U www.parkplaza.cn

M P.34-B3
住 東城区金宝街97号
☎ 85221999　**FAX** 85221919
S 900元
T 900元
サ 10%+6%　**カ** ADJMV

ノボテル シンチャオ北京／北京新侨诺富特饭店 ★★ ★★
ヘキン　　　　bēijīng xīnqiáo nuòfùtè fàndiàn

故宮や王府井大街、天安門といった主要観光スポットに近い場所にあるホテル。地下に天然温泉があり入浴も可能。

両替　ビジネスセンター　インターネット　**U** www.accorhotels.com

M P.33-E3
住 東城区崇文門西大街1号
☎ 65133366　**FAX** 65125126
S 828〜878元
T 828〜878元
サ なし　**カ** ADJMV

トレーダース ホテル 北京／国贸饭店 ★★ ★★
ヘキン　　　　guómào fàndiàn

同系列のチャイナワールド ホテル 北京と隣接する。国贸三期内にあるチャイナワールド サミットウイング北京とは異なるので注意。

両替　ビジネスセンター　インターネット　**U** www.shangri-la.com/jp

M P.37-B3
住 朝陽区建国門外大街1号
☎ 65052277　**FAX** 65050838
S 1180〜1280元
T 1180〜1280元
サ 10%+6%　**カ** ADJMV

建国飯店／建国饭店 ★★ ★★
けんこくはんてん　jiànguó fàndiàn

ヤシの木などの緑があるロビーラウンジは、南国の雰囲気満点。水辺のある中庭に面した客室にはテラスがある。

両替　ビジネスセンター　インターネット　**U** www.hoteljianguo.com

M P.37-B4
住 朝陽区建国門外大街5号
☎ 65002233　**FAX** 65002871
S 818〜918元
T 818〜918元
サ なし　**カ** ADJMV

ジンルン・ホテル／京伦饭店 ★★ ★★
jīnglún fàndiàn

日系ホテルだけに日本語によるサービスが充実している。地下鉄1、10号線「国贸」駅、1号線「永安里」駅から徒歩3分。

両替　ビジネスセンター　インターネット　**U** www.jinglunhotel.com

M P.37-B4
住 朝陽区建国門外大街3号
☎ 65002266　**FAX** 65002022
S 890〜990元
T 890〜990元
サ なし　**カ** ADJMV

前門建国飯店／前门建国饭店 ★★ ★★
ぜんもんけんこくはんてん　qiánmén jiànguó fàndiàn

市内中心部にあり、琉璃廠、天壇へも車で10分と観光に便利。ホテル1階に京劇の「梨園劇場」がある。航空券の手配可。

両替　ビジネスセンター　インターネット　**U** www.bthhotels.com

M P.33-D3
住 西城区永安路175号
☎ 63016688　**FAX** 63013883
S 668元
T 598元
サ なし　**カ** ADJMV

ハワードジョンソン・パラゴン・ホテル／北京宝辰饭店 ★★ ★★
bēijīng bǎochén fàndiàn

鉄道や地下鉄などの交通の便が非常によく、隣接するオフィスビルには多くの日系企業が入居し、ビジネス客にも人気が高い。

両替　ビジネスセンター　インターネット　**U** www.hojochina.com

M P.33-E3
住 東城区建国門内大街甲18号
☎ 65266688　**FAX** 65274046
S 698〜918元
T 698〜918元
サ なし　**カ** ADJMV

天倫松鶴大飯店／天伦松鹤大饭店 ★★ ★★
てんりんしょうかくだいはんてん　tiānlún sōnghè dàfàndiàn

王府井大街と灯市口大街が交わる交差点の東側に立つホテル。故宮、天安門をはじめ名所旧跡に近い。

両替　ビジネスセンター　インターネット　**U** www.sunworldhotel.com.cn

M P.34-A2
住 東城区灯市口大街88号
☎ 58168999　**FAX** 65139088
S 628〜698元
T 628〜698元
サ なし　**カ** ADJMV

北京竹園賓館／北京竹园宾馆 ★★★
ペキンちくえんぴんかん　bēijīng zhúyuán bīnguǎn

100年以上前に建てられた四合院ホテル。西太后に仕えた宦官の安徳海や多くの文化人が住んだ場所を、ホテルに改造した。

両替　ビジネスセンター　インターネット　**U** www.bbgh.com.cn

M P.37-B1
住 西城区旧鼓楼大街小石橋胡同24号
☎ 58520088　**FAX** 58520066
S 680元　**T** 680元
サ なし　**カ** ADJMV

二十一世紀飯店／二十一世纪饭店 ★★★
にじゅういっせいきはんてん　èrshíyī shìjì fàndiàn

中日青年交流中心に隣接するホテル。在中国日本国大使館（本館・領事館）が至近距離にあり、日本人客の利用も多い。

両替　ビジネスセンター　インターネット　**U** www.21-hotel.com

M P.39-F1
住 朝陽区亮马桥路40号
☎ 64683311　**FAX** 64664812
S 800元
T 800元
サ なし　**カ** ADJMV

北京四合院ホテル「小院客栈」／小院客栈
ペキンしごういん　しょういんきゃくさん　xiǎoyuán kèzhàn

北京伝統の古い四合院をおしゃれに改修した外国人向けのリーズナブルなホテル。オーナーは日本語堪能。

両替　ビジネスセンター　インターネット

M P.33-E3
住 東城区朝陽門南小街礼士胡同12号
☎ 65212508　**FAX** 65212068
S 398〜468元　**T** 398〜468元
サ なし　**カ** JMV

北京大董烤鴨店 団結湖店／北京大董烤鸭店 团结湖店
ベーキンだいとうカオヤーてん だんけつこてん　běijīng dàdǒng kǎoyādiàn tuánjiéhúdiàn

従来の約35%まで脂肪分を減らしたダックは、パリッとしていてかつ、サラリとした食感が評判。市内に数店舗あり、東四条にある南新倉店は内装もきれいでよい。南新倉店はMP.33-E2、住東城区東四十条甲22号南新倉国際大廈1-2階、☎51690329。

MP.39-E4
住朝陽区東三環北路団結湖北口3号楼
☎65822892、65824003
営11:00～22:00
休なし
カADJMV

四季民福 東四十条店／四季民福 东四十条店
しきみんふく とうしじゅうじょうてん　sìjìmínfú dōngsìshítiáodiàn

北京ダックと伝統北京料理を手軽な価格で楽しめる。東四十条店はインテリアもきれいでおすすめ。ダック以外に、醤油だれで味つけした羊肉の薄切りを炒めた"貝勒烤肉"が名物。

MP.33-E2
住東城区東四十条23号
☎64013267
営10:30～22:00
休なし
カV

劉宅食府／刘宅食府
りゅうたくしょくふ　liúzhái shífǔ

オーナーの劉さん夫妻がかつて住んでいた伝統家屋「四合院」で、伝統の北京家庭料理を楽しめる。メニューは北京ダックから素朴な家庭料理まで。すべて手作りの伝統宮廷シャオチーも人気だ。

MP.34-A1 住東城区美術館東街蒋家大院胡同8号
☎64005912
営11:00～14:00、17:00～22:00 休陰暦大晦日前日～陰暦1月8日 カ不可

東来順 新東安飯荘／东来顺 新东安饭庄
とうらいじゅん しんとうあんはんそう　dōngláishùn xīndōngān fànzhuāng

100年以上の歴史を誇る羊しゃぶしゃぶ"涮羊肉"の老舗店。内蒙古産の羊肉は臭みも少なく軟らかい。薬味はゴマだれなど5種類から選べる。中国全土に多数の支店があるが、ここが本店。

MP.34-A3 住東城区王府井大街138号新東安市場5階
☎65280932、65280930
営11:00～21:00 休なし
カADJMV
Uwww.donglaishun.com

都一処／都一处
といっしょ　dūyīchù

清の乾隆3年（1738年）から続くシュウマイの老舗。前門大街の再開発完了にともないもとの場所に戻り、営業を続けている。店名は乾隆帝自身がお忍びで訪れ、その際に賜ったという。

MP.36-C3
住東城区前門大街38号
☎67021555
営7:30～21:00
休なし
カV

宝源餃子屋／宝源饺子屋
ほうげんぎょうざおく　bǎoyuán jiǎozi wū

庶民的な餃子専門店だが、外国企業や大使館職員の間のクチコミで人気となり、外国人客が多く訪れる。創作餃子がウリで、珍しいあんを使った餃子がたくさん。天然色素を混ぜ込んだカラフルな皮の餃子も注文できる。

MP.39-E2
住朝陽区麦子店街6号院北側
☎65864967
営11:00～22:00
休陰暦1月1日、2日
カ不可

茶味／茶味
ちゃみ　cháwèi

陶芸作家の女性オーナーが胡同の路地裏にひっそりと開いた隠れ家的な茶館。時間を忘れてくつろげるセンスのよい店。茶器はすべて景徳鎮製オリジナル。英語も通じる。週末は予約必須。

MP.33-E2
住東城区官院胡同18号院
☎84085090
営10:00～23:00
休なし
カV

新東安市場／新东安市场
しんとうあんしじょう　xīndōngān shìchǎng

王府井の目抜き通りにある大型ショッピングセンター。伝統ある市場をリニューアルしてできた。地下にある老北京一条街のほか、漢方薬の名店「北京同仁堂」など老舗も入っている。

MP.34-A3
住東城区王府井大街138号
☎58176688
営10:00～22:00
休なし カ不可
Uwww.beijingapm.cn

張一元 総店／张一元 总店
ちょういちげん そうてん　hāngyīyuán zǒngdiàn

1900年に創業した中国茶葉老舗の本店。ジャスミン茶を中心に昔からの北京っ子好みの品揃えが自慢。棚の量り売りを買うときの値段は500g（1斤）単位だが、100g（2両）がちょうどいい。

MP.36-B3
住西城区大栅欄街22号
☎63034001
営8:00～20:00
休なし カMV

梨園劇場／梨园剧场
りえんげきじょう　líyuán jùchǎng

前門建国飯店と北京京劇院が共同で運営する京劇専門場。外国人にもわかりやすい演目をダイジェストで上演するので言葉がわからなくても楽しめる。ホールには椅子席のほか茶菓子付きテーブル席がある。開演前に役者の化粧シーンを見学できる。

Ⓜ P.33-D3
住西城区永安路175号前門建国飯店1階
☎83157297
※日本語予約（北京グランドスラム）＝65006900
ｵ19:30～20:30（公演）
休陰暦大晦日前日～陰暦1月2日　料280、380、480、580元　力不可

朝陽劇場／朝阳剧场
ちょうようげきじょう　cháoyáng jùchǎng

各国の大統領や首脳を含め、これまでに300万人以上が訪れたといわれる北京随一の雑技劇場。1986年に北京市の「重要観光拠点」に指定された。中国国内屈指の雑技団が、レベルの高い演技を毎日8～10演目上演する。
Ⓤwww.chaoyangjuchangacrobatics.com

Ⓜ P.37-B3
住朝陽区東三環北路36号
☎65068116
ｵ16:00～17:00、17:30～18:30、19:00～20:00（公演）
休なし
料280、380、480、680、880元
力不可

北京グランドスラム／北京大满贯商务资讯有限公司
ペキン　běijīng dàmǎnguàn shāngwù zīxùn yǒuxiàngōngsī

日本人が経営する。雑技、京劇などの劇場チケット予約や、1日観光の車チャーターなどを行う。ハイヤーや劇場案内などは中国人スタッフが対応するが、電話受付などはすべて日本人が年中無休で対応してくれる。ビジネス旅行の手配も得意。詳細はウェブサイト参照。

Ⓜ P.39-F2
住朝陽区農展館北路麦子店街78号華康商務2階2028室
☎65006900（日本語）
※電話は年中無休、日本人対応
ｵ9:30～18:30
休なし
力不可
Ⓤwww.grandslam.com.cn

中国婦女旅行社／中国妇女旅行社
ちゅうごくふじょりょこうしゃ　zhōngguó fùnǚ lǚxíngshè

個人旅行手配に実績がある。日本部もあり、日本語対応可。列車の切符・航空券手配が1枚50元、日本語ガイドが1日600元、五環路内での車のチャーターが1日800元。空港送迎が1台350元。詳細はメールで問い合わせを（日本語可）。Ⓤwww.cwts.com.cn

Ⓜ P.34-B2
住東城区灯市口大街50号好潤大度307室
☎85169953、85169936（日本部）
Ⓕ65129021（日本部）
ｵ9:00～12:00、13:00～17:30
休土・日曜、祝日　力不可
✉jp@cwts.com.cn

2024年1月現在、多くの「経済型」チェーンホテルでは外国人の宿泊ができなくなっています。また、ビザの申請時には宿泊予約が必須となっています

ⓘ ▶▶ インフォメーション

ネットで予約できる安くて便利な「経済型」チェーンホテル

1室250～400元程度で快適に泊まれ、立地がよい「経済型」チェーンホテルが増加している。ネットで空室検索でき、会員カードを買うとさらに安くなったりポイントが貯まったりする。シャワー付きのダブルまたはツインルームで、ネット接続無料、朝食ビュッフェは別途20元程度。

※当局の指導により外国人の宿泊できない支店があるので注意
▶如家酒店　Ⓤwww.bthhotels.com
▶錦江之星　Ⓤwww.jinjianginns.com
▶華住酒店　Ⓤwww.huazhu.com
▶速8酒店　Ⓤwww.super8.com.cn

洋館の建ち並ぶ港町

天津
<small>てん　しん</small>

ティエンジン
天津 Tiān Jīn

市外局番●022

往時に近い姿によみがえったアスターホテル

ウルムチ
ハルビン
北京 大連
天津
西安
ラサ 成都 上海
昆明 広州
香港

都市DATA

天津市
人口：996万人
面積：約1万2000km²
16区を管轄する直轄市

市公安局外事処
（市公安局外事处）
📍P62-C2
🏠河北区民主道寿安街19号
☎24458825
🕐月～木曜9:00～17:00
　金曜9:00～16:00
❌土・日曜、祝日
観光ビザを最長30日間延長
可能。手数料は160元

天津第一中心医院
（天津第一中心医院）
📍P61-A3
🏠南開区復康路24号
☎救急＝23626382
🕐24時間
❌なし

市内交通

【地下鉄】2018年8月現在、
5路線が営業。詳しくは公式
ウェブサイトで確認を
天津軌道交通
🔗www.tjgdjt.com
路線図→P.672
【路線バス】運行時間の目安
は5:30～22:30、2～8元
【タクシー】初乗り3km未満8
元、3km以上1kmごとに1.7
元加算。さらに燃油代1元加算

概要と歩き方

　北京市や上海市、重慶市とともに中央政府の直轄市である
天津市は、華北地方最大の貿易港をもち、北京の玄関口とし
て知られる一大港湾都市だ。高速鉄道の京津城際鉄道を利用
すれば、北京から30分強で移動することができ、気軽なワ
ンデイトリップ先となっている。

　天津は華北平原の北東部に位置し、北には燕山が、東に渤
海がある。略称は津。天津の発展は、隋の煬帝が南北を結ぶ
全長1800kmの大運河永済渠を築いたことに始まる。明の
洪武帝の死後に発生した靖難の変（1399～1402年）で
は、のちに即位して永楽帝となる燕王朱棣が、この地の川を
渡って南京へ進軍して勝利したことから、群臣は「天子渡津
之地」とたたえた。ここから2文字を取り、町は「天津」と
命名された。19世紀以降、天津は北京の玄関口という地政
学的特徴から、諸外国からさまざまな侵略を受けることにな
る。1856年に勃発したアロー戦争で天津条約が結ばれた結
果、天津は外国に開放されることとなり、19世紀後半から
20世紀前半にはイギリス、フランス、アメリカ、ドイツ、
日本など9ヵ国の租界が存在していた。そのため、市区中心
部には重厚な西洋建築が多く残っている。

天津の玄関、天津駅

溥儀も通ったというキースリンク本店 （→P.67）

	1月	2月	3月	4月	5月	6月	7月	8月	9月	10月	11月	12月
平均最高気温(℃)	1.0	3.0	11.0	19.0	25.0	28.0	30.0	29.0	25.0	18.0	10.0	3.0
平均最低気温(℃)	-6.0	-4.0	2.0	9.0	15.0	20.0	22.0	22.0	17.0	10.0	2.0	-4.0
平均気温(℃)	-2.0	0.0	6.0	14.0	20.0	25.0	26.0	26.0	21.0	15.0	6.0	0.0

町の気象データ（→P.517）：「預報」＞「天津」＞区から選択

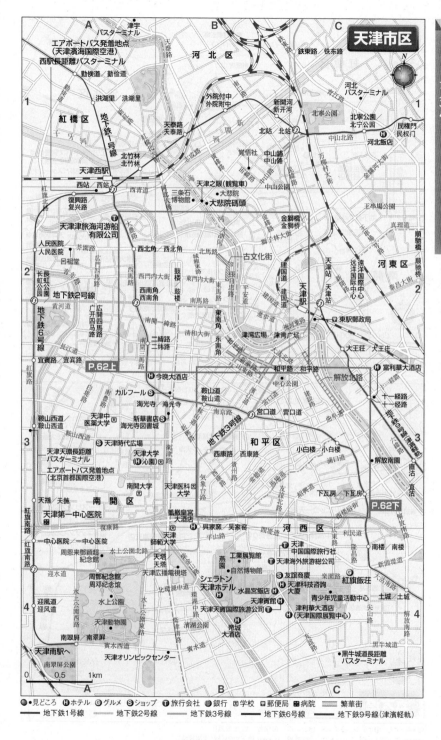

概要と歩き方／天津市区マップ

天津市区

A 天宇
バスターミナル
エアポートバス発着地点
（天津濱海国際空港）
西駅長距離バスターミナル
勤倹道　勤倹道
洪湖里　洪湖里
紅橋区
地下鉄1号線
天津西駅
北竹林
北竹林
西站　西站
復興路
复兴路
天津津海河游船
有限公司
人民医院
人民医院
芥園道
呂祖堂
長虹公園
長虹公園
地下鉄2号線
広開四馬路
広開四馬路
地下鉄6号線
河南道
宜賓路　宜賓路
紅旗路
P.62上
今晩大酒店
カルフール
海光寺
海光寺
天津中
医薬大学
新華書店
海光寺図書城
鞍山西道
鞍山西道
天津時代広場
天津天環長距離
バスターミナル
天津大学
沁園
エアポートバス発着地点
（北京首都国際空港）
天撻　天撻
南開区
南開大学
天津医科
大学
天津第一中心医院
紅旗南路
紅旗南路
一中心医院　一中心医院
周恩来鄧穎超
紀念館
周鄧紀念館
周邓纪念馆
迎風道　迎風道
水上公園
天津動物園
南翠屏　南翠屏
天津南駅へ
南翠屏公園
0　0.5　1km

河北区

河北
バスターミナル

河北区

外院付中
外院附中

新開河
新开河

北站　北站

覚悟社

中山路
中山路

北寧公園

北寧公園
北宁公园

民権門
民权门

河北飯店

中山北路

天津之眼（観覧車）

三条石
大博物館

大悲院碼頭

金獅橋
金狮桥

古文化街

建国道
建国道

天津
站

天津站
天津站

東駅郵政局

富利華大酒店

十一経路
十一経路

和平区

小白楼　小白楼

解放南園

凱撒皇宮
大酒店

呉家窯　呉家窯

河西区

天津
中国国際旅行社

天津海外旅遊総公司

天津科技咨詢
大廈

青少年児童活動中心

紅旗飯荘

土城　土城

津利華大酒店
（天津国際展覧中心）

黒牛城道長距離
バスターミナル

天津市区

● 見どころ　H ホテル　R グルメ　S ショップ　T 旅行会社　B 銀行　S 学校　郵 郵便局　病 病院　▨ 繁華街
—— 地下鉄1号線　········ 地下鉄2号線　—— 地下鉄3号線　—— 地下鉄6号線　—— 地下鉄9号線（津濱軽軌）

天津旧城

A **B** **C**

紅橋区
河北区
南開区
和平区

清真寺
民族宮
西北角／西北角
大胡同市場 S
ホリデイ・イン天津リバーサイド H
鳳凰商業広場
九州飯店
望海楼教堂
金獅橋／金獅橋
獅子林大街
建国道／建国道

北城路
城廂西路
城廂中路
城廂東路
北馬路
北城路
天津文廟博物館
張自忠路

鼓楼西街
鼓楼商業街
鼓楼
天津百餃園鼓楼店
天津戯劇博物館（旧広東会館）
古文化街碼頭
天后宮
└天津民族博物館
古文化街
通慶里
五皇閣
海河橋

南城街
鼓楼東街
城廂東路
東馬路

地下鉄1号線
地下鉄2号線
西南角／西南角
天津旧城
鼓楼／鼓楼
天津1928風情食街
意大利風情区碼頭
東南角／東南角
進歩橋
市公安局外事処
袁世凱故居

二緯路／二緯路
華富宮大酒店
南市食品街
満天紅
キースリング和平店
天津百貨大楼
遼寧路小吃街
ウォルマート
百盛 S
北安橋
如家・天津濱江道歩行街店
天津勧業場 S
天津大酒店
錦江之星天津火車站酒店
天津駅南広場
天津駅
エアポートバス発着地点（天津濱海国際空港）
通莎バスターミナル
天津駅后広場
天津駅南広場
天津站碼頭
天津灣広場
解放橋
津濱軽軌天津灣広場
解放北路

長城賓館
渤海大楼
和平路／和平路
大沽橋
地下鉄3号線

● 見どころ　H ホテル　G グルメ　S ショップ　繁華街　—— 地下鉄1号線　—— 地下鉄2号線　—— 地下鉄3号線

0　250　500m

五大道

A **B** **C**

静園　張園
旧武徳殿（日本式武道場）
鞍山道／鞍山道
天津中心
唐拉雅秀酒店
ホテル・ニッコー天津
東亜大酒店
気象台路

狗不理 総店
天津伊勢丹 S
営口道／営口道
中国国際航空航空券売り場
近代天津博物館（団体観光のみ受付）
五大道旅游観光馬車
西康路／西康路
和平区
五大道

中心公園（旧フランス公園）
香檳小鎮商務酒店
ウェスティン天津
天津友誼賓館
民園広場
中国郵品博物館
遊客中心
└五大道歴史博物館
天津外国語大学

旧横浜正金銀行
解放北路
旧怡和洋行
市政府
旧ビクトリア公園
富藍特大酒店
天津国際大廈
└日本航空天津支店
旧英国学校
旧英国語学校

保定橋
オハラ英式パブ
天津利順徳大飯店
十一経路／十一経路
大光明橋
原泰来飯店
キースリンク本店
ルネッサンス天津ホテル
小白楼／小白楼

河西区
地下鉄1号線
人民公園
下瓦房／下瓦房
7天天津大沽南路下瓦房地鉄站店

地下鉄3号線

● 見どころ　H ホテル　G グルメ　S ショップ　X 学校　繁華街
—— 地下鉄1号線　—— 地下鉄3号線　—— 地下鉄9号線（津濱軽軌）

0　250　500m

中国国内の移動➡P.667　鉄道時刻表検索➡P.26

✈ 飛行機

市区の南東約15kmに位置する天津濱海国際空港(TSN)を利用する。距離が比較的近い北京首都国際空港(PEK)の利用も可能。

国際線 成田(7便)、羽田(6便)、関西(20便)、中部(7便)、札幌(2便)、沖縄(2便)。
国内線 上海、広州、成都、大連、深圳など主要都市に運航便があるが、北京首都国際空港を利用すれば選択肢が増える。

所要時間(目安) 上海虹橋(SHA)／2時間　上海浦東(PVG)／2時間　広州(CAN)／3時間5分
成都(CTU)／2時間50分　昆明(KMG)／3時間30分　大連(DLC)／1時間

🚆 鉄道

天津には天津駅、天津西駅、天津南駅、天津北駅の4つがある。天津駅は北京〜天津〜于家堡間の京津城際鉄道と在来線の発着駅で、天津西駅と天津南駅は上海虹橋方面への京滬高速鉄道が発着する。天津北駅は小規模な途中駅で貨物専用。

所要時間(目安)【天津(tj)】北京南(bjn)／城際：30分　上海虹橋(shhq)／高鉄：5時間37分　瀋陽北(syb)／高鉄：3時間24分 **【天津西(tjx)】**北京南(bjn)／高鉄：32分　上海虹橋(shhq)／高鉄：5時間10分　石家荘(sjz)／高鉄：1時間27分 **【天津南(tjn)】**北京南(bjn)／高鉄：34分
上海虹橋(shhq)／高鉄：4時間3分　済南西(jnx)／高鉄：57分　青島北(qdb)／高鉄：3時間55分

🚌 バス

長距離路線は高速鉄道網の発達で減便傾向。石家荘行きは西駅長距離バスターミナル、北京首都国際空港行きエアポートバスは天津天環長距離バスターミナルを利用する。

所要時間(目安) 北京首都国際空港／3時間　石家荘／4時間30分

Data

✈ 飛行機

● 天津濱海国際空港（天津濱海国際机場）
Ⓜ P.54-B3　㊏ 東麗区張貴荘機場大道
☎ インフォメーション＝24906363、96777
✈ 始発便〜最終便　㊡ なし　ﾌ 不可
Ⓤ www.tbia.cn
[移動手段] 地下鉄／2号線「濱海国際机場」 **エアポートバス**／天津駅線(空港〜通莎バスターミナル＝天津駅后広場)：15元、所要40分。空港→市内=8:00〜最終便の間30分に1便　市内→空港=6:00〜18:00の間30分に1便　**天津西駅線**(空港〜天津西駅)：20元、所要1時間。空港→市内=8:15〜16:15の間1時間に1便　市内→空港=9:15〜17:15の間1時間に1便　**タクシー**(空港〜古文化街)／60元、所要35分が目安

● 中国国際航空航空券売り場
（中国国際航空公司售票処）
Ⓜ P.62-B3　㊏ 和平区南京路103号
☎ 23301547　✈ 8:30〜17:00　㊡ なし　ﾌ 不可
[移動手段] タクシー(中国国際航空航空券売り場〜古文化街)／15元、所要15分が目安　**地下鉄**／1、3号線「営口道」
3ヵ月以内の航空券を販売。

● 日本航空天津支店（日本航空天津支店）
Ⓜ P.62-B3
㊏ 和平区南京路75号天津国際大廈13階1308室
☎ 4001-27-2470（日本語、中国国内のみ通話）
✈ 電話受付8:00〜18:00
㊡ なし　ﾌ ADJMV
※航空券販売窓口は廃止された（住所地は事務所）。航空券の販売は電話かインターネットのみで受け付け

🚆 鉄道

● 天津駅（天津火車站）
Ⓜ P.61-C2、P.62-C2　㊏ 河北区新緯路1号
☎ 共通電話＝12306　✈ 24時間　㊡ なし　ﾌ 不可
[移動手段] タクシー(天津駅〜古文化街)／10元、所要10分が目安　**地下鉄**／2、3、9号線「天津站」
28日以内の切符を販売。

● 天津西駅（天津火車西站）
Ⓜ P.61-A1　㊏ 紅橋区西站前街1号
☎ 共通電話＝12306
✈ 24時間　㊡ なし　ﾌ 不可
[移動手段] タクシー(天津西駅〜古文化街)／15元、所要15分が目安　**地下鉄**／1、6号線「西站」
28日以内の切符を販売。

● 天津南駅（天津火車南站）
Ⓜ 地図外（P.61-A4左）
㊏ 西青区張家窩鎮柳静路
☎ 共通電話＝12306
✈ 6:00〜23:00　㊡ なし　ﾌ 不可
[移動手段] タクシー(天津南駅〜古文化街)／55元、所要45分が目安　**地下鉄**／3号線「南站」
28日以内の切符を販売。

🚌 バス

● 西駅長距離バスターミナル（西站长途汽车站）
Ⓜ P.61-A2　㊏ 紅橋区西青道2号　☎ 27320688
✈ 5:20〜19:30　㊡ なし　ﾌ 不可
[移動手段] タクシー(西駅長距離バスターミナル〜古文化街)／15元、所要15分が目安　**地下鉄**／1、6号線「西站」
15日以内の切符を販売。石家荘(10:10発)など。

天津旧城マップ／五大道マップ／アクセス

解放北路
MP.62-C2、C3
住和平区解放北路
交地下鉄3号線「津湾广场」

張園
MP.62-A3
住和平区鞍山道59号
☎27307206
オ9:00～17:00
※入場は閉館30分前まで
休月曜　料25元
交地下鉄1号線「鞍山道」

ラストエンペラー溥儀も一時
暮らした張園

静園
MP.62-A3
住和平区鞍山道70号
☎27311618
オ9:00～17:00
※入場は閉館30分前まで
休月曜　料20元
交地下鉄1号線「鞍山道」

五大道
MP.62-A4～C3
五大道旅游观光馬車
MP.62-B4
住和平区重慶道民園広場
☎游客中心=23307222
オ8:30～17:00
休なし
料1人80元
※馬車は6人または8人乗り
で、人数が揃わないと出発
しない。ただし、人数分を
支払えば（480元または
640元）、ひとりでも出発
してくれる
交①地下鉄1号線「营口道」
「小白楼」。地下鉄3号線
「营口道」「西康路」
②619、871、906、954
路バス「重庆道」
Uwww.tjwudadao.com

五大道エリアは馬車で観光

歴史的建築物が建ち並ぶ　　　オススメ度 ★★★

旧租界西洋建築群／
きゅう そ かいせいようけんちくぐん
旧租界西洋建筑群　jiùzūjiè xīyáng jiànzhùqún

解放北路／解放北路　jiěfàng běilù
かいほうほくろ

　天津でも特に古きよき時代の趣を感じさせる通り。かつて、中国北部の経済と流通の中心として発展した背景をもつ天津には、世界各国の金融機関が集まっていた。特に金融街であったこの通りには、さまざまな国の様式の建築物が数多くあり、古い建築が好きな人には魅力的な一画となっている。

張園／张园　zhāngyuán
ちょうえん

　旧日本租界に残る洋館で、天津で成功を収めた実業家で清朝陸軍第八鎮統制、張彪の邸宅。その後、北京の紫禁城を追われた清の最後の皇帝である愛新覚羅溥儀が、天津に移ってからここに最初に住んだ。2017年から公開が開始された。

静園／静园　jìngyuán
せいえん

　1929年から1931年11月10日に天津を離れるまで、溥儀が住んでいた邸宅。1921年に建てられたもの。

西洋建築物の残るエリア　　　オススメ度 ★★★

五大道／五大道　wǔdàdào
ご だいどう

　天津旧城の南東に位置する、成都道、重慶道、常徳道、大理道、睦南道、馬場道が並行するエリアは、19世紀後半から20世紀初頭にかけてイギリス租界だった場所だ。

　当時は多くの西洋商人がこの地に居を構え、やがて中国の高官や著名人も暮らすようになった。それらの建物は「小洋楼」と呼ばれ、天津を特徴づける町並みとして、多くの人を引きつけている。民園広場の馬車駅を起点に周遊する洋風の馬車に乗ってこの界隈を観光できる（所要約30分）。

五大道にある天津貴賓楼は新中国建国前の北洋政府の要人の邸宅

古文化街／古文化街　gǔwénhuàjiē

天津の起源といえる場所　オススメ度 ★★★

こぶんかがい

　天后宮を中心とする古文化街は、800年以上の歴史をもつ古い町並み。その起源は金代に設置された直沽寨に遡る。

　現在の古文化街の長さは約600m。清代の町並みを再現しており、古い書籍、古玩具や伝統的な手工芸製品、さらに天津を代表する民間芸術品である楊柳青年画（版画）や魏記風筝（凧）を扱う専門店が並んでいる。

天后宮／天后宮　tiānhòugōng

海の女神を祀った廟　オススメ度 ★★★

てんこうきゅう

　天后娘娘（ティエンホウニャンニャン）は中国沿海部、台湾、東南アジアなどの華人に広く信仰されている女神で、現在では世界中約2500ヵ所に廟が設けられている。特に南方では媽祖として信仰されており、北宋期の福建省で海難に遭った人々を救った林黙（りんもく）という女性がその死後、海難をのがれる守り神とされたことが始まりといわれている。

　天津の天后宮は、1326（元の泰定3）年に創建されてから何度も増築、修復され、現在では敷地面積5352㎡の立派な廟となっている。「先有天后宮、後有天津城」といわれるように、天津の歴史よりも長い歴史を誇るこの廟は、天津のシンボルのひとつだ。廟内には天津民族博物館もある。

天津旧城／天津旧城　tiānjīn jiùchéng

古い天津の中心地　オススメ度 ★★★

てんしんきゅうじょう

　現在の北馬路、南馬路、東馬路と西馬路に囲まれたエリアが天津旧城。その基礎となったのは、1405（明の永楽3）年に設置された天津衛城。ただし、現在は城壁はない。

　このエリア周辺には、1907年に創建された広東会館（現天津戯劇博物館）、1703年に創建されたイスラム教寺院、清真寺（**MP.62-A1**）などがある。

鼓楼／鼓楼　gǔlóu

ころう

　天津衛城を築城した際、その中央に建設されたのが鼓楼だ。鼓楼の隣には四合院造りの天津戯劇博物館がある。また、鼓楼北街と鼓楼南街沿いは、明清代の町並みを再現した鼓楼商業街というショッピングストリートになっている。

古くは天津の中心であった鼓楼

古文化街
Ⓜ **P.62-B1**
🏠紅橋区古文化街
🕐店舗によって異なる
🚫店舗によって異なる
🚇①地下鉄2号線「東南角」
　②観光2、632、641、670、671路バス「東北角」

古い天津の町並みを再現した古文化街

天后宮
Ⓜ **P.62-B1**
🏠紅橋区古文化街80号
☎27356424、27275074
🕐9:00～17:00
※入場は閉門30分前まで
🚫月曜
※陰暦1日と15日が月曜の場合は開門
💰10元
🚇①地下鉄2号線「東南角」
　②観光2、632、641、670、671路バス「東北角」

天后宮入口は常ににぎわっている

天津旧城
Ⓜ **P.62-A1～B2**

鼓楼
Ⓜ **P.62-A1**
🏠南開区鼓楼商業区
☎鼓楼＝なし、天津戯劇博物館＝27273443、天津文廟博物館＝27272978
🕐鼓楼：9:00～16:30
　天津戯劇博物館：火～土曜9:00～16:30、日曜9:00～12:00
　天津文廟：9:00～16:30
※入場は閉門30分前まで
🚫鼓楼＝木曜
　天津戯劇博物館、天津文廟博物館＝月曜
💰鼓楼＝無料
　天津戯劇博物館＝10元
　天津文廟博物館＝30元
🚇地下鉄2号線「鼓楼」

海河観光遊覧船
（天津津旅海河游船有限公司）

M P.62-C2（天津站碼頭）
M P.62-B1（古文化街碼頭）
M P.61-B2（大悲院碼頭）
**M P.62-B2（意大利風情区
碼頭）**
☎58306789
🚇日游海河（昼間便）＝4月
上旬～11月上旬9:00～17:
00の間1時間に1便、4・
11月は減便
※上記は天津站碼頭発着。そ
の他は15:00、16:00、17:
00発の1日各3便
夜游海河（夜間便）＝4月
中旬～10月中旬19:30、
20:30（各発着所出発）
🚫12～3月
💴日游海河（昼間便）＝80元
夜游海河（夜間便）＝100
元
※いずれも乗船した発着所に
帰着
🌐www.haihetour.com

大沽口砲台遺址
M P.54-C3
🏠濱海新区東砲台路1号
☎25232288
🚇4～10月9:00～17:00
11～3月9:00～16:30
※入場は閉館30分前まで
🚫なし 💴15元（修復期間
中料金）
🚇地下鉄9号線（津濱軽軌）
「塘沽」。駅の近くにある
「洋貨市場」から110、936
路バスに乗り換えて「和美
苑」、徒歩10分。塘沽駅か
らタクシー利用の場合、
30元が目安
※2018年8月現在修復工事中
で部分開放。完成は2018
年11月末の予定

石家大院
M P.54-B3
🏠西青区楊柳青鎮御河橋西
☎27391617
🚇9:00～16:30
※入場は閉門30分前まで
🚫なし
💴27元
※英語ガイドは80元
🚌824路バス「石家大院」

ℹ️ ▶▶▶ インフォメーション

楊柳青年画館
楊柳鎮を代表する民間芸
術、楊柳青年画を展示してい
る。作品を購入することもで
きる。石家大院（楊柳青博物
館）の西約200mにある。
☎27945662
🚇9:00～16:30
※入場は閉館30分前まで
🚫なし 💴10元

海河観光遊覧船／海河观光游览船　hǎihé guānguāng yóulǎnchuán
（かいがかんこうゆうらんせん）

海河から天津を見物できる遊覧船。乗船可能な発着所は天
津站碼頭、古文化街碼頭、大悲院碼頭、意大利風情区碼頭の
4ヵ所。人気のコースは天津站碼頭を出発し、大悲院碼頭の
先にある天津之眼までを約50分かけてクルーズする海河観
光游と、同じコースを夜間クルーズ
する海河夜景游。ほかにも数コース
ある。出発時間や便数は季節や乗客
の多寡、天候により変更されるので
詳細は公式サイトや電話で確認を。

夜の天津站碼頭

郊外の見どころ

大沽口砲台遺址／
（だいここうほうだいいし）
大沽口炮台遗址　dàgūkǒu pàotái yízhǐ

天津中心部から約55km、海河の河口部に位置する大沽口
に構築された砲台跡。明代から海防のため兵士が駐屯してい
たが、清末の19世紀になると列強の侵略に備えて本格的な
砲台が築かれた。1901年の辛丑条約ではふたつの砲台が取
り壊され、南岸の1門が残るのみとなった。砲台脇には大沽
口砲台遺址紀念館があり、その歴史を知ることができる。

楊柳青／杨柳青　yángliǔqīng
（ようりゅうせい）

天津市区中心の西約15kmにある楊柳青鎮は、1000年以
上の歴史をもつ中国北方地区有数の古鎮として知られる町。
特に天津が物資の一大集積地となった明清期には、町は繁
栄を謳歌し、版画や凧など多くの民間芸術が花開き、現代ま
で受け継がれてきた。天津駅でバスに乗れば手軽に行ける場
所なので、時間に余裕があったら訪ねてみよう。

石家大院／石家大院　shíjiā dàyuàn
（せきけだいいん）

天津屈指の名家である石家の邸宅で、1875（清の光緒
元）年に建造された。長さ100m、幅70mの広大な敷地
に、大小10の四合院と278室を備える。建物はれんがと木
材を組み合わせて造られていて、いたるところに彫り込まれ
た彫刻は見事。現在は楊柳青博物館として利用されており、
楊柳青年画を中心とした民間芸術を陳列している。

ホテル

ホテル・ニッコー天津／天津日航酒店 ★★★★★

広めの客室と深いバスタブが魅力。徒歩圏内に天津伊勢丹やショッピングストリートがある。日本での予約電話☎0120-58-2586

両替 ビジネスセンター インターネット Ⓤwww.nikkotianjin.com

Ⓜ P.62-A3
住和平区南京路189号
（ホテル入口は滝関道）
☎83198888 ℻83192266
Ⓢ628～928元 Ⓣ598～928元 ⵎなし ⰙADJMV

シェラトン天津ホテル／天津喜来登大酒店 ★★★★★

町の中心部の喧騒から離れ、静かな環境で滞在できる。アパート棟にはフィットネスルームやプールも完備している。

両替 ビジネスセンター インターネット Ⓤwww.starwoodhotels.com

Ⓜ P.61-B4
住河西区紫金山路
☎27313388 ℻23358740
Ⓢ599～685元
Ⓣ599～833元
ⵎ10%＋6% ⰙADJMV

天津利順德大飯店／天津利順徳大飯店 ★★★★

1863年創建、アスターホテルの名で知られる。孫文や伊藤博文が実際に宿泊した部屋が当時のままに保存されている。

両替 ビジネスセンター インターネット Ⓤwww.astorhotel-tianjin.com

Ⓜ P.62-C3
住和平区台児荘路33号
☎23311688 ℻23316282
Ⓢ720～980元
Ⓣ720～980元
ⵎなし ⰙADJMV

錦江之星 天津火車站酒店／錦江之星 天津火車站酒店

「経済型」チェーンホテル。リーズナブルな価格で設備が充実している。天津駅から徒歩3分。

両替 ビジネスセンター インターネット Ⓤwww.jinjianginns.com

Ⓜ P.62-C2
住河北区進歩道17号
☎58215018 ℻58215008
Ⓢ219～279元
Ⓣ229～259元
ⵎなし Ⱉ不可

7天天津大沽南路下瓦房地鉄站店／7天天津大沽南路下瓦房地鉄站店

人民公園や五大道に近く、観光にもビジネスにも便利。また、会員になればさらに料金が安くなるので、フロントで詳細確認を。

両替 ビジネスセンター インターネット Ⓤwww.plateno.com

Ⓜ P.62-C4
住河西区大沽南路西楼后街4号
☎58581488 ℻58581477
Ⓢ188～277元
Ⓣ232～310元
ⵎなし Ⱉ不可

如家-天津濱江道歩行街店／如家-天津浜江道歩行街店

「経済型」チェーンホテル。旧市街の散策の拠点として便利。支店の正式名称は「天津火車站浜江道歩行街店」。

両替 ビジネスセンター インターネット Ⓤwww.bthhotels.com

Ⓜ P.62-C2
住和平区濱江道32号
☎58996888 ℻58996999
Ⓢ199～279元
Ⓣ229～249元
ⵎなし ⰙDJMV

グルメ

紅旗飯荘／紅旗飯庄

天津に多くある家庭料理店のなかでもおすすめの店。地元に伝わる伝統的な味を存分に楽しめる。あっさりした味つけで、日本人にも食べやすい料理が多い。ひとり平均80元～。

Ⓜ P.61-C4
住河西区隆昌路68号
☎28222656
⾷11:00～14:00、
17:00～20:30
⼢なし Ⱉ不可

キースリンク本店／起士林

1901年創業の洋食レストランの老舗本店で、創業者Albert Kiesslingの名を冠している。かつては溥儀もよく訪れたという。2階はロシア料理、3階はドイツ料理、4階はフランス料理。ひとり200元～。

Ⓜ P.62-C3
住和平区浙江路33号
☎23319188
⾷11:00～14:00、
17:00～21:00
⼢なし Ⱉ不可

天津百餃園 鼓楼店／天津百餃園 鼓楼店

100種類にも上る多種多様な餃子を売り物にする餃子専門店。水餃子各種は1両（50g）5個で1皿2両からの注文。あんは肉、海鮮、野菜など種類豊富。Ⓤwww.zhengxingroup.com

Ⓜ P.62-A1
住南開区城廂西路天街商業街25楼 ☎2737817
⾷11:00～14:30、
17:00～21:30
⼢なし Ⱉ不可

狗不理 総店／狗不理 総店

天津名物として名高い肉まん“狗不理包子”の本店。1階は包子と軽食のみ、2階は本格的な食事ができる。“猪肉包子”“三鮮包子”は1せいろ（8個）48元。Ⓤwww.chinagoubuli.com

Ⓜ P.62-B3
住和平区山東路77号
☎27302540
⾷1階9:00～21:00、2階11:00
～14:30、17:00～21:00
⼢なし Ⱉ不可

北京と天津の二大都市に隠れた古都

石家荘
（せっかそう）

シージアジュアン
石家庄 Shí Jiā Zhuāng　市外局番●0311

天寧寺凌霄塔（正定県）

ウルムチ／ハルビン／北京／大連／西安／石家荘／ラサ／成都／上海／昆明／広州／香港

都市DATA

石家荘市
人口：1056万人
面積：1万4530㎢
8区3県級市11県を管轄
石家荘市は河北省の省都

市公安局出入境管理処
（市公安局出入境管理处）
M P.70-B3
橋西区元南路66号
☎89662518
❸8:30～12:00、13:30～17:30
⑭土・日曜、祝日
観光ビザを最長30日間延長
可能。手数料は160元

省人民医院
（省人民医院）
M P.70-A2
新華区和平西路348号
☎85988120
❸24時間　⑭なし

市内交通

【地下鉄】2018年7月現在2
路線が営業。詳しくは公式ウ
エブサイトで確認を
石家荘地鉄
U www.sjzmetro.cn
【路線バス】運行時間の目安
は6:00～22:00、市区内1～
2元、正定行きなど遠距離は
2～3元
【タクシー】初乗り3km未満
8元、3km以上1kmごとに1.6
元加算

概要と歩き方

　石家荘は河北省の省都。北京や天津が近くにあるため、省都のわりには日本人にとってマイナーな存在だが、実は古い歴史をもつ古都だ。町のいたるところで殷周時代（2000～3000年前）の文物が出土しているし、戦国時代（紀元前403～221年）には燕国（えんこく）や趙国（ちょうこく）の要衝として重要な地点だった。北京からは高速鉄道で約1時間30分、バスで約4時間と比較的近く、1泊2日の小旅行も可能。

　石家荘の市街地は東西南北の環状路で囲まれた部分で、中心部は和平東・西路、中華北・南大街、裕華東・西路、体育北・南大街の4本の道路に囲まれたエリアだ。

　中心は長安公園があるあたりで、ホテルやレストラン、政府関係の建物が集中している。中心エリア西部を南北に鉄道が走っていて、中心部の南に新しい石家荘駅がある。石家荘駅と、2017年末に開業した石済高速鉄道の石家荘東駅は地下鉄1号線で結ばれている。石家荘総合バスターミナルは石家荘鉄路博物館となる旧駅舎の南側。

　見どころは、市街に位置する河北博物院や石家荘市博物館のほか、おもだったものは郊外に点在している。バスで安く行くことも可能だが、効率的に観光するためには、タクシー利用か旅行社の車をチャーターするのがおすすめ。

旧石家荘駅は博物館として利用される予定

趙雲廟前に立つ趙雲像（正定県）

	1月	2月	3月	4月	5月	6月	7月	8月	9月	10月	11月	12月
平均最高気温(℃)	3.6	6.7	13.3	21.5	27.2	32.0	31.8	30.2	26.8	20.6	11.9	5.4
平均最低気温(℃)	-6.6	-3.7	2.2	9.4	14.7	19.8	22.4	21.4	15.9	8.1	1.5	-4.2
平均気温(℃)	-2.3	0.8	7.3	15.3	20.9	25.7	26.8	25.4	20.7	14.1	5.9	-0.1

町の気象データ（→P.517）：「預報」＞「河北」＞「石家庄」＞区・市・県から選択

68

中国国内の移動➡P.667　鉄道時刻表検索➡P.26

✈ 飛行機

市区の北東約35kmに位置する石家荘正定国際空港（SJW）を利用する。空港と市内の間には、エアポートバスが3路線運行されている。

国際線 日中間運航便はないので、上海や大連で乗り継ぐとよい

国内線 上海や大連からのアクセスが便利。

所要時間(目安) 上海虹橋（SHA）／2時間　大連（DLC）／1時間15分　青島（TAO）／1時間20分

🚆 鉄道

鉄道交通の要衝でアクセスは非常によい。高速鉄道と在来線共用の石家荘駅と済南や青島方面を結ぶ石済高速鉄道（石家客運専線）の石家荘東駅がある。

所要時間(目安) 【石家荘（sjz）】北京西（bjx）／高鉄：1時間30分　太原南（tyn）／高鉄：1時間20分　【石家荘東（sjzd）】済南西（jnx）／動車：2時間　青島北（qdb）／動車：4時間50分

🚌 バス

市内には多数バスターミナルがあるが、石家荘総合バスターミナルが便利。高速鉄道の発達により減便傾向にある。

所要時間(目安) 北京／4時間　天津／4時間　張家口／7時間　済南／4時間

Data

✈ 飛行機

● **石家荘正定国際空港（石家庄正定国际机场）**
M 地図外（P.70-C3右上）　住 正定県新城鋪鎮新城鋪村
☎ 共通電話＝96360　開 始発便〜最終便
休 なし　カ 不可　U www.hebeiairport.cn
[移動手段] **エアポートバス**＝一律20元。市内行きはすべて到着便に合わせて運行。橋東線（空港〜河北体育場北門）：所要50分。市内→空港＝5:00〜24:00の間30分に1便　橋西北線（空港〜金円大廈）：所要1時間。市内→空港＝5:00〜20:30の間30分に1便　橋西南線（空港〜火車站西広場）：所要1時間。市内→空港＝5:00〜21:00の間30分に1便　**タクシー**（空港〜北国商城）／120元、所要50分が目安
3ヵ月以内の航空券を販売。

● **河北機場集団航空券売り場**
（河北机场集团航空售票处）
M P.70-C3　住 長安区中山東路471号民航大酒店1階　☎ 共通電話＝96360　開 8:00〜19:00
休 なし　カ 不可
[移動手段] **タクシー**（航空券売り場〜北国商城）／15元、所要20分が目安　**地下鉄**／1号線「北宋」
3ヵ月以内の航空券を販売。

🚆 鉄道

● **石家荘駅（石家庄火车站）**
M P.70-A4　住 橋西区京広大街　☎ 共通電話＝12306　開 24時間　休 なし　カ 不可
[移動手段] **タクシー**（石家荘駅〜北国商城）／20元、所要20分が目安　**地下鉄**／3号線「石家庄站」
28日以内の切符を販売。

● **石家荘東駅（石家庄火车东站）**
M 地図外（P.70-C2右）　住 泰嶺大街と和平東路の交差点　☎ 共通電話＝12306　開 7:00〜16:30
休 なし　カ 不可
[移動手段] **地下鉄**／1号線「石家庄东站」　**タクシー**（石家荘東駅〜北国商場）／45元、所要35分が目安
28日以内の切符を販売。

🚌 バス

● **石家荘総合バスターミナル（石家庄客运总站）**
M P.70-A3　住 橋西区站前街81号
☎ 87025775　開 6:00〜18:00　休 なし　カ 不可
[移動手段] **タクシー**（石家荘総合バスターミナル〜北国商城）／10元、所要10分が目安　**地下鉄**／1号線「解放广场」
10日以内の切符を販売。

見どころ

河北省に関する展示が充実　　　**オススメ度** ★★★

河北博物院／河北博物院　hébĕi bówùyuàn
かほくはくぶついん

1953年に設立された博物館。新館は常設の展示エリア、旧館は企画展などに使用している。新館は「北朝壁画」、「曲陽石雕」、「名窯名瓷」などの展示室に分けられているが、「大漢絶唱─満城漢墓」で展示されている「劉勝金縷玉衣」と「竇綰金縷玉衣」は、満城県で発掘された前漢の中山靖王劉勝とその妻竇綰がまとっていた玉衣で国宝級の価値がある。

河北博物院
M P.70-B3
住 長安区東大街4号
☎ 86049534
開 9:00〜17:00
※入場は閉館1時間前まで
休 月曜　料 無料
交 地下鉄1号線「博物館」
U www.hebeimuseum.org

劉勝金縷玉衣

石家荘

正定寺廟群へ↑

A　　　B　　　C

新華区

1　　　　　　　　　　　　　　　　　　　　　　**長安区**　1

北二環西路

中華北大街

北二環東路

陽光公園

石家荘北駅

泰華街　北站広場

市荘路　石家荘北駅バスターミナル

建華北大街

石家荘東駅へ↑

和平東路

エアポートバス橋西北線発着地点

金円大厦

省人民医院

和平西路

石家荘国賀假日酒店

体育北大街

建華北大街

解放広場

光華路

世賀広場酒店

エアポートバス橋東線
発着地点

市二中　市二中

如家・
石家荘中山東路南三条店

石家荘市
博物館

育才街

体育場／
体育場

河北機場集団
航空券売り場

雄明北大街

興凱路

国賀
大酒店

長安公園

民航大酒店

新華路

中国銀行

郵政局

平安北大街

河北世紀大飯店

和平公園

中山西路

平安大街
平安大街

燕春飯店

中山東路

国際大厦

地下鉄1号線

中山東路

北宋
北宋

烈士
陵園
烈士陵園

新百広場
新百広場

自強路

南小街

北国商城

北国
商城
商城

石家荘
駅

博物院　博物院

范西路　西大街

河北博物院

石家荘正定国際空港へ↑

営繕六街

煤機街

東里／東里

河北芸術中心

石家荘鉄路
博物館(工事中)

解放広場

銀河賓館

錦江之星　石家荘平安大街地鉄站酒店

3

燕山
大酒店

中華南大街

錦江之星　石家荘芸術中心酒店

陽光大厦

青園街

中茂海悦酒店

槐安橋　槐安橋

勝利南街

華都大厦

平安南大街

建設南大街

槐中街

亜太大酒店

民

心

河

体育南大街

槐中路

万象国際中心

万象天成購物中心

ホリデイ・イン 石家荘 セントラル

南納国際影城石家荘店

元南公園

市公安局出入境管理処

槐安東路

世紀公園

西三橋　西三橋

雄明南大街

地下鉄3号線

石家荘駅

石家荘　石家庄

地下鉄3号線(建設中)

青園街

東崗路

大石門商務楼

河北省中国国際旅行社

裕華区

4　　　　　　　　　　　　　　　　　　　　　　　　　　　　　4

新石南路

火車站西広場

エアポートバス橋西南線
発着地点

南二環西路

南二環東路

裕翔街

柏林禅寺、趙州橋へ→

橋西区

勝利南街

南焦バスターミナル

N

0　　　1km

A　　　B　　　C

・見どころ　Ⓗホテル　Ⓖグルメ　Ⓢショップ　Ⓐアミューズメント　Ⓣ旅行会社　銀行　郵便局　病院　繁華街

高速道路　─○─地下鉄1号線　─○─地下鉄3号線　---地下鉄(建設中)　Ⓢ乗り換え駅

郊外の見どころ

古鎮に残る古刹

オススメ度 ★★★

正定寺廟群／
せいていじびょうぐん

正定寺庙群 zhèngdìngsì miàoqún

5時間

正定寺廟群は、石家荘市区の北約15kmに位置する正定県の中心部に点在する文化的遺跡群。正定はすでに1600年以上の歴史をもつ町で、現在でも古い町並みが残っている。この町は古くは常州と呼ばれ、日本でもなじみ深い三国時代の名将趙雲の出身地としても知られている。

広恵寺華塔

町には隆興寺、天寧寺、広恵寺、開元寺などの古刹のほか、孔子を祀った県文廟、町の南側に位置する南城門など数多くの建築物が残っている。

なかでも最大規模で有名なのが隆興寺。建立は586（隋の開皇6）年で、当初は龍蔵寺といい、現在

正定寺廟群
Ⓜ P.71　住石家荘市正定県
☎古城正定文物旅游局＝
88786560
交①河北博物院（→P.69）
から130路バスで「正定南
门」「广恵寺」「赵云庙」。
運行時間は7:00～20:30。
3元、所要1時間
②南焦バスターミナル
（Ⓜ P.70-C4）から177路バ
スで「正定南门」。6:00～
20:00。3元、所要1時間
③石家荘北駅バスターミナル
（Ⓜ P.70-A2）から164路バ
スで「天宁寺」「大佛寺」「乒
乓球基地」（6:00～20:00。
3元、所要1時間15分）
④石家荘でタクシーに乗る。
片道80元が目安

隆興寺
Ⓜ P.71-C2
住正定県中山東路109号
☎旅游科=88798201
オ4～10月8:00～17:30
11～3月8:30～17:00
※入場は閉門30分前まで
休なし　料50元
交135、164路バス「大佛寺」
Ⓤ www.longxingsi.net.cn

●見どころ　Ⓗホテル　Ⓢショップ　◲郵便局　◫病院　▦繁華街　▦高速道路

天寧寺凌霄塔

隆興寺摩尼殿

天寧寺
MⓅP.71-B2
住正定県天寧路
開5月〜10月上旬
　8:00〜21:30
　10月中旬〜4月
　8:30〜19:00
※入場は閉門30分前まで
休なし　料無料　交1、135、
164路バス「天宁寺」

臨済寺
MⓅP.71-B3
住正定県臨済路
☎88016823
開8:00〜17:00　休なし
料無料　交130路バス「广惠
寺」

広恵寺
MⓅP.71-B3
住正定県広恵路
開5月〜10月上旬
　8:00〜21:30
　10月中旬〜4月
　8:30〜19:00
※入場は閉門30分前まで
休なし　料無料
交130路バス「广惠寺」

開元寺
MⓅP.71-B2
住正定県燕趙南大街109号
開5月〜10月上旬
　8:00〜21:30
　10月中旬〜4月
　8:30〜19:00
※入場は閉門30分前まで
休なし　料無料
交135、164路バス「天宁寺」

県文廟
MⓅP.71-B2
住正定県育才街
開5月〜10月上旬
　8:00〜17:30
　10月下旬〜4月
　8:30〜17:00
※入場は閉門30分前まで
休なし　料15元
交164路バス「金鑫金店」

南城門（長楽門）
MⓅP.71-B3
住正定県燕趙南大街南端
開5月〜10月上旬
　8:00〜22:00
　10月下旬〜4月
　8:30〜20:00
※入場は閉門30分前まで
休なし　料15元
交130、177路バス「正定南
门」

栄国府
MⓅP.71-C2
住正定県興栄路51号
☎88786107
開8:30〜17:30
※入場は閉門30分前まで
休なし　料40元　交135、143、
164路バス「乒乓球基地」
Ⓤwww.rongguofu.com

の名前となったのは1710（清の康熙49）年。また、多く
の皇帝が寄進を行ったが、宋の建国者趙匡胤（太祖）は、
971年に勅令を下し、高さ21.3mの千手観音像（銅製）を
鋳造させ、大悲宝閣を改修させた。これ以降、寺院は大悲宝
閣を中心に整備が進められた。代表的な建築物は大悲菩薩像
のある天寧閣。

　天寧寺は9世紀後半に建立された寺院で、その中核となる
のが高さ41m、八角9層の木塔である凌霄塔（創建当初は
慧光塔と呼ばれていた）。

　臨済寺は町の南側に位置する540（東魏の興和2）年創建
の寺院。唐代末期にはここで義玄が臨済宗を興し、日本には
鎌倉時代に伝わった。寺院を代表する建築物は高さ30.7m、
八角9層の澄霊塔（別称は青塔、衣鉢塔）。

　広恵寺は8世紀末〜9世紀初めにかけて建立された寺院。
華塔は多宝塔とも呼ばれる寺を代表する建築物。れんが造り
の仏塔で、八角4層（高さ31.5m）の主塔と四隅に立つ六
角型の小さな仏塔で構成されている。主塔には菩薩や力士、
獅子などが彫られており、3階までは上ることができる。

　開元寺（創建当初は浄観寺といった）は540年に創建さ
れた寺院。清の後期から放置されたままとなり、現在では唐
代の建築様式を備える鐘楼（高さ14m）と須弥塔（高さ
39.5m）が残るだけとなってしまった。

　このほか、県文廟は五代十国期（10世紀中期頃）に創建
された孔子を祀る場所で、大成殿は現存するもののなかでは
かなり古い。南城門（長楽門）は明代に築かれた城門。

1000年以上の歴史をもつ古刹　　　　　　　オススメ度 ★★★

柏林禅寺／柏林禅寺　bǎilín chánsì
はくりんぜんじ

　創建を後漢の建安年間（196〜220年）まで遡る古刹で、
中国禅宗の祖庭のひとつに数えられる。古くは観音院と呼ば
れ、南宋のときに永安院、
金代に柏林禅院、元代以
降、柏林禅寺と呼ばれるよ
うになった。しかし、清末
以降は凋落し僧侶も不在と
なっており、1988年に
僧侶が住むようになった頃

柏林禅寺山門

には、唐代に植えられたと伝わるカシワが残るのみだった。しかし、1998～2003年の間にほとんどの殿宇は再建され、現在では160人を超える僧侶が修行するほどになり、日本などとも交流をもつようになった。

隋の時代からある名橋

オススメ度 ★★★ 🚗

趙州橋／赵州桥 zhàozhōuqiáo
ちょうしゅうきょう

趙州橋は石家荘から46km離れた趙県南郊外2.5kmの所にある石橋。安済橋や大石橋とも呼ばれ、現在では中国の国家重要保護文化財に指定されている。

アーチが美しい趙州橋

この橋は7世紀初め（隋の大業年間）、名工李春によって建設された。全長64.4m、幅9.6mのアーチ型の石橋で、欄干には隋代様式の彫刻が施されている。完成から1400年ほど経っているが、その間10度の水害、8度の戦乱に耐え抜いた。1966年邢台（40kmほど離れた町）で発生した震度7.6の地震でもびくともしなかったそうだ。

柏林禅寺
M 地図外（P.70-C4右下）
住 趙県石塔東路23号
☎ 84942447
オ 8:00～16:00
休 なし 料 無料
交 南焦バスターミナル（M P.70-C4）から「趙県」行きで終点。6:00～20:00の間15分に1便。11元、所要1時間
※「趙県」からの最終は18:00発
U www.bailinsi.net

趙州橋
M 地図外（P.70-C4右下）
住 趙県南郊外
☎ 84902618
オ 4月中旬～10月上旬
　8:00～18:00
　10月中旬～4月上旬
　8:00～17:00
休 なし 料 40元
交 ①南焦バスターミナルから「趙県」行きで終点。6:00～20:00の間15分に1便。11元、所要1時間。タクシーに乗り換える。片道10元が目安
②柏林禅寺周辺から「趙県」行き2路バスで「赵州橋」。8:00～17:00の間15～20分に1便。1元
※「趙県」からの最終は18:00発

ホテル

世貿広場酒店／世贸广场酒店
せぼうこうじょうしゅてん
shìmàoguǎngchǎng jiǔdiàn
★★★ ★★

河北博物院近くに位置するホテル。館内には広東・四川料理レストランのほか、ビュッフェ形式の西洋料理レストランもある。

両替　ビジネスセンター　インターネット

M P.70-B3
住 長安区中山東路303号
☎ 86678888　FAX 86670020
S 538～798元
T 538～798元
サ なし ADJMV

金円大厦／金圆大厦
きんえんたいが
jīnyuán dàxià
★★ ★★

最もにぎわうエリアに位置する高級ホテル。メインストリートの中華北大街に面している。31階には回転式の展望レストランがある。

両替　ビジネスセンター　インターネット　U www.jinyuanhotel.com.cn

M P.70-A2
住 新華区中華北大街3号
☎ 88614888　FAX 88614777
S 369～499元
T 369～499元
サ なし カ 不可

錦江之星 石家荘平安大街地鉄站酒店／锦江之星 石家庄平安大街地铁站酒店
きんこうしせい せっかそうへいあんだいがいてつてつどうしゅてん
jǐnjiāngzhīxīng shíjiāzhuāng píng'ān dàjiē dìtiězhàn jiǔdiàn

「経済型」チェーンホテル。客室はシンプルながら必要なものは揃っている。

両替　ビジネスセンター　インターネット　U www.jinjianginns.com

M P.70-B3
住 橋西区平安南大街15号
☎ 87226888　FAX 87169088
S 229～249元
T 189～239元
サ なし カ 不可

旅行会社

河北省中国国際旅行社／河北省中国国际旅行社
かほくしょうちゅうごくこくさいりょこうしゃ
hébĕishĕng zhōngguó guójì lǚxíngshè

日本語ガイドは1日600元。車のチャーターは、趙州橋および柏林禅寺が700元、正定寺廟群が700元。そのほか、秦の駅道や柏林禅寺などを訪ねるツアーや河北省全域のツアーも自由に組める。詳しくは日本語メールで相談を。U www.citshb.com　hbcits@163.com

M P.70-C4
住 裕華区東崗路108号大石門商務楼D座5楼003室
☎ 85815239（日本部）
FAX 85815368（日本部）
オ 8:30～12:00、14:30～17:30
休 土・日曜、祝日
カ 不可

清代の夏宮を守る町

承徳

しょうとく

承徳 Chéng Dé

市外局番●0314

避暑山荘の湖景区

ウルムチ ● ハルビン
承徳
北京 ● 大連
西安 ●
ラサ ● 成都 ● 上海
昆明 ● 広州
香港

都市DATA

承徳市
人口：379万人
面積：3万9719km²
3区1県4県級市4県3自治県
を管轄

市公安局出入境管理処
（市公安局出入境管理処）
MP.76-A3
個広仁大街50-1号栄信大廈傍
☎2132035
图8:30～12:00、14:30～17:30
休土・日曜、祝日
観光ビザを最長30日間延長
可能。手数料は160元
承徳医学院付属医院
（承徳医学院附属医院）
MP.76-B4
個南営子大街36号
☎2279385
图24時間 休なし

市内交通

【路線バス】運行時間の目安
は6:30～19:30、2元
【タクシー】普通車＝初乗り
2km未満6元、2km以上1km
ごとに1.4元加算。高級車＝
初乗り2km未満6元、2km以
上1kmごとに1.8元加算

町なかを走るタクシー

概要と歩き方

　承徳は、河北省の北東部、北京の北東230kmの所に位置する。燕山山脈の南麓にあり、山に囲まれたその場所は、避暑地として絶好の場所。このため、清朝の康熙帝（在位：1661～1722年）から雍正帝（在位：1722～1735年）、乾隆帝（在位：1735～1795年）と、3代にわたり宮殿と大規模な庭園が造営された。完成後は夏宮として、5月から9月はここで政務を行った。また、避暑山荘周辺には、12のチベット仏教寺院の外八廟も建設され、これらは世界遺産に登録されている。

　1733年、雍正帝は先帝の生誕80年に当たり、康熙帝の人民に施した徳政をたたえるため、この地の名を熱河から承徳（徳を承る）に改称した。

　中華民国時代には熱河省の省都となったが、1956年の熱河省解体にともなって河北省に組み入れられた。満洲国に編入された時期には日本人が多数居住しており、現在も承徳駅旧駅舎（現駅舎裏）と軍司令部（避暑山荘内）が残る。

　承徳自体は大きな町ではないが、総面積564万m²の避暑山荘と12ヵ所の寺院、外八廟など、見どころがたくさんあり、とても1日では回りきれない。最低でも2日はかけてじっくり見学したい。

避暑山荘から望む普陀宗乗之廟

町の中心部に立つ康熙帝像

	1月	2月	3月	4月	5月	6月	7月	8月	9月	10月	11月	12月
平均最高気温(℃)	-2.2	2.2	9.6	19.0	25.2	29.1	30.1	28.7	24.2	17.3	7.2	-0.3
平均最低気温(℃)	-14.4	-10.6	-3.6	4.9	11.3	16.4	19.5	17.8	11.2	3.8	-4.6	-11.8
平均気温(℃)	-9.1	-4.9	2.9	12.9	18.3	22.6	24.5	22.8	17.2	9.9	0.4	-6.9

町の気象データ（→P.517）：「預報」＞「河北」＞「承徳」＞区・市・県から選択

Access 交通

中国国内の移動 ➡ P.667 ｜ 鉄道時刻表検索 ➡ P.26

🚆 **鉄道** 京承線、錦承線、承隆線の3つのローカル線が交差する承徳駅を利用する。

所要時間(目安) 【承徳(cd)】北京(bj)／快速：4時間23分　瀋陽(sy)／普快：12時間9分

🚌 **バス** 承徳長距離東バスターミナルを利用する。北京との間に高速道路が完成したことから、所要時間や便数でも列車より便利になった。

所要時間(目安) 北京／3時間30分　天津／4時間30分

Data

🚆 鉄道

● 承徳駅 （承徳火車站）
Ⓜ P.76-C4　住車站路235号
☎ 共通電話＝12306　🔓 3:00〜21:20　休 なし　カ 不可
[移動手段] タクシー（承徳駅〜中心広場）／10元、所要10分が目安　路線バス／2、5、7、15、24、29「火車站」
　28日以内の切符を販売。

にぎやかな車站路にある承徳駅

🚌 バス

● 承徳長距離東バスターミナル
　（承徳长途汽车东站）
Ⓜ 地図外（P.76-C4下）　住 迎賓路53号
☎ 2123588　🔓 5:30〜18:00　休 なし　カ 不可
[移動手段] タクシー（バスターミナル〜中心広場）／20元、所要15分が目安　路線バス／1、13、24、29「汽车东站」
　5日以内の切符を販売。北京（四恵、六里橋：6:00〜18:00の間30分に1便）、天津（2便）など。

武烈河を眼前に望む承徳長距離東バスターミナル

承徳市全図

● 見どころ　━━ 高速道路　〰〰 長城

避暑山荘の扁額

磐錘峰景区のリフト

河北省 承徳

概要と歩き方／アクセス／承徳市全図

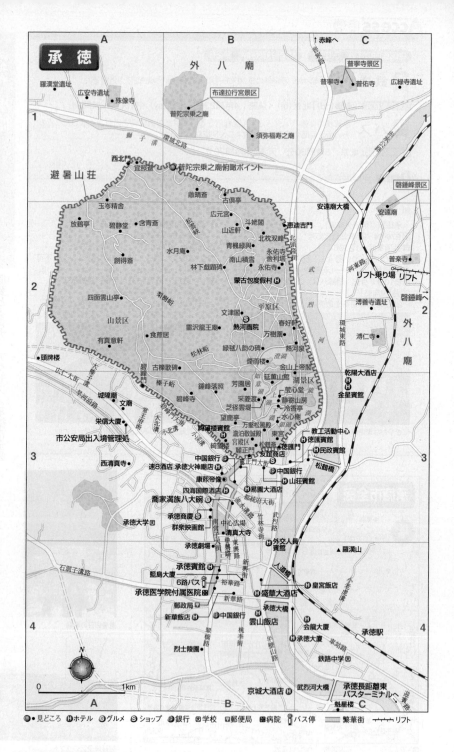

承徳

見どころ

清代の皇帝が愛した夏の避暑地　オススメ度 ★★★　世界遺産

避暑山荘／避暑山庄　bìshǔ shānzhuāng
ひしょさんそう

4時間

　夏涼しく、美しい自然と温泉にも恵まれた承徳に、清の康熙帝が1703（清の康熙42）年に離宮の築造を命じた。雍正帝、乾隆帝と3代の治世を経て、1741（清の乾隆6）年から大規模整備が始められ、1792（清の乾隆57）年に完成された離宮が避暑山荘。承徳市区の北部、武烈河西岸一帯に延びる細長い谷部に位置し、総面積564万㎡の敷地に、建築物は110余り、延々と続く城壁が全長約10kmという、中国現存の皇宮では最大のスケール。避暑山荘の宮殿は、北方民家の四合院形式。黒いれんがと瓦を使い、石灰で継ぎ目を塗っている。彩色の絵が施されていない素朴な造りが多い。

　園内は「宮殿区」と「苑景区」のふたつに大きく分かれる。避暑山荘の南端にあり、面積約4万㎡にわたる「宮殿区」は皇帝が政務や儀式を行い、居住していた場所。澹泊敬誠殿、松鶴斎、万壑松風殿、東宮の4組の建築物から構成される。避暑山荘の8割以上を占める「苑景区」は、さらに細かく、江南地方の風景を模して再現した湖のある「湖景区」、モンゴル風の草原が広がり、モンゴルのゲル（蒙古包）がある「平原区」、自然の山を生かした景勝が楽しめる「山景区」の3つに分けられる。

宮殿区／宮殿区　gōngdiànqū
きゅうでんく

　れんがと灰瓦を豊富に使い、北方の建築技法を踏襲しながら、南方庭園の構造や工法、風格を導入した山荘は、南北建築芸術が見事に結合した典型だといわれている。宮殿区全体が博物館となっていて、陳列館も並ぶ。

▶麗正門（れいせいもん）／丽正门（lìzhèngmén）

　南門に当たる麗正門が正門。1754（清の乾隆19）年に造られた、避暑山荘の「乾隆36景」の第1景である。幅27m、高さ6mの朱色の照壁（目隠し用の塀）が美しい。乾隆御筆の「麗正門」という額は、清朝が多民族帝国であることを象徴するように満（満洲）、漢、蒙（モンゴル）、蔵（チベット）、回（ウイグル）の五体で書かれている。

避暑山荘の正殿、澹泊敬誠殿

避暑山荘
M P.76-A1〜C3
住 麗正門大街20号
☎ 2024201
開 4〜10月7:00〜18:00
　11〜3月8:00〜17:30
※入場は閉門1時間前まで
休 なし
料 4〜10月＝145元
　11〜3月＝90元
※有効期間は当日のみ
※共通入場券については下記
　インフォメーションを参照
交 5、6、10、15、16、17路
　バス「避暑山庄」
U www.bishushanzhuang.
　com.cn

山景区を巡る園内バス

船頭が操る湖上の遊覧船

ⓘ ▶▶▶ インフォメーション

避暑山荘とそのほかの共通入場券

　避暑山荘とほかの見どころの共通入場券が販売されているので、自分に合致したセットを購入するとよい。有効期間はいずれも3日間。下記料金には避暑山荘の入場券も含まれている。

▼セットとなる観光地
①布達拉行宮区＋普寧寺景区
②普寧寺景区＋磬錘峰景区
③布達拉行宮区＋磬錘峰景区
④布達拉行宮景区＋普寧寺景区＋磬錘峰景区

▼料金
4〜10月：①＝280元 ②＝250元 ③＝250元 ④＝320元
11〜3月：①＝190元 ②＝180元 ③＝180元 ④＝230元

ⓘ インフォメーション

避暑山荘内の交通

園内は広大なので効率よく回るには園内バスが便利。山を巡る「環山游」と平原を巡る「環湖游」の循環コースとなっており、途中数ヵ所で写真撮影タイムがある。普陀宗乗之廟の全景を山上から楽しめる「環山游」コースは特におすすめ。停車地点は看板で確認できる。10月中旬から4月にかけては全面運休となるので注意。

[オ]ともに8:30～17:30

※環山游は16人、環湖游は10人集まっての出発となる

[休]5月～10月上旬＝なし
10月中旬～4月＝全休

[料]環山游＝1人50元
環湖游＝1人40元

湖を巡る遊覧船

避暑山荘内の湖には遊覧船も運行されている。路線は羅鍋橋～金山～煙雨楼～熱河。

[オ]8:30～17:30

※10人集まっての出発となる

[休]5月～10月上旬＝なし
10月中旬～4月＝全休

[料]1人60元

澹泊敬誠殿内部の宝座

如意洲の対岸にある金山島

煙雨楼からの眺望

▶**内午門**（ないごもん）／内午门（nèiwǔmén）

麗正門をくぐると、外午門、内午門と3つの門が連なる形になっている。康熙帝直筆の「避暑山荘」の額がある。

▶**澹泊敬誠殿**（たんぱくけいせいでん）／澹泊敬诚殿（dànbó jìngchéngdiàn）

内午門より北側に立つのが、「避暑山荘の正殿」である澹泊敬誠殿。1703（清の康熙42）年の建立で、面積は583㎡。すべてクスノキで造られており、別名、楠木殿。大臣たちとの接見や外国使節を招いての祝賀会など、おもな政務はここで行われた。

▶**四知書屋**（しちしょおく）／四知书屋（sìzhī shūwū）

澹泊敬誠殿の北側に立つ四知書屋。澹泊敬誠殿とはつながっており、皇帝が澹泊敬誠殿へ行き来する際に休憩や着替えにも利用された。また、賓客来訪の際は、あえて四知書屋でもてなし、親密な関係を築いたといわれる。

▶**煙波致爽殿**（えんはちそうでん）／烟波致爽殿（yānbō zhìshuǎngdiàn）

18世紀頃には皇帝の寝殿で、後宮の中心的建築物だった。皇帝はここで日常の生活を送り、皇后との朝のあいさつや大臣などとの接見をする場所でもあった。

西側に立つ西暖閣は西太后が住んだことで広く知られる。

▶**雲山勝地楼**（うんざんしょうちろう）／云山胜地楼（yúnshān shèngdelóu）

皇帝が「憩いの場所」として利用したのが1711年に建立された雲山勝地楼。1階では京劇の舞台や楽器演奏の観覧、2階からは建物や湖などを一望する景色を楽しんだという。

湖景区（こけいく）／湖景区 hújǐngqū

宮殿区の北にある湖は澄湖という。この湖を中心とした湖景区の風景は、江南地方の風景を模したもの。康熙帝と乾隆帝の両帝はたびたび杭州や蘇州などの江南地方に行幸し、江南の風景を格別に好み、避暑山荘に江南の景色を再現させ、楽しんだといわれている。

▶**芝径雲堤**（しけいうんてい）／芝径云堤（zhījìng yúntí）

杭州の西湖にある白堤（蘇堤）を模して造られた。

▶**環碧島**（かんぺきとう）／环碧岛（huánbìdǎo）

芝径雲堤の西側に突き出た小さな半円形の島。

▶**如意洲**（にょいしゅう）／如意洲（rúyìzhōu）

面積は、3島のなかで最大の3万5000㎡。延薫山館など精巧な建物は見応えがある。

▶**煙雨楼**（えんうろう）／烟雨楼（yānyǔlóu）

1780（清の乾隆45）年、浙江省の嘉興で煙雨楼という楼閣を見てたいへん気に入った乾隆帝は、絵師に細部まで念入りに模写させ、その絵をもとに再現させた。

平原区（へいげんく）／平原区 píngyuánqū

モンゴルの大草原を思わせるのが、湖景区の北に広がる平原区。東部にある万樹園は皇帝がモンゴルの王侯貴族や外国

使節と接見するゲル（モンゴル式移動住居）がおかれた所。平原区の西には、1774（清の乾隆39）年建造の文津閣がある。以前は、内部に四庫全書が納められていたが、現在は北京図書館に保管されている。

山景区／山景区　shānjǐngqū
<small>さんけいく</small>

避暑山荘の西北部、総面積80％を占める山景区。地形は起伏に富み、ハイキングをしながら四面雲山亭、南山積雪、錘峰落照など、すばらしい山の景色を楽しむことができる。清の歴代皇帝はここにやってきて四季折々の景色を楽しんだ。山景区は広大なスペースがあり、徒歩なら最低半日は時間を取りたい。なお、11〜3月は山に入れない。

諸民族の寺院と奇岩を併せもつ景勝エリア　オススメ度 ★★★　世界遺産

外八廟・磬錘峰／
<small>がいはちびょう　けいすいほう</small>

外八庙·磬锤峰　wàibāmiào qìngchuífēng　 1日

清代に建立された12寺院と承徳における名山、磬錘峰を中心に構成された景勝エリア。

外八廟は1713（清の康熙52）年から1780（清の乾隆45）年までの歳月をかけて避暑山荘の東と北の山麓に建立された12ヵ所の名刹群。これらは、漢代式の宮殿建築をベースに、モンゴル、チベット、ウイグルなど諸民族の建築芸術を融合した独特な風貌。もともとは、溥善寺、普寧寺、須弥福寿之廟、普陀宗乗之廟、殊像寺など計8ヵ所の寺廟を指して「外八廟」と総称されたため、名称は八廟だが、実際には12の寺院が存在する。

磬錘峰は市区東側に位置する丹霞地層の山で棒状の奇岩で知られ、その周囲は国家森林公園に指定されている。

もとは外八廟と磬錘峰に分かれていたが、2011年に統合され、エリア別に布達拉行宮景区、普寧寺景区、磬錘峰景区の3つに再区分された。

布達拉行宮景区／布达拉行宫景区　bùdálā xínggōng jǐngqū
<small>ポタラあんぐうけいく</small>

布達拉行宮景区は、獅子溝の北岸に点在する仏閣群で、その中心は普陀宗乗之廟と須弥福寿之廟。

普陀宗乗之廟は1770（清の乾隆35）年の乾隆帝60歳と、1771年の皇太后80歳を祝うために建立された。その規模は外八廟では最大。1767年から4年の歳月をかけて建設され、1771年8月に完成した。チベット様式と中国様式を融合させた建物が美しい。

白台の間を参道を上っていくと、普陀宗乗之廟の主要建築物がある大紅台に着く。ラサのポタラ宮を模して造られ、外壁が朱色で塗られている。大紅台の中央には有名な万法帰一殿があり、弥勒仏が安置されている。東部分は御座楼と呼ばれ、ポタラ宮の白宮を模したもの。御座楼は皇帝が休憩をするための場所で、北部分には舞台があり、チベット劇が上演

鹿やリスなども生息する平原区

復元された王侯用ゲル

承徳の町を眼下にする四面雲山亭

布達拉行宮景区
M 普陀宗乗之廟＝P.76-B1
　須弥福寿之廟＝P.76-B1
住 普陀宗乗之廟＝外八廟普陀宗乗之廟
　須弥福寿之廟＝外八廟須弥福寿之廟
☎ 普陀宗乗之廟＝2163072
　須弥福寿之廟＝2162972
開 4〜10月8:00〜17:00
　11〜3月8:30〜17:00
※入場は閉門1時間前まで
休 なし
料 4〜10月＝80元
　11〜3月＝60元
※避暑山荘との共通券→P.77
　欄外インフォメーション
交 普陀宗乗之廟＝118路バス「普陀宗乗之庙」
　須弥福寿之廟＝118路バス「須弥福寿之庙」

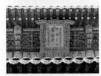
万法帰一殿の扁額

普陀宗乗之廟の全景

された。山門をくぐった内部に立つ五塔門は、3つのアーチ型の入口をもち、上部には紅、黄、黒、白、緑の仏塔を備えるチベット様式の門。

須弥福寿之廟は乾隆帝70歳の誕生祝いに、パンチェン・ラマ6世が承徳を訪れることを祝して建立されたもの。敷地面積3万7900㎡の中に、シガツェのタシルンポ寺（パンチェン・ラマの住む場所）を再現した建物が並ぶ。

寺廟内中央部に当たる大紅台には、須弥福寿之廟の主殿である妙高荘厳殿が立っている。パンチェン・ラマ6世が読経を行った場所として有名。1階中央には、釈迦牟尼像が祀られ、東側にはパンチェン・ラマ6世が使った宝座が残されている。経壇の中央に安置されている像はチベット仏教ゲルク派（黄帽派）の宗祖ツォンカパ。

妙高荘厳殿の斜め向かいにあるのが吉祥法喜殿で、俗称は住宿楼。パンチェン・ラマ6世の寝殿として建てられた。ここには純金の釈迦牟尼像が本尊として祀られている。西側には客堂にかかる「万法宗源」の扁額から万法宗源殿とも呼ばれる西殿がある。さらに、最北部の山には黄色い琉璃瓦をもつ八角7層の琉璃万寿塔が立つ。

普寧寺景区／普宁寺景区　pǔníngsì jǐngqū

普寧寺景区は普寧寺を中心とするエリア。寺院跡が多く、時間が限られているなら目的地から外してもよいだろう。

普寧寺は1755年に建立され、木彫り仏像としては世界最大級といわれる高さ約22mの千手千眼観音菩薩像を擁することで有名。菩薩像を収容する高さ36mの大乗之閣という仏殿は、チベット族と漢族の仏寺風格を併せもつ、6層式の美しい寺院で、その外観も見事だ。この大乗之閣を中心に、仏塔や法殿が囲むようなその配置は、そのエリア全体で曼荼羅の世界を表現している。大乗之閣などのある普寧寺北側はチベット式、南側半分は中国式の寺院になっている。唯一僧が暮らす寺。

大乗之閣は中国式寺院の奥に位置する

磬錘峰景区／磬锤峰景区　qìngchuífēng jǐngqū

磬錘峰景区は磬錘峰と普楽寺、安遠廟で構成されるエリア。

磬錘峰の頂には、高さ59.42m、上部の直径15.04m、重さ1.6トンにも及ぶ棍棒のような巨岩が立つ。山に登るには、普楽寺の南側にある道の途中にあるリフトを使うとよいし、夏なら1時間ほどの登山にチャレンジするのもよい。

普楽寺は1766（清の乾隆31）年に創建された寺院で、別名は円亭寺。普寧寺と同様に北側がチベット式、南側が中国式になっている。北門の石段の上はチベット式のエリアで、正方形の回廊の真ん中に旭光閣がそびえている。旭光閣

華麗な屋根装飾の妙高荘厳殿

琉璃瓦が美しい琉璃万寿塔

インフォメーション

電動カート
入場者は普陀宗乗之廟と須弥福寿之廟の間を電動カートで移動できる。
[オ]4月15日～11月15日
8:30～17:30
11月16日～4月14日
9:00～16:30
[休]なし
[料]入場料に含まれる

普寧寺景区
[M]普寧寺＝**P.76-C1**
普佑寺＝**P.76-C1**
[住]普寧寺路
☎2058209
[オ]4～10月8:00～17:00
11～3月8:30～17:00
※入場は閉門1時間前まで
[休]なし
[料]4～10月＝80元
11～3月＝60元
※避暑山荘との共通券→P.77欄外インフォメーション
[交]6路バス「普宁寺」

磬錘峰の巨岩

は天壇公園（北京）の祈年殿を模したもの。殿内中央には勝楽王仏という歓喜仏がある。

武烈河の東側に立つ安遠廟は、1764（清の乾隆29）年の創建。乾隆帝が新疆のイリ河岸にあった固爾扎寺（グルジャ）（グルジャは地名で、モンゴル高原西部に暮らすモンゴル族の仏教聖地）をまねて造らせたので、イリ廟とも呼ばれる。安遠廟の主殿は普渡殿で、屋根瓦は黒。これは、安遠廟建設中に基となった固爾扎寺が火災で焼失したため、同様の災難を避けようと陰陽五行説で火に勝つ水の色である黒としたもの。

磬錘峰側から見る普楽寺の旭光閣

閑静な安遠廟の普渡殿

磬錘峰景区

[M]磬錘峰＝**P.75-B2**
普楽寺＝**P.76-C2**
安遠廟＝**P.76-C2**
[住]磬錘峰＝外八廟磬錘峰
普楽寺＝外八廟普楽寺路口
安遠廟＝外八廟安遠廟
☎磬錘峰＝2057090
普楽寺＝2057557
安遠廟＝2057809
[オ]磬錘峰＝
4～10月7:00～18:00
11～3月8:00～16:30
普楽寺・安遠廟＝
4～10月8:00～17:00
11～3月8:30～17:00
※いずれも入場は閉門1時間前まで
[休]なし [料]50元
[交]10、28路バス「喇嘛寺」。徒歩でリフトまで7分、安遠廟まで10分、普楽寺まで10分が目安

ホテル

雲山飯店／云山饭店 ★★★★
うんざんはんてん　yúnshān fàndiàn

民族テイストとモダンな雰囲気が融合するホテル。施設充実のサウナルームと美しい中庭が自慢。

[両替] [ビジネスセンター] [インターネット]

[M]P.76-B4
[住]武烈路41号
☎2055588 [FAX]2055598
[S]450～750元
[T]400～700元
[サ]なし [カ]不可

盛華大酒店／盛华大酒店 ★★★★
せいかだいしゅてん　shènghuá dàjiǔdiàn

2002年開業。エステ、ショッピングセンター、ビジネスセンター、バー、ジムなどの施設が充実。レストランは地元料理と淮陽料理が自慢。

[両替] [ビジネスセンター] [インターネット]

[M]P.76-B4
[住]武烈路22号
☎2271188 [FAX]2271112
[S]400～500元
[T]400～500元
[サ]なし [カ]不可

承徳賓館／承德宾馆 ★★★★
しょうとくひんかん　chéngdé bīnguǎn

レストランやショップが建ち並ぶ、にぎやかな南営子大街に位置するホテル。避暑山荘に向かう6路のバス停が至近。

[両替] [ビジネスセンター] [インターネット]

[M]P.76-B4
[住]南営子大街19号
☎5901888 [FAX]5900588
[S]398～628元
[T]398～628元
[サ]なし [カ]ADJMV

京城大酒店／京城大酒店 ★★★★
けいじょうだいしゅてん　jīngchéng dàjiǔdiàn

日本人観光ツアーの宿泊先としてもよく使われるホテル。付帯施設も充実。11月～4月中旬は宿泊料が割引になる。

[両替] [ビジネスセンター] [インターネット]

[M]P.76-B4
[住]半壁山路12号
☎2255999 [FAX]2255555
[S]300～400元
[T]300～400元
[サ]なし [カ]不可

グルメ

喬家満族八大碗／乔家满族八大碗
きょうけまんぞくはちだいわん　qiáojiā mǎnzú bādàwǎn

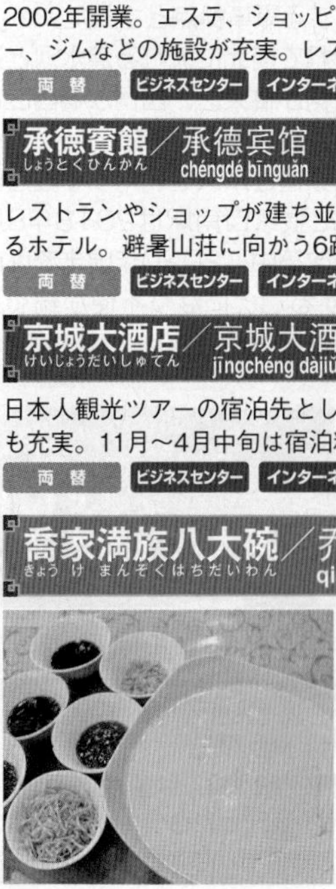

満洲族が年越しの際に好んで食べるといわれる八大碗（8つの料理を8つの碗に盛りつける）を提供している。40元前後から数百元の山海の珍味を用いた料理までさまざま。あっさりした味わいの豆腐料理も数種ある。写真付きメニューがあるのでオーダーも便利。

[M]P.76-B3
[住]流水溝路太平橋1号
☎2037888
[オ]11:30～14:30、16:30～21:30
[休]なし [カ]不可

万里の長城が連なる要衝の町

張家口
（ちょうかこう）

ジャンジアコウ
张家口 Zhāng Jiā Kǒu　　市外局番●0313

清水河西岸に立つ張家口市展覧館

ウルムチ　張家口○●大連　ハルビン　北京　西安●成都　上海　ラサ　昆明　広州　香港

都市DATA

張家口市
人口：491万人
面積：3万6303km²
6区10県を管轄

市公安局出入境管理処
（市公安局出入境管理処）
M地図外（P84-B3右）
個橋東区朝陽東大街18号市
公安局総合警務中心
☎8682216、8686834
圓8:30～11:30,14:00～17:00
困土・日曜、祝日
観光ビザを最長30日間延長
可能。手数料は160元

河北方学院付属第一医院
（河北方学院附属第一医院）
MP84-B2
個橋西区長青路12号
☎救急＝8043592
圓24時間　困なし

市内交通

【路線バス】運行時間の目安は
6:00～20:30、1元
【タクシー】初乗り（2km未
満）7元、2km以上1kmごと
に普通車1.4元、高級車1.6元
加算

ⓘ ▶▶▶ インフォメーション
張家口のホテル
　張家口では、政治的な会議
などが開催される際、平時なら
外国人が宿泊できるホテルで
も宿泊できなくなることがある。

概要と歩き方

　張家口は北京から西に約200km、河北省の北西部に位置する張家口市の行政的中心。町の名の由来は、15世紀前半に張文が城壁を備える駐屯地を築いて張家口堡と呼ばれるようになったことによる。モンゴル語で「門」を意味するハールガからカルガンとも呼ばれた。

　中華民国期にはチャハル省の省都となったが、1952年チャハル省の消滅にともない河北省に編入され、現在にいたる。

　古来より軍事上の拠点であり、郊外には万里の長城も築かれた。明代においては、モンゴル高原の遊牧民に対する防御拠点であったが、1449（明の正統14）年には、時の皇帝英宗がオイラトのエセン・ハンに大敗し捕虜となった土木の戦いの舞台にもなった（現在の張家口市懐来県）。中ソ対立期には、ソ連とモンゴルに対する軍事拠点とされた。

　張家口の町は、山地に挟まれて南北に流れる清水河と通橋河に沿って造られており、東側が橋東区、西側が橋西区とふたつのエリアに区分されている。

　ほかの町とのアクセスには鉄道とバスを利用することになる。張家口の玄関口であった張家口南駅は2018年8月現在、北京冬季五輪のため全面改築中。2020年頃までは南へ約5kmの沙嶺子南駅を利用することになり不便が続く。一方、張家口バスターミナルは中心部の北にあり使い勝手はよい。

　繁華街は橋東区勝利北路、東安大街、解放路、五一大街沿いなので、ホテルはこのあたりで探すとよい。

雲泉禅寺から見た町の中心部

	1月	2月	3月	4月	5月	6月	7月	8月	9月	10月	11月	12月
平均最高気温(℃)	-2.2	1.5	8.4	17.9	24.8	28.5	29.4	27.7	23.2	16.3	6.6	-0.4
平均最低気温(℃)	-12.9	-10.0	-3.6	4.6	11.2	16.0	18.7	17.2	11.2	4.3	-4.0	-10.5
平均気温(℃)	-8.3	-5.0	2.0	10.9	17.8	22.1	23.7	22.0	16.6	9.6	0.5	-6.2

町の気象データ（→P.517）：「預報」＞「河北」＞「張家口」＞区・県から選択

 鉄道
中国国内の移動→P.667　鉄道時刻表検索→P.26

北京と内蒙古方面を結ぶ線上にあるため、アクセスはよい。しかし、メインとなっていた張家口南駅は2018年8月現在改築工事中で、2020年頃までは沙嶺子西駅を利用する。

所要時間（目安）【沙嶺子西(slzx)】北京西(bjx)／快速：3時間10分　石家荘(sjz)／直達：6時間　大同(dt)／直達：2時間50分　フフホト(hhht)／直達：6時間10分　銀川(yc)／快速：14時間50分

 バス
町の中心部北寄りに位置する張家口バスターミナルを利用する。

所要時間（目安）北京／4時間　石家荘／7時間　大同／4時間

Data

鉄道

●沙嶺子西駅（沙岭子火车西站）
地図外（P.84-B4下）　住宣化区沙嶺子鎮二里豊村　☎7903738
オ24時間　休なし　カ不可
[移動手段]タクシー（沙嶺子西駅～張家口市展覧館）／50元、所要35分が目安　路線バス／1、10、11、33路「沙岭子西站」
28日以内の切符を販売。
※沙嶺子西駅は張家口南駅の南約5kmにあるが、直線で結ぶ道路がないため迂回が必要で、約13kmの道のりとなる。張家口南駅の再オープンは2020年頃の予定
●市内鉄道切符売り場（火车票市内售票处）
P.84-B3　住橋東区勝利路北169号容辰商業街北区13号　☎8055218
オ8:30～18:00　休なし　カ不可
[移動手段]タクシー（市内鉄道切符売り場～張家口市展覧館）／10元、所要10分が目安　路線

バス／4、31、33路「容辰小区东门」、831路「粮库」
28日以内の切符を販売。手数料は1枚につき5元。

バス

●張家口バスターミナル（张家口汽车客运站）
P.84-B1　住橋西区西沙河路100号
☎8076566
オ5:30～18:00　休なし　カ不可
[移動手段]タクシー（バスターミナル～張家口市展覧館）／10元、所要15分が目安　路線バス／2、10路「长途汽车站」
4日以内の切符を販売。北京（六里橋：6:30～17:30の間20分に1便、永定門：7:00、8:00、12:30、13:40発）、大同（7:00、10:30、12:30、13:30、15:30発）、石家荘（8:00、10:00、13:00発）など。

見どころ

遊牧民族に対する防御拠点　　　オススメ度 ★★★

大境門長城／大境門长城　dàjìngmén chángchéng
だいきょうもんちょうじょう

大境門長城は、市街地の北側に東西に延びる太平山（清水河を挟み西が西太平山、東が東太平山）に築かれた長城。北魏時代のものを基礎にして、遊牧民族の華北侵攻を防ぐため、1485（明の成化21）年から建設が始められた。

2010年には修復工事が行われ、大境門や関帝廟などが整備された。観光の中心は清の順治年間に建設された大境門。2012年8月の大雨で長城の一部が崩壊し、再建された際に一部に登れるようになった。

大境門長城
P.84-A～B1
住崇礼路正溝街15号
☎大境門景区＝8020199
オ4月下旬～10月上旬
　8:00～17:30
　10月中旬～4月中旬
　8:30～17:00
※入場は閉門の30分前まで
休なし
料13元
交16路バス「口外东窑子（大境门）」

大境門から見た大境門長城

関帝廟入口

張家口国賓東昇大酒店
（→P.85）

張家口バスターミナル
（→P.83）

雲泉禅寺天王殿
（→P.85）

水母宮からの眺め。山
の稜線に沿って古い長
城が残る（→P.85）

張家口堡に残る古い町
並み

搶才書院（張家口堡
→P.85）

張家口

● 見どころ　Ｈ ホテル　Ｓ ショップ　医院 病院　〰〰 万里の長城

84

明清代の建物が残るエリア　オススメ度 ★★★

張家口堡／张家口堡　zhāngjiākǒu bǔ
ちょうかこうほ

張家口堡は1429（明の宣徳4）年から1581（明の万暦9）年にかけて建設された要塞。俗称を堡子里という。その後、張家口はここを中心にして徐々に発展し、地方中核都市に成長していった。現在、東西590m、南北330mの範囲に20の小さな通りと478の明清代の住居が残るが、そのうち93ヵ所が重点的に保護されている。

文昌閣（鐘楼）

張家口堡
[M]P.84-A～B2
[住]橋西区中部
☎5953377
[オ]外観＝24時間
景区内見どころ＝8:00～17:00
[休]なし
[料]搶才書院＝10元
※2018年7月現在、搶才書院以外の見どころは修理中。完成予定は未定
[交]1、2、4、7、13、34路バス「展览馆」

万里の長城を望む広大な公園　オススメ度 ★★★

水母宮／水母宫　shuǐmǔgōng
すいぼきゅう

大境門の西側に位置する自然豊かな公園で、水の神様を祀った廟があるため水母宮と呼ばれる。北側は山になっていて、尾根伝いに長城が走っている。

水母宮
[M]P.84-A1
[住]橋西区平門大街卧雲山
☎5985052
[オ]4月中旬～10月中旬
7:00～18:00
10月下旬～4月上旬
8:30～17:00
[休]なし
[料]10元
[交]13路バス「水母宫」
※13路バスは便数が少ないのでタクシー利用が便利

水母宮内の景観

張家口の古刹　オススメ度 ★★★

雲泉禅寺／云泉禅寺　yúnquánchánsì
うんせんぜんじ

1393（明の洪武36）年創建の仏教寺院。市街地の西部に位置する賜児山（しじさん）に立っている。院内には仏閣が点在していて、大きな柳の木がある。ここからは張家口の町を一望することができ、北方に目を向ければ、延々と続く長城を見ることができる。

雲泉禅寺に新たに建てられた寺廟群

雲泉禅寺
[M]P.84-A2
[住]橋西区賜児山雲泉禅寺
☎8189452、8188927
[オ]8:00～17:00
[休]なし
[料]10元
[交]9、32路バス「赐儿山」、徒歩15分
[U]www.zgyqs.com

ホテル

張家口国賓東昇大酒店／张家口国宾东升大酒店 ★★★★
ちょうかこうこくひんとうしょうだいしゅてん　zhāngjiākǒu guóbīn dōngshēng dàjiǔdiàn

繁華街に位置するホテルで、張家口では最高級クラス。14階には回転式のレストランがあり、張家口の市街地を一望できる。

[両替]　[ビジネスセンター]　[インターネット]

[M]P.84-B2
[住]橋東区勝利北路2号
☎7158999　[FAX]2085666
[S]298～428元
[T]298～428元
[サ]なし　[カ]不可

新華大廈／新华大厦 ★★★
しんかたいか　xīnhuá dàshà

繁華街に位置する。ホテルの前に路線バスの停留所があり、市内の移動には都合がよい。

[両替]　[ビジネスセンター]　[インターネット]

[M]P.84-B2
[住]橋西区至善街33号
☎8050118
[FAX]8072748
[S]238元　[T]238元
[サ]なし　[カ]不可

済南
さいなん

済南 Jǐ Nán

市外局番●0531

済南は水の町。大明湖は憩いの場だ

都市DATA

済南市
人口：609万人
面積：8177km²
7区3県を管轄
済南市は山東省の省都

市公安局出入境管理処
（市公安局出入境管理処）
Ⓜ️**地図外（P.88-C3右）**
🏠歴下区舜華西路777号（高
新区斉魯軟件園D座対面）
☎85081088
🕐月～金曜
　9:00～11:40、13:00～16:40
　土曜9:00～11:40
🈺日曜、祝日
観光ビザを最長30日間延長
可能。手数料は160元

省立医院（省立医院）
Ⓜ️**P.88-A3**
🏠槐蔭区経五緯七路324号
☎代表＝87938911
　急診＝68776541
🕐24時間　🈺なし

市内交通

【路線バス】運行時間の目安
は6:00～21:00、普通車1元、
Kが付く空調付き2元
※このほか、専用道路と改札
があるBRTというバスが7
路線ある。運行時間の目安
は5:30～21:30、2元。専
用停留所ホーム内では無料
で接続路線に乗り換え可能
【タクシー】初乗り3km未満
9元、3km以上1kmごとに1.5
元加算

概要と歩き方

黄河の下流域、山東半島の付け根から200km内陸にある山東省の省都。渤海に注ぐ済水（現在の黄河）の南にあることから済南と称される。北に黄河、南に泰山が控える古都でもある。

美食のストリート、芙蓉街

済南の歴史は古く、付近の龍山から4000年前の黒陶が出土し、龍山（ロンシャン）文化の発祥地のひとつとされている。隋以降は仏教が盛んになり、城の内外にたくさんの寺院が建った。1928年、日本が出兵し蒋介石の国民革命軍と交戦した済南事件の地としても知られる。

済南は交通の要所で、鉄道駅は済南駅や済南西駅など3つあり、バスターミナルも町のあちこちにある。済南駅から経四路、共青団路、泉城路へと続き、青龍橋あたりまでが済南の中心。町の雰囲気を味わうなら、済南駅周辺か大明湖周辺に宿泊するといいだろう。泉城路や大明湖のあたりが済南の旧城内に当たり、旧済南城は明代に掘られた水路で囲まれている。このあたりは昔の面影を残しており、散策する価値がある。食事を取るなら、さまざまなシャオチー屋台やレストランが集まる芙蓉街がおすすめ。済南の町では、まず大明湖と趵突泉（ぼくとつせん）を散策して泉城路もしくは共青団路と経四路の繁華街を歩こう。次の日は千仏山と山東博物館を訪れ、最後に町の北にゆったりと流れる黄河を見に行くとよい。

山東名物の焼き餃子も楽しみ

	1月	2月	3月	4月	5月	6月	7月	8月	9月	10月	11月	12月
平均最高気温(℃)	3.9	6.9	13.3	21.6	27.1	31.6	31.9	30.6	26.9	21.2	13.0	6.0
平均最低気温(℃)	-3.9	-1.6	3.9	11.3	16.8	21.6	23.6	22.5	17.7	11.8	4.5	-1.7
平均気温(℃)	-0.4	2.2	8.2	16.1	21.8	26.3	27.5	26.3	22.0	16.1	8.3	1.8

町の気象データ（→P.517）：「預報」＞「山東」＞「済南」＞区・県から選択

Access 交通

中国国内の移動→P.667　鉄道時刻表検索→P.26

✈ 飛行機

市区北東約30kmに位置する済南遥墙国際空港（TNA）を利用する。日中間運航便は1路線のみだが、国内線は主要都市への便が運航されている。

国際線 関西（7便）。

国内線 便数の多い北京や上海とのアクセスがおすすめ。

所要時間（目安）北京首都（PEK）／1時間15分　上海浦東（PVG）／1時間45分　成都（CTU）／2時間35分　大連（DLC）／1時間10分　広州（CAN）／2時間45分　西安（XIY）／1時間50分

🚃 鉄道

京滬線、京滬高鉄、膠済線などが交差する鉄道交通の要衝でアクセスは非常によい。旅行者は済南駅または高速鉄道や動車組専用の済南西駅を利用することが多い。そのほかに在来線の大明湖駅（旧済南東駅）があるが、2018年末に青島方面高速鉄道の駅としてオープン予定。

所要時間（目安）【済南西（jnx）】北京南（bjn）／高鉄：1時間23分　泰安（ta）／高鉄：17分　【済南（jn）】北京南（bjn）／高鉄：1時間57分　青島北（qdb）／高鉄：2時間18分　煙台南（ytn）／動車：3時間7分　泰安（ta）／高鉄：24分　泰山（ts）／直達：45分　鄭州東（zzd）／高鉄：3時間8分

🚌 バス

市内には多数バスターミナルがあるが、済南長距離総合バスターミナルが便利。高速鉄道の発達により減便傾向。高速鉄道の駅がある都市へは高速鉄道利用が速くて便利。

所要時間（目安）曲阜／2時間30分　青島／5時間　泰安／2時間　北京／7時間30分

Data

✈ 飛行機

●済南遥墙国際空港（済南遥墙国际机场）
M 地図外（P.88-C1右上）　住歴城区遥墙鎮
☎96888　オ5:00～最終便　休なし　カ不可
U www.jnairport.com
[移動手段] エアポートバス（空港～済南駅）／20元、所要1時間。空港→市内は到着便に合わせて運行　市内→空港＝5:00～20:00の間30分または1時間に1便　※空港→市内は、18:30以降玉泉森信大酒店が終点（済南駅経由）。市内→空港は、玉泉森信大酒店始発と済南駅始発がある　タクシー（空港～泉城広場）／100元、所要50分が目安
　3ヵ月以内の航空券を販売。

●中国東方航空航空券売り場
（中国东方航空公司済南售票处）
M P.88-A3　住槐蔭区経十路23086号沃徳酒店
☎87964445　オ8:30～16:30　休なし　カ不可
[移動手段] タクシー（航空券売り場～泉城広場）／20元、所要25分が目安　路線バス／6、K6、K33、K56、81、K81、K98、K109、117、K117路「経十路北小辛庄西街」
　3ヵ月以内の航空券を販売。

🚃 鉄道

●済南駅（済南火车站）
M P.88-A3　住天橋区車站街19号
☎共通電話＝12306　オ24時間　休なし　カ不可
[移動手段] タクシー（済南駅～泉城広場）／15元、所要20分が目安　路線バス／BRT5、K3、11、K11、K18、43、K43、K84、K156路「火车站」
　28日以内の切符を販売。エアポートバスの発着地点。

●済南西駅（済南火车西站）
M 地図外（P.88-A3左）　住槐蔭区斉魯大道6号
☎共通電話＝12306　オ6:30～22:00

高速鉄道が発着する済南西駅

休なし　カ不可
[移動手段] タクシー（済南西駅～泉城広場）／50元、所要40分が目安　路線バス／BRTI、K58、K109、K156、K167路「済南西站公交枢紐」
　28日以内の切符を販売。

🚌 バス

●済南長距離総合バスターミナル
（済南长途汽车总站）
M P.88-A2　住天橋区済濼路131号　☎96369
オ5:00～22:00　休なし　カ不可
[移動手段] タクシー（済南長距離総合バスターミナル～泉城広場）／15元、所要20分が目安
路線バス／4、K4、5、K5、12、K12、K50、K53、K58、K90、K95、112、K112路「长途汽车站」
　10日以内の切符を販売。山東省内便がメイン。青島（3便）、煙台（8便）、曲阜（6:50～18:00の間50分に1便）、泰安（6:30～18:00の間50分～1時間に1便）、北京（2便）など。

円形の建物が特徴の済南長距離総合バスターミナル

山東省 済南　概要と歩き方／アクセス

87

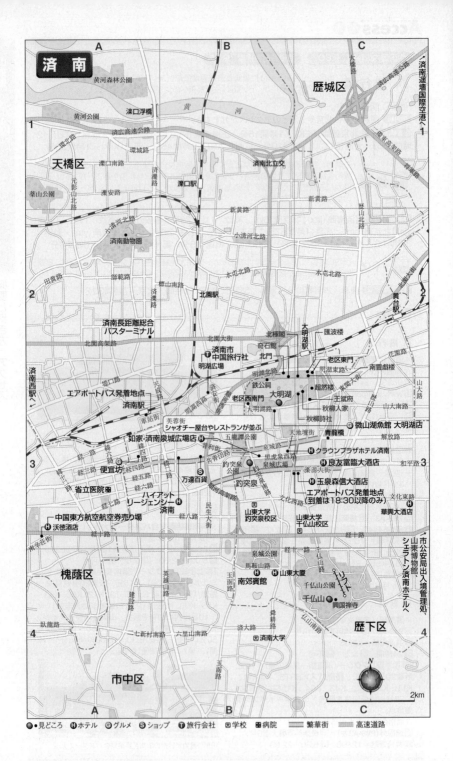

済南

済南随一の泉　　　　　　　オススメ度 ★★★

趵突泉／趵突泉　bàotūquán
ぼくとつせん

🕐 1時間

済南72泉の筆頭に挙げられる泉。現在泉の周辺全体が公園になっており、園内に趵突泉を含め3つの泉がある。

趵突泉は別名天下第一泉といい、古来より水の重要な供給源となってきた。毎秒1600ℓの水が湧き出していて、勢いがよいときは水面から50cmも盛り上がる。この水は地下の鍾乳洞の裂け目から来ている。澄んだ水に魚が泳ぎ、柳がしだれる様子は、中国独特の優美な趣を醸し出している。

また、園内に点在する明時代の伝統建築物も見逃せない。

宋代に詩集『漱玉詞』を残した有名な女流詩人李清照の紀念堂が漱玉泉のほとりにある。李清照はかつて趵突泉のそばで暮らした。この紀念堂は宋代の建築様式で造られている。

水辺の景色を楽しめる

趵突泉
🗺 P.88-B3
🏠 歴下区趵突泉南路1号
☎ 86920556
🕐 4月10日〜10月9日
　7:00〜19:00
　10月10日〜4月9日
　7:00〜18:00
休 なし
￥ 40元
🚌 5、K5、K59、101、K101路バス「趵突泉北门（五龙潭公园）」。49、K49、K52、K54、72、K72、K96、K100路バス「趵突泉南门」。5、K5、K59、K66、82、K82、K109路バス「趵突泉东门」

李清照の生涯が人形を用いて説明されている

山東省の歴史と文化がよく理解できる　　オススメ度 ★★★

山東博物館／山东博物馆　shāndōng bówùguǎn
さんとうはくぶつかん

千仏山の北東約7kmの地点にある、山東省に関する展示をメインとする博物館。

1階の常設展示室はふたつあり、「仏教造像芸術展」の部屋では芸術的にも優れた各時代の仏像や菩薩像を展示。「漢代画像芸術展」では石の彫刻のほか、2007年に東漢時代早期の墓から発見された保存状態のいい壁画が見られる。

2階の「山東歴史文化展」では、山東省の文化財を旧石器時代から清代へ年代順に、3つの展示室に分けて展示している。なかでも新石器時代後期の龍山文化の出土品である、卵殻陶と呼ばれる黒陶は驚きの薄さだ。

そのほか孔子関連の展示を行う「孔子文化大展」や、明代の王族のきらびやかな宝を集めた「明代魯王展」の部屋があり、見応えのある内容となっている。

画像石の絵が刻まれたコレクションが秀逸

山東博物館
🗺 地図外（P.88-C3右）
🏠 歴下区経十東路11899号
☎ 85058202、85058201
🕐 9:00〜17:00
※入場は閉館1時間前まで
休 月曜
￥ 無料
※日本語音声ガイド機＝無料。デポジット（保証金）として300元が必要
🚌 BRT、K115、K119、K139、K145、K152、K171、115、119、152路バス「省博物馆」
🌐 www.sdmuseum.com

戦国時代の魯国大玉璧

明代の運河用木造船

大明湖

M P88-B〜C3

🏠 歴下区大明湖路271号

☎ 86088928、86088900

🕐 北岸区＝6:30〜21:00

※入場は閉園2時間前まで

※北岸区内、有料の見どころ
は8:30〜17:00
南岸区＝24時間

※南岸区内、有料の見どころ
は8:30〜17:00

休 なし

💴 北岸区＝無料、奇石館＝10
元、南豊戯楼＝無料、南岸
区＝無料、超然楼＝40元、
秋柳詩社＝5元、秋柳人家
＝5元、玉斌府＝10元、稼
軒祠＝10元

🚌 K11、K41、K54、K66、
K95、K109、11、41路バ
ス「大明湖西南門」。K14、
K30、K31、K41、K83、
14、31、41路バス「大明
湖東門」。BRT5、K6、
K30、K33、K53、K83、
K118、6、118路バス「大
明湖北門」

新区に立つ超然楼

千仏山

M P88-C4

🏠 歴下区経十一路18号

☎ 82662340

🕐 6:00〜21:00

※有料の見どころは8:30〜
17:00

休 なし

💴 千仏山＝30元、興国禅寺
＝5元、観音堂＝5元、万
仏堂＝15元

🚌 ①64、K64、152、K152
路バス「千佛山景区」。
②2、K2、16、K16、
K51、K56路バス「千佛
山」。徒歩5分

🌐 www.jnqianfoshan.com

山の北側に立つ礼敬門は千仏
山の正門

ⓘ ▶▶▶ インフォメーション

千仏山のゴンドラリフト

💴 片道20元 🕐 8:30〜17:00

※冬季は不定期に運休する

旧城内にある湖　　　　　　オススメ度 ★★★

大明湖／大明湖　dàmínghú
だいめいこ

幻想的な大明湖の夕暮れ

旧済南城の北部にある湖で、大明湖を中心としたエリアが公園になっている。湖の西側と北側が有料の老区で、東側と南側は無料で開放された新区となっている。湖の面積は46万5000㎡。市内の珍珠泉、芙蓉泉、王府池などの泉から湧き出している水が大明湖に注ぎ込んでいて、1年を通じて水量が豊富。

湖の周囲には柳が植えられていて、その下で釣り人が糸を垂らす姿が何とも優雅だ。ハスがたくさん生えた湖の中には歴下亭や湖心亭が、湖畔には鉄公祠、匯波楼、超然楼、秋柳詩社などの伝統的デザインの建築物が立っている。元代創建の北極閣内に安置されている真武帝像も迫力がある。

老区にある月下亭

また、大明湖は唐時代の大詩人である李白や杜甫が訪れたことでも有名。杜甫は745（唐の天宝4）年、書道家の李邕と歴下亭で出会ったときのことを詩に残している。

磨崖仏は必見　　　　　　オススメ度 ★★★

千仏山／千佛山　qiānfóshān
せんぶつざん

千仏山は山全体がひとつの自然公園を形成している。伝説では舜帝がこの地を耕作したとされる。隋唐の時代から数多くの磨崖仏が彫られたため千仏山というが、明歴山の別名もある。麓には万仏洞が、山頂一帯には舜帝祠、魯班祠、文昌閣などがあり、興国禅寺には隋代に彫られた摩崖石刻がある。

晴れた日には、山頂からの眺望がすばらしく、済南の町と黄河が一望できる。

興国禅寺摩崖石刻

ホテル

シェラトン済南ホテル／济南市喜来登酒店 ★★★ ★★
jīnánshì xǐláidēng jiǔdiàn

山東博物館の約3km東、済南オリンピックスポーツセンターの南側にある高級ホテル。1階に日本料理店「雅」がある。

両替 **ビジネスセンター** **インターネット** U www.starwoodhotels.com

M 地図外（P.88-C3右）
住 歴下区龍奥北路8号
☎ 81629999　FAX 81629990
S 684～965元
T 684～965元
サ 10%＋6%　カ ADJMV

ハイアット リージェンシー 済南／济南富力凯悦酒店 ★★★ ★★
jīnán fùlì kǎiyuè jiǔdiàn

町の中心部に近い便利な場所にあるホテルで、2011年秋に開業した。すぐ隣にショッピングモール「万達百貨」がある。

両替 **ビジネスセンター** **インターネット** U www.hyatt.com

M P.88-B3
住 市中区経四路187号
☎ 88281234　FAX 87781234
S 640～900元
T 640～900元
サ 10%＋6%　カ ADJMV

玉泉森信大酒店／玉泉森信大酒店 ★★ ★★
yùquán sēnxìn dàjiǔdiàn

済南遥墻国際空港へのエアポートバスはこのホテルの前から出発する。ホテルから50mの地点には航空券と列車の切符販売処がある。

両替 **ビジネスセンター** **インターネット** U www.yuquan.com.cn

M P.88-C3
住 歴下区濼源大街68号
☎ 88888887　FAX 86934992
S 368～528元
T 348～368元
サ なし　カ ADJMV

良友富臨大酒店／良友富临大酒店 ★★ ★★
liángyǒu fùlín dàjiǔdiàn

済南のビジネスの中心地、濼源大街の東に位置する大型ホテル。ホテル内の旅行会社では航空券や列車の切符の手配が可能。

両替 **ビジネスセンター** **インターネット**

M P.88-C3
住 歴下区濼源大街5号
☎ 86956888　FAX 86956688
S 478～588元
T 418～478元
サ なし　カ ADJMV

南郊賓館／南郊宾馆
nánjiāo bīnguǎn

星はないが、国賓が利用する政府系の高級ホテル。設備は4つ星相当。広い敷地には豊かな緑が広がり、別荘タイプの客室もある。

両替 **ビジネスセンター** **インターネット** U www.jnnjhotel.com

M P.88-B4
住 歴下区馬鞍山路2号
☎ 85188888
FAX 85188980
S 548元　T 528元
サ なし　カ ADJMV

如家-済南泉城広場店／如家-济南泉城广场店
rújiā jǐnán quánchéng guǎngchǎngdiàn

「経済型」チェーンホテル。市内中心に位置し、見どころの趵突泉にも近く便利。

両替 **ビジネスセンター** **インターネット** U www.bthhotels.com

M P.88-B3
住 歴下区黒虎泉西路183号
☎ 55558555　FAX なし
S 279～319元
T 279～319元
サ なし　カ 不可

グルメ

微山湖魚館 大明湖店／微山湖鱼馆 大明湖店
wēishānhú yúguǎn dàmínghúdiàn

地元で有名な山東料理レストラン。いろいろな魚料理を楽しめる"微山湖全魚宴"が人気。材料に黒魚を使った料理が多く、"风味鱼渣"48元や"黑鱼三吃"68元がおすすめ。

M P.88-B3
住 歴下区大明湖路212号
☎ 86089898
営 11:00～14:00、
　17:00～21:00
休 なし　カ 不可

便宜坊／便宜坊
biànyífáng

1933年の創業以来、同じ場所で営業を続ける"锅贴"（焼き餃子）と山東料理の人気店。済南の焼き餃子は清代からの名物といわれ、薄皮が特徴。500g 40～50元。注文は150g（3両）から。

M P.88-A3
住 市中区経三緯四路94号
☎ 87933507
営 10:15～14:00、
　17:30～21:00
休 なし　カ 不可

旅行会社

済南市中国旅行社／济南市中国旅行社
jǐnánshì zhōngguó lǚxíngshè

2018年8月現在、日本部は廃止されて日本語ガイドはいないので、すべて中国語での応対となる。車チャーター（市内）は1日500元。列車の切符手配は行っていない。

M P.88-B3
住 天橋区明湖西路777号明湖広場3号楼1606号
☎ 82076206
FAX 82076916
営 9:00～12:00、
　13:30～18:00
休 日曜、祝日
カ 不可

ヨーロッパ風の町並みが美しい避暑地

チンタオ
青島

チンタオ
青島 Qīng Dǎo

市外局番●0532

青島ビールのロゴにも使われている廻瀾閣（桟橋先端）

ウルムチ
ハルビン
北京 大連
青島
西安
ラサ 成都 上海
昆明 広州
香港

都市DATA

青島市
人口：771万人
面積：1万1064㎢
6区4県級市を管轄

在青島日本国総領事館
（日本国駐青島総領事館）
Ⓜ P95-F3
🏠市南区香港中路59号青島
　国際金融中心45階
☎80900001
📠80900009
🕘9:00～11:30、13:00～17:00
🚫土・日曜、日中両国の祝日
Ⓤwww.qingdao.cn.emb-
japan.go.jp

市公安局出入境管理処
（市公安局出入境管理処）
Ⓜ P95-E2
🏠市南区寧夏路272号甲
☎66573250
🕘9:00～12:00、13:30～17:00
🚫土・日曜、祝日
観光ビザを最長30日間延長
可能。手数料は160元

市立医院東院国際診療分所
（市立医院东院国际诊疗分所）
Ⓜ P95-F4
🏠市南区東海中路5号
☎85937690
🕘国際診療分所＝
　8:30～12:00、13:00～17:00
🚫土・日曜、祝日
外国人向けに医療を行ってい
る。医療レベルも高く、英語
も通じて安心。予約して行く
ことが望ましい

概要と歩き方

　青島は黄海に面した山東半島の南に位置する都市で、海岸線の総延長距離は700km以上にもなる。最大の港は膠州湾で、青島の中心はこの湾の東岸に広がっている。郊外の開発区には多くの大型外資が進出しており、日本や韓国の企業も多い。そのため、日本や韓国と青島を結ぶ飛行機も数多く運航されている。

　青島は季節風大陸気候に属しているが、周囲を海に囲まれているため温暖湿潤で、華北エリアのなかではとても過ごしやすく、昔から避暑地、避寒地として利用されてきた。夏には多くの海水浴客でにぎわう。青島最大の特徴は、ドイツ風の町並みだ。日清戦争後の仏独露三国干渉で清に恩を売ったドイツは1897年に膠州湾を占領し、翌年に99年間の租借権を清国から得て青島にドイツ風の町並みを建設した。第1次世界大戦や日中戦争で日本が占領するなど日本との関わりも深く、かつて青島神社があった貯水山児童公園には当時の石段や参道が今も残る。

　青島の歴史は古く、三里や平度で新石器時代の遺跡が発見されている。殷時代にはすでに東夷と称される民族が暮らしていたことが記録に残っている。周の時代になると斉の領土となった。斉の桓公は青島に長城を築き、今もその一部が残っている。戦国時代には琅琊（諸葛亮の生地）と即墨（現在の平度）が青島の中心だった。斉の田単が火牛を使って燕の大群を撃破したのがここにあった即墨城（現在の朱毛城）。秦の始皇帝は5度東巡したなかで3度も琅琊を訪れた。漢代以降、青島は道教の聖地

郊外にある見どころ崂山（太清宮）

	1月	2月	3月	4月	5月	6月	7月	8月	9月	10月	11月	12月
平均最高気温(℃)	2.0	3.0	8.0	13.0	19.0	24.0	26.0	27.0	24.0	18.0	11.0	4.0
平均最低気温(℃)	-3.0	-2.0	2.0	8.0	13.0	18.0	22.0	23.0	18.0	13.0	6.0	0.0
平均気温(℃)	0.0	1.0	5.0	11.0	16.0	20.0	24.0	25.0	21.0	16.0	8.0	2.0

町の気象データ（→P.517）：「預報」＞「山東」＞「青島」＞区・市から選択

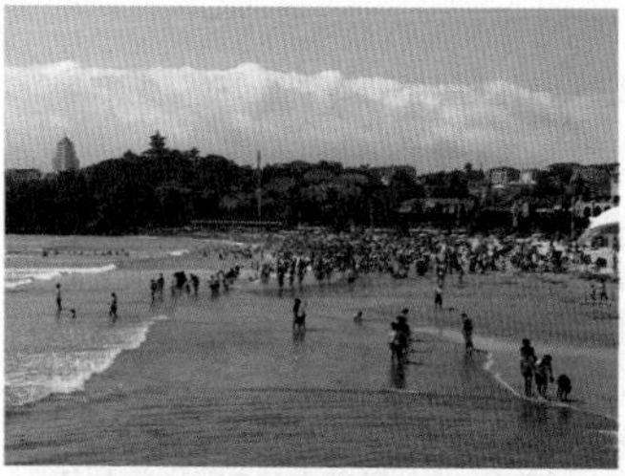

海水浴客でにぎわう第一海水浴場

となり、嶗山を中心に数多くの道教宮観が建立された。

明の時代になって海路が発達すると、南北を結ぶ重要な港として徐々に発展していった。万暦年間（1573〜1620年）に、現在の膠州湾が青島口と呼ばれるようになり、半島の先端部全体を青島というようになった。

青島の市区は西側の旧市街と東南部の新市街に大別できる。旧市街の代表的繁華街は駅の東の中山路と太平山の北の台東路、新市街の繁華街は香港中路。

中山路は青島駅の東を南北に走る古い繁華街で、ドイツの租借時代に建てられたドイツ風建築物が多く残されている。天主教堂もこのエリアに立っている。中山路から南に下ると第六海水浴場に出る。青島ビールのラベルデザインになっているのがこの桟橋で、季節を問わず観光客でにぎわっている。海岸に沿って東へ向かうと天后宮や青島徳国監獄旧址博物館、中国海軍博物館（改修中）、小魚山公園などがある。

台東路エリアは青島市民が休日に訪れる大型商店街。中心部は歩行街となっている。特に見どころといえるものはないが、中国風のデパートや小型の商店、屋台などを散歩がてら見てみるのもおもしろいだろう。嶗山行きのバスがここから出る。

八大関景区あたりが旧市街の東端で、さらに東に向かうと高層ビルが建ち並ぶ新市街が忽然と姿を現す。地下鉄2号線が開通した香港中路は新市街を東西に貫く繁華街で、両側にはホテルやショッピングセンター、オフィスビルが林立する。日本領事館もこのエリアにあり、日系企業のオフィスや日本人向けの店も多いのでビジネスならこのエリアに拠点をおくと便利だ。香港中路の南には北京オリンピックで使われたヨットハーバー、さらに東へ進むと美しい海岸の石老人エリア、そして観光名所の嶗山がある。

青島郊外の見どころとして外せないのが嶗山。道教の聖山として長い歴史をもち、今も多くの道観が残る。現在は嶗山全体が自然公園となっており、登山道やロープウエイも整備されている。山頂から望む黄海は非常に美しい。

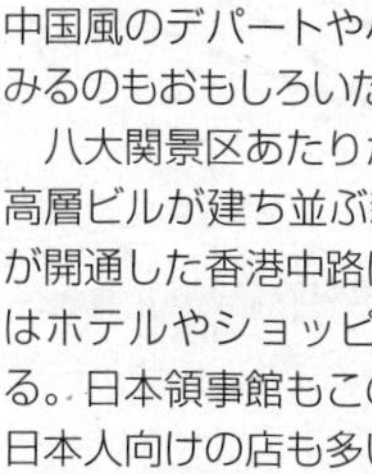

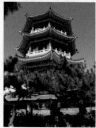

小魚山公園の頂上に立つ覧潮閣

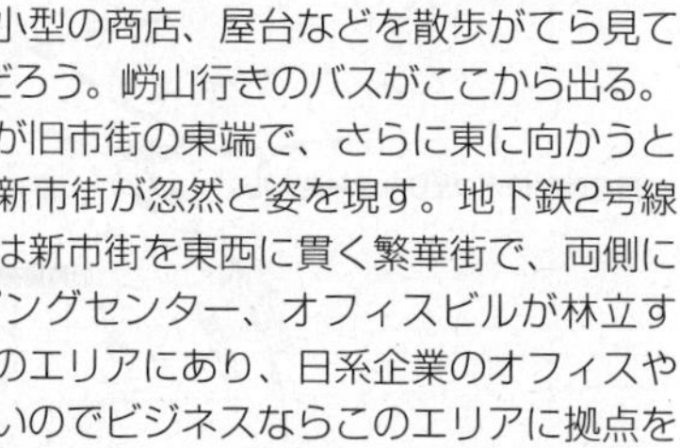

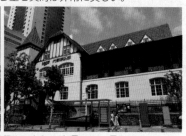

旧ドイツ水兵クラブ（現在は光影倶楽部） Ⓜ P.94-B3 住 市南区湖北路17号

市内交通

【地下鉄】 2018年8月現在、3路線が営業しており、年内にさらに1路線開業予定。詳しくは公式ウェブサイトにて
青島地鉄
Ⓤ www.qd-metro.com
路線図→P.672

【路線バス】 運行時間の目安は5:00〜22:30、市街地区は普通車1元、空調付き2元

【タクシー】 中型車＝初乗り3km未満10元、3km以上1kmごとに2元加算。高級車＝初乗り3km未満12元、3km以上1kmごとに2.5元加算

インフォメーション

観光バス

青島では主要な観光地を結ぶ観光バスが運行されている。ただ、便数が少なく、使い勝手がよいとまではいえない。

観光バス（观光大巴）
☎96650、82876868
①都市観光1線：青島駅バスターミナル〜嶗山（大河東）游客服務中心／全行程1時間30分、片道20元。青島駅バスターミナル＝8:10、8:50発。嶗山（大河東）游客服務中心＝14:00、15:00発。
主要経路：青島駅バスターミナル〜桟橋〜魯迅公園〜八大関〜五四広場〜極地海洋世界〜石老人〜嶗山（大河東）游客服務中心
②都市観光バス：青島駅バスターミナル〜石老人海水浴場／全行程1時間、片道5元。青島駅バスターミナル＝9:00〜14:00の間1時間に1便。石老人海水浴場＝10:00〜14:00の間1時間に1便。
主要経路：青島駅バスターミナル〜桟橋〜魯迅公園〜八大関〜五四広場〜極地海洋世界〜石老人海水浴場

フレンドツアー

青島の町はアップダウンが多く、一方通行も多い。このため、旅行者が徒歩やバスを利用して観光すると時間がかかってしまう。

そこでおすすめなのがひとりからでも申し込めるフレンドツアー。ツアーコースは決まっているが、車を貸し切りで申し込めば行きたい観光地をアレンジしてもらうこともできる。出発は9:00に麗晶大酒店前から。申し込みは前日まで。

▼問い合わせ・申し込み先
山東海外国際旅行社
※詳細データ→P.103

中国国内の移動➡P.667　鉄道時刻表検索➡P.26

✈ 飛行機

市区の北32kmに位置する青島流亭国際空港(TAO)を利用する。日中間運航便が4路線あり、国内線は主要都市の空港との間に運航便がある。2019年末～2020年年初の完成を目指し、現在の空港の西30kmに青島膠東国際空港を建設中。

国際線 成田 (7便)、関西 (21便)、中部 (7便)、福岡 (7便)。

国内線 北京、上海、広州、大連、瀋陽、長春、ハルビン、武漢など主要都市との間に運航便がある。渤海を縦断する東北部への路線は利用価値が高い。

青島市区

A　B　C

四方区

四方駅

内蒙古路
長距離バスターミナル

市北区

膠州湾

大港

大港駅

青島郵船母港フェリーターミナル

地下鉄2号線(建設中)

貯水山児童公園

旧青島神社の石段

青島ビール博物館

青島天主教堂

青島ドイツ総督楼旧址博物館

観象山公園

青島山公園

動物園

錦江之星品尚青島河南路火車站店酒店 H

旧ドイツ水兵クラブ

観海山公園

信号山公園

江蘇路基督教堂

エアポートバス2号線発着地点

江蘇路

老舎故居

青島駅

康有為故居

匯泉広場／匯泉広場

青島站

青島站

桟橋

回瀾閣

天后宮

孔子記念館

人民会堂／人民会堂

匯泉広場

体育館

市南区

海之旅賓館(旧医薬商店)

海上旅游碼頭

魚山路

第一海水浴場

海産博物館

海底世界

小魚山公園

小青島

海洋水族館

公主楼

八大関賓館

青島駅バスターミナル

匯泉王朝大飯店 H

504バス乗り場

青島徳国監獄旧址博物館

中国海軍博物館
(2018年8月現在、拡張工事のため閉鎖)

東海大飯店 H

第二海水浴場

黄　海

青島膠州湾海底隧道

A　B　C

●見どころ　H ホテル　G グルメ　S ショップ　T 旅行会社　H 病院　バス停　繁華街

所要時間(目安) 北京首都(PEK)／1時間30分　上海虹橋(SHA)／1時間40分　広州(CAN)／3時間　大連(DLC)／1時間5分　瀋陽(SHE)／1時間35分　長春(CGQ)／1時間55分　ハルビン(HRB)／2時間5分　武漢(WUH)／2時間5分

🚃 鉄道

青島は済南と青島とを結ぶ膠済線の起終点。旅行者が利用するのは青島駅と青島北駅。ふたつの駅は地下鉄3号線で結ばれている。

所要時間(目安)【青島(qd)】済南(jn)　高鉄：2時間41分　煙台(yt)　城際：1時間34分　泰安(ta)／高鉄：3時間14分　曲阜東(qfd)／高鉄：3時間23分　北京南(bjn)／高鉄：4時間40分　上海(sh)／高鉄：6時間48分　【青島北(qdb)】済南(jn)／高鉄：2時間22分　煙台(yt)／城際：1時間15分　泰安(ta)／高鉄：3時間10分　曲阜東(qfd)／高鉄：3時間25分　北京南(bjn)／高鉄：4時間28分　上海虹橋(shhq)／高鉄：7時間6分

—○— 地下鉄2号線　—○— 地下鉄3号線　--- 地下鉄(建設中)　◎ 乗り換え駅

バス 北部の青島長距離バスターミナルか青島駅近くの青島駅バスターミナルを利用する。青島～煙台間は鉄道より便利。

所要時間(目安) 済南／5時間　煙台／4時間　威海／4時間　蓬莱／4時間　北京／12時間　南京／8時間

船 韓国・仁川行き国際フェリーは青島郵船母港フェリーターミナルを利用する。国内航路はない。

所要時間(目安) 仁川／16時間

Data

✈ 飛行機

● **青島流亭国際空港**（青島流亭国際机场）
Ⓜ **P.96-B2、P.99-A1**
㊟ 城陽区流亭鎮民航路99号
☎ 問い合わせ=96567　航空券売り場=83789171
Ⓣ 始発便～最終便　Ⓗ なし　Ⓙ 不可
Ⓤ www.qdairport.com
[移動手段] **エアポートバス1号線（701路）**（空港～福州路経由～府新大厦）／20元、所要1時間20分。空港→市内=7:30～19:30の間30分に1便、以降フライトに合わせて運行　市内→空港=

5:10発、5:55～21:25の間30分に1便　**エアポートバス2号線（702路）**（空港～青島長距離バスターミナル～華陽路～青島駅東広場）／20元、所要1時間10分。空港→市内=7:45～19:45の間30分に1便。以降フライトに合わせて運行　市内→空港=4:05発、5:30～21:30の間30～40分に1便　**エアポートバス3号線（703路）**（空港～同安路～麗晶大酒店）／20元、所要1時間20分。空港→市内=8:20～18:20の間1時間に1便　市内→空港=6:45～16:45の間1時間に1便　**タクシー**（空港～桟橋）／100元、所要50分が目安
※エアポートバスは1～3号線のほか、黄島専線、

空港と市内とを結ぶエアポートバス

青島長距離バスターミナル

青島駅バスターミナル

青島ビール博物館（→P.101）
はれんが造りの建物

青島市全図

● 見どころ　Ⓗ ホテル　✈ 空港　━━━ 高速道路

96

膠南専線、莱西専線、即墨専線などもある

●全日空青島支店（全日空青島支店）
M P.95-F3 住市南区香港中路76号クラウンプラザホテル青島6階
☎85785800 オ9:00〜12:00、13:00〜17:00
休土・日曜、祝日 カADJMV
[移動手段] タクシー（全日空〜桟橋）／25元、所要20分が目安　地下鉄／2号線「燕儿島路」

●中国東方航空青島航空券売り場
　（中国東方航空青島售票処）
M P.95-F3
住市南区燕児島路16号東方航空大廈801室
☎83070535 オ8:30〜16:30
休なし カ不可
[移動手段] タクシー（中国東方航空青島航空券売り場〜桟橋）／25元、所要20分が目安　地下鉄／2号線「燕儿島路」
　3ヵ月以内の航空券を販売。

鉄道

●青島駅（青島火車站）
M P.94-B3 住市南区泰安路2号
☎共通電話＝12306 オ東側4:30〜24:00、西側7:00〜19:00 休なし カ不可
[移動手段] タクシー（青島駅〜桟橋）／10元、所要5分が目安　地下鉄／3号線「青島站」
　28日以内の切符を販売。

青島駅

●青島北駅（青島火車北站）
M P.96-B2 住李滄区静楽路1号
☎共通電話＝12306 オ東側5:00〜21:00、西側5:00〜23:00 休なし カ不可
[移動手段] タクシー（青島北駅〜桟橋）／50元、所要30分が目安　地下鉄／3号線「青島北站」
　28日以内の切符を販売。

バス

●青島長距離バスターミナル（青島长途汽车站）
M P.95-D1 住四方区温州路2号
☎共通電話＝96650
オ5:00〜20:00 休なし カ不可
[移動手段] タクシー（青島長距離バスターミナル〜桟橋）／25元、所要20分が目安　路線バス／126、373、607、608、761、765、隧道4、隧道8路「四方长途站」
　15日以内の切符を販売。

●青島駅バスターミナル（青島火车站汽车站）
M P.94-B3 住市南区単県支路1号
☎共通電話＝96650、83730909
オ5:50〜20:00 休なし カ不可
[移動手段] タクシー（青島駅バスターミナル〜桟橋）／10元、所要5分が目安　地下鉄／3号線「青島站」
　7日以内の切符を販売。「青島旅游汽车站」とも呼ばれる。

船

●青島郵船母港フェリーターミナル
　（青島邮轮母港客运中心）
M P.94-B2 住市北区港湾路1号
☎82825001 オ8:30〜16:30 休なし カ不可
[移動手段] タクシー（青島郵船母港フェリーターミナル〜桟橋）／12元、所要10分が目安　路線バス／4、6、209路「大港客运站」
　15日以内の乗船券を販売。韓国の仁川行きがある。月・水・金曜17:00発。

見どころ

1000年以上の歴史をもつ道教の聖山

オススメ度 ★★★

崂山／崂山 láoshān
ろうさん

1日

崂山は青島市区の東約40kmに位置し、446㎢に広がる山全体が崂山風景区という景勝地になっている。最高峰は標高1132.7mの巨峰（別名は崂頂）、中国の海岸線にある山では最も高く、海と山の織りなす景観が特徴。

春秋時代より、養生修身のために方士（長生成仙を目標とする方仙道の修行者）が集まる山として知られ、戦国時代には東海仙山と称されるようになり、不老長寿を求める秦の始皇帝や前漢の武帝などが訪れた。やがて道教が成立すると、その重要な聖地となり、明代から清代中期にかけては、「九宮八観七十二庵」と呼ばれる最盛期を迎えた。

崂山
M P.96-B2、P.99
住崂山区崂山 ☎96616
オ4〜10月6:00〜18:00
　11〜3月7:00〜17:00
休なし
料流清、太清、棋盤石、仰口游覧区の1日有効共通券：
　4〜10月＝130元
　11〜3月＝100元
※専用バス代を含む
※2018年8月現在、外国人は巨峰游覧区に立ち入り禁止
　北九水游覧区：
　4〜10月＝95元
　11〜3月＝70元
※専用バス代を含む
※2018年8月現在、華楼游覧区は整備のため閉鎖（再開は未定）
図104、304、504路バス「大河东客服中心」
U www.qdlaoshan.cn

嶗山の攻略

嶗山はいくつかの游覧区に分かれており、連続して周遊できるのは、流清～太清～棋盤石～仰口の各游覧区で、そのほかは独立しており個別に入場券を買って入場する。北九水と華楼の両游覧区は入場券売り場も異なる。巨峰游覧区の入口は流清～太清游覧区と同じ嶗山（大河東）游客服務中心だが、1日有効の入場券に共通券はないので、1日で回る場合はいったん改札を出ることになる。なお、巨峰游覧区は軍事施設に近く外国人は原則として立ち入れないので注意。

初めての訪問であれば、下のコース図のように路線バスやタクシーで嶗山游客服務中心に行き、そこから入場、太清游覧区を中心に見て引き返すか、観光バスを乗り継いで仰口游覧区に向かい縦走するのがおすすめ（またはその逆）。ゴールデンルートでもあり、シーズンオフでも観光客が多いので何かと便利だ。

游覧区内の移動は専用の観光バスを使う。料金は入場券とセットになっており、游覧区を出ないかぎり、何回でもどの方向でも乗り降りは自由。游客服務中心で入場する際はゲートの指紋認証機に2回指をタッチし、指紋を登録する。游覧区内で別途改札機がある場合は指をタッチすれば入場できる仕組みだ。

游覧区内には農家の経営する食堂や茶館もあり、農家料理や名物の嶗山茶を味わえる。

[i] インフォメーション

風景区内の乗り物

専用バス

▼流清游覧区、太清游覧区、棋盤石游覧区、仰口游覧区共通

[オ]4～10月6:00～18:00
11～3月7:00～17:00

▼北九水游覧区

[オ]4～10月6:00～19:30
11～3月7:00～17:00

ロープウエイとリフト

11～2月の間、点検のため不定期の運行となる。また、天候によって運休となることもある。チケット販売はどちらも往復が運行時間終了の1時間前まで、片道が運行時間終了の30分前まで。

▼太清ロープウエイ
所要13分。

☎87948019
[オ]8:30～17:00
※土・日曜、祝日は17:30まで
[休]なし
[料]片道=45元、往復=80元

▼仰口リフト
所要12分。

☎87849482
[オ]8:30～17:00
※土・日曜、祝日は8:00から
[休]なし
[料]片道=35元、往復=60元

[i] インフォメーション

嶗山風景区内専用バス利用の制限

2018年6月より、観光のピークを迎える6月16日～10月10日は、住民のために埡口～華厳寺区間は専用バスが運行停止とすることになった。これにより生じる観光客への不便を補うため、入場券と乗車券の有効期間は2日間となった。

なお、埡口～華厳寺区間は、通年618路バス（埡口～仰口。運行は10分間隔）が運行されているので、移動に問題はない。

仰口游客服務中心

仰口游客服務中心と市内とを結ぶバスは非常に本数が少ない。仰口游覧区を観光する際、帰りは嶗山（大河東）游客服務中心を目指したほうが無難。仰口から直接町に戻る場合は、109路など「浦里」に停車するバスに乗って、地下鉄11号線に乗り換えるとよい。

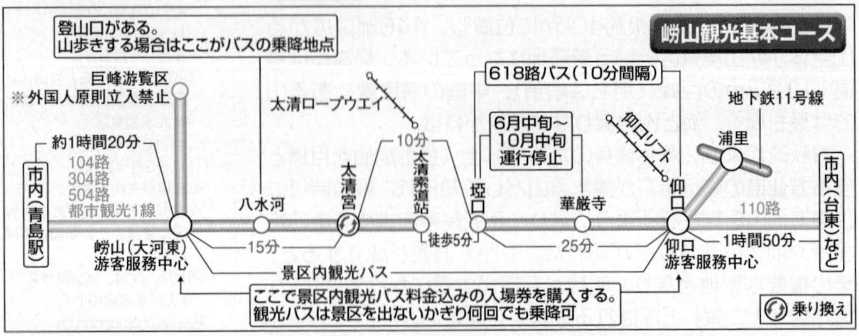

嶗山観光基本コース
登山口がある。
山歩きする場合はここがバスの乗降地点
巨峰游覧区
※外国人原則立入禁止
約1時間20分
104路
304路
504路
都市観光1線
市内（青島駅）
嶗山（大河東）游客服務中心
八水河
太清ロープウエイ
太清宮
10分
太清索道站
15分
徒歩5分
埡口
618路バス（10分間隔）
6月中旬～10月中旬運行停止
仰口リフト
華厳寺
25分
仰口
仰口游客服務中心
景区内観光バス
地下鉄11号線
浦里
110路
1時間50分
市内（台東）など
ここで景区内観光バス料金込みの入場券を購入する。
観光バスは景区を出ないかぎり何回でも乗降可
乗り換え

流清游覧区／流清游览区　liúqīng yóulǎnqū

流清河と流清河湾を中心に広がる奇岩や海岸の景観がメイン。海岸線に点在する伏鰲、青蛙石などの奇岩は、観光バス乗車時に海岸側座席に座れば車中からも見ることができる。

太清游覧区／太清游览区　tàiqīng yóulǎnqū

崂山風景区南東部に位置する游覧区で、道教関連の宗教施設を中心とするエリア。太清湾の東岸に位置する太清宮は別名を下清宮といい、紀元前140（前漢の建元元）年に創建された崂山最大の道観。山中には上清宮や明霞洞などの道教関連の施設や、海抜500mの地点にある滝、龍潭瀑などの見どころもある。道はほとんどが石畳で、さほど険しくなく、ロープウエイを使えば楽に行ける。

三皇殿と漢柏凌霄（左の大木）

棋盤石游覧区／棋盘石游览区　qípánshí yóulǎnqū

崂山風景区東部に位置する。見どころは、その名の由来となった棋盤石、天然の洞窟を利用した道教施設である那羅延窟（高さ15m、幅7m）、唯一の仏教寺院である華厳寺など。

カエルのような青蛙石

流清游覧区
Ⓜ P.99-B2~3

太清游覧区
Ⓜ P.99-C2~3
圀太清宮=27元、明霞洞=6元、
上清宮=4元、太平宮=5元

棋盤石游覧区
Ⓜ P.99-C2

仰口游覧区
Ⓜ P.99-C1~2
圀太平宮=5元
※本文→P.100

ⓘ ▶▶▶ インフォメーション

覚天洞
　高さ約30m、上下5層の洞窟。洞窟内は狭く暗いため、懐中電灯が必須。また、年配者や子供、太った人は参観しないよう注意書きもある。

山東省　青島

茶畑と赤い屋根の民家が並ぶ青山漁村（棋盤石游覧区の南）

獅子峰から見た崂山の山並み

北九水游覧区
MP.99-B2
🚌110路バス「北九水」
※「北九水」バス停は游覧区切符売り場の約1.2km北西にある臥龍村にある。市内中心部から直通するバスの本数は少なく、110路（台東発仰口行き）2往復、365路（大港二路発MP.94-C2）4往復のみ。下記華楼游覧区も同様なので、公式ウェブサイト等で事前に時刻を確認するのがおすすめ

華楼游覧区
MP.99-A～B1
🚌112、365路バス「兰家庄」
※2018年8月現在、華楼游覧区は整備のため閉鎖（再開は未定）

八大関景区
MP.94-C4～P.95-D4

花石楼
MP.95-D4
🏠市南区黄海路18号
☎82039219
🕐6～9月8:30～17:30
　10～5月8:30～17:00
※入場は閉鎖30分前まで
🈺なし
💴8.5元
🚌①地下鉄3号線「太平角公園」、徒歩12分
　②26、31、202、206、223、231、304、312、317、321路バス「武勝関路」、徒歩10分

ⓘ ▶▶▶ インフォメーション

八大関
　韶関（広東省）、嘉峪関（甘粛省）、函谷関（河南省）、正陽関（安徽省）、臨淮関（安徽省）、寧武関（山西省）、紫荊関（河北省）、居庸関（北京市）の8つの関所。

仰口游覧区／仰口游览区　yǎngkǒu yóulǎnqū
ぎょうこうゆうらんく

棋盤石游覧区の北側に位置する游覧区で、険しい岩山と海岸の調和の取れた景観が見事。奇峰として知られる獅子峰、北宋初代皇帝の趙匡胤が建立した太平宮、「壽（寿）」の文字が刻まれた寿字峰、巨大な岩が重なってできた覓天洞、仰口湾を一望できる天苑などがおもな見どころ。道はわかりやすく、上りか下りのどちらかでリフトを使えば比較的楽な行程になる。

北九水游覧区／北九水游览区　běijiǔshuǐ yóulǎnqū
ほくきゅうすいゆうらんく

巨峰游覧区の西側にあり、崂山から湧き出た水の流れと緑豊かな景観が特徴。その美しさは「九水画廊」と称される。そのほか、18個の淵が集まった九水十八潭などもある。1周1時間30分～2時間30分が目安。

華楼游覧区／华楼游览区　huálóu yóulǎnqū
かろうゆうらんく

崂山風景区の北西部、崂山水庫の南側に位置する游覧区で、奇峰を中心とした景観で有名。詩などが彫り込まれた岩が崂山で最も多いエリアでもある。なお、游覧区の名称は山頂にある華楼石に由来する。ほぼ1本の道を上り下りするだけなので、往復で2時間が目安。

「世界建築博物館」とも称される別荘地　　オススメ度 ★★★

八大関景区／八大关景区　bādàguānjǐngqū
はちだいかんけいく

　市街地東部、第二海水浴場の北側に広がる八大関景区は、中国の有名な8ヵ所の関所の名前のついた8本の通りがあったことから、この一帯は八大関と呼ばれるようになった。1930年代に当時青島に滞在していた各国の官僚や資本家が趣向を凝らして建てた別荘が今もなお残されており、「世界建築博物館」とも称されている。

　八大関景区で最も有名な建物は花石楼（かせきろう）。花崗岩を用いて建てられた瀟洒な雰囲気からこの名がつけられた。ロシア人により設計建築された。多くの要人が滞在したことで知られており、国民党総統であった蒋介石も別荘として利用していた。現在、建物の中も見学することができ、当時の様子が再現されている。

　そのほかに八大関の見どころとしては、かつてアメリカ人が設計建築し、現在は国賓を迎える高級ホテルとして利用されている八大関賓館、日本人が建てた元帥楼、スペイン様式の建物で朱徳が別荘として使っていた朱徳別荘、デンマーク式の建物の公主楼などがある。

花崗岩で造られた花石楼

世界的なブランドビールの製造過程を見学できる　オススメ度 ★★★

青島ビール博物館／
チンタオ　　　　　はくぶつかん
青島啤酒博物館　qīngdǎo píjiǔ bówùguǎn

　青島ビールは、青島発祥の世界的なビールメーカー。その起源は、独英合資のアングロ・ジャーマン・ブリュワリーが、1903年青島に造ったドイツ式のビール製造工場ゲルマニア・ブリュワリー。第1次世界大戦後、経営権は日本（大日本麦酒）、中華民国と移り、1949年以降は中華人民共和国のものとなった。

　1903年に工場が建設された場所に、創業100周年記念事業の一環として建設された青島ビール博物館があり、青島ビールに関する展示がなされている。また、敷地内の工場を見学することもでき、青島ビールの試飲もできる。見学コースの最後にはショップもあり、青島ビールグッズの購入もできる。

黄色とれんが色の外観は町の景観にマッチしている

青島を代表する建築物　オススメ度 ★★★

青島天主教堂／青島天主教堂　qīngdǎo tiānzhǔ jiàotáng
チンタオてんしゅきょうどう

　ゴシック様式の教会で、正式名称はセント・ミカエル・カテドラル。青島を代表する西洋建築物として有名で、教会前の広場はカップルの結婚写真撮影の聖地的な存在になっている。1932年に建設が始まり、1934年竣工。設計段階では高さ100mの塔を備える予定だったが、資金不足のため、56mにとどまった。

　文化大革命で徹底的に破壊されてしまい、修復されたのは1981年になってから。2013年に大規模な修復工事を終え、黄色い花崗岩の外観をもつ鉄筋コンクリート造りとなった。高さ18mのメインホールには1000人を収容可能。2013年からは宗教活動の再開が許可されたことにより、青島におけるキリスト教の中心となった。

広場入口から見た青島天主教堂。平日の朝から結婚記念撮影が始まっている

見事に修復されたアプス

青島ビール博物館
M P.94-C2
住 市北区登州路56号
☎ 83833437
オ 8:30～18:00
※入場は閉館1時間前まで
休 なし
料 60元（ビール試飲2杯付き）
※このほかに試飲できる数、種類などによって80元、90元、160元の入場券もある
交 205、217、221路バス「青島啤酒博物館」。1、25、205、212、217路バス「延安路延安一路」
U www.tsingtaomuseum.com

歴代のラベルやポスター、旧施設を使った展示など視覚的に楽しめる

青島天主教堂
M P.94-B3
住 市南区浙江路15号
☎ 82865960
オ 8:30～17:00
※入場は閉門30分前まで
※日曜8:30～12:00は礼拝のため見学不可
休 なし　料 10元
交 ①1路 バス「湖北路」。228、231路バス「口腔医院」。6、8、221、228、231路バス「中国劇院」
②地下鉄3号線「青島站」、徒歩12分

(i) ▶▶▶ インフォメーション
江蘇路基督教堂
　信号山公園南側に立つ1910年創建のプロテスタント教会。時計台は現在でも鐘を鳴らしている。
M P.94-B3
住 市南区江蘇路15号
☎ 82865970
オ 8:30～18:00
※入場は閉門30分前まで
※日曜8:30～12:00は礼拝のため見学不可
休 なし　料 10元
交 地下鉄3号線「人民会堂」、徒歩12分

江蘇路基督教堂と時計台

桟橋

MP.94-B3~4
住 市南区太平路12号
☎82884548
オ24時間
休なし
料無料
交地下鉄3号線「青島站」、徒歩12分

桟橋の先端部は多くの人でにぎわう

青島ドイツ総督楼旧址博物館

MP.94-C3
住 市南区龍山路26号
☎82868838
オ4~10月8:30~17:30
　11~3月8:30~17:00
休4~10月=なし
　11~3月=月曜
料4~10月=20元
　11~3月=13元
交地下鉄3号線「人民会堂」
Uwww.qdybg.com

内部の見学もできる

小魚山公園

MP.94-C4
住 市南区南福山支路24号
☎82865645、82883635
オ5~10月6:00~20:00
　11~4月7:00~19:30
休なし
料10元
交①220路バス「小魚山」
　②地下鉄3号線「人民会堂」、北門まで徒歩12分

黄海に突き出す青島のシンボル　　　　オススメ度 ★★★

桟橋／桟桥　zhànqiáo
さんばし

　青島湾の桟橋は青島のシンボル的な存在で、青島ビールのラベルには桟橋の先端に立つ回瀾閣がデザインされている。1891年、簡易軍事埠頭として造られ、1933年の改修工事によって、幅10m、長さ440mの本格的な埠頭となった。先端からは青島の美しい町並みを一望できる。

ドイツ総督の官邸　　　　オススメ度 ★★★

青島ドイツ総督楼旧址博物館／
チンタオ　　　そうとくろうきゅうしはくぶつかん

青島徳国总督楼旧址博物馆　qīngdǎo déguó zǒngdūlóu jiùzhǐ bówùguǎn

　信号山の麓に立つドイツ式の建物。当時青島を租借地としていたドイツの膠州湾租借地総督の官邸として1903年に着工、基本的に完成したのは1906年。第1次世界大戦後は日本が軍司令部官邸や国際倶楽部として使用した。一時期迎賓館としても使われていたが、本格的にその用途に使われたのは中華人民共和国成立後で、毛沢東や亡命中のカンボジア国王のシアヌーク（1922~2012年）が滞在したことでも知られている。その後、一般客の宿泊も受け付けていたようだが、1995年国家重点文物保護単位に指定されてからは、観光地として一般公開されている。

旧市街を一望できる　　　　オススメ度 ★★★

小魚山公園／小鱼山公园　xiǎoyúshān gōngyuán
しょうぎょさんこうえん

　青島の旧市街を一望できるスポット。赤い屋根の家並みが美しい。もうひとつの眺望スポットである信号山公園からの眺望もよいが、ここは展望塔にガラスがないのでおすすめ。

小魚山公園から見た町並み

ホテル

麗晶大酒店／丽晶大酒店
れいしょうだいしゅてん
lìjīng dàjiŭdiàn ★★★ ★★

中国料理、日本料理、韓国料理などの7つのレストランや、ボウリング場やプールなどの娯楽施設を備えた大型ホテル。日本人駐在員や出張者などの利用も多く、日本人向けのサービスも充実している。

両替 ビジネスセンター インターネット

Ⓜ P.95-F3
🏠市南区香港中路110号
☎85881818
📠85881888
Ⓢ768～858元
Ⓣ768～858元
サなし
🅙ADJMV
Ⓤwww.regencyhotelqd.com

クラウンプラザホテル青島／颐中皇冠假日酒店
チンタオ
yízhōng huángguān jiàrì jiŭdiàn ★★★ ★★

新市街の中心に位置し、周囲には金街購物中心などの大型ショッピングセンターがあり便利。

両替 ビジネスセンター インターネット Ⓤwww.ihg.com

Ⓜ P.95-F3
🏠市南区香港中路76号
☎85718888 📠85716666
Ⓢ658～708元
Ⓣ658～708元
サ10%＋6% 🅙ADJMV

匯泉王朝大飯店／汇泉王朝大饭店
かいせんおうちょうだいはんてん
huìquán wángcháo dàfàndiàn ★★★ ★★

第一海水浴場を目の前にする大型リゾートホテル。ジムや屋内プールはもちろん、ボウリング場やゴルフ練習場もある。

両替 ビジネスセンター インターネット Ⓤwww.hqdynasty.com/cn

Ⓜ P.94-C4
🏠市南区南海路9号
☎82999888 📠82871122
Ⓢ800～950元
Ⓣ800～950元
サなし 🅙ADJMV

青島貴都国際大飯店／青岛贵都国际大饭店
チンタオきとこくさいだいはんてん
qīngdǎo guìdū guójì dàfàndiàn ★★ ★★

香港中路に位置し、交通の便がよい。ホテルの前にはカルフールもあり、滞在中の買い物にも便利。香港式飲茶レストランが好評。

両替 ビジネスセンター インターネット

Ⓜ P.95-E3
🏠市南区香港中路28号
☎86681688 📠86681699
Ⓢ528～578元
Ⓣ528～578元
サなし 🅙ADJMV

山孚大酒店／山孚大酒店
さんふだいしゅてん
shānfú dàjiŭdiàn ★★ ★★

新市街の繁華街である香港中路にあり、ビジネスに便利なわりには定価より割引で泊まれることが多いので出張者に人気がある。

両替 ビジネスセンター インターネット Ⓤwww.sanfodhotel.com

Ⓜ P.95-F3
🏠市南区香港中路96号
☎83993888 📠85873909
Ⓢ590～690元
Ⓣ590～690元
サなし 🅙ADJMV

錦江之星品尚青島火車站酒店／锦江之星品尚青岛火车站酒店
きんこうしせいひんしょうチンタオかしゃたんしゅてん
jǐnjiāng zhīxīng pǐnshàngqīngdǎo huǒchēzhàn jiŭdiàn

「経済型」チェーンホテル。青島駅から直線距離で約500m北東にある。支店の正式名称は「青島河南路火車站酒店」。

両替 ビジネスセンター インターネット Ⓤwww.jinjianginns.com

Ⓜ P.94-B3
🏠市南区河南路27号
☎82857000 📠82859299
Ⓢ289～389元
Ⓣ339～349元
サなし 🅙不可

グルメ

三合園／三合园
さんごうえん
sānhéyuán

青島十大名吃にも選ばれた水餃子の名店。青島ならではの海鮮入り水餃子がおすすめ。市内各地に店舗がある。

Ⓜ P.95-F3
🏠市南区漳州二路39号
☎85932008
🕐9:00～21:00
休なし
🅙不可

旅行会社

山東海外国際旅行社／山东海外国际旅行社
さんとうかいがいこくさいりょこうしゃ
shāndōng hǎiwài guójì lǚxíngshè

フレンドツアー（→P.93）の催行社。日本語で相談できる。日本語ガイドは1日500元、車のチャーター（市内）が1日800元。ツアーは市内半日（小魚山公園、迎賓館、桟橋、八大関）がひとり850元、崂山1日ツアーがひとり1000元。

Ⓜ P.95-F3
🏠市南区香港中路110号麗晶大酒店2階
☎85896565（日本語可）
📠85891515（日本語可）
🕐月～金曜8:30～18:00
　土・日曜9:00～17:00
休なし 🅙ADJMV
Ⓤwww.friendtour.org
✉japan@china.com

山東半島における経済の中心地

煙台
えんたい

烟台 Yān Tái （イエンタイ）　　市外局番●0535

町中の至る所で中華民国期の建築物の修復が進む

都市DATA

煙台市
人口：652万人
面積：1万3654km²
4区7県級市1県を管轄

市公安局出入境管理処
（市公安局出入境管理処）
M地図外（P.107-E2下）
住莱山区長安路7号
☎6297050
⏰8:30～11:30、
14:00～17:00
休土・日曜、祝日
観光ビザを最長30日間延長
可能。料金は160元

毓璜頂医院
（毓璜頂医院）
M P.106-B1
住芝罘区毓璜頂東路20号
☎6691999
⏰24時間
休なし

市内交通

【路線バス】運行時間の目安
は5:30～22:00、1～4元
【タクシー】初乗り3km未満8
元、3km以上1kmごとに1.8元
加算。さらに燃油代1元加算

煙台南駅（→P.105）は高速
鉄道専用駅

概要と歩き方

　煙台は山東半島の北部に位置している。西は青島市と濰坊市、東は威海市と接し、北は渤海、南は黄海に面している。

　年間平均気温が13℃と穏やかで、海水浴のできるビーチのある避暑地として人気がある。また、煙台の西には、蓬莱市（県級市）がある。古くから仙境と考えられてきた蓬莱に関連する人気の観光地である。

　煙台は、春秋時代にはすでに重要な寄港地となっていた。秦の始皇帝も東巡の折に3度訪れている。海運が発達した唐代以降は貿易港として栄えた。遼東半島や朝鮮半島、日本への玄関として機能し、遣唐使が経由したこともある。清末になると天津条約により芝罘島が開港され、町は「芝罘（チーフー）」と通称された。当時西洋人により建てられた多くの洋館が今も残る。煙台という名前は、1398（明の洪武31）年に和寇の襲撃に備えて築かれた烽火台である狼煙台に由来する。

　地理的にさまざまな交通機関が利用できるので、各地からのアクセスは便利。煙台に着いたら、まずは煙台山公園にある灯台に上り、市街を一望してみよう。山に囲まれた港町ということがすぐにわかるはずだ。

　煙台のメインストリートは南大街や西大街。通り沿いには民俗博物館（福建会館）などがある。

東炮台（左）と桟橋（ともに東炮台海濱旅游風景区：M P.107-E2）

	1月	2月	3月	4月	5月	6月	7月	8月	9月	10月	11月	12月
平均最高気温(℃)	1.0	3.0	8.0	16.0	22.0	28.0	28.0	25.0	18.0	11.0	4.0
平均最低気温(℃)	-4.0	-1.0	3.0	8.0	14.0	18.0	22.0	22.0	18.0	12.0	5.0	0.0
平均気温(℃)	-1.0	0.0	8.0	12.0	18.0	21.0	25.0	25.0	21.0	15.0	8.0	2.0

町の気象データ（→P.517）：「預報」＞「山東」＞「烟台」＞区・市・県から選択

中国国内の移動 ➡ P.667 | 鉄道時刻表検索 ➡ P.26

✈ 飛行機
市区の西約45kmに位置する煙台蓬莱国際空港（YNT）を利用する。日中間運航便が2路線あり、国内線は主要都市の空港との間に運航便がある。

【国際線】関西（3便）、中部（3便）。
【国内線】北京、天津、上海、広州、大連、済南など主要都市との間に運航便がある。
【所要時間（目安）】北京首都（PEK）／1時間20分　上海虹橋（SHA）／1時間45分　大連（DLC）／45分

🚃 鉄道
市区中心にある煙台駅と市区南部にある煙台南駅を利用する。煙台駅発はすべて始発列車。

【所要時間（目安）】【煙台（yt）】青島北（qdb）／城際：1時間30分　泰安（ta）／高鉄：4時間11分　北京南（bjn）／高鉄：5時間48分　【煙台南（ytn）】済南（jn）／高鉄3時間24分　青島北（qdb）／城際：1時間15分　曲阜東（qfd）／高鉄：4時間8分　北京南（bjn）／高鉄：5時間34分

🚌 バス
大部分は煙台総合バスターミナルを利用する。

【所要時間（目安）】青島／4時間　蓬莱／1時間30分　威海／2時間　済南／6時間　濰坊／3時間30分　莱州／2時間30分

⛴ 船
韓国の仁川行き国際フェリーは煙台港フェリーターミナルを利用する。

【所要時間（目安）】仁川／17時間　大連／6時間

Data

✈ 飛行機
● 煙台蓬莱国際空港（烟台蓬莱国际机场）
Ⓜ 地図外（P.106-A1左）住 蓬莱市潮水鎮劉家荘
☎ 問い合わせ＝5139666
　航空券売り場＝6299999
🕐 始発便～最終便 休 なし 力 不可
Ⓤ www.ytairport.com.cn
[移動手段] エアポートバス（空港～煙台総合バスターミナル）／20元、所要1時間20分が目安。空港→市内＝始発便～最終便到着に合わせて運行　市内→空港＝4:45発、5:00～20:30の間30分～1時間の間に1便　タクシー（空港～民俗博物館）／140元、所要1時間が目安
● 民航航空券売り場（民航售票处）
Ⓜ P.106-B1 住 芝罘区大海陽路6号
☎ 6253777 🕐 8:00～17:00 休 なし 力 不可
[移動手段] タクシー（航空券売り場～民俗博物館）／10元、所要10分が目安　路線バス／K61、3、10、11、18、28、43、49路「火车站」
　3ヵ月以内の航空券を販売。

🚃 鉄道
● 煙台駅（烟台火车站）
Ⓜ P.106-B1 住 芝罘区北馬路135号
🕐 共通電話＝12306
🕐 5:00～22:40 休 なし 力 不可
[移動手段] タクシー（煙台駅～民俗博物館）／10元、所要10分が目安　路線バス／南広場＝K61、3、10、11、18、28、43、49路「火车站」　北広場＝高鉄バス1号線、17、58路「火车站北广场」
　28日以内の切符を販売。
● 煙台南駅（烟台火车南站）
Ⓜ 地図外（P.106-C2下）
住 莱山区海南路5501号　共通電話＝12306
🕐 7:00～22:20 休 なし 力 不可
[移動手段] タクシー（煙台南駅～民俗博物館）／40元、所要30分が目安　路線バス／高鉄バス

1、2号線、36、45、76、567路「城铁南站」
　28日以内の切符を販売。高速鉄道の専用駅。

🚌 バス
● 煙台総合バスターミナル（烟台汽车总站）
Ⓜ P.106-B1 住 芝罘区西大街86号 ☎ 6666111
🕐 4:00～20:00 休 なし 力 不可
[移動手段] タクシー（バスターミナル～民俗博物館）／10元、所要10分が目安　路線バス／高鉄バス2号線、2、5、19、43、58路「烟台汽车总站」
　15日以内の切符を販売。威海（6:00～18:00の間30分に1便）、蓬莱（5:30～18:00の間30分に1便）、青島（5:00～17:00の間1時間に1便）、済南（5便）など。エアポートバスの発着地点でもある。

⛴ 船
※天候によってスケジュールは変更される
● 煙台港フェリーターミナル（烟台客运站）
Ⓜ 地図外（P.106-B1上）住 芝罘区環海路2号
☎ 6506666 🕐 7:00～22:30 休 なし 力 不可
[移動手段] タクシー（フェリーターミナル～民俗博物館）／15元、所要20分が目安　路線バス／高鉄バス2号線、2、10、11、15、28、42、70路「渤海轮渡客运站」
　2日以内の乗船券を販売。毎日5～7便出港。
● 煙台港国際フェリーターミナル
　（烟台港国际客运站）
Ⓜ P.106-C1 住 芝罘区北馬路155号
☎ 仁川航路＝6740342 🕐 月・水・金曜9:00～15:30 休 なし 力 不可
[移動手段] タクシー（フェリーターミナル～民俗博物館）／10元、所要10分が目安　路線バス／高鉄バス1号線、K61、3、11、17、18、28、32、38路「大悦城」
　1ヵ月以内の韓国航路の乗船券を販売。仁川航路は月・水・金曜の18:30出港。

張裕酒文化博物館

MP.106-C1
住芝罘区大馬路56号
☎6632892
時8:00～17:00
※入場は閉館30分前まで
休なし
料80元（試飲2杯＋100mlブ
ランデー1本）、150元（試飲
4杯＋750mlブランデー1本）
交K61、3、18、28、37、38
路バス「张裕博物館」
Uwww.changyu.com.cn

当時の醸造工程を再現した展
示物

地下の貯蔵庫

煙台名産のワインについて知ろう ／ オススメ度 ★★★

張裕酒文化博物館／
ちょうゆうしゅぶんかはくぶつかん
张裕酒文化博物馆 zhāngyù jiǔwénhuà bówùguǎn

　広東省潮州出身の客家で、東南アジアで起業し、財を築い
た張弼士（1841～1916年）は、1892年煙台に張裕醸酒
公司を設立し、ヨーロッパからワイン用のブドウ品種や醸造
設備を導入してワインの醸造を始めた。現在では煙台張裕グ
ループという中国最大のワインメーカーとなっている。

　張裕酒文化博物館は、張裕醸酒公司設立100周年を記念
して1992年に建てられた博物館。2002年には、初期社屋
の雰囲気をもつ建物に建て替えられた。ここでは、張裕の歴
史やワインに関する展示があり、ワインの試飲もできる。

れんが造りの張裕酒文化博物館入口。左が古い門、右が現在の門

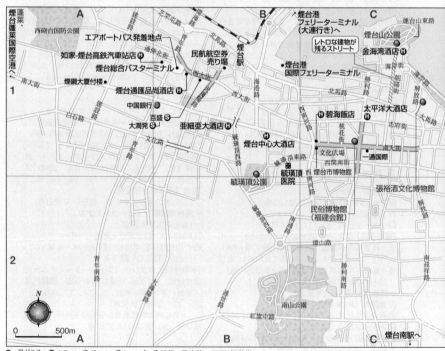

凡例: ●•見どころ　Hホテル　Gグルメ　Sショップ　銀行　病院　繁華街

福建商人が建てた歴史的建築物　オススメ度 ★★★

民俗博物館（福建会館）／

みんぞくはくぶつかん　ふっけんかいかん

民俗博物馆（福建会馆）　mínsú bówùguǎn (fújiàn huìguǎn)

福建会館を中心に煙台の生活を紹介する博物館。福建会館とは、福建商人が資金を募るための会館として、1884（清の光緒10）年から22年の歳月をかけて建設したもの。中国沿海地方で信奉される海の女神媽祖（まそ）を祀る天后宮を中心とすることから、天后行宮とも呼ばれている。

福建式建築の天后行宮

玉皇閣からの景色がすばらしい　オススメ度 ★★★

毓璜頂公園／毓璜顶公园　yùhuángdǐng gōngyuán

いくこうちょうこうえん

町なかの高台に造られた公園。市民の憩いの場所となっていて、週末は市民でいっぱいになる。

園内の坂を上がりきると玉皇廟（ぎょっこうびょう）がある。これは元代の創建。その隣の高い建築物は玉皇閣（ぎょっこうかく）。

公園内の玉皇閣

民俗博物館（福建会館）
[M]**P.106-C1**
[住]芝罘区南大街257号
☎6868200
[オ]5～10月8:30～11:30、13:30～16:30
11～4月8:30～11:30、13:00～16:00
※入場は閉館30分前まで
[休]なし
[料]無料
[交]1、2、10、45、51路バス「文化中心（茂昌眼镜）」

毓璜頂公園
[M]**P.106-B1～2**
[住]芝罘区焕新路付2号
☎6648194
[オ]公園＝
5～10月5:00～22:00
11～4月6:00～21:00
玉皇廟古建築群＝
5～10月7:30～17:30
11～4月7:30～17:00
※入場はともに閉門30分前まで
※玉皇閣は外観見学のみ
[休]なし
[料]公園＝無料
玉皇廟＝30元
[交]7、23、58、82路バス「毓璜顶公园」
[U]www.yhdpark.net

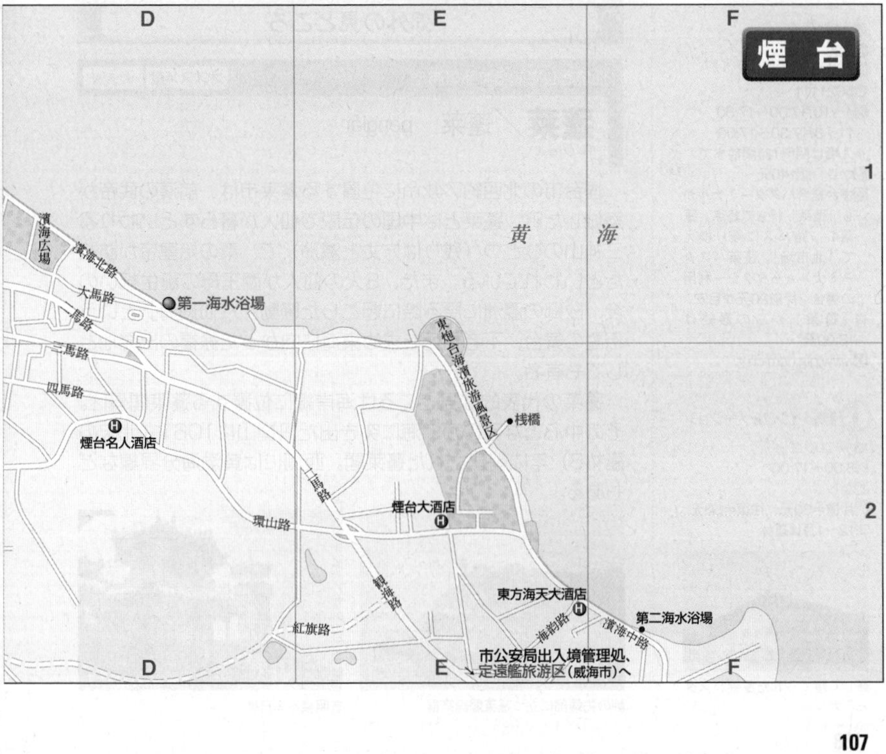

D
E
F
煙　台
1
2
黄　海
濱海広場
濱海北路
大馬路
一馬路
二馬路
四馬路
第一海水浴場
煙台名人酒店
東炮台海濱旅游風景区
桟橋
環山路
煙台大酒店
観海路
紅旗路
東方海天大酒店
海韵路
濱海中路
第二海水浴場
市公安局出入境管理処、定遠艦旅游区（威海市）へ

煙台山公園

MP.106-C1

住芝罘区歴新路7号

☎6632846

オ5〜10月8:00〜18:00
　11〜4月8:00〜16:30

休なし

料公園＝無料、中華旗袍博
　物館＝10元、灯台＝10元

交32、43、46路バス「烟台
　山」

Uwww.csqyts.org.cn

旧煙台聯合教堂

第一海水浴場

MP.107-D1

住芝罘区濱海北路第一海水
　浴場

☎6223975

オ24時間

休なし

料無料

交3、17、28、37、38、49
　路バス「第一海水浴場」

※遊泳可能期間は7月1日〜
　10月7日。当該期間のみシャ
　ワー室が営業（オ8:00〜
　20:00　料20元）

蓬莱閣景区

MP.29-E2

住蓬莱市迎賓路7号

☎5621111

オ4〜10月7:00〜17:30
　11〜3月7:30〜17:00

※入場は閉門1時間前まで

休なし　料140元

交煙台総合バスターミナルか
　ら「蓬莱」行きで終点。蓬
　莱4、7路バスに乗り換え
　て「北市場」。蓬莱バスタ
　ーミナルからタクシー利用
　の場合、片道20元が目安

※「蓬莱」からの最終は
　18:00発

Uwww.plg.com.cn

ⓘ ▶▶▶ インフォメーション

ロープウエイ

オ8:00〜17:00

休なし

料片道＝30元、往復＝50元

※12〜1月は運休

新しく建てられた蓬莱バスタ
ーミナル

108

煙台という地名の由来となった高台　　　　オススメ度 ★★★

煙台山公園／烟台山公园　yāntáishān gōngyuán
えんたいさんこうえん

黄海に臨む高台で、明代にはのろし台があり、それが煙台の由来となった場所。煙台山を中心に、緑多い周囲一帯が公

中華旗袍博物館は旧日本領事館

園となっている。山の頂上には煙台のランドマークともなっている灯台があり、市内を一望できる。公園内にはのろし台跡などのほか、かつて欧米各国の領事館や職員住宅として使われた洋館が点在している。

夏に行ったら泳いでみよう　　　　オススメ度 ★★★

第一海水浴場／第一海水浴场　diyī hǎishuǐyùchǎng
だいいちかいすいよくじょう

第一海水浴場は、煙台でいちばん大きなビーチ。夏場は多くの観光客でにぎわう。雰囲気は日本の海水浴場そのもの。ビーチパラソルが立ち並び、海岸沿いには海の家がある。旅の途中で1日くらい日光浴してみるのもよい。

浜辺は海水浴客でにぎわう

郊外の見どころ

仙境として知られる景勝地　　　　オススメ度 ★★★

蓬莱／蓬莱　pénglái
ほうらい

煙台市の北西約74kmに位置する蓬莱市は、前漢の武帝が築城した町。蓬莱とは中国の伝説で仙人が暮らすといわれる三神山のひとつ（残りは方丈と瀛洲）で、秦の始皇帝が訪れたといわれている。また、8人の仙人が西王母の誕生祝いの後、故郷の瀛洲に戻る際に起こした騒動「八仙過海」という伝説の舞台、不老不死を求め東海に向かった徐福の出発地としても有名。

蓬莱の代表的な見どころは海岸線に位置する蓬莱閣景区。その中心となるのが、海に突き出た丹崖山に1061（北宋の嘉祐6）年に創建された蓬莱閣。西側には黄渤海分界線などもある。

岬の先端部に立つ蓬莱閣建築群

普照楼と宾日楼

定遠艦旅游区／定远舰旅游区　dìngyuǎnjiàn lǚyóuqū

日清戦争で活躍した戦艦を復元した　オススメ度 ★★★

19世紀後期ドイツで建造され、1885（清の光緒9）年に清国北洋水師の旗艦となった戦艦定遠を中心にした見どころ。

定遠は日清戦争（中国では甲午戦争）に参加したが、1894年の黄海海戦で大破し、以後は威海衛（現在の威海を中心とするエリア）の防衛に当たった。1895年2月5日には水雷艇の攻撃を受け擱座し、翌日に自沈した。現在展示されている定遠は、2016年11月、同じ大きさで忠実に復元されたもの。

日清戦争で活躍した定遠

定遠艦旅游区
Ⓜ P.29-F2
住 威海市環翠区海濱北路101-2号
☎ (0631)5207860、5280718
⏰ 5〜10月7:30〜18:00　11〜4月8:00〜17:30
休 なし
料 75元
交 煙台総合バスターミナルから「威海」行きで終点（33元、所要2時間）。タクシーに乗り換える。片道27元が目安
※「威海」からの最終は17:40発
Ⓤ www.dy1881.com

ホテル

金海湾酒店／金海湾酒店　jīnhǎiwān jiǔdiàn　★★★★★

黄海に面して立つ。ジム、サウナなどの施設も充実。中国料理、西洋料理、日本料理のレストランがある。

両替　ビジネスセンター　インターネット

Ⓜ P.106-C1
住 芝罘区海岸街34号
☎ 6636999　FAX 6632626
S 568〜684元
T 568〜684元
サ なし　カ ADJMV

煙台中心大酒店／烟台中心大酒店　yāntái zhōngxīn dàjiǔdiàn　★★★★

中心部の商業地区にあり、ジムやスパなどの施設が揃う。レストランも人気。

両替　ビジネスセンター　インターネット　Ⓤ www.centerhotel.com.cn

Ⓜ P.106-B1
住 芝罘区南大街81号
☎ 6589666　FAX 6584869
S 358〜398元
T 358〜398元
サ なし　カ ADJMV

亜細亜大酒店／亚细亚大酒店　yàxìyà dàjiǔdiàn　★★★★

市中心部にあり、駅まで1km以内という便利な立地。中国料理、日本料理、韓国料理のレストランが揃う。

両替　ビジネスセンター　インターネット

Ⓜ P.106-B1
住 芝罘区南大街116号
☎ 6588888　FAX 6242625
S 380元
T 380元
サ なし　カ ADJMV

碧海飯店／碧海饭店　bìhǎi fàndiàn　★★★★

市の中心部、駅からタクシーで5分の距離にある。文化広場に面し、近くにはデパートなどがあって便利。

両替　ビジネスセンター　インターネット

Ⓜ P.106-C1
住 芝罘区南大街236号
☎ 6583988　FAX 6583889
S 398〜498元
T 398〜498元
サ なし　カ ADJMV

煙台通匯品尚酒店／烟台通汇品尚酒店　yāntái tōnghuì pǐnshàng jiǔdiàn　★★★

煙台総合バスターミナルの裏に位置し、エアートバスの発着地点なので移動の際に便利。周囲の店が営業中は音楽などが若干うるさい。

両替　ビジネスセンター　インターネット

Ⓜ P.106-B1
住 芝罘区西大街67号
☎ 2121998
S 209〜239元
T 209〜239元
サ なし　カ 不可

太平洋大酒店／太平洋大酒店　tàipíngyáng dàjiǔdiàn　

煙台市街の中心部に位置し、交通至便。プール、ジム、サウナなどの施設が整っている。

両替　ビジネスセンター　インターネット　Ⓤ www.pacifichotel.com.cn

Ⓜ P.106-C1
住 芝罘区市府街74号
☎ 6588866　FAX なし
S 120〜240元
T 100〜120元
サ なし　カ ADJMV

如家-煙台高鉄汽車站店／如家-烟台高铁汽车站店　rújiā yāntái gāotiě qìchēzhàndiàn　

「経済型」チェーンホテル。煙台総合バスターミナルに近く、アクセスの便がよい。客室は簡素ながらひととおりのものが揃っている。

両替　ビジネスセンター　インターネット　Ⓤ www.bthhotels.com

Ⓜ P.106-B1
住 芝罘区通伸北街9号
☎ 6699900　FAX 6699911
S 139〜179元
T 129〜179元
サ なし　カ 不可

山全体が歴史・文化の遺跡

泰安

泰安 Tài Ān

市外局番●0538

泰山の最高峰は標高1545mの玉皇頂

ウルムチ
ハルビン
北京
大連
泰安
西安
上海
ラサ
成都
昆明
広州
香港

概要と歩き方

泰安は済南の南50km、山東省中部に位置する地方都市で、市区北部にある泰山で有名。この山は、中国はもちろん世界的にも名高い名山で、世界複合遺産にも登録されている。

湖南省の南岳衡山、河南省の中岳嵩山（登封→P.142）、陝西省の西岳華山（→P.478）、山西省の北岳恒山（→P.174）とともに五岳のひとつに数えられ、この五岳のなかでも最も重要な山として中国人には認識されている。

泰山は、封禅の儀式が行われた地としても有名だ。封禅とは、皇帝が即位したとき、皇帝の正統性を示すために山頂に壇を造って天を祀り（封）、麓で地を払い清めて山川を祀った（禅）儀式で、歴史上72人の皇帝がこれを行った。

泰安観光のハイライトは何といっても泰山登山。バスやロープウエイを利用すれば最短半日程度で、一部を徒歩にしても1日あれば往復できる。山頂での御来光を見る場合は、山頂にホテルがいくつかあるので、そこに宿泊しよう。市内の見どころは岱廟と普照寺くらいで、普照寺のほうは必見というほどでもないので、全体として1～2日を見ておけばよい。市内移動は路線バスが便利。天外村～泰山駅入口～岱廟～紅門のK3/3路は利用価値が高い。

泰山への参道は急な石段が続く

泰安は泰山の南麓に造られた町だ

	1月	2月	3月	4月	5月	6月	7月	8月	9月	10月	11月	12月
平均最高気温(℃)	(詳細データなし)											
平均最低気温(℃)	(詳細データなし)											
平均気温(℃)	-2.1	0.1	6.3	13.7	19.1	24.4	26.0	25.1	20.2	14.2	6.4	-0.3

町の気象データ（→P.517）:「预报」>「山东」>「泰安」>区・市・県から選択

都市DATA

泰安市
人口：558万人
面積：7762㎢
2区2県級市2県を管轄

市公安局出入境管理科
（市公安局出入境管理科）
[M]P.111-B1
[住]泰山区環山路143号
☎8275264
[オ]8:30～11:45、13:00～17:00
[休]土・日曜、祝日
観光ビザを最長30日間延長可能。手数料は160元

市第一人民医院
（市第一人民医院）
[M]P.111-C2
[住]泰山区霊山大街289号
☎8221120
[オ]24時間
[休]なし

市内交通

【路線バス】運行時間の目安は6:30～19:30。普通車1元、空調付き（頭にKが付く）2元
※頭にKの付くバスと数字のみのバスは同一路線を走る。2018年8月現在、多くの路線がK付きになっている

【タクシー】初乗り2km未満6元、2km以上1kmごとに1.5元加算

山東省 泰安

概要と歩き方／アクセス／泰安マップ

中国国内の移動➡P.667 | 鉄道時刻表検索➡P.26

✈ 飛行機
泰安周辺に空港はないので、済南の済南遥墻国際空港(TNA)を利用する。

🚆 鉄道
市区中心部に近い泰山駅は京滬線の在来線が発着し、西側の泰安駅は京滬高速鉄道専用駅。両駅間はK18路バスが結んでいる。両者とも本数は比較的多い。

所要時間(目安) 【泰安 (ta)】済南西 (jnx)／高鉄:17分 青島 (qd)／高鉄:3時間4分 曲阜東 (qfd)／高鉄:19分 煙台南 (ytn)／高鉄:4時間2分 鄭州東 (zzd)／高鉄:3時間1分 北京南 (bjn)／高鉄:1時間53分 【泰山 (ts)】済南 (jn)／直達:50分 青島 (qd)／直達:5時間3分 曲阜 (qf)／快速:1時間26分 煙台 (yt)／快速:7時間30分 北京 (bj)／快速:7時間6分

🚌 バス
長距離便は、地元で「老站」と呼ばれている泰安総合バスターミナルを利用する。

所要時間(目安) 済南／1時間30分 青島／6時間 煙台／7時間

🅓 Data

✈ 飛行機

● **航空券売り場**（航空售票処）
Ⓜ P.111-B2 🏠泰山区東岳大街14号華僑大厦
☎8250002 ⏰8:00～18:00 休なし ⊅不可
[移動手段] **タクシー**（航空券売り場～岱廟）／6元、所要3分が目安 **路線バス**／K3/3、K4/4、K7/7、K8/8、K36/36路「上河橋」
　3ヵ月以内の航空券を販売。

🚆 鉄道

● **泰安駅**（泰安火車站）
Ⓜ地図外（P.111-A2左）🏠泰山区霊山大街
☎共通電話＝12306 ⏰6:20～22:20
休なし ⊅不可
[移動手段] **タクシー**（泰安駅～岱廟）／30元、所要25分が目安 **路線バス**／K17/17、K18/18、K27/27、K34/34、K37/37路「高鉄泰安站」
　28日以内の切符を販売。

● **泰山駅**（泰山火車站）
Ⓜ P.111-A2 🏠泰山区財源大街 ☎共通電話＝12306 ⏰24時間 休なし ⊅不可
[移動手段] **タクシー**（泰山駅～岱廟）／8元、所要7分が目安 **路線バス**／K1/1、K4/4、K8/8、K18/18、K33/33、K37/37、K39/39路「火車站」
　28日以内の切符を販売。

🚌 バス

● **泰安総合バスターミナル**（泰安汽車総站）
Ⓜ P.111-A2 🏠泰山区龍潭路1号 ☎2188777
⏰5:30～18:00 休なし ⊅不可
[移動手段] **タクシー**（泰安総合バスターミナル～岱廟）／10元、所要15分が目安 **路線バス**／K5/5、K7/7、10、K18/18、K22/22、K26/26、K28/28、K29/29、K34/34路「老汽車站」
　10日以内の切符を販売。済南（6:30～18:00の間30分に1便）、煙台（隔日1便）、青島（2便）など山東省内がメイン。

●見どころ Ⓗ ホテル Ⓢ ショップ Ⓔ 学校 ⊞ 病院

泰山／泰山　tàishān

中国一有名な聖山

オススメ度 ★★★

世界遺産

1~2日

■泰山登山の攻略

泰山登山のルートで一般的なのは下記の3つ。泰山の頂上は玉皇頂で、一般的にはここを目指すことになる。

①天外村游人中心（K3/3、K19/19、K37/37、K39/39路バス「天外村」すぐ）～［観光専用バス］～中天門～中天門ロープウエイ～南天門・天街～［徒歩］～玉皇頂

②桃花峪游人中心（K16/16路バス「桃花峪」すぐ）～［観光専用バス］～桃花源～桃花源ロープウエイ～南天門・天街～［徒歩］～玉皇頂

③一天門・紅門（K3/3、K45/45路「紅门」）～［徒歩］～中天門～［徒歩］～南天門・天街～［徒歩］～玉皇頂

①と③は中天門で、①②③は山頂エリアで接続しているので、上記を適宜組み合わせることもできる。例えば中天門までは徒歩で登り、残りはロープウエイを使う、あるいは天外村からバスで中天門に行き、玉皇頂までは徒歩、帰りは桃花峪に抜けるなど。体力や旅程に合わせて考えよう。なお、徒歩の場合、登山道は山道というよりほぼすべてが石段になっている。特に中天門から南天門の間は非常に急な石段が連続するので、滑りにくい靴が必須。また、つえのようなものがあると便利だ。

天外村～中天門または桃花峪～桃花源間は観光専用バスでの移動が基本で、一般車（タクシー含む）の乗り入れは禁止。徒歩で移動することは可能だが、つづら折りが連続する道なので時間がかかる。

泰山の御来光を拝む場合は、山頂付近（南天門から玉皇頂の間）にいくつかホテルがあるので、それらに宿泊する。

そのほか、山火事防止策としてライターなどの発火物は持ち込み厳禁。風景区内はホテル内指定箇所等を除き全面禁煙となっている。

右上：徒歩で登山する場合の入口となる紅門。岱廟の真北に位置する

左：昇仙坊を過ぎれば、急な石段「十八盤」の終点「南天門」が目に入る

泰山
MP.113
住泰山風景区
☎風景区＝8066077
開風景区24時間
　紅門宮、碧霞祠、王母池
　8:00～17:00
休なし
料入山料：
　2～11月=127元
　12～1月=102元
　紅門宮、碧霞祠、王母池=
　各5元
※2018年8月現在、王母池は改修工事中。2018年末完了予定
Uwww.mount-tai.com.cn

ⓘ ▶▶ インフォメーション

泰山のロープウエイ
中天門ロープウエイ
（中天門～南天門）
所要10分。
MP.113-C1~2
開4～10月6:30～17:30
　11～3月8:00～17:00
休なし
料片道=100元
桃花源ロープウエイ
（桃花源～天街）
所要10分。
MP.113-B~C1
開4～10月8:00～17:00
　11～3月9:00～16:00
休なし
料片道=100元
后石塢ロープウエイ
（后石塢～北天門）
所要5分。
MP.113-C1
開8:30～16:00
休4～10月=なし
　11～3月=全休
料片道=20元

観光専用バス
　天外村游人中心～中天門と桃花峪游人中心～桃花源の2路線がある。悪天候の場合、運行中止
天外村游人中心～中天門
開4～10月5:00～翌1:00
　11～3月6:00～20:00
休なし
料片道=30元
桃花峪游人中心～桃花源
開4～10月6:00～21:00
　11～3月7:00～19:00
料片道=30元

南天門・天街／南天门・天街　nántiānmén tiānjiē
（なんてんもん　てんがい）

　南天門は三天門ともいい、1264（元の中統5）年の創建。城楼式の建築物で、上部には「摩天楼」の額がかかっている。南天門の先が天街で、天街坊という大きな碑坊が目印。ホテルやレストラン、ショップが集中しており、御来光を見る人の多くがこのエリアに宿を取る。

南天門は山頂エリアの入口

玉皇頂／玉皇顶　yùhuángdǐng
（ぎょくこうちょう）

　碧霞祠を抜けて玉皇頂方面へ行くと、途中に多くの碑文が崖壁に記されている。これが唐摩崖で、このなかに紀泰山銘之碑がある。この碑は726（唐の開元14）年、楊貴妃とのラブロマンスで有名な玄宗皇帝が封禅の儀式を行ったときに彫られたもので、縦13.3m、横5.3mの壁面に996文字が刻まれている。

登山客の最終目的地、玉皇頂

天街の入口に立つ牌楼

ひっきりなしに登山者が記念撮影に来る「五岳独尊」碑

青帝宮

玉皇頂の中に立つ高さを示す石碑

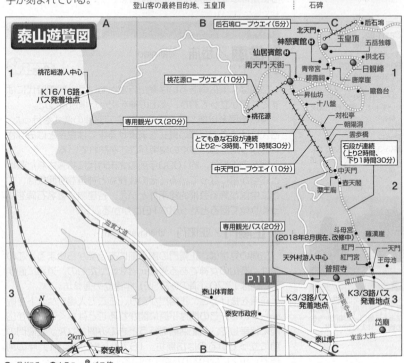

泰山遊覧図

后石塢ロープウエイ（5分）
北天門
神憩賓館 H
玉皇頂　五岳独尊
仙居賓館 H
青帝宮　拱北石
南天門・天街　　　　日観峰
碧霞祠　　唐摩崖
桃花源ロープウエイ（10分）
昇仙坊　　瞻魯台
桃花峪游人中心
K16/16路バス発着地点
桃花源
十八盤
対松亭
専用観光バス（20分）
朝陽洞
雲歩橋
とても急な石段が連続（上り2〜3時間、下り1時間30分）
石段が連続（上り2時間、下り2時間30分）
中天門ロープウエイ（10分）
中天門
壺天閣
秦王扇
専用観光バス（20分）
斗母宮（2018年8月現在、改修中）
羅漢崖
紅門
一天門
天外村游人中心
紅門宮　王母池
普照寺
泰山体育館
P.111
環山路
K3/3路バス発着地点
K3/3路バス発着地点
泰山市政府
岱廟
泰山駅
東岳大街
泰安駅へ
0　2km
N
● 見どころ　H ホテル　バス停

玉皇頂とその前に立つ無字碑

唐摩崖からさらに階段を上がると泰山山頂の玉皇頂に到着する。天燭峰ともいい、標高は1545m。

玉皇頂には玉皇殿（玉皇観ともいう）があり、玉皇大帝が祀られている。泰山では複数の神が信仰されているが、最も位が高い神が玉皇大帝で、碧霞元君（へきかげんくん）はその娘に当たる。

玉皇頂の無字碑は表面に何も書かれていない碑。今から約2100年前、漢の武帝の時代に建てられた。文字が記されていないのは、ここからの眺めのすばらしさをいかなる言葉をもってしても表現しきれなかったためだといわれている。

日観峰／日观峰　rìguānfēng
にっかんほう

日観峰に立つ気象台

玉皇頂から奇石の間を進むと、気象台のある日観峰にいたる。名前のとおり、ここからご来光を拝むことができる。峰の東側には全長30m余りの観峰長廊があり、長廊の端に似仙閣が立っている。峰の北に横たわっている長さ6.5mの巨石は拱北石。俗称は探海石という。この石は泰山のご来光の象徴で、拱北石の向こうに昇る日の出は泰山で最も有名な景色として知られている。日観峰から崖伝いに細い道を行くと、展望のよい瞻魯台に出る。ここは魯国の国境だった所。瞻魯台の西にある奇石は仙人橋という。3つの巨石が橋のように重なっているのでこの名がある。

不思議な形の拱北石

岱廟
MP.111-B2、P.115
泰山区朝陽街7号
8261038
3～4月、9～10月
　7:50～17:30
　5～8月7:50～18:00
　11～2月7:50～17:00
※いずれも入場は閉門30分
　前まで
なし
30元
K3/3、K4/4、K6/6、24、36、K39/39路バス「岱廟」

| 歴代皇帝が行幸した廟 | オススメ度 ★★★ | 世界遺産 |

岱廟／岱庙　dàimiào
たいびょう

 2時間～

岱廟は、東岳廟（とうがくびょう）あるいは泰山行宮（たいざんあんぐう）ともいう。戦国時代にはすでに廟が立っており、泰山の神を祀った場所だった。

秦の始皇帝以後、歴代皇帝がここで封禅の儀式を行った。古代にはここで封禅の儀式を済ませるまでは皇帝とはみなされなかったため、多くの皇帝がここを訪れている。

現在の岱廟は、約1000年前の北宋時代に拡張された敷地と建物が基になっている。その壮麗さと神聖な雰囲気は、まさに中国が誇る芸術的建築群といえ、各建物や著名石碑をゆっくり見て回るとたっぷり1日はかかる。

正陽門／正阳门　zhèngyángmén
せいようもん

岱廟の見学は、正陽門の南手前にある亭から始まる。この亭は、泰山の女神である碧霞元君（へきかげんくん）を祀ったもの。道路に面する石坊は1770（清の乾隆35）年建立の遥参坊（ようさんぼう）。

花園を抜けると、正陽門があり、ここで入場チケットを販売している。この門は平時に開かれることはなく、皇帝が岱廟に行幸して、祭祀活動を行うときのみ開かれた。正陽門の前に立っているのは岱廟坊（たいびょうぼう）。1672（清の康熙11）年の創建で、坊上には8体の石獅子がいる。

小ぶりな牌坊が岱廟坊。奥に見えるのが岱廟の本当の入口である正陽門。正陽門から先の観光には入場券が必要

大宋東岳天斉仁聖帝碑／
大宋东岳天齐仁圣帝碑　dàsòng dōngyuè tiānqírénshèngdì bēi

入場してすぐに、左右に高い石碑が見えてくる。左が大宋東岳天斉仁聖帝碑で、泰山に現存する最も古い亀趺碑。1013（北宋の大中祥符6）年のもの。高さ8.2m。碑の裏に彫られている「五嶽獨宗」の力強い文字は有名。

宣和重修泰岳廟記碑の裏面

宣和重修泰岳廟記碑／
宣和重修泰岳庙记碑　xuānhé chóngxiū tàiyuèmiàojì bēi

大宋東岳天斉仁聖帝碑に対し、右にあるのが宣和重修泰岳廟記碑。岱廟で最大の亀趺碑で、1124（北宋の宣和6）年のもの。高さ9.25m。裏に「萬代瞻仰」の文字がある。宣和年間の岱廟の修復作業の様子が記されている。

樹齢2000年以上といわれる漢柏連理

漢柏／汉柏　hànbǎi

宣和重修泰岳廟記碑の奥の5本の樹木が漢柏。現存する漢柏の木はこの5株のみで、これらのカシワの木はすべて漢の武帝が封禅の儀式を行ったときに植えられたものと伝えられており、樹齢は2000年以上という計算になる。近づいてよく見ると、老木ながら、木が天高く伸びていく印象を与える。

龍の形をしたカシワの木もある

配天門／配天门　pèitiānmén

もとの中央路に戻ると、配天門に着く。配天門の名は「徳配天地」よりつけられた。創建年代は不詳。典型的な宮殿建築様式で、もともと東側に三霊侯殿、西に太尉殿が配置されていた。2殿閣は文化大革命の際に破壊されたが、再建されている。

配天門前のふたつの銅の獅子は、明の万暦年間に鋳造されたものだ。

配天門の内部は泰山信仰についての展示室

東御座／东御座　dōngyùzuò

配天門をくぐると右前方に東御座が立っている。この建物は、1347（元の至正7）年の創建になる。元代や明代に政府高官や貴族が休憩した場所であるが、現在の姿は清代の乾隆帝行幸時のもの。現在は文物陳列館になっており、なかでも有名なのが鎮山三宝のひとつ沈香獅子のレプリカ。これはキャラの木でできており、もともと獅子の形をしていた木に少し手を加えて作られている。

秦二世刻石／秦二世刻石　qínèrshì kèshí

同じ敷地内にある秦二世刻石は、歴史的に非常に価値のあるものだ。秦の2世皇帝である胡亥の時代（紀元前209年）の製作。彫られている字は、丞相の李斯によるもの。もとは泰山山頂の玉女池に立っていた。当時は222字刻まれていたが、現在確認できるものは10字ほどとなっている。

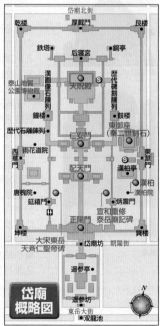
岱廟概略図

●＝見どころ　Ｓ＝ショップ　ＷＣ＝トイレ

わずか10文字が残る秦二世
刻石

天貺殿には東岳大帝が祀られ
ている。要するに岱廟は泰山
の出張所（2018年8月現在、
内部撮影は不可）

天貺殿に入る前に靴カバーを
付けること！

銅で造られた銅亭

鉄製の台座部分のみが残る
鉄塔

▌仁安門／仁安门　rénānmén

歴史的価値のある仁安門

　また中央路に戻り、さらに進むと仁安門が見えてくる。仁安門は、岱廟における重要な建築のひとつ。仁安とは『論語里仁編』の中の「仁者安人」より来ている。1266（元の至元3）年の建立。この建築の組桁（フレームのこと）のほとんどが明代のもので、現在でも当時のものがそのまま見られる、歴史的価値の高い建築物である。

▌天貺殿／天贶殿　tiānkuàngdiàn
　てんきょうでん

　正殿の天貺殿は、高さ22.3m、幅48.7m、奥行き19.8m。古代の皇帝たちが泰山の神を祀った場所で、1009（北宋の大中祥符2）年の創建。

　契丹（遼）の侵略に悩まされていた北宋は、抗戦派と和平派で意見が分かれていた。和平派の領袖王欽若は、泰山からもたらされた天書には、和を結ぶように記されていたと主張し、契丹との間に講和条約を結んだ。天書に感謝の意を表するため、北宋の真宗は泰山で封禅の儀式を行い、岱廟に宮殿を建てた。天書を受けた6月6日が天貺節だったため、天貺殿と名づけられた。

　天貺殿の建築には、間口が9間、奥行きが5架の九五様式と二重の屋根が採用されている。これは皇宮の正殿にのみ許される形式。左右に配置されている碑は乾隆詩碑。乾隆帝作の詩が140首刻まれている。天貺殿内部の壁に描かれている啓蹕回鑾図は、高さ3.3m、長さ62mもある。宋代の作品で、泰山神が巡視に出かける様子が描かれている。内部見学の際には入口にある靴カバーを付けて入る。

　天貺殿の裏には、泰山神后淑明のために宋代に建てられた后寝宮があり、その左右に岱廟でいちばん高いイチョウの木がある。その後ろ右側に銅亭、左側に鉄塔が置かれている。銅亭は、1613（明の万暦41）年に鋳造されたもの。もとは泰山山頂の碧霞祠にあったものが移された。鉄塔は1533（明の嘉靖12）年に鋳造された。もとは天書観という所にあったが、日中戦争のときに天書観は破壊され、鉄塔のみが部分的に残った。西側奥の碑廊には、文章や絵が刻み込まれた石碑が並ぶ。

皇宮と同じ建築様式の天貺殿

六朝松がある仏教古刹

オススメ度 ★★★

普照寺／普照寺　pǔzhàosì
ふ しょう じ

六朝時代に創建された古刹。金の大定年間（1161〜1189年）に重建されている。泰山では数少ない仏教寺院のひとつで、参道を奥に進んだ所にひっそりとたたずんでいる。安徽省出身の軍人、馮玉祥が隠居した場所としても知られている。本殿の大雄宝殿には釈迦牟尼像が安置されている。大雄宝殿の奥に生えている六朝松はとても有名で、樹齢はなんと1600年以上といわれる。

普照寺山門

普照寺
MP.111-B1
住泰山区普照寺路128号
☎なし
オ8:00〜17:00
休なし
料10元
交K19/19、K37/37、K39/39路バス「普照寺路口」
※普照寺の入口はバス停から離れており、案内表示がないためわかりにくい。目印は、憑玉祥小学の東側、普照寺路が環山路とぶつかる所にある馮玉「普照寺」と書かれた石碑

ホテル

ラマダプラザ泰安／东尊华美达大酒店
たいあん
dōngzūn huáměidá dàjiǔdiàn
★★★
★★

泰安市唯一の5つ星ホテル。泰山の麓、登山口のひとつである天外村游人中心まで約500mの場所に位置する。レストランは充実している。

両替　ビジネスセンター　インターネット

MP.111-A1
住泰山区迎勝東路16号
☎8368888
8368666
S489〜580元
T489〜580元
サなし
カADJMV
Uwww.ramadaplazataian.com

神憩賓館／神憩宾馆
しんけいひんかん
shénqì bīnguǎn
★★★

泰山山中では最高級のホテル。泰山最高峰である玉皇頂や碧霞祠にも近い。御来光や雲海を見るための拠点としては絶好の立地。金・土曜は100〜200元高くなり、中国の大型連休や春節はさらに高くなる。

両替　ビジネスセンター　インターネット

MP.113-C1
住泰山極頂天街10号
☎8223866
8223866
S1700元
T1000元
3 1300元
サなし
カADJMV

仙居賓館／仙居宾馆
せんきょひんかん
xiānjū bīnguǎn
★★★

ホテル前の展望台からは泰安市が一望できる。金・土曜は100〜200元高くなり、中国の大型連休や春節はさらに高くなる。

両替　ビジネスセンター　インターネット

MP.113-C1
住泰山南天門天街5号
☎8226877　8226877
S380〜520元　T340〜500元　3 440〜500元
サなし　カ不可

泰山・フォーマン ホテル／泰山・弗尔曼酒店
たいさん
tàishān fúěrmàn jiǔdiàn

高層階北向きの客室からは泰山の雄姿を見ることができる。道の向かい側に天外村游人中心に向かうK3/3路バスの停留所がある。

両替　ビジネスセンター　インターネット

MP.111-B2
住泰山区東岳大街288号
☎8209999
8222288
S480元　T480元
サなし　カV

錦江之星風尚泰安東岳大街酒店／锦江之星风尚泰安东岳大街酒店
きんこうし せいふうしょうたいあんとうがくだいがいしゅてん
jǐnjiāng zhīxīng fēngshàng tàiān dōngyuè dàjiē jiǔdiàn

「経済型」チェーンホテル。設備は簡素ながら清潔。付近には岱廟や天外村游人中心に向かうK3/3路バスの停留所があって便利。

両替　ビジネスセンター　インターネット　Uwww.jinjianginns.com

MP.111-B2
住泰山区東岳大街237号
☎5075757　なし
S189〜229元
T209〜229元
サなし　カ不可

孔子のふるさと

曲阜
きょくふ

曲阜 Qū Fù

市外局番●0537

牌坊の奥に見える孔子墓へと続く洙水橋（孔林）

ウルムチ●
北京● 大連●
西安● ●済南 ●曲阜
ラサ● 成都● 上海●
昆明● 広州●
●香港
●ハルビン

孔廟大成門前で毎日執り行われる祭典

都市DATA

曲阜市
人口：64万人
面積：815km²
曲阜市は済寧市管轄下の県級市

市公安局外事科
（市公安局外事科）
M P.122-C4
舞雩台路1号
☎4430049
8:30～12:00、
14:00～17:30
土・日曜、祝日
観光ビザの延長は不可

市人民医院
（市民医院）
M P.122-B2
天官第8街67号
☎4420102
24時間
なし

市内交通

【路線バス】運行時間の目安は6:30～18:00、1～2元。曲阜バスターミナルと高鉄の曲阜東駅を結ぶK01路は6:30～17:30の間30分に1便、17:30～21:30の間は1時間に1便。3元。
【タクシー】初乗り2km未満5元、2km以上1kmごとに1.3元加算。さらに燃油代1元加算
【三輪リキシャ】旧城区内1乗車3～5元前後、旧城区外は1乗車3～10元

概要と歩き方

曲阜とは曲がっている豊かな丘という意味で、山東省の西南、済南の南120kmに位置する規模の小さな町だ。

春秋戦国時代は魯の都だった所で、約800年の間、都として栄えた。曲阜と名づけられたのは、596（隋の開皇16）年のこと。東方文化の源とされ、現在でも「詩書之府、礼都之郷」と称される。この地を訪れる人があとを絶たないのは、曲阜が儒教の創始者孔子の故郷であるからだ。それは、全市人口の5分の1が孔姓であることからもよくわかる。

曲阜は大きな町ではないので、おもな見どころは歩いて見学できる。孔廟、孔府、孔林は1日で見学可能。孔子の弟子の顔回を祀った顔廟や、孟子の故郷である鄒城市へ行き、孟廟、孟府、孟林、孟母林（これのみ曲阜市）も見るなら、計3日は必要になる。曲阜で最もにぎやかな通りは、鼓楼街。みやげ物店やレストランがここに集まっている。夜には付近の東華門大街に夜市が立ち、多くの人でにぎわう。

孔子生誕の日は西暦9月28日と推定されており、毎年9月26日から10月10日まで「国際孔子文化節」が開催される。この時期には、世界中から儒家や観光客が曲阜を訪れ、さまざまなイベントが行われる。期間中はホテルの料金も通常より高くなる。

孟子ゆかりの鄒城市は市の南に位置する。まずは曲阜バスターミナルで鄒城行きのバスに乗り、到着後各見どころにはタクシーで移動するとよい。

	1月	2月	3月	4月	5月	6月	7月	8月	9月	10月	11月	12月
平均最高気温(℃)	3.4	6.1	13.1	21.1	27.7	32.1	32.1	30.7	26.9	21.2	12.8	5.7
平均最低気温(℃)	-5.4	-3.1	2.8	10.0	16.4	21.0	23.2	22.3	17.1	11.1	3.8	-2.8
平均気温(℃)	-1.4	1.4	7.6	15.2	21.8	26.3	27.4	26.2	21.7	15.8	7.9	1.1

町の気象データ（→P.517）：「預報」＞「山東」＞「済寧」＞「曲阜」

Access 交通

中国国内の移動→P.667　鉄道時刻表検索→P.26

 鉄道　京滬高鉄や膠済線などの途中駅。高速鉄道の開業により北京や済南へは短時間で移動できるようになった。観光客が利用する駅は高速鉄道の曲阜東駅と在来線の曲阜駅。

所要時間(目安)【曲阜東(qfd)】済南西(jnx)／高鉄：30分　済南(jn)／高鉄：40分　鄭州東(zzd)／高鉄：2時間40分　開封北(kfb)／高鉄：2時間30分　北京南(bjn)／高鉄：2時間10分　【曲阜(qf)】済南(jn)／快速：2時間20分　鄭州(zz)／普快：7時間

バス　市区中心から約5kmに位置する曲阜バスターミナルを利用する。山東省内の都市へ向かうバスが多く、同じ山東省内の済南や泰安からは便数も多くアクセスが便利。

所要時間(目安)　済南／2時間　泰安／1時間30分　鄒城／1時間　青島／6時間

Data

鉄道

●**曲阜東駅**（曲阜火车东站）
地図外（P123-F3右）　曲阜市息陬鎮孔子大道
☎共通電話＝12306　6:30～23:00
休なし　カ不可
[移動手段] タクシー（曲阜東駅～鼓楼門）／40元、所要25分が目安　路線バス／K01路「高铁曲阜东站」
28日以内の切符を販売。高速鉄道専用駅。

●**曲阜駅**（曲阜火车站）
P.123-F4　電繊路　☎3991516
2:00～3:50、5:40～6:10、7:00～8:10、8:25～12:20、15:30～18:45、20:00～23:50
休なし　カ不可
[移動手段] タクシー（曲阜駅～鼓楼門）／15元、所要10分が目安　路線バス／K03、K05、K09路「火车站」
28日以内の切符を販売。在来線専用駅。

バス

●**曲阜バスターミナル**（曲阜汽车站）
地図外（P.122-B3左）　裕隆路1号
☎4412554　6:00～18:00　休なし　カ不可
[移動手段] タクシー（曲阜バスターミナル～鼓楼門）／15元、所要10分が目安　路線バス／2、K01、K03、K05、K06、D09「汽车站」
5日以内の切符を販売。済南（6:40～18:00の間1時間に1便）、泰安（7:30～17:50の間50分に1便）、青島（8:30、11:30発）、鄒城（C609路：6:30～18:00の間20～25分に1便）など。

そのほか

●**民航列車航空券販売センター**（民航火车售票中心）
P.122-B3　静軒西路108号　☎4422222
7:30～21:00　休なし　カ不可
[移動手段] タクシー（民航列車航空券販売センター～鼓楼門）／5元、所要5分が目安　路線バス／2、K01、K03、K05、K06、K11路「孔庙南门」
3ヵ月以内の航空券、28日以内の鉄道切符を販売。手数料は航空券は無料、鉄道切符は1枚5元。

見どころ

伝統的大学の総本山　**オススメ度** ★★★　世界遺産

孔廟／孔庙 kǒngmiào
こうびょう　　1.5時間

魯国の哀公が、孔子が没した翌年（紀元前478年）に孔子を祀るために建てたもの。当時は3部屋だけであったが、明清時代に増築が繰り返され、南北1km、総面積2万㎡、部屋数466となった。北京の故宮（→P.56）、泰山の岱廟（→P.130）とともに中国三大宮殿建築のひとつとして知られている。

入口には明代に建造された石製の金声玉振坊があり、高さは5.6m、朝天吼という一本角の怪獣が彫られている。

櫺星門は、1415（明の永楽13）年の創建。1754（清の乾隆19）年に建て直されたときに木柱から石柱となった。「櫺星門」の3文字は乾隆帝の直筆。聖時門は明代の建築物。孔廟の第二の門に当たる。中庭の東の門は快睹門で、ここは出口になっているがまずは奥へ進もう。第三の門は弘道門。

孔廟
P.122-B～C3
南馬道街
☎4712075
8:00～17:00
※入場は閉門30分前まで
休なし
2月16日～11月14日＝90元　11月15日～2月15日＝80元
※孔廟、孔府、孔林の共通券＝150元（通年）
2、K01、K03、K05、K06、K11路バス「孔庙南门」
www.uqufu.com

 インフォメーション

孔廟の儀式
孔廟入口、万仞宮牆の前で毎日8:00に開門儀式、17:00に閉門儀式、大成殿前で11:00に祭祀儀式が行われる（荒天時中止）。

ⓘ ▶▶ インフォメーション

旅游観光車
游客服務中心〜孔廟〜孔府
〜孔林を運行。
☎4426446
⏰7:30〜18:30
💰30元
※2日間有効で乗り放題

仰聖門を囲む万仞宮牆。この前では開門時に毎日ショーが上演される

金声玉振坊

孔子が弟子に学問を教えた杏壇

孔廟の本殿となる大成殿

孔府
MP.122-C2
🏠闕里街
☎4712161
⏰8:00〜17:00
※入場は閉門15分前まで
休なし
💰2月16日〜11月14日=60元
11月15日〜2月15日=50元
※孔廟、孔府、孔林の共通券=150元（通年）
🚌2、K01、K03、K05、K06、K11路バス「孔廟南門」

二門内部に立つ重光門

1377（明の洪武10）年の創建。第四の門である大中門は、金代には第一の門だった。第五の門の同文門の東と西に、孔子の祭祀をつかさどる人が身を清めた齋宿がある。第六の門の奎文閣は、中国でも有名な古代木造建築。1018（宋の天禧2）年の創建で、高さ23.35m。

十三碑亭のなかでいちばん古い石碑は668（唐の総章元）年の大唐詰贈泰師魯国孔宣伝碑で、石材は北京の西山から運ばれたもの。

大成門は、第七の門。以前、この門は孔子を祀る式典のときにのみ開けられ、皇帝だけが中に入ることができた。ここから先は東・中・西の3路に分かれる。

杏壇は、孔子が弟子に学問を教えた所。額の二文字は清の高宗の直筆。杏壇の先に本殿の大成殿がある。1018（宋の天禧2）年の創建で、1724（清の雍正2）年の改築の際、清の朝廷は皇帝の御殿にのみ施される重檐廡殿式の屋根と黄色の瑠璃瓦の皇宮建築様式をこの大成殿に取り入れることを特別に許した。このことからも、いかに孔子が敬われていたかがわかる。当時3万人以上の木匠が動員され、完成まで6年の歳月が費やされた。殿内の中心に孔子の像があり、その右に曽参と孟子、左に顔回と子思の合わせて4人の高弟（四配という）が並び、さらにその左右には11人の高弟と、直接の弟子ではないが、孔子の影響を大きく受けた朱子学の開祖朱熹の合わせて12の像（十二哲という）が並んでいる。

大成殿の奥の寝殿は北宋時代に創建され清代に改築されたもの。孔子の夫人の兀官氏を祀っている。中路奥に位置するのは、聖跡殿。1592（明の万暦20）年の創建。孔子の一生が120枚の石刻に表されている。東路の孔宅故井は孔子の家で使っていた井戸であり、詩礼堂は孔子が息子を教育した所。

| 孔子の子孫が暮らしていた邸宅 | オススメ度 ★★★ | 世界遺産 |

孔府／孔府 kǒngfǔ
こうふ

1時間

孔府は衍聖公府とも呼ばれる孔子の嫡子が暮らした邸宅。創建後何度も拡張されたため、現在敷地内には460もの部屋がある。鼓楼門の近くにある孔府大門をくぐると現れるのが重光門。1502（明の弘治16）年創建で儀門とも呼ばれ、壁がないことが特徴。勅旨を受けるときなど特別な行事にのみ使用されていた。

大堂は孔府の主人である衍聖公が勅命を受けたり、官吏と面会した建物で、孔府の前部でも重要な場所。扁額は清の順治帝から第66代目子孫の孔興燮に下された勅命。

二堂と三堂とともに明代の建築物である。二堂は朝廷からの使者との面会や礼学や楽学に関する官吏登用試験の会場となった場所で、三堂は孔府内の事務や処罰を行った。

内宅門は、孔府をふたつに分ける門で、ここから北は衍聖公一家の居住区で、許可のない部外者は立ち入り禁止だった。

前上房は孔府の主人が接客や、一族の婚礼を執り行う所。前堂楼では第76代目孔孫孔令貽の妻子が暮らした。最も奥には奇石や竹林、曲がり橋を配置した中国式庭園の花園がある。

孔子一族の巨大な墓園　　オススメ度 ★★★ 世界道産

孔林／孔林 kǒnglín
こうりん

孔林は、孔子をはじめとする孔家歴代の墓所であり、世界で最も長く続いている一族の墓地。万古長春坊は孔林に向かう参道の途中にある。1594（明の万暦22）年の創建。中央に2体の龍が彫られている。

孔子の墓は、洙水橋と書かれた門の奥にある。石碑がふたつあり、手前の石碑の文字は、1443（明の正統8）年、黄養正という書家によるもの。後ろの石碑は、1244年に孔家50代目の孔元が造ったもの。近くには孔子の息子孔鯉と、孫で『中庸』の著者として有名な孔伋の墓がある。
ようせい
こうげん
こうり
こうきゅう

孔子門下で最も優れた弟子を祀る　　オススメ度 ★★★

顔廟／颜庙 yánmiào
がんびょう

孔子の弟子のなかで最も優れ、後継者に考えていたと伝わる顔回を祀る廟。創建は未詳。

当初は3kmほど北東に位置する五泉荘あたりにあったが、1317（元の延祐4）年の再建時に現在の位置に移された。その後、1594（明の万暦22）年の改修時に現在の規模となった。

孔林
MP.122-C1
住 林道路
☎ 4712133
⏰ 8:00～17:30
※入場は閉門30分前まで
休 なし
料 2月16日～11月14日=40元
　11月15日～2月15日=30元
※孔廟、孔府、孔林の共通券=150元（通年）
交 ①1路バス「鼓楼医院」
　②孔林から徒歩20分

木立の奥にある孔子墓

ⓘ ▶▶▶ インフォメーション

孔林内の移動
　孔林内は電動カートで回ることが可能。入口近くの入場券売り場～環林路～洙水橋（ここから徒歩で孔子墓まで行く）、孔子墓～入場券売り場の順で停車する。
料 往復=20元

顔廟
MP.122-C2
住 顔廟街
☎ 4414002
⏰ 8:00～17:00
※入場は閉門30分前まで
休 なし
料 50元
交 1路バス「鼓楼医院」

ホテル

闕里賓舎／阙里宾舍 ★★
けつりひんしゃ quèlǐ bīnshè

伝統建築風の建物が趣あるホテル。レストランでは、広く知られる曲阜の名物料理「孔府菜」が食べられる。
[両替] [ビジネスセンター] [インターネット]

MP.122-C3
住 闕里街1号
☎ 4866400　FAX 4866524
S 400元　T 380元
サ なし　カ ADJMV

如家-曲阜静軒中路三孔店／如家-曲阜静轩中路三孔店
じょか きょくふ せいけんちゅうろ さんこうてん rújiā qūfù jìngxuān zhōnglù sānkǒngdiàn

「経済型」チェーンホテル。孔廟の仰聖門近くに位置しており、ショッピングや観光に便利。
[両替] [ビジネスセンター] [インターネット] Ⓤ www.bthhotels.com

MP.122-B3
住 静軒西路16号
☎ 4611111　FAX 4459599
S 169～249元
T 179～249元
サ なし　カ 不可

7天曲阜三孔店／7天曲阜三孔店
しちてんきょくふ さんこうてん qītiān qūfù sānkǒngdiàn

「経済型」チェーンホテル。客室の設備は簡素ながらひととおり揃っている。近くには民航列車航空券販売センターがある。
[両替] [ビジネスセンター] [インターネット] Ⓤ www.plateno.com

MP.122-B3
住 大成路1号
☎ 4608777　FAX 4601777
S 143～199元
T 166～221元
サ なし　カ 不可

旅行会社

曲阜中国国際旅行社／曲阜中国国际旅行社
きょくふちゅうごくこくさいりょこうしゃ qūfù zhōngguó guójì lǚxíngshè

日本語ガイドは1日300元。車のチャーター（鄒城市の孟廟、孟府含む）は1日500元。このほか、日本語ガイドは15日前までに要予約。

MP.122-C3
住 東華門大街1号孔府院内
☎ 4491491　FAX 4491492
⏰ 8:00～11:30、
　14:00～18:00
休 土・日曜、祝日　カ 不可

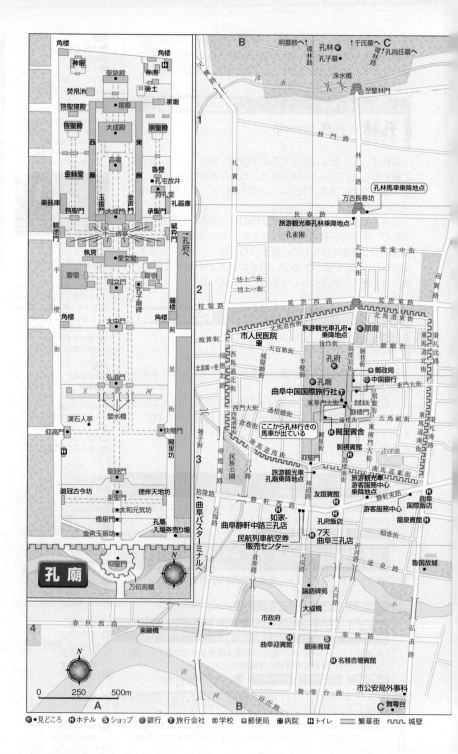

孔廟

角楼　角楼
神厨　神庖
聖跡殿　後土
焚帛池　家廟
啓聖寝殿　寝殿
啓聖殿　大成殿　崇聖殿
西廡　東廡
金絲堂　杏壇　魯壁
　　　　　孔宅故井
楽器庫　詩礼堂　礼器庫
観徳門　玉振門　金声門
　　　啓聖門　大成門　承聖門
毓粋門
十三碑亭
執房　→孔府へ
奎文閣
斎宿　斎宿
同文門
孔子廟碑
鐘楼
角楼　大中門　角楼　闕
街
弘道門
半壁街
里街
玉帯河
漢石人亭　璧水橋
仰高門　快睹門
聖時門　闕里坊
道冠古今坊　徳侔天地坊
至聖門
棂星門　太和元気坊
金声玉振坊　孔廟入場券売り場
仰聖門
万仞宮牆

N

0　250　500m

明墓群へ　孔林
　　　　　孔子墓
于氏墓群へ　孔尚任墓へ
洙水橋
至林門
深水
林門路
林道路
礼賓路
孔林馬車乗降地点
万古長春坊
旅游観光車孔林乗降地点
長春路
孔雀園
北関大街　常楽申街
延恩西路　延恩東路
坊上二街　坊上街
校場路
岐黄街
市人民医院
旅游観光車孔府乗降地点
北馬道西街　北馬道東街
颜廟
颜廟街
西馬道北街
天官第街
城隍廟街
北楽園一巷
後作街
鼓楼北街
孔府
郵政局
中国銀行
東門大街
曲阜中国国際旅行社
孔廟
東華門大街　通衢圍路
鼓楼東街
鐘楼門
棋盤街
五馬祠街
西門大街
西関倉巷街
ここから孔林行きの馬車が出ている
闕里賓舎
影視賓館
南馬道西街
仰聖門
旅游観光車孔府乗降地点
民族公園
三孔路
帰徳南路
静軒西路
孔府飯店
友誼賓館
旅游観光車游客服務中心
旅游観光車游客服務中心
静軒東路
曲阜国際飯店
龍泉賓館
如家·曲阜静軒中路三孔店
7天曲阜三孔店
民航列車航空券販売センター
孔府飯店
大成路
大同路
大成橋
論語碑苑
市政府
市政府
曲阜迎賓館
銀座商城
名雅杏壇賓館
市公安局外事科
舞雩台
舞雩台
魯国故城
弘道路
春秋路
春秋西路
楽融橋
曲阜バスターミナルへ
沂河
泗河

●・見どころ　Ｈホテル　Ｓショップ　銀行　Ｔ旅行会社　学校　郵便局　病院　トイレ　繁華街　城壁

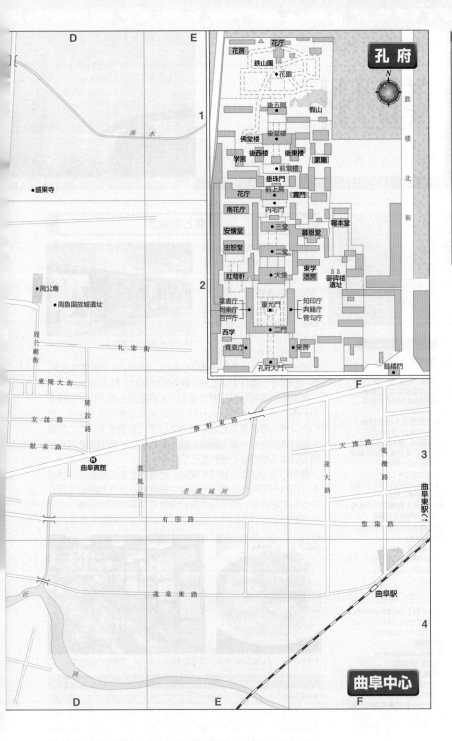

孔府

山東省 曲阜

D　　**E**

泗水

1

盛果寺

周公廟

周魯国故城遺址

2

周公廟街

礼楽街

東関大街

建設路

友誼路

献泉路

静軒東路

曲阜賓館 Ⓗ

雲風街

老護城河

有朋路

天博路

電機路

遠大路

聖陽路

3

曲阜東駅へ→

遠泉東路

曲阜駅

4

河

沂

D　　**E**　　**F**

孔府

N
鼓楼北街

花庁

花庁
花房
鉄山園
花園

後五間
假山

佛堂楼
後堂楼

学房
後西楼
後東楼

前堂楼
家廟

垂珠門

花庁
前上房
貫門

南花庁
内宅門

報本堂

安懐堂
三堂
慕恩堂

忠恕堂
二堂

紅蕚軒
大堂
東学
酒房
御碑楼遺址

掌書庁
司楽庁
百戸庁
重光門
知印庁
典籍庁
管勾庁

西学
二門

襲褒庁
東房

孔府大門
鼓楼門

F

曲阜中心

123

黄河が流れる中原の要所

鄭州
てい しゅう

ジョンジョウ
郑州 Zhèng Zhōu

市外局番●0371

鄭州の新都心CBD地区は人工湖の周囲に高層建築が並ぶ

都市DATA

鄭州市
人口：768万人
面積：7507k㎡
6区5県級市1県を管轄
鄭州市は河南省の省都

市公安局出入境管理処
（市公安局出入境管理処）
Ⓜ地図外（P.127-C3右）
🏠金水区黄河東路90号鄭東
新区公安分局傍
☎66222023
🕐9:00～12:00、14:00～17:00
🈺土・日曜、祝日
観光ビザを最長30日間延長
可能。手数料は160元。

省人民医院（省人民医院）
Ⓜ P.127-B2
🏠金水区緯五路7号
☎65580120
🕐24時間 🈺なし

市内交通

【地下鉄】 2018年8月現在、
3路線が営業。詳しくは公式
ウェブサイトで確認を
鄭州地鉄
Ⓤwww.zzmetro.com
路線図→P.672
【路線バス】 運行時間の目安
は6:00～21:30。普通車1元、
空調付き2元
【タクシー】 初乗り2km未満
6:00～10:00は8元、10:00
～翌5:00は10元。2km以上
1kmごとに1.5元加算

概要と歩き方

河南省の省都である鄭
州は、中原の中心に位置
し、京広線、隴海線とい
う二大鉄道路線、そして
国道107、301号線が交
わる中国の交通の枢軸と
なっている。

地下鉄1号線の駅と車両

市内には約3500年前
の殷代の都邑である商代遺址があり、郊外には文明発祥の源、
黄河が悠々と流れているが、魅力的な見どころは少ない。

鄭州の繁華街は鄭州駅の東側、人民路から西大街にかけて
の一帯。デパートやレストラン、ホテルが多く建ち並ぶ。町
のシンボルである二七塔もこのエリアに位置する。この町最
大のバスターミナルも駅の正面にあるので、宿泊するなら駅
周辺のほうが何かと便利だろう。

鄭州の周辺には少林寺や開封、洛陽など多くの観光地があ
る。これらの町へは個人で鉄道や長距離バスを利用して行く
こともできるが、ホテルや旅行会社では鄭州発の日帰りツア
ーを催行しているので、利用すれば効率よく観光できる。

名物は白濁スープに幅広麺の燴麺

二七広場の地下街には、若者向けの店が並ぶ

	1月	2月	3月	4月	5月	6月	7月	8月	9月	10月	11月	12月
平均最高気温(℃)	5.2	7.7	13.9	21.5	27.5	32.1	32.1	30.8	26.9	21.6	13.8	7.3
平均最低気温(℃)	-4.2	-3.5	1.3	7.9	12.9	18.3	21.3	20.6	15.5	9.6	3.2	-2.1
平均気温(℃)	0.5	2.1	7.6	14.7	20.2	25.2	26.7	25.7	21.2	15.6	8.5	2.6

町の気象データ(→P.517)：「预报」＞「河南」＞「郑州」＞区・市・県から選択

Access 交通

中国国内の移動➡P.667　鉄道時刻表検索➡P.26

✈ 飛行機
市区の東南約35kmに位置する鄭州新鄭国際空港(CGO)を利用する。日中間運航便が2路線あり、国内線は主要都市の空港との間に運航便がある。

国際線 成田(3便)、関西(9便)。

国内線 北京、上海、広州、深圳、成都など主要都市との間に運航便がある。

所要時間(目安) 北京首都(PEK)／1時間40分　上海虹橋(SHA)／1時間40分　広州(CAN)／2時間20分　深圳(SZX)／2時間30分　成都(CTU)／2時間10分

🚆 鉄道
鄭州は京広線と隴海線が交差する交通の要衝。市区中心にある鄭州駅と高速鉄道専用の鄭州東駅がある。高速鉄道のうち、少数だが鄭州駅発着の列車もある。

所要時間(目安) 【鄭州東(zzd)】北京西(bjx)／高鉄:2時間30分　上海虹橋(shhq)／高鉄:4時間　石家荘(sjz)／高鉄:1時間20分　洛陽龍門(lylm)／高鉄:40分　【鄭州(zz)】北京西(bjx)／高鉄:2時間50分　上海虹橋(shhq)／高鉄:4時間30分　石家荘(sjz)／直達:3時間20分　洛陽龍門(lylm)／高鉄:40分　洛陽(ly)／快速:1時間30分

🚌 バス
複数のバスターミナルがあるが、鄭州駅前広場に位置する鄭州長距離中心バスターミナルを利用するのが便利。

所要時間(目安) 洛陽／2時間30分　登封／1時間30分　済南／8時間　開封／2時間

Data

✈ 飛行機
●鄭州新鄭国際空港(郑州新郑国际机场)
地図外(P.127-B4下)　新郑市迎宾大道
☎共通電話=96666　🛫5:30～最終便
休なし 力不可
[移動手段] エアポートバス(空港～民航大酒店)／20元、所要1時間。空港→市内=8:40～最終便の間30分に1便　市内→空港=4:00発、5:00～20:30の間30分に1便　※このほかに4路線あり
地下鉄／城郊線「新郑机場」 タクシー(空港～二七広場)／100元、所要50分が目安

🚆 鉄道
●鄭州駅(郑州火车站)
P.127-D6　二七区二馬路82号
☎共通電話=12306
🛫24時間 休なし 力不可
[移動手段] タクシー(鄭州駅～二七広場)／10元、所要10分が目安　地下鉄／1号線「郑州火车站」28日以内の切符を販売。
●鄭州東駅(郑州火车东站)
地図外(P.127-C2右)　郑东新区心怡路199号　☎共通電話=12306　🛫6:30～23:00
休なし 力不可
[移動手段] タクシー(鄭州東駅～二七広場)／35

在来線と一部の高速列車が発着する鄭州駅

元、所要35分が目安　地下鉄／1号線「郑州东站」28日以内の切符を販売。「郑州新东站」とも呼ばれる。

高速鉄道を利用するなら鄭州東駅

🚌 バス
●鄭州長距離中心バスターミナル(郑州长途汽车中心站)
P.127-D6　二七区興隆街14号
☎96269(現地のみで利用可)
🛫24時間 休なし 力不可
[移動手段] タクシー(鄭州長距離中心バスターミナル～二七広場)／10元、所要10分が目安
地下鉄／1号線「郑州火车站」
7日以内の切符を販売。洛陽(7:00～19:30の間16便)、安陽(10:00～19:20の間6便)、登封(5:00～20:00の間32便)、新密(6:00～20:00の間34便)、少林寺(7:00、8:00、8:50、9:40、11:00発)、開封(8:40～19:00の間10便)、鄭州新鄭国際空港(6:30～20:30の間30分に1便)。隣接する鄭州旅游バスターミナル(郑州旅游汽车站)発着の便もある。

鄭州黄河風景名勝区
M地図外（P.127-A2左）
住恵済区邙山黄河南岸1号
☎68222228
開5月～10月上旬6:30～19:30
　10月中旬～4月7:00～18:00
休なし
料60元
※景区内游覧車20元
交鄭州駅から16路バスで終
　点。5元、所要1時間10分
※「黄河风景名胜区」からの
　最終は19:00発
Uwww.hhscenic.com

ⓘ ▶▶▶ インフォメーション

鄭州黄河風景名勝区のロープウエイ
開8:30～17:30
料往復＝40元
　観光客の少ない11月中旬～
　3月中旬は運休する。

全世界の華人の始祖といわれ
る炎帝と黄帝の巨大な塑像が
ある

河南博物院
MP.127-B2
住金水区農業路8号
☎63511237
開5～9月9:00～17:30
　10～4月9:00～17:00
※入場は閉館1時間前まで
休月曜（祝日は開館）
料無料
※入口でパスポートを提示し
　無料入場券を受け取る
交B18バス「博物院」、Y27、
　30、93路バス「农业路文
　博东path」、S158路バス「经
　七路农业path」、Y6、28路バ
　ス「文化路农业path」
※2018年8月現在、西配楼と
　メイン展示館1階のみ観覧
　可能。メイン展示館2階以上
　は工事中で、展示再開時期
　は未定
Uwww.chnmus.net

企画展『大象中原』が開催さ
れる分館

鄭州で黄河を見るならココ　　　オススメ度 ★★★

鄭州黄河風景名勝区／
ていしゅうこう が ふうけいめいしょうく
郑州黄河风景名胜区　zhèngzhōu huánghé fēngjǐn míngshèngqū

　鄭州市の北西約30kmに位置する黄河を中心とした景勝エリア。黄河は中国人にとっては母なる大河で、それを象徴するかのように母親像が立っている。

　鄭州黄河風景名勝区は広く、5つの景区に分かれている。チケットの裏にある地図を見ながら歩こう。

　入口を真っすぐ進み、駐車場を過ぎた所で右に曲がりさらに行くと、岩に刻まれた巨大な炎帝と黄帝が見下ろす炎黄帝広場にいたる。さらに北西に向かうと黄河沿いの星海湖景区があり、大量の黄土を含んで濁った黄河が目の前に広がっている。船のレストランが湖岸に並んでいるので、黄河の魚料理に舌鼓を打つのもいい。また、この一帯は馬に乗って巡ることができる。

　星海湖を挟んだ南側には山々が連なる。駱駝嶺景区にある大禹像へは、ロープウエイを使って行くことができる。また、五龍峰景区の母親像のさらに上にある極目閣や、岳山寺景区にある浮天閣など、どこから見てもすばらしい眺めだ。

上流から泥を運ぶ黄河。季節によって水量が変わる

古代文明好きは必見　　　オススメ度 ★★★

河南博物院／河南博物院　hénán bówùyuàn
か なんはくぶついん

　中国の最初の古代王朝が生まれた中原に位置する河南省を代表する博物館。省内で発掘された青銅器や玉器の多くは紀元前1000年以前のものだ。漢字の起源となった甲骨文字が記された骨や亀甲なども展示されている。2018年8月現在、本館は大幅改修中で全体の公開予定は未定。現在は、隣の分館で中原の歴史をコンパクトにまとめた企画展『大象中原』を開催中。重要な収蔵品はほぼ展示されている。

亀の甲羅に小さく刻まれた甲骨文字

商代の大型青銅器

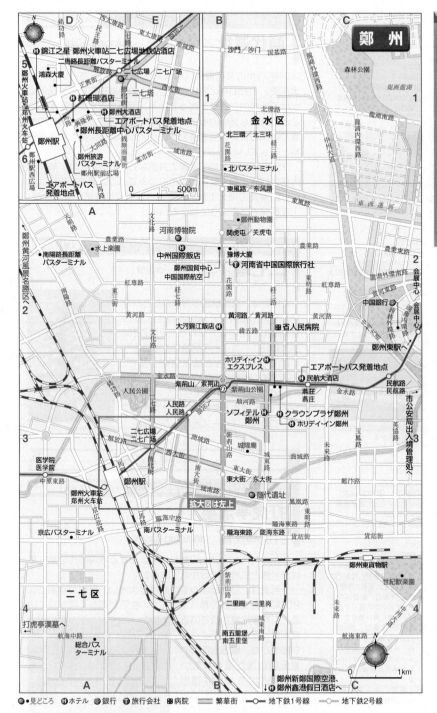

鄭州

D E B C

N

錦江之星 鄭州火車站二七広場地鉄站酒店
二馬路長距離バスターミナル
鴻森大厦
二七広場／二七广场
二七塔
正興街
紅珊瑚酒店
鄭州大酒店
エアポートバス発着地点
鄭州長距離中心バスターミナル
鄭州駅
鄭州旅游バスターミナル
鄭州駅前広場
エアポートバス発着地点
鄭州駅西広場

0 500m

1

沙門／沙门
国基路
龍湖外環路
森林公園
規画龍湖
龍湖南路
龍湖内環西路

金水区
北三環／北三环
花園路
経三路
中州大道
北環路
龍湖外環南路

北バスターミナル
東風路／东风路
東風路
東西連河

A

文化路
鄭州動物園
農業路
水上楽園
河南博物院
関虎屯／关虎屯
農業東路

中州国際飯店
豫博大厦
河南省中国国際旅行社
鄭州国貿中心
中国国際航空
農業東路

紅専路
東三街
軽七路
花園路
経三路
東明路
紅専路
会展中心／会展中心

黄河路／黄河路
黄河路
黄河路
中国銀行
鄭州東駅へ

大河錦江飯店
緯五路
省人民医院
賈河東路
沙愛内環南路
商務外環路

金水路
ホリデイ・イン
エクスプレス
民航大酒店
エアポートバス発着地点
燕荘
燕庄
金水路
民航路
民航路

紫荊山／紫荆山
紫荊山公園
順河路
ソフィテル鄭州
クラウンプラザ鄭州
ホリデイ・イン鄭州
英協路
市公安局出入境管理処へ

二七広場／二七广场
解放路
二七广场
人民路
人民路
商城路
城隍廟
紫荊山路
城東路
玉鳳路
未来路

医学院
医学院
中原東路
鄭州駅

鄭州火車站
郑州火車站
京広北路
馬路
商城路
東大街／东大街
商城路
商城路
南大街
城南路
商代遺址
鳳凰路
東明路
鄭汴路

拡大図は左上

京広バスターミナル
南バスターミナル
臨海中路
隴海東路／陇海东路
隴海東路
陇海东路
貨站街
鄭州東貨物駅
貨站街

二七区
打虎亭漢墓へ
航海中路
総合バスターミナル
二里崗／二里岗
南五里堡／南五里堡
紫荊山路
城南南路
未来路
世紀歓楽園
航海東路

N

0 1km

鄭州新鄭国際空港、
鄭州鑫港假日酒店へ

2

3

4

A B C

●見どころ　Ｈホテル　銀銀行　Ｔ旅行社　Ｈ病院　　繁華街　━●━地下鉄1号線　━○━地下鉄2号線

商代遺址

MP.127-B3

住二七区城南路、城東路

☎なし

オ24時間

休なし

料無料

交①地下鉄2号線「东大街」
　②206路バス「城南路商
　城遗址」

復元された城壁

二七塔

MP.127-E5

住二七区二七紀念塔

☎66959799、66966798

オ9:00～17:00

※入場は閉館30分前まで

休月曜

料無料

※入口でパスポートを提示する

交地下鉄1号線「二七广场」

二七広場の隣には現代的なグ
ルメ街が広がる

打虎亭漢墓

M地図外（P.127-A4左）

住新密市牛店鎮打虎亭漢墓

☎63101067

オ5月～10月上旬8:00～17:00
10月中旬～4月8:30～16:30

休なし

料30元

交鄭州長距離中心バスターミ
ナルから「新密」行きで終
点（16元、所要1時間10
分）。下車後、新密バスタ
ーミナルの前の通りで「王
庄」行きに乗り換えて「打
虎亭漢墓路口」（8:00～
17:00の間20分に1便。3
元、所要30分）。新密バス
ターミナルからタクシー利
用の場合は往復50元が目
安

※「新密」からの最終は
19:30頃発

殷時代の城郭遺跡　　　オススメ度 ★★★

商代遺址／商代遗址　shāngdài yízhǐ

　周囲7kmに及ぶ殷代（中国では殷のことを商という）の大邑で、1950年に発見された。市内の城東路から城南路にかけて断続的に城壁が残っている。甲骨や青銅器が出土したことで有名な安陽の殷墟よりも以前のものとされ、殷代の社会や中国古代の都邑を研究するうえでも非常に貴重な実物資料となっている。

　3500年以上も前の遺跡で貴重なものではあるが、城壁の内側は民家が建ち並ぶ普通の町並みであり、遺跡の面影はない。南東部の東大街から城南路にかけては城壁が整備され、上を散策できるようになっている。

鄭州を象徴する塔　　　オススメ度 ★★★

二七塔／二七塔　èrqītǎ

　この塔は、京漢鉄路の労働者たちが軍閥の悪政に抵抗して1923年2月に組合を結成し、ゼネストを行うも2月7日に武力鎮圧されたことを記憶にとどめるべく建てられた。もとは木塔だったが、1971年に倒壊しコンクリート製14層、63mの双塔に建て替えられた。内部はゼネストに関する資料や二七塔や鄭州についての展示スペースとなっている。

印象的な形の塔

郊外の見どころ

漢代の貴重な壁画が描かれている陵墓　　　オススメ度 ★★★

打虎亭漢墓／

打虎亭汉墓　dǎhǔtíng hànmù

0.5時間

　鄭州の南西約50kmの新密市に位置する後漢時代の墓。墓は一号墓と二号墓に分かれている。

　一号墓は、二号墓よりやや規模が大きい。墓内の壁画には2000年前の王族の暮らしや人々の生活が細かく描かれている。二号墓に描かれている壁画は、保存状態がよく色も鮮やかだ。車馬出行図や宴飯百戯図が描かれている。見逃せないのは中国相撲の様子が生きいきと描かれている相撲図。墓内は基本的に撮影禁止。

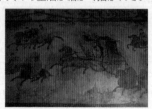
打虎亭漢墓壁画

クラウンプラザ鄭州／中州皇冠假日酒店 ★★★★★

zhōngzhōu huángguān jiàrì jiǔdiàn

繁華街に位置する5つ星ホテル。隣の4つ星のホリデイ・イン鄭州とつながっている。中国料理、西洋料理のレストランがある。

両替　ビジネスセンター　インターネット　U www.crowneplaza.cn

M P.127-B3
住 金水区金水路115号
☎ 65950055　FAX 65990770
S 437～667元
T 437～667元
サ なし　カ ADJMV

ソフィテル鄭州／郑州索菲特国际饭店 ★★★★★

zhèngzhōu suǒfēitè guójì fàndiàn

クラウンプラザ鄭州と同じ敷地にある高級ホテル。宿泊者は無料で利用できるジムやプール、ふたつのレストランやバーがある。

両替　ビジネスセンター　インターネット　U www.accorhotels.com

M P.127-B3
住 金水区金水路115号
☎ 65950088
FAX 65950080
S 598元　T 598元
サ なし　カ ADJMV

中州国際飯店／中州国际饭店

zhōngzhōu guójì fàndiàn

農業路に位置するホテルで、河南博物院の目の前。設備は4つ星相当。江南料理の中国料理レストランとコーヒーショップがある。

両替　ビジネスセンター　インターネット

M P.127-B2
住 金水区農業路71号
☎ 60959999
FAX 63222888
S 498～538元
T 498元
サ なし　カ MV

鄭州鑫港假日酒店／郑州鑫港假日酒店

zhèngzhōu xīngǎng jiàrì jiǔdiàn

鄭州新鄭国際空港から車で5分の所に位置する。設備は4つ星相当。市内から離れているので観光には不便だが、空港との間に無料のシャトルバスが運行されているので早朝便利用時などに便利。中国料理レストランを併設している。

両替　ビジネスセンター　インターネット

M 地図外(P.127-C4下)
住 新鄭市迎賓大道9号
☎ 62589999
FAX 62589589
S 199～329元
T 199～329元
サ なし
カ 不可

紅珊瑚酒店／红珊瑚酒店

hóngshānhú jiǔdiàn

鄭州駅前広場の正面左側にある星なしホテル。建物自体はそれほど新しくないが、客室は広くて清潔。鄭州駅や鄭州長距離中心バスターミナルに近いので、近郊への観光にも最適。設備は3つ星相当。

両替　ビジネスセンター　インターネット

M P.127-D6
住 二七区二馬路20号
☎ 66986688
FAX 66993222
S 298～398元
T 298～398元
サ なし
カ AMV
U www.redcoralhotel.cn

錦江之星 鄭州火車站二七広場地鉄站酒店／锦江之星 郑州火车站二七广场地铁站酒店

jǐnjiāngzhīxīng zhèngzhōu huǒchēzhàn èrqī guǎngchǎng dìtiězhàn jiǔdiàn

「経済型」チェーンホテル。鄭州駅前の約200m北にある。線路沿いに立地しているため、駅の案内放送や列車の音が若干気になるが、立地のよさと低価格は魅力的。客室は広くて快適。

両替　ビジネスセンター　インターネット

M P.127-D6
住 二七区二馬路77号
☎ 66932000
FAX 66936222
S 209～259元
T 209～259元
サ なし
カ 不可
U www.jinjianginns.com

河南省中国国際旅行社／河南省中国国际旅行社

hénánshěng zhōngguó guójì lǚxíngshè

日本部もある旅行会社。列車の切符手配は1枚50元、日本語ガイド1日800元、車のチャーター（市内）は1日800元。

✉ 1046034541@qq.com　U www.citshn.cn

M P.127-B2　住 金水区農業路1号豫博大廈西塔16階
☎ 65852313、65852315（日本部）FAX 65852317
営 9:00～12:00、14:00～17:30
休 土・日曜、祝日　カ 不可

旅行会社

129

2700年の歴史を誇る七朝古都

開封（かいほう）

开封 Kāi Fēng（カイフォン）

市外局番●0378

ライトアップされた鼓楼

ウルムチ
ハルビン
北京・大連
西安・●開封
ラサ　成都　・上海
昆明・広州
香港

都市DATA

開封市
人口：547万人
面積：6247km²
5区4県を管轄

市公安局出入境管理処
（市公安局出入境管理処）
Ⓜ地図外（P.132-A2左）
🏠開封新区鄭開大道市民之家3階B区
☎25550265（外国人専用）
　25550200、25550199
🕐9:00～12:00、
　13:00～17:00
休土・日曜、祝日
観光ビザを最長30日間延長可能。手数料は160元

市第一人民医院
（市第一人民医院）
Ⓜ P.132-B2
🏠鼓楼区河道街85号
☎25671288
🕐24時間
休なし

市内交通

【路線バス】運行時間の目安は6:30～20:00、1元。天波楊府、清明上河園、龍亭公園、新街口、包公祠、開封博物館、延慶観、大相国寺、鉄塔公園を経由する20路バスは観光に便利
【タクシー】初乗り2km未満5元、2km以上1kmごとに1.3元加算

概要と歩き方

　開封は、河南省の東部、豫東大平原の中央に位置し、北へ10km行けば黄河、西へ70km行けば鄭州がある。略称は汴（べん）。中国国内で最も早く認定された歴史文化名城のひとつで、考古学的には4000年以上前まで遡ることができるが、史書に明記されているのは2700年前の春秋時代。初めて国都となったのは紀元前364年で、戦国七雄のひとつ魏の都大梁（だいりょう）として栄えた。北宋や金などの王朝が都をおいたことから、七朝古都とも呼ばれている。

　特に北宋時代（960～1127年）には、人口約150万人に達する世界最大級の都市東京（とうけい）として隆盛を極めた。その繁栄ぶりは、北宋の画家張択端が描いた『清明上河図』や北宋の作家孟元老が記した『東京夢華録』に見ることができる。その後も、公明正大な役人包拯、民族的英雄である岳飛、北宋の改革者王安石など歴史的人物を多く輩出。中華民国時代から1954年までは河南省会として、中原地域の政治経済の中心的役割を果たした。

　開封の鉄道駅も開封バスターミナルも町の南にあるので、町に到着したら市内バスで北に向かおう。すべての見どころは5km四方の中に入っているので、町を南北に貫く中山路中段あたりに宿泊すれば効率よい。

　開封で見逃せないのが、龍亭公園の午門から新街口まで延びる南北400mの宋都御街（そうとぎょがい）。1000年前の宋代の町並みを再現した通りで、楼閣風の建築のみやげ物屋やレストランが軒を連ねる。

花で飾られた龍亭（菊花展開催期）

	1月	2月	3月	4月	5月	6月	7月	8月	9月	10月	11月	12月
平均最高気温(℃)	7.0	10.0	15.0	21.0	24.0	30.0	34.0	32.0	27.0	22.0	16.0	10.0
平均最低気温(℃)	0.6	2.0	7.0	12.0	17.0	22.0	26.0	25.0	21.0	13.0	8.0	3.0
平均気温(℃)	4.0	5.6	10.3	16.4	21.7	25.5	29.4	29.0	24.3	18.4	12.4	6.5

町の気象データ（→P.517）：「預報」＞「河南」＞「開封」＞区・県から選択

中国国内の移動➡P.667　鉄道時刻表検索➡P.26

🚆 鉄道

隴海線の途中駅である開封駅、鄭州とを結ぶ城際鉄道の宋城路駅、高速鉄道専用の開封北駅を利用する。駅に停車する列車は多いが、始発列車は少ない。長距離移動の場合は鄭州に移動するとよい。

所要時間(目安)【開封(kf)】鄭州(zz)／快速：50分　洛陽(ly)／快速：2時間30分　【宋城路(scl)】鄭州東(zzd)／城際：30分　【開封北(kfb)】鄭州東(zzd)／高鉄：20分　洛陽龍門(lylm)／高鉄：1時間　安陽東(ayd)／高鉄：1時間20分　北京西(bjx)／高鉄：4時間20分　上海虹橋(shhq)／高鉄：4時間20分

🚌 バス

開封駅の北側に位置する開封長距離バスセンターは運行便数が多く、切符も購入しやすい。

所要時間(目安)鄭州／1時間30分　洛陽／3時間　安陽／4時間

━Data━

🚆 鉄道

●**開封駅**（开封火车站）
Ⓜ**P.132-B4**　住禹王台区中山路1号
☎22572222　オ24時間　休なし　力不可
[移動手段]タクシー(開封駅〜鼓楼広場)／8元、所要10分が目安　路線バス／1、3、4、5、8、9、10、17、29、36路「火车站」
　28日以内の切符を販売。
●**宋城路駅**（宋城路站）
Ⓜ**地図外(P.132-A3左)**　住金明区宋城路　共通電話=12306　オ6:00〜21:30　休なし　力不可
[移動手段]タクシー(宋城路駅〜鼓楼広場)／25元、所要30分が目安　路線バス／13、14、31、36路「宋城路站」
　28日以内の切符を販売。
●**開封北駅**（开封北站）
Ⓜ**地図外(P.132-A1左)**　住龍亭区四大街1号
☎共通電話=12306　オ6:00〜23:00
　休なし　力不可
[移動手段]タクシー(開封北駅〜鼓楼広場)／35元、所要35分が目安　路線バス／8、35、47、52、53路「开封北站」

28日以内の切符を販売。
●**市内鉄道切符売り場**（市内铁路售票处）
Ⓜ**P.132-B3**　住鼓楼区解放路と自由路の交差点東北角文盛総合営業楼2階　☎なし
オ8:00〜12:00、13:00〜18:00　休なし　力不可
[移動手段]タクシー(市内鉄道切符売り場〜鼓楼広場)／5元、所要5分が目安　路線バス／4、20路バス「自由路解放路」。5、29路バス「児童医院」
　28日以内の切符を販売。手数料は1枚5元。

🚌 バス

●**開封長距離バスセンター**
　（开封长途汽车中心站）
Ⓜ**P.132-B4**　住禹王台区中山路353号
☎25653755　オ6:00〜20:30
休なし　力不可
[移動手段]タクシー(開封バスターミナル〜鼓楼広場)／8元、所要10分が目安　路線バス／5、8、9、10、36路「客运中心站」
　3日以内の切符を販売(鄭州は当日の切符のみ)。鄭州東駅(6:30〜20:00の間20分に1便)、洛陽(8:30〜16:45の間6便)、安陽(6:00〜17:00の間17便)など。

見どころ

開封を代表する古刹　　　　　　オススメ度 ★★★

大相国寺／大相国寺　dàxiàngguósì
だいそうこくじ

　大相国寺は開封で最も歴史のある仏教寺院。555(北斉の天保6)年、建国寺として創建され、712(唐の延和元)年に現在の名前となった。現在の建物は、1766年に再建されたもの。大相国寺での注目は五百羅漢殿。八角殿とも称される。八角形の屋根の頂部には法鈴が付いており、殿内に安置されている高さ7mの千手千眼仏は、全身に金箔が貼られている。また、入口を入ってすぐ右側にある鐘楼内には重さ1万余斤(約5トン)にも及ぶ「相国霜鐘」があり、中国を代表する大鐘として有名。

大相国寺
Ⓜ**P.132-B3**
住鼓楼区自由路西段36号
☎25978502
オ5月〜10月中旬8:00〜18:30
　10月中旬〜4月初旬〜17:30
※入場は閉門30分前まで
休なし　料40元
交2、4、5、9、19、20路バス「相国寺」
Ⓤwww.daxiangguosi.com

五百羅漢殿の千手千眼仏

131

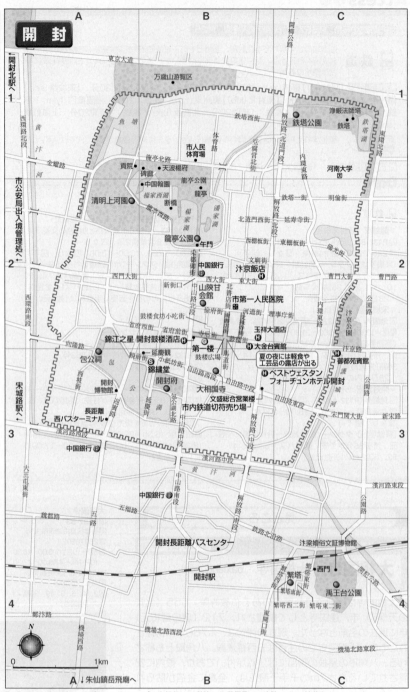

開封

開封北駅へ

市公安局出入境管理処へ

宋城路駅へ

東京大道

万歳山游覧区

黄汴河

西環路北段

金耀路

魚塘

鉄塔公園
浄厳法師塔
鉄塔
鉄塔湖

鉄塔西街

解放路北道門段

市人民体育場

体育路

豆腐営北道門段

河南大学園

龍亭北路
貢院
天波楊府
碑廊
中国翰園
楊家西湖
龍亭公園
断橋
龍亭
楊家湖
潘家湖
龍亭博物館

清明上河園

内環東路

鉄塔一街

明倫街

北道門西街

延寿寺街

解放路北道門段

西棚板街
東棚板街

陽光街

文廟街

曹門大街

曹門路

龍亭公園
午門

朱雀路龍亭北街

中国銀行

山陝甘会館

西大街

西大街

汴京飯店

東大街

新街口

北書店街

中山路北段

徐府街

鼓楼食坊小吃街

省府西街
省府前街

市第一人民医院
廟道街
理事庁街

内環東路

西環路南段

向陽路

錦江之星 開封鼓楼酒店
第一楼
包公祠
延慶観
観前街
鼓楼広場

守府街

馬道街

鼓楼街

玉祥大酒店

大金台賓館

汴京公園

公園路

御都苑賓館

夏の夜には軽食や
工芸品の露店が出る

開封博物館

錦繡堂
開封府

大相国寺

西司街
包公湖

河道街

延慶街
包公湖

中山路中段

文盛総合営業楼
市内鉄道切符売り場

ベストウェスタン
フォーチュンホテル開封

自由路西段
自由路中段
自由路東段

護城河

宋門関大街

新宋路

長距離
西バスターミナル

濱河路西段

濱河路中段

黄汴河

大王屯東街

中国銀行

中国銀行

中山路南段

五福路
五路

解放路南段

濱河路東段

濱河路東段

公園路

鉄都路

機場北路西段

開封長距離バスセンター

鉄路北沿街

汴梁婚俗文証博物館

西門

繁塔

繁塔東街
繁塔東一街

繁塔東二街

禹王台公園

開封駅

繁塔西街

東閘門街

繁塔西二街

繁塔東二街

開封公路

郊汴路

機場西路

機場北路東段

N

0   1km

A ↓朱仙鎮岳飛廟へ B C

● 見どころ Ⓗ ホテル Ⓖ グルメ Ⓢ ショップ Ⓔ 銀行 Ⓔ 学校 Ⓔ 郵便局 Ⓔ 病院 ▒ 繁華街

龍亭公園／龙亭公园　lóngtíng gōngyuán

中国伝統の広大な庭園が見られる　オススメ度 ★★★

りゅうていこうえん

龍亭公園は龍亭を中心とした庭園公園。龍亭の3層72段の石段の中央には龍が彫られている。石段の上から見下ろすと、東に潘家湖、西に楊家湖が望める。龍亭大殿内では、北宋建国を祝う式典（宋朝開基）の様子がろう人形で再現されている。

公園所在地は、歴代王朝の王宮があった所。1692（清の康熙31）年、明代の周王府の花園の中にあった石炭山跡に建てられた小亭が始まり。中に皇帝の牌が祀られていたが、皇帝は龍と見なされていたため、龍亭と呼ばれるようになった。1734（清の雍正12）年には万寿宮となり、龍亭も立派な宮殿に建て替えられた。19世紀には道教宮観となり、現存する建築物の多くは1949年以降に再建されたもの。

鉄塔公園／铁塔公园　tiětǎ gōngyuán

1000年前の瑠璃れんが塔がある　オススメ度 ★★★

てっとうこうえん

鉄塔と呼ばれる塔を中心とする公園。公園の西にある門から入り、広々とした園内を行くとまず接引殿がある。ここには宋金代の銅の仏像が安置され、壁には美しい『西方極楽世界図』が描かれている。

接引殿の背後にあるのが、高さ55.88m、平面八角13層の鉄塔だ。正式名は開宝寺塔で、1049（北宋の皇祐元）年に建造された。創建当初は祐国寺塔といった。構造部分をれんが（磚造）にし、その表面に褐色のタイルを貼った瑠璃塔で、遠くからは鉄で造られているように見えるためにこの名がある。塔身の中には塔身柱があり、これが周囲の柱とらせん階段で結合されていて、1000年の風雪に耐える堅固な造りとなっている。中に入って上ることができるが、最頂部は行き止まり。途中に設けられた小さな窓から、開封の町並みを眺めることができる。

開封府／开封府　kāifēngfǔ

宋代の都にタイムスリップ　オススメ度 ★★★

かいほうふ

北宋時代に首府であった開封の栄華を今に伝えるべく建設されたテーマパーク。建築面積1万3600㎡、包公湖東湖の

正庁

北東岸にある。大堂、正庁、梅花堂をはじめ、宋代の雰囲気を再現した約50の建物がある。園内では、宋代の衣装をまとった人々による催し物が随時行われている。

龍亭公園
Ⓜ P.132-B1～2
🏠 龍亭区宋都御街北端
☎ 25660316
🕐 4～10月8:00～18:00
　11～3月8:00～17:30
※入場は閉園30分前まで
🚫 なし
💰 45元
※10月下旬～11月下旬の菊花展の期間は80元
🚌 1、15、20、30路バス「龙亭公园」
Ⓤ longting.kf.cn

龍亭内に再現された皇帝宝座

高台に立つ龍亭

鉄塔公園
Ⓜ P.132-C1
🏠 龍亭区北大門街210号
☎ 22826609
🕐 4～10月7:30～18:00
　11～3月8:00～17:30
🚫 なし
💰 40元
※塔に上る際には別途30元
※10月下旬～11月下旬の菊花展の期間は50元
🚌 1、3、20路バス「铁塔公园」

60m近い高さの鉄塔

開封府
Ⓜ P.132-B3
🏠 鼓楼区包公東湖北岸
☎ 23963159、23983319
🕐 5月～10月中旬7:00～19:00
　10月下旬～4月7:30～18:30
※入場は閉館30分前まで
🚫 なし
💰 65元
🚌 1、9、16、20路バス「延庆观」
Ⓤ www.kaifengfu.cn

清明上河園

MP.132-A2
龍亭区龍亭西路5号
25663819
5〜10月9:00〜22:00
11〜4月9:00〜18:00
※入場は閉園1時間前まで
※「大宋東京夢華」は4月〜10月中旬の20:10〜21:20
※「大宋東京夢華」の入場券を買うと、無料で清明上河園に入園できる
なし
入場券=120元、「大宋東京夢華」=239〜999元
1、15、20、30路バス「清明上河園」
www.qingmings.com

払雲閣と茗春坊

繁塔

MP.132-C4
禹王台区繁塔西二街30号
23931800
5月〜10月上旬8:00〜18:00
10月中旬〜4月8:00〜17:00
なし
15元
※繁塔と禹王台公園に入場できる共通券は30元
8路バス「禹王台东门」。46路バス「禹王台公園」8、12路バス「禹王台西门」
www.kfyuwangtai.com

特徴的な外観をした繁塔

包公祠

MP.132-A3
鼓楼区西坡街向陽路1号
23931595
5月〜10月上旬8:00〜18:00
10月中旬〜4月8:00〜17:00
なし
30元
2、8、20路バス「包公祠」

山陝甘会館

MP.132-B2
龍亭区徐府街85号
25954801
5月〜10月上旬8:00〜18:00
10月中旬〜4月8:00〜17:00
なし
25元
1、13、15、20路バス「新街口」

華やかな『清明上河図』の世界を再現　オススメ度 ★★★

清明上河園／清明上河園　qīngmíngshànghéyuán
せいめいじょうかえん

　宋代の画家、張択端の作品『清明上河図』の世界をそのまま再現したテーマパーク。開封の華やかなりし頃の雰囲気が感じられるよう、町の風景はもとより、商店や食堂までも精巧に造られている。毎日さまざまな催し物が行われているが、特に夜間の「大宋東京夢華」と題する舞台が人気。

開封で最も古い塔　オススメ度 ★★★

繁塔／繁塔　pōtǎ
はんとう

　原名は興塔寺。974（北宋の開宝7）年の建築。平面六角のれんが塔は、開封に現存する建築物のなかで最も古い。黄河の氾濫により塔の土台は地下に埋まっており、現在の高さは約37m。文献によれば、もとは9層の塔で、元代には7層、そして明代には現在と同じ3層になったという。残存する3層の塔身に7段の小塔があり、塔身にはさまざまな姿の仏が彫られている。南門側の入口から中へ入ると内部は空洞になっており、金剛般若波羅密経や十善業道経要略などの石碑がはめ込まれている。

中国の大岡越前を祀った廟　オススメ度 ★★★

包公祠／包公祠　bāogōngcí
ほうこうし

　包公祠は、中国版の大岡越前のような人物として知られる包拯（999〜1062年）を祀るために建てられた廟。北宋時代の裁判官であった包拯の私情を挟まぬ清廉ぶりは中国人にはおなじみ。敷地内には大殿、二殿、東西の配殿があり、東の配殿ではその活躍が人形を用いて説明されている。

贅を尽くして造られた民間建築物　オススメ度 ★★★

山陝甘会館／山陝甘会馆　shānshǎngān huìguǎn
さんせんかんかいかん

　清の乾隆年間（1736〜1795年）に山西省、陝西省、甘粛省の商人が資金を出し合って建てた会館。塩の専売などで莫大な財産を築いた商人たちが建てたものなので、細部にまで贅を極めた造りで、清代を代表する建物となっている。

中央に位置する牌楼

伝説の治水王を祀った丘

オススメ度 ★★★

禹王台公園／禹王台公园　yǔwángtái gōngyuán
うおうだいこうえん

漢代には梁考王が梁園という庭園を造り、以後、時代ごとにさまざまな別邸が造られた。明代にはたびたび洪水被害に遭ったため、夏の時代に治水に功績を上げたとされる禹王を守り神とすることにし、この丘に銅像を建て、禹王台と改めた。

郊外の見どころ

名鎮に残る民族的英雄を祀る祠廟

オススメ度 ★★★

朱仙鎮岳飛廟／朱仙镇岳飞庙　zhūxiānzhèn yuèfēimiào
しゅせんちんがくひびょう

市区の南西22kmの朱仙鎮に立つ祠廟。1140（南宋の紹興11）年、この地で岳飛が金軍を破ったことを記念し、1478（明の成化14）年に創建されたもの。山門や大殿、五子祠、五将祠、中国に唯一残る岳飛直筆の書と伝わる石碑『送紫岩張先生北伐』などがある。

朱仙鎮は五代十国期から交通の要衝として発展した町。明末清初には中国四大名鎮に数えられるほどの最盛期を迎えた。版画の町としても有名で、町全体を整備し、宋代の町並みを再現した仿宋街などが造られている。

禹王台公園
- M P.132-C4
- 住 禹王台区繁塔東一街38号
- ☎ 22231255
- 開 5月〜10月上旬8:00〜18:00　10月中旬〜4月8:00〜17:00
- ※汴梁婚俗文証博物館は9:00〜17:00
- 休 なし
- ※汴梁婚俗文証博物館は月曜
- 料 15元
- ※禹王台公園と繁塔に入場できる共通券は30元
- ※4〜5月の廟会期間中は30元
- 交 8路バス「禹王台東門」。46路バス「禹王台公園」
- U www.kfyuwangtai.com

朱仙鎮岳飛廟
- M 地図外（P.132-A4下）
- 住 祥符区朱仙鎮岳廟大街
- 携 携帯=13837880246
- 開 5〜9月8:00〜18:00　10〜4月8:30〜17:00
- 休 なし
- 料 30元
- 交 長距離西バスターミナル（M P.132-A3）から「朱仙鎮」行きで終点、徒歩10分
- ※「朱仙鎮」からの最終は17:30発

汴京飯店／汴京饭店　★★★
べんけいはんてん　biànjīng fàndiàn

町の中心に位置するホテルで、観光の拠点として便利。ビジネスセンターや温泉プール、サウナがあるなど、ホテル内施設も充実。

両替　ビジネスセンター　インターネット

- M P.132-B2
- 住 鼓楼区東大街109号
- ☎ 22882222
- FAX 22882449
- T 200〜260元
- サ なし 力 不可

錦江之星 開封鼓楼酒店／锦江之星 开封鼓楼酒店
きんこうじせい かいほうころうしゅてん　jǐnjiāngzhīxīng kāifēng gǔlóu jiǔdiàn

「経済型」チェーンホテル。町の中心に位置しており、観光には非常に便利。

両替　ビジネスセンター　インターネット　U www.jinjianginns.com

- M P.132-B2
- 住 鼓楼区中山路88号
- ☎ 23996666 FAX 23996868
- S 149〜209元
- T 169〜209元
- サ なし 力 不可

ベストウェスタン フォーチュンホテル開封／开封最佳西方财富酒店
かいほう　kāifēng zuìjiā xīfāng cáifù jiǔdiàn

2014年に開業した外資系チェーンホテル。星なし渉外ホテルだが、設備は4つ星クラス。町の中心に位置しており、アクセスは非常によい。

両替　ビジネスセンター　インターネット

- M P.132-B3
- 住 鼓楼区解放路中段
- ☎ 22880000 FAX 22125000
- S 298〜398元
- T 298〜398元
- サ なし 力 不可

第一楼／第一楼
たいいちろう　diyīlóu

国から特級酒家に指定されている包子で有名な老舗レストラン。名物の"灌湯包子"25元（10個）は、開封を訪れたら一度は食べてみたい。U www.kfdyl.com

- M P.132-B2
- 住 鼓楼区寺后街8号
- ☎ 25998655、25998666
- 開 10:30〜14:00、17:30〜20:30
- 休 なし 力 不可

錦繍堂／锦绣堂
きんしゅうどう　jǐnxiùtáng

開封の特産である刺繍「绣」の専門店。財布、ハンカチ、テーブルクロスなど品揃えも豊富で、お手頃価格のものから高級まである。また、制作現場を見学することもできる。

- M P.132-B3
- 住 鼓楼区観前街2号
- ☎ 23968701
- 開 8:30〜19:00
- 休 なし
- 力 不可

殷王朝の都がおかれた町

安陽
（あんよう）

アンヤン
安阳 Ān Yáng

市外局番●0372

安陽鐘楼

ウルムチ・ ・ハルビン
北京 ・大連
安陽
西安・ ・上海
ラサ・ 成都・
昆明・ ・広州
・香港

都市DATA

安陽市
人口：594万人
面積：7355㎢
4区1県級市4県を管轄

市公安局出入境管理処
（市公安局出入境管理処）
MP.137-C2
住文峰区文峰大道市民之家
大楼1階東庁
☎5118019
働9:00～12:00、
14:00～17:00
休土・日曜、祝日
観光ビザを最長30日間延長
可能。手数料は160元

市人民医院
（市人民医院）
MP.137-B2
住北関区解放大道72号
☎救急=3335119
働24時間
休なし

市内交通

【路線バス】運行時間の目安
は6:30～19:30、1元
【タクシー】初乗り2km未満
6元、2km以上1kmごとに
1.4元加算

路線バスは重要な交通手段

・ 概要と歩き方

　安陽は北京の南約500km、河南省の最北部に位置し、山西省、河北省、河南省の3つの省が境界を接する所にある。

　中国の歴史上重要な町で、中国七大古都（残る都は北京、南京、杭州、西安、洛陽、開封）のひとつに数えられ、文字に記された中国最初の都としても知られる。

　町の北西郊外に位置する小屯村では、商王朝（紀元前17世紀頃～紀元前11世紀頃）の商城遺跡である殷墟が発見され、2006年にはユネスコの世界遺産に登録された。また、この地は漢字の起源といわれる甲骨文字が多数発掘されたことでも有名。この文字は、ヒエログリフ（古代エジプト）、楔形文字（古代オリエント）と並ぶ世界最古の象形文字。

　紀元前14世紀に商王盤庚がこの地に遷都したことから町の歴史は始まり、その後も魏、後趙、前燕、東魏、北斉の都「鄴」として栄えた。見どころは、殷墟を中心に市区から郊外に点在する古代の史跡。そのほかに山西省との境界にある景勝地、太行大峡谷などもある。さらに、2009年末には曹操の陵墓といわれる西高穴2号墓も発見された。

司母戊鼎の複製品（殷墟博物館）

殷墟王陵遺址区の車馬坑陳列館に展示された戦車と人骨

	1月	2月	3月	4月	5月	6月	7月	8月	9月	10月	11月	12月
平均最高気温(℃)	4.4	7.1	13.6	21.4	27.4	32.1	31.8	30.3	26.6	21.1	12.9	6.2
平均最低気温(℃)	-6.0	-3.6	1.9	8.9	14.5	19.5	22.4	21.2	15.6	9.1	1.9	-3.9
平均気温(℃)	-0.4	1.9	8.0	16.0	21.0	25.7	26.9	26.0	21.4	15.5	7.5	1.4

町の気象データ（→P.517）：「預報」＞「河南」＞「安陽」＞区・市・県から選択

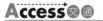

Access 交通

中国国内の移動➡P.667　鉄道時刻表検索➡P.26

鉄道

京広線の安陽駅と高速鉄道専用の安陽東駅がある。他都市からの便数は多く、長距離移動の利用は後者が便利。

[所要時間(目安)]【安陽(ay)】石家荘(sjz)／直達：1時間50分　鄭州(zz)／直達：1時間30分　北京西(bjx)／直達：4時間30分　【安陽東(ayd)】北京西(bjx)／高鉄：2時間20分　石家荘(sjz)／高鉄：50分　洛陽龍門(lylm)／高鉄：1時間30分　鄭州東(zzd)／高鉄：40分　西安北(xab)／高鉄：3時間10分　上海虹橋(shhq)／高鉄：6時間

バス

安陽中心バスターミナルを利用する。安陽発の便がない都市へは鄭州経由で移動するとよい。ただし、高速鉄道網の発達により長距離バスは減便傾向なので主要都市へは高速鉄道利用が便利。

[所要時間(目安)] 鄭州／3時間30分　洛陽／4時間30分　石家荘／3時間30分　太原／6時間　焦作／4時間　湯陰／40分　林州／1時間30分

Data

鉄道

● **安陽駅**（安阳火车站）

[M] **P.137-B2**　[住] 北関区解放大道1号

☎ 3271222　[オ] 24時間　[休] なし　[カ] 不可

［移動手段］**タクシー**（安陽駅～安陽賓館）／6元、所要5分が目安　**路線バス**／游1、3、Y3、5、7、17、26、28路「火车站」

28日以内の切符を販売。

● **安陽東駅**（安阳火车东站）

[M] **地図外（P.137-C2右）、P.140-B1**

[住] 安陽県白壁鎮南務村文明大道

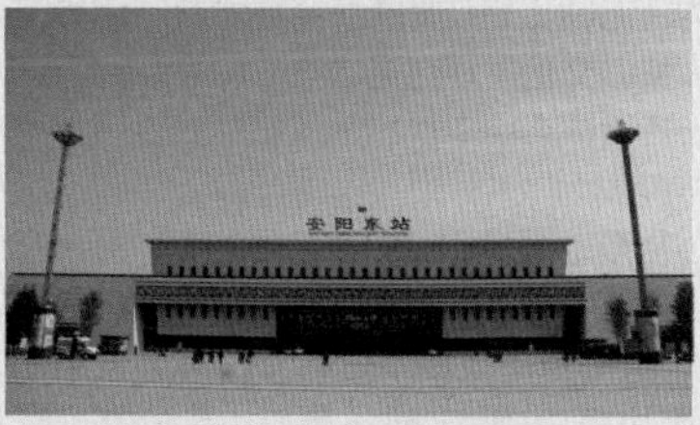
安阳东站

安陽東駅は高速鉄道と動車組の専用駅

☎ 共通電話＝12306

[オ] 6:50～22:30　[休] なし　[カ] 不可

［移動手段］**タクシー**（安陽東駅～安陽賓館）／40元、所要30分が目安　**路線バス**／游1、Y4、11路「高铁站（安阳东站）」

28日以内の切符を販売。

※安陽賓館内にあった市内切符売り場は廃止されたので、鉄道切符は駅で購入する

バス

● **安陽中心バスターミナル**
（安阳汽车站中心站）

[M] **P.137-B2**　[住] 北関区和平路　☎ 3391114

[オ] 5:30～23:00　[休] なし　[カ] 不可

［移動手段］**タクシー**（安陽中心バスターミナル～安陽賓館）／6元、所要5分が目安　**路線バス**／Y1、Y3、3、5、7、17、26、28路「火车站」

7日以内の切符を販売。鄭州（高速　15:10、18:10発。普通　6:15～11:40の間9便）、洛陽（2便）、太原(2便)、焦作(4便)、湯陰(6:20～19:00の間10～15分に1便)、林州（6:00～18:00の間15～20分に1便）

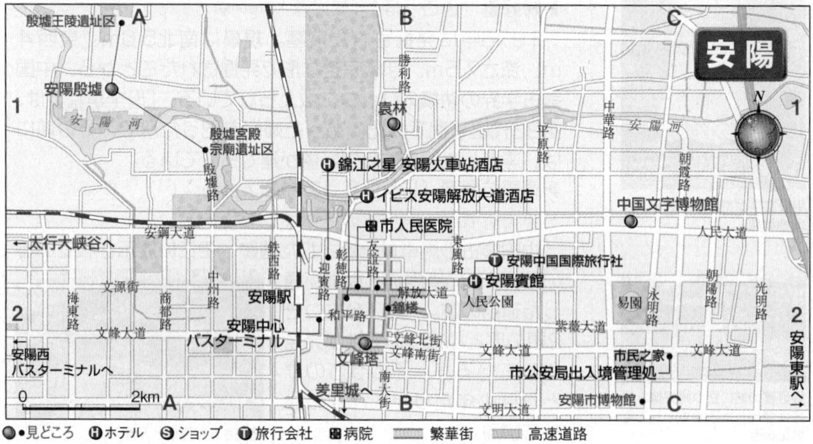
安陽
殷墟王陵遺址区
安陽殷墟
安陽河
殷墟宮殿宗廟遺址区
殷墟路
勝利路
袁林
平原路
中華路
朝霞路
錦江之星 安陽火車站酒店
イビス安陽解放大道酒店
市人民医院
中国文字博物館
人民大道
←太行大峡谷へ
安鋼大道
鉄西路
彰徳路
友誼路
東風路
安陽中国国際旅行社
安陽賓館
迎賓路
中州路
文源街
海東路
商都路
安陽駅
解放大道
鐘楼
人民公園
易園
永明路
朝陽路
光明路
和平路
紫薇大道
文峰大道
文峰北街
文峰南街
安陽中心バスターミナル
文峰塔
市民之家
市公安局出入境管理処
←安陽西バスターミナルへ
美里城へ
南大街
安陽市博物館
文明大道
安陽東駅へ→
0 2km
●•見どころ　[H]ホテル　[S]ショップ　[T]旅行会社　[病]病院　繁華街　高速道路

安陽殷墟

安陽殷墟
MP137-A1
住殷都区殷墟路北段（安陽市小屯）
☎3932171
開4～9月8:00～18:30
　10～3月8:00～17:30
※入場は閉門1時間前まで
休なし
割90元
交1、18、41路バス「殷墟博物苑」
Uwww.ayyx.com

ⓘ ▶▶ インフォメーション
車の運行時間
　殷墟宮殿宗廟遺址区と殷墟王陵遺址区は5.5km離れており、その間の移動のため、電動カートかミニバンが運行されている。料金は入場料に含まれる。
▶殷墟宮殿宗廟遺址区→
　殷墟王陵遺址区
開9:30～17:00
※30分に1便。冬季は16:30発が最終
▶殷墟王陵遺址区→
　殷墟宮殿宗廟遺址区
　10:15～17:15
※30分に1便。冬季は16:45発が最終

殷墟の甲骨文字で有名な世界遺産　オススメ度 ★★★ 世界遺産

安陽殷墟／安阳殷墟　ānyáng yīnxū
あんよういんきょ

⏱ 3時間～

　安陽殷墟は、紀元前17世紀から紀元前11世紀にかけて存在した王朝「商」（日本では殷と呼ばれることが多い）後期の都城遺跡。1899年に獣骨などに刻まれた甲骨文字が発見されて以来、世界の考古学界に注目され、1937年までに15回にわたる発掘調査の結果、それまで疑問視されていたその存在が実証された。その後も発掘が続けられ、1999年1月に地下2mの深さから巨大な都城跡が見つかり、2006年には世界遺産に登録された。

　この巨大な遺跡は、殷墟博物館を中心とする殷墟宮殿宗廟遺址区と殷墟王陵遺址区のふたつのエリアに区分されており、無料の車（夏は電動カート、冬はミニバン）で行き来できる。

殷墟宮殿宗廟遺址区／
いんきょきゅうでんそうびょういしく
殷墟宮殿宗庙遗址区　yīnxū gōngdiàn zōngmiào yízhǐ qū

　安陽河（洹河）南岸に位置する商王朝の政治的中心地。その広さは東西約650m、南北約1000m。宮殿や宗廟（祖先を祀った祠廟）など80以上の遺構が発掘され、甲骨文や青銅器、玉器など大量の文化財が発見されている。

▶**殷墟博物館（いんきょはくぶつかん）／**
殷墟博物馆（yīnxū bówùguǎn）
　2005年に完成した敷地面積6520㎡の建物で、展示室や文物車房、研究室、公演室などがある。非公開のものも多いが、貴重な史料物が600点以上展示されている。青銅器の高度な製作技術を示す司母戊鼎（高さ133cm、長さ110cm、幅78cm、重さ875kg）の複製品が有名。そのほかにも、国宝級の文化財文物を数多く展示している。

▶**婦好墓（ふこうぼ）／妇好墓（fùhǎomù）**
　1976年に発掘された陵墓。規模は南北5.6m、東西4m、深さ7.5m。ほぼ完全な形で発掘されたことから、中国考古学界の功績のひとつに数えられている。「母辛享堂」は、第23代皇帝武丁の妃であった婦好を祀った所で、その前には、凛とした顔立ちの婦好像が建てられている。

▶**車馬坑展庁（しゃばこうてんちょう）／**
车马坑展厅（chēmǎkēng zhǎntīng）
　中国最古の馬車が発掘された遺跡。ここに展示されているのは、6つの車馬坑と馬車が通った道路の跡。馬車1台につき2頭の馬とふたりの男性が発見されているが、そのうちのひとりは少年だったことがわかっている。

朱色の門が印象的な殷墟宮殿宗廟遺址区入口

甲骨文字が刻まれた獣骨（殷墟博物館）

婦好墓の前に立つ婦好像。婦好は傑出した政治家として有名な女性

発掘された馬車と人骨

殷墟王陵遺址区／殷墟王陵遗址区　yīnxū wánglíng yízhǐ qū
いんきょおうりょういしく

安陽河（洹河）北岸に位置する商王朝の王家陵墓。広さは東西約450m、南北250m。1934年以来発掘された大型墓は13基、陪葬墓、祭祀坑、車馬坑などは2000ヵ所以上に及ぶ。ここで司母戊鼎が出土した。

▶M260展庁（M260てんちょう）／
M260展厅（M èrliùlíng zhǎntīng）

殷墟王陵遺址の東エリアにある「甲」字形の竪穴式王陵。1984年に正式に発掘された。初期の調査で、1934年に青銅器司母戊鼎が発見されたのがここ。司母戊鼎は武丁の次子である祖庚（第24代皇帝）またはその弟祖甲（第25代皇帝）によって造られた。

司母戊鼎が発見されたM260の内部

▶王陵墓葬展覧館（おうりょうぼそうてんらんかん）／
王陵墓葬展览馆（wánglíng mùzàng zhǎnlǎnguǎn）

現在まで13基の王陵墓が発見されたエリアで、2000以上もの祭祀坑も見つかった。それらはすでに盗掘されていたが、幸い王族の豪奢な副葬品などが残っていた。

▶祭祀場遺址（さいしじょういし）／祭祀場遗址（jìsìchǎng yízhǐ）

家畜や奴隷を王や貴族が祖先に捧げた場所。191の穴からは、主人が生前愛した馬、牛、犬、ゾウ、豚、キツネなど117頭分の獣骨と奴隷と思われる1178体の人骨が発見されている。

清末から中華民国にかけて活躍した政治家の墓所　オススメ度 ★★★

袁林／袁林　yuánlín
えんりん

安陽河の北岸に位置する清朝末期から中華民国初期にかけて権勢を誇った袁世凱（1859〜1916年）が眠る広さ9万㎡余りの墓所。1916年に着工し、完成したのは1918年。入口に牌楼、中軸線上には神道などがあるなど、明清代の皇帝陵墓に倣って造られている。一方、牌楼は鉄筋コンクリート製であったり、袁氏墓塚はアメリカで初めて将軍から大統領になったユリシーズ・グラント（第18代）の墓地を参照したりと西洋からの影響も受けている。

袁世凱は河南省項城県（現在の淮陽県）の出身で、北洋軍閥の首魁。辛亥革命（1911年）でうまく立ち回り、清朝滅亡後に中華民国臨時大総統となった。

1915年には帝政を復活させ、皇帝に即位したが、国内外から強い反発を受け、翌年に退位し、失意のうちに死去した。

婦好墓の内部（殷墟宮殿宗廟遺址区）

殷墟王陵遺址区入口

王陵墓葬展覧館の内部

祭祀場遺址はエリア内に多数ある

発掘された車馬を展示する車馬坑陳列館。展示内容は殷墟宮殿宗廟遺址区にある車馬坑展庁と同様なので、どちらか一方の参観で十分。将来的には大規模な展示施設を建設する予定

袁林
地 P137-B1
住 北関区勝利路南段
電 5365808
時 4〜10月8:30〜18:00
　 11〜3月8:30〜17:30
※入場は閉門30分前まで
休 なし
料 35元
交 8、23路バス「袁林」

牌楼

袁世凱と夫人の于氏が眠る袁氏墓塚

中国文字博物館
[M]P.137-C2
[住]北関区人民大道656号
☎2266059、2557558
[オ]9:00～17:00
※入場は閉館1時間前まで
[休]月曜
[料]入場料＝無料
4D映画館＝30元
[交]3、Y3、Y4、29、32路 バス「公交东站」
[U]www.wzbwg.com

文峰塔
[M]P.137-B2
[住]文峰区文峰南街2号
☎5923227
[オ]4月下旬～10月上旬
8:30～18:00
10月中旬～4月中旬
8:30～17:30
※入場は閉門30分前まで
[休]なし
[料]30元
※無料で塔へ上れる
[交]游1、18、26、32路 バス「文峰塔」

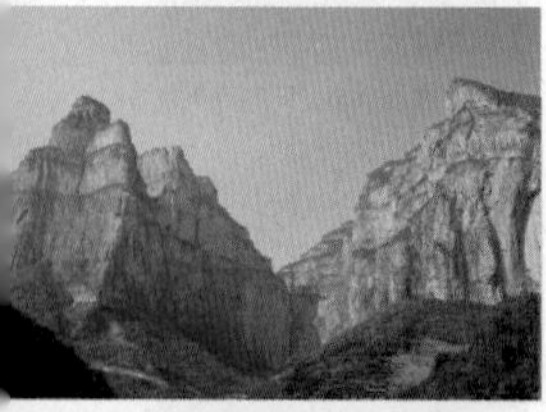
太行大峡谷桃花谷景区の景観（→P.141）

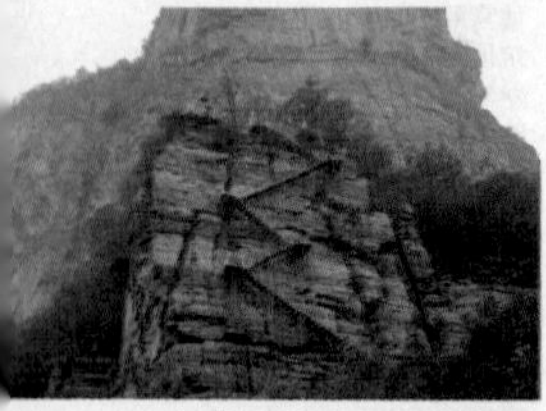
太行大峡谷王相岩景区（→P.141）に造られた桟道。足元が丸見えのためかなりの恐怖感を覚える

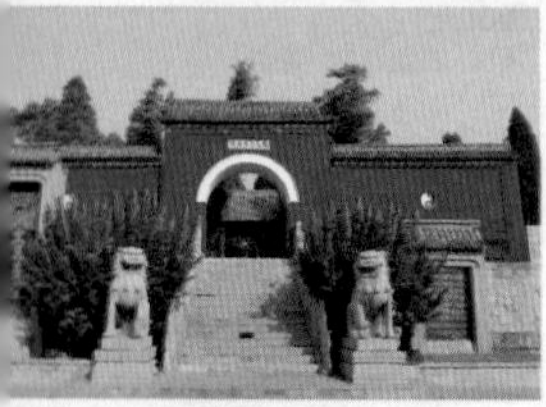
羑里城儀門（→P.141）

甲骨文字の故郷に立つ文字専門の博物館　オススメ度 ★★★

中国文字博物館（ちゅうごくもじはくぶつかん）／中国文字博物馆　zhōngguó wénzì bówùguǎn

2009年にオープンした、中国初の漢字をテーマとした博物館。高さ26m、地上4階、地下1階の建物では、中国で生み出された歴代の文字について展示が行われている。

1階には甲骨文字と安陽展庁のふたつの展示室と映画館、2階と3階には中国文字発展史に関する5つの展示室（2階3つ、3階ふたつ）がある。

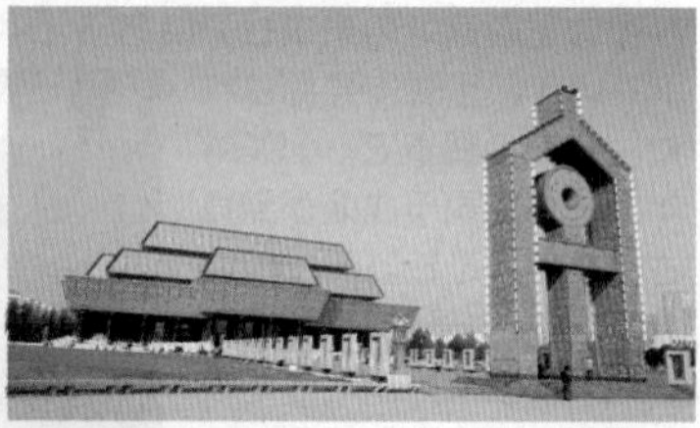
外観は非常にユニーク

安陽のランドマーク　オススメ度 ★★★

文峰塔（ぶんぽうとう）／文峰塔　wénfēngtǎ

文峰塔は952（後周の広順2）年創建の天寧寺に立つ塔で、すでに1000年以上の歴史をもち、現在では国家重点文物保護単位に指定されている。高さが約40m、木とれんがを使って建てられた八角5層の仏塔で、各面には仏教に関する説話が彫り込まれている。塔の上に上ることができ、そこから町の眺望を楽しむことができる。

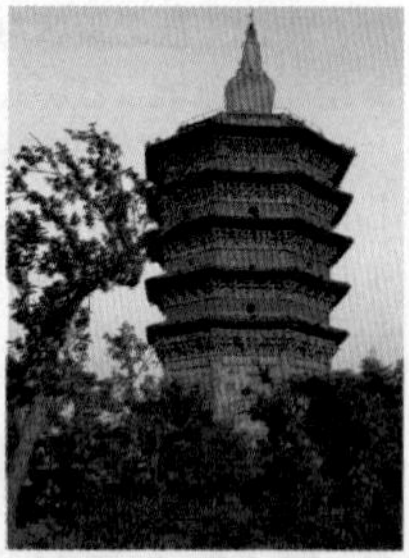
夕日に映える文峰塔

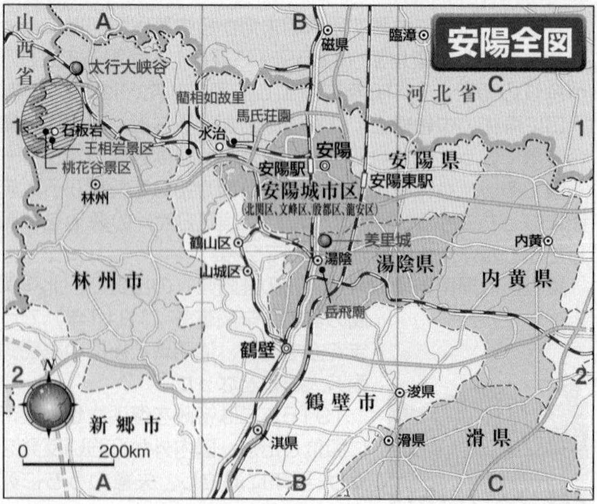

●・見どころ　━ 高速道路（╍╍工事中）

郊外の見どころ

山西省境界にある中国有数の峡谷

オススメ度 ★★★ 🚗

太行大峡谷／太行大峡谷　tàiháng dàxiágǔ
たいこうだいきょうこく

太行山は北京市、河北省、河南省、山西省の境界を南北に貫く長さ約400kmの山脈。これを境に東は華北平原、西は黄土高原に分けられ、太行大峡谷は河南省北西部、太行山南端の東麓に位置している。このあたりの地層が石灰岩のため、長年にわたる川の浸食によって、南北約30kmの峡谷が生み出された。おもな見どころは桃花谷景区と王相岩景区（太行天路もあわせて観光）の2ヵ所。桃花谷景区（石板岩鎮の西2.5km）では雄大な滝を、王相岩景区（石板岩鎮の南2.5km）では峡谷と奇峰が織りなす景観を観賞することができる。観光時間の目安として、桃花谷景区が2時間、王相岩景区が3時間。桃花谷景区から王相岩景区までは徒歩で片道1時間ほどかかるため、王相岩景区を観光する者は非常に少ない。

周の始祖が幽閉された場所

オススメ度 ★★★

羑里城／羑里城　yǒulǐchéng
ゆうりじょう

羑里城は安陽の南、湯陰県の北約4kmにある文化遺跡で、周の始祖である文王（紀元前1152～紀元前1056年）が幽閉された場所。彼は商を倒し周王朝を興した武王の父であり、名を姫昌といい、西伯昌とも呼ばれる人物。暴君として知られる商の紂王の治下、重要な地位にあったが、あるとき、讒言を受け、この地に幽閉されてしまった。その後、自らの財産を王に献上したことで許されたが、ここでの幽閉中に『周易』を著した（他説あり）ことから、現在では周易文化の発祥地として国家重点文化財に指定されている。『周易』とは、儒教の基本教典とされる五経の筆頭に挙げられるもの。

太行大峡谷
Ⓜ P.140-A1
🏠 林州市太行大峡谷石板岩鎮
☎ 6082888、6082999
🕐 4月中旬～10月上旬
　 8:00～18:00
　 10月中旬～4月中旬
　 8:00～17:00
休 なし
¥ 160元（2日間有効）
※観光専用車（入場券売り場と桃花谷景区入口を結ぶ）の乗車料金を含む
🚌 ①車をチャーターする。1日600元が目安
②安陽中心バスターミナルから「林州」行きで終点。下車後、林州旅游1路バス（7:00～18:30の間15～20分に1便。1元、所要1時間）で「石板桥」
※林州バスターミナルは現地で「汽车南站」とも呼ばれている
※「石板桥」から林州太行大峡谷景区游客服务中心切符売り場までは徒歩15分
🌐 www.thdxg.net

羑里城
Ⓜ P.140-B1
🏠 湯陰県易源大道
☎ 6231399
🕐 8:00～17:30
※入場は閉園30分前まで
休 なし
¥ 40元
🚌 ①安陽中心バスターミナルから「汤阴」行きで「羑里城路口」（6元、所要50分）
※「羑里城路口」からの最終は18:00頃通過
②旅行会社で車をチャーターする。往復100元が目安

ホテル

安陽賓館／安阳宾馆　★★★★
あんようひんかん　ānyáng bīnguǎn

安陽駅近くに位置する17階建てのホテル。施設が充実しており、特に娯楽施設が自慢。

両替　ビジネスセンター　インターネット　🌐 www.ayhotel.com

Ⓜ P.137-B2
🏠 北関区友誼路1号
☎ 5991234
📠 5922244
Ⓢ 288元　Ⓣ 288元
サなし 🅒 MV

錦江之星 安陽火車站酒店／锦江之星 安阳火车站酒店
きんこうせい　あんようかしゃたんしゅてん　Jǐnjiāng zhīxīng ānyáng huǒchēzhàn jiǔdiàn

「経済型」チェーンホテル。駅のすぐ東側に位置しており、便利な立地だが周囲は少々騒々しい。

両替　ビジネスセンター　インターネット　🌐 www.jinjianginns.com

Ⓜ P.137-B2
🏠 北関区迎賓路97号
☎ 5916222　📠 5915222
Ⓢ 159～199元
Ⓣ 159～199元
サなし 🅒 不可

イビス安陽解放大道酒店／宜必思安阳解放大道酒店
あんようかいほうだいとうしゅてん　yìbìsī ānyáng jiěfàng dàdào jiǔdiàn

外資系「経済型」チェーンホテル。周囲には食事処も多く、夜は地元客でにぎわう。客室は簡素ながらひととおり揃っている。

両替　ビジネスセンター　インターネット　🌐 www.ibis.cn

Ⓜ P.137-B2
🏠 文峰区解放大道93号
☎ 5958888　📠 2225168
Ⓢ 149～169元　Ⓣ 169元
サなし 🅒 不可

登封
とうほう

登封 Dēng Fēng（ドンフォン）

市外局番 ●0371

会善寺で修行する6歳と13歳の少年

都市DATA

登封市
人口：70万人
面積：1220㎢
登封市は鄭州市管轄下
の県級市

市公安局出入境管理科
（市公安局出入境管理科）
MP.145-A2
少林大道中段188号
☎62830507
◉8:00～12:00、
14:00～17:00
休土・日曜、祝日
観光ビザの延長は不可

市人民医院（市人民医院）
MP.145-B2
中岳大街1号
☎62800000
◉24時間
休なし

登封発少林寺行きのバス

市内交通

【路線バス】運行時間の目安
は6:00～18:30、1元
【タクシー】初乗り2km未満
5元、2km以上1kmごとに1元
加算

概要と歩き方

鄭州の南西約70kmにある登封市は、泰山、華山、恒山、衡山とともに五岳と称され、古くから山岳信仰の対象になってきた嵩山で知られる。嵩山は、標高1440mの太室山と1512mの少室山からなり、東西約60kmにわたって山々が重なっている。その頂は峻極峰と呼ばれ、古来より「嵩高峻極」、「峻極于天」と称される。2010年には、少林寺ほかの歴史遺跡が「天地之中」として世界遺産に登録された。

登封訪問の目的は何といっても禅宗発祥の地であり、映画『少林寺』でもおなじみの少林寺見学だろう。手軽に行く方法としては、鄭州からの日帰りツアー参加がおすすめ。朝8:00頃出発し、少林寺をはじめ、嵩陽書院、中岳廟のほか、少林寺拳法の演武を観ることもできる。

自力で行くなら、少林寺へは鄭州か洛陽からバスで入ることになる。どちらの都市からも少林寺のある嵩山少林風景区入口までバスで行ける。バスターミナルで切符を買う際、「少林寺まで」と言えばよい。

登封から少林寺に向かう場合は8路バスを利用すればよい。起終点は登封総合バスターミナルだが、町の中心に位置する旧登封西バスターミナル前を経由する。

嵩山少林風景区での観光は、少林寺の境内や塔林をゆっくり歩いて3時間程度。時間に余裕のある人は近隣の二祖庵へリフトで上がってみてもおもしろい。

少林寺境内で列をなして歩く若い僧侶たち

	1月	2月	3月	4月	5月	6月	7月	8月	9月	10月	11月	12月
平均最高気温(℃)	5.2	7.7	13.9	21.5	27.5	32.1	32.1	30.8	26.9	21.6	13.8	7.3
平均最低気温(℃)					詳細データなし							
平均気温(℃)	-0.2	2.1	7.7	15.0	21.0	25.9	27.1	25.7	20.9	15.1	7.8	1.6

町の気象データ（→P.517）：「预报」＞「河南」＞「郑州」＞「登封」

Access 交通

中国国内の移動 ➡ P.667

🚌 **バス**　少林寺のある嵩山少林風景区入口にも長距離バスの発着所がある。市内から少林寺に行く際は登封総合バスターミナル発着の8路バスを利用する。

所要時間（目安） 鄭州／1時間30分　洛陽／1時間30分

Data

🚌 **バス**

●登封総合バスターミナル（登封汽车客运总站）
M P.145-B2　**住** 陽城路と穎河路の交差点
☎ 62857930、62857928
オ 5:30～19:00　**休** なし　**カ** 不可
[移動手段] **タクシー**（登封総合バスターミナル
～嵩山路と中岳大街の交差点）／5元、所要10分
が目安　**路線バス**／1、3、9路「客运总站」
　2日以内の切符を販売。鄭州（6:00～19:30の
間30分に1便）、洛陽（7:00～18:30の間11便）、
徐荘（6:30～18:00の間20～30分に1便）。少林
寺（8路。6:30～17:30の間20～30分に1便）。
※少林寺行き8路バスが経由していた登封西バス

ターミナルは廃止された。8路バスは経路変更せず、旧登封西バスターミナル前を経由する

登封総合バスターミナル

見どころ

禅宗と少林拳発祥の地

オススメ度 ★★★　**世界遺産**

少林寺／少林寺 shàolínsì
しょうりんじ

3時間

　嵩山山中の少室山の北麓、五乳峰の下に495（北魏の大和19）年に創建された古刹が少林寺。527（北魏の孝晶3）年、インドの僧菩提達磨は、ここで禅宗を開いた。

　少林寺といえば武勇伝が有名。唐初、少林寺の僧徒は、少林拳により唐の太祖李世民の天下統一を助け、少林拳を天下に知らしめた。その活躍は、鐘楼前にある「李世民碑（十三棍僧救唐王）」に見ることができる。敷地内の奥の千仏殿には、修行によりへこんだという「武僧脚坑」と呼ばれる48のくぼみがあり、僧徒の修行のすさまじさを物語っている。また、文珠殿内に置かれたガラスケースの中には、達磨の9年間の修行により影が付いたとされる「面壁影石」が置かれている。

少林寺門前で演武を見せる少年

李世民碑は少林寺内で最も貴重な石碑

少林寺
M P.144-A1
住 嵩山少林風景区
☎ 62748971、62745000
オ 5月～10月上旬7:00～18:00
10月中旬～4月8:00～18:00
※入場は閉門1時間前まで
休 なし　**料** 100元
※入場できるのは少林寺、塔林、少林寺武術館演武庁（演武観覧含む）、達摩洞、初祖庵、二祖庵、十方禅院
交 ①登封総合バスターミナルから8路バスで終点（5.5元、所要45分）
※「少林寺」からの最終は18:00頃発
②タクシーで片道40元が目安
U www.shaolin.org.cn

ℹ️ **▶▶▶ インフォメーション**

少林寺リフト
オ 8:00～17:00
料 少林索道（塔林～三皇寨）
＝片道70元、往復120元
嵩陽索道（塔林～二祖庵）
＝片道30元、往復50元

河南省 登封

概要と歩き方／アクセス／見どころ

143

インフォメーション

風景区内の乗り物

風景区入口付近～少林寺山門を結ぶ電動カートが運行されている。所要5分（徒歩だと15分が目安）。

オ8:00～17:00

料片道＝15元、往復＝25元

塔林

MP.144-A1

住嵩山少林風景区

☎なし

オ8:00～18:00

休なし

料少林寺の入場料に含まれる

交少林寺武術館演武庁から徒歩10分

少林寺武術館演武庁

MP.144-A1

住少林寺大門東700m

☎62749417

オ9:30～17:00

休なし

料少林寺の入場料に含まれる

交少林寺大門から徒歩10分

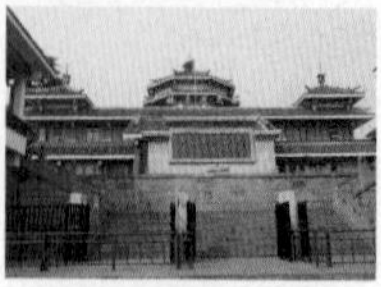

開演の10分前に門が開く

歴代僧侶の墓園　オススメ度 ★★★　世界遺産

塔林（とうりん）／塔林　tălín

少林寺の西にある少林寺の歴代僧侶の墓地で、墓塔が林のごとく立ち並んでいる。

現存するのは、唐代から清代にかけてのれんがでできた240余りの塔で、法玩塔（唐代）や鋳公禅師塔（金代）などが有名。墓の形もおのおの異なり、中国古代れんが建築と彫刻を研究するための芸術的宝庫であるとされている。塔林の中央に立つ1339年建立の菊庵禅師塔（きくあんぜんしとう）の銘文は、日本人僧邵元（しょうげん）の手によるものだ。

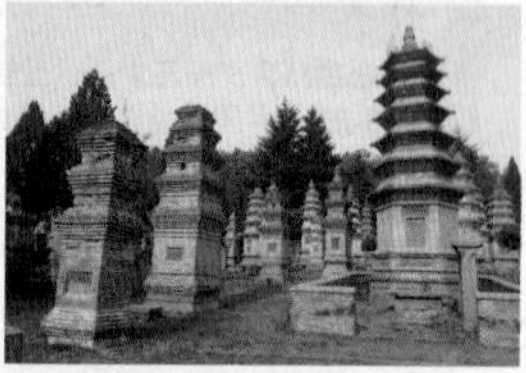

塔林は墓塔が集まった場所

少林寺の演武が実際に観られる　オススメ度 ★★★

少林寺武術館演武庁（しょうりんじぶじゅつかんえんぶちょう）／少林寺武术馆演武厅　shàolínsì wŭshùguăn yănwŭtīng

少林寺武術館の敷地内にある。ここでは9:30、10:30、11:30、14:00、15:00、16:00、17:00の1日7回、1回30分の演武を観賞できる。常に鍛えているだけあって、子供でもすばらしい身のこなしだ。また、この武術館で実際に武術を学ぶこともできる。

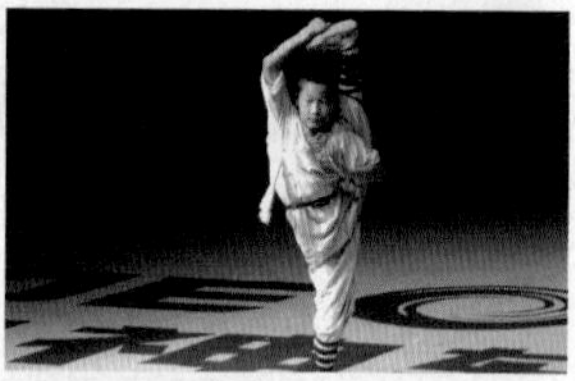

少林寺を訪れるなら必見

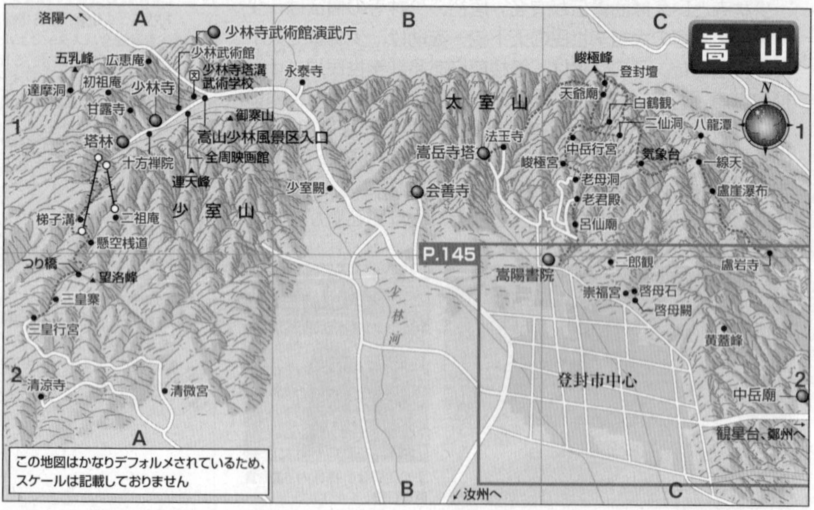

●・見どころ　Ⓗホテル　図学校　……遊歩道　┼┼┼リフト　▭高速道路

禅寺ならではの雰囲気を味わえる

オススメ度 ★★★　世界遺産

会善寺／会善寺 huìshànsì
かいぜんじ

⏱ 2時間

　北魏の孝文帝が471年に建てた離宮が後に寺院となった。創建の歴史は少林寺より古い。観光化が進み、何千人もの修行僧と観光客でにぎわう少林寺に比べると、境内は閑静な雰囲気に包まれ、禅寺のあるべき姿を味わえる。特にイチョウの葉が境内を埋め尽くす晩秋がおすすめだ。9歳で少林寺に入門し、武術家として高名な釋延武禅師が見守る30数名の少年たちが真剣に修行に打ち込む姿が間近に見られる。

585年に隋の文帝が会善寺と改名した

中国で現存する最古の密檐式仏塔

オススメ度 ★★★　世界遺産

嵩岳寺塔／嵩岳寺塔 sōngyuèsìtǎ
すうがくじとう

⏱ 2時間

　太室山南麓に位置する嵩山寺にある仏塔で、北魏時代の520年に建立された中国で現存する最古の磚造仏塔。高さ40mで15層をなし、平面は十二角形。四方に入口があり、仏像の安置された塔心の部屋に入ることができる。参拝客は仏塔の周囲を何度かひざまずいて回ったあと、塔心の部屋で仏前に臨む。

見事なシルエットが美しい

会善寺
Ⓜ P.144-B1
🏠 環山路嵩陽景区
☎ 62888177
🎫 嵩陽景区6:30〜18:30、会善寺8:00〜17:00
🚫 なし
💴 会善寺、嵩岳寺塔、法王寺、太室山の共通券＝50元
🚗 ①市内からタクシーで10〜15元、所要15分が目安
②2路バス「嵩阳书院」。下車後、環山路を徒歩3km
Ⓤ www.songshancn.com

会善寺で供される精進料理

嵩岳寺塔
Ⓜ P.144-B1
🏠 環山路嵩陽景区
☎ 62888177
🎫 嵩陽景区6:30〜18:30、嵩岳寺、法王寺8:00〜17:00
🚫 なし
💴 会善寺、嵩岳寺塔、法王寺、太室山の共通券＝50元
🚗 ①市内からタクシーで20元、所要20分が目安
②2路バス「嵩阳书院」。下車後、環山路を徒歩3km
Ⓤ www.songshancn.com

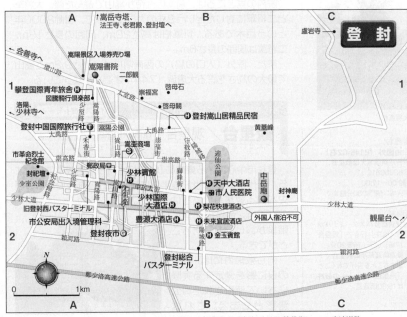

● 見どころ　Ⓗ ホテル　Ⓢ グルメ　Ⓢ ショップ　Ⓣ 旅行会社　🖂 郵便局　🏥 病院　繁華街　高速道路

北宋の時代に鋳造された中岳廟鉄人

大将軍柏

嵩山を代表する道観　　オススメ度 ★★★　世界遺産

中岳廟／中岳庙　zhōngyuèmiào
ちゅうがくびょう

中岳廟天中閣には上ることができる

　嵩山の黄蓋峰の麓に位置する、河南省最大規模の道観。不老不死への思いが強かった前漢の武帝は、嵩山を訪れた際にここに廟を建てるように命じた。北魏の時代には中岳廟と呼ばれるようになり、唐代に現在の場所に定められた。現存する建築物は、清代に再建されたもの。

　入口の中華門から最奥部の御書楼までの距離は1.3km、面積は約10万㎡にも及ぶ。北京の故宮の造りに似ていることから、「小故宮」とも呼ばれている。敷地内の建築物のひとつである天中閣（「中嶽廟」と書かれた建物）もどこか天安門を思わせる。

大将軍と二将軍に封じられた柏の木がある　オススメ度 ★★★　世界遺産

嵩陽書院／嵩阳书院　sōngyáng shūyuàn
すうようしょいん

　嵩陽書院は、もとの名を嵩陽寺という。484（北魏の大和8）年に建立された。宋代における中国四大書院（私塾）のひとつ。

　院内の見どころは、前漢の武帝が嵩山で遊んだ際、大将軍と二将軍に封じたという2株のカシワの木で、樹齢2000年という巨木である。将軍柏は高さ20m、周囲の長さ13m、二将軍は周囲の長さ6m。

　また、院外（入口の脇）の西南隅には、高さ9.2mと嵩山で最大の高さを誇る大唐碑（744年建造）が立っている。

古代の天文台として使われた　オススメ度 ★★★　世界遺産

観星台／观星台　guānxīngtái
かんせいだい

　登封市中心部から東南に15kmほど行った告成鎮に位置する。元代初期（13世紀後半）に建てられ、約700年もの歴史を誇る観星台の高さは12.62m。台座の北側に階段が設けられ、上ることができる。

　同じ敷地内には、夏至の日に影を測定する実験において使用された周公測影台もある。これは723年に建てられたもの。

この観星台は中国で最も古い天文台といわれる

少林国際大酒店／少林国際大酒店 ★★★★
しょうりんこくさいだいしゅてん　shàolín guójì dàjiǔdiàn

登封市中心部に立つ政府系ホテル。少林寺の精進料理なども楽しめるレストランのほか、サウナやジムなどもある。

両替　ビジネスセンター　インターネット　Ｕwww.shaolinhotel.com

Ｍ P.145-B2
住少林大道20号
☎62856868　FAX62861448
Ｓ358元
Ｔ218～358元
サなし　力ADJMV

天中大酒店／天中大酒店 ★★★★
てんちゅうだいしゅてん　tiānzhōng dàjiǔdiàn

登封の中心部に位置するホテル。広い敷地内には緑が多い。マッサージルームやふたつの中国料理レストランなどがある。

両替　ビジネスセンター　インターネット

Ｍ P.145-B2
住中岳大街東段22号
☎62898888
FAX62898555
Ｓ420元　Ｔ320元
サなし　力不可

豊源大酒店／丰源大酒店 ★★★
ほうげんだいしゅてん　fēngyuán dàjiǔdiàn

登封市内中心部に位置する3つ星ホテルで、観光の拠点として便利。中国料理レストランとサウナ（男性用のみ）がある。

両替　ビジネスセンター　インターネット

Ｍ P.145-B2
住中岳大街東段52号
☎62865081　FAX62867090
Ｓ198～268元
Ｔ198～268元
サなし　力不可

少林賓館／少林宾馆
しょうりんひんかん　shàolín bīnguǎn

2007年開業。リーズナブルな料金ながらも客室は清潔で広く、快適。周囲には登封夜市や大型スーパーがあり、買い物や食事にも便利。少林寺に行く8路バスが経由する旧登封西バスターミナルへも徒歩5分で行ける。

両替　ビジネスセンター　インターネット

Ｍ P.145-A2
住中岳大街66号
☎60167777
FAX60160001
Ｓ158元
Ｔ138元
Ｄ238元
サなし
力不可

攀登国際青年旅舎／攀登国际青年旅舎
はんとうこくさいせいねんりょしゃ　pāndēng guójì qīngnián lǚshè

嵩陽書院の南500mに位置するユースホステル。国内外のバックパッカーが多く利用している。

両替　ビジネスセンター　インターネット

Ｍ P.145-A1
住嵩阳大道108号図騰騎行倶楽部2階
☎62889369、携帯=15515987369
FAXなし　Ｓ160元　Ｔ160元
Ｄ40～60元（4～8人部屋）
サなし　力不可

登封嵩山居精品民宿／登封嵩山居精品民宿
とうほうすうざんきょせいひんみんしゅく　dēngfēng sōngshānjū jīngpǐn mínsù

茶荘などを経営しているオーナーが開いた中国民居形式のホテル。功夫茶や中国書道などに触れることができる。

両替　ビジネスセンター　インターネット

Ｍ P.145-B1
Ｍ大禹路　☎60168006
携帯=18538033022
FAXなし
Ｓ288元　Ｔ288元
サなし　力不可

登封夜市／登封夜市
とうほうよいち　dēngfēng yèshì

少林賓館のそば、光明路沿いには毎夜屋台が立ち並び多くの人でにぎわう。羊肉入りのご当地麺ゆやゆでた野菜や海鮮にピリ辛のココナッツソースをかける写真の"涮菜"など、10～20元も出せばおなかいっぱいになるメニューが揃っている。

Ｍ P.145-A2
住光明路
☎なし
営18:00～22:00
休なし
力不可

登封中国国際旅行社／登封中国国际旅行社
とうほうちゅうごくこくさいりょこうしゃ　dēngfēng zhōngguó guójì lǚxíngshè

登封市内（少林寺と中岳廟、嵩陽書院、観星台を含む）の車のチャーターは1日500元。日本語ガイドは要予約で1日600元。

Ｍ P.145-A1
住大禹路203号
☎62872777　FAX62873137
営8:00～12:00、
14:00～17:00
休なし　力不可

龍門石窟のある九朝の古都

洛陽
らくよう

洛阳 Luò Yáng

市外局番●0379

隋唐洛陽城国家遺址公園の夜景

ウルムチ● ●ハルビン
北京● ●大連
西安● ○洛陽
ラサ● 成都● ●上海
昆明● 広州●
香港●

都市DATA

洛陽市
人口：710万人
面積：1万5492km²
6区1県級市8県を管轄

市公安局出入境管理処
（市公安局出入境管理処）
M P.152-C3
⬛洛龍区太康路体育中心射撃館1階
☎63133313、63133239
⏰9:00～11:50、
　13:00～16:50
休土・日曜、祝日
観光ビザを最長30日間延長可能。手数料は160元

市中心医院
（市中心医院）
M P.152-C2
⬛西工区中州中路288号
☎63892222
⏰24時間　休なし

洛陽名物「不翻麺」はモツと肉団子入りピリ辛麺

市内交通

【路線バス】 運行時間の目安は6:00～21:00、1～1.5元。
【タクシー】 初乗り2km未満5元、2km以上1kmごとに1.5元加算。さらに燃油代1元加算

概要と歩き方

河南省の西部に位置する洛陽市は、5000年の歴史を誇る悠久の古都として世界的に知られている。東周、後漢、三国の魏、西晋、北魏などが都をおいたところから、「九朝の古都」とも呼ばれる。その呼び名にふさわ

世界遺産の龍門石窟

しく、中国歴代王朝文化の結晶で世界文化遺産のひとつでもある龍門石窟、仏教が中国に伝来して初めて建立された仏教寺院である白馬寺、夏王朝期から宋代までのすばらしい文物が収蔵されている洛陽博物館など多くの見どころがあり、中国の歴史が好きな人にとって魅力的な名所旧跡が勢揃いしている。

洛陽の見どころは町の近郊に点在しているが、バスを利用すればわりと簡単に行けるだろう。洛陽駅前からは各見どころを巡る観光バスも出ている。町の中心は、町を東西に結ぶ中州中路と、駅から南に延びる金谷園路がぶつかる周王城広場。ボタンの名所といわれる王城公園はその西側、中州中路沿いにある。また、最も古い仏教寺院である白馬寺は町の北東郊外にある。

麗景門の裏手に広がる老集地区にはご当地麺の店がいっぱい

	1月	2月	3月	4月	5月	6月	7月	8月	9月	10月	11月	12月
平均最高気温(℃)	6.2	8.6	14.6	21.8	27.8	32.7	32.4	30.9	26.8	21.6	14.2	8.1
平均最低気温(℃)	-3.9	-1.8	3.3	9.7	15.0	20.3	23.1	22.1	16.5	10.3	3.6	-2.1
平均気温(℃)	0.8	2.9	8.6	15.9	21.3	26.0	27.0	25.9	21.1	15.4	8.6	2.6

町の気象データ（→P.517）：「预报」＞「河南」＞「洛陽」区・市・県から選択

中国国内の移動 ➡ P.667　鉄道時刻表検索 ➡ P.26

✈ 飛行機　市区北西約12kmに位置する洛陽北郊空港(LYA)を利用する。

国際線 日中間運航便はないので、北京や上海で乗り継ぐとよい。
国内線 北京、上海、広州などとの間に運航便がある。
所要時間(目安) 北京首都(PEK)／1時間35分　上海虹橋(SHA)／2時間5分　広州(CAN)／2時間15分　杭州(HGH)／1時間50分

🚈 鉄道　隴海線や鄭西高速鉄道の途中駅であり、交通の便はよい。市内には多数の駅があるが、隴海線の洛陽駅と洛陽東駅、高速鉄道専用の洛陽龍門駅を利用するのが便利。

所要時間(目安) 【洛陽(ly)】鄭州(zz)／直達：1時間20分　開封(kf)／直達：2時間5分　北京西(bjx)／直達：7時間40分　【洛陽龍門(lylm)】鄭州(zz)／高鉄：36分　鄭州東(zzd)／高鉄：37分　開封北(kfb)／高鉄：1時間　北京西(bjx)／高鉄：3時間50分　上海虹橋(shhq)／高鉄：5時間10分　西安北(xab)／高鉄：1時間20分

🚌 バス　市内にバスターミナルはいくつかあるが、旅行者は洛陽長距離バスターミナルが便利。ただし、他都市からの移動の際には到着バスターミナルの確認が必要。

所要時間(目安) 鄭州／2時間30分　三門峡／2時間　開封／3時間30分　登封／2時間

Data

✈ 飛行機

● 洛陽北郊空港 (洛阳北郊机场)
M P.153-H4〜5　住 孟津県邙山　☎62328666
オ 始発便〜最終便　休 なし　カ 不可
U www.luoyangairport.com
[移動手段] タクシー(空港〜周王城広場)／40元、所要25分が目安　路線バス／27、83、98路「飞机场候机楼」
3ヵ月以内の航空券を販売。エアポートバスはない。
● 民航大厦航空券売り場 (民航大厦售票处)
M P.152-C1　住 西工区春都路200号
☎62310121　オ 8:00〜17:30
休 なし　カ 不可
[移動手段] タクシー(航空券売り場〜周王城広場)／10元、所要10分が目安　路線バス／5、32、51路「国花路葛巾路口」。18路「春都路国花路口」
3ヵ月以内の航空券を販売。

🚈 鉄道

● 洛陽駅 (洛阳火车站)
M P.152-C1　住 西工区道南路1号
☎ 共通電話=12306　オ 24時間　休 なし　カ 不可
[移動手段] タクシー(洛陽駅〜周王城広場)／7元、所要7分が目安　路線バス／2、6、11、14、28、33、55、77路「洛阳站」
28日以内の切符を販売。
● 洛陽龍門駅 (洛阳龙门火车站)

市内で最も交通の便がよい洛陽駅

M P.153-H5　住 洛龍区通衢路19号
☎ 共通電話=12306　オ 6:50〜23:00
休 なし　カ 不可
[移動手段] タクシー(洛陽龍門駅〜周王城広場)／40元、所要30分が目安　路線バス／28、33、49、71、75、76、77路「高铁龙门站」
28日以内の切符を販売。
● 洛陽東駅 (洛阳火车东站)
M P.153-E1　住 瀍河回族区大同街38号　☎ 共通電話=12306　オ 6:00〜22:00　休 なし　カ 不可
[移動手段] タクシー(洛陽東駅〜周王城広場)／15元、所要20分が目安　路線バス／5、10、20路「东车站」
28日以内の切符を販売。始発列車はないが、多くの列車が停車する。

🚌 バス

高速鉄道が発着する洛陽龍門駅

● 洛陽長距離バスターミナル (洛阳长途汽车站)
M P.152-C1　住 西工区道南路71号
☎63239453、63233186
オ 5:00〜21:00　休 なし　カ 不可
[移動手段] タクシー(洛陽長距離バスターミナル〜周王城広場)／7元、所要7分が目安　路線バス／2、6、11、14、28、33、55路「洛阳站」
7日以内の切符を販売。河南省便がメイン。鄭州(7:00〜19:00の間17便)、開封(5便)、登封(5:30〜16:30の間21便)、許昌(少林寺入口を経由　5:30〜18:00の間30分に1便)など。

龍門石窟

M P.153-H5
住 洛龍区龍門中街13号
☎ 65980972、65981299
時 2〜3月、10月8日〜10月
　31日8:00〜18:00
　4月1日〜10月7日8:00
　〜18:30
　11〜1月8:00〜17:00
※入場はすべて閉門1時間前
　まで
休 なし
料 100元（共通券）
※入場できるのは龍門石窟（西
　山石窟、東山石窟）、香山
　寺、白園
交 53、60、81路バス「龙门
　石窟」
U www.lmsk.cn

岩山に無数の穴を掘り、石
仏が造られた

龍門石窟入口に龍門博物館が
ある

白馬寺

M P.153-H5
住 洛龍区洛白路6号
☎ 63789053
時 白馬寺=8:00〜17:30
　斉雲塔院=8:00〜17:00
※入場は閉門30分前まで
休 なし
料 35元
交 56、58路バス「白马寺」
U www.chinabaimasi.org

白馬寺の正門

見どころ

中国三大石窟のひとつ　　　オススメ度 ★★★　世界遺産

龍門石窟／龙门石窟　lóngmén shíkū
りゅうもんせっくつ

⏱ 1.5時間

奉先寺盧遮那仏

　龍門石窟は、敦煌の莫高窟、大同の雲崗石窟と並ぶ中国三大石窟で、2000年にユネスコの世界文化遺産にも登録されている。

　石窟の造営が開始されたのは、北魏の孝文帝が平城（現在の大同）から洛陽に遷都した493年前後とされる。その後も多くの王朝が絶え間なく開削と造営を続けたため、山に掘られた洞は数千に及ぶ。

　洞は伊河の両岸にあり、西山石窟と東山石窟に分けられる。西山石窟には北魏の宮廷生活を描写した賓陽三洞、数cmの仏が1万5000体も彫られた万仏洞、天井の大きなハスの花が目を引く蓮花洞、則天武后をモデルにしたとされる盧遮那仏があり龍門石窟最大の規模を誇る奉先寺、薬の調合法が記されている薬方洞、龍門石窟中最も古い歴史を誇り、魏体書法の代表的な作品の多くを見ることができる古陽洞などがある。

　西山石窟を見終わったら東山石窟へ向かいたい。ここには、飛天や羅漢像のレリーフがある観経寺などがある。

中国最古の仏教寺院　　　オススメ度 ★★★

白馬寺／白马寺　báimǎsì
はくばじ

⏱ 1.5時間

多くの僧侶がここで暮らしている

　白馬寺は、68（後漢の永平11）年の創建。仏教が中国に伝わって初めて建立された仏教寺院で、1900年以上の歴史をもつ。

　白馬寺の由来は、蔡愔と秦景のふたりが、仏教経典を求め西域に向かった際、天竺僧攝摩騰、竺法蘭のふたりに出会い、白馬に『四十二章経』という経典を積み、ともに都の洛陽へ向かったことによる。

　山門には2頭の馬の彫像が置かれてあり、山門をくぐり境内に入ると、当時、中国に仏教を伝えた攝摩騰、竺法蘭それ

ぞれの土塚がある。さらに東に位置する斉雲塔院内には、1175（金の大定15）年に建てられた斉雲塔がある。13層、高さ35mの木造建築で、この寺のシンボルとなっている。この塔の鐘を鳴らすと、その音に応えて洛陽東門にある鐘も共鳴するという。ふたつの鐘の周波数が同じなので、このような現象が起きるといわれている。

現存するおもな建物は、天王殿、大仏殿、大雄殿、按引殿、清涼台に建てられた毘盧閣など。清涼台では教典の翻訳作業が行われた。

2010年にインドから贈られたインド風寺院

洛陽近郊の文化財が一堂に会した　　　　オススメ度 ★★★

洛陽博物館／洛阳博物馆　luòyáng bówùguǎn
らくようはくぶつかん

「河洛文明」をテーマとし、夏・殷の時代に始まり清代にいたるまでの文化財や美術品を収蔵する博物館。洛陽の開発区である新区に新館を建て、2011年4月にオープンした。1階では洛陽周辺で発見された宋代までの陶器や青銅器、大型の石の彫刻などを見ることができ、この一帯で非常に古くから町が築かれ文明が栄えていたことがわかる。2階では唐三彩をはじめとする唐代の陶器や明・清代の書画、北京の故宮から持ち込まれた仏具などを展示している。

洛陽博物館
M P.153-D3
住 洛龍区聶泰路
☎ 69901002
開 9:00～17:00
※入場は閉館30分前まで
休 月曜
料 無料
交 77路バス「洛陽博物館」
U www.lymuseum.com

彩絵陶百花灯（後漢代）

唐代に作られた動物の陶器は唐三彩と呼ばれる彩色が見事

洛陽博物館の外観

天子を乗せた6頭立ての馬車　　　　オススメ度 ★★★

周王城天子駕六博物館／
しゅうおうじょうてんし が ろくはくぶつかん
周王城天子驾六博物馆　zhōuwángchéng tiānzǐjiàliù bówùguǎn

東周時代の大型馬車遺跡を中心とする博物館。第1展示室では青銅器や陶器などの出土品や周代の町の模型が、第2展示室では2002～2003年に発掘された車馬坑が2基見られる。大きい車馬坑は全長42.6m、幅7.4m。馬車26両と馬68頭、犬7匹、御者ひとりが埋められている。そのうち6頭立ての馬車が1両あり、文献に見られる「天子駕六馬（君主の馬車は6頭の馬が引く）」の記述を実証するものとされる。

周王城天子駕六博物館
M P.152-C1
住 西工区中州中路226号周王城広場
☎ 63912399内線8000
開 8:30～18:30
※入場は閉館30分前まで
休 なし
料 30元
交 4、5、40、56、81、98、103路バス「王城广场」
U www.tzj6.cn

巨大な車馬坑は第2展示室にある

市内中心部に位置する周王城公園地下にある

関林廟
M P.153-H5
住 洛龍区関林南街2号
☎ 65951746
オ 8:00～18:00
※入場は閉門15分前まで
休 なし **料** 40元
交 15、55、58、69路バス「関林廟」
U www.guanlinmiao.cn

石坊の背後に関羽の首塚がある

関羽の首塚がある廟 | オススメ度 ★★★

関林廟／关林庙 guānlínmiào
かんりんびょう

　三国時代の蜀の武将関羽（未詳～219年）の首が埋葬されていると伝えられる廟。関羽の主君に対する一途な忠義心は、民衆の支持を受け続け、今日では商売の神として信仰され、世界中に廟が建てられている。

関林廟の中に鎮座する関羽像

　廟内は龍頭柏をはじめ、翠柏の木が生い茂っている。主要建造物は明代のもので、舞楼、山門、儀門、拝殿、二殿、三殿などが配置され、三殿の後ろには石坊と関羽の首塚がある。

● • 見どころ　**H** ホテル　**G** グルメ　**S** ショップ　**T** 旅行会社　**田** 病院　✈ 空港　━━━ 繁華街　▭▭▭ 高速道路　ᴖᴖᴖ 城壁

白居易の墓　　　　　　　　　　　オススメ度　★★★

白園（白居易墓）／白园（白居易墓）　báiyuán (báijūyìmù)
はくえん　　はくきょい　ぼ

龍門石窟敷地内の東山側、香山の琵琶峰上にある唐代の大
詩人白居易（772〜846年）の墓が白園。代表作に『長恨
歌』『琵琶行』など
がある白居易は晩
年ここに居を構え、
自らを香山居士と
称した。

白園入口右隣の
階段を上がった所
にある香山寺には、
蒋介石のかつての
別荘があり見学で
きる。

平明な唐詩で人気の高い白居易の墓

白園（白居易墓）
Ⓜ P.153-H5
🏠洛龍区龍門中街13号龍門
石窟内香山琵琶峰
☎65980972、65981299
🕐2〜3月、10月8日〜10月
31日8:00〜18:00
4月1日〜10月7日8:00
〜18:30
11〜1月8:00〜17:00
※すべて入場は閉園1時間前
まで
❌なし
💰100元（共通券）
※入場できるのは白園、龍門
石窟（西山石窟、東山石窟）、
香山寺
🚌53、60、81路バス「龙门
石窟」
Ⓤ www.lmsk.cn

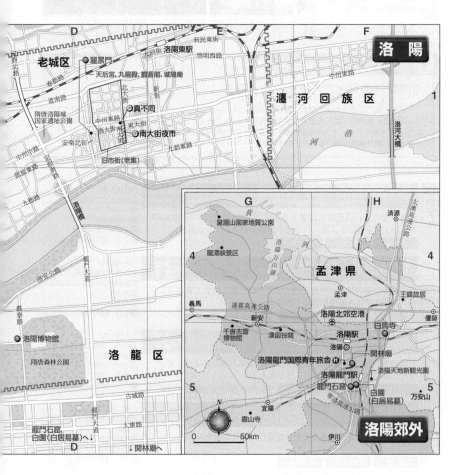

153

麗景門
M P.153-D1
🏠 老城区安楽北街
☎ 63503777
🕐 5月~10月上旬8:00~21:00
　 10月中旬~4月8:00~18:30
※ 外観は24時間
🚫 なし
💴 35元
🚌 4、5、42路バス「西关」

西大街には石畳の細い路地が
続く

旧市街散策の起点になる　　　　オススメ度 ★★★

麗景門／丽景门 lìjǐngmén
れいけいもん

　隋代に創建された王城の西門。もとは麗京門といったが、2009年に麗景門と改称された。麗景門の上には媽祖を祀る天后宮をはじめ、九龍殿、観音閣、城隍廟などの宗教施設が立つ。旧洛陽城の城内に当たる東側の古い町並みを望むこともできる。

　城門の観光を終えたら、東に延びる西大街、南大街へ散策に向かうとよい。

麗景門の東側に洛陽旧市街が広がる

赤い垂れ幕がかかる西大街の古い町並み

ⓘ ▶▶▶ インフォメーション

洛陽郊外の見どころを効率よく回る

　午前中に龍門石窟と白園を訪れ、帰りに81路バスに乗る。途中の「龙门大道关林路口(关林庙西)」で下車すれば、そこから関林廟へは徒歩10分ほど。関林廟見学後、すぐ近くの「关林庙」バス停で58路バスに乗れば、終点の白馬寺へ1本で行くことができる。平日の場合、関林廟から白馬寺までは交通渋滞で時間がかかるので、このコースを巡るのは週末がおすすめ。

ホテル

洛陽友誼賓館／洛阳友谊宾馆 ★★★
らくようゆうぎひんかん luòyáng yǒuyì bīnguǎn ★★

交通の便のよい西苑路に位置するホテル。1階のブラジルBBQレストランは地元客にも人気。ほかに中国料理レストランがある。

両替 ビジネスセンター インターネット

M P.152-B2
🏠 涧西区西苑路6号
☎ 64685555 FAX 64685599
S 519元 T 499元
サ なし カ ADJMV

牡丹城賓館／牡丹城宾馆 ★★
ぼたんじょうひんかん mǔdānchéng bīnguǎn ★★

地元河南の味のほか、中国各地の名物料理も楽しめる広東料理レストラン「京安牡丹城澳門食街」がある。

両替 ビジネスセンター インターネット U www.lymdcbg.com

M P.152-B2
🏠 涧西区南昌路2号
☎ 64681111 FAX 64930303
S 414元
T 414元
サ なし カ ADJMV

洛陽牡丹大酒店／洛阳牡丹大酒店 ★★
らくようぼたんだいしゅてん luòyáng mǔdān dàjiǔdiàn ★★

王城公園の南に位置する。地元河南料理レストランのほか、ビュッフェ形式のフランス料理レストランもある。

両替 ビジネスセンター インターネット U www.peonyhotel.net/cn

M P.152-C2
🏠 涧西区中州西路15号
☎ 64680000 FAX 64856999
S 287~355元
T 287~355元
サ なし カ ADJMV

洛陽大酒店／洛阳大酒店 ★★
らくようだいしゅてん luòyáng dàjiǔdiàn ★★

周山森林公園の近くにあるモダンなガラス張りのホテル。

両替 ビジネスセンター インターネット

M P.152-B3
🏠 涧西区南昌路南段周山路1号
☎ 60660000 FAX 60660050
S 358~498元 T 358元
サ なし カ ADJMV

新友誼大酒店／新友谊大酒店　★★★★
しんゆうぎだいしゅてん　xīnyǒuyì dàjiǔdiàn

館内のレストランでは広東、潮州、四川料理から地元の名物料理まで堪能できる。雰囲気のいいカフェバーやサウナも完備。

両替　ビジネスセンター　インターネット　U www.lyxyy.com

M P.152-B2
住 澗西区西苑路副6号
☎ 64686666
FAX 64686667
S 398元　T 398元
サ なし　カ ADJMV

航空城酒店／航空城酒店　★★★
こうくうじょうしゅてん　hángkōngchéng jiǔdiàn

ビジネス街に位置する。サウナやスパ（女性専用）などの施設が充実しており、レストランでは広東料理や杭州料理を味わえる。

両替　ビジネスセンター　インターネット　U www.lylyjt.com

M P.152-C2
住 西工区体育場路8号
☎ 63385599　FAX 63923683
S 446元
T 428元
サ なし　カ ADJMV

洛陽龍門国際青年旅舎／洛阳龙门国际青年旅舎
らくようりゅうもんこくさいせいねんりょしゃ　luòyáng lóngmén guójì qīngnián lǚshè

龍門石窟行き81路バス「赵村」停留場のすぐ前にあるゲストハウス。こぎれいなカフェもあり、朝食は10元から。レンタルサイクルも可能。世界中から来た若い旅行者が集まっている。YHAからは離脱したが、外国人の宿泊は可能。

両替　ビジネスセンター　インターネット

M P.153-H5
住 洛龍区龍門大街趙村347号
☎ 65907206
FAX なし
S 88元　T 88元　④ 40元
D 30元（10人部屋）
サ なし
カ 不可

如家-洛陽新都匯王府井店／如家-洛阳新都汇王府井店
じょか らくようしんとかいおうふせいてん　rújiā luòyáng xīndūhuì wángfǔjǐngdiàn

「経済型」チェーンホテル。客室の設備は簡素ながら清潔。

両替　ビジネスセンター　インターネット　U www.bthhotels.com

M P.152-C2
住 西工区紗廠南路33号
☎ 60660088　FAX 60660089
S 129～159元
T 129～149元
サ なし　カ 不可

真不同／真不同
しんふとう　zhēnbùtóng

100年以上の歴史を誇る洛陽料理の名店。1階では"牡丹燕菜"などの料理を単品で注文できる。2階では、スープが多く使われた名物料理"洛陽水席"のコースを楽しめる（予約がおすすめ）。ひとり当たりの予算は80元。

M P.153-D1
住 老城区中州東路359号
☎ 63995080
オ 11:00～14:00、
　17:00～21:00
休 なし
カ 不可

南大街夜市／南大街夜市
なんだいがいよいち　nándàjiē yèshì

麗景門から西大街を抜けた先に延びる夜市。洛陽名物の水席料理から不翻湯、海鮮鍋、串焼きまであらゆる種類の屋台料理の店が並ぶ。「洛陽十字街」とも呼ばれている。

M P.153-D1
住 老城区南大街
☎ なし
オ 一般的に18:00～22:00
休 なし
カ 不可

洛陽中国国際旅行社／洛阳中国国际旅行社
らくようちゅうごくこくさいりょこうしゃ　luòyáng zhōngguó guójì lǚxíngshè

日本語ガイドは1日500元、車のチャーター（市内）は1日800元。日本語担当者はひとりだけなので携帯に連絡するとよい。
☎ 13838874710（陳紅）✉ 1805236831@qq.com

M P.152-B3
住 澗西区南昌路錦茂国際大廈14階
☎ 65867208　FAX 65867208
オ 8:30～12:00、14:00～18:00
休 土・日曜、祝日　カ 不可

山西省の中心に位置する古都

太原
<たいげん>

タイユエン
太原 Tài Yuán

市外局番●0351

魚沼飛梁の奥にある聖母殿（晋祠）

ウルムチ / ハルビン / 北京 / 大連 / 太原 / 西安 / ラサ / 成都 / 上海 / 昆明 / 広州 / 香港

都市DATA

太原市
人口：366万人
面積：6909km²
6区1県級市3県を管轄
太原市は山西省の省都

市公安局出入境服務大庁
（市公安局出入境服务大厅）
Ⓜ地図外（P.158-A3左）
🏠万柏林区南屯南街1号太原市為民服務中心1階B区
☎4612787
⏰8:30～12:00、13:30～17:00
🈺土・日曜、祝日
観光ビザを最長30日間延長可能。手数料は160元

博愛医院（博爱医院）
Ⓜ P.158-B2
🏠迎沢区解放南路85号
☎8822300
⏰24時間 🈺なし

市内交通

【路線バス】運行時間の目安は5:30～22:00。市区は一律1元、郊外は2～4元
【タクシー】初乗り3km未満8元、3km以上1kmごとに1.6元加算

市街地を走る路線バス

概要と歩き方

　太原は山西省中部に位置する省都。東、西、北の三方を山に囲まれ、中部と南部には平地が広がる。気候的には乾燥少雨で、寒暖差が大きい。冬は長く、春と秋は気温が急激に変化するので、体調管理に注意が必要となる。

　山西省の略称を晋というが、これは周の武王の子唐叔虞が唐を滅ぼした後に封ぜられ、その子爕父が国名を晋と改称したことによる。その晋国が、春秋時代末期の紀元前497（晋の平公17）年、汾河（黄河の支流）のほとりに晋陽城を築いたのが太原の町の始まりで、すでに2500年を超える歴史がある。太原はこのエリアにおける政治、経済、文化の中心として栄え、則天武后（唐代）、詩人である王維や白居易（唐代）、『三国志演義』の作者といわれる羅貫中（元末明初）など、多くの有名人を輩出している。

　町は太原駅から西に延びる迎沢大街を中心に成り立っている。この通りに面する五一広場には、平日でも多くの人が集まっている。また、迎沢大街から北に延びる柳巷南路は週末には多くの若者が集まる繁華街になっている。旧市街は柳巷南路の北西部にあり、旧山西省銀行などの建築物も残る。

　太原の観光は2～4日で足りる。市の南西には世界遺産に登録された古い町並みが残る平遥（→P.162）があるので、ふたつの町を合わせて訪れるのがおすすめ。

大小の料理店がひしめき合う食品街

	1月	2月	3月	4月	5月	6月	7月	8月	9月	10月	11月	12月
平均最高気温(℃)	1.0	3.0	10.0	18.0	24.0	27.0	28.0	27.0	22.0	17.0	8.0	1.0
平均最低気温(℃)	-11.0	-7.0	0.0	8.0	14.0	15.0	18.0	17.0	11.0	5.0	-2.0	-9.0
平均気温(℃)	-5.0	-1.0	4.0	12.0	17.0	21.0	23.0	22.0	17.0	11.0	3.0	-3.0

町の気象データ(→P.517)：「预报」＞「山西」＞「太原」＞区・市・県から選択

中国国内の移動→P.667 鉄道時刻表検索→P.26

✈ 飛行機

市区の南西13kmに位置する太原武宿国際空港(TYN)を利用する。

国際線 中部(3便)。

国内線 北京、上海、広州など主要都市との間に運航便がある。

所要時間(目安) 北京首都(PEK)/1時間20分 上海虹橋(SHA)/2時間15分 広州(CAN)/2時間45分 青島(TAO)/1時間45分 成都(CTU)/2時間10分

🚆 鉄道

太原は京原線、同蒲線、介西線、石太客専線などが交わる。旅行者は太原駅や太原南駅を利用すると便利。太原南駅は高速鉄道の専用駅。

所要時間(目安) 【太原南(tyn)】北京西(bjx)/高鉄:2時間40分 平遥古城(pygc)/動車:35分 西安北(xab)/動車:3時間30分 石家荘(sjz)/高鉄:1時間25分 【太原(ty)】大同(dt)/快速:3時間 平遥(py)/快速:1時間15分 北京西(bjx)/直達:4時間25分

🚌 バス

市内にはいくつものバスターミナルがある。長距離メインの太原総合バスターミナルと建南バスターミナル、近距離メインの太原西バスターミナルなどが便利。

所要時間(目安) 北京/7時間 大同/4時間 平遥/2時間30分 汾陽/2時間

Data

✈ 飛行機

● **太原武宿国際空港**(太原武宿国际机场)
M 地図外(P.158-C3下) 住 小店区太楡路199号
☎ インフォメーション=118114
航空券売り場=7286462
オ 始発便～最終便 休 なし カ 不可
・[移動手段] タクシー(空港～三晋国際飯店)/16元、所要40分が目安。空港→市内は到着便に合わせて運行 市内→空港=6:00～9:00の間1時間に1便、9:30～20:30の間30分に1便 タクシー(空港～五一広場)/60元、所要30分が目安
3ヵ月以内の航空券を販売。
● **中国東方航空航空券売り場**
(中国东方航空公司售票处)
M P.158-B2 住 迎沢区迎沢大街158号
☎ 4042903 オ 8:00～17:30 休 なし カ 不可
[移動手段] タクシー(航空券売り場～五一広場)/8元、所要5分が目安 路線バス/1、3、10、308、611、618、859路「青年路口」
3ヵ月以内の航空券を販売。

🚆 鉄道

● **太原駅**(太原火车站)
M P.158-C2 住 迎沢区建設南路2号 ☎ 共通電話=12306 オ 24時間 休 なし カ 不可
[移動手段] タクシー(太原駅～五一広場)/8元、所要5分が目安 路線バス/1、6、11、201、308、611、618、804、812、820路「火车站」
28日以内の切符を販売。
● **太原南駅**(太原火车南站)
M 地図外(P.158-C3下) 住 小店区北営北路
☎ 共通電話=12306
オ 6:00～23:00 休 なし カ 不可
[移動手段] タクシー(太原南駅～五一広場)/25元、所要25分が目安 路線バス/11、51、70、201、807、824、849、861路「火车南站」
28日以内の切符を販売。高速鉄道の専用駅。

● **太原駅解放路切符売り場**
(太原火车站解放路售票处)
M P.158-B2 住 迎沢区解放路25号 ☎ なし
オ 8:00～19:30 休 なし カ 不可
[移動手段] タクシー(太原駅解放路切符売り場～五一広場)/8元、所要7分が目安 路線バス/1、4、61、308、611、618、804路「大南門」
28日以内の切符を販売。手数料は1枚5元。

🚌 バス

● **太原総合バスターミナル**(太原汽车客运总站)
M P.158-B2 住 迎沢区迎沢大街88号
☎ 4042346 オ 5:30～21:30 休 なし カ 不可
[移動手段] タクシー(太原総合バスターミナル～五一広場)/8元、所要5分が目安 路線バス/1、4、10、65、308、611、618、805、812、820、859、864路「广场」
7日以内の切符を販売。石家荘(1便)、大同(6:40～19:00の間40分～1時間に1便)など。
● **建南バスターミナル**(建南汽车站)
M P.158-C2 住 小店区建南路447号
☎ 7071219、7071191 オ 6:30～20:00
休 なし カ 不可
[移動手段] タクシー(建南バスターミナル～五一広場)/15元、所要15分が目安 路線バス/11、52、611、805、830路「建南汽车站」
当日の切符のみ販売。平遥(8:00～19:30の間30分に1便)など。
● **太原西バスターミナル**(太原汽车客运西站)
M 地図外(P.158-A2左) 住 万柏林区迎沢大街396号寒广场 ☎ 6552571 オ 6:30～19:30
休 なし カ 不可
[移動手段] タクシー(太原西バスターミナル～五一広場)/30元、所要30分が目安 路線バス/52、809、859路「新西客站」
当日の切符のみ販売。交城(7:10～19:10の間30分に1便)、汾陽(7:30～19:10の間45分に1便)、孝義(7:30～19:10の間50分に1便)など。

山西省 太原

概要と歩き方/アクセス

崇善寺
MP.158-B1
住迎沢区崇善寺街9号
☎2029035、4061385
時8:00〜17:00
休なし　料無料
交3、4、61、805、820路
　バス「五一路桥头街口」

菩薩像を安置する大悲殿

千手千眼十一面観音像は必見　　オススメ度 ★★★

崇善寺／崇善寺　chóngshànsì
すうぜんじ

　崇善寺は、唐代の創建になる仏教寺院。明代に崇善寺と改名された。本院は、1381（明の洪武14）年、朱元璋の第3子晋恭王が母である馬皇后を祀るために拡張した。

　見どころは大悲殿内の三体の仏像。千手千眼十一面観音像と千鉢文殊像は何十本もの腕が出た姿が特徴。また、大悲殿の両側には楼閣があり、僧たちが生活しているのが見て取れる。

●…見どころ　Ｈホテル　Ⓑ銀行　Ｔ旅行会社　郵便局　Ⓗ病院　━━繁華街　━━高速道路

大殿と仏塔が見どころ

オススメ度 ★★★

双塔寺／双塔寺　shuāngtǎsì
そうとうじ

双塔寺は眺望のよい高台にある

双塔寺の原名は、永祚寺。寺の中にふたつの塔がそびえ立っていることから双塔寺と呼ばれている。

寺内の建築物はすべてれんが造り。斗組みや瓦の構成が精巧で美しい。大殿は2層の楼閣式になっている。大殿内2階の天井のしっとりした美しさは一見の価値がある。

寺の端にあるふたつの塔は八角13層。内部に階段があり、最上階まで上ることができる。塔内の窓からは、太原市内が一望のもとに見渡せる。また、境内にはボタンが植えられており、6月には美しい花を観賞できる。

有名な道教宮観

オススメ度 ★★★

純陽宮（山西省芸術博物館）／
じゅんようきゅう（さんせいしょうげいじゅつはくぶつかん）
纯阳宫(山西省艺术博物馆)　chúnyánggōng (shānxīshěng yìshù bówùguǎn)

純陽宮は、明の万暦年間（1572～1620年）に創建された道教宮観。清の乾隆年間（1735～1795年）に増築された。現在は山西省芸術博物館となっている。

展示室は楼閣の中にある。漢代の石に彫り込まれたレリーフ、歴代王朝の彫塑、書画などを鑑賞することができる。

山西省に関する展示物が充実

オススメ度 ★★★

山西博物院／山西博物院　shānxī bówùyuàn
さんせいはくぶついん

「鼎」をイメージした外観をもつ、2005年に開館した広さ5.1万㎡の博物館。収蔵物は青銅器や玉器、磁器、塑像、壁画などを中心に40万点を超える。

常設展示は2、3階の歴史的展示エリア（7つ）と、4階の芸術的展示エリア（5つ）に分かれている。

郊外の見どころ

太原を代表する建築物が立つ

オススメ度 ★★★

晋祠／晋祠　jìncí
しんし

1時間～

晋祠は、晋国のもととなった唐の基礎を整えた唐叔虞を祀るため、北魏代（386～534年）に創建された祠堂。その後、

双塔寺
Ⓜ P.158-C2
住 迎沢区永祚寺路郝荘村双塔寺
☎ 4551302
🕐 5月～10月上旬
　8:00～18:00
　10月中旬～4月
　8:00～17:00
休 なし
料 30元
🚌 55、812、820路バス「双塔寺」、徒歩15分
※2018年7月現在、修復中。再オープンは2018年10月以降の予定

純陽宮（山西省芸術博物館）
Ⓜ P.158-B2
住 迎沢区起鳳街1号
☎ 2029217
🕐 9:00～17:00
休 月曜
料 30元
🚌 1、3、6、10、65、308、502、611、804路バス「井州飯店」

純陽宮の外観
※2018年7月現在、修復中。再オープン時期は未定

山西博物院
Ⓜ P.158-A1
住 万柏林区濱河西路北段13号
☎ 8789188、8789555
🕐 9:00～17:00
※入場は閉館の1時間前まで
休 月曜、陰暦大晦日および元日（春節）
料 無料
🚌 69、865路バス「省博物館」
🌐 www.shanximuseum.com

内部は4階建ての博物館

粉彩嬰戯図碗（山西博物館）

159

何度も修復された。やがて、北宋の天聖年間（1023～1032年）に唐叔虞の母である邑姜を祀る聖母殿をはじめ、多くの建築物が建てられた。

晋祠は緑豊かな懸甕山の麓にあり、現在は周囲を晋祠公園、古建築群を晋祠博物館として整備し、一般公開している。

見どころは晋祠博物館で、中央、北、南のエリアに分かれている。中央部は、大門から水鏡台、会仙橋、対越、金人台、魚沼飛梁、そして聖母殿と続く晋祠の中心的な見どころ。特に聖母殿は、柱に彫られた龍や殿内にある42体の侍女像（北宋代）などがあり必見。北は文昌宮、関帝廟、唐叔祠、呂祖閣などが並び、南には難老泉亭を中心とした江南様式の庭園があり、最南端には十方奉聖禅寺と舎利生生塔が立つ。

時間がない場合、中央部と十方奉聖禅寺を見学するとよい。

八角屋根の難老泉亭のある江南式庭園

聖母殿の木彫りの龍

晋祠

M地図外（P.158-A3左）

- 住晋源区晋祠鎮西南郊懸甕山
- ☎6020014、2149649
- ⏰4～10月8:00～18:00
  11～3月8:30～17:00
- ※入場は閉門1時間前まで
- 休なし
- 料晋祠博物館
  3～11月＝80元
  12～2月＝65元
- ※晋祠公園は無料
- 交308、804、856路バス「晋祠公園」
- ※晋祠博物館の入口は下車後南へ道なりに10分ほど進んだ所にある
- Uwww.chinajinci.com
- ※2018年7月現在、晋祠周辺の道路工事のため、路線バスは臨時停留所までのみ運行（停留所名はなし）。バス降車後、晋祠公園までは徒歩約30～40分。タクシー利用の場合、市街地から晋祠までは片道60元が目安。道路工事終了予定は2018年10月

蒙山大仏

M地図外（P.158-A3左）

- 住晋源区羅底寺村蒙山
- ☎6159898
- ⏰4～10月8:00～17:30
  11～3月8:00～16:30
- ※入場は閉門の30分前まで
- 休なし
- 料入場料＝50元、游覧車＝片道6元（大仏まで2.5km）
- 交58路バス「蒙山大佛景区」
- ※「蒙山大佛景区」からの最終は17:30発
- Uwww.zhongguomengshan.com
- ※2018年7月現在、修復中。再オープン時期は2018年8月予定

杏花村汾酒廠

M地図外（P.158-A3左）

- 住汾陽県杏花村
- ☎(0358)7220777、7229217
- ⏰8:00～17:00
- 休なし（生産工場は土・日曜、祝日休み）
- 料入場料＝40元
  中国語ガイド（必須）＝30元
  電動カート（1台12人乗り）＝1台50元
- 交①旅行会社で車をチャーターする。玄中寺と合わせ1日700元が目安
  ②太原西バスターミナルから「汾陽」行きで終点。1路バスに乗り換えて「杏花村汾酒厂」（3元、所要30分）
- ※「汾陽」からの最終は18:00頃発
- Uwww.fenjiu.com.cn

1980年に発掘された大仏　　オススメ度 ★★★

蒙山大仏／蒙山大佛　méngshān dàfó
もうざんだいぶつ

蒙山大仏は市区南西部の寺底村蒙山にある高さ46mの仏像。北斉の天保年間（550～559年）に開削が始まり、26年の歳月をかけて完成した。唐代には皇帝も参拝に訪れるほどであったが、元末の戦乱で破壊された。その後、1980年の調査で土中から頭部を失った姿で発掘され、頭部をはじめ全体を慎重に復元し、2007年から一般公開されるようになった。

周辺には洛陽の白馬寺（→P.150）と同時期に建立され、皇家寺院となった開化寺や990年（北宋の淳化元年）に建てられた連理塔なども残っている。

汾酒の利き酒もできる　　オススメ度 ★★★　🚗

杏花村汾酒廠／杏花村汾酒厂　xinghuācūn fénjiǔchǎng
きょうかそんふんしゅしょう

杏花村汾酒廠はコーリャン酒「汾酒」の工場で、中国酒に興味のある人なら一度は訪れたい場所。広々とした敷地内には、学校や病院、職員宿舎などがおかれひとつの町のよう。見学の際

汾酒博物館の展示

は、汾酒の利き酒ができる。そのほか、汾酒博物館では、夏、殷（商）、周代からの美しい酒器が並べられている。

　工場内で汾酒を購入することもできる。おすすめはバラの香りがする汾酒。

日本の浄土宗の祖庭　　　　　　　　　　オススメ度 ★★★ 🚗

玄中寺／玄中寺　xuánzhōngsì
げんちゅうじ

　太原から60kmほど離れた交城県にある仏教の聖地。周りを美しい緑の山々に囲まれた風光明媚な場所でもある。472（北魏の延興2）年に高僧曇鸞により創建された。日本の浄土宗は玄中寺を祖庭としているため、日本の仏教界との交流が盛んに行われ、その友好の軌跡は三祖堂に飾られている曇鸞、道綽、善導の絵など、日本からのさまざまな寄進物に見ることができる。

玄中寺万仏殿

玄中寺
Ⓜ地図外（P.158-A3左）
住呂梁市交城県洪相郷西北石壁山中
☎(0358) 3905102
オ8:00～17:00
休なし
料20元
交①旅行会社で車をチャーターする。杏花村汾酒廠と合わせ1日700元が目安
②太原西バスターミナルから「交城」行きで終点。タクシーに乗り換える（片道30元が目安）
※「交城」からの最終は18:30頃発

ホテル

山西国貿大飯店／山西国贸大饭店　★★★ ★★
さんせいこくぼうだいはんてん　shānxī guómào dàfàndiàn

貿易センターに併設の高級ホテル。ビジネスセンターなどのほか、日本料理レストランなどもある。
[両替] [ビジネスセンター] [インターネット] Ⓤwww.worldtradehoteltaiyuan.com

ⓂP.158-B1
住杏花嶺区府西街69号
☎8688888 ℻8688000
Ⓢ700元
Ⓣ700元
サなし カADJMV

三晋国際飯店／三晋国际饭店　★★ ★★
さんしんこくさいはんてん　sānjìn guójì fàndiàn

五一広場前に位置し、中国東方航空航空券売り場にも近い。ホテルの横がエアポートバスの発着地点になっている。
[両替] [ビジネスセンター] [インターネット] Ⓤwww.sjih.com

ⓂP.158-B2
住迎沢区迎沢大街108号
☎8827777 ℻4186301
Ⓢ356～630元
Ⓣ350～600元
サなし カADJMV

錦江之星 太原五一広場酒店／锦江之星 太原五一广场酒店
きんこうしせい たいげんごいちこうじょうしゅてん　jǐnjiāngzhīxīng tàiyuán wǔyī guǎngchǎng jiǔdiàn

「経済型」チェーンホテル。簡素だが清潔な部屋で、価格もリーズナブル。
[両替] [ビジネスセンター] [インターネット] Ⓤwww.jinjianginns.com

ⓂP.158-B2
住迎沢区并州北路7号
☎4141888 ℻4152088
Ⓢ259～309元
Ⓣ239～259元
サなし カ不可

太原銅鑼湾広場和頤酒店／太原铜锣湾广场和颐酒店
たいげんどらわんこうじょうわいしゅてん　tàiyuán tóngluówān guǎngchǎng héyí jiǔdiàn

「経済型」チェーンホテルである如家快捷酒店の上位ブランドホテル。太原のビジネス街に位置し、すぐ南には繁華街がある。
[両替] [ビジネスセンター] [インターネット] Ⓤwww.bthhotels.com

ⓂP.158-B1
住杏花嶺区府東街87号
☎2712999 ℻なし
Ⓢ279～359元
Ⓣ329元
サなし カADJMV

旅行会社

山西省中国国際旅行社／山西省中国国际旅行社
さんせいしょうちゅうごくこくさいりょこうしゃ　shānxīshěng zhōngguó guójì lǚxíngshè

入口には「中青旅山西国際旅行社有限公司」の看板もかかるが、日本部はひとつのみ。日本語ガイドは1日500元、車チャーター（市内）は1日600元。列車の切符手配は1枚50元。平遥古城1日ツアー800元（1台に3人まで乗車可）。
✉sxcitsjp2000@yahoo.co.jp

ⓂP.158-A2
住小店区平陽路1号金茂国際数碼中心B座17階
☎7242124（日本部）
　7244312（日本部）
オ4～10月9:00～17:30
　11～3月9:00～17:00
休土・日曜、祝日
カ不可

明代の歴史を今に伝える城壁都市

平遥
へいよう

ピンヤオ
平遥 Píng Yáo

市外局番●0354

南大街にある市楼

ウルムチ● ●ハルビン
●北京 ●大連
平遥○ ●大連
ラサ ●西安 ●上海
●成都
●昆明 ●広州
●香港

都市DATA

平遥県
人口：52万人
面積：1254km²
平遥県は晋中市管轄下
の県

県公安局出入境管理科
（県公安局出入境管理科）
Ⓜ地図外（P.164-A3下）
住柳根西街99号
☎5633049
✉8:00～12:00、
14:30～18:00
休土・日曜、祝日
観光ビザの延長は不可

県人民医院（県人民医院）
Ⓜ地図外（P.164-B3下）
住曙光路51号
☎5624109
✉24時間
休なし

市内交通

●古城内
【電動カート】平遥駅～古城
＝1人5元、古城内各見どころ
まで＝1人10元、チャーター
（1台）＝150元（要交渉）
●古城外
【路線バス】運行時間の目安
は7:00～20:00、2～5元
【タクシー】初乗り1km未満4
元、1km以上1kmごとに1.5元
加算。しかし、距離に応じて運
転手が金額を決める場合が多
い。郊外へ行く場合は要交渉

概要と歩き方

　平遥は山西省の省都である太原の南西約90kmに位置す
る。かつては古陶と呼ばれたが、5世紀の北魏王朝のとき平
遥と改称された。明代の城壁がほぼ完全な形で保存されてい
る中国唯一の町であることから、平遥古城が1997年に世界
文化遺産に登録された。現存する城壁は明代を基礎として清
代に補修したもので、整然と積まれたれんがの城壁が約
6kmにわたって巡っている。ほぼ方形の平遥城は、正面に
当たる南の迎熏門を頭、門外にあるふたつの井戸を眼、北の
拱極門を尾、東西ふたつずつの門を脚とみなして、亀の形に
たとえられ、別名亀城とも呼ばれる。

　城壁内に足を踏み入れると、明清の時代にタイムスリップ
したような感覚を覚える、100年以上も昔の伝統的民間建築
が数多く残っており、今も人々が普通に暮らしている。

　これらの特徴ある建築物は、平遥で始められた票号と呼ば
れる為替業務で蓄財した商家によって建てられたもの。その
なかには宿泊施設として利用されているものもある。

　また、多くの建物が観光客向けに公開されており、城壁内
外に数ヵ所設けられた入場券売り場で共通券を購入して見学
できる。3日間有効なので、城内をゆっくり歩いて回ろう。
なお、ひとつの建物には1回しか入場できない。町の周囲に
は双林寺や鎮国寺などの古
刹も多い。

日暮れ後の平遥古城内の町並み

城壁の南門、迎熏門（平遥古城）

	1月	2月	3月	4月	5月	6月	7月	8月	9月	10月	11月	12月
平均最高気温(℃)	1.0	3.0	10.0	18.0	24.0	27.0	28.0	27.0	22.0	17.0	8.0	1.0
平均最低気温(℃)	-11.0	-7.0	-1.0	5.0	11.0	15.0	18.0	17.0	11.0	5.0	-2.0	-9.0
平均気温(℃)	-5.0	-1.0	4.0	12.0	17.0	21.0	23.0	22.0	17.0	11.0	3.0	-3.0

町の気象データ（→P.517）：「予報」＞「山西」＞「晋中」＞「平遥」

Access 交通

中国国内の移動→P.667　鉄道時刻表検索→P.26

 鉄道　ローカル線である南同蒲線の平遥駅と高速鉄道や動車組の専用駅である平遥古城駅を利用する。

所要時間(目安)【平遥(py)】太原(ty)／快速:1時間30分　大同(dt)／快速:6時間30分　【平遥古城(pygc)】太原南(tyn)／動車:35分　北京西(bjx)／高鉄:3時間50分　石家荘(sjz)／動車:2時間20分　西安北(xab)／動車:2時間40分

高速鉄道専用の平遥古城駅

 バス　平遥長距離バスターミナルを利用する。

所要時間(目安)　太原／2時間30分　介休／1時間

Data

🚉 鉄道

● 平遥駅（平遥火車站）
M P.164-A2 **住** 中都中街14号 **☎** 3560018
オ 24時間 **休** なし **力** 不可
[移動手段] 電動カート（平遥駅〜拱極門）／5元、所要3分が目安　路線バス／9、102、108路「火車站」
　28日以内の切符を販売。
● 平遥古城駅（平遥古城火車站）
M 地図外（P.164-A3下）
住 中都郷侯冀村文景大道 **共通電話**＝12306
オ 7:20〜22:20 **休** なし **力** 不可

[移動手段] タクシー（平遥古城駅〜迎熏門）／30元、所要20分が目安　路線バス／108路「平遥古城站」
　28日以内の切符を販売。高速鉄道専用駅。

🚌 バス

● 平遥長距離バスターミナル（平遥长途汽车站）
M P.164-B1 **住** 中都東街85号 **☎** 5690011
オ 6:30〜18:30 **休** なし **力** 不可
[移動手段] 電動カート（平遥長距離バスターミナル〜拱極門）／5元、所要2分が目安　路線バス／102、108路「汽车站」
　当日の切符のみ販売。太原(7:30〜18:20の間20分に1便)、介休(7:40〜18:00の間30分に1便)など。

見どころ

周囲6kmに及ぶ明代の城壁　　オススメ度 ★★★　世界遺産

平遥古城／平遥古城　píngyáo gǔchéng
へいよう こ じょう

3時間〜

拱極門は城壁の北側の門

　平遥のシンボルである平遥古城は1370（明の洪武3）年に築かれ、その後、25回にわたる修復を受けながらも創建当時の姿を伝えている。基底部の幅9〜12m、上部の幅3〜6m、高さ約10mの城壁がほぼ方形に6163mにわたって巡っており、約40〜100mごとに敵楼と呼ばれる72の櫓が築かれている。

　東西の城門はふたつずつ設けられ、城壁が突き出た部分は防御施設で、墩台と呼ばれる。もともとは城壁上に6つの重層の城楼と四隅に角楼が築かれたが、現在は東南の奎星楼がそびえるのみ。城壁へは拱極門と迎熏門から上がることができ、城壁の内側には大砲や兵士の像などが置かれている。

平遥古城
M P.164
住 平遥県城
☎ 5690000
オ 4月中旬〜10月上旬
　8:00〜18:00
　10月中旬〜4月上旬
　8:00〜17:30
※見どころはすべて上記時間に準ずる。古城内へは24時間入れる
※見どころの入場はすべて閉館の15分前まで
休 なし
料 130元
※3日間有効
※入場できる見どころ→P.164欄外

城壁上から城内を望む

共通券

　共通券で入場できるのは、平遥古城壁、中国票号博物館（日昇昌）、古衙署（県衙）、城隍廟、清虚観（平遥県総合博物館）、平遥文廟、雷履泰故居、中国商会博物館、協同慶票号、天吉祥博物館、百川通、古民居博物苑、中国鏢局、華北第一鏢局、蔚泰厚博物館、蔚盛長珍蔵博物館、匯武林博物館、同興公鏢局、中国珍奇報紙陳列館、文涛坊古兵器博物館、二郎廟、馬家大院の22ヵ所。

中国票号博物館（日昇昌）
M P.164-B2
🏠西大街38号
☎5687928

古衙署（県衙）
M P.164-B3
🏠衙門街77号
☎5682909

中国票号博物館（日昇昌）／

ちゅうごくひょうごうはくぶつかん　にっしょうしょう

中国票号博物館（日升昌）　zhōngguó piàohào bówùguǎn (rìshēngchāng)

中国票号博物館（日昇昌）の内部

　票号とは銀行の前身というべき私的な金融機関で、日昇昌は1823（清の道光3）年に創業した中国最初の票号。日昇昌の創業以降、平遥や周辺都市ではぞくぞくと票号を起業する者が現れた。これら企業集団は山西幇と呼ばれ、中国国内のみならず日本や朝鮮など海外にも支店を設けた。日昇昌の20余の建物を利用した展示では100年にわたる票号の栄枯盛衰の歴史を知ることができる。

古衙署（県衙）／古衙署（县衙）　gǔyáshǔ (xiànyá)

こがしょ　けんが

　元代から清代までの平遥の官庁所在地で、衙署街にある。全国でも最も保存のよい衙署として貴重な建築群。現存のものは1370（明の洪武3）年に建てられた。多くの建築のうち中心となるものは規模の最も大きな大堂で、知県（県の知事）が公務を行った場所。

城隍廟／城隍庙 chénghuángmiào

城内東部にある、全国でも最も保存がよい城隍廟のひとつ。城隍廟は城の守り神。南北4区画に牌楼、城隍殿、寝宮などの建築物が並んでおり、いずれも往時の役所の建築様式が反映されている。

このほか、劇の舞台などもあり、清代の戯台の傑作とされている財神廟や、1年間の伝統行事を描いた壁画で、この地方の民俗を知ることができる竈君廟なども、一見の価値がある。

城隍廟の山門

廟内の舞台

清虚観（平遥県総合博物館）／
せいきょかん　　へいようけんそうごうはくぶつかん
清虚观(平遥县综合博物馆) qīngxūguàn(píngyáoxiàn zōnghé bówùguǎn)

親翰門のすぐそばにある道観で、平遥県総合博物館になっている。清虚観の草創は684（唐の顕慶2）年で、現存の建築は明清代のものが多い。宋代から清代にかけての碑が30ほど現存しており、元代のパスパ文字で書かれたものは貴重。また山門と龍虎殿にある元代の石造獅子も見逃せない。博物館の展示では「紗閣劇人」というコレクションがある。

馬家大院／马家大院 mǎjiā dàyuàn
ばけだいいん

東大院第二進院

平遥の四大豪商に名を残す、馬一族のかつての邸宅。迷宮式建築と呼ばれる清代に造営された建築群や、当時の工芸品などを見られる。

市楼／市楼 shìlóu
しろう

日暮れ後の市楼

平遥古城のほぼ中央に立つ3層の市楼。創建年代は不明だが、現在の建物は1688（清の康熙27）年に建てられた。高さは18.5mで南側に井戸の跡が残る。

城隍廟
Ⓜ P.164-C2
⊞ 城隍廟街51号
☎ 5682250

城隍殿

城隍廟の入口の牌楼

清虚観
Ⓜ P.164-C2
⊞ 東大街109号
☎ 5685851
※2018年7月現在、修復中。
　再オープン時期は未定

馬家大院
Ⓜ P.164-C2
⊞ 馬家巷34号
☎ なし

馬家大院の内部

市楼
Ⓜ P.164-C2
⊞ 明清街
☎ なし

南側には市楼の額がかかる

双林寺

生きいきとした彩塑が多数並ぶ　オススメ度 ★★★

双林寺／双林寺　shuānglínsì
そうりんじ

天王殿の金剛力士像

平遥古城の西南6kmにある彩塑で有名な古刹。もとは中都寺と呼ばれ、創建年代は不詳だが、修理の記録が残る571（北斉の武平2）年から数えてもすでに1400年以上の歴史をもつ。現存する堂宇と塑像は明代に造られたものが多い。伽藍は中軸線に沿って天王殿、菩薩殿、大雄宝殿、娘娘殿などが並び、各建物には彩色を施した塑像すなわち彩塑が安置されている。

鎮国寺

中国で最も古い木造建築のひとつ　オススメ度 ★★★

鎮国寺／鎮国寺　zhènguósì
ちんこくじ

鎮国寺の山門

平遥古城の東北12kmにある古刹。創建は963（五代・北漢の天会7）年。14の建築が前後の2区画に配置されている。そのうち万仏殿（天王殿）は後世の改修は経ているものの創建当初の様式を備えている。また万仏殿内の如来、菩薩、仏弟子、天王、供養者など11の塑像も五代のもの。

喬家大院

映画『紅夢』の舞台となった大邸宅　オススメ度 ★★★

喬家大院／乔家大院　qiáojiā dàyuàn
きょうけだいいん

平遥古城の東北35kmにある、喬一族のかつての大邸宅で、中国北方民家建築の典型。張芸謀監督、鞏俐主演の映画『紅夢』のロケ地となったことで有名になった。

高さ約10mの壁に囲まれた約8720㎡の敷地内には300を超す部屋があり、清末から中華民国期にかけて国内外に名をはせた金融資本家、喬一族の生活をうかがい知ることができる。喬家大院は民俗博物館として内部が6つの展示区画に分かれ、喬家の所有していた珍宝や民俗工芸品などが陳列されている。

中堂第一院

中堂第一院内部

ユニークな彫刻に満たされた邸宅　オススメ度 ★★★

王家大院／王家大院　wángjiā dàyuàn
おうけだいいん

　平遥古城の西南約50kmの霊石県静昇鎮にある、王一族のかつての大邸宅。高家崖の建築群と紅門堡の建築群に分かれている。高家崖は清代の嘉慶年間に造られ35の院落（住居区画）に342部屋があり、紅門堡は乾隆年間に造られ88の院落に776の部屋がある。

　また、各所に施された磚刻、木彫、石刻は精緻を極め、そのデザインにも目を見張るものがある。

山の斜面に立つ紅門堡の建築群

山西の村落文化の水準の高さを示す　オススメ度 ★★★

静昇文廟／静升文庙　jìngshēng wénmiào
せいしょうぶんびょう

　王家大院から坂を下りた所にある孔子を祀った廟で、創建は1336（元の至元2）年。3500㎡の敷地内には大成殿、崇聖殿、尊経閣、魁星楼などの建築が並ぶ。

　各所に施された彫刻は精緻で、特に高さ7m、幅10mの影壁鯉魚躍龍門は、鯉が龍門をくぐり抜けて龍に変ずるという画題の彫刻で、極めて例が少なく貴重。

静昇文廟

王家大院
Ｍ地図外（P.164-A2左）
住霊石県静昇鎮
☎7722122
オ4月中旬～10月上旬
　8:00～18:00
　10月中旬～4月上旬
　8:30～17:00
※入場は閉門1時間前まで
休なし
料4～10月＝55元、11～3月
　＝35元
交①タクシーをチャーターする。往復300元、片道所要1時間10分が目安
②平遥長距離バスターミナルから「介休」行きで終点。バスターミナルの斜め向かいで11路バスに乗り換えて終点（5元、所要40分）
※8:30、12:40発のバスは王家大院を経由する
※「王家大院」からの最終は17:30発
※「介休」からの最終は18:00発
Uwww.sxwjdy.com

静昇文廟
Ｍ地図外（P.164-A2左）
住霊石県静昇鎮
料20元
※2018年7月現在、王家大院が管理しており、上記以外のデータは王家大院と同様
※2018年7月現在、修復中。再オープン時期は未定

ホテル

雲錦成公館／云锦成公馆　yúnjǐnchéng gōngguǎn　★★★★★
うんきんせいこうかん

西大街にある5つ星ホテル。ホテルの東側には中国票号博物館（日昇昌）がある。客室は伝統建築を生かした造りだが、バスルームなどはモダンに改修されており快適。事前に平遥到着時間や利用交通手段を伝えておけば出迎えてくれる。

両替　ビジネスセンター　インターネット

Ｍ**P.164-B2**
住西大街56号
☎5888888
FAX5680192
S870～1070元
T870～1070元
サなし
カADJMV

鄭家花園客桟／郑家花园客栈　zhèngjiā huāyuán kèzhàn
ていけかえんきゃくさん

聴雨楼のすぐ近くにある。明るくカジュアルな雰囲気のロビーの奥に、伝統的な建築様式の客室を備える。

両替　ビジネスセンター　インターネット

Ｍ**P.164-B3**
住衙門街68号
☎5684466　FAXなし
S120～220元
T120～220元
サなし　カ不可

グルメ

天元奎／天元奎　tiānyuánkuí
てんげんけい

平遥の伝統料理などを20元前後から提供し、宿泊施設もある人気店。注文は写真付きタッチパネルで便利。酒や黒酢などの名産品も味が気に入ったら購入できる。

Ｍ**P.164-C2**
住南大街73号
☎5680069
オ7:30～23:00
休なし　カ不可

世界遺産、雲崗石窟への玄関口

大同
だいどう

ダートン
大同 Dà Tóng

市外局番●0352

精緻な彫刻が見事な第9窟の毘盧仏洞

ウルムチ・　　・ハルビン
大同●　北京・　・大連
西安・　　　・上海
ラサ・　成都・
昆明・　　　・広州
　　　　・香港

都市DATA

大同市
人口：318万人
面積：1万4056km²
4区7県を管轄

市公安局出入境管理処
（市公安局出入境管理処）
🅜地図外（P.170-C3右）
🏠恒安街大同公安局新辨公楼
☎6209168
🕘9:00～12:00、13:00～17:00
🚫土・日曜、祝日
観光ビザを最長30日間延長
可能。料金は160元

市第三人民医院
（市第三人民医院）
🅜P.170-B3
🏠魏都大道文昌街1号
☎5556099
🕘24時間 🚫なし

山西名物の刀削麺

市内交通

【路線バス】運行時間の目安
は6:30～19:30、1～2元。快
速旅游603路バスは7:00～
18:00、3元
【タクシー】初乗り3km未満7
元、3km以上1kmごとに1.6
元加算

概要と歩き方

　山西省の北部、河北省や内蒙古自治区と接する大同は地方都市だが、世界文化遺産に登録された雲崗石窟のある都市として、また、内蒙古観光の玄関口として、毎年多くの観光客を引き寄せている。砂漠性の気候で、夏はカラッと暑く、冬はグッと冷え込み、強風が吹く。

　大同の町は、趙の武霊王（未詳～紀元前295年）によってつくられ、以来2300年以上の歴史を誇る。398年には北魏の道武帝がこの地に遷都を行い、中国北部における政治、経済、文化の中心地となった。北魏はおおむね仏教を信仰しており、その庇護下、雲崗石窟（2001年世界遺産登録）の開削が始まり、多くの傑作を生み出した。

　大同の繁華街は、修復が進む城壁に囲まれた古城エリアにある小南街、清遠街、紅旗広場（華林新天地）あたり。特に鼓楼を中心とした一帯は再開発によって古い中国風の町並みが再現されている。また、このエリアには見どころやホテル、レストランも集まっているので、宿泊地として適当だ。

　大同は郊外にも多くのすばらしい見どころがある。交通が不便なので効率よく観光するには、タクシーのチャーターや旅行会社で車とガイドを手配するのがおすすめ。

華厳寺の華厳宝塔からの眺め

城壁の上にある雁塔

	1月	2月	3月	4月	5月	6月	7月	8月	9月	10月	11月	12月
平均最高気温(℃)	-4.0	0.0	6.0	15.0	22.0	26.0	27.0	25.0	20.0	14.0	4.0	-2.0
平均最低気温(℃)	-15.0	-12.0	-5.0	2.0	9.0	13.0	16.0	15.0	9.0	2.0	-6.0	-13.0
平均気温(℃)	-10.0	-6.0	0.0	8.0	16.0	20.0	22.0	20.0	15.0	8.0	-1.0	-8.0

町の気象データ（→P.517）：「預報」>「山西」>「大同」>区・県から選択

中国国内の移動 → P.667　鉄道時刻表検索 → P.26

✈ 飛行機　市区中心の東17kmの倍加造鎮の北に位置する大同雲崗空港（DAT）を利用する。

国際線 日中間運航便はないので、北京で乗り継ぐとよい。

国内線 北京や上海、広州など主要都市や太原、長治といった近隣都市との間に運航便があるが便数は少ない。

所要時間（目安） 北京首都（PEK）／1時間5分　上海浦東（PVG）／3時間　太原（TYN）／55分　西安（XIY）／1時間50分

🚆 鉄道　大同は北京からフフホト、パオトウ方面を結ぶ京包線が経由するほか、太原方面への同蒲線列車もある。大同駅を利用する。高速鉄道は通っていない。

所要時間（目安）【大同（dt）】太原（ty）／直達：2時間42分　平遥（py）／快速：5時間50分　フフホト（hhht）／直達：2時間48分　北京西（bjx）／快速：5時間46分　石家荘北（sjzb）／快速：6時間3分

🚌 バス　大同バスターミナル、大同新南公路バスターミナルを利用する。北京や内蒙古方面は大同バスターミナルが、太原方面は大同新南公路バスターミナルがメイン。

所要時間（目安） 渾源／1時間30分　五台山／4時間30分　北京／4時間30分　張家口／3時間30分　フフホト／3時間30分　パオトウ／6時間　太原／3時間30分　応県／1時間30分

▸ Data

✈ 飛行機

●**大同雲崗空港**（大同云冈机场）
Ⓜ **P.173-B2** 🏠大同県倍加造鎮南環東路
☎5688112、5688114　⏰6:00〜最終便
休なし　カ不可
[移動手段] **エアポートバス**（空港〜大同賓館）／10元、所要35分。空港→市内＝到着便に合わせて運行　市内→空港＝7:00、10:00、13:00、18:00発 ※発車時刻は出発便に合わせて変更されることがあるので、航空券購入時などに確認する **タクシー**（空港〜鼓楼）／50元、所要35分が目安

●**大同空港民航航空券売り場**
（大同机场民航售票处）
Ⓜ **P.170-B3** 🏠南環路と紅旗南街交差点西南角
☎2991767　⏰8:00〜18:00　休なし　カ不可
[移動手段] **タクシー**（航空券売り場〜鼓楼）／12元、所要15分が目安　**路線バス**／20、32、201路「南環路魏都大道口」
　3ヵ月以内の航空券を販売。

🚆 鉄道

●**大同駅**（大同火车站）
Ⓜ **P.170-B1** 🏠站前街4号　☎共通電話＝12306
⏰24時間　休なし　カ不可
[移動手段] **タクシー**（大同駅〜鼓楼）／12元、所要15分が目安　**路線バス**／快速旅游003、4、

大同駅

15、30、42路「大同站」
　28日以内の切符を販売。

🚌 バス

●**大同バスターミナル**（大同汽车站）
Ⓜ **P.170-B3** 🏠魏都大道3号　☎2464510
⏰5:40〜18:00　休なし　カ不可
[移動手段] **タクシー**（大同バスターミナル〜鼓楼）／7元、所要8分が目安　**路線バス**／15、18、28路「体育場」
　渾源と懸空寺行きは当日券のみ、そのほかは3日以内の切符を販売。懸空寺（6:30〜11:00の間30〜45分に1便）、渾源（6:30〜18:00の間30〜45分に1便）、五台山（夏7:30、14:00発、冬14:00発）など。

児童公園と隣接する大同バスターミナル

●**大同新南公路バスターミナル**
（大同新南公路客运站）
Ⓜ **P.170-B4** 🏠魏都大道699号　☎5025222
⏰6:30〜19:00　休なし　カ不可
[移動手段] **タクシー**（大同新南公路バスターミナル〜鼓楼）／20元、所要20分が目安　**路線バス**／1、11、28、30、64路「新南客运站」
　太原行きは5日以内の切符を、それ以外は当日の切符のみ販売。太原（6:50〜19:00の間15便）、応県（7:30〜18:10の間1時間に1便）、五台山（夏9:00、14:30発、冬9:00発）など。

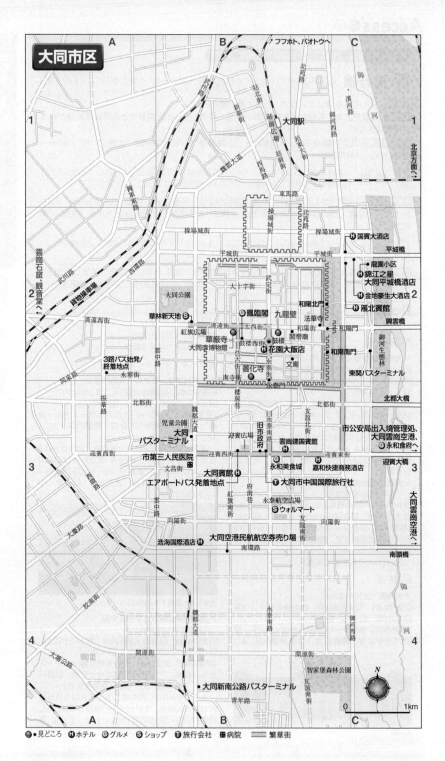

大同市区

見どころ

脇侍菩薩像は東洋のビーナス

オススメ度　★★★

華厳寺／华严寺　huáyánsì
けごんじ

華厳寺は、遼金代における華厳宗の重要な寺院のひとつ。元代に焼失したが、明の宣徳年間（1426〜1435年）に再建された。15世紀末に上華厳寺、下華厳寺のふたつに分けられ、おのおのに山門が設けられて現在にいたる。

遼代に建てられた下華厳寺は薄伽教蔵殿を主殿とし、遼代の塑像が保存されている。高名な歴史家でもある郭沫若をはじめ、誰もが絶賛するのが脇侍菩薩像。安らぎを感じさせるその面立ちは東洋のビーナスと呼ばれている。

金代に建てられた上華厳寺は、長年にわたる改修工事が終了し、一般公開されている。また、院内には大同からの出土品が歴史順に並ぶ博物館も併設されている。

官吏が儀礼作法を学んだ寺院

オススメ度　★★★

善化寺／善化寺　shànhuàsì
ぜんかじ

唐の開元年間（713〜741年）に創建された善化寺は、俗称では南寺と呼ばれる。幾度かの改修が施され、1445（明の正統10）年に現在の名前となった。当時の官吏はこの寺で立ち居振る舞いや儀礼を学んだという。主要な建築物は中軸線上に立っており、三聖殿は金代の、大雄宝殿は遼代の建築物。

善化寺大雄宝殿内部

中国三大九龍壁のひとつ

オススメ度　★★★

九龍壁／九龙壁　jiǔlóngbì
きゅうりゅうへき

大同の九龍壁は、北京の故宮内にある九龍壁、北京北海公園にある九龍壁とともに中国三大九龍壁のひとつに数えられている。明の太祖朱元璋の第13子朱桂の代王府前の壁として、1392（明の洪武25）年に建てられた。その後、邸宅は兵火により失われたが、九龍壁だけは残った。壁は長さ45.5m、高さ8m、厚さ2mで、中国に現存する龍壁のなかでは最も大きい。さまざまな色の瑠璃瓦で装飾された壁がかつての王府の威容を物語る。

大同の九龍壁は明代のもの（北京は清代）

華厳寺
M P.170-B2
住 下寺坡街459号
☎ 2042025
時 4月15日〜10月15日
　8:30〜18:00
　10月16日〜4月14日
　8:30〜17:00
休 なし
料 65元
交 38、61路バス「华严寺」
U www.sxdthys.com

華厳寺木塔

善化寺
M P.170-B2
住 南寺街9号
☎ 2539436
時 5月下旬〜10月15日
　8:00〜18:00
　10月16日〜5月中旬
　8:00〜17:30
休 なし
料 無料
交 35、61路バス「永泰街南口」
U www.dtshs.com

九龍壁
M P.170-B2
住 和陽街18号
☎ 2837988
時 5月下旬〜10月15日
　8:00〜18:00
　10月16日〜5月中旬
　8:30〜17:30
休 なし
料 無料
交 27、38路バス「九龙壁」。27、35、61路バス「鼓楼」

インフォメーション

タクシーチャーター

大同市区でチャーターして雲崗石窟、木塔、懸空寺、恒山寺廟群を1日観光した場合、1台500～600元が目安（各見どころでの待ち時間により料金が変わるので要交渉）。

雲崗石窟

MP.172、P.173-A2

住雲崗鎮武周山麓

☎7992622、7992655

開雲崗石窟＝
4月1日～10月15日
8:30～18:00
10月16日～3月31日
8:30～17:30
※入場は閉館40分前まで
陳列館＝
4月1日～10月15日
9:30～17:00

休雲崗石窟＝なし、陳列館＝
10月16日～3月31日は閉館
※2018年8月現在、第7、8
窟と第11～13窟は修復中。
再オープン時期は未定

料4～10月＝125元
11～3月＝80元

交快速旅游603、3路バス
「云崗」

Uwww.yungang.org

471～494年に築かれた第6窟、釈迦仏堂。彩色が残る

世界遺産に登録されている巨大石窟　オススメ度 ★★★ 世界遺産

雲崗石窟／云岗石窟　yúngǎng shíkū
うんこうせっくつ

2時間

世界に名だたる仏教芸術の宝庫のひとつ雲崗石窟は、大同観光の最重要ポイント。武周山断崖の砂岩を切り開いて築かれた石窟は、東西1kmにもわたる壮大なもの。お

第20窟、白仏爺洞は460～470年に築かれた

もな洞窟は53窟あり、彫像は高さ数cmのものから17mのものまで5万1000体にも及ぶ。ユネスコの世界文化遺産にも登録されている。

石窟は460（北魏の和平元）年から開削され、494（北魏の太和18）年の洛陽遷都の前には大部分が完成した。その後も造営が続けられ、遼金時代に最大規模になった。北魏が鮮卑族による異民族王朝であった影響か、秦漢代の芸術的伝統に加え、中原以外の遊牧民的エッセンスを融合させているところに雲崗石窟の特徴がある。

入場後、まず注目してほしいのが第5窟と第6窟。第5窟には、雲崗石窟最大の高さ17mを誇る仏像が穏やかな表情で鎮座している。その隣にある第6窟には、釈迦牟尼の一生が描かれている。次に注目してほしいのが、第9～13窟の五華洞。特に第12窟のさまざまな楽器を演奏する伎楽天は、雲崗石窟の芸術的なレベルの高さを感じさせてくれる。

雲崗石窟のなかでも、最も早く彫り始められたのが第16～20窟。曇曜五窟と呼ばれ、世界的に有名。この五窟は、高僧曇曜が時の皇帝である文成帝（440～465年）を説き伏せ、全身全霊を捧げて築き上げたもの。ここでは雲崗石窟のシンボルともなっている第20窟の仏像に注目したい。

現存最古の木造の仏塔

オススメ度 ★★★

木塔／木塔　mùtǎ
もくとう

　1056（遼の清寧2）年に創建された木塔。もとの名は仏宮寺釈迦塔。大同市区の南約60kmの応県にあり、現存する木造の塔としては、最古で知られる。

　高さ67.13mの塔は、外側から見ると八角5層に見えるが、内部は9層になっている。塔は高さ4mの2層の台の上に築かれており、内外2本の柱とはりにより組み上げられて強度を高めている。この塔が建てられて200年余り経った元代に大地震が起きたが、この塔だけはびくともしなかった。

雄大な姿の木造建築物

木塔
Ｍ P.173-A3
住 朔州市応県城関鎮西街遼代広場
☎ (0349) 5035244
オ 4月中旬～10月中旬
　8:00～18:00
　10月下旬～4月上旬
　8:00～17:00
※入場は閉門30分前まで
休 なし
料 木塔＝50元
　釈迦摩尼舎利＝100元
※2018年8月現在、木塔には上れず、見学は外観のみ
交 大同新南公路バスターミナルから「応県」行きで終点。1、2路バスに乗り換えて「遼代广场」または徒歩30分
※「応県」からの最終は17:30頃発

大同市全図

内蒙古自治区

豊鎮市
辺城五堡
郭家窯
新栄区　新栄
破魯堡
管家堡　上深澗　西村
焦山寺石窟　雲崗石窟
鶴翼山
高山　雲崗
南郊区　鉱区
鶴翼崖
店湾
水窯
禅房寺磚塔
懐仁
吉家荘
応県
木塔
山陰

三屯
張家場
左雲
左雲県
小京荘
馬道頭

陽高古城
雲林寺　陽高
慈雲寺　天鎮
盤山顕化寺
天鎮県
南高崖
賈家屯
陽高県

平城遺址
古店
花園屯　周士荘鎮
鉱区　馬軍営
党留荘　杜荘
許加造　大同
杜荘　峰峪　六棱山（2375）

下深井
古城堡漢墓群
陽原県
河北省

大同雲崗空港
添加造　大同　許堡

大同県

呉城
永安寺　望狐
潭源
懸空寺　恒山
西坊城　大磁窯　古窯窯遺址
青磁窯
広霊県　広霊
水神堂
聖仏寺　聖泉寺
柳科

官児
王荘堡
趙武霊王墓
史荘
覚山寺磚塔
渾源県
太白維山（2234）
紅石場
霊丘県

平型関戦闘遺址
五台山駅
繁峙
砂河
独峪

雁門関
阿育王塔
五台山風景名勝区
神堂堡
代県

忻州市
朔州市

● 見どころ　✈ 空港　══ 高速道路

0　10　20km

懸空寺
M P.173-B2
住 渾源県金龍峡西側
☎ 8324212
時 4～10月8:00～18:00
　11～3月8:00～17:00
休 なし
料 景区入場料：
　4～10月＝25元、11～3月
　＝17元
　懸空寺＝100元（通年）
交 ①大同からタクシー利用→
　P.172インフォメーション
　②大同バスターミナルから
　「悬空寺」行きで終点
　※「悬空寺」から戻るバスはな
　い
　③大同バスターミナルから
　「渾源」行きで終点。乗車
　時、運転手に懸空寺に行き
　たい旨を告げれば車を手配
　してくれる（人数が多い場
　合はバスでそのまま向か
　う）。片道20～30元が目安。
　または徒歩40分（約2.5km）
　※「渾源」から大同行きの最終
　は18:00頃発

恒山
M P.173-B2
住 渾源県大磁窯鎮恒山
☎ 8324212
時 4～10月8:00～18:00
　11～3月8:00～17:00
休 なし
料 入山料：
　3～11月＝17元
　12～2月＝13元
　寺廟拝観料＝30元
交 ①大同からタクシー利用→
　P.172インフォメーション
　②大同バスターミナルから
　「渾源」で終点。現地で
　車をチャーターする。片道
　30～40元が目安
　※「渾源」から大同行きの最終
　は18:00頃発
　※懸空寺と恒山ロープウエイ
　間は約1.5km。現地で車を
　チャーターした場合10元が
　目安
U www.byhs.net

ⓘ ▶▶▶ インフォメーション
恒山ロープウエイ
☎ 8322255
時 8:30～17:00
料 上り＝90元、下り＝80元、
　往復＝160元
　※11～3月と荒天時は運休

観音堂
M P.173-A2
住 小姑村雲崗公路
時 5～10月8:00～18:00
　11～4月8:00～17:00
休 なし
料 10元
交 3路バス「観音堂」

絶壁に立つ仏教寺院　オススメ度 ★★★

懸空寺／悬空寺　xuánkōngsì
けんくうじ

北魏の末期（6世紀）に造られた仏教寺院である懸空寺は、その名のとおり空にかかっているかのように、切り立った高い岩壁の中腹に張り出すように立っている。全部で約80体

岩壁にへばりつくように立つ懸空寺

もの仏像が祀られた10棟ほどの建物が、細い桟道でつながる独特の構造。そのさまは、まさに桟道の石碑にある「公輸天巧」（伝説の名工匠魯班の腕によるごとくすばらしい）という表現が当てはまる。

中国五岳のひとつ　オススメ度 ★★★

恒山／恒山　héngshān
こうざん

大同市区の南東約60kmの所にある北岳恒山は、東岳泰山、西岳華山、中岳嵩山、南岳衡山と並ぶ中国五岳のひとつで、道教の聖地として知られる。主峰「天峰嶺」の前方にある北岳廟をは

雪景色の恒山九天宮

じめ、海抜2017mの険しい山の中腹に東西約150kmにわたり、数々の廟が点在している。

麓の山門で入山料を払い、山頂へ。徒歩でも行けるが、上りは景色が見渡せるロープウエイがおすすめ。麓のロープウエイ乗り場には広い駐車場とレストランやみやげ物店などがある。寺廟群を観覧するには、ロープウエイ切符購入時にさらに拝観料を支払う。

三龍壁で有名な寺院　オススメ度 ★★★

観音堂／观音堂　guānyīntáng
かんのんどう

遼の重熙年間（1032～1054年）に創建された観音堂は、清の初めに兵火により焼失したが、1651（清の順治8）年に再建された。

中軸線に沿って戯台、中門、正殿そして三聖殿が立っていて、堂の東側に位置する山門には三龍壁が置かれている。正殿内に安置されている金で彩られた観音菩薩像は、その美しさでつとに有名。

観音堂にある三龍壁

大同賓館／大同宾馆
だいどうひんかん dàtóng bīnguǎn ★★★★

政府要人も宿泊する、大同を代表する高級ホテル。フィットネスルームやプールなどの施設も充実。レストランでは四川、広東料理などの中国料理のほか、西洋料理も味わえる。ホテルの前がエアポートバスの発着地点となっている。

両替　ビジネスセンター　インターネット

Ⓜ P.170-B3
住 迎賓西街37号
☎ 5868555
🄵 5868100
Ⓢ 268～328元
Ⓣ 268～328元
サ なし
カ V

花園大飯店／花园大饭店
かえんだいはんてん huāyuán dàfàndiàn ★★★★

鼓楼のすぐ近くにあり、九龍壁など市内の見どころへは徒歩5分ほどと近くて便利。市内や近郊へのタクシーチャーターも手配してくれる。

両替　ビジネスセンター　インターネット

Ⓜ P.170-B2
住 永泰街59号
☎ 5865888
🄵 5865894
Ⓢ 388元
Ⓣ 398元
サ なし
カ ADJMV
Ⓤ www.dtgardenhotel.com

雁北賓館／雁北宾馆
がんぼくひんかん yànběi bīnguǎn ★★★★

大同駅に比較的近く、アクセスがよい。レストランでは、地元の山東料理、広東料理のほか、西洋料理や韓国料理も提供。

両替　ビジネスセンター　インターネット

Ⓜ P.170-C2
住 御河西路甲1号
☎ 5860888
🄵 5860000
Ⓢ 240元
Ⓣ 240元
サ なし
カ 不可
Ⓤ www.yanbeihotel.com

錦江之星 大同平城橋酒店／锦江之星 大同平城桥酒店
きんこうしせい だいどうへいじょうきょうしゅてん jǐnjiāngzhīxīng dàtóng píngchéngqiáo jiǔdiàn

「経済型」チェーンホテル。大同駅や鼓楼からはタクシーで5分。平城街から少し南側に入る。

両替　ビジネスセンター　インターネット　Ⓤ www.jinjianginns.com

Ⓜ P.170-C2
住 御河西路平城街龍園小区1号写字楼
☎ 5339999　🄵 5329876
Ⓢ 209～239元　Ⓣ 229～269元
サ なし　カ 不可

鳳臨閣／凤临阁
ほうりんかく fènglíngé

シュウマイと山西料理の老舗。創業は明代に遡るといわれ、清代には今も名物の"三鮮百花焼売"（1せいろ58元）で名をはせた。刀削麺（8～12元）も楽しめる。

Ⓜ P.170-B2
住 鼓楼西街
☎ 2059065、2059799
オ 11:30～14:00、17:30～21:00
休 なし　カ 不可

大同市中国国際旅行社／大同市中国国际旅行社
だいどうしちゅうごくこくさいりょこうしゃ dàtóngshì zhōngguó guójì lǚxíngshè

鉄道切符の手配は1枚50元。日本語ガイドは1日300元、車のチャーターは市内1日500元、雲崗石窟、木塔、懸空寺、恒山1日周遊1200元。五台山ツアーについては要相談。
✉ zrh3528@163.com

Ⓜ P.170-B3
住 迎賓西街38号
☎ 携帯＝13934458561（日本語可）
🄵 5024176（日本語可）
オ 9:00～17:00
休 土・日曜、祝日
カ 不可

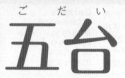

中国四大仏教名山がある田舎町

五台
（ご だ い）

五台 Wǔ Tái

市外局番●0350

広仁寺山門

都市DATA

五台県
人口：32万人
面積：約2865㎢
五台県は忻州市管轄下
の県

県公安局出入境管理科
（县公安局出入境管理科）
MP.178-D5
⊞楊柏峪旅游区
☎6542163
⊘8:30～11:30、
　14:00～17:30
㊡土・日曜、祝日
観光ビザの延長は不可

五台山人民医院
（五台山人民医院）
MP.178-D5
⊞楊柏峪旅游区
☎6543120
⊘24時間　㊡なし

市内交通

【路線バス】運行時間の目安
は7:30～18:00、2～5元
※3路＝鎮海寺～下荘、5路
＝五台山バスターミナル～文
殊洞、6路＝鎮海寺～菩薩
頂、8路＝鎮海寺～光明寺の
4路線は景区内移動に便利
【タクシー】初乗り2km未満
10元、3km以上1kmごとに2
元加算

概要と歩き方

　五台は太原から230km離れた忻州市北東部に位置する町で、世界遺産に登録された五台山があることで有名。

　五台山は四川省の峨眉山、安徽省の九華山、浙江省の普陀山ともに、中国四大仏教名山のひとつに数えられる。古来より敦煌の壁画に描かれたり、チベットからダライ・ラマが訪れたりするほど名をはせていた。その規模は周囲50km、総面積2837㎢に及ぶ。山には5つの峰があるが、それらの山頂部はみな平らなことから東台頂、西台頂、南台頂、北台頂、中台頂と呼ばれ、その総称として五台山と呼ばれている。また、5つの峰に囲まれたエリアを台内、その外側を台外と呼び、台内にある台懐鎮に見どころの寺院群が集中している。この寺院群を保護するため、この地にあった各公共施設は南側の楊柏峪旅游区に移された。

　五台山は雪のある期間が長く、観光に適しているのは4月から9月。山中には木々が生い茂る。谷間を静かに流れる清水河は、風光明媚な場所として名高く、夏でも涼しいため、清涼山という別称もある。明代に編纂された『清涼山志』によれば、後漢の永平年間（28～75年）には大孚霊鷲寺（現在の顕通寺）が建てられた。

　山中には多くの寺院があり、短期の観光旅行ですべてを見尽くすのは困難。有名なのは、塔院寺や顕通寺などの寺院が集まる台懐寺廟群。

　エリア内の移動には山西省五台山晋旅運通公共交通有限公司（→P.177欄外）の利用がおすすめ。

羅睺寺天王殿

	1月	2月	3月	4月	5月	6月	7月	8月	9月	10月	11月	12月
平均最高気温（℃）	7.0	10.0	15.0	21.0	24.0	30.0	34.0	32.0	27.0	22.0	16.0	10.0
平均最低気温（℃）	0.6	2.0	7.0	12.0	17.0	22.0	26.0	25.0	21.0	13.0	8.0	3.0
平均気温（℃）	4.0	5.6	10.3	16.4	21.7	25.5	29.4	29.0	24.3	18.4	12.4	6.5

町の気象データ（→P.517）：「予報」>「山西」>「忻州」>「五台県」
※トップページ中央部の「天気」右に「五台山風景名勝区」と入力でもOK

Access →交通

中国国内の移動 → P.667　　鉄道時刻表検索 → P.26

🚆 **鉄道**　五台山風景区の北約50kmにある五台山駅を利用する。列車本数が少ないため、寝台券の購入は比較的困難。長距離移動の場合はまず太原へ行くとよい。

所要時間(目安)【五台山(wts)】北京(bj)／快速：6時間21分　太原(ty)／快速：3時間22分　平遥(py)／快速：4時間44分

🚌 **バス**　五台山バスターミナルを利用する。

所要時間(目安)太原／3時間30分　北京／5時間　石家荘／4時間　大同／4時間30分

Data

🚆 鉄道

● **五台山駅**（五台山火车站）
Ⓜ P.173-B3　住 忻州市繁峙県沙河鎮
☎ 共通電話=12306　オ 列車到着1時間前～列車出発　休 なし　カ 不可
[移動手段]ミニバス／（五台山駅～五台山風名勝区）／25元、1時間30分～2時間が目安。駅発＝列車の到着に合わせ、駅前から出発。名勝区入口で入場券を購入する　五台山発=8:00～17:00の間2～3時間に1便。金界寺牌坊付近から出発
　28日以内の切符を販売。

🚌 バス

● **五台山バスターミナル**（五台山汽车站）
Ⓜ P.178-E4　住 楊柏峪旅游区　☎ 6543101
オ 6:00～17:00　休 なし　カ 不可
[移動手段]タクシー（五台山バスターミナル～山西省五台山晋旅運通公共交通有限公司）／30～40元、所要20分が目安
　当日の切符のみ販売。太原（夏=6:30～16:30の間1時間に1便、冬=5～6便）、北京（夏=8:30、11:00、15:00発。冬=9:00、14:00発）、大同（夏=8:00、10:00、13:00、14:30発、冬=2便）

見どころ

中国有数の仏教聖地　　**オススメ度 ★★★**　世界遺産

五台山風景名勝区／
ごだいさんふうけいめいしょうく

2日～ 🕐

五台山风景名胜区　wǔtáishān fēngjǐngmíngshèngqū

　山西省北東部に位置する五台山を中心とした景勝エリアで、2009年7月、世界遺産に登録された。東台頂（望海峰2795m）から見る日の出、西台頂（挂月峰2773m）から見る月、南台頂（錦繍峰2474m）からの鳥瞰、北台頂（葉頭峰3058m）から見る雪景色、中台頂（翠岩峰2893m）から見る雲海は、それぞれ絶景といわれている。
　また、五台山は1世紀には仏閣が建てられたとも伝えられるほど仏教が盛んな地で、日本から仏教を学ぶために中国にやってきた留学僧の多くが訪れた場所として有名。そして、現在でも山の間を流れる清水河沿いを中心に数多くの仏閣が点在しており、つぶさに見て歩こうとすると少なくとも3日は必要となる。台懐鎮には名刹が集中しており、それらは台懐寺廟群と称されるが、時間のかぎられた人はこのエリアを中心に見て歩くとよいだろう。
　顕通寺は、後漢の永平年間（28～

七仏寺十方護法壇（七宝塔）

① ▶▶▶ **インフォメーション**
山西省五台山晋旅運通公共交通有限公司
（山西省五台山晋旅运通公共交通有限公司）
　五台山に点在する各見どころに向かう車を運行している。基本的に乗り合いで利用することになるので、人数が集まってからの出発となる。7:30～8:30は人数が集まりやすい。
Ⓜ P.178-E3
住 台懐鎮黛螺頂索道駐車場横
☎ 4000350577
オ 7:30～15:00
休 夏=なし　冬=全休
料 中台頂=80元、西台頂=80元、東台頂=60元、南台頂=60元、北台頂=70元、全部を周遊=350元
※いずれもひとりの往復料金で、5人以上集まっての出発となる

龍泉寺峻凌霄漢石牌楼

山西省　五台

概要と歩き方／アクセス／見どころ

五台山風景名勝区
MP.178
台懐鎮五台山風景名勝区
☎4000350236、
　4000350577
五台山風景名勝区：24時間
　各寺院：
　4月中旬～10月中旬
　6:00～18:00
　10月下旬～4月上旬
　9:00～16:00
なし
入山料：
　4～10月＝145元
　11～3月＝120元

黛螺頂からの眺望。白い塔は塔院寺大白塔

75年）に建立され、北魏時代に拡張されたという古刹。創建当初は大孚霊鷲寺と呼ばれ、その規模は五台山最大。見どころは明の万暦年間（1572～1620年）に建立されたという青銅製の万仏銅殿。

　顕通寺の東にあるのは唐代創建の羅睺寺。見どころは第四重殿の傑作といわれる開花献仏。

　顕通寺の南側に唐代に創建された塔院寺。境内に立つ高さ約70mの大白塔（明代）は、五台山のランドマーク的な存

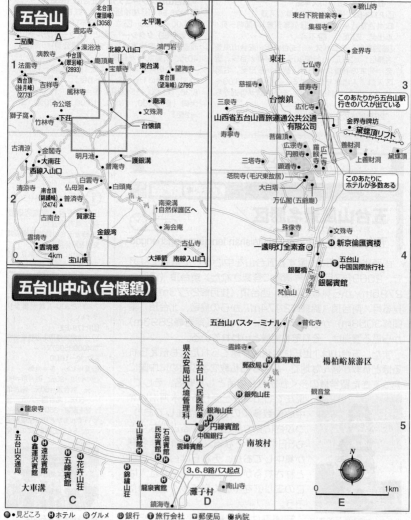

五台山

B
北台頂
（葉頭峰）
（3058）
太平溝
霊応寺
二茄蘭
演教寺
澡浴池
北線入山口
鴻門岩
1 法雷寺
中台頂
（翠岩峰）
（2893）
廟頂庵
宝華寺
東台溝
西台頂
（挂月峰）
（2773）
吉祥寺
風林寺
東台頂
（望海峰）（2795）
廟溝
獅子窩
令公塔
文殊洞
竹林寺
下荘
台懐鎮
古清涼
金閣寺
明月池
大南荘
護銀溝
西線入山口
普庵寺
清涼寺
白雲寺
白頭庵
南台頂
（錦繍峰）
（2474）
普済寺
仏母洞
南梁溝
自然保護区へ
古南台
賀家荘
霊境寺
海会庵
霊境郷
金銀湾
古仏寺
宝山懐
大挿箭
南線出山口
0　　　4km

五台山中心（台懐鎮）

東台下院普楽寺
碧山寺
集福寺
金界寺
東荘
七仏寺
慈福寺
普寿寺
3
三泉寺
台懐鎮
広化寺
このあたりから五台山駅
行きのバスが出ている
山西省五台山晋旅運通公共公通
有限公司
金界寺牌坊
黛螺頂リフト
寿寧寺
菩薩頂
広宗寺
羅睺寺
円照寺
広仁寺
善財洞
三塔寺
顕通寺
上善財洞
黛螺頂
塔院寺（毛沢東故居）
大白塔
このあたりに
ホテルが多数ある
万仏閣（五爺廟）
殊像寺
文殊寺
一盞明灯全素斎
🅷新京倫匯賓楼
五台山
中国国際旅行社
🅣
4
五台山バスターミナル
普化寺
銀馨橋
銀馨賓館
梵仙山
霊峰寺
楊柏峪旅游区
県
公安局出入境管理科
郵政局
鑫海賓館
五台山人民医院🏥
銀苑山荘
観音堂
龍泉寺
五台山交通局
鑫運沢賓館🅷
🅷遠志賓館
🅷五峰賓館
🅷花界山荘
🅷中国銀行
雲峰賓館
仏山賓館
石油賓館🅷
民政賓館🅷
円緑賓館
南坂村
5
🅷錦繍山荘
龍泉賓館
鎮海寺
3、6、8路バス起点
南山寺
灘子村
0　　　1km

● 見どころ　🅗ホテル　🅖グルメ　🅑銀行　🅣旅行会社　🖂郵便局　🏥病院

在。また、その北側にある蔵経閣には、漢文やモンゴル語、チベット語で記された数多くの経典が納められている。

清水河東岸の小高い山に位置するのが黛螺頂。ここからは台懐寺廟群を一望できる。麓からリフトがあるので、それを利用すれば時間を節約できる。

このほか、台懐鎮の南約2kmの所に位置するのが、五台山有数の規模を誇る元代の創建の南山寺がある。寺院は7層に区分できるが、下の3層を極楽寺、中間を善徳堂、上の3層を佑国寺と呼んでいる。この寺院は、仏教や道教を題材とした精緻な彫り物で有名。

顕通寺万仏銅殿

インフォメーション

各見どころの入場料
仏光寺=15元、顕通寺・塔院寺・円照寺・菩薩頂=各10元、黛螺頂=8元、観音洞=5元、龍泉寺=4元、集福寺=3元
※上記以外の寺廟は無料

黛螺頂リフト
MP.178-E3
7:00～18:00
3月中旬～11月中旬=なし
11月下旬～3月上旬=全休
片道=50元、往復=85元

ホテル

五峰賓館／五峰宾馆 ★★★ ★★
（ごほうひんかん）wǔfēng bīnguǎn

龍泉寺の東1km弱に位置する。客室は望海楼、錦繍楼、葉斗楼、翠岩楼、挂月楼の5棟に分かれており、その規模は五台山随一。望海楼と錦繍楼は比較的リーズナブル（ともにツインのみ）。なお、週末などは割増料金、冬季は割引料金となる。

両替 ビジネスセンター インターネット

MP.178-C5
大車溝村
3365888、3365999
3354506
S480～980元
T380～980元
サなし 力不可

花卉山荘／花卉山庄 ★★ ★★
（かきさんそう）huāhuì shānzhuāng

五峰賓館の東にあるホテル。館内に中国料理レストランがある。冬季は280～300元となる。

両替 ビジネスセンター インターネット

MP.178-C5
大車溝村
6549888 6548555
S650元
T380～580元
サなし 力不可

銀馨賓館／银馨宾馆
（ぎんけいひんかん）yínxīn bīnguǎn

小規模なホテルで、五台山のなかでは料金は比較的安め。10月中旬～3月中旬は全面休業。

両替 ビジネスセンター インターネット

MP.178-E4
明清街7号
6542039
携帯=13934008628
280元 T280元
サなし 力不可

円縁賓館／圆缘宾馆
（えんえんひんかん）yuányuán bīnguǎn

星なし渉外ホテルだが、設備は4つ星クラス。周囲に中国銀行や公安局、病院がありいざというときに安心。週末は100元ほど高くなる。

両替 ビジネスセンター インターネット

MP.178-D5
楊柏峪旅游区
6549998
なし
S280元 T180～380元
サなし 力不可

新京倫匯賓楼／新京伦汇宾楼
（しんけいりんかいひんろう）xīnjīnglún huìbīnlóu

明清代の通りを再現した明清街に立つホテル。週末は100元ほど高くなる。10月中旬～3月中旬は全面休業。

両替 ビジネスセンター インターネット

MP.178-E4
明清街匯賓楼
6542396
なし
S498元 T468～498元
サなし 力不可

グルメ

一盞明灯全素斎／一盏明灯全素斋
（いちさんめいとうぜんそさい）yīzhǎn míngdēng quánsùzhāi

精進料理の名店。おすすめは"一盞明灯（豆腐を使った精進料理）"198元や山西省名物の"筱面（小麦粉を餃子の皮状にして蒸した麺）"36元など。

MP.178-E4
殻若泉殻若楼
6543456
6543455
9:30～21:00
休なし 力不可

大草原への玄関口

フフホト

フーホーハオトー
呼和浩特 Hū Hé Hào Tè　市外局番●0471

モンゴル風のデザインを取り入れた建物が並ぶ大北街

ウルムチ　フフホト○　ハルビン
　　　　　　　　　北京　大連
ラサ　　　　　西安　上海
　　　　　成都
　昆明　　　　　広州
　　　　　　　香港

都市DATA

フフホト市
人口：231万人
面積：1万7344km²
4区4県1旗を管轄
フフホト市は内蒙古自治区の首府

公安局出入境服務大庁
(公安局出入境服務大厅)
Ⅿ地図外（ⒶP.183-D1上）
住新城区海拉爾大街2号
☎6699318
◯8:30～12:00、
14:30～17:00
㊡土・日曜、祝日
観光ビザを最長30日間延長可能。手数料は160元

内蒙古医科大学付属第一医院
(内蒙古医科大学附属第一医院)
ⅯP.182-B1
住回民区通道北路1号
☎3451114、3451120
◯24時間
㊡なし

市内交通

【路線バス】運行時間の目安は5～9月6:10～21:00、10～4月6:10～20:00、1元
【タクシー】初乗り2km未満8元、2km以上1kmごとに1.5元加算

概要と歩き方

　フフホト（呼和浩特）は、モンゴル語で「青い城」という意味。「呼市」と略されることもある。かつては帰化城と綏遠城を合わせて帰綏、厚和豪特（略して厚和）とも呼ばれた。

　異国情緒あふれるその響きにふさわしく市内にはモンゴル族をはじめ、約20万人もの少数民族が暮らしている。気候は内陸特有の大陸性気候で夏でも比較的涼しい。内蒙古自治区の首府であるフフホトは、驚くほどのスピードで発展を続けている。町には新しいビルがどんどん建ち、近代都市に変貌を遂げつつあるが、看板にはモンゴル文字が併記されており、この文字を見るとここがモンゴル文化エリアだと実感する。車で2時間ほど走ると、市内の光景からは想像もつかないような大草原が広がる。モンゴル民族の食事や文化、そして新鮮な空気を心ゆくまで味わいたい。

　フフホト市内は、駅から南へ延びる錫林郭勒路を境界として、東の新城と西の旧城に分かれている。フフホトいちばんの繁華街は、民族商場などの大きな百貨店が建ち並ぶ旧城の中山西路。また、「大召」や「席力図召」といったチベット仏教寺院が近くに立つ大北街や小北街あたりでは、活気あふれるバザールが開かれている。そのほか、大召の近くにある「塞上老街」と呼ばれる全長380mに及ぶ清代の雰囲気を再現した町並みでは、レトロな通りに民族工芸品などを売るショップが並んでいる。
フフホト観光のメインである草原ツアーのシーズンは、6～9月だが、なかでも7月がベスト。

塞上老街には小さな店が並ぶ

	1月	2月	3月	4月	5月	6月	7月	8月	9月	10月	11月	12月
平均最高気温(℃)	-5.0	-1.0	5.0	15.0	22.0	26.0	27.0	25.0	20.0	13.0	3.0	-4.0
平均最低気温(℃)	-16.0	-12.0	-5.0	2.0	8.0	13.0	17.0	15.0	8.0	2.0	-7.0	-14.0
平均気温(℃)	-11.0	-7.0	0.0	8.0	15.0	20.0	22.0	20.0	15.0	7.0	-1.0	-9.0

町の気象データ（→P.517）:「預報」>「内蒙古」>「呼和浩特」>区・県・旗から選択

Access 交通

中国国内の移動➡P.667　鉄道時刻表検索➡P.26

飛行機

市区の東15kmに位置するフフホト白塔国際空港(HET)を利用する。

[国際線] 中部国際空港便は廃止され、日本との直行便はない。北京や上海で乗り継ぐとよい。

[国内線] 北京や上海、広州など主要都市や赤峰、フルンボイル（ハイラル）、シリンホトなど自治区内各都市との間に運航便がある。交通不便なフルンボイルやシリンホトへは利用価値が高い。

[所要時間(目安)] 北京首都(PEK)／1時間10分　上海虹橋(SHA)／2時間30分　広州(CAN)／3時間5分　赤峰(CIF)／1時間20分　エレンホト(ERL)／55分　フルンボイル(HLD)／2時間　通遼(TGO)／1時間40分　シリンホト(XIL)／1時間10分

鉄道

フフホトは北京からパオトウ方面を結ぶ京包線列車が経由するほか、始発列車やモンゴルへの国際列車もある。フフホト駅とフフホト東駅を利用するが、両方に停車する長距離列車は少ないので列車を選ぶ際に注意。高速鉄道は通っていない。

[所要時間(目安)] 【フフホト(hhht)】パオトウ(bt)／動車：1時間10分　二連(el)／普快：7時間30分　北京(bj)／直達：9時間30分　大同(dt)／直達：3時間10分　【フフホト東(hhhtd)】パオトウ(bt)／直達：1時間40分　北京(bj)／直達：9時間10分　大同(dt)／直達：3時間

バス

フフホト長距離バスターミナルを利用する。パオトウへは頻繁に便がある。

[所要時間(目安)] パオトウ／2時間30分　集寧／3時間　シリンホト／9時間　エレンホト／5時間30分　北京／7時間30分　張家口／4時間30分　大同／4時間　太原／8時間

Data

飛行機

●**フフホト白塔国際空港**（呼和浩特白塔国际机场）
[M]**地図外（P.183-F1上）**　[住]賽罕区機場路
☎96777　[オ]6:00～最終便　[休]なし　[カ]不可
[移動手段] **エアポートバス**（空港～フフホト駅）／15元、所要45分。空港→市内＝第1便到着～最終便の間30分に1便　市内→空港＝5:40、7:00、8:00発、9:00～20:00の間30分～1時間に1便　**タクシー**（空港～新華広場）／50元、所要40分が目安

フフホトの玄関口、フフホト白塔国際空港

鉄道

●**フフホト駅**（呼和浩特火车站）
[M]**P.182-C1**　[住]新城区車站東街41号　☎共通電話＝12306　[オ]24時間　[休]なし　[カ]不可
[移動手段] **タクシー**（フフホト駅～新華広場）／8元、所要8分が目安　**路線バス**／1、2、7、29、34、82路「火车站」
　28日以内の切符を販売。国際列車は12番窓口で15日以内の切符を販売（[オ]14:00～18:00）。
※日本人がモンゴルへ行く場合、30日以内はビザ不要、ロシアへ行く場合はビザの事前取得が必要

モンゴルとを結ぶ国際列車が発着するフフホト駅

●**フフホト東駅**（呼和浩特火车东站）
[M]**地図外（P.183-D1右上）**　[住]新城区万通路南店村東站南街　☎共通電話＝12306
[オ]24時間　[休]なし　[カ]不可
[移動手段] **タクシー**（フフホト東駅～新華広場）／30元、所要30分が目安　**路線バス**／K1、2、K5、19路「火车东客站」
　28日以内の切符を販売。

バス

●**フフホト長距離バスターミナル**
（呼和浩特长途汽车站）
[M]**P.182-C1**　[住]新城区車站西街1号
☎6965969
[オ]6:00～19:00　[休]なし　[カ]不可
[移動手段] **タクシー**（バスターミナル～新華広場）／8元、所要8分が目安　**路線バス**／1、2、7、29、34、82路「火车站」
　パオトウ方面は当日券のみ、それ以外は5日以内の切符を販売。

フフホト駅近くに位置するフフホト長距離バスターミナル

モンゴル相撲（ブフ）のアトラクション

大草原ツアー

●内蒙古中国国際旅行社

圏希拉穆仁／1泊2日＝820
元、2泊3日＝1150元
輝騰錫勒／1泊2日＝1400
元、2泊3日＝1760元
※上記の料金は複数名参加し
た場合のひとり当たりの料
金。諸条件によって料金は
変動するので注意。また草原
での乗馬体験（40分300元、
1時間400元、2時間600元）
は別途現地払い

見どころ

広大な草原を思う存分体験　　　　　オススメ度 ★★★

大草原ツアー／大草原之旅游
だいそうげん　　　dàcǎoyuánzhīlǚyóu

2日〜

　フフホト観光のメインは、何といっても草原ツアー。6月
の後半から9月の前半までがシーズンだが、7月が最も緑が
多くてよい時期だ。典型的な草原ツアーは1泊2日。専用バ
スで草原に行き、宿泊場所に着いたらモンゴル族の民家を訪
問したり、馬に乗ったりして遊ぶ。夕食は羊料理主体のモン
ゴル料理。このときにモンゴル舞踊や歌を披露してくれる。
宿泊はモンゴルのテント式住居であるゲル（パオ）で観光用
に整備されたもの。シャワーやトイレは外にある。夜は星が
とてもきれいだ。翌日はモンゴル相撲や曲馬などを見てフフ

フフホト

◉見どころ　🏨ホテル　🍴グルメ　🛍ショップ　🏦銀行　✈旅行会社　🏫学校　📮郵便局　🏥病院　▰▰▰繁華街

ホトに帰る。昼食は市内で取り、午後は市内観光。3日コースのものだと、チンギス・ハン陵見学、ゴビ砂漠観光、パオトウ観光などが加わる。

　手配は内蒙古中国国際旅行社や内蒙古中国旅行社のツアーカウンターを利用するのが、便利かつ安心でおすすめ。これらの旅行会社では「希拉穆仁（シ ラ ム レン）」、「輝騰錫勒（フィテンシル）」といった草原観光ポイント行きツアーを紹介してくれる。参加費用には、ガイド代、交通費、市内に戻るまでの食費、宿泊費、夜のパーティの参加費、モンゴル族の家庭訪問、モンゴル相撲の観戦費等の費用が含まれている。なお、乗馬代は時間で決まる。またその年の天候状態によって草の状態も変化するので、おすすめポイントは事前に確認しておこう。

草原ツアーの楽しみは乗馬だが、落馬には気をつけよう

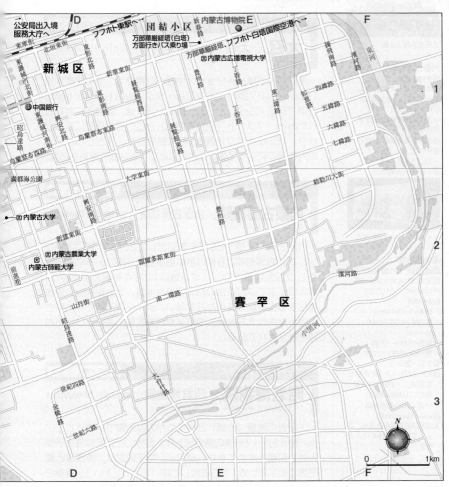

金剛座舎利宝塔

MP.182-C2
住玉泉寺五塔寺東街48号
☎5984721、5972640
オ9:00～17:00
※入場は閉門30分前まで
休月曜　**料**無料
交56路バス「民和花園」

大召

MP.182-B2
住玉泉区大召前街
☎なし
オ4月下旬～10月上旬
　8:00～18:00
　10月中旬～4月中旬
　8:30～17:00
休なし　**料**35元
交6、58、59路バス「大召」

大召密宗護法仏殿

内蒙古博物院

MP.183-E1
住新城区新華街27号
☎4614000、4614333
オ9:00～17:00
※入場は閉館1時間前まで
休月曜
料無料（特別展示は有料）
交K1、2、3、16、27、52、72、75路バス「博物院」
Uwww.nmgbwy.com

シャーマンについての展示

昭君博物院

M地図外　（P.182-C3下）
住玉泉区昭君路大黒河沿岸
☎5150202、5150203
オ5～10月
　公園=7:30～19:00
　展示館=8:00～18:00
　11～4月
　公園=8:00～17:40
　展示館=8:30～17:00
休なし　**料**65元
交K3、27路バス「田家営公交站站」。44路バスに乗り換えて「昭君博物院」
※44路は30～40分間隔
Uwww.zjbwy.com
※2018年8月現在改修中。再オープンは2018年10月の予定

フフホトを代表する仏塔　　オススメ度 ★★★

金剛座舎利宝塔／
こんごう ざ しゃり ほうとう
金剛座舎利宝塔　jīngāngzuò shèlìbǎotǎ

　別名「五塔寺」。もとは清の雍正年間（1723～1735年）に建てられた高さ13mの塔。1560余りもの仏像がびっしりと彫られているところから千仏塔とも呼ばれる。塔の土台や壁面には金剛夜叉明王や菩薩、獅子、象、菩提樹などが精巧に彫刻されており、門の上には、モンゴル文字、チベット文字、漢字で刻まれた額がはめ込まれている。後ろの壁にある蒙古文天文図石刻は天文学史的に貴重な資料。

宝座の上には5つの塔がある

フフホトーのチベット仏教寺院　　オススメ度 ★★★

大召／大召　dàzhào
だいしょう

　モンゴル名はイヘジョー、中国名は無量寺。明の隆慶年間（1567～1572年）、モンゴル・タタールのトゥメット部の首領であるアルタン・ハン（阿勒坦汗）は、順義王に封じられたあと、フフホト（現在の旧城）とこの寺の建設に取りかかり、1580（明の万暦8）年に完成した。見どころは、大殿内の銀の釈迦牟尼像。像の前にある大きな龍の彫刻も必見。

12万点の収蔵点数を誇る　　オススメ度 ★★★

内蒙古博物院／内蒙古博物院　nèiměnggǔ bówùyuàn
ないもう こ はくぶついん

　内蒙古自治区成立60周年を記念して2007年夏にオープンした総合博物館。8棟の基本展示室と6棟のテーマ展示室をもつ広大な施設で、収蔵点数は12万点を超えるという。基本展示室では内蒙古の自然環境や地質、北方民族史、現在居住する各民族の文化などを扱い、テーマ展示室では内蒙古に興った古代北方各民族の音楽や民族衣装、美術といった内容が展示されている。

匈奴に嫁いだ王昭君の墓　　オススメ度 ★★★

昭君博物院／昭君博物院　zhāojūn bówùyuàn
しょうくんはくぶついん

　王昭君の陵墓（公園）といくつかの展示館で構成されている。紀元前33（前漢の竟寧元）年、匈奴の王、呼韓邪単于が入朝し和親を求めてきた。皇宮にいた王昭君は、漢民族と異民族の和平のため、自ら志願して嫁いでいったという。陵墓の高さは約33mに及び、上から敷地内を一望できる。

席力図召／席力図召　xílìtú zhāo
シレート ジョー

アルタン・ハンの跡を継いだ息子は、父に倣いモンゴルにチベット仏教を広めるため、チベットからダライ・ラマ3世を招き、1585（明の万暦13）年この地に寺院を建立し、モンゴル語で宝座の寺院（席力図召）と名づけた。漢名は清の康熙帝がこの地を訪れた際に賜ったという延寿寺。

その後、清の康熙、雍正、咸豊、光緒年間に拡張・改修工事が行われ、フフホト最大の名刹となった。境内には牌楼、山門、鐘楼、漢白玉長寿塔、康熙功徳碑などがある。

席力図召
M P.182-B2
住 玉泉区大南街石頭巷北段
☎ なし
開 5～10月上旬8:00～18:00
　　10月中旬～4月8:30～17:00
休 なし
料 30元
交 6、58、59路バス「大召」

席力図召の白塔

綏遠将軍衙署／綏远将军衙署　suíyuǎn jiāngjūn yáshú
すいえんしょうぐん が しょ

清代に西北モンゴルの守りを固めるためにおかれた軍駐屯地および役所の遺構。建物は1739（清の乾隆4）年に完成し、綏遠城将軍と満蒙漢の八旗兵が駐在した。

内部では等身大人形で当時を再現

綏遠将軍衙署
M P.182-C1
住 新城区新華大街31号
☎ 6901603
開 9:30～16:30
※入場は閉館30分前まで
休 なし
料 無料
交 K1、3、29、56、59、89路バス「将軍衙署」

ホテル

シャングリ・ラ ホテル フフホト／呼和浩特香格里拉大酒店 ★★★★★
hūhéhàotè xiānggélǐlā dàjiǔdiàn

フフホト駅の南約2kmに位置する高級ホテル。グローバルスタンダードなサービスで安心。

両替　ビジネスセンター　インターネット　U www.shangri-la.com/jp

M P.182-C2
住 回民区錫林郭勒南路5号
☎ 3366888
FAX 3366666
S 750元　T 750元
サ 10%+6%　カ ADJMV

昭君大酒店／昭君大酒店 ★★★
しょうくんだいしゅてん　zhāojūndàjiǔdiàn

繁華街である新華大街と錫林郭勒北路の交差点に位置しており、非常に便利。

両替　ビジネスセンター　インターネット　U www.zhaojunhotel.cn

M P.182-C1
住 新城区新華大街69号
☎ 6668888　FAX 6668911
S 308～338元
T 288～338元
サ なし　カ ADMV

錦江之星 フフホト新華大街酒店／錦江之星 呼和浩特新華大街酒店
きんこうしせい　しん か だいがいしゅてん　jǐnjiāng zhīxīng hūhéhàotè xīnhuá dàjiē jiǔdiàn

「経済型」チェーンホテル。メインストリートである新華大街にあり、何をするにも便利な立地。

両替　ビジネスセンター　インターネット　U www.jinjianginns.com

M P.182-C1
住 新城区新華大街61号
☎ 6668111　FAX なし
S 179～239元
T 229～249元
サ なし　カ 不可

グルメ

麦香村／麦香村
ばっこうそん　màixiāngcūn

地元の人に大人気の老舗レストラン。メインは羊肉を材料とした内蒙古料理だが、四川料理などもある。おすすめ料理は"焼麦羊肉（羊肉のシュウマイ）"。開店時を狙えば比較的すいている。

M P.182-B2
住 玉泉区大北街44号
☎ 2296666
営 7:00～10:30、11:30～14:00、17:30～21:00
休 なし　カ 不可

旅行会社

内蒙古中国国際旅行社／内蒙古中国国际旅行社
ないもう こ ちゅうごくこくさいりょこうしゃ　nèiménggǔ zhōngguó guójì lǚxíngshè

日本語ガイドが1日320元、市内車チャーターが1日600元。切符の手配代行料は鉄道が1枚20～30元、バスが1枚20元。手配依頼の場合送迎サービスあり。日本部 ✉1350729333@qq.com

M P.182-C2　住 新城区芸術庁南街95号旅游大厦3階
☎ 6924494（日本部）　FAX 6920111
営 夏8:00～17:00　冬8:30～12:00、13:30～17:30　休 夏=なし 冬=土・日曜、祝日　カ 不可

パオトウ

草原の鉄鋼都市

パオトウ
包头 Bāo Tóu

市外局番●0472

タシルンポ寺がモデルといわれる名刹、五当召

ウルムチ　ハルビン
パオトウ　北京　大連
　　　西安　　上海
ラサ　　成都
　　昆明　広州
　　　　香港

都市DATA

パオトウ市
人口：223万人
面積：2万7652km²
6区1県2旗を管轄

市公安局出入境辦証大庁
（市公安局出入境办证大厅）
Ⓜ P.189-D3
⟨住⟩九原区建華南路政務服務
大庁1楼A区
☎6862151、6862104
⟨オ⟩9:00～11:30、
13:30～17:00
⟨休⟩土・日曜、祝日
観光ビザを最長30日間延長
可能。手数料は160元。

**パオトウ医学院第一付属
医院**
（包头医学院第一附属医院）
Ⓜ P.188-A1
⟨住⟩昆都侖区林蔭路41号
☎救急=2159120
⟨オ⟩24時間
⟨休⟩なし

市内交通

【路線バス】運行時間の目安
は6:00～20:30、1～2元
※東河区と昆都侖区とを結ぶ
バスは5路（鋼鉄大街経由）
と10路（団結大街経由）。
50路はパオトウ駅とパオト
ウ東駅とを結ぶ
【タクシー】初乗り2km未満6
元、2km以上1kmごとに1.5
元加算。東河区と昆都侖区間
の目安は40～60元

概要と歩き方

　モンゴル語でシカのいる所という意味のパオトウは、内蒙
古自治区最大の工業都市として発展してきた町だ。清代中期
にようやく村落が形成されたような小さな町だったが、1923
年の京包鉄道の開通によって一躍内蒙古エリアの商工業の中
心となった。新中国成立以後は中国有数の鉄鋼業基地として
「草原鋼城」と呼ばれている。新興の都市だけに町の中には
見どころはなく、郊外にチンギス・ハン陵やチベット仏教の古
刹などモンゴル族の歴史や文化を物語る史跡が点在している。

　パオトウは東西に長い町で、東側の東河区は旧市街に当た
る。現在の主要繁華街は西側の昆都侖区（略称：昆区）と青
山区で、主要な商業施設やレストランなどは鋼鉄大街沿いに
集中している。鋼鉄大街に並ぶハー公園や阿爾丁（「人民の」
というモンゴル語）広場、銀河広場、労働公園は無料の公園
や広場で、夏の晩には大勢の市民がライトアップされた夜景
を楽しむ。

　パオトウ駅から繁華街までは5kmほどあるので、行き先に
応じてバスかタクシーを利用しよう。長距離バスターミナル
は旧市街のパオトウ東駅付近にあり、郊外の見どころへはこ
こからバスが出ている。パオトウ東駅へは鋼鉄大街から5路、
パオトウ駅からは50路バスに乗ればよい。

広大な阿爾丁広場

羊しゃぶしゃぶの小肥羊（Ⓜ P.188-A1）

	1月	2月	3月	4月	5月	6月	7月	8月	9月	10月	11月	12月
平均最高気温(℃)	-6.0	0.0	8.0	16.0	22.0	28.0	29.0	26.0	21.0	14.0	3.0	-3.0
平均最低気温(℃)	-19.0	-14.0	-5.0	1.0	8.0	13.0	17.0	14.0	7.0	1.0	-9.0	-16.0
平均気温(℃)	-12.0	-7.0	1.0	8.0	14.0	20.0	23.0	20.0	14.0	7.0	-3.0	-9.0

町の気象データ（→P.517）：「預報」>「内蒙古」>「包头」>区・県・旗から選択

Access 交通

中国国内の移動→P.667　鉄道時刻表検索→P.26

✈ 飛行機
市区（昆都侖区、青山区）の南東約25km、東河区のパオトウ東駅の南西2kmに位置するパオトウ二里半空港（BAV）を利用する。

国際線 日中運航便はないので、北京で乗り継ぐとよい。

国内線 北京や上海、広州、鄭州、西安など主要都市の空港との間に運航便がある。

所要時間(目安) 北京首都（PEK）／1時間25分　太原（TYN）／1時間10分　上海浦東（PVG）／2時間45分　広州（CAN）／3時間10分　瀋陽（SHE）／2時間

🚆 鉄道
北京からパオトウを結ぶ京包線列車の起終点で、蘭州方面へ行く包蘭線の起終点でもある。北京方面への始発列車は比較的多い。パオトウ駅とパオトウ東駅を利用する。

所要時間(目安) 【パオトウ（bt）】北京（bj）／直達：11時間　大同（dt）／快速：4時間40分　【パオトウ東（btd）】フフホト（hhht）／動車：50分　北京（bj）／直達：10時間50分　沙峰子西（slzx）／直達：7時間10分　大同（dt）／直達：4時間50分

🚌 バス
東河区のパオトウ長距離総合バスターミナルか、昆都区区の昆区長距離バスターミナルを利用する。フフホトやオルドス東勝区へは頻繁に便がある。

所要時間(目安) フフホト／2時間　オルドス東勝区／2時間　薩拉斉／1時間30分　ダラト（達拉特）旗／1時間

Data

✈ 飛行機
●**パオトウ二里半空港**（包头二里半机场）
Ⓜ**P.189-F4**　⌂東河区二里半機場
☎96777、4616100　◷6:00～最終便
休なし　力不可
[移動手段] **エアポートバス**（空港～市内各ホテル）／22元、所要1時間。空港→市内＝到着便に合わせて運行　市内→空港＝始発便～最終便発着に合わせて運行。ただし、早朝深夜には運行しないこともある。決まった発着地点はない。市内から乗車の際は前日までに☎6862098に予約すると宿泊ホテルでピックアップしてくれる　**タクシー**（空港～昆区鞍山道）／70～80元、所要50分が目安

🚆 鉄道
●**パオトウ駅**（包头火车站）
Ⓜ**P.188-A3**　⌂昆都侖区阿爾丁大街南端
☎共通電話＝12306　◷24時間
休なし　力不可
[移動手段] **タクシー**（パオトウ駅～昆区鞍山道）／20元、所要20分が目安　**路線バス**／1、2、8、41、50路「包头站」
28日以内の切符を販売。
●**パオトウ東駅**（包头火车东站）
Ⓜ**P.189-F4**　⌂東河区南門外大街32号

フフホトとを結ぶ動車はパオトウ東駅発着となる

☎共通電話＝12306　◷24時間　休なし
力不可
[移動手段] **タクシー**（パオトウ東駅～昆区鞍山道）／60元、所要50分が目安　**路線バス**／10、17、50路「东站」
28日以内の切符を販売。

🚌 バス
●**パオトウ長距離総合バスターミナル**
（包头长距客运总站）
Ⓜ**P.189-F4**　⌂東河区站北西路3号　☎4870812
◷6:30～18:30　休なし　力不可
[移動手段] **タクシー**（パオトウ長距離総合バスターミナル～昆区鞍山道）／50元、所要50分が目安　**路線バス**／13、17、37、50路「东河长途站」
自治区内行きは当日のみ、それ以外は5日以内の切符を販売。
●**昆区長距離バスターミナル**（昆区长途客运站）

パオトウ長距離総合バスターミナル

Ⓜ**P.188-A1**　⌂昆都侖区団結大街西端
☎2108182　◷6:00～17:30　休なし　力不可
[移動手段] **タクシー**（昆区長距離バスターミナル～昆区鞍山道）／8元、所要8分が目安　**路線バス**／1、8、25、41路「昆区长途站」
自治区内行きは当日のみ、それ以外は5日以内の切符を販売。

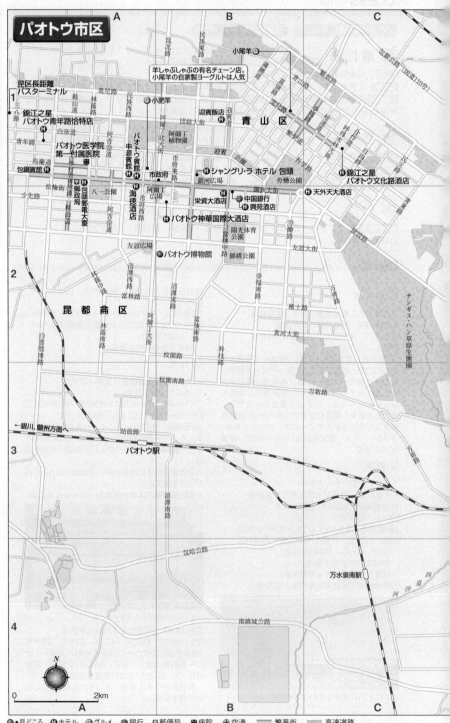

パオトウ市区

小尾羊

羊しゃぶしゃぶの有名チェーン店。
小尾羊の自家製ヨーグルトは人気

昆区長距離
バスターミナル

錦江之星
パオトウ青年路恰特店

青年路

パオトウ医学院
第一付属医院

烏蘭道
包鋼賓館

松梅街

少先路

小肥羊

莫尼路

林蔭道

鞍山道

白彦道

阿爾奈路

阿爾丁北大街

民族西路

民族東路

昆北路

青山路

文化路

迎賓飯店

迎賓道

青山区

団結大街

阿爾丁植物園

迎賓

市府東路

パオトウ賓館
中源賓館

市政府

海徳酒店

阿爾丁広場

市府西路

包鋼郵電大廈

郵政局

八一公園

鋼鉄大街

銀河広場

シャングリ・ラ ホテル 包頭

労働公園

科学路

錦江之星
パオトウ文化路酒店

天外天大酒店

栄資大酒店

中国銀行
興苑酒店

パオトウ神華国際大酒店

陽光体育
公園

友誼広場

パオトウ博物館

錦綉公園

昆都侖区

沼潭西路

富林路

沼潭東路

阿爾丁大街

林蔭南路

富強南路

科技路

校園路

校園南路

銀川、蘭州方面へ

白雲鄂博路

站前路

パオトウ駅

沼潭南路

包哈公路

万水泉南駅

南繞城公路

幸福南路

楊土路

黄河大街

万新路

友誼大街

労働路

錦綉中路

万博路

チンギス・ハン草原生態園

河沙道

四

0　　　　　2km

N

⦿●見どころ　Ⓗホテル　Ⓖグルメ　Ⓑ銀行　🏣郵便局　Ⓗ病院　✈空港　🟰繁華街　▨高速道路

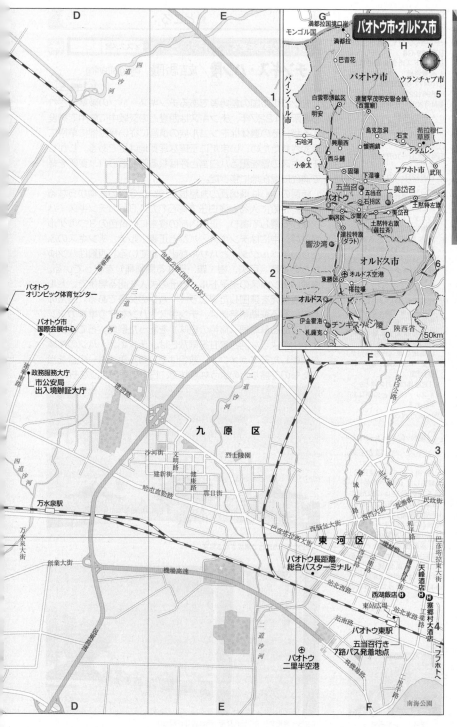

パオトウ市区マップ／パオトウ市・オルドス市マップ

パオトウ市・オルドス市

パオトウ市

モンゴル国
満都拉国境口岸
満都拉
巴音花
バイン・ノール市
白雲鄂博鉱区
達爾罕茂明安聯合旗
（百霊廟）
明安
ウランチャブ市
烏克忽洞
懐朔鎮
石宝
希拉穆仁草原（
石哈河
シラムレン
興順西
西斗鋪
固陽
下湿壕
フフホト市
武川
五当召
五当召
美岱召
パオトウ
石拐区
土黙特左旗
東河区
沙爾沁
美岱召
土黙特右旗（薩拉斉）
響沙湾
達拉特旗
（ダラト）
オルドス市
東勝区
オルドス空港
塔拉壕
オルドス
伊金霍洛
チンギス・ハーン陵
陝西省
札薩克

0　　　　50km

パオトウ市区

四道沙河
包銀公路（国道110号）
鉄路
三道沙河
パオトウ
オリンピック体育センター
パオトウ市
国際会展中心
政務服務大庁
市公安局
出入境辦証大庁
建設路
二道沙河
包頭京拉路
九原区
沙河街
文明路
建新街
健康路
烈士陵園
帯目街
哈屯盖勤路
四道沙河
万水泉駅
万水泉大街
創業大街
機場高速
西脳包大街
巴彦塔拉大街
中州大街
長勝路
民政街
東河区
和平街
公園路
バオトウ長距離
総合バスターミナル
站北西路
站北東路
天峰酒店
西湖飯店
塞郷村大酒店
巴彦塔拉東大街
站北広場
站南西路
バオトウ東駅
站南路
五当召行き
7路バス発着地点
バオトウ
二里半空港
飛機場路
三道沙河
南海公園
→フフホトへ

D　E　F　G　H
1　2　3　4　5　6

サイドバー（左列）

チンギス・ハン陵

MP.189-G6

住 オルドス市伊金霍洛旗伊金霍洛鎮

☎(0477)8961589、8961222

オ 4月20日～10月11日 7:30～18:30
10月12日～4月19日 8:00～17:30

休 なし

料 4月20日～10月11日＝180元
10月12日～4月19日＝150元

交 パオトウ長距離総合バスターミナルまたは昆区長距離バスターミナルから「鄂尔多斯客运总站（东胜长途汽车站）」行きで終点（7:30～17:30の間30分に1便。34元、所要2時間30分)。バスターミナル前から11、K22、K23路バスに乗り換えて「汽车南站（东胜客运中心)」。さらにK21路バスに乗り換えて「伊旗汽车站」。「新街」方面行きに乗り換え「成陵路口」（12元、所要30分)。さらに現地の車（片道15元が目安）に乗り換えるか、徒歩1時間

※「成陵路口」バス停とチンギス・ハン陵との間は約4kmある

U www.cjshl.com

(i) ▶▶▶ インフォメーション

チンギス・ハン陵からの戻り

「新街」から「成陵路口」を経由して「伊旗汽车站」へ戻る便の最終は17:00頃に「成陵路口」を通る。ただし、「伊旗汽车站」からオルドス総合バスターミナル（东胜）は乗り換えで時間がかかるので、最終便ではオルドス市（东胜）にもパオトウにも戻れない。「成陵路口」で14:30には「伊旗汽车站」行きに乗れるようにするとよい。

チンギス・ハン騎馬像

本文（右列）

モンゴルの英雄を祀る

チンギス・ハン陵／成吉思汗陵　chéngjísīhànlíng

オススメ度 ★★★

1時間

　モンゴル帝国の創始者であるチンギス・ハンの陵墓とされる場所。1227年、チンギスは西夏との交戦中に陣中で病没するが、その遺体はモンゴル族の慣習に従い秘密裡に草原に埋葬されたため、いまだに正確な埋葬地は謎である。しかしチンギスの霊を祀る八白宮（はちはくきゅう）と呼ばれる廟が造られ、変遷を経て清代に現在地に移った。

　陵園の中心は瑠璃瓦の丸屋根を頂いた3つの建物からなる陵宮。正殿に入ると漢白玉で彫られた4.3mのチンギス・ハン像が安置してあり、正殿内部の寝宮（しんきゅう）には黄色の3つのゲルが並び、中にはチンギス・ハンと正妻ボルテ、チンギスのふたりの弟ベルグダイとハサルが祀られている。西殿はハンゆかりの神器（弓矢、轡（くつわ）・鞍（くら）、聖なる馬乳桶）を祀っている。東殿はチンギスの末子トルイとその夫人を祀る場所で、トルイ夫妻は元を建国したフビライ・ハンの父母である。陵宮の西南にある蘇勒徳（スルデ）祭壇は、チンギス・ハンを守る軍神のシンボルである蘇勒徳（旗竿の意味）を祀った祭壇。石で積まれた小山のような阿拉騰甘徳爾敖包（アルタンガンデリオボー）は、チンギス・ハンの業績を顕彰したモニュメント。敖包はモンゴル語オボーの音を当てたもので盛り土のような意味で、日本の塚のようなもの。

特徴的な3つの建物で構成される寝宮

成吉思汗祭祀文化展の元代壁画　阿拉騰甘徳爾敖包

山あいに広がるチベット寺院

オススメ度 ★★★

五当召／五当召　wǔdāngzhào
ごとうしょう

五当召は1749（清の乾隆14）年に建てられたチベット仏教の寺院。モンゴル語で五当は「柳の」、召は「寺廟」の意味だが、現在のモンゴル族は「バトガル・スム」と呼ぶ。漢名の広覚寺は乾隆帝から賜った。山の麓から斜面に沿って数多くの堂宇が立っており、文革による破壊をほぼ免れたので昔日の様式がよく残っている。主要な大殿は6つあり、壁画が施され、チベット式の仏像が配された内部はそれぞれに特色があり見応え十分。特に寺の中心である洞闊爾独貢や

蘇古沁独貢の左にある却伊拉独貢

蘇古沁独貢の雰囲気は厳粛そのもの。ほかにも10mの釈迦如来銅像、9mのツォンカパ像など、小ポタラ宮と賞賛されるにふさわしいチベット仏教芸術の宝庫だ。

城塞と邸宅を折衷した寺院

オススメ度 ★★★ 🚗

美岱召／美岱召　měidàizhào
びたいしょう

パオトウ市区の東方70kmにあるチベット仏教の寺院。明の隆慶年間に順義王として封じられたアルタン・ハンが城を築き、1606（明の万暦34）年に、チベットの高僧が本格的にチベット仏教を伝え、寺院として整備されていった。美岱召は周囲680mの城壁の中に仏殿と順義王の一族の居館があるという、城塞と邸宅の要素を含んだ珍しい寺院である。城門に当たる泰和門を入ると大雄宝殿があり、内部は仏教故事をテーマにした彩色の壁画が美しい。

美岱召八角殿にある仏像

市内に位置する博物館

オススメ度 ★★★

パオトウ博物館／包头博物館　bāotóu bówùguǎn
はくぶつかん

友誼広場の南向かいに位置する総面積1万6000㎡の総合博物館で、内蒙古自治区でも有数の規模。

パオトウ博物館外観

7600㎡の展示スペースは4つに分けられ、パオトウ地方史、内蒙古古代岩画、チベット仏教（タンカ芸術）、燕家梁元代遺跡など、パオトウに関係する展示を行っている。

五当召
Ⓜ P.189-G6
🏠 石拐区吉忽倫図山五当溝
☎ 8715011、8715022
🕐 9:00～17:00
休 なし
料 60元
🚌 パオトウ東駅北側のパオトウ火車東站広場（ⓂP.189-F4）から7路バスで終点（6:35、10:05、12:55、15:05、17:20発。15元、所要2時間）
※バスには「五当召」と書かれている
※五当召からの戻り便は7:15、8:20、12:50、14:40、17:50発
U www.zgwdz.com

美岱召
Ⓜ P.189-H6
🏠 薩拉鎮土黙特右旗美岱召村
☎ 8850012、
　携帯=13234803244
🕐 5月～10月上旬8:30～18:00
　10月中旬～4月9:00～17:00
休 なし
料 30元
🚌 ①タクシーをチャーターする。往復300元が目安
　②パオトウ長距離総合バスターミナルまたは昆区長距離バスターミナルから「薩拉斉」行きで終点。徒歩15分の所にある「薩拉斉中心島」から6路バスで「美岱召路口」(7:00～19:00の間20分に1便。8元、所要40分)徒歩5分
※「薩拉斉」からの最終は18:10発
※パオトウ長距離総合バスターミナル発薩拉斉行き(7:00～18:00の間20～30分に1便。22元、所要約1時間30分)。昆区長距離バスターミナル発薩拉斉行き(7:30～14:30の間45分～1時間に1便。25元、所要約2時間)

パオトウ博物館
Ⓜ P.188-B2
🏠 昆都侖区阿爾丁大街25号
☎ 5317616
🕐 5月～10月上旬9:00～17:00
　10月中旬～4月9:30～16:30
※入場は閉館30分前まで
休 月曜
料 無料
🚌 1、22、43、52路バス「包头市博物館」
U www.nmgbtbwg.cn

響沙湾

響沙湾
MP.189-G6
🏠オルドス市東勝区ダラト（達
拉特）旗
☎(0477)3963366、
4008785550
📅4月下旬～10月上旬
　8:00～18:00
　10月中旬～4月中旬
　9:00～16:00
※冬季はリフトやアトラクショ
　ンは休止
休なし
💴入場料＝80元、入場料＋
　リフト往復＝130元、仙沙
　島＋沙湾港＝330元、悦沙
　島＋沙湾港＝320元、仙沙
　島＋悦沙島＋沙湾港＝420
　元
※沙湾港は砂漠観覧のみ。
　仙沙島と悦沙島には各種ア
　トラクションあり
🚌パオトウ長距離総合バスタ
　ーミナルまたは昆区長距離
　バスターミナルから「达拉
　特旗」行きで終点。タクシ
　ーに乗り換える。片道50
　元、所要30分が目安
※「达拉特旗」からの最終は
　17:30発
※「达拉特旗」は「达旗」と略
　して表示されることが多い
🌐www.xiangsw.com

パオトウの南にある砂丘　　　　　　　　　オススメ度 ★★★

響沙湾／响沙湾　xiǎngshāwān
きょう さ わん

　響沙湾は庫布其砂漠の東端にある砂丘で、パオトウ市区の南約50kmに位置する。高さ110m、幅400m、最大斜度は45度にも達する。空気が乾燥した晴天時に砂丘を滑ったりすると、カエルの鳴き声のような音を出す（音は人が多いほど大きくなるらしい）ことでも知られ、敦煌の鳴沙山（→P.495）と並び称される場所である。入場料は砂漠見学のみで、宿泊や遊戯施設は仙沙島（140元）、悦沙島（170元）、福沙島（無料）の各休閑区（入場料に追加して支払う）に行く。

　なお、ここの砂は非常に細かいので、カメラの扱いには注意が必要となる。

モニュメントは記念撮影スポット

リフトで丘の上にも行ける

ホテル

シャングリ・ラ ホテル 包頭／包头香格里拉大酒店 ★★★
パオトウ　bāotóu xiānggélǐlā dàjiǔdiàn　★★

銀河広場の北側に位置するパオトウでもトップクラスの高級ホテル。ショッピング街や飲食街にも近く、ホテル内の施設も整っている。

両替　ビジネスセンター　インターネット　U www.shangri-la.com/jp

MP.188-B1
住青山区民族東路66号
☎5998888　FAX5998999
S750～950元
T750～950元
サ10%＋6%　力ADJMV

海徳酒店／海徳酒店 ★★★
かいとくしゅてん　hǎidé jiǔdiàn　★★

阿爾丁広場の西に位置する高級ホテル。5つ星ホテルだけあって、館内の施設も整っている。

両替　ビジネスセンター　インターネット　U www.hd-hotel.com.cn

MP.188-A1～2
住青山区鋼鉄大街56号
☎5365558　FAX5365533
S550元
T550元
サなし　力ADJMV

錦江之星 パオトウ文化路酒店／锦江之星 包头文化路酒店
きんこうしせい　ぶんかろしゅてん　jǐnjiāng zhīxīng bāotóu wénhuàlù jiǔdiàn

「経済型」チェーンホテル。客室は簡素ながらひととおりの設備は揃っている。

両替　ビジネスセンター　インターネット　U www.jinjianginns.com

MP.188-C1
住青山区文化路41号
☎3168888　FAX3168666
S189～199元
T199～289元
サなし　力不可

錦江之星 パオトウ青年路恰特店／锦江之星 包头青年路恰特店
きんこうしせい　せいねんろこうとくてん　jǐnjiāng zhīxīng bāotóu qīngniánlù qiàtèdiàn

「経済型」チェーンホテル。客室は簡素ながら清潔。レストランを併設しており、周囲にも飲食店が多い。

両替　ビジネスセンター　インターネット　U www.jinjianginns.com

MP.188-A1
住昆都侖区青年路61号
☎2101111　FAX2101112
S209元
T179～199元
サなし　力不可

パオトウ神華国際大酒店／包头神华国际大酒店
しんかこくさいだいしゅてん　bāotóu shénhuá guójì dàjiǔdiàn

昆都侖区の中心、阿爾丁広場の南東に位置する星なし渉外ホテル。設備は4つ星相当。

両替　ビジネスセンター　インターネット　U www.hd-hotel.com.cn

MP.188-A1
住昆都侖区阿爾丁大街1号
☎5368888　FAX5368844
S358～388元
T318～358元
サなし　力ADJMV

華中エリア

蘇州には世界遺産に登録された江南式庭園がいくつもある。同里「退思園」内の「菰雨生涼」と題された廂には、鏡に映った庭を見て室内で涼むという何とも贅沢でユニークな仕掛けがある（江蘇省蘇州市呉江区同里鎮）写真:オフィス カラムス（服部朗宏）

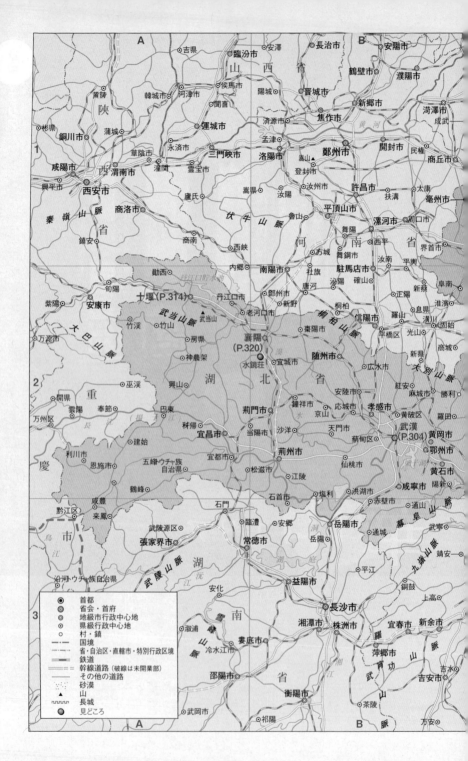

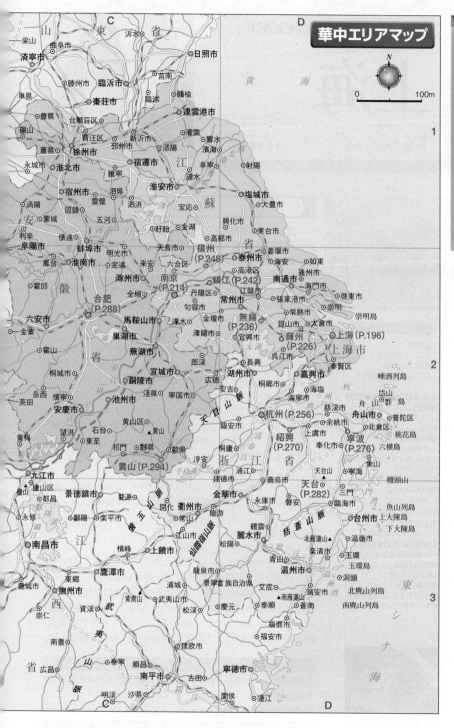

華中エリア

華中エリアマップ

山　東　省
C
梁山
曲阜市
済寧市
沂水市
日照市
臨沂市
莒南
贛榆
単県
棗荘市
臨沭
黄　海
D
豊県
台児荘区
連雲港市
碭山
賈汪区
新沂市
灌雲
蕭県
徐州市
邳州市
沭陽
響水
1
永城市
淮北市
睢寧
江
濱海
阜寧
射陽
渦陽
宿州市
泗県
淮安市
蘇
漣水
固鎮
霊璧
安
利辛
蒙城
五河
泗洪
盱眙
金湖
宝応
塩城市
大豊市
阜陽市
懐遠
蚌埠市
明光市
来安
天長市
高郵市
興化市
東台市
鳳台
淮南市
定遠
六合区
揚州市
(P.248)
泰州市
姜堰市
海安
如東
霍邱
滁州市
南京市
(P.214)
高港区
鎮江 (P.242)
南通市
通州市
海門市
啓東市
徽
合肥
(P.288)
全椒
丹陽市
江陰市
張家港市
崇明
六安市
馬鞍山市
句容市
常州市
金壇区
無錫
(P.236)
常熟市
太倉市
崇明島
金寨
巣湖市
溧水
宜興市
昆山市
蘇州
(P.226)
上海 (P.196)
上海市
霍山
蕪湖市
溧陽市
太湖
呉江区
奉賢区
省
宣城市
郎渓
長興
嵊泗列島
2
桐城市
銅陵市
涇県
寧国市
広徳
安吉
湖州市
桐郷市
嘉興市
岱山
群島
普陀区
岳西
懐寧
池州市
天目山脈
海寧市
杭
舟山市
北侖区
桃花島
英田
安慶市
黄山区
黄山
臨安市
海塩
慈渓市
余姚市
州
舟山
北倉区
紹興
(P.270)
寧波
(P.276)
六横島
黄梅
石台
東至
祁門
黟県
歙県
淳安
富
上虞市
奉化市
象山
檀頭山
九江市
盧山市
景徳鎮市
婺源
黄山 (P.294)
千島湖
浙
江
建徳市
浦江
義烏市
天台山
天台
(P.282)
三門
寧海
魚山列島
湾
楽平市
開化
常山
衢州市
龍游
金華市
永康市
磐安
臨海市
台州市
上大陳島
下大陳島
南昌市
鄱陽
横峰
上饒市
仙霞嶺山脈
松陽
縉雲
麗水市
括蒼山脈
北雁蕩山
楽清市
温嶺市
玉環
玉環島
洞頭
東
シ
ナ
海
3
豊城市
撫州市
鷹潭市
東郷
浦城
龍泉市
族自治県
景寧畲
青田
松渓
文成
瑞安市
蒼南
泰順
北麂山列島
南麂山列島
崇仁
資渓
武夷山市
慶元
福安市
福鼎市
南豊
南尖山
建欧市
省
広昌
泰寧
順昌
寧徳市
脈
明渓
沙県
南平市
古田
閩侯
連江
C
D

中国の発展を牽引するメトロポリス

上海
シャンハイ

上海 Shàng Hǎi　　　市外局番●021

旧フランス租界のランドマーク、武康大楼　Ⓜ P.203-D3

ウルムチ・　　・ハルビン
　　北京・・大連
　　　・西安　○上海
ラサ・　・成都
　昆明・　・広州
　　　　・香港

都市DATA

上海市
人口：1440万人
面積：6340㎢
16区を管轄する直轄市

在上海日本国総領事館領事部門
（在上海日本国総領事館領事部門）
Ⓜ P.198-C3
🏢領事部＝長寧区延安西路
　2299号上海世貿大廈13階
☎52574766
🖷62786088
🕐9：00～12：30、
　13：30～17：30
🚫土・日曜、祝日

市公安局出入境管理局
（市公安局出入境管理局）
Ⓜ地図外（P199-F2右）
🏢浦東新区新民生路1500号
☎28951900
🕐9：00～17：00
🚫土・日曜、祝日
観光ビザを最長30日間延長
可能。手数料は160元

新上海を象徴するリニアモーター
カー

概要と歩き方

　中国最大の国際都市、上海。第2次世界大戦前には欧米列強や日本の諜報員が暗躍し、占領地をめぐる駆け引きが繰り広げられた。当時はアジアで最も魅力的、かつ危険な魔都（まと）といわれ、列強の租界地としても発展していた。1949年の中華人民共和国建国後、中国の経済復興を牽引し、1980年代以降の改革開放政策のなかで急速にその地位を高めていった場所である。上海は租界地の古さと、経済発展による新しさを内包している特異な都市といえる。

　上海を回るには、地下鉄（路線図→折込裏）をメインに利用し、徒歩を組み合わせるのがよい。おもな観光ポイントは、人民公園から1時間以内の範囲にある。

　軌道交通（地下鉄中心）は2018年8月現在、LRT（張江有軌電車）とリニアモーターカー（上海磁浮線）とともに市内をカバーしており、さらに数路線の建設が計画されている。

　時間を気にしないのなら、縦横無尽に延びているバス路線に慣れると便利だ。ただし軌道交通の延伸工事などによって、バス停の移動なども多いので注意が必要。

　最も速く移動できるのはタクシーだが、上海の道路は慢性的に渋滞しており、雨の日などは特につかまりにくい。

各エリアの紹介

●外滩／外灘【ワイタン／wàitān】

　近代上海を象徴する、上海最大の観光ポイント。租界時代の高層建築物が並ぶ黄浦江西岸の一帯を指す。対岸の浦東や黄浦公園から眺める、美しい欧風様式の建物群は壮観。夜になるとそれらの建築物がライトアップされ、幻想的な雰囲気に包まれる。また川沿いの遊歩道は、朝は太極拳をする人、昼は観光客、夜はカップルでにぎわい、いつ訪れても楽しい。

	1月	2月	3月	4月	5月	6月	7月	8月	9月	10月	11月	12月
平均最高気温（℃）	7.0	8.0	11.0	18.0	23.0	27.0	31.0	30.0	26.0	22.0	16.0	10.0
平均最低気温（℃）	1.0	2.0	5.0	11.0	16.0	20.0	25.0	25.0	20.0	15.0	8.0	2.0
平均気温（℃）	4.0	5.0	8.0	15.0	20.0	23.0	28.0	27.0	23.0	18.0	12.0	6.0

町の気象データ（→P.517）：「預報」＞「上海」＞区から選択

●豫園／豫园【よえん／yùyuán】

　伝統的な上海を今に伝える豫園は、外灘と並ぶ上海の名所。江南建築が建ち並ぶ豫園の門前町が豫園商城で、昔ながらの懐かしい雰囲気が味わえる。周辺には50年以上前に建てられた木造家屋が現在もたくさん残っており、老西門のみやげ物街、文廟の書店街など、伝統的な中国を満喫できる。

●南京路／南京路【なんきんろ／nánjīnglù】

　100年以上前から栄える上海一の繁華街。外灘と静安寺を東西に結んでいる。西蔵中路を境に南京東路と南京西路に分かれており、特に南京東路は歩行者天国で、通り沿いにショップ、レストラン、ホテルなどがびっしりと並ぶ。夜遅くまでオープンしている店が多いのも特徴だ。

●田子坊／田子坊【でんしぼう／tiánzǐfáng】

　旧フランス租界、地下鉄9号線「打浦橋」駅の北側にあるこぢんまりとしたエリア。租界時代からの集合住宅をおしゃれなショップやカフェに改装し、若者に人気となった。週末ともなれば内外の多くの若者が集まってくる流行発信地。

●淮海路／淮海路【わいかいろ／huáihǎilù】

　南京路の南側を、並行して東西に走る淮海路を中心としたエリア。ここは旧フランス租界地で、今ではデパートやブランドショップが並ぶ流行発信ストリート。道行く人々のファッションもあか抜けている。観光客に人気のレストラン街・ショッピングエリアの「新天地」もここにある。また上海孫中山故居紀念館、中国共産党第一次全国代表大会会址紀念館など、歴史的に意味のある建築物が数多く残っている。

●浦東／浦东【ほとう／pǔdōng】

　世界有数の高さを誇る展望台のある上海環球金融中心や、ユニークな形のテレビ塔の東方明珠塔やオフィスビルなど、100m以上の高層ビルが林立する近代的なエリアだ。東京の新宿副都心よりも規模が大きく、上海の発展を象徴している。濱江大道からは外灘を一望できる。

博愛医院国際医療中心
（博爱医院国际医疗中心）

M P.203-E3
住 徐匯区淮海中路1590号博　愛医院2階
☎ 64215107（日本語可）
时 8:30～11:30、　13:00～17:30
休 日曜、祝日
U www.boaihospital.com

市内交通

【軌道交通】2018年8月現在、17路線（LRTを含む）が営業。詳しくは公式ウェブサイトで確認を
上海地鉄
U www.shmetro.com
路線図→折込裏
【路線バス】市内の運行時間の目安は5:00～23:00、2～4元。郊外の運行時間の目安は5:30～21:00、5～10元
【タクシー】初乗り3km未満14元、以降1kmごとに2.5元加算

外灘から対岸の浦東を眺める

ⓘ ▶▶▶ インフォメーション

上海観光に便利なふたつの観光バス

　南京路、外灘、浦東など主要観光地を循環する、乗り降り自由の観光バス。運行会社は2社あるが、どちらも赤い車体の2階建てが目印。チケットは主要停留所の係員から、もしくは車内で購入できる。

春秋都市観光旅游バス

　1号線（浦西線）、2号線（浦東線）、3号線（世博線）、5号線（虹口線）の4路線がある。
☎ 63517323
时 1号線：5～10月9:00～20:30の間20分に1便、　11～4月9:00～18:00の間20分に1便
　2号線：5～10月9:00～19:30の間30分に1便、　11～4月9:00～17:30の間30分に1便
　3号線：9:00～16:00の間30～40分に1便
　5号線：9:30～18:00の間30～40分に1便
料 1号線+2号線の24時間券=30元

4路線24時間券=40元
4路線48時間券=50元
U www.springtour.com

BUS TOUR

　紅線（南京路、外灘、豫園など）、緑線（南京路、淮海路、静安寺など）、藍線（外灘、浦東高層ビル街）の3路線がある。
☎ 63330578
时 紅線：9:00～17:00の間30分に1便
　緑線：9:15～16:15の間30分に1便
　藍線：9:30～17:30の間30分に1便
料 3路線24時間券=100元
　3路線48時間券=180元
　3路線24時間券+金茂大厦88層観光庁と外灘観光隧道片道または黄浦江クルーズ=200元
U www.bustourchina.com

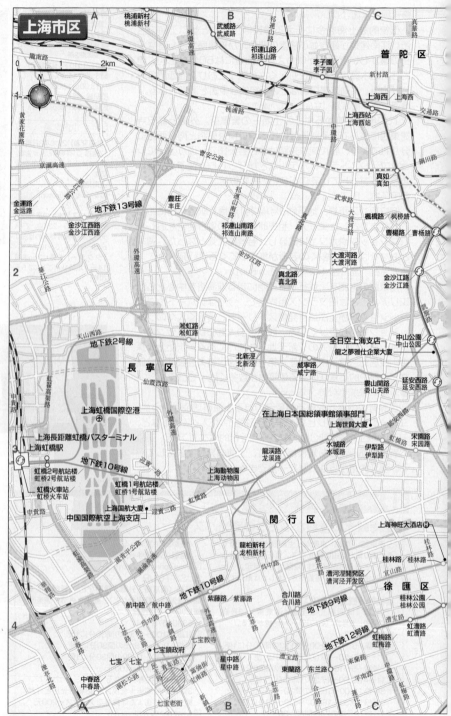

上海市区

A　　　　B　　　　C

桃浦新村
桃浦新村

武威路
武威路

祁連山路
祁连山路

李子園
李子园

真華路

普陀区

新村路

上海西　上海西

上海西站
上海西站

交通路

鎮川路

龍南路

0　　1　　2km

N

黄薬花園路

真如　真如

京滬高速

祁連山路南路
祁连山路南路

武寧路

楓橋路　枫桥路

曹楊路　曹杨路

金運路
金运路

曹安公路

豊荘
丰庄

大渡河路

地下鉄13号線

金沙江西路
金沙江西路

祁連山南路
祁连山南路

真北路

大渡河路
大渡河路

金沙江路
金沙江路

龍江公路

外環高速

金沙江路

真北路
真北路

凱旋路

2

天山西路

淞虹路
淞虹路

地下鉄2号線

北新涇
北新泾

威寧路
威宁路

全日空上海支店

龍之夢雅仕企業大廈

中山公園
中山公园

虹翔高架路

長寧区

仙霞西路

大渡河路

婁山関路
娄山关路

延安西路
延安西路

上海虹橋国際空港

在上海日本国総領事館領事部門
上海世貿大廈

延安西路

宋園路
宋园路

上海長距離虹橋バスターミナル

上海虹橋駅

迎賓路

外環高速

龍渓路
龙溪路

水城路
水城路

伊犁路
伊犁路

虹橋路

3

申貴路

地下鉄10号線

虹橋2号航站楼
虹桥2号航站楼

虹橋火車站
虹桥火车站

虹橋1号航站楼
虹桥1号航站楼

迎賓二路

上海動物園
上海动物园

関行区

上海神旺大酒店 H

桂林路
桂林路

申貴路

上海国航大廈
中国国際航空上海支店

迎賓三路

虹梅路

龍柏新村
龙柏新村

漕河涇開発区
漕河泾开发区

宣山路

桂林路

徐匯区

桂林公園
桂林公园

航中路　航中路

紫藤路
紫藤路

合川路
合川路

地下鉄9号線

虹漕路
虹漕路

地下鉄10号線

呉中路

蓮花路

虹梅路

七莘路

七宝　七宝

七宝鎮政府

星中路
星中路

地下鉄12号線

虹梅路
虹梅路

東蘭路
东兰路

中春路
中春路

七宝教寺

漕宝路

平南路

4

滬松公路

真南路

漕宝路

合川路

七宝老街

A　　　　B　　　　C

● 見どころ　H ホテル　G グルメ　S ショップ　A アミューズメント　R リラクセーション　T 旅行会社　空港　　高速道路
地下鉄1号線　　地下鉄2号線　　地下鉄3号線　　地下鉄4号線　　地下鉄6号線　　地下鉄7号線

D　静安区

上海馬戯城
上海马戏城
上海馬戯城
地下鉄1号線

大華三路・大华三路
延長路・延长路

新村路・新村路

H ルネッサンス上海普陀ホテル

嵐皋路・岚皋路
上海大寧国際茶城 S

中潭路・中潭路
M50
上海駅・苏州

鎮坪路・镇坪路
江寧路・江宁路
上海火車站・上海火车站

長寿路・长寿路

武寧路・武宁路

隆徳路・隆德路

江蘇路・江苏路

常熟路・常熟路

交通大学・交通大学

虹橋路・虹桥路
徐家匯・徐家汇

宜山路・宜山路
上海体育館・上海体育馆

漕渓路・漕溪路
上海旅游集散中心

漕宝路・漕宝路

柳州路

上海南站・上海南站
上海南駅

上海長距離南バスターミナル

E　広中路

赤峰路・赤峰路

魯迅紀念館
虹口足球場・虹口足球场
虹口区

郵電新村・邮电新村
魯迅故居
東宝興路・东宝兴路

海倫路・海伦路
1933老場坊
提籃橋・提篮桥

四川北路・四川北路

天潼路・天潼路

P.200-201上

P.200-201下

南京西路・南京西路
上海博物館・上海博物馆
大世界・大世界

淮海中路・淮海中路
黄陂南路・黄陂南路
老陝客桟

新天地・新天地

陝西南路・陕西南路
P.202-203上

馬当路・马当路
田子坊

打浦路・打浦路
S 星光撮影機材城

西蔵南路・西藏南路

島班路・鲁班路
世博会博物館・世博会博物馆
世博会博物館

P.202-203下
世博会世博軸音楽噴水

龍華中路・龙华中路
中華芸術宮・中华艺术宫

上海游泳館・上海游泳馆

龍華烈士紀念館
上海龍華古寺・上海龙华古寺
龍華・龙华

龍漕路・龙漕路

雲錦路・云锦路

龍耀路・龙耀路

石龍路・石龙路

古韵

F　四平路・四平路

鞍山新村・鞍山新村
江浦路・江浦路

曲陽路・曲阳路
曲陽路・曲阳路

中国国際輪渡有限公司
上海国際輪渡有限公司
金岸大廈・金岸大厦

臨平路・临平路

大連路・大连路

楊樹浦路・杨树浦路

国際客運中心・国际客运中心
上海港国際フェリーセンター

東大名路
H ハイアット オン ザ バンド

外灘
国際会議中心
東方明珠塔・东方明珠塔
陸家嘴・陆家嘴
世紀大道
東昌路・东昌路

浦東大道・浦东大道
浦東太道

東昌路・东昌路

シャングリ・ラ 上海
豫園商城・豫园商城
南翔饅頭店・南翔馒头店
豫園・豫园
商城路・商城路
上海環球金融中心

上海
緑波廊酒楼・绿波廊酒楼
イビス上海豫園酒店
中心大廈・中心大厦
上海之巓観光庁

小南門・小南门
小南門・小南门
グランド
ハイアット
上海

市公安局出入境
管理局へ

陸家浜路・陆家浜路

浦東新区・浦东新区

南浦大橋・南浦大桥
南浦大橋

世博大道・世博大道

臨沂新村・临沂新村

上海鼎大廈・上海鼎大厦
H 上海建発国際旅行社

雲台路・云台路

黄浦
江

中山南路

雁華路・雁华路
雁華・雁华

高科西路・高科西路

東明路・东明路
東明路・东明路

世博大道・世博大道

成山路・成山路
成山路・成山路
地下鉄6号線

長清路・长清路
後灘・后滩

楊思・杨思
高青路・高青路

浦東新区・浦东新区
華夏西路・华夏西路

地下鉄11号線
地下鉄8号線
東方体育中心・东方体育中心
南方体育中心

霊岩南路・灵岩南路
上南路・上南路
雷夏西路

凡例

── 地下鉄8号線　──○── 地下鉄9号線　──●── 地下鉄10号線　──○── 地下鉄11号線
──○── 地下鉄12号線　──○── 地下鉄13号線　◆乗り換え駅　C○○乗り換え駅(改札を出て切符を買い直す)　⊢------⊣ 渡し船

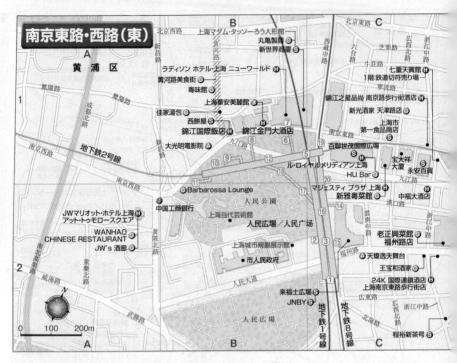

南京東路・西路（東）

黄浦区

- 北京西路
- 新昌路
- 鳳陽路
- 成都北路
- 鳳陽路
- 上海マダム・タッソーろう人形館
- 丸亀製麺 S
- 新世界商廈 S
- ラディソン ホテル・上海 ニューワールド H
- 黄河路美食街
- 寿味館 S
- 上海華安美麗館 S
- 佳家湯包 S
- 西餅屋 S
- 錦江国際飯店 H
- 大光明電影院 A
- 九江路
- 黄河路
- 地下鉄2号線
- 南京西路
- 黄陂北路
- Barbarossa Lounge
- 中国工商銀行 B
- 上海当代芸術館
- JWマリオット・ホテル上海 H
- アット・トゥモロースクエア
- WANHAO CHINESE RESTAURANT S
- JW's 酒廊 S
- 重慶北路
- 威海路
- 武勝路
- 南京西路
- 黄河北路
- 閘北高架路
- 人民公園
- 上海城市規劃展示館
- 市人民政府
- 人民広場／人民广场
- 人民大道
- 来福士広場 S
- JNBY S
- 人民広場
- 北京東路
- 西蔵中路
- 牛荘路
- 寧波路
- 六合路
- 天津路
- 浙江中路
- 広西北路
- 芝罘路
- 1階:鉄道切符売り場
- 七重天賓館 H
- 錦江之星品尚 南京路歩行街酒店 H
- 新光酒家 天津路店 S
- 上海 第一食品商店 S
- 百聯世茂国際広場 S
- ル・ロイヤルメリディアン上海 H
- HU Bar
- マジェスティ プラザ 上海 H
- 新雅粤菜館 S
- 雲南中路
- 漢口路
- 福州路
- 宝大祥 大廈 S
- 永安百貨 H
- 中瑞大酒店 H
- 老正興菜館 S
- 福州路店
- 天蟾逸夫舞台 A
- 王宝和酒家 S
- 24K 国際連鎖酒店 H
- 上海南京東路歩行街店 S
- 広東路
- 程裕新茶号 S
- 浙江中路
- 河南中路
- 北海路
- 地下鉄1号線
- 地下鉄8号線
- 0　100　200m

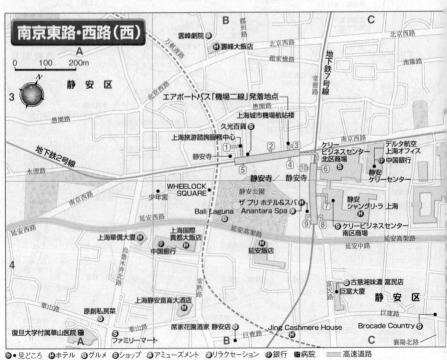

南京東路・西路（西）

静安区

- 万航渡路
- 雲峰劇院 A
- 雲峰大飯店 H
- 北京西路
- 趙家橋路
- 北京東路
- 地下鉄7号線
- 常徳路
- 南陽路
- エアポートバス「機場二線」発着地点
- 上海城市機場航站楼
- 久光百貨 S
- 上海旅游諮詢服務中心
- 静安寺
- 愚園路
- 南京西路
- 常徳路
- ケリー ビジネスセンター 北区商場
- デルタ航空 上海オフィス
- 中国銀行 B
- 静安 ケリーセンター
- 静安寺／静安寺
- WHEELOCK SQUARE
- 少年宮
- Bali Laguna S
- 静安公園
- ザ プリ ホテル&スパ H
- Anantara Spa R
- 静安 シャングリ・ラ 上海 H
- ケリービジネスセンター 南区商場
- 延安高架路
- 延安中路
- 延安西路
- 上海華僑大廈 H
- 上海国際貴都大飯店 H
- 中国銀行 B
- 延安飯店 H
- 延安高架路
- 富民路
- 古意湘味濃 富民店 S
- 巨富大廈 H
- 静安区
- 巨鹿路
- 上海静安崑崙大酒店 H
- 原創私房菜 S
- 復旦大学付属華山医院 H
- ファミリーマート S
- 居家花園酒家 静安店 S
- 華山路
- 常熟路
- Jing Cashmere House
- Brocade Country S
- 襄陽北路
- 地下鉄2号線
- 永源路
- 愚園路
- 島嶋木斉北路
- 0　100　200m

◎・見どころ　H ホテル　S グルメ　S ショップ　A アミューズメント　R リラクセーション　B 銀行　H 病院　▨ 高速道路

200

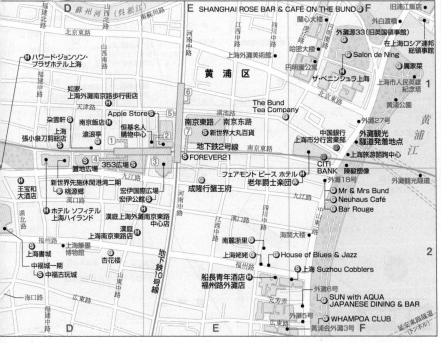

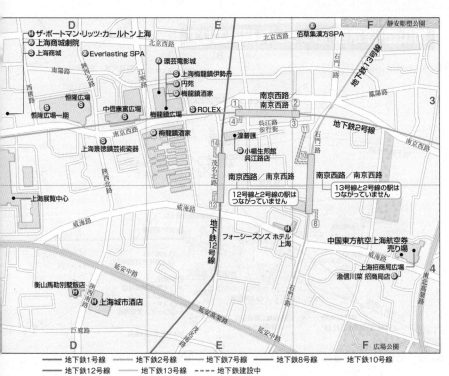

――― 地下鉄1号線　――― 地下鉄2号線　――― 地下鉄7号線　――― 地下鉄8号線　――― 地下鉄10号線
――― 地下鉄12号線　――― 地下鉄13号線　- - - - 地下鉄建設中

淮海中路

衡山路・徐家匯・旧フランス租界エリア

●・見どころ　⊞ホテル　⑤グルメ　⑤ショップ　⑥アミューズメント　⑭リラクセーション　⑦旅行会社　⑤銀行　区学校　⊞病院　⊞トイレ

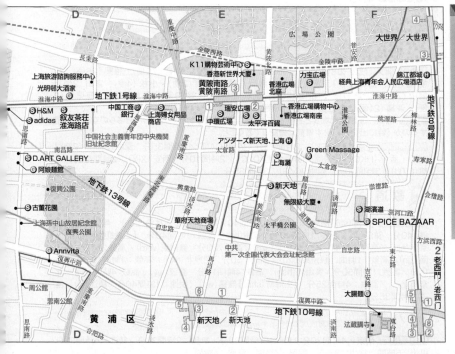

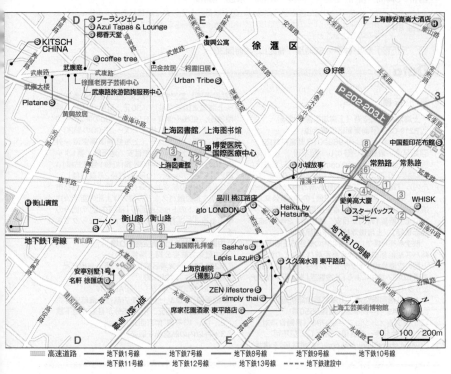

高速道路		地下鉄1号線	地下鉄7号線	地下鉄8号線	地下鉄9号線	地下鉄10号線
		地下鉄11号線	地下鉄12号線	地下鉄13号線	地下鉄建設中	

Access 交通

空港見取図 ➡ P.657～659　中国国内の移動 ➡ P.667　鉄道時刻表検索 ➡ P.26

✈ 飛行機

上海には、市区の東約30kmに位置する上海浦東国際空港（PVG）と市区西部に位置する上海虹橋国際空港（SHA）のふたつの国際空港がある。

【国際線】浦東：成田（80便）、羽田（52便）、関西（133便）、中部（70便）、福岡（28便）、札幌（21便）、仙台（2便）、茨城（6便）、静岡（2便）、新潟（2便）、小松（4便）、富山（2便）、岡山（7便）、広島（7便）、松山（2便）、高松（5便）、佐賀（3便）、長崎（2便）、鹿児島（2便）、沖縄（21便）。　虹橋：羽田（28便）。

【国内線】北京、広州、深圳など主要都市との間に運航便がある。ただし、どちらの空港を利用するのか（特に出発時）必ず事前に確認しておくこと。

【所要時間（目安）】北京首都（PEK）／2時間20分　広州（CAN）／2時間35分　深圳（SZX）／2時間40分　香港（HKG）／2時間50分　大連（DLC）／2時間10分　西安（XIY）／2時間45分　成都（CTU）／3時間30分　昆明（KMG）／3時間35分

🚃 鉄道

上海は京滬線、滬杭線、京滬高速鉄道などが集まる交通の要衝で多くの駅がある。そのなかで旅行者が利用するのは上海駅、上海虹橋駅、上海南駅の3つ。特に上海虹橋駅は高速鉄道専用駅で、上海虹橋国際空港とも連結しており非常に便利。

【所要時間（目安）】【上海（sh）】南京（nj）／高鉄：1時間40分　蘇州（sz）／高鉄：25分　無錫（wx）／高鉄：40分　鎮江（zj）／高鉄：1時間40分　杭州（hz）／高鉄：1時間40分　【上海虹橋（shhq）】南京南（njn）／高鉄：1時間10分　蘇州北（szb）／高鉄：20分　無錫東（wxd）／高鉄：30分　鎮江南（zjn）／高鉄：1時間　杭州東（hzd）／高鉄：50分　紹興北（sxb）／高鉄：1時間15分　寧波（nb）／高鉄：1時間50分　黄山北（hsb）／高鉄：4時間10分　婺源（wy）／高鉄：4時間10分　北京南（bjn）／高鉄：4時間25分　【上海南（shn）】無錫（wx）／快速：1時間40分　鎮江（zj）／直達：2時間35分

🚌 バス

上海市内にはいくつものバスターミナルがあるが、使い勝手がよいのは上海駅に近い上海長距離総合バスターミナル。高速鉄道網の発達により減便傾向にある。

【所要時間（目安）】南京／4時間30分　蘇州／1時間30分　無錫／2時間30分　鎮江／4時間30分　揚州／5時間　杭州／3時間　紹興／4時間　寧波／4時間

🚢 船

大阪と神戸との間に国際航路がある。国内は普陀山との間に航路がある。市内にはいくつかのフェリーターミナルがあるが、国内航路と国際航路は別のフェリーターミナルになるので注意が必要。

【所要時間（目安）】大阪・神戸／52時間　普陀山／2時間30分

----- Data -----

✈ 飛行機

● 上海浦東国際空港（上海浦東国際机場）
Ⓜ P.210-C2　🏠 浦東新区迎賓大道
☎ インフォメーション＝96990（自動音声対応）
🕐 始発便～最終便　🈺 なし　🅿 不可
Ⓤ www.shanghaiairport.com（「浦東机場」を選択）
[移動手段] エアポートバス（上海浦東国際空港～市内）／7路線あり。詳細➡Ⓤ www.shanghaiairport.com／（トップ画面で「机場交通」の「地面公交」を選択）　タクシー（上海浦東国際空港～外灘）／200元、所要1時間が目安　地下鉄／2号線「浦東国際机場」、上海磁浮線「浦東国際机場」

　航空券売り場では3ヵ月以内の航空券を販売。路線バスや他都市に向かう長距離バスなどの情報は上記の空港公式ウェブサイトのトップ画面で「机場交通」の囲みの中にある「長途客運」を選択すればチェックできる。

● 上海虹橋国際空港（上海虹桥国際机場）
Ⓜ P.198-A3　🏠 長寧区虹橋路2550号
☎ インフォメーション＝96990（自動音声対応）
🕐 始発便～最終便　🈺 なし　🅿 不可
Ⓤ www.shanghaiairport.com（「虹橋机場」を選択）

[移動手段] エアポートバス（上海虹橋国際空港～上海浦東国際空港）／30元、所要1時間～1時間30分。虹橋→浦東＝6:00～23:00の間20～30分に1便　浦東→虹橋＝7:00～23:00の間20～30分に1便　タクシー（上海虹橋国際空港～外灘）／80元、所要40分が目安　地下鉄／第1ターミナル（日本発着便）＝10号線「虹桥1号航站楼」、第2ターミナル＝2、10号線「虹桥2号航站楼」

　3ヵ月以内の航空券を販売。路線バスや他都市に向かう長距離バスなどの情報は上記の空港公式ウェブサイトのトップ画面の「机場交通」の囲みの中にある「長途客運」を選択すればチェックできる。

● 中国東方航空上海航空券売り場
（中国東方航空公司上海售票処）
Ⓜ P.201-F4　🏠 黄浦区威海路258号上海招商局広場南楼1階　☎ 95530
🕐 9:00～17:00　🈺 なし　🅿 ADJMV
[移動手段] タクシー（中国東方航空上海航空券売り場～外灘）／20元、所要15分が目安　地下鉄／2、12、13号線「南京西路」

　3ヵ月以内の航空券を販売。

● 中国国際航空上海支店
（中国国際航空公司上海支店）
Ⓜ P.198-A3 　住 長寧区迎賓三路199号上海国航
大廈1階 ☎ 95583、22353767
オ 8:30〜17:00 　休 なし 　カ ADJMV
[移動手段] タクシー（中国国際航空上海支店〜
外灘）/60元、所要40分が目安 　地下鉄/10号
線「虹橋1号航站楼」
　3ヵ月以内の航空券を販売。
● 日本航空上海支店（日本航空上海支店）
Ⓜ P.202-B1
住 徐匯区淮海中路1045号淮海国際広場7階
☎ 中国予約センター＝4001-27-2470（日本語）
オ 電話受付8:00〜18:00
※航空券販売窓口は廃止された（住所地は事務
　所）。航空券の販売は電話かインターネットの
　みで受け付け
● 全日空上海支店（全日空上海支店）
Ⓜ P.198-C2 　住 長寧区凱旋路369号龍之夢雅仕
企業大廈201室 　☎ 中国予約センター＝4008-
82-8888（日本語） 　オ 9:00〜12:00、13:00〜
17:00 　休 土・日曜、祝日 　カ ADJMV
[移動手段] タクシー（全日空上海支店〜外灘）/
40元、所要40分が目安 　地下鉄/2、3、4号線
「中山公園」

🚈 鉄道

● 上海駅（上海火車站）
Ⓜ P.199-D〜E1 　住 静安区秣陵路303号
☎ 51234420
オ 南広場5:30〜翌0:15、北広場7:40〜21:00
休 なし 　カ 不可
[移動手段] タクシー（上海駅〜外灘）/20元、所
要20分が目安 　地下鉄/1、3、4号線「上海火車
站」
　3日以内の切符を販売。
● 上海虹橋駅（上海虹橋火車站）
Ⓜ P.198-A3 　住 閔行区申貴路1500号
☎ 51245555
オ 1階6:00〜翌0:10、2階5:00〜21:45
休 なし 　カ 不可
[移動手段] タクシー（上海虹橋駅〜外灘）/85元、
所要50分が目安 　地下鉄/2、10、17号線「虹
桥火車站」
　3日以内の切符を販売。
● 上海南駅（上海火車南站）
Ⓜ P.199-D4 　住 徐匯区老滬閔路9001号
☎ 51245040 　オ 24時間 　休 なし 　カ 不可
[移動手段] タクシー（上海南駅〜外灘）/60元、
所要50分が目安 　地下鉄/1、3号線「上海南站」
　28日以内の切符を販売。
● 上海駅総合切符売り場（上海站联合售票处）
Ⓜ P.199-E1 　住 静安区梅園路385号聯合售票大
楼1階 　☎ 95105105、共通電話＝12306
オ 5:00〜24:00 　休 なし 　カ 不可
[移動手段] タクシー（総合切符売り場〜外灘）/
20元、所要15分が目安 　地下鉄/1、3、4号線
「上海火車站」
　28日以内の切符を販売。

🚌 バス

● 上海長距離総合バスターミナル
（上海長途汽車客运总站）
Ⓜ P.199-E1 　住 静安区中興路1666号
☎ 66050000 　オ 5:00〜22:00
休 なし 　カ 不可
[移動手段] タクシー（上海長距離総合バスターミ
ナル〜外灘）/25元、所要20分が目安 　地下鉄
/1、3、4号線「上海火車站」
　10日以内の切符を販売。周荘（4便）、南京（2便）、
蘇州（2便）、杭州（4便）、紹興（4便）など。江南
エリアをメインとする。
● 上海長距離南バスターミナル
（上海長途客运南站）
Ⓜ P.199-D4 　住 徐匯区石龍路666号
☎ 962168 　オ 6:00〜21:00 　休 なし 　カ 不可
[移動手段] タクシー（上海長距離南バスターミ
ナル〜外灘）/55元、所要35分が目安 　地下鉄/
1、3号線「上海南站」
　10日以内の切符を販売。江南エリアをメインとす
る。

🚢 船

● 上海港国際フェリーセンター
（上海港国際客运中心）
Ⓜ P.199-F2 　住 虹口区東大名路500号
☎ 61819900 　オ 便のある日の7:00〜出港まで
休 便のない日 　カ 不可
[移動手段] タクシー（上海港国際フェリーセンター
〜外灘）/15元、所要10分が目安 　地下鉄/12
号線「国際客运中心」
　フェリーセンターでは乗船券を販売しない。
日中間運航便の乗船券は下記で購入する。
▼新鑒真号（上海〜大阪・神戸/中日国際輪渡
有限公司）
Ⓜ P.199-F1
虹口区東大名路908号金岸大廈18階
☎ 63257642
オ 8:30〜11:00、13:00〜16:30
休 土・日曜、祝日 　Ｕ www.chinjif.com
▼蘇州號（上海〜大阪　上海国際輪渡有限公司）
Ⓜ P.199-F1
虹口区東大名路908号金岸大廈15階D-G座
☎ 65375111
オ 8:30〜11:00、13:30〜16:30
休 火曜午前、土・日曜、祝日 　Ｕ www.suzhouhao.com
● 呉淞口フェリーターミナル（呉淞口码头）
Ⓜ P.210-B2 　住 宝山区化成路271号呉淞口客运中心
☎ 56575500 　オ 8:00〜17:00 　休 なし 　カ 不可
Ｕ www.chinassly.com
[移動手段] タクシー（呉淞口フェリーターミナル
〜外灘）/60元、所要40分が目安 　地下鉄/3号
線「淞濱路」、徒歩20分 　路線バス/508、719
路バス「呉淞码头」
　3日以内の乗船券を販売。普陀山行きは月曜と
水・金曜（19:30）に出航。12〜1月はメンテナン
スのため閉鎖。

外灘／外滩　wàitān

ワイタン

30分～

外灘
MP.199-F2
住黄浦区中山東一路周辺
時24時間
休なし
料無料
交地下鉄2、10号線「南京东路」

インフォメーション

外灘観光隧道
MP.201-F2
住浦西側=中山東一路300号
浦東側=濱江大道2789号
☎58886000
時8:00～22:00
※乗車券販売は終車30分前まで
休なし
料片道=50元、往復=70元
交浦西側=地下鉄2、10号線「南京东路」
浦東側=地下鉄2号線「陆家嘴」

外灘観光隧道のイルミネーション

　上海で一度は訪れたい外灘は、通称「バンド（bund）」と呼ばれ、港湾地区として発展した旧共同租界だったエリア。租界時代に建てられた欧風建築のビル群が通り沿いに並び、当時の面影を残した場所となっている。かつては銀行や商社の社屋として使われていたが、今ではブティックやレストランなどが入るおしゃれなビルにリニューアルしているものも多い。アールデコ様式やネオバロック様式など西洋の多様な建築物が見られる。

　明るい時間帯もいいが、ライトアップされる夜は幻想的なので、ぜひ夜にも訪れてみたい（ライトアップ時間は季節により変動）。対岸には浦東の夜景も見られ、外灘遊歩道の夜は観光客でにぎわう。外灘遊歩道の北端は黄浦公園になっており、ベンチがたくさんあるのでのんびりするのもいい。

　対岸へ渡るには、外灘観光隧道に乗ろう。外灘側からは地下道を入る。無人のマシーンに乗り、光のトンネルへ。数パターンのイルミネーションが点滅する、約5分間の異次元の旅を体感できる。浦東側入口は国際会議中心近く。

　もうひとつおすすめなのが、黄浦江の遊覧船。庶民的な渡し船から大型の観光船までさまざまあるので、予算や時間帯によって好みの船を選ぶことが可能だ。

重厚な建築群が圧巻。写真は旧匯豊銀行と旧江海関

外灘公園の散策は上海観光の目玉

ライトアップされた外灘

外灘を背景に進む夜の遊覧船

豫園／豫园　yùyuán

中国を代表する江南庭園

オススメ度 ★★★

40分〜

1559年に着工された、江南様式の名園。明代の役人潘允端（はんいん）が父潘恩（はんおん）のために、19年かけて造った私庭（したん）が始まりという。造園を陣頭指揮したのは名工の張南陽で、そのできばえは「為東南名園冠（江南の名園のなかでもいちばんとする）」と古人にたたえられたほどだった。園内は5つの景観区と内園に分かれ、大小の楼閣が立ち、巨石や太湖石が配されている。

江南様式の美しい庭園

国宝級の文物を展示

オススメ度 ★★★

上海博物館／上海博物馆　shànghǎi bówùguǎn
シャンハイはくぶつかん

2時間〜

上海博物館は、故宮博物院、南京博物院と並び、中国三大博物館に数えられ、展示館に約12万点の収蔵品がある。1階は中国古代青銅館、中国古代雕塑館、2階は中国古代陶瓷館、暫得楼陶磁館、3階は中国歴代絵画館、書法館、印章館、両塗軒書画専室、4階は中国歴代銭幣館、中国明清家具館、中国古代玉器館、中国少数民族工芸館となっている。

中国古代青銅館には紀元前21世紀からの青銅器や春秋晩期の酒器など約400点が、中国古代雕塑館にはひとつの石に1000もの仏が彫られた千仏石碑がある。さらに中国古代陶瓷館には景徳鎮で作られた器など約500点、中国古代玉器館には黄色のヒスイでできたワインを入れる器や人の姿をかたどった4000年前の玉器「神人」など約400点、中国明清家具館ではテーブルや屏風の細かくきれいな彫刻など100点余りの作品が見られる。

博物館の目玉である「大克鼎」。西周時代のもの

豫園
MP.199-F2
住黄浦区安仁街218号
☎63260830
⏰8:45〜17:15
※入場は閉門30分前まで
休月曜
料4〜6月、9〜11月＝40元
1〜3月、7・8・12月＝30元
交地下鉄10号線「豫園」
Uwww.yugarden.com.cn

聴涛閣

いつもにぎわいを見せる豫園商城

上海博物館
MP.199-E2
住黄浦区人民大道201号
☎63723500
⏰9:00〜17:00
※入場は閉館1時間前まで
休月曜
料無料
※1日当たり8000人までの入場制限がある
※無線解説受信機＝40元。日本語あり。デポジット（保証金）300元またはパスポートが必要。3時間まで
交地下鉄1、2、8号線「人民广场」。地下鉄8号線「大世界」
Uwww.shanghaimuseum.net

中国を代表する博物館のひとつ

上海環球金融中心

MP.P.199-F2

- 住 浦東新区世紀大道100号
- ☎ 38672008、4001100555
- 才 展望台8:00～23:00
- ※入場は閉館1時間前まで
- 休 なし
- 料 入場=無料
  展望台=120元（94階のみ）、180元（94、97、100階の3層）
- 交 地下鉄2号線「东昌路」「陆家嘴」
- U www.swfc-observatory.com

上海中心大厦 上海之巓観光庁

MP.P.199-F2

- 住 浦東新区銀城中路501号
- ☎ 20656999
- 才 8:30～22:00
- ※入場は閉館30分前まで
- 休 なし
- 料 180元
- 交 地下鉄2号線「陆家嘴」
- U www.shanghaitower.com.cn
- ※入場券購入の際にパスポートの提示が必要。入場時に安全検査がある

玉仏禅寺

MP.P.199-D2

- 住 普陀区安遠路170号
- ☎ 62663668
- 才 8:00～17:00
- ※陰暦元日～1月15日は7:00～17:30
- ※入場は閉門30分前まで
- 休 なし
- 料 入場料=20元
- ※陰暦元日100元、陰暦1月2日～5日50元
  玉仏楼の拝観料=10元
- 交 地下鉄7、13号線「长寿路」
- U www.yufotemple.com

運がよければ法要を見ることもできる。写真は新車の安全祈願

世界一の展望台へ

上海環球金融中心
シャンハイかんきゅうきんゆうちゅうしん
上海环球金融中心　　shànghǎi huánqiú jīnróng zhōngxīn

オススメ度 ★★★　1時間～

　上海の浦東新区に2008年夏に誕生した、シンボリックなフォルムが特徴の492mの超高層ビル。94、97、100階に展望台があり、ガラス越しに上海の町を一望できる。特に474mにある100階は、世界有数の高さを誇る展望台になっており、眼下に広がる上海の光景は圧巻だ。両岸の建物が幻想的にライトアップされる夜景も見逃せない。

上海一高いタワー

上海中心大厦 上海之巓観光庁
シャンハイちゅうしんたい か　シャンハイ し てんかんこうちょう
上海中心大厦 上海之巓观光厅　shànghǎi zhōngxīn dàshà shànghǎizhīdiān guānguāngtīng

オススメ度 ★★★　1時間～

　2018年夏現在、上海でいちばん高いタワー。高さ632mは世界でも2番目を誇る。メインの118階展望台からはほかの高層ビルを見下ろしつつ上海を一望できる。展望台には秒速55mという超高速エレベーターに乗り55秒で到達する。

上海を代表する古寺

玉仏禅寺／玉佛禅寺　yùfóchánsì
ぎょくぶつぜん じ

オススメ度 ★★★

　浙江省普陀山の僧侶、慧根法師が開いた上海最大の禅宗寺院。慧根法師がインドまで修行に出かけ、その帰路ミャンマーで5体の玉製仏像（瞻礼玉仏）を手に入れた後、立ち寄った上海でうち2体を安置するためこの寺を建てたといわれる。1890年には本照法師が北京から大蔵経全巻を持ち帰り、この寺は江南の名刹のひとつとなった。

　建物は天王殿、大雄宝殿、般若丈室と三進殿院式に南北に

並ぶ、典型的な宋代宮殿様式。般若丈室2階の玉仏楼の高さ1.95m、重さ約1トンの白玉製の仏像には、ヒスイやメノウが埋め込まれている。

寺院の中央に立つ大雄宝殿

上海のシンボルタワー　オススメ度 ★★★

東方明珠塔(とうほうめいじゅとう)／东方明珠塔　dōngfāng míngzhūtǎ

テレビ塔としてアジアーを誇る高さ468mのユニークな形をした塔。90m（下球体）、263m（上球体）、350m（太空艙）に展望台が設けられており、特におすすめは夜。天気がよければ黄浦江を行き交う船、外灘のネオンがまばゆく映る夜景が眼下に広がる。上球体にある懸空観光廊（259m）は床がガラス張りでスリル満点だ。1階には上海城市歴史発展陳列館があり、上海の町並みや生活がろう人形で再現され、外灘ビル群も細かく表現されている。

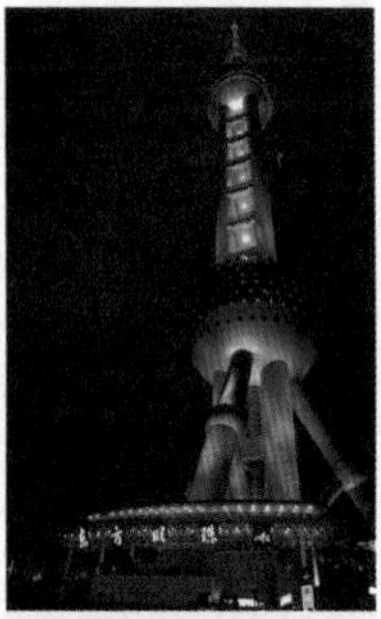

夜にはライトアップされる

東方明珠塔
[M]P.199-F2
[住]浦東新区世紀大道1号
☎58791888
[オ]8:00～22:00
※入場は閉館30分前まで
[休]なし
[料]共通券A（太空艙、上球体、下球体、上海城市歴史発展陳列館）＝220元
共通券B（上球体、下球体、78mサークルビジョン、上海城市歴史発展陳列館）＝180元
共通券C（上球体、下球体、上海城市歴史発展陳列館）＝160元
上海城市歴史発展陳列館＝35元
[交]地下鉄2号線「陆家嘴」
[U]www.orientalpearltower.com

上海最大最古の寺院　オススメ度 ★★★

上海龍華古寺(シャンハイりゅうかこじ)／上海龙华古寺　shànghǎi lónghuágǔsì

三国時代の242年、呉の孫権(そんけん)が建立したといわれる。龍華樹の下に弥勒菩薩像を安置したのが寺名の由来。建物は、宋代の宋伽藍七堂制という禅宗寺院の正式な建築様式。入口から縦に山門殿、天王殿、大雄宝殿、三聖殿、方丈室、蔵経楼、両側に鐘楼と鼓楼がある並び方は、龍の姿を表している。

上海龍華古寺大雄宝殿

上海龍華古寺
[M]P.199-D4
[住]徐匯区龍華路2853号
☎64576327
[オ]7:00～16:30
※陰暦元日～1月15日6:00～16:30
※入場は閉門30分前まで
[休]なし
[料]10元
※陰暦元日＝100元、陰暦1月2日～15日＝20元、陰暦2～12月の1日と15日＝無料
[交]地下鉄11、12号線「龙华」
[U]www.longhua.org

暮らしを垣間見る文豪の家　オススメ度 ★★★

魯迅故居(ろじんこきょ)／鲁迅故居　lǔxùn gùjū

中国を代表する革命的文学者、魯迅が、1936年10月19日に55歳で永眠するまでの3年半を過ごした家。旧共同租界に立つ赤れんが造りの建物は、当時のままの状態で保存され、1階は客室と食堂、2階は書斎兼寝室、3階は客間と子供部屋になっている。寝室のカレンダーや時計は魯迅が逝去した日や時刻（5時25分）を示している。

近くの魯迅公園には、魯迅墓が立つ。当初上海郊外の万国公墓に埋葬されたものを、公園内に移設し、生誕80周年を祝して墓前に銅像が建てられたという。公園内の魯迅紀念館には、展覧ホール、小説『阿Q正伝』の場面を再現した模型なども展示されている。

住宅街にある魯迅故居

魯迅故居
[M]P.199-E1
[住]虹口区山陰路132弄9号
☎56662608
[オ]9:00～16:00
[休]月曜
[料]8元
[交]地下鉄3、8号線「虹口足球场」
※内部は撮影禁止。20～40分間隔で時間を区切りガイドが引率して見学。1回10人限定

魯迅紀念館
[M]P.199-E1
[住]虹口区甜愛路200号
☎65402288
[オ]9:00～17:00
※入場は閉館1時間前まで
[休]なし
[料]無料
[交]地下鉄3、8号線「虹口足球场」
[U]museum.eastday.com/rx

周荘

MP.210-A2

住江蘇省昆山市周荘鎮全福
路121号

☎(0512)57211655

交古鎮24時間。古鎮内の下
記以外の見どころ0:00~
16:30。張庁、沈庁、百年
書院、逸飛之家、紙箱王
8:00~19:00

休なし

料100元（3日間有効）

交①上海旅游集散中心（**M**
P.199-D4）で1日ツアーに
参加する（料150元。入場
料含む。8:45発）

②上海長距離総合バスター
ミナルから「周庄」行きで
終点（8:30、10:10、14:20、
16:20発。34元、所要1時間
30分）。徒歩30分

③地下鉄11号支線「花
橋」、昆山市の游7路バス
に乗り換えて「周庄客运
站」、徒歩25分

郊外の見どころ

江南第一の水郷古鎮　　　　　　　　　　　オススメ度 ★★★

周荘／周庄 zhōuzhuāng
しゅうそう

5時間~ 🕐

　上海の西約70kmの位置にある、江南六鎮のなかでも
900年以上の歴史を誇る江南水郷第一の名勝。周荘の歴史
は1086年に始まるが、発展を遂げたのは元末明初（14世
紀）に大富豪沈万山が町を整備して以降。

　1000棟近くある住宅のうち約6割が明・清代に建てら
れた。江南の代表的建築物も、沈万山の子孫の屋敷で清代の豪

商の生活を再現した沈庁など見応え
ある建物が多く、細い路地も趣があ
る。バスターミナルから周荘の入口
までは距離があるのでバイクタクシ
ーの利用がおすすめ。

遊覧船での水郷巡りも楽しい

ハイアット オン ザ バンド／上海外滩茂悦大酒店 ★★★★★
shànghǎi wàitān màoyuè dàjiǔdiàn

黄浦江沿いに立つホテルで、浦東と外灘を眺望できるのが魅力。客室はすべて河に面している。眺めを楽しむなら、スタンダードよりひとつ上のリバービュークラスがおすすめ。最上階のバー「VUE」からの眺めもすばらしい。

M P.199-F2
住 虹口区黄浦路199号
☎ 63931234　**FAX** 63931313
S 1309～1559元
T 1309～1559元
サ 15%
カ ADJMV
U www.shanghai.bund.hyatt.com

`両替` `ビジネスセンター` `インターネット`

グランド ハイアット 上海／上海金茂君悦大酒店 ★★★★★
shànghǎi jīnmào jūnyuè dàjiǔdiàn

金茂大厦の上層部に入るホテルで、フロントは54階にある。モダンでスタイリッシュな客室のインテリアが魅力。

`両替` `ビジネスセンター` `インターネット` **U** shanghai.grand.hyatt.com

M P.199-F2
住 浦東新区世紀大道88号
☎ 50491234　**FAX** 50491111
S 1400～1700元
T 1400～1700元
サ 15%　**カ** ADJMV

浦東 シャングリ・ラ 上海／浦东香格里拉大酒店 ★★★★★
pǔdōng xiānggélǐlā dàjiǔdiàn

黄浦江沿いにあるエグゼクティブ向けのセンスのいいホテルで、浦江楼と紫金楼で構成されている。CHI「氣」スパが入っている。

`両替` `ビジネスセンター` `インターネット` **U** www.shangri-la.com/jp

M P.199-F2
住 浦東新区富城路33号
☎ 68828888　**FAX** 68826666
S 1350～1500元
T 1350～1500元
サ 10%＋6%　**カ** ADJMV

オークラ ガーデンホテル上海／花园饭店上海 ★★★★★
huāyuán fàndiàn shànghǎi

サービスが行き届いており、日本語も通じやすいため日本人観光客や出張者に人気が高い。JCBプラザ、上海三越が入っている。

`両替` `ビジネスセンター` `インターネット` **U** www.gardenhotelshanghai.com

M P.202-C1
住 黄浦区茂名南路58号
☎ 64151111
FAX 64158866
S 1276元　**T** 1276元
サ なし　**カ** ADJMV

ザ・ポートマン・リッツ・カールトン上海／上海波特曼丽思卡尔顿酒店 ★★★★★
shànghǎi bōtèmàn lìsī kǎěrdùn jiǔdiàn

上海商城には雑技団の公演がある「上海商城劇院」が入っており、同じ建物の中央がホテルになっている。

`両替` `ビジネスセンター` `インターネット` **U** www.ritzcarlton.com

M P.201-D3　**住** 静安区南京西路1376号上海商城
☎ 62798888　**FAX** 62798800
S 1280～1380元
T 1280～1380元
サ 10%＋6%　**カ** ADJMV

錦江国際飯店／锦江国际饭店 ★★★★
jǐnjiāng guójì fàndiàn

1934年の創業。ヒューデリック設計の建物はオールド上海を彷彿とさせ、上海アールデコ様式の代表作といわれている。

`両替` `ビジネスセンター` `インターネット` **U** www.jinjianghotels.com

M P.200-B1
住 黄浦区南京西路170号
☎ 63275225
FAX 63751072
S 1208元　**T** 1158元
サ なし　**カ** ADJMV

上海城市酒店／上海城市酒店 ★★★★
shànghǎi chéngshì jiǔdiàn

日本人出張者がよく利用するホテル。町の中心部に位置しており、1km以内に地下鉄駅を3つある。お湯の出がよいと評判。

`両替` `ビジネスセンター` `インターネット` **U** www.shcityhotel.com

M P.201-D4
住 黄浦区陝西南路5-7号
☎ 62551133　**FAX** 62550211
S 728～838元
T 728～838元
サ なし　**カ** ADJMV

錦江金門大酒店／锦江金门大酒店 ★★★★
jǐnjiāng jīnmén dàjiǔdiàn

時計台が目印となる、石造りのイタリアルネッサンス様式。星はないが設備は4つ星相当。1階に鉄道切符売り場がある。

`両替` `ビジネスセンター` `インターネット` **U** www.jinjianghotels.com

M P.200-B1
住 黄浦区南京西路108号
☎ 53529898　**FAX** 53529899
S 700～800元
T 700～800元
サ なし　**カ** ADJMV

イビス上海豫園酒店／上海豫园宜必思酒店
shànghǎi yùyuán yíbìsī jiǔdiàn

外資系「経済型」チェーンホテル。豫園に近くに位置しており、観光にも非常に便利。客室内の設備は必要十分。

CLOSED

`両替` `ビジネスセンター` `インターネット` **U** www.accorhotels.com

M P.199-F2
住 黄浦区昼錦路85号
☎ 33662868　**FAX** 33662898
S 449元
T 449元
サ なし　**カ** ADJMV

錦江之星 上海徐家匯交大酒店／锦江之星 上海徐家汇交大酒店
きんこうしせい シャンハイじょかかいこうだいしてん jǐnjiāng zhīxīng shànghǎi xújiāhuì jiāodà jiǔdiàn

「経済型」チェーンホテル。地下鉄1、9、11号線の「徐家匯」駅から約500mとアクセスもよい。

両替　ビジネスセンター　インターネット　U www.jinjianginns.com

M P.202-B3
住 徐匯区広元西路319号
☎ 64471000　FAX 64482767
⑤ 339～419元
① 439元
サ なし　カ ADJMV

船長青年酒店 福州路外灘店／船长青年酒店 福州路外滩店
せんちょうせいねんしゅてん ふくしゅうろワイタンてん chuánzhǎng qīngnián jiǔdiàn fúzhōulù wàitàndiàn

1920年代竣工の建物内にあるユースホステル。ドミトリーと外灘の夜景を眺められるバーが人気。ドミトリーは現金払いのみ。　~~CLOSED~~

両替　ビジネスセンター　インターネット

M P.201-E2
住 黄浦区福州路37号
☎ 63235053　FAX 63219331
⑤ 408元　① 408元
Ⓓ 75元(10人部屋)
サ なし　カ JMV

老陝客桟／老陕客栈
ろうせんきゃくさん lǎoshān kèzhàn

世界中から若者が集まる国際的なホステル。まち歩きの拠点として知られる雲南南路に面し、南京東路や豫園も徒歩圏内。　~~CLOSED~~

両替　ビジネスセンター　インターネット　U www.laoshanhostel.com

M P.199-E2
住 黄浦区雲南南路17号
☎ 63288680　FAX なし
⑤ 358元
① 358元
サ なし　カ V

成隆行蟹王府／成隆行蟹王府
せいりゅうこうかいおうふ chénglóngháng xièwángfǔ

上海料理を中心に、本場陽澄湖養殖の上質な上海蟹や点心などを味わえる、上海蟹専門の高級店。蟹の味を堪能できる"大閘蟹"や、車海老と蟹味噌を炒めた"蟹粉干焼明虾"がおすすめ。琴、二胡などによる中国音楽の生演奏もある。

M P.201-E2
住 黄浦区九江路216号
☎ 63212010、63213117
⏰ 11:00～14:00
　17:00～22:00
※注文はいずれも終了30分前まで
休 なし
カ ADJMV
U www.slh.com.hk

南翔饅頭店／南翔馒头店
なんしょうまんじゅうてん nánxiáng mántóudiàn

1900年創業、上海小籠包の老舗店。その技術と味は中国最高峰とされる。皮よりも肉厚めで、食べ応え十分。1階ではテイクアウトも可能。上階に行くほど高めの料金設定で、味にも違いがある。2018年8月現在改修中、2018年11月に再オープン予定。　~~CLOSED~~

M P.199-F2
住 黄浦区豫園老路85号
☎ 63554206
⏰ 9:00～20:00
休 なし
カ JMV
U www.nanxiang.com.sg

老正興菜館 福州路店／老正兴菜馆 福州路店
ろうせいこうさいかん ふくしゅうろてん lǎozhèngxīng càiguǎn fúzhōulùdiàn

おすすめはじっくりと煮込んだ最上級の黒ナマコ。意外なほど軟らかいナマコにエビのソースが絡んだ"虾子大乌参"は絶品。

M P.200-C2　住 黄浦区福州
路556号　☎ 63222624
⏰ 11:00～14:00、17:00～
　21:00　※注文はいずれも
終了30分前まで
休 なし　カ V

上海緑波廊酒楼／上海绿波廊酒楼
シャンハイりょくはろうしゅろう shànghǎi lùbōláng jiǔlóu

1979年の創業以来、多くのVIPを迎えてきた上海料理の有名店。店内のインテリアは、伝統的な中国式デザイン。"蟹粉菜心"などの蟹料理、フカヒレ料理などがおすすめ。U www.laomiaocanyin.com

M P.199-F2　住 黄浦区豫園
路115号　☎ 63280602
⏰ 11:00～14:00、17:00～
　20:30
休 なし　カ DJMV

新雅粤菜館／新雅粤菜馆
しんがえつさいかん xīnyǎ yuècàiguǎn

マジェスティ プラザ 上海の2、3、5、6階。1926年に開業し、全国十指に入る特級酒家に選ばれたこともある老舗。"新雅滑虾仁"など、伝統的な広東料理を味わえる。U www.sunyafood.com

M P.200-C1　住 黄浦区南京
東路719号　☎ 63517788
⏰ 早茶＝7:30～10:30、午後茶
＝14:00～16:00、食事＝11:00
～14:00、17:00～21:00
休 なし　カ 不可

SPICE BAZAARは虹口区飛虹路118号瑞虹企業天地五階L5〜7室に移転

グルメ

SPICE BAZAAR／香料集市新疆餐厅
スパイス バザール　xiāngliào jíshì xīnjiāng cāntīng

泥臭いイメージの新疆料理をスタイリッシュにアレンジして脚光を浴びるレストラン。羊肉や野菜の串焼きがおすすめ。予算の目安はひとり100元。

M P.203-F2
住黄浦区湖濱路150号湖濱道購物中心1階
☎53530603　オ11:00〜21:30　休陰暦大晦日、春節6日間　力不可

ショップ

新天地／新天地
しんてんち　xīntiāndì

れんがの壁などでかつてのフランス租界の町並みを再現した人気スポット。1920年代に見られた石庫門建築が並び、スタイリッシュな店舗が軒を連ねている。Uwww.xintiandi.com

M P.203-E1〜2　住黄浦区太倉路、黄陂南路、興業路、馬当路、自忠路　☎63112288　オ10:00〜23:00（店舗によって異なる）　休なし　力店舗によって異なる

上海三越／上海三越
シャンハイみつこし　shànghǎi sānyuè

オークラガーデンホテル上海1階に店を構える高級みやげショップ。日本人スタッフが常駐しているので利用しやすい。シルクやカシミヤなど最高品質の商品がお買い得。Uwww.mitsukoshi.cn

M P.202-C1　住黄浦区茂名南路58号オークラガーデンホテル上海1階　☎64151111内線5171　オ8:00〜22:00　休なし　力ADJMV

豫園商城／豫園商城
よえんしょうじょう　yùyuán shāngchéng

江南の伝統建築で彩られたショッピング＆グルメスポットで、常に観光客でにぎわいを見せる。市場やデパート、みやげ物店にレストランなど約100軒もの店が建ち並ぶ。

M P.199-F2　住黄浦区方浜中路269号　☎23029999　オ8:30〜21:00　※金・土曜は22:00まで　休なし　力店舗によって異なる

叙友茶荘 淮海路店／叙友茶庄 淮海路店
しょゆうちゃそう わいかいろてん　xùyǒu cházhuāng huáihǎilùdiàn

中国茶と茶器が充実した老舗専門店。茶器は基本的に高級品が多い。また中国茶葉も豊富で、龍井茶は12級に分かれている。量り売りが基本で、手頃なものから高級品まで揃う。

M P.203-D1　住黄浦区淮海中路605号　☎53062258　オ9:00〜21:00　休なし　力V　Uwww.xuyoutea.com

KITSCH CHINA／KITSCH CHINA
キッチュ チャイナ

CLOSED

上海在住の日本人イラストレーター、ワタナベマキコ（マック）さんの○○○ミ○○○中国をモチーンにさよさよな雑貨を展開、特にぽっちゃり体型のパンダシリーズはかわいいと評判。

M P.203-D3　住長寧区淮海中路1984弄淮海別墅21号　☎62243390　オ11:00〜18:00　休不定休　※日本の年末年始時期と中国の春節時期に連休あり　力不可　Ukitschchina.net

アミューズメント

上海商城劇院／上海商城剧院
シャンハイしょうじょうげきいん　shànghǎi shāngchéng jùyuàn

迫力ある上海雑技を間近で観られる劇場で、上海商城内にある。チケットは、ホテル前のチケットブース、または市内にある高級ホテルで半月前から購入できる。Uwww.shanghaicentre.com

M P.201-D3　住静安区南京西路1376号上海商城　☎62798948　オチケット売り場＝9:00〜19:00、公演＝19:30〜21:00　※公演時間に変動あり　休不定期　力180〜320元　力不可

老年爵士楽団／老年爵士乐团
ろうねんしゃくしがくだん　lǎonián juéshìyuètuán

フェアモント ピース ホテル（旧和平飯店）のバー「爵士吧」でベテランジャズメンの演奏が聴ける。45分間の演奏と15分間の休憩を繰り返す。18歳以下は観覧不可。

M P.201-F1　住黄浦区南京東路20号フェアモント ピース ホテル北棟　☎61386886　オ19:00〜翌0:30（バーは18:30〜翌1:30）　休なし　力300〜400元　力ADJMV

旅行会社

上海建発国際旅行社／上海建发国际旅行社
シャンハイけんつごくさいりょこうしゃ　shànghǎi jiànfā guójì lǚxíngshè

日本語ガイドは1日（8時間。以下同様）600元、車のチャーター料は1日市内500元、近郊750元。詳細は日本語メールで確認を。Uchina8.jp/shanghai/company.html　✉shanghai@china8.com

M P.199-F3　住黄浦区西蔵南路1313号東鼎大廈218室　☎58528400　Fax58515148　オ9:00〜18:00　休土・日曜、祝日　力AJV

南京
なんきん

ナンジン
南京 Nán Jīng　　市外局番●025

中国有数の博物館、南京博物院

都市DATA

南京市
人口：639万人
面積：6586㎢
11区を管轄
南京市は江蘇省の省都

市公安局出入境管理処
（市公安局出入境管理処）
MP.219-B2
住秦淮区白下路173号
☎84420005
オ9:00～12:00、
14:00～17:00
休土・日曜、祝日
観光ビザを最長30日間延長
可能。手数料は160元。
省人民医院（省人民医院）
MP.219-A1
住鼓楼区広州路300号
☎83714511
オ24時間
休なし

市内交通

【地下鉄】2018年7月現在、
9路線が営業。詳しくは公式
ウェブサイトで確認を
南京地鉄
Uwww.njmetro.com.cn
路線図→P.674
【路線バス】運行時間の目安
は6:00～23:00、2～3元
【タクシー】初乗り3km未満
11元、3km以上1kmごとに
2.4～2.9元加算

概要と歩き方

　南京は、江蘇省の省都であるとともに江南エリアの政治経済の中心となっている、人口密度の高い大都市。長江の河口から360km遡った盆地に位置し、中国三大かまど（残る2都市は武漢と重慶）のひとつで夏の猛暑で有名だ。

　上海と南京を結ぶ旅客専用高速鉄道「滬寧高速鉄道」が開業した結果、上海～南京間は約2時間で行き来できるようになった。切符も手軽に買えるようになり、上海からの気軽な訪問先としておすすめだ。

　雄大な長江と明代の城門が自慢の南京は、北京、西安、洛陽と並ぶ中国四大古都のひとつ。その歴史は古く、越王の勾践が呉を滅ぼした後、現在の中華門の西南に越城を建築したことに始まる。実に約2500年前のことだ。そして、3世紀以降は、東呉、東晋、宋、斉、梁、陳、南唐、明などの10の王朝がここを都に定め、近代では、太平天国の革命政府が南京におかれ、中華民国臨時政府の首都も南京だった。

　高速鉄道も乗り入れる南京駅は市街地の北にある。長距離バスターミナルは市内に複数点在するので、バスで南京に入る際は、どのターミナルに着くのか確認すること。

　大都市の南京はどこもにぎやかだが、特に人通りが多いのは新街口のロータリー付近だ。ここには孫文の銅像があり、百貨店や商業ビルが建ち並んでいる。

　南京は大きな町なので、地下鉄または路線バスをう

南京駅の目の前に広がる玄武湖

	1月	2月	3月	4月	5月	6月	7月	8月	9月	10月	11月	12月
平均最高気温(℃)	6.7	8.3	13.4	19.9	25.4	29.1	32.0	32.2	27.5	22.3	15.9	9.3
平均最低気温(℃)	-1.4	0.1	4.3	10.2	15.6	20.4	24.4	24.1	19.1	12.7	6.2	0.4
平均気温(℃)	2.2	3.8	8.4	14.7	20.1	24.3	27.8	27.6	22.8	17.0	10.6	4.4

町の気象データ(→P.517)：「預報」＞「江苏」＞「南京」＞区から選択

よく使って移動する
のがコツ。利用価値
の高い路線バスは
33路。南京駅（南
広場西）や玄武湖、
鼓楼、新街口、瞻園、
中華門の近くを通
り、雨花台風景名勝
区の南大門まで行く
ので便利。地下鉄な
ら1、2、3、4号線の使い勝手がいい。

ブランドショップの多い新街口

地下鉄の切符はプラスチック
製トークン（コイン型の丸い
もの）

南京は見どころが多く、郊外まで足を延ばすと1週間くら
いはかかってしまう。滞在日数に合わせて訪問先を絞ってか
ら観光を始めるとよいだろう。

南京

P.219

●見どころ　Ｈホテル　●グルメ　■旅行会社　■病院　▨繁華街　▨高速道路　バス停　▨城壁
地下鉄1号線　地下鉄2号線　地下鉄3号線　地下鉄4号線　地下鉄10号線　◎乗り換え駅

中国国内の移動➡P.667　鉄道時刻表検索➡P.26

飛行機

市区の南約40kmに位置する南京禄口国際空港(NKG)を利用する。日中間運航便が4路線あり、国内線は主要都市との間に運航便がある。

[国際線] 成田（3便）、関西（21便）、札幌（2便）、沖縄（2便）。
[国内線] 北京、広州、深圳など主要都市との間に運航便がある。
[所要時間(目安)] 北京首都(PEK)／1時間55分　広州(CAN)／2時間15分　深圳(SZX)／2時間20分　西安(XIY)／2時間　大連(DLC)／1時間35分　成都(CTU)／2時間55分

鉄道

南京には駅が3つあるが、主要駅は南京駅。始発列車の大部分はここから出ている。このほか、高速鉄道専用の南京南駅がある。

[所要時間(目安)]【南京(nj)】上海(sh)／高鉄：1時間39分　蘇州(sz)／高鉄：1時間12分　鎮江(zj)／高鉄：20分　揚州(yz)／動車：48分　黄山(hs)／特快：5時間44分　【南京南(njn)】上海虹橋(shhq)／高鉄：1時間11分　蘇州北(szb)／高鉄：45分　無錫東(wxd)／高鉄：43分　鎮江南(zjn)／高鉄：19分　杭州東(hzd)／高鉄：1時間2分　寧波(nb)／高鉄：2時間12分

バス

南京市内で旅行者がおもに利用するのは南京長距離東バスターミナルと南京駅の近くの南京バスターミナル。高速鉄道網の発達によりバス利用のメリットは減少傾向。

[所要時間(目安)] 上海／4時間30分　蘇州／3時間　無錫／2時間30分　合肥／2時間30分　杭州／4時間30分　鎮江／1時間30分　揚州／1時間30分

Data

飛行機

● **南京禄口国際空港**（南京禄口国际机场）
[M] **地図外（P.215-B3下）** [住] 江寧区禄口街道
☎ 968890 [オ] 始発便～最終便 [休] なし
[カ] 不可 [U] www.njiairport.com
[移動手段] **エアポートバス**（空港～市内）／2路線あり。一律20元。1号線（城東線／空港～雨花広場など経由～南京駅）／所要1時間が目安。空港→市内＝始発便～最終便の間20～30分に1便。市内→空港＝4:30～21:00の間30分に1便　2号線（城西線）／空港→市内（南京南駅、中華門などを経由して河西万達広場）＝始発便到着～23:00の間20～30分に1便。所要1時間15分。市内→空港：Ⓐ河西万達広場発＝4:30～21:00の間30分に1便、所要1時間。Ⓑ南京南駅発＝5:40～21:00の間30分に1便。所要40分　**タクシー**（空港～夫子廟）／120元、所要50分が目安　**地下鉄**／機場(S1)線「禄口机场」

鉄道

● **南京駅**（南京火车站）
[M] **P.215-B1** [住] 玄武区龍蟠路111号
☎ 共通電話＝12306 [オ] 24時間
[休] なし [カ] 不可
[移動手段] **タクシー**（南京駅～夫子廟）／35元、所要25分が目安　**地下鉄**／1、3号線「南京站」
4日以内の切符を販売。駅前の広場東側にエアポートバス発着地点がある。一部の窓口で28日以内の切符を販売。

● **南京南駅**（南京火车南站）
[M] **地図外（P.215-B3下）** [住] 雨花台区玉蘭路98号
☎ 共通電話＝12306
[オ] 5:30～23:50 [休] なし [カ] 不可
[移動手段] **タクシー**（南京南駅～夫子廟）／30元、所要20分が目安　**地下鉄**／1、3号線、機場(S1)線「南京南站」
4日以内の切符を販売。エアポートバスが発着する。一部の窓口で28日以内の切符を販売。

バス

● **南京長距離東バスターミナル**
（南京长途汽车东站）
[M] **P.215-B1** [住] 玄武区花園路17号
☎ 85477435 [オ] 6:00～23:00 [休] なし [カ] 不可
[移動手段] **タクシー**（南京長距離東バスターミナル～夫子廟）／35元、所要25分が目安　**路線バス**／2、10、28、69、115、165路「长途东站」
10日以内の切符を販売。

● **南京バスターミナル**（南京汽车客运站）
[M] **P.215-B1** [住] 玄武区紅山南路69号
☎ 83190200 [オ] 6:00～22:00 [休] なし [カ] 不可
[移動手段] **タクシー**（南京バスターミナル～夫子廟）／35元、所要25分が目安　**地下鉄**／1、3号線「南京站」
10日以内の切符を販売。通称は「小红山站」。

そのほか

● **江蘇省民航航空券売り場**
（江苏省民航客运有限公司）
[M] **P.215-B2** [住] 秦淮区瑞金路52号孜図酒店3階
☎ 国内線＝84499378　国際線＝84499410
[オ] 航空券＝8:30～17:00 [休] なし [カ] 不可
CLOSED
[移動手段] **タクシー**（航空券売り場～夫子廟）／15元、所要10分が目安　**地下鉄**／2号線「明故宫」。徒歩15分　**路線バス**／7、37、49、52、306路「瑞金路」
3ヵ月以内の航空券を販売。ここから発着していたエアポートバスは廃止された。

革命の父、孫文の陵墓

オススメ度 ★★★

中山陵／中山陵 zhōngshānlíng
ちゅうざんりょう

1.5時間

　革命の父といわれ、三民（民族、民権、民生）主義を唱えた孫文（中国では一般に孫中山と呼ばれる）の陵墓。市中心部の東、紫金山（しきんざん）の中腹に位置する。広大な敷地には緑の木々が生い茂り、参道が上に向かって続いている。

　孫文は、陵園のいちばん奥の祭堂に眠っている。その青い瓦屋根と白い壁は青天白日（潔白でうしろ暗いことのないこと）を表し、建物からは清潔で神聖な印象を受ける。祭堂を入ってすぐの空間に孫文の座像があり、その部屋の天井は赤や青のタイルで装飾されている。その奥、入口に「浩気長存」と書かれた部屋が墓室だが、非公開となっている。内部には大理石の棺があり、中に1929年に北京から移されてきた孫文の遺体が安置されている。

上り詰めた所にあるのが孫文の眠る祭堂

中国近代史について知りたいなら

オススメ度 ★★★

総統府・煦園／总统府・煦园 zǒngtǒngfǔ xùyuán
そうとうふ・くえん

1.5時間

　総統府は、600年の歴史をもつ江南様式庭園である煦園内にある建物で、中国近現代史の博物館となっている。

　煦園は、明代には漢王朱高煦の、清代には地方高官の庭園であり、太平天国の時代には天朝宮殿の一部となった。辛亥革命（かくめい）（1911年）後に中華民国臨時政府の中心である総統府が建てられた。

　園内は3つのエリアに分かれており、中央部には旧総統府や、総統府に関する資料館がある。東側には行政院が、西側には臨時大統領事務室や国民政府参謀本部などがある。

重要な会議が行われた総統府礼堂

中山陵
M P.215-C2
住 玄武区石象路7号
電 84431174
時 8:30～17:00
休 月曜
料 無料
※明孝陵＝70元、音楽台＝10元、霊谷景区＝35元、美齢宮＝30元
※以上の共通券（鐘山風景区入場料）＝100元
交 ①地下鉄2号線「苜蓿園」。公交環線バスに乗り換えて「中山陵西」
②地下鉄2号線「下馬坊」。観光車7号線に乗り換えて「中山陵」「中山陵西」
U www.zschina.org.cn

ⓘ インフォメーション

鐘山風景区内の移動
公交環線バス
　地下鉄2号線「苜蓿園」～地下鉄2号線「下馬坊」～美齢宮（明孝陵博物館）～海底世界～中山陵西～明孝陵（紫霞湖）～海底世界～美齢宮（明孝陵博物館）～四方城～地下鉄2号線「苜蓿園」
観光車
　中山陵を中心に、美齢宮や海底世界、地下鉄2号線「苜蓿園」と地下鉄2号線「下馬坊」、明孝陵、霊谷寺との間を結ぶ電動カートで、7路線が運行されている。一部路線で汽車タイプの車両を使用。
　公交環線バスと観光車1号線とが出発する苜蓿園バス乗り場は、地下鉄2号線「苜蓿園」の1番出口から約250mの場所にある。
　地下鉄2号線「下馬坊」発着は観光車7号線。
　観光車7号線中山陵停留所と明孝陵7号門（北門）は1.5km、5号門（南門）は2km離れている。
時 公交環線バス
　7:00～19:00
※冬は18:30まで
　観光車7:30～18:00
料 公交環線バス＝2元
　観光車＝1乗車10元、1日券50元

総統府・煦園
M P.215-B2、P.219-C1
住 玄武区長江路292号
電 84578888
時 3～10月8:30～18:00
　11～2月8:30～17:00
※入場は閉門1時間前まで
休 月曜、陰暦大晦日
料 40元
交 ①地下鉄2、3号線「大行宮」
②9、29、44、65、95、304路バス「総統府」
U www.njztf.cn

侵華日軍南京大虐殺遇難同胞紀念館

🏠建鄴区水西門大街418号
☎86612230
⏰8:30〜17:00
※入場は閉館30分前まで
休月曜
料無料
交①地下鉄2号線「云錦路」
　②7、37、61、63、161、
　166路バス「江東門紀念館」
Uwww.nj1937.org

豊富な資料が展示された史料
陳列庁

夫子廟
P.215-B3、P.219-B3
🏠秦淮区瞻園路
☎夫子廟景区=52209788
⏰夫子廟大成殿9:00〜22:00、
　江南貢院（博物館含む）
　8:30〜22:00、王導謝安
　（王謝）紀念館、李香君故
　居9:00〜21:00、秦状元故
　居9:00〜17:00
休なし
料夫子廟大成殿=30元、江南
　貢院（博物館含む）=50
　元、王導謝安（王謝）紀念
　館、秦状元故居=8元、李
　香君故居=16元
交①地下鉄1号線「三山街」。
　3号線「夫子廟」
　②2、16、44、49、202路バ
　ス「中華路瞻園路」
Uwww.njfzm.net

夫子廟大成殿

（i）▶▶▶ インフォメーション
秦淮河舫
　夫子廟から秦淮河遊覧船
が9:00〜22:00の間運航して
いる。所要50分。
☎52300870
料日中=60元
　夜間（17:30〜）=80元
　経路は夫子廟→白鷺洲公
園→七彩水街→東水関→中
華門（鎮淮橋）→夫子廟

日本軍の蛮行とされる行為を知らしめるための記念館　**オススメ度** ★★★

侵華日軍南京大虐殺遇難同胞紀念館／

しん　か　にちぐんなんきんだいぎゃくさつぐうなんどうほう　き　ねんかん
侵华日军南京大屠杀遇难同胞纪念馆　qīnhuá rìjūn nánjīngdàtúshā yùnàntóngbāo jìniànguǎn

　1937年12月、日本軍は南京に侵攻し南京城を占領した。そのとき日本軍が市民に対して行ったとされる残虐行為を後世に伝えるために建てられたのが、侵華日軍南京大虐殺遇難同胞紀念館だ。

　広さ7万4000㎡の敷地は展覧区と遺址区、和平公園区などに分かれるが、メインは展覧区の史料陳列庁。旧日本軍軍人の日記や生存者の証言、写真などを見ることができる。続く遺址区では、虐殺後に犠牲者が棄てられたとされる万人坑の人骨を展示しており、沈痛な空気が漂っている。

　さらに先へ行くと追悼の火が燃え続け、平和への祈りを込めた和平女神の像が立つ和平公園区にいたる。

　人の流れに従って進むと、地下鉄駅から離れた江東中路へ出てしまうので、9号門出口を目指すといい。

南京の昔ながらの雰囲気が味わえる　**オススメ度** ★★★

夫子廟／夫子庙　fūzǐmiào
ふ　し　びょう

　夫子廟（夫子廟大成殿）は、明清代の風格ある建物の並ぶ繁華街に立つ廟。市中心の南の秦淮河の近くに位置し、この繁華街全体も夫子廟と呼ばれている。1034（宋の景祐5）年に創建された。廟や付近の建築物は日中戦争時に日本軍により破壊されたが、1984年から5年間かけて再建された。

　この地区の建物のほとんどが古代の江南民家建築で、青れんが、回廊、小瓦馬頭墻、桂花落花格窓などを用いている。通りには奇芳閣茶館や魁光閣など有名なレストランや露店が並び、南京名物のシャオチー（中国の軽食）が味わえる。

　夜は廟からすぐ近くの文徳橋からの眺めがすばらしい。この橋付近から秦淮河舫という昔ながらの遊覧船も出ている。

　また、近くにある江南貢院は、中国の官吏登用試験「科挙」が行われた場所。建物は1168（南宋の乾道4）年に造られた。ここは中国最大の試験場だった所で、2万644室もの号舎（個室の試験場）があった。

秦淮河の周囲には昔ながらの建物が並ぶ

　このほか、才色兼備の歌妓、李香君が住んだ「李香君故居」、科挙に首席で合格した秦大夫の家「秦状元故居」、東晋時代の豪族王氏と謝氏の邸宅「王導謝安紀念館」などの見どころがある。

オススメ度 ★★★

中華門／中华门　zhōnghuámén
ちゅうかもん

幅118m、奥行き128mもある、中国に現存する最大の城門。明代初期に周囲34km、城門数13の南京城の正門として造られ、現在見られるのは清代に再建されたもの。1930年代には日本軍もここで中国国民党軍と戦っている。

1980年以降整備が進められ、現在は城門の屋上から続く城壁の上を進み、別の門からの出入りもできる。

南京防御の要であった中華門

中華門
M P.215-B3、P.219-B3
秦淮区中華路中華門甕城内
86625435
8:30～20:30
※入場は閉門30分前まで
なし　50元
①地下鉄1号線「中華門」
②2、16、49、63、202路バス「中華門城堡」

インフォメーション
城壁上の移動手段
中華門から東へ約3kmの東水関と、西へ約2kmの集慶門まで城壁が延びており、歩くことができる。電動カートやレンタサイクルの利用も可能。
電動カート＝1乗車30元
レンタサイクル＝1時間30元

南京中心部

●見どころ　Hホテル　Gグルメ　Sショップ　Aアミューズメント　銀行　郵便局　病院　繁華街
地下鉄1号線　地下鉄2号線　地下鉄3号線　乗り換え駅　城壁

219

瞻園・太平天国歴史博物館

M P.215-B3、P.219-B3
住 秦淮区瞻園路128号
☎ 52201849
オ 8:30〜17:00
※入場は閉館30分前まで
休 なし
※太平天国歴史博物館は月曜
料 30元
※17:00以降は夜花園のショ
ー込みで70元
交 ①地下鉄1号線「三山街」
②2、16、20、44、49、202
路バス「中華路・瞻園路」
U www.tptgmuseum.com

(i) インフォメーション

瞻園内の夜花園では毎日
17:30〜21:00に歌や踊りの
ショーが行われる。17:00以
降に入場する場合はショーの
観覧料を含んだ70元の入場
料となる。

鶏鳴寺

M P.215-B2
住 玄武区鶏鳴寺路1号
☎ 57715595
オ 7:30〜17:00
※入場は閉門20分前まで
休 なし
料 10元
※元日、春節、観音菩薩誕生
日は15元
交 ①地下鉄3、4号線「鶏鳴
寺」
②304路バス「鶏鳴寺」
U www.jimingsi.net

南京城壁

M P.215-B2
住 玄武区解放門8号
☎ チケット=83608359、案
内=86625435
オ 8:30〜17:00
※入場は閉門30分前まで
休 なし
料 30元
交 ①地下鉄3、4号線「鶏鳴
寺」
②304路「鶏鳴寺」
U www.njcitywall.com

城壁の上からは鶏鳴寺や玄武
湖を眺められる

瞻園・太平天国歴史博物館／
せんえん・たいへいてんごくれきしはくぶつかん
瞻园・太平天国历史博物馆　zhānyuán・tàipíngtiānguó lìshǐ bówùguǎn

瞻園は中国を代表する名園とし
て知られており、太平天国の乱で
南京が陥落した際には、その指導
者であった洪秀全が住んだ。門の
扁額には乾隆帝直筆の「瞻園」の
2文字が刻まれている。

600年以上の歴史がある瞻園

瞻園の南大門を入ってすぐの所にある太平天国歴史博物館
は、太平天国に関する中国唯一の専門博物館。もとは指導者
のひとりだった楊秀清の王府であった。館内には太平天国に
関する史料が多く陳列されている。

鶏鳴寺／鸡鸣寺　jīmíngsì
けいめいじ

玄武湖の南の鶏籠山に立つ寺院。南朝における仏教の中心
地であり、「南朝第一寺」「南朝480寺の首寺」とも称され
る。創建は300（西晋の永康元）年とされ、527年に梁の
武帝が同泰寺と命名した。1387年には明の洪武帝が鶏鳴寺
と改名。1958年には尼僧院に改められ、今日にいたる。

入口では3本のお香を渡される。天王殿、毘盧宝堂を過ぎ
て階段を上ると、1990年に再建された高さ44mの薬師仏
塔が立つ。最も高い場所にある
銅仏殿（大雄宝殿）とその後ろ
の観音殿には、タイから贈られ
た金の仏像と銅の観音像が安置
されている。観音殿の隣には精
進料理を出すレストランもあり、
玄武湖を近くに眺められる。

銅仏殿に参拝する人々

南京城壁／南京城墙　nánjīng chéngqiáng
なんきんじょうへき

1366（元の至正26）年に建設が始まり、28年の歳月を
かけて完成した周囲約34kmの城壁。戦乱や混乱のため破壊
されたが、1980年以降整備が進み、全区間のうち約26km
がかつての姿を取り戻している。

鶏鳴寺の近くの解放門から続く城壁は約5km。城壁の上
からは、眼下に広がる玄武湖の風景が美しい。ここから歩い
て北へ向かうと南京駅に近い神策門にいたり、東へ向かえば
太平門にいたる。全部で7つの出入口があり、どこから出入
りしてもいい。

中国有数の総合博物館 オススメ度 ★★★

南京博物院／南京博物院 nánjīng bówùyuàn
なんきんはくぶついん

1933年に開館した江蘇省立の総合博物館。貴重な収蔵品を有することで知られ、中国三大博物館のひとつに数えられている。2013年に改修工事が終わり、6つの建物で展示品を見られるようになった。

敷地に入って正面に見える古代中国様式の建物が、先史時代から明・清代にかけての資料や文化財を展示する歴史館の入口。歴史館の隣の特展館では、清代宮廷文物展や仏教関連の展示など、テーマ別に展示がされている。

このほか、芸術館、数字館、民国館、非遺館の建物で、それぞれのテーマに沿った展示が行われている。

中国を代表する巨大鉄橋 オススメ度 ★★★

南京長江大橋／南京长江大桥 nánjīng chángjiāng dàqiáo
なんきんちょうこうおおはし

南京長江大橋は、武漢、重慶に続いて、中国で3番目に造られた長江に架かる橋で、上段が道路（長さ4589m）、下段が線路（6772m）になっている。1960年に旧ソ連技術者の協力を得て着工したが、中ソの対立でソ連技術者が帰国後、中国技術者が自力で造り上げた。完成は1968年。

東岸にある大橋公園内から高さ70mのエレベーターや階段で橋の上段へ出ることができるが、2018年7月現在改修工事中。再オープンは2018年末の予定。

明の太祖を祀った陵墓 オススメ度 ★★★ 世界遺産

明孝陵／明孝陵 míngxiàolíng
みんこうりょう

明孝陵は、明王朝を開いた朱元璋（しゅげんしょう）（太祖洪武帝）の陵墓。明代の陵墓では最大の規模を誇る。30年余りの歳月と10万人の人員を費やし、1381（明の洪武14）年に完成した。馬皇后も一緒に埋葬されているが、皇后に先立たれた太祖は、自分より先に彼女をこの陵墓に葬った。残念なことに、多くの建造物は戦火で焼かれ、現在は一部が残るのみ。

紫霞湖に近い7号門から入り、陵墓を見学後に西へ進むと、やがて石像路神道に出る。これは長さ615mの陵墓への参道で、石獣12対が参道を守るようにして並んでいる。明代から残る彫像物として貴重な存在だ。見学後は、明孝陵博物館の近くにある5号門（南門＝大金門）から美齢宮の近くに出ることができる。

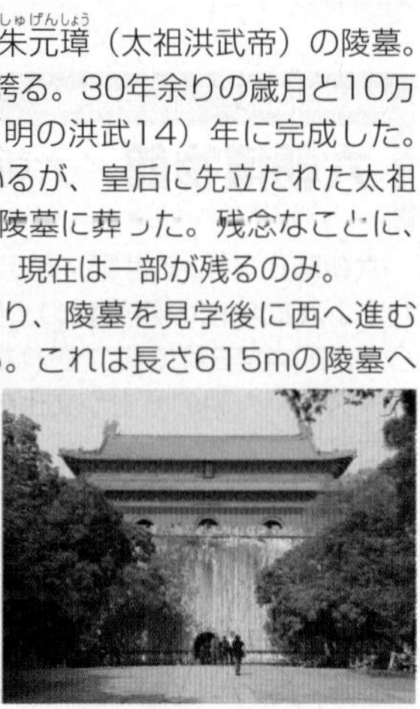

陵墓の前に立つ明楼

南京博物院
[M]P.215-B2
[住]玄武区中山東路321号
☎84807923
[オ]火～日曜9:00～17:00
※入場は閉館1時間前まで
[休]月曜、陰暦大晦日、陰暦元日
[料]無料
[交]①地下鉄2号線「明故宮」
②5、34、36、55、59路バス「中山门」
[U]www.njmuseum.com

後漢時代の金縷玉衣

南京長江大橋
[M]P.215-A1
[住]鼓楼区宝塔橋東街7号
☎85821918
[オ]7:30～17:30
[休]なし
[料]15元（大橋公園と展望台を含む）
[交]1、67、69路バス「南堡公园」

500番台バスの多くが上を走る

明孝陵
[M]P.215-C2
[住]玄武区石象路7号
☎84437786、84431174
[オ]6:30～18:00
※入場は閉門15分前まで
[休]なし
[料]70元
※音楽台、霊谷景区（霊谷寺）、美齢宮を含む鐘山風景区入場券＝100元
[交]1号門（西門）＝20、315路バス「明孝陵」
5号門（南門）＝公交環線バス「美齢宮（明孝陵博物馆）」
7号門（北門）＝公交環線バス「明孝陵（紫霞湖）」
※地下鉄2号線「苜蓿园」から5号門まで1.2km。中山陵から5号門まで2km、7号門まで1.5km
※P.217「中山陵」欄外インフォメーションを参照
[U]www.zschina.org.cn

霊谷寺
MP215-C2
住玄武区鐘山石象路7号
☎84437786、84431174
オ6:30〜18:00
※入場は閉門15分前まで
休なし
料35元（霊谷景区）
※明孝陵、音楽台、美齢宮を含む鐘山風景区入場券＝100元
交202路バス「灵谷寺公園」
Uwww.zschina.org.cn

明代に建てられた無梁殿

美齢宮
MP215-C2
住玄武区鐘山風景区中山陵9号
☎84431600
オ4〜10月8:00〜18:00
11〜3月8:30〜17:00
※入場は閉館30分前まで
休なし
料30元
※明孝陵、音楽台、霊谷景区（霊谷寺）を含む鐘山風景区入場券＝100元
交①公交環線バス「美齢宮（明孝陵博物館）」
※P.217「中山陵」欄外インフォメーションを参照
②地下鉄2号線「苜蓿園」、徒歩20分

中洋折衷の建物

六朝博物館
MP219-C1
住玄武区長江路302号
☎52326032
オ9:00〜18:00
※入場は閉館1時間前まで
休月曜 料30元
交①地下鉄2、3号線「大行宮」
②9、29、44、65、95、304路バス「総統府」
Uwww.njmuseumadmin.com

アメリカのI. M. ペイ建築事務所が設計を担当した

明代創建の仏教寺院　オススメ度 ★★★

霊谷寺／灵谷寺　línggǔsì
れいこくじ

　霊谷寺公園の中にある明代初期に建設された仏教寺院。周囲はすべて山で、寺院内には黄色い衣の僧侶が行き交い、歌うような読経の声が響いている。

　シンボルの霊谷塔は、九層で高さ60m。1931年から2年かけて建てられた。249段の階段を上った頂上からの眺めは爽快だ。一方無梁殿は、1381（明の洪武14）年に創建された。梁を1本も使わずに造られた特徴的な建物で、明代の建築レベルの高さを今に伝えている。

霊谷塔

中華民国の官邸だった建物　オススメ度 ★★★

美齢宮／美齢宮　měilínggōng
びれいきゅう

　1931年に建てられた蒋介石の官邸で、明孝陵の南に位置する。蒋介石の妻である宋美齢の生活があまりに華やかだったため、美齢宮と呼ばれる。当時の様子がそのまま保存されていて、贅沢なインテリアや装飾品を目にすることができる。玄関前にある車は1946年型のビュイックで、宋美齢の専用車だった。

来客時用のダイニング

建康城の遺跡を見られる博物館　オススメ度 ★★★

六朝博物館／六朝博物館　liùcháo bówùguǎn
りくちょうはくぶつかん

　六朝時代（3〜6世紀）をテーマとする博物館。この場所から1700年前の建康城の土壁の遺構が見つかったことから、2014年8月に設立された。地下1階から3階までのスペースに、六朝の歴史や文化を表す約1200点の文化財が展示されている。

　地下1階で見られる長さ25m、奥行き10mの土壁が建康城の遺構。南京の町は前の時代の建物を破壊した上に層状に造られているため、形はわかりにくい。同じ部屋には付近で出土した大型排水溝や、橋の一部と推測される木の柱などが展示されている。六朝時代の人々の食生活もわかるようになっていて興味深い。

雨花台風景名勝区／
うかだいふうけいめいしょうく
雨花台风景名胜区　yǔhuātái fēngjǐng míngshèngqū

市区の南に位置する景勝エリア。松が樹海のように茂り、市民の憩いの場となっている。

紀元前474年、越王の勾践がこのあたりに越城を築いたことから、雨花台の歴史は始まる。雨花台という名は、1400年前の梁朝の時代、この場所で雲光法師が唱える経文を聞いた神様が、感謝の意を表すために花を雨のように降らせたという伝説に由来する。

名勝古跡区には雨花閣が立ち、中には偉人や名僧の絵が飾られている。付近で採れる色とりどりの美しい石は雨花石と呼ばれ、いたるところで売られている。

名勝古跡区には、明王朝建国の功労者のひとりである李傑（1331〜1369年）の墓もある。付近に残る石碑や動物の石刻も明代のもので貴重な文化財だ。

また、太平天国軍と清軍は何度もここで戦闘を行い、辛亥革命でも戦いの場となった。烈士陵園区のメインの雨花台烈士紀念館の中には、当時の写真や烈士の遺品などが展示されている。同区の烈士殉難処は、国民党が刑場としていた所で、10万人以上の革命家が犠牲となった。

烈士紀念碑には上ることも可能　雨花台烈士紀念館

梅園新村紀念館／
ばいえんしんそんきねんかん
梅园新村纪念馆　méiyuán xīncūn jìniànguǎn

梅園新村紀念館は、かつて中国共産党の宿舎兼会議室だった所。1946年5月から1947年3月まで、周恩来率いる中国共産党の代表団は、南京で国民党政府と和平交渉を行ったが、そのときに中国共産党の代表団はここに滞在した。

門を入ると周恩来の銅像があり、その横の陳列館には当時の写真や新聞記事、周恩来が着ていたコートなどが展示されている。さらに奥の梅園新村30号の建物では、周恩来の寝室と車、共産党員が来客を迎えるのに使った部屋を見られる。

周恩来の銅像と陳列館

雨花台風景名勝区
M P.215-B3
雨花台区雨花路215号
游客中心＝68783037
雨花台風景名勝区
8:00〜17:00
なし
雨花台風景名勝区＝無料　雨花閣＝7元
①地下鉄1号線「中華門」②南大門＝33、44、202、204、513、515、702路バス「雨花台南大門」北大門＝26、305路バス「雨花台北大門」
www.travel-yuhuatai.com

雨花台烈士紀念館
M P.215-B3
8:30〜17:00
※入場は閉館1時間前まで
月曜　無料

雨花石博物館
M P.215-B3
8:00〜17:00
月曜　10元

雨花茶文化区
M P.215-B3
8:30〜17:00
月・火曜　無料

南京生態文明教育館
M P.215-B3
8:30〜16:30
月・火曜　無料

梅園新村紀念館
M P.215-B2、P.219-C1
玄武区漢府街18-1号
84540739
9:00〜17:30
※入場は閉館30分前まで
月曜
無料
※入場券受領にはパスポートの提示が必要
①地下鉄2号線「西安門」②29、44、65、95、304路バス「総統府」
www.njmuseumadmin.com

周恩来が使用した事務室と寝室

南京維景国際大酒店／南京维景国际大酒店
なんきんいけいこくさいだいしゅてん　nánjīng wéijǐng guójì dàjiǔdiàn　★★★ ★★

南京博物院の西隣に位置する、客室数500を超える高級大型ホテル。大型液晶テレビがあるなど、客室の設備は充実している。中国料理、西洋料理のレストランに加え、1階に日本料理レストランがあり寿司などを食べられる。

両替　ビジネスセンター　インターネット

P.215-B2
住玄武区中山東路319号
☎84808888
84809999
S698～790元
T698～798元
サなし
カADJMV
Uwww.hkctshotels.com

シェラトン南京キングスレー・ホテルタワーズ／南京金丝利喜来登酒店
なんきん　nánjīng jīnsìlì xǐláidēng jiǔdiàn　★★★ ★★

南京有数の大型5つ星ホテル。客室は広めの造りで、バスルームには独立したシャワーブースもある。ホテル内にはふたつのレストランのほかアイリッシュパブがあり、ジムやプール、美容院などの施設も充実している。

両替　ビジネスセンター　インターネット

P.219-A1
住秦淮区漢中路169号
☎86668888
86669999
S638～738元
T638～738元
サなし
カADJMV
Uwww.starwoodhotels.com

南京古南都飯店／南京古南都饭店
なんきんこなんとはんてん　nánjīng gǔnándū fàndiàn　★★★ ★★

広州路に位置する26階建ての高層高級ホテル。ホテル内には中国料理、西洋料理、日本料理レストランがある。日本人の利用客が多く、館内には日本語での案内も多く見られる。

両替　ビジネスセンター　インターネット

P.219-A1
住鼓楼区広州路208号
☎83311999
83315385
S588～898元
T588～898元
サなし
カADJMV
Uwww.njgrandhotel.com

国信状元楼大酒店／国信状元楼大酒店
こくしんじょうげんろうだいしゅてん　guóxìn zhuàngyuánlóu dàjiǔdiàn　★★★ ★★

夫子廟そばに位置する高級ホテル。中国式建築様式の建物が目を引く。中国料理や西洋料理のレストランなどの施設も充実している。なお、4つ星の別館もあり、リーズナブルな料金で宿泊できる。

両替　ビジネスセンター　インターネット

P.219-B3
住秦淮区夫子廟状元境9号
☎52202555
52201876
S608～758元
T598～758元
サなし
カADJMV
Uwww.mandaringarden
hotel.com

玄武飯店／玄武饭店
げんぶはんてん　xuánwǔ fàndiàn　★★★ ★★

玄武湖の西側に立つ、環境のよい落ち着いた雰囲気のホテル。20階に西洋料理レストラン、1、2階に中国料理レストランがある。スパなどの施設も充実。地下鉄1号線「玄武門」駅がホテル駐車場へ直結しており便利。

両替　ビジネスセンター　インターネット

P.215-B2
住鼓楼区中央路193号
☎83358888
83366777
S648～898元
T648～798元
サなし
カADJMV
Uwww.xuanwu.com.cn

ホテル

金陵飯店／金陵饭店
きんりょうはんてん　jīnlíng fàndiàn ★★★ ★★

中国で全国展開している高級チェーンホテルが運営するホテル。レストランが充実しており、なかでも1階の多国籍料理レストラン「金海湾」のビュッフェは種類も豊富で人気が高い。

🅜P.219-B1
🏠鼓楼区漢中路2号
☎84711888
🆂84711666
⑤598～774元
Ⓣ598～774元
サなし
🅟ADJMV
🆄www.jinlinghotel.com

[両替] [ビジネスセンター] [インターネット]

クラウンプラザ南京ホテル&スイート／南京金鹰皇冠假日酒店
なんきん　nánjīng jīnyīng huángguān jiàri jiǔdiàn ★★★ ★★

新街口に近い便利な場所にある60階建ての高層ホテルで、フロントは7階にある。レストランや屋内プールなど施設が充実している。

🅜P.219-B1
🏠秦淮区漢中路89号
☎84718888 🆂84719999
⑤698～748元
Ⓣ698～748元
サなし 🅟ADJMV

[両替] [ビジネスセンター] [インターネット] 🆄www.ihg.com

中山大廈／中山大厦
ちゅうざんたいか　zhōngshān dàshà ★★ ★★

地下鉄1号線「珠江路」駅から近く、観光にもビジネスの拠点としても便利。全部で4つのレストランがあり、周辺にも飲食店が多い。

🅜P.219-B1
🏠玄武区珠江路2号
☎83361888 🆂83377228
⑤439～639元
Ⓣ439～639元
サなし 🅟ADJMV

[両替] [ビジネスセンター] [インターネット]

南京夫子廟国際青年旅舎／南京夫子庙国际青年旅舍
なんきんふしびょうこくさいせいねんりょしゃ　nánjīng fūzǐmiào guójì qīngnián lǔshè

2024年1月現在外国人宿泊不可

🅜P.219-B3
🏠秦淮区平江府路68-4号
☎86624133 🆂なし
⑤228元 Ⓣ228元 ③258元 Ⓓ55元（8～10人部屋）
サなし 🅟不可

[両替] [ビジネスセンター] [インターネット]

グルメ

南京大牌档 夫子廟平江府店／南京大牌档 夫子庙平江府店
なんきんだいはいとう ふしびょうへいこうふてん　nánjīng dàpáidàng fūzǐmiào píngjiāngfǔdiàn

夫子廟にある人気のレストラン。店内はレトロな雰囲気で、料理は手頃な料金設定。"蟹黄湯包（カニ入り小籠包）"22元、"塩水鶏（塩味の蒸しアヒル）"1羽98元、半羽56元、"江米釦肉"38元などの南京名物を味わえる。市内には獅子橋美食街などの支店がある。

🅜P.219-B3
🏠秦淮区大石壩街48号
☎68216777
オ月～金曜11:00～14:30、17:00～23:00 土・日曜11:00～23:00
休なし
🅟不可
🆄www.njdapaidang.com

獅子橋美食街／狮子桥美食街
ししきょうびしょくがい　shīziqiáo měishíjiē

地下鉄1号線「玄武門」駅を出て、湖南路を西に向かって700mの所にある、長さ300mほどの美食街。レストランのほかにシャオチー店も多く食べ歩きが楽しい。みやげ物を売る店もある。

🅜P.215-B2
🏠鼓楼区湖南路狮子橋
☎なし
オ10:00～23:00
休なし
🅟不可

旅行会社

中国国旅（江蘇）国際旅行社／中国国旅（江苏）国际旅行社
ちゅうごくこくりょ こうそ こくさいりょこうしゃ　zhōngguó guólǔ (jiāngsū) guójì lǔxíngshè

2024年1月現在外国人対応部門廃止

🅜P.215-A2
🏠建鄴区漢中門大街1号金鷹漢中新城16階
☎83538606（日本部）
🆂83538707（日本部）
オ9:00～12:00、13:30～17:30
休土・日曜、祝日
🅟不可

ホテル／グルメ／旅行会社

東洋のベニスといわれる庭園都市

蘇州（そしゅう）

苏州 Sū Zhōu（スージョウ）

市外局番●0512

地下鉄4号線で行ける同里古鎮にある退思園

ハルビン
ウルムチ
北京
大連
西安
ラサ
成都
上海
蘇州
昆明
広州
香港

都市DATA

蘇州市
人口：648万人
面積：8488㎢
5区4県級市を管轄

市公安局出入境管理処
(市公安局出入境管理处)
[M]地図外（P.231-D1上）
[住]姑蘇区平瀧路251号城市生活広場西側裙楼2階
☎68661471
[オ]9:00～12:00、13:00～17:00
[休]日曜、祝日
観光ビザを最長30日間延長可能。手数料は160元

蘇州大学付属第一医院
(苏州大学附属第一医院)
[M]P.231-E3
[住]姑蘇区十梓街296号
☎65223637
[オ]24時間 [休]なし

市内交通

【地下鉄】 2018年8月現在、3路線が営業。詳しくは公式ウェブサイトで確認を
蘇州軌道交通
[U]www.sz-mtr.com
路線図→P.674
【路線バス】 運行時間の目安は5:30～22:00、1元。郊外行き2～7元 ※1～2月、5～9月、12月は空調代1元加算
【タクシー】 初乗り3km未満10元、3km以上1kmごとに1.8元加算。さらに燃油代2元加算
【三輪リキシャ】 短距離1人3～5元が目安

概要と歩き方

蘇州は江蘇省の南東部、長江三角洲の中心に位置し、上海市と接する。西には太湖が豊かな水をたたえ、北から東にかけて長江が流れる。運河に囲まれた市街には、白壁と黒瓦の家並みを縦横に水路が走り、今も静かに小船が行き交う様子が見られる。その情景があまりに秀麗であることから、いつしか町は「東洋のベニス」と呼ばれるようになった。

町の歴史は春秋時代の紀元前514年、呉王闔閭（こうりょ）がここに周囲25kmの城壁をもつ堅固な都城を築いたのが始まりとされ、当時は呉州といった。蘇州に改名されたのは後の隋代589年である。唐代以降、町はシルク産業により発展を遂げ、宋代には「魚米之郷（魚や米の郷里）」として栄え、明・清代には国内有数の大都市へと成長した。市の東部と西部にある新市街区（商工業開発エリア）には日系を含む外国企業が進出し、多くのビジネス客も訪れる。

シルク産業とともに、蘇州の名を世に知らしめたのは、文人たちが競い合うように造った江南式庭園の数々。2018年8月現在、そのうちの9ヵ所、留園、拙政園、滄浪亭、獅子林、網師園、環秀山荘、耦園（ぐうえん）、芸圃、退思園（同里）がユネスコの世界文化遺産に登録されている。このほか、中国の南北輸送を担った大運河に関連した施設や町並みとして、盤門と宝帯橋、山塘歴史街区、平江路歴史街区、呉江運河古纖道が世界遺産に登録された。

町の中心は、外城河という運河に囲まれた内側エリア。そのちょうど中心に町いちばんの繁華街の観前街があり、南北に走る町のメインストリート、人民路と接している。老舗レストランやショップが軒を連ねる観前街は、蘇州を訪れる誰もが一度は立ち寄る場所。半径1km以内に中級ホテルも数軒あるので、ここを蘇州観光の拠点にすると便利。また、網

	1月	2月	3月	4月	5月	6月	7月	8月	9月	10月	11月	12月
平均最高気温(℃)	7.7	8.6	12.7	18.6	23.5	27.2	31.6	31.5	27.2	22.3	16.7	10.6
平均最低気温(℃)	0.5	1.5	5.1	10.6	15.7	20.3	24.8	24.7	20.5	14.7	8.6	2.4
平均気温(℃)	3.7	4.6	8.5	14.2	19.2	23.4	27.8	27.7	23.6	18.3	12.4	6.1

町の気象データ（→P.517）：「预报」>「江苏」>「苏州」>区・市から選択

師園がある城内南東部の十全街やホテルや庶民的な店が点在するエリア。

　蘇州観光といえば、やはり庭園と運河沿いの散策。庭園の多くは城内に点在しているが、その範囲はさほど広くない。市街から少し離れた留園や虎丘などはタクシーを利用して効率よく回ろう。運河の風情を楽しむには、山塘街、耦園周辺、十全街、盤門周辺などがよいだろう。地下鉄4号線の開業で便利になった同里古鎮へ行けば、昔ながらの水郷風景を楽しめる。さらに時間があれば、郊外にある観光名所の太湖周辺へも足を延ばしてみたい。

観前街には清代から続く老舗菓子店「采芝斎」本店がある

Access 交通

中国国内の移動 → P.667　　鉄道時刻表検索 → P.26

✈ 飛行機

蘇州には空港がないので、上海虹橋国際空港（SHA→P.202）や上海浦東国際空港（PVG→P.204）、無錫の蘇南碩放国際空港（WUX→P.237）などを利用する。市内と各空港との間にはエアポートバスが運行されている。

🚆 鉄道

蘇州には駅が4つあるが、旅行者が利用するのは蘇州駅と高速鉄道が乗り入れている蘇州北駅。このほか、滬寧城際高速鉄道の停車駅である蘇州園区駅と蘇州新区駅がある。

所要時間（目安）【蘇州（sz）】南京（nj）／高鉄：1時間10分　無錫（wx）／高鉄：15分　鎮江（zj）／高鉄：55分　上海（sh）／高鉄：25分　杭州東（hzd）／高鉄：1時間30分　北京南（bjn）／動車：11時間　【蘇州北（szb）】南京南（njn）／高鉄：50分　無錫東（wxd）／高鉄：10分　鎮江南（zjn）／高鉄：35分　上海虹橋（shhq）／高鉄：25分　杭州東（hzd）／高鉄：1時間25分　北京南（bjn）／高鉄：4時間10分

🚌 バス

蘇州市内には5つのバスターミナルがあるが、旅行者がおもに利用するのは蘇州北バスターミナルと蘇州北広場バスターミナル、蘇州南門バスターミナル。高速鉄道の発達により減便傾向が続いている。高鉄が停車する町には高鉄のほうが速く到着するうえ運賃も安いので便利。

所要時間（目安）上海／1時間30分　杭州／2時間　無錫／1時間　南京／3時間　鎮江／2時間　揚州／3時間

Data

✈ 飛行機

　市内にあった中国東方航空蘇州営業処は2017年11月で営業を取りやめた。航空券を購入するには聯合切符売り場（→P.228）か、市内の旅行会社やホテルのツアーデスクを利用する。

●エアポートバス

　蘇州と3つの空港（無錫と上海の2空港）の間に運行されているエアポートバスの発着地点は次のとおり。

▶上海便

●上海虹橋浦東機場蘇州航站楼
　（上海虹桥浦东机场苏州航站楼）

Ⓜ P.230-C1　🏠姑蘇区蘇站路1455号火車站北広場　☎65231774

[移動手段]タクシー（蘇州北広場バスターミナル～観前街）／20元、所要15分が目安　地下鉄／2、4号線「苏州火车站」

　上海浦東国際空港行き／5:40～17:30の間19便（およそ40分に1便）。84元、所要3時間。上海虹橋国際空港行き／5:40、6:10、6:40、8:00、

9:30、10:50、12:10、13:30、14:50、16:10、17:30発。53元、所要2時間。

▶無錫便

●無錫蘇南碩放機場蘇州候機楼
　（无锡苏南硕放机场苏州候机楼）

Ⓜ P.230-C1　🏠姑蘇区蘇站路1455号蘇州火車站北広場　☎65231774

[移動手段]タクシー（蘇州北広場バスターミナル～観前街）／20元、所要15分が目安　地下鉄／2、4号線「苏州火车站」

　普通車=6:30、8:30、10:40、12:20、13:30、14:40、16:30、19:30発、豪華車=7:30、9:20、10:20、11:20、13:10、14:00、15:20、15:50、17:10、17:50、18:30、19:00発、普通車30元、豪華車50元。所要1時間が目安。

🚆 鉄道

●蘇州駅（苏州火车站）

Ⓜ P.231-D1　🏠姑蘇区蘇站路27号

☎共通電話=12306　🕐南広場7:00～21:30　北広場24時間　休なし　カ不可

巨大な蘇州駅。南北自由通路と地下鉄改札は地下

[移動手段] **タクシー**（蘇州駅〜観前街）／20元、所要15分が目安　**地下鉄**／2、4号線「苏州火车站」
28日以内の切符を販売。

● **蘇州北駅**（苏州火车北站）
M地図外（P.231-D1上）　**佳**相城区南天城路
☎共通電話＝12306
オ5:30〜23:00　**休**なし　**力**不可
[移動手段] **タクシー**（蘇州北駅〜観前街）／55元、所要30分が目安　**地下鉄**／2号線「高铁苏州北站」
28日以内の切符を販売。

🚌 バス

● **蘇州長距離バス総合インフォメーション**
☎65776577
● **蘇州北バスターミナル**（苏州汽车北站）
M P.231-D1　**佳**姑蘇区西匯路29号
☎67517685　**オ**5:30〜21:30　**休**なし　**力**不可
[移動手段] **タクシー**（蘇州北バスターミナル〜観前街）／15元、所要15分が目安　**路線バス**／游5、10、55、119、529路「汽车北站」
　7日以内の切符を販売。周荘（7:40〜18:20の間15便）、杭州（北バスターミナル：7:05〜19:00の間15便）など。

● **蘇州北広場バスターミナル**
（苏州北广场汽车客运站）
M P.230-C1　**佳**姑蘇区蘇站路1455号
☎69355916　**オ**5:00〜22:00　**休**なし　**力**不可
[移動手段] **タクシー**（蘇州北広場バスターミナル〜観前街）／20元、所要15分が目安　**地下鉄**／2、4号線「苏州火车站」
　7日以内の切符を販売。同里（6:10〜16:00の間9便）、周荘（7:25〜18:05の間15便）、烏鎮（7:25〜18:05の間15便）、西塘（7:20〜17:40の間8便）など江南エリアがメイン。

● **蘇州南門バスターミナル**（苏州南门汽车客运站）
M P.231-E4　**佳**姑蘇区南環東路601号　**☎**なし
オ5:30〜20:00　**休**なし　**力**不可
[移動手段] **タクシー**（蘇州南門バスターミナル〜観前街）／20元、所要20分が目安　**路線バス**／4、10、101路「汽车南站广场」。101路「汽车南站」
　7日以内の切符を販売。南京（8:35〜17:30の間13便）、無錫（8:20〜19:00の間8便）、上海（上海駅：2便）、杭州（杭州北站バスターミナル：8:00、9:40、12:30、14:00、16:10、19:00発、杭州バスセンター：7:35〜19:05の間14便）など。

🍴 そのほか

● **聯合切符売り場**（联合售票处）
M P.231-D2　**佳**姑蘇区人民路1606号
☎なし　**オ**8:00〜11:30、12:00〜18:00
休なし　**力**不可
[移動手段] **タクシー**（聯合切符売り場〜観前街）／10元、所要5分が目安　**路線バス**／1、5、8、38、101路「接驾桥」
　3ヵ月以内の航空券（手数料なし）、28日以内の鉄道切符（手数料は1枚5元）。
※バス切符の販売は廃止された

留園
M P.230-B2
佳姑蘇区留園路338号
☎65337903
オ3月21日〜10月31日
　7:30〜17:30
　11月1日〜3月20日
　7:30〜17:00
※入場は閉門30分前まで
休なし
割6月、11〜3月＝45元
　4〜5月、7〜10月＝55元
交①地下鉄2号線「石路」、
　徒歩13分
　② 游1、317、933路バス
　「留園」
Uwww.gardenly.com

ⓘ ▶▶▶ インフォメーション
中国四大名園
　中国四大名園は、ほかに蘇州の拙政園、北京の頤和園、承徳の避暑山荘。
　なお、蘇州四大名園は、ほかに滄浪亭、拙政園、獅子林。

見どころ

清時代を代表する名園　　　　　オススメ度 ★★★　世界遺産

留園／留园 liúyuán
りゅうえん
🕐 1時間

　清代の建築造園様式を今に伝える名園。蘇州四大名園であるばかりか、中国四大名園のひとつとしても名高い。創建は徐時泰が個人庭園を造園した明代の嘉靖年間（1521〜1566年）にまで遡る。
　園内は4つの景区に分けられており、おのおのの楼閣が花窓や透かし彫りで飾られた長い回廊で結ばれている。透かし彫りのデザインは実にさまざまで、ひとつとして同じものはないという。廊壁には、歴代の名書家による300点以上の見事な墨跡『留園法帖』も見ることができる。

名石として有名な「冠雲峰」

拙政園／拙政園　zhuōzhèngyuán

中国随一といわれる江南の名園

オススメ度 ★★★　世界遺産

せっせいえん

1.5時間

明代の正徳・嘉靖年間（1505〜1566年）に造られた、蘇州四大名園のうち最大の庭園。高官を失脚した王献臣（おうけんしん）により造園されたものだが、賄賂で造られたとのうわさもあった。

敷地内は東園、中園（ちゅうえん）、西園（せいえん）の3つの部分からなり、一貫して水をテーマに造られている。約5万㎡ある敷地のうち、その約7割を占めるのが大小の池や堀。なかでも中園に立つ遠香堂からの眺めは絶景と評されている。

蘇州の庭園の中でも抜群の規模を誇る拙政園

滄浪亭／沧浪亭　cānglàngtíng

蘇州最古の庭園

オススメ度 ★★★　世界遺産

そうろうてい

45分

呉越広陵王の銭元僚により956（後周の顕徳3）年に造園された蘇州最古の庭園。後に北宋の詩人蘇舜欽（そしゅんきん）が別荘として所有した際に改築され、清代に入りさらに改修が加えられた。

滄浪亭の名は蘇舜欽がつけたもので、戦国時代の詩人屈原（くつげん）が詠んだ『滄浪之水』という詩から採ったといわれている。庭園はシンプルな造りが特徴となっている。

落ち着いた雰囲気の回遊式庭園

獅子林／狮子林　shīzǐlín

太湖石が織りなす中国独自の造形美

オススメ度 ★★★　世界遺産

し　し　りん

1時間

1342（元の至正2）年に造園された、蘇州四大名園のひとつ。太湖石で埋め尽くされた奇石庭園として知られ、その石の形が獅子に似ていたことから獅子林と名づけられた。蘇州の西に位置する太湖から採れる無数の穴の開いた石は昔から観賞用として珍重されたため、皇帝や文人たちは、富と自然の境地の象徴である太湖石を競って庭園に配したという。

奇石が連なる獅子林

拙政園
Ⓜ P.231-E2
住 姑蘇区東北街178号
☎ 67537002
オ 3月1日〜11月15日
　7:30〜17:30
　11月16日〜2月末日
　7:30〜17:00
※入場は閉門30分前まで
休 なし
料 6月、11〜3月＝70元
　4〜5月、7〜10月＝90元
交 ①地下鉄4号線「北寺塔」、徒歩15分
　②游1、游2、游5、202路バス「苏州博物馆（拙政园／狮子林）」
Ⓤ www.szzzy.cn

メインの建物「遠香堂」で賓客をもてなした

滄浪亭
Ⓜ P.231-D3
住 姑蘇区人民路滄浪亭街3号
☎ 65194375
オ 4月21日〜10月20日
　7:30〜17:30
　10月21日〜4月20日
　7:30〜17:00
※入場は閉門30分前まで
休 なし
料 6月、11〜3月＝15元
　4〜5月、7〜10月＝20元
交 ①地下鉄4号線「南门」または「三元坊」
　②游1、游2、游4、5、101、309路バス「工人文化宫」
Ⓤ www.szclp.com

獅子林
Ⓜ P.231-E2
住 姑蘇区園林路23号
☎ 67770310
オ 3月1日〜11月15日
　7:30〜17:30
　11月16日〜2月末日
　7:30〜17:00
※入場は閉門30分前まで
休 なし
料 6月、11〜3月＝30元
　4〜5月、7〜10月＝40元
交 ①地下鉄4号線「北寺塔」、徒歩14分
　②游1、游2、游5、202路バス「苏州博物馆（拙政园／狮子林）」
Ⓤ www.szszl.com

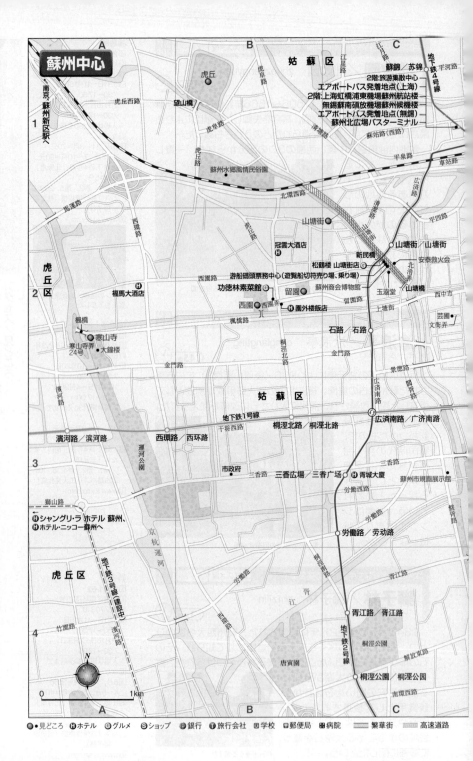

蘇州中心

地下鉄，蘇州北駅、市公安局出入境管理処へ

平河路／平河路

姑蘇区

上海へ→

蘇州火車站／苏州火车站

蘇州北バスターミナル

→蘇州園区駅へ

路線バス乗り場

蘇州站南広場

平門橋

蘇州駅

格林豪泰蘇州火車站商務酒店

蘇州美術館

蘇州博物館

忠王府

蘇州絲綢博物館

拙政園

錦繍苑

中国銀行

蘇州市旅游諮詢服務中心

民俗博物館

北寺塔／北寺塔

獅子林

蘇州動物園

東園

聯合切符売り場

蘇州市旅游諮詢中心

蘇猫絲綢

如家・蘇州観察院場地鉄站

耦園

察院場／察院場

蘇州中国国際旅行社

平江路歴史街区

中央公園／中央公園

郵政局

玄妙観

朱鴻興麺館

緑楊餛飩店

築園会館

東環路／东环路

地下鉄1号線

蘇州市第一百貨店

蘇州明堂青年旅舎

太平洋百貨

得月楼

顧亭酒家

相門／相門

怡園

蘇州文物商店

グロリアプラザホテル

中国銀行

楽橋／乐桥

臨頓路／临顿路

双塔

定慧寺巷

養育巷／养育巷

蘇州公園

蘇州大学付属第一医院

錦江之星 蘇州観前街酒店

蘇州大学

蘇州市会議中心1幢

蘇州市会議中心3幢

蘇州人民大会堂

姑蘇区

蘇州中心大酒店

三元坊／三元坊

南国賓館

網師園

蘇州碑刻博物館（文廟）

滄浪亭

竹輝飯店

開元寺（無梁殿）

相王賓館

格林豪泰快捷酒店

友誼賓館

パンパシフィック蘇州

麗景楼

瑞光塔

桂花公園

呉門橋

盤門

盤門景区

人民橋南／人民桥南

蘇州南門バスターミナル

地下鉄3号線（建設中）

宝帯橋へ→

盤門景区

MP.231-D4

住姑蘇区東大街49号

☎65260004

開4～11月7:30～17:30
　12～3月7:30～17:00

※入場は閉門30分前まで

※瑞光塔には上れない

休なし　料40元

交地下鉄4号線「南門」

Uwww.panmen.com.cn

水陸両用の門である盤門（写真は陸の門）

蘇州博物館・忠王府

MP.231-D～E2

住姑蘇区東北街204号

☎67575666

開9:00～17:00

※入場は閉館1時間前まで

休月曜　料無料

交①地下鉄4号線「北寺塔」
　②游1、游2、游5、202路
　バス「蘇州博物館（拙政
　園／獅子林）」

Uwww.szmuseum.com

忠王府にある劇台

虎丘

MP.230-B1

住姑蘇区虎丘山門内8号

☎65323488

開5月1日～10月6日
　7:30～17:30
　10月7日～4月30日
　7:30～17:00

※入場は閉門30分前まで

休なし

料6月、11～3月＝60元
　4～5月、7～10月＝80元

交游1、游2路バス「虎丘首末
　站」

Uwww.tigerhill.com

呉王闔閭が刀工干将から受け取った莫耶の切れ味を試したと伝わる試剣石

盤門景区／盘门景区　pánmén Jǐngqū

水上都市の様子を端的に伝える　オススメ度 ★★★　世界遺産　1.5時間

かつて蘇州にあった8つの城門のうち、唯一現存する盤門を中心とする公園。盤門の創建は蘇州城が歴史書に登場する紀元前514年だが、現存するのは1351年に再建されたもの。検問所と水位調整の役割を兼ねた水都らしい特徴が見られる。

景区入口近くにある瑞光塔と盤門、高さ14mの呉門橋は盤門三景と呼ばれる。2014年「大運河」の一部として世界文化遺産に登録された。

瑞光塔と緑豊かな江南式庭園

蘇州博物館・忠王府／苏州博物馆・忠王府　sūzhōubówùguǎn・zhōngwángfǔ

太平天国時代に王府がおかれた　オススメ度 ★★★　1.5時間

蘇州博物館は、蘇州周辺の出土品や現代作家の芸術作品を展示する博物館。その東側には忠王府があるが、これは1860年、太平天国の指導者、李秀成が豪華な建物を建てて王府をおいた場所。

建築家I・M・ペイが手がけた建物

彼らの信仰したキリスト教の礼拝堂や、軍事会議が開かれたホールなどが見られる。

虎丘／虎丘　hǔqiū

東洋の斜塔がそびえる呉王闔閭の陵　オススメ度 ★★★　1.5時間

越王との戦いに破れた呉王闔閭が葬られた小高い丘。葬儀の3日後に墓の上に白虎がうずくまっていたという伝説からこの名がついた。ほかにもこの丘の形が、トラがうずくまっているように見えるためだとする説もある。

丘に立つ雲巌寺塔は、961（北宋の建隆2）年創建の蘇州最古の塔。八角7層で高さは47.7m、地盤沈下により3度59分傾いており、東洋の斜塔として名高い。塔内には鮮やかな絵が描かれている。山塘街から虎丘まで遊覧船があり、蘇州らしい風景に浸れる。

斜めにそびえる雲巌寺塔

白居易によって造られた町並み　オススメ度 ★★★ 世界遺産

山塘街／山塘街　shāntángjiē
さんとうがい

　山塘街は、山塘橋から望山橋の運河沿いに延びる約3.5km
の道。唐代を代表する詩人である白居易が蘇州の刺史（長官）
であった宝暦年間（825〜827年）に蘇州城の閶門と虎丘と
を結ぶ運河の開削とともに建設したもので、姑蘇第一名街と
も呼ばれる。

　白居易が造った運河は明清代に入ると重
要な物資運搬路となり、山塘街はおおいに
栄えた。1985年以降、蘇州政府は古い町
並みの修復を進め、2014年に「大運河」
の一部として世界遺産に登録された。

山塘街の遊覧船

『楓橋夜泊』にも詠まれた禅寺　オススメ度 ★★★

寒山寺／寒山寺　hánshānsì
かんざんじ

　静かな場所に立つ禅宗寺院。南北朝梁の天監年間（502
〜519年）の創建当初は、妙利普明塔院
と呼ばれていたが、唐の貞観年間（627
〜649年）に寒山と拾得というふたりの
僧が住職となった折、寒山寺と改名され
た。境内の鐘楼では、鐘を突くこともできる。

寒山寺鐘楼

清代の官僚邸宅がそのまま残る　オススメ度 ★★★ 世界遺産

網師園／网师园　wǎngshīyuán
もうしえん

　南宋代の蔵書家史正志が建てた万巻堂を、後の清代乾隆年
間（1736〜1795年）に宋宗元が所有し再建した屋敷。ち
なみに網師とは漁師のことで自適の象徴。清代の典型的な文
人庭園の様子がそのまま残り、その生活ぶりがうかがい知れ
る。西側はシャクヤクなどが植樹された花園になっている。

500体の羅漢像と西花園が見どころ　オススメ度 ★★★

西園／西园　xīyuán
せいえん

　留園の西側に位置する戒幢律寺と、その西に併設された西
花園を総称して西園という。寺は元の至元年間（1264〜
1294年）に創建されたが1860年に戦火で焼失したため、
現存するのは光緒年間の1875年に再建されたもの。

　境内の大王殿に続き現れるのが、大雄宝殿。その西側に立
つ羅漢堂には、金色に輝く500体の羅漢像が安置されてい
る。さらに奥に進んでいくと三宝楼があるが、中に入ること
はできない。羅漢堂の西に西花園がある。

山塘街
Ｍ P.230-B1〜C2
🏠 姑蘇区山塘街
☎ 67236980
⏰ 山塘街24時間
　各見どころ8:30〜17:00
※玉涵堂は20:30まで
休 なし
🎫 山塘街＝無料、共通券（玉
　涵堂、蘇州商会博物館、
　安泰救火会）＝45元
🚇 地下鉄2号線「山塘街」
🌐 www.shantang.com.cn

ⓘ ▶▶▶ インフォメーション
遊覧船
　8:00〜21:00の間10人集
まったら出発。所要30分。
🎫 55元

寒山寺
Ｍ P.230-A2
🏠 姑蘇区寒山寺弄24号
☎ 67236213
⏰ 8:00〜17:00
休 なし
🎫 20元（鐘突きは3回まで5元）
🚌 游3、40、307、313、324、
　406路バス「寒山寺南」。游
　3、9、10、40、406路バス
　「来鳳橋」
🌐 www.hanshansi.org

網師園
Ｍ P.231-E3
🏠 姑蘇区帯城橋路闊家頭巷
　11号
☎ 65293190
⏰ 4月21〜10月20日
　7:30〜17:30
　10月21〜4月20日
　7:30〜17:00
※入場は閉門30分前まで
休 なし
🎫 6月、11〜3月＝30元
　4〜5月、7〜10月＝40元
※3月中旬から11月中旬の19:
　30〜22:00（入場は21:00
　まで）に夜花園で蘇州劇や
　語り物の演奏会がある
🎫 100元
🚌 55、202路バス「网师园」
🌐 www.szwsy.com

西園
Ｍ P.230-B2
🏠 姑蘇区西園弄18号
☎ 65349545
⏰ 8:00〜17:00
※入場は閉門30分前まで
休 なし
🎫 5元
🚌 406路バス「西園」
🌐 www.jcedu.org

町の中心に立つ中国三大木造建築のひとつ ［オススメ度 ★★★］

玄妙観／玄妙观　xuánmiàoguān
げんみょうかん

　観前街に面して立つ道教寺院。晋の咸寧年間（275～280年）に創建された当初は真慶道院と呼ばれていたが、その後何度か名が変わり、現在の名がついたのは元代の1264年である。正面に現れるのが、南宋代の1179年に再建された三清殿。中国三大木造建築物のひとつで、内部には太清、玉清、上清の道教三清が安置されている。当時の建物で現存するのは、この三清殿と山門のみ。

蘇州庭園の美を凝縮した小さな庭園 ［オススメ度 ★★★］

怡園／怡园　yíyuán
いえん

　園内は東西ふたつの部分に分かれており、両者は回廊で結ばれている。東側には石听琴室、拝石軒、王延亭などの楼閣が立ち、王羲之などによる書の石刻が見られる。西側は太湖石を配した美しい庭園となっている。

そびえ立つ一対の舎利塔 ［オススメ度 ★★★］

双塔／双塔　shuāngtǎ
そうとう

　並んで立つ高さ33.3と33.7m、八角7層の舎利塔。982（北宋の太平興国7）年に建設が始まり、雍煕年間（984～987年）に完成したといわれる。塔には上れないが、内部に安置された仏の彫刻を拝むことができる。塔の両側を囲む回廊にその一部が展示され、双塔とともに重点文物保護単位に指定されている。

郊外の見どころ

見どころいっぱいの江南の水郷 ［オススメ度 ★★★］［世界遺産］

同里／同里　tónglǐ
どうり

　蘇州の南西約20kmに位置する同里は、周荘や甪直と並び江南水郷三明珠のひとつに数えられる水郷の町。豊かな土地として知られ、富豪が残した邸宅や古くから伝わる石橋は「一園、二堂、三橋」といわれ観光名所となっている。
　一園とは世界遺産に登録された退思園のことで、二堂は嘉蔭堂、崇本堂、三橋は吉利橋、太平橋、長慶橋のこと。町散策と同時に、これらの名所を巡るのが同里訪問の楽しみとなっている。

同里三橋のひとつ、長慶橋

シャングリ・ラ ホテル 蘇州（そしゅう）／苏州香格里拉大酒店
suzhōu xiānggélǐlā dàjiǔdiàn ★★★ ★★

50階建ての高層ホテル。スタンダードの部屋でも天井高は3.2mあり、全体にゆったりとした造り。客室からの眺望もよい。レストランは、日本料理から伝統的な広東料理まで揃っている。

両替 ビジネスセンター インターネット

Ⓜ地図外（P.230-A3左）
住虎丘区塔園路168号
☎68080168
Ⓕ68081168
Ⓢ750～900元
Ⓣ750～900元
Ⓢ10%＋6%
ⒸADJMV
Ⓤwww.shangri-la.com/jp

パンパシフィック蘇州（そしゅう）／苏州吴宫泛太平洋酒店
suzhōu wúgōng fàntàipíngyáng jiǔdiàn ★★★ ★★

江南の伝統的な建築様式とモダンさが融合した建物で、独特の風格をもつ5つ星ホテル。世界文化遺産に登録された盤門景区に近く、眺望もすばらしい。プールやフィットネス、スパなどの施設も整っている。

両替 ビジネスセンター インターネット

ⒶP.231-D4
住姑蘇区新市路259号
☎65103388
Ⓕ65100888
Ⓢ820～880元
Ⓣ820～880元
Ⓢ10%＋6%
ⒸADJMV
Ⓤwww.panpacific.com

如家-蘇州観前察院場地鉄站店（じょか そしゅうかんぜんさついんんじょうちてつてんてん）／如家-苏州观前察院场地铁站店
rújiā suzhōu guānqián cháyuànchǎng dìtiězhàndiàn

「経済型」チェーンホテル。観前街のすぐ近く、メインストリートのひとつである人民路にあるので、観光に非常に便利。

両替 ビジネスセンター インターネット Ⓤwww.bthhotels.com

ⒶP.231-D2 住姑蘇区観前街246号（人民路1400号）
☎65238770 Ⓕ67279952
Ⓢ189～249元
Ⓣ189～249元
Ⓢなし Ⓒ不可

錦江之星 蘇州観前街酒店（きんこうしせい そしゅうかんぜんがいしゅてん）／锦江之星 苏州观前街酒店
jǐnjiāngzhīxīng suzhōu guānqiánjiē jiǔdiàn

「経済型」チェーンホテル。繁華街の観前街まで徒歩約10分とロケーションもよい。

両替 ビジネスセンター インターネット Ⓤwww.jinjianginns.com

ⒶP.231-D3
住姑蘇区人民路大石頭巷25号
☎65120900 Ⓕ65120003
Ⓢ169～199元
Ⓣ229～249元
Ⓢなし Ⓒ不可

蘇州明堂青年旅舍（そしゅうめいどうせいねんりょしゃ）／苏州明堂青年旅舍
suzhōu míngtáng qīngnián lǚshè

世界遺産に登録された平江路に位置するユースホステル。蘇州の繁華街の観前街も徒歩圏内と観光に便利。

両替 ビジネスセンター インターネット Ⓤwww.yhachina.com

ⒶP.231-E2
住姑蘇区平江路28号
☎65816869 Ⓕなし
Ⓢ210～230元 Ⓣ230元
Ⓓ65元（6人部屋）
Ⓢなし Ⓒ不可

得月楼（とくげつろう）／得月楼
déyuèlóu

400年以上の歴史をもつ、蘇州を代表する蘇州料理の名店。"松鼠桂魚（揚げ桂魚の甘酢ソースがけ）"1匹188元はここの名物。ソースの甘さが白身魚の味を引き出した逸品。

Ⓜ P.231-D2
住姑蘇区観前街太監弄43号
☎65238940、65222230
Ⓞ10:30～14:00、16:30～21:00
休なし ⒸMV
Ⓤwww.deyuelou.net.cn

功徳林素菜館（ごうとくりんそさいかん）／功徳林素菜馆
gōngdélín sùcàiguǎn

CLOSED.

留園の西側に位置する創業300年以上の老舗レストラン。肉や魚を使用しない精進料理を提供している。"糖醋排骨"25元などがおすすめ。

Ⓜ P.230-B2
住姑蘇区桐涇北路西園弄5号
☎65332494
Ⓞ9:00～14:00
※注文は終了の1時間前
休なし Ⓒ不可

蘇州中国国際旅行社（そしゅうちゅうごくこくさいりょこうしゃ）／苏州中国国际旅行社
suzhōu zhōngguóguójì lǚxíngshè

2024年1月現在外国人対応部門廃止

Ⓜ P.231-D2
住姑蘇区観前街大井巷18号
☎65152607（日本部）
Ⓕ65159609（日本部）
Ⓞ9:00～17:00
休土・日曜、祝日 Ⓒ不可

太湖の湖畔に栄える水郷の町

無錫
むしゃく

ウーシー
无錫 Wú Xī

市外局番●0510

世界遺産に登録され整備された清名橋歴史地区

都市DATA

無錫市
人口：563万人
面積：4628km²
5区2県級市を管轄

市公安局外事処
（市公安局外事処）
MP.239-H4
梁渓区崇寧路56号
82222215
9:00～11:30、
13:00～17:00
日曜、祝日
観光ビザを最長30日間延長
可能。手数料は160元

市人民医院（市人民医院）
MP.239-E2
梁渓区清揚路299号
82700778
24時間
なし

市内交通

【地下鉄】2018年8月現在、
1号線と2号線が開業。詳しく
は公式ウェブサイトで確認を
無錫地鉄
Uwww.wxmetro.net
【路線バス】運行時間の目安
は6:30～22:30、2元
【タクシー】初乗り3km未満
10元、3km以上1kmごとに
1.9元加算

概要と歩き方

　無錫市は、長江下流域の平野部に位置する都市。南部に太湖（中国で4番目に大きい淡水湖。面積は約2200km²で、琵琶湖の約3倍）を抱え、北には長江が流れ、市内には北京と杭州を結ぶ京杭運河を中心に多くの運河が張り巡らされている水郷の町だ。明代にはれんが、鋳造、陶器、製糸などの産業が興り、20世紀に盛んになった。こういった歴史や立地条件のよさもあり、中国共産党の改革開放路線が定着すると、町の工業化が進んだ。町の名の由来については、かつて大量に採れた錫が掘り尽くされたためとする説や、古越語で神鳥を意味する地名とする説などがある。

　町の歴史は古く、『史記』によると、殷末に周の太王の長子泰泊が現在の錫山市梅村に城を築き、句呉国を建設したことに始まる。紀元前248年には楚の考烈王が現在の城中公園の位置に城郭を築き、中心は現在の町なかに移った。漢王朝が成立した紀元前202年に無錫県が設置された。繁華街は崇安寺商業歩行街や南禅寺文化商業街など。

　無錫の見どころは、市街地と太湖周辺に分かれている。町の中心部と太湖は10kmほど離れているが、1路バスやミニバス、地下鉄2号線に乗って簡単に行くことができる。

❶太湖湖畔に立つ灯塔（鼋頭渚公園） ❷清名橋の下をくぐる遊覧船

	1月	2月	3月	4月	5月	6月	7月	8月	9月	10月	11月	12月
平均最高気温(℃)	7.0	10.0	15.0	21.0	24.0	30.0	34.0	32.0	27.0	22.0	16.0	10.0
平均最低気温(℃)	0.6	2.0	7.0	12.0	17.0	22.0	26.0	25.0	21.0	13.0	8.0	3.0
平均気温(℃)	4.0	5.6	10.3	16.4	21.7	25.5	29.4	29.0	24.3	18.4	12.4	6.5

町の気象データ（→P.517）：「預報」＞「江苏」＞「无锡」＞区・市から選択

Access 交通

中国国内の移動➡P.667　鉄道時刻表検索➡P.26

✈ 飛行機

市区の南東約20kmに位置する蘇南碩放国際空港（WUX）を利用する。日中間運航便が1路線あり、国内線は主要都市との間に運航便がある。

国際線 関西（14便）。

国内線 北京、広州、深圳など主要都市との間に運航便がある。

所要時間（目安） 北京首都（PEK）／2時間　広州（CAN）／2時間35分　深圳（SZX）／2時間25分　大連（DLC）／1時間40分　西安（XIY）／2時間30分　成都（CTU）／3時間

🚃 鉄道

無錫には無錫駅と高速鉄道専用の無錫東駅がある。さらに無錫駅は普通列車専用の駅舎と列車番号がGとDで始まる高速列車専用の駅舎（城際鉄路駅）に分かれているので注意。それぞれの駅舎は連絡通路で結ばれており、徒歩10分。

所要時間（目安）【無錫（wx）】南京（nj）／高鉄：55分　蘇州／高鉄：15分　鎮江（zj）／高鉄：40分　上海（sh）／高鉄：45分　杭州東（hzd）／高鉄：1時間50分　北京（bj）／特快：14時間10分　【無錫東（wxd）】南京南（njn）／高鉄：45分　蘇州北（szb）／高鉄：10分　鎮江南（zjn）／高鉄：30分　上海虹橋（shhq）／高鉄：30分　杭州東（hzd）／高鉄：1時間25分　北京南（bjn）／高鉄：4時間55分

🚌 バス

市内にはいくつものバスターミナルがあるが、旅行者がおもに利用するのは無錫総合バスターミナル。上海や江蘇省、浙江省方面のバスが出ている。

所要時間（目安） 上海／2時間30分　上海虹橋国際空港／2時間　上海浦東国際空港／3時間　蘇州／1時間　南京／2時間30分　杭州／4時間30分　揚州／2時間30分　鎮江／2時間

Data

✈ 飛行機

● **蘇南碩放国際空港**（苏南硕放国际机场）

Ⓜ 地図外（**P.239-F2右下**）　🏠 濱湖区機場路1号

☎ 96889788

🕐 始発便～最終便　休 なし　カ 不可

Ｕ www.wxairport.com

[移動手段] エアポートバス（空港～無錫駅南広場）／5元、所要50分が目安　空港→市内＝7:00～翌0:30の間30分～1時間に1便。市内→空港＝6:00～23:20の間30分～50分に1便　タクシー（空港～崇安寺）／60元、所要35分が目安

● **深圳航空無錫航空券売り場**（深圳航空公司无锡售票处）

Ⓜ P.238-C3　🏠 濱湖区鑫湖大道299号

☎ 82757970

🕐 国内線8:00～~~~~:00　~~~~~~~~~~ :00～17:00

休 なし　カ 不可

CLOSED

[移動手段] タクシー（航空券売り場～崇安寺）／30元、所要25分が目安　路線バス／1、9、59、72、211、359路「望山路（鑫湖大道）」

3ヵ月以内の航空券を販売。

🚃 鉄道

● **無錫駅**（无锡火车站）

Ⓜ P.239-D1　🏠 梁渓区車站路1号

☎ 共通電話＝12306

🕐 南窓口24時間　北窓口6:15～22:15

休 なし　カ 不可

[移動手段] タクシー（無錫駅～崇安寺）／12元、所要13分が目安　地下鉄／1号線「无锡火车站」

5日以内の切符を販売（一部窓口のみ28日以内の切符を販売）。高速鉄道以外の列車が発着。高

無錫駅の北側に接する城際鉄路駅

速鉄道は無錫駅とつながっている城際鉄路駅を発着する（徒歩約10分）。

● **無錫東駅**（无锡火车东站）

Ⓜ 地図外（**P.239-E1右**）　🏠 錫山区安鎮先鋒東路

☎ 共通電話＝12306　🕐 6:05～23:00

[移動手段] タクシー（無錫東駅～崇安寺）／65元、所要40分が目安　地下鉄／2号線「无锡东站」

28日以内の切符を販売。

🚌 バス

● **無錫総合バスターミナル**（无锡汽车客运总站）

Ⓜ P.239-E1　🏠 梁渓区錫滬西路227号

☎ 82588188　🕐 5:00～22:00

休 なし　カ 不可

[移動手段] タクシー（無錫総合バスターミナル～崇安寺）／12元、所要13分が目安　地下鉄／1号線「无锡火车站」

10日以内の切符を販売。上海（上海総合バスターミナル：1便、上海南駅：8便）、南京（5便）、蘇州北（6:55～18:40の間19便）、揚州（16便）、杭州（北バスターミナル：9便）など。また、上海のふたつの空港とを結ぶエアポートバスもある。

清名橋歴史街区
MP.239-E2
住梁渓区南長街沿い
☎82820321
开南長街24時間
　中国絲業博物館、祝大椿故
　居、古窯群遺址博物館
　9:00～20:30
休なし
料南長街＝無料、中国絲業
　博物館＝20元、祝大椿故
　居＝10元、古窯群遺址博
　物館＝10元
交①地下鉄1号線「南禅寺」
　②3、25、67、81、118路
　バス「朝陽广場（南禅寺）」
Uwww.qmqgyh.com

(i) ▶▶ インフォメーション

運河遊覧
　遊覧時間は1時間程度。
☎82823359
开13:00～20:30の間30分に
1便　**休**なし　**料**100元

見どころ

世界遺産に登録された運河沿いの風景　| オススメ度 ★★★ | 世界遺産

清名橋歴史街区／
清名桥历史街区　qīngmíngqiáo lìshǐ jiēqū
せいめいきょうれきしがいく

　旧城南門から南東に延びる古運河と伯瀆港は古い時代に開削された運河で、以来南北を結ぶ重要な輸送路として利用されてきた（最盛期は明代）。2014年にその価値が認められ、世界文化遺産「大運河」の一部「清名橋歴史街区」として登録された。その名はふたつの運河の交差点に架かる清名橋（古名は清寧橋）に由来する。

　エリアには中国絲業博物館、祝大椿故居、古窯群遺址博物館などの見どころがあり、運河を遊覧することもできる。また、一帯には古い町並みが再現されており、夜にはおしゃれなバーが並ぶ古運河水弄堂などもある。

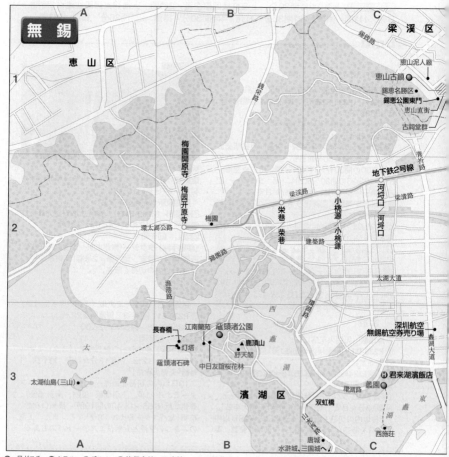

●・見どころ　**H**ホテル　**G**グルメ　**T**旅行会社　**H**病院　▒▒▒ 繁華街　—○— 地下鉄1号線　—○— 地下鉄2号線

江南を代表する無錫一の庭園　**オススメ度** ★★★

蠡園／蠡园　líyuán
れいえん

蠡園は、東蠡湖の北岸に位置する庭園で、風光明媚なことで知られる太湖の中心的な見どころ。1927（中華民国16）年に王禹卿親子が虞循真など村の住人の協力を得て建設したもので、現在では東蠡湖に浮かぶ小島、西施荘と合わせ3万㎡に達する。造りは假山や柳の植えられた堤防を中心に、凝春塔や湖心亭、千歩長廊、春秋閣、涵虚亭といった建物を配置したもので、典型的な江南式庭園。

庭園の名前は、春秋時代末期に活躍した范蠡にまつわる伝説に由来する。范蠡は越王勾践に仕え、呉王夫差を倒し、越国を強国に押し上げた政治家で、この顛末は臥薪嘗胆の故事で日本でも知られる。やがて彼は官を辞して斉国（現在の山東省にあった国）へ去ったが、美人として名高い西施とともにこの地に隠居したという。

蠡園
MP.238-C3
住濱湖区環湖路70号
☎85101380
◑4～10月7:00～18:00
　11～3月8:00～17:30
※入場は閉門30分前まで
休なし　料4～10月＝80元、
11～3月＝65元（遊覧船15元含む。不要の際は申し出る）
交1、9、20、82、211路 バス「蠡園」
U www.wxlihu.com

ⓘ ⟫⟫⟫ インフォメーション

遊覧船
蠡園と東蠡湖に浮かぶ西施荘を結ぶ。片道5分。
◑夏季8:00～16:00の間30分に1便、冬季8:00～16:00の間1時間に1便
休なし　料入場料に含まれる
※船の切符だけ購入の場合は往復40元

江蘇省 無錫

見どころ／無錫マップ／中心部マップ

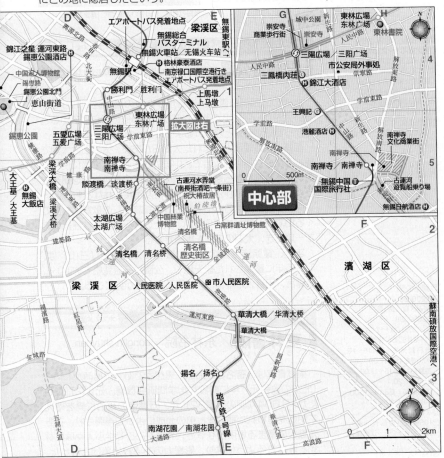

239

恵山古鎮

MP.238-C1〜P.239-D1

住梁渓区錫山・恵山の北東山麓

☎83333833
　中国泥人博物館=83707572

開恵山古鎮24時間
　各見どころ8:30〜16:30

休なし

料恵山古鎮共通券=80元
※共通券で入場できるのは中
　国泥人博物館、無錫非物
　質文化遺産展示館、恵山
　園（李公祠）、留耕草堂、
　楊藕芳祠、顧可久祠、范
　文正公祠、徐孺子祠、陸宣
　公祠、倪雲林祠の11ヵ所

交2、10、27、56、87、89
　路バス「吟苑公園」15、
　81路バス「恵山」。75路バ
　ス「通恵西路（古華山路）」

錫恵公園、錫恵名勝区

MP.238-C1〜P.239-D1

住梁渓区恵山直街2号

☎83722522

開錫恵公園5:30〜17:30、恵
　山名勝区8:00〜17:30
※入場は閉門30分前まで

休なし

料錫恵公園=10元
　錫恵名勝区=70元（錫恵
　公園の入場料込み）
　ロープウエイ=片道20元、
　往復35元

交西門=2、10、56、87路バ
　ス「青山支路（恵河路）」
　南門=2、10、56、87、89、
　98、158路バス「錫恵公
　園」

黿頭渚公園

MP.238-B3

住濱湖区黿渚路1号

☎96889688

開4〜10月8:00〜17:30
　11〜3月8:30〜17:00
※無料観光車：夏8:15〜17:
　30、冬8:45〜17:00
　遊覧船：夏8:15〜17:00、冬
　8:50〜16:20
　江南蘭苑：夏8:15〜16:00、
　冬8:45〜15:30

休なし

料105元（遊覧船代含む）、
　広福古寺=2元、江南蘭苑
　=8元

交1路バス「黿头渚」

Uwww.ytz.com.cn

> 大運河沿いに栄えた古い町並み　　　**オススメ度** ★★★

恵山古鎮／惠山古镇　huìshān gǔzhèn
けいざんこちん

　恵山古鎮は無錫を通る京杭運河の北部南岸に位置する古い
町並みを残すエリア。その中心となるのは、古民居が残り、
無錫の特産品である泥人を展示する中国泥人博物館がある恵
山直街や古祠堂群。特に一族の祖先を祀った建物である祠堂
は80氏族118を数えるほど多数残る。まだ町の整備は終わ
っていないが、古い無錫の雰囲気を味わいながら散策を楽し
める。

　また、エリアの南側
は寄暢園のある錫恵公
園、西側には錫恵名勝
区といった景勝エリア
もあるので、恵山古鎮
と合わせて観光するこ
とも可能。

無錫の名刹、恵山寺の大雄宝殿（錫恵名勝区）

> 頂上から無錫の町と太湖を一望できる　　　**オススメ度** ★★★

黿頭渚公園／鼋头渚公园　yuántóuzhǔ gōngyuán
げんとうしょこうえん

　太湖の北西に位置し、半島がひとつの風景区になってい
る。太湖から突き出る半島がスッポンの頭の形に似ているこ
とから黿頭渚公園と呼ばれるようになった。

　西側には黿頭渚と刻まれた太湖石がある。太湖石は太湖で
採れる奇妙な形の石灰岩で、中国のさまざまな庭園に使われ
ている。長春橋から黿頭渚石碑にかけての景色は記念撮影に
ピッタリ。そのほか江南蘭苑や中日友誼桜花林などもある。

　東側の鹿頂山は日本の歌謡曲『無錫旅情』の歌詞にも出て
くる山で、眺望がすばらしい。頂上の舒天閣からは無錫の町
を一望でき、太湖の広さを実感できる。

　また、黿頭渚公園の西に位置する太湖仙島（三山）は、
1995年に整備された観光地で、公園から遊覧船で約10分。
霊霄宮、玉皇大帝塑像、大覚湾石窟などが見どころ。

> 明末の有力政治集団の中心となった研究機関　　　**オススメ度** ★★★

東林書院／东林书院　dōnglín shūyuàn
とうりんしょいん

　東林書院は、著名な政治家・思想家であった楊時が1111
（北宋の政和元）年に開設した学問研究機関。元代に荒廃し
たが、1604（明の万暦32）年、万暦帝の政治に異を唱え
て朝廷を追われた顧憲成と弟の允成によって再興され、在野
知識人の集まる場所となった。やがてここで学ぶ人々は東林
党と呼ばれるようになり、影響力のある政治集団となった。
1625（明の天啓5）年には魏忠賢らによって弾圧され、東

林書院は閉鎖されたが、崇禎帝の即位によりその主張が受け入れられて再建。明朝滅亡後、清朝になって以降も保護された。

　敷地内には清代に整備された石牌坊をはじめ、東林精舎、麗沢堂、三公祠、依庸堂、東林報功祠などが残っている。

石牌坊

東林書院
M P.239-H4
住 梁溪区解放東路867号
☎82706231
オ8:30～17:00
※入場は閉門30分前まで
休なし
料無料
交①地下鉄2号線「东林广场」
　②3、15、57、701、705、712、767路バス「东林书院（光大银行）」
U www.wxdlsy.com

ホテル

君来湖濱飯店／君来湖滨饭店
くんらいこひんはんてん　jūnlái húbīn fàndiàn　★★★★★

蠡園に隣接する高級ホテルで、客室から庭園の全景を見渡せる。ホテルの中庭から直接東蠡湖畔へ出ることができ、すばらしい環境だ。

M P.238-C3
住濱湖区環湖路1号
☎85101888
FAX81186688
S499～680元
T499～680元
サなし
カADJMV

両替　ビジネスセンター　インターネット

U www.hubinhotel.com

無錫大飯店／无锡大饭店
むしゃくだいはんてん　wúxī dàfàndiàn　★★★★

プールやジム、サウナなどの施設が充実している。客室では日本の衛星放送を見ることができる。主楼と西楼がある。

両替　ビジネスセンター　インターネット　U www.wuxigrandhotel.com

M P.239-D2
住濱湖区梁清路1号
☎85806789　FAX82700991
S398～468元
T398～468元
サなし　カADJMV

錦江大酒店／锦江大酒店
きんこうだいしゅてん　jǐnjiāng dàjiǔdiàn　★★★★

市区中心の中山路に位置する高級ホテル。周囲にはレストランやデパートが建ち並び、崇安寺歩行街も近く食事やショッピングに便利。

両替　ビジネスセンター　インターネット　U www.wuxijinjiang.com

M P.239-G4
住梁溪区中山路218号
☎82751688　FAX82758186
S358～438元
T358～438元
サなし　カADJMV

錦江之星 運河東路錫恵公園酒店／锦江之星 运河东路锡惠公园饭店
きんこうしせい うんがとうろしゃくけいこうえんしゅてん　jǐnjiāngzhīxīng yùnhé dōnglù xīhuì gōngyuán jiǔdiàn

「経済型」チェーンホテル。清潔で快適な客室やスタッフによるきめ細かなサービスには定評がある。

両替　ビジネスセンター　インターネット　U www.jinjianginns.com

M P.239-D1
住梁溪区運河東路102号
☎82740688　FAX82740388
S169～289元
T169～289元
サなし　カ不可

グルメ

三鳳橋肉荘／三凤桥肉庄
さんほうきょうにくそう　sānfèngqiáo ròuzhuāng

地元で有名なレストラン。おすすめは“无锡排骨（スペアリブの煮込み）”大128元、小60元。このほか、太湖で取れた魚介を使った料理もある。“太湖白虾”50g12元（注文は150g以上）。

M P.239-G4
住梁溪区中山路240号
☎82725132
オ11:00～13:00、17:00～20:00　休なし　カ不可
U www.wxsfq.com

旅行会社

無錫中国国際旅行社／无锡中国国际旅行社
むしゃくちゅうごくこくさいりょこうしゃ　wúxī zhōngguó guójì lǚxíngshè

日本語ガイドは1日600～800元、車チャーターは1日800元。霊山大仏・竈頭渚公園1日ツアーなど個人旅行者向けのツアーも催行している（前日までに申し込むこと）。✉x3223@qq.com

M P.239-H5
住梁溪区中山路18号2階
☎82701909　FAX82740643
オ8:30～11:30、13:00～17:00
休土・日曜、祝日　カ不可

鎮江

ちんこう

ジェンジアン
鎮江 Zhèn Jiāng

市外局番●0511

金山の塔影湖と芙蓉楼

ウルムチ
ラサ
昆明
成都
西安
北京
大連
ハルビン
上海
鎮江
広州
香港

都市DATA

鎮江市
人口：272万人
面積：3847km²
3区3県級市を管轄

市公安局出入境管理処
（市公安局出入境管理処）
M地図外（P.244-A2下）
住潤州区冠城路8号工人大廈
　市政務服務中心1階
☎88956194
◉9:00～12:00、
　14:00～17:30
休土・日曜、祝日
観光ビザを最長30日間延長
可能。手数料は160元

市第一人民医院
（市第一人民医院）
M P.244-B2
住潤州区電力路8号
☎85238518
◉24時間
休なし

市内交通

【路線バス】運行時間の目安
は運行路線によって6:00～
19:00と6:00～22:00がある。
市区1元、郊外2～3元
【タクシー】初乗り3km未満9
元、3km以上1kmごとに2.7
元加算

概要と歩き方

鎮江は、江蘇省の南西部にある長江沿岸の町。省都南京から約60km、上海からは約200kmの距離にある。紀元前11世紀（周の成王の時代）、この地域は宣と呼ばれていた。春秋時代に呉の国

鎮江名物の鍋蓋麺

の城が建てられ、三国時代には呉の孫権が南京に都を移す前に一時期ここを都とした。その後、隋の煬帝が北京と杭州を結ぶ京杭運河を完成させると、この地は水上交通の要衝となり、さらに発展した。1113（北宋の政和3）年に鎮江府がおかれ、以後、鎮江と呼ばれるようになった。

また、鎮江は古来より江南の風光明媚な所として知られ、中国を代表する詩人李白や白居易もここを訪れ、その印象を詩文に残している。

町の中心は、大市口と呼ばれる解放路と中山路の交差点一帯で、ホテルやレストランもこのあたりに集中している。観光のメインは、金山、北固山、焦山の三山。皆、長江の川辺に位置し、山中には寺院が立っている。

西津古渡は散策が楽しい

鎮江博物館一帯は古くからの町並みが残っている場所として有名。特に西津古渡には1000年も前の民間建築物が残っていて、昔の中国に迷い込んだような錯覚に陥る。

	1月	2月	3月	4月	5月	6月	7月	8月	9月	10月	11月	12月
平均最高気温(℃)	6.7	10.9	13.4	23.0	25.1	28.1	33.6	33.2	28.2	23.9	19.6	11.9
平均最低気温(℃)	0.1	3.4	5.7	13.8	17.2	21.1	26.4	25.8	20.1	15.4	9.8	1.9
平均気温(℃)	2.8	6.7	9.1	17.9	20.7	24.3	29.7	29.1	23.8	18.3	14.1	4.3

町の気象データ(→P.517)：「預報」＞「江苏」＞「镇江」＞区・市から選択

中国国内の移動 → P.667　　鉄道時刻表検索 → P.26

✈ 飛行機

鎮江には空港がないので、南京禄口国際空港（→P.216）を利用する。市内と空港との間にはエアポートバスが運行されている。

🚃 鉄道

鎮江には鎮江駅と、その約7km南の鎮江南駅がある。鎮江駅は、高速鉄道専用の滬寧城際高鉄駅とそれ以外の列車が発着する駅舎が分かれているので注意。両者は地下を通る連絡通路で結ばれており、徒歩10分。

所要時間（目安） 【鎮江 (zj)】南京 (nj)／高鉄：20分　蘇州 (sz)／高鉄：51分　無錫 (wx)／高鉄：35分　上海 (sh)／高鉄：1時間23分　杭州東 (hzd)／高鉄：2時間35分　【鎮江南 (zjn)】南京南 (njn)／高鉄：18分　蘇州北 (szb)／高鉄：35分　無錫東 (wxd)／高鉄：29分　上海虹橋 (shhq)／高鉄：53分　杭州東 (hzd)／高鉄：1時間48分　北京南 (bjn)／高鉄：4時間36分

🚌 バス

旅行者がおもに利用するのは鎮江バスセンター。上海や江蘇省、浙江省方面のバスが出ている。鎮江南門バスターミナルからは杭州行きのバスがあるが、本数は少ない。

所要時間（目安） 上海／3時間30分　蘇州／2時間　無錫／2時間　南京／1時間20分　揚州／50分

⋯ Data ⋯

✈ 飛行機

● **鎮江城市候機楼**（鎮江城市候机楼）
Ⓜ **P.244-B2**　住 潤州区黄山西路18号滬寧城際高鉄駅傍
☎ 85233898　オ 5:10～18:30　休 なし　カ 不可
［移動手段］ **エアポートバス**（鎮江城市候機楼～南京禄口国際空港）／60元、所要1時間30分が目安。空港→鎮江城市候機楼＝到着便に合わせて運行　鎮江城市候機楼→空港＝5:30発、7:00～11:00の間1時間に1便、12:30発、14:00～17:00の間1時間に1便、18:30発　**タクシー**（鎮江城市候機楼～鎮江国際飯店）／15元、所要10分が目安　**路線バス**／17、19、28、40、53、81、115、131、221、301路「火车站南广场」
　3ヵ月以内の航空券を販売。

🚃 鉄道

● **鎮江駅**（鎮江火车站）
Ⓜ **P.244-A2**　住 潤州区中山西路73号
☎ 共通電話＝12306　オ 24時間　休 なし　カ 不可
［移動手段］ **タクシー**（鎮江駅～鎮江国際飯店）／15元、所要10分が目安　**路線バス**／2、3、4、24、302路「火车站北广场」
　5日以内の切符を販売。一部窓口で28日以内の切符を販売。

● **滬寧城際高鉄駅**（沪宁城际高铁站）
Ⓜ **P.244-A2**　住 潤州区黄山西路　☎ 共通電話＝12306　オ 5:20～23:00　休 なし　カ 不可
［移動手段］ **徒歩**（鎮江駅から連絡通路）／10分が目安
　5日以内の切符を販売。一部窓口で28日以内の切符を販売。

● **鎮江南駅**（鎮江火车南站）
Ⓜ 地図外（**P.244-A2下**）　住 丹徒区解巷村
☎ 共通電話＝12306
オ 6:35～22:00　休 なし　カ 不可
［移動手段］ **タクシー**（鎮江南駅～鎮江国際飯店）／35元、所要25分が目安　**路線バス**／39、100、131、202、208路「镇江南站」
　28日以内の切符を販売。

🚌 バス

● **鎮江バスセンター**（鎮江客运中心站）
Ⓜ **P.244-B2**　住 潤州区黄山西路18号
☎ 85232762　オ 5:30～20:00
休 なし　カ 不可
［移動手段］ **タクシー**（鎮江バスセンター～鎮江国際飯店）／15元、所要10分が目安　**路線バス**／17、19、28、40、53、81、115、133、221、301路「火车站南广场」
　4日以内の切符を販売。

鎮江バスセンターは滬寧城際高鉄駅の東側にある

● **鎮江南門バスターミナル**（鎮江南门汽车客运站）
Ⓜ **P.244-B2**　住 潤州区官塘橋路2号
☎ 85029860　オ 6:00～18:00　休 なし　カ 不可
［移動手段］ **タクシー**（鎮江南門バスターミナル～鎮江国際飯店）／15元、所要10分が目安　**路線バス**／6、9、17、102、115、219、221、302路「南门汽车客运站」
　2日以内の切符を販売。

♥ そのほか

● **鎮江市聯合切符売り場**（鎮江市联合售票处）
Ⓜ **P.244-B2**　住 京口区双井路2号
☎ 85220700
オ 8:00～17:00　休 なし　カ 不可
［移動手段］ **タクシー**（聯合切符売り場～鎮江国際飯店）／9元、所要5分が目安　**路線バス**／2、3、5、11、23、31、34、39、81、92、204路「中山桥」
　3ヵ月以内の航空券、28日以内の鉄道切符を販売。手数料は航空券は無料、鉄道切符は1枚5元。

金山

M P244-A1

住潤州区金山路62号

☎85510248

⏰0:00～18:00

※入場は閉門1時間前まで

休なし

￥3～5月、9～11月=65元
　6～8月、12～2月=50元

交2、8、17、34、40、60、
　92、102、104路バス「金
　山公園」

U www.jspark.cn

ℹ ▶▶▶ インフォメーション

遊覧船

　園内には金山寺と天下第一
泉とを結ぶ遊覧船がある。

￥往復=40元（手こぎ船は
　往復=60元）

天下第一泉

見どころ

雪舟も訪れた金山寺がある

オススメ度 ★★★

金山／金山 jīnshān
きんざん

2時間

　高さ44m、周囲520mの山。もとはひとつの島であったが、清の道光年間（1820～1850年）に陸続きになった。金山という名は、唐代にここで修行をしていた法海禅師がこの地で金を掘り当てたことから名づけられた。

　大門を真っすぐ進むと、東晋代（317～420年）に創建された金山寺（江天禅寺）がある。雪舟は2度この寺を訪れている。山門を入ってまずあるのが大雄宝殿。殿内に安置された大仏像と、装飾が施された壁に特徴がある。

山頂からの眺め

　さらに見逃せないスポットとして、天下第一泉（中冷泉）がある。この泉は唐代に茶の専門家として名をはせた陸羽と劉伯芻により、天下でいちばんの水と認められた。傍らには東晋代に創建された芙蓉楼が立っている。

鎮江

焦山古砲台
焦山公園
渡し船乗り場
象山　渡し船乗り場

格林豪泰 鎮江第一人民医院快捷酒店
市第一人民医院
大潤発
鎮江市聯合切符売り場
甘露寺　鉄塔
北固山公園
魯粛墓、太史慈墓
鎮江国際飯店

西津古渡
鎮江博物館
西津古渡街
長江路
芙蓉楼
金山
金山寺
天下第一泉
雲台山
伯先公園
金山路

潤州区

京口区

金山湖景大酒店
恒順商場 火車站北広場店
鎮江駅
鎮江バスセンター
恒順商場 第一門市部
鎮江大酒店
城際高鉄駅
潘亭
黄山西路
鎮江南駅へ
市公安局
出入境管理処へ
シェラトン鎮江ホテル
鎮江城市候機楼
エアポートバス発着地点
鎮江南門バスターミナル

恒順商場 大市口店
夢渓園
如家-鎮江火車站中山橋店
鎮江中国国際旅行社

0　　　1km

N

● 見どころ　Ｈ ホテル　Ｓ ショップ　Ｔ 旅行社　田 病院　▬ 繁華街

244

アヘン戦争で使用された砲台がある　オススメ度 ★★★

焦山公園（しょうざんこうえん）／焦山公园 jiāoshān gōngyuán

焦山公園は、島の焦山と陸の象山に分かれており、敷地全体が自然公園のようになっている。観光のメインである焦山は高さ71m、周囲約2kmの島で、渡し場から船で4分ほどで行ける。

アヘン戦争時に使われた砲台跡

後漢末、現在の陝西省の名士であった焦光（しょうこう）はこの地で暮らしていたが、皇帝の3度にわたる招きにも応じず、この島に隠棲していたことから焦山と呼ばれるようになった。

焦山は古来より軍事的に非常に重要な場所で、南宋の韓世忠（かんせちゅう）はここで金兵に抵抗し、19世紀にイギリスなどの欧米列強が侵略するようになると、アヘン戦争でも戦場となった。長江を通る外国船を砲撃するために要塞と砲台が築かれた。

定慧寺から見る焦山

このほか、焦山のおもな見どころとしては、後漢時代に創建され明代に最盛期を迎えた仏教寺院、定慧寺がある。また山上には七重の塔の万仏塔が立ち、上からの眺めがいい。

古くから渡し場としてにぎわった　オススメ度 ★★★

西津古渡（せいしんこと）／西津古渡 xījīn gǔdù

雲台山の麓にある、古い町並みが全長1kmほどにわたって続くエリア。この場所には古くは三国時代から町が形成され、唐代には長江の渡し場としての設備が整い、その後清まで発展を遂げ現在見られる規模となった。中国で最も保存状態がよく、歴史が長く、規模の大きな渡し場の町として知られ、「中国古渡博物館」とも呼ばれる。中心部に見られる昭関石塔（しょうかんせきとう）は、元の皇帝が大都（今日の北京）に白塔寺（→P.50）を建てた工匠に命じて造らせたもの。東西に「昭関」の文字が書かれている。

石畳の道と石壁の家並みが続く

焦山公園
[M] P.244-C1
[住] 京口区東呉路
☎ 88817103
[オ] 焦山公園7:30～17:00
万仏塔8:30～16:00
※入場は閉門30分前まで
[休] なし
[料] 3～5月、9～11月＝65元
6～8月、12～2月＝50元
※渡し船代含む。渡し船運航時間は市内→焦山7:30～17:00、焦山→市内8:00～18:00
[交] 49、104、112、204路バス「焦山风景区」

インフォメーション
揚州への市バス
鎮江と揚州とを結ぶ鎮揚城際バス（镇扬城际公交）が運行されている。焦山公園の近くから出発し、北固山公園や大市口を通り、揚州の痩西湖バス停まで行く。夏6:00～19:00の間30～40分に1便、冬6:30～18:30の間30～40分に1便。揚州へは所要1時間45分、15元。揚鎮旅游専線（扬镇旅游专线）とも呼ばれる。

西津古渡
[M] P.244-A1
[住] 潤州区西津古渡街
☎ 85288555
[オ] 西津古渡24時間
観音洞、救世会9:00～17:00
※入場は閉門30分前まで
[休] なし
[料] 西津古渡＝無料
観音洞と救世会＝30元
[交] 南端＝2、34、104路バス「伯先公园」
北端＝8、14、29、38、102路バス「西津渡」
[U] www.xijindu.com.cn

昭関石塔は門の上に塔がのった不思議な形

MP.244-B1

- 京口区東呉路3号
- 88812169、88858088
- 7:30～17:30
- ※入場は閉門30分前まで
- なし
- 3～5月、9～11月＝40元
  6～8月、12～2月＝30元
- 4、8、25、92、112、
  133、204路バス「甘露寺」

甘露寺鉄塔

MP.244-A1

- 潤州区伯先路85号
- 85285032
- 9:00～17:00
- ※入場は閉館1時間前まで
- 月曜
- 無料
- ※旧イギリス領事館＝20元
- 2、34、104路バス「伯先
  公園」
- www.zj-museum.com.cn

青銅鳳紋尊（西周）

MP.244-B2

- 京口区夢渓園巷21号
- 84495665
- 9:00～17:00
- ※入場は閉園30分前まで
- 月曜
- 無料
- 1、9、10、19、39、60、
  102、202、208路 バス
  「夢渓広場西」

劉備と孫権が曹操打倒について会談した場所　　オススメ度 ★★★

北固山公園／北固山公园　běigùshān gōngyuán
ほっこさんこうえん

　北固山は高さ53mの小山で、山全体が公園となっている。ここは、劉備玄徳と孫権が曹操を倒す計画を練った場所として有名で、頂上には甘露寺が立っている。

　入口の牌坊をくぐると、ふたつに割れたような試験石がある。三国時代、劉備と孫権が剣でそれぞれこの石を切り、どちらが天下を取れるかを占ったという。

　鳳凰池に沿って奥へ進むと、公園の入口にいたる。頂上への途中に鉄塔があるが、これは唐代に石で造られ、後に鉄塔に造り変えられたもの。甘露寺周辺の山頂には北固楼や多景楼が立ち、西に金山、東に焦山、目の前に長江という絶景を望むことができる。

北固楼からの眺め

コロニアル様式のイギリス領事館も合わせて見学　　オススメ度 ★★★

鎮江博物館／镇江博物馆　zhènjiāng bówùguǎn
ちんこうはくぶつかん

　西津古渡の近くにある鎮江市立の博物館。青銅器や陶器、金銀細工など、部屋ごとにテーマを分けて貴重な文化財や工芸品を展示している。

　1階の青銅器展示室にある青銅鳳紋尊は国宝級の文化財で、博物館の目玉。このほか、発見時に中に酒が入っていたという青銅鳥蓋壺や、水を入れて鏡として使った青銅蟠螭紋鑑も見逃さないようにしよう。

　敷地内には旧イギリス領事館もあり、事務室や宿舎、医務室、厩舎などの建物が残されている。事務室として使われていた建物の内部のみが公開されており、当時の様子を知ることができる。

沈括が『夢渓筆談』を著した所　　オススメ度 ★★★

夢渓園／梦溪园　mèngxīyuán
むけいえん

　北宋の科学者で政治家であった沈括（1031～1095年）晩年の住居。58歳から65歳で病没するまでここで暮らし、幅広い分野に関する随筆『夢渓筆談』（全30巻）を書いた。建物内部には沈括の像のほか、渾儀、浮漏、圭表という、沈括が天文学のために発明した道具の模型が展示されている。

沈括の像

シェラトン鎮江ホテル／鎮江万达喜来登酒店
ちんこう
zhènjiāng wàndá xǐláidēng jiǔdiàn ★★★ ★★

鎮江最高級のホテルで、2011年に開業した。鎮江駅や町の中心からも遠くない便利な場所にある。広々とした部屋はスタイリッシュなインテリアでまとめられている。2階には日本料理レストラン「雅」があり、寿司や刺身を味わえる。

Ｍ P.244-B2
住 潤州区北府路88号
☎ 89999999
ＦＡＸ 89999888
Ｓ 548～648元
Ｔ 548～648元
サ 10％＋6％
カ ADJMV
Ｕ www.starwoodhotels.com

両替　ビジネスセンター　インターネット

鎮江国際飯店／鎮江国际饭店
ちんこうこくさいはんてん
zhènjiāng guójì fàndiàn ★★★ ★★

市中心の繁華街、大市口に位置する5つ星ホテル。サウナやフィットネス、美容室があるなど施設が充実している。29階に回転レストランがあり、市内の眺めが楽しめる。市バスの便がよく、見どころへ行くのにとても便利。

Ｍ P.244-B2
住 京口区解放路218号
☎ 85021888
ＦＡＸ 85021777
Ｓ 458～560元
Ｔ 458～560元
サ なし
カ ADJMV
Ｕ www.zjgjfd.com

両替　ビジネスセンター　インターネット

鎮江大酒店／鎮江大酒店
ちんこうだいしゅてん
zhènjiāng dàjiǔdiàn ★★ ★★

鎮江駅前に位置する。ホテル内には「80公社」と呼ばれる安いホテルもある。中国料理レストランとビュッフェレストランがある。

両替　ビジネスセンター　インターネット　Ｕ www.zj-grand-hotel.com

Ｍ P.244-A2
住 潤州区火車站広場西側中山西路77号
☎ 88980000　ＦＡＸ 85230130
Ｓ 268～368元　Ｔ 268～368元　サ なし　カ ADJMV

金山湖景大酒店／金山湖景大酒店
きんざんこけいだいしゅてん
jīnshān hújǐng dàjiǔdiàn

星なし渉外ホテルだが設備は3つ星相当。鎮江の繁華街にあり、駅からは徒歩圏内。食事や買い物に便利なロケーション。

両替　ビジネスセンター　インターネット

Ｍ P.244-B2
住 潤州区中山西路90号
☎ 85239999
ＦＡＸ 88913100
Ｓ 280元　Ｔ 280元
サ なし　カ 不可

如家-鎮江火車站中山橋店／如家-镇江火车站中山桥店
じょか ちんこうかしゃたんちゅうざんきょうてん
rújiā-zhènjiāng huǒchēzhàn zhōngshānqiáodiàn

「経済型」チェーンホテル。客室の設備は簡素ながら清潔で使いやすい。レストランではビュッフェ形式の朝食を提供している。

両替　ビジネスセンター　Ｕ www.bthhotels.com

Ｍ P.244-B2
住 潤州区中山東路423号A座
☎ 85113777　ＦＡＸ 85985777
Ｓ 139～159元
Ｔ 139～169元
サ なし　カ 不可

格林豪泰 鎮江第一人民医院快捷酒店／格林豪泰 镇江第一人民医院快捷酒店
かりんごうたい ちんこうだいいちじんみん いいんかいしょてん
gélínháotài zhènjiāng dìyī rénmín yīyuàn kuàijié jiǔdiàn

「2つ星の料金、5つ星のサービス」がモットーのチェーンホテル。正式支店名は「鎮江中山大街第一人民医院快捷酒店」。

両替　ビジネスセンター　インターネット　Ｕ www.998.com

Ｍ P.244-B2
住 潤州区中山西路40号
☎ 85216155　ＦＡＸ 85216255
Ｓ 129～159元
Ｔ 149～180元
サ なし　カ 不可

恒順商場 火車站北広場店／恒顺商场 火车站北广场店
こうじゅんしょうじょう かしゃたんほくこうじょうてん
héngshùn shāngchǎng huǒchēzhàn běiguǎngchǎngdiàn

ショップ

日本にも輸出されている鎮江香酢メーカー「恒順」の直売店。黒酢は1本4～15元、高いもので20～50元。豪華な瓶に入った贈答用もある。おすすめは6年物で、酸味がまろやか。ほかに恒順商場の店舗は第一門市部（中山西路84号 Ｍ P.244-A2）などがある。

Ｍ P.244-B2
住 潤州区中山西路67号
☎ 89886199
オ 7:30～19:00
サ なし
カ 不可

多くの遣唐使が降り立った町

揚州
ようしゅう

ヤンジョウ
揚州 Yáng Zhōu

市外局番●0514

市中心部を流れる古運河

ウルムチ	ハルビン
北京	大連
西安	
ラサ 成都	揚州 上海
昆明 広州	
	香港

都市DATA

揚州市
人口：458万人
面積：6592km²
3区2県級市1県を管轄

市公安局外事処出入境管理処
（市公安局外事処出入境管理処）
MP251-B2
住広陵区塩阜東路22号
☎87055079
オ9:00～12:00、
14:00～17:30
休土・日曜、祝日
観光ビザを最長30日間延長
可能。手数料は160元

市第一人民医院
（市第一人民医院）
MP251-C3
住広陵区泰州路45号
☎82981199
オ24時間 休なし

市内交通

【路線バス】運行時間の目安
は運行路線によって6:30～
19:30と6:30～21:30がある。
1～2元
※4～11月上旬に旅游観光バス
（大明寺～何園）を運行。
運行時間の目安は8:30～
17:00、5元（1日有効）
【タクシー】初乗り3km未満
9元、3km以上1kmごとに2.4
元加算
【三輪リキシャ】初乗り1km
未満5元、1km以上1kmごとに
3元加算

248

概要と歩き方

揚州は江蘇省中部に位置し、北は淮水と接し、南は長江に臨み、そのふたつの大河を結ぶ京杭運河（2014年に世界遺産に登録）が町のすぐ近くを走る。気候は温暖。揚州の歴史は、春秋時代の紀元前486年に呉王夫差

古い町並みが見られる東関街

がこの地に城を築いたことに始まる。鑑真の故郷であり、唐の天宝年間に鑑真がこの地より日本へ向けて出港したことはあまりにも有名だ。日本の遣唐使の多くが揚州を通って長安へ入っており、空海も804年に揚州を訪れている。

揚州の見どころは町の中心部に集中しているので、1日あれば主要な場所を見て回れるが、できるなら2日みておきたい。また、揚州旅游専線バスは揚州駅隣の揚州バスターミナルから出発し、揚州双博館や大明寺、个園などを通るので、

夜の文昌閣のロータリー

これを利用すれば効率よく観光できる。時間がある人は、世界遺産に登録された京杭運河を見に行こう。一見何の変哲もない川だが、これが北京まで延びていると思うと、そのすごさに驚嘆するはずだ。繁華街の文昌閣ロータリーのあたりや広陵路、甘泉路はなかなかにぎやか。特に文昌閣のロータリーは、夜にはライトアップされ、美しい姿を見せる。

	1月	2月	3月	4月	5月	6月	7月	8月	9月	10月	11月	12月
平均最高気温(℃)	6.7	10.9	13.4	23.0	25.1	28.1	33.6	33.2	28.2	23.9	19.6	11.9
平均最低気温(℃)	0.1	3.4	5.7	13.8	17.2	21.1	26.4	25.8	20.1	15.4	9.8	1.9
平均気温(℃)	2.8	6.7	9.1	17.9	20.7	24.3	29.7	29.1	23.8	18.3	14.1	6.8

町の気象データ（→P.517）：「預報」＞「江蘇」＞「揚州」区・市・県から選択

Access 交通

中国国内の移動➡P.667　鉄道時刻表検索➡P.26

飛行機

市区の北東40kmに位置する揚州泰州空港(YTY)を利用する。このほか、南京禄口国際空港（→P.216）を利用することもできる。

[国際線] 関西（3便）。
[国内線] 北京、広州、深圳など主要都市との間に運航便がある。
[所要時間(目安)] 北京首都（PEK）／1時間50分　広州（CAN）／2時間10分　深圳（SZX）／2時間30分　成都（CTU）／1時間55分　西安（XIY）／2時間　ハルビン（HEB）／2時間40分　瀋陽（SHE）／2時間10分　アモイ（XMN）／1時間50分

鉄道

揚州駅は市区中心部の西12kmにある。高速鉄道が通っておらず、上海、蘇州、杭州方面行き直通列車が廃止されたため、上海方面への移動は南京で乗り換えるか、バスで鎮江へ出て高鉄に乗り換えるのが便利。

[所要時間(目安)] 【揚州（yz）】南京（nj）／動車：48分　合肥南（hfn）／動車：1時間36分　漢口（hk）／動車：3時間49分　北京（bj）／直達：10時間8分　広州（gz）／特快：24時間38分

バス

鉄道駅の隣に揚州バスターミナルがある。上海や南京方面のバスが出ている。

[所要時間(目安)] 南京／1時間30分　上海／4時間　蘇州／2時間30分　無錫／2時間30分　杭州／3時間50分　鎮江／50分

Data

飛行機

●**揚州泰州空港**（扬州泰州机场）
[M] **地図外（P.250-C2右）** [住] 江都区丁溝鎮
☎89999999 [オ] 始発便～最終便
[休] なし [カ] 不可 [U] www.yztzairport.net
[移動手段] エアポートバス（空港～揚州泰州空港城市候機楼）／30元、所要45分が目安。空港→市内＝9:00～12:00の間1時間に1便、14:00、15:30、17:00、19:00、22:00発　市内→空港＝7:00、8:00、9:00、10:30、12:00、13:30、16:00、17:00、18:10発　**タクシー**（空港～文昌閣）／120元、所要50分が目安

2012年に開港した揚州泰州空港

●**揚州泰州空港城市候機楼**
（扬州泰州机场城市候机楼）
[M] **P.251-A2** [住] 邗江区維揚路252号
☎86100583 [オ] 6:50～18:10 [休] なし [カ] 不可
[移動手段] タクシー（揚州泰州空港城市候機楼～文昌閣）／15元、所要10分が目安　**路線バス**／20路バス「口岸委」、1路バス「扬州友好医院」
航空券はここでは販売せず、空港で販売。エアポートバス（揚州泰州空港）の発着地点。

●**南京禄口国際空港揚州城市候機楼**
（南京禄口国际机场扬州城市候机楼）
[M] **P.251-A2**
[住] 邗江区揚子江北路108号揚鵬錦江大酒店北門
☎国内線＝87333398
[オ] 7:00～18:00 [休] なし [カ] 不可
[移動手段] タクシー（南京禄口国際空港揚州城市候機楼～文昌閣）／10元、所要10分が目安
路線バス／5、11、50、81路、揚州旅游専線バス「梅庄新村」
3ヵ月以内の航空券を販売。エアポートバス（南京）は6:00発、7:00～18:20の間40～50分に1便。65元、所要2時間。

鉄道

●**揚州駅**（扬州火车站）
[M] **P.250-A2**
[住] 邗江区文昌西路 ☎共通電話＝12306
[オ] 5:00～23:00 [休] なし [カ] 不可
[移動手段] タクシー（揚州駅～文昌閣）／30元、所要30分が目安　**路線バス**／1、18、26、88路「扬州火车站」
28日以内の切符を販売。

揚州駅

バス

●**揚州バスターミナル**（扬州汽车客运站）
[M] **P.250-A2** [住] 邗江区文昌西路528号
☎87963658 [オ] 6:00～18:20 [休] なし
[カ] 不可 [U] www.yqjtgs.com
[移動手段] タクシー（バスターミナル～文昌閣）／30元、所要30分が目安　**路線バス**／1、18、26、88路、揚州旅游専線バス「西部客运枢纽」
4日以内の切符を販売。

大明寺

M P.250-B1、P.251-A1
住 邗江区平山堂東路8号
☎ 87335286、8／346328
木 4月下旬〜10月上旬
　　7:45〜17:00
　　10月中旬〜4月中旬
　　8:00〜16:30
　※入場は閉門15分前まで
休 なし
圏 3〜5月、9〜11月＝45元
　　6〜8月、12〜2月＝30元
交 揚州旅游専線、旅游観光
　　バス、25路バス「大明寺」
U www.damingsi.com

大明寺の大雄宝殿

鑑真和上が住職をしていた仏教寺院　　　　　オススメ度 ★★★

大明寺／大明寺　dàmíngsì
　　だいめいじ

1.5時間

　大明寺は、揚州中心部の北側に位置する仏教寺院。鑑真（688〜763年）ゆかりの寺として有名。南北朝期宋代の大明年間（457〜464年）の創建で、唐代には鑑真がここに居住し講義をしていた。現在の建築物は、清の同治年間に再建されたもの。

　入口から真っすぐ進むと大雄宝殿。すぐ前にある大きな鼎で人々が線香を手に一心に祈っており、厳粛な雰囲気が漂う。大雄宝殿の手前の道を通って背後に回ると、1973年に日本の唐招提寺金堂を参考にして建てられた鑑真紀念堂があり、鑑真像を祀っている。入口の碑に書かれた「唐鑑真大和尚紀念碑」の文字は郭沫若の筆。その隣の欧陽祠は、北宋の政治家であり文人でもあった欧陽修を祀る建物。

　このほか、境内の主要な建物に9層の棲霊塔がある。601（隋の仁寿元）年に建造され、詩人の李白や白居易も上ったというが、唐の武宗により843年に破壊された。1995年に再建され、上って周囲の眺めを楽しむことができる。

大明寺入口の牌坊と背後に立つ棲霊塔

鑑真紀念堂にある郭沫若の碑

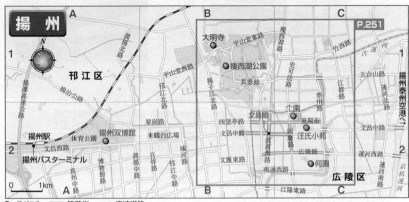

● 見どころ　■ 繁華街　■ 高速道路

个園と並ぶ揚州の名園

オススメ度 ★★★

何園／何园 héyuán
かえん

1.5時間

揚州に数多く存在する私家園林のひとつ。1883（清の光緒9）年に、揚州監察官の何芷舫が庭園付き自宅として造園した。芸術的に最も優れているとの評価が高く、「晩清第一園」と称される。

2階の回廊から見下ろす水心亭

敷地内は庭園部分と居宅部分に分けられ、庭園部分は陶淵明の詩にちなんで寄嘯山荘と名づけられている。見どころは池の中に立つ水心亭と、それを取り囲む回廊。回廊の一部は複道廊と呼ばれ、1階と2階の2層建て、かつ中央を壁で仕切られた複雑な造りになっている。

何園
M P.250-C2、P.251-C3
広陵区徐凝門大街66号
☎87239626、87926922
4月下旬～10月上旬
7:30～18:00
10月中旬～4月中旬
7:30～17:30
※入場は閉園15分前まで
なし
3～6月、9～12月＝45元
7・8月、1・2月＝30元
揚州旅游専線、旅游観光バス、19、66路バス「康山文化園（何園）」。旅游観光バス「何園」
www.he-garden.net

居宅部分には洋風家具の部屋が

揚州市中心

鑑真学院
大明寺
観音禅寺
旅游観光バス発着地点
揚州唐城遺址博物館
北大門
漢広陵王墓博物館
平山堂東路
保障湖
宋夾城体育休閑公園
邗江区
竹西公園
痩西湖公園
東大門
釣魚台
五亭橋 白塔 小金山
万福西路
西大門
友好会館
冶春茶社御碼頭店
重寧寺
史可法路
揚州賓館
史公祠
北門
揚州市中国旅行社
経he商務広場
南大門
天寧寺
痩西湖バス停（鎮江行きバス発着地点）
市公安局外事処出入境管理処
揚州旅游服務中心
東関城楼（東関歴史文化展示館）
東関古渡
南京禄口国際空港揚州城市候機楼
エアポートバス発着地点（南京行き）
揚蜀錦江大酒店
揚州長楽客桟主題文化酒店
汪氏小苑
ラマダプラザ揚州ルーサ
揚州京華維景酒店
中国銀行
市第一人民医院
揚州人家国際大酒店
揚州泰州空港城市候機楼
エアポートバス発着地点
富春茶社
長城飯店
金凱国際大酒店
和頤-揚州痩西湖東関街和頤酒店
旅游観光バス発着地点
何園
広陵区
盧紹緒宅
塩宗廟

0 500 1km

● 見どころ　H ホテル　G グルメ　B 銀行　T 旅行会社　H 病院　I 観光案内所　バス停　繁華街

MP.251-B1
- 邗江区平山堂東路98号
- ☎87625587
- ⏰8:30～17:30
  ※入場は閉館30分前まで
- 休なし
- 料30元
- 🚌25路バス「汉广陵王墓」

復元された玉衣

2号墓の前に並ぶ12頭の馬の像

東門城楼（東関歴史文化展示館）

MP.251-C2
- 広陵区東関街東門城楼
- 休なし
- ⏰外観24時間
  東関歴史文化展示館
  9:00～17:00
  ※入場は閉館1時間前まで
- 休月曜
- 料無料
- 🚌揚州旅游専線、旅游観光バス、25、45、52、58路バス「东关古渡」

古い船着場の東関古渡の近くにある

漢広陵王墓博物館
かんこうりょうおうぼはくぶつかん

汉广陵王墓博物馆　hànguǎnglíng wángmù bówùguǎn

前漢時代の広陵国の王劉胥と、皇后の墓を展示する博物館で、漢陵苑とも呼ばれる。墓は1979年に揚州の北西45kmの高郵市神居山で発見され、展示のため現在の場所に移された。劉胥は漢の武

黄腸題湊の様式で造られた1号墓

帝の4番目の息子で、怪力の持ち主だったという。帝位を望んだが就けず、呪いをかけたとされ紀元前54年に自殺した。

　門を入ると正面の大きな建物の中に、劉胥の墓である1号墓がある。25mの深さに掘られた竪穴石坑墓で、黄腸題湊と呼ばれる秦・漢代特有の様式で造られ、墓室は太い角材を組み並べた壁で覆われている。中からはかつて遺体を覆っていた、金糸で綴った玉衣の破片が発見された。

　50m離れた場所にある2号墓は、1号墓と同様の様式で造られた皇后の墓。車を引く12頭の馬の像も展示されている。

東門城楼（東関歴史文化展示館）
とうもんじょうろう　　とうかんれきしぶんかてんじかん

东门城楼（东关历史文化展示馆）　Dōngménchénglóu (dōngguān lìshǐwénhuà zhǎnshìguǎn)

　東関街の東端にある宋代の城門。内部は博物館になっており、東関街周辺に住んだ著名人や、地域に伝わる伝説など、東関街の歴史と文化に関する展示が行われている。

　2017年10月から東門城楼の上には上れなくなった。城門から見下ろす東関街の光景は名物だったので残念だ。

明清代の町並みが残る東関街を上から眺めることはできなくなった（写真はかつての情景）

竹林がある江南の名園

オススメ度 ★★★ 世界遺産

个園／个园 gèyuán
こえん

両淮塩総（淮南と淮北の塩
総監督官）であった黄至筠
が、1818（清の嘉慶23）年
に建てた邸宅。揚州の明・清
代の私家庭園を代表する典型
的な江南様式の庭園として知
られる。黄至筠が竹を愛した

居宅部分の近くにある「春山」と呼ばれる築山

ため、園内には竹がたくさん植えられていて、その葉が
「个」の字に似ているので个園と呼ばれるようになったとい
う。抱山楼と築山が見事だ。

个園
M P.250-C2、P.251-B2
住 広陵区塩阜東路10号
☎ 87347428
営 4月下旬～10月上旬
　 7:30～17:45
　 10月中旬～4月中旬
　 7:30～17:30
※入場は閉門15分前まで
休 なし
料 3～5月、9～11月＝45元
　 1・2・12月＝30元
交 北門＝揚州旅游専線、旅游
　 観光バス、27路バス「个
　 園」
U www.ge-garden.net

保存状態のいい塩商人の邸宅

オススメ度 ★★★ 世界遺産

汪氏小苑／汪氏小苑 wāngshì xiǎoyuàn
おうししょうえん

高い塀に囲まれた伝統的な住宅。揚州に残る清末から中華
民国初期に活躍した塩商人の住宅のうち、保存状態のよいも
ののひとつとされ、世界遺産に登録されている。

　3000㎡の敷地には、東西3列、南北3列に家屋が並び、
南北の端に庭園が配されてい
る。部屋は全部で100近くあ
り、古びたベッドやテーブ
ル、洗面台などの家具が置か
れている。このほか、厨房や
浴室、財宝を隠した穴なども
見られ、かつての豪商の暮ら
しをうかがえる。

華やかな家具が残る息女の部屋

汪氏小苑
M P.250-C2、P.251-C2
住 広陵区地官弟18号
☎ 87361587、87328869
営 7:15～17:30
※入場は閉門30分前まで
休 なし
料 3～5月、9～11月＝35元
　 6～8月、12～2月＝25元
交 18、26、32、88路バス
　 「瓊花観」

世界遺産の寺院と行宮跡

オススメ度 ★★★ 世界遺産

天寧寺／天宁寺 tiānníngsì
てんねいじ

護城河の北岸に位置する天寧寺は、清代に揚州八大古刹の
一に数えられた由緒ある寺院。創建は東晋時代といわれ、現
在の建物は清の同治年間のもの。北側にある重寧寺（内部非
公開）と合わせて「双寧」とも呼ばれる。

　広い敷地内に天皇殿や大雄宝殿、華厳閣といった大伽藍が
並び立つが、現在は寺院とし
ての機能はなく、各建物内で
は書画や仏教、四庫全書に関
する展示が行われている。

　西隣には乾隆帝の南巡を迎
えるための行宮があったが、
戦火により失われた。

山門殿、天王殿の奥にある大雄宝殿

天寧寺
M P.251-B2
住 邗江区豊楽上街3号
☎ 87370700
営 9:00～17:00
※入場は閉門30分前まで
休 月曜
料 無料
交 揚州旅游専線、旅游観光
　 バス、27、30路バス「史公
　 祠」

盧紹緒宅

Ⓜ P.251-C3
🏠 広陵区康山街22号
☎ 87239626、87926922
（何園）
🕐 9:00～11:00、
14:00～16:30
休 なし　料 15元
🚌 揚州旅游専線、旅游観光
バス、19、66路バス「康山
文化園（何園）」

塩宗廟

Ⓜ P.251-C3
🏠 広陵区康山街20号
☎ なし
🕐 9:00～11:00、
14:00～16:30
休 なし　料 無料
🚌 揚州旅游専線、旅游観光
バス、19、66路バス「康山
文化園（何園）」

痩西湖公園

Ⓜ P.250-B1、P.251-A1～2
🏠 邗江区大虹橋路28号
☎ 87357803
🕐 7:30～17:30
※入場は閉園30分前まで
休 なし
料 1・12月＝30元
2月、6～8月＝60元
3～5月、9～11月＝100元
🚌 北門＝揚州旅游専線、旅
游観光バス、25路バス「観
音山」
南門＝揚州旅游専線、旅
游観光バス、6、17、29、
37、62路バス「痩西湖」
🔗 www.shouxihu.com

ⓘ ▶▶▶ インフォメーション

痩西湖の遊覧船
痩西湖には遊覧船が運航し
ており、全部で5つの船着場
がある。
☎ 87364849
料 南大門～小金山～二十四橋
＝ひとり50元

電動カート
五亭橋～白塔晴雲～二十四
橋～石壁流淙～揚派盆景博
物館～北大門～錦泉花嶼～五
亭橋を結ぶ。
料 20元

揚州双博館

Ⓜ P.250-A2
🏠 邗江区文昌西路418号
☎ 85228018
🕐 9:00～17:00
※入場は閉園1時間前まで
休 月曜　料 無料
🚌 88路バス「双博館」。揚州
旅游専線「双博館南」
🔗 www.yzmuseum.com

塩商人の邸宅と塩の祖師を祀る祠　　オススメ度 ★★★　世界遺産

盧紹緒宅・塩宗廟／
ろ しょうしょたく　えんそうびょう
卢绍绪宅・盐宗庙　lúshàoxùzhái yánzōngmiào

夙沙氏、膠鬲、管仲の像を祀る塩宗廟

盧紹緒宅は1897（清の光緒23）年に建てられた邸宅。130余りの部屋があり、揚州に残る最大の塩商人の住宅とされる。石畳の長い通路に沿って建物が並び、奥には庭園が配されている。公開されている部屋は少ないが、伝統建築を利用したレストランがあり、揚州名物を食べることができる。

隣の塩宗廟は、塩商人の寄付によって1873（清の同治12）年に建てられたもので、曽公祠とも呼ばれる。塩の生産や販売に関する3体の始祖像が祀られ、塩が備えられている。

北方の力強さと南方の秀麗さを併せもつ湖　　オススメ度 ★★★　世界遺産

痩西湖公園／痩西湖公園　shòuxīhú gōngyuán
そうせい こ こうえん

痩西湖という名は、細い西湖という意味。乾隆帝の寵愛を受けるため、杭州の西湖に似せて塩商人が造園した。

大虹橋付近の南大門から入ると、湖沿いに延びる長堤春柳
ちょうていしゅんりゅう
というしだれ柳の美しい道がある。それを北に向かうと小金山

鳧荘から見る五亭橋

が、その西には五亭橋や白塔がある。五亭橋は1757（清の乾隆22）年に造られた5つの亭をもつ珍しい橋で、見逃せない観光スポットだ。園内には電動カートや手こぎ船などの移動手段もあるので有効に活用したい。

広大な敷地をもつ博物館　　オススメ度 ★★★

揚州双博館／揚州双博館　yángzhōu shuāngbóguǎn
ようしゅうそうはくかん

揚州博物館と揚州中国彫版印刷博物館を合併してリニューアルした博物館。敷地は5万㎡に及び、建物はユニークな曲線を採用した現代的なもの。博物館は3つのフロアに分かれ

印象的な形の建物

ており、揚州に関する歴史や文物（玉器や漆器、木版、陶磁器、書画など）、中国の彫版印刷（木版印刷などのこと）や明清時代の書画の展示がある。また企画展も行われている。

ラマダプラザ揚州カーサ／揚州华美达凯莎大酒店 ★★★ ★★
ようしゅう
yángzhōu huáměidá kǎishā dàjiǔdiàn

2010年に開業した11階建てのホテル。古運河のほとりにあり、環境がいい。個園や繁華街に比較的近く、観光に便利。中国料理と西洋料理を出すレストランがひとつずつあるほか、屋内プールやサウナなどの施設も揃っている。

両替　ビジネスセンター　インターネット

Ｍ P.251-C2
住 古運区文昌中路318号
☎ 87800000
Ｆ 87905888
Ｓ 490～590元
Ｔ 490～590元
サ なし
カ ADJMV
Ｕ www.ramadahotels.com.cn

揚州京華維景酒店／扬州京华维景酒店 ★★ ★★
ようしゅうきょうかいけいしゅてん
yángzhōu jīnghuá wéijǐng jiǔdiàn

香港中国旅行社が管理する高級ホテル。日本人の利用も多く、日本の衛星放送も見られる。レストランがふたつある。

両替　ビジネスセンター　インターネット　Ｕ www.hkctshotels.com

Ｍ P.251-A3
住 邗江区文昌中路599号
☎ 87322888
Ｆ 87321888
Ｓ 438元
Ｔ 438元
サ なし
カ ADJMV

揚州賓館／扬州宾馆 ★★★
ようしゅうひんかん
yángzhōu bīnguǎn

史公祠はすぐ隣で、個園も徒歩圏内。ホテルの前を護城河が流れ、市内中心部にありながらも静かで落ち着いた雰囲気がある。

両替　ビジネスセンター　インターネット

Ｍ P.251-B2
住 邗江区豊楽上街5号
☎ 87805888
Ｆ なし
Ｓ 290元
Ｔ 350元
サ なし
カ 不可

揚州人家國際大酒店／扬州人家国际大酒店
ようしゅうじんかこくさいだいしゅてん
yángzhōu rénjiā guójì dàjiǔdiàn

古運河の東にある高級ホテル。レストランやサウナ、マッサージなど、サービスや施設が充実している。何園や汪氏小苑は徒歩圏内。

両替　ビジネスセンター　インターネット

Ｍ P.251-C3
住 広陵区解放南路88号
☎ 87220000
Ｆ 87202788
Ｓ 280～380元
Ｔ 280～380元
サ なし
カ 不可

揚州長楽客桟主題文化酒店／扬州长乐客栈主题文化酒店
ようしゅうちょうらくきゃくさんしゅだいぶんかしゅてん
yángzhōu chánglè kèzhàn zhǔtí wénhuà jiǔdiàn

個園南門の向かいにある保護指定された古い建物で、タイムスリップ気分を味わえる。Ｕ www.yangzhoucentre-residence.com

両替　ビジネスセンター　インターネット

Ｍ P.251-B2
住 広陵区東関街357号
☎ 87993333
Ｆ 87807977
Ｓ 600～700元
Ｔ 550～650元
サ なし
カ MV

和頤-揚州痩西湖東関街和頤酒店／和颐-扬州瘦西湖东关街和颐酒店
わいようしゅうそうせいことうかんがいわいしゅてん
héyí yángzhōu shòuxīhú dōngguānjiē héyí jiǔdiàn

高級タイプの「経済型」チェーンホテル。比較的低料金で、快適に滞在できる。内装も3つ星クラスに匹敵する。

両替　ビジネスセンター　インターネット　Ｕ www.bthhotels.com

Ｍ P.251-B2
住 広陵区汶河北路17号（皇宮広場内）
☎ 87934822
Ｆ 87934833
Ｓ 289～329元
Ｔ 359元
サ なし
カ 不可

富春茶社／富春茶社
ふしゅんちゃしゃ
fùchūn cháshè

揚州には朝、茶楼で肉まんなどを食べる「早茶」の習慣がある。富春茶社は揚州でも一、二を争う人気店。カニ入り小籠包"蟹黄湯包"1セイロ12元、干した豆腐の冷菜"煮干絲"48元などがある。

Ｍ P.251-B3
住 広陵区得勝橋街35号
☎ 87233326
オ 6:30～13:30、15:45～19:30
休 なし
カ 不可

冶春茶社 御碼頭店／冶春茶社 御码头店
やしゅんちゃしゃ ぎょまとうてん
yěchūn cháshè yùmǎtóudiàn

護城河に面して伝統建築が並び建つ早茶の有名店。個人客は「冶春小館」と書かれた建物へ。テーブルの番号札をカウンターへ持っていき、自分でオーダーする。緑茶と肉まんのセットメニューがある。

Ｍ P.251-B2
住 邗江区豊楽上街8号
☎ 87368018
オ 6:45～20:30
休 なし
カ 不可

揚州市中国旅行社／扬州市中国旅行社
ようしゅうしちゅうごくりょこうしゃ
yángzhōushì zhōngguó lǚxíngshè

列車切符の手配は1枚30元、日本語ガイドは1日700元、市内の車チャーター料は1日800元。

Ｕ www.yzcts.com　✉ 2059327899@qq.com

Ｍ P.251-C2
住 広陵区泰州路188号経典商務広場7棟203、204室
☎ 87340524
Ｆ 87343804
オ 8:30～11:30、14:30～17:30
休 土・日曜、祝日
カ 不可

西湖で知られる風光明媚な古都

杭州

こうしゅう

ハンジョウ
杭州 Háng Zhōu　市外局番●0571

季節を問わず西湖の夕暮れは美しい

ウルムチ● ●ハルビン
北京● ●大連
西安● ●成都 ●上海
ラサ● 昆明● ●広州 杭州
●香港

都市DATA

杭州市

人口：703万人
面積：1万6596km²
9区2県級市2県を管轄
杭州市は浙江省の省都

市公安局出入境管理処
(市公安局出入境管理処)

MP.258-C3
個上城区婺江路169号
☎87071973
❹9:00～12:00、13:30～17:00
❻土・日曜、祝日
観光ビザを最長30日間延長
可能。手数料は160元

浙江大学医学院付属第一医院
(浙江大学医学院附属第一医院)

MP.258-C2
個上城区慶春路79号
☎急診＝87236300
❹救急＝24時間　❻なし

ℹ️ ▶▶▶ インフォメーション

杭州旅游集散中心
(杭州旅游集散中心)
Ⓤwww.gotohz.com
　市内に多数ある。下記から
は、烏鎮、西塘、紹興行きツ
アーバスが出ている（前日ま
でに要予約）。

**杭州旅游集散（呉山）旅
游路詢点**
(杭州旅游集散（吴山）旅游
咨询点)

MP.266-C2
個上城区華光路10号
☎87809951
❹8:00～20:00　❻なし

概要と歩き方

　杭州は上海の南西約150kmに位置する、浙江省の省都。悠々と流れる銭塘江のほとりに開けた杭州市は、上城、下城などの8つの区、富陽など3つの県級市、淳安などふたつの県からなる。その中心には2011年に世界遺産に登録された西湖が輝き、白居易や蘇東坡の詩に詠われ、春秋時代の美女西施にもたとえられた麗しい姿で観光客を迎えている。

　町の歴史は、秦の始皇帝がここに銭塘県を設置したのが始まりとされ、2200年以上も前に遡る。杭州という名は589（隋の開皇9）年に初めて用いられ、北京と杭州を結ぶ京杭大運河（2014年に世界遺産に登録）が開通したのを機に、江南の交易の要衝として発展。9～10世紀は呉越国、12～13世紀には南宋の国都となり、13世紀末には90万人の人口を抱えるほどの大都市であったという。元代に杭州を訪れたマルコ・ポーロはその規模と繁栄ぶりに驚嘆し、この町を"地上の楽園"とたたえている。

　杭州の繁華街は西湖の東側一帯。なかでもにぎわいを見せるのが南北に延びる延安路。北端には高級ホテルが集中する武林広場があり、町の中心を貫いて、南端の呉山広場まで続いている。そこから東へはレトロな町並みを再現した清河坊（河坊街）があり、観光客向けのレストランやショップが並ぶ。延安路から西湖の東岸へは徒歩5～10分。湖畔を南北に走る湖濱路から南山路沿いには、レイクビューが売りの高級ホテルが点在する。おしゃれなレストランが集まる西湖天地もここにある。西湖周辺や西湖観光の交通手段は、バスやタクシーのほか、西湖を一周する電動カートや遊覧船、レンタサイクルなどさまざま。うまく組み合わせ効率よく回ろう。

　六和塔や茶の名産地である龍井、梅家塢など、繁華街から離れた場所へは、タクシーかチャーター車がおすすめ。

	1月	2月	3月	4月	5月	6月	7月	8月	9月	10月	11月	12月
平均最高気温(℃)	8.0	9.4	13.7	20.6	25.5	28.6	33.0	32.4	27.5	22.7	16.8	11.1
平均最低気温(℃)	1.5	2.7	6.4	12.1	17.0	21.1	24.9	24.5	20.3	15.0	8.9	3.4
平均気温(℃)	4.3	5.6	9.5	15.8	20.7	24.3	28.4	27.9	23.4	18.3	12.4	6.8

町の気象データ(→P.517)：「預報」＞「浙江」＞「杭州」＞区・市・県から選択

中国国内の移動➡P.667　鉄道時刻表検索➡P.26

✈ 飛行機

市区の東約30kmに位置する杭州蕭山国際空港(HGH)を利用する。日中間運航便が5路線あり、国内線は主要都市との間に運航便がある。

【国際線】成田(7便)、関西(11便)、札幌(2便)、静岡(4便)、沖縄(4便)。

【国内線】北京、広州、深圳、西安、成都など主要都市との間に運航便がある。

【所要時間(目安)】北京首都(PEK)／2時間30分　広州(CAN)／2時間25分　深圳(SZX)／2時間15分　西安(XIY)／2時間　成都(CTU)／3時間　香港(HKG)／2時間15分

🚆 鉄道

通常旅行者が利用するのは杭州駅と杭州東駅。在来線は杭州駅発着で、高速鉄道は一部を除き大半が杭州東駅発着。両駅間は地下鉄1号線で8分(待ち時間など含みます)。

【所要時間(目安)】【杭州東(hzd)】紹興北(sxb)／高鉄：18分　紹興(sx)／特快：41分　上海虹橋(shhq)／高鉄：45分　寧波(nb)／高鉄：49分　南京南(njn)／高鉄：1時間2分　【杭州(hz)】紹興(sx)／快速：54分　南京南(njn)／高鉄：1時間48分

🚌 バス

市内には4つの主要バスターミナルがあるが、黄山以外との移動には鉄道利用のほうが便利。

【所要時間(目安)】上海／2時間30分　紹興／1時間　寧波／2時間　蘇州／2時間30分

Data

✈ 飛行機

● 杭州蕭山国際空港 (杭州蕭山国際机場)
M 地図外 (P.258-C3右下)　住 蕭山区迎賓大道
☎ 統一電話＝96299　✈ 始発便～最終便
休 なし　カ 不可　U www.hzairport.com
[移動手段] エアポートバス (空港～武林門符売り場)／20元、所要1時間が目安　空港→市内＝7:30～最終便の間5～30分に1便　市内→空港＝5:00～21:00の間15～30分に1便　タクシー(空港～西湖六公園)／120元、所要50分が目安
　航空券売り場では3ヵ月以内の航空券を販売。エアポートバスは蘇州や紹興などとを結ぶ路線もある。

● 民航航空券売り場 (民航售票処)
M P.266-C1
住 上城区郵電路23号浙江長城資産大楼7階704号
☎ 87831597、87033645
✈ 8:00～18:00　休 なし　カ 不可
[移動手段] タクシー(航空券売り場～西湖六公園)／11元、所要9分が目安　地下鉄／1号線「龙翔桥」

● 全日空杭州支店 (全日空杭州支店)
M P.258-C2　住 下城区建国北路289号ホリデイ・イン杭州2階　☎ 85271180
✈ 9:00～12:00、13:00～17:00
休 土・日曜、祝日　カ ADJMV
[移動手段] タクシー(全日空杭州支店～西湖六公園)／15元、所要15分が目安　地下鉄／2号線「建国北路」

🚆 鉄道

● 杭州東駅 (杭州火車东站)
M P.258-C2　住 江干区全福橋路2号
☎ 共通電話＝12306
✈ 24時間　休 なし　カ 不可
[移動手段] タクシー(杭州東駅～西湖六公園)／35元、所要30分が目安　地下鉄／1、4号線「火車东站」
　3日以内の切符を販売。

● 杭州駅 (杭州火車站)
M P.258-C3　住 上城区站站広場8号1-3階
☎ 共通電話＝12306
✈ 24時間　休 なし　カ 不可
[移動手段] タクシー(杭州駅～西湖六公園)／15元、所要20分が目安　地下鉄／1号線「城站」
　3日以内の切符を販売。

● 武林門切符売り場 (武林門售票処)
M P.258-B2　住 下城区武林路427号　☎ なし
✈ 8:00～11:30、12:00～20:00　休 なし　カ 不可
[移動手段] タクシー(武林門切符売り場～西湖六公園)／11元、所要9分が目安　地下鉄／1号線「武林广场」、2号線「武林門」
　28日以内の切符を販売。手数料は1枚5元。エアポートバスの発着地点でもある。

● 浣紗路切符売り場 (浣紗路售票処)
M P.266-C1　住 上城区浣沙路147号　☎ なし
✈ 8:00～20:00　休 なし　カ 不可
[移動手段] タクシー(~~切符売り場~~切符売り場～西湖六公園)／11元、所要9分が目安　地下鉄／1号線「龙翔桥」
　28日以内の切符を販売。手数料は1枚5元。

CLOSED

🚌 バス

● 杭州長距離バス統一インフォメーション
☎ 86046666

● 杭州バスセンター (杭州客運中心站)
M 地図外(P.258-C1右)
住 江干区徳勝東路3339号　☎ 87650679
✈ 6:00～19:30　休 なし　カ 不可
[移動手段] タクシー(杭州バスセンター～西湖六公園)／60元、所要40分が目安　地下鉄／1号線、1号支線「客運中心」
　10日以内の切符を販売。烏鎮(7:00～18:20の間32便)、紹興(7:20～19:10の間25便)、蘇州(14便)、上海(上海南バスターミナル:12便)など。

● 西バスターミナル (汽車客運西站)
M P.258-A2　住 西湖区天目山路357号
☎ 85222237　✈ 5:45～19:00　休 なし　カ 不可

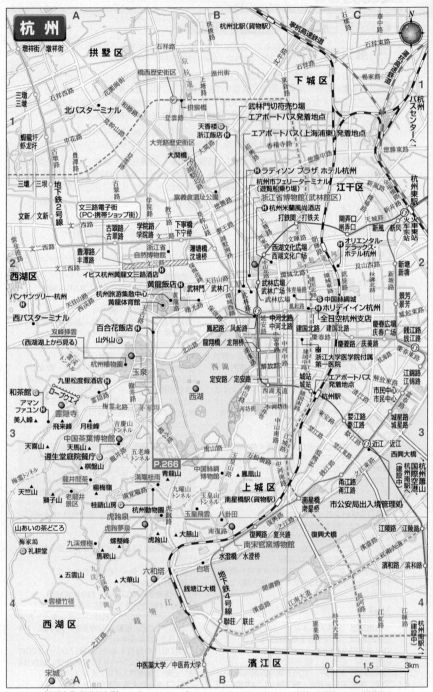

杭州

[移動手段] **タクシー**（西バスターミナル〜西湖六公園）／30元、所要30分が目安　**路線バス**／BRT4、49、102、179路「汽车西站」
　10日以内の切符を販売。屯渓（6:50〜18:20の間13便）、黄山風景区（8:00〜17:45の間6便）など。

● **北バスターミナル**（汽车客运北站）
M P258-A1　**住** 拱墅区莫干山路766号
☎ 88097761　**オ** 6:00〜19:00　**休** なし　**カ** 不可
[移動手段] **タクシー**（北バスターミナル〜西湖六公園）／35元、所要30分が目安　**路線バス**／15、48、67、76、91、131、516路「汽车北站」
　10日以内の切符を販売。

見どころ

2011年に世界遺産に登録された杭州の名勝　**オススメ度** ★★★　世界遺産

西湖／西湖　xīhú
せいこ

1〜2日

　周囲約15km、面積5.6k㎡の風光明媚な西湖は、杭州きっての観光名所。中国十大風景名勝のひとつにも数えられ、「西湖十景」に代表される絶景スポットが点在する。その美しさは、古くから多くの詩や絵に表現され、詩人蘇東坡が春秋時代の美女西施にたとえたことが西湖の名の由来ともなっている。2011年世界文化遺産に登録された。

三潭印月／三潭印月　sāntán yìnyuè
さんたんいんげつ

　湖底の泥で造られた、西湖に浮かぶ島。西湖遊覧の船に乗ると必ずここを巡る。島にはたくさんの池があり、それを九曲橋で結んでいる。島の南には3本の石灯籠が立っており、中秋の名月にはここに火がともされる（1元札の裏面にここ

---

i ▶▶ インフォメーション

西湖の乗り物

西湖の電動遊覧船（西湖游船公司的电动游览船）
☎ 87968995　**オ** 3〜10月7:30〜17:00　11〜2月8:00〜16:00
割 普通＝55元　空調付き＝70元
※小瀛洲（三潭印月）入場料20元を含む

手こぎボート（4〜5人乗り）（包租手划船）
割 こぎ手付き＝1時間150元、ボートのみ＝1時間30元、その後30分ごとに15元加算。デポジット（保証金）として300元が必要。必ずひとりは中国人を含むこと。なお、湖上の島に上陸するときは、入場料を自分で支払うこと。小瀛洲（＝潭印月）＝20元、湖心亭＝無料

西湖観光電動カート（西湖观光电瓶观光车）
　西湖の周囲を走る電気自動車があり、1周を4つの区間に分けて料金を設定している。乗車時は手を挙げて車を停める（空席のあるとき）。降車は指定箇所のみ。
☎ 環ند観光游览有限公司＝87987784　営業部＝87972452
オ 3〜10月8:30〜17:30
※最終バスは17:00発　11〜2月9:00〜16:30
※最終バスは16:00発（7・8月と10月上旬は18:30発）
割 1区間各10元、4区間通し券40元（レトロ仕様は倍）
※1駅での区間をまたぐと20元となる
※4区間は次のとおり。少年宮（断橋）〜涌金門、涌金門〜雷峰塔、雷峰塔〜岳王廟、岳王廟〜少年宮（断橋）。全行程所要1時間10分が目安

市内交通

【地下鉄】 2018年7月現在、3路線が開業。詳しくは公式ウェブサイトで確認を
杭州地鉄
路線図→P.676
U www.hzmetro.com
【路線バス】 運行時間の目安は5:30〜22:00、2〜5元
【タクシー】 初乗り3km未満11元、3km以上1kmごと（および待ち時間4分ごと）に2.5元加算
【レンタサイクル】 杭州では観光地付近に多数乗降ポイントが開設されている。料金は1時間以内が無料、2時間以内が2元、3時間以内が3元。それ以上は1時間3元で計算。支払いは杭州の交通系ICカード「杭州通」を利用する
自転車ホットライン
☎ 85331122
杭州通
☎ 96225
→P.261インフォメーション

西湖
M P.266
住 西湖景区
U www.hzwestlake.gov.cn

三潭印月（小瀛洲）
M P.266-A2〜B3
住 西湖小瀛洲（湖中心）
☎ 87980020
オ 3月15日〜11月15日
　7:30〜18:30
　11月16日〜3月14日
　8:00〜16:30
※船で渡るので、船の運航時間を目安に
※乗船地点は岳王埠頭、花港観魚埠頭、孤山中山公園埠頭、湖濱埠頭の4ヵ所
休 なし　小瀛洲＝20元
※遊覧船の料金に含まれる場合が多い
交 遊覧船で湖畔から所要10分が目安

が描かれている）。

また三潭印月の名は、月が出ている夜に船から湖面に映る月を見ると、月が3つに分かれて見えるという話に由来している。

雷峰夕照／雷峰夕照　léifēng xīzhào
らいほうせきしょう

オリジナルの塔の跡に復元された雷峰塔

雷峰塔が創建されたのは977（北宋の太平興国2）年。呉越王銭弘俶と黄妃の間に男子を授かったことを祝い建てられた。塔は1924年に倒壊、現在見られるのは2002年に復元されたもの。塔の頂上に上れば、約70mの高さから西湖を一望することができる。「雷峰夕照」とは、雷峰塔に夕日が重なったときに見せる、輝くような美しさから名づけられた。

曲院風荷／曲院风荷　qūyuàn fēnghé
きょくいんふうか

岳王廟の南側に位置するハスの花を観賞する名所。宋代に酒を造る風荷御酒坊があり、ここからハスの香りが漂ったのでこの名がついた。広い公園の一角には2003年に開館した、往時の酒文化を紹介する博物館がある。

蘇堤春暁／苏堤春晓　sūdī chūnxiǎo
そていしゅんぎょう

南北2.8kmの堤防。北宋の詩人、蘇東坡が知事だった1090（北宋の元祐5）年に、20万人の人々を使って築いたもの。彼の名を取り蘇堤と呼ばれる。6つの橋が架かる蘇堤は四季美しいが、春霞かかる朝、しだれ柳の枝でウグイスが鳴く様子から「蘇堤春暁」という名がつけられたという。

平湖秋月／平湖秋月　pínghú qiūyuè
へいこしゅうげつ

白堤の西端、孤山の南側の庭園の中にある平月台は、湖面を望むように立っている。湖面と同じ高さに造られたので、平湖というが、ここからの眺めはすばらしく、特に満月の夜に月が湖面に浮かぶ光景が有名。

柳浪聞鶯／柳浪闻莺　liǔlàng wényīng
りゅうろうぶんおう

20万㎡の広さをもつ、西湖の東岸にある公園。湖面に揺れる柳と、枝でさえずるウグイスの声が情緒的な風情を醸すことから「柳浪聞鶯」と呼ばれる。春から夏にかけての緑が美しい。

双峰挿雲／双峰插云　shuāngfēng chāyún
そうほうそううん

西湖の西岸には南高峰（256m）と北高峰（355m）という緑豊かなふたつの山があり、これを双峰と呼ぶ。「双峰挿雲」とは、それらの峰を湖上に浮かべた船から眺めた風景のこと。なお、山がある洪春橋のほとりには「双峰挿雲」の碑が立っているだけで、山を見ることはできない。山を眺めるなら湖上の船に乗ろう。

花港観魚／花港观鱼 huagǎng guānyú
かこうかんぎょ

蘇堤の南端部分にあり、舞い泳ぐ色鮮やかなコイとボタンなどの花々を観賞できる広大な公園。昔、背後にある花家山から流れ出る清流が、ここを通り西湖に達したため「花港」と呼ばれるようになった。

池には多数の金魚が泳ぐ

花港観魚（花港公園）
[M]P.266-A3
[住]西湖区楊公堤
☎87963033（園林管理処）
[オ]24時間 [休]なし [料]無料
[交]西門＝Y2、51、52、318路バス「浴鹄湾」
南門＝Y2、Y10、4、51、52、87路バス「苏堤」

奇石を使う造園が中国らしい

断橋残雪／断桥残雪 duànqiáo cánxuě
だんきょうざんせつ

断橋と白堤

白堤の北端に架かる橋で、雪見の名所として知られる場所。積雪のあと、橋の中央から雪が溶け始めるときに、橋が中央で折れているように見えることから、その風景はいつしか「断橋残雪」と名づけられ、「西湖十景」を代表する景勝地となった。中国の有名な民話『白蛇伝』の中で、主人公の白素貞（白娘子）と許仙が巡り会い、後に再会した場所としても知られる。橋の東端には、西湖を気に入り何度も杭州を訪れた、清の第4代皇帝康熙帝（こうきてい）の題字による碑亭が立つ。

断橋残雪
[M]P.266-B1
[住]西湖区西湖白堤断橋
[オ]24時間
[休]なし
[料]無料
[交]7、27、51、52路バス「断桥」

断橋残雪の石碑

南屏晩鐘／南屏晚钟 nánpíng wǎnzhōng
なんへいばんしょう

南屏山麓にある954（後周の顕徳元）年創建の浄慈禅寺。日本曹洞宗（そうとうしゅう）の開祖である道元（どうげん）（未詳〜1253年）が修行した寺でもある。ここの鐘の音を耳に眺める夕景は、南屏晩鐘として「西湖十景」のひとつに数えられている。

南屏晩鐘（浄慈禅寺）
[M]P.266-B3
[住]西湖区南山路56号
☎87995600
[オ]8:00〜17:00
※鐘楼は15:30まで
[休]なし
[料]10元
※鐘突きは1回のみ10元
[交]Y2、Y10、4、51、87路バス「净寺」

浄慈禅寺の鐘楼

[i] インフォメーション

「杭州通」

「杭州通」は市民卡営業庁や地下鉄駅の窓口で入手できる。レンタサイクルのほか、バスや地下鉄でも利用できるので、持っていると便利。

発行手数料は不要だが、デポジット（保証金）として200元のチャージが必要。これに利用金額を合わせて窓口に支払う。なお、デポジットは使用できないので、残額には注意が必要。

解約は窓口に「杭州通」を出すだけ。残額（デポジット200元を含む）の10%を手数料として差し引いた金額が戻ってくる。

市民卡営業庁
[M]P.266-C2
[住]上城区安定路25号 [オ]8:00〜17:00 fなし

白堤

M P.266-B1
住 西湖区西湖
オ 24時間　**料** 無料
交 7、27、51、52路バス「断橋」

西泠印社

M P.266-A1～2
住 西湖区孤山路31号
☎ 4008881904
オ 9:00～17:00
※入場は閉館30分前まで
休 なし　**料** 無料
交 Y10路バス「浙江博物館」。
　7、27、51、52路バス「岳
　庙」。孤山路沿いに徒歩10
　分
U www.xlys1904.com

印影の展示

浙江省博物館

M 孤山館区＝P.266-A2
　武林館区＝P.258-B2
住 孤山館区＝西湖区孤山路
　25号、武林館区＝下城区西
　湖文化広場E区
☎ 孤山館区＝87980281
　武林館区＝85391628
オ 9:00～17:00
※入場は閉館30分前まで
休 月曜　**料** 無料
交 孤山館区：
　Y10路バス「浙江博物館」。
　7、27、51、52路バス「岳
　庙」。徒歩15分
　武林館区：
　①地下鉄1号線「西湖文化
　広场」。徒歩10分
　②55、56、76、516路 バ
　ス「中北桥南」。徒歩10分
U www.zhejiangmuseum.
　com

岳王廟

M P.266-A1
住 西湖区北山路80号
☎ 87986653
オ 7:30～18:00　**休** なし
料 25元
交 7、27、51、52路バス「岳庙」

土下座の秦檜と王氏。今もな
お辱めを受けている

西湖最古の堤

オススメ度 ★★★

白堤／白堤　báidī
はくてい

　西湖の北に築かれた全長
約1kmの西湖最古の堤。唐
の詩人、白居易（白楽天）
により建設されたので「白
堤」と呼ばれる。『白蛇伝』
の白素貞と許仙が出会った北
端の石橋は、西湖十景のひとつ。白堤と北山路に囲まれた部分
を北里湖と呼んでいる。

並木道の白堤は散歩道として人気

庭園から眺める西湖は格別

オススメ度 ★★★

西泠印社／西泠印社　xīlíng yìnshè
せいれいいんしゃ

独特の形の入口

　中山公園にあり、江南様式の庭園に点
在する金石篆刻の研究施設。1904年に
葉為銘、丁仁などの研究家によって設立
された学術団体で、金石篆刻、書道、中
国画などの分野で人材を輩出している。
敷地内には印学博物館（無料）もある。

7000年の文化を知る

オススメ度 ★★★

浙江省博物館／浙江省博物館　zhèjiāngshěng bówùguǎn
せっこうしょうはくぶつかん

西湖に近い孤山館区

　10万点にも上る収蔵品を見学
しながら、浙江省の歴史や文化を
学べる博物館。手狭になったた
め、孤山館区と武林館区のふたつ
に分かれている。河渡姆遺跡や良
渚遺跡から発掘された文物や、清
代に編纂された四庫全書を所蔵する文瀾閣は見逃せない。

漢族の名将岳飛が眠る墓陵

オススメ度 ★★★

岳王廟／岳王庙　yuèwángmiào
がくおうびょう

　1221（南宋の嘉定14）年に創建された北宋の名将岳飛
を祀る墓陵。岳飛は女真族の金によって奪われた江南の地を
奪回しようとしたが、投降した秦
檜の陰謀に遭い、無実の罪で投獄
され、志半ばにして毒殺された。
後に冤罪が晴れ、国民的英雄とし
てここに祀られた。敷地内には、
岳飛と彼の息子の墓石がある。

岳飛の墓

名水が湧く
オススメ度 ★★★

玉泉／玉泉　yùquán
ぎょくせん

　虎跑泉、龍井泉とともに西湖三大名泉のひとつ。かつてここは寺院だったが、今では植物園として整備され、江南様式の庭園を備えた憩いのスポット。北門から徒歩5分ほどの所に巨大なコイが泳ぐ魚楽園があり、隣の茶館では玉泉で入れたお茶を味わえる。

玉泉の茶館

中国禅宗十刹のひとつ
オススメ度 ★★★

霊隠寺／灵隐寺　língyǐnsì
れいいんじ

　インドの僧慧理により326（東晋の咸和元）年に創建された中国禅宗十刹のひとつ。周囲の山々を見た慧理が、深山に隠れすむ仙霊の存在を感じたことからこの名がつけられたという。全盛期の五代十国時代末期には3281人もの修行僧を有する大寺院だった。中国最大の木造座像、金色釈迦尊像や世界最大の銅製御殿もあり、岩山の飛来峰岩壁に彫られた338体の石仏も必見。現在の寺院は19世紀初頭のもので、1953年と1974年の2度修復されている。

飛来石景区の磨崖仏

石塔もある

最上階から江南を望む
オススメ度 ★★★

六和塔／六和塔　liùhétǎ
りくわとう

　銭塘江の北岸にそびえ立つ八角7層、高さ約60mの塔。海水の逆流現象による銭塘江の氾濫を鎮めるため呉越王銭弘俶の命により970（北宋の開宝3）年に建設されたが、当時の塔は北宋末期に破壊され、現存する塔は1165（南宋の乾道元）年に再建されている。塔は一見、八角13層だが、内部は7層という不思議な造り。

外見上は八角13層の六和塔

玉泉
MP.258-A3
🏠西湖区桃源嶺1号杭州植物園内
☎87961904
🕐7:00〜17:30
休なし
💰玉泉＝無料
　杭州植物園＝10元
🚌7、15、27、28、87、103路バス「植物園」、徒歩8分
🌐www.hzbg.cn

霊隠寺
MP.258-A3
🏠西湖区霊隠路法雲弄1号
☎霊隠寺＝87968665
　飛来峰景区＝87973280
🕐7:30〜17:00
※入場は閉門30分前まで
休なし
💰飛来峰＝45元
　霊隠寺＝30元
※霊隠寺に行くには、まず飛来峰景区に入場しなければならないので、実質の入場料は75元
🚌Y2、7路バス「霊隠」
🌐www.lingyinsi.com

霊隠寺の大雄宝殿（本殿）

ℹ️ ▶▶▶ インフォメーション

中国禅宗十刹
　霊隠寺（杭州）、万寿寺（湖州）、龍翔寺（温州）、宝林寺（金華）、雪竇寺（奉化）、国清寺（天台）、崇経寺（福州）、雲谷寺（南京）、北塔報恩寺（蘇州）、雲岩寺（蘇州）。

北高峰ロープウエイ
🕐8:30〜16:30　休なし
💰上り＝3元、下り＝20元、往復＝40元

六和塔
MP.258-B4
🏠西湖区之江路16号
☎86591401
🕐4〜10月6:30〜18:00
　11〜3月6:30〜17:30
休なし
💰20元
※塔に上る場合は別途10元
🚌4、318、334路バス「六和塔」

宋城
M P.258-A4
住 西湖区之江大道148号
☎ 87099989
オ 3～11月9:00～21:00
12～2月10:00～21:00
※宋城千古情14:00、19:20
開演（約1時間）。週末や春
節などの伝統的記念日は追
加上演もある
休 なし
割 310元、320元、580元
交 4、318路バス「宋城」、103、
324路バス「感応桥北（宋
城）」
U www.songcn.com

中国茶葉博物館
M P.258-A3
住 西湖区龍井路88号双峰
☎ 87964221
オ 5月1日～10月7日
9:00～17:00
10月8日～4月30日
8:30～16:30
※入場は閉館15分前まで
休 月曜
割 無料
交 27、87路バス「双峰」
U www.teamuseum.cn

虎跑泉(虎跑公園)
M P.258-A4
住 西湖区虎跑路39号
☎ 87981900
オ 4～10月6:00～18:00
11～3月6:00～17:30
休 なし
割 15元
交 4、197、318、334路バス
「虎跑」

宋の時代のテーマパークを訪れる　　オススメ度 ★★★

宋城／宋城　sòngchéng
そうじょう

宋代の町並みを再現した
テーマパーク。スタッフは
職人役や庶民役など当時の
衣装をまとっている。音楽
舞踊『宋城千古情』の上演時
間に合わせて行ったほうが
よい。

『宋城千古情』の一場面

中国茶葉の国内唯一の専門博物館　　オススメ度 ★★★

中国茶葉博物館／
ちゅうごくちゃようはくぶつかん

中国茶叶博物馆　zhōngguó cháyè bówùguǎn

四方を茶畑で囲まれ
た、中国唯一の茶葉に
関する国立博物館。博
物館は茶史、茶萃、茶
事、茶具、茶俗、友誼
の6つのテーマごとに
展示室が設けられてい
る。館内には体験茶館
や売店も併設。

茶の飲み分けを競う「闘茶」の模様を再現

名茶を味わえる杭州有数の名泉　　オススメ度 ★★★

虎跑泉／虎跑泉　hǔpǎoquán
こ　ほうせん

819（唐の元和14）年に創建された禅寺、虎跑寺の敷地
内に湧いており、鎮江の中冷泉、無錫の恵泉に次ぐ天下第三
泉と称される名泉。もともと水の乏しかったこの一帯に、仙
人が2頭のトラを遣わして泉を掘らせたという伝説からこの
名がついたという。敷地内にはいくつかの茶館があるので、
ミネラル豊富な名水で入れた龍井茶を試してみよう。その味
は格別で、「西湖の双璧」とたたえられるほど。敷地内には
性空禅師が建てた虎跑寺の旧跡もある。西湖新十景のひとつ
「虎跑夢泉」とも呼ばれる。

意外に小さな虎跑泉

周辺には水を汲む人が集まる

登り窯の跡が残る

オススメ度 ★★★

南宋官窯博物館／
なんそうかんようはくぶつかん

南宋官窑博物馆　nánsòng guānyáo bówùguǎn

　宮廷で使う青磁などを制作していた官窯と呼ばれる窯の跡と作業場が出土状態のまま保存され、別棟の展示室では南宋時代の陶磁器制作のあらましや、陶磁器の名品を見ることができる。陶磁器に興味がある人向き。

杭州一ハイソでおしゃれなエリア

オススメ度 ★★☆

西湖天地／西湖天地　xīhú tiāndì
せい こ てん ち

　自然との共生をテーマに開発されたおしゃれスポット。西湖の東湖畔に面した敷地に散策路や石橋が設けられ、まるで庭園のよう。その中に流行の最先端を行くしゃれたレストランやバー、ショップなどがある。どの店も緑に包まれた瀟洒な邸宅風。遅くまで営業する店も多い。

杭州「西湖十景」以外の見どころ

オススメ度 ★★★

西湖新十景／西湖新十景　xīhú xīnshíjǐng
せい こ しん じっ けい

　「西湖十景」のほかにも、西湖周辺には古くから知られる景勝地がたくさんある。そこで選ばれたのが「西湖新十景」。山あり、お茶あり、寺廟あり、と西湖の自然と文化を堪能できる名所ばかりだが、多くは町の中心部から離れており、1日で回るのは難しい。いくつか選んで訪れよう。

宝石流霞／宝石流霞　bǎoshí liúxiá
ほう せき りゅう か

　西湖北岸には標高約200mの宝石山がある。その岩石が酸化鉄を含み、光を受けると山肌が宝石のように輝くことから「宝石流霞」と命名された。山頂には1933年に再建された高さ45.3m、六角7層の保俶塔が立つ。湖畔から眺める宝石山と保俶塔は風情満点。山頂からは西湖を見渡せる。

龍井問茶／龙井问茶　lóngjǐng wènchá
りゅうせいもんちゃ
ロンジン

　龍井は風篁嶺に位置する山あいの村。昔から水が豊富だったため龍井（龍の住処）と名がついた。龍井泉から湧き出る水は、西湖三大名泉のひとつである。ここで採れる銘茶の龍井茶をこの名水で入れ、緑豊かな環境のなかで楽しめる贅沢な場所であることから、龍井問茶という名所となった。

　西湖新十景の残る8ヵ所は下記のとおり。
黄龍吐翠（**MP.266-A1**）、阮墩環碧（**MP.266-A2**）
呉山天風（**MP.266-C3**）、玉皇飛雲（**MP.258-B3**）
虎跑夢泉（**MP.258-A4**）、満隴桂雨（**MP.258-B3**）
九渓煙樹（**MP.258-A4**）、雲棲竹径（**MP.258-A4**）

南宋官窯博物館
M P.258-B4
住上城区南復路60号
☎86083990
時8:30〜16:30
※入場は閉館30分前まで
休月曜
料無料
交42、87、133路バス「施家山」
U www.ssikiln.com

見事な作品を見られる

西湖天地
M P.266-C2
住上城区南山路147号
☎87026161
時店により異なる
休店により異なる
交①地下鉄1号線「定安路」、徒歩15分
　②42、51、102、133路バス「涌金門」
U www.hzxhtd.com

宝石流霞
M P.266-B1
住西湖区宝石山
時24時間
休なし
料無料
交7、51路バス「断橋」。徒歩3分の登山口（両岸咖啡断橋店の横）から登る

宝石流霞の山頂に立つ保俶塔

龍井問茶
M P.258-A3
住西湖区龍井村龍井路1号
時24時間
休なし
料無料
交27、87路バス「龙井茶室」

中国茶文化に触れてみたい

ホテル

ハイアット リージェンシー 杭州／杭州凱悦酒店
hángzhōu kǎiyuè jiǔdiàn ★★★ ★★

西湖を一望できるプールやフィットネスセンターがあるほか、太極拳やヨガのプログラムを用意するなど、リゾート的な要素も満たされている。モダンなインテリアの杭州料理を中心としたレストラン「湖濱28」も好評。

両替　ビジネスセンター　インターネット

Ⓜ P.266-C1
住 上城区湖濱路28号
☎ 87791234
ＦＡＸ 87791818
Ⓢ 1400〜1850元
Ⓣ 1400〜1850元
サ 15%
カ ADJMV
Ⓤ www.hangzhou.regency.hyatt.com

シャングリ・ラ ホテル 杭州／杭州香格里拉飯店
hángzhōu xiānggélǐlā fàndiàn ★★★ ★★

西湖の北側湖畔に立ち、浙江省の中で最も有名で歴史あるホテル。建物は東楼と西楼のふたつに分かれ、どちらも随所に中国風の細工を施したインテリア。予約の際はぜひレイクビューの部屋をリクエストしよう。

両替　ビジネスセンター　インターネット

Ⓜ P.266-A1
住 西湖区北山路78号
☎ 87977951
ＦＡＸ 87073545
Ⓢ 1020〜1420元
Ⓣ 1020〜1420元
サ 10%＋6%
カ ADJMV
Ⓤ www.shangri-la.com/jp

● 見どころ（西湖十景、西湖新十景）　Ⓖ グルメ　Ⓢ ショップ　Ⓐ アミューズメント　Ⓣ 旅行会社　Ⓗ ホテル　■ 繁華街
―○― 地下鉄1号線　---- 地下鉄（建設中）

ソフィテル杭州ウェストレーク／杭州索菲特西湖大酒店 ★★★ ★★
こうしゅう hángzhōu suǒfēitè xīhú dàjiǔdiàn

西湖天地が目の前という抜群のロケーション。部屋を彩るのは、南宋時代の杭州を描いた木彫りのレリーフ。24時間日本語対応可。

両替　ビジネスセンター　インターネット　U www.accorhotels.com

M P.266-C2
住 上城区西湖大道333号
☎ 87075858　FAX 87078383
S 940～1040元
T 940～1040元
サ 10％＋6％　カ ADJMV

黄龍飯店／黄龙饭店 ★★★ ★★
こうりゅうはんてん huánglóng fàndiàn

宝石流霞や観光バスの発着する杭州旅游集散中心にも近いホテル。建物は中国庭園様式で、客室もゆったりしている。

両替　ビジネスセンター　インターネット　U www.dragon-hotel.com

M P.258-B2
住 西湖区曙光路120号
☎ 87998833　FAX 87998090
S 1258～1458元
T 1258～1458元
サ なし　カ ADJMV

杭州維景国際大酒店／杭州维景国际大酒店 ★★★ ★★
こうしゅういけいこくさいだいしゅてん hángzhōu wéijǐng guójì dàjiǔdiàn

繁華街の中山中路と平海路の交差点に位置する5つ星ホテル。英語表記はメトロパークホテル。

両替　ビジネスセンター　インターネット

M P.266-C1
住 上城区平海路2号
☎ 87088088　FAX 87081588
S 680～840元
T 680～840元
サ なし　カ ADJMV

ホリデイ・イン杭州／杭州国际假日酒店 ★★ ★★
こうしゅう hángzhōu guójì jiàrì jiǔdiàn

CLOSED

杭州のビジネス中心地の大通り沿いに位置する中級ホテル。館内施設が充実し、ビジネス客にも評判がいい。ビジネスセンターでは列車手配も可能。週末割引あり。2階には全日空の杭州支店もある。

両替　ビジネスセンター　インターネット

M P.258-C2
住 下城区建国北路289号
☎ 85271188
FAX 85271199
S 493～633元
T 493～633元
サ なし
カ ADJMV
U www.ihg.com

杭州友好飯店／杭州友好饭店 ★★ ★★
こうしゅうゆうこうはんてん hángzhōu yǒuhǎo fàndiàn

18階には日本料理のレストランも併設されている。部屋はゆったり広めでくつろげる。西湖へも徒歩圏内という便利な立地。

両替　ビジネスセンター　インターネット　U www.friendship-hotel.com

M P.266-C1
住 上城区平海路53号
☎ 87077888　FAX 87073842
S 600～800元
T 600～800元
サ なし　カ ADJMV

百合花飯店／百合花饭店 ★★★
ゆりこうか はんてん bǎigéhuā fàndiàn

玉泉や黄龍吐翠、岳王廟など見どころが多い西湖の北西部に立つ。繁華街から離れているため静かに過ごせる。

CLOSED

両替　ビジネスセンター　インターネット　U www.lilyhotel.com

M P.266-A1
住 西湖区曙光路156号
☎ 87991188　FAX 87991166
S 600～650元
T 400～450元
サ なし　カ ADJMV

杭州君亭湖濱酒店／杭州君亭湖滨酒店
こうしゅうくんていこひんしゅてん hángzhōu jūntíng húbīn jiǔdiàn

町の中心にあり、ショッピングにも便利。西湖まで徒歩10分という立地。

CLOSED

両替　ビジネスセンター　インターネット　U www.ssawhotels.com

M P.266-C2
住 上城区解放路221号
☎ 28033666
FAX 28033810
S 320元　T 380元
カ ADJMV

錦江之星 杭州湖濱酒店／锦江之星 杭州湖滨酒店
きんこうしせい こうしゅうこひんしゅてん jǐnjiāngzhīxīng hángzhōu húbīn jiǔdiàn

「経済型」チェーンホテル。繁華街や観光地にも近くアクセスの便はよい。

両替　ビジネスセンター　インターネット　U www.jinjianginns.com

M P.266-C2
住 上城区国货路11号
☎ 87088888　FAX 87088988
S 259～309元
T 309～329元
サ なし　カ 不可

如家精選 杭州西湖吳山広場河坊街店／如家精选 杭州西湖吴山广场河坊街店
じょかせいせん こうしゅうせいこごさんひろば かぼうがいてん rújiā jīngxuǎn hángzhōu xīhú wúshān guǎngchǎng héfāngjiēdiàn

「経済型」チェーンホテル。繁華街のひとつ河坊街や観光地にも近くアクセスの便はよいが、そのぶん料金は高め。

両替　ビジネスセンター　インターネット　U www.bthhotels.com

M P.266-C2
住 上城区華光路1号
☎ 87817288　FAX なし
S 299～399元
T 349～399元
サ なし　カ 不可

楼外楼／楼外楼
ろうがいろう　lóuwàilóu

西湖畔に店を構えて約160年の杭州料理の老舗。中国風豚の角煮"东坡肉"や、エビを龍井茶葉で炒めた茶の風味が広がる"龙井虾仁"などの名物料理が食べられる。西湖を見渡せる眺めのよい窓際は人気が高いので、要予約。

Ⓜ P.266-A2
🏠 西湖区孤山路30号
☎ 87969023
🕐 10:30〜14:30、16:30〜20:15
休 なし
カ ADJMV
Ⓤ www.louwailou.com.cn

知味観味荘／知味观味庄
ちみかんみそう　zhīwèiguān wèizhuāng

杭州伝統料理のレストラン、知味観の支店だが、他店とは異なり高級路線。西湖を望める楊公堤にあり、天気のよい日は緑豊かな屋外の庭でも食事を楽しめる。メニューは本店とほぼ同様。"西湖醋鱼"（西湖産草魚の甘酢あんかけ）や、"金牌扣肉"（豚の角煮）などが有名。

Ⓜ P.266-A3
🏠 西湖区楊公堤10号
☎ 87971913
🕐 10:30〜14:00、16:30〜20:00
休 なし
カ MV
Ⓤ www.zwgfood.com

外婆家 湖濱店／外婆家 湖滨店
かいはか こひんてん　wàipójiā húbīndiàn

杭州が本拠の中国版ファミレスともいえる形態のチェーンレストラン。扱う料理は江南風の中国料理を現代風にアレンジしたもので、安さとおいしさが人気。"茶香鸡"（茶葉とともに土鍋で蒸した丸鶏）や"外婆红烧肉"（豚肉の醤油煮込み）などの杭州名物が人気。

Ⓜ P.266-C2
🏠 上城区南山路147号西湖天地11号楼
☎ 85028700
🕐 10:45〜15:30、16:30〜21:30
休 なし
カ 不可
Ⓤ www.waipojia.com.cn

遵生堂庭院餐厅／遵生堂庭院餐厅
しんせいどうていいんさんちょう　zūnshēngtáng tíngyuàncāntīng

緑茶で有名な龍井にある健康料理のレストラン。茶畑に囲まれた緑豊かな空間で、現代風にアレンジされた農家料理や伝統料理、薬膳料理を楽しめる。"红烧扁鱼"や"竹林鸡"がおすすめ。味つけに化学調味料を使用しない。

Ⓜ P.258-A3
🏠 西湖区龍井路双峰新村35号
☎ 87988033
🕐 9:30〜13:30、16:30〜20:30
休 なし
カ 不可

湖畔居／湖畔居
こはんきょ　húpànjū

杭州に数ある茶館のなかでも、最高級の茶館。古くから要人の接待にも使われてきた。どの席からも西湖が間近に見渡せ、天気のよい日にはテラスでも喫茶を楽しめる。スナックや軽食が付くお茶セットはひとり180元〜。名物の西湖龍井茶も各種ある。

Ⓜ P.266-B1
🏠 西湖区聖塘景区1号
☎ 87020701
🕐 1階9:30〜24:00　2・3階10:30〜24:00
休 なし
カ JMV

和茶館／和茶馆
わちゃかん　hécháguǎn

村ひとつをまるごとリゾートホテルにしてしまったというアマンファユンの中にある茶館。伝統民家をリニューアルしており、落ち着いた風情のなかで時を忘れてくつろげる。店主自ら探したという中国各地の伝統茶が楽しめ、お茶請けには季節のケーキが付く。

MP.258-A3
住西湖区法雲弄15号
☎87979556
オ10:00～22:00
休なし
カMV
Uwww.aman.com

聞鶯館茶楼／闻莺馆茶楼
ぶんおうかんちゃろう　wényīngguǎn chálóu

西湖十景の柳浪聞鶯にある伝統茶館。いつも地元の人たちで混雑している。昔ながらのにぎやかな茶館を体験したい人向き。西湖が見える席は人気で、押さえるのは難しい。お茶は58元（点心付き）。

MP.266-B2
住上城区南山路柳浪聞鶯公園内
☎88061895
オ9:30～21:00
休なし
カ不可

西湖茶社／西湖茶社
せいこちゃしゃ　xīhú cháshè

杭州茶厰の直営店。杭州特産として名高い龍井茶はグラム単位でも販売している。味の濃い銭塘龍井は並で500g140元、中で500g230元、上で500g350元。味の軽い西湖龍井は並で500g260元、中で500g380元、上で500g580元。1種類200gがちょうどよい。

MP.266-C2
住上城区河坊街187号
☎87807457
オ8:30～21:30
休なし
カ不可

王星記／王星记
おうせいき　wángxīngjì

1875年に創業された、由緒正しい扇子店。店内には素材にもこだわった良品が並び、一般的なもので50～100元、良品で200～400元、高級品で500～1000元といったところ。シルクの傘やスカーフなどもある。

MP.266-C2
住上城区河坊街203-205号
☎87830144
オ4～11月8:30～22:00
　12～3月8:30～21:00
休なし
カADJMV
Uwww.wangxingji.com

浙江省中国旅行社／浙江省中国旅行社
せっこうしょうちゅうごくりょこうしゃ　zhèjiāngshěng zhōngguó lǚxíngshè

2024年1月現在、外国人対応部門廃止

MP.266-C1
住上城区光復路200号
☎87553541
　87553543（日本語可）
FAX87553545（日本語可）
オ9:00～17:00
休土・日曜、祝日　**カ**不可
Uwww.ctszj.net
✉971477973@qq.com
　（日本語可）

紹興
しょうこう

シャオシン
绍兴 Shào Xīng

市外局番●0575

運河沿いの町並み

都市DATA

紹興市
人口：440万人
面積：8256km²
3区2県級市1県を管轄

市公安局出入境接待大庁
（市公安局出入境接待大厅）
MP272-B1
🏠越城区鳳林西路178号億兆
大厦紹興市行政服務中心
☎88582104
🕐8:30～12:00、
14:00～17:00
🈺土・日曜、祝日
観光ビザを最長30日間延長
可能。手数料は160元

市人民医院
（市人民医院）
MP272-C3
🏠越城区中興北路568号
☎88228888
🕐24時間 🈺なし

市内交通

【路線バス】運行時間の目安
は6:00～20:30、市内1元、郊
外行き2～5元
【観光バス】紹興駅と蘭亭風
景区とを結ぶ0003旅游専線
がある。紹興駅発が6:45～
17:00、蘭亭風景区発が7:30
～17:30。ともに30～45分に
1便、3元
【タクシー】初乗り2.5km未
満7元、2.5km以上1kmごとに
2元加算、さらに燃油代1元加算
【三輪リキシャ】短距離の1乗
車3～5元

概要と歩き方

　紹興は、浙江省の北部、杭州の東約60kmに位置する比較
的小さな都市。市内には運河が張り巡らされており、烏篷船
(うほうせん)という足こぎ舟が通る。そのため水郷沢国(すいごうたくこく)とも呼ばれる。

　紹興の歴史は古く、石器時代に人類が生活していた跡も残
されている。春秋戦国時代には越の都で、越王勾践(こうせん)が呉との
戦いに破れ「臥薪嘗胆(がしんしょうたん)」し、復讐を遂げたことで知られる。

　また紹興は、文豪魯迅、周恩来、清代の女性革命家秋瑾の
故郷としても有名。越劇発祥の地としても知られる。名産は
紹興酒(しょうこうしゅ)。中国語では黄酒とも呼ばれるが、これは米を原料と
する醸造酒のこと。その代表格である紹興酒は、中国有数の
穀倉地帯であるこの地域ならではの銘酒だ。これを長年寝か
せたものが老酒(ラオジウ)。咸亨酒店(かんきょうしゅてん)や黄酒集団公司のものが有名。

　2014年には八字橋、八字橋社区、紹興古縴道が「大運
河」の構成要素として世界文化遺産に登録された。

　市内中心部の観光は徒歩とバス・タクシーの併用かレンタ
サイクルで十分。郊外にある東湖や蘭亭へは路線バスやタク
シーのほか、5月と10月の連休期間中などに運行される観
光専用車の利用もおすすめ。著名な見どころをカバーする2
日間有効のお得な共通入場券もある（→P.271下）。

　メインストリートは市内を南北に貫く解放路。魯迅紀念館
や咸亨酒店がある魯迅中路は歩行街となっており、観光客で
にぎわっている。レト
ロな風情が残る倉橋直
街や運河沿いに古民家
が並ぶ長橋直街、八字
橋直街（**M**P.272-B4）の
散策も趣深い。

八字橋直街にある八字橋

※下記データは杭州のもの

	1月	2月	3月	4月	5月	6月	7月	8月	9月	10月	11月	12月
平均最高気温(℃)	8.0	9.4	13.7	20.6	25.5	28.6	33.0	32.4	27.5	22.7	16.8	11.1
平均最低気温(℃)	1.5	2.7	6.4	12.1	17.0	21.1	24.9	24.5	20.3	15.0	8.9	3.4
平均気温(℃)	4.3	5.6	9.5	15.8	20.7	24.3	28.4	27.9	23.4	18.3	12.4	6.8

町の気象データ（→P.517）：「預報」>「浙江」>「紹興」>区・市・県から選択

中国国内の移動→P.667　鉄道時刻表検索→P.26

✈ 飛行機
紹興には空港はないが、市区から40kmにある杭州蕭山国際空港（HGH）を利用する。エアポートバスは紹興市バスセンター発着（30元、所要1時間30分が目安）。

国際線 杭州発着便：成田（6便）、関西（11便）、札幌（2便）、沖縄（4便）。
国内線 北京、広州、深圳、西安、成都などとの間に運航便がある。

所要時間(目安) 北京首都（PEK）／2時間25分　広州（CAN）／2時間15分　西安（XIY）／2時間25分　成都（CTU）／3時間　香港（HKG）／2時間25分

🚃 鉄道
市区中心部の紹興駅と高速鉄道専用の紹興北駅を利用する。長距離列車に乗る場合は、杭州、上海発を利用するとよい。

所要時間(目安) 【紹興（sx）】杭州東（hzd）／快速：50分　寧波（nb）／快速：1時間28分　上海南（shn）／特快：2時間50分　【紹興北（sxb）】杭州東（hzd）／高鉄：18分　寧波（nb）／高鉄：32分　上海虹橋（shhq）／高鉄：1時間13分　南京南（njn）／高鉄：1時間30分

🚌 バス
紹興市バスセンターを利用する。上海や江蘇省、浙江省方面の各都市との間に路線がある。

所要時間(目安) 杭州／1時間　上海／3時間　蘇州／2時間30分　南京／5時間　天台／2時間

━ Data ━━

🚃 鉄道
●紹興駅（绍兴火车站）
M P.272-B3 🏠 越城区車站路210号
☎共通電話＝12306　🕐6:00～23:05
休なし　**カ**不可
[移動手段] タクシー（紹興駅～魯迅故里）／11元、所要15分が目安　路線バス／0003旅游专线、1、4、15路「火车站」
　28日以内の切符を販売。23:05～6:00の間は列車到着の20分前に切符を販売する。
●紹興北駅（绍兴火车北站）
M P.272-A1 🏠 越城区豊芝鎮大慶寺村
☎共通電話＝12306　🕐南側6:00～22:40、北

郊外に位置する
紹興北駅

側＝7:00～19:00　休なし　**カ**不可
[移動手段] タクシー（紹興北駅～魯迅故里）／50元、所要35分が目安　路線バス／BRT1号線、15路「高铁绍兴北站」
　28日以内の切符を販売。

🚌 バス
●紹興市バスセンター（绍兴市客运中心）
M P.272-C3 🏠 越城区中興大道7号
☎88022222
🕐5:40～19:40　休なし　**カ**不可
[移動手段] タクシー（紹興市バスセンター～魯迅故里）／12元、所要11分が目安　路線バス／BRT1号線、3、13、23、32、39、111路「客运中心」
　20日以内の切符を販売。杭州（6:20～19:40の間10～20分に1便）、上海（6:20～19:10の間17便）、寧波（8便）、蘇州（4便）、天台（4便）、杭州蕭山国際空港（6:00～19:40の間の17便）など。

ⓘ ▶▶ インフォメーション

便利でお得な紹興古城旅游共通券

　紹興古城旅游共通券は2日間有効が140元、3日間有効が180元。共通券で入れるのは、魯迅故里（魯迅紀念館、魯迅祖居、魯迅故居、三味書屋）、沈園、周恩来祖居、青藤書屋、秋瑾故居、紹興博物館、蔡元培故居、大通学堂、徐錫麟故居、范文瀾故居、蘭亭、大禹陵風景区、東湖、蘭亭（入場は各1回かぎり）。
　沈園で上演される「沈園之夜」（19:40～20:30。入場は18:30以降）は、3日間有効の共通券で入場可能だが、購入日のみなので注意。
魯迅故里游客中心（鲁迅故里游客中心）
M P.272-D1 🏠 越城区鲁迅中路241号
☎85124580　🕐8:30～16:30　休なし

紹興1日ツアー

　魯迅故里游客中心横の旅行会社では9:30に1日ツアーを催行している。魯迅故里→沈園→蘭亭→東湖と回り、ひとり185元（入場料込み。5人以上で出発）。

紹興観光専用車

　春節、国慶節（中国の建国記念日）には、紹興古城旅游共通券購入者が利用できる無料の観光専用車が運行される。路線は魯迅故里游客中心→東湖→大禹陵風景区→蘭亭→魯迅故里游客中心。
🕐8:00～16:00の間30分に1便
※正式な催行日は祝日の前日に発表される
※「兰亭」からの最終は17:00発

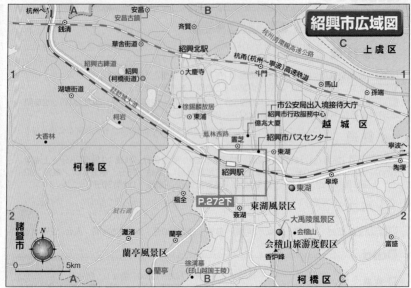

紹興市広域図

杭州へ

安昌
安昌古鎮

斉賢

上虞区

銭清
華舎街道
紹興北駅
杭州南環線繞城高速公路
杭甬(杭州〜寧波)高速鉄道

紹興古繚道
紹興
(柯橋街道)
斗門

馬山
孫端

湖塘街道
杭甬城市道
大慶寺

徐錫麟故居
東浦

市公安局出入境接待大庁
紹興市行政服務帳
億兆大廈
越城区
寧波へ

柯岩
鳳林西路
蠣芝
紹興市バスセンター
東湖

大香林

東湖

皐埠
陶堰

紹興駅

福全
P.272下
東湖風景区

蘭石湖
鏊湖
大禹陵風景区
会稽山

諸曁市
灘渚
蘭亭
会稽山旅游度假区
香炉峰
富盛

蘭亭風景区

徐渭墓
(印山越国王陵)
蘭亭

柯橋区

N
0 ━━━ 5km

●見どころ ━━━ 高速道路

紹興市中心

杭州
紹興古繚道へ

環北路

市公安局出入境
接待大庁へ
中興大道
紹興市バスセンター
市人民医院
エアポートバス発着地点
環北路

紹興駅
車站路
中興北路

寧波へ

下大路 中国黄酒博物館
環城北路

東湖へ

震旦路

蔡元培故居
中国銀行

紹興中国国際旅行社
現代大廈

紹興飯店
大通学堂
范文瀾故居
市人民政府
新河弄
王朝大酒店
勝利東路
世貿広場

勝利西路
錦江之星
紹興勝利西路酒店
府山公園
越王殿
越王台
大善塔
周恩来祖居
労働路
長橋直街
運河沿いの町並みが
すばらしい

八字橋直街
紹興東バスターミナル

伝統スタイルが残る路地
倉橋直街
解放北路
中興中路
八字橋

紹興博物館
偏門直街
人民西路
中国銀行
紹興市中国旅行社

青藤書屋
人民中路
人民東路

咸亨酒店
新建南路
紹興児童公園

魯迅西路
魯迅故里
延安東路

咸亨新天地
咸亨酒店
魯迅中路
沈園
延安西路

咸亨酒店 土特産商場
塔山
秋瑾故居
延安東路

和暢堂
紹興越国文化博物館
紹興古玩市場

咸亨
大酒店
紹興魯迅故里国際青年旅舎

N
0 ━━━ 1km

魯迅故里游客中心

百草園
D
魯迅故里游客中心

魯迅紀念館
中興北路

魯迅故居
(周家新台門)

魯迅中路
魯迅中路(周家老台門)

三味書屋(寿家台門)

N
0 ━━━ 50m

解放南路
中興南路

●見どころ　Hホテル　Gグルメ　Sショップ　B銀行　T旅行会社　B病院　▨繁華街　---- 観光烏篷船ルート

見どころ

文豪魯迅の故居

オススメ度 ★★★

魯迅故里／魯迅故里 lǔxùn gùlǐ
ろじんこり

1.5時間

魯迅紀念館

　魯迅（1881～1936年）は中国近代文学の創始者。代表作は『阿Q正伝』『狂人日記』。日本への留学経験もある。この一帯は魯迅にゆかりの見どころが多く、「魯迅故里」と呼ばれている。そのうち、魯迅故居（周家新台門。魯迅祖居＝周家老台門は祖父の館）は魯迅の実家を利用したもので、当時の生活の様子がそのまま残されている。付近には魯迅の作品や生涯について展示された「魯迅紀念館」、魯迅が少年時代に学んだ教室が残る「三味書屋」などがある。

王羲之の石碑があることで有名

オススメ度 ★★★

蘭亭／兰亭 lántíng
らんてい

王羲之、王献之父子による鵞池の碑

　蘭亭は市街地の南西12km、蘭渚山の麓に位置する庭園。ここは、書家の王羲之が353（東晋の永和9）年に著名な『蘭亭序』を書いた場所として知られる。園内にある「鵞池」の碑は、「鵞」を王羲之が、「池」を息子の王献之が書いた。

禹を祀った陵墓がある

オススメ度 ★★★

大禹陵風景区／大禹陵风景区 dàyǔlíng fēngjǐngqū
だいうりょうふうけいく

　市街地の南東6kmにある大禹陵風景区は、禹陵、禹祠、禹廟の3つの建築物を合わせた景勝区。中心にある禹陵は、約4000年前に治水を行って夏王朝の創始者となった伝説上の人物、禹の陵墓。その向かって右に禹祠、左に禹廟がある。風景区入口から大禹陵まで無料電動カートを利用する。

大禹陵享殿

紹興游客中心
U www.shaoxingtour.cn
　紹興の古い町並みを紹介するウェブサイト。

魯迅故里
M P.272-D1
住 魯迅紀念館＝越城区魯迅中路235号、魯迅祖居＝越城区魯迅中路237号、魯迅故居＝越城区魯迅中路229号、三味書屋＝越城区魯迅中路264-1号
☎ ガイド手配、入場券配布窓口＝85132080
オ 8:30～17:00
※入場は閉館30分前まで
休 なし
料 無料
※配布窓口で入場券を受け取る。なお、入場券には枚数制限があるので注意
※紹興古城旅游共通券（→P.271）購入者は入場券不要
交 0003旅游専線、8、13、24、30、52、177路バス「魯迅故里」
U www.sxlxmuseum.com

三味書屋の内部

蘭亭
M P.272-B2
住 柯橋区蘭亭鎮蘭亭風景区
☎ 84600896
オ 8:00～17:20
※入場は閉門50分前まで
休 なし
料 80元
※紹興古城旅游共通券（→P.271）に含まれる
交 ①0003旅游専線、3路バス「兰亭风景区」
　②タクシーをチャーターする。往復90元が目安
U www.sxlanting.com

大禹陵風景区
M P.272-C2
住 越城区会稽山大禹陵景区
☎ 88366666
オ 8:00～17:00
※入場は閉門30分前まで
休 なし
料 65元
※紹興古城旅游共通券（→P.271）に含まれる
交 2、68、177路バス「大禹陵」

東湖

MP.272-C2
住越城区東湖鎮東湖風景区
☎88606879
時8:00～17:00
※入場は閉門40分前まで
※登山は15:30まで
休なし
料入場料=50元
※紹興古城旅游共通券（→
P.271）に含まれる
船（3人乗り足こぎ船）
=往復85元
交1、57路バス「東湖風景区」

足こぎ船「烏蓬船」

中国黄酒博物館

MP.272-A3
住越城区下大路557号
☎85397288
時8:30～17:00
※入場は閉館30分前まで
休なし　**料**30元
交5路バス「轅门桥环岛」。
39、51路バス「国际大酒店」
Uwww.zghjbwg.com

4種類の利き酒ができる

東湖／东湖　dōnghú
とうこ

　東湖は、今にも飲み込まれそうな断崖絶壁の奇景。本来は青石によるひとつの山だったが、漢代から採石が続けられた結果、現在のような絶壁となり、堤を築き、水を引いて湖を造った。足こぎ船で湖を遊覧できる。

東湖は小さな湖だがさまざまな景観を楽しめる

中国黄酒博物館／
ちゅうごくこうしゅはくぶつかん

中国黄酒博物馆　zhōngguó huángjiǔ bówùguǎn

　2007年に開館し、紹興酒に代表される米を原料とした黄酒の歴史と各種製法を展示している。醸造に使う器具の実物や古代から現代にいたる酒器のコレクション、地下の酒蔵などの展示がユニーク。売店横の試飲コーナーでは4種類の紹興酒を少しずつ利き酒できる。

博物館は名酒「古越龍山」の工場跡地に建てられた

ホテル

咸亨大酒店／咸亨大酒店
かんきょうだいしゅてん　xiánhēng dàjiǔdiàn　★★★　★★

　解放南路にある。レストランが充実しており、広東、潮州、紹興料理を味わうことができる。また、ホテル内の「咸亨城」には、ジムやスパ、サウナなどの施設がある。

MP.272-B5
住越城区解放南路680号
☎88068688
FAX88369537
S498～588元
T498～588元
サなし
カADJMV
Uwww.xianhengchina.com

両替　ビジネスセンター　インターネット

紹興飯店／绍兴饭店
しょうこうはんてん　shàoxīng fàndiàn　★★★　★★

　府山公園の北に位置する庭園様式の高級ホテル。建物は白い壁に黒い瓦を使った江南伝統様式で、敷地内には小川が流れている。1号楼から8号楼に分かれており、それぞれ料金が異なる。

MP.272-A4
住越城区環山路8号
☎85155888
FAX85155565
S480～750元
T480～750元
サなし
カADJMV
Uwww.hotel-shaoxing.com

両替　ビジネスセンター　インターネット

ホテル

紹興魯迅故里国際青年旅舎／绍兴鲁迅故里国际青年旅舍
しょうこうろじんこりこくさいせいねんりょしゃ　shàoxīng lǔxùn gùlǐ guójì qīnnián lǚshè

数百年の歴史をもつ商人屋敷「宋家台門」をそのまま利用した旅館。中庭を取り囲むように古建築様式の客室が並び、ホテルとはまた違った風情が味わえる。

| 両 替 | ビジネスセンター | インターネット |

Ⓜ P.272-B5
住越城区新建南路558号
☎85080288
Ⓢ138元
Ⓣ158元
Ⓓ45元（4、6人部屋）
サなし
カ不可
Ⓤwww.yhachina.com

錦江之星 紹興勝利西路酒店／锦江之星 绍兴胜利西路酒店
きんこうしせいしょうこうしょうりせいろしゅてん　jǐnjiāng zhīxīng shàoxīng shènglì xīlù jiǔdiàn

「経済型」チェーンホテル。正式な支店名は「绍兴胜利西路仓桥直街景区酒店」。繁華街からは少々離れているが、紹興駅まで約2kmと好立地。客室の設備は簡素ながら清潔でひととおりのものが揃っている。

| 両 替 | ビジネスセンター | インターネット |

Ⓜ P.272-A4
住越城区勝利西路748号
☎85175888
🖷85175889
Ⓢ159～219元
Ⓣ179～219元
サなし
カ不可
Ⓤwww.jinjianginns.com

グルメ

咸亨酒店／咸亨酒店
かんきょうしゅてん　xiánhēng jiǔdiàn

魯迅の作品にも登場する、1894年創業の老舗居酒屋。周囲全体が咸亨新天地として2010年に改修され、ホテルやレストラン、ショップが一体化された。レストラン1階はリーズナブルなフードコートで、量り売りの紹興酒や紹興の名物料理各種を楽しめる。

Ⓜ P.272-B5
住越城区魯迅中路179号
☎85127179
※風味餐庁85116666
Ⓞ11:00～14:00、
　17:00～20:30
※風味餐庁は8:00～20:30
休なし
カ不可

ショップ

咸亨酒店 土特産商場／咸亨酒店 土特产商场
かんきょうしゅてん　どとくさんしょうじょう　xiánhēng jiǔdiàn tǔtèchǎn shāngchǎng

石畳が続く咸亨新天地にある。咸亨酒店オリジナルの商品が多数。販売している紹興酒の種類やランクは豊富。年代物だと数千元だが、一般的な品なら400元以内。紹興名物の"糟鶏"も販売している。

Ⓜ P.272-B5
住越城区魯迅中路185号
☎85227285
Ⓞ7:50～20:00
休なし
カ不可

旅行会社

紹興中国国際旅行社／绍兴中国国际旅行社
しょうこうちゅうごくこくさいりょこうしゃ　shàoxīng zhōngguó guójì lǚxíngshè

列車の切符手配が1枚20元、日本語ガイド1日500元、車チャーター（市内）1日700元。魯迅故里や蘭亭などの名所を回る1日コースなどのアレンジも可能。

Ⓜ P.272-B4
住越城区中興中路288号現代大厦B座3階301室
☎85200097
🖷85129580
Ⓞ8:30～11:30、
　13:30～17:00
休土・日曜、祝日
カ不可
Ⓤwww.sxcits.net

日本とゆかりの深い海辺の町

寧波

ニンポー

宁波 Níng Bō

市外局番●0574

郊外にある名刹阿育王寺（鐘楼）

ウルムチ／北京／ハルビン／大連／西安／成都／ラサ／昆明／広州／寧波／上海／香港

都市DATA

寧波市

人口：577万人

面積：9365km²

6区2県級市2県を管轄

市公安局外事処

（市公安局外事处）

Ⓜ地図外（P.279-F2右）

⊞鄞州区寧穿路1901号寧波市行政服務中心

☎87758210、87758211

⏰9:00～11:30、13:30～17:00

㊡土・日曜、祝日

観光ビザを最長30日間延長可能。手数料は160元

寧波大学医学院付属医院

（宁波大学医学院附属医院）

Ⓜ P.279-D1

⊞江北区人民路247号

☎87035555

⏰24時間

㊡なし

市内交通

【地下鉄】2018年7月現在、2路線が営業。詳しくは公式ウェブサイトで確認を

寧波軌道交通

Ⓤwww.nbmetro.com

【路線バス】運行時間の目安は6:00～21:30、市区2元、郊外2～4元

【タクシー】初乗り3km未満11元、3km以上1kmごとに2.4元加算

概要と歩き方

　寧波は長江デルタの東南に位置し、古来より重要な港湾都市として知られてきた。海岸線は830kmにも及び、沿岸には小島が多数浮かんでいる。唐代に明州が設置され、現在の海曙区に城が移された821（唐の長慶元）年以降、町は発展を遂げた。寧波と改称されたのは1381（明の洪武14）年。

　この町は日本とのつながりが深い。古くは遣唐使など日本人留学生や僧侶が第一歩を記した。1404（明の永楽2）年に日本と明との間で開始された勘合貿易の際は、勘合船はここで入明し、査証を受けた。1523（明の嘉靖2）年には、博多の大内氏と堺の細川氏が貿易の主導権をめぐって争った、寧波の乱の舞台となった。

　不老不死の薬を求めて東へ旅立ったという徐福は寧波の慈渓の港から旅立ったという伝説が残る。また、儒学の一派、陽明学を創始した王陽明（1472～1528年）の出身地である。

　南塘老街は旧県城南門に位置する、100年以上の歴史をもつエリア。町全体を整備し、現在では明清代から中華民国期の雰囲気をもつ街区となった。寧波の伝統的な軽食店も多くあるので、訪れてみるとよい。

　郊外の見どころである阿育王寺や天童禅寺、保国寺へは路線バスを利用すればよい。天童禅寺行きのバスは阿育王寺を経由するので1日で両方を見ることができ、便利だ。市内にバスターミナルはいくつかあるが、杭州や紹興、上海への便は寧波南バスターミナルから出ている。

古い町並みが人気の南塘老街

	1月	2月	3月	4月	5月	6月	7月	8月	9月	10月	11月	12月
平均最高気温(℃)	8.0	8.0	12.0	18.0	23.0	26.0	31.0	30.0	26.0	22.0	16.0	11.0
平均最低気温(℃)	2.0	3.0	7.0	12.0	17.0	21.0	25.0	25.0	21.0	16.0	10.0	4.0
平均気温(℃)	5.0	6.0	10.0	16.0	20.0	24.0	28.0	28.0	23.0	19.0	13.0	7.0

町の気象データ（→P.517）：「預報」＞「浙江」＞「寧波」＞区・県から選択

Access 交通

中国国内の移動➡P.667　鉄道時刻表検索➡P.26

✈ **飛行機**　市区の南西14kmに位置する寧波櫟社国際空港（NGB）を利用する。

国際線 関西（2便）、中部（3便）、静岡（2便）。

国内線 北京、広州、深圳など主要都市との間に運航便がある。

所要時間（目安） 北京首都（PEK）／2時間25分　広州（CAN）／2時間　深圳（SZX）／2時間5分　西安（XIY）／2時間40分　瀋陽（SHE）／2時間30分　成都（CTU）／3時間5分

🚆 **鉄道**　杭甬線、甬台線杭甬客運専線の起終点である寧波駅を利用する。

所要時間（目安） 【寧波（nb）】杭州東（hzd）／高鉄：46分　紹興北（sxb）／高鉄：32分　上海虹橋（shhq）／高鉄：1時間51分　南京南（njn）／高鉄：2時間11分　蘇州（sz）／高鉄：2時間39分　福州南（fzn）／動車：3時間52分　アモイ北（xmb）／動車：5時間21分

🚌 **バス**　寧波南バスターミナルと寧波バスセンターを利用する。寧波南バスターミナルは上海や浙江省など近距離路線がメインで、寧波バスセンターは江蘇省以遠の長距離路線がメイン。

所要時間（目安） 杭州／1時間　上海／3時間　紹興／1時間30分　蘇州／2時間30分　南京／5時間30分　無錫／3時間

Data

✈ 飛行機

●**寧波櫟社国際空港**（宁波栎社国际机场）
Ⓜ **地図外（P278-A3下）** 🏠 鄞州区櫟杜鎮
☎問い合わせ＝81899000
　　航空券売り場＝81899999
⊿始発便～最終便　休なし　カ不可
Ⓤ www.ningbo-airport.com
[移動手段] **エアポートバス**（空港～寧波バスセンター～寧波駅南広場）／一律12元、所要30分が目安。空港→市内は8:30～19:00の間30分に1便。19:00以降は到着便に合わせ運行　市内→空港は寧波駅南広場から8:30～17:30の間30分に1便　**地下鉄**／2号線「櫟社国際機場」。地下鉄から地上に出た所に空港行きの無料シャトルバス乗り場がある　**タクシー**（空港～鼓楼）／45元、所要30分が目安

🚆 鉄道

●**寧波駅**（宁波火车站）
Ⓜ **P.278-B2** 🏠 海曙区南站東路19号南広場
☎共通電話＝12306　⊿5:00～23:30
休なし　カ不可
[移動手段] **タクシー**（寧波駅～鼓楼）／13元、所要15分が目安　**地下鉄**／2号線「宁波火车站」
　南広場切符売り場で3日（16番窓口は28日）以内の切符を、北広場切符売り場で3日（3番窓口

は28日）以内の切符を販売。市民は「火车南站」とも呼ぶ。

🚌 バス

●**寧波長距離バス総合インフォメーション**
☎87091212
●**寧波南バスターミナル**（宁波汽车南站）
Ⓜ **P.278-B2** 🏠 海曙区甬水橋路408号
☎87133561　⊿5:30～22:00　休なし　カ不可
[移動手段] **タクシー**（寧波南バスターミナル～鼓楼）／13元、所要15分が目安　**地下鉄**／2号線「宁波火车站」
　6日以内の切符を販売。上海南バスターミナル（6:00～20:00の間38便）、上海総合バスターミナル（7:30～17:30の間6便）、杭州バスセンター（7:15～18:50の間8便）、杭州北バスターミナル（7:30～17:35の間8便）、杭州南バスターミナル（6:50～19:00の間9便）、紹興（7:35～16:40の間8便）など。

寧波駅の南側に位置する寧波南バスターミナル

●**寧波バスセンター**（宁波客运中心）
Ⓜ **P.278-A3** 🏠 鄞州区通達路181号
☎87091120　⊿5:45～18:10　休なし　カ不可
[移動手段] **タクシー**（寧波バスセンター～鼓楼）／25元、所要22分が目安　**地下鉄**／2号線「客运中心」
　6日以内の切符を販売。蘇州（9便）、無錫（5便）、揚州（3便）、天台（11便）など。

南広場から見た寧波駅

阿育王寺
[M]地図外（P.279-F2右）
[住]鄞州区五郷鎮五郷東路1999号阿育王寺
☎88383421
[オ]5～10月6:00～17:30
11～4月7:00～16:30
[休]なし [料]無料
[交]①地下鉄1号線「宝幢」。五郷東路に出て徒歩20分
②155路バス「阿育」、徒歩4分。162路バス「育王」、徒歩6分
※「阿育」からの最終は18:30発
[U]www.nbayws.com

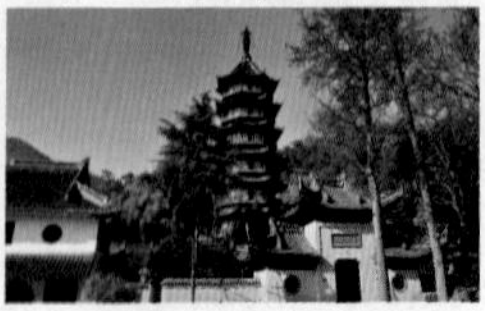
西塔

見どころ

アショカ王に由来する古刹　オススメ度 ★★★

阿育王寺（あいくおうじ）／阿育王寺　āyùwángsì

1時間

　市区の東約20kmの所にある405（東晋の義熙（ぎき）元）年創建の寺。中国禅宗五山のひとつと称され、仏舎利を納めた舎利宝塔（しゃりほうとう）をもつことで知られる。寺院境内には、大雄宝殿、舎利殿、法殿、天王殿、鐘楼などがあり、舎利殿には鑑真（がんじん）大師像がある。舎利殿の一部の梁には日本産の材木が使われている。広大な境内にはほかにも多くの建物がある。

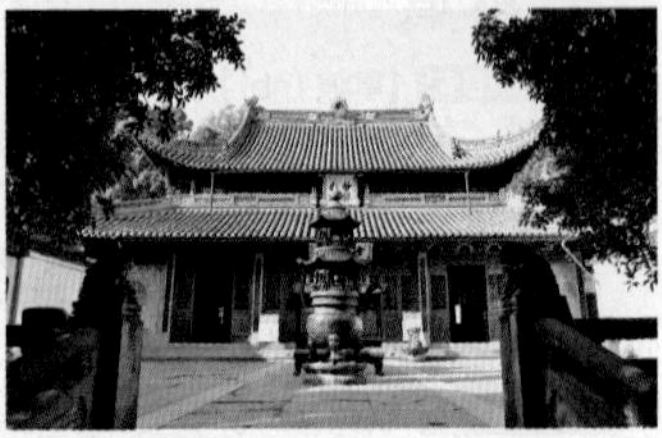
阿育王寺舎利殿

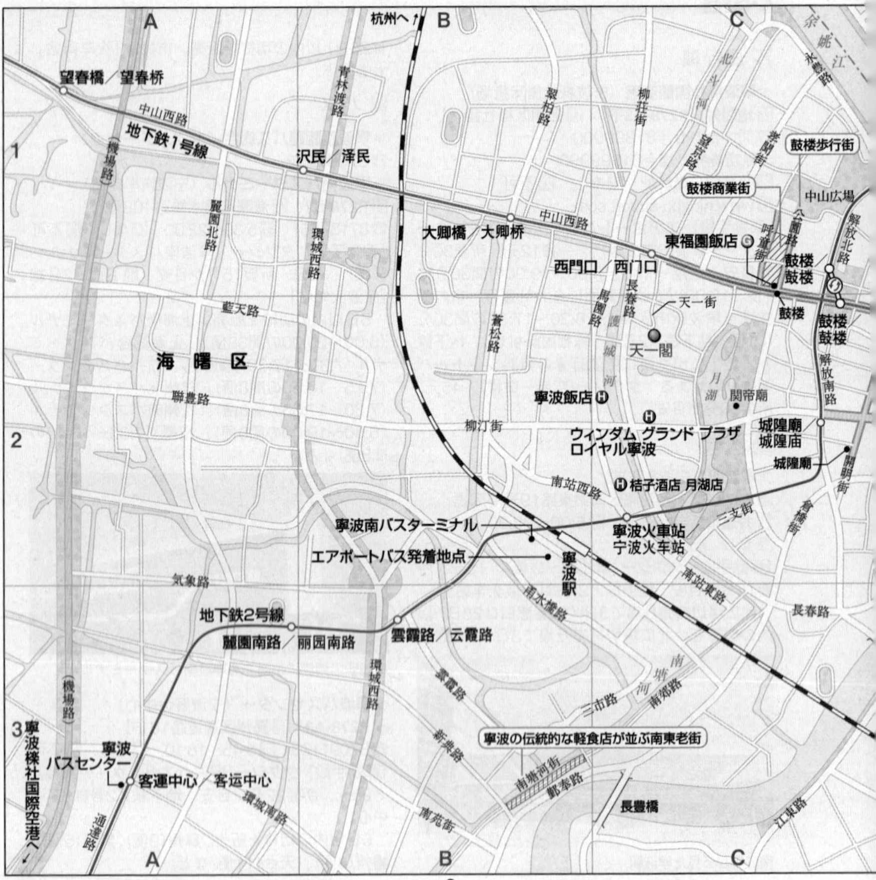

●見どころ [H]ホテル [G]グルメ [B]銀行 [T]旅行会社 [病]病院 バス停 繁華街 高速道路

道元も学んだ禅宗古刹

イススメ度 ★★★

天童禅寺／天童禅寺　tiāntóng chánsì
てんどうぜんじ

1.5時間

　市区の南東約30kmの所にある。300（西晋の永康元）年に義興により建立され、中国禅宗五山のひとつと称される寺。天童風景名勝区の中にあり、約6万㎡の広大な敷地をもつ。1223（南宋の嘉定16）年に日本の僧、道元がここ天童禅寺で学び、帰国後に曹洞宗を開いた。寺には道元の肖像画と碑が残されている。

仏殿には香を手向ける参拝者が途絶えない

天童禅寺山門

天童禅寺

Ⓜ地図外（P.279-F2右）
住鄞州区東呉鎮天童寺
☎88480624
開6:00～17:00
休なし
料無料
交①162路バス「天童风景名胜区」
　②地下鉄1号線「宝幢」。五郷東路に出て徒歩9分の所（「育王」）で162路バスに乗り換えて「天童风景名胜区」
※阿育王寺に行く場合は162路バス「育王」で下車し、155路に乗り換え「阿育」
※「天童风景名胜区」からの最終は18:00発
Ⓤwww.ttscn.com

寧波

江北区
外灘大橋
外灘大橋

保国寺へ

332路バス「慶豊橋」（保国寺行き）へ

寧波大学医学院付属医院

錦江之星品尚寧波天一広場酒店

東門口（天一広場）
東門口
（天一广场）

寧波外灘公園

中国国旅（寧波）国際旅行社

天主教堂

慶安会館

シャングリ・ラ ホテル 寧波

江慶橋

寧波大酒店

江廈橋東／江厦桥东

寧波市体育センター

缸鴨狗

中信寧波国際大酒店

盤盂北路／盘盂北路

162路バス「汽車東站南」（天童禅寺行き）

寧波東バスターミナル

クラウンプラザホテル寧波

中国銀行

地下鉄1号線

桜花公園／樱花公园

市公安局外事処、阿育王寺、天童禅寺へ

鄞州区

福明路／福明路

155路バス「太古城」（阿育王寺行き）

黄鸝新村(興寧路91号)

児童公園

興寧橋

寧波東駅

0　　　1km

―◯― 地下鉄1号線　　―◯― 地下鉄2号線

天一閣

M P.278-C2
住 海曙区天一街10号
T 87293856、87293526
オ 5～10月8:30～17:30
　11～4月8:30～17:00
　※ 入場は閉門30分前まで
休 なし　**料** 30元
交 ①地下鉄1号線「西門口」
　②9、26、371、512路
　バス「天一閣月湖景区」
U www.tianyige.com.cn

創健者である范欽の座像

寧波外灘公園

M P.279-D1
住 江北区外灘
オ 24時間
　※天主教堂は6:30～18:00
休 なし　**料** 無料
交 ①地下鉄2号線「外灘大
　橋」
　②1、19、20、331、541
　路バス「老外灘」

浙江省最古のカトリック教
会、天主教堂

保国寺

M 地図外（P.279-D1上）
住 江北区洪塘街道保国寺
T 87586317
オ 8:30～16:30
　※ 入場は閉門30分前まで
休 なし　**料** 20元
交 ①人民路と慶豊橋交差点
　のバス停「庆丰桥」（**M** P.
　279-D1上）から332路バス
　で終点（2元、所要1時間）
　②地下鉄2号線「倪家堰」
　徒歩3分の所にある停留所
　「倪家堰」から332路バス
　で終点（「保国寺」）
　※バスは40分に1便程度
　※「保国寺」からの最終は
　18:20発

大殿内の組物

中国最古の蔵書処　　　　オススメ度 ★★★

天一閣／天一阁　tiānyīgé
てんいちかく

　1561（明の嘉靖40）年、当時の兵部右侍郎（軍事部門の次官）であった范欽が、現在の月湖西側にある天一街に建てた個人用の書籍保管施設。中国に現存するものでは最古。また、優れた庭園をもつことでも知られ、これ以降に造られた個人用書籍保管施設の模範となった。

　現在では、天一閣博物館として、麻雀などの展示も行っている。

東明草堂の内部

寧波の発展を支えた港の公園　　　　オススメ度 ★★★

寧波外灘公園／
ニンポーがいたんこうえん

宁波外滩公园　níngbō wàitān gōngyuán

　余姚江と奉化江が合流して甬江となるあたりを三江口というが、その港は唐や宋の時代からにぎわい、日本からの遣唐使もここを目指した。南京条約で開港された5港のうちのひとつで、上海の外灘と同様、一帯にはイギリスやフランス、ドイツ、オランダなどの欧風建築が残されており、レトロな中国風の建物も見られる。公園として整備されており、食事や買い物などを楽しめる中国人の娯楽スポットになっている。近くにあるカトリック教会の天主教堂は非常に保存状態がいい。

洋風建築物は雰囲気のあるバーなどとして利用されている

貴重な建築が見られる古刹　　　　オススメ度 ★★★

保国寺／保国寺　bǎoguósì
ほこくじ

　市の中心部から12kmほど北にある仏教寺院で、その歴史は東漢時代（25～220年）に遡る。現存する大雄宝殿は1013（北宋の大中祥符6）年の建造で、江南で最も古く保存状態がよい木造建築とされる。敷地内にはほかに天王殿や大殿、方丈殿、東西廂房、鐘楼、鼓楼、蔵経楼といった建物があるが、唐、明、清代などさまざまな時代に建てられており、まるで建築の博物館を見るかのようだ。

保国寺天王殿

ホテル

シャングリ・ラ ホテル 寧波／宁波香格里拉大酒店 ★★★ ★★
ニンボー
níngbō xiānggélǐlā dàjiǔdiàn

寧波最高クラスのホテル。すぐ近くを奉化江が流れ、大型ショッピングセンターの天一広場や繁華街に近く便利。

両替　ビジネスセンター　インターネット　U www.shangri-la.com/jp

M P.279-D2
住 鄞州区豫源街88号
☎ 87998888　**FAX** 87998899
S 750～850元
T 750～850元
サ 16%　**カ** ADJMV

ウィンダム グランド プラザ ロイヤル寧波／宁波华侨温德姆至尊豪延大酒店 ★★★ ★★
níngbō huáqiáo wēndémǔ zhìzūn háoyán dàjiǔdiàn

22階建ての高層ホテル。緑豊かな人造湖の月湖や、寧波駅に近い好立地。天一広場までは徒歩15分ほどで行ける。

両替　ビジネスセンター　インターネット　U www.hojoningbo.com

M P.278-C2
住 海曙区柳汀街230号
☎ 27866666　**FAX** 27877777
S 699～899元
T 699～899元
サ なし　**カ** ADJMV

クラウンプラザホテル寧波／凯洲皇冠假日酒店 ★★★ ★★
ニンボー
kǎizhōu huángguān jiàri jiǔdiàn

ショッピングや食事に便利な立地で、施設も充実している。4つのレストランと4つのバーがあり、日本料理レストランもある。

両替　ビジネスセンター　インターネット　U www.ichotelsgroup.com

M P.279-D2
住 海曙区薬行街129号
☎ 56199999　**FAX** 56199888
S 598～698元
T 598～698元
サ なし　**カ** ADJMV

寧波大酒店／宁波大酒店 ★★ ★★
ニンボーだいしゅてん
níngbō dàjiǔdiàn

寧波一の繁華街、中山東路の中心に位置する28階建ての高級ホテル。大型ショッピングセンターである天一広場も目の前。

両替　ビジネスセンター　インターネット　U www.nbwhotel.com

M P.279-D2
住 海曙区中山東路145号
☎ 87250088　**FAX** 87250698
S 390～450元
T 390～450元
サ なし　**カ** ADJMV

寧波飯店／宁波饭店
ニンボーはんてん
níngbō fàndiàn

寧波駅に近く、空港までは車で20分ほどの位置にある。日本人ビジネス客の利用も多い。館内には日本料理レストランもある。

両替　ビジネスセンター　インターネット　U www.ningbohotel.com

M P.278-C2
住 海曙区馬園路251号
☎ 87097888　**FAX** 87097868
S 368元
T 348元
サ なし　**カ** ADJMV

錦江之星尚寧波天一広場酒店／锦江之星品尚宁波天一广场酒店
きんこうし せいひんしょうニンボーてんいちひろば ばしゅてん
jǐnjiāngzhīxīng pǐnshàng níngbō tiānyī guǎngchǎng jiǔdiàn

「経済型」チェーンホテル。正式な支店名は「宁波天一广场鼓楼地铁站酒店」。繁華街にあり、地下鉄「鼓楼」駅も近い。

両替　ビジネスセンター　インターネット　U www.jinjianginns.com

M P.279-D1
住 海曙区開明街417号
☎ 87265050　**FAX** 87086536
S 289～309元
T 289～309元
サ なし　**カ** 不可

グルメ

東福園飯店／东福园饭店
とうふくえんはんてん
dōngfúyuán fàndiàn

1993年創業の有名な料理店。寧波、安徽、上海、広東料理などの幅広いメニューが揃う。"冰糖甲鱼（スッポン料理）"中皿188元や、"清蒸鲋鱼（ジギョの蒸し焼き）"158元などがある。

M P.278-C1
住 海曙区公園路7号
☎ 87175777
時 11:00～13:30、
17:00～20:30
休 なし　**カ** 不可

缸鴨狗／缸鸭狗
こうおうこう
gāngyāgǒu

寧波名物の温かい白玉団子の名店。100年以上の歴史がある。"宁波汤圆"は1椀（6個）18元。"煎包"は2個10元。はかに小籠包やワンタンもあり、軽い食事もできる。

M P.279-D2
住 海曙区天一広場中数码广场水晶8号
☎ 89081926
時 8:30～21:30
休 なし　**カ** 不可

旅行会社

中国国旅（寧波）国際旅行社／中国国旅（宁波）国际旅行社
ちゅうごくこくりょ　ニンボー　こくさいりょこうしゃ
zhōngguó guólǚ níngbō guójì lǚxíngshè

列車の切符手配は1枚50元。車のチャーターは市内1日800～900元（阿育王寺と天童寺を含む）。日本語ガイドは1日800元。
U nb.cits.cn
✉ phm@mycits.net（日本語可）

M P.279-D2
住 海曙区開明街396号平安大廈12階
☎ 87730901（日本部）
FAX 87701295（日本部）
時 8:30～12:00、
13:00～17:00
休 土・日曜、祝日
カ 不可

天台

てんだい

ティエンタイ
天台 Tiān Tāi

市外局番●0576

智者肉身塔大殿（智者塔院）

ウルムチ・
・ハルビン
北京・ ・大連
西安・ ・上海
ラサ・ ・成都
昆明・ 広州・
天台
香港

都市DATA

天台県
人口：59万人
面積：1426km²
天台県は台州市管轄下の県

県公安局（県公安局）
MP283-B4
🏠城関鎮鎮前路25号
☎83967100
🕐8:00～11:30、
14:00～17:00
🈺土・日曜、祝日
観光ビザの延長は不可

県人民医院（県人民医院）
MP283-B5
🏠城関鎮労働路335号
☎83987199
🕐24時間 🈺なし

市内交通

【路線バス】運行時間の目安は6:00～18:30、1元
【タクシー】初乗り2km未満8元、2km以上1kmごとに2.5元加算

游客中心から出ている石梁瀑布行き観光専用バス

概要と歩き方

　天台は、杭州の南東約220km、寧波の南西約140km、浙江省中東部の台州市北部に位置する小さな町。天台山脈や大雷山脈に囲まれた盆地の中央にあり、気候は比較的温暖。名産品には、雲霧茶や天台山蜜橘などがある。

　町の歴史は三国時代の呉国が3世紀前期に始平県を設置したことに始まる。その後、五代十国の呉越国が天台と改称してからは、基本的にこの名が用いられることとなった。

　町の名の由来となったのは、県北東部にある天台山。この山は仏教、道教、儒教における聖地として中国では古くから知られていたが、特に6世紀後半に智顗（538～597年）が南麓に寺院を建立し、天台宗の教義を確立したことから天台宗の祖庭として有名。9世紀初頭には、日本の留学僧である最澄が入山して天台教学を学び、日本に天台宗を伝えた。

　町の規模は小さく、始豊渓と三茅渓の流れの東側が町の中心となっている。繁華街は工人西路～工人東路と労働路のあたり。中山路には古い町並みが残る。見どころの仏閣や自然は、天台山の山中に点在しているため、効率よく観光するには車の利用がおすすめ。時間があれば、天台の南にある臨海市まで足を延ばすのもよい。なお、ほかの町との移動には、おもにバスを利用することになる。起点となる天台バスセンターは三茅渓西岸にあるため、中心部へは3路、5路、11路バスなどを利用するとよい。

智者塔院にある智者大師肉身塔

※データは台州市のもの

	1月	2月	3月	4月	5月	6月	7月	8月	9月	10月	11月	12月
平均最高気温(℃)	5.2	9.6	14.5	22.5	26.4	28.2	33.2	31.0	27.4	23.5	17.9	10.1
平均最低気温(℃)	-2.0	2.4	5.2	12.5	17.0	21.1	25.4	24.6	19.6	13.5	9.8	3.4
平均気温(℃)	1.6	6.0	9.8	17.5	21.7	24.6	29.3	27.8	23.5	18.5	13.8	6.8

町の気象データ（→P.517）：「預報」＞「浙江」＞「台州」＞「天台」

天台県全図

- 見どころ　──── 高速道路

天台県（城関鎮）

- 見どころ　Ｈ ホテル　Ｇ グルメ　Ｔ 旅行会社　病院　繁華街　高速道路

Access 交通

中国国内の移動→P.667

🚌 **バス** 天台バスセンターを利用する。杭州や上海など比較的長距離の路線がメイン。

所要時間(目安) 杭州／2時間30分　寧波／1時間40分　上海／4時間30分　臨海／1時間

Data

🚌 **バス**

● **天台バスセンター**（天台客運中心）
Ｍ P283-A4　住 城関鎮天台山西路501号
☎ 83901022　オ 5:20～17:30　休 なし　力 不可
[移動手段] タクシー（天台バスセンター～人民
路と労働路交差点）／10元、所要10分が目安
路線バス／1、3、5、7、11路「客運中心」
　15日以内の切符を販売。杭州（5:40～17:30の
間40～50分に1便）、臨海（6:10～16:30の間20～
30分に1便）、寧波（6:40～17:00の間12便）など。

長距離移動時に利用する天台バスセンター

国清寺
Ｍ P283-C3
住 城関鎮北郊国清寺村国清
路
☎ 国清景区＝83958197
　国清寺＝83988512
オ 国清景区24時間
　国清寺7:00～16:00
※入場は閉門20分前まで
休 なし
料 無料
交 5路バス「国清寺」

国清寺と石梁瀑布の観光の
窓口となる游客中心

見どころ

天台宗の総本山

オススメ度 ★★★

国清寺／国清寺 guóqīngsì
こくせいじ

1時間

　国清寺は、町の中心部から北に約3km行った国清景区内
に立つ寺院。唐初には霊岩寺（山東省済南市）や栖霞寺（江
蘇省南京市）、玉泉寺（湖北省当陽市）と合わせ天下四絶と
称されたほど風光明媚な場所として知られ、王羲之や李白な
ど多くの文人が訪れている。

　慧思の弟子である智顗（538～597年）が天台宗の教義
を天台山で確立し、彼の死後、598（隋の開皇18）年に建
立されたことから天台宗の祖庭とされている。「寺若成、国
即清（寺が建てば国は清くなる）」という意を込めて国清寺
と名づけられた。現存する仏閣の多くは1734（清の雍正
11）年に再建されたもの。また、最澄もここで天台宗を学
び、帰国後、日本で天台宗を広めた。このため、現在でも多
くの日本人僧侶が訪れている。

　国清寺の見どころは、唐の天文学者である一行禅師（大衍

「過去七仏」を表した七仏塔（創建年は未詳）

貝葉経を納める玉仏閣

暦で有名）の記念碑、玉仏閣に納められた貝葉経（ヤシの葉に書かれた経文）や舎利塔、王羲之の筆による「鵝」の文字（半分のみ）、比叡山延暦寺が建てた3つの石碑など。このほかにも、弥勒殿や雨花殿、大雄宝殿、明代に造られた銅鋳釈迦牟尼座像などもある。

天台山游客中心

文字の半分は王羲之の筆と伝わる

天台山有数の景勝地　**オススメ度** ★★★

石梁景区／石梁景区　shíliáng jǐngqū
せきりょうけいく

石梁景区は、城関鎮北郊外の石橋山中を流れる順渓沿いに古木や奇石、瀑布などがある景勝エリア。宋代の書家米芾や明代の旅行家徐霞客など多くの文人墨客が訪れている。

小銅壺瀑布（石梁瀑布）

　有名な見どころは、1101（北宋の建中靖国元）年に創建された方広寺（上・中・下に分かれる）、下方広寺（五百羅漢が納められている）の東側に位置する高さ約15mの石梁瀑布、そのさらに上流（北）に位置する小銅壺瀑布など。観光ルートは入口から出口まで約3.5kmの一方通行となっている（日本語の案内あり）。一般的な観光は2時間30分。

下方広寺の山門

民衆の支持を受けた破戒僧の生家跡　**オススメ度** ★★★

済公故居／済公故居　jìgōng gùjū
さいこうこきょ

済公（1130～1209年）は、天台山永寧村出身の南宋禅宗の高僧。名家の出自であったが、国清寺で具足戒を受け、道済の名を得た。その後、杭州の霊隠寺（→P.263）や浄慈寺に移った。戒律を受けず、肉食飲酒を行った破戒僧であったが、

観霞閣（左）と永寧村牌坊（右）

深い学識をもち、善行を積んだことから民衆の人気は高かった。死後は「禅宗第五十祖」に列せられた。その生家を整備し、2004年に一般公開したのが、隴西園や観霞閣などで構成される済公故居。

石梁景区
MP.283-B1
城関鎮北郊外約24km
☎83958610、83091280
⊙7:30～18:00　なし
入場料＝60元、観光専用バス＝40元（往復）
※入場料＋観光専用バス＝88元
下記インフォメーション参照

ⓘ ▶▶▶ **インフォメーション**

観光専用バス
　天台山游客中心（MP.283-C4）と石梁景区の間で運行（片道所要45分）。
⊙天台山游客中心発
　8:00～14:00の間1時間に1便
※春節期間および10月の連休中は8:00～15:00の間30分に1便
　石梁瀑布発9:00～17:00の間1時間に1便
5、7路バス「游客中心」

済公故居
MP.283-C4
城関鎮赤城路449号
☎83806033
⊙8:00～17:00
なし
30元
1、3、5路バス「済公亭」

智者塔院

M P.283-B1

住 城関鎮北郊外12km

オ 日中

休 なし

料 無料

交 タクシーをチャーターする。高明寺と合わせ往復400〜500元

※上記金額は待ち時間の費用を加算したもの。観光に費やす時間を長くとると上記金額より高くなる。待ち料金は1時間80元が目安

智者塔院の山門。下は旧山門で現在は使われていない

高明寺

M P.283-B1

電 83095002

オ 日中 **休** なし

料 無料

交 タクシーをチャーターする。智者塔院と合わせ往復で400〜500元

※上記金額は待ち時間の費用を加算したもの。観光に費やす時間を長くとると上記金額より高くなる。待ち料金は1時間80元が目安

高明寺大雄宝殿

龍興寺

M 地図外（P283-B2下）

住 臨海市赤城路2号

電 85315120

オ 7:00〜17:00

休 なし

料 無料

交 天台バスセンターから「臨海」行きで終点。201、202、222路バスに乗り換えて「中心菜場」（2元）、徒歩10分

※「臨海」からの最終は17:40発

天台宗開祖の肉身塔がある　オススメ度 ★★★

智者塔院／智者塔院　zhìzhětǎyuàn
ち しゃとういん

　智者塔院は城関鎮の北12kmの所にある寺院。実質的な天台宗の開祖である智顗（智者大師とも呼ばれる）が石城寺で遷化（逝去）した後、597（隋の開皇17）年に弟子たちが肉身塔を建て、慧真身塔院という寺院を建立したのが始まり。1008（北宋の大中祥符元）年に真覚寺と改称され、1982年に浙江省の重要文化財に指定されると同時に智者塔院となった。何度か再建されたが、現存する仏閣は1889（清の光緒15）年に再建されたもの。天台宗にゆかりが深いため、日本をはじめ各国の天台宗僧侶が天台山を訪れた際に必ず立ち寄る場所となっている。

　境内には正門である三門殿、天王殿、大雄宝殿などがあるが、特に有名なのは、六角2層（高さ7m）の石塔、智者大師肉身塔。見事な彫り物が特徴で、特に正面にある智者大師の座像は傑作。

智者禅師が建てた古刹　オススメ度 ★★★

高明寺／高明寺　gāomíngsì
こうみょう じ

　高明寺は智者塔院の東3kmにある天台山十二古刹のひとつで、智顗が建てた幽渓道場を基礎に唐の天佑年間（904〜907年）に建立された天台宗寺院。1008（北宋の大中祥符元）年に浄名寺と改称、1606（明の万暦34）年に高明寺に戻した。その後、興廃を繰り返し、現存する殿宇は1980年に再建されたもの。境内には大雄宝殿や浙江省最大の鐘、智顗が記した「幽渓」の2文字などがある。

郊外の見どころ

最澄が天台法華を学んだ古刹　オススメ度 ★★★

龍興寺／龙兴寺　lóngxīngsì
りゅうこう じ

　天台県の南、臨海市にある705（唐の神龍元）年創建の古刹。創建当初は大きな寺院だったが、現在ではかなり規模の小さい寺院となっている。この寺院は、日本の天台宗の開祖である最澄が150日近く天台法華などを学び、805（唐の貞元21）年3月には道邃より大乗菩薩戒を受けた所で、その後も円珍や栄西などもここで学んでいる。

大雄宝殿と千仏古塔

古い町並みを残すエリア

オススメ度 ★★★

台州府城壁・紫陽古街／
台州府城墙・紫阳古街　tāizhōufǔ chéngqiáng zǐyáng gǔjiē

だいしゅうふじょうへき　しようこがい

　台州府城壁は臨海市老城区に位置する城壁で、龍興寺からは歩いてすぐ。南北朝期に築かれたがやがて崩壊し、北宋の大中祥符年間（1008〜1016年）に再建された。その後も、水害防止に有効だったため、何度も修復され利用された。さらに、1712（清の康熙51）年には城壁に甕城が増築され、軍事的役割も与えられた。

歴史を感じさせる台州府城壁

　紫陽古街は台州府城内で最も繁栄した商業街。名称は北宋末期に活躍した道士張伯端の号である紫陽真人にちなんだもの。通りは南北に延びており、長さ1080m、幅4〜5m。

台州府城壁・紫陽古街
Ⓜ地図外（P.283-B2下）
住臨海市赤城路
⌚紫陽古街24時間
　台州府城壁（龍興寺向かいの西側から北側までの5km）7:00〜17:00
※入場は閉門30分前まで
休なし
料紫陽古街、台州府城壁（龍興寺向かいの東側500m）＝無料。台州府城壁（龍興寺向かいの西側から北側までの5km）＝65元
交天台バスセンターから「臨海」行きで終点。その後、以下に乗り換える
　紫陽古街北端：209路バス「哲商小学」。紫陽古街南端、台州府城壁南端：201、202、222路バス「中心菜場」、徒歩10分。台州府城壁北端：209路バス「长城揽胜门」
※「临海」からの最終は17:40発

天台賓館／天台宾馆　tiāntái bīnguǎn
てんだいひんかん

★★
★★

国清寺とは小川を隔てた向かいに立つ庭園様式の高級ホテルで建物は2号楼から8号楼まである。周囲に緑が多く、とても静かな環境にある。ビュッフェ形式の朝食では、天台ならではのメニューも用意されている。

両替　ビジネスセンター　インターネット

Ⓜ P.283-C3
住城関鎮国清寺傍
☎89358888
📠83988931
Ⓢ328〜728元
Ⓣ328〜728元
切なし
切JMV
Ⓤwww.ttbghotel.cn

天台山大酒店／天台山大酒店　tiāntáishān dàjiǔdiàn
てんだいさんだいしゅてん

天台でトップレベルのホテル。繁華街に位置しており、食事や観光にも便利。

両替　ビジネスセンター　インターネット

Ⓜ P.283-B5
住城関鎮労働路278号
☎83989999
📠83989789
Ⓢ388元　Ⓣ338元
切なし　切不可

錦江之星 天台新城客運中心酒店／锦江之星 天台新城客运中心酒店　jǐnjiāng zhīxīng tiāntái xīnchéng kèyùn zhōngxīn jiǔdiàn
きんこうしせい てんだいしんじょうきゃくうんちゅうしんしゅてん

「経済型」チェーンホテル。簡素だが、清潔な客室は快適。天台バスセンターに近く、アクセスの便はよい。

両替　ビジネスセンター　インターネット　Ⓤwww.jinjianginns.com

Ⓜ P.283-A4
住城関鎮始豊新城渓林路110号
☎83171666　📠83171717
Ⓢ179〜199元
Ⓣ159〜219元
切なし　切不可

天台賓館 中餐庁／天台宾馆 中餐厅　tiāntái bīnguǎn zhōngcāntīng
てんだいひんかん ちゅうさんちょう

4つ星ホテル内のレストランながらも値段はリーズナブル。落ち着いた環境と行き届いたサービスで地元の料理を楽しめる。野菜入りクレープのような名物"糊拉汰""饺饼筒"などもおいしい。

Ⓜ P.283-C3
住城関鎮国清寺傍天台賓館内
☎83988999
⌚11:00〜13:30、17:00〜20:30
休なし　切不可

天台海峡旅行社／天台海峡旅行社　tiāntái hǎixiá lǚxíngshè
てんだいかいきょうりょこうしゃ

日本語ガイドは1日500元。智者塔院と高明寺の車チャーターは500元。天台山と龍興寺1日観光の車チャーターは1000元。いずれも早めの事前連絡が必要。✉huxiafen0068@163.com（日本語可）

Ⓜ P.283-C5　住城関鎮環城東路東湖小区15棟109室
☎83882112　📠83884013
⌚8:00〜11:30、13:30〜17:00
休土・日曜、祝日　切不可

合肥

ごうひ

ハーフェイ
合肥 Hé Féi

市外局番●0551

安徽省を紹介する晥江文化博物館（徽園内）

ウルムチ
北京　大連
西安　　　上海
ラサ　成都　　**合肥**
昆明　広州
香港
ハルビン

都市DATA

合肥市
人口：731万人
面積：1万1496㎢
4区1県級市4県を管轄
合肥市は安徽省の省都

市公安局出入境管理処
（市公安局出入境管理処）
地図外（P.291-B3下）
包河区南京路2588号
96311
9:00～12:00、
14:00～17:00
土・日曜、祝日
観光ビザを最長30日間延長
可能。手数料は160元

省立医院（省立医院）
MP292-B2
廬陽区廬江路17号
62283699（救急）
24時間
なし

市内交通

【地下鉄】2018年7月現在、
1号線、2号線が営業。詳し
くは公式ウェブサイトで確認
を
合肥城市軌道交通
Uwww.hfgdjt.com
【路線バス】運行時間の目安
は6:00～22:00、2元
【タクシー】初乗り2.5km未
満8元、2.5km以上1kmごと
に1.6元加算

概要と歩き方

　長江と淮河の間、巣湖（中国五大淡水湖のひとつ）の北に
位置する合肥は、安徽省中央部にある省都。南淝河と北淝河
の合流地点に町が造られたため、この名を得たといわれてい
る（他説もある）。中国では、三国時代の古戦場であること
から「三国故地」、北宋の名臣包拯の出身地であることから
「包拯家郷」と呼ばれることも多い。

　町は長江下流域と中原を結ぶ要衝として古くから栄え、紀
元前221年には秦朝によって合淝県が設置された。町の歴
史はすでに2200年以上に及ぶ。757年（唐の至徳2載）以
降清末までは廬州と改称され、廬州の別称もある。その後、
1912（中華民国元）年に合肥県、1949年に合肥市とな
り、1952年に安徽省の省都となった。

　気候は亜熱帯湿潤気候に属し、四季がはっきりしている。
夏は長く暑いが、冬は寒くなるため、防寒具の用意が必須。
また、5月から6月は梅雨に当たるため、雨量も多くなる。
秋は好天が多く、ベストシーズンだが非常に短い。

　町の中心は黒池壩、雨花塘、銀河
公園、包公園、南淝河に囲まれたエ
リア。ここは緑が多く、見どころも
多い。繁華街は長江中路や淮河路。
ホテルはこのエリアで探すのがおす
すめ。合肥駅からは、1路や129路
バスなどで移動できる。なお、現在
もこのエリアから南西部に向けて開
発が進み、町は拡大している。

　地下鉄の開業によって合肥駅と合
肥南駅、繁華街のアクセスが便利に
なった。

思恵楼（廬州府城隍廟）

	1月	2月	3月	4月	5月	6月	7月	8月	9月	10月	11月	12月
平均最高気温(℃)	6.5	8.4	13.6	20.2	25.3	29.1	32.1	32.2	27.1	21.9	15.5	9.2
平均最低気温(℃)	-1.0	0.6	5.4	11.5	16.7	21.2	24.8	24.2	19.2	12.9	6.7	0.9
平均気温(℃)	2.4	4.2	9.0	15.6	20.8	24.9	28.1	27.9	22.8	17.0	10.7	4.5

町の気象データ（→P.517）：「預報」＞「安徽」＞「合肥」＞区・市・県から選択

中国国内の移動➡P.667　鉄道時刻表検索➡P.26

✈ 飛行機　市区西北33kmに位置する合肥新橋国際空港(HFE)を利用する。

国際線　日中間運航便はないので、北京や上海で乗り継ぐとよい。
国内線　北京などの主要都市との間に運航便がある。
所要時間(目安) 北京首都(PEK)／2時間　上海浦東(PVG)／1時間25分　広州(CAN)／2時間　深圳(SZX)／2時間25分　西安(XIY)／1時間50分　成都(CTU)／2時間25分

🚆 鉄道　合寧線や合武線の主要駅である合肥駅と高速鉄道専用駅の合肥南駅がある。

所要時間(目安)【合肥(hf)】南京南(njn)／高鉄：56分　蘇州北(szb)／高鉄：1時間52分　上海(sh)／高鉄：2時間17分　【合肥南(hfn)】黄山北(hsb)／高鉄：1時間20分　婺源(wy)／高鉄：1時間51分　南京南(njn)／高鉄：52分　蘇州北(szb)／高鉄：1時間46分　鎮江南(zjn)／高鉄：1時間14分　上海虹橋(shhq)／高鉄：2時間6分

🚌 バス　市内にはいくつものバスターミナルがあるが、旅行者がおもに利用するのは合肥東バスターミナルや合肥バスターミナルなど。上海や江蘇省、浙江省方面の便がある。

所要時間(目安) 黄山／4時間30分　揚州／3時間30分　南京／2時間30分　無錫／4時間30分

⫶ Data

✈ 飛行機

●**合肥新橋国際空港**（合肥新桥国际机场）
M**P.289-A1** 住肥西県高劉鎮
☎インフォメーション＝63777888
　航空券売り場＝63777666
⦿始発便〜最終便　休なし　⊅不可
Ⓤwww.hfairport.com
[移動手段] **エアポートバス**（空港〜市内）／4路線あり。一律25元、所要1時間〜1時間30分が目安。空港→市内=8:30〜最終便の間30分〜1時間に1便　市内→空港=5:30〜20:00の間30分〜1時間に1便（路線によって異なる）　**タクシー**（空港〜廬州府城隍廟）／100元、所要1時間が目安
　航空券売り場で3ヵ月以内の航空券を販売。
●**民航合肥航空券販売センター**
　（民航合肥售票中心）
M**P.292-A1** 住廬陽区寿春路212号
☎63777777　⦿国内線7:00〜18:30　国際線8:00〜17:30　休なし　⊅不可
[移動手段] **タクシー**（民航合肥航空券販売センター〜廬州府城隍廟）／8元、所要7分が目安　**路線バス**／4、5、10、15、106、109、127、136、137、155路「百花井」
　3ヵ月以内の航空券を販売。エアポートバス4号線の発着地点。このほか、28日以内の鉄道切符も販売（⦿8:00〜17:30）している。手数料は1枚5元。

🚆 鉄道

●**合肥駅**（合肥火车站）
M**P.291-C1** 住瑤海区站前路1号　☎共通電話＝12306　⦿24時間　休なし　⊅不可
[移動手段] **タクシー**（合肥駅〜廬州府城隍廟）／18元、所要20分が目安　**地下鉄**／1号線「合肥火车站」

28日以内の切符を販売。
●**合肥南駅**（合肥火车南站）
M**P.291-B3** 住包河区龍川路　☎共通電話＝12306　⦿5:40〜22:00　休なし　⊅不可
[移動手段] **タクシー**（合肥南駅〜廬州府城隍廟）／25元、所要30分が目安　**地下鉄**／1号線「合肥南站」
　28日以内の切符を販売。

🚌 バス

●**合肥東バスターミナル**（合肥汽车东站）
M**P.291-C1** 住瑤海区長江東路517号
☎64413399　⦿6:00〜17:30　休なし　⊅不可
[移動手段] **タクシー**（合肥東バスターミナル〜廬州府城隍廟）／20元、所要25分が目安　**地下鉄**／2号線「东七里」
　7日以内の切符を販売。湯口(黄山風景区：5便)、黄山(屯渓：4便)など。

●見どころ　━━━ 高速道路(━━━)　=== 工事中)

● 合肥バスターミナル（合肥汽车站）
M P.291-C1　**住** 瑶海区明光路168号　**☎** 64299161、64299163　**オ** 5:30～20:00　**休** なし　**カ** 不可
[移動手段] **タクシー**（合肥バスターミナル～廬州府城隍廟）／15元、所要15分が目安　**地下鉄**／1号線「明光路」

　7日以内の切符を販売。南京（10便）、揚州（2便）、蘇州（2便）、無錫（2便）、杭州（4便）など。エアポートバス1号線の発着地点。

● 合肥南バスターミナル（合肥汽车客运南站）
M P.291-B3　**住** 包河区宿松南路中段
☎ 63475575、63475585　**オ** 5:40～19:00　**休** なし　**カ** 不可
[移動手段] **タクシー**（合肥南バスターミナル～廬州府城隍廟）／25元、所要30分が目安　**路線バ**

ス／1、117、152、156路「南门换乘中心」
　7日以内の切符を販売。三河（6:30～17:40の間20分に1便）、廬江（6:30～19:00の間30分に1便）など。

🍴🚌 **そのほか**

● 三孝口聯合チケット売り場（三孝口联合售票处）
M P.292-A2　**住** 包河区長江中路351号
☎ 62811177　**オ** 8:00～18:00　**休** なし　**カ** 不可
[移動手段] **タクシー**（三孝口聯合チケット売り場～廬州府城隍廟）／8元、所要5分が目安　**地下鉄**／2号線「三孝口」

　3ヵ月以内の航空券、28日以内の鉄道切符を販売。手数料は1枚5元。

包公園
M P.292-B2
住 包河区蕪湖路72号
☎ 62884490
オ 4月下旬～10月上旬
　8:00～18:00
　10月中旬～4月中旬
　8:00～17:30
※入場は閉門30分前まで
※共通券の販売は閉門1時間前まで
休 なし
料 包公祠＝20元、包公墓・清風閣＝35元、浮荘＝5元
※共通券は50元（包公祠と包公墓、清風閣、浮荘）
交 ①地下鉄1号線「包公園」
②6、11、99、119、154路バス「包公園」
U www.baogongyuan.com

清風閣。楼閣の上からの眺望は見事

安徽博物院（新館）
M P.291-A3
住 蜀山区懐寧路268号
☎ 63736655
オ 9:00～17:00
※入場は閉館1時間まで
休 月曜
料 無料
交 13、105、129路バス「安徽合肥体育中心」
U www.ahm.cn

見どころ

郷土出身の清廉な官僚をたたえる公園　オススメ度 ★★★

包公園／包公園　bāogōngyuán
ほうこうえん

　北宋代の名臣で合肥出身の包拯（999～1062年）をたたえるために造られた公園。もとは幼い頃包拯が学んだ寺院だったが、1488（明の弘治元）年に包公書院として再建され、1539（明の嘉靖18）年に包孝粛公祠と改称された。その後廃れ、現存するのは清末に李鴻章の寄金により再建され、中華人民共和国建国後に整備されたもの。

　包拯は清廉潔白な高官であったことから、後世の人々には包青天（青天は清廉な者を指す表現）と呼ばれ、古くは京劇などの戯曲、最近では映画やドラマにもなっている。

　包公園は包公祠、包公墓、清風閣、浮荘を中心に構成されている。包公墓には彼や夫人、その子孫の遺骨が葬られており、包公祠では史料などを基に家系や彼の業績を紹介している。清風閣は彼の生誕1000年を記念して建てられた高さ42mの楼閣、浮荘は包河の浮島に造られた昔の村落。

多くの文物を展示　オススメ度 ★★★

安徽博物院（新館）／
あんきはくぶついん　しんかん

安徽博物院（新館）　ānhuī bówùyuàn (xīnguǎn)

　安徽博物院の別館で、近代的な外観の地上6階、地下1階の建物。15の展示室があり、約2500点の文化財（国宝級は340点を超える）を展示している。なかでも「徽州古建築」「安徽文房四宝」「新安画派」「江淮撷珍」の4つの展示は安徽省の文化を理解するうえで役に立つ。

印象的な外観

安徽省を紹介するテーマパーク　オススメ度 ★★★

徽園（きえん）／徽园 huīyuán

中華人民共和国建国50周年を記念して1999年に造られた記念園。安徽省内の17都市を、各地の建築物で紹介している。そのほか、上海万博に出展した安徽園を再現した世博安徽園もある。

町の守護神を祀る建物　オススメ度 ★★★

廬州府城隍廟（ろしゅうふじょうこうびょう）／庐州府城隍庙 lúzhōufǔ chénghuángmiào

廬州府城隍廟は1051（北宋の皇佑3）年に創建された都市の守護神である城隍神を祀る廟。何度も再建されており、現在残る山門や戯楼、大殿などは、李鴻章（りこうしょう）の資金提供によって1879（清の光緒5）年に再建されたもの。1980年代以降、付近には安徽省独自の建築様式をもつ建物が並ぶ通りが造られ、合肥有数の繁華街となった。また、廬州府城隍廟の北側には娘娘廟（ニャンニャンミャオ）と思恵楼が再建されている。

徽園
[M]P.291-A3
[住]蜀山区繁華大道276号
☎63822004
[オ]4月中旬～10月中旬
8:00～17:30
10月下旬～4月上旬
8:00～17:00
※世博安徽園9:00～17:00
[休]なし
[料]徽園＝20元
世博安徽園＝20元
※共通券は30元
[交]T7、20、52、150、226、602路バス「徽园」
[U]www.anhuihuiyuan.cn

廬州府城隍廟
[M]P.292-A1
[住]廬陽区霍邱路128号
[オ]24時間（店舗は8:00～22:00）
[休]なし [料]無料
[交]114、126、127、136路バス「城隍庙」

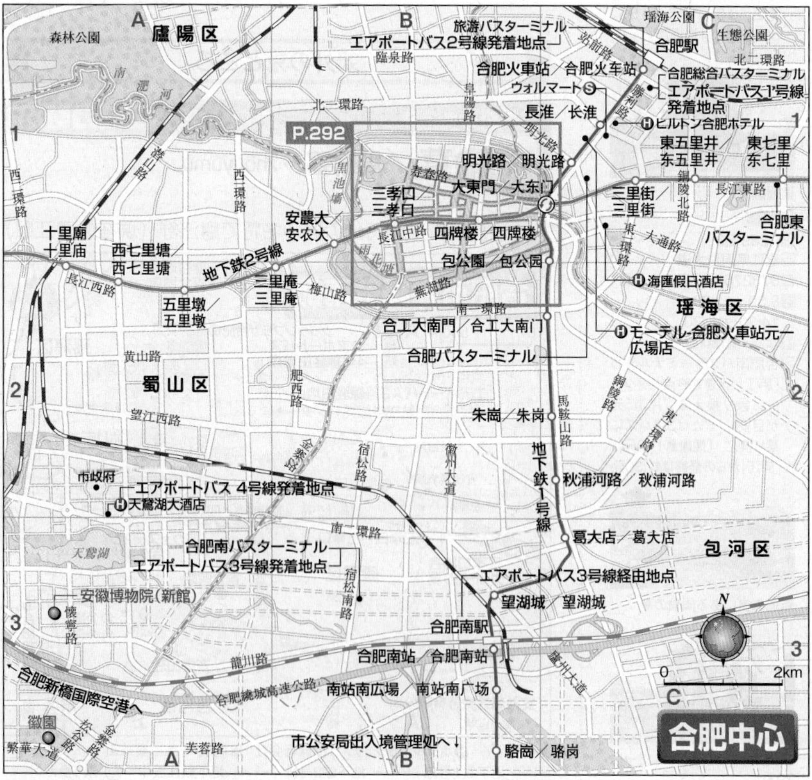

●・見どころ　[H]ホテル　[S]ショップ　[田]病院　繁華街　高速道路　高速鉄道

李鴻章故居

M P.292-B1
住 廬陽区淮河路208号
☎ 62616772
オ 5～10月8:30～18:00
　11～4月8:30～17:30
　※入場は閉館30分前まで
休 なし　**料** 20元
交 ①地下鉄2号線「四牌楼」
　②4、14、117、121、129
　路バス「市府广场」
U www.lihongzhang.org.cn

李鴻章故居入口

逍遥津公園

M P.292-B1
住 廬陽区寿春路16号
☎ 62654575
オ 4月下旬～10月上旬
　5:30～22:00
　10月中旬～4月中旬
　6:30～21:30
　※逍遥閣は通年8:30～17:00
休 なし
料 入場料=無料、逍遥閣=10元
交 ①地下鉄1号線「大東門」
　②2、15、106、155、
　801路バス「逍遥津」

逍遥閣

周瑜墓

M P.289-B2
住 廬江県周瑜大道
☎ 87327529（廬江文化局）
オ 8:30～11:30、
　14:30～17:30
休 なし　**料** 無料
交 合肥南バスターミナルから
　「廬江」行きで終点。タクシ
　ーに乗り換える（片道5元
　が目安）。または3路バスに
　乗り換え、「周瑜墓」（2元）
　※「廬江」からの最終は17:30発

新道の奥にある周瑜の墓

三河古鎮の景観（本文→P.293）

清末の重臣一族が暮らした場所　オススメ度 ★★★

李鴻章故居／李鴻章故居　lǐhóngzhāng gùjū
りこうしょうこきょ

　李鴻章（1823～1901年）は合肥出身の清末の政治家で、下関条約（日清戦争の講和条約）の調印を行った人物として日本でも有名。当時李鴻章一族が暮らした住宅の規模は、人々に「李府半条街」と称せられるほど広大であったが、李鴻章故居はそのほんの一部（約3000㎡）。典型的な安徽地方の住宅様式で大門、前庁、中庁、走馬楼などが残る。

三国志に登場する古戦場跡　オススメ度 ★★★

逍遥津公園／逍遥津公園　xiāoyáojīn gōngyuán
しょうようしんこうえん

　旧市街の東北部に位置する公園で合肥を代表する景勝地であり、三国時代の古戦場跡として知られる場所。215（後漢の建安20）年、呉の孫権が10万の兵を率いて、曹操配下の張遼、楽進、李典が寡兵で守る合肥城に攻撃を仕掛けたが、張遼らはよく戦い、呉軍を退けた。これが合肥の戦い。
　園内には孫権が馬で飛び越え撤退したという飛騎橋、逍遥閣、猛将として知られる張遼の像などがある。

郊外の見どころ

呉の名将が眠る墓　オススメ度 ★★★

周瑜墓／周瑜墓　zhōuyúmù
しゅうゆぼ

周瑜墓は、三国時代の呉の名将で廬江舒（現在の廬江県）

合肥市廬陽区南部

0　500m

●見どころ　Ｈホテル　Ｓショップ　Ｔ旅行会社　Ｂ病院　■■■繁華街

―― 地下鉄1号線　―― 地下鉄2号線　- - 地下鉄建設中　② 乗り換え

の名家出身の周瑜（175〜210年）が眠る陵墓。彼は呉の建国に尽力し、208（後漢の建安13）年には、赤壁の戦いで曹操を撃破し、その名を天下に轟かせた。しかし、病に倒れ、その2年後若くして世を去った。

　陵墓は210（後漢の建安15）年に建てられたが、何度も荒廃再建を繰り返した。現存するものは2002年の再建。

長い歴史を誇る町　　　　　　　　　　　　オススメ度 ★★★

三河古鎮／三河古镇　sānhé gǔzhèn
さんがこちん

　三河は市区の南約35kmに位置する2500年近い歴史をもつ水郷古鎮。豊楽河、杭埠河、小南河の3つの川が流れることからこう呼ばれるようになった。古称は鵲渚。肥西、舒城、合肥などと境界を接することから、交通の要衝として栄え、兵家必争の地となり、八古（古河、古橋、古圩、古街巷、古民居、古茶楼、古廟台、古戦場）と呼ばれる要素を兼ね備えた観光地として全国に知られるようになった。

三河古鎮
Ｍ P.289-A2
住 肥西県三河鎮
☎ 68757113
開 三河古鎮：24時間
　見どころ：4月中旬〜10月中旬8:00〜18:00、10月下旬〜4月上旬 8:00〜17:30
休 なし
料 大夫第と栖梦園、楊振寧旧居、三河大戦風雲館＝30元、望月閣、民俗園（老酒坊）、劉同興隆荘＝各20元、古娯坊＝15元、孫立人故居、鶴廬＝各10元
※4ヵ所共通券（望月閣、民俗園（老酒坊）、大夫第、栖梦園または楊振寧旧居、孫立人故居、鶴廬、劉同興隆荘）＝50元
交 合肥南バスターミナルから「三河」行きで終点。徒歩8分
※「三河」からの最終は17:30発
U www.shgzlyjq.com

ホテル

ウェスティン合肥富力／合肥富力威斯汀酒店 ★★★ ★★
こうひ ふりき　héféi fùlì wēisītīng jiǔdiàn

2010年開業の5つ星ホテルで設備の状態は非常によい。向かいにはショッピングセンターの合肥包河万達広場があって便利。

両替　ビジネスセンター　インターネット　U www.starwoodhotels.com/westin

Ｍ P.292-B2
住 包河区馬鞍山路150号
☎ 62989888　FAX 62989898
S 926〜1076元
T 926〜1076元
サ 10%＋6%　カ ADJMV

ホリデイ・イン合肥／合肥古井假日饭店 ★★★ ★★
こう　héféi gǔjǐng jiàri fàndiàn

市中心部に位置し、逍遥津公園や包公園へは徒歩10分ほどの距離。屋内プール、サウナ、スパなどの施設が充実。

両替　ビジネスセンター　インターネット　U www.holidayinn.com

Ｍ P.292-B1
住 瑶海区長江東路1104号
☎ 62206666　FAX 62201166
S 488〜548元
T 488〜548元
サ なし　カ ADJMV

安徽銀瑞林国際大酒店／安徽银瑞林国际大酒店 ★★
あんきぎんずいりんこくさいだいしゅてん　ānhuī yínruìlín guójì dàjiǔdiàn

2002年開業の4つ星ホテルで市中心部の便利な場所にある。ビュッフェ形式の豪華な朝食付き。夜には果物の無料サービスあり。

両替　ビジネスセンター　インターネット　U yrlhotel.com.cn

Ｍ P.292-B1
住 廬陽区阜陽路16号
☎ 65669999　FAX 65668889
S 298〜418元
T 298〜418元
サ なし　カ ADJMV

斉雲山荘／齐云山庄 ★★ ★★
さいうんさんそう　qíyún shānzhuāng

包公祠の近くに位置する4つ星ホテル。一部の部屋からは包公園や包河を望むことができる。

両替　ビジネスセンター　インターネット　U www.qyszhotel.com

Ｍ P.292-B2
住 包河区蕪湖路199号
☎ 62286688　FAX 62286677
S 298〜468元
T 298〜468元
サ なし　カ ADJMV

モーテル-合肥火車站元一広場店／莫泰-合肥火车站元一广场店
こうひ かしゃたんげんいちひろてん　mòtài héféi huǒchēzhàn yuányī guǎngchángdiàn

「経済型」チェーンホテル。支店の正式名は「合肥火車站元一広場明光路地鉄店」。設備は簡素ながら清潔。

両替　ビジネスセンター　インターネット　U www.bthhotels.com

Ｍ P.291-C1
住 瑶海区勝利路168号
☎ 65186777　FAX 65186677
S 159〜189元
T 189元
サ なし　カ 不可

旅行会社

安徽海外旅游有限公司／安徽海外旅游有限公司
あんきかいがいりょゆうげんこうし　ānhuī hǎiwài lǚyóu yǒuxiàngōngsī

列車の切符手配代行料は1枚50元。日本語ガイドは1日800元、車のチャーター（市内）は1日800元。やりとりは日本語でも可。
✉ 951020696@qq.com　☎ 13305609769（携帯。日本語可）

Ｍ P.292-A2
住 蜀山区梅山路8号
☎ 62627055
FAX なし　開 8:30〜12:00、13:30〜17:00
休 土・日曜、祝日　カ 不可

山水画そのままの景色が目の前に広がる

こうざん
黄山

ホアンシャン
黄山 Huáng Shān　　　市外局番●0559

峰に突き刺さったように見える飛来石（黄山風景区）

ウルムチ　ハルビン
北京　大連
西安　上海
ラサ　成都　　黄山
昆明　広州　香港

都市DATA

黄山市
人口：148万人
面積：9807k㎡
3区4県を管轄

市公安局出入境管理処
（市公安局出入境管理処）
MP.297-E3
住屯渓区長幹中路108号
☎2323093、2323091
オ8:00～11:30、
　14:30～17:00
休土・日曜、祝日
観光ビザを最長30日間延長
可能。手数料は160元

市人民医院（市人民医院）
MP.296-C3
住屯渓区栗園路4号
☎2521123（救急）
オ24時間
休なし

概要と歩き方

　世界複合遺産の「黄山」、世界文化遺産の「安徽南部の古村落−西逓・宏村」と、ふたつの景勝地を擁する黄山市。その中心は1983年に設立された屯渓区で、空港や鉄道駅がある黄山市の玄関口。屯渓には、黄山駅近くに広がる新市街と、川沿いの旧市街があるが、観光客にとってのおもな見どころは明時代の町並みが残る旧市街の老街から新安江にかけての一帯となる。横江沿いの華山路にホテルや航空券売り場などがある。

　黄山市で国内外の観光客に最も人気の高い見どころは、雄大な景観を誇る黄山。安徽省の南部に位置する72の奇峰からなる山岳風景区で、1990年12月にユネスコの世界文化遺産、および自然遺産に登録された中国有数の景勝地区である。ベストシーズンは7～9月だが、季節ごとに異なる景観が楽しめる。市区中心の屯渓から、黄山の麓の登山起点となる温泉区までは約70kmと離れているので、黄山だけが観光の目的なら、屯渓区ではなく温泉区に宿を取るのもよい。

　もうひとつの見どころは、山あいに点在する、古い家屋が建ち並ぶ村々。2000年に世界遺産に登録された西逓や宏村などの地域にいくつもの古民居群がある。

	1月	2月	3月	4月	5月	6月	7月	8月	9月	10月	11月	12月
平均最高気温(℃)	7.0	10.0	15.0	21.0	24.0	30.0	34.0	32.0	27.0	22.0	16.0	10.0
平均最低気温(℃)	0.6	2.0	7.0	12.0	17.0	22.0	26.0	25.0	21.0	13.0	8.0	3.0
平均気温(℃)	4.0	5.6	10.3	16.4	21.7	25.5	29.4	29.0	24.3	18.4	12.4	6.5

町の気象データ（→P.517）：「預報」＞「安徽」＞「黄山」＞市内の区・県から選択

Access 交通

中国国内の移動➡P.667　　鉄道時刻表検索➡P.26

✈ 飛行機
屯渓の西約8kmに位置する黄山屯渓国際空港（TXN）を利用する。市内との間にはエアポートバスが運行されている。

国際線 日中間運航便はないので、上海で乗り継ぐとよい。
国内線 北京、上海、広州など主要都市との間に運航便がある。
所要時間(目安) 上海虹橋（SHA）／1時間15分　広州（CAN）／1時間50分　西安（XIY）／2時間5分

鉄道

皖贛線の途中駅である黄山駅と、高速鉄道専用の黄山北駅を利用する。長距離列車に乗る場合は、合肥や南京発を利用するとよい。

[所要時間(目安)]【黄山(hs)】南京(nj)／快速：5時間44分　【黄山北(hsb)】合肥南(hfn)／高鉄：1時間20分　婺源(wy)／高鉄：21分　上海虹橋(shhq)／高鉄：4時間6分

バス

黄山市総合バスターミナルと新国線黄山風景区バスターミナルを利用する。上海や江蘇省、浙江省方面との間にバスが運行されている。

[所要時間(目安)] 黄山風景区／1時間～1時間30分　杭州／3時間　合肥／4時間30分

Data

✈ 飛行機

●**黄山屯渓国際空港**（黄山屯溪国际机场）
[M] **P.302-B2**　[住] 屯渓区奕棋鎮龍井8号
☎2934999　[オ] 始発便～最終便　[休] なし
[カ] 不可　[U] www.hsairport.com
[移動手段] **エアポートバス**（空港～市内）／6元、所要20～30分。※決まった路線がなく、空港→市内は屯渓区繁華街のホテルまたはその近くで下車。市内→空港は搭乗便の出発2時間～2時間30分前までに☎携帯＝13305591328に電話しホテルに迎えに来てもらう　**タクシー**（空港～老街口客桟）／30元、所要15分が目安

●**民航航空券センター**（民航售票中心）
[M] **P.296-B2**　[住] 屯渓区華山路23号
☎2934111　[オ] 8:00～17:00　[休] なし　[カ] 不可
[移動手段] **タクシー**（航空券センター～老街口客桟）／7元、所要5分が目安　**路線バス**／1路「一马路」
3ヵ月以内の航空券を販売。

鉄道

●**黄山駅**（黄山火车站）
[M] **P.297-D1**　[住] 屯渓区站前路4号　☎共通電話＝12306　[オ] 24時間　[休] なし　[カ] 不可
[移動手段] **タクシー**（黄山駅～老街口客桟）／10元、所要10分が目安　**路線バス**／高鉄快線1路、6、12路「火车站」
28日以内の切符を販売。

●**黄山北駅**（黄山火车北站）
[M] **P.302-B2**　[住] 屯渓区迎客松大道北2号　☎共通電話＝12306　[オ] 6:40～22:10　[休] なし　[カ] 不可
[移動手段] **タクシー**（黄山北駅～老街口客桟）／55元、所要30分が目安　**路線バス**／高鉄快線1路、21路「黄山北站」
28日以内の切符を販売。高速鉄道の専用駅。

バス

●**黄山市総合バスターミナル**
（黄山市汽车客运总站）
[M] **地図外（P.296-A1上）**
[住] 屯渓区斉雲大道31号
☎2566666、2558420　[オ] 6:00～17:30
[休] なし　[カ] 不可
[移動手段] **タクシー**（黄山市総合バスターミナル～老街口客桟）／12元、所要10分が目安　**路線バス**／高鉄快線1路、1、2、8、10路「汽车站」
7日以内の切符を販売。杭州（7:10～17:50の間14便）、合肥（4便）、歙県（6:30～17:30の間15分に1便）、黟県（6:00～17:00の間20分に1便）、新国線黄山風景区バスターミナル（6:30～17:00の間30～45分に1便）など。

●**新国線黄山風景区バスターミナル**
（新国线黄山风景区汽车站）
[M] **P.299-B4**　[住] 黄山風景区旅游専線換乗中心内
☎5572602　[オ] 6:30～17:00　[休] なし　[カ] 不可
[移動手段] **タクシー**（新国線黄山風景区バスターミナル～老街口客桟）／200元、所要50分が目安
7日以内の切符を販売。杭州(6便)、合肥(4便)、黄山市総合バスターミナル（9:20～17:00の間12便）など。

インフォメーション

安徽古民居群を巡る観光バス

黄山旅游集散センター（黄山旅游集散中心）
[M] **地図外（P.296-A1上）**　[住] 屯渓区斉雲大道31号黄山市総合バスターミナル内
[オ] 8:30～17:30　[休] なし
路線／黄山市総合バスターミナル～黄山野生動物園～斉雲山登山口～東亭～大塘～珊坑～小渓村～葉村～石林景区～大塢～小塢～西遞～香渓谷度假村～屏山～秀里～賽金花故居～奇墅湖～宏村
料金／全行程＝24元、黄山市総合バスターミナル～西遞＝18元、西遞～宏村＝6元
所要時間／全行程＝2時間、西遞～宏村＝30分
運行時間／黄山市総合バスターミナル発：8:00～16:00の間1時間に1便　※9:30発もある　宏村発：8:00～17:00の間1時間に1便
臨時便
このほか、黄山市総合バスターミナルと呈坎を結ぶ観光バスも不定期ながら運行されている。便がある場合、9:00発で戻りが14:00頃発。料金は10元。スケジュールに関しては黄山市総合バスターミナル窓口で確認すること。

【路線バス】運行時間の目安は主要路線が6:30〜21:30、そのほかは6:50〜17:30、2元
※高鉄快線1路は世紀広場、黄山駅、黄山市総合バスターミナル、黄山北駅を結ぶ。6:30〜17:30の間30分に1便、5元。21路は循環バス。6:05〜22:25の間10〜20分に1便、2元
【タクシー】初乗り2.5km未満7元、2.5km以上1kmごとに2元加算、7km以上1kmごとに3元加算
【三輪リキシャ】1乗車5元

屯渓老街
Ⓜ P.296-B〜C3
Ⓗ屯渓区老街　Ⓧ24時間
※営業時間は店により異なる
Ⓗなし　Ⓒ無料
Ⓧ老街西端入口=1路バス「一馬路」老街東端入口=高鉄専線、3、5、8、12、21路バス「昱中花園」

見どころ

屯渓老街／屯渓老街　túnxī lǎojiē
とんけいろうがい

　屯渓の町の旧市街に残る商店街。宋や明清時代の町並みがそのまま残された通りで、歴史が刻まれた趣のある石畳が、緩やかなカーブを描いて1000mほど続いている。町並みは、1階の通り側には店舗、店の奥や2階に作業場や住居がある職住一体のスタイルをもつ建築物でできている。この地域の特産品である硯、墨、紙、筆といった文房四宝や、骨董などを扱う店、名産の「黄山毛峰」「祁門紅茶」などの中国茶を扱う店、レストランや庶民的な食堂などが建ち並び、そぞろ歩きが楽しい。

雨の日の屯渓老街

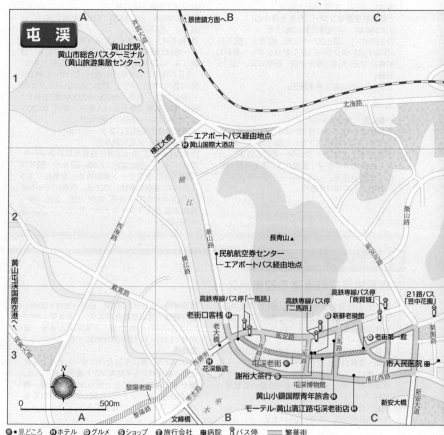

● 見どころ　Ⓗ ホテル　Ⓖ グルメ　Ⓢ ショップ　Ⓣ 旅行会社　Ⓗ 病院　Ⓘ バス停　■ 繁華街

郊外の見どころ

水墨画の風景を堪能できる　オススメ度 ★★★ 世界遺産

黄山風景区／黄山风景区　huángshān fēngjǐngqū
（こうざんふうけいく）

1日〜

水墨画のような絶景で国内外の観光客に人気の観光地。古くからその名を知られ、多くの文人が訪れた。

登山の起点は山麓の温泉区。登山ルートはふたつあり、温泉区の北、慈光閣から登る山道を前山、雲谷寺から登る山道を後山という。前山から登って後山へ下りるルートが一般的。麓の湯口や温泉区から慈光閣行きや雲谷寺行きのバスで登山口まで移動する。バスやロープウエイを使えば日帰りの登山も可能だが、山中で1泊して御来光を拝むのがおすすめ。登山道は整備されているが、分岐もあり道が複雑で、個人だと迷う恐れがあるので、ガイドを頼んだほうが安心。ガイドは登山口の切符売り場周辺におり、料金は交渉制となっている。

黄山風景区
M P.299、P.302-B1
住 黄山風景区
☎ 5561111
休 なし
料 入山料：
3〜11月＝230元
12〜2月＝150元
交 屯渓区：
黄山市総合バスターミナルから「黄山风景区换乘站」（新国線黄山風景区バスターミナル）行きで終点。
他都市：
「黄山风景区」（新国線黄山風景区バスターミナル）行きで終点。
※ともに新国線黄山風景区バスターミナルで各見どころ行きに乗り換える（→P.298）
U www.chinahuangshan.gov.cn

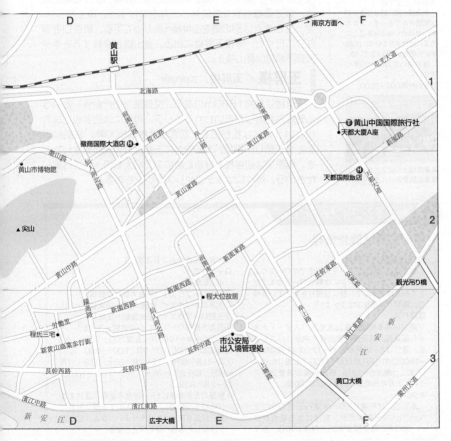

市公安局黄山風景区湯口分局
（市公安局黄山风景区汤口分局）
M P.299-B4
住 黄山風景区湯口
☎ 5562233
⏰ 8:30～11:30、13:00～17:00
休 土・日曜、祝日
観光ビザの延長は不可

黄山風景区紅十字衛生院
（黄山风景区红十字卫生院）
M P.299-B4
住 黄山風景区湯口
☎ 5571600
⏰ 8:30～11:30、13:00～17:00
※救急は24時間対応
休 なし

インフォメーション

天都峰と蓮花峰
　天都峰と蓮花峰は冬季の間は開放されておらず、また冬季以外はだいたい4年ごとに交互に開放されている。2018年は天都峰が開放されている。蓮花峰の開放は2019年の予定。
オ 登山時間7:00～16:00

風景区観光の拠点となる新国線黄山風景区バスターミナル

温泉区／温泉区　wēnquánqū

　唐の開元年間に、ここに様符寺が創建されたのが始まり。1740（清の乾隆5）年、寺院は洪水でなくなってしまったが、現在は黄山登山の玄関口としてにぎわっており、ホテルやみやげ物屋がたくさんある。また、その名のとおり、ここには温泉も湧いている。慈光閣行きや雲谷寺行きのバス乗り場もある。ここに1泊して翌朝から登り始めるとよい。見どころは、観瀑楼から見る人字瀑。

慈光閣／慈光阁　cíguānggé

　明の隆慶年間に建立された朱砂庵が始まり。その後、慈光閣が建立された。入山料はここで払う。ロープウエイ乗り場へは建物を出てすぐのT字路を左へ。歩いて登る人はそのT字路を右、次のT字路を左に行く。

天都峰／天都峰　tiāndūfēng

　天都峰は標高1810m。眺望がすばらしく、周辺の山々を一望できる。入山料は不要。新街口から天都峰へかけての石段は、急で道幅も狭く危険なので気をつけよう。頂上からは、登ったときとは別の道を玉屏楼へ向かって下る。新街口を道なりに行くと、直接玉屏楼に出る。登山路が凍結する冬季や天候不順時は登山禁止。

玉屏楼／玉屏楼　yùpínglóu

　玉屏楼は標高1680mにある、文殊院（明代創建）という仏教寺院があったといわれるエリア。付近には迎客松と送客松という有名な松がある。迎客松は樹齢800年、岩肌に根を生やす美しい松だ。1972年に天都峰で火災が発生したとき、周恩来は迎客松を守るために1000人もの人員を召集したという。近くにはホテルやレストランもある。

インフォメーション

黄山風景区観光情報

黄山風景区内の移動
　麓ではバスかタクシーを、山中ではロープウエイを利用。オンシーズンには雲谷ロープウエイがとても混雑するので、特に日帰りを考えている場合は朝早くから並ぶほうがよい。

路線バス
　湯口にある新国線黄山風景区バスターミナルから温泉区、慈光閣、雲谷寺へ向かうバスがある。運行は4～10月が7:00～17:30（土曜は6:30～18:00）、11～3月が7:00～17:00（土曜は6:45～17:30）。1乗車8～19元。新国線黄山風景区バスターミナルから屯渓への最終は17:00発。

タクシー
　基本的には初乗り2.5km未満7元、2.5km以上1kmごとに2元加算だが、交渉になる場合が多い。湯口から慈光閣まで20元程度が相場。白タ

クが非常に多いので要注意。

ロープウエイ
　4区間ある。
①雲谷ロープウエイ（雲谷寺駅～白鵝嶺駅）
②太平ロープウエイ（松谷庵駅～排雲楼駅）
③玉屏ロープウエイ（慈光閣駅～玉屏駅）
④西海大峡谷ロープウエイ（谷底駅～天海駅）
オ ①②③④4～10月：月～金曜7:00～17:00、土・日曜6:30～17:00　11～3月：7:00～16:00　**料** ①②3～11月は80元、12～2月は65元　③3～11月は90元、12～2月は75元　④3～11月は100元、12～2月は80元
※整備のため冬季に1ヵ月程度不定期に運休する（1路線ずつ整備）。冬季に入山する際は事前に運行状況を確かめたほうがよい。なお、登山道が凍結した場合、運行停止となる。

黄山風景区概略図

A　　B　　C

1

合肥方面へ　黄山区
　　　　　　（太平）

芙蓉嶺

三口

神仙洞

松谷庵

松谷庵駅

太平ロープウエイ

猴子観海

獅子峰

丹霞峰

北海賓館 H

黄山獅林大酒店 H

臥雲峰

十八羅漢朝南海

曙光亭

始信峰

探海松

排雲楼賓館 H

黄山
西海飯店 H

黄山
排雲楼駅

排雲亭

焦村

光明頂

光明頂山荘 H

飛来石

蝦蟇生花

黒虎松

白鵝嶺駅

潭家橋

2

谷底駅

西海大峡谷ロープウエイ

天海駅

天海（海心亭）

黄山白雲賓館 H

雲谷ロープウエイ

雲谷寺

仙都峰

白亭

釣橋庵

蓮花峰

百歩雲梯

玉屏楼
賓館 H

玉屏楼

送都松

雲谷寺駅

雲門峰

湯嶺関

玉屏楼駅

迎客松、送客松

老街口

新街口

半山寺

立馬峰

翠微峰

聖泉峰

3

試剣石

玉屏ロープウエイ

浮丘峰

酔石

慈光閣駅

慈光閣

翡翠谷

三畳泉

左下図

苦竹渓

温泉区

桃花峰

黄山南大門

湯口鎮

黄山風景区紅十字衛生院

温泉区、慈光閣、雲谷寺
に向かうバスの乗り場

新国線黄山風景区バスターミナル

4　市公安局黄山風景区湯口分局

温泉区拡大図

D

5　人字瀑

観瀑楼

E

黄山温泉
リゾートホテル H

攬勝橋

桃花渓

黄山
リゾート＆スパ H

この地図はかなりデフォルメされているため、
スケールは記載しておりません

● 見どころ　　D ホテル　　病院　　--- 登山道・遊歩道

ⓘ ▶▶▶ インフォメーション

登山時の装備

　山の天候は変わりやすく、また、朝夕や気候の悪いときは夏でもかなり冷え込むので、必ず雨具や防寒具を用意して行こう。雨合羽などは山麓のみやげ物店でも売っている。

頂上からの眺めがすばらしい天都峰（本文→P.298）

光明頂に立つ気象観測所

慈光閣（本文→P.298）

玉屏楼（本文→P.298）近くにある迎客松

ⓘ ▶▶▶ インフォメーション

黄山のモデルルート

　黄山は2日かけて回るのが最適。以下に回り方の一例を紹介するので参考にしてほしい。

1日目：屯渓→湯口→雲谷寺駅→雲谷ロープウエイ→白鵝嶺駅（歩き始める）→観音峰→黒虎松→夢筆生花→北海→西海→排雲亭→丹霞峰（夕日を見る）→西海または北海で宿泊

2日目：宿泊地→西海→排雲亭→飛来石→光明頂→天海→蓮花峰→玉屏楼→迎客松→玉屏駅→玉屏ロープウエイ→慈光閣駅→湯口→屯渓

▌蓮花峰／蓮花峰　liánhuāfēng
れんかほう

　2018年7月現在、登山は禁止（→P.298欄外）。玉屏楼から30分ほど歩くと分かれ道に着くので、登らずに光明頂へ行く人は、蓮花峰方面へは曲がらずに道なりに進む。蓮花峰は標高1864mの黄山最高峰。小さな峰が山を取り囲み、その中央に主峰が突き出している。頂上からの視界は果てしなく続く。霧の海にたくさんの峰が島のように浮かび、とても幻想的だ。黄山中で最も美しい景色のひとつ。

黄山の最高峰、蓮花峰

▌光明頂／光明頂　guāngmíngdǐng
こうみょうちょう

　天海からなだらかな坂を15分ほど登っていくと、標高1840mの光明頂がある。光明頂は黄山で2番目に高い峰で、1955年に築かれた気象台がある。日の出と雲海の名所として知られている。

▌夢筆生花／梦笔生花　mèngbǐshēnghuā
むひつせいか

　北海賓館から1分ほどの所に円形の展望台があり、ここから筆先の形をした岩に1本の松が生えているのが見える。この景色を夢筆生花という。残念なことに松は1970年代前半に枯れてしまい、現在のものはプラスチック製の作り物だ。また、北海賓館から獅子峰に登ると、猿が遠くを眺めている姿に似た「猴子観海」が見える。

▌飛来石／飞来石　fēiláishí
ひらいせき

　光明頂から約30分の所に立つ高さ約12mの奇石。空から飛んできたようなたたずまいから、この名がついた。

▌始信峰／始信峰　shǐxìnfēng
ししんほう

　北海賓館から約15分で始信峰料金所に出るので、始信峰に登る人はここで10元払う。標高1683mで、登山はそれほどきつくない。始信峰へ行く途中、虎のように見える「黒虎松」があるが、注意して見ていないと通り過ぎてしまう。

　始信峰と雲谷寺の間は雲谷ロープウエイを使うと移動が楽だ。

比較的登りやすい始信峰

▌雲谷寺／云谷寺　yúngǔsì
うんこくじ

　標高は約900mの所にある雲谷寺は、黄山で最初に建立された仏教寺院。南朝劉宋の元嘉年間（424〜453年）に新羅（現在の朝鮮半島）の僧によって建立された。寺院はすべて倒壊し、今は地名に名前が残っているのみ。温泉区や湯口、慈光閣との間にバスが走っている。

世界遺産に登録された古い村々　オススメ度 ★★★ 世界遺産

安徽古民居群／安徽古民居群　ānhuī gǔmínjūqún

あんきこみんきょぐん

0.5日〜

屯溪郊外には、明清時代の古民家が残る村落が点在している。なかでも当時のままの建物が数多く残る西逓と宏村はユネスコの世界文化遺産に登録されている。かつてこれらの村落は外国人未開放地区で入村には許可証が必要だったが、現在は外国人観光客も入口で入場料を支払えば見学できる。ただし、住民が普通に生活しているのでマナーを守って観光すること。有料でお茶や食事を提供している民家もある。

それぞれの村はさほど大きくないので、1〜2時間あれば回れるが、アクセスがよいとはいえないので、いくつかの村を回りたいなら車をチャーターしたほうがよい。

西逓／西递　xīdì

せいてい

北宋年間につくられ、明代に発展し、清代に最も栄えたといわれるこの西逓の村は600余年の歴史を誇る。「古き東方文明の縮図」「中国古民居博物館」の異名をもつそのたたずまいにより世界文化遺産に登録された。

胡氏一族の居住地で、村の入口に立つ「胡文光刺史牌楼」は当時のまま残された数少ない牌楼のひとつ。どこを切り取っても絵になる趣ある風景を求めて、撮影やデッサンに訪れる人が引きも切らない。

宏村／宏村　hóngcūn

こうそん

汪氏一族の居住地として知られる宏村には、明清代の古民居が150余軒残されている。この村には池と水路がたくみに張り巡らされており、人々の暮らしを支えてきた。川に架かる橋や池、路地の配置が牛をかたどったといわれることから、古くから牛形村とも呼ばれている。村の中心部にある池の水には白壁の古民居が映し出され、山紫水明が一望できる美しい村として知られる。

月沼とその畔に立つ古民居

南屏／南屏　nánpíng

なんぺい

明清時代の建築物が約300軒近く保存されている。特に古い祠が8棟も残されていることで知られる。西逓や宏村に比べ、観光客も少なくみやげ物店などもほとんどないので、物静かな雰囲気で、今も変わらぬ村の人々の暮らしを垣間見る。この村が趣ある魅力にあふれていることは、張芸謀監督の『菊豆』をはじめ、数々の映画の舞台となったことからもうかがえる。昔ながらの風情を楽しみたいなら、足を延ばしてみるとよい。

安徽省 黄山

郊外の見どころ

安徽古民居群
M P.302-B1〜C2
X 西逓や宏村への観光バスでのアクセスはP.295のインフォメーション参照

西逓
M P.302-B2
住 黟県西逓　☎5154030
オ 村=24時間、管理者がいる見どころ=7:00〜17:00
休 なし　料 104元
X ①黄山旅游集散センターから観光専用バスで「西逓」②黄山市総合バスターミナルから「黟県」行きで終点（6:00〜17:00の間20分に1便。13元、所要1時間15分）。「西逓」方面行きに乗り換えて「西逓」(8:30〜15:30の間に1便。3元）
※「西递」から「黟県」への最終は15:30発。「黟県」から「屯溪」への最終は17:00発
U www.chinaxidi.com.cn

宏村
M P.302-B1
住 黟県宏村
☎5541150、5553333
オ 村=24時間　管理者がいる見どころ=7:00〜17:30
休 なし　料 104元
X ①黄山旅游集散センターから観光専用バスで「宏村」②黄山市総合バスターミナルから「黟県」行きで終点。「宏村」方面行きに乗り換えて「宏村」(6:30〜17:00の間30分に1便。3元）
U www.hongcun.com.cn
※「宏村」から「黟県」への最終は17:00発。「黟県」から「屯溪」への最終は17:00発

南屏
M P.302-B2
住 黟県碧陽鎮南屏村
☎5164723
オ 村=24時間　管理者がいる見どころ=8:00〜17:00
休 なし　料 43元
X 黄山市総合バスターミナルから「黟県」行きで終点。「西武」方面行きに乗り換えて「南屏」(7:30〜15:30の間1時間に1便。2元、所要15分）
※「南屏」から「黟県」への最終は16:00頃発、「黟県」から「屯溪」への最終は17:00頃発
※「西武」から「黟県」へのバスは南屏村の中を通らず、村から約1kmの「南屏村公路路口」が乗車地点となる
U www.hongcun.com.cn

徽州古城／徽州古城　huīzhōu gǔchéng

屯溪区の北東約27kmの歙県にある古い町。徽州文化発祥の地で、明・清代に徽州商人を輩出したことでも知られる。秦代に町の建造が始まり、唐代以降ずっと徽郡や州、府がおかれ、独特な趣をもつ町を形成した。現存見られるのは明代に建造され、清代に建て直された町並み。東西南北に4つの門をもつが、西門の上に立つふたつの楼閣は保存状態がいい。

おもな見どころは、「東方の凱旋門」とも呼ばれる牌楼の許国石坊や、安徽商人の建てた民家が集まる斗山街、牌楼や祠堂が集まる徽園、明代のダムが見られる漁梁壩などがある。

馬頭壁のある伝統的家屋に囲まれて立つ許国石坊

ⓘ ▶▶ インフォメーション

徽州古城外の見どころへのアクセス

　徽商大宅院（西園）と漁梁壩は徽州古城外にあるため、下記のアクセス手段となる。
①徽商大宅院（西園）：西門を出て練江大橋を渡って徒歩15分
②漁梁壩：西門の向かいから1路バスで「漁梁壩景区」。1元、所要10分。徽州古城への戻り最終は17:00発。徒歩だと西門から30分

唐模／唐模　tángmó

徽州古城の西12kmの場所にある唐模は、水路が巡らされた中に保存状態のよい徽派の建築物が残る村落。「唐模」の名前の由来は、唐王朝を記念するために建築家が名づけた、村の建築物が唐代の様式を模して建てられたため、などの説

黄山市全図

がある。見どころは清代の建築である八角石亭や同胞翰林坊、檀干園など。村内にある水街は村の主要なストリートで、40m余りの雨よけの回廊が見られる。まだあまり観光地化が進んでおらず、タイムスリップしたような気分を味わえる。

水街の風景

安徽省 黄山

郊外の見どころ／黄山市全図／ホテル／ショップ／旅行会社

ホテル

黄山獅林大酒店／黄山狮林大酒店 ★★ ★★
こうざんしりんだいしゅてん　huángshān shīlín dàjiǔdiàn

標高1630mにあり、朝日や夕日を堪能できる。また付近にある曙光亭は、雲海を見るための好スポット。部屋代は時期によって大きく変動する。目安として週末は⑤1170元、①1380元、④280元（1ベッド）、⑥260元。

両替　ビジネスセンター　インターネット

MP.299-B2
住黄山風景区北海景区
☎5584040
FAX5581888
⑤940元
①1140元
④220元（1ベッド）
⑥150元（8〜10人部屋）
カMV

黄山白雲賓館／黄山白云宾馆 ★★ ★★
こうざんはくうんひんかん　huángshān báiyún bīnguǎn

光明頂の下約300mにあるホテル。登山者が必ず通るルート沿いにあるので利用しやすい。週末は割増料金となる。

両替　ビジネスセンター　インターネット

MP.299-B2
住黄山風景区天海景区
☎5582708　FAX5582602
⑤1140元　①1140元
⑥150元（8〜10人部屋）
サなし　カMV

黄山西海飯店／黄山西海饭店 ★★ ★★
こうざんせいかいはんてん　huángshān xīhǎi fàndiàn

2018年7月現在、黄山風景区で最もグレードの高いホテル。太平ロープウエイ駅から1kmとアクセスもよい。週末は割増料金となる。

両替　ビジネスセンター　インターネット　Uwww.hsxihaihotel.cn

MP.299-B2
住黄山風景区西海景区
☎5508888　FAX5588988
⑤940〜1170元
①940〜1170元
サなし　カMV

老街口客桟／老街口客栈 ★★★
ろうがいこうきゃくさん　lǎojiēkǒu kèzhàn

老大橋の近くに立つホテル。白い壁に黒い瓦屋根をもつ趣のあるたずまいで、映画の撮影に使われたこともある。

両替　ビジネスセンター　インターネット

MP.296-B3
住屯渓区老街1号
☎2339188　FAX2529893
⑤150元　①150元
⑥200元
サなし　カMV

黄山小鎮国際青年旅舎／黄山小镇国际青年旅舍
こうざんしょうちんこくさいせいねんりょしゃ　huángshān xiǎozhèn guójì qīngnián lǚshè

「馬頭壁」という安徽省独特の建築様式で建てられたユースホステルで、老街に位置する。1階にはバーもある。

両替　ビジネスセンター　インターネット　Uwww.yhachina.com

MP.296-C3
住屯渓区老街三馬路11号
☎2522088　FAX2522088
⑤150元　①150元
⑨180元　⑥40〜45元（2〜10人部屋）　サなし　カ不可

モーテル-黄山濱江路屯渓老街店／莫泰-黄山滨江路屯溪老街店
こうざんひんこうろ とんけいろうがいてん　mòtài huángshān bīnjiānglù túnxī lǎojiēdiàn

宿泊料金が高めに設定されている屯渓のなかではかなりリーズナブルな料金。設備の整った清潔な客室で快適に滞在できる。

両替　ビジネスセンター　インターネット　Uwww.bthhotels.com

MP.296-C3
住屯渓区濱江西路41号
☎2529999　FAX2547068
⑤169〜179元
①179〜189元
サなし　カ不可

ショップ

謝裕大茶行／谢裕大茶行
しゃゆうだいちゃこう　xièyù dàcháháng

100年の歴史をもつ茶葉の老舗。世界三大紅茶のひとつとされる祁門紅茶をはじめ、黄山毛峰茶や太平猴魁茶などを扱う。安価なものから高級茶までさまざまな茶葉が揃う。

MP.296-C3
住屯渓区老街149号
☎2511988
⑨8:00〜22:00
休なし
カMV

旅行会社

黄山中国国際旅行社／黄山中国国际旅行社
こうざんちゅうごくこくさいりょこうしゃ　huángshān zhōngguó guójì lǚxíngshè

列車の切符手配は1枚30元。日本語ガイドは黄山風景区が1日500元、西逓・宏村・南屏が1日300元、安徽古民居群が1日300元。車のチャーターは1日500元。Uwww.huangshanguide.com

MP.297-F1　住屯渓区天都大道9号天都大廈A座8階810室
☎2515303(日本部)　FAX2542014(日本部)　⑨9:00〜12:00、14:00〜17:00　休日曜　カ不可
✉122618043@qq.com(日本語可)

303

武漢
ぶかん

武汉 Wǔ Hàn

ウーハン

市外局番●027

文人に愛された黄鶴楼は、武漢を代表する楼閣

ウルムチ

北京 大連
西安 上海
ラサ 成都 **武漢**
昆明 広州
香港
ハルビン

都市DATA

武漢市
人口：821万人
面積：8483km²
13区を管轄
武漢市は湖北省の省都

市公安局出入境管理処
（市公安局出入境管理処）
MP306-B3
⊞江岸区金橋大道117号武漢
市民之家
☎12580
⊕9:00～12:00、
13:30～17:00
⊛土・日曜、祝日
観光ビザを最長30日間延長
可能。手数料は160元

協和医院（协和医院）
MP307-B2
⊞江漢区解放大道1277号
☎85726300
⊕24時間
⊛なし

洋風建築の漢口駅（→P.305）

概要と歩き方

　武漢は長江中流域に広がる江漢平原の東部に位置する大都市。長江と漢江が町の中心部で合流しており、このふたつの川によって、町は武昌（長江東岸）と漢口（長江西岸、漢江北岸）、漢陽（長江西岸、漢江南岸）の3つに分かれている。

　軍事上の要衝であることから、約3500年前の殷（中国では商）の中期にはこの地に盤龍城が築かれた。後漢末には亀山（漢陽）に却月城が、223年には呉の孫権によって蛇山（武昌）に夏口城が築かれた。このふたつの城は「双城」と呼ばれ、武昌と漢陽の町の基礎となった。その後、武昌に行政府がおかれることが多くなり、1474（明の成化10）年には、漢江を境に漢陽を分割して北に漢口を設け、町は後に「武漢三鎮」と呼ばれる鼎立状態となった。

　1858（清の咸豊8）年に結ばれた天津条約によって漢口は開港し、イギリス、ドイツ、ロシア、フランス、日本の5ヵ国の租界が設置され、15ヵ国の領事館が開設される国際都市となり、その面影は今も町のいたるところに見られる。

　1911年に発生した武昌起義は、辛亥革命の口火となり、清朝は滅亡した。1926年12月には3つの町を併合して武漢となり、1938年には、蒋介石率いる国民党政府の首都が南京より移された。中華人民共和国成立後は、商業地として発展を遂げている。

　交通機関の発着点は各所にあるが、武昌と漢口が便利なので、宿泊地はどちらかから選ぶとよい。漢口の長江寄りには租界時代の洋風建築物があり、武昌には市内の見どころが集中している。

　武漢の人は朝食を大切にするといわれており、熱乾麺をはじめとするシャオチーが充実している。小さな通りにも多くの店が並んでいるので、チャレンジしてみよう。

	1月	2月	3月	4月	5月	6月	7月	8月	9月	10月	11月	12月
平均最高気温(℃)	7.0	8.0	13.0	20.0	25.0	28.0	32.0	31.0	27.0	22.0	15.0	10.0
平均最低気温(℃)	-1.0	2.0	6.0	13.0	18.0	22.0	25.0	25.0	20.0	14.0	7.0	2.0
平均気温(℃)	3.0	5.0	10.0	17.0	22.0	25.0	28.0	28.0	23.0	18.0	12.0	6.0

町の気象データ（→P.517）:「預報」>「湖北」>「武汉」>区から選択

中国国内の移動➡P.667　鉄道時刻表検索➡P.26

✈ 飛行機

市区中心の北25kmに位置する武漢天河国際空港（WUH）を利用する。日中間運航便は3路線ある。2017年8月末より国内線、国際線ともに第3ターミナルを使用することになった。

国際線 成田（12便）、関西（4便）、福岡（7便）。
国内線 襄陽、上海、北京などとの間に運航便がある。上海とのアクセスが便利。
所要時間(目安) 襄陽（XFN）／1時間　上海浦東（PVG）／1時間30分　北京首都（PEK）／2時間

🚆 鉄道

武漢は幹線と地方路線が交差する一大要衝であり、アクセスは非常によい。旅行者が利用するおもな駅は漢口駅と武昌駅、武漢駅の3つ。

所要時間(目安)【武昌 (wc)】襄陽東（xyd）／動車：2時間22分　十堰（sy）／動車：4時間　【漢口 (hk)】襄陽東（xyd）／動車：2時間5分　十堰（sy）／動車：3時間38分　【武漢 (wh)】襄陽東（xyd）／動車：2時間45分　赤壁北（cbb）／高鉄：33分　北京西（bjx）／高鉄：4時間12分　上海虹橋（shhq）／高鉄：3時間51分　南京南（njn）／高鉄：2時間30分　広州南（gzn）／高鉄：3時間41分

🚌 バス

「武漢三鎮」それぞれに主要バスターミナルがあるので、利用時にはどのターミナル発着かを確認しておくこと。

所要時間(目安) 襄陽／4時間　十堰／7時間　赤壁／2時間

◗ Data

✈ 飛行機

● **武漢天河国際空港**（武汉天河国际机场）
Ⓜ P.306-B1　住 黄陂区天河鎮機場大道
☎ 96577　オ 始発便～最終便　休 なし　カ 不可
Ⓤ www.whairport.com
[移動手段] エアポートバス／空港→市内：4路線あるが、地下鉄の利用をおすすめする。乗り場は12号門。市内→空港：出発地点は4ヵ所あるが、漢口駅発がおすすめ。8:30～19:00の間30分に1便。17元、所要40分　タクシー（空港～昌区閻馬場）／100元、所要1時間が目安　地下鉄／2号線「天河机場」
　航空券売り場で3ヵ月以内の航空券を販売。

● **民航武漢航空券売り場**（民航武汉售票处）
Ⓜ P.306-B3　住 江漢区常青路民航里特1号民航小区機場大巴候車室　☎ 83786780
オ 8:30～17:00　休 なし　カ 不可
[移動手段] タクシー（航空券売り場～武昌区閻馬場）／45元、所要40分が目安　地下鉄／2号線「長港路」。徒歩10分
　3ヵ月以内の航空券を販売。

🚆 鉄道

● **武昌駅**（武汉火车站）
Ⓜ P.307-B5　住 武昌区中山路642号
☎ 共通電話＝12306　オ 24時間　休 なし　カ 不可
[移動手段] タクシー（武昌駅～武昌区閻馬場）／12元、所要10分が目安　地下鉄／4号線「武昌火车站」
　28日以内の切符を販売。

● **漢口駅**（汉口火车站）
Ⓜ P.307-A1　住 江漢区金家墩特1号
☎ 共通電話＝12306　オ 24時間　休 なし　カ 不可
[移動手段] タクシー（漢口駅～武昌区閻馬場）／35元、所要35分が目安　地下鉄／2号線「汉口火车站」
　28日以内の切符を販売。

● **武漢駅**（武汉火车站）
Ⓜ P.306-C3　住 洪山区白雲路　☎ 共通電話＝12306　オ 6:00～23:00　休 なし　カ 不可
[移動手段] タクシー（武漢駅～武昌区閻馬場）／60元、所要40分が目安　地下鉄／4号線「武汉火车站」
　28日以内の高速鉄道の切符を販売。

🚌 バス

● **武漢長距離バス総合インフォメーション**
☎ 96513

● **青年路バスターミナル**（青年路客运站）
Ⓜ P.307-A2　住 江漢区青年路208号
☎ 96513内線4　オ 6:20～17:20　休 なし　カ 不可
[移動手段] タクシー（青年路バスターミナル～武昌区閻馬場）／25元、所要25分が目安　地下鉄／2号線「青年路」
　3日以内の切符を販売。九江（3便）、十堰（3便）など。

● **宏基長距離バスターミナル**（宏基长途汽车客运站）
Ⓜ P.307-B5　住 武昌区中山路519号
☎ 88067993　オ 6:00～19:10　休 なし　カ 不可
[移動手段] タクシー（宏基長距離バスターミナル～武昌区閻馬場）／12元、所要10分が目安　地下鉄／4号線「武昌火车站」
　3日以内の切符を販売。襄陽（7便）、十堰（1便）、赤壁（3～19:30の間22便）など。

● **傅家坡バスターミナル**（傅家坡汽车客运站）
Ⓜ P.307-B5　住 武昌区武珞路358号
☎ 87274817　オ 6:00～19:00　休 なし　カ 不可
[移動手段] タクシー（傅家坡バスターミナル～武昌区閻馬場）／12元、所要10分が目安　地下鉄／2、4号線「中南路」
　3日以内の切符を販売。襄陽（10便）、十堰（1便）。

市内交通

【地下鉄】2018年8月現在、7路線が営業。詳しくは公式ウェブサイトで確認を

武漢地鉄
Ⓤwww.whrt.gov.cn
路線図→P.676

【路線バス】運行時間の目安は5:30～22:00、2元

【タクシー】普通車＝初乗り3km未満10元、3km以上1kmごとに1.8元加算
高級車＝初乗り2km未満10元、2km以上1kmごとに2元加算

最新型の路線バス

武漢天河国際空港第3ターミナル

旧ナショナル・シティ・バンク・オブ・ニューヨーク武漢支店（Ⓜ**P.307-C2**）

黄鶴楼から見た武漢長江大橋と周辺の景観

ⓘ ▶▶▶ インフォメーション

長江両岸を結ぶ渡し船

　長江の両岸の間には渡し船の路線がふたつある。大きな荷物を持ち込めるとあって市民もよく利用している。

　このうち、洋風建築群を代表する武漢関近くにある武漢関埠頭と黄鶴楼や中央農民運動講習所旧址近くの中華路埠頭を結ぶ路線は、有用な交通手段であると同時に遊覧船にもなる。

渡し船（輪渡）　☎88871575
武漢関埠頭～中華路埠頭
Ⓜ**P307-A～B4**
オ6:30～20:00の間20～30分に1便　**休**なし　**料**片道1.5元
漢陽門埠頭～集家嘴埠頭
Ⓜ**P307-A4**
オ7:00～18:40の間20分に1便　**休**なし　**料**2元

渡し船から見た武昌区の眺め

武漢関埠頭

●● 見どころ　━━━ 高速道路　⊕ 空港

湖北省東部

武漢市中心

━━ 軽軌1号線　　━━ 地下鉄2号線　　━━ 地下鉄3号線　　━━ 地下鉄4号線
━━ 地下鉄6号線　　━━ 地下鉄8号線　　━━ 地下鉄陽邏線　　━━ 高速道路

漢口エリア

市公安局出入境管理処へ↗

超家条／赵家条

江岸区

頭道街／头道街

唐家墩／唐家墩

漢口駅

エアポートバス出発地点

金家墩

漢口火車站
汉口火车站

武漢博物館

江漢区

三眼橋／三眼桥

恵済二路
惠济二路

解放公園

黄浦路／黄浦路

范湖
范湖

菱角湖

菱角湖／菱角湖

香港路／香港路

范湖／范湖

雲飛路／云飞路

シャングリ・ラ ホテル 武漢 Ⓗ

三陽路／三阳路

北湖

西湖

建設大道

旧日本
領事館

漢口租界

イビス武漢
同済医科大学酒店 Ⓗ

王家墩東
王家墩东

錦江之星
武漢新華路酒店

大智路／大智路

湖北省海外旅游(集団)
有限公司

旧フランス領事館

旧アメリカ領事館

旧ロシア領事館

青年路バスターミナル

揚子江飯店
循礼門店 Ⓗ

宋慶齢漢口旧居

青年路／青年路

中山公園

中山公園
中山公园

循礼門
循礼门

好百年飯店 Ⓗ
(旧天清汽船漢口支店)

旧ナショナル・
シティ・バンク・
オブ・ニューヨーク

エアポートバス4号線発着地点
越秀財富中心

協和医院

利済北路
利济北路

江漢路
江汉路

武漢長江江底トンネル

武漢支店

硚口区

崇仁路
崇仁路

六渡橋
六渡桥

友谊路
友谊路

旧台湾銀行
漢口支店

旧横浜正金銀行
漢口支店 P.307下

江漢関大楼旧址

京漢大道

武勝路
武胜路

漢正街
汉正街

中山大道

錦江之星
武漢江漢路地鉄站江灘
歩行街酒店 Ⓗ

武漢関埠頭

硚口路
硚口路

漢江街
沿江大道

集家嘴埠頭

晴川橋

江

1km

月湖橋

江漢橋

積玉橋／积玉桥

- Ⓓ 見どころ Ⓗホテル Ⓣ旅行会社 Ⓓ病院 ▨繁華街 --- 区境
- ── 軽軌1号線 ── 地下鉄2号線 ── 地下鉄3号線 ── 地下鉄6号線 ── 地下鉄8号線 ◎乗り換え

六渡橋
六渡桥

武漢関埠頭

岳家嘴／岳家嘴

梨園
梨园

崇仁路
崇仁路

武勝路
武胜路

漢正街
汉正街

集家嘴埠頭

積玉橋／
积玉桥

沙湖

東亭
东亭

沿江大道

ホリデイ・イン
リバーサイド武漢 Ⓗ

P.307上

青魚嘴／青鱼嘴

琴台
琴台

武漢長江大橋

亀山公園

晴川閣

紅巷

中央農民
運動講習所旧址

湖北省博物館

東湖

古琴台

鸚鵡
大道
漢陽
大道

戸部巷
小吃一条街

螃蟹岬／螃蟹岬

楚河漢街
楚河汉街

鐘家村

漢陽門埠頭

閲馬路

小亀山
小龟山

洪山広場

洪山広場
洪山广场

馬鸚路
马鹦路

辛亥革命
武昌起義記念館

中華路埠頭

黄鶴楼

黄鶴楼公園
(黄鶴楼景区)

長春観

ベストウエスタン武漢

中南路
中南路

宝通禅寺

街道口
街道口

広埠屯
广埠屯

帰元寺

復興路
复兴路

首義路
首义路

梅
苑
小
区

梅苑
小区

宝
通
寺

宝通
寺

華中師範
大学

卓刀泉古寺

建港
建港

武昌駅

武昌火車站
武昌火车站

モーテル
武漢宝通寺地鉄站酒店 Ⓗ

虎泉／虎泉

長
江

宏基長距離バスターミナル

傅家坡バスターミナル

エアポートバス1号線
到着地点

武昌区

楊家湾／杨家湾

1km

武昌エリア

- Ⓓ 見どころ Ⓗホテル Ⓖグルメ Ⓧ学校 ---- 渡し船 ▨繁華街 --- 区境

黄鶴楼

黄鶴楼
MP.307-B4
住武昌区蛇山西山坡特1号
☎88875096
開4～10月8:00～20:00
11～3月8:00～19:00
※入場券の販売は閉門2時間
前まで、黄鶴楼への入場は
閉門1時間前まで
休なし
料70元
交4、7、10、401、402路
バス「黄鶴楼」。電1、電
4、 電7、401、402、
411、413、701、703路
バス「武珞路閲馬場」
Uwww.cnhhl.com

勝像宝塔は1343（元の至正
3）年、威順王によって建て
られたチベット式仏塔。1955
年に現在の場所に移された

帰元禅寺
MP.307-A4
住漢陽区帰元寺路20号
☎84841434
開5月1日～10月7日
7:30～17:30
10月8日～4月30日
8:00～17:00
※入場は閉門30分前まで
休なし
料10元
※元旦節、春節、清明節、五
一節、端午節、中秋節、国
慶節は20元
交①地下鉄4、6号線「钟家
村」
②24、61、401、524、
532、554、559路 バ ス
「鹦鹉大道地铁钟家村」
Uwww.guiyuanchansi.com.
cn

1669（清の康熙8）年創建
の蔵経閣。現存するのは20
世紀初期の再建

漢詩でも知られる楼閣　オススメ度 ★★★

黄鶴楼／黄鶴楼　huánghèlóu
こうかくろう

1.5時間

　黄鶴楼は223（呉の黄武2）年、呉の孫権によって蛇山（61.7km）に築かれた夏口城内に建てられた楼閣。見張り台として造られたといわれているが、後に多くの文人墨客が訪れる武漢の名所となり、江西省南昌市の滕王閣（→P.349）、湖南省岳陽市の岳陽楼と合わせ江南三大名楼と呼ばれるようになった。日本人には、李白の詠んだ詩『黄鶴楼送孟浩然之広陵（黄鶴楼にて孟浩然の広陵に之くを送る）』などでなじみ深い。

　再建を繰り返したが、現在の姿は1868（清の同治7）年に創建された「清楼」（1884年に焼失）の姿をモデルとして1985年に再建されたもので、高さ50.4mで5階建て。もとは長江沿いに立っていたが、武漢長江大橋建設時に蛇山側へ約1km移された。

　以前蛇山に立っていた近代的な建築物は他所に移転され、黄鶴楼景区として緑化整備が進められ、歴史的建造物が再建された。時間に余裕がある人は散策するとよい。

　また、黄鶴楼に上ることができる（入場券提示で1回かぎり）が、健康な人はエレベーターの利用はできず、階段での上り下りになるのでそのつもりで。

黄鶴楼は晴川閣、古琴台と合わせ「武漢三大名勝」にも挙げられる

参拝客でにぎわう仏教寺院　オススメ度 ★★★

帰元禅寺／归元禅寺　guīyuánchánsì
きげんぜんじ

　帰元禅寺は、1658（清の順治15）年創建の仏教寺院。境内に入ると本堂に当たる大雄宝殿のほか、蔵経閣、羅漢堂、念仏堂などがあり、堂内では熱心に拝む人たちの姿が見られる。堂宇はほかにもたくさんあり、参拝客は堂内に入っては手を合わせ、次の堂宇に向かっていく。裏には巨大な観音像があるので、見逃さないように。なお、建物内部は撮影禁止になっているので注意。

　海若菩薩と書かれた門の中には十来偈という張り紙があって「驕慢な心をもてば下賤になる。慈悲の心をもてば長寿になる」などといった10の心得が書いてある。この前で熱心にメモを取る人たちも多い。

帰元禅寺山門

武漢を代表する古刹

オススメ度 ★★★

宝通禅寺／宝通禅寺　bǎotōngchánsì
ほうつうぜんじ

洪山南麓斜面に立つ古刹。創建は六朝の宋（420～479年）まで遡り、すでに1600年近い歴史をもつ武漢最古の寺院。当初は東山寺といったが、改称や再建を繰り返し、宝通禅寺となったのは1485（明の成化21）年。唐代には17代皇帝の文宗をはじめとする10人の皇帝から庇護を受け、盛んとなった。明末の戦乱で焼失したが、清の康熙年間に再建

蔵経楼（玉仏殿）

拡張され、ほぼ現在の規模となった。現存する殿宇は清末に建てられたものが多い。

万仏宝殿や祖師殿、蔵経楼（玉仏殿）などがあり、いちばん奥に立つ洪山宝塔には上ることができる。

宝通禅寺
M P307-C5
住 武昌区武珞路549号
☎ 87884539
オ 7:00～16:00
※入場は閉門30分前まで
休 なし
料 10元
※洪山宝塔に上る際は別途2元
交 ①地下鉄2号線「宝通寺」②66、401、503、538、593、703路バス「武珞路地鉄宝通寺」
U www.baotongsi.com

最奥部に立つ洪山宝塔

湖北省で最も美しいとたたえられる建造物

オススメ度 ★★★

晴川閣／晴川阁　qíngchuāngé
せいせんかく

晴川閣は亀山と長江の間に造られた建築群。漢陽太守の范之箴が建立した禹王廟（現在の禹稷行宮）を中心にして、1547～1549（明の嘉靖26～28）年に建てられた。名の由来は唐の詩人崔顥の代表作『黄鶴楼』の一文「晴川歴歴漢陽樹、芳草萋萋鸚鵡洲」（晴川歴歴たり漢陽の樹、芳草萋萋たり鸚鵡洲）。

代表的な建築物として、入口から左に進み階段を上がった所に立つ禹稷行宮、さらに長江側に立つ晴川閣、洗馬長街の上に立つ鉄門関がある。

晴川閣
M P307-A4
住 漢陽区洗馬長街86号
☎ 84710887
オ 9:00～17:00
※木曜は15:00まで
※入場は閉門30分前まで
休 なし
料 無料
交 30、535、561、648、803路バス「晴川大道晴川閣」
U www.qcgmuseum.com

■1983年に再建された晴川閣　■2どっしりとした鉄門関　■3禹稷行宮

湖北省から出土した貴重な文化財を展示する

オススメ度 ★★★

湖北省博物館／湖北省博物馆　húběishěng bówùguǎn
こほくしょうはくぶつかん

湖北省博物館は東湖西岸に位置する総合博物館で、その展示面積は1万3427㎡に達する。総合陳列楼を中心にして両翼に楚文化館と編鐘館が配置されている。編鐘館は中国有数

越王勾践剣

の規模を誇る古楽器陳列館と
して知られている。

　収蔵する文化財は20万点
を超えるが、なかでも曽侯乙
編鐘と越王勾践剣、元青花四
愛梅瓶、鄖県人頭骨化石の4
つは特に貴重な展示品だ。

湖北省博物館が誇る曽侯乙編鐘

特徴的な洋風建築が残るエリア　　　オススメ度 | ★★★

漢口租界／汉口租界　hànkǒu zūjiè
かんこう そ かい

　1858（清の咸豊8）年、アロー戦争の結果を受けて清と
諸外国の間に天津条約が締結され、漢口を含む10港が開港
された。1861（清の咸豊10）年3月、イギリスによって
漢口最初の租界がおかれると、ドイツ、ロシア、フランス、
日本もそれに続いた。租界は列強による半植民地支配の拠点
であったが、一方で漢口にかつてない繁栄をもたらし、東洋
のシカゴと呼ばれるほどであった。

　5ヵ国の租界は現在の武漢大道（黄浦大街）、江漢路、沿
江大道、中山大道で囲まれたエリアとなるが、ここには旧台
湾銀行漢口支店、旧アメリカ領事館、旧ロシア領事館、旧日
清汽船漢口支店、江漢関大楼旧址、旧横浜正金銀行漢口支店
など多くの洋風建築物が残っている。それらには"优秀历史
建筑（優れた歴史的建築物）"というプレートがはめ込まれ
ているので、それを目印に町を探索するとよい。

1 江漢関大楼旧跡（左）と旧日清汽船漢口支店（右。現在は好百年飯店）：ともにMP.307-C3　2 旧日本領事館：MP.307-C1
3 旧アメリカ領事館：MP.307-C2　4 旧日本租界に残る当時の建物

「天下知音第一台」として知られる

オススメ度 ★★★

古琴台／古琴台　gǔqíntái
こきんだい

古琴台は、黄鶴楼、晴川閣と合わせ「武漢三大名勝」に挙げられる、武漢の代表的な景勝地。造られた時期は北宋代まで遡るが、現存するのは1796（清の嘉慶元）年に再建されたものが基になっている。

春秋時代の晋国の政治家であり琴の名手でもあった伯牙は、漢江の畔で、音を聞いてその心境を理解できる樵の鐘子期と出会い交流を楽しんだ。彼の死後、「この世にもうわが琴の音を知る者はいなくなった」と悲嘆し、二度と演奏することはなかったという。これが友人を意味する「知音」の故事であり、それにちなんで造られたのがこの古琴台である。

古琴台石碑

古琴台
MP.307-A4
住 漢陽区琴台大道10号
☎ 84834187
開 8:00〜17:00
※入場は閉門15分前まで
休 なし
料 15元
交 79、575、579、596、801路バス「琴台大道古琴台」

辛亥革命の発端となった事件を記念した場所

オススメ度 ★★★

辛亥革命武昌起義紀念館／
しんがいかくめい ぶ しょう き ぎ き ねんかん
辛亥革命武昌起义纪念馆　xīnhàigémìng wǔchāng qǐyì jìniànguǎn

1911年10月10日、共進会や文学社の影響を強く受けた湖北新軍の兵士が武装蜂起し、武昌を占拠する事件が起こった。これが辛亥革命の発端となった武昌起義である。

れんが造りの湖北省諮議局大楼

辛亥革命武昌起義紀念館は、地元の人に「紅楼」と呼ばれる、1910（清の宣統2）年創建の湖北省諮議局大楼を利用した博物館で、1981年に現在の名称となった。館内では辛亥革命や武昌起義に関する展示がなされている。

辛亥革命武昌起義紀念館
MP.307-B4
住 武昌区閲馬場武珞路1号
☎ 88875305
開 9:00〜17:00
※入場は閉館1時間前まで
休 月曜（要入場券）
料 無料
交 401、413、561、596、710路バス「武昌路閲馬場」。電1、電4、電7、401、402、411、413、701、703路バス「武珞路閲馬場」
Ⓤ www.1911museum.com
※観光客の多いときの入場券配布は9:00〜16:00の間30分に1度

武漢に関連する文化財を展示する

オススメ度 ★★★

武漢博物館／武汉博物馆　wǔhàn bówùguǎn
ぶ かんはくぶつかん

漢口駅の南にある博物館。陳列面積は6000㎡、収蔵品は5万点を超える。そのうち約2000点を、武漢古代歴史陳列庁、歴代文物珍蔵陳列庁、明清書画芸術陳列庁、古代陶瓷芸術陳列庁、武漢近現代歴史陳列庁などの分類で展示している。

2018年10月リニューアルオープン予定。

武漢博物館外観

武漢博物館
MP.307-A1
住 江漢区青年路373号
☎ 85872318
開 9:00〜17:00
※入場は閉館1時間前まで
休 木曜　料 無料
交 ①地下鉄2号線「汉口火车站」。地下鉄2、3号線「范湖」
②10、38、411、703路バス「青年路市博物館」
Ⓤ www.whmuseum.com.cn

中央農民運動講習所旧址

長春観

長春観太清殿

三国赤壁古戦場

ⓘ ▶▶▶ インフォメーション
赤壁について
　湖北省赤壁市のほかに、湖
北省黄岡市にも蘇軾（蘇東
坡）が『赤壁賦』を詠んだ赤
壁がある。前者を武赤壁、後
者を文赤壁（東坡赤壁）と呼
んで区別している。観光の際
には注意が必要。

毛沢東が農民運動の拠点とした場所　　オススメ度 ★★★

中央農民運動講習所旧址／
ちゅうおうのうみんうんどうこうしゅうじょきゅうし
中央农民运动讲习所旧址　zhōngyāng nóngmín yùndòng jiǎngxísuǒ jiùzhǐ

　もとは清末の湖広総督であった張之洞が設立した北路学堂。その後、湖北省甲種商業学校、湖北省高等商業学校となり、第一次北伐で国民党が武漢を押さえると、毛沢東の指導のもと、農民運動の指導者を養成する中央農民運動講習所となった。

中央農民運動講習所旧址入口

武漢最大級の道教寺院　　オススメ度 ★★★

長春観／长春观　chángchūnguān
ちょうしゅんかん

　長春観は武漢で良好に保存されている道教寺院で、その規模は市内最大級。元代初期、道教の新派全真教七真人のひとり丘処機（道号を長春）が亡くなった際、その弟子が建立したもの。たびたび戦火に見舞われ焼失、現存する建物は1931年に修復されたものを基礎としている。

郊外の見どころ

三国志演義に登場する古戦場　　オススメ度 ★★★

三国赤壁古戦場／三国赤壁古战场　sānguó chìbì gǔzhànchǎng
さんごくせきへきこせんじょう

　三国赤壁古戦場は、武漢市の南西約100km、赤壁市の北西約32kmにある。

　208（後漢の建安13）年、中国統一を果たすべく、江南地方平定を目指した曹操軍数十万は、赤壁で孫権、劉備の

三国赤壁古戦場入口

連合軍と戦い、大敗を喫した。その結果、魏、蜀、呉の三国が鼎立することになった。この戦いは、日本でも人気の高い『三国志演義』の名場面に挙げられ、ジョン・ウー（呉宇森）監督によって『レッドクリフ』のタイトルで映画化もされた。
　赤壁山、南屏山、金鸞山を中心に整備され、周瑜塑像、拝風台、赤壁大戦陳列館などが設置されている。最も有名なのは、川岸に「赤壁」の2文字を刻んだ摩崖石刻。これは呉の司令官だった周瑜が勝利を祝して刻んだものと伝えられていたが、考証の結果、現在では唐代の書家（氏名未詳）が記したものとされている。敷地内には日本語の案内もある。
　長江の水位上昇により「赤壁」の石刻は水没し、渇水期にならないと見ることはできない。

シャングリ・ラ ホテル 武漢／武汉香格里拉大饭店 ★★★ ★★
wǔhàn xiānggélǐlā dàfàndiàn

鮠子湖の北側に位置する高級ホテル。館内には広東料理、日本料理、西洋料理レストランなどがある。

両替　ビジネスセンター　インターネット　Ⓤwww.shangri-la.com/jp

Ⓜ**P.307-B1**
住江岸区建设大道700号
☎85806868　FAX85776868
Ⓢ700～979元
Ⓣ700～979元
サなし　カADJMV

ベストウエスタン武漢／最佳西方武汉五月花大酒店 ★★★ ★★
zuìjiā xīfāng wǔhàn wǔyuèhuā dàjiǔdiàn

武昌エリアの5つ星ホテル。傅家坡バスターミナルは真向かい、武昌駅から約1.5kmと交通の便もよい。見どころの長春観にも1kmほど。

両替　ビジネスセンター　インターネット　Ⓤwww.bwmayflowers.com.cn

Ⓜ**P.307-B5**
住武昌区武珞路385号
☎68871588　FAX68871599
Ⓢ618～898元
Ⓣ618～898元
サなし　カADJMV

ホリデイ・イン リバーサイド武漢／武汉晴川假日酒店 ★★ ★★
wǔhàn qíngchuān jiàrì jiǔdiàn

武漢長江大橋の北側に位置しており、長江側の部屋からの眺めはすばらしい。ホテルのすぐ南には晴川閣が立つ。

両替　ビジネスセンター　インターネット　Ⓤwww.ihg.com

Ⓜ**P.307-A4**
住汉阳区洗马长街88号
☎84716688　FAX84716181
Ⓢ596～639元
Ⓣ596～639元
サ10%+6%　カADJMV

好百年飯店／好百年饭店 ★★★
hǎobǎinián fàndiàn

1913年に完成した旧日清汽船のオフィスビルを利用しており、その外観はルネッサンス様式。

両替　ビジネスセンター　インターネット

Ⓜ**P.307-C3**
住江岸区沿江大道131号
☎82777798　FAXなし
Ⓢ298～350元
Ⓣ298～350元
サなし　カ不可

錦江之星 武漢江漢路地鉄站江灘歩行街酒店／锦江之星 武汉江汉路地铁站江滩步行街酒店
jǐnjiāng zhīxīng wǔhàn jiānghànlù dìtiězhàn jiāngtān bùxíngjiē jiǔdiàn

「経済型」チェーンホテル。客室は簡素ながら清潔。租界時代の洋風建築物が集まる長江沿岸エリアに位置している。また、地下鉄2、6号線「江漢路」駅から5分、武漢関埠頭にも近くアクセスの便はよい。

両替　ビジネスセンター　インターネット

Ⓜ**P.307-C3**
住江岸区洞庭街2号
☎82776600
FAX82776288
Ⓢ209～269元
Ⓣ229～279元
サなし
カ不可
Ⓤwww.jinjianginns.com

モーテル-武漢武路路宝通寺地鉄店／莫泰-武汉武珞路宝通寺地铁站店
mótài wǔhàn wǔluòlù bǎotōngsì dìtiězhàn

「経済型」チェーンホテル。近くには地下鉄2号線「宝通寺」駅がある。

両替　ビジネスセンター　インターネット　Ⓤwww.bthhotels.com

Ⓜ**P.307-B5**
住武昌区武珞路576号
☎87303333　FAXなし
Ⓢ189～219元
Ⓣ189～219元
サなし　カ不可

イビス武漢同済医科大学酒店／宜必思武汉同济医科大学酒店
yìbìsī wǔhàn tóngjì yīkē dàxué jiǔdiàn

「経済型」チェーンホテル。客室もゆったりとしている。周囲には路線バスの停留所もいくつかある。

両替　ビジネスセンター　インターネット　Ⓤwww.accorhotels.com

Ⓜ**P.307-A2**
住江汉区建设大道539号
☎83623188
FAX83623177
Ⓢ180～199元　Ⓣ199元
サなし　カADMV

戸部巷小吃一条街／户部巷小吃一条街
hùbùxiàng xiǎochī yītiáojiē

武漢の人に「戸部巷は朝食、吉慶街は夜食」といわれる有名な軽食街。幅4m弱、長さ150mほどの通りだが、100年以上の歴史をもち、中国各地のシャオチー店が並んでいる。

Ⓜ**P.307-B4**
住武昌区户部巷
営店舗によって異なる
休店舗によって異なる
カ不可

湖北省海外旅游(集団)有限公司／湖北省海外旅游(集团)有限公司
húběishěng hǎiwài lǚyóu (jítuán) yǒuxiàn gōngsī

日本語ガイドは1日800元、車のチャーター（市内）は1日700元。メールは日本語でも問題ない。ここを通して4つ星以上のホテルを予約すると優待価格になる。✉jpyits@yeah.net

Ⓜ**P.307-C2**
住江汉区中山大道909号
☎82781271(日本部)
FAX82837234(日本部)
営9:00～11:30、13:30～17:00
休土・日曜、祝日　カ不可

十堰

じゅうえん

十堰 Shí Yàn

市外局番●0719

武当山山門西側に立つ玉虚宮山門

- ウルムチ●
- ●ハルビン
- 北京● ●大連
- 西安● ●上海
- ラサ● 成都● ●十堰
- 昆明● 広州●
- ●香港

都市DATA

十堰市
人口：347万人
面積：2万3698㎢
3区1県級市4県を管轄

市公安局出入境辦証大庁
（市公安局出入境办证大厅）
M P.314-B2
個張湾区北京北路82号市民
服務中心
☎8112404
❷8:30～12:00、
14:30～17:30
個土・日曜、祝日
観光ビザを最長30日間延長
可能。手数料は160元

市人民医院（市人民医院）
M P.314-A1
個茅箭区朝陽中路39号
☎8637999
❷24時間
個なし

市内交通

【路線バス】運行時間の目安
は6:00～21:00、2～5元
【タクシー】初乗り2.5km未
満6元、2.5km以上1kmごと
に1.6元加算。さらに燃油代1
元加算

十堰駅（→P.315）

概要と歩き方

　十堰市は湖北省西北部に位置し、河南省、陝西省、重慶市
と境界を接する。町の歴史は古いが、大きな行政府は1476
（明の成化12）年に鄖陽府が設置されるまでなかった。十堰
市となったのは1994年に十堰と鄖陽が合併されたとき。
　町の中心産業は自動車。中国の三大自動車メーカーのひと
つ東風自動車は、1969年にここで誕生した第二汽車製造廠

十堰市中心

張湾区
中国銀行 ●十堰海関
錦江之星
十堰北京中路酒店

邦輝国際
大酒店
人民公園
太和飯店
郵政局

十堰博物館
市公安局
出入境辦証大庁
市民服務中心

茅箭区

中国銀行

十堰バスセンター

十堰武当山空港へ

茅箭区

如家・
十堰北京路東方座城店

楓丹白露国際酒店

機場快速線1号線、
202路バス（武当山山門行き）発着地点

十堰南バスターミナル
十堰駅 十堰火車站広場

0　　　　500m

●見どころ　Ｈホテル　⊕銀行　■郵便局　■病院　■■繁華街

を前身とする。現在でも四大工場のひとつ（残りは武漢、襄陽、広州）があり、関連企業は200を超える。

市内に有名な見どころはないが襄陽との間にある世界遺産、武当山へのゲートウエイであるため、移動の中継地として訪れる人は多い。

十堰は川に沿って南北に細長い町で、市区中心の繁華街は公園路と人民北路。移動にも便利なので宿はこのあたりで探すとよいだろう。武当山へは6:00から車が出ており、片道1時間ほどで行けるので、十分日帰り可能だ。

	1月	2月	3月	4月	5月	6月	7月	8月	9月	10月	11月	12月
平均最高気温(℃)	8.0	9.7	15.0	21.2	25.6	29.8	31.8	31.1	25.6	20.8	14.8	9.7
平均最低気温(℃)	-2.6	-0.9	3.6	9.2	14.0	18.5	21.8	21.0	16.1	10.8	4.8	-0.7
平均気温(℃)	2.6	4.3	9.3	15.2	19.8	24.1	26.8	26.0	20.9	15.8	9.8	4.5

町の気象データ（→P.517）：「预报」>「湖北」>「十堰」>区・市・県から選択

インフォメーション

武当山への路線バス

202路：十堰駅～武当山山門 6:00～20:30の間15～20分に1便、4元、所要1時間10分

203路：武当山駅～武当山山門 6:00～20:30の間15～20分に1便、2元、所要30分

武当山観光だけであれば、武当山駅（wds）の利用も可。

武当山駅
（武当山火车站）
[M]**地図外（P.317-C3右）**
[住]丹江口市六里坪鎮
☎5075782 [オ]4:50～22:50
[休]なし [カ]不可
[交]202、203、205路バス「武当山火车站」
28日以内の切符を販売。

Access 交通

中国国内の移動➡P.667 鉄道時刻表検索➡P.26

飛行機

市区の東約15kmに位置する十堰武当山空港（WDS）を利用する。エアポートバスは2路線ある。

[国際線] 日中間運航便はないので、上海や武漢で乗り継ぐとよい。

[国内線] 武漢、上海、北京などとの間に運航便がある。武漢や上海が便利。

[所要時間(目安)] 武漢(WUH)／1時間20分 上海浦東(PVG)／2時間20分 北京首都(PEK)／2時間10分

鉄道

十堰駅（sy）を利用する。地方路線ではあるが、有数の観光地である武当山があるため、発着列車は多い。武当山観光だけであれば、武当山駅（wds）の利用も可。

[所要時間(目安)] 【十堰(sy)】漢口(hk)／動車:3時間45分 襄陽東(xyd)／動車:1時間30分 【武当山(wds)】武昌(wc)／快速:6時間5分 襄陽(xy)／快速:1時間50分 成都(cd)／快速:13時間16分

バス

十堰市内には長距離バスが発着する十堰バスセンターと、近郊とを結ぶバスが発着する十堰南バスターミナルがある。

[所要時間(目安)] 襄陽／3時間 武漢／7時間 武当山／50分

Data

飛行機

● **十堰武当山空港**（十堰武当山机场）
[M]**地図外（P.314-B2右）** [住]茅箭区白浪街道方块村
☎8876999 [オ]始発便～最終便
[休]なし [カ]不可 [U]www.sywdsjc.com
[移動手段] **エアポートバス**／十堰市内（空港～十堰バスセンター）：10元、所要40分。空港→市内＝到着便に合わせ運行 市内→空港＝7:10、11:30、14:00、16:30、19:00発。武当山景区（空港～武当山建国飯店）：15元、所要50分。空港→景区＝8:30、14:20、21:10発 景区→空港＝7:00、12:00、17:30発 **タクシー**（空港～武当山建国飯店）／50元、所要35分が目安 **路線バス**／機場快速線1号線（十堰火車站広場～武当山空港）／5元、所要45分。十堰火車站広場発＝7:00、8:40、10:20、11:50、12:50、14:30、16:10、18:00 武当山空港発＝7:40、9:20、11:00、12:30、13:30、15:10、17:00、18:40

鉄道

● **十堰駅**（十堰火车站）
[M]**P.314-A3** [住]茅箭区車站路11号
☎共通電話＝12306 [オ]24時間 [休]なし [カ]不可
[移動手段] **タクシー**（十堰駅～人民広場）／18元、所要20分が目安 **路線バス**／2、4、5、16、31、202、205路「火车站」
28日以内の切符を販売。

バス

● **十堰バスセンター**（十堰客运中心站）
[M]**P.314-A2** [住]茅箭区人民南路1号 ☎8890276
[オ]5:30～21:30 [休]なし [カ]不可
[移動手段] **タクシー**（十堰バスセンター～人民広場）／12元、所要15分が目安 **路線バス**／4、5、7、9、10、15路「三堰客运站」
3日以内の切符を販売。武漢(5便)、襄陽(9便)など。

サイドバー（左列）

十堰博物館

M P.314-B2
住 茅箭区北京北路91号
☎ 8489398
⏰ 9:00～17:00
※入場は閉館30分前まで
休 月曜
料 無料
交 15、18、28路バス「市博物館」
U www.10ybwg.org.cn

十堰博物館

人民公園

M P.314-A1
住 茅箭区公園路48号
☎ 8683159
⏰ 人民公園5:00～21:00
　5～9月7:30～20:00
　10～4月8:00～18:00
　重陽塔、動物園、鰐魚館、
　古城城8:30～17:00
休 なし
料 人民公園=無料、重陽塔=
　20元、動物園=30元、鰐
　魚館=15元、古長城=3元
交 1、3、5、8、17、18、
　24、57路バス「人民公園」
U www.syrmgy.cn

武当山

M P.317
住 丹江口市武当山
☎ 入場券売り場=5665396
⏰ 武当山入場券売り場:
　4～10月7:00～18:00
　11～3月7:30～17:30
　寺廟:
　4～10月8:00～17:30
　11～3月8:00～17:00
休 なし
料 入山料=248元（景区内観
　光専用バスと保険、地図
　含む）
※一般的な観光では観光専用
　バスは必須。何度でも乗降
　車可
※有効期間→P.319インフォ
　メーション
交 十堰駅前広場から202路
　バスで終点（詳細→P.315
　欄外）

**武当山旅游経済特区管理委
員会**
U www.wudangshan.gov.cn
※「旅游服务」をクリック
中国武当
U www.chinawudang.com

本文（右列）

◤◤◤ 見どころ ◢◢◢

貴重な文化財は湖北省指折り　　オススメ度 ★★★

十堰博物館／十堰博物館　shíyàn bówùguǎn
じゅうえんはくぶつかん

　2007年7月に一般公開された博物館。敷地面積は約2万3000㎡で収蔵品は5万点を超える。
　館内は、恐竜時代、人類の歩み、武当山、十堰と水、車と十堰の5つのテーマに沿った展示と湖北省から出土した文化財の展示に分かれており、総合的に十堰と湖北省のことが理解できるようになっている。

市民憩いの場所　　オススメ度 ★★★

人民公園／人民公園　rénmín gōngyuán
じんみんこうえん

重陽塔は唐代風の造り

　人民公園は、広さ約34万㎡の総合公園。遊覧区と植物観賞区、動物観賞区、娯楽遊芸区の4つのエリアでできている。なかでも植物観賞区は、湖北省で最も設備の整った温室をもち、ボタンやシャクヤクの花が植えられている。また、公園内の梅花山山頂に立つ重陽塔は、高さ72mで、十堰のランドマーク的な建物となっている。

◤◤◤ 郊外の見どころ ◢◢◢

十堰観光の目玉　　オススメ度 ★★★　世界遺産

武当山／武当山　wǔdāngshān
ぶとうさん

　武当山は湖北省北西部、大巴山脈の東端に位置する山で太和山、仙室山などとも呼ばれる。最高峰は1612mの天柱峰。緑豊かな自然の広がる山で、麓には国家の推進するプロジェクト「南水北調（南方の水を水資源に乏しい北に運ぶ）」における重要な水源のひとつ、丹江口水庫がある。
　この山は唐代以降、道教における重要な修行場として有名。元代に破壊されたが、宋代に入ると道教の神である真武大帝（玄天上帝、玄武大帝とも）の伝説と関連づけられるようになった。明代には、真武大帝を崇拝する皇室によって「五岳」の上位として扱われた。特に第3代永楽帝は熱心で9宮、9観、36庵堂、72岩廟などを山中に建てたといわれている。第12代嘉靖帝も道教に没頭し、多くの宗教施設を整えた。これらの建築群には現存するものも多く、その価値を認められ1994年に世界文化遺産に登録された。
　また、武当山は武当拳の発祥地としても知られている。これは道士が体を鍛える過程で編み出した武術とされ、その開

祖は元末明初の伝説的な道士張三豊と伝わる。

武当山は太子坡景区、紫霄景区、南岩景区、金頂景区、麓の老営景区、五龍宮景区に分かれているが、このうち五龍宮景区は登山道も建築物も未整備で、一般公開はされていない。

景区間の移動については、P.319のインフォメーションで説明しているので、予定を立てる際に一読するとよい。

太子坡景区／太子坡景区　tàizǐpō jǐngqū

武当山における道教最高神である真武大帝がこの山に入って修行を行い、ついには道教の神となった伝説に基づき造られた建築群を中心としたエリアで、磨針井（純陽宮）、八仙観、逍遥谷（武術演技が行われる）などの見どころがある。

いちばんの見どころは獅子峰の斜面を利用し、永楽帝によっ

武当山游客中心観光専用バスの乗り場

天乙真慶宮（手前）と南岩宮（奥）

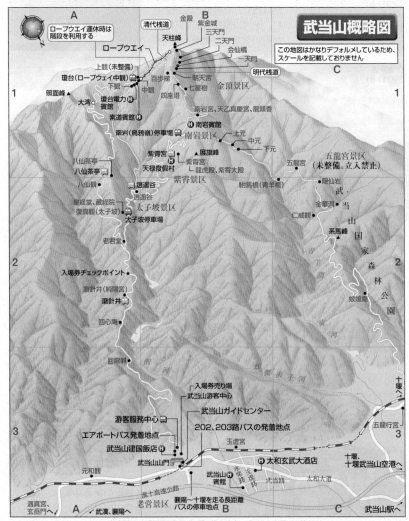

武当山概略図

この地図はかなりデフォルメしているため、スケールを記載しておりません

ロープウエイ運休時は階段を利用する

清代桟道

金殿　紫金城

天柱峰　三天門
二天門
会仙橋
一天門

明代桟道

ロープウエイ

上観（未整備）
瓊台（ロープウエイ中観）
下観
堆台電力賓館
索道賓館

百歩梯
中観
四座塔

朝天宮
七星樹

金頂景区

照面峰
大湾

南岩宮、天乙真慶宮、龍頭香

南岩賓館

南岩（鳥鴉嶺）停車場
南岩景区
上元
中元
下元

五龍宮景区
（未整備。立入禁止）

八仙茶亭
八仙茶亭
八仙観

紫霄宮
天禄度假村
龍虎殿、紫霄大殿
紫霄景区

逍遥谷
逍遥谷

展旗峰

紫霄宮

五龍宮

駒馬橋（青羊橋）

隠仙岩
金華洞
仁威観
系馬峰

武当山国家森林公園

屋経堂、蔵経院
復真観（太子坡）
太子坡景区
太子坡停車場

老君堂

入場券チェックポイント

磨針井（純陽宮）
磨針井

回心庵

姥姆廟

回龍観

入場券売り場
武当山游客中心
武当山ガイドセンター
202、203路バスの発着地点

游客服務中心
エアポートバス発着地点
武当山建国飯店

武当山山門

五龍行宮

玉虚宮

太和玄武大酒店

十堰、十堰武当山空港へ

十堰へ

元和観

武当山賓館

襄陽〜十堰を走る長距離バスの停留地点

武漢、襄陽へ

老営景区

遇真宮、玄岳門へ

太和大道

武当山駅へ

●見どころ　ℍ ホテル　▨▨ 高速道路　▨ 観光専用バス乗り換え地点　▨ 観光専用バス停留所

317

展望台から見た南岩宮大殿と
天乙真慶宮

復真観
MP.317-A2
交「太子坡」行き観光専用バ
スで終点

紫霄宮
MP.317-B1
料15元
交「太子坡」から「南岩」行
き観光専用バスで「紫霄
宮」

南岩景区
MP.317-B1
交「太子坡」から「南岩」行
き観光専用バスで終点

天乙真慶宮にある龍頭香は絶
壁に突き出た焼香台。危険を
冒して焼香し、落下する者があ
とを絶たなかったため、1673
年には焼香禁止令が出された

金頂景区
MP.317-B1
料紫金城（金殿）＝27元
交「瓊台」からロープウエイ
で終点

天柱峰に立つ金殿

て建てられた復真観（1412年
建設開始）。一門（殿門）をく
ぐり、波打ち左右にくねる長
さ約70mの九曲黄河墻を通
った先には、600年以上の歴
史をもつ真武神像と侍従の金
童玉女の塑像を祀った復真観
大殿（祖師廟）がある。

九曲黄河墻

紫霄景区／紫霄景区　zǐxiāo jǐngqū

展旗峰の下にある1413
（明の永楽11）年創建の紫霄
宮を中心とするエリア。この
地は古くから神仙の居所とさ
れ、宋代以降歴代王朝の皇帝
が祖先を祀った場所。剣河橋
を渡って龍虎殿、御碑亭、十
方殿、紫霄大殿、父母殿と奥

紫霄大殿と展旗峰

に行くに従い高くなっているが、その構造は遠くから紫霄宮全
体を眺めた際に雄大さを感じさせる。

南岩景区／南岩景区　nányán jǐngqū

南岩宮を中心に構成された武当山の中核となるエリア。山
中には岸壁を利用して造られた宗教施設が36あるが、ここは
周囲の景観と建築群が最も調和した場所といわれている。

南岩宮は元代に建設が始まり、1412（明の永楽10）年に
再建、拡張された道観で、天乙真慶宮、両儀殿、南天門など
が現存している。このほか、南岩宮の先にある岸壁には麋国
の王子が修行によって真武大帝となった際、飛び込んだとさ
れる飛昇崖などがある。

金頂景区／金頂景区　nányán jǐngqū

天柱峰を中心に立つ建築群およびロープウエイ麓駅近くに
位置する中観で構成されたエリア。

武当山の最高峰天柱峰の1510m地点には、明の永楽帝に
よって建立された太和宮を中心に皇経堂や大雲楼などの殿宇
が建ち並び、その中心部には周囲を壁に囲まれた紫金城があ
る。南天門をくぐってその内部に入り、九
連蹬という急な石段を上るとようやく
1612mの山頂部に着く。ここは160㎡の
平地となっており、その中央には武当山の
シンボルといえる金殿（元代創建の銅製建
造物）が鎮座し、多くの参拝客を迎えてく
れる。また、山頂からはすばらしい眺望も
楽しめる。

ロープウエイ麓駅のある中観は、真武大
帝が北極玄天上帝に封じられた際に儀式が
執り行われたといわれる所。

武当山観光のヒント

武当山ガイドセンター
（武当山导游中心／wǔdāngshān dǎoyóu zhōngxīn）
　武当山山門横にあり、中国語と英語のガイドがいる。1日ガイドが一般的。英語ガイドは、1日US$100（往復ロープウエイ利用のみ）。
Ⓜ P.317-B3　☎5667812
🕐8:00〜18:00　休なし

武当山のロープウエイ
　中観（瓊台）と金頂とを結ぶ。片道所要25分。1月に10日間ほどメンテナンスで運休。
Ⓜ P.317-B1　☎5687060
🕐4〜10月8:00〜17:30、11〜3月8:00〜16:00
休なし　料上り＝90元、下り＝80元

観光専用バス
①路線と運行時間
　武当山游客中心と乗り換え地点の太子坡停車場、起終点の南岩（烏鴉嶺とも呼ばれる）停車場、瓊台ロープウエイ（中観とも呼ばれる）停車場とを結ぶ。これに加え、磨針井、八仙茶亭、紫霄宮、逍遥谷の4ヵ所の停留所がある。
　9:00〜17:00の間は、武当山游客中心と太子坡停車場とを結び、そこで瓊台ロープウエイ停車場行きと南岩停車場行きに乗り換える。
　それ以外の時間は、武当山游客中心と南岩停車場、瓊台ロープウエイ停車場（ともに途中下車可能）を直接結ぶ。運行時間は次のとおり。
南岩停車場／4〜10月7:00〜9:00（戻り最終は18:45発）、11〜3月17:00〜18:00（戻り最終は18:15発）
瓊台ロープウエイ停車場／4〜10月7:45〜9:00（戻り最終は18:00発）、11〜3月17:00〜17:30（戻り最終は17:00発）
※武当山游客中心行き直通はともに16:30以降
※オンシーズンは運行時間や間隔の調整が入る
②距離と所要時間（目安）
武当山游客中心〜南岩停車場／26km、所要50分
武当山游客中心〜瓊台ロープウエイ停車場／24km、所要40分
武当山游客中心〜太子坡停車場／11km、所要20分

太子坡停車場〜瓊台ロープウエイ停車場／15km、所要30分
太子坡停車場〜南岩停車場／15km、所要30分
　観光専用バスは座席人数しか乗車できないので、乗降客の多い逍遥谷と紫霄宮以外では徒歩を覚悟して、途中下車して観光するしかない。

南岩景区〜金頂の登山道
　登山道が整備されていて歩きやすい。全長4.5km、上り3〜4時間、下り2時間30分〜3時間30分。朝天宮で明代桟道と清代桟道に分かれる。明代桟道は一天門、二天門、三天門で傾斜のきつい上り下りが3ヵ所ある。
　登山道を使って観光する場合は、2日コースで予定を立てたほうが無難。なおかつ、時間を有効活用するならば武当山山中または麓での宿泊をおすすめする。

有効期間
　入場券、観光専用バス券は基本的に入場当日のみ有効。ただし、帰るときに武当山游客中心の係員に翌日も入山したい旨を伝え、パスポートを提示して入場券に氏名やパスポート番号などを記入してもらえば、翌日入場券売り場でそれを提示すると50元で観光専用バス券を購入できる（入場料不要）。
　なお、山中に宿泊した場合、入場料や観光専用バス券は基本的にノーチェックなので、上記手続きは不要。ただし、磨針井の南側に入場券チェックポイントがあり、徒歩や自家用車で通過する人に対し入場券のチェックをしているので注意。

老営景区
　武当山の麓は山中の道観建設が盛んだった明代において、物資の集結地であった所。このエリアは武当山の入場券を購入しなくても観光できる。見どころとして、武当山最大の道観である玉虚宮（料無料）、張三豊をたたえるために永楽帝が建てた遇真宮（2018年8月現在非公開）、道教にのめり込んだ明の嘉靖帝が建てた玄岳門（料無料）などが残る。

太和玄武大酒店／太和玄武大酒店　★★★
たいわげんぶだいしゅてん　tàihé xuánwǔ dàjiǔdiàn
武当山鎮にあるホテルで太和居と恵和居のふたつに分かれている。設備は前者のほうがよい。
両替　ビジネスセンター　インターネット
Ⓜ P.317-B3
住武当山鎮太和大道31号
☎5661678　📠5076123
太和居：Ⓢ268元　Ⓣ248元
恵和居：Ⓣ188元
サなし　カ不可

武当山建国飯店／武当山建国饭店
ぶとうざんけんこくはんてん　wǔdāngshān jiànguó fàndiàn
武当山入場券売り場の東側に位置するので早朝からの観光には便利。設備は5つ星クラス。宿泊時には入場券の所持が必要となる。
両替　ビジネスセンター　インターネット　Ｕwww.wdshotel.com
Ⓜ P.317-B3
住武当山風景区正門口
☎5908888　📠5908866
Ⓢ609元
Ⓣ569元
サなし　カADJMV

錦江之星 十堰北京中路酒店／锦江之星 十堰北京北路酒店
きんこうのせい じゅうえんペキンちゅうろしゅてん　jǐnjiāngzhīxīng shíyàn běijīng běijīng zhōnglù jiǔdiàn
「経済型」チェーンホテル。客室は簡素ながら清潔。
両替　ビジネスセンター　インターネット　Ｕwww.jinjianginns.com
Ⓜ P.314-B1
住茅箭区北京北路76号
☎8602088　📠8602099
Ⓢ169〜209元
Ⓣ179〜209元
サなし　カ不可

襄陽

三国志の舞台のひとつ

じょうよう

シアンヤン
襄阳 Xiāng Yáng

市外局番●0710

独特の外観を備える広徳寺多宝仏塔　(→P.323)

都市DATA

襄陽市
人口：594万人
面積：1万9626km²
3区3県級市3県を管轄

市公安局出入境管理処
（市公安局出入境管理処）
MP.322-A1
🏠樊城区長虹北路5号市政府
　行政服務中心3楼B区
☎3757118
🕐8:30～11:30、
　13:30～17:00
🚫土・日曜、祝日
観光ビザを最長30日間延長
可能。手数料は160元

市第一人民医院
（市第一人民医院）
MP.322-A2
🏠樊城区解放路15号
☎3420121
🕐24時間
🚫なし

市内交通

【路線バス】運行時間の目安
は6:00～20:00（主要路線は
21:00まで）、2元
【タクシー】初乗り2km未満7
元、2km以上1kmごとに1.7
元加算

概要と歩き方

　襄陽は漢江（別名は漢水）中流域に位置する湖北省第2の都市。西から東に流れる漢江を境に古くは漢江北岸に襄樊城、南岸に襄陽城が築かれており、現在の襄陽市区は北の樊城区と襄州区、南の襄城区に分かれている。

　周代には鄧や盧戎などの小国があったが、春秋戦国時代に入ると楚がそれらを滅ぼし統治下においた。前漢が興るとその初期に襄陽県が設置され、武帝の時代に荊州の管轄下に入った。190（後漢の初平元）年に劉表が荊州牧（荊州の長官）に任命され、襄陽城を中心に統治するようになると町は発展を遂げ、この地方の中心地となった。

　その後、政治的重要度は低くなっていったが軍事上の要衝として、関羽による水淹七軍の戦い、元と南宋の間で繰り広げられた襄陽の戦いなど多くの戦役が発生した。また、商業が発展した明代以降は中継地として脚光を浴びた。

　2800年を超える歴史のなかで、諸葛亮、龐統（以上三国時代の政治家）、孟浩然、張継（以上唐代の詩人）、米芾（北宋の書画家）など多くの傑出した人物を輩出している。

　日本人にとっては、三国志に登場する重要な町として知られ、三国志に関連した水鏡荘や古隆中などの観光地がある。

　襄陽の中心は樊城区と襄城区。樊城区の町並みは比較的新しく、商業と行政の中心地。鉄道駅やバスターミナル、北郊外には空港もあり、ホテルを探すならこちらのエリアがおすすめ。一方、襄城区は襄陽城を中心とした旧市街で市内の見どころが集まっている。にぎやかな雰囲気を味わいたいのであればこちらに宿泊するのもよい。

襄王府に立つ緑影壁　(→P.323)

	1月	2月	3月	4月	5月	6月	7月	8月	9月	10月	11月	12月
平均最高気温(℃)	7.7	9.5	14.9	21.2	26.3	30.8	32.3	31.9	27.1	22.0	15.5	9.7
平均最低気温(℃)	-2.0	-0.1	4.8	10.9	16.1	20.9	23.9	22.9	17.7	12.2	6.1	0.2
平均気温(℃)	2.8	4.6	9.8	16.1	21.2	25.9	28.1	27.4	22.4	17.1	10.8	5.0

町の気象データ(→P.517)：「預報」>「湖北」>「襄陽」>区・市・県から選択

中国国内の移動➡P.667　鉄道時刻表検索➡P.26

✈ 飛行機
市区北東20kmに位置する襄陽劉集空港(XFN)を利用する。

国際線 日中間運航便はないので、上海（浦東国際空港）や武漢で乗り継ぐとよい。
国内線 武漢、上海、北京などとの間に運航便がある。便の多い武漢や上海が便利。
所要時間(目安) 武漢(WUH)／55分　上海浦東(PVG)／1時間45分　北京首都(PEK)／2時間

🚆 鉄道
漢丹、焦柳、襄渝各線が交差しており、主要都市とを結ぶ列車が多数ある。旅行者が利用するのは襄陽駅と襄陽東駅。

所要時間(目安) 【襄陽(xy)】漢口(hk)／動車：2時間13分　武昌(wc)／動車：2時間13分　十堰(sy)／特快：1時間48分　【襄陽東(xyd)】漢口(hk)／動車：2時間9分　十堰(sy)／動車：1時間31分

🚌 バス
市区にいくつものバスターミナルがあるが、樊城区の襄陽バスセンターが便利。いくつかの便は襄城区の襄城バスターミナルを経由する。

所要時間(目安) 武漢／5時間　十堰／3時間　南漳／2時間

Data

✈ 飛行機
●襄陽劉集空港（襄阳刘集机场）
M地図外（P.322-B1上）　**住**襄州区劉集鎮機場路
☎問い合わせ＝3236737　航空券売り場＝3812124
オ航空券売り場8:00〜最終便　**休**なし　**カ**不可
[移動手段] エアポートバス（空港〜襄陽駅）／15元、所要50分　空港→市内＝到着便に合わせて運行　市内→空港＝7:30〜20:00の間9便（火・木・土曜は2便減）　タクシー（空港〜老襄江商場）／50元、所要40分が目安
3ヵ月以内の航空券を販売。

🚆 鉄道
●襄陽駅（襄阳火车站）
MP.322-B1　**住**樊城区前進路
☎共通電話＝12306　**オ**24時間　**休**なし　**カ**不可
[移動手段] タクシー（襄陽駅〜老襄江商場）／9元、所要10分が目安　路線バス／1、2、13、14、22、23、512路「襄陽火車站」
28日以内の切符を販売。

●襄陽東駅（襄阳火车东站）
M地図外（P.322-B1上）　**住**襄州区航空路
☎共通電話＝12306　**オ**7:00〜16:30（16:30以降は列車到着30分前に切符を販売）　**休**なし　**カ**不可
[移動手段] タクシー（襄陽東駅〜老襄江商場）／25元、所要25分が目安　路線バス／9、23、24、541路「襄陽东站」
28日以内の切符を販売。

🚌 バス
●襄陽バスセンター（襄阳汽车客运中心）
MP.322-A1　**住**樊城区中原路8号
☎3279179、3223768　**オ**5:30〜19:00
休なし　**カ**不可
[移動手段] タクシー（バスセンター〜老襄江商場）／9元、所要10分が目安　路線バス／10、518、533路「春园路中原路口」
7日以内の切符を販売。武漢(9便)、十堰(7:50〜18:40の間7便)、南漳(6:00〜18:30の間30分に1便)など湖北省内便が中心。

見どころ

保存状態のよい城郭　　　　　　　　　オススメ度 ★★★

襄陽城／襄阳城 xiāngyángchéng
じょうようじょう

　襄陽城は、漢江南岸に残る城郭。築城は紀元前201（前漢の高祖6）年だが、現在の大きさとなったのは、荊州牧となった劉表が襄陽を治め、新たに城を築いてから。現存する城壁は基本的に14世紀後半（明の洪武年間）のもので、周囲7.4km、高さ10m、幅1.3〜1.5m。城を取り囲む堀（護城河）は深さ2〜3m、幅180〜250mで、これが襄陽城を難攻不落にした。

襄陽城
MP.322-A2〜B3
住襄城区
オ24時間（外観）

昭明台（襄陽博物館➡P.323）と北街の様子

臨漢門（夫人城）

Ⓜ P.322-A2～3
住 襄城区北街北128号
☎ 文物管理局＝3469985
開 5～10月8:00～18:00
　　11～4月8:00～17:30
休 なし
料 10元
交 1、6、8、14、24、512路
　「十字街」。北街を北に徒歩
　10分

❶襄陽城東南角に立つ仲宣楼 ❷臨漢門 ❸襄陽城城壁上の景観

襄陽博物館として一般公開されている昭明台

襄王府入口

緑影壁中央壁面の見事なレリーフ

古隆中風景区游客中心
（→P.323）

臨漢門／临汉门　línhànmén
りんかんもん

　襄陽城の中心を南北に走る北街が漢江に突き当たった所に立つ城門で大北門とも呼ばれる。現存する襄陽城の城壁で最も整備された城門。ここから城壁の上に行けるのでぜひ上がってみよう。漢江を挟んだ樊城区や漢江大橋、旧市街の景観を堪能できる。また、城壁を西側に進んだ西北角には、378（東晋の太元3）年に前秦の将軍符丕による攻撃を撃退した韓夫人（城主朱序の母）によって築かれた夫人城があるが、2018年8月現在、修復工事中。

襄陽市中心

●見どころ　Ⓗホテル　Ⓖグルメ　Ⓢショップ　田病院　▧繁華街

襄陽博物館／襄阳博物馆　xiāngyáng bówùguǎn

　時代ごとに5つの展示エリアに分けて襄陽を紹介する博物館で、襄陽城の中心に位置する。邦季鼎（春秋時代）などの貴重な文化財を含め収蔵する文化財は970点を超える。

　博物館は昭明台という襄陽を代表する建物に入っているが、これは梁（502～557年）を興した武帝の長子であった蕭統の死後建てられたもので、昭明は彼の諡。創建当初は文選楼といい、その後たびたび改称され、清の順治帝が再建した際に昭明台となった。現在の建物は1993年に再建されたもの。

襄王府／襄王府　xiāngwángfǔ

　襄王府は襄陽に封ぜられた王族の邸宅で、王府大殿や一進殿などが再建されている。いちばんの見どころは長さ26.2m、高さ7.6m、厚さ1.6m、3面からなる緑影壁。襄王府の前照壁として造られたもので、緑色砂岩に彫り込まれたことからこう呼ばれている。王府は明末に発生した李自成の乱で焼失したが、緑影壁は無事に残った。

諸葛亮故居を中心とした観光地	オススメ度 ★★★

古隆中風景区／古隆中风景区　gǔlóngzhōng fēngjǐngqū

　襄陽城の西12kmに位置する景勝エリア。三国時代の政治・軍事家である諸葛亮が暮らした場所・古隆中を中心とし、広徳寺も景区の管理下に置き、整備を進めている。

古隆中／古隆中　gǔlóngzhōng

　後に蜀の丞相となる諸葛亮は17歳の時、戦乱を避けるため、叔父に従い山東省琅琊からこの地に移り住んだ。10年ほど晴耕雨読の生活を送り、地元の名士と交流するうちに名声を高め、やがて彼の学識の高さ

晋代創建と伝わる古隆中武侯祠

を知った劉備がこの地を訪ね、三顧の礼で軍師に迎えた。

　彼が去ってからは、故居を訪れる者もなくなったが、4世紀初頭（晋の永興年間）に劉弘がこの地を整備した後、多くの人が石碑を建てたり、書籍に記したりするようになった。

広徳寺／广德寺　guǎngdésì

　襄陽城の西約10km、古隆中に近接する寺院。創建は唐の貞観年間（627～649年）で湖北省北部有数の古刹。当初は雲居禅寺といい、古隆中にあったが、明の成化年間（1465～1487年）に現在の場所に移された。見どころは高さ17mの多宝仏塔（明代）。

広徳寺山門

襄陽博物館
M P.322-B3
住 襄城区北街1号昭明台内
☎ 3513330
オ 9:00～17:00
※入場は閉館の1時間前まで
休 月曜
料 無料
※入口で入場券を受け取る
交 1、6、8、14、24、512路「十字街」
U www.xymuseum.cn

襄王府（緑影壁）
M P.322-B3
住 襄城区曲径巷8号
☎ 文物管理処=3469985
オ 5～10月8:00～18:00
　11～4月8:00～17:30
休 なし　料 25元
交 1、13、14、60路バス「清真寺」

古隆中風景区
M 地図外（P.322-A3左）
住 襄城区隆中大道461-1号
☎ 3591656、3773333
オ 8:00～18:00
※入場は閉門30分前まで
休 なし
料 1月=80元
　2～12月=98元
※古隆中と広徳寺の入場料、観光バス代を含む
交 512路バス「湖北文理学院西」（終点）。観光専用車に乗り換え「游客中心」
U lzfjq.com

広徳寺
M 地図外（P.322-A3左）
住 襄城区隆中大道
オ 8:00～18:00　休 なし

ⓘ ▶▶▶ インフォメーション

路線バスと観光バス
　512路バスは途中「古隆中風景区游客中心東門」と「広徳寺」に停車するが、観光バス以外の入場は禁止されているため、終点まで下車してはいけない。「游客中心」で入場券購入後、再び観光バスに乗って古隆中に向かう。広徳寺へは古隆中から観光バスに乗り、観光終了後、「広徳寺」で512路バスに乗ればよい。また、古隆中で観光を止める場合は、観光バスで「湖北文理学院西」に向かい、そこで512路バスに乗る。
　「湖北文理学院西」と「游客中心」とを結ぶ観光バスは8:00～18:00の間15分に1便。

漢江沿いに立つ米公祠

米公祠
M P.322-A2
住 樊城区沿江大道2号
☎ 3433316
開 5〜10月8:00〜18:00
　11〜4月8:00〜17:30
休 なし　料 25元
交 2、4、530路バス「车桥厂」

水鏡荘
M P.194-B2
住 南漳県城関鎮侶路43号
☎ 5232754
開 5〜10月8:00〜19:00
　11〜4月8:00〜18:00
※入場は17:30まで
休 なし　料 50元
交 襄陽バスセンターから「南
　漳」行きで終点、徒歩25分
※「南漳」からの最終は18:30
　頃発
U www.nzsjz.com

北宋四大家のひとり米芾を祀る　オススメ度 ★★★

米公祠／米公祠　mǐgōngcí
べいこうし

　襄陽出身で、北宋時代の著名な書家・画家であった米芾（1051〜1107年）をたたえるための施設。元代に「米家庵」として創建されたが、戦乱で破壊され、清の康熙年間（1661〜1722年）に再建された際、米公祠と改称された。

郊外の見どころ

劉備に「伏龍鳳雛」を教えた司馬徽の隠棲地　オススメ度 ★★★

水鏡荘／水镜庄　shuǐjìngzhuāng
すいきょうそう

　襄陽市区の南西約40km、南漳県にある水鏡荘は、後漢末の名士司馬徽の暮らした場所。彼の号が「水鏡」であったことから、水鏡荘と呼ばれるようになった。
　彼は河南省潁川の出身だが、この地に転居して隠棲し、優秀な者を見いだしては、門下としていた。彼は偶然草庵を訪れた劉備に「諸葛亮か龐統のどちらかを召し抱えることができれば、天下を取ることができるだろう」と教え、劉備はその言葉に従い、三顧の礼で諸葛亮を迎え入れた。

ホテル

クラウンプラザ襄陽／襄阳富力皇冠假日酒店 ★★★ ★★
しょうよう　xiāngyáng fùlì huángguān jiàrì jiǔdiàn

襄陽で最高級のホテル。諸葛亮文化広場の向かいに立つショッピングモール万達広場に入っている。

両替　ビジネスセンター　インターネット　U www.ihg.com

M P.322-A1　住 樊城区長虹北路11号万达广场
☎ 3288866　FAX 3288899
S 668〜768元
T 668〜768元
サ なし　カ ADJMV

維也納国際酒店 襄陽火車站店／维也纳国际酒店 襄阳火车站店
ウィエンナこくさいしゅてん　しょうようかしゃたんてん　wéiyènà guójì jiǔdiàn xiāngyáng huǒchēzhàndiàn

内装は5つ星相当、客室も広く、清潔。襄陽駅や襄陽バスセンターにも近く、アクセスの便はよい。

両替　ビジネスセンター　インターネット　U www.wyn88.com

M P.322-B1　住 樊城区中原路2号
☎ 3018888　FAX 3010799
S 322〜378元
T 328〜348元
サ なし　カ 不可

如家酒店・NEO-襄陽火車站店／如家酒店・NEO-襄阳火车站店
じょかしゅてん　ネオ　しょうようかしゃたんてん　rújiā jiǔdiàn NEO xiāngyáng huǒchēzhàndiàn

「経済型」チェーンホテル。襄陽駅北側に位置しており、古隆中風景区に向かう512路バスへの乗り場も至近で便利。

両替　ビジネスセンター　インターネット　U www.bthhotels.com

M P.322-B1　住 樊城区前進路65号風神大廈
☎ 3331899
S 179〜189元
T 219〜239元
サ なし　カ 不可

グルメ

一丁甜酒美食広場／一丁甜酒美食广场
いっちょうてんしゅびしょくひろば　yīdīng tiánjiǔ měishí guǎngchǎng

湖北風味の料理を出すレストランで、老舗を示す「襄陽老字号」をもつ。襄陽の名物、"甜酒（米で造る甘い酒）"や"萝卜羊肉（ダイコンとマトンの炒め物）"などを楽しめる。

M P.322-B2　住 樊城区長征路103号老襄江曲場1〜3階
☎ 3455999
開 11:00〜14:00
　17:00〜21:00
休 なし
カ 不可

華南エリア

桂林の町に沈む夕日。カルスト地形の中に広がる町は世界遺産「中国南方カルスト」に追加登録された（広西チワン族自治区桂林市）
写真:単 侃明

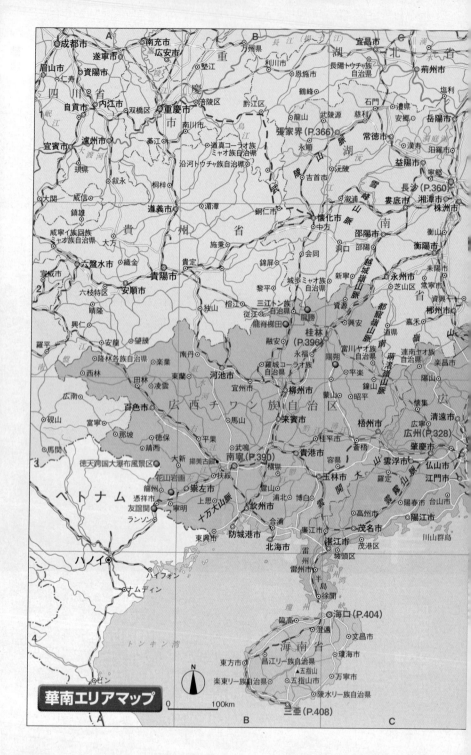

華南エリアマップ

0　　　　　100km

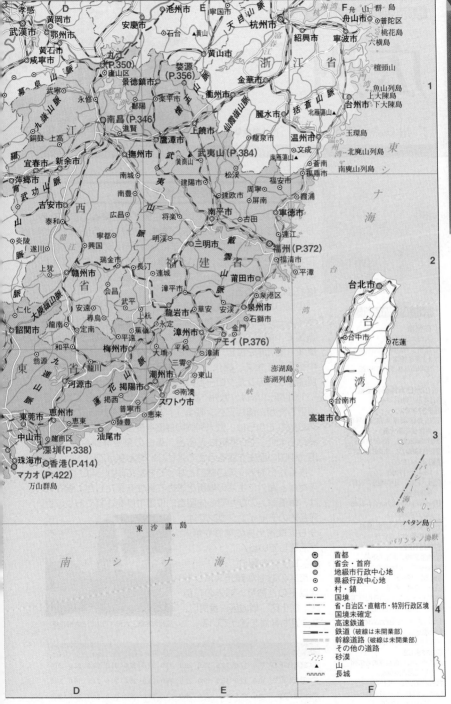

孝感　D
黄岡市
武漢市　鄂州市
黄石市
咸寧市

池州市　E　寧国市
安慶市
石台　▲黄山
黄山市

杭州市　F　舟山群島
紹興市　寧波市　舟山市　普陀区
桃花島　六横島
檀頭山

九江
(P.350)
廬山区
景徳鎮市
婺源
(P.356)
南昌(P.346)
進賢

永修
九嶺山脈
武寧
幕阜山脈　武寧
銅鼓　上高

宜春市　新余市
萍郷市
宵
武功山脈
吉安市
泰和
炎陵　遂川
上犹
贛州市
瑞金市
会昌
安遠
尋烏
仁化
韶関市
翁源

浙江省

金華市
衢州市
麗水市
龍泉市
温州市
文成
北雁蕩山　▲
南雁蕩山　▲

1

魚山列島
玉環島
北麂山列島

上饒市
鷹潭市
撫州市　武
南城　夷
南豊　山
広昌　脈
将楽
明溪

武夷山(P.384)
黄崗山
建陽市
建甌市　周寧
屏南　福安市
霞浦
寧徳市
連江

東シナ海

福鼎市
南麂山列島

将将
南平市　古田
三明市　戴
雲
建　山
寧都　省　脈
長汀
連城
漳平市

福州(P.372)
福清市
平潭

2

台湾湾

福建省

2

龍岩市　華安　漳渓
漳州市
永定
梅州市
大埔
平和
三饒
漳浦
東山

泉港区
泉州市
石獅市
金門
アモイ(P.376)

台北市

台中市　花蓮

台

湾

高雄市
台南市

南シナ海

3

南澳
東山
恵来
汕頭市
普寧市
恵来
陸豊

掲陽市
掲西
潮州市

河源市
恵州市
恵東
惠東
東莞市
中山市　龍崗区
深圳(P.338)
珠海市　香港(P.414)
マカオ(P.422)
万山群島

澎湖島
澎湖列島

バタン島

東沙諸島

	首都
◎	省会・首府
⊙	地級市行政中心地
○	県級行政中心地
○	村・鎮
—·—·—	国境
—·—	省・自治区・直轄市・特別行政区境
— — —	国境未確定
═══	高速鉄道
───	鉄道（破線は未開業部）
═══	幹線道路（破線は未開業部）
───	その他の道路
	砂漠
▲	山
∧∧∧	長城

D　E　F

広州

こうしゅう

グァンジョウ
广州 Guǎng Zhōu 　　市外局番●020

広州市の象徴「五羊仙庭」の石像

ウルムチ
ハルビン
北京　大連
西安　上海
ラサ　成都
昆明　　広州
香港

都市DATA

広州市
人口：823万人
面積：7436km²
11区を管轄
広州市は広東省の省都

在広州日本国総領事館
（日本駐广州総领事馆）
MP.329-C2
住越秀区環市東路368号広
州世貿花園大廈
☎83343009、85015005
83338972、83883583
8:45～12:00、
13:45～17:00
休土・日曜、日中両国の祝日、
年末年始
Uwww.guangzhou.cn.emb-
japan.go.jp

市公安局出入境管理処
（市公安局出入境管理处）
MP.331-E2
住越秀区解放南路155号
☎96897（広州市のみ）
8:30～12:00、14:00～17:30
休土・日曜、祝日
観光ビザを最長30日間延長
可能。手数料は160元

**Can Am International
Medical Center**
（广州加美医疗中心）
MP.329-C2
住越秀区環市東路368号広州
世貿花園大廈5階
☎83866988（英語可）
月～金曜9:00～18:00
七曜9:00～13:00
Uwww.canamhealthcare.com

概要と歩き方

　広州市は、珠江デルタの北部に位置する広東省の省都であり、華南エリアで最大の都市。羊城、穂城という愛称をもつが、これは紀元前300年頃、羊に乗った5人の仙人がこの町に稲穂をもたらした、という故事による。亜熱帯に属すため、四季を通していろいろな花が見られることから花城と呼ばれることもある。

　中国の経済発展の先陣を切って成長を遂げた近代都市というイメージが先行するが、すでに2800年以上の歴史をもつ古都で、中国24大歴史文化名城のひとつにもなっている。秦漢（紀元前2世紀～紀元後2世紀）時代には、海外貿易の中枢として栄え、唐代（7～9世紀）には、市区東部にある黄埔港が海のシルクロードの重要な寄港地となっていた。

　18世紀以降は、欧州への物資の積み出し港として繁栄を謳歌したが、清がアヘン戦争（1840～1842年）でイギリスに敗れてからは、欧米列強の侵略を受け、沙面に租界地が設けられた。20世紀に入ると、革命の重要な舞台となり、現代中国の歴史を語るうえで外せない町となっていった。

　古くから海外交流の窓口となってきた広州からは、多くの人々が、海外に生活の場所を求めて移住を果たした。現在では、華僑華人のなかでも先駆者的位置付けをされており、世界各地のチャイナタウンでは、今も広東省出身の華僑や華人が活躍している。

各エリアの紹介

　市区のおもな観光スポットは以下のとおり。郊外の花都区、従化区、増城区、番禺区、南沙区も発展を遂げている。

広州の名刹、六榕寺の山門と六榕花塔

	1月	2月	3月	4月	5月	6月	7月	8月	9月	10月	11月	12月
平均最高気温(℃)	17.0	17.0	20.0	25.0	28.0	30.0	32.0	32.0	31.0	27.0	23.0	20.0
平均最低気温(℃)	10.0	12.0	15.0	19.0	22.0	25.0	26.0	26.0	24.0	21.0	16.0	11.0
平均気温(℃)	14.0	15.0	18.0	22.0	26.0	27.0	28.0	28.0	27.0	24.0	20.0	15.0

町の気象データ（→P.517）：「预报」>「广东」>「广州」>区から選択

●沙面／沙面【さめん／shāmiàn】

　珠江の分岐点にある人工島。日本の長崎出島のような場所で、20世紀前半まで外国人の居住区だった。多くの洋館が当時のままの形で残り、欧米列強が広州を支配していた頃の雰囲気が漂う。緑が多く、夜景も美しい。

●上下九路／上下九路【じょうげくろ／shàngxiàjiǔlù】

　歩道の上に建物がせり出す騎楼と呼ばれる広州の伝統建築スタイルが復元された通り。食通にも好評な、広州の代表的老舗レストランが並ぶのでグルメ散策にもおすすめ。

●北京路／北京路【ペキンろ／běijīnglù】

　歩行者専用道のショッピングストリートとして整備された広州一の繁華街。新大新百貨公司と広州百貨大楼のふたつのデパートのほか、多くのショップやレストランが軒を連ね、週末には路上でイベントやセールが行われて活気に満ちている。整備を進める過程で、宋代や明代の通りが発掘されており、ガラスで覆って展示されている。

●広州駅／广州火车站【こうしゅうえき／guǎngzhōu huǒchēzhàn】

　鉄道駅のほか、地下鉄駅、長距離や市内のバスターミナルがあり、広州旅行の拠点として便利だが、治安には十分な注意が必要。観光スポットが集中しており、地下鉄2号線、5号線と徒歩を組み合わせれば、手軽に移動できる。

●環市東路／环市东路【かんしとうろ／huánshì dōnglù】

　広州駅前を東西に走る大通りを東に2kmほど行った高層ビルが建ち並ぶエリア。目印は63階建ての広東国際大酒店のビルと日本領事館が入っている広州世貿花園大厦で、周辺にはブランドショップや高級レストラン、バーなどが多い。地下鉄5号線を利用すれば移動しやすい。

●天河エリア／天河地区【てんがえりあ／tiānhé dìqū】

　広州東駅と天河体育センターを中心とするエリア。40年ほど前から開発が始まり、一大繁華街に成長。天河城広場、駅前広場奥の中信広場などが代表的なショッピングモールだ。

市内交通

【地下鉄】2018年7月現在、APMを含む14路線が営業。詳しくは公式ウェブサイトで確認を
広州地鉄
Ⓤ www.gzmtr.com
路線図→P.678

【APM】Automated People Mover（全自動無人運転車両）の略で、珠江新城旅客自動輸送システムを指す。運行時間の目安は7:00～23:30、2元

【路線バス】運行時間の目安は6:00～23:00、1～3元。このほか専用レーンを走る快速バスBRTも運行されている

【タクシー】初乗り2.5km未満10元、2.5km以上1kmごとに2.6元加算

【水上バス】芳村～西堤～天字～中山大学の区間。運航時間の目安は7:00～18:00、2元

ⓘ ▶▶ インフォメーション
交通カード「羊城通卡」
　JR東日本のSuica、JR西日本のICOCAのような、プリペイドでリチャージ可能な非接触式ICカードがある。4種類の交通機関で利用できる。地下鉄各駅と一部のコンビニでチャージ（中国語で充值／chōngzhí）可能。

環市路周辺

● 見どころ　Ⓗ ホテル　Ⓒ グルメ　Ⓢ ショップ　田 病院　━━ 高速道路
―→― 地下鉄 2号線　―→― 地下鉄 5号線　―→― 地下鉄 6号線　◈ 乗り換え駅

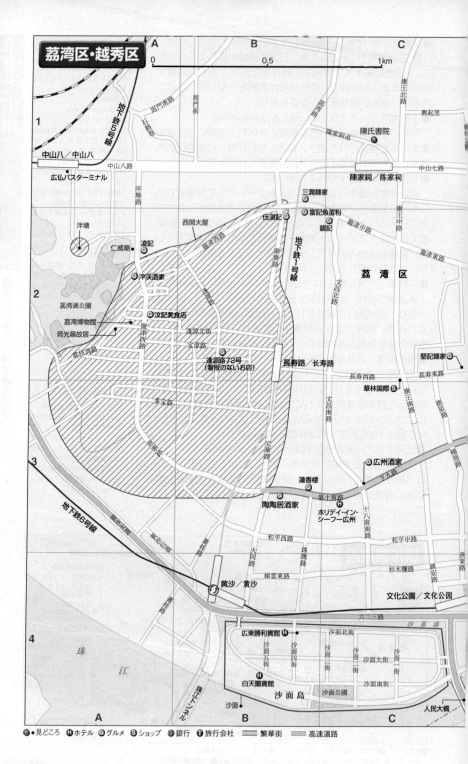

荔湾区・越秀区

0

A	B	C

0　　　　　　　　0.5　　　　　　　　1km

1

地下鉄5号線

中山八／中山八

広仏バスターミナル

康王北路

興起里

陳家祠道

陳氏書院

中山八路

陳家祠／陈家祠

中山七路

2

泮塘路

石路巷

周門街路

西溪路

三潤麺家

富記魚雷粉

銀記

伍湛記

康王中路

龍津中路

龍津東路

荔湾区

泮塘

仁威廟

凌記

西関大屋

龍津河路

華貴路

地下鉄1号線

文昌北路

泮渓酒家

荔湾湖公園

荔湾博物館

蒋光鼐故居

茘枝湾路

汶記美食店

龍津西路

蓬源北街

宝源路

逢源路72号
（看板のないお店）

多宝路

宝華路

文昌南路

長寿路／长寿路

長寿西路

長寿東路

堅記麺家

華林国際

康王南路

徳星路

錦龍路

3

地下鉄6号線

豊寧大街

蓬莱路

蓮香楼

第十甫路

和平西路

珠璣路

梯雲東路

大同路

和平中路

杉木欄路

鎮安路

楊巷路

広州酒家

下九路

十八甫南路

ホリデイ・イン・
シーフー・広州

文化公園／文化公園

陶陶居酒家

黄沙／黄沙

六二三路

沙基涌

4

珠
江

広東勝利賓館

白天鵝賓館

沙面

沙面北街

沙面五街

沙面四街

沙面三街

沙面二街

沙面一街

沙面大街

沙面南街

沙面公園

沙面島

人民大橋

珠江隧道

A	B	C

●見どころ　Ｈホテル　Ｇグルメ　Ｓショップ　Ⓑ銀行　Ｔ旅行会社　━━繁華街　━━高速道路

荔湾区・越秀区マップ／広州市区全図

広東省 広州

広州市区全図

北京路以東
Ⓢ新大新百貨公司
南越王宮博物館
出口
入口
広東都城隍廟
徳政北路
東濠涌高架橋
越秀北路
農講所
农讲所
地下鉄1号線
中山四路
中山三路
広州農民運動講習所旧址
烈士陵園
烈士陵园
文徳路
徳政中路
較場西路
越秀中路
較場東路
東川路
Ⓢ広州百貨大楼
省人民体育場
北京路歩行街
広東省博物館旧館
東華西路
文明路
玫瑰甜品
達楊原味燉品
Ⓗ広州喜爾賓酒店
Ⓗ
麗都大酒店
万福路
文徳南路
徳政南路
越秀南路
珠海路
北京路
越秀区
東華南路
大沙頭三馬路
東湖
東湖
地下鉄6号線
団一大広場
団一大广场
北京路
北京路
沿江中路
天字游船埠頭
(珠江ナイトボート乗り場)
大沙頭游船埠頭
(珠江ナイトボート乗り場)
沿江東路
大沙頭路
珠江
江湾大橋
0
500m
A
B
1
2

●見どころ Ⓗホテル Ⓖグルメ Ⓢショップ 病院 繁華街
高速道路 地下鉄1号線 地下鉄6号線

広州東駅
0
500m
広州東站
広州东站
広園快速路(広園東路)
広州東
バスターミナル
路線バス
ターミナル(1階)
Ⓗグランド・パレス・ホテル
林和中路
林和西横路
林和西路
東站広場
林和東路
天寿路
日本航空
広州支店
耀中広場
天潤路
Ⓗウェスティン広州
林和西/林和西
天河北路
Ⓢ中信広場
Ⓣ北京新日国際旅行社
広州分公司
Ⓗ漢庭広州
天河酒店
体育西路
天河体育中心
体育中心南/体育中心南
体育東路
天河東路
広州購書中心
全日空
広州支店
維多利広場
天河路
体育中心/体育中心
体育西路
体育西路
天河南/天河南
石牌橋/石牌桥
天河南二路
天河南一路
Ⓖ
西貝西北菜
Ⓢ天河城広場
天河区
黄埔大道/黄埔大道
黄埔大道西
天河エリア
C
D
1
2
3

Ⓗホテル Ⓖグルメ Ⓢショップ Ⓣ旅行会社
地下鉄1号線 地下鉄3号線 APM 乗り換え駅

Access 交通

空港見取図➡P.660、661　中国国内の移動➡P.667　鉄道時刻表検索➡P.26

飛行機

市区中心の北28kmに位置する広州白雲国際空港(CAN)を利用する。2018年4月には第2ターミナルがオープンし、多くの航空会社がこちらに移転している。

[国際線] 成田(7便)、羽田(28便)、関西(14便)、中部(7便)。

[国内線] 便数の多い海口、アモイ、南寧、桂林、南昌、上海などとのアクセスが便利。

[所要時間(目安)] 北京首都(PEK)/3時間10分　上海浦東(PVG)/2時間20分　海口(HAK)/1時間15分　アモイ(XMN)/1時間20分　南昌(KHN)/1時間35分

鉄道

市内には3つの大きな駅があるが、それぞれ離れている。列車の種類や目的地によって利用駅が変わるので、事前に確認しておくこと。

[所要時間(目安)] 【広州(gz)】海口(hk)/直達:10時間30分　【広州南(gzn)】北京西(bjx)/高鉄:8時間　深圳北(szb)/高鉄:30分　南寧東(nnd)/動車:3時間15分　桂林北(glb)/高鉄:2時間30分　南昌西(ncx)/高鉄:3時間45分　長沙南(csn)/高鉄:2時間20分　香港西九龍(xgxjl)/高鉄:55分　【広州東(gzd)】香港紅磡/直達:2時間

バス

市内には多くのバスターミナルがあり、行き先もほとんど同じ。自分が最も利用しやすいバスターミナルを選べばよい。広州にバスで入る際には、乗車前に到着地点を確認しておくこと。深圳や仏山など広東省、香港、アモイなどとアクセス可能。

[所要時間(目安)] 深圳/2時間　仏山/50分　東莞/1時間20分　肇慶/1時間30分

船

ふたつの港と香港の中港城フェリーターミナル、スカイピア(香港国際空港)を結ぶ定期航路がある。

[所要時間(目安)] 香港中港城フェリーターミナル/1時間30分　スカイピア/1時間30分
※出入境手続きが必要なのでパスポートを忘れずに

Data

飛行機

広州白雲国際空港(广州白云国际机场)
[M] **地図外**(**P.329-B1上**)
[住] 白雲区人和鎮と花都区花東鎮の境界
☎96158　[オ] 始発便〜最終便
[休] なし　[カ] 不可　[U] www.gbiac.net

[移動手段] **エアポートバス**/路線多数あり。詳細→空港快線=[U] www.kgkx.com　**タクシー**(空港〜北京路新大新百貨公司)/100元、所要50分が目安　**地下鉄**/第1ターミナル=3号線北延段「机场南」。第2ターミナル=3号線北延段「机场北」
航空券売り場で当日の航空券を販売。

●中国南方航空航空券売り場
（中国南方航空公司售票处）

Ⓜ P.329-A1　住越秀区環市西路181号
☎95539　🕐8:30〜18:30　休なし　🅟ADJMV
[移動手段] タクシー（航空券売り場〜北京路新大新百貨公司）／15元、所要15分が目安　地下鉄
／2、5号線「広州火車站」
　3ヵ月以内の航空券を販売。エアポートバスの
発着地点のひとつ。

●日本航空広州支店（日本航空公司広州支店）

Ⓜ P.332-C2
住天河区林和西路9号耀中広場B座30階3011室
☎中国予約センター＝4008-88-0808（中国
語）、4001-27-2470（日本語）
🕐9:00〜17:00　休土・日曜、祝日　🅟ADJMV
[移動手段] タクシー（日本航空広州支店〜北京路
新大新百貨公司）／30元、所要20分が目安　地
下鉄／3号線北延段、APM「林和西」
　2016年1月1日に航空券売り場は廃止された
ため、航空券は電話で購入する。

●全日空広州支店（全日空航空公司広州支店）

Ⓜ P.332-C3
住天河区体育西路103号維多利広場A塔1403室
☎中国予約センター＝4008-82-8888
🕐9:00〜17:00　休土・日曜、祝日　🅟ADJMV
[移動手段] タクシー（全日空広州支店〜北京路新
大新百貨公司）／30元、所要25分が目安　地下鉄
／1、3号線、3号線北延段「体育西路」

🚉 鉄道

●広州駅（広州火車站）

Ⓜ P.329-A1　住越秀区環市西路159号
☎共通電話＝12306　🕐24時間　休なし　🅟不可
[移動手段] タクシー（広州駅〜北京路新大新百貨
公司）／15元、所要15分が目安　地下鉄／2、5号
線「広州火車站」
　2日以内の切符を販売。

●広州東駅（広州火車東站）

Ⓜ P.332-D1　住天河区東站路1号
☎共通電話＝12306　🕐5:00〜24:00　休なし
🅟不可
[移動手段] タクシー（広州東駅〜北京路新大新百
貨公司）／30元、所要30分が目安　地下鉄／1号
線、3号線北延段「広州東站」
　2日以内の切符を販売。香港に向かう城際直通
車は専用の窓口になっているので注意。

●広州南駅（広州火車南站）

Ⓜ 地図外（P.331-H6下）住番禺区鐘村鎮石壁村
☎共通電話＝12306　🕐5:30〜翌0:20
休なし　🅟不可
[移動手段] タクシー（広州南駅〜北京路新大新百
貨公司）／70元、所要50分が目安　地下鉄／2、
7号線「広州南站」
　2日以内の高速鉄道切符を販売。切符売り場は
行き先によって異なるので注意。広州〜武漢区
間と広州〜深圳区間は東広場、広州〜珠海区間
は西広場。

🚌 バス

●省バスターミナル（省汽車客運站）

Ⓜ P.329-A1　住越秀区環市西路147-149号
☎86661297　🕐5:30〜24:00　休なし
🅟不可　🆄www.sqcz.com.cn
[移動手段] タクシー（省バスターミナル〜北京路
新大新百貨公司）／15元、所要15分が目安　地
下鉄／2、5号線「広州火車站」
　10日以内の切符を販売。行き先は「広州省站」
と表示されることが多い。仏山（祖廟：3便）、中
山（60便）、珠海（拱北：30便）、肇慶（28便）、江
門（49便）、深圳（羅湖：15便）、東莞（虎門：22便）、
恵州（18便）、韶関（8便）など広東省内がメイン。

●市バスターミナル（市汽車客運站）

Ⓜ P.329-A1　住越秀区環市西路158号
☎86684259、86667835　🕐4:00〜22:30
休なし　🅟不可
[移動手段] タクシー（市バスターミナル〜北京路
新大新百貨公司）／20元、所要20分が目安　地
下鉄／2、5号線「広州火車站」
　10日以内の切符を販売。省バスターミナルの
道を挟んだ南側に位置する。市内および省内各
地に向かうバスがメイン。花都（6:00〜21:30の
間10〜20分に1便）、従化（5:30〜21:00の間10
〜20分に1便）、増城（6:00〜20:50の間10〜20分
に1便）、仏山（18便）、中山（48便）、珠海（拱北：
35便）、江門（13便）、肇慶（16便）、東莞（総合バ
スターミナル：16便、虎門：21便）、恵州（21便）、
深圳（羅湖：4便）など。

●天河バスターミナル（天河客運站）

Ⓜ P.331-H5　住天河区燕嶺路633号
☎37085070　🕐6:00〜23:30　休なし
🅟不可　🆄www.tianhebus.com
[移動手段] タクシー（天河バスターミナル〜北京
路新大新百貨公司）／45元、所要35分が目安
地下鉄／3、6号線「天河客運站」
　5日以内の切符を販売。市内および省内各地に
向かうバスがメイン。花都（6便）、増城（6:20〜
20:20の間10〜20分に1便）、仏山（7便）、中山
（22便）、珠海（拱北：38便）、江門（21便）、肇慶（19
便）、東莞（総合バスターミナル：21便、虎門：15
便）、恵州（56便）、深圳（羅湖：8便）など。

⛴ 船

●南沙フェリーターミナル（南沙客運港）

Ⓜ 地図外
住南沙区海濱新城商貿大道南二路2号
☎乗船券売り場＝84688963　🕐8:30〜18:00
休なし　🅟不可　🆄www.nnskyg.com
[移動手段] 地下鉄／4号線「南沙客運港」
　1ヵ月以内の乗船券を販売。航路は香港の中港
城（4便）、スカイピア（2便）。

●番禺蓮花山フェリーターミナル
（番禺蓮花山客運港）

Ⓜ 地図外　住番禺区石楼鎮港前路1号
☎84659096　🕐8:00〜18:00　休なし　🅟不可
🆄www.lhsgp.com
[移動手段] 地下鉄／4号線「石碁」　※下車後、A
出口近くから無料送迎車が出港30分前に出てい
る。所要10分。タクシー利用だと30元が目安
　1ヵ月以内の乗船券を販売。航路は香港の中港
城（4便）、スカイピア（3便）。

陳氏書院
M P.330-C1

- 荔湾区中山七路34号陳家祠
- ☎81814559
- 🕐8:30～17:30
  ※入場は閉館30分前まで
- 休なし
- 💰10元
- 🚇地下鉄1号線「陈家祠」

多彩な陶塑の棟飾り

ⓘ ▶▶▶ インフォメーション
日本語ガイド
　日本語音声ガイド機のレンタルがある。パスポートなどの身分証明書が必要。
💰20元
※デポジット（保証金）100元が必要

西漢南越王博物館
M P.329-B2

- 越秀区解放北路867号
- ☎36182920
- 🕐9:00～17:30
  ※入場は閉館45分前まで
- 休2月末日、8月31日
- 💰12元
  ※広州博物館（鎮海楼）、中山紀念堂との共通券＝25元（有効期間は半年）
- 🚇①地下鉄2号線「越秀公園」②5、7、42、180路バス「解放北路」
- Ⓤwww.gznywmuseum.org

ⓘ ▶▶▶ インフォメーション
日本語ガイド
　日本語音声ガイド機のレンタルがある。パスポートなどの身分証明書が必要。
💰10元
※デポジット（保証金）100元が必要

「錯金銘文銅虎節」は南越国で軍隊を動員する際、使者に渡された証明書のようなもの。「王命車徒」の4文字が記されている

╬═══════ **見どころ** ═══════╬

陳姓氏族の祠堂　　　　　　　　　　オススメ度 ★★★

陳氏書院／陈氏书院　chénshì shūyuàn
ちんししょいん

🕐 1～2.5時間

　別称陳家祠。1890～1894（清の光緒16～20）年に当時の広州72県に暮らす陳姓の人々がお金を出し合って建立した氏族の祠堂。ここで一族子弟の教育も行った。
　書院は大小19の建物で構成されており、中軸線上に門庁、亨堂、寝室が連なる。亨堂で祖先祭祀の儀式を行い、寝室に祖先の位牌が祀られた。両側に並ぶ脇部屋や斎堂は勉強部屋として使われた。民間芸術の粋を集めた生活風景がしのばれる。多大な財力を投入し、建物のいたるところに精巧な装飾が施されていて、その技術に目を見張る。
　院内は広東民間工芸博物館として使用されており、陶器、玉器、端渓硯、南方刺繍など、南方を代表する美術工芸品が数多く展示されている。

陳氏書院入口の門庁

墓室から出てきた玉衣が有名　　　　オススメ度 ★★★

西漢南越王博物館／
せいかんなんえつおうはくぶつかん

西汉南越王博物馆　xīhàn nányuèwáng bówùguǎn

　秦の始皇帝は、紀元前214年に嶺南（現在の広東省と広西チワン族自治区一帯）を占領して秦の統治下に収めた。しかし、始皇帝が崩御するとあっという間に秦は崩壊し、秦の将軍であった趙佗が自ら王を名乗り、現在の広州を都とする南越国を建国した。
　1983年、偶然、前漢時代の南越国第2代王文帝の石室墓が発見された。墓は2200年前のもので、1000点以上もの副葬品が出土した。この墓と出土品を展示しているのがこの博物館。館内には、出土した文化財（もしくはその複製品）が陳列されている。紀元前の時代に、中央からはるかに離れた南方の地に高度な文化が開花していたことに驚嘆してしまう。王墓の石室も公開されており、本物の内部の様子を見学することもできる。玉器、青銅器、陶器など貴重な出土品のなかでも最も有名なのが絲縷玉衣。これは1191枚の玉片と赤いシルクの糸で作られた衣装で、埋葬された王の全身がこれで覆われていた。また、展示館2階には唐代から元代（7～14世紀）の陶器枕のコレクションが展示されている。

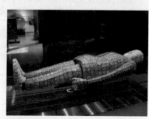

絲縷玉衣

孫文の記念堂 オススメ度 ★★★

中山紀念堂／中山纪念堂 zhōngshān jìniàntáng
ちゅうざん き ねんどう

　1931年に中国革命の父孫文を記念して建てられた講堂。講堂前には孫文の銅像が立ち、入口には孫文の筆になる「天下為公（世界はみんなのためにある）」の額がかかっている。90年近く前に建てられたとは思えない美しい建物で、中に入ると精巧な装飾が施された天井と重厚な舞台に見とれてしまう。講堂舞台には孫文の遺言が刻まれた石板が掲げられている。今もときどき演劇やコンサートなどに利用されており、観光客が建物内部を見ることもできる。

　孫文の生い立ちを説明するパネルなどが置かれている資料館が講堂左後方に設けられている。

市区中心に位置する公園 オススメ度 ★★★

越秀公園／越秀公园 yuèxiù gōngyuán
えっしゅうこうえん

　越秀公園は広州市区中心部に位置する越秀山を中心とする総面積86.8万㎡、東秀、南秀、北秀の3つの人造湖と7つの丘で構成される緑豊かな公園。

　園内には、1929年に創設された広州博物館（圉10元）、広州に伝わる伝説をもとに造られた五羊石像がある五羊仙庭、明代城壁など30ヵ所以上の観光ポイントが点在しており、ボート遊びや水泳などを楽しむこともできる。

中国で最も早く建築されたモスク オススメ度 ★★★

懐聖寺／怀圣寺 huáishèngsì
かいせい じ

　懐聖寺は中国では最も古いモスク（イスラム教寺院）のひとつで、アラビア人伝教師アブー・ワンガスによって建てられたと伝えられている。その創建は唐代初期とも北宋期ともいわれる。寺院の名前は、イスラム教の創始者であるムハンマドをしのぶ（中国語で「懐念」という）ということから名づけられた。

　懐聖寺のあるエリアは、唐代にはアラビア商人の居住区で、モスクはその中心となっていた。寺院は現在も広東省におけるイスラム教の中心で、光塔（もとは呼礼塔といった）と呼ばれる高さ36.6mのれんが造りのミナレットも残っている。

外から見た光塔

中山紀念堂
M P.329-B2
住越秀区東風中路259号
☎83567966
オ公園6:00～22:00
　中山紀念堂8:30～18:00
休なし
料公園区=無料
　中山紀念堂=10元
※広州博物館(鎮海楼)、西漢南越王博物館との共通券=25元(有効期間は半年)
交地下鉄2号線「紀念堂」
U www.zs-hall.cn

「天下為公」の額がかかる中山紀念堂

越秀公園
M P.329-B2
住越秀区解放北路988号
☎86661950
オ公園=6:00～22:00
　広州博物館=9:00～17:00
休公園=なし
　広州博物館=月曜
料無料
交正門=地下鉄2号線「越秀公園」
※越秀公園はとても広く、正門以外からも入場できる

園内に立つ広州博物館(鎮海楼)

懐聖寺
M P.331-E2
住越秀区光塔路56号
☎83333593
オ8:00～17:30
※内部の見学はイスラム教徒のみ。信者以外は不可。外国人の参観希望者は入口で申し出る。ただし、男性で半ズボン、女性で肌の露出が多い服装は入場不可
休なし　料無料
交①地下鉄1号線「西門口」
　②58路バス「光塔路」

石室聖心大教堂（聖心堂）
Ⓜ**P.331-E3**
住越秀区一徳路旧部前56号
☎83399675
休8:30〜11:30、
　14:30〜17:00
休なし　料無料
交①地下鉄6号線「一徳路」
　②4、8、61、82路バス「一
　徳中」

ゴシック様式の聖心堂

光孝禅寺
Ⓜ**P.331-D〜E1**
住越秀区光孝路109号
☎81083396
開7:30〜17:30
※入場は閉門30分前まで
休なし
料5元
交地下鉄1号線「西門口」

六榕寺
Ⓜ**P.331-E1**
住越秀区六榕路87号
☎83392843
開8:00〜17:30
※入場は閉門30分前まで
休なし
料5元
交地下鉄1、2号線「公園前」

六榕寺のシンボルになってい
る花塔

中国最高の尖塔をもつゴシック様式の教会　オススメ度 ★★★

石室聖心大教堂（聖心堂）／石室圣心大教堂（圣心堂）
せきしつせいしんだいきょうどう（せいしんどう）　shíshì shèngxīn dàjiàotáng (shèngxīntáng)

　1863（清の同治2）年に建築が始まり、1888（清の光緒14）年に完成した、中国国内で最も高い尖塔（58.5m）をもつゴシック建築のカトリック教会。石室とは花崗岩の意味。建築面積は2754㎡で、3層からなる。
　両広総督行署の土地が1861〜1875年（清の同治時代）にフランスのカトリック教団に貸し出されたときにフランス人の建築家がパリのノートルダム大聖堂を参考に建設したもので、ステンドグラスとゴシック・アーチが洋風の雰囲気を醸し出していて、周辺の建物との対比がおもしろい。

嶺南仏教の総本山　オススメ度 ★★★

光孝禅寺／光孝禅寺　guāngxiào chánsì
こうこうぜんじ

　広州で最も有名で規模が大きな仏教寺院。毎日参詣客でにぎわっている。もとは南越国王趙佗の子孫である趙建徳の邸宅。「未有羊城、先有光孝（広州城ができるよりも前に光孝寺はあった）」という俗諺があるほど（事実は異なる）、歴史のある古い寺院で人々の信仰を集めている。
　三国時代に活躍した呉の虞翻が左遷されたときに学校を造ったが、彼の死後、制止寺という寺院に変えたといわれている。その後、唐宋時代に報恩広教寺が創建され、光孝寺と改称されたのは1151（南宋の紹興21）年。また、676（唐の儀鳳元）年には、境内の菩提樹の下で南宗神宗六祖の慧能が受戒したことでも知られている。院内にある東鉄塔は、中国でも最古の鉄塔といわれ、保存状態もよい。

西鉄塔

花塔がひときわ目立つ　オススメ度 ★★★

六榕寺／六榕寺　liùróngsì
りくようじ

　537（梁の大同3）年に創建され1400年以上の歴史を誇る古刹で、光孝寺、華林寺、海幢寺と並ぶ、広州四大仏教叢林のひとつ。もとは浄慧寺といったが、有名な詩人、蘇東坡がここを訪れ、榕樹（ガジュマル）の樹が生い茂っているのを「六榕」と詠んだので、現名となった。
　院内には数多くの舎利塔や仏像があるが、高さ57mの花塔はひときわ目立つ。これは宋代（約1000年前）に建てられた9層の舎利塔で、広州で最も古い仏塔である。以前は千仏塔と呼ばれていた。塔からは広州が見渡せる。

ホテル

ウェスティン広州／广州海航威斯汀酒店 ★★★★★
(こうしゅう) guǎngzhōu hǎiháng wēisītīng jiǔdiàn

各部屋にはウェスティンが誇るヘブンリーベッド、ヘブンリーシャワー、ヘブンリーバスを完備しており、快適さは群を抜いている。

両替　ビジネスセンター　インターネット　Ⓤwww.starwoodhotels.com

Ⓜ P.332-C2
住 天河区林和中路6号
☎28866868 FAX28266886
Ⓢ1180元
Ⓣ1180元
サ10%＋6%　カADJMV

チャイナ・ホテル・ア　マリオット・ホテル広州／中国大酒店 ★★★★★
(こうしゅう) zhōngguó dàjiǔdiàn

ホテル前に地下鉄2号線「越秀公園」駅があり、越秀公園などへのアクセスも便利。フィットネスセンター、サウナ、プールなどの施設も充実。

両替　ビジネスセンター　インターネット　Ⓤwww.marriott.com/canmc

Ⓜ P.329-B2
住 越秀区流花路122号
☎86666888 FAX86677288
Ⓢ800～860元
Ⓣ800～860元
サ10%＋6%　カADJMV

東方賓館／东方宾馆 ★★★★★
(とうほうひんかん) dōngfāng bīnguǎn

中央庭園を囲むように客室棟が立ち、広州最大級の敷地面積を誇る。中庭は広大な亜熱帯式庭園になっている。

両替　ビジネスセンター　インターネット　Ⓤwww.hoteldongfang.com

Ⓜ P.329-A2
住 越秀区流花路120号
☎86669900 FAX86662775
Ⓢ698～798元
Ⓣ698～798元
サなし　カADJMV

錦江之星 広州中山紀念堂酒店／锦江之星 广州中山纪念堂酒店
(きんこうしせい こうしゅうちゅうざんきねんどうしゅてん) jǐnjiāngzhīxīng guǎngzhōu zhōngshān jiniàntáng jiǔdiàn

「経済型」チェーンホテル。設備は簡素だが清潔。地下鉄2号線「紀念堂」駅から徒歩5分と交通の便もよい。

両替　ビジネスセンター　インターネット　Ⓤwww.jinjianginns.com

Ⓜ P.329-B2
住 越秀区解放北路777号
☎83549088 FAX83517366
Ⓢ329～339元
Ⓣ339～349元
サなし　カ不可

雲品牌-広州上下九路派柏.雲酒店／云品牌-广州上下九路派柏.云酒店
(うんひんはい こうしゅうじょうげくろははくうんしゅてん) yúnpǐnpái guǎngzhōu shàngxiàjiǔlù pàibǎi yún jiǔdiàn

如家快捷酒店グループの運営する「経済型」チェーンホテル。広州有数の繁華街である上下九路に近い。

両替　ビジネスセンター　インターネット　Ⓤwww.bthhotels.com

Ⓜ P.331-D2
住 荔湾区長寿東路322号
☎28350288 FAX28350299
Ⓢ209～259元
Ⓣ279～289元
サなし　カ不可

グルメ

北園酒家／北园酒家
(ほくえんしゅか) běiyuán jiǔjiā

広州三大酒家のひとつ。ディナータイム以後に点心を食べる習慣「夜茶」がユニーク。ひとり当たりの予算の目安は100元。
Ⓤwww.beiyuancuisine.com

Ⓜ P.329-B2
住 越秀区小北路202号
☎83563365
オ11:00～14:30、
　17:00～22:00
休なし　カJMV

広州酒家／广州酒家
(こうしゅうしゅか) guǎngzhōu jiǔjiā

広州三大酒家のひとつ。広東料理の老舗でヤムチャも美味。「食在広州（食は広州にあり）」の看板が掲げられている。ひとり当たりの予算は100元。Ⓤwww.gzr.com.cn

Ⓜ P.330-C3
住 荔湾区文昌南路2号
☎81380388
オ11:00～14:30、
　17:30～21:30
休なし　カ不可

陶陶居酒家／陶陶居酒家
(とうとうきょしゅか) táotáojū jiǔjiā

上下九路から続くグルメ街にある大衆的な広東料理レストラン。ひとりでも気軽に入れる店。ヤムチャのほかに伝統的な料理も出す。ひとり当たりの予算の目安は80元。

Ⓜ P.330-B3
住 荔湾区第十甫路20号
☎81396111
オ11:30～14:30、
　17:30～21:00
休なし　カ不可

稲香酒家 富邦店／稻香酒家 富邦店
(とうこうしゅか ふほうてん) dàoxiāng jiǔjiā fùbāngdiàn

ヤムチャレストラン。2018年7月現在、シャオチーが常時3.2割引きとなっているため大人気。待ち時間はかなり長くなる。ひとり当たりの予算の目安は60元。　※割引制度は変更もある

Ⓜ P.331-D1
住 荔湾区中山七路51号富邦中心401号室
☎31028200
オ7:00～16:00、17:30～
　21:30　休なし　カ不可

旅行会社

北京新日国際旅行社 広州分公司／北京新日国际旅行社 广州分公司
(ぺきんしんにちこくさいりょこうしゃ こうしゅうぶんこうし) běijīng xīnrì guójì lǚxíngshè guǎngzhōu fēngōngsī

日本の旅行会社H.I.S.の提携先。日本からの観光客、ビジネス客向けに広州市内のホテルや送迎、航空券の手配も可能。
✉info-outbound@his-gz.com

Ⓜ P.332-C2
住 天河区天河路233号中信広場2208室
☎22230218（日本語可）
FAX22230213（日本語可）オ月
～金曜9:30～18:30、土曜9:30～
15:30 休日曜、祝日　カ不可

深圳
しんせん

シェンジェン
深圳 Shēn Zhèn

市外局番●0755

地王大廈から眺める深圳の町並み

都市DATA

深圳市
人口：299万人
面積：2007k㎡
8区を管轄

市公安局出入境管理処
（市公安局出入境管理処）
MP.342-A2
住羅湖区解放路4016号
☎84465490
⌚9:00～12:00、
　14:00～18:00
休土・日曜、祝日
観光ビザを最長30日間延長
可能。手数料は160元

市人民医院（市人民医院）
MP.341-F4
住羅湖区東門北路1017号
☎25533018
⌚24時間 休なし

市内交通

【地下鉄】2018年7月現在、8
路線が営業。詳しくは公式ウェ
ブサイトで確認を
深圳地鉄
Uwww.szmc.net
路線図→P.680～681
【路線バス】運行時間の目安
は6:00～23:00、市区内2～6
元、郊外行き2～35元
【タクシー】初乗り2km未満
10元、2km以上1kmごとに2.6
元加算

概要と歩き方

　深圳の前身は宝安県。もともとは、2万人ほどの客家が暮らす小さな漁村に過ぎなかった。1979年に深圳市に昇格し、その翌年に中国初の経済特区となるや、1980年代の改革開放政策により、数年で中国でも有数の近代的な都市に生まれ変わり、中国各地から人々が集まる都市となった。この結果、広東省では珍しく「普通話（共通語）」が話される場所となったのは興味深い。南側を香港特別行政区と接しており、往来にはパスポートが必要なので、移動時には忘れずに持っていくこと。陸路での出入境ゲートは、羅湖、皇崗、福田・落馬洲、深圳湾、沙頭角の5ヵ所。鉄道や地下鉄、バスが整備されており、手軽に移動できる。

　深圳は亜熱帯気候に属しているが、冬の最低気温は1.4℃を記録したこともあるほどで意外に寒い。一方、夏（5～9月）は高温多湿で、台風の影響もよく受ける。

　深圳の公共交通網はとてもよく整備されているので行動しやすいだろう。特に地下鉄は8路線が運行しており、市内の主要アクセスポイントを結んでいる。

　繁華街は深圳駅周辺の人民南路、春風路、東門南路、深南東路で囲まれたエリア。外国人ビジネスマンや観光客の利用するホテルやショッピング施設がここに集まっている。見どころは、郊外のビーチリゾートや市区西部に造られたアミューズメント系の観光施設で地下鉄や路線バスを使って比較的簡単に行ける。

飲食店のネオンが輝く羅湖区の嘉賓路

	1月	2月	3月	4月	5月	6月	7月	8月	9月	10月	11月	12月
平均最高気温(℃)	19.0	19.0	22.0	26.0	29.0	30.0	32.0	31.0	30.0	28.0	24.0	21.0
平均最低気温(℃)	10.0	12.0	15.0	19.0	22.0	24.0	25.0	25.0	23.0	20.0	16.0	12.0
平均気温(℃)	14.0	15.0	18.0	22.0	25.0	27.0	28.0	28.0	27.0	24.0	20.0	16.0

町の気象データ（→P.517）：「预报」＞「广东」＞「深圳」＞区から選択

中国国内の移動➡P.667　鉄道時刻表検索➡P.26

✈ 飛行機
深圳市の西端、珠江口に面する深圳宝安国際空港（SZX）を利用する。

国際線 成田（7便）、関西（12便）。

国内線 便数の多いアモイ、南昌、海口、上海とのアクセスが便利。

所要時間（目安） 北京首都（PEK）／3時間10分　上海浦東（PVG）／2時間20分　アモイ（XMN）／1時間15分　福州（FOC）／1時間30分　南昌（KHN）／1時間35分　海口（HAK）／1時間20分

🚆 鉄道
深圳駅や深圳北駅、福田駅などを利用するが、深圳北駅と福田駅は高速鉄道専用駅。香港発を除きすべてが始発。深圳へは主要都市からアクセス可能。なお、目的地によって利用する駅が変わるので注意が必要。

所要時間（目安）【深圳（sz）】広州東（gzd）／城際：1時間15分　広州（gz）／城際：1時間30分　【深圳西（szx）】広州（gz）／快速：2時間5分　【深圳北（szb）】広州南（gzn）／高鉄：30分　福州南（fzn）／動車：5時間　アモイ北（xmb）／動車：3時間10分　長沙南（csn）／高鉄：3時間　香港西九龍（xgxjl）／高鉄：19分　【福田（ft）】広州南（gzn）／高鉄：40分

🚌 バス
市内には多くのバスターミナルがあるが、旅行者に便利なのは羅湖バスターミナルと福田バスターミナル。広州や東莞、仏山、肇慶、恵州、マカオなどにアクセス可能。

所要時間（目安） 広州／2時間　仏山／2時間30分　恵州／1時間30分　マカオ／3時間

⚓ 船
市内のふたつのフェリーターミナルと香港、マカオを結ぶ航路、珠海とを結ぶ航路がある。香港、マカオへは出入境手続きが必要。

所要時間（目安） スカイピア（香港国際空港）／30分　香港マカオフェリーターミナル／1時間　マカオフェリーターミナル／1時間　マカオタイパ臨時フェリーターミナル／1時間　珠海／1時間

Data

✈ 飛行機

● 深圳宝安国際空港（深圳宝安国际机场）
M P.340-A2 **住** 宝安区深圳宝安国際空港
☎ 23456789　**オ** 始発便～最終便
休 なし　**力** 不可 **U** www.szairport.com
[移動手段] **エアポートバス**／路線多数あり。詳細➡**U** www.szairport.comより「机场交通」＞「机场大巴」　**タクシー**（空港－地下鉄老街駅）／130元、所要1時間が目安　**地下鉄**／11号線「机场」
　航空券売り場で3ヵ月以内の航空券を販売。

● 華聯大厦航空券売り場（华联大厦航空售票处）
M P.341-E4 **住** 羅湖区深南中路2008号華聯大厦内
☎ 83668292　**オ** 9:00～18:00　**休** なし　**力** 不可
[移動手段] **タクシー**（華聯大厦航空券鉄道切符売り場～地下鉄老街駅）／15元、所要10分が目安　**地下鉄**／1号線「科学館」
　3ヵ月以内の国内線航空券を販売。

🚆 鉄道

● 深圳駅（深圳火车站）
M P.342-B3 **住** 羅湖区建設路1003号　**☎** 共通電話＝12306　**オ** 6:00～24:00　**休** なし　**力** 不可
[移動手段] **タクシー**（深圳駅～地下鉄老街駅）／15元、所要10分が目安　**地下鉄**／1号線「罗湖」
　2日以内の切符を販売。

● 深圳北駅（深圳火车北站）
M P.340-A2 **住** 龍華区致遠中路28号
☎ 共通電話＝12306　**オ** 6:00～24:00
休 なし　**力** 不可

[移動手段] **タクシー**（深圳北駅～地下鉄老街駅）／50元、所要40分が目安　**地下鉄**／4、5号線「深圳北站」
　2日以内の高速鉄道切符を販売。有人の切符売り場は南口の東側。「新深圳站」とも呼ばれる。

● 福田駅（福田火车站）
M P.341-D4 **住** 福田区福華一路と益田路の交差点　**☎** 共通電話＝12306　**オ** 6:30～翌0:10
休 なし　**力** 不可
[移動手段] **タクシー**（福田駅～地下鉄老街駅）／30元、所要25分が目安　**地下鉄**／2、3、11号線「福田」
　2日以内の切符を販売。高速鉄道の専用駅。

🚌 バス

● 羅湖バスターミナル（罗湖汽车客运站）
M P.342-B3
住 羅湖区建設路火車站東広場羅湖商業城
☎ 共通電話＝88895000　**オ** 7:00～21:00
休 なし　**力** 不可
[移動手段] **タクシー**（羅湖バスターミナル～地下鉄老街駅）／15元、所要10分が目安　**地下鉄**／1号線「罗湖」
　4日以内の切符を販売。広州（省バスターミナル：29便）など広東省内各地、マカオに向かう長距離バスがメイン。

● 福田バスターミナル（福田汽车站）
M P.340-B4 **住** 福田区深南大道8003号
☎ 共通電話＝88895000
オ 6:30～21:00　**休** なし　**力** 不可

[移動手段] タクシー（福田バスターミナル～地下鉄老街駅）／40元、所要30分が目安　**地下鉄**／1号線「竹子林」

4日以内の切符を販売。広州（天河：8便、省バスターミナル：12便）など広東省内各地、香港に向かう長距離バスがメイン。

船

● **蛇口フェリーターミナル**（蛇口邮轮母港）
[M] **P.340-A2**　[住]南山区海運路1号蛇口郵輪中心
☎香港、マカオ＝26691213　国内＝26695600
[オ]7:00～21:00　[休]なし　[カ]不可
[U]xunlongferry.com
[移動手段] タクシー（蛇口フェリーターミナル～地下鉄老街駅）／90元、所要1時間が目安　**地下鉄**／2号線「蛇口港」

30日以内の乗船券を販売。スカイピア（14便）、香港（香港マカオフェリーターミナル：9便）、マカオ（マカオフェリーターミナル：12便。タイパ臨時フェリーターミナル:8便）、珠海（26便）。

● **深圳空港福永フェリーターミナル**
（深圳机场福永码头）
[M] **P.340-A2**　[住]宝安区宝安大道機場段西側
☎23455300、23455388　[オ]7:30～18:30
[休]なし　[カ]不可　[U]jcmt.szairport.com
[移動手段] タクシー（深圳空港福永フェリーターミナル～地下鉄老街駅）／120元、所要1時間が目安
地下鉄／11号線「机场」　※7:45～18:30の間、深圳宝安国際空港との間に無料のシャトルバスがある

5日以内の乗船券を販売。スカイピア（4便）、マカオ（マカオフェリーターミナル:4便）など。

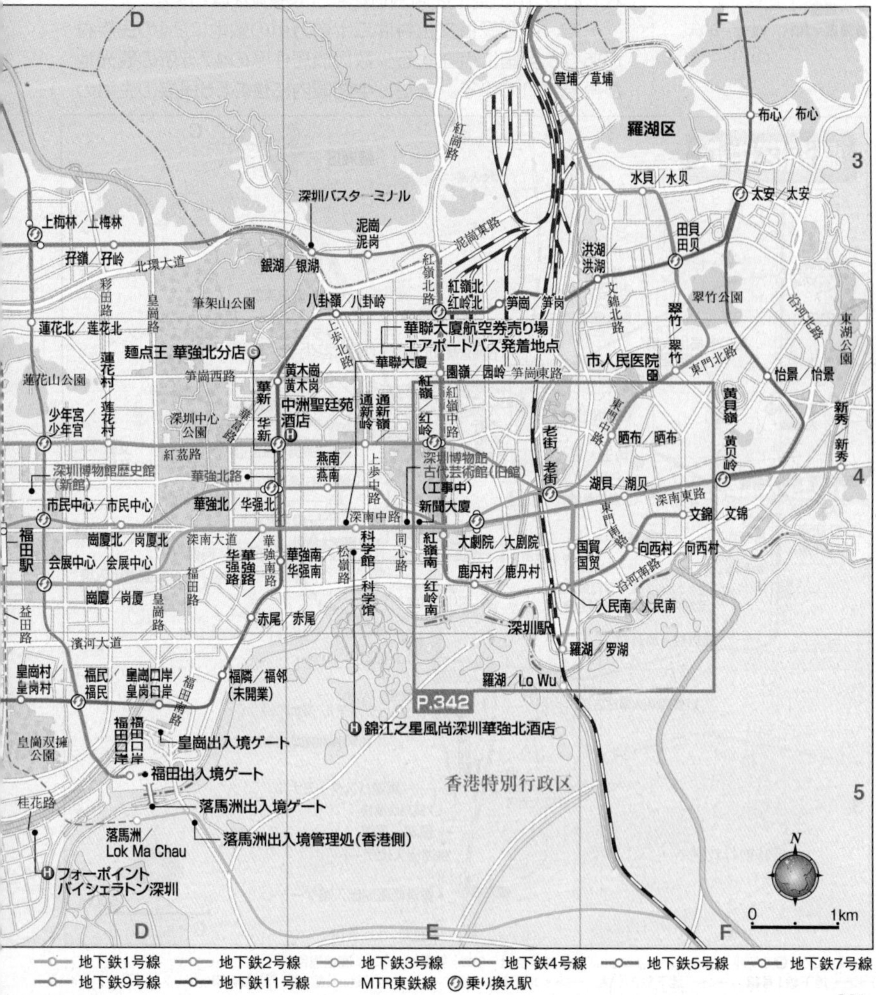

錦繍中華

MP.340-A〜B4

🏠南山区華僑城深南大道
9003号
☎26600626
📅月〜金曜10:00〜21:00
土・日曜、祝日9:30〜21:00
※6月上旬〜9月上旬は22:00
まで
※錦繍中華景区は18:00まで
※入場は閉門2時間まで
休なし
💰200元
※19:00以降は平日65元、土
・日曜、祝日は85元
🚇地下鉄1号線「华侨城」
Ⓤwww.cn5000.com.cn

ⓘ ▶▶ インフォメーション

中国民俗文化村のアトラ
クション料金①
各民族村=無料
東方霓裳
普通席=無料、VIP席=80元

▲ 見どころ

観光地のミニチュアがぎっしり　　　　　　オススメ度 ★★★

錦繍中華／锦绣中华　jīnxiù zhōnghuá
きんしゅうちゅうか

🕐 2〜4時間

　風光明媚な深圳湾北岸にあるテーマパークで、30万㎡以
上という広大な敷地に、中国の名所旧跡が再現され、多民族
国家中国の少数民族を紹介するエリアが隣り合う。

　中国各地の観光地をミニチュアで見せるエリア（錦繍中華
景区）には、万里の長城（北京）、龍門石窟（河南省洛陽）、
楽山大仏（四川省楽山）、石林（雲南省昆明）、寒山寺（江蘇
省蘇州）、山海関（河北省秦皇島）、ポタラ宮（チベット自治
区ラサ）など82ヵ所が実際と同じように配置されている。
建築物の大部分は実物の15分の1の大きさで、精巧に造ら
れており、中国全土を周遊したような感覚を味わえる。

　一方、中国民俗文化村は二十数万㎡の敷地に24の民族村
があり、全国に点在する少数民族居住区の47ヵ所の観光地
が再現されている。また、中国国内に住む56民族の生活の

● •見どころ　Ⓗホテル　Ⓖグルメ　Ⓢショップ　Ⓣ旅行会社　▭▭繁華街　▭▭高速道路
─○─ 地下鉄1号線　─○─ 地下鉄2号線　─○─ 地下鉄3号線　─○─ 地下鉄9号線　─○─ 乗り換え駅

様子を忠実に再現、少数民族による舞踊のアトラクションなども楽しめる。家屋や生活用品、衣類などは実物に近く、各民族がどのような文化をもって生活しているのかが一目瞭然だ。また、民族工芸品を買ったりすることもできる。

必見なのは毎晩19:00から開催されるショー「龍鳳舞中華」。500名以上の出演者と動物による、雑技あり、豪華な衣装あり、凝った舞台装置ありの巨大スペクタクルショーだ。

各国の景観を紹介するテーマパーク　　オススメ度 ★★★

世界の窓／世界之窓　shìjièzhīchuāng
せかい　　まど

　1994年香港との合資で造られた、錦繍中華の西側に位置する敷地面積48万㎡のテーマパーク。世界広場、亜洲区（アジア）、大洋洲区（オセアニアがメイン）、欧洲区（ヨーロッパ）、非洲区（アフリカ）、美洲区（南北アメリカ）、世界雕像園、国際街の8つのエリアに区分して、エジプトのスフィンクス、パリのエッフェル塔など世界的に有名な遺跡や建造物、自然など118ヵ所を再現している。

　いろいろなエリアで15〜30分程度の音楽などのパフォーマンスも上演している。

猛獣ショーが人気の動物園　　オススメ度 ★★★

深圳野生動物園／
しんせん　や　せいどうぶつえん

深圳野生动物园　shēnzhèn yěshēng dòngwùyuán

　西麗湖岸にあるサファリパーク。60万㎡の園内に多くの動物が飼育されている。園内は草食動物区、猛獣区、上演区、海洋天地などのエリアからなる。ライオン、トラ、クマなどが飼われている猛獣区には高架通路が張り巡らされており、そこから下にいる動物たちを眺めることになる。

　動物のショーなども人気で、ライオンやトラによるショーは迫力たっぷりで必見。また、「海洋天地」では、人間による飛び込みショーやアシカ、イルカのショーが楽しめる。

展望台から市内の景観を楽しもう　　オススメ度 ★★★

地王大厦／地王大厦　dìwáng dàshà
ち おうたい か

　深圳有数の高層ビルでランドマーク的な存在。その高さは東京タワーより約50m高い384m。下層部はショッピング＆グルメモール、上層部はオフィスフロアとサービスアパートメントになっている。300mの地点にある69階には「深港之窓」（深圳と香港の窓）と名づけられた展望ロビーが設置されている。深圳市繁華街の眺望を楽しめるほか、鄧小平国家主席とサッチャー英国首相の香港返還会談場面の再現など、深圳と香港の足跡をたどる展示を観ることができる。

ⓘ ▶▶ インフォメーション

中国民俗文化村のアトラクション料金②
龍鳳舞中華
普通席＝無料、VIP席＝50元
大漠伝奇
平日：普通席＝無料
　　　VIP席＝60元
土・日曜、祝日：普通席＝30元
　　　　　　　VIP席＝60元

中国民俗文化村のアトラクション上演時間
▶民俗村でのアトラクション
ウイグル寨＝
10:30、13:30、16:15
チベット寨＝
11:00、13:00、16:30
リー寨＝13:20、16:30
ワ寨＝12:20、14:30
モソ寨＝11:20、16:30
ミャオ寨＝14:00、15:50
イ寨＝13:00、16:20
タイ寨＝11:30、16:00
▶大型アトラクション
東方霓裳＝17:00
龍鳳舞中華＝19:00
大漠伝奇＝15:00（月曜休み）
※上演時間は変更となることもあるので、入場券売り場で確認すること

世界の窓
MP.340-A4
住南山区華僑城
☎26608000
開月〜金曜9:00〜22:00
　土・日曜、祝日9:00〜22:30
※入場は閉開1時間前まで
休なし
料入場券＝200元
※19:30以降は80元
　エッフェル塔＝20元
※土・日曜、祝日は30元
交地下鉄1、2号線「世界之窓」
Ⓤwww.szwwco.com

深圳野生動物園
MP.340-A2
住南山区西麗鎮西麗路4065号
☎26621798
開9:30〜18:30
※入場は閉園1時間30分前まで
休なし
料入園料（深圳野生動物園、海洋天地）＝240元
交地下鉄7号線「西麗湖」
Ⓤwww.szzoo.net

地王大厦
MP.342-A2
住羅湖区深南東路5002号
☎82462232
開8:30〜23:00
※入場は閉館1時間前まで
休なし
料深港之窓＝80元
交地下鉄1、2号線「大劇院」
Ⓤwww.szmvc.com.cn

343

ホテル

シャングリ・ラ ホテル 深圳（しんせん）／深圳香格里拉大酒店 ★★★★★
shēnzhèn xiānggélǐlā dàjiǔdiàn

羅湖地区有数の国際的5つ星ホテル。空港までは車で約40分。香港特別行政区とのボーダーに隣接する便利な立地。

[両替] [ビジネスセンター] [インターネット] [U]www.shangri-la.com/jp

[M]P.342-B3
[住]羅湖区建設路1002号
☎82330888 [FAX]82339878
[S]1040～1120元
[T]1040～1120元
[サ]10%＋6% [カ]ADJMV

クラウンプラザ・ホテル&スイーツ ランドマーク深圳（しんせん）／深圳富苑皇冠假日套房酒店 ★★★★★
shēnzhèn fùyuànhuángguān jiàrìtàofáng jiǔdiàn

イギリスのバトラー協会で研修を受けたバトラーチームによる24時間体制のサービスがある。併設するスパも女性客に人気。

[両替] [ビジネスセンター] [インターネット]

[M]P.342-B2
[住]羅湖区南湖路3018号
☎82172288 [FAX]82290473
[S]938～1088元
[T]938～1088元
[サ]10%＋6% [カ]ADJMV

深圳彭年酒店（しんせんほうねんしゅてん）／深圳彭年酒店 ★★★★★
shēnzhèn péngnián jiǔdiàn

羅湖の繁華街にある高級ホテル。ホテル内のレストランも充実し、日本食レストランもあるため、日本人旅行者にも人気が高い。

[両替] [ビジネスセンター] [インターネット]

[M]P.342-B2
[住]羅湖区嘉賓路2002号
☎25185888 [FAX]25185999
[S]888～1068元
[T]888～1068元
[サ]なし [カ]ADJMV

中洲聖廷苑酒店（ちゅうしゅうせいていえんしゅてん）／中洲圣廷苑酒店 ★★★★★
zhōngzhōu shèngtíngyuàn jiǔdiàn

羅湖駅への無料シャトルバスサービスがあるほか、香港国際空港および香港市内へのバス（有料）も発着している。

[両替] [ビジネスセンター] [インターネット]

[M]P.341-D～E4
[住]福田区華強北路4002号
☎82078888 [FAX]82075555
[S]888～1288元
[T]888～1288元
[サ]なし [カ]ADJMV

新都酒店（しんとしゅてん）／新都酒店 ★★★★
xīndū jiǔdiàn

深圳で最初に開業した外国人ビジネスマン向けホテル。ホテル内には西洋、中国料理レストランのほか、屋内プール、サウナなどの施設がある。

[両替] [ビジネスセンター] [インターネット] [U]www.szcphotel.com

[M]P.342-B2
[住]羅湖区春風路4001号
☎82320888 [FAX]82334060
[S]598～698元
[T]598～698元
[サ]なし [カ]ADJMV

粤海酒店（えつかいしゅてん）／粤海酒店 ★★★
yuèhǎi jiǔdiàn

ビジネス街である羅湖地区に位置するホテル。日本人客の利用が非常に多く、セキュリティ面でも安心。日本語を話すスタッフも多い。

[両替] [ビジネスセンター] [インターネット] [U]www.gdhhotels.com

[M]P.342-B2
[住]羅湖区深南東路3033号
☎82228339 [FAX]82234560
[S]518～598元
[T]518～598元
[サ]なし [カ]ADJMV

フォーポイントバイシェラトン深圳（しんせん）／深圳福朋喜来登酒店
shēnzhèn fúpéng xǐláidēng jiǔdiàn

星はないが設備や施設、サービスは5つ星相当。福田出入境ゲートから車で数分。

[両替] [ビジネスセンター] [インターネット] [U]www.starwoodhotels.com

[M]P.341-D5
[住]福田区保税区桂花路5号
☎83599999 [FAX]83592988
[S]1069～1197元
[T]1069～1197元
[サ]10%＋6% [カ]ADJMV

錦江之星風尚深圳華強北酒店（きんこうしせいふうしょうしんせんかきょうほくしゅてん）／锦江之星风尚深圳华强北酒店
jǐnjiāngzhīxīng fēngshàng shēnzhèn huáqiángběi jiǔdiàn

「経済型」チェーンホテル。ひととおりの設備は整っている。地下鉄1号線「科学館」駅の南側に位置しておりアクセスはよい。

[両替] [ビジネスセンター] [インターネット] [U]www.jinjianginns.com

[M]P.341-E4
[住]福田区松嶺路62-64号
☎83292688 [FAX]83659969
[S]249～279元
[T]259～279元
[サ]なし [カ]不可

グルメ

麺点王 華強北分店（めんてんおう かきょうほくぶんてん）／面点王 华强北分店
miàndiǎnwáng huáqiángběi fēndiàn

手打ち麺や餃子、包子、中華デザートなどのファストフードチェーン店。オーダーカードを持ってカウンターに行って注文する。

[U]www.mdw.com.cn

[M]P.341-D4
[住]福田区華強北路上歩工業区101棟
☎83322953
[オ]月～金曜7:30～22:00
土・日曜8:30～22:00
[休]なし [カ]不可

旅行会社

深圳中国国際旅行社（しんせんちゅうごくこくさいりょこうしゃ）／深圳中国国际旅行社
shēnzhèn zhōngguó guójì lǚxíngshè

航空券やフェリー乗船券の手配は1枚20元。日本語ガイドは1日500～600元、市内での車のチャーターは1日700～800元。

✉2850801512@qq.com（日本語可）

[M]P.342-B2 [住]羅湖区嘉賓路4028号太平洋商貿大廈B座1911室
☎22190210（日本語可）
[FAX]82477151（日本語可）
[オ]9:00～12:00、14:00～18:00
[休]土・日曜、祝日 [カ]不可

洛陽龍門駅から高速鉄道でわずか14分！　鞏義歴史遺産巡りの旅

鞏義は河南省洛陽から東に76km行った所にある県級市。高速鉄道に乗ったと思ったら、あっという間に到着するほど近い。

鞏義は日本人にはマイナーな地名だが、中国の史書に初めて登場する王朝「夏」が生み出した華夏文明の核心的地区に挙げられるほど、その歴史は古い。

そんな鞏義を代表する歴史遺産は、町の中心から約10km離れた所にある石窟で有名な石窟寺。この寺は北魏孝文帝期の創建で、宣武帝期に石窟の造営が始まった。その後、唐から宋にわたり石窟の開削と造営が受け継がれたという歴史は、洛陽の世界遺産「龍門石窟」とあまり変わらない。スケールの大きさでは、龍門石窟にはとうてい及ばないものの、石窟寺も国家重要文化財だ。また、龍門石窟の「帝后来仏図」は盗掘され、現在はアメリカにあるが、石窟寺の「帝后来仏図」は中国国内に唯一残っている。

もうひとつの見どころは、鞏義総合バスターミナルから石窟寺に向かう途中にある北宋皇陵。北宋の9人の皇帝のうち、金軍によって北に連れさられた徽宗と欽宗以外の7人が埋葬されている陵墓だ。

高速鉄道の鞏義南駅と町の中心部にある鞏義総合バスターミナルとは、高速鉄道の発着に合わせてバスで結ばれている。この乗り継ぎは面倒だが、洛陽から高速鉄道で14分というロケーションはすばらしい。洛陽への帰路には、中心部北側にある在来線の鞏義駅を利用しても40分ほどで戻れる。

交通の便もよく、見どころが充実している鞏義に行ってみよう！

（ライター／浜井幸子）

石窟寺全景。左端にあるのが第1窟。ここの入口の東西に石窟寺で最も精巧で美しいといわれているレリーフ「帝后来仏図」がある。3枚ひと組の「帝后来仏図」は必見！

第1窟の中にある仏像。細面の顔立ちだが、山西省大同にある世界遺産「雲崗石窟」の第5窟の摩崖大仏にどことなく似ている。どちらも北魏時代に彫られたものだからだろうか

第4窟は、壁全体に彫られているといってよいほど、仏像が多く見られる。小さなものばかりだが、どれも本当ににこやかな表情をしており、見ていると癒やされる

石窟寺には洞窟が5つ、摩崖大仏が3尊、千仏洞がひとつ、仏像が7743尊残っている。写真は、第一窟の隣にある高さ5.3mの摩崖大仏。石窟寺へは、公園南門前から旅游バスで「石窟寺」下車

北宋皇陵の入口。7名の皇帝の陵墓があるというのに、その規模はあまり大きくはない。永招陵とも呼ばれている。鞏義総合バスターミナルから徒歩10分。路線バスなら3路「公園南門」下車

中国共産革命発祥の地

南昌
なんしょう

ナンチャン
南昌 Nán Chāng

市外局番●0791

八一南昌起義旧址（旧江西大旅社）

ウルムチ ●ハルビン
北京● ●大連
西安● 上海
ラサ 成都● ●南昌
昆明● 広州 ●香港

都市DATA

南昌市
人口：507万人
面積：7402km²
6区3県を管轄
江西省の省都

市公安局出入境
（市公安局出入境）
MP.348-A1
住青山湖区鳳凰中大道1866号
☎88892558
営9:00～12:00、13:30～17:00
休土・日曜、祝日
観光ビザを最長30日間延長
可能。手数料は160元

省南昌大学第一付属医院
（省南昌大学第一附属医院）
MP.348-B2
住東湖区永外正街17号
☎88692796
営24時間 休なし

市内交通

【地下鉄】 2018年7月現在、1
号線と2号線が営業。詳しくは
公式ウェブサイトで確認を
南昌地鉄
U www.ncmtr.com
【路線バス】 運行時間の目安
は5:30～22:00、市区2元
【タクシー】 初乗り2km未満
8元。2km以上1kmごとに
2.1元加算。さらに燃油代1
元加算

概要と歩き方

　江西省の省都である南昌は政治、経済、文化の中心地。鄱陽湖に注ぐ贛江が市内を流れ、気候は温暖で四季がはっきりしている。

　紀元前202年、漢の高祖の命により築城されたのが町の起源とされ、翌年にはこの地に南昌県が設置された。この南昌が広く世間に知られるようになったのは、1927年のハ一南昌起義という中国共産党による武装蜂起事件。これによって、南昌は英雄城としてたたえられるようになった。

　また、この事件を中国人民解放軍の誕生と捉え、以後、現在にいたるまで、事件の起きた8月1日を建軍節と定めて盛大に祝うようになった南昌は、1986年に国家歴史文化都市に認定された。

　南昌の町は贛江によって南北に分けられる。南側は古くからあった老区、北側は最近急ピッチで開発が進む新区。旅行に関連する施設は老区のほうに集中しているので、宿泊もそちらを選ぶとよい。繁華街はハ一広場（**MP.348-B2**）を中心に延びる大通り。最もにぎやかなのが中山路で、勝利路は歩行街、広場北路はファッションストリートとして南昌の女の子に人気。孺子路から北側の珠宝街はフードストリートとして有名で、規模の小さいレストランが集中している。

　町には多くのバイクが走っているが、交通ルールを無視する者も少なくない。道路横断の際には十分注意をしよう。

にぎやかな勝利路歩行街の様子

	1月	2月	3月	4月	5月	6月	7月	8月	9月	10月	11月	12月
平均最高気温(℃)	8.7	10.4	14.6	21.2	26.3	29.4	33.4	33.0	28.7	23.7	17.6	12.1
平均最低気温(℃)	2.7	4.4	8.2	14.3	19.2	22.8	25.8	25.6	21.6	16.3	10.1	4.6
平均気温(℃)	5.1	6.6	10.8	17.0	21.8	25.5	29.3	29.1	24.7	19.0	13.1	7.3

町の気象データ（→P.517）「予報」＞「江西」＞「南昌」＞区・県から選択

中国国内の移動➡P.667　鉄道時刻表検索➡P.26

✈ 飛行機

市区の北26kmに位置する南昌昌北国際空港（KHN）を利用する。エアポートバスは3路線ある。

国際線 日中間運航便はないので、上海か広州で乗り継ぐとよい。

国内線 便数の多い上海、広州、北京、深圳、アモイとのアクセスが便利。

所要時間（目安） 北京首都（PEK）／2時間30分　上海浦東（PVG）／1時間40分　広州（CAN）／1時間35分　深圳（SZX）／1時間35分　アモイ（XMN）／1時間30分

🚆 鉄道

旅行者がおもに利用するのは南昌駅と南昌西駅。京九線をはじめ5つの主要路線、5つの高速鉄道などが交わる要衝であるため、全国各地からアクセス可能。

所要時間（目安） 【南昌西（ncx）】婺源（wy）／高鉄：1時間50分　広州南（gzn）／高鉄：3時間50分　アモイ北（xmb）／動車：4時間25分　長沙南（csn）／高鉄：1時間20分　上海虹橋（shhq）／高鉄：3時間5分　【南昌（nc）】九江（jj）／動車：1時間　アモイ北（xmb）／動車：4時間40分

🚌 バス

市内にあったターミナルは4つに集約された。旅行者にとって便利なのは青山バスターミナルと徐坊バスターミナル。江西省の九江や景徳鎮などからアクセス可能。

所要時間（目安） 九江／2時間　景徳鎮／3時間30分

▶Data

✈ 飛行機

●**南昌昌北国際空港**（南昌昌北国际机场）
Ⓜ地図外　**（P.348-A1左）**　住新建区機場大道
☎問い合わせ＝87652114
　航空券売り場＝87653333
ᴓ始発便〜最終便（航空券売り場は6:00〜22:00）
休なし 力不可
[移動手段] **エアポートバス**（空港〜市内）／3路線あり。一律15元、所要1時間30分が目安。空港→市内＝8:00〜最終便の間20〜45分に1便　市内→空港＝5:40〜21:00の間20〜45分に1便（路線によって異なる）　**タクシー**（空港〜八一南昌起義紀念塔）／100元、所要45分が目安
　3ヵ月以内の航空券を販売。エアポートバスは全路線乗車時に運賃を支払うが、ワンマンのためのつり銭がでないので注意。

🚆 鉄道

●**南昌駅**（南昌火车站）
Ⓜ**P.348-C3**　住西湖区二七南路213号 ☎共通電話＝12306 ᴓ24時間 休なし 力不可
[移動手段] **タクシー**（南昌駅〜八一南昌起義紀念塔）／12元、所要10分が目安　**路線バス**／高鉄巴士1線、高鉄定制、2、5、10、18路「火车站」
　28日以内の切符を販売。

●**南昌西駅**（南昌火车西站）
Ⓜ地図外　**（P.348-A4左）**　住新建区西站大街
☎共通電話＝12306 ᴓ6:00〜22:30
休なし 力不可
[移動手段] **タクシー**（南昌西駅〜八一南昌起義紀念塔）／55元、所要40分が目安　**路線バス**／高鉄巴士1、2線、高鉄定制1線「高铁西客站」
　28日以内の切符を販売。高速鉄道をメインとする駅。

🚌 バス

●**青山バスターミナル**（青山客运站）
Ⓜ**P.348-B2**　住東湖区青山南路19号
☎88697769 ᴓ6:00〜18:00 休なし 力不可
[移動手段] **タクシー**（青山バスターミナル〜八一南昌起義紀念塔）／10元、所要10分が目安　**路線バス**／1、0、18、88路「青山南路口」など
　7日以内の切符を販売。廬山（1便）、景徳鎮（1便）など江西省内を結ぶバスがメイン。

●**徐坊バスターミナル**（徐坊客运站）
Ⓜ**P.348-B3**　住青雲譜区井岡山大道848号
☎86226000 ᴓ6:00〜19:30
休なし 力不可
[移動手段] **タクシー**（徐坊バスターミナル〜八一南昌起義紀念塔）／15元、所要12分が目安　**路線バス**／1、88、212路「徐坊客运站」
　7日以内の切符を販売。九江（3便）、景徳鎮（12便）、鄱陽（16便）など江西省内を結ぶバスがメイン。

見どころ

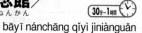

共産党武装蜂起の司令部跡　　　　　　　　オススメ度 ★★★

八一南昌起義紀念館／
はちいちなんしょうきぎねんかん

八一南昌起义纪念馆　bāyī nánchāng qǐyì jìniànguǎn

30分〜1時間

1927年7月下旬、賀龍率いる先発隊は南昌に入り、江西大

八一南昌起義紀念館
Ⓜ**P.348-B2**
住西湖区中山路380号
☎86613806
ᴓ9:00〜17:00
※入場は閉館1時間前まで
※11:30〜13:00の間入場券の配布は休止
休月曜 图無料
交地下鉄1号線「万寿宫」
Ⓤ81.china1840-1949.net.cn

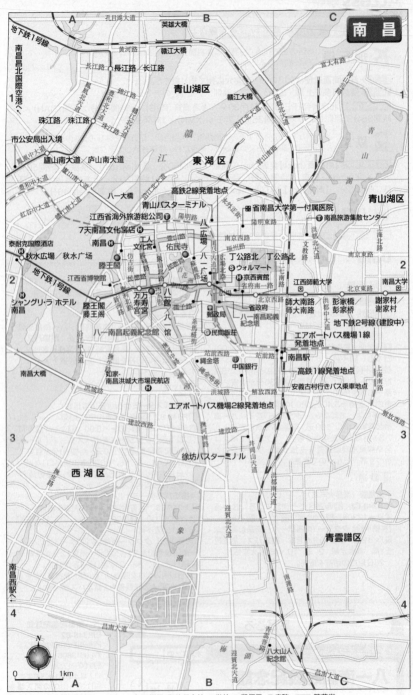

セス

ACCESS

南昌

A B C

孔目湖大道
英雄大橋

地下鉄1号線
南昌昌北国際空港へ

黄河路
贛江大橋

1

長江路 長江路

青山湖区

贛江大橋

富大有路

鳳和北大道

珠江路 珠江路

豊和北大道

珠江路大道

贛江北大道

青山湖

洪都北大道

市公安局出入境

盧山南大道／庐山南大道

鳳凰中大道

廬山南大道

東湖区

青山湖

豊和中大道

八一大橋

高鉄2線発着地点

青山湖区

紅谷中大道

贛江中大道

青山バスターミナル

陽明路

八一広場

省南昌大学第一付属医院

南昌旅游集散センター

江西省海外旅游総公司

7天南昌文化宮店

南昌

工人文化宮

佑民寺

南京西路

福州路

陽明東路

海北路

南京東路

文教路

泰耐克国際酒店

秋水広場／秋水広場

滕王閣

江西省博物館

民徳路

八一広場

丁公路北 丁公路北

ウォルマート

京西賓館

省府南一路

江西師範大学

北京西路

北京東路

南昌大学

地下鉄1号線

シャングリ・ラ ホテル
南昌

沿江中大道

滕王閣
滕王閣

万寿宮寿宮

八一館
八一館

省政府

北京西路

師大南路
師大南路

南昌起義紀念塔

彭家橋
彭家橋

謝家村
謝家村

地下鉄2号線(建設中)

2

八一南昌起義紀念館

郵政局

民間飯荘

エアポートバス機場1線
発着地点

上海南路

如家・
南昌洪城大市場民航店

縄金塔

中国銀行

站前西路

站前西路

南昌駅

高鉄1線発着地点

解放西路

エアポートバス機場2線発着地点

安義古村行きバス乗車地点

3

西湖区

徐坊バスターミナル

建設西路

建設西路

井岡山大道

象湖

洪都南大道

3

南昌西駅へ

昌南大道

青雲譜区

4

N

0 1km

八大山人紀念館

昌南大道

4

A B C

● 見どころ H ホテル G グルメ S ショップ B 銀行 T 旅行会社 図 学校 郵 郵便局 病 病院 繁華街
地下鉄1号線 地下鉄建設中

348

旅社の全室（06室）を借り上げ、ここを総司令部とした。そして、8月1日には周恩来や朱徳などが指導する共産革命軍が武装蜂起を起こし、国民党に対する反撃を開始した。後に中華人民共和国が成立すると、1957年には八一南昌起義紀念館となり、8月1日は中国人民解放軍の誕生した日となった。

八一南昌起義旧址（旧江西大旅社）と八一南昌起義紀念館陳列大楼を中心にして、事件に関する資料を展示している。

江南三大楼閣のひとつ

| | | オススメ度 | ★★★ |

滕王閣／滕王阁　téngwánggé
とうおうかく

八一大橋南側の贛江畔に立つ楼閣。黄鶴楼（湖北省武漢市）、岳陽楼（湖南省岳陽市）と合わせ、江南三大楼閣のひとつに数えられ、初唐の詩人王勃が作った『滕王閣序』によって最も早く知られるようになったといわれている。

唐の高祖李淵の子である李元嬰により653（唐の永徽4）年に創建した。李元嬰が滕王と呼ばれており、完成した楼閣は滕王閣と命名された。その後、何度も再建されており、現在の建物は1989年に再建されたもので、29代目に当たる。

約1500年の歴史を誇る古刹

| | | オススメ度 | ★★★ |

佑民寺／佑民寺　yòumínsì
ゆうみんじ

八一公園の北側に立つ寺院。その創建は、梁の天監年間（502〜519年）。創建当初の名は大仏寺と伝わる。唐代には開元寺と改称され、高僧馬祖道を招き、江南における仏教の中心寺院となった。銅仏殿には高さ9.8m、重さ18トンの銅製仏像が納められている。ただし、もとの仏像は文化大革命で破壊され、現存するのは1995年に鋳造されたもの。

滕王閣
M P.348-A2
住 東湖区仿古街58号
☎ 市場部＝86702036
オ 4月1日〜12月7日
　8:00〜18:30
　12月8日〜3月31日
　8:00〜18:00
※入場は閉門45分前まで
休 なし
料 50元
交 ①地下鉄1号線「万寿宮」
　②26、38、52路バス「滕王閣」
U www.cntwg.com

江南三大楼閣の筆頭、滕王閣

佑民寺
M P.348-B2
住 東湖区民徳路181号
☎ 接客部門＝86221355
オ 7:00〜17:00
休 なし
料 2元
交 27、230路バス「八一公園」

銅仏殿内の巨大な仏像

シャングリ・ラ ホテル 南昌／南昌香格里拉大酒店 ★★★
なんしょう　　nánchāng xiānggélǐlā dàjiǔdiàn　★★

贛江の川辺に立つ設備の整った5つ星ホテル。地下鉄1号線「秋水広場」駅のすぐそば。各国料理と広東料理のふたつのレストランがある。

両替　ビジネスセンター　インターネット　U www.shangri-la.com

M P.348-A2
住 東湖区紅谷灘翠林路669号
☎ 82222888　FAX 82088888
S 650〜750元
T 650〜750元
サ 10%＋6%　カ ADJMV

7天南昌文化宮店／7天南昌文化宫店
しちてんなんしょうぶんかきゅうてん　qītiān nánchāng wénhuàgōngdiàn

文化宮の中にある「経済型」チェーンホテル。繁華街にあり、滕王閣まで徒歩約15分。客室は簡素ながら清潔。

両替　ビジネスセンター　インターネット　U www.plateno.com

M P.348-B2
住 東湖区象山北路222号工人文化宮内　☎ 82222238
S 177〜199元
T 232元
サ なし　カ 不可

江西省海外旅游総公司／江西省海外旅游总公司
こうせいしょうかいがいりょゆうそうこうし　jiāngxīshěng hǎiwài lǚyóu zǒnggōngsī

日本語ガイドは1日640元、市内の車のチャーターは1日600元。三清山ツアーの手配も可能（2日で4000元が目安）。料金やコースは事前に相談のうえ決定する。✉ otcjxjp@hotmail.com

M P.348-B2　住 東湖区蘇圃路187号外旅大廈4階
☎ 86239191　FAX 86301581
オ 8:00〜12:00、
　14:00〜18:00
休 土・日曜、祝日　カ 不可

白雲法師によって建立された能仁寺

景勝地廬山がある町

九江
きゅうこう

ジウジャン 九江 Jiǔ Jiāng

市外局番●0792

ウルムチ●
●ハルビン
北京● ●大連
西安● 上海
ラサ● 成都●
昆明● 広州● **九江**
香港

都市DATA

九江市
人口：528万人
面積：1万8823km²
2区3県級市8県を管轄

市公安局出入境管理処
（市公安局出入境管理处）
MP352-B2
住潯陽区長虹大道212号
☎8278223
⏰9:00～12:00、
13:30～17:00
休土・日曜、祝日
観光ビザを最長30日間延長
可能。手数料は160元

市第一人民医院
（市第一人民医院）
MP352-B2
住潯陽区塔嶺南路48号
☎8553116、8553120
⏰24時間 休なし

市内交通

【路線バス】運行時間の目安
は6:30～18:30、市区では普
通車1元、エアコン付き2元
※駅に行く路線は22:30頃ま
で、バスターミナルに行く
路線は21:00頃まで運行
【タクシー】九江＝初乗り2km
未満7元、2km以上1kmごと
に2.5元加算
廬山＝牯嶺鎮では1乗車10
元。風景区内へは7:00～
19:00の間乗り入れが禁止さ
れているのでチャーターして
の観光は不可

概要と歩き方

　九江は江西省の北端に位置し、北に長江、東に鄱陽湖を望む。町の名の由来が、「多く（＝九）の川（＝江）が集まる場所」にあることからもわかるように、古くから水運で栄えてきた。そのため、軍事拠点としても重要で、三国時代の赤壁の戦いや清代の太平天国の乱でも、戦争の勝敗を分ける決戦の地となった。交通体系が変化して水運は勢いをなくしつつあるが、北京と香港を結ぶ鉄道京九線が通るなど、その位置付けは変わりない。

　町の歴史は古く、春秋時代には呉国と楚国の境界であったことから「呉頭楚尾の地」と称された。また、東晋末から南宋にかけて活躍した文学者陶淵明の出身地としても知られている。九江市となったのは1980年。

　九江の町は小さく、徒歩だけでも十分観光ができるほど。繁華街は長江南岸から甘棠湖を中心としたあたり。このエリアは古くからの繁華街で、九江を訪れる観光客の多くはここに宿泊する。大中路は衣料関係の店舗が並ぶ、女性に人気の通り。それと並行する潯陽路は最も人通りの多いショッピングストリート。また、環城路は地元住民にとっての娯楽の中心で、非常ににぎやかな場所になっている。

　九江観光のメインは市区の南に位置する廬山。古くから景勝地として知られる。宿泊施設も充実しているので、じっくり観光するなら、廬山に宿泊するのもよい。

ライトアップされた煙水亭（→P.353）

	1月	2月	3月	4月	5月	6月	7月	8月	9月	10月	11月	12月
平均最高気温(℃)	7.0	10.0	15.0	21.0	24.0	30.0	34.0	32.0	27.0	22.0	16.0	10.0
平均最低気温(℃)	0.6	2.0	7.0	12.0	17.0	22.0	26.0	25.0	21.0	13.0	8.0	3.0
平均気温(℃)	3.0	6.0	11.0	16.0	20.0	26.0	30.0	28.0	24.0	17.0	12.0	6.0

町の気象データ（→P.517）：「預報」＞「江西」＞「九江」＞区・市・県から選択

中国国内の移動→P.667　鉄道時刻表検索→P.26

✈ 飛行機

市区中心部の南西約30km、廬山の南西約20kmに九江廬山空港（JIU）があるが、2018年7月現在、改修工事で閉鎖。南昌昌北国際空港（→P.347）を利用するとよい。

【国際線】南昌発着便：日中間運航便はないので、上海か広州で乗り継ぐとよい。
【国内線】南昌発着便：便数の多い広州、深圳、アモイ、上海、北京とのアクセスが便利。
【所要時間（目安）】北京首都（PEK）／2時間30分　上海虹橋（SHA）／1時間40分　広州（CAN）／1時間35分　深圳（SZX）／1時間35分　アモイ（XMN）／1時間30分

🚉 鉄道

京九線などの途中駅である九江駅を利用する。多くの列車が乗り入れているが、南昌と九江を結ぶ高速鉄道、昌九城際線も停車するため、南昌とのアクセスが特に便利。一方、始発列車は少ないので指定券の入手は比較的難しい。

【所要時間（目安）】【九江(jj)】南昌西(ncx)／動車：1時間　広州(gz)／直達：10時間25分　深圳(sz)／特快：11時間50分　福州(fz)／高鉄：4時間　アモイ北(xmb)／動車：6時間　武夷山(wys)／快速：5時間40分　桂林北(glb)／快速：12時間55分　上海(sh)／快速：12時間

🚌 バス

九江市内では九江中心総合バスターミナルを、廬山では廬山バスターミナルを利用する。前者には都市間を結ぶ路線のほか、南昌や九江の空港とを結ぶエアポートバスもある。後者は九江～廬山便がメイン。

【所要時間（目安）】廬山／1時間　南昌／2時間　南昌昌北国際空港／1時間40分　景徳鎮／2時間30分

▶Data

🚉 鉄道

●九江駅（九江火車站）
Ⓜ P.352-B3　住 潯陽区長虹大道236号
☎ 共通電話＝12306
🕐 24時間　休 なし　カ 不可
[移動手段] タクシー（九江駅～太平洋購物広場）／15元、所要15分が目安　路線バス／5、15、18、101、103、105、108路「火車站」
　28日以内の切符を販売。

九江市内にある九江駅

🚌 バス

●九江中心総合バスターミナル
（九江公路客運中心汽車総站）
Ⓜ P.352-B3　住 濂渓区潯南大道99号
☎ 8392222　🕐 5:30～20:00　休 なし　カ 不可
[移動手段] タクシー（九江中心総合バスターミナル～太平洋購物広場）／15元、所要15分が目安　路線バス／15、102、104、106路「汽車総站」
　10日以内の切符を販売。南昌（3便）、南昌昌北国際空港（5:35～19:00の間31便）、景徳鎮（7:15～18:30の間8便）、廬山（6:30、7:50、8:50、

9:40、11:00、13:30、13:40、14:40発）など。
※廬山行きは14人乗り小型バスもある。6:00～17:30の間、満席を待って発車

九江中心総合バスターミナルの外観

●廬山バスターミナル（廬山汽車站）
Ⓜ P.354-A2　住 廬山風景区牯嶺鎮3号
☎ 8281099　🕐 7:00～17:00　休 なし　カ 不可
[移動手段] タクシー（廬山バスターミナル～牯嶺路）／10元、所要10分が目安
　当日の切符のみ販売。九江（8:20、9:30、10:30、13:40、14:40、15:30、16:30発）。
※九江行きは14人乗り小型バスもある。6:30～19:00の間、満席を待って発車

廬山バスターミナルは小さなターミナル

廬山風景区のデータ
市公安局廬山風景区分局
（市公安局廬山風景区分局）
MP.354-B2
住廬山風景区漢口峡路3号
☎8282153
オ9:00～12:00、
13:30～17:00
休土・日曜、祝日
観光ビザの延長は不可
廬山人民医院
（庐山人民医院）
MP.354-A3
住廬山風景区大林路680号
☎8281165
オ24時間
休なし

潯陽楼
MP.352-B1
住潯陽区濱江路908号
☎8578752
オ9:00～17:00
休なし
料20元
交5路バス「浔阳楼」

見どころ

水滸伝に登場する有名な楼閣　　　　　オススメ度 ★★★

潯陽楼／浔阳楼　xúnyánglóu
じんようろう　　　　　　　　　　　　　　1時間 🕐

　長江南岸の九華門外に立つ潯陽楼は唐代に開業した酒場。宋代に再建され、蘇東坡に店の名を書いてもらったという伝説が残る。その後廃れていたが、1986年に高さ21mの4階建て（外観は3階建て）の建物として再建された。店の名は、九江の古い呼び名「潯陽」にちなんだもの。

　白居易の詩『題潯陽楼』にも情景が詠まれているが、全国的に有名なのは、明末に生まれた中国四大奇書のひとつ『水滸伝』に登場するため。現在、楼内には水滸伝に関連する展示がなされている。

『水滸伝』中で宋江が詠んだとされる詩

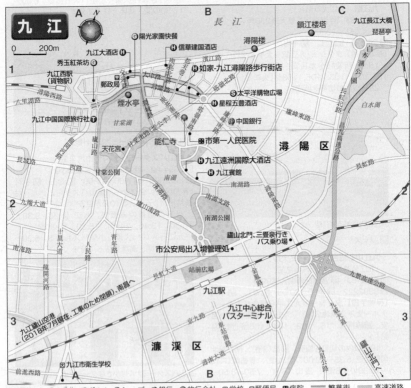

九江

●見どころ　Hホテル　ゾルメ　Sショップ　銀行　T旅行会社　学校　郵便局　病院　━━繁華街　━━高速道路

九江のランドマーク

鎖江楼塔／锁江楼塔　suǒjiānglóutǎ
（さこうろうとう）

オススメ度 ★★★

鎖江楼塔は、鎖江楼と文峰塔からなる、長江沿いに立つ九江を代表する建築物。鎖江楼の創建は1586（明の万暦14）年、九江の知事であった呉秀が水害防止祈願のために建立したもの（文峰塔はそのあとに造られた）。文峰塔の傍らにある鎮水鉄牛像は、創建に合わせ設置された（太平天国の乱で破壊され、その後再建）。

九江のランドマーク文峰塔

九江を代表する古刹

能仁寺／能仁寺　néngrénsì
（のうにんじ）

オススメ度 ★★★

能仁寺は502～549年（梁の武帝年間）に創建された寺院で、古称は承天院。776（唐の大暦元）年に白雲法師が訪れた際、資金を募って大雄宝殿と大勝宝塔（六角7層）を建立。その後、幾度か戦火に見舞われ、現存する大半の建築物は1870（清の同治9）年に再建された。

寺院の主殿、大雄宝殿

見どころは能仁八景と称される、大勝宝塔、石船、雨穿石、双陽橋、誨爾泉（かいじせん）、鉄仏、氷山、雪洞。また、大雄宝殿には三尊像や十八羅漢が納められている。

名将や有名詩人と縁深い古建築

煙水亭／烟水亭　yānshuǐtíng
（えんすいてい）

オススメ度 ★★★

煙水亭は甘棠湖の北岸に位置する建物。この地には三国時代の呉の名将周瑜（しゅうゆ）が指揮所をおいたといわれており、その後、唐代の詩人白居易がこの地に左遷されたときに再建したとされる。このとき、彼の詠んだ詩『琵琶行』の一文「別時茫茫江浸月（別るるとき、茫茫として江は月を浸せり）」から浸月亭と名づけられた。

北宋時代には、周寿来が甘棠湖の堤防に別の亭を建て、「山頭水色薄籠煙（山頭の水色は薄く、霧の籠る）」と詩を詠んだことから煙水亭と名づけられた。

明代にはともに壊れてしまい、1593（明の万暦21）年に浸月亭のあった場所に亭を再建した際に煙水亭とした。

薄暮の煙水亭

鎖江楼塔
MP.352-C1
住潯陽区濱江路
☎8575787
オ9:00～17:00
休なし
料20元
交5路バス「鎖江楼」

何度も再建された鎖江楼

能仁寺
MP.352-B1
住潯陽区庾亮南路168号
☎8225211
オ7:00～17:00
休なし
料10元
交21、29路バス「航空宾馆」、徒歩8分

高さ43mの大勝宝塔

煙水亭
MP.352-A1
住潯陽区潯陽路1号
☎8223190
オ9:00～17:00
休なし
料20元
交2、15、29、101、102、103、104、105、108路バス「烟水亭」

ⓘ ▶▶▶ インフォメーション

廬山の乗り物①
（廬山風景区→MP.354）
三畳泉高架式電動車（青蓮寺～三畳泉）／片道所要10分。
MP.354-C1
オ5月～10月中旬8:00～17:30
　10月下旬～4月8:30～16:30
休なし
料上り＝50元、下り＝35元

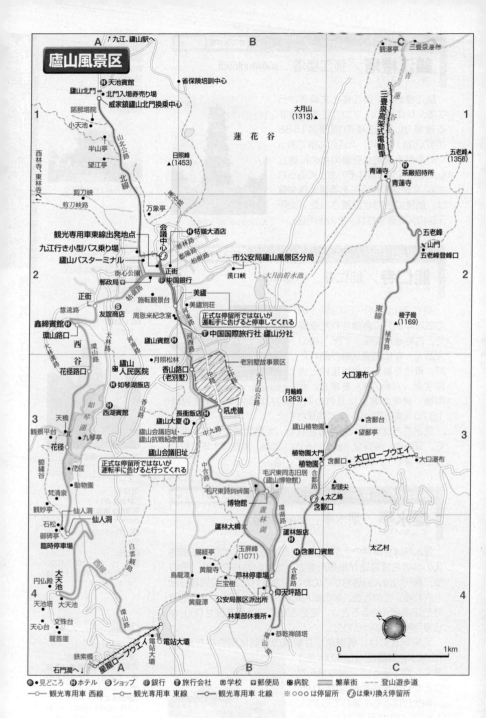

廬山風景区

A ↗九江、廬山駅へ

A ↗九江、廬山駅へ

C 三畳泉瀑布
観瀑亭

蓮花谷

三畳泉高架式電動車

大月山
(1313)▲

五老峰
(1358)

天池賓館
廬山北門
北門入場券売り場
威家鎮廬山北門換乗中心

諾那塔院
小天池

青蓮寺
青蓮寺

茶厰招待所

省保険培訓中心

山北公路
半山亭
望江亭

日照峰
▲(1453)

五老峰
山門
五老峰登峰口

西林寺、東林寺↙

剪刀峡
剪刀峡路

北線

万象亭

観光専用車東線出発地点
九江行き小型バス乗り場
廬山バスターミナル

会議中心
牯嶺大酒店

市公安局廬山風景区分局

漢口峡

大月山防水池

東線

正街
中国銀行

正街

施転観光台
周恩来紀念室

美廬
美廬別荘

梭子崗
(1169)

慧遠路
友誼商店

鑫綿賓館
環山路口

大林路
河南路

廬山賓館

正式な停留所ではないが
運転手に告げると停車してくれる
中国国際旅行社 廬山分社

西谷
花径路口

廬山
人民医院

月照松林
香山路口
(老別荘)

老別荘故事景区

大月山公路

大口瀑布

如琴湖飯店

吼虎嶺

月輪峰
(1263)▲

天橋
西湖賓館

廬山大厦
長衝飯店

廬山会議旧址・
廬山抗戦紀念館

中九路

廬山植物園

含鄱台
望鄱亭

如琴湖
九夢亭

観景平台
花径

廬山会議旧址

植物園大門
植物園

含鄱口

大口ロープウエイ

大口瀑布

錦繍谷
仙人洞

中含路

毛沢東同志旧居
(廬山博物館)

梨頭尖

梵清泉
観妙亭
動物園

毛沢東詩詞碑園

博物館

太乙峰
含鄱口

太乙村

石松
御碑亭

仙人洞

臨時停車場

西線

蔭林湖

蓮谷大橋

含鄱口賓館

大天池
円仏殿

白雲親路

鳥龍潭
賜経亭
黄龍寺
三宝樹

玉屏峰
(1071)

芦林停車場

蓮林飯店

含鄱路

仰天坪路口

天池塔
文殊台

環山路

龍首崖
天心台

黄龍潭

公安局景区派出所
林業部休養所

恭乾禅師塔

鉄索橋

電站大壩
電站大壩

星龍ロープウエイ

石門澗へ↓

A

B

C

● 見どころ　**H** ホテル　**S** ショップ　● 銀行　**T** 旅行会社　● 学校　● 郵便局　● 病院　〓〓 繁華街　---- 登山遊歩道

—○— 観光専用車 西線　—○— 観光専用車 東線　—○— 観光専用車 北線　※ ○○○ は停留所　● は乗り換え停留所

正式な停留所ではないが
運転手に告げると行ってくれる

0　　　　　　　　　　1km

郊外の見どころ

中国を代表する避暑地　　オススメ度 ★★★　世界遺産

盧山風景区／庐山风景区 lúshān fēngjǐngqū
ろ さんふうけい く

1～2日

　盧山風景区は、江西省北部に位置する山岳景勝地区で、避暑や観光の名所として有名であり、ユネスコの世界遺産にも登録されている。

　バスやタクシーで盧山へ来た人は、麓の町である牯嶺鎮の中心に位置する正街に着く。ここの標高は1150mあり、盧山観光の起点となる町だ。盧山山中は車道が整備されているので、ほとんどの見どころは観光専用車でアクセスできる。日帰りの観光もできるが、時間があればぜひ山中に宿泊したい。雲霞が多い盧山ではきれいな朝日が望めるのは1年に10日もないといわれるが、霧がかかった五老峰も見事なものだ。夕日を見るなら小天池と仙人洞が絶好のポイントだ。山中は朝晩かなり冷え込むため、厚手の服も用意していこう。

　盧山は中国共産党の幹部が避暑地としてよく利用した所としても有名で、毛沢東や周恩来らが集まって重要事項を協議した盧山会議が開かれた。そのため山中には、盧山会議旧址、周総理紀念室、毛沢東同志旧居など盧山会議関係の史跡が少なくない。

盧山の五老峰

盧山風景区
M.P.354
住盧山市牯嶺鎮盧山風景区
☎サービスセンター＝
　8296565
開24時間　休なし　料180元
交九江中心総合バスターミナルから「庐山」行きで牯嶺鎮にある終点の盧山バスターミナルへ。会議中心で観光専用車に乗り換えて各見どころに向かう
Uwww.china-lushan.com

ⓘ ▶▶▶ インフォメーション

盧山の乗り物②
観光専用車／東線、西線、北線に分かれている。
☎8296666　開4～10月7:00～18:30、11～3月8:00～17:30
料牯嶺鎮で購入＝80元
　盧山北門で購入＝100元
　(盧山北門～牯嶺鎮の往復運賃含む)
※7日間有効で何度でも乗降可能

大口ロープウエイ(含鄱口～大口)／片道所要10分。
M.P.354-C3　☎8294105
開8:00～16:30　休なし
料片道＝30元、往復＝50元
※冬季は2ヵ月ほど運休となることがある

星龍ロープウエイ(大壩～石門)／片道所要10分。
M.P.354-A4　☎8285531
開8:00～17:00　休なし
料片道＝30元、往復＝50元
※冬季は天候により運休となることもある

ホテル

九江遠洲国際大酒店／九江远洲国际大酒店 ★★★
きゅうこうえんしゅうこくさいだいしゅてん　　★★
jiǔjiāng yuǎnzhōu guójì dàjiǔdiàn
26階建てで九江でも数少ない5つ星ホテル。南湖に面しており繁華街から少し離れているので、周囲の環境は非常に静か。
両替　ビジネスセンター　インターネット　Uwww.yuanzhou.com.cn
M.P.352-B2
住潯陽区南湖路116号
☎8888888　FAX8778000
S429～469元
T399～469元
サなし　カADJMV

鑫締賓館／鑫缔宾馆 ★★★
しんていひんかん
xīndì bīnguǎn
盧山風景区内にあるホテル。夏休みと11月の連休期間には料金が2倍以上に、週末にはさらに50～70元値上がりする。
両替　ビジネスセンター　インターネット
M.P.354-A2
住盧山市牯嶺鎮環山路1号
☎8288858　FAX8288857
S200元
T200元
サなし　カ不可

如家-九江潯陽路歩行街店／如家-九江浔阳路步行街店
じょか－きゅうこうじんようろほこうがいてん
rújiā jiǔjiāng xúnyánglù bùxíngjiēdiàn
「経済型」チェーンホテル。九江の繁華街に位置する。客室は新しく清潔。設備もひととおり揃っている。
両替　ビジネスセンター　インターネット　Uwww.bthhotels.com
M.P.352-B1
住潯陽区潯陽路294号
☎2176666　FAX2153333
S129～159元
T159元
サなし　カ不可

旅行会社

中国国際旅行社 盧山分社／中国国际旅行社 庐山分社
ちゅうごくこくさいりょこうしゃ　ろ さんぶんしゃ
zhōngguó guójì lǚxíngshè lúshān fēnshè
九江と盧山風景区の間の車のチャーターは片道350～400元。日本語ガイドはいない。盧山風景区内は観光専用車を利用するので、旅行会社で手配できるチャーター車はない。夏季は休みなし。
M.P.354-A2　住盧山市河西路48号西盧山旅游集団公司
☎8282497　FAX8282428
開8:30～11:30、
　14:30～17:00
休土・日曜、祝日　カ不可

菜の花と古鎮で有名な町

婺源
ぶ げん

婺源 Wù Yuán ウーユエン

市外局番●0793

色鮮やかな春の景観

ウルムチ
ハルビン
北京 大連
西安 上海
ラサ 成都 婺源
昆明 広州
香港

都市DATA

婺源県
人口：36万人
面積：2947㎢
上饒市管轄下の県

県公安局出入境辦公証大庁
（県公安局出入境办证大厅）
Ｍ P.358-B4
住 紫陽鎮環城北路2号
☎ 7360771
オ 8:30～12:00、
14:00～17:00
休 土・日曜、祝日
観光ビザの延長は不可。手続きは南昌などで行う
県人民医院
（県人民医院）
Ｍ P.358-B3
住 紫陽鎮文公南路17号
☎ 7348264
オ 24時間 **休** なし

概要と歩き方

　婺源は上饒市の北部、西を景徳鎮、北を安徽省黄山市、東を浙江省衢州市に囲まれた所にある。初めて婺源の名が用いられたのは、この地に行政機関が開設された740（唐の開元28）年まで遡る。

　1934（中華民国23）年に江西省へ編入されたが、明清時代の徽府6県（現在の黄山市を中心としたエリア）のひとつで、江南の経済に活躍した徽州商人の出身地。住居は明清時代に建てられた古い白い漆喰造りが特徴で、世界遺産に登録された安徽省の西逓・宏村の町並みと共通の文化をもつ。

　この古い町並みにも増して有名なのが、春に盛りを迎える菜の花。開花の時期（3月中旬～4月上旬）には全国各地から多くの人が撮影に訪れるようになっている。婺源観光の魅力はこの時期を逃すと半減してしまうので、訪れるならぜひこの季節を選んでほしい。

　アクセス面での中心は、鉄道駅やバスターミナルがあり、観光バスの発着地点である紫陽鎮。菜の花観光であれば、ここから撮影地に移動し、そこで宿泊施設を探すとよい。それ以外の季節であれば、紫陽鎮を拠点に古鎮巡りを楽しむとよい。

のんびりした景色に溶け込む彩虹橋

町の気象データ（→P.517）：「预报」＞「江西」＞「上饶」＞「婺源」

Access 交通

中国国内の移動 → P.667　　鉄道時刻表検索 → P.26

🚆 鉄道　2015年に開業した合福客運専線（合肥と福州を結ぶ高速鉄道）、九景衢鉄路（九江、景徳鎮、浙江省衢州、上海を結ぶ路線）の途中駅である婺源駅を利用する。前者の便は多いが、後者は1日5便のみ。

所要時間（目安）【婺源(wy)】合肥南(hfn)／高鉄：2時間10分　福州(fz)／高鉄：2時間5分　アモイ北(xmb)／高鉄：4時間　泉州(qz)／高鉄：3時間30分　武夷山東(wysd)／高鉄：50分　上海虹橋(shhq)／高鉄：3時間40分　黄山北(hsb)／高鉄：25分

バス 婺源バスターミナルを利用する。

所要時間(目安) 景徳鎮／1時間30分

Data

鉄道

● **婺源駅**（婺源火車站）
M P.358-C4　**住** 紫陽鎮江湾大道
☎ 共通電話＝12306　**オ** 8:00～19:45
休 なし　**カ** 不可
[移動手段] **路線バス**／1、2路「火車站」
　28日以内の切符を販売する。

バス

● **婺源バスターミナル**（婺源汽車站）
M P.358-A3　**住** 紫陽鎮才士大道12号
☎ 7214948　**オ** 6:50～17:00　**休** なし　**カ** 不可

[移動手段] **路線バス**／1路「婺源汽車站」
　7日以内の切符を販売。景徳鎮（8:30、10:05、12:05、13:20、14:30、16:00発）など省内便が出ているが、南昌や九江行きはない。

● **婺源北バスターミナル**（婺源汽車北站）
M P.358-B3　**住** 紫陽鎮文公北路
☎ なし　**オ** 6:30～17:00　**休** なし　**カ** 不可

[移動手段] **路線バス**／1、2、3路「短途換乗站」
　切符は乗車後に購入する。清華（6:30～17:00の間30分に1便）や篁嶺など近郊便がメイン。また、郊外の見どころとを結ぶ観光バスの発着地点でもある。短途乗換ターミナル（短途換乗站）とも呼ばれる。

 見どころ

　婺源の見どころは春に咲き誇る菜の花と古鎮。紫陽鎮内にこれといった見どころはなく、主要な景勝地は郊外の農村部に点在している。
　観光バスの路線は東線と西線（方角的には北）、南線に分かれているが、東線と西線を押さえておけば十分。

春の絶景がおすすめ　　　　　　　**オススメ度** ★★★

東線／东线 dōngxiàn
とうせん

1～3日

　東線は、山の斜面に造られた菜の花畑が広がる江嶺南部や篁嶺を中心とするエリア。春先には、菜の花の黄色、山の新緑、空の青と鮮やかな色彩の景観が眼前に迫る。畑の近くに

婺源
M P.358上
住 上饒市婺源県
☎ 7410999
オ 景区＝24時間
休 なし
※菜の花は3月中旬～4月上旬
料 共通券＝210元（12景区）
※5日間有効
※12景区は李坑、汪口、江湾、暁起、江嶺、思渓延村景区、彩虹橋、崇岡景区、石城、臥龍谷、霊岩洞、文公山
※単独で購入すると各見どころ60元
交 すべて婺源北バスターミナル発着となる。下記バス路線図参照
U www.wuyuan.cc

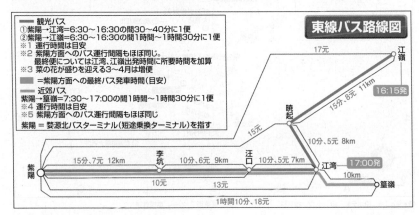

観光バス
①紫陽→江湾＝6:30～16:30の間30～40分に1便
②紫陽→江嶺＝6:30～16:30の間1時間～1時間30分に1便
※1　運行時間は目安
※2　紫陽方面へのバス運行間隔もほぼ同じ。
　　最終便については江湾、江嶺出発時間に所要時間を加算
※3　菜の花が盛りを迎える3～4月は増便

■ ＝紫陽方面への最終バス発車時間（目安）

近郊バス
紫陽→篁嶺＝7:30～17:00の間1時間～1時間30分に1便
※4　運行時間は目安
※5　紫陽方面へのバス運行間隔もほぼ同じ
紫陽＝婺源北バスターミナル（短途乗換ターミナル）を指す

東線バス路線図

17元　　江嶺

15分、8元 11km　16:15発

暁起

15元　　10分、5元 8km

15分、7元 12km　李坑　10分、6元 9km　汪口　10分、5元 7km　江湾　17:00発

10元　　13元　　10km　篁嶺

1時間10分、18元

は設備の整った宿もある。時間に余裕があれは、気に入ったポイントに宿泊し、山歩きでもしながら景観を楽しむとよい。なお、このエリアは菜の花の開花時期を外すと、訪れるほどの意味はない。

　江嶺や篁嶺へ行く途中には安徽省南部と共通する伝統的な家屋が残る古鎮が点在している。

　李坑は李姓の人々が移り住み造り上げた村。周囲を山に囲

婺源県全図

〇見どころ　●県行政中心　〇鎮　●村　＝＝高速鉄道　━━高速道路

婺源（紫陽鎮）

〇・見どころ　Ⓗホテル　Ⓢショップ　⊞病院　バス停　━━繁華街　━━高速鉄道

まれ、静かな雰囲気が漂う。

　汪口は川の合流点に位置する。その地理的利点を生かし明清代には水運で栄え、多くの商家が並んだといわれる。現在でも徽州古建築様式を備える民家が多い。

　江湾は隋末唐初に生まれた村で、江西と浙江、安徽を結ぶ交通の要衝として発展を遂げた。宋代以降は多くの高級官僚を輩出し、その邸宅が今に残る。

　暁起は段莘水と暁起水の合流点にある小村。1000本を超えるクスノキの古木と古民家に囲まれた景観が魅力。

廊橋と古鎮がメイン　　　　オススメ度 ★ ★ ★

西線／西线　xīxiàn
せいせん

　紫陽鎮の北側に点在する景勝エリア。その中心となるのは彩虹橋と思渓延村景区。

　彩虹橋は清華鎮の北側に架かる橋。南宋代に造られた廊橋ですでに800年以上の歴史をもつ。長さ140m、幅7m。石造りの橋脚に廊下のような建物を載せた橋で、外観はとても特徴的。近くには川に石を並べただけの石礅橋もあるが、渡る際には足元に注意。

　紫陽鎮と清華鎮の間に位置する思渓延村景区は、思渓村と延村の二村で構成された景勝地。村は兪氏によって1199年に造られ、その後、木材や茶葉、塩の独占的な運搬と販売などの商売で発展を遂げた。

　清華鎮の先（北と西）に進むと、入場料に含まれる厳田景区、霊岩洞、石城、臥龍谷などの見どころもあるが、アクセスの不便さもあってあまりすすめない。

(i) ▶▶▶ インフォメーション

西線バス路線
　西線観光には婺源北バスターミナル発着のバスを利用する。
①観光バス／思渓延村景区入口とを結ぶ。8:00、14:00、16:00発。9元、所要30分。
※運行時間は目安
②清華行きバス／6:30～17:00の間30分に1便。「思渓延村路口」まで7元、所要25分。徒歩20分。彩虹橋へは婺源北バスターミナルから11元、所要30分。運転手に告げ「清华镇彩虹桥路口」、徒歩8分

思渓延村景区

悠久の歴史を誇る中国南部の古都

長沙
（ちょうさ）

长沙 Cháng Shā（チャンシャー）

市外局番●0731

夕暮れ時の太平街

ウルムチ● ●ハルビン
　　　　北京● ●大連
　　　西安● ●上海
ラサ● 成都●
　　昆明● ●長沙
　　　　広州●
　　　　　●香港

都市DATA

長沙市
人口：661万人
面積：1万1816km²
6区1県級市2県を管轄
長沙市は湖南省の省都

市公安局出入境
（市公安局出入境）
Ⓜ地図外（P363-F3下）
🏠雨花区圭塘路280号
☎82290001
🕐9:00～12:00、
　13:00～17:00
🚫土・日曜、祝日
観光ビザを最長30日間延長
可能。手数料は160元

省人民医院
（省人民医院）
ⓂP.363-D2
🏠芙蓉区解放西路61号
☎救急=82278120
🕐24時間
🚫なし

市内交通

【軌道交通】リニアモーター
カーもある。2018年7月現
在、1号線と2号線が営業。
詳しくは公式ウェブサイトで
確認を
長沙市軌道交通
🌐www.hncsmtr.com
【路線バス】運行時間の目安
は6:00～22:00、1～3元
【タクシー】初乗り2km未満8
元、2km以上1kmごとに2元
加算

概要と歩き方

　長沙は長江や洞庭湖の南岸に位置し、芙蓉国とも呼ばれる
湖南省の中心地で、南北に流れる湘江に沿って開かれた町
だ。春秋戦国期に楚の領地となってから開発が進み、明代以
降は中国有数の穀倉地帯となった。さらに、清朝末期から中
華民国期にかけては、多くの人材が輩出した。なかでも現代
中国に最も影響を与えた人物が中華人民共和国の成立に尽力
した毛沢東（長沙の南西、韶山の出身）である。

　町の中心は長沙駅前から西に延びる五一大道を中心とした
エリア。駅からは軌道交通（地下鉄）2号線が東西に延び、
エアポートバスの発着地点である山水時尚酒店も近い。長沙
の町歩きの出発点だ。

　五一大道の西側エリアは軌道交通1号線が南北に走り、大
型百貨店が建ち並ぶ有数のショッピング街。高級ホテルや有
名なレストランも多い。黄興南路は解放西路から西湖路まで
の部分が歩行者天国になっている。周辺には、美食街として
知られる南門口や坡子街があり、中国八大料理に数えられる
湖南料理や長沙の名物シャオチーを楽しむ人々でにぎわう。

　長沙の見どこ
ろは湘江の西岸
や郊外にあるた
め、案外移動時
間がかかってし
まう。スムーズ
な移動に自信の
ない人は旅行会
社でツアーをア
レンジしてもら
うとよい。

長沙を代表する見どころ岳麓書院（→P.362）

	1月	2月	3月	4月	5月	6月	7月	8月	9月	10月	11月	12月
平均最高気温（℃）	8.3	9.5	14.6	21.2	26.2	30.2	34.1	33.7	28.9	23.3	17.0	10.8
平均最低気温（℃）	1.8	3.4	7.7	13.6	18.7	22.6	25.6	25.2	20.9	15.0	9.2	3.7
平均気温（℃）	4.7	6.2	10.9	17.1	22.1	26.0	29.4	28.9	24.4	18.7	12.6	6.9

町の気象データ（→P.517）：「預報」＞「湖南」＞「長沙」＞区・市・県から選択

Access 交通

中国国内の移動➡P.667　鉄道時刻表検索➡P.26

✈ 飛行機
市区中心から東約30kmに位置する長沙黄花国際空港（CSX）を利用する。

国際線 成田（2便）、関西（2便）。

国内線 上海や広州、アモイ、海口、三亜などとの便がある。

所要時間（目安） 北京首都（PEK）／2時間15分　上海浦東（PVG）／1時間55分　広州（CAN）／1時間25分　アモイ（XMN）／1時間25分　海口（HAK）／1時間50分　三亜（SYX）／2時間5分

🚆 鉄道
京広線の在来線は長沙駅、京広高速鉄道武広区間は長沙南駅などを利用する。ともに主要路線のため、鉄道を利用した移動は非常に便利。

所要時間（目安） 【長沙南（csn）】岳陽東（yyd）／高鉄：35分　広州南（gzn）／高鉄：2時間20分　深圳北（szb）／高鉄：3時間　福州（fz）／高鉄：4時間35分　南昌西（ncx）／高鉄：1時間20分　【長沙（cs）】張家界（zjj）／特快：4時間25分　広州（gz）／直達：7時間25分

🚌 バス
いくつかあるバスターミナルのうち、使い勝手がよいのは長沙駅西側にある長株潭バスターミナル。湖南省各地からアクセス可能だが、乗車前に到着地点を確認しておくこと。

所要時間（目安） 張家界／4時間　岳陽／2時間　鳳凰／5時間30分　韶山／1時間

Data

✈ 飛行機

●**長沙黄花国際空港**（长沙黄花国际机场）
Ⓜ**地図外（P.363-F3右）** 🏠長沙県黄花鎮
☎問い合わせ＝96777　🕐6:00～最終便
🈺なし　🅿不可　Ⓤcsa.hnjcjt.com
［移動手段］**タクシー**（空港～水山時尚酒店）／15.5元、所要45分が目安　空港→市内＝7:30～最終便の間15～20分に1便　市内→空港＝5:00～22:30の間15～20分に1便　**タクシー**（空港～五一広場）／100元、所要45分が目安　軌道交通／磁浮快線「磁浮机场」

　3ヵ月以内の航空券を販売。

🚆 鉄道

●**長沙駅**（长沙火车站）
Ⓜ**P.363-F2** 🏠芙蓉区五一大道車站中路406号
☎共通電話＝12306　🕐24時間　🈺なし　🅿不可
［移動手段］**タクシー**（長沙駅～五一広場）／15元、所要15分が目安　軌道交通／2号線「長沙火車站」

　2日以内の切符を販売。

長沙の主要駅で繁華街にも近い

●**長沙南駅**（长沙火车南站）
Ⓜ**地図外（P.363-F3右）** 🏠雨花区花侯路
☎共通電話＝12306　🕐6:00～翌0:10
🈺なし　🅿不可

［移動手段］**タクシー**（長沙南駅～五一広場）／40元、所要40分が目安　軌道交通／2号線「長沙火車南站」

　2日以内の切符を販売。高速鉄道の専用駅。

🚌 バス

●**長株潭バスターミナル**（长株潭汽车站）
Ⓜ**P.363-F2** 🏠芙蓉区車站中路339号
☎共通電話＝96228　🕐6:00～20:00
🈺なし　🅿不可
［移動手段］**タクシー**（長株潭バスターミナル～五一広場）／15元、所要15分が目安　軌道交通／2号線「長沙火車站」

　10日以内の切符を販売。張家界（9便）、岳陽（14便）、鳳凰（4便）など省内便がメイン。

●**長沙南バスターミナル**（长沙汽车南站）
Ⓜ**地図外（P.363-E3下）** 🏠雨花区中意一路811号
☎共通電話＝96228　🕐6:00～20:00
🈺なし　🅿不可
［移動手段］**タクシー**（長沙南バスターミナル～五一広場）／40元、所要40分が目安　路線バス／7、16、17、107、502路「汽车南站」

　7日以内の切符を販売。韶山（8便）、衡山南岳（10便）、鳳凰（1便）など省内便がメイン。エアポートバスの発着地点でもある。

●**長沙西バスターミナル**（长沙汽车西站）
Ⓜ**地図外（P.362-A1左）**
🏠岳麓区楓林三路53号　☎共通電話＝96228
🕐6:00～20:00　🈺なし　🅿不可
［移動手段］**タクシー**（長沙西バスターミナル～五一広場）／25元、所要20分が目安　軌道交通／2号線「望城坡」

　10日以内の切符を販売。張家界（11便）、岳陽（2便）、武陵源（3便）、鳳凰（4便）、韶山（11便）、花明楼（13便）など省内便がメイン。エアポートバスの発着地点でもある。

岳麓書院
MP362-B3
住岳麓区麓山南路2号湖南大
学内
☎88823764
開5月～10月上旬
7:30～18:00
10月中旬～4月
8:00～17:30
休なし
料50元
交5、132路バス、立珊専線
「桃子湖」。徒歩12分
※後門から岳麓山エリアに直
接出入りできる

中国最古の最高学府　　　　　オススメ度 ★★★

岳麓書院／岳麓书院　yuèlù shūyuàn
がくろくしょいん

1～1.5時間

　岳麓山の東麓に位置し、中国四大書院のひとつに数えられ
る。976（北宋の開宝9）年に時の潭洲太守朱洞が創建した
学問機関で、千年学府と呼ばれている。南宋
の理学者、張拭と朱熹がここで講義を行った
ことは有名。敷地内には講堂、御書楼、大成
殿などがあるが、現存する建物は明清代に建
立されたものが多い。北側には孔子を祀った
文廟もあり、入口にかかっている「惟楚有
材、於斯為盛」という対聯のとおり、特に清
末には、曾国藩などの著名人が輩出した。

岳麓書院入口

●見どころ　⊞ホテル　◎グルメ　⊛ショップ　⊤旅行会社　⊛銀行　⊠学校　⊞郵便局　⊞病院　━━繁華街

長沙市街を見渡す緑豊かな山

オススメ度 ★★★

岳麓山／岳麓山　yuèlùshān

がくろくさん

2～3時間

麓山寺山門

　岳麓山は湘江の西岸に広がる景勝エリア。中国五岳のひとつ、衡山（南岳）の山麓という意味で岳麓と呼ばれる。最高地点は300.8m。緑が多く、近くに市街地があるとは思えないほど静か。

　岳麓山最大の特徴は、中国の主要な宗教である儒教、道教、仏教の施設が共存していること。麓には儒教関連の岳麓書院（北宋期創建）、山腹には仏教寺院である麓山寺（西晋期創建）、山頂には道教寺院の雲麓宮（明代創建）がある。

岳麓山
- **M** P.362-A2～B3
- **住** 岳麓区麓山路58号
- **☎** 88825011
- **オ** 岳麓山7:00～23:00
- **休** なし　**料** 無料
- **交** 東大門＝軌道交通2号線「溁湾鎮」、徒歩10分
  南大門＝5、132路バス、立珊専線「桃子湖」、徒歩12分
- **U** www.hnyls.com

(i) ▶▶ インフォメーション

岳麓山のリフト
- **M** P.362-B2
- **オ** 9:00～17:00　**休** なし
- **料** 上り＝30元、下り＝25元、往復＝50元

山上の遊覧バス
- **オ** 8:00～17:00　**休** なし
- **料** 片道＝20元
  往復または通し＝30元

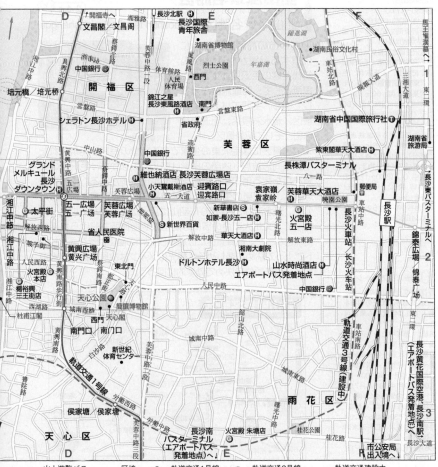

── 山上遊覧バス　　-‐-‐- 区境　　─○─ 軌道交通1号線　　─○─ 軌道交通2号線　　─── 軌道交通建設中

天心公園／天心公園　tiānxīn gōngyuán
てんしんこうえん

　繁華街にあり、市民憩いの場となっている緑豊かな公園。敷地内の高台に立つ天心閣は、創建は不明だが、当初は文昌閣と合わせふたつの楼閣で構成されていた。文昌閣は残っておらず、天心閣も1852年の太平天国軍の長沙侵略などによって破壊された。現存する建物は1983年に再建されたもの。

　この楼閣は繁華街でいちばん高い所（30mほど）にあり、上からは長沙の町並みを見渡せる。

郊外の見どころ

韶山風景名勝区／
しょうざんふうけいめいしょうく　　2～6時間

韶山风景名胜区　sháoshān fēngjǐng míngshèngqū

毛沢東同志故居

　長沙市の南西約100kmに位置する緑豊かな丘陵地帯。初代主席の毛沢東が生まれた場所として、関連施設が点在している。主要エリアは故居景区、滴水洞景区、毛沢東紀念園、そして韶峰景区。

　故居景区には毛沢東の生家である土壁の民家が再現された毛沢東同志故居（内部の撮影は禁止）のほかに、毛沢東の業績をたたえる毛沢東同志紀念館や毛氏宗祠がある。毛沢東紀念園は、毛沢東の生涯の重要な時期における風景を再現した公園。滴水洞は32年ぶりに韶山に戻った毛沢東が気に入った場所で、文化大革命の頃には防空壕や指揮所も設けられ活動拠点となった。韶峰景区には標高520mの韶山がそびえ、リフトで上って眺めを楽しめる。観光のメインは故居景区と滴水洞景区。優先順位を決めて効率的に回ろう。

天心公園
P.363-D2
⮟天心区天心路17号
☎85563262
⮟天心公園6:00～23:00
　天心閣8:00～17:30
※天心閣への入場は閉門30分前まで
⮟なし
⮟天心公園＝無料
　天心閣＝32元
⮟東北門＝122、130、167、171、803路バス「天心閣」
　西門＝2、143、145、358、804、901路 バス「天心閣西門」
Ⓤwww.hntxg.cn

韶山風景名勝区
P.364
⮟韶山市韶山沖韶村
☎55685157
⮟8:30～17:00
※入場は閉門1時間前まで
⮟毛沢東同志紀念館＝月曜（特別展は無休）
　毛沢東同志図書館＝日曜
⮟毛沢東同志故居、毛沢東同志紀念館、毛氏宗祠、毛沢東同志図書館＝無料、毛沢東紀念園＝60元、滴水洞＝50元、韶峰景区＝80元（リフト、毛沢東詩詞碑林を含む）
⮟長沙南駅から高速鉄道で「韶山南」（30.5元、所要25分）。韶山景区游客中心専用バスに乗り換え、「遊客中心」（8:00～17:30の間1時間に1～2便。3元、所要15分）
※「游客中心」からの最終バスは18:30発

Ⓘ ▶▶▶ インフォメーション

景区内を走るバス
　3路線あり、20元の切符を購入すれば何度でも乗車可能。
路線1：游客中心～毛沢東広場～毛沢東同志故居～韶山賓館～滴水洞～毛沢東紀念園～韶峰（門楼）～游客中心
⮟5月～10月上旬7:00～18:00、10月中旬～4月7:00～17:30の間15分に1便
路線2：韶峰（門楼）～韶峰
⮟7:30～17:30の間15分に1便
路線3：清溪次入口～滴水洞～張旭沖～游客中心
⮟5月～10月上旬7:00～18:00の間40分に1便

韶山風景名勝区
清溪景区
青年水庫
白雲寨
滴水洞
韶山バスターミナル
清溪寺・毛沢東青年時代塑像
陳公橋
滴水洞一号楼
東門
故居景区
韶山駅
滴水洞景区
毛沢東紀念園
寧郷へ
南門
毛沢東同志故居
韶山賓館Ⓗ
毛沢東同志図書館
韶山管理局
湘潭へ
テレビ塔
毛沢東広場
毛沢東同志紀念館
竹鶏口
湘潭へ
毛沢東詩詞碑林
毛氏宗祠
韶峰景区
游客中心
石屋清風
韶峰寺
韶峰水庫
0　　　　　2km
N

● 見どころ　Ⓗホテル　Ⓖグルメ

ホテル

グランド メルキュール長沙ダウンタウン／长沙美爵酒店 ★★★ ★★
chángshā měijué jiǔdiàn

長沙一の繁華街、五一広場に面した、長沙でも最高級クラスのホテルのひとつ。プールやサウナも完備。

両替　ビジネスセンター　インターネット　Ｕ www.accorhotels.com

Ｍ P.363-D2
住 開福区五一大道868号
☎ 82888888　FAX 82828888
Ｓ 568～768元
Ｔ 568～768元
サ なし　カ ADJMV

シェラトン長沙ホテル／长沙运达喜来登酒店 ★★★ ★★
chángshā yùndá xǐláidēng jiǔdiàn

三角柱の形が印象的なツインタワー、長沙運達インターナショナルプラザに入る最高級ホテル。

両替　ビジネスセンター　インターネット　Ｕ www.starwoodhotels.com

Ｍ P.363-E1
住 開福区芙蓉中路一段478号
☎ 84888888　FAX 84888889
Ｓ 795～1095元
Ｔ 795～1095元
サ 10%+6%　カ ADJMV

ドルトンホテル長沙／通程国际大酒店 ★★★ ★★
tōngchéng guójì dàjiǔdiàn

ロビーの天井も高く、豪華な造り。館内にはプールやジム、中国料理と西洋料理のレストラン、カフェなどがある。

両替　ビジネスセンター　インターネット　Ｕ www.dolton-hotels.com

Ｍ P.363-E2
住 芙蓉区韶山北路159号
☎ 84168888　FAX 84169999
Ｓ 629元
Ｔ 599元
サ なし　カ ADJMV

芙蓉華天大酒店／芙蓉华天大酒店 ★★ ★★
fúróng huátiān dàjiǔdiàn

五一大道に位置し、長沙駅やエアポートバス発着地点へも近い。市内には名称に「華天」のつくホテルが複数あるので注意。

両替　ビジネスセンター　インターネット　Ｕ www.chhtg.com

Ｍ P.363-F2
住 芙蓉区五一大道176号
☎ 84401888　FAX 84401889
Ｓ 358～458元
Ｔ 358～458元
サ なし　カ ADJMV

維也納国際酒店 長沙芙蓉広場店／维也纳国际酒店 长沙芙蓉广场店
wéiyěnà guójì jiǔdiàn chángshā fúróng guǎngchǎngdiàn

チェーンホテルが運営する高級ホテル。芙蓉広場の北側に立つ高層ビルは周囲のランドマークになっている。

両替　ビジネスセンター　インターネット　Ｕ www.wyn88.com

Ｍ P.363-D2
住 芙蓉区芙蓉中路一段540号
☎ 84402488　FAX 84402476
Ｓ 316～416元
Ｔ 336～416元
サ なし　カ V

山水時尚酒店／山水时尚酒店
shānshuǐ shíshàng jiǔdiàn

長沙駅から徒歩5分、エアポートバスの発着地点がすぐ隣にあり、交通の便は非常によい。

両替　ビジネスセンター　インターネット　Ｕ www.shanshuihotel.com

Ｍ P.363-F2
住 芙蓉区五一大道47号
☎ 84506888　FAX 84506888
Ｓ 248～288元
Ｔ 248～288元
サ なし　カ 不可

長沙国際青年旅舎／长沙国际青年旅舍
chángshā guójì qīngnián lǚshè

湖南省博物館近くの静かな場所にある。烈士公園にも近く観光に便利。自転車の貸し出しを行っている。

両替　ビジネスセンター　インターネット　Ｕ www.yhachina.com

Ｍ P.363-E1
住 開福区東風路下大壟東二村工商巷61号
☎ 82990202　FAX なし
Ｓ 80元　Ｓ 128元
Ｄ 37～40元（4～8人部屋）
サ なし　カ 不可

グルメ

火宮殿 五一店／火宫殿 五一店
huǒgōngdiàn wǔyīdiàn

ワゴンにのせて見せてくれるシャオチーは1皿6～28元。臭豆腐の揚げ物"臭干子"は10元（小5個）、もち米の粉を揚げた"糖油粑粑"は3個6元。Ｕ www.huogongdian.com

Ｍ P.363-F2
住 芙蓉区五一大道93号
☎ 84120580
営 11:00～14:30、
17:00～翌0:30
休 なし　カ 不可

太平街／太平街
tàipíngjiē

黒い臭豆腐などの長沙名物を売る店が多い、食べ歩きが楽しいストリート。カフェやレストランも多く、ここにあるスターバックス（星巴克咖啡）はレトロでおしゃれ。衣料品やみやげ物も手に入る。

Ｍ P.363-D2
住 天心区五一大道太平街口
営 10:00～24:00頃（店により異なる）
休 無休

旅行会社

湖南省中国国際旅行社／湖南省中国国际旅行社
húnánshěng zhōngguó guójì lǚxíngshè

日本語ガイドは1日500元、市内の車チャーターは1日600元。韶山1日ツアー（韶山風景名勝区、劉少奇故里）は要相談。
Ｕ www.hnguolv.com　✉ 370937246@qq.com（日本部）

Ｍ P.363-F1　住 芙蓉区東二路二段36号湖南省旅游局第三辦公楼1階
☎ 日本部＝82280437　FAX 日
本部＝82280445　営 9:00～
12:00、14:00～17:00
休 土・日曜、祝日　カ 不可

世界遺産の武陵源が広がる景勝地

張家界（ちょうかかい）

張家界（ジャンジアジエ） Zhāng Jiā Jiè　市外局番●0744

浸食でできた鋭い峰が独特の奇観を造り出す（黄石寨景区）

ウルムチ
ハルビン
北京
大連
西安
上海
ラサ
成都
張家界
昆明
広州
香港

概要と歩き方

張家界は湖南省の北西部、湖北省と境界を接する風光明媚な所。市の中心部にある武陵源（ぶりょうげん）が1992年にユネスコの世界自然遺産に登録されてから知名度が上がった。

張家界の由来についてはこのような伝説がある。前漢建国の功臣である張良（ちょうりょう）が、皇帝となった劉邦（りゅうほう）が仲間を次々と粛清するのを見て、次は自分の番だと怖れて南に逃れ、この地で不老不死の仙人になった。それを知った村人が張家界と呼ぶようになったというもの。実際のところ、彼は紀元前186年に死亡しており、水繞四門（すいぎょうしもん）の近くには張良墓がある。ただし張良墓といわれるものは国内に10以上あり、これが本物である可能性は低そうだ。

市街地は武陵源から約30km南で、鉄道駅がありバスの便も多いため、ほとんどの旅行者はここに到着する。武陵源風景名勝区の入口は5ヵ所あるが、張家界市区からバスで行くことができるのは2ヵ所。入口のひとつ、武陵源ゲートの周りは武陵源区と呼ばれる市街地になっており、ホテルやレストランも多数あるので、こちらを起点にするのもよい。もうひとつの入口は森林公園ゲート。

武陵源風景名勝区は広い。バスを利用して行動する場合、どういったルートで観光するかを事前に決めておくとよい。

天然の岩橋、天下第一橋は高さ400mにある（袁家界景区）

ツアーに参加する場合はホテルのフロントや張家界駅周辺、旅行会社で申し込む。その際、費用に含まれる内容をしっかり確認すること。

	1月	2月	3月	4月	5月	6月	7月	8月	9月	10月	11月	12月
平均最高気温(℃)	8.8	10.1	15.2	21.5	25.6	29.2	32.4	32.5	27.7	22.1	16.2	11.0
平均最低気温(℃)	1.8	3.0	7.3	12.5	17.0	20.6	23.4	22.9	19.0	13.9	8.9	3.9
平均気温(℃)	5.3	6.6	11.2	17.0	21.3	24.9	27.9	27.7	23.4	18.0	3.9	7.4

町の気象データ（→P.517）：「预报」>「湖南」>「张家界」>区・県から選択

都市DATA

張家界市
人口：169万人
面積：9534㎢
2区2県を管轄

市公安局出入境管理処
（市公安局出入境管理处）
[M]P.367-B2
[住]永定区南荘路32号張家界旅游局傍
☎8248169、8248129
[オ]8:00～12:00、14:30～16:30
[休]土・日曜、祝日
観光ビザを最長30日間延長可能。手数料は160元

市人民医院
（市人民医院）
[M]P.367-C1
[住]永定区古庸路192号
☎8224213
[オ]24時間　[休]なし

市内交通

【路線バス】 運行時間の目安は6:00～21:00、1～2元
【タクシー】 初乗り1.6km未満5元、1.6km以上300mごとに0.5元加算

張家界中心バスターミナル（→P.368）

Access 交通

中国国内の移動➡P.667　鉄道時刻表検索➡P.26

✈ 飛行機
市区中心部の西5kmに位置する張家界荷花空港(DYG)を利用する。

国際線 日中間運航便はないので、上海や長沙などで乗り継ぐとよい。
国内線 各地に便があるが、上海や広州のアクセスが便利。

所要時間(目安) 北京首都(PEK)／2時間30分　上海浦東(PVG)／1時間50分　広州(CAN)／1時間40分　長沙(CSX)／55分

🚃 鉄道
焦柳線の途中駅である張家界駅を利用する。国内各都市とを結ぶ列車があるが、高速鉄道の列車はない。また、始発列車は少ないので、長距離移動の場合はまず長沙に移動するとよい。

所要時間(目安) 【張家界(zjj)】長沙(cs)／特快：4時間25分　広州(gz)／快速：13時間25分　南寧(nn)／快速：15時間25分　上海南(shn)／快速：20時間15分　北京西(bjx)／快速：23時間20分

🚌 バス
張家界中心バスターミナルと武陵源長距離バスターミナルがあり、おもに省内便がメイン。以下は張家界中心バスターミナルからの所要時間。

所要時間(目安) 長沙／4時間　鳳凰／3時間30分　武陵源／1時間10分

Data

✈ 飛行機
●張家界荷花空港（张家界荷花机场）
Ⓜ 地図外（P.367-A2下）　住永定区機場路
☎問い合わせ=8238417　航空券売り場=8238465
営始発便～最終便　休なし　カ不可

[移動手段] タクシー(空港～大庸府商場)／30元、所要15分が目安　路線バス／401、402路「机場派出所」。徒歩5分
※エアポートバスはない

張家界（永定区）中心マップ

●見どころ　Ｈホテル　Ｇグルメ　Ｓショップ　Ｂ銀行　Ｔ旅行会社　Ｅ学校　Ｐ郵便局　Ｈ病院　■繁華街

🚈 鉄道

● **張家界駅**（张家界火车站）
Ⓜ **地図外（P.367-C2下）**
🏠 永定区官黎坪郷車站広場
☎ 共通電話=12306　オ 2:30～21:00
休 なし　カ 不可
[移動手段] タクシー（張家界駅～大庸府商場）
／10元、所要10分が目安　路線バス／5路「中心汽
車站」。1、13、101、102路「張家界火車站」
　2日以内の切符を販売。

🚌 バス

● **張家界中心バスターミナル**（张家界中心汽车站）
Ⓜ **地図外（P.367-C2下）**
🏠 永定区官黎坪郷車站広場張家界站西側
☎ 8305599　オ 6:30～19:00　休 なし　カ 不可
[移動手段] タクシー（張家界中心バスターミナ
ル～大庸府商場）／10元、所要10分が目安　路
線バス／5路「中心汽車站」。1、13、101、102

路「張家界火車站」
　3日以内の切符を販売。森林公園ゲート（7:00
～17:00の間巡回）、武陵源長距離バスターミナ
ル（6:00～19:00の間15分に1便）、長沙（西バス
ターミナル：14便。長株潭バスターミナル：10便）、
鳳凰（8便）など省内便がメイン。

● **武陵源長距離バスターミナル**（武陵源长途汽车站）
Ⓜ **P.369-G4**　🏠 武陵源区桂花路　☎ 5615611
オ 6:30～17:30　休 なし　カ 不可
[移動手段] 徒歩／武陵源ゲートから徒歩15分
路線バス／武陵源1、2路「汽車站」
　長沙行きと鳳凰行きのみ3日以内の切符を販売。
他路線は当日の切符を販売。森林公園ゲート
（7:00～17:00の間巡回）、張家界中心バスター
ミナル（6:00～19:00の間15分に1便）、長沙（西
バスターミナル：8:20、13:20、15:00発）、鳳凰
（8:30、14:30発）など。

見どころ

山腹に大きな穴がある　オススメ度 ★★★

天門山／天门山 tiānménshān
てんもんさん

⏱ 4〜5時間

　張家界市永定区の南8kmに位置する標高1518.3m（雲夢仙頂）の山。古くは雲夢山、嵩梁山とも呼ばれた。名の由来は、山腹にある巨大な洞門（縦131.5m、横50m強）である天門洞。カルスト地形のため、山頂は浸食により台地状となり、原生林や石筍などの景観が広がる。麓と山頂部は全長約7.5kmの天門山ロープウエイで結ばれている。

　観光エリアは山頂部にある天界仏国景区、覓仙奇境景区、碧野瑶台景区、中腹部にある天門洞開景区などで構成されている。清代の建築様式をもつ天門山寺（創建は唐代）や、全長1.6kmの鬼谷桟道などの見どころがある。天門洞開景区には、天門洞や2005年に完成した99ものカーブを備える通天大道（正式名称は盤山公路）などがある。

天門山
Ⓜ 地図外（P.367-C2下）
住 永定区官黎坪
☎ 8369999
ⓚ 切符売り場＝4月下旬〜10
　上 旬6:30〜16:00　3月〜
　4月中旬、10月中旬〜11月
　7:00〜16:00　12〜2月
　7:30〜16:00
休 なし　料 261元
※ロープウエイ代、バス代含む
※穿山エスカレーター（天門洞
　前広場〜洞口のみ）=32元
※山頂森林観光リフト＝片道
　25元、往復50元
🚌 1、13、101、102路 バス
　「天門山索道站」
Ⓤ www.tianmenshan.com.cn

ⓘ ▶▶▶ インフォメーション

天門山ロープウエイ
ⓚ 切符販売開始の30分後〜
　18:00
※時期や天候によって終了が
　1時間ほど前後する
※観光客の少ない冬季は10日
　前後運行を停止する

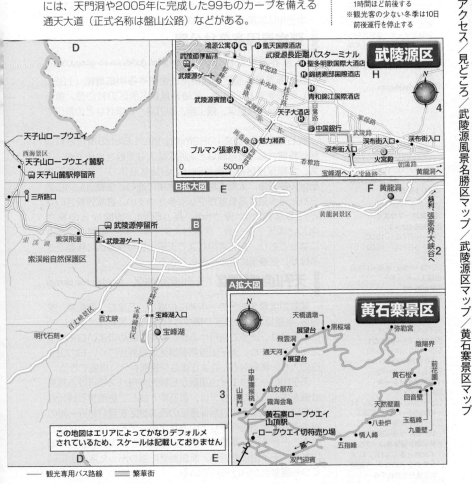

この地図はエリアによってかなりデフォルメされているため、スケールは記載しておりません

─── 観光専用バス路線　▭ 繁華街

天門山の観光専用バス
麓駅（城市花園）〜山門と、
山門〜天門洞前広場を結ぶ。
🚌切符販売開始の30分後〜
18:00
※時期や天候によって終了が1
時間ほど前後する

武陵源風景名勝区
MP.368〜369
⊞武陵源風景名勝区
☎管理処＝5712330
　切符売り場＝5718833
⏰24時間
※切符売り場は6:45〜18:30
⊠なし
🎫3〜11月＝248元
　12〜2月＝139元
※4日間有効
※各景区の入場料、景区内の
　観光専用バス代などを含む
🚌森林公園ゲート：張家界中
　心バスターミナルから「張
　家界森林公園」行きバスで
　終点
　武陵源ゲート：張家界中心
　バスターミナルから「武陵
　源」行きバスで終点。武陵
　源2路バスに乗り換え「標
　志門」
Ⓤwww.zjjpark.com

① ▶▶▶ インフォメーション

観光専用バス
☎5555555　⏰5〜10月
7:00〜19:00、11〜4月7:30
〜18:00　※運行時間は路線
により多少異なる

ほかの乗り物
黄石寨ロープウエイ
MP.368-B2〜3
⏰5〜10月7:00〜18:00
　11〜4月7:30〜18:00
⊠なし
🎫片道＝65元、往復＝118元
百龍エレベーター
MP.368-C2
⏰5〜10月7:00〜19:00
　11〜4月7:30〜18:00
⊠なし　🎫片道＝72元
天子山ロープウエイ
MP.368-C1〜369-D1
⏰5〜10月7:30〜18:30
　11〜4月8:00〜17:30
⊠なし　🎫片道＝72元
十里画廊モノレール
MP.368-C2
⏰5〜10月7:40〜18:00、11
〜4月8:00〜17:00　⊠なし
🎫3〜11月 片道＝38元
　12〜2月 片道＝30元
※黄石寨と楊家界ロープウエ
　イは冬（多くは1月）にメ
　ンテナンスのため、1週間
　ほど運行を停止する

郊外の見どころ

自然が生み出した絶景　　オススメ度 ★★★　世界遺産

武陵源風景名勝区／
ぶりょうげんふうけいめいしょうく
武陵源风景名胜区　wǔlíngyuán fēngjǐng míngshèngqū

2〜3日 ⏰

　武陵源風景名勝区は張家界市のほぼ中央に広がる景勝エリア。古生代以降の長年にわたる地殻変動と風雨の浸食により形成された景観は世界でも類を見ない。総面積は264km、最高峰は1334m。張家界国家森林公園、天子山自然保護区、索渓峪自然保護区、楊家界景区の4つの景勝地区を中心に構成され、1992年12月にユネスコの世界自然遺産に登録された。

　武陵源風景名勝区の入口は5つあるが、森林公園ゲートと武陵源ゲートの2ヵ所がメイン。各ゲートからおもな見どころまでの観光専用バスはあるが、ゲート間を結ぶものはない。

　ホテルは武陵源市区や、森林公園ゲート付近にある。

張家界国家森林公園／
ちょうかかいこっかしんりんこうえん
张家界国家森林公园　zhāngjiājiè guójiā sēnlín gōngyuán

　武陵源風景名勝区の西南部に位置する中国最初（1982年）の国家森林公園で、武陵源風景名勝区の核心部。黄石寨、金鞭渓、琵琶渓、鷂子寨、砂刀溝、袁家界などの景区で構成されている。

　黄石寨景区は標高1082mの山頂に1.6kmの環状遊覧道路が整備され、五指峰など周囲の雄大な景観を堪能でき、人気。金鞭渓景区は全長約6kmの静謐な散策コース。黄石寨景区の観光後、太陽広場に戻り北東に進む。金鞭渓沿いに造られた遊歩道は高低差が少なく歩きやすい。袁家界景区の見どころは幅3m、厚さ5m、長さ50m、地面からの高さ400mの天下第一橋。迷魂台と天下第一橋との間は遊歩道になっており、観光専用バスで天子山自然保護区に移動できるほか、金鞭渓に下ることもできる。

天子山自然保護区／天子山自然保护区　tiānzǐshān zírán bǎohùqū
てんしさんしぜんほごく

　武陵源風景名勝区の北西部に位置し、石家櫓、黄龍泉、茶盤塔、老屋場などの景区で構成されている。最高峰は1262.5mの天子峰。徒歩でも行けるが、片道は眺めのよいロープウエイもおすすめ。天子山自然保護区は視界が広く、日の出や日の入り、雲海など、さまざまな景観を存分に堪能できる。

　天子山ロープウエイ山頂駅から観光専用バスで行ける賀龍公園を中心にしたエリアは、黄石寨と並んで訪問する観光客が多い。南に索渓峪自然保護区の西海景区を望む付近一帯の遊歩道と十里画廊へ下りる山道を含め、天子山精品游覧線と呼ぶことが多い。茶盤塔景区は賀龍公園と袁家界景区の中間にあり、天子山にも近い。断崖絶壁に張り出した崖の上にいくつも展望台が設けられている。

索渓峪自然保護区／索渓峪自然保护区　suǒxīyù zìránbǎohùqū

武陵源の山麓に位置する景勝地区。十里画廊、宝峰湖、黄龍洞、百丈峡などの景区で構成され、武陵源区を挟んで東西に分かれている。十里画廊は、天子山ロープウエイ麓駅から水繞四門に向かう途中にある全長5kmの景勝地で、賀龍公園からの下山ルートの一部。宝峰湖は武陵源区から南へ2kmの山中にあり、遊覧ルートには湖上遊覧船がセットになっている。黄龍洞は武陵源区の東7kmにある鍾乳洞。龍舞庁、響水河など多くの見どころがある。

楊家界景区／楊家界景区　yángjiājiè jǐngqū

ようかかいけいく

武陵源風景名勝区の西端に位置する楊家界景区は、1992年にほかの3つの景区に追加された比較的新しいエリア。標高1130mの一歩登天をはじめ、深い森に覆われた急峻な山々がそびえる。おすすめは標高1122mにある烏龍寨。

森林公園ゲートから楊家界景区に行く場合は、観光専用バスでまず龍鳳庵まで行き、森の中を通る桟道を15分ほど歩く。再びバスに乗ると、楊家界ロープウエイ麓駅にいたる。

宝峰湖
M P.369-E2〜3
☎5618836、5616843
🕐7:30〜18:00
※入場は閉門1時間前まで
休なし
料3〜11月=96元
　12〜2月=77元
交武陵源2路バス「宝峰湖」

黄龍洞
M P.369-F2
☎5612132
🕐切符売り場=4月〜10月上旬7:00〜18:00、10月中旬〜11月8:00〜17:00、12〜3月8:30〜16:30　休なし
料3〜11月=100元
　12〜2月=80元
交武陵源1路バス「黄龙洞」

楊家界ロープウエイ
M P.368-A〜B2
🕐5〜10月7:30〜18:00、11〜4月8:00〜18:00　休なし
料片道=76元

ホテル

プルマン張家界／张家界京武钼尔曼酒店 ★★★ ★★
ちょうかかい　zhāngjiājiè jīngwǔ bōěrmàn jiǔdiàn

張家界では最高級のホテルのひとつ。屋内と屋外プール、サウナ、ジムなどの館内施設も充実。

両替　ビジネスセンター　インターネット　U www.accorhotels.com

M P.369-G4
住武陵源区高路188号
☎8888888　FAX5666168
S688〜998元
T688〜998元
サなし　カADJMV

張家界国際大酒店／张家界国际大酒店 ★★ ★★
ちょうかかいこくさいだいしゅてん　zhāngjiājiè guójì dàjiǔdiàn

市街北西部に位置する4つ星ホテル。客室はスタンダードルームでも十分広い。レストランではトウチャ族の料理も出す。

両替　ビジネスセンター　インターネット　U www.zjjihotel.com

M P.367-A1
住永定区三角坪42号
☎8222888　FAX8303019
S448〜488元
T448〜488元
サなし　カADJMV

晶悦酒店／晶悦酒店
しょうえつしゅてん　jīngyuè jiǔdiàn

市街の子午路にある4つ星級ホテルで、日本の温泉地にあるホテルのような外観が印象的。客室は清潔。

両替　ビジネスセンター　インターネット　U www.jingyue-hotel.com

M P.367-B1
住永定区子午路392号
☎2819999　FAX2816999
S188〜218元
T188〜218元
サなし　カ不可

錦江之星 張家界火車站天門山酒店／锦江之星张家界火车站天门山酒店
きんこうししせいちょうかかいかしゃてんたんてんもんさんしゅてん　jǐnjiāng zhīxīng zhāngjiājiè tiānménshān huǒchēzhàn jiǔdiàn

「経済型」チェーンホテル。客室内の設備は簡素ながら清潔で機能的。張家界駅のすぐ近くにあり移動などに便利。

両替　ビジネスセンター　インターネット　U www.jinjianginns.com

M 地図外（P.367-C2下）
住永定区官黎路1号张家界中心汽车站旁
☎8296888　FAX8865999
S209〜289元
T209〜299元
サなし　カ不可

如家-張家界大庸府城店／如家-张家界大庸府城店
じょかちょうかかいだいようふじょうてん　rújiā zhāngjiājiè dàyōng fúchéngdiàn

「経済型」チェーンホテル。客室内の設備は簡素ながら清潔で機能的。繁華街に位置する。

両替　ビジネスセンター　インターネット　U www.bthhotels.com

M P.367-C1
住永定区解放路大庸府城内
☎8209111　FAX8209333
S139〜179元
T129〜169元
サなし　カ不可

旅行会社

中国旅張家界国際国際旅行社／中国国旅张家界国旅国际旅行社
ちゅうごくこくりょちょうかかいこくさいこくさいりょこうしゃ　zhōngguó guólǚ zhāngjiājiè guólǚ guójì lǚxíngshè

日本語ガイド1日700元。天門山（1人680元）、張家界大峡谷（1人980元）、武陵源袁家界（1人1120元）などへの1日ツアーは2人から催行。日本語で問い合わせるとよい。U www.cits-tours.com

M 地図外（P.367-C2右）
住永定区西渓坪永定大道都市金苑A2-203室
☎8258000　FAX8566066
🕐9:00〜18:00
休土・日曜、祝日　カ不可

福州

ふくしゅう

福建華僑の故郷

フージョウ
福州 Fú Zhōu

市外局番●0591

西禅寺華厳三聖殿

都市DATA

福州市
人口：656万人
面積：1万1788km²
5区2県級市6県を管轄
福州市は福建省の省都

市公安局出入境管理処
（市公安局出入境管理処）
MP.374-B1
住鼓楼区北環中路109号
☎87821104
オ8:30～12:00、
14:30～18:00
休土・日曜、祝日
観光ビザを最長30日間延長
可能。手数料は160元

省立医院（省立医院）
MP.374-B2
住鼓楼区東街134号
☎87557768
オ24時間
休なし

市内交通

【地下鉄】2018年7月現在、
1号線が開業。詳しくは公式
ウェブサイトで確認を
福州地鉄
Uwww.fzmtr.com
【路線バス】運行時間の目安
は6:30～22:00、1～2元
【タクシー】初乗り3km未満10
元、3km以上1kmごとに2元
加算

概要と歩き方

福州市は福建省東部
閩江下流に位置し、亜
熱帯性海洋気候のため
温暖で降水量も多い。

紀元前202（前漢の
高祖5）年に無諸が閩越
王に封じられ、この地
を閩越国の中心とした

整備された三坊七巷

ことから町の歴史は始まった。725（唐の開元13）年に福
州都督府となり、それ以降は、ほぼこの名が使われている。

漢代から始まった海外貿易は、宋が中国を再統一した10
世紀後期以降ますます盛んになり、明代には最高潮に達し
た。遠くアフリカまで航海した鄭和も途中福州を訪れてい
る。琉球国（現在の沖縄）の船もたびたび来航し、市内には
関係者の墓も残されている。清代には造船とともに軍港とし
て重要な位置を占めるようになった。明清代には琉球とも交
流が盛んに行われ、琉球館がおかれていた。

繁華街は、八一七北路、古田路、五一北路、東街で囲まれ
た地域と五一北路から北に延びる五四
路で、ショップ、レストラン、ホテル
などが揃っており、夜はいっそうにぎ
やかになる。

福州の見どころはとても多いが、烏
石山を中心としたエリアと西湖を中心
としたエリアのふたつに大別できる。
それぞれ1日はかけて見て回りたい
が、特に福建独特の町の雰囲気を伝え
る烏石山周辺はおすすめだ。

地元の人に親しまれる白塔
（于山風景区）

	1月	2月	3月	4月	5月	6月	7月	8月	9月	10月	11月	12月
平均最高気温(℃)	14.9	14.7	17.9	22.6	26.5	29.7	33.6	33.1	30.3	26.1	21.9	17.5
平均最低気温(℃)	7.7	7.8	10.2	14.5	19.1	22.5	25.1	24.9	23.0	18.7	14.5	9.9
平均気温(℃)	11.0	10.9	13.6	18.2	22.4	25.9	28.8	28.6	26.0	22.2	17.8	13.5

町の気象データ（→P.517）：「預報」＞「福建」＞「福州」＞区・市・県から選択

Access 交通

中国国内の移動→P.667　鉄道時刻表検索→P.26

✈ 飛行機

市区の南東55kmに位置する福州長楽国際空港（FOC）を利用する。エアポートバスは2路線ある。

国際線　成田（7便）、関西（6便）。
国内線　主要都市に運航便があるが、北京、上海とは比較的便数が多く便利。
所要時間(目安)　北京首都（PEK）／2時間50分　上海浦東（PVG）／1時間25分　広州（CAN）／1時間35分

🚆 鉄道

旅行者がおもに利用するのは福州駅と福州南駅。福州駅は来福線の事実上の終点であるため列車は多く、すべてが始発となる。また、福州南駅は高速鉄道の専用駅。

所要時間(目安)　【福州（fz）】アモイ北（xmb）／高鉄：1時間25分　武夷山東（wysd）／高鉄：55分　【福州南（fzn）】アモイ北（xmb）／動車：1時間20分　深圳北（szb）／動車：5時間5分　上海虹橋（shhq）／動車：5時間20分

🚌 バス

おもなターミナルはふたつ。福建省内を中心に長距離便もある。高速鉄道の開通により、便数は減少している。

所要時間(目安)　アモイ／4時間　泉州／2時間30分　龍眼／4時間30分

---- Data ----

✈ 飛行機

● 福州長楽国際空港（福州长乐国际机场）
M地図外（P.374-C1右）　住長楽区漳港鎮
☎問い合わせ＝96363　航空券売り場＝28013088
オ始発便～最終便（航空券売り場は7:00～20:30）
休なし　カ不可
[移動手段]エアポートバス（空港～錦頤大酒店）／26元、所要1時間が目安。空港→市内＝7:00～最終便の間15～30分に1便　市内→空港＝5:00～22:00の間30分に1便　タクシー（空港～三坊七巷）／150元、所要1時間が目安
　航空券売り場で3ヵ月以内の航空券を販売。
● 中国民航福州航空券売り場（中国民航福州售票处）
M P.374-B～C3　住台江区五一中路185号
☎83345988　オ8:00～18:00　休なし　カ不可
[移動手段]タクシー（航空券売り場～三坊七巷）／13元、所要15分が目安　路線バス／K1、8、19、51、301、309、316路「汽车站（工贸中心）」
　3ヵ月以内の航空券を販売。

🚆 鉄道

● 福州駅（福州火车站）
M P.374-C1　住晋安区華林路502号　☎共通電話＝12306　オ5:30～22:00　休なし　カ不可
[移動手段]タクシー（福州駅～三坊七巷）／20元、所要20分が目安　地下鉄／1号線「福州火车站」路線バス／K1、K2、2、5、18、20、22、51、75、106、121、159路「火车站」
　28日以内の切符を販売。
● 福州南駅（福州火车南站）
M地図外（P.374-C4下）　住倉山区城門鎮臚雷村前前路1号　☎共通電話＝12306　オ6:10～22:10　休なし　カ不可
[移動手段]タクシー（福州南駅～三坊七巷）／65元、所要50分が目安　地下鉄／1号線「福州火车南站」路線バス／K2、124、167、309路「火车南站」
　28日以内の切符を販売。

🚌 バス

● 福州北バスターミナル（福州汽车北站）
M P.374-C1　住鼓楼区華林路371号
☎共通電話＝96306　オ5:30～20:00　休なし　カ不可
[移動手段]タクシー（福州北バスターミナル～三坊七巷）／15元、所要20分が目安　地下鉄／1号線「福州火车站」路線バス／K1、K2、2、5、18、20、22路など「闽运汽车北站」
　7日以内の切符を販売。泉州（6便）、龍岩（1便）など。

見どころ

古い町並みが残るエリア　オススメ度 ★★★

三坊七巷／三坊七巷　sānfāng qīxiàng
さんぼうしちこう

旧市街を保存、修復したエリア。三坊とは、衣錦坊、文儒坊、光禄坊の3つの通り、七巷とは、楊橋巷、郎官巷、塔巷、黄巷、安民巷、宮巷、吉庇巷の7つの路地のことをい

三坊七巷
M P.374-B2
住鼓楼区三坊七巷
☎87675791
オ外観24時間　各見どころ8:30～17:00
※各見どころの入場は閉館30分前まで
休なし
料外観＝無料、見どころ＝共通券75元（2日間有効）
※各見どころの単独入場券は

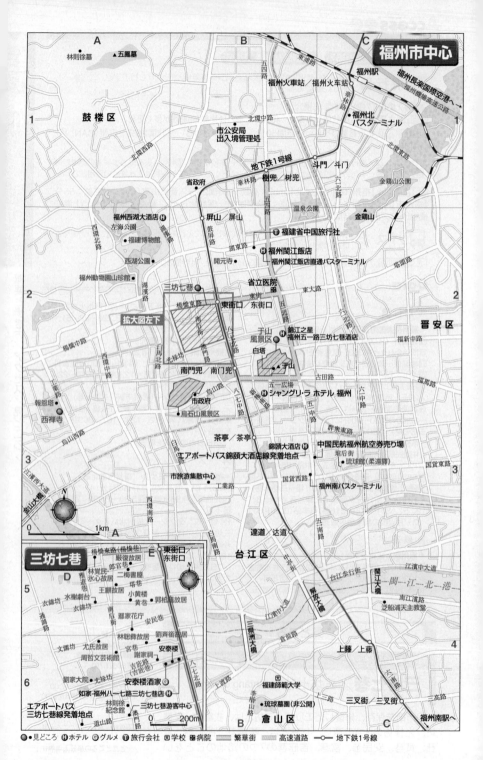

福州市中心

A　　B　　C

林則徐墓　　五鳳墓

鼓楼区

1

市公安局
出入境管理処

地下鉄1号線

省政府

福州西湖大酒店 H
左海公園

福建博物館

西湖公園

福州動物園山珍館

湖濱路

三坊七巷

2

拡大図左下

報恩塔
西禅寺

3

金山大橋

N

0　　　　1km
A

福州火車站／福州火車站

福州駅

福州長楽国際空港へ
福州機場高速公路

福州北
バスターミナル

金鶏山公園

斗門／斗門

樹兜／樹兜

屏山／屏山

福建省中国旅行社 T

福州閩江飯店 H
福州閩江飯店直通バスターミナル

開元寺

省立医院

東街口／东街口

錦江之星
于山　福州五一路三坊七巷酒店
風景区

白塔

南門兜／南门兜

市政府

烏石山風景区

五一広場

シャングリ・ラ ホテル 福州 H

茶亭／茶亭

錦頤大酒店
エアポートバス錦頤大酒店線発着地点

市旅游集散中心

中国民航福州航空券売り場
琉球館（柔遠驛）

福州南バスターミナル

達道／达道

台江区

上藤／上藤

福建師範大学
琉球墓園（非公開）

倉山区

三叉街／三叉街

福州南駅へ

晋安区

金鶏山

2

福新中路

3

国貨東路

C

三坊七巷

D　　E

三坊七巷

楊橋東路（楊橋巷）

厳復故居
郎官巷
二梅書屋
小黄楼
郭柏蔭故居

安民巷

林覚民・
氷心故居

水榭戯台

王麒故居

那家花園

東街口／
东街口

N

5

衣錦坊

文儒坊
周哲文芸術館

尤氏故居

林聡彝故居
宮巷
謝家祠
吉庇巷
（吉庇巷）

劉斉衛故居

安泰楼

6

劉家大院

光禄坊

如家 福州八一七路三坊七巷店 H

安泰楼酒家

三坊七巷游客中心

林則徐
紀念館

エアポートバス
三坊七巷線発着地点

0　　　200m
B　　C

見どころ　H ホテル　G グルメ　T 旅行会社　学校　病院　繁華街　高速道路　地下鉄1号線

374

う。この三坊七巷の歴史は古く、唐代に形成され、現在でも明、清の時代の建造物がいくつも残っている。総面積は40ヘクタール、現存する古建築は200を超え、広大な建築博物館として注目されており、2009年には中国歴史文化名街のひとつに選ばれた。

自然豊かな福州市民の憩いの場 　オススメ度 ★★★

于山風景区／于山风景区　yúshān fēngjǐngqū
うざんふうけいく

于山風景区は、小高い于山（旧名は九日山）を中心にした景勝エリア。福州市博物館のある大士殿や白塔寺など二十四景と称される旧跡や奇観がある。白塔寺境内にある白塔は、904（唐の天祐元）年に王審が亡母のために建立した7層八角の仏塔（清代に再建）。

福州五大禅寺のひとつ 　オススメ度 ★★★

西禅寺／西禅寺　xīchánsì
さいぜんじ

西禅寺は、867（唐の咸通8）年の創建。規模は壮大で大小36の建築物がある。報恩塔は1990年に建てられた高さ67m、15層もある仏塔。このほか、シンガポール華人が寄贈した2体の玉仏（座仏は高さ2.95m、臥仏は全長3.7m）を納めた玉仏楼などもある。

福建省最大の仏塔、報恩塔

5～20元
※共通券は修復終了後に値上げされる可能性がある
⚓北端＝地下鉄1号線「东街口」、徒歩3分。南端＝地下鉄1号線「南门兜」、徒歩10分
Ⓤwww.fzsfqx.com.cn

ⓘ ▶▶▶ インフォメーション
見どころ共通券
共通券で入場できるのは次の13ヵ所、水榭劇台、小黄楼、林聡彝故居、厳復故居、劉家大院、尤氏故居、鄢family花厅、郭泊蔭故居、王麒故居、謝家祠、周哲文文芸館、劉斉衛故居、二梅書屋。
※2018年7月現在、林聡彝故居、郭泊蔭故居、周哲文文芸館、劉斉衛故居は修復中

于山風景区
Ⓜ P.374-B2
⚐鼓楼区五一路于山頂1号
☎83355720、83306464
🕐風景区24時間、白塔寺等見どころ8:00～17:00
♿なし 💴無料
⚓地下鉄1号線「南门兜」、徒歩10分
Ⓤwww.fjyushan.com

西禅寺
Ⓜ P.374-A3
⚐鼓楼区工業路455号
☎83710418
🕐6:30～17:00
※入場は閉門30分前まで
♿なし 💴20元
⚓14、27、64、112、165路バス「西禅寺」

ホテル

シャングリ・ラ ホテル 福州／福州香格里拉大酒店 ★★★★★
ふくしゅう　fúzhōu xiānggélǐlā dàjiǔdiàn

繁華街に近くて非常に便利。ホスピタリティ、アメニティともに抜群の心地よさを提供している。

両替　ビジネスセンター　インターネット　Ⓤwww.shangri-la.com/jp

Ⓜ P.374-D3
⚐鼓楼区新権南路9号
☎87988888 ⅎ87988222
Ⓢ780～880元
Ⓣ780～880元
⊞10％＋6％ 💳ADJMV

福州閩江飯店／福州闽江饭店 ★★★★
ふくしゅうびんこうはんてん　fúzhōu mínjiāng fàndiàn

ホテル内で各種ツアーやチケットの手配も可能。バスルームでは天然温泉水も出る。また、ホテル内にサウナも完備。

両替　ビジネスセンター　インターネット　Ⓤwww.mjht.com.cn

Ⓜ P.374-B2
⚐鼓楼区五四路130号
☎87557895 ⅎ87551489
Ⓢ458～498元
Ⓣ458～498元
💳なし 💳ADJMV

グルメ

安泰楼酒家／安泰楼酒家
あんたいろうしゅか　āntàilóu jiǔjiā

三坊七巷に隣接する福建料理レストラン。2階では地元の人や旅行者を対象に、福建の伝統的なシャオチーを中心に100種類以上の料理を提供している。3階は宴席用で価格は高めになる。

Ⓜ P.374-E6
⚐鼓楼区吉庇路39号
☎87543557 🕐2階9:30～14:30、16:30～22:00 3階11:00～14:00、17:00～21:00 休なし 💳不可

旅行会社

福建省中国旅行社／福建省中国旅行社
ふっけんしょうちゅうごくりょこうしゃ　fújiànshěng zhōngguó lǚxíngshè

日本語ガイドは800～1000元、市内の車のチャーター1日800元、列車の切符手配は1枚20元。Ⓤwww.ctsfj.com

Ⓜ P.374-B2
⚐鼓楼区湖東路171号
☎87615762（日本語可）
ⅎ87553983 🕐8:30～12:00、14:00～17:30
休土・日曜、祝日 💳不可

アモイ

シアメン
厦门 Xià Mén

市外局番●0592

海上明珠観光塔から見たアモイのビジネス街

ウルムチ
北京 ●大連
●ハルビン
西安 ●上海
ラサ 成都
アモイ
昆明 広州
香港

都市DATA

アモイ市
人口：191万人
面積：1516㎢
6区を管轄

市公安局出入境管理処
（市公安局出入境管理処）

MP.378-A3
⊞思明区鎮海路64-1号鎮海
大厦傍厦門辦証中心大楼
☎2262203
⊘月〜金曜
　8:00〜12:00、14:30〜17:30
※5月中旬〜9月の午後は15:
　00〜18:00
　土曜9:00〜16:00
⊠日曜、祝日
観光ビザを最長30日間延長
可能。手数料は160元

アモイ大学付属中山医院
（厦門大学附属中山医院）

MP.378-B2
⊞思明区湖濱南路201-209号
☎2292104
⊘24時間　⊠なし

市内交通

【地下鉄】2018年7月現在、
1号線が営業。詳しくは公式
サイトで確認を
アモイ地鉄
Ⓤwww.xmgdjt.net
【路線バス】運行時間の目安
は6:00〜22:00、アモイ島内
1元、アモイ島外へは2元
【タクシー】初乗り3km未満
10元、3km以上1kmごとに2
元加算。

概要と歩き方

　アモイは福建省の南東部、九龍江の河口に位置する港湾都市で、対岸は台湾。中心となるのは東西13km、南北14kmのアモイ島。「アモイ」は厦門を地元の言葉の閩南語（台湾語の仲間）読みしたもので、国際的にも通用している。

　史料によれば、アモイは唐の天宝年間（8世紀半ば）に福安と漳州から薛氏と陳氏が島に移住したときに始まったとされる。宋代に行政に組み込まれ、明の洪武年間（14世紀後期）に城が築かれて「祖国大厦之門」（祖国の大きな家の門）と呼ばれたため「厦門」の名がついた。明末清初には、鄭成功がアモイや台湾を拠点に清への抵抗運動を続けた。

　アモイ港は水深が12m以上あり、かつ周囲の陸地や島が防波堤の役割を果たしている天然の良港のため、明の正徳年間（16世紀前期）以降は中国有数の茶葉輸出港として繁栄。アヘン戦争の講和条約である南京条約（1842年）により開港され、コロンス島（鼓浪嶼）に洋館が建設された。

　アモイは1980年に経済特区に指定され、1984年にコロンス島を含むアモイ全島が経済特区となった。国内の大中都市を総合的に見たとき、ひとり当たりの域内総生産が高いことで知られている。華僑資本を中心とした外資が多数進出し、日本企業も多い。繁華街は島南部の中山路から思明南路にかけて。中山路は2階以上を歩道の上まで延ばす、華南地区特有の建築様式をもつ建物が並ぶ。このエリアは観光にも便利だが、宿泊料は総じて高い。予算がかぎられている場合はアモイ駅周辺等の安いホテルを利用するとよい。

　アモイ最大の観光スポットは古い洋館が建ち並ぶコロンス島。島にもいくつかのホテルがあり、アモイ島より静かな環境が魅力。風情ある町並みが美しく、多くの観光客が訪れる一方で、のんびりと島内で生活を続ける市民がいる。

	1月	2月	3月	4月	5月	6月	7月	8月	9月	10月	11月	12月
平均最高気温(℃)	16.8	16.4	18.6	22.5	26.6	29.4	32.0	32.0	30.7	27.6	23.5	19.5
平均最低気温(℃)	10.2	10.3	12.3	16.3	20.7	23.9	25.8	25.7	24.4	20.9	16.7	12.6
平均気温(℃)	13.1	12.9	15.1	19.1	23.3	26.3	28.5	28.5	27.3	23.9	19.8	15.6

町の気象データ（→P.517）：「預報」>「福建」>「厦門」>区から選択

Access 交通

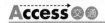

中国国内の移動➡P.667　鉄道時刻表検索➡P.26

飛行機

市区中心の北約10kmにあるアモイ高崎国際空港（XMN）を利用する。エアポートバスは5路線ある。

[国際線] 成田（11便）、関西（4便）。
[国内線] 便数の多い上海、広州、北京、深圳、南昌とのアクセスが便利。
[所要時間(目安)] 北京首都（PEK）／2時間45分　上海浦東（PVG）／1時間50分　広州（CAN）／1時間30分　深圳（SZX）／1時間15分　南昌（KHN）／1時間25分

鉄道

鷹廈線の起終点であるアモイ高崎駅と福廈線（高速鉄道中心）のアモイ北駅がある。ともに幹線につながっているため、中国国内の主要都市からアクセスが可能。

[所要時間(目安)]【アモイ北（xmb）】福州（fz）／動車：1時間35分　福州南（fzn）／動車：1時間25分　武夷山東（wysd）／高鉄：2時間25分　広州南（gzn）／高鉄：4時間20分　婺源（wy）／高鉄：3時間50分　長沙南（csn）／高鉄：6時間20分　【アモイ（xm）】広州（gz）／快速：12時間10分

バス

市内には多くのバスターミナルがあるが、旅行者がよく利用するのは梧村長距離バスターミナル。福州や泉州など福建省各地、広州、深圳などとアクセス可能。

[所要時間(目安)] 泉州／2時間　漳州／1時間30分　永定土楼／3時間30分　華安／2時間

船

五通客運埠頭と台湾の金門島とを結ぶ航路がある。

[所要時間(目安)] 金門島／30分　※出入境手続きが必要なので、パスポートを忘れずに

Data

飛行機

●**アモイ高崎国際空港**（厦门高崎国际机场）
[M]**地図外（P.378-C1上）**　[住]湖里区翔雲一路121号
☎96363　[オ]始発便～最終便　[休]なし　[カ]不可
[U]www.xiamenairport.com.cn
[移動手段] **エアポートバス**（空港～輪渡埠頭）／12元、所要40分が目安。空港→市内＝8:00～21:00の間20分に1便、21:00～最終便の間は状況による　市内→空港＝5:30～最終便の間20～30分に1便　**タクシー**（空港～輪渡埠頭）／45元、所要30分が目安

●**全日空アモイ支店**（全日空厦门支店）
[M]**P.378-A3**　[住]思明区鎮海路12-8号ミレニアムハーバービューホテルアモイ3階305号
☎中国サービスセンター＝4008-82-8888
[オ]9:00～17:00　[休]土・日曜、祝日　[カ]ADJMV
[移動手段] **タクシー**（全日空アモイ支店～輪渡埠頭）／10元、所要10分が目安　**地下鉄**／1号線「镇海路」　**路線バス**／1、3、8、10、21、22、48、122路「中华城」

●**廈門航空航空券売り場**（厦门航空售票处）
[M]**P.378-B2**　[住]思明区湖濱南路99号金雁酒店大堂内　☎2238888、95557
[オ]8:30～21:30　[休]なし　[カ]不可
[移動手段] **タクシー**（廈門航空航空券売り場～輪渡埠頭）／15元、所要15分が目安　**路線バス**／10、20、30、43、45、122路「非矿」
3ヵ月以内の航空券を販売。

鉄道

●**アモイ駅**（厦门火车站）
[M]**P.378-C3**　[住]湖里区厦禾路900号
☎共通電話＝12306
[オ]6:00～23:00　[休]なし　[カ]不可
[移動手段] **タクシー**（アモイ駅～輪渡埠頭）／20元、所要20分が目安　**路線バス**／21路「火车站（小广场）」。1、3、42、96、116、122、659路「火车站」
28日以内の切符を販売。

●**アモイ北駅**（厦门火车北站）
[M]**地図外（P.378-C1上）**　[住]集美区后渓鎮岩内村
☎共通電話＝12306
[オ]6:30～22:40　[休]なし　[カ]不可
[移動手段] **タクシー**（アモイ北駅～輪渡埠頭）／100元、所要45分が目安　**地下鉄**／1号線「厦门北站」
28日以内の切符を販売。

バス

●**梧村長距離バスターミナル**（梧村长途汽车站）
[M]**P.378-C2**　[住]思明区廈禾路923号　☎共通電話＝968828　[オ]6:00～21:30　[休]なし　[カ]不可
[移動手段] **タクシー**（梧村長距離バスターミナル～輪渡埠頭）／20元、所要20分が目安　**路線バス**／1、3、21、42、93、96、122、659、952路「梧村车站」
5日以内の切符を販売。泉州（12便）や漳州（21便）など省内便がメイン。

船

●**五通客運埠頭**（五通客运码头）
[M]**地図外（P.378-C1右）**　[住]湖里区環島東路2500号
☎3216666　[オ]7:00～19:00　[休]なし　[カ]不可
[U]arport-coast.com.cn
[移動手段] **タクシー**（フェリーターミナル～輪渡埠頭）／60元、所要35分が目安　**路線バス**／6、82路「五通客运码头」
台湾の金門島行きフェリーが出ている。8:00～18:30の間30分に1便。155～160元、所要30分。

1000年以上の歴史を誇る名刹

オススメ度 ★★★

南普陀寺／南普陀寺　nánpǔtuósì

なんふだじ

1～2時間

南普陀寺は、唐代に建設された仏教寺院。初名を泗州寺というが、浙江省にある普陀山の南に位置することからこう呼ばれるようになった。1000年以上の歴史を誇る寺院だが、たび重なる破壊に遭い再建を繰り返している。敷地面積は3万㎡以上あり、天王殿、大雄宝殿、大悲殿、蔵経閣などが並んでいる。天王殿の入口前には池がふたつあり、その池の間に仏像が安置されている。大雄宝殿内には過去、現在、未来を表す三世尊仏が祀られている。

1925年に国内で最も早期の仏教学府、閩南仏学院が創設され、1934年には弘一、和今のふたりの高僧により仏教養老院も建てられた。十数年の間に200人以上の僧侶を育て、そのなかにはマレーシア、シンガポール、フィリピンなど東南アジア諸国に貢献した者も少なくない。

寺院後方の五老峰には遊歩道が整備されており、そこの展望台から見える南普陀寺と海の景色がすばらしい。また、アモイ園林植物園の五老峰入口ともつながっている。

有名な仏字岩

ドイツ製の巨大大砲が残る

オススメ度 ★★★

胡里山砲台／胡里山炮台　húlǐshān pàotái

こりさんほうだい

アモイ島の南海岸、胡里山に位置する。胡里山砲台の望帰台からは、台湾領に属する大担島、二担島を見ることができる。砲台は、1891（清の光緒17）年から建設が始まり5年後に完成した。現在でも数多くの大砲が残っており、なかでもドイツから購入した大砲が有名。砲身全長は13.9m、砲口直径は28cm、射程距離が約16kmで、この大砲1門の金額は6万テールにも達し、支払いには約2.2トンの銀が用意された。

ドイツ製の280mmクルップ砲

南普陀寺
M P.378-B4
住 思明区思明南路515号
☎ 2086586
オ 4:30～20:00
※寺院は17:30頃まで
休 なし
料 無料
交 1、21、45、751路 バス「厦大」
U www.nanputuo.com

南普陀寺全景

南普陀寺天王殿の入口

多彩な装飾が施された天王殿

胡里山砲台
M P.378-B4
住 思明区曾厝安路2号
☎ 2088313
オ 7:30～18:00
※入場は閉門30分前まで
休 なし
料 25元
交 2、20、22、29、48、86、87、96、122、135路バス「胡里山」
U www.xmhlspt.com

外から見たクルップ砲

胡里山砲台指揮所

左サイドバー

アモイ園林植物園
M P.378-B3
住 思明区虎園路25号
☎ 2024785
オ 5月1日〜10月7日
　5:30〜18:30
　10月8日〜4月30日
　6:30〜18:00
※入場は閉園30分前まで
休 なし
図 入場料＝40元
　景区内観光バス＝10元
交 3、17、21、659路 バス
　「一中」。87路バス「植物
　園」
U www.xiamenbg.com

アモイ大学魯迅紀念館
M P.378-B4
住 思明区思明南路422号アモ
　イ大学集美楼2階
☎ 人文学院＝2181932
オ 8:30〜17:00
※詳細→下記インフォメーシ
　ョン参照
休 月曜
図 無料
交 西南門＝2、20、22、29、
　47、48、87、96路バス「厦
　大西村」
　大南校門＝1、21、45、751
　路バス「厦大」
U www.xmu.edu.cn

(i) ►►► インフォメーション
学期中の入場制限
　大学の期間中、月〜金曜の
公開時間は12:00〜14:00と
18:00以降。さらに12:00〜
14:00の間は大学の入口ごと
に入場制限が設けられている
（西南門300人、大南校門
700人）。
　なお、土・日曜、祝日およ
び大学の休暇期間中に制限は
ない。

華僑博物院
M P.378-A4
住 思明区思明南路493号
☎ 2085345
オ 9:30〜16:30
※入場は閉園30分前まで
休 月曜
図 無料
交 1、2、20、21、22、45、
　48、96、122、135、
　659、841路バス「华侨博
　物院」
U www.hqbwy.org.cn

コロンス島
※本文→P.381〜382
M P.381 住 思明区鼓浪嶼
☎ 鼓浪嶼旅游中心＝2060777
図 無料
交 P.381インフォメーション参照
U www.gly.cn

右メイン

アジア最大規模の屋外サボテン園がある　　オススメ度 ★★★

アモイ園林植物園／
えんりんしょくぶつえん
厦门园林植物园　xiàmén yuánlín zhíwùyuán

　アモイ園林植物園は、万石植物園とも呼ばれる。広大な園
内には6000種以上の亜熱帯および熱帯の植物が植えられて
いる。園内は熱帯雨林
を模した雨林世界、ア
ジア最大の屋外サボテ
ン園、松杉園、薬用植
物園などに分かれてい
る。植物園を含めた一
帯は万石山景区となっ
ており、天界寺や白鹿
洞などの観光スポット
がある。

正門入口

魯迅のアモイでの教師生活がうかがえる　　オススメ度 ★★★

アモイ大学魯迅紀念館／
だいがくろじんきねんかん
厦门大学鲁迅纪念馆　xiàmén dàxué lǔxùn jìniànguǎn

　南普陀寺の南
側、アモイ大学の
集美楼2階にある。
1926年9月から
翌年1月までアモイ
大学で教鞭を執っ
た魯迅が使用して
いた部屋を利用
し、1952年に創

当時魯迅が生活していた部屋

設された。館内には5つの展示室があり、青少年時代、アモ
イ大学時代、広州時代、上海時代等の直筆原稿や写真を通し
て魯迅の業績を紹介している。また、彼が使用していた部屋
には、ベッド、机、椅子、書棚等が当時の様子のまま置かれ
てあり、その質素な暮らしぶりを見ることができる。

福建華僑についての詳しい展示　　オススメ度 ★★★

華僑博物院／华侨博物院　huáqiáo bówùyuàn
かきょうはくぶついん

　アモイ出身の陳嘉庚（→P.382）によって1959年に創
建された博物館。1、2階では華僑の社会の歴史と現在の姿
を豊富な資料を使って詳しく紹介している。世界中のあらゆ
る所に存在する中華街の写真などが、各国の様子を比較して
展示されているのも興味深い。3階には陳嘉庚が所有してい
た美術品のコレクションが展示されている。

郊外の見どころ

異国情緒が濃厚に残る

オススメ度 ★★★　世界遺産

コロンス島／鼓浪嶼　gǔlàngyǔ
とう　　えんさしゅう

1～2日

　アモイ島の西南に位置し、もとの名を園沙州といったが、明代に改名。面積1.78㎢の楕円形の小島で、美しい景観から「海上明珠」「海上花園」とも、また、ピアノの普及率が高く、有名ピアニストを輩出しているため、ピアノ島とも呼ばれる。

　南京条約（1842年）によるアモイ港の開港後、1902年にコロンス島は共同租界地に定められ、イギリス、アメリカ、フランス、日本、ドイツ、スペイン、ポルトガル、オランダなどの国が次々に領事館、商社、病院、学校、教会などを設立。一方で華僑もまた住宅や別荘を建て、電気や水道のインフラも整備された。1942年12月に日本軍により占領されたが、1949年の中華人民共和国建国にともなって、長らく続いた外国統治の歴史を終えた。島には今も租界時代の古い洋館が残り、2017年には世界遺産に登録された。

　なお、コロンス島は、車の使用が制限されており、観光は渡し船乗り場の近くから出ている観光客向け電動カートか徒歩のみ。

ⓘ ▶▶▶ インフォメーション

コロンス島への渡し船
　観光客は以下の2ヵ所の埠頭から出る渡し船に乗る。輪渡埠頭からの渡し船は、日中はアモイ市民専用となっており、夕方以降に利用可能。

東渡郵輪埠頭
Ⓜ P.378-A2
🕐 6～9月7:10～18:30
　10～5月7:10～17:30
※運航の目安は20分に1便
🈷 三丘田埠頭＝35元、内厝澳埠頭＝普通＝35元、豪華＝50元（すべて往復料金）
🚌 51、87路バス「邮轮中心码头」

輪渡埠頭
Ⓜ P.378-A3
🕐 17:50（夏季は18:30）～23:45の間20～30分に1便、翌0:15～6:15の間1時間に1便、最終は6:30発
※上記は観光客利用可能時間
🈷 三丘田埠頭＝35元（往復）
🚌 4、19、25、29、30、71、107、116、118、127、139、655、841、946路バス「轮渡邮局」

コロンス島（鼓浪嶼）

日光岩游覧区／日光岩游览区　rìguāngyán, yóulānqū
にっこうがんゆうらんく

コロンス島の最高峰（92.68m）で、最大の観光スポット。もとの名は晃岩だが、1647年に鄭成功が晃岩に上陸したとき、ここの眺めが日本の日光山に勝るとして晃の文字をふたつに分け日光山とし、蓮花庵を日光岩寺とした。

萩荘花園／萩庄花园　shūzhuāng huāyuán
しゅくそうかえん

1913年に台湾の富豪、林爾嘉によって造られた庭園。名称は彼の名「叔臧」の発音に近い字を当てて名づけられた。自然の地形を巧妙に利用して設計されており、「蔵海園」と「補山園」に区分される。それぞれ、庭園と風景の融和に優れた5つのビューポイントがあり、特に渡月亭から見る海岸は非常に美しい。

| 教育に半生を捧げた陳嘉庚が眠る | オススメ度 ★★★ |

集美鰲園／集美鳌园　jíměi áoyuán
しゅうびごうえん

アモイ島の北対岸、集美地区に位置する公園で、集美の出身でこの地の解放戦争および教育に多大な貢献をした陳嘉庚の功績をたたえて造られた。

陳嘉庚は1874年アモイの集美村に生まれ、

陳嘉庚故居外観

17歳でシンガポールに渡り、苦労の末ゴム事業で成功を収めた。ゴム王としてその名を知られ、最盛時には世界各地に支店をもち、日本にも彼の支店があった。その一方で、教育こそが国の基礎を築くという信念をもち、1913年故郷に集美小学を創建し、その後も中学、高校、大学とその規模を広げて集美学村の建設と発展に心血を注いだ。

集美鰲園の総面積は18.5万㎡に及び、おもな見どころとしては海に近い陳嘉庚紀念館、鰲園、嘉庚公園と、その数百m西の陳嘉庚故居、帰来園がある。陳嘉庚紀念館では陳嘉庚の人物や業績に関する資料を展示している。鰲園は陳嘉庚がアモイ解放を記念して1951年から建造に着手した公園で、1961年に彼が亡くなると生前の遺言に従いここに埋葬された。回楼、解放記念碑、陳嘉庚陵墓からなり、なかでも高さ28mの解放記念碑は遠くからも目立つ。嘉庚公園は、鰲園とつながった広大な公園。

陳嘉庚故居は2階建ての洋風建築で、陳嘉庚の仕事部屋や寝室などが残されている。陳嘉庚故居の正面には、独特の反り返った軒をもつ閩南様式で建てられた帰来堂があり、その南に広がる帰来園には陳嘉庚の銅像が立っている。

ⓘ ▶▶▶ インフォメーション
共通入場券

コロンス島内にある5つの見どころ（日光岩、萩荘花園、皓月園、コロンス島風琴博物館、国際刻字芸術館）の共通入場券「鼓浪嶼核心景点套票」を100元で販売している。個々に買うより35元割安。各見どころとコロンス島への渡し船乗り場で購入できる。当日のみ有効で、15:00まで販売。

日光岩游覧区
Ⓜ P.381-B2〜3
住 思明区鼓浪嶼晃岩路62号
☎ 日光岩＝2067284
⏰ 5月〜10月上旬6:30〜21:00
　10月中旬〜4月7:30〜20:00
休 なし　料 60元

萩荘花園
Ⓜ P.381-B3
住 思明区鼓浪嶼港仔后路5号
☎ 2063680
⏰ 5月〜10月上旬6:30〜20:30
　10月中旬〜4月7:30〜20:00
休 なし　料 30元

ⓘ ▶▶▶ インフォメーション
コロンス島観光電動カート

三田丘埠頭西側から電動カートが出ている。
☎ 2069886
⏰ 9:00〜17:30　休 なし
料 コロンス島1周＝50元
　内厝澳埠頭＝20元、鼓浪嶼別墅＝30元、萩荘花園＝40元（以上、片道）

集美鰲園
Ⓜ 地図外（P.378-C1上）
住 陳嘉庚紀念館＝集美区潯江路8号
　鰲園＝集美区鰲園路24号
　陳嘉庚故居＝集美区嘉庚路149号
☎ 共通問い合わせ＝6681600
⏰ 陳嘉庚紀念館9:00〜16:30
　鰲園、陳嘉庚故居、帰来園6〜9月8:00〜18:00
　10〜5月8:00〜17:30
　嘉庚公園5:30〜22:30
※陳嘉庚紀念館、鰲園、陳嘉庚故居、帰来園の入場は閉門の30分前まで
休 なし（陳嘉庚紀念館のみ月曜休み）
料 無料
交 ①地下鉄1号線「集美学村」
　②655路バス「集美学村」、959路バス「龙舟池」。徒歩10〜20分
Ⓤ www.chenjiagengjnsd.com

シェラトン廈門ホテル／廈門喜来登酒店 ★★★★★
（アモイ）xiàmén xǐláidēng jiǔdiàn

市中心部、新ビジネス街にあり仕事にも観光にも便利。日本人向け
サービスも充実。

両替　ビジネスセンター　インターネット　U www.sheraton.com/xiamen

M P.378-C2
住 思明区嘉禾路386-1号
☎ 5525888　FAX 5539088
S 700～860元
T 700～860元
サ 10%＋6%　カ ADJMV

マルコポーロ廈門／廈門馬哥孛罗东方大酒店 ★★★★
（アモイ）xiàmén mǎgēbèiluó dōngfāng dàjiǔdiàn

筼筜外湖の北に位置する静かな環境。ホテル内に4つのカフェ＆レ
ストランがあり、屋外プールやジムなどの施設も充実。

両替　ビジネスセンター　インターネット　U www.marcopolohotels.com

M P.378-A2
住 思明区湖濱北建業路8号
☎ 5091888　FAX 5092888
S 700～800元
T 700～800元
サ 10%＋6%　カ ADJMV

ミレニアムハーバービューホテルアモイ／廈門海景千禧大酒店 ★★★★★
xiàmén hǎijǐng qiānxǐ dàjiǔdiàn

繁華街に近く、観光にもビジネスにも便利。3階に全日空アモイ支
店のオフィスがある。

両替　ビジネスセンター　インターネット

M P.378-A3
住 思明区鎮海路12-8号
☎ 2023333　FAX 2036666
S 680～780元
T 680～780元
サ なし　カ ADJMV

錦江之星 アモイ大学中山路酒店／锦江之星 厦门大学中山路酒店
（きんこうしせい　だいがくちゅうざんろしゅてん）jǐnjiāngzhīxīng xiàmén dàxué zhōngshānlù jiǔdiàn

「経済型」チェーンホテル。華僑博物院に近く、南普陀寺へは徒歩
10分ほど。部屋はきれいでスタッフの感じもいい。

両替　ビジネスセンター　インターネット　U www.jinjianginns.com

M P.378-A4
住 思明南路蜂巢山路5号
☎ 2522666　FAX 2522688
S 199～289元
T 259～289元
サ なし　カ 不可

アモイ国際青年旅舎／廈門国际青年旅舍
（こくさいせいねんりょしゃ）xiàmén guójì qīngnián lǔshè

小さな路地に位置するため静かで落ち着いた環境。トラベル・イン
フォメーション・センターがあり、旅行の相談に乗ってくれる。

両替　ビジネスセンター　インターネット　U www.yhachina.com

M P.378-B4　住 思明区南華
路41号 ☎ 2082345
S 258～308元　T 268元
3 408元　4 428元
D 75元（4人部屋）
サ なし　カ 不可

漫心アモイ中山路輪渡酒店／漫心厦门中山路轮渡酒店
（まんしん　ちゅうざん　ろりんとしゅてん）mànxīn xiàmén zhōngshānlù lúndù jiǔdiàn

輪渡埠頭の近くにあり、コロンス島観光やクルーズ船の利用に便利。
エアーポートバスの発着地点にも近い。客室は清潔で快適に滞在できる。

両替　ビジネスセンター　インターネット　U hotels.huazhu.com

M P.378-A3
住 思明区海后路36-40号
☎ 2665558　FAX 2071665
S 359～429元
T 399～439元
サ なし　カ 不可

南普陀素菜館／南普陀素菜馆
（なんふただそさいかん）nánpǔtuó sùcàiguǎn

南普陀寺の中にある中国式精進料理レストラン。季節の野菜を使い
健康に留意して調理された本格的精進料理を楽しむことができる。
山門は20:00に閉まるので注意。U www.nptveg.com

M P.378-B4　住 思明区思明
南路515号南普陀寺内
☎ 2085908　営 海会楼11:00
～16:00　普照楼11:00～14:
00、17:00～20:00　休 なし
カ 不可

好清香大酒楼／好清香大酒楼
（こうせいこうだいしゅろう）hǎoqīngxiāng dàjiǔlóu

アモイ市民にも人気の高い、新鮮なシーフードを使った地元料理
店。おすすめは"蟹肉粥（カニ入りおかゆ）"4～5人分128元や
"海蛎煎（カキの卵とじ炒め）"58元。

M P.378-C2
住 思明区体育路95号文化芸術中心西南側
☎ 6113777
営 10:30～13:30、
17:15～20:30
休 なし　カ 不可

アモイ建発国際旅行社／厦门建发国际旅行社
（けんぱつこくさいりょこうしゃ）xiàmén jiànfā guójì lǔxíngshè

日本語ガイド1日600元。市内の車
チャーター1100元。永定土楼まで
の日帰り観光の場合、車チャータ
ー1日1800元。南靖田螺坑土楼群
景区も1800元。

M 地図外（P.378-C2右）
住 思明区環島東路1699号
建発国際大厦10階
☎ 2263531（日本部）
FAX 2110294（日本部）
営 8:30～12:00、
14:00～17:30
休 土・日曜、祝日　カ 不可

山水画の風景が広がる世界遺産の地

武夷山
ぶいさん

武夷山 Wǔ Yí Shān　　市外局番●0599

天游峰景区から見た九曲渓

ウルムチ
ハルビン
北京・大連
西安・
ラサ・成都・上海
昆明・広州・武夷山
香港

都市DATA

武夷山市
人口：23万人
面積：2814㎢
武夷山市は南平市管轄
下の県級市

市内交通

【路線バス】観光客が利用す
るのは6路と8路。これらの路
線の運行時間の目安は6:00〜
22:00、市区1〜3元。2路線は
「教師公寓」で乗り換え可能
※6路バスには終点が「三姑
度假区」（武夷山宝島会展
中心大酒店前）と「南入口」
の2系統がある。フロント
ガラスにどちら行きか表示
があるので注意
【タクシー】初乗り3km未満
10元、3km以上1kmごとに2
元加算。ただし、旅游度假区内
では一般的にメーターを使用
せず、乗車時に要相談
【三輪リキシャ】旅游度假区
内のみひとり1乗車3〜5元が
目安

いかだから見た玉女峰

384

概要と歩き方

　武夷山市は、ユネスコの世界遺産（文化と自然の複合遺
産）に登録されている武夷山があることで世界的に知られて
いる。もともと崇安県という県だったが、観光産業が発展し
たおかげで、1990年に武夷山市に昇格した。

　武夷山風景名勝区は市区の南15kmにあるため、風景区の
すぐそばにある武夷山国家旅游度假区が武夷山観光の拠点と
なる。度假区中心を南北に走る大王峰路沿いにホテルやレス
トラン、みやげ屋が軒を並べ、夜遅くまで観光客でにぎわっ
ている。武夷山風景名勝区は広大で、かつ徒歩でしか行けない

武夷山度假区中心

Ｈホテル　Ｇグルメ　Ｇ銀行　══繁華街

エリアも多くあるので、全部を見て回ると1週間以上かかる。

　武夷山は茶の産地として内外に広く知られる。武夷山の茶のなかでも、特に山の上の岩場で栽培されたものは武夷岩茶と呼ばれる。最高級品は大紅袍から採れる茶葉。

	1月	2月	3月	4月	5月	6月	7月	8月	9月	10月	11月	12月
平均最高気温(℃)	7.0	10.0	15.0	21.0	24.0	30.0	34.0	32.0	27.0	22.0	16.0	10.0
平均最低気温(℃)	0.6	2.0	7.0	12.0	17.0	22.0	26.0	25.0	21.0	13.0	8.0	3.0
平均気温(℃)	4.0	5.6	10.3	16.4	21.7	25.5	29.4	29.0	24.3	18.4	12.4	6.5

町の気象データ(→P.517):「預報」＞「福建」＞「南平」＞「武夷山」

市公安局外事科（市公安局外事科）
Ⓜ地図外（P.387-D1右）
🏠武夷大道36号武夷山職業学院内
☎出入境大庁=5314880
⏰8:00〜12:00、
　14:30〜17:30
休土・日曜、祝日
観光ビザの延長は不可

市立医院（市立医院）
Ⓜ地図外（P.387-D1右）
🏠武夷大道18号
☎5316255　⏰24時間
休なし

Access ●●

中国国内の移動➡P.667	鉄道時刻表検索➡P.26

✈ 飛行機
旅游度假区の北7kmに位置する武夷山空港(WUS)を利用する。

国際線▶日中間運航便はないので、上海や広州、アモイで乗り継ぐとよい。
国内線▶北京、上海、広州、深圳、アモイとの間に運航便がある。
所要時間(目安)上海虹橋(SHA)／1時間15分　広州(CAN)／1時間50分　アモイ(XMN)／50分

🚆 鉄道
福州と合肥を結ぶ高速鉄道が完成し、在来線の武夷山駅以外に高速鉄道専用の武夷山北駅と武夷山東駅ができた。在来線列車は本数が少ない。

所要時間(目安)【武夷山北(wysb)】福州(fz)／高鉄：1時間10分　アモイ北(xmb)／高鉄：3時間10分　婺源(wy)／高鉄：50分　上海虹橋(shhq)／高鉄：3時間10分　【武夷山東(wysd)】福州(fz)／高鉄：1時間　アモイ北(xmb)／高鉄：2時間30分　婺源(wy)／高鉄：55分

🚌 バス
市内にはふたつのバスターミナルがあるが、旅行者がよく利用するのは武夷山市長距離バスターミナル。泉州や龍岩などにアクセス可能。

所要時間(目安)泉州／5時間　龍岩／7時間30分

⋯ Data ⋯

✈ 飛行機

●**武夷山空港**（武夷山机场）
Ⓜ地図外(P.387-D1右)　🏠武夷大道赤石村
☎5118063　⏰8:00〜21:00または最終便
休なし　🅟不可
[移動手段]タクシー（空港〜度假区三姑環島）／30元、所要15分が目安　路線バス／6、7、9路「机场」
航空券売り場で3ヵ月以内の航空券を販売。

🚆 鉄道

●**武夷山北駅**（武夷山火车北站）
Ⓜ地図外（P.386-E5上）
🏠武夷山北郊工業路崩埠村　☎共通電話=12306
⏰6:45〜21:55　休なし　🅟不可
[移動手段]タクシー（武夷山北駅〜度假区三姑環島）／100元、所要35分が目安　路線バス／7、8、9、12路「高鉄北站」
28日以内の切符を販売。

●**武夷山東駅**（武夷山火车东站）
Ⓜ地図外（P.387-D4下）
🏠建陽区将口鎮洋墩村
☎共通電話=12306　⏰7:00〜21:40　🅟不可
[移動手段]タクシー（武夷山東駅〜度假区三姑環島）／150元、所要45分が目安　路線バス／K1「高鉄武夷山东站」
28日以内の切符を販売。

●**鉄道市内切符売り場**（火车票市内售票处）
Ⓜ P.384-B1　🏠武夷山国家旅游度假区大王峰路
☎なし　⏰8:00〜11:00、13:00〜17:00
休なし　🅟不可
[移動手段]タクシー（鉄道市内切符売り場〜武夷山駅）／50元、所要15分が目安　路線バス／5、6、7、9路「三姑环岛」
28日以内の切符を販売。手数料は1枚5元。

🚌 バス

●**武夷山市長距離バスターミナル**（武夷山市长途汽车站）
Ⓜ P.386-E5　🏠五九北路64号
☎5311446　⏰6:00〜17:30　休なし　🅟不可
[移動手段]タクシー（武夷山市長距離バスターミナル〜度假区三姑環島）／50元、所要25分が目安　路線バス／2、8路「汽车站」
7日以内の切符を販売。泉州（1便）など。

●**武夷山度假区バスターミナル**（武夷山度假区汽车站）
Ⓜ P.384-A2　🏠武夷山国家旅游度假区大王峰路
☎5251516　⏰7:00〜17:00　休なし
[移動手段]タクシー（武夷山度假区バスターミナル〜武夷山駅）／30元、所要10分が目安　路線バス／K1、6、7路「太阳城」
7日以内の切符を販売。武夷山市長距離バスターミナルからのバスが、30分後にここを経由する。武夷山を訪れる際はここで下車すると便利。

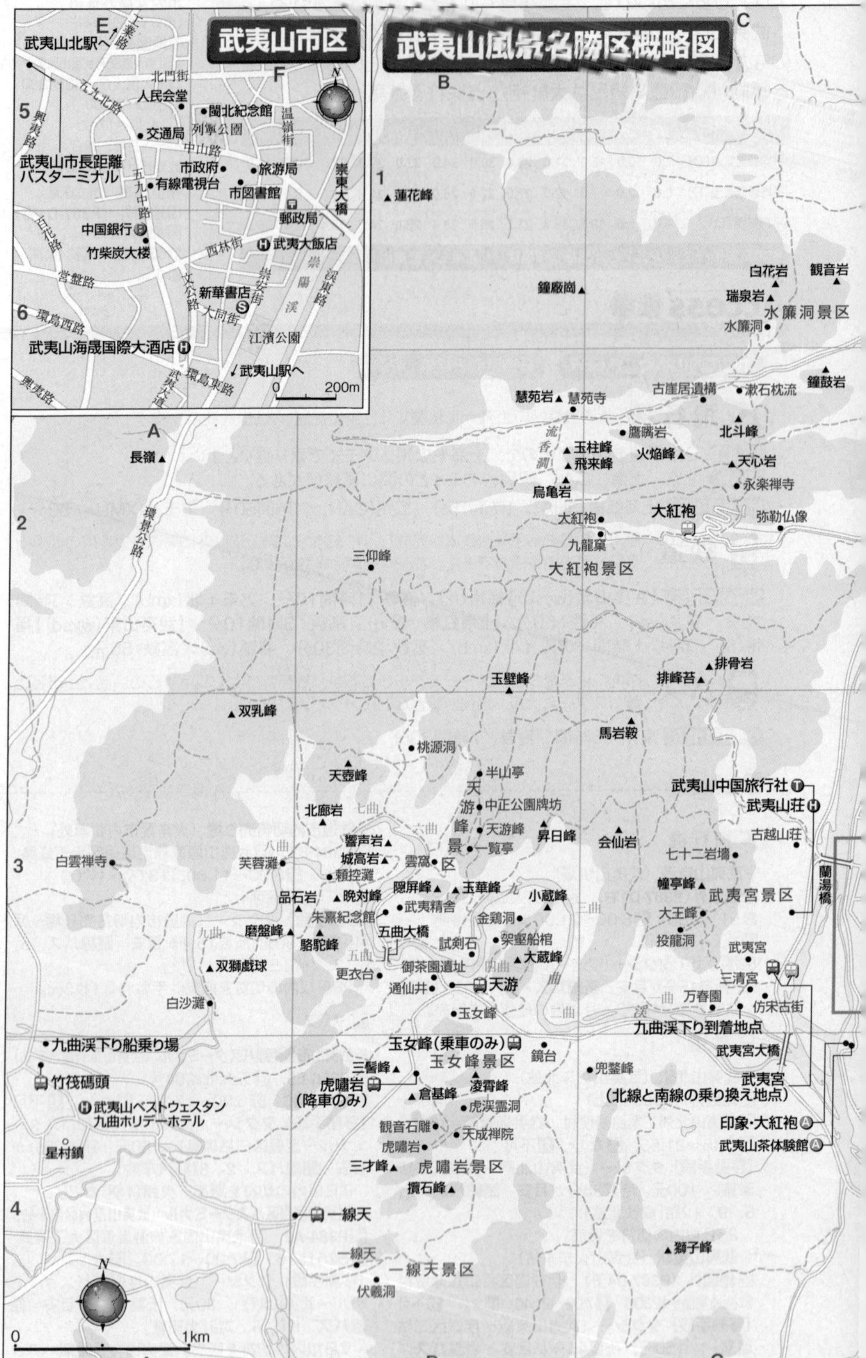
武夷山市区
武夷山風景名勝区概略図
武夷山北駅へ
工業路
五九北路
北門街
人民会堂
閩北紀念館
列寧公園
温嶺街
交通局
興東路
武夷山市長距離
バスターミナル
中山路
市政府
旅游局
有線電視台
市図書館
郵政局
崇東大橋
五九中路
中国銀行
竹柴炭大楼
武夷大飯店
西林街
白花路
営盤路
文公路
崇安街
崇陽渓
渓東路
新華書店
大同街
環島西路
江濱公園
武夷山海晟国際大酒店
環島東路
武夷山駅へ
武夷大道
興東路
200m
蓮花峰
鐘廠崗
白花岩
観音岩
瑞泉岩
水簾洞景区
水簾洞
鐘鼓岩
古崖居遺構
漱石枕流
慧苑岩
慧苑寺
鷹嘴岩
北斗峰
流香澗
玉柱峰
飛来峰
火焔峰
天心岩
烏亀岩
永楽禅寺
長嶺
大紅袍
大紅袍
弥勒仏像
環景公路
九龍窠
三仰峰
大紅袍景区
排骨岩
玉壁峰
排峰苔
双乳峰
馬岩鞍
桃源洞
半山亭
天游峰景区
中正公園牌坊
天壺峰
武夷山中国旅行社
武夷山荘
北廊岩
七曲
天游峰
六曲
昇日峰
会仙岩
古越山荘
八曲
響声岩
一覧亭
白雲禅寺
芙蓉灘
城高岩
雲窩
七十二岩壇
頼控灘
隠屏峰
玉華峰
幢亭峰
小蔵峰
武夷宮景区
品石岩
晩対峰
武夷精舎
三曲
朱熹紀念館
金鶏洞
大王峰
蘭湯橋
九曲
磨盤峰
五曲大橋
投龍洞
駱駝峰
試剣石
架壑船棺
五曲
四曲
武夷宮
双獅戯球
大蔵峰
更衣台
御茶園遺址
三清宮
通仙井
天游
白沙灘
一曲
万春園
仿宋古街
玉女峰
二曲
九曲渓
九曲渓下り到着地点
九曲渓下り船乗り場
玉女峰(乗車のみ)
鏡台
武夷宮大橋
竹筏碼頭
三髻峰
玉女峰景区
兜鍪峰
虎嘯岩
(降車のみ)
凌霄峰
武夷宮
(北線と南線の乗り換え地点)
倉基峰
武夷山ベストウェスタン
九曲ホリデーホテル
虎渓霊洞
印象・大紅袍
観音石雕
天成禅院
武夷山茶体験館
星村鎮
虎嘯岩
三才峰
虎嘯岩景区
擲石峰
一線天
獅子峰
一線天
一線天景区
伏羲洞
1km

●見どころ　Ⓗホテル　Ⓢショップ　Ⓐアミューズメント　Ⓑ銀行　Ⓣ旅行会社　郵便局　病院　高速道路　遊歩道
観光専用車南線停留所　観光専用車北線停留所

武夷山風景名勝区概略図／武夷山市区マップ／武夷山観光専用車路線図

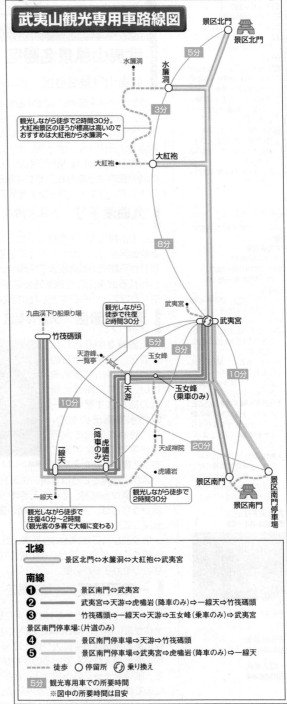

武夷山観光専用車路線図

景区北門 景区北門

水簾洞 水簾洞

5分

3分

観光しながら徒歩で2時間30分。
大紅袍景区のほうが標高は高いので
おすすめは大紅袍から水簾洞へ

大紅袍 大紅袍

8分

武夷宮 武夷宮

九曲渓下り船乗り場

竹筏碼頭

観光しながら
徒歩で往復
2時間30分

5分 8分

天游峰、
一覧亭

玉女峰

天游

玉女峰
（乗車のみ）

10分 10分

天成禅院

20分

一線天

虎嘯岩
（降車のみ）

虎嘯岩

景区南門

景区南門停車場

観光しながら徒歩で
2時間30分

景区南門

一線天

観光しながら徒歩で
往復40分〜2時間
（観光客の多寡で大幅に変わる）

北線
景区北門⇔水簾洞⇔大紅袍⇔武夷宮

南線
❶ 景区南門⇔武夷宮

❷ 武夷宮⇨天游⇨虎嘯岩（降車のみ）⇨一線天⇨竹筏碼頭

❸ 竹筏碼頭⇨一線天⇨天游⇨玉女峰（乗車のみ）⇨武夷宮

景区南門停車場：（片道のみ）

❹ 景区南門停車場⇨天游⇨竹筏碼頭

❺ 景区南門停車場⇨武夷宮⇨虎嘯岩（降車のみ）⇨一線天

----- 徒歩 ○ 停留所 ◎ 乗り換え

5分 観光専用車での所要時間
※図中の所要時間は目安

自然が織りなす奇観　　　　オススメ度 ★★★ 世界遺産

武夷山風景名勝区／
武夷山风景名胜区　wǔyíshān fēngjǐng míngshèngqū

2日

　市区の南約15kmに位置する武夷山観光のメインとなるエリア。東西5km、南北12kmにも及ぶ武夷山には36の山、72の洞窟、99の奇岩があるといわれ、それらが織りなす景観は碧水丹山（青い水と赤い山）とたたえられる。豊かな自然のなかに珍しい動植物が生息しており、風景区全体が天然の博物館のような存在。おもな景勝エリアだけでも6つを数えるので、観光するポイントを絞ることが必要だろう。

九曲渓下り／九曲溪漂流　jiǔqūxī piāoliú

　武夷山観光の目玉のひとつで、九曲渓という川沿いに広がる景勝区を竹のいかだに乗って下ることができる。出発点の星村から終点の武夷宮まで9.5km、その中で9度変化するといわれる武夷山の奇観を眺めながら、1時間30分ほどの時間をかけて、のんびりとした川下りを楽しめる。

天游峰景区／天游峰景区　tiānyóufēng jǐngqū

　天游峰を中心とした景勝。天游峰からの眺めは武夷山で最も美しいとされ、奇峰と清流の織りなす景観は一幅の水墨画そのもの。この眺めを明代の旅行探検家であり文学家である徐霞客もたたえた。

雲窩から見た天游峰の大絶壁

　ほかにも見どころは雲窩、桃源洞などがある。ルートとしては雲窩から茶洞、そして天游峰へ登り、そのあと桃源洞へ向かう場合は、天游峰にある廟の裏手から山道を下れば30分ほどでたどり着ける。

　桃源洞から三仰峰という武夷山風景区の最高峰（717.7m）へ行くことができるが、4km近い複雑な山道を登ることになるのでガイドが必要。

一線天景区／一线天景区　yīxiàntiān jǐngqū

　一線天は名霊山とも呼ばれる高さ60m余りの岩山で、上部全体が縦に割れ、幅1mほどの巨大な裂け目ができている。山腹にある霊洞から中に入り見上げると、岩の裂け目から一直線の陽光が入り込んでいるのがわかる。そのわずかな裂け目を、階段を上って外へ抜けることができるが、最小幅40cmにまで狭まる絶壁の圧迫感の中を進んでいくため、心臓の弱い人、体の厚さが50cm以上の人は進入禁止となっている。

水簾洞景区／水帘洞景区　shuǐliándòng jǐngqū

碧石岩景区とも呼ばれる武夷山最大の景勝エリアで、最も武夷山らしい風景が広がる。見どころは水簾洞、龍峰岩、碧石岩、青獅岩、劉官寨、蓮花峰など。水簾洞は武夷山最大の洞窟。以前は岩の上のふたつの泉から湧く水が滝となって流れ落ちていたが、泉が枯れたため、大雨のあとでないと滝を見ることはできない。

大紅袍景区／大红袍景区　dàhóngpáo jǐngqū

大紅袍茶樹、タカの形をした鷹嘴岩、永楽禅寺、天車架などを中心とするエリア。大紅袍は武夷山の岩肌の狭い所に生えた茶樹。その名の由来は諸説あるが、苦しんでいた貴人の病がこの茶で癒えたため、位の高い者にしか許されない紅色の衣がこの茶樹に贈られたためとする説が有力。真の「大紅袍」は皇帝へ献上された最高級品で市場には出回らない。一般に売られている茶葉は挿し木により作られたもの。

武夷宮景区／武夷宫景区　wǔyígōng jǐngqū

景区の中心は前漢の武帝が武夷君を祀った武夷宮。武夷山最古の宮観だが、倒壊と再建が繰り返され、現存するのは清代の様子を復元したもの。景区内には、このほか大王峰などの見どころがある。

水簾洞景区
M P.386-C1

水簾洞景区と大紅袍景区の間にある鷹嘴岩

大紅袍景区
M P.386-B〜C2

大切に保護されている、岩壁に生えた大紅袍の母樹

武夷宮景区
M P.386-C3

武夷宮の社殿

ホテル

武夷山荘／武夷山庄　wǔyí shānzhuāng　★★ ★★

1984年に開業した武夷山では老舗のホテル。2棟の建物があり、別荘風の造り。金・土曜や繁忙期は100元加算。

両替　ビジネスセンター　インターネット　U www.513villa.com

M P.386-C3
住 武夷山国家旅游度假区武夷宮
☎ 5251888　FAX 5252567
S 498〜598元　T 498〜598元　切 なし　カ ADJMV

武夷山海晟国際大酒店／武夷山海晟国际大酒店　wǔyíshān hǎishèng guójì dàjiǔdiàn　★★ ★★

館内の施設が充実しており、特にフードコートや会議場が自慢。駅や空港からも近い便利なロケーションにある。

両替　ビジネスセンター　インターネット

M P.386-E6
住 文公路58号
☎ 5322888　FAX 5322126
S 329〜389元
T 329〜389元
切 なし　カ 不可

グルメ

世紀福大酒楼／世纪福大酒楼　shìjìfú dàjiǔlóu

ずらりと並んだ食材のなかから、自分で好きなものを籠に取り、好みの方法で調理してもらえる。武夷山ならではの山菜やキノコなどがおすすめ。ひとり当たりの予算の目安は50〜60元。

M P.384-A1
住 武夷山国家旅游度假区老街2号　☎ 5239222
営 9:30〜13:30、16:00〜20:30
休 なし　カ 不可

アミューズメント

印象・大紅袍／印象・大红袍　yìnxiàng dàhóngpáo

映画監督の張芸謀（チャン・イーモウ）がプロデュースしたショー。大紅袍にまつわる故事をもとにした壮大な歌舞が演じられる。チケットは238元、298元、688元の3種類。U www.yx-dhp.com

M P.386-C4　住 武夷山国家旅游度假区三姑度假区環島南路16号　☎ 5208888
営 5〜9月20:00〜21:10、10〜4月19:30〜20:40　休 陰暦12月と春節当日　カ 不可

旅行会社

武夷山中国旅行社／武夷山中国旅行社　wǔyíshān zhōngguó lǚxíngshè

日本語ガイドが1日600元。武夷山国家旅游度假区での車のチャーターは1日200元が目安（武夷山風景名勝区内には入れない）。

M P.386-C3
住 武夷山国家旅游度假区武夷山荘内
☎ 5252990　FAX 5255818
営 8:30〜12:00、14:00〜17:30
休 土・日曜、祝日　カ 不可

南寧
なんねい

ナンニン 南宁 Nán Níng

市外局番●0771

ベトナム国境に位置する巨大な滝、徳天瀑布

ウルムチ

ハルビン

北京 大連

ラサ 西安 上海

成都

昆明 広州

南寧 香港

都市DATA

南寧市
人口：714万人
面積：2万2341km²
7区5県を管轄
南寧市は広西チワン族
自治区の首府

**駐南寧ベトナム社会主義
共和国総領事館**
（越南社会主義共和国駐南宁
総領事館）
Ⓜ P.393-D2
住青秀区金湖路55号亜航財富
中心大廈27階
☎5510560
⏰8:30～12:30、
14:30～17:30
休土・日曜、両国の祝日
観光ビザ（30日）申請料は
450元、受け取りまで3業務
日必要

市公安局出入境管理処
（市公安局出入境管理処）
Ⓜ 地図外（P.393-D4下）
住良慶区玉洞大道33号南寧市
民中心A座辦公楼
☎2891260
⏰9:00～12:00、13:00～16:30
休土・日曜、祝日
観光ビザを最長30日間延長
可能。手数料は160元

自治区人民医院
（自治区人民医院）
Ⓜ P.392-B3
住青秀区桃源路6号
☎2186300
⏰24時間
休なし

概要と歩き方

　広西チワン族自治区の首府である南寧市。亜熱帯地域に属し、気候が温暖で1年中緑が絶えないことから、緑色明珠とも呼ばれている。

　南寧の町は、318（東晋の大興元）年にこの地に州がおかれたことに始まる。1324（元の泰定元）年に当時の行政区分により南寧路という地域ができ、このとき初めて南寧という名が用いられた。新中国成立後の1958年、広西チワン族自治区成立時にその首府となり、田舎町だった南寧は一大工業都市に生まれ変わった。21世紀に入り、中国とASEANとの交流が活発になるなか、ベトナムとの窓口として新たな発展を見せている。

　南寧の町並みは比較的新しく、歴史的な見どころは少ない。周辺では、桂林ほどとはいかないまでも、カルスト地形の山が広がる景色を見ることができる。

　繁華街は、南寧駅から南下する朝陽路沿いと人民公園から南へ延びる新民路のあたりで、主要な官庁、高級ホテルの多くはこのエリアにある。朝陽路が民族大道と交差する先の中山路は、夜になると車両の乗り入れが禁止され、通りの両側にシーフードをはじめとする屋台が並びにぎわいを見せる。民族大道を東へ進むと市民の憩いの場である南湖、そして五象広場に着く。さらに東へ進むと、郊外の埌東バスターミナルにいたる。

　2016年に地下鉄1号線が、2017年に2号線が開業した。これで主要アクセスポイントが結ばれることになり、移動は格段に便利になった。

海鮮料理を出す屋台が並ぶ中山路夜市

	1月	2月	3月	4月	5月	6月	7月	8月	9月	10月	11月	12月
平均最高気温(℃)	17.0	17.8	21.2	26.0	30.3	31.6	32.5	32.2	31.4	28.1	23.8	19.6
平均最低気温(℃)	9.9	11.2	14.8	19.1	22.9	24.7	25.4	25.1	23.7	19.8	15.3	11.3
平均気温(℃)	13.0	14.2	17.7	22.2	26.2	27.7	28.4	28.0	27.0	23.4	19.0	15.0

町の気象データ（→P.517）：「預報」＞「広西」＞「南寧」＞区・県から選択

中国国内の移動➡P.667　鉄道時刻表検索➡P.26

✈ 飛行機

市区中心部の南34kmにある南寧呉圩国際空港(NNG)を利用する。エアポートバスは4路線ある。

【国際線】日中間運航便はないので、上海や広州で乗り継ぐとよい。

【国内線】多くの町との間に運航便があるが、広州や上海とのアクセスが便利。

【所要時間(目安)】北京首都(PEK)／3時間10分　広州(CAN)／1時間10分　上海浦東(PVG)／2時間40分　長沙(CSX)／1時間35分　アモイ(XMN)／1時間55分

🚆 鉄道

南寧では多くの路線が交差しており、アクセスの便はよい。観光客がおもに利用するのは南寧駅と高速鉄道専用の南寧東駅。

【所要時間(目安)】【南寧(nn)】広州南(gzn)／動車：4時間　桂林(gl)／動車：2時間30分　憑祥(px)／特快：4時間5分　【南寧東(nnd)】広州南(gzn)／動車：3時間15分　深圳北(szb)／高鉄：4時間　桂林(gl)／高鉄：2時間10分　南昌西(ncx)／高鉄：7時間30分　長沙南(csn)／高鉄：5時間40分

🚌 バス

長距離路線は4つのバスターミナルに分かれているが、おもに利用するのは埌東バスターミナル。これらのほか、観光路線をメインとする南寧国際旅游集散中心もある。

【所要時間(目安)】桂林／5時間　憑祥／3時間　徳天瀑布／4時間30分　寧明／3時間

Data

✈ 飛行機

●**南寧呉圩国際空港**（南宁吴圩国际机场）
Ⓜ 地図外（P.392-A2左）　🏠 邕寧区呉圩鎮
☎ 総合＝96365
✈ 始発便～最終便　休 なし　🅿 不可
[移動手段] エアポートバス／4路線ともに20元、所要1時間が目安。1号線（空港～南寧民航飯店／Ⓜ P.393-G5）：空港→市内＝始発便～最終便の間30分に1便　市内→空港＝5:30～22:30の間30分に1便。2号線（空港～江南バスターミナル～広西沃頓国際大酒店）：空港→市内＝始発便～23:00の間30分に1便　市内→空港＝5:30～21:00の間30分に1便　タクシー（空港～朝陽広場）／120元、所要50分が目安
●**民航航空券売り場**（民航售票处）
Ⓜ P.392-C2
🏠 青秀区民族大道88号広西沃頓国際大酒店内
☎ 国内線＝5381888　国際線＝2428418
✈ 国内線8:00～20:30　国際線9:00～18:00
休 なし　🅿 不可
[移動手段] タクシー（航空券売り場～朝陽広場）／17元、所要15分が目安　地下鉄／1号線「南湖」　路線バス／B17、6、29、34、39、87路「滨湖广场」
　3ヵ月以内の航空券を販売。近くにエアポートバス2号線の発着地点がある。

🚆 鉄道

●**南寧駅**（南宁火车站）
Ⓜ P.392-B1、P.393-G5　🏠 西郷塘区中華路82号
☎ 共通電話＝12306　✈ 24時間　休 なし　🅿 不可
[移動手段] タクシー（南寧駅～朝陽広場）／10元、所要8分が目安　地下鉄／1、2号線「火车站」　路線バス／B01、9、21路「火车站」
　3日以内の切符を販売。

●**南寧東駅**（南宁火车东站）
Ⓜ P.393-F1　🏠 青秀区長虹路66号
☎ 共通電話＝12306　✈ 6:00～23:00
休 なし　🅿 不可
[移動手段] タクシー（南寧東駅～朝陽広場）／40元、所要35分が目安　地下鉄／1号線「火车东站」　路線バス／K6、29、56、105、106路「南宁火车东站南」。北広場はBK4路「南宁火车东站北」
　3日以内の切符を販売。

🚌 バス

●**埌東バスターミナル**（埌东汽车站）
Ⓜ P.393-F2　🏠 青秀区民族大道186号
☎ 5506333　✈ 6:30～22:30　休 なし　🅿 不可
[移動手段] タクシー（埌東バスターミナル～朝陽広場）／30元、所要30分が目安　地下鉄／1号線「埌东客运站」　路線バス／B206、6、25、39、52、76、603、704路「埌东客运站」
　15日以内の切符を販売。桂林(5便)、憑祥(19便)、徳天瀑布(1便)、寧明(11便)など。
●**南寧国際旅游集散中心**（南宁国际旅游集散中心）
Ⓜ P.393-H5　🏠 興寧区友愛南路10号
☎ 2102431　✈ 7:00～20:00　休 なし　🅿 不可
Ⓤ www.yunde.net
[移動手段] タクシー（南寧国際旅游集散中心～朝陽広場）／10元、所要5分が目安　地下鉄／1号線「火车站」　路線バス／52、62、72、211路「友爱南棉路口」
　15日以内の切符を販売。観光バスツアーを催行。徳天瀑布1日ツアー（ひとり230元）など。
●**ベトナム行きのバス**
　埌東バスターミナルや南寧国際旅游集散中心からハノイやハイフォン行きなどが出ている。

市内交通

【地下鉄】 2018年7月現在、1、2号線が営業。詳しくは公式ウェブサイトで確認を
南寧軌道交通
Ⓤwww.nngdjt.com
【路線バス】 運行時間の目安は6:30〜22:00、普通車1元、空調付き2元
【タクシー】 初乗り2km未満9元、2km以上1kmごとに2元加算

見どころ

邕江北岸に位置する緑豊かな景勝エリア

オススメ度 ★★★

青秀山風景区／青秀山风景区 qīngxiùshān fēngjǐngqū
せいしゅうざんふうけいく

　青山嶺や鳳翼嶺など大小18の山（最高峰はわずか289m）を中心にした約4㎢の景勝地。整備は隋唐代に始まったと伝わるが、大規模な整備が行われたのは1986年以降。景区は、龍象塔や水月庵、観音禅寺などの歴史的建造物（いずれも再建）、香花園などの植物園、ASEAN（東南アジア諸国連合）との関連を記念し造営されたエリアで構成されている。

● 見どころ　Ⓗホテル　Ⓖグルメ　Ⓢショップ　Ⓣ旅行会社　Ⓗ病院　━━ 繁華街　━━ 高速鉄道

少数民族の文化や風習を紹介する博物館　オススメ度　★★★

広西民族博物館／广西民族博物馆　guǎngxī mínzú bówùguǎn

こうせいみんぞくはくぶつかん

2008年広西チワン族自治区誕生50周年を記念し、青秀山風景区内にオープンした博物館。建物は近代的な外観で約3万㎡と自治区内で最大。自治区内に暮らす12の少数民族に関する展示を行っている。

特徴的な外観の広西民族博物館

青秀山風景区
※本文紹介→P.392
Ⓜ P.393-D3～E4
🏠 青秀区鳳嶺南路6号
☎ 5689693、5560662
🕐 6:00～翌1:00
🚫 なし
💴 入場料＝20元、電動カート
＝1回券5元、2回券9元、
1日券34元
🚌 B10、32、72路バス「青秀山北门」
Ⓤ www.qxslyfjq.com

広西民族博物館
※本文紹介→P.393

M P.393-E4

住 青秀区青環路11号

☎ 2024599

オ 9:30～16:30
※入場は閉館30分前まで

休 月曜

交 W8路バス「広西民族博物館」 ※運行時間は7:00～19:00の間、平日が45分～1時間に1便、土・日曜、祝日が30分に1便。発着地点は「竹渓立交」（**M P.393-D2**）

U www.gxmn.org

徳天跨国大瀑布風景区

M P.326-A3

住 崇左市碩龍鎮徳天村

☎ 3690199

オ 7:30～18:30 休 なし

料 入場料＝80元、電動カート＝往復45元、いかだ＝30元

交 ①南寧国際旅游集散中心で1日ツアーに参加する。出発は7:00、戻りは20:00頃。ひとり230元
②埌東バスターミナルから「徳天瀑布」行きで終点（8:30発。75元、所要4時間30分）
※「徳天瀑布」からの戻りは15:00～15:30発

友誼関

M P.326-A3

住 憑祥市南大路83号

☎ 5973057 オ 8:00～17:30 休 なし 料 42元

交 埌東バスターミナルから「憑祥」行きで終点（80元、所要3時間）。タクシーに乗り換える。片道30元が目安
※軍事上の理由から、外国人は友誼関の西側にある金鶏山古砲台群の訪問は不可。東側の鎮関砲台群のみ見学可能。パスポートを持参すること

花山岩画

M P.326-A3

住 崇左市寧明県駄龍鎮左江岸

☎ 8625036

オ 日中 休 なし

料 82元（往復の乗船料含む）

交 ①南寧の旅行会社で車をチャーターする
②埌東バスターミナルから「寧明」行きで終点（75元、所要2時間）。寧明バスターミナルから路線バス「百貨大楼」行きに乗り換え終点（1元、所要15分）。さらに「山寨」行きに乗り換え「珠連游客服務中心」下車（3元、所要30分）
※「寧明」からの最終は19:20発

ベトナム国境に位置する見事な滝　　オススメ度 ★★★

徳天跨国大瀑布風景区／
とくてんこくこくだいばくふふうけいく

徳天跨国大瀑布风景区　détiān kuàguó dàpùbù fēngjǐngqū

1～2日

　広西チワン族自治区南西部、ベトナム国境沿いにある徳天瀑布を中心に田園風景が広がる景勝エリア。徳天瀑布は幅100m（ベトナム側の滝と合わせると200m）。3段に分かれて流れ落ちるが、落差の合計は70mに達する。国境をまたぐ滝としては世界第4位の大きさといわれている。

　水量の多い7～10月が最も観光に適したシーズンだといわれているが、気象条件に左右されやすいので、事前に状況を確認しておいたほうが無難。

　周囲には宿泊施設もあるので時間が許せば1泊してみよう。

高台から壮大な景観を楽しめる。右が徳天瀑布、左がベトナム側の板約瀑布

中越の国境ゲート　　オススメ度 ★★★

友誼関／友谊关　yǒuyìguān
ゆうぎかん

　憑祥市区の南約18kmに位置するベトナムとの国境ゲート。その創建は漢代に遡るが、当時の名称は雍鶏関。その後は界首関、南大関、鶏陵関と改称され、清代に鎮南関となった。19世紀後半から20世紀前半にかけては、フランスや日本に占領されたこともあった。1953年に睦南関とされた後、最終的に1965年に友誼関となった。なお、現存する高さ22mの楼閣は1957年に再建されたもの。

少数民族の描いたユニークな壁画　　オススメ度 ★★★ 世界遺産

花山岩画／花山岩画　huāshān yánhuà
かざんがんが

　寧明県中心部の北25km、左江と明江の岸壁に描かれた壁画。横約170m、縦約50mの範囲に、人を中心とした1800以上の図案が描かれている。その制作者はチワン族の祖先といわれる駱越人で、最古の絵は2500年以上も前に描かれた。2016年に世界遺産に登録された。毎日2便（11:30と14:30発）ある遊覧船から見学する（所要2時間30分）。

邕江賓館／邕江宾馆
ようこうひんかん　yóngjiāng bīnguǎn
★★★ ★★

南寧でも歴史のある邕江沿いに立つホテル。繁華街や中山路に近く、中山路には夜になるとシーフード屋台が並ぶ。1階のフードコートには日本料理レストランが入っている。

Ⓜ P.393-H7
🏠 青秀区臨江路1号
☎ 2180888
📠 2808938
Ⓢ 418〜478元
Ⓣ 418〜478元
🅢 なし
🅕 ADJMV

両替　ビジネスセンター　インターネット

明園新都酒店／明园新都酒店
めいえんしんとしゅてん　míngyuán xīndū jiǔdiàn
★★ ★★

フィットネスセンターやサウナ、プールなどの施設が充実しており、宿泊者は無料で利用できる。

Ⓜ P.392-B2
🏠 興寧区新民路38号
☎ 2118988　📠 2830811
Ⓢ 350元
Ⓣ 300元
🅢 なし　🅕 ADJMV

両替　ビジネスセンター　インターネット　🆄 www.nnmyxd.com

城市便捷 南寧火車站店／城市便捷 南宁火车站店
じょうしびんしょう なんねいかしゃたんてん　chéngshi biànjié nánníng huǒchēzhàndiàn

広西チワン族自治区を中心に展開する「経済型」チェーンホテル。南寧駅の東側にあり非常に便利。

Ⓜ P.393-G5
🏠 興寧区中華路76号
☎ 5796882　📠 5796880
Ⓢ 210〜254元
Ⓣ 232〜266元
🅢 なし　🅕 不可

両替　ビジネスセンター　インターネット　🆄 www.dongchenghotels.com

南寧飯店／南宁饭店
なんねいはんてん　nánníng fàndiàn

南寧の繁華街中心部に位置する星なし渉外ホテルで、5つ星クラスの設備を誇る。

Ⓜ P.393-H6
🏠 興寧区民生路38号
☎ 2103889　📠 2622980
Ⓢ 450〜690元
Ⓣ 450〜690元
🅢 なし　🅕 ADJMV

両替　ビジネスセンター　インターネット

漢庭南寧火車站酒店／汉庭南宁火车站酒店
かんていなんねいかしゃたんしゅてん　hàntíng nánníng huǒchēzhàn jiǔdiàn

「経済型」チェーンホテル。南寧駅から徒歩15分の場所にある。部屋は広々としており清潔。

Ⓜ P.392-B1
🏠 興寧区中華路48号
☎ 2088088　📠 2088188
Ⓢ 159元
Ⓣ 169元
🅢 なし　🅕 不可

両替　ビジネスセンター　インターネット　🆄 www.huazhu.com

如家・南寧民族広場地鉄站東葛路店／如家·南宁民族广场地铁站东葛路店
じょか なんねいみんぞくこうじょうちてつえんとうかつろてん　rújiā nánníng mínzú guǎngchǎng dìtiězhàn dōnggělùdiàn

「経済型」チェーンホテル。民族大道の北側の通りにある。シンプルで清潔な部屋。

Ⓜ P.392-C2
🏠 青秀区東葛路27号銀宇大廈B座
☎ 5888585　📠 5858833
Ⓢ 169〜199元　Ⓣ 199元
🅢 なし　🅕 不可

両替　ビジネスセンター　インターネット　🆄 www.bthhotels.com

小嘟来食街／小嘟来食街
しょうとらいしょくがい　xiǎodūlái shíjiē

南寧の代表的な麺である老友麺やチワン族料理をはじめとする各種のメニューを取り揃えている。その数は200種類を超える。屋台のような雰囲気の気軽に楽しめるレストラン。ひとり当たりの予算の目安は50元。

Ⓜ P.393-H6
🏠 興寧区民生路38号南寧飯店錦繡楼2階
☎ 2103980
🕙 11:00〜14:00、17:00〜22:00
🈺 なし
🅕 不可

広西中国国際旅行社／广西中国国际旅行社
こうせいちゅうごくこくさいりょこうしゃ　guǎngxī zhōngguó guójì lǚxíngshè

車のチャーターは市内1日700元、揚美古鎮が1日800元。日本語ガイドの手配は1日800〜1000元だが非常に困難。事前に問い合わせを。

Ⓜ P.392-B2
🏠 興寧区新民路40号
☎ 2822514　📠 2822514
🕙 8:30〜12:00、14:30〜17:30
🈺 土・日曜、祝日　🅕 不可

山水画のような風景（灘江下り）

山水画の風景が眼前に広がる

桂林
（けいりん）

桂林 Guì Lín　　市外局番●0773

ウルムチ・　　　　　・ハルビン
　　　　　北京・　・大連
　　　西安・
　　成都・　　　　・上海
ラサ・　　　桂林
　　昆明・　　　○
　　　　　　広州・香港

都市DATA

桂林市
人口：522万人
面積：2万7809km²
6区9県2民族自治県を管轄

市公安局出入境管理処
（市公安局出入境管理処）
MP.399-C3
住七星区龍隠橋施家園路16
号
☎5829930
開5～9月8:30～12:00、
15:00～18:00
10～4月8:30～12:00、
14:30～17:30
休土・日曜、祝日
観光ビザを最長30日間延長
可能。手数料は160元

市人民医院（市人民医院）
MP.399-B2
住象山区文明路12号
☎2827626
開24時間　休なし

市内交通

【路線バス】運行時間の目安
は6:30～22:00、1～2元
【タクシー】初乗り2km未満9
元、2km以上1kmごとに1.9元
加算

市内を走る2階建ての路線バス

概要と歩き方

　桂林は広西チワン族自治区の北東部に位置する山に囲まれた町。町の北から南に流れる灘江沿いは、雨水で侵食されたカルスト地形が生み出した山水画のような景観が続く。2014年には、この景観が「桂林カルスト」として世界遺産「中国南部カルスト（2007年登録）」に追加登録された。

　桂林は、中国を初めて統一した秦がこの地に桂林郡を設置して以来、2000年以上の歴史をもつ。その間ずっと嶺南地方（広東省と広西チワン族自治区）の政治と経済、文化の中心地として栄えてきた町なので、市内には多数の国宝級の重要文化財があり、見どころは多い。特に七星公園の岩壁や崖に刻まれた2000以上の詩文や書画は、桂林碑林として賞賛されている。

　桂林の町は南北に延びる中山北・中・南路がメインストリート。特に桂林駅から解放東・西路にかけてはホテルが建ち並びとてもにぎやか。中山中路には夜市も立つ。このほか、中心広場を囲む正陽路や依仁路周辺には、地元の若者向けのおしゃれなレストランやバー、クラブなどがある。

　観光の要はハイライトである灘江下りと市内に点在する観光地巡り。一つひとつの見どころはじっくり見ればどれも時間がかかるが、市区の観光地を絞れば、2～3日あれば足りるだろう。また桂林郊外には、陽朔や龍勝などの観光スポットもある。ベストシーズンは灘江の水量が多い4月から10月。夏場はかなり気温が高くなるので、健康には注意。

　桂林の宿泊施設は、高級ホテルから安宿まで数も種類も豊富で、5月や10月の連休や夏休みを除けば、簡単に見つけられる。桂林を代表する食べ物はビーフン。きしめんのように平たい麺と、スパゲッティのような丸麺がある。いずれも汁麺とたれをからめるだけの汁なし麺がある。

	1月	2月	3月	4月	5月	6月	7月	8月	9月	10月	11月	12月
平均最高気温(℃)	11.8	12.5	16.7	22.4	27.2	30.5	32.8	32.9	30.6	25.7	20.0	14.7
平均最低気温(℃)	5.1	6.5	10.4	15.5	20.1	23.2	24.9	24.3	21.9	17.1	11.8	6.8
平均気温(℃)	8.1	9.1	13.1	18.5	23.2	26.3	28.2	27.7	25.7	20.9	15.2	10.1

町の気象データ（→P.517）：「預報」＞「広西」＞「桂林」＞区・県から選択

Access 交通

中国国内の移動→P.667　鉄道時刻表検索→P.26

✈ 飛行機

市区中心部の西約30kmにある桂林両江国際空港（KWL）を利用する。

国際線 日中間運航便はないので、広州や上海、香港などで乗り継ぐとよい。

国内線 北京、成都、重慶、広州、上海、西安などとの間に運航便があるが、便数の多い広州や上海とのアクセスが便利。

所要時間（目安） 北京首都（PEK）／2時間50分　上海浦東（PVG）／2時間15分　成都（CTU）／1時間40分　福州（FOC）／1時間45分　香港（HKG）／1時間30分

🚆 鉄道

南寧と長沙を結ぶ湘桂高速鉄道の途中駅である桂林駅、衡陽と柳州を結ぶ衡柳鉄路の途中駅である桂林北駅、貴陽と広州を結ぶ貴広高鉄線の途中駅である桂林西駅などがある。列車によって発着駅が異なるので注意すること。

所要時間（目安）【桂林（gl）】南寧東（nnd）／動車：2時間10分　広州南（gzn）／動車：3時間　長沙南（csn）／高鉄：3時間15分　【桂林北（glb）】南寧東（nnd）／動車：2時間40分　広州（gz）／動車：2時間50分　広州南（gzn）／高鉄：2時間25分　長沙（cs）／直達：5時間5分　【桂林西（glx）】広州南（gzn）／動車：2時間25分

🚌 バス

長距離バスがメインの桂林総合バスターミナルと、龍勝や三江方面など比較的近距離を結ぶバスがメインの桂林琴潭バスターミナルがある。

所要時間（目安） 南寧／5時間　陽朔／1時間30分　柳州／2時間30分　広州／6時間

▶Data

✈ 飛行機

● 桂林両江国際空港（桂林两江国际机场）
Ⓜ 地図外（P.398-A3左）　㊟ 臨桂区両江鎮
☎ インフォメーション＝2845359
　航空券売り場＝2845297
🕐 始発便～最終便　🈑 なし　🈲 不可
Ⓤ www.airport-gl.com.cn
[移動手段] エアポートバス（空港～桂林民航空券売り場）／20元、所要50分が目安。空港→市内＝始発便～最終便の間30分に1便　市内→空港＝6:00～21:30の間30分に1便　タクシー（空港～桂林駅）／100元、所要50分が目安
　3ヵ月以内の航空券を販売。

● 桂林民航航空券売り場
　（桂林民航广西客运销售服务中心）
Ⓜ P.399-B3　㊟ 象山区上海路18号桂林民航大廈
🕐 国内線＝3890002　国際線＝3847252
🕐 国内線8:30～21:00　国際線8:30～18:00
🈑 なし　🈲 不可
[移動手段] タクシー（航空券売り場～中心広場）／13元、所要15分が目安　路線バス／16、23、85、100路「安新小区」
　3ヵ月以内の航空券を販売。

🚆 鉄道

● 桂林駅（桂林火车站）
Ⓜ P.399-A3　㊟ 象山区中山南路39号　☎ 共通電話＝12306　🕐 24時間　🈑 なし　🈲 不可
[移動手段] タクシー（桂林駅～中心広場）／13元、所要15分が目安　路線バス／3、10、11、16、91、99、100路「桂林站」
　3日以内の切符を販売。

● 桂林北駅（桂林火车北站）
Ⓜ P.398-B1　㊟ 畳彩区北辰路站前路6号
☎ 共通電話＝12306

🕐 24時間　🈑 なし　🈲 不可
[移動手段] タクシー（桂林北駅～中心広場）／25元、所要20分が目安　路線バス／1、100、303路「桂林北站」
　3日以内の切符を販売。

● 桂林西駅（桂林火车西站）
Ⓜ 地図外（P.398-B1上）
㊟ 靈川県定江鎮江村荘上村
☎ 共通電話＝12306　🕐 9:10～21:30　🈑 なし
🈲 不可
[移動手段] タクシー（桂林西駅～中心広場）／45元、所要35分が目安　路線バス／22、303路「桂林西站」（ともに30分に1便）
　3日以内の切符を販売。

🚌 バス

● 桂林総合バスターミナル（桂林汽车客运总站）
Ⓜ P.399-A3　㊟ 象山区中山南路65号
☎ 3822666、3862358　🕐 6:00～21:00
🈑 なし　🈲 不可
[移動手段] タクシー（桂林総合バスターミナル～中心広場）／13元、所要10分が目安　路線バス／3、10、11、16、99、100路「汽车站」
　10日以内の切符を販売。南寧（3便）、陽朔（36便）、柳州（6便）、広州（3便）、珠海（3便）など。

● 桂林琴潭バスターミナル（桂林琴潭汽车客运站）
Ⓜ P.398-A4　㊟ 象山区翠竹路31号
☎ 3832703　🕐 5:30～21:00　🈑 なし　🈲 不可
[移動手段] タクシー（桂林琴潭バスターミナル～中心広場）／20元、所要20分が目安　路線バス／1、23路「琴潭客运站」
　5日以内の切符を販売。龍勝（6:10～17:50の間15～30分に1便）。
※龍勝へはノンストップ便と普通便がある。普通便は龍脊梯田入口の和平郷に停車するので、普通便乗車がおすすめ

広西チワン族自治区　桂林

概要と歩き方／アクセス

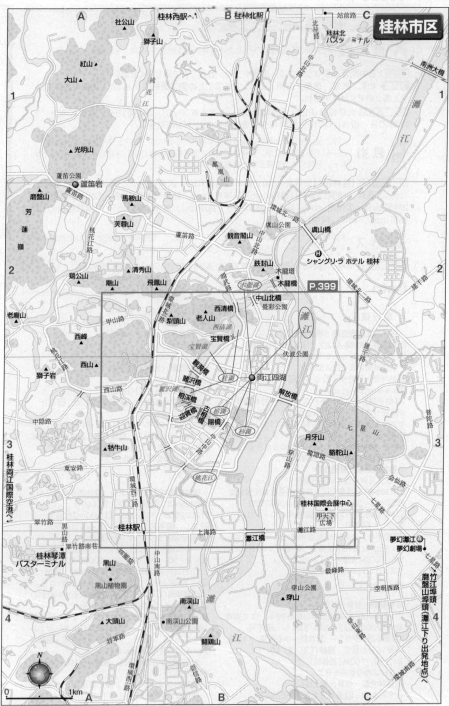

A B C

1 2 3 4

社公山
獅子山
紅山
大山
光明山
蘆笛公園　蘆笛岩
磨盤山
芳蓮嶺
馬鞍山
芙蓉山
桃花江路
鶏公山
清秀山
廟山
飛鳳山
老廟山
西峰
西山
獅子岩
西山路
中隠路
西清橋
犁頭山
老人山
宝賢橋
西清湖
宝賢湖
飯後橋
麗沢湖
榕沢橋
古榕橋
迎賓橋
陽橋
牯牛山
東安路
桃花江

桂林西駅へ
桂林北駅

站前路
北站路
桂林北バスターミナル
邕州大橋
環城北二路
観音閣山
鉄封山
木龍塔
木龍橋
木龍湖
中山北橋
畳彩公園
虞山橋
シャングリ・ラ ホテル 桂林
P.399
灕江
伏波公園
桂湖
両江四湖
解放橋
榕湖
杉湖
月牙山
七星山
駱駝山
龍隠路
会仙路
桂林国際会展中心
甲天下広場
普陀路

桂林両江国際空港へ
翠竹路
黒山路
翠竹路南巷
桂林琴潭バスターミナル
黒山
黒山植物園
桂林駅
中山南路
環城西路
七海路
灕江橋
灕江路
夢幻灕江
夢幻劇場
竹江埠頭、
磨盤山埠頭
（灕江下り出発地点）へ
七星路
穀峰路
空明西路

南渓山
南渓山公園
大頭山
闘鶏山
将軍路
灕江
環城西路
穿山公園
穿山
穿山路

N

0　　　　1km

● 見どころ　Ⓗ ホテル　Ⓢ ショップ　Ⓐ アミューズメント

見どころ

桂林は語れない　オススメ度 ★★★

灘江下り／漓江游　líjiāng yóu
りこうくだ

4～6時間

桂林観光のハイライトである灘江下りは、4時間30分ほどのクルーズで、桂林を南北に流れる灘江とそれに沿って連なる水墨画のような風景を存分に堪能できる。出発地点は竹江埠頭（4つ星船が中心）と磨盤山埠頭（3つ星船が中心）、到着地点は陽朔にある水東門埠頭（4つ星船）と龍頭山埠頭（3つ星船）。出港は一般的に9:00～10:30の間となっている。したがって、乗船券購入時に自分の乗る船がどの埠頭発着なのか、出港時間は何時なのかをしっかり確認しておく必要がある。

クルーズは陽朔到着をもって解散となる。陽朔に滞在する人は宿泊先へ、桂林に戻る人は陽朔観光終了後、県バスターミナル大村門分所へ移動する。

灘江下り
Ｍ地図外
※チケットの購入は下記または市内旅行会社にて

桂林市灘江風景名勝区市場拓展部
Ｍ P.399-B1
住畳彩区中山北路23号
☎2825502
時8:30～18:00
※翌日の乗船券販売
休なし
料4～11月：4つ星船＝450元（食事付き）、3つ星船＝300元（弁当付き）、270元（食事、弁当なし）
12～3月：4つ星船＝380元（食事付き）、3つ星船＝270元（弁当付き）、240元（食事、弁当なし）
交磨盤山埠頭または竹江埠頭まで、中心広場からタクシーで100元、所要50分が目安
Ｕ www.lijiangriver.com.cn

桂林市区中心

●・見どころ　Ｈホテル　Ｇグルメ　Ｓショップ　Ｔ旅行会社　図学校　圏病院　＝＝＝繁華街

黄布倒影。20元札が手元にあったら見比べてみよう

両江四湖
Ⓜ P.398-B2～3

両江四湖チケットオフィス
🏠秀峰区正陽路西巷3号桂林電影院傍
☎2837666
🕐8:00～21:30
休なし
🎫デイクルーズ70分コース「満江与四湖」＝90元
ナイトクルーズ90分コース「夜游両江四湖」＝210元、220元
ナイトクルーズ1時間コース「夜游四湖」＝220元（民族音楽の公演と鵜飼いのパフォーマンス付き）
Ⓤwww.glljsh.com
※デイクルーズの出発時間は9:50～16:40の間5便、ナイトクルーズは19:20～21:45の間だが、天気や乗客数に応じて変更されるので、事前確認するのが望ましい
※デイクルーズは解放橋六匹馬埠頭（ⓂP399-C2）と日月湾埠頭（ⓂP399-B2）の発着。ナイトクルーズは90分コースが解放橋六匹馬埠頭と文昌橋埠頭（ⓂP399-B3）の発着、1時間コースが日月湾埠頭の発着

灕江下りの主要スポット

▶九龍戯水（きゅうりゅうぎすい）／九龙戏水 (jiǔlóng xìshuǐ)

岸壁天帝からせり出しているコケが、龍が水と戯れている姿に見えることからこの名がついた。この龍は、天帝から桂林（キンモクセイ）を摘んでくるように命令された使いの龍だとの言い伝えがある。桂林の名は桂花がたくさんあることに由来している。

▶冠岩幽洞（かんがんゆうどう）／冠岩幽洞 (guānyán yōudòng)

岩の形が古代の皇帝の冠に似ていることからこう呼ばれる。岸壁にある穴の中は鍾乳洞になっていて、そこを抜けると桃源郷に行くことができるという伝説がある。小船やトロッコで見学できる。桂林市内からも1日ツアーがある。

▶楊堤風光（ようていふうこう）／杨堤风光 (yángdī fēngguāng)

最も桂林らしい景色を楽しめる灕江下りの注目ポイント。両岸の竹が鳳凰の尾羽のように見えるとされる。羊の蹄のような形の峰があり、天帝の皇女が迷った羊を追ってここに着き、船乗りの少年の吹く笛の音に魅せられて住み着いたという伝説がある。名前の由来はこの伝説「羊蹄（yángtí）」の音から転じて「楊堤（yángdī）」が当てられたともいわれている。

▶九馬画山（きゅうばがざん）／九马画山 (jiǔmǎ huàshān)

岸壁の岩肌と木々の緑が織りなす色の濃淡が大きな壁画のようで、そこには9頭の馬の姿が隠されているといわれる。

▶黄布倒影（こうふとうえい）／黄布倒影 (huángbù dǎoyǐng)

川底の黄色い石が透けて黄色の布を水に晒しているように見えることからこの名がある。20元札の裏面の絵の題材となった風景。興坪からの小船ツアーでのいちばんの見どころ。

桂林市内を船で遊覧　　　　　　　オススメ度 ★★★

両江四湖／两江四湖 liǎngjiāng sìhú
りょうこうしこ

桂林市は水の都ともいわれ、山水が織りなす景色の美しさで知られる。市内には灕江、桃花江のふたつの川と榕湖、杉湖、桂湖、木龍湖の4つの湖があり、これらを合わせて両江四湖と呼ぶ。なお、桂湖とは、宝賢湖、西清湖、麗沢湖の総称。四湖はもともといずれも天然の湖だが、木龍湖は過去に埋め立てられて工業団地になっていたことがあった。しかし、これらのすべてを移転させ、湖に戻すという大掛かりな事業の結果、桂林をかつての姿に戻そうという計画が実現し、1999年に現在の形となった。

この両江四湖は船で遊覧することができ、桂林の美しい景色が堪能できる。特に人気があるのがナイトクルーズ。杉湖にある日月塔と呼ばれるふたつの塔や、コースのあちこちに架けられた、世界各地の有名な橋を模した19の橋がライトアップされ美しい。乗船券はチケットオフィスのほか市内各所で買える。

象の形をした巨大な岩を中心とした公園　　オススメ度 ★★★

象山公園／象山公園　xiàngshān gōngyuán
ぞうざんこうえん

　桂林の市街地にある象山公園は灕江と桃花江の合流地点にある公園で、敷地内には象鼻山、普賢塔、雲峰寺などがある。その中心となっているのは公園の名前の由来にもなっている象鼻山。その形は、ゾウが灕江に鼻を入れて水を飲んでいる姿に見える。山頂にも登ることができ、市内を見渡すこともできる。

　ゾウの腹に当たる部分には洞窟があり、桂林の名産品として名高い三花酒という米焼酎の貯蔵庫がある。三花酒の名前の由来は、醸造時にアルコール度数を高めるために三度蒸留し、そのときに無数の泡が浮かび上がり花のように見えるためといわれている。貯蔵庫の向かいには博物館があり、ここで三花酒を買うことができる。

桂林最大の鍾乳洞　　オススメ度 ★★★

蘆笛岩／芦笛岩　lúdíyán
ろてきがん

　蘆笛岩は、中心広場の北西約3kmにある光明山内部にできた桂林最大の鍾乳洞。昔、山の斜面に小さな洞窟があり、そこを抜ける風の音が葦笛の音に似ていたことからこの名前がついた。入口の獅峰朝霞から出口の雄獅送客まで長さはおよそ500m、最も高い所で18m。地下水が豊富なため、内部には多彩な鍾乳洞が形成され、水晶宮や原始森林などと名づけられた見どころは30を超える。

　桂林を訪れた世界各国の国賓も必ずここを訪れるという。

市区最高峰からの眺めを楽しむ　　オススメ度 ★★★

独秀峰／独秀峰　dúxiùfēng
どくしゅうほう

　独秀峰は桂林市の中心部にそびえる山で、南宋の詩人顔延之が町なかにあって切り立った峰をもつ姿をたたえて「未若独秀者、峨峨邾邑間」と詠んだことからこの名がついた。独秀峰の頂上にある独秀亭からは、奇峰に囲まれた桂林の町を一望できる。

　独秀峰は明代の靖江王の居城である靖江王府がおかれた場所で、広西地方最大の科挙試験会場跡などがあり、桂林の歴史で重要な意味をもつ。麓にある靖江王府博物館ではその歴史を詳しく知ることができる。また、五百羅漢が納められた千仏岩と呼ばれる洞窟などがある。

山頂展望台からの眺め

象山公園
M P.399-B3
住 象山区濱江路1号
☎ 2206800
オ 4〜10月6:30〜18:30
　11〜3月7:00〜18:00
※入場は閉門30分前まで
休 なし
料 70元
交 1号門＝2路バス「象山公園」
U www.glxbs.com

ⓘ ▶▶ インフォメーション

桂林の見どころ共通券
象山公園＋畳彩山＋伏波山＝100元（2日間有効）
象山公園＋七星公園＝110元（2日間有効）
象山公園＋七星公園＋七星岩＝130元（2日間有効）
象山公園＋蘆笛岩＝140元（2日間有効）
象山公園＋蘆笛岩＋七星公園＋伏波山＋畳彩山＝180元（3日間有効）

蘆笛岩
M P.398-A1〜2
住 蘆笛路1号
☎ 2210889
オ 4〜10月7:30〜18:00
　11〜3月8:00〜17:30
※入場は閉門40分前まで
休 なし
料 110元
交 3路バス「芦笛岩」
U www.glludiyan.com

独秀峰
M P.399-B1
住 文教街王城1号広西師範大学内
☎ 2851941
オ 3〜4月、10月8日〜12月7日7:30〜18:00
　5月1日〜10月7日7:30〜18:30
　12月8日〜2月末日8:00〜18:00
※独秀峰に上れるのは夏季18:40まで、冬季18:10まで
休 なし　料 120元
交 1、2、18、99、100路バス「楽群路口」
※入場券購入後、ガイドが引率する。その際札を渡されるのでなくさないように。なお、独秀峰の西麓にある洞穴の太平岩は、ガイドと一緒でないと入ることができない
U www.glwangcheng.com

七星公園

七星公園／七星公園　qīxīng gōngyuán
しちせいこうえん

七星公園
M P.399-C2
住 七星路1号
☎ 5815050、5814343
オ 七星公園6:30〜21:30
※入場は閉門30分前まで
　七星岩8:00〜17:00
※8:30〜17:00の間30分に1
　回ガイド引率で洞窟に入る
休 なし　**料** 七星公園=70元、
七星岩=55元
交 10、11、14、18路バス「七
星公園」

オススメ度 ★★★

山の並びが北斗七星に似ていることからこの名前がついた。桂林最大規模の公園として、地元の人でにぎわっている。公園の入口は4つあり、正門は栖霞路にある栖霞大門。門を入った所にあるのが栖霞禅寺で、国内最大級の唐代建築寺院といわれている。

園内は広いので、ゆっくり回ると1日はかかってしまう。おもな見どころは、七星岩にある長さ約1kmの鍾乳洞や、「壁にもとの石はない」といわれるほど洞窟の壁一面に碑文が刻まれた桂林碑林、歴史ある仏教寺院の栖霞寺、駱駝が座っているように見える駱駝山などがある。駱駝山は、この山を背に元アメリカ大統領のクリントン氏が環境保護の演説を行ったことでも有名。公園の隣には動物園も併設されており、園内には2頭のパンダがいる。

郊外の見どころ

　オススメ度 ★★★

龍勝

龍勝／龙胜　lóngshèng
りゅうしょう

1日

龍脊梯田
M P.326-B2
住 龍勝各族自治県和平郷
☎ 7583188、7583088
オ 24時間　**休** なし
料 95元（平安チワン族梯田、
　金坑大寨紅ヤオ梯田、龍
　脊古状梯田）
※金坑大寨紅ヤオ梯田のロー
　プウエイ=片道60元、往
　復110元
交 桂林琴潭バスターミナルから
　「龙胜」（「慢车」）を利用し
　き で「和平乡龙脊梯田入口
　处」（所要約2時間）、徒歩5
　分。入場券を購入してから棚
　田間を結ぶバスに乗り換える
※「和平乡龙脊梯田入口处」
　から桂林への最終は18:30
　〜18:40頃発

日本人に人気の高い観光地の桂林だが、郊外にも魅力的な見どころがある。なかでも特に人気があるのが龍勝。桂林の北西約90kmにある自治県で正式名称は龍勝各族自治県といい、ミャオ族、ヤオ族、トン族、チワン族などの少数民族が暮らしている。

龍勝最大の見どころは、和平郷一帯に造られた棚田である龍脊梯田。元代から開墾が始まり、清代初期に現在の姿になったと伝わる。主要な棚田は金坑大寨紅ヤオ梯田と平安チワン族梯田。桂林からバスで和平郷に向かい、棚田を巡るバスに乗り換えるとよい。

ⓘ ▶▶▶ インフォメーション
龍脊梯田内の移動
龍勝バスターミナル、和平
郷龍脊梯田入口と、金坑大寨
紅ヤオ梯田、平安チワン族梯
田との間にはバスが運行されて
いる。乗車券は往復のみ販売。
▼和平郷〜金坑大寨紅ヤオ
　梯田：所要1時間、30元。
　龍勝バスターミナル発／
　8:00、8:30〜17:30の間1
　時間に1便。
　金坑大寨紅ヤオ梯田発／
　8:00、8:30〜17:30の間1
　時間に1便。
▼和平郷〜平安チワン族梯
　田：所要50分、20元。
　龍勝バスターミナル発／
　7:40、9:00、11:00、
　13:00、15:00、17:00。
　平安チワン族梯田発／
　7:40、9:00、11:00、
　13:00、15:00、17:00。
※龍勝バスターミナル発のバ
　スは30〜35分後に和平郷
　龍脊梯田入口を通る

　オススメ度 ★★★

陽朔

陽朔／阳朔　yángshuò
ようさく

2〜3日

陽朔
M P.326-C2　**住** 陽朔県
交 桂林総合バスターミナルか
　ら「陽朔」行きで終点（7:
　00〜21:00の間36便。30
　元、所要1時間30分）

桂林の南約70kmの所にある、周囲を奇峰に囲まれた小さな町。灕江下りの到着点で、日帰りツアーでは1〜2時間しか観光できないが、1泊してゆっくり楽しみたい。

メインストリートは西街。陽朔が一大観光地となる前に西洋人が多く滞在していたため洋人街とも呼ばれ、軒を連ねるホテルやレストラン、ショップにも英語の看板が目立つ。見どころは市街、陽朔公園のほか、郊外の月亮山、大榕樹景区など。また、張芸謀のプロデュースによる灕江を舞台にしたショー『印象・劉三姐』も見逃せない。

ホテル

シェラトン桂林ホテル／桂林喜来登饭店 ★★★★★
けいりん guìlín xǐláidēng fàndiàn

灕江沿いにある5つ星ホテル、周囲の環境はよい。屋外プールやフィットネスなどの施設も整っている。また、レンタサイクルも行っている。

両替 ビジネスセンター インターネット Ｕwww.sheraton.com

Ｍ P.399-B2
住 秀峰区濱江路15号
☎2825588 🆕2825598
Ｓ550～770元
Ｔ480～680元
サ10%＋6% カADJMV

桂林灕江大瀑布飯店／桂林漓江大瀑布饭店 ★★★★★
けいりんりこうだいばくふほんてん guìlín líjiāng dàpùbù fàndiàn

杉湖に面し、東に灕江、南に象山公園を望むなど、周囲の景観がすばらしい。

両替 ビジネスセンター インターネット Ｕwww.waterfallguilin.com

Ｍ P.399-B2
住 秀峰区杉湖北路1号
☎2822881 🆕2822891
Ｓ680～880元
Ｔ680～880元
サなし カADJMV

维也納酒店 桂林中山路店／维也纳酒店 桂林中山路店 ★★★
ウィエンナしゅてん けいりんちゅうざんろてん wéiyěnà jiǔdiàn guìlín zhōngshānlù diàn

「経済型」よりも上級で3つ星クラスの中級ホテルチェーン。会員カードを購入すると宿泊料の大幅割引が受けられる。

両替 ビジネスセンター インターネット Ｕwww.wyn88.com

Ｍ P.399-B2
住 秀峰区中山中路3号
☎2251888 🆕2251877
Ｓ349～419元
Ｔ399～419元
サなし カV

喆啡桂林観光酒店／喆啡桂林观光酒店
てつはいけいりんかんこうしゅてん zhéfēi guìlín guānguāng jiǔdiàn

香港企業がマネジメントを行っている4つ星クラスの高級ホテル。桂林駅から真っすぐ東へ行った灕江路にあり、駅から車で5分ほど。

両替 ビジネスセンター インターネット Ｕwww.plateno.com

Ｍ P.399-C3
住 七星区灕江路20号
☎5882688 🆕5813323
Ｓ408～418元
Ｔ428～438元
サなし カ不可

城市便捷桂林火车站店／城市便捷桂林火车站店
じょうしびんしょうけいりんかしゃたんてん chéngshì biànjié guìlín huǒchēzhàndiàn

「経済型」チェーンホテル。桂林駅に近く、桂林総合バスターミナルにも1kmほどの位置にあり、交通の便はよい。

両替 ビジネスセンター インターネット Ｕwww.dongchenghotels.com

Ｍ P.399-A3
住 象山区中山南路51号
☎3136000 🆕3136222
Ｓ199～232元
Ｔ221～243元
サなし カ不可

麗楓酒店·桂林火车站店／丽枫酒店·桂林火车站店
れいふうしゅてん けいりんかしゃたんてん lìfēng jiǔdiàn guìlín huǒchēzhàndiàn

清潔、かつリーズナブルな価格で使いやすい。桂林駅の真向かいにある路地を少し入った所にある。

両替 ビジネスセンター インターネット Ｕwww.plateno.com

Ｍ P.399-A3
住 象山区中山南路尚智巷64号 ☎3816699 🆕なし
Ｓ236～276元
Ｔ296元
サなし カ不可

桂林木犀旅舍／桂林木犀旅舍
けいりんもくせいりょしゃ guìlín mùxī lǚshè

シェラトン桂林ホテルの近くにある宿泊施設。若者が集まる正陽路に近く、食事や買い物に便利。

両替 ビジネスセンター インターネット

Ｍ P.399-B2
住 秀峰区人民路3号
☎2819936 🆕なし
Ｓ200元 Ｔ200元
Ｄ50～55元（4～6人部屋）
サなし カ不可

グルメ

崇善米粉店／崇善米粉店
すうぜんビーフンてん chóngshàn mǐfěn diàn

桂林名物のビーフンが手軽に味わえる店。地元の人に人気の老舗で、閉店まで客足の絶えることがない。ビーフン5～7元、ビーフンセットメニュー20元。

Ｍ P.399-B2
住 秀峰区依仁路5号
☎2826036
オ7:00～23:00
休なし
カ不可

旅行会社

桂林市天元国際旅行社／桂林市天元国际旅行社
けいりんしてんげんこくさいりょこうしゃ guìlínshì tiānyuán guójì lǚxíngshè

日本部をもつ旅行会社としては桂林市内一の規模。問い合わせに日本語で対応してくれるので安心。日本語のウェブサイトもある。市内での車チャーターは1日600元、日本語ガイドは市内および陽朔が1日350元、龍勝や三江など郊外が1日450元。

Ｍ P.399-C3
住 七星区灕江路26号国展購物公園写字楼5-10室
☎5808092 🆕5817771
オ9:00～12:00、
13:30～17:30
休なし カ不可
Ｕwww.chinatrip.jp/res/
about-us.htm

海口

ハイコウ
海口 Hǎi Kǒu

市外局番●0898

古くからの商家が残る中山路

ウルムチ● ●ハルビン
北京● ●大連
西安 ●上海
ラサ● 成都●
昆明● 広州●
海口○ ●香港

都市DATA

海口市
人口：163万人
面積：2315km²
4区を管轄
海口市は海南省の省都

市公安局出入境管理処
（市公安局出入境管理处）
MP.406-A4
住秀英区長濱路東三街7号
☎68590746
時8:30～12:00、
13:30～17:00
休土・日曜、祝日
観光ビザは最長30日間延長
可能。手数料は160元

省人民医院
（省人民医院）
MP.406-A3
住秀英区秀華路19号
☎66226666
時24時間 休なし

概要と歩き方

　中国大陸の南に浮かぶ海南島。この島が中国で最も新しい省、海南省だ。略称は「瓊（けい）」、簡体字では「琼(qióng)」と書く。その省都である海口市は、島の北端に位置する都市。温暖で四季があり、高温多湿、夏場から秋口にかけては台風の襲来もある。

　古来より海南島は、流刑地の代名詞、最果ての地として恐れられてきた土地で、11世紀の有名な官吏で詩人の蘇軾（蘇東坡）は死を覚悟してこの地に赴任したほどだった。中華人民共和国成立後は開発が進み、その後1988年に広東省から分離される形で海南省となった。

　省都として発展する海口では、2005年に粤海鉄道連絡船が就航し、本土とのアクセスを改善。また2010年末にはCRH高速鉄道が海口～三亜間の東回りで、2015年末には西回りでも営業を開始し、島内のアクセスも格段によくなった。高速道路網の整備も進み、なんと通行料金は無料。そうした一方で、昔と変わらぬたたずまいを見せる「老街」もある。旧市街のランドマークである鐘楼の南側、中山路や得勝沙路、新華路、博愛路あたりの一帯には騎楼というバルコニー付きの古い商店建築が数多く残る。

	1月	2月	3月	4月	5月	6月	7月	8月	9月	10月	11月	12月
平均最高気温(℃)	20.6	22.1	25.6	29.6	32.2	32.9	33.2	33.2	30.7	28.3	25.2	22.1
平均最低気温(℃)	14.7	15.8	18.5	21.9	24.2	25.2	25.1	24.9	24.3	22.2	19.4	16.2
平均気温(℃)	17.5	18.5	21.4	24.8	27.4	28.3	28.5	27.9	27.1	25.0	22.1	19.0

町の気象データ(→P.517)：「預報」>「海南」>「海口」>区から選択

Access 交通

中国国内の移動➡P.667　鉄道時刻表検索➡P.26

✈**飛行機** 市区中心部の南東約25kmに位置する海口美蘭国際空港(HAK)を利用する。

国際線 日中間運航便はないので、広州や上海、香港などで乗り継ぐとよい。
国内線 広州、上海、北京、長沙などとの間に運航便があるが、広州とのアクセスが便利。
所要時間(目安) 広州(CAN)／1時間10分　深圳(SZX)／1時間10分　福州(FOC)／1時間55分
　アモイ（XMN）／1時間50分　南寧（NNG）／1時間　長沙（CSX）／1時間50分　香港

(HKG)／1時間15分

鉄道

大陸本土と海南島を結ぶ列車は海口駅を利用する。三亜との間のCRH高速鉄道は一部海口駅発着があるが、ほとんどが海口東駅の発着。切符の入手は容易。

[所要時間(目安)]【海口(hk)】広州(gz)／直達：11時間5分　長沙(cs)／直達：19時間20分　上海南(shn)／快速:37時間20分　北京西(bjx)／直達:33時間45分　東方(df)／直達:1時間35分【海口東(hkd)】三亜(sy)／動車:1時間25分　文昌(wc)／動車:20分　東方(df)／動車:1時間30分

バス

市内にバスターミナルは4ヵ所あり、出発地や行き先によって異なる。広州や深圳など本土からの便のほか、三亜、東方（八所）、万寧、文昌など島内各地域からの便がある。

[所要時間(目安)] 万寧／2時間　五指山／4時間　三亜／4時間　文昌／1時間

船

海口と大陸の海安、北海を結ぶフェリーは秀英フェリーターミナルから出ている。

[所要時間(目安)] 海安／2時間　北海／11時間

Data

飛行機

●**海口美蘭国際空港**（海口美兰国际机场）
[M]**地図外（P.406-C3下）** [住]美蘭区美蘭国際機場
☎インフォメーション＝65760114
航空券売り場＝65751535
[オ]4:30～最終便　[休]なし　[カ]不可
[U]www.mlairport.com
[移動手段] **エアポートバス**（空港～民航海南省管理局航空券センター）／20元、所要40分が目安。空港→市内＝6:00～最終便の間30分に1便　市内→空港＝5:30～21:30の間30分に1便　**タクシー**（空港～海口公園）／60元、所要40分が目安　**CRH高速鉄道**／「美兰」　**路線バス**／21、41路「美兰机场」

●**民航海南省管理局航空券センター**（民航海南省管理局售票中心）
[M]**P.406-B2** [住]龍華区海秀東路9号海南民航賓館
☎66668355 [オ]8:00～21:00 [休]なし [カ]不可
[移動手段] **タクシー**（航空券センター～海口東駅）／10元、所要5分が目安　**路線バス**／1、4、8、10、13、16、28、29、38、40、41、60路「明珠广场」
3ヵ月以内の航空券を販売。

●**海南航空**（海南航空股份有限公司）
[M]**P.406-B2** [住]美蘭区国興大道7号新海航大厦
☎66710274 [オ]8:00～20:00 [休]なし [カ]不可
[移動手段] **タクシー**（海南航空～海口東駅）／10元、所要10分が目安　**路線バス**／64、89路「新海航大厦」
3ヵ月以内の航空券を販売。

鉄道

●**海口駅**（海口火车站）
[M]**P.406-A4** [住]秀英区粤海大道
☎共通電話＝12306 [オ]5:10～24:00
[休]なし [カ]不可
[移動手段] **タクシー**（海口駅～海口公園）／60元、所要40分が目安　**路線バス**／35、37、40路「火车站」
28日以内の切符を販売。

●**海口東駅**（海口火车东站）
[M]**P.406-B3** [住]瓊山区迎賓大道と鳳翔西路の交差点
☎共通電話＝12306 [オ]5:50～翌0:15
[休]なし [カ]不可
[移動手段] **タクシー**（海口東駅～海口公園）／25元、所要20分が目安　**路線バス**／11、38、49、53、56路「海口高铁东站」
28日以内の切符を販売。高速鉄道専用駅。海口では単に「东站」と言った場合、海口東バスターミナルを指すので注意。

バス

●**海口総合バスターミナル**（海口汽车客运总站）
[M]**P.406-B3** [住]瓊山区迎賓大道海口火車東站南側
☎共通電話＝66663855 [オ]6:00～20:30
[休]なし [カ]不可
[移動手段] **タクシー**（海口総合バスターミナル～海口公園）／25元、所要20分が目安　**路線バス**／11、38、49、53、56路バス「海口高铁东站」
3日以内の切符を販売。万寧（6:40～20:00の間25便）、五指山（7:15～18:30の間20便）など海南省便がメイン。

船

●**秀英フェリーターミナル**（秀英港客运站）
[M]**P.406-A2** [住]秀英区濱海大道102号
☎9693666 [オ]6:30～24:00 [休]なし
[カ]不可
[移動手段] **タクシー**（フェリーターミナル～海口公園）／25元、所要20分が目安　**路線バス**／6、7、28、35、37、39路「海口港」
北海行きは3日以内の乗船券を販売。海安行きは当日の乗船券のみ販売。北海行きは1日1便、海安行きは8:30発、10:00～18:00の間1時間に1便。19:30以降は不定期。

【路線バス】 運行時間の目安は6:30〜22:30、市区1〜2元、鉄道駅や空港などに向かう郊外行き3〜6元

【タクシー】 初乗り3km未満10元、3km以上1kmごとに2.1元加算

五公祠

M P.406-C3

住 瓊山区海府路169号

☎65855653

時 8:00〜18:00
※入場は閉門30分前まで

休 なし

料 5〜9月=17元
10〜4月=20元

交 1、4、11、12、14、37、38、41、45路バス「五公祠」

見どころ

唐宋代の重臣を祀る祠堂

オススメ度 ★★★

五公祠／五公祠　wǔgōngcí
ごこうし

　五公祠は、蘇軾（蘇東坡）がこの地に左遷されていた、1097（北宋の紹聖4）年に建てられた金粟庵を中心に、清代までに増築された建築群で構成される。

　ここには唐宋期（7〜13世紀）、当時の政権抗争に敗れ、失脚して海南島へ流刑となった5人の高官、李徳裕（唐代）、趙鼎、李光、胡銓、李綱（以上宋代）が祀られている。敷地内には、彼らの経歴を紹介する五公祠陳列館、海南第一楼、蘇東坡が掘ったという井戸「浮粟泉」などの見どころがある。

五公祠の中心的存在「海南第一楼」

明代の名臣が眠る墓所 　　　　　　　　　　オススメ度 ★★★

海瑞墓／海瑞墓　hǎiruìmù
かいずいぼ

　海口の出身で、明代中期の有名な政治家、海瑞（1514～
1587年）の墓所。正門には粤東正気の文字が刻まれた石牌
坊が立ち、花崗岩を敷き詰めた100mほどの墓道の両脇に
は石人や石獣が並び、厳かな雰囲気が漂っている。

　海瑞は幼くして父を失い、母の謝氏に厳しく育てられた。
1550（明の嘉靖29）年に科挙に合格。地方官を歴任し各地
で善政を行った。皇帝の側近に抜擢されても態度を変えるこ
となく、その清廉潔白な人柄は民衆に絶大な支持を受け、海
青天（青天は清廉潔白な官吏を指す）と呼ばれた。

海瑞墓
M P.406-A3
住 龍華区丘海大道39号
☎ 68966823
オ 8:00～18:00
休 なし
圓 15元
交 1、3、17、39路バス「秀
英区政府」。2、17、58路
バス「海瑞橋」

中央の丸い石積みが墓本体

ホテル

シェラトン海口ホテル／海口喜来登酒店　★★★
かいこう　hǎikǒu xǐláidēng jiǔdiàn　★★

敷地内にはヤシの木が茂り、南国情緒満点。屋外プールやスパ、フィッ
トネスなどの施設が充実している。

両替　ビジネスセンター　インターネット　**U** www.starwoodhotels.com

M P.406-A4
住 秀英区濱海路136号
☎ 68708888　FAX 68706975
S 609～709元
T 609～709元
サ 10%＋6%　カ ADJMV

海口中銀海航国商酒店／海口中银海航国商酒店　★★
かいこうちゅうぎんかいこうこくしょうしゅてん　hǎikǒu zhōngyín hǎiháng guóshāng jiǔdiàn　★★

市区繁華街に位置する。入口のすぐ北側には中国銀行があり、とて
も便利。

両替　ビジネスセンター　インターネット　**U** www.hnahotel.com

M P.406-B2
住 龍華区大同路38号
☎ 66/96999　FAX 66749484
S 449～479元
T 389～479元
サ なし　カ ADJMV

海口金銀島大酒店／海口金银岛大酒店　★★
かいこうきんぎんとうだいしゅてん　hǎikǒu jīnyíndǎo dàjiǔdiàn　★★

市区商業エリアに位置する。繁華街の海秀東路から少し離れており
静かな環境。

両替　ビジネスセンター　インターネット　**U** www.treasureisland-hotel.com

M P.406-B2
住 美蘭区藍天路16号
☎ 66763388　FAX 66715251
S 398～468元
T 368～468元
サ なし　カ ADJMV

金海岸羅頓大酒店／金海岸罗顿大酒店
きんかいがんら もとんだいしゅてん　jīnhǎiàn luódùn dàjiǔdiàn

海甸島に位置する高級ホテル。設備は4つ星相当。レストランでは、
広州、潮州、四川などの中国を代表する味や西洋料理を楽しめる。

両替　ビジネスセンター　インターネット　**U** www.golden.com.cn

M P.406-B1
住 美蘭区人民大道68号
☎ 66259888　FAX 66258889
S 418～550元
T 418～550元
サ なし　カ ADJMV

寰島泰得大酒店／寰岛泰得大酒店
かんとうタイド だいしゅてん　huándǎo tàidé dàjiǔdiàn

海甸島に位置し、敷地内には緑が多く落ち着いた雰囲気。屋外プー
ルやボウリング場、ジム、サウナがあり、設備は4つ星相当。

両替　ビジネスセンター　インターネット　**U** www.huandaotide.com

M P.406-C1
住 美蘭区和平大道18号
☎ 66268888　FAX 66265588
S 380元
T 380元
サ なし　カ ADJMV

錦江之星 海口東風橋酒店／锦江之星 海口东风桥酒店
きんこうしせい かいこうとうふうきょうしゅてん　jǐnjiāngzhīxīng hǎikǒu dōngfēngqiáo jiǔdiàn

「経済型」チェーンホテル錦江之星の海南省1号店。客室はシンプル
だが、シャワーやエアコンなどが完備されている。

両替　ビジネスセンター　インターネット　**U** www.jinjianginns.com

M P.406-C2
住 美蘭区文明東路36号
☎ 36371388　FAX 36351388
S 209～239元
T 199～229元
サ なし　カ 不可

旅行会社

海南遠通国際旅行社／海南远通国际旅行社
かいなんえんつうこくさいりょこうしゃ　hǎinán yuǎntōng guójì lǚxíngshè

列車切符の手配は1枚50元、日本語ガイドが1日600元、市内の車
のチャーターが1日600元。旅行のアレンジなどは日本語メールで
相談するとよい。　**U** www.hnhzhjq.com　✉ hnhpit@21cn.net

M P.406-C2　住 美蘭区藍天
路31号名門広場B座1806号
FAX 66568912（日本語可）
☎ 66742111（日本語可）
オ 9:00～12:00、14:00～18:00
休 土・日曜、祝日　カ 不可

東洋のハワイと呼ばれるビーチリゾート

三亜
さんあ

三亜 Sān Yà
サンヤー

市外局番 ●0898

南国らしい光景の天涯海角風景区

ウルムチ
ハルビン
北京　大連
ラサ　西安　上海
成都
昆明　広州
三亜　香港

都市DATA

三亜市
人口：69万人
面積：1918km²
4区を管轄

市公安局出入境管理処
（市公安局出入境自理処）
MP.410-C1
⬛鳳凰路162号
☎88869150、88869903
🕐8:00〜12:00、
　15:00〜18:00
🈺土・日曜、祝日
観光ビザを最長30日間延長
可能。手数料は160元

概要と歩き方

　三亜は海南島の最南端に位置する海南省第2の町で、漢民族のほかにリー族、ミャオ族、回族などの少数民族も多く住んでいる。海南島は長らく罪人の流刑地とされてきたが、特に三亜は、この世の果てを意味する「天涯海角」と呼ばれる土地だった。しかし、冬でも20℃を下回らない気候を生かし、国際的なビーチリゾート地として整備が進む。

　三亜のビーチは、3つの有名なエリアに分かれている。まずは三亜東部に位置する亜龍湾。このエリアは、まさに東洋のハワイと呼ばれるにふさわしい雰囲気。ふたつ目の大東海は、古くからのビーチリゾートで市街地に最も近い。3つ目は、市区西側に長く延びる三亜湾。

　町から山に入ると、リー族などの少数民族が昔から暮らす村が点在している。観光客向けに民俗村として開かれているスポットもあるので、彼らの暮らしに触れてみるのもよいだろう。そのような場所へ行くには車のチャーターが必要。

　三亜の観光シーズンは秋の中秋節、10月の国慶節（中国の建国記念日）連休から翌5月連休まで。特に春節（毎年変動。1月末〜2月中旬）は混雑し、ホテルの予約も困難となる。

町の気象データ（→P.517）：「預報」＞「海南」＞「三亜」

三亜市全図

●＝見どころ　🅷＝ホテル　✈＝空港　━━＝高速道路　━━＝鉄道　━━＝高速鉄道

中国国内の移動➡P.677　鉄道時刻表検索➡P.26

✈ 飛行機

市区中心部の西北11kmに位置する三亜鳳凰国際空港(SYX)を利用する。空港と市内を結ぶエアポートバスは2路線あるが、観光客には使いにくい。

国際線 関西 (7便)。

国内線 広州、上海、北京、長沙、杭州、西安などとの間に運航便がある。

所要時間(目安) 北京首都(PEK)／3時間55分　上海浦東(PVG)／3時間15分　広州(CAN)／1時間30分　長沙(CSX)／2時間20分

🚄 鉄道

東回り路線の高速鉄道、西回り路線の一般列車とも郊外の三亜駅を利用する。

所要時間(目安) 【三亜(sy)】海口東(hkd)／動車：1時間24分　広州(gz)／直達：14時間28分　北京西(bjx)／直達：37時間11分　長沙(cs)／直達：22時間42分

🚌 バス

市内にバスターミナルは3ヵ所あるが、中心部にある三亜バスターミナルの利用が便利。五指山、万寧、文昌など島内各地域からの便がある。

所要時間(目安) 海口／4時間　万寧／2時間30分　五指山／2時間30分　文昌／3時間30分

Data

✈ 飛行機

●三亜鳳凰国際空港（三亜凤凰国际机场）
Ⓜ P.408-B2　個羊欄鎮鳳凰村　☎88289389
🕓4:30～最終便　休なし　🚹不可
Ⓤ www.sanyaairport.com
[移動手段] エアポートバス (空港～大東海広場～亜龍湾の各ホテル)／全行程25元、所要1時間10分が目安　空港→市内＝到着便に合わせて運行　市内→空港＝電話予約 (☎38253315) するとホテルに回ってくれる　タクシー(空港～解放路・新風街)／50元、所要30分が目安　CRH高速鉄道／「凤凰机场」　路線バス／8、27、36路「凤凰机场」
●中国南方航空三亜航空券売り場
（中国南方航空公司三亚售票处）
Ⓜ P.410-B1　個迎賓路360～2号中信南航大厦4階　☎88679660
🕓8:30～18:00　休なし　🚹不可
[移動手段] タクシー(航空券売り場～解放路・新風街)／15元、所要15分が目安　路線バス／9、36、53路「警察公寓」
3ヵ月以内の航空券を販売。

🚄 鉄道

●三亜駅（三亚火车站）
Ⓜ P.408-B2　個育秀路10号　共通電話＝12306　🕓5:30～翌0:30　休なし　🚹不可
[移動手段] タクシー(三亜駅～解放路・新風街)／30元、所要25分が目安　路線バス／4、10、15、35、36、54、55、56路「三亚火车站」
28日以内の切符を販売。

🚌 バス

●三亜バスターミナル（三亚汽车站）
Ⓜ P.410-B3　個解放二路443号　☎66668955
🕓7:00～20:00　休なし　🚹不可
[移動手段] タクシー (三亜バスターミナル～三亜駅)／30元、所要15分が目安　路線バス／1、2、8、16、50、54、57路「汽车总站」
7日以内の切符を販売。海口(17便)、五指山(22便)、万寧(6便)、文昌(3便)など省内便がメイン。

見どころ

最果ての地と詠われた海岸

天涯海角風景区／天涯海角风景区
てんがいかいかくふうけいく　tiānyá hǎijiǎo fēngjǐngqū

オススメ度 ★★★

天涯海角は市区中心部の西約30km、天涯鎮東郊外、馬嶺山の迫る海岸沿いにある景勝エリア。総面積は約10㎢。

日の出や日の入りの光景が美しい所だが、

「天涯」と刻まれた岩は記念撮影のポイント

市人民医院（市人民医院）
Ⓜ P.410-B2
個解放三路588号
☎救急＝88259997
🕓24時間　休なし

市内交通

【路線バス】運行時間の目安は6:30～19:00、市区2～7元
※三亜駅行きは23:00まで
※観光に便利な路線は、亜龍湾底世界～天涯海角～南山～大小洞天という経路の25路で、運行時間の目安は7:30～18:00、2～17元
【タクシー】初乗り2.5km未満11元、2.5km以上1kmごとに2.2元加算

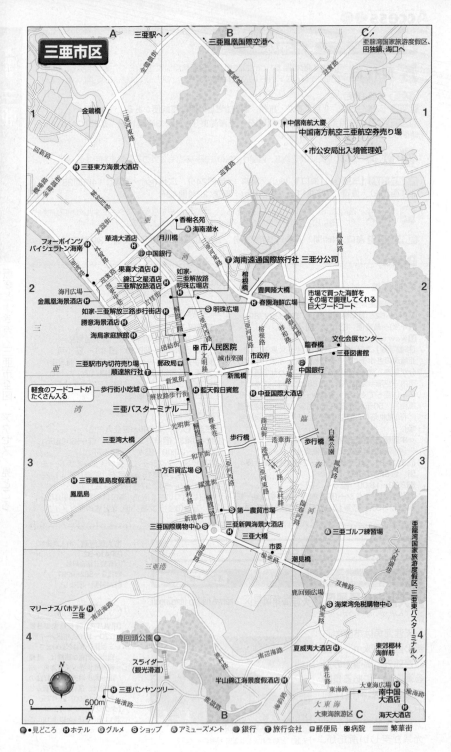

三亜市区

三亜駅へ→
A

三亜鳳凰国際空港へ→
B

亜龍湾国家旅游度假区、
田独鎮、海口へ→
C

1

金鶏橋

中信南航大廈
中国南方航空三亜航空券売り場

市公安局出入境管理処

三亜東方海景大酒店

2

フォーポインツ
バイシェラトン海南

香榭名苑
海南潜水

月川橋

華鴻大酒店

中国銀行

海南遠通国際旅行社 三亜分公司

果喜大酒店
錦江之星酒店
三亜解放路酒店

如家-
三亜解放路
明珠広場店

豊興隆大橋

市場で買った海鮮を
その場で調理してくれる
巨大フードコート

海月広場
金鳳凰海景酒店

榕根橋

春園海鮮広場

如家-三亜解放三路歩行街店
勝意海景酒店

明珠広場

海鳥家庭旅館

市人民医院

文化会展センター
臨春橋

三亜駅市内切符売り場
順達旅行社

文明路
城市楽園

市政府

三亜図書館

中国銀行

軽食のフードコートが
たくさん入る

歩行街小吃城

新風橋

解放路歩行街

藍天假日賓館

中亜国際大酒店

三亜バスターミナル

3

三亜湾大橋

歩行橋

歩行橋

白鷺公園

三亜鳳凰島度假酒店

鳳凰島

一方百貨広場

第一農貿市場

三亜国際購物中心

三亜新興海景大酒店

三亜ゴルフ練習場

亜龍湾国家旅游度假区、三亜東バスターミナルへ→

三亜大橋

市委

潮見橋

鹿回頭広場

海棠湾免税購物中心

4

マリーナスパホテル
三亜

鹿回頭公園

スライダー
(観光滑道)

三亜バンヤンツリー

夏威夷大酒店

東郊椰林
海鮮舫

大東海広場
南中国
大酒店

大東海
大東海旅游区

海天大酒店

0 ────── 500m

N

A

B

C

●見どころ　Ｈホテル　Ｇグルメ　Ｓショップ　Ａアミューズメント　銀行　旅行社　郵便局　病院　繁華街

ここが人々に知られるのは、入場して1kmほど歩いた海岸に姿を現す岩々のため。それぞれに「南天一柱」「天涯」「海角」といった文字が彫られており、「南天一柱」は2元札（手にすることは少なくなっている）の裏のデザインに使われたほど有名だ。また、「天涯」の文字は、清の雍正年間（18世紀前半）に崖州知府（崖州は現在の崖城鎮、知府とは当時の官職名）の程哲が記したものとされている。

リー族の伝説をテーマとする公園　オススメ度 ★★★

鹿回頭公園／鹿回头公园　lùhuítóu gōngyuán
ろくかいとうこうえん

　鹿回頭公園は市区の南約3kmの小山にある公園。山頂にはリー族発祥の伝説に登場するシカと少女、少年の巨大な像が立っている。かつてある少年がシカを追ってこの場所に来ると、シカは少女に変身し、ふたりが結ばれたのがリー族の始まりだという。

　ここからは三亜の市街地を一望できる。ただし、時間帯によって、写真を撮りたい方向が逆光となってしまうので注意が必要だ。市街地を撮りたい場合、日中のお昼前後に頂上に着くのがよい。

山頂にあるシカと少女、少年像

天涯海角風景区
Ⓜ P.408-B2
住天涯鎮天涯海角風景区
☎88910131
オ7:30〜19:30
※入場は閉門1時間前30分まで
休なし
料5〜9月＝80元
　10〜4月＝95元
交①16、25、26、55路バス「天涯海角」
　②タクシーを利用する。三亜バスターミナルから片道50元が目安
※景区内を一周する電動カートが運行されている（往復15元）
Ⓤ www.aitianya.cn

鹿回頭公園
Ⓜ P.410-A〜B4
住鹿嶺路鹿回頭景区
☎88213740
オ7:30〜22:30
※入場は閉門1時間30分前まで
休なし
料5〜9月＝35元
　10〜4月＝42元
※麓から山頂までの電動カート＝往復15元、運行時間は7:30〜22:00
交26、54、55路バス「鹿回头公園」

ホテル

シェラトン三亜リゾート／三亜喜来登度假酒店 ★★★ ★★
さんあ　sānyà xǐláidēng dùjià jiǔdiàn
プライベートビーチをもち、さまざまなマリンアクティビティを堪能できる。スパなども充実しており、くつろぎのひとときを過ごせる。
両替 ビジネスセンター インターネット Ⓤ www.sheraton.com/sanya
Ⓜ P.408-C2
住亜龍湾国家旅游度假区龍海路　☎88558855
FAX88558866　Ⓢ771〜1028元　Ⓣ771〜1028元
サ10%＋6%　カADJMV

三亜マリオット亜龍湾リゾート＆スパ／三亜亜龙湾万豪度假酒店 ★★★ ★★
さんあ　ありゅうわん　sānyà yàlóngwān wànháo dùjià jiǔdiàn
マリンアクティビティはもちろん、全客室にバルコニーが設けられており、美しいビーチを楽しめる。スパをはじめとするリラクセーションも完備。
両替 ビジネスセンター インターネット Ⓤ www.marriott.com
Ⓜ P.408-C2
住亜龍湾国家旅游度假区湾月路　☎88568888
FAX88567111　Ⓢ771〜1071元　Ⓣ771〜1071元
サ10%＋6%　カADJMV

ヒルトン三亜亜龍湾リゾート＆スパ／金茂三亜龙湾希尔顿大酒店 ★★★ ★★
さんあ ありゅうわん　jīnmào sānyà yàlóngwān xīěrdùn jiǔdiàn
亜龍湾に位置するリゾートホテル。広さが自慢の客室は、海を見渡すプライベートバルコニー付き。
両替 ビジネスセンター インターネット Ⓤ www.hilton.co.jp
Ⓜ P.408-C2
住亜龍湾国家旅游度假区湾月路　☎88588888
FAX88588588　Ⓢ870〜1170元　Ⓣ870〜1170元
サ10%＋6%　カADJMV

南中国大酒店／南中国大酒店 ★★ ★★
なんちゅうごくだいしゅてん　nánzhōngguó dàjiǔdiàn
大東海旅游区に位置する8階建て高級ホテル。三亜中心部にも近く、ビーチもすぐそばにあるなど、アクセスは非常に便利。
両替 ビジネスセンター インターネット
Ⓜ P.410-C4
住大東海旅游区榆亜路
☎88219888　FAX88219969
Ⓢ438〜558元
Ⓣ438〜558元
サなし　カADJMV

旅行会社

海南遠通国際旅行社 三亜分公司／海南远通国际旅行社 三亜分公司
かいなんえんつうこくさいりょこうしゃ　さんあぶんこうし　hǎinán yuǎntōng guójì lǚxíngshè sānyà fēngōngsī
海口に本社がある旅行会社の支店。列車の切符手配は1枚50元。日本語ガイドは1日600元、車のチャーター（市内）は1日600元。連絡は本社へ（→P.407）。✉hnhpit@21cn.net
Ⓜ P.410-B2
住解放三路688号C棟B単元4階403　☎66525599、32262388　FAXなし
オ9:00〜12:00、14:30〜18:00
休土・日曜、祝日　カ不可

平遥古城から片道約2時間！ 要塞村の「張壁古堡」に行こう！

※平遥→P.162

山西省と聞けば、黄土高原の荒涼とした風景が思い浮かぶ。世界遺産「平遥古城」がある平遥は、清代における金融の中心地だったので富豪や票号（為替業務を中心とした金融業）の大邸宅も数多く残っている華やかな場所だ。その平遥から鉄道とバスを乗り継ぐこと約2時間、張壁村までやってくると、やっと山西省らしい風景に出会える。

「張壁古堡」とも呼ばれる張壁村は、五胡十六国時代に要塞として築かれたと伝わり、すでに1500年近い歴史がある。しかし、張壁村はその悠久の歴史以上に全長10kmともいわれる地下道があることで知られている。

敵の目から兵士を隠すために造られたと考えられる地下道は、三層に分かれており、最上層は地表からわずか1m、最下層は地表から17～20mも深い所に掘られている。迷路のような内部には、貯蓄倉庫、落とし穴、のぞき穴などが残っている。2018年現在、発掘、整備されているのは約1.5kmで、その中を歩くことができる。

また、地上の村の通りは、軍事上の理由から十字路がなく、T字路ばかりになっている。明清代の建築が多く残る張壁村は、2005年に「中国十大魅力古鎮」にも選ばれたほど魅力的な村だが、軍事要塞とも砦ともいえる。私には「張壁古堡」と呼ぶほうがしっくりくるように思える。

（ライター／浜井幸子）

アクセス

①平遥駅（高速鉄道駅である平遥古城駅ではない）から西安方面に向かう列車で「介休」（所要30分）。下車後、介休駅前から4路バスで終点（1時間に1便。所要30分）
②平遥バスターミナルから「介休」行きで終点。（7:40～18:00の間30分に1便。所要1時間）。下車後、徒歩5分で介休駅に着くのでそこで4路バスに乗り換え終点

村のメインストリートに当たる紅順街を歩く羊の群れ。奥に見えるのは、南堡門。張壁村は、介休市中心部の東南約15kmの山中にあり、黄土高原らしい風景が広がる

古民居は宿泊施設になっているものもあるが、多くは住人が引っ越してしまい、空き家になっている。二郎廟、空王行祠などの廟は問題ないが、張家大院などは、旅行者が少ない時期は見学できない可能性もある

張壁村のいちばん北にある北堡門

上：地下道の出口。地下道内部は明かりも標識も少ないので、暗い所や狭い所が苦手な人にはおすすめできない 左：紅順街沿いに立つ永春楼。永春楼を抜けて行く賈家巷には、地元名士の家が集まっている

鉄道利用時の注意とヒント

列車内への持ち込み禁止品目が増加

　2016年1月に法令が改正され、高速鉄道および在来線への持ち込み禁止物が増え、個数制限も厳しくなった。おもな禁止品は次のとおり。

・中華包丁やアーミーナイフ、食事用ナイフなどの刃物類、護身具、モデルガン

※小型折りたたみナイフも持ち込み不可

・3個以上のライター

※要するに持ち込みできるのは2個まで

・120mℓを超えるスプレー缶

・ドリアンや臭豆腐など臭いのきつい物品類

・盲導犬を除くすべての生き物

高速鉄道の切符購入時に便利なメモ

　駅の窓口で切符を買うときには、中国語の心得がある程度あっても間違い防止のために筆談で頼むのが確実だ。下のような筆談メモを作っておくと便利。

「火車票代售処」を利用しよう

　外国人は公式サイトで切符を買うことが困難なうえ、駅でも身分証明書の関係で自動券売機を使用できない。そのため窓口に並ぶ必要があるが、昔より改善されたとはいえ窓口は混雑していて希望を細かく伝えることは難しい。町なかには「火車票代售処」と呼ばれる切符販売委託所があり、駅の窓口よりもすいている場合が多い。1枚につき5元の手数料がかかるが、利用する価値はある。「火車票代售処」の場所は下記の中国鉄路公式サイトから検索できる。トップページ左袖の"客票代售点査询"をクリックする。購入時はパスポートかパスポートのコピー

の提示が必須。

🌐 www.12306.cn

※関連記事→P.26

ネットで切符を予約するには

　公式サイトでは決済の関係で外国人の切符購入は難しいが、旅行予約サイトでは外国人でも国際クレジットカードを使って中国の鉄道切符予約・購入が可能。

　代表的なのはTrip.com。ネット上で予約・決済して予約番号を発行してもらい、駅などで切符を受け取る仕組み。「火車票代售処」で切符を受け取るときは1枚につき5元の手数料がかかるが、それ以外は手数料無料。別料金でホテルなど中国国内指定場所への配送も可能。

Trip.com

🌐 jp.trip.com

※切符受け取りにはパスポートが必須

Trip.comはスマホアプリもある。会員登録しておけば、切符予約が成功した場合には上記のような案内が届く。中国でスマートフォンを使えるようにしておけば、これとパスポートを窓口に提示するだけで切符を発券してもらえる

切符購入時の筆談メモ
※中国語が話せない人は下記のように手帳や紙に書き、パスポートと一緒に窓口に差し出すとよい。また、移動の大部分を鉄道と考えている人はひな形を造り、コピーして行くとよい

乗車希望日	曜日	列車番号
11月**10**日	(星期六)	**G345**次

※列車番号がわからないときは出発時刻を記入。間違いを避けるため24時間表記がおすすめ

乗車駅(都市)と出発時刻	降車駅(都市)と到着時刻	種類or等級	枚数
北京 (9:00) →	**上海** (14:00)	1 等	1 张

※駅名、種類や等級、枚数は簡体字で記入。また、出発時間や到着時間の希望があれば、それを加えてもよい

※簡体字がわからない人は本書掲載の都市のヘッダ部を参照するとよい

☐靠窗 (窓側)　☐靠通道 (通路側)　☐一人座　☐二人座　☐三人座

☐最早一班车次 (いちばん早い次の列車)

☐若无二等座时、一等座也可 (2等席がない場合は1等席でも可)

※希望があれば☐にチェックする。下線部はほかに希望する条件を加えても可

華南地方の玄関口となる国際都市

香港 ホンコン

香港 シャンガン Xiāng Gǎng

エリア番号●852

ビクトリア・ピークから見た香港の景観

ウルムチ・
・ハルビン
北京・
・大連
西安・
ラサ・
成都・
・上海
昆明・
広州・
・香港

都市DATA

香港特別行政区
人口：744万8900人
面積：1106.4k㎡
18区を管轄

在香港日本国総領事館
（在香港日本國總領事館）
MP.418-B2
住中環康楽広場8号交易広場
第1座46～47階
☎25221184
⊙9:15～12:00、13:30～16:45
休土・日曜、日本（一部）と
香港の祝日
Ⓤwww.hk.emb-japan.go.jp

香港入境事務処
（香港入境事務処）
MP.418-C2
住湾仔告士打道7号入境事務
大楼5階
☎28246111
⊙月～金曜8:45～16:30
　土曜9:00～11:30
休日曜、祝日
Ⓤwww.immd.gov.hk
日本国籍者は90日間までビ
ザ不要。延長ビザの申請には
パスポートと延長の理由を証
明する書類が必要。手数料は
190HK$

香港アドベンティスト病院
（香港港安醫院）
Ⓜ地図外（P.418-C2下）
住司徒抜道40号
☎36518888 ⊙24時間
休なし Ⓤwww.hkah.org.hk

概要と歩き方

　香港は、中国の深圳市の南にある九龍半島と、ビクトリア湾を挟んで南側にある香港島、そして周辺の島々からなる。イギリスにより150年余り統治されていた香港だが、1997年7月1日、中国へ主権が返還され、中華人民共和国香港特別行政区となった。返還後も香港と中国本土間には境界があり、出入境管理も厳しく行われているが、往来は返還前と比べ非常に便利になり、中国本土在住の人々の旅行解禁により、観光事業が急激に発展している。

　公用語は、中国語（中国の共通語である普通話）のほか、中国語の方言のひとつである広東語と英語。中国本土からの訪問者が増えた影響で、中国語も通じる場所が多くなり、コンビニエンスストアなどでも人民元が直接使えるようになってきた。大半の人は九龍半島に居住し、経済の中心は香港島の中環（セントラル）とその対岸の九龍半島の南端あたりにある。

　観光の目玉は、寺院や史跡などの観光スポットを回るというより、ショッピングやグルメ、夜景など、都会的な楽しみ。それぞれに特徴をもつ各エリアそのものが見どころともいえる。例えば、九龍半島側のメインストリートである彌敦道（ネイザンロード）は、さまざまなショップやレストランがひしめくばかりでなく、通り沿いにずらりと並ぶ看板が独特の雰囲気をつくり出し、夜にはそこにネオンがともって美しく活気あふれる夜景が楽しめる。

2階建てトラムが走る香港島

	1月	2月	3月	4月	5月	6月	7月	8月	9月	10月	11月	12月
平均最高気温(℃)	18.6	18.6	21.5	25.1	28.4	30.4	31.3	31.1	30.2	27.7	24.0	20.3
平均最低気温(℃)	14.1	14.4	16.9	20.6	23.9	26.1	26.7	26.4	25.6	23.4	19.4	15.7
平均気温(℃)	16.1	16.3	18.9	22.5	25.8	27.9	28.7	28.4	27.6	25.3	21.4	17.8

町の気象データ（→P.517）：「預報」＞「香港」＞「新界」「九龙」「香港」から選択

空港見取図➡P.662　中国国内の移動➡P.667　鉄道時刻表検索➡P.26

✈ 飛行機
市区中心部の西約35kmに位置するランタオ島の香港国際空港（HKG）を利用する。

国際線 成田（125便）、羽田（56便）、関西（128便）、中部（35便）、福岡（32便）、札幌（20便）、岡山（2便）、広島（3便）、米子（2便）、高松（4便）、熊本（2便）、鹿児島（10便）、宮崎（2便）、沖縄（27便）、石垣（6便）。

国内線 北京、広州、上海などの大都市のほか、中国各地の地方空港との間に運航便がある。

所要時間(目安) 北京首都（PEK）／2時間40分　広州（CAN）／1時間5分　アモイ（XMN）／1時間15分　南寧（NNG）／1時間45分　長沙（CSX）／1時間35分　三亜（SYX）／1時間35分

🚆 鉄道
2018年9月23日に開業した広深港高鉄の香港西九龍駅と、広東省方面とを結ぶMTR東鉄線の紅磡駅を利用する。

所要時間(目安) 【香港西九龍（xgxjl）】広州南（gzn）／高鉄：51分　長沙南（csn）／高鉄：3時間12分　北京西（bjx）／高鉄：8時間56分　【紅磡】広州東／直達：1時間59分　常平／直達：1時間12分　仏山／2時間58分　※紅磡駅のスケジュール確認は🆄 www.it3.mtr.com.hk

🚌 バス
香港と広東省、福建省の各都市を結ぶ直通バスが数多く運行されている。乗車するなら空港に着いてすぐに本土へ向かえる空港発便がおすすめ。

所要時間(目安) 深圳／1時間30分

🚢 船
九龍半島（中港城）と香港島（香港マカオ）の各フェリーターミナルから、それぞれマカオや広東各都市に向かうフェリーが出航する。香港国際空港に直結するスカイピアは、飛行機で香港に発着する人のみ利用可。

所要時間(目安) マカオ／1時間　深圳／1時間

🔲 Data

✈ 飛行機
●香港国際空港（香港国際機場）
M P.416-A2　**住** ランタオ島赤鱲角
☎ インフォメーション＝21818888
⌚ 24時間　休 なし　🅿 ADJMV
🆄 www.hongkongairport.com
[移動手段] MTR機場快線（空港〜香港駅）／115HK$、所要24分が目安。5:50〜翌0:48の間多数運行。詳細➡🆄 www.mtr.com.hk　タクシー（空港〜中環）／295HK$、所要40分が目安　エアポートバス／路線多数あり。詳細➡🆄 www.hongkongairport.com（Transportの項目）
※機場快線の香港駅、九龍駅から主要ホテルを結ぶシャトルバスが運行されている。機場快線利用者は無料

🚆 鉄道
●香港西九龍駅（香港西九龍站）
M P.416-B2　**住** 香港九龍香港西九龍站
☎ インフォメーション＝21063888
⌚ 切符売り場／23:00〜23:00　休 なし
🅿 MV　🆄 www.highspeed.mtr.com.hk
[移動手段] MTR／西鉄線「柯士甸」。東涌線、機場快線「九龍」
　28日以内の切符を販売するが、外国人旅行者は窓口での購入は不可。高速鉄道専用駅。
●紅磡駅（紅磡站）
M P.420-C1　**住** 九龍油尖旺区紅磡站
MTR城際客運サービスホットライン
☎ 29477888　⌚ 7:00〜19:00　休 なし
MTRホットライン

☎ 28818888　⌚ 月〜金曜8:30〜18:00　土曜8:30〜13:00　休 日曜、祝日
🅿 ADJMV（ネット予約と電話予約の場合のみ）
[移動手段] MTR／西鉄線「紅磡站」。尖東から4.5HK$、所要3分が目安
　30日以内の切符を販売。

🚌 バス
●永東バス（永東巴士）
☎ カスタマーサービス＝37600888
🆄 www.eebus.com
●中国旅游運（香港中旅旅運）
☎ カスタマーサービス＝36040118
🆄 www.hkctsbus.com

🚢 船
　利用フェリーターミナルやスケジュール、料金、前売り情報などは各運航会社ウェブサイトで最新情報を確認するとよい。
●ターボジェット（噴射飛航）
🆄 www.turbojet.com.hk
●CKS（珠江客運）
🆄 www.cksp.com.hk
●コタイジェット（金光飛航）
🆄 www.cotaiwaterjet.com
●中港城フェリーターミナル（中港城碼頭）
M P.420-A2　**住** 尖沙咀広東道33号
🆄 www.chkc.com.hk
　マカオ、珠海、中山などとの間に運航便がある。
●香港マカオフェリーターミナル（港澳碼頭）
M P.418-B2　**住** 上環信徳中心336号
　マカオ、深圳（蛇口）などとの間に運航便がある。

香港市内交通

各交通機関はおつりが出ないものが多く、小銭が必要。ほとんどの乗り物に使えるプリペイドカード、オクトパス（八達通）（150HK$～）を買うと便利。ツーリスト用もある（詳細→P.417参照）。

バス

2階建てのバスと普通のバスがある。九龍側は尖沙咀のスターフェリーピア、香港側は交易広場（エクスチェンジスクエア）と金鐘がおもな起点となるバスターミナル。前ドアから乗車時に支払う。運賃は距離やルートで異なる。

▶九巴（KMB）＝Ⓤwww.kmb.hk
▶城巴（シティバス）、新巴（ファーストバス）＝
Ⓤwww.nwstbus.com.hk

ミニバス

黄色い車体のマイクロバス。車上部が緑色のものは路線と停留所が決まっており、赤いもの

2階建てのエアポートバス（城巴機場快線）

は出発地と目的地のみ決まっている。走行ルート上ならどこでも乗降できるが、現地の言葉を話せない旅行者には使いにくい。シートベルトが付いている場合は着用の義務があるので要注意。運賃は距離やルートで異なる。

トラム

香港名物の2階建てが多く、乗りやすい。運行時間は路線によってまちまち。後部ドアから乗り、降りる際に運転席の横にある箱に料金を支払う。2.6HK$。
Ⓤwww.hktramways.com

フェリー

トラムは香港の町によく似合う

ビクトリア湾には九龍側と香港島側を結ぶフェリーが数ルートある。観光客を含め、最も利用度が高いのは中環～尖沙咀の天星小輪（スターフェリー）。運航時間は6:30～23:30の間6～12分に1便。1階席2.2HK$（土・日曜、祝日は3.1HK$）、2階席2.7HK$（土・日曜、祝日は3.7HK$）。

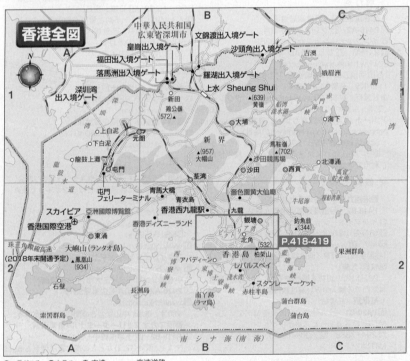

香港全図

P.418-419

● 見どころ　Ⓗ ホテル　✈ 空港　━━━ 高速道路

観光客にも人気のある天星小輪（スターフェリー）

香港の夜景は必見

Ⓤwww.starferry.com.hk
MTR（地下鉄）
　乗り方も日本の地下鉄と変わらず、観光客でも利用しやすい。渋滞もなく、海底トンネルで九龍側と香港島側も行き来できて便利。荃湾線、観塘線、将軍澳線、港島線、機場快線（エアポートエクスプレス）、東涌線、迪士尼線、東鉄線、西鉄線、馬鞍山線などの11路線がある。運行時間は6:00～翌1:00、5～61.5HK$。
Ⓤwww.mtr.com.hk
路線図→P.680
タクシー
　3色あり、赤は九龍半島南部と香港島、緑は新界、水色はランタオ島と市街エリアと決まっている。ただし、香港国際空港へはどの色のタクシーでもOK。
　香港島と九龍半島南部（赤のタクシー）の場合、初乗り2kmまで24HK$、以降200mごと（および待ち時間1分ごと）に、メーターの表示

が83.5HK$未満の場合は1.7HK$ずつ、メーターの表示が83.5HK$以上の場合は1.2HK$ずつ、それぞれ加算。
　海底トンネルを利用した場合はメーターの料金に20～65HK$加算（特定の乗り場からは不要）。またはトランクに入れる荷物は1個につき6HK$加算。
Ⓤwww.td.gov.hk
香港の交通系ICカード
　香港では日本に先駆け、1997年9月から交通系ICカード（オクトパス）を導入したが、すでに発行枚数は香港総人口の2倍を超えるほど市民に受け入れられている。交通機関以外、セブン-イレブンなどのコンビニをはじめ、マクドナルドなどファストフード店、さらにはマカオの一部店舗でも使用できる。中国名は八達通。購入やチャージ（香港ではリロードという）は地下鉄駅などで可能。旅行者向けのエアポート・エクスプレス・ツーリスト・オクトパスなどもある。
　詳細は下記ウェブサイトを参照。
香港交通系ICカードオクトパス
（Octopus／八達通）
Ⓤwww.octopus.com.hk

メビウスの輪がデザインされたオクトパス。カードに破損があった場合は30HK$を支払う必要があるので大切に扱うこと

見どころ

100万ドルの夜景を見に行こう
オススメ度 ★★★

ビクトリア・ピーク／山頂 サーンディン
1時間～

　香港島や九龍半島の超高層ビル群やビクトリア湾、周囲の島々などが見渡せる観光ポイントで、「ザ・ピーク」とも呼ばれる。「100万ドルの夜景」と絶賛される美しい景色を見るため、多くの人々がここを訪れる。
　ビクトリア・ピークに行くにはピーク・トラムという急勾配を上る登山列車に乗るのがポピュラー。トラムの進行方向右側に高層ビルや海が見える。ビクトリア・ピークの頂上にはピーク・タワーという建物があり、レストランやおみやげ店などが入居しているほか、屋上にはスカイテラス428という展望施設がある。

ビクトリア・ピーク
MⒶP.418-B2
住香港島太平山頂
営24時間　休なし　料無料
交①中環花園道の「山麓」駅からピーク・トラム。片道＝37HK$、往復＝52HK$
②中環交易広場から15番バス。9.8HK$
Ⓤthepeak.com.hk

スカイテラス428
MⒶP.418-B2
住香港島山頂道128ピーク・タワー
☎28490668
営月～金曜10:00～23:00　土・日曜、祝日8:00～23:00
休なし
料52HK$（オーディオガイド付き）
※ピーク・トラムとのセット券は片道＝84HK$、往復＝99HK$

アベニュー・オブ・スターズ
MP.420-B2
住尖沙咀東海濱平台花園
開24時間
休なし
交MRT「尖沙咀」

スターの手形が並ぶ遊歩道　　オススメ度 ★★★

アベニュー・オブ・スターズ／星光大道　センゴンダイドウ

　香港映画をテーマにして造られたオブジェクトを展示している。映画俳優や映画監督のネームプレート（一部には本人の手形が入ったものもある）、香港アカデミー賞で授与されるブロンズ像の巨大像などがあるが、一番人気は決めポーズを取ったブルース・リーの銅像。

　もとはビクトリア湾に面した尖沙咀海岸沿いの遊歩道に設置されていたが、遊歩道が改修工事に入ったため、2018年8月現在、尖沙咀の東海濱平台花園、星光花園（ガーデン・オブ・スターズ）および星光影廊（スターギャラリー）に移設、展示されている。遊歩道の工事完了は2019年始めを予定。

香港アカデミー賞で授与されるブロンズ像を再現した巨大像

東海濱平台花園に移設、展示されているブルース・リー像

香港中心

九龍半島

ランガムプレイス H
ハーバー ホテル H
ミニマル ホテル バザール H
旺角／Mong Kok
通菜街
仏光街

1

新油麻地避風塘
ヒスイ市
油麻地／Yau Ma Tei
何文田／Ho Man Tin

九龍／Kowloon

佐敦／Jordan
柯士甸 Austin
紅磡 Hung Hom
黄埔 Whampoa

九龍公園

中港城フェリーターミナル
尖沙咀／Tsim Sha Tsui

ビクトリア湾
スターフェリーピア
東尖沙咀 East Tsim Sha Tsui
P.420

在香港日本国総領事館
上環／Sheung Wan
香港マカオフェリーターミナル
中環／Central
マンダリン オリエンタル 香港
スターフェリーピア
グランド ハイアット 香港

2

西営盤／Sai Ying Pun
香港大学／HKU
ミングル プレイス オン ザ ウイング H
ヒルサイド・エスカレーター
グッズ・オブ・デザイア S
沾仔記
ザ・ランドマーク マンダリン オリエンタル 香港 H
鏞記酒家
スカイテラス428
ピーク・タワー
ビクトリア・ピーク
堅尼地城／Kennedy Town
山頂公園

交易広場
アイランド シャングリ・ラ 香港
名都酒楼
金鐘 Admiralty
茶具文物館
香港公園
華夏保健
香港入境事務処
リーガル アイクラブ 湾仔ホテル H

中国外交部簽証部
華潤大厦（中国ビザ申請）
香港回帰紀念碑
波斯富街
港湾道
湾仔／Wan Chai
ウォールデン ホテル
跑馬地馬場

百徳新街
ビクトリア公園
銅鑼湾 Causeway Bay
ランソン プレイス ホテル
香港アドベンティスト病院へ

● 見どころ　H ホテル　G グルメ　S ショップ　A アミューズメント　T 旅行会社　国 学校　H 病院　—— 荃湾線　—○— 観塘線

418

香港歴史博物館／
ほんこんれきししはくぶつかん
香港歴史博物館　ヒョンゴンレクシーポッマッグン

　香港の歴史と自然について、楽しみつつ知ることができる博物館。常設展は8つの展示区に分かれ、4億年前の昔から現代にいたるまでを、立体模型やマルチメディアを用いて紹介している。1階で見応えがあるのは、香港の4つの民族を紹介する展示。水上生活者の暮らしぶりや、伝統的な祭りの様子を表した模型が目を引く。2階は近代から現代までの展示となっており、レトロな質屋や雑貨屋などの実物大模型が並び楽しい。

　館内ではオーディオガイドが借りられるほか、10ヵ所で4〜10分間の映像資料を見ることが可能。ミュージアムショップも品揃えがよくおみやげ探しにもってこい。

現代的な建物内にある

香港歴史博物館
MP420-C1
住尖沙咀漆咸道南100号
☎27249042
オ月・水〜金曜10:00〜18:00
　土・日曜、祝日10:00〜19:00
　クリスマスイブと大晦日は
　10:00〜17:00
休火曜、春節2日間
料10HK$
※常設展は通年無料
交MTR「尖沙咀」
Uhk.history.museum

長洲饅頭祭を表した巨大模型

特別行政区　香港

見どころ／香港中心マップ

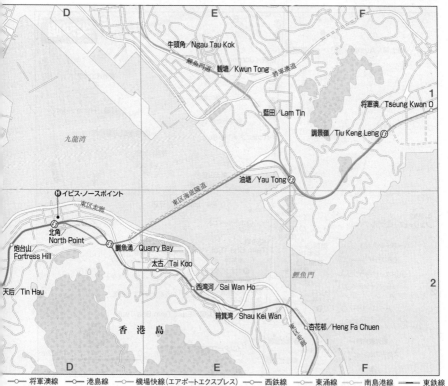

牛頭角／Ngau Tau Kok
鯉魚門道　観塘／Kwun Tong
將軍澳道
藍田／Lam Tin
將軍澳／Tseung Kwan O
調景嶺／Tiu Keng Leng

九龍灣
東區海底隧道
油塘／Yau Tong

Hイビス・ノースポイント
東區走廊
北角／North Point
炮台山／Fortress Hill
鰂魚涌／Quarry Bay
太古／Tai Koo
天后／Tin Hau
西灣河／Sai Wan Ho
鯉魚門
筲箕湾／Shau Kei Wan
杏花邨／Heng Fa Chuen

香　港　島

1

2

D　　　　　　　E　　　　　　　F

━━ 將軍澳線　━━ 港島線　━━ 機場快線（エアポートエクスプレス）　━━ 西鉄線　━━ 東涌線　━━ 南島港線　━━ 東鉄線

419

マンダリン オリエンタル 香港／文華東方酒店 ★★★★★
ホンコン　マンワートンフォンザウティム

香港島のビジネス街、中環の一等地に立つ。25階にはミシュランガイドの星を獲得したフランス料理や広東料理の名店がある。

両替　ビジネスセンター　インターネット　U www.mandarinoriental.co.jp/hongkong

M P.418-B2
住 中環干諾道中5号
☎ 25220111
S 3800HK$〜
T 3800HK$〜
サ 10%　カ ADJMV

ミニマル ホテル バザール／簡悦酒店・旺角 ★★★
ガンユッザウティム・ウォンゴッ

MTR「旺角」駅から徒歩8分。「油麻地」駅にも近いこぢんまりとしたホテル。客室は狭いが必要最低限のものは揃っている。

両替　ビジネスセンター　インターネット　U www.minimalhotels.com.hk/bazaar

M P.418-C1
住 旺角広東950号(近鼓油街)
☎ 21170033　FAX 21170022
S 600HK$〜
T 600HK$〜
サ 10%　カ JMV

ハーバーホテル／豪畔酒店 ★★★
ホウブンザウティム

MTR「旺角」駅から徒歩8分、下町の雰囲気のある広東道にあるリーズナブルなホテル。ホテルランガムプレイスにも近い。

両替　ビジネスセンター　インターネット　U www.harbourhotel.com.hk

M P.418-C1
住 旺角広東道968-970号
(近山東街)
☎ 27713300　FAX 27713220
S 500HK$〜
T 600HK$〜
サ なし　カ AMV

糖朝／糖朝
とうちょう　トーンチウ

香港スイーツの代表店として日本人に人気の高い店。スイーツだけでなく、粥、麺、点心類などの食事もできる。ひとり当たりの予算額は50〜100HK$。U www.sweetdynasty.com

M P.420-B2　住 尖沙咀漢口道28
号亜太中心地庫8舗　☎ 21997799
営 月〜金曜8:00〜24:00(金
曜のみ翌1:00)、土・日曜、
祝日7:30〜24:00
休 なし　カ 不可

A　B　C
尖沙咀

● 見どころ　H ホテル　G グルメ　S ショップ　A アミューズメント　T 旅行会社　国 学校
—○— 荃湾線　—○— 西鉄線　━━━ 東鉄線　⊘ 乗り換え駅

グルメ

鏞記酒家／鏞記酒家　ヨウゲイザウガー　ヨンゲイザウガー

1942年創業、ガチョウのローストで有名な広東料理レストラン。ミシュランガイドでも星を獲得している。ふたり分からオーダーできるセットメニューあり。U www.yungkee.com.hk

M P.418-B2　**住** 中環威霊頓街32-40号　**☎** 25221624　**⌚** 11:00～23:30　**休** 春節3日間　**力** AJMV

ショップ

裕華国貨／裕華國貨　ゆうかごっか　ユーワーゴッフォ

中国系の製品を扱うデパート。品揃えもよく、品質も確かなので、日本へのおみやげを買うのに最適。漢方系の化粧品、漢方薬、中国茶、シルク製品、チャイナドレスなどが揃う。

M P.420-B1　**住** 佐敦彌敦道301-309号　**☎** 35112222　**⌚** 10:00～22:00　**休** 不定　**力** AMV　U www.yuehwa.com

旅行会社

H.I.S.香港支店／H.I.S. (Hong Kong) Co., Ltd.　エイチアイエスホンコンしてん

日本の大手旅行会社H.I.S.（エイチ・アイ・エス）の香港支店。エスカレーターで上がった建物の2階にある。航空券、ホテル、オプショナルツアー、送迎、ガイド、中国ビザなど各種手配が可能。U www.his.com.hk

M P.420-B1～2　**住** 尖沙咀金馬倫道33号102号舗　**☎** 39616999　23695275　**⌚** 月～金曜9:30～18:00　土曜9:30～15:00　**休** 日曜、祝日　**力** AJMV

---

① ▶▶ インフォメーション

中国のインターネット規制とWi-Fiの注意点

中国では「金盾」と呼ばれる国家プロジェクトのインターネット規制により、インターネットの規制や検閲が広範囲かつ厳格に実施されている。日本や諸外国で何の不自由もなく使えているサービスが中国に入国したとたんに使えなくなり、特にビジネスの場合は非常に困ることになる。

2018年8月現在、下記のようなサービス（いずれも代表例）が中国では遮断されて利用できない。さらに、2017年には従来検索サービスが利用できていたYahoo!（ヤフー）が検索できなくなった。一部のブログサービスや、香港・台湾系のニュースサイトも遮断されている。

【SNS】
・Twitter（ツイッター）・Facebook（フェイスブック）・LINE（ライン）
【検索サイト】
・Google（グーグル）・Yahoo!（ヤフー）
【動画サイト】
・YouTube（ユーチューブ）・ニコニコ動画
【メールサービス】
・Gmail（ジーメール）
【その他】
・Googleマップ・Dropbox（ドロップボックス）・Flicker（フリッカー）・Messenger（メッセンジャー）・Wikipedia（ウィキペディア）・5チャンネル

Wi Fiルーターの利用時はVPNを付けよう

日本でWi-Fiルーターを借りて中国で使おうという人が増えているが、対策をしないと上記のようなサービスにつながらない。ホテルなどのWi-Fi経由で接続する場合も同様だ。旅行中に使い慣れたSNSなどを使えないのは不便なので、レンタルルーター各社ではオプションで有料VPNサービスを用意している。

VPNを介せば中国の規制を受けずに各種サービスが使えるので、ストレスを感じたくないなら追加して損はない。無料のVPNサービスもあるにはあるが、規制とのいたちごっこでつながらないことも多く、あまりおすすめできない。

特にビジネスの場合は事前対策を

ビジネスで渡航する場合、VPNなどの知識がない人は「金盾」の影響を受けるサービスをなるべく使わないのがいちばんの自衛策。特に、Gmailを常用している人は日本の送り手が中国にいる受信者にメールが届いているかどうかを確認する方法が送信側にはない。その点注意したい。

Googleマップの代わりには中国独自の「百度地図」を普段から使って慣れておくとよい。

百度地図
U map.baidu.com

中国のWi-Fiと携帯事情

中国ではあらゆる層にスマートフォンが普及しており、支払いをスマートフォンにWeChat Pay（ウィチャットペイ／微信支付）やAlipay（アリペイ／支付宝）という決済サービスをダウンロードして、支払いをキャッシュレスで済ませる人が増えている。また、タクシーの呼び出しやネット通販もスマートフォンの専用アプリと決算サービスを結びつけて活用している。

こうしたアプリは、外国人でも国際クレジットカードでアカウントを取得し、使えるようになっている（→小特集P.22～24）。

無料Wi-Fiスポットは各所にある。レストランやカフェなどではWi-Fiサービスがないほうが珍しいくらい。パスワードは店内表示してあったり、レシートに記載されていたり、スタッフに尋ねる方法だったりといろいろ。

日本で使っているスマートフォンを中国で使う場合、Wi-Fi経由でなく、中国の携帯会社とローミングしてデータ通信することも可能で、「金盾」の影響も受けない。ただし、事前に定額コースに申し込んでおかないと高額の通信料が発生する。海外で自動ローミングする設定になっていないかどうか、渡航前にチェックしておこう。

東洋と西洋が交わる世界遺産都市

マカオ

アオメン
澳门 Ào Mén

エリア番号 ●853

カジノホテルのグランド・リスボアとリスボア

ウルムチ・　　　　　・ハルビン
　　　　　北京・　・大連
　　　　　　　・西安　　・上海
　　　　　　　・成都
ラサ・
　　　　昆明・　・広州
　　　　マカオ♀・香港

都市DATA

マカオ特別行政区
人口：65万3100人
面積：30.8㎢

出入境事務庁
（出入境事務廳）
MP.424-B2
住氹仔北安碼頭一巷出入境
事務庁大楼　☎28725488
開月～木曜9:00～17:45
　　金曜9:00～17:30
休土・日曜、祝日

仁伯爵綜合医院（山頂医院）
（仁伯爵綜合醫院（山頂醫院））
MP.426-B2
住若憲馬路
☎28313731
開24時間　休なし

市内交通

【路線バス】運行時間の目安
は6:30～24:00、一律6MOP
Uwww.dsat.gov.mo/bus/
en/bus_service.aspx

【タクシー】初乗り1.6km未
満19MOP、1.6km以上260m
ごとに2MOP加算。さらに、
タイパからコロアンまでは2
MOP、マカオ半島からコロア
ンは5MOP、マカオ国際空港
タクシー乗り場からの乗車は
5MOP加算。トランクに入れる
荷物は1個につき3MOP加算

概要と歩き方

　マカオは、北部で珠海市と接しているマカオ半島と、その南にあるタイパ島、コロアン島からなる。ふたつの島の間は埋め立てられ、新しい陸地部分はコタイと呼ばれる。半島と島部も3本の橋でつながっている。

　1999年12月20日に120余年のポルトガルによる統治から、中国へ主権返還された。返還後もマカオと中国本土間の境界は残され、出入境管理も厳しく行われているが、本土からの訪問客は増加の一途をたどっている。

　公用語は中国語の方言である広東語とポルトガル語。英語も通じる。本土からの観光客が増えるにつれ、中国の共通語である普通話も通じるようになってきた。

　マカオは中国政府により唯一カジノが認可されている行政区。ラスベガスを抜くカジノの売り上げは、目覚ましい経済発展をもたらし、海岸沿いや埋め立て地には続々と新しいホテルやカジノが建設されている。一方、東洋と西洋とが混じり合う独特の町並みと、その歴史的価値が認められ、2005年7月に8つの広場と22ヵ所の歴史的建築物がマカオ歴史市街地区としてユネスコの世界文化遺産に登録された。

　地元の人や一般の観光客でいつもにぎわっているのはセナド広場周辺とメインストリートの新馬路。また、友誼大馬路近辺にカジノ群があり、加えてコタイ地区に続々とホテルやカジノ、ショッピングモールなどがオープンしている。マカオ全体はそれほど広くないので、タクシーをチャーターすればおもな見どころは1日で回れる。

世界遺産となっている聖ドミニコ教会

	1月	2月	3月	4月	5月	6月	7月	8月	9月	10月	11月	12月
平均最高気温(℃)	17.7	17.7	20.7	24.5	28.1	30.3	31.5	31.2	30.0	27.4	23.4	19.6
平均最低気温(℃)	12.2	13.1	16.2	20.2	23.6	25.7	26.3	26.0	24.9	22.3	17.8	13.8
平均気温(℃)	14.8	15.2	18.2	22.1	25.5	27.7	28.6	28.3	27.3	24.7	20.4	16.5

町の気象データ（→P.517）：「預報」＞「澳門」＞「氹仔島」「路環島」から選択

Access 交通

中国国内の移動 → P.667

✈ **飛行機** タイパ島東側にあるマカオ国際空港(MFM)を利用する。

国際線〉成田 (7便)、関西 (7便)、福岡 (3便)。
国内線〉運航便の多いアモイ、上海とのアクセスが便利。このほか、福州や長沙、南寧、泉州 (晋江)、海口との間に運航便がある。

🚌 **バス** マカオと中国本土とを結ぶ長距離バスはすべて廃止となった。長距離移動のためには境界を接する珠海に移動することになる。

🚢 **船** マカオ半島にあるマカオフェリーターミナルとタイパ島にあるタイパフェリーターミナルの2ヵ所から香港や深圳との間に運航便がある。

所要時間(目安)香港／1時間 深圳／1時間

Data

✈ 飛行機

● **マカオ国際空港**（澳門國際機場）
Ⓜ **P.424-B2** 住 タイパ島 ☎ 28861111
オ 24時間 休 なし 力 不可
Ⓤ www.macau-airport.com
[移動手段] タクシー（空港〜マカオフェリーターミナル）／90〜100MOP、所要20分が目安
路線バス／AP1、MT1、N2、51A、AP1X、MT4、26、36「澳門機場」

🚢 船

● **マカオフェリーターミナル**（新港澳碼頭）
Ⓜ **P.426-C2** 住 新港澳碼頭
オ 24時間 休 なし 力 不可
[移動手段] タクシー（マカオフェリーターミナル〜セナド広場）／35MOP、所要15分が目安　路線バス／1A、3A、10A、10B、10X、28A、28B、AP1、N1A、3、10、12、29、32、56「外港碼頭」

　香港中港城、香港マカオ、香港国際空港（スカイピア）、深圳蛇口、深圳福永との間に便がある。「外港碼頭」とも呼ばれる。

マカオと中国本土、香港の間を運航する高速船

● **タイパフェリーターミナル**
　（氹仔客運碼頭）
Ⓜ **P.424-B2** 住 タイパ島 ☎ 28259745
オ 24時間 休 なし 力 不可
Ⓤ www.tft-csi.com
[移動手段] タクシー（タイパフェリーターミナル〜セナド広場）／75MOP、所要20分が目安
路線バス／51A、AP1、MT1、MT4、N2、26、36「客運碼頭」

　香港中港城、香港マカオ、香港国際空港（スカイピア）、香港屯門、深圳蛇口、深圳福永との間に便がある。
● **ターボジェット**（噴射飛航）
Ⓤ www.turbojet.com.hk
● **コタイウォータージェット**（金光飛航）
Ⓤ www.cotaiwaterjet.com
● **粤通フェリー**（粤通船務）
Ⓤ www.ytmacau.com

見どころ

東西交流の証人ともいえる歴史ある町並み　オススメ度 ★★★　世界遺産

マカオ歴史市街地区／
澳門歴史城區　オウムンリッシシンク

（3時間〜）

　1557（明の嘉靖36）年、ポルトガルが明朝から居留を許可されると、マカオは日本との貿易の拠点としておおいに活気づき、西洋建築物や中国の伝統的な家屋が混在する、異国情緒あふれる美しい町並みが生まれた。
　2005年7月に8つの広場と22の歴史的建築物が「マカオ

ⓘ ▶▶▶ インフォメーション

入境後の移動
　マカオの入境（入国）ポイントには、カジノホテルの無料シャトルバスが多数停まっており、カジノに用事がなくとも乗車できる。
　マカオのバス路線は利用が難しいので、まずは有名カジノホテルに移動してから最終目的地に行くとよい。
　シャトルバスを運行しているおもなカジノホテルは、グランド・リスボア・マカオ、ウィン・マカオ、MGMマカオ、ギャラクシー・マカオなど。

〈右側縦書き〉
特別行政区 マカオ

概要と歩き方／アクセス／見どころ

セナド広場
MP.427-B2
住議事亭前地 **オ**24時間
休なし **料**無料
交3、3X、4、6A、8A、18A、19、26A、26AT、33、N1Aバス「新馬路／永亨」

ⓘ ▶▶▶ インフォメーション

マカオ世界遺産リスト

広場
リラウ広場／亞婆井前地
聖オーガスティン広場／崗頂前地
セナド広場／議事亭前地
バラ広場／媽閣廟前地
大堂広場（カテドラル広場）／大堂前地
聖ドミニコ広場／板樟堂前地
イエズス会記念広場／耶穌會紀念廣場
カモンエス広場／白鴿巣前地

歴史的建築
媽閣廟／媽閣廟
港務局／港務局大樓
鄭家屋敷／鄭家大屋
聖ローレンス教会
聖老楞佐教会（風順堂）
聖ヨセフ修道院と聖堂／聖若瑟修院及聖堂
ドン・ペドロ5世劇場／崗頂劇院（伯多禄五世劇院）
ロバート・ホー・トン図書館／何東圖書館大樓
聖オーガスティン教会／聖奥斯定教堂（龍嵩廟）
民政総署／民政總署大樓
三街会館／三街會館（關帝古廟）
仁慈堂／仁慈堂大樓
大堂（カテドラル）／大堂（主教座堂）
盧家屋敷／盧家大屋（大堂巷七號住宅）
聖ドミニコ教会／玫瑰堂
聖ポール天主堂跡／大三巴牌坊
ナーチャ廟／哪吒廟
旧城壁／舊城牆遺址
モンテの砦／大炮台
聖アントニオ教会／聖安多尼教堂（花王堂）
カーザ庭園／東方基金會會址
プロテスタント墓地／基督教墓場
ギア要塞（ギア教会とギア灯台を含む）／東望洋炮台（包括聖母雪地殿聖堂及燈台）

大堂はマカオカトリックの司教座がある中心的な教会

セナド広場／議事亭前地　イースィーテンチンディ
ひろば

マカオ半島で町のランドマーク的存在である広場。波模様の石畳が敷き詰められ、広場の周囲にはコロニアル調の色彩の歴史的建物が並んでいる。広場には噴水があるので、地元の人々からは「噴水池」とも呼ばれており、その噴水の中央には天球儀のオブジェが飾られている。

広場は春節やクリスマスなど季節の行事を迎えると、美しく飾り付けられ、いつもより多くの群衆を集め、いろいろなイベントも開催される。

中秋節の飾り付けがされたセナド広場

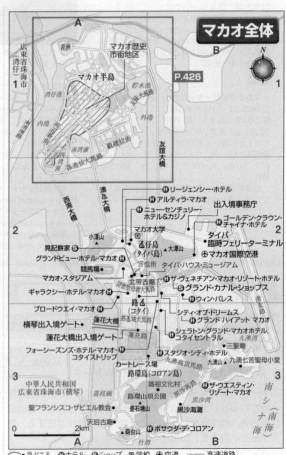

マカオ全体

P.426

H リージェンシー・ホテル
H アルティラ・マカオ
H ニュー・センチュリー・ホテル＆カジノ
出入境事務庁
H ゴールデン・クラウン・チャイナ・ホテル
タイパ 臨時フェリーターミナル
H マカオ国際空港
タイパ・ハウス・ミュージアム
H ザ・ヴェネチアン・マカオ・リゾート・ホテル
S グランド・カナル・ショップス
H ウィン・パレス
シティ・オブ・ドリームス
H グランド ハイアット マカオ
H シェラトン・グランド・マカオホテル コタイセントラル
H スタジオ・シティ・ホテル
H ザ・ウエスティン・リゾート・マカオ
S ボサウダ・デ・コロアン

マカオ歴史市街地区
マカオ半島
防水池

S 晃記餅家
グランドビュー・ホテル・マカオ
競馬場
マカオ・スタジアム
ギャラクシー・ホテル・マカオ H
ブロードウエイ・マカオ
横琴出入境ゲート
蓮花大橋出入境ゲート
フォーシーズンズ・ホテル・マカオ・コタイストリップ
カートレース場
路環島（コロアン島）
中華人民共和国 広東省珠海市（横琴）
媽祖文化村
聖フランシスコ・ザビエル教会
路環山頂公園
聖地
タイパ（コタイ）

マカオ大学
H 仔島（タイパ島）
大潭山
官也街
タイパ・ハウス・ミュージアム
北帝古廟

広東省珠海市
青洲
湾仔港
内港
南湾湖

○ 見どころ　H ホテル　S ショップ　図 学校　✈ 空港　══ 高速道路

南シナ海

0　　2km

民政総署／民政總署大樓　マンゼンジョンチュダイラウ

セナド広場の向かいにある白い壁の建物。ポルトガル統治時代からマカオの市政が行われてきた場所であり、現在も地方自治局のオフィス、図書館、議事室がある。

中庭へ続く階段の壁は青いポルトガルタイルで装飾されている。建物2階にある議事堂は、会議で使用されていない場合のみ見学が可能。その隣の図書館の奥は展示室になっており重厚な木のインテリアがいい雰囲気だ。

新古典様式の白い建物

聖ポール天主堂跡／大三巴牌坊　ダイサンバァパイフォン

1602年にイエズス会によって建設された聖ポール教会の跡。当時は東洋一の教会だったといわれているが、1835年の大火災により教会の前壁（ファサード）と階段を除き、焼け落ちてしまった。

壁の中央には聖母マリア像があり、それを囲むように天使や悪魔、龍、帆船などが彫刻され、それぞれに宗教的意味が込められている。また、壁の裏側（もとの建物内部）には、宗教美術品を収蔵する天主堂芸術博物館や、聖職者や殉教者たちの遺骨が納められた地下納骨堂もある。

教会の正面ファサードと階段

聖ヨセフ修道院と聖堂／聖若瑟修院及聖堂　スィンヤッサッサウユンカッスィントン

聖ヨセフ修道院は、1728年イエズス会の宣教師養成のために造られた修道院で、1758年にはその隣に聖堂が建設された。聖堂はドーム型の美しい天井をもつバロック様式の建物で、天井に描かれているのはイエズス会の紋章。また、ここには、日本へのカトリック布教でもよく知られる聖人、フランシスコ・ザビエルの右上腕部の遺骨が安置されている。

ギア要塞／東望洋炮台　トンモンヨンパウトイ

マカオ半島で最も高い場所に、1622年から1638年にかけてポルトガル人が築いた要塞。

頂上には聖母マリアを祀るギア教会や、1865年に中国沿岸初の灯台として建てられたギア灯台がある。ギア教会の壁に描かれたフレスコ画は中国風の植物、獅子、天使などの絵があり、東洋と西洋の文化の融合が見て取れる。灯台は現役でマカオの地理座標点となっており、台風が来たときのシグナルを掲げる場所でもある。

民政総署
Ⓜ P.427-B2
住 亜美打利庇盧大馬路（新馬路）163
☎ 28337676
オ 9:00〜21:00
※図書館13:00〜19:00
　議事室10:30〜12:00、
　　　　 15:00〜17:00
休 なし
※図書館＝日曜、祝日
　議事室＝土・日曜、祝日
料 無料
交 3、3X、4、6A、8A、18A、19、26A、33、N1Aバスなど「新馬路／永亨」
Ⓤ www.iacm.gov.mo

聖ポール天主堂跡
Ⓜ P.427-C1
住 大三巴街
オ 24時間
※天主堂芸術博物館、地下納骨堂は9:00〜18:00
　火曜は14:00まで
※入場は閉館30分前まで
休 なし
料 無料
交 セナド広場から徒歩10分

聖ヨセフ修道院と聖堂
Ⓜ P.427-B2
住 三巴仔横街
オ 10:00〜18:00
※修道院は非公開
休 なし
料 無料
交 セナド広場から徒歩10分

聖堂の内部は厳かな雰囲気

ギア要塞
Ⓜ P.426-B2
住 東望洋山頂
オ 9:00〜18:00
　教会＝10:00〜17:00
※入場は閉館30分前まで
※灯台は非公開
休 なし
料 無料
交 タクシーでセナド広場から所要5分が目安

要塞内にあるギア教会

媽閣廟
MP.427-A3
住媽閣街
開7:00～18:00
休なし
料無料
交1、2、3A、5、6B、10、
10A、11、18、21A、26、
28B、55、88T、MT4、
N3

媽閣廟／媽閣廟　マァコッミュウ

　1488（明の弘治元）年建立と伝わる、航海の女神「阿媽」を祀る寺廟で、マカオ三大古廟のひとつに数えられる。寺廟は丘に沿って立っており、山門をくぐると下から正殿、正覚禅林殿、弘仁殿、観音閣の順に4つの堂廟がある。

　阿媽は福建省を中心とした中国南方エリアや台湾などで信仰され、媽祖とも呼ばれる。陰暦3月23日の阿媽の誕生日には盛大な祭りが催される。

媽閣廟の山門

マカオ半島

A　　B　　C

中華人民共和国
広東省珠海市(拱北)

紀念孫中山
市政公園

拱北出入境ゲート

青洲

1

筷子基北湾

筷子基南湾

クラウン・プラザ・マカオ

林則徐記念館

ピクトリア・
ホテル

蓮峰廟

モンハの丘

紅街市

P.427

ルイス・カモンエス公園

ホテルロイヤルマカオ
ワイン博物館
中華人民共和国外交部
駐澳門特別行政区特派員公署領事部
マカオグランプリ博物館

西洋墳場

ラザロ
地区
ロープウェイ

ギア要塞

マカオフェリー
ターミナル

聖ポール天主堂跡

2

モンテの砦
ギア教会
ギア灯台
聖ラザロ教会

ゴールデン・ドラゴン・ホテル
ヴィラ・ピカソ
フィッシャーマンズワーフ

岐関バスターミナル

民政総署

セナド広場

仁伯爵綜合医院
(山頂医院)

ゴールデンロータス像
ホテル・ランカイフォン・マカオ
サンズ
グランドラパ マカオ

聖ヨセフ修道院と聖堂

スターワールド

世界貿易中心
新口岸世貿客戸服務中心
(澳門通・嶺南通販売地点)
マカオ芸術博物館

鄭家屋敷
リラウ広場

港務局大楼

媽閣廟

3

媽閣山

澳門金融中心
H.I.S. マカオ支社
ランドマーク・マカオ

マカオ科学館

観音像

ポウサダ・デ・
サンチャゴ

MGMマカオ

マンダリンオリエンタル マカオ

ウィン・マカオ

N

西湾大橋

マカオタワー

0　　　　　　　1km

A　　B　　C

●見どころ　Hホテル　Gグルメ　Sショップ　Aアミューズメント　T旅行会社　田病院

鄭家屋敷（ていけやしき）／鄭家大屋　ジェンガァダーイオッ

中国近代の思想家、鄭觀應（ていかんおう）の父親が建てた邸宅。竣工は1881年頃。邸宅は嶺南地方の伝統的な建築様式に西洋のデザインを取り入れている。総面積は4000㎡で、部屋数は60以上、多いときで300人以上が住んでいたという。

鄭家がこの邸宅を手放してから長らく放置され傷んでいたが、マカオ政府が修復し、2010年に一般公開した。邸宅内の展示コーナーでは、修復前後の違いがわかる写真などが展示されている。

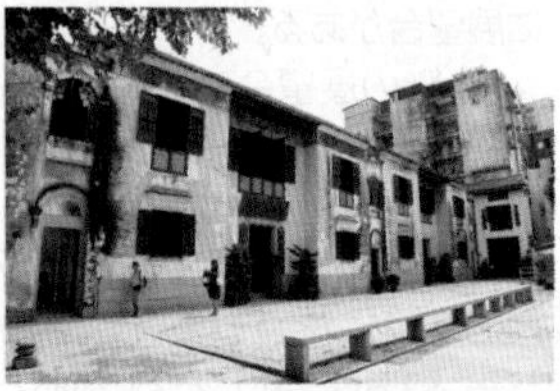

西洋の影響が見られる伝統建築

鄭家屋敷
[M]**P.427-A3**
[住]龍頭左巷
☎28968820
[オ]10:00～18:00
※入場は閉館30分前まで
[休]水曜
※水曜が祝日の場合は開館
[料]無料
[交]18、28Bバス「亞婆井前地」
[U]www.wh.mo/mandarinhouse

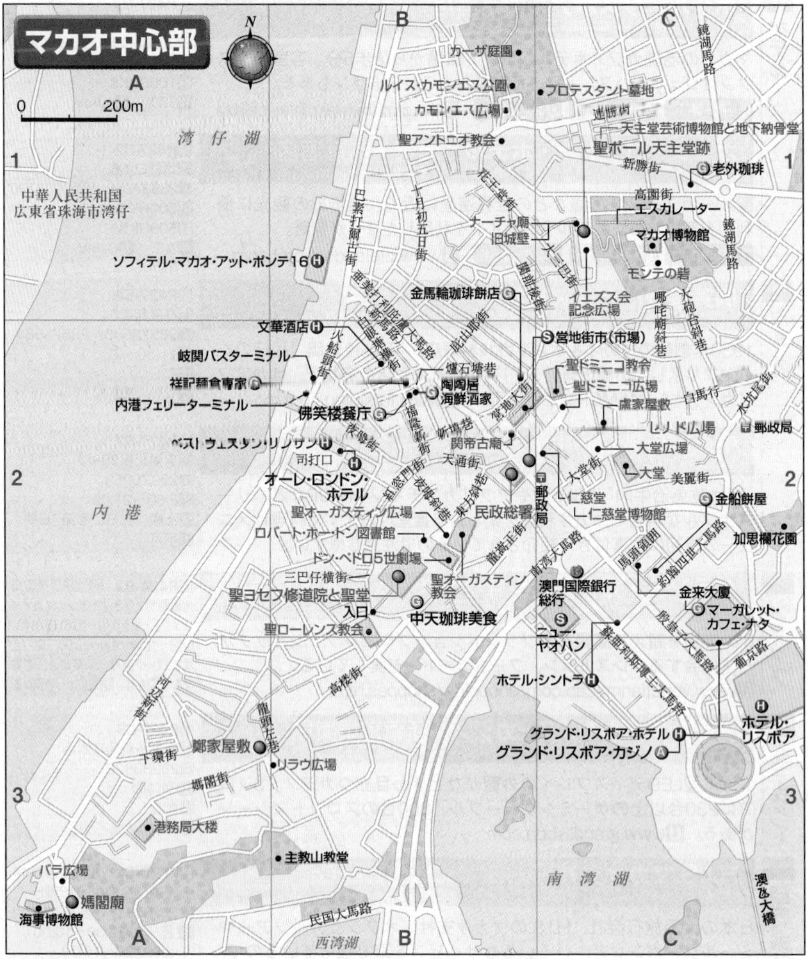

●見どころ　[H]ホテル　[G]グルメ　[S]ショップ　[A]アミューズメント　[B]銀行　[〒]郵便局

マカオタワー

MP.426-A3
住澳門観光塔前地
☎28933339
開月～金曜10:00～21:00
　土・日曜、祝日
　9:00～21:00
休なし
料展望台入場料1日券=145
　MOP、2日券=185MOP
※各種アクティビティは別料金
交9A、18、23、26、32、
　E02バス「澳門旅遊塔」
Uwww.macautower.com.mo

マカオの総合エンターテインメント施設　　オススメ度 ★★★

マカオタワー／澳門旅遊塔　オウムンロイヤウダッ

30分～

　マカオ半島の西湾湖のほとりに立つ2001年完成の展望タワー。その高さは338mで、58階（223m）と61階（233m）に展望台がある。

　61階の展望台ではバンジージャンプや、展望台の外周を歩くスカイウオークなどを体験できる。また、60階にはビュッフェ形式の回転展望レストラン「360°カフェ」が、59階にはバー「180°ラウンジ」がある。

マカオ全体と対岸の珠海を見渡せる

ホテル

ホテル・リスボア／葡京酒店　★★★ ★★
ボーギンザウディム

マカオの老舗カジノホテル。セナド広場から徒歩5分。客室のバスタブはジェットバス。ミシュラン星付きのレストランもある。

両替　ビジネスセンター　インターネット　Uwww.grandlisboahotels.com/en/hotelisboa

MP.427-C3
住葡京路2-4
☎28883888　FAX28883838
S1000HK$～
T1000HK$～
サ15%　カAJMV

オーレ・ロンドン・ホテル／澳萊・英京酒店　★★
オウロイ　インギンザウディム

聖オーガスティン広場などの世界遺産に近く、徒歩での観光に便利。人気のため、ホテル予約サイトを利用したほうが無難。

両替　ビジネスセンター　インターネット　Uwww.olelondonhotel.com

MP.427-B2
住司打口4-6
☎28937761　FAX28937790
S600HK$～
T500HK$～
サなし　カDJMV

グルメ

佛笑楼餐庁／佛笑樓餐廳
ふっしょうろうさんちょう　ファッンクラウツァンティン

1930年創業のマカオ＆ポルトガル料理店。"石岐焼乳鳩（秘伝のたれでマリネした小鳩のロースト）" 168MOPが店の名物で、ほかアフリカンチキン245MOPなどが人気。　Uwww.fatsiulau.com.mo

MP.427-B2
住福隆新街64
☎28573580、28573585
開11:30～22:30
休なし
サ10%　カMV

中天珈琲美食／中天咖啡美食
ちゅうてんコーヒーびしょく　ジョンテンガーフェーメイセッ

"葡式乾免治牛肉" 38MOPやアフリカンチキン44MOPなど、リーズナブルな料金でマカオ料理を楽しめる食堂。おすすめ料理はメニューの最初に写真付きで紹介されているので注文しやすい。

MP.427-B2
住龍嵩正街38-40
☎28975059
開8:00～21:00
休土曜、祝日、春節7日間
カ不可

ショップ

グランド・カナル・ショップス／大運河購物中心
ダイウンホーカウマッションサム

330店舗を超える高級有名ブランドショップやセレクトショップが一堂に会する。レストラン、フードコートも充実している。
Uwww.venetianmacao.com/shopping/shoppes.html

MP.424-B2　住冰仔望徳聖母
大馬路ザ・ヴェネチアン・マカオ・リゾート・ホテル内　☎81177840
開日～木曜10:00～23:00、金・土曜10:00～24:00　※店によって異なる　休なし　カ店によって異なる

アミューズメント

グランド・リスボア・カジノ／新葡京娯楽場
サンボーギンウーロッチョン

ドーム型LEDディスプレイの外観がひときわ目立つカジノ。3フロアに230台以上のゲーミングテーブル、800台のスロットマシーンがある。Uwww.grandlisboa.com

MP.427-C3
住葡京路新葡京酒店
☎28283838
開24時間
休なし
カADJMV

旅行会社

H.I.S.マカオ支社／H.I.S. Macau Travel Co., Ltd.
エイチアイエス　ししゃ

日本の大手旅行会社、H.I.S.のマカオ支社。オプショナルツアーやミールクーポンなど、いろいろなサービスを取り扱っているので、気軽に利用するとよいだろう。

MP.426-B2　住北京街244
-246澳門金融中心12階H
☎28700331　FAX28700362
開月～金曜9:30～18:00
　土曜9:30～15:00
休日曜、祝日　カJMV

東北エリア

氷雪祭りの彫刻（黒龍江省ハルビン市）
写真：佐藤 憲一

東北エリアマップ

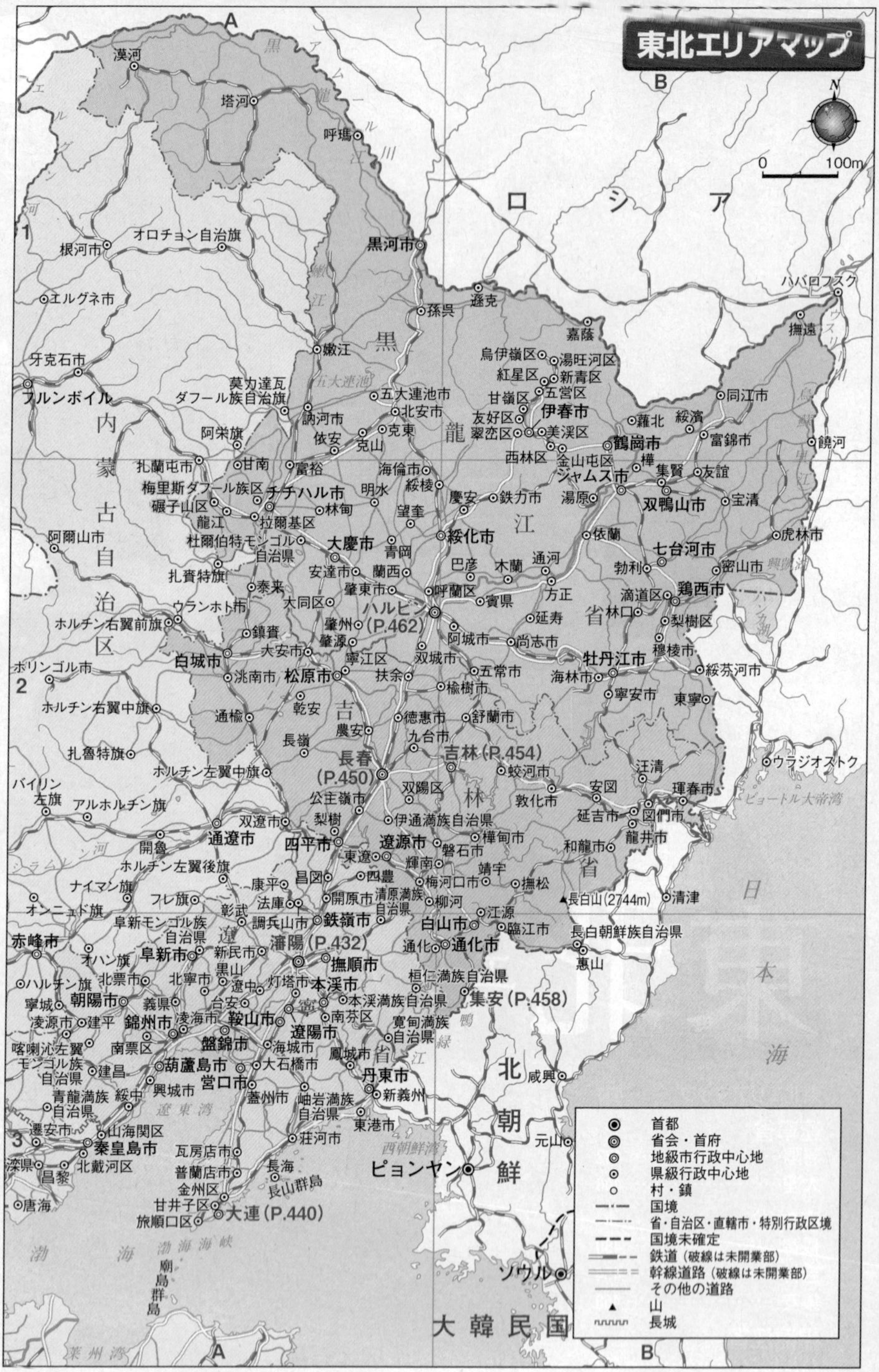

漢河
塔河
呼瑪
黒龍江
アムール川
ロシア
黒河市
オロチョン自治旗
根河市
エルグネ市
孫呉
遜克
ハバロフスク
嘉蔭
撫遠
嫩江
牙克石市
フルンボイル
莫力達瓦ダフール族自治旗
五大連池市
北安市
烏伊嶺区
湯旺河区
紅星区
新青区
五営区
甘嶺区
伊春市
友好区
翠峦区
美渓区
同江市
蘿北
綏濱
富錦市
饒河
内蒙古自治区
訥河市
依安
克東
克山
阿栄旗
西林区
金山屯区
鶴崗市
扎蘭屯市
甘南
富裕
海倫市
綏棱
樺
集賢
友誼
ジャムス市
梅里斯ダフール族区
碾子山区
龍江
チチハル市
林甸
明水
望奎
慶安
鉄力市
湯原
双鴨山市
宝清
拉爾基区
杜爾伯特モンゴル自治県
阿爾山市
大慶市
青岡
綏化市
依蘭
七台河市
虎林市
扎賚特旗
泰来
安達市
蘭西
巴彦
木蘭
通河
勃利
密山市
肇東市
呼蘭区
方正
滴道区
鶏西市
ウランホト市
ホルチン右翼前旗
大同区
賓県
林口
鎮賚
肇州
ハルビン(P.462)
延寿
梨樹区
白城市
大安市
肇源
阿城市
尚志市
穆棱市
ホリンゴル市
寧江区
双城市
牡丹江市
洮南市
松原市
扶余
五常市
海林市
綏芬河市
ホルチン右翼中旗
楡樹市
寧安市
東寧
通楡
乾安
吉林省
徳恵市
舒蘭市
長嶺
農安
九台市
扎魯特旗
吉林(P.454)
ウラジオストク
ホルチン左翼中旗
長春(P.450)
蛟河市
汪清
バイリン左旗
アルホルチン旗
双陽区
安図
琿春市
公主嶺市
敦化市
ピョートル大帝湾
双遼市
梨樹
伊通満族自治県
延吉市
図們市
開魯
通遼市
四平市
遼源市
樺甸市
和龍市
龍井市
シラムレン河
ホルチン左翼後旗
東遼
輝南
磐石市
康平
昌図
西豊
靖宇
ナイマン旗
梅河口市
撫松
フレ旗
開原市
清原満族自治県
柳河
長白山(2744m)
清津
日本海
オンニュド旗
彰武
法庫
阜新モンゴル族自治県
調兵山市
鉄嶺市
白山市
江源
臨江市
長白朝鮮族自治県
赤峰市
新民市
瀋陽(P.432)
遼寧省
通化
通化市
恵山
オハン旗
阜新市
黒山
撫順市
ハルチン旗
北票市
北寧市
遼中
灯塔市
本渓市
桓仁満族自治県
寧城
朝陽市
義県
台安
本渓満族自治県
集安(P.458)
凌源市
建平
錦州市
凌海市
鞍山市
南芬区
寛甸満族自治県
喀喇沁左翼モンゴル族自治県
南票区
盤錦市
遼陽市
鴨緑江
海城市
鳳城市
建昌
葫蘆島市
大石橋市
興城市
営口市
丹東市
北朝鮮
咸興
青龍満族自治県
綏中
遼東湾
蓋州市
岫岩満族自治県
新義州
遷安市
山海関区
東港市
西朝鮮湾
元山
秦皇島市
荘河市
瓦房店市
灤県
北戴河区
昌黎
長海
ピョンヤン
普蘭店市
長山群島
金州区
唐海
甘井子区
大連(P.440)
旅順口区
渤海
渤海海峡
廟島群島
ソウル
大韓民国
莱州湾
首都
省会・首府
地級市行政中心地
県級行政中心地
村・鎮
国境
省・自治区・直轄市・特別行政区境
国境未確定
鉄道(破線は未開業部)
幹線道路(破線は未開業部)
その他の道路
山
長城
0
100m
N
A
B
1
2
3

中国ベストリゾートに認定された「松花湖国際スキー場」

北京冬季オリンピックの開催が2022年に決まり、中国ではウインタースポーツが盛り上がっている。2015年1月、吉林市から東南約15kmの青山鎮に、松花湖西武プリンスホテルと松花湖国際スキー場が開業した。春節の訪れが近づいた2月初旬、同スキー場を訪ねると、ゲレンデには中国各地から訪れたスキーヤーたちが白銀の世界を楽しんでいた。

世界大会で使用される競技用の本格的なコースのほか、ビギナーでも山頂から滑走できる多彩なコースなど28本を完備。レンタルスキーやスクールの予約ができるスキーセンター、おしゃれな山頂レストラン「吉林ワン」、高速ゴンドラや電熱シート装備のリフトなど、世界の最新設備が導入されており、2017～18年シーズンには中国ベストスキー場に認定された。

雪質も優れている。シーズン中はマイナス20度から30℃に下がるため、北海道旭川の水準に相当するパウダースノーとなる。利用者の95％以上は中国人。地元東北三省や北京、上海、広州からが大半を占める。残りはロシア人と11月のプレシーズンにトレーニングを行う日本の若手選手たちだ。寒冷な気候ゆえ、営業期間が11月中旬から（3月下旬まで）と日本より早く始まるため、約1ヵ月この地で合宿を行った後、日本各地の大会や海外に転戦していくのだ。

スキー場の麓にある松花湖西武プリンスホテルも好評だ。施設はラグジュアリータイプで、玄関を入ると、ロビーからゲレンデを見上げられるという設計上の演出が施されている。レストランは日本料理や中国料理、ビュッフェ式のオールデイダイニング、バーもある。インドアプールやスパ、フィットネスクラブも完備している。

テラスカフェのある山頂レストランの吉林ワンは眺めが最高だ。中国式の手延べ拉麺は人気上々で、スキーで冷えた身体を熱々の拉麺が温めてくれる。

必ず訪れたいのは、中国の有名建築家・王碩氏が設計した展望台「森之舞台」だ。山頂近くに忽然と姿を見せる巨大な三角形の建造物だが、美しいゲレンデと氷結する松花湖を見渡せる。

DATA

松花湖西武プリンスホテル
（松花湖西武王子大飯店）
Ⓜ地図外（P456-B4下）
🏠吉林市豊満区青山大街888号
☎プリンスホテル予約センター（日本国内）
　0120-00-8686（無料）
Ⓞスキー営業：
　11月中旬～3月下旬、夏季営業5月下旬～10月
Ⓤwww.princehotels.co.jp/syoukako

❶リフト1日券は5000円。日本と変わらない　❷スノーボーダーもけっこういる　❸展望台「森之舞台」から眺めるゲレンデと氷結する松花湖の絶景　❹夜、幻想的に浮かび上がるホテルの外観

清朝の古都

瀋陽
しんよう

シェンヤン
沈阳 Shěn Yáng

市外局番●024

中街にあるSHY48星夢劇院の公演

ウルムチ ・ハルビン
瀋陽○ ・大連
北京
ラサ ・西安 ・上海
・成都
昆明 ・広州
・香港

都市DATA

瀋陽市
人口：726万人
面積：1万2980km²
10区1県級市2県を管轄
瀋陽市は遼寧省の省都

在瀋陽日本国総領事館
（在沈阳日本国总领事馆）
MP434-B3
住和平区十四緯路50号
☎23227490
FAX23222394
開8:30～12:00、
　13:00～17:15
休土・日曜、日中両国の祝日
Uwww.shenyang.cn.emb-
　japan.go.jp

市公安局外国人出入境管理処
（市公安局外国人出入境管理处）
MP434-B1
住皇姑区北陵大街47号
☎86898710
開8:30～11:30、
　13:00～16:30
休土・日曜、祝日
観光ビザを最長30日間延長
可能。手数料は160元

中国医科大学付属第一医院
（中国医科大学附属第一医院）
MP435-C1
住和平区南京北街155号
☎救急=83283001
開24時間
休なし

概要と歩き方

　遼寧省の省都である瀋陽市は、東北三省で有数の都市。満洲族、回族、朝鮮族、シボ族、モンゴル族などの少数民族も住んでいる。

　漢代には候城、唐代には瀋州と呼ばれた。瀋陽と呼ばれるようになったのは元代。1616（明の万暦44）年に建州女真のヌルハチが女真族を統一して後金国を建国すると、1625（明の天啓5）年には国都盛京（満洲語mukden hotonの漢訳）となった。1636（明の崇禎9）年に国号を清と改め北京に遷都した後も、第二の都とされ1657（清の順治14）年に民政機関である奉天府が設置された。

　瀋陽には核になるエリアがいくつかある。まず瀋陽故宮を中心とするエリア。ここは清代に奉天城がおかれた所で、その名残として城門や城壁も残っている。多くの老舗が並ぶ中街や張氏帥府などの観光スポットも多い。

　ふたつ目は、瀋陽駅の東側にある満鉄付属だったエリア。20世紀初頭に開発が始まり、駅前から延びる中華路にはその遺構が残る。デパートやショッピングモールが建ち並ぶ新興ショッピング街となっている。

　3つ目は、瀋陽北駅周辺に建設が進む金融ビジネス街。高速鉄道がおもに発着する瀋陽北駅の南側に、遼寧省高速バスターミナルなどもあり、他都市に移動する際の拠点にもなっている。2012年末にハルビン～大連間高速鉄道が開業し、特に大連とのアクセスは大きく改善された。

　東郊外には太祖ヌルハチの陵墓である福陵などの見どころがある。渾河南岸では渾南大学城や渾南新区などIT関連産業をメインとする技術開発区の建設も進んでいる。また、瀋陽駅の北東側、西塔街の周辺は、朝鮮族や韓国系、北朝鮮系の店が並ぶ繁華街がある。

	1月	2月	3月	4月	5月	6月	7月	8月	9月	10月	11月	12月
平均最高気温(℃)	-5.9	-2.1	5.7	15.8	23.0	27.6	29.6	28.7	23.7	16.2	5.3	-3.0
平均最低気温(℃)	-17.8	-14.2	-5.4	9.2	10.2	16.1	20.3	19.1	11.6	3.9	-5.3	-14.0
平均気温(℃)	-12.3	-8.4	-0.1	9.2	16.5	21.6	24.6	23.6	17.1	9.4	-0.3	-8.9

町の気象データ（→P.517）：「预报」＞「辽宁」＞「沈阳」＞区・市・県から選択

432

Access 交通

中国国内の移動→P.667 | **鉄道時刻表検索→P.26**

✈ 飛行機

市区の南東25kmに位置する瀋陽桃仙国際空港（SHE）を利用する。日中間運航便が3路線あり、国内線は主要都市との間に運航便がある。以前あった第1、第2ターミナルは、2013年に第3ターミナルとして統合され、国内線と国際線が共用している。

国際線 成田（10便）、関西（5便）、中部（2便）。

国内線 北京、上海、深圳など主要都市との間に運航便があるほか、延吉、長白山、牡丹江などの東北地方内の便もある。

所要時間（目安） 北京首都（PEK）／1時間40分　上海浦東（PVG）／2時間20分　延吉（YNJ）／1時間20分　西安（XIY）／2時間40分　成都（CTU）／3時間55分

🚄 鉄道

瀋陽は京哈線、瀋大線、瀋吉線、瀋丹線、瀋山線などの鉄道が交差している。旅行者がおもに利用するのは、市区中心にある瀋陽北駅と瀋陽駅のふたつ。

所要時間（目安）【瀋陽北（syb）】大連北（dlb）／高鉄：1時間35分　長春西（ccx）／高鉄：1時間5分　吉林（jl）／高鉄：2時間　ハルビン西（hebx）／高鉄：2時間　北京南（bjn）／高鉄：4時間　天津（tj）／高鉄：3時間25分　【瀋陽（sy）】大連北（dlb）／高鉄：1時間50分　長春西（ccx）／高鉄：1時間20分　吉林（jl）／高鉄：2時間10分　ハルビン西（hebx）／高鉄：2時間15分　丹東（dd）／動車：1時間15分

🚌 バス

おもなバスターミナルは3ヵ所。瀋陽北駅に近い遼寧省高速バスターミナル（虎躍高速バスターミナル）から大連や丹東、本渓、撫順など遼寧省内への便が出ている。

所要時間（目安） 大連／5時間　丹東／4時間　撫順／1時間30分　集安／0時間10分

Data

✈ 飛行機

● **瀋陽桃仙国際空港**（沈阳桃仙国际机场）
Ⓜ 地図外（P.434-B4下）Ⓘ 桃仙鎮
☎ インフォメーション＝96833
Ⓣ 24時間　Ⓗ なし　Ⓚ 不可
[移動手段] エアポートバス／市内行き＝一律15.5元、空港行き＝一律17元、所要1時間が目安。瀋陽站枢紐バスターミナル線：空港→市内（馬路湾経由）＝8:00～20:00の間30～40分に1便　市内→空港（直行）＝6:00～18:00の間30分～1時間に1便　虎躍高速バスターミナル線：空港→市内（電視大廈経由）＝8:30～最終便の間30～40分に1便　市内→空港（直行）：6:00～18:00の間30分～1時間に1便　タクシー（空港～市府広場）／80元、所要45分が目安

● **中国南方航空馬路湾航空券売り場**
　（中国南方航空公司马路湾售票处）
Ⓜ P.434-A3 Ⓘ 和平区和平北大街184号
☎ 23863705　Ⓣ 8:30～17:00　Ⓗ なし　Ⓚ 不可
[移動手段] タクシー（航空券売り場～市府広場）／15元、所要10分が目安　地下鉄／1号線「太原街」　路線バス／221路「中华路和平大街」
　3ヵ月以内の航空券を販売。

● **全日空瀋陽支店**（全日空沈阳支店）
Ⓜ P.435-C1
Ⓘ 和平区南京北街206号瀋陽城市広場第2座3-1203室　☎ 4008-82-8888　Ⓣ 9:00～17:00
Ⓗ 土・日曜、祝日　Ⓚ ADJMV
[移動手段] タクシー（全日空瀋陽支店～市府広場）／15元、所要10分が目安　地下鉄／1号線「太原街」

🚄 鉄道

● **瀋陽北駅**（沈阳火车北站）
Ⓜ P.434-B2 Ⓘ 瀋河区北站路102号　☎ 共通電話＝12306　Ⓣ 24時間　Ⓗ なし
[移動手段] タクシー（瀋陽北駅～市府広場）／10元、所要7分が目安　地下鉄／2号線「沈阳北站」
　28日以内の切符を販売。

● **瀋陽駅**（沈阳火车站）
Ⓜ P.435-A1 Ⓘ 和平区勝利南街2号　☎ 共通電話＝12306　Ⓣ 24時間　Ⓗ なし
[移動手段] タクシー（瀋陽駅～市府広場）／15元、所要10分が目安　地下鉄／1号線「沈阳站」
　28日以内の切符を販売。

高速鉄道開通で旧駅舎の背後に新駅舎が見える

🚌 バス

● **遼寧省高速バスターミナル**
　（辽宁省虎跃快速客运站）
Ⓜ P.434-B2 Ⓘ 瀋河区恵工街120号
☎ 62233333　Ⓣ 5:30～19:00　Ⓗ なし　Ⓚ 不可
[移動手段] タクシー（バスターミナル～市府広場）／10元、所要7分が目安　地下鉄／2号線「金融中心」
　7日以内の切符を販売。

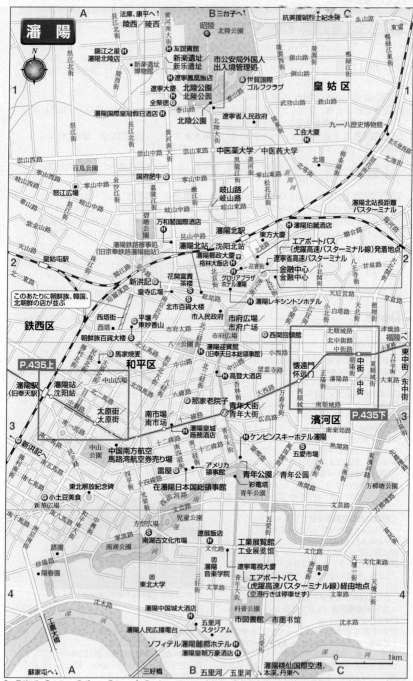

瀋陽

A | **B** | **C**

法庫、康平へ↑
陵西　陵西

黄河南大街

昭陵

↑三台子へ
北陵公園

抗美援朝烈士紀念碑
金山路

東窯

鴨緑江東街

1

錦江之星
瀋陽北陵店 H

新楽遺址博物館

新楽遺址
新乐遗址

友誼賓館

遼寧鳳凰飯店 H

公安局外国人
出入境管理処

世貿国際
ゴルフクラブ

銅山路

陵園街

銀山路

鴨緑江南街

東

皇姑区

武功山路

鉄山路

長江北街

怒江北街

遼寧大厦 H

全聚徳 H

遼寧省人民政府

九・一八歴史博物館

瀋陽国際皇冠假日酒店 H

北陵公園

崇山西路
百鳥公園

寧山西路

長江北街

黄河中街

崇山東路

中医薬大学／中医药大学

北海路

黒龍江街

新開河

工会大廈

岐山路
岐山东路

宁山中路

金江江街

幕陵江街

岐山路
岐山中路

松花江街

碧塘公園

昆山中路

万和閣国際酒店 H

瀋陽北站長距離
バスターミナル

2

皇姑屯駅

昆山中路

瀋陽北駅

東方大廈 H

瀋陽珀麗酒店 H

エアポートバス
(虎躍高速バスターミナル線)発着地点

瀋陽北站 沈阳北站

遼寧省高速バスターミナル

このあたりに朝鮮族、韓国、北朝鮮の店が並ぶ

瀋陽鉄路辦事処
(旧京奉鉄路瀋陽総站)

瀋陽郵政大廈
格林大飯店 H

迎賓街

グロリアプラザ
ホテル瀋陽

金融中心
金融中心

新洪記

花開富貴茶楼

皇寺広場 S

北市百貨大楼

瀋陽レキシントンホテル H

天后宮路

草倉路

鉄西区

西塔街
西塔 S

平壌
東妙香山 S

朝鮮族百貨大楼

市人民政府

市府広場
市府广场

西関回頭館

北順城路
北中街路
中街路

3

P.435上

馬家焼麦

和平区

瀋陽迎賓館
(旧奉天日本総領事館)

懐遠門
怀远门

中街
中街

東中街
东中街

福陵へ→

瀋陽駅
(旧奉天駅)

瀋陽站
沈阳站

太原街
太原街

南市場
南市场

高登大酒店 H

那家老院子

青年大街
青年大街 S

濱河区

P.435下

新洪記へ

中国南方航空
馬路湾航空券売り場

瀋陽皇城
商務酒店 H

ケンピンスキーホテル瀋陽 H

東北解放紀念碑

雷屋

アメリカ領事館

五愛市場

青年公園
青年公园

小土豆美食

在瀋陽日本国総領事館

青年公園
彩電塔

児童公園

遼展飯店 H

南湖古文化市場

工業展覧館／
工業展览館

4

東北大学

瀋陽音楽学院

遼寧電視大廈

エアポートバス
(虎躍高速バスターミナル線)経由地点
(空港行きは停車せず)

瀋陽中国城大酒店 H

市図書館／市图书馆

瀋陽人民広播電台

五里河
スタジアム

ソフィテル瀋陽麗都ホテル H
瀋陽皇朝万豪酒店 H

0　　　　　1km

蘇家屯へ↑

A | 三好橋 | **B** | 五里河／五里河 | 本渓、丹東へ↓ | 瀋陽桃仙国際空港、 | **C**

●見どころ　Ｈホテル　Ｇグルメ　Ｓショップ　Ａアミューズメント　銀行　旅行会社　学校　郵便局　病院　繁華街
—○— 地下鉄1号線　—○— 地下鉄2号線

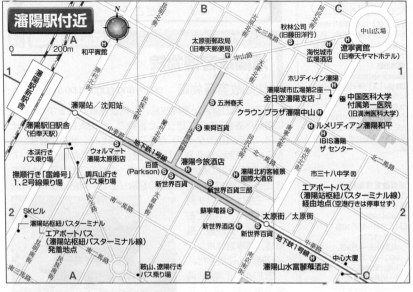

瀋陽駅付近

N

0 ————— 200m

瀋陽駅新駅舎
瀋陽駅／沈阳站
瀋陽駅旧駅舎
（旧奉天駅）
本渓行き
バス乗り場
撫順行き「雷峰号」
1、2号線乗り場
ウォルマート
瀋陽太原街店
調兵山行き
バス乗り場
SKビル
瀋陽站枢紐バスターミナル
エアポートバス
（瀋陽站枢紐バスターミナル線）
発着地点
鞍山、遼陽行き
バス乗り場

太原街郵政局
（旧奉天郵便局）
秋林公司
（旧藤田洋行）
中山広場
海悦城市
広場酒店
遼寧賓館
（旧奉天ヤマトホテル）
五洲春天
ホリデイ・イン瀋陽
瀋陽城市広場第2座
全日空瀋陽支店
中国医科大学
付属第一医院
（旧満洲医科大学）
クラウンプラザ瀋陽中山
東舜百貨
ルメリディアン瀋陽和平
IBIS瀋陽
ザ センター
百盛
（Parkson）
瀋陽今旅酒店
新世界百貨
瀋陽北約客雍斯
国際大酒店
市三十八中学
エアポートバス
（瀋陽站枢紐バスターミナル線）
経由地点（空港行きは停車せず）
蘇寧電器
新世界酒店
新世界百貨
太原街／太原街
地下鉄1号線
中心大厦
瀋陽山水富麗華酒店
和平賓館
地下鉄1号線
新世界百貨三部

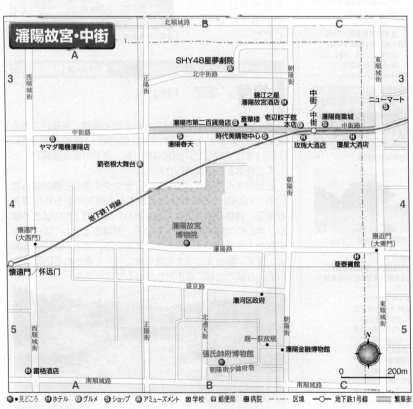

瀋陽故宮・中街

SHY48星夢劇院
北中街路
正陽街
ニューマート
錦江之星
瀋陽故宮酒店
瀋陽市第二百貨商店
蕭華楼
老辺餃子館
本店
中街
瀋陽商業城
ヤマダ電機瀋陽店
瀋陽春天
時代美購物中心
玫瑰大酒店
瓊星大酒店
劉老根大舞台
地下鉄1号線
懐遠門
（大西門）
瀋陽故宮
博物院
撫近門
（大東門）
懐遠門／怀远门
亜泰賓館
瀋河区政府
張氏帥府博物館
超一荻故居
瀋陽金融博物館
雷格酒店
朝陽街少帥府巷
N
0 ———— 200m

●見どころ　Ｈホテル　Ｇグルメ　Ｓショップ　Ａアミューズメント　国学校　郵郵便局　病病院　----- 区境　○—地下鉄1号線　繁華街

435

市内交通

【地下鉄】2018年9月現在、1号線と2号線が開業。詳しくは公式ウェブサイトで確認を
瀋陽地鉄
[U]www.symtc.com
【路線バス】運行時間の目安は6:00～22:00、普通車1元、空調付き2元
【タクシー】初乗り3km未満8元、3km以上1kmごとに1.8元加算。さらに燃油代1元加算

瀋陽故宮博物院
[M]P.435-B4
[住]瀋河区瀋陽路171号
☎24841998
[オ]4月10日～10月10日
8:30～17:30
10月11日～4月9日
9:00～16:30
※入場は閉館45分前まで
[休]3～10月＝なし
11～4月＝月曜午前中
(13:00から開館)
[料]入場料＝60元
皇室後宮生活展＝10元
[交]①地下鉄1号線「怀远门」
②140、213、290、292路バス「故宫西华门」
[U]www.sypm.org.cn

瀋陽故宮清寧宮

瀋陽故宮大政殿

福陵
[M]地図外（P.434-C2右）
[住]東陵区東陵路210号東陵公園
☎88031478
[オ]5月～10月上旬
8:00～17:30
10月中旬～4月
8:30～16:30
[休]なし
[料]福陵＝40元
森林公園＝10元
[交]148、168、218、385路バス「东陵公园」
[U]www.qingfuling.com

見どころ

世界遺産に登録された皇宮　オススメ度 ★★★　[世界遺産]

瀋陽故宮博物院／沈阳故宫博物院 shěnyáng gùgōng bówùyuàn
しんようこきゅうはくぶついん

3時間

清朝初期の皇宮が瀋陽故宮。女真族国家の後金が1625年に瀋陽へ遷都した際に建立した宮殿で、清の太祖ヌルハチとその子、太宗（ホンタイジ）がここで暮らした。北京に遷都してからも、康熙帝や乾隆帝などの歴代皇帝がこの地へ行幸している。約6万㎡の敷地は東路、中路、西路の3エリアに大別でき、そこに90の建築物と20の庭園がある。東路に立つ大政殿や十王亭はヌルハチ時代の建物で、中路にある大清門、崇政殿、鳳凰楼、清寧宮はホンタイジ時代の建築物だ。

2004年「明・清朝の皇宮群」として世界遺産に追加登録された。

瀋陽故宮鳳凰楼

ヌルハチが眠る世界遺産登録の皇墓　オススメ度 ★★★　[世界遺産]

福陵／福陵 fúlíng
ふくりょう

清の開祖ヌルハチと孝慈高皇后が眠る陵墓。東郊外にあることから東陵とも呼ばれる。1629年に建設が始まり、1651年に完成した。2004年「明・清朝の皇帝陵墓群」として世界遺産に追加登録された。

正紅門をくぐると神道があり、ラクダや馬の石像が並んでいる。108段の石段を上ると康熙帝の碑文が彫られた碑亭がある。碑亭の後方には方城があり、隆恩門上部には五鳳楼が、中心には隆恩殿が立っている。方城の北門上には、福陵のなかで最も高い大明楼がそびえている。楼内の額には満洲文、漢文、蒙古文で「太祖高皇帝之陵」と書かれている。そして、方城の北側にはふたりが眠る宝頂がある。

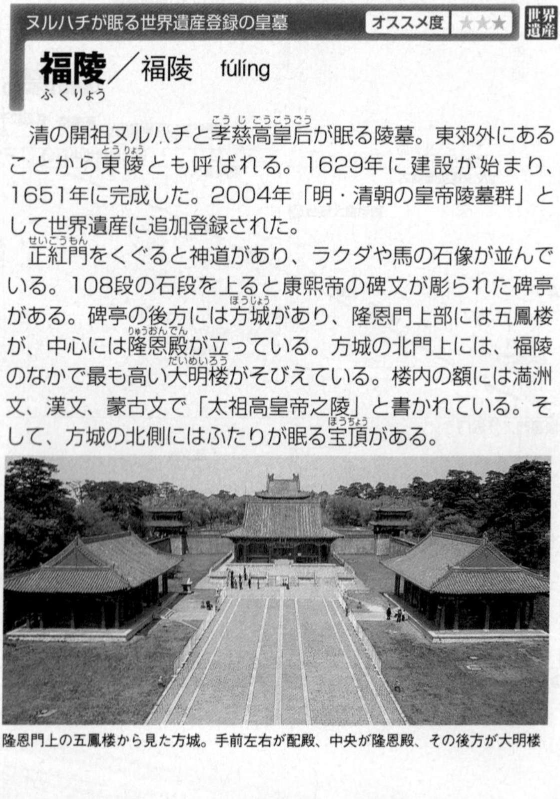
隆恩門上の五鳳楼から見た方城。手前左右が配殿、中央が隆恩殿、その後方が大明楼

軍閥張氏の邸宅跡　オススメ度 ★★★

張氏帥府博物館／
ちょう　し　すい　ふ　はくぶつかん

张氏帅府博物馆　zhāngshì shuàifǔ bówùguǎn

奉天系軍閥の首領だった張作霖とその長男張学良の官邸兼
ちょうさくりん　　　　　　　　　　　　ちょうがくりょう
私邸。日本では張氏帥府という名で知られている。これは張
だいすいふ　　　　　　　　しょうすいふ
作霖が大帥府、張学良が少帥府と呼ばれていたため。1914
年の創建で、面積は約3万6000㎡。敷地は東院、西院、中
院に分かれている。中院は三進四合院という中国の伝統的建
築様式の建物。張親子はここに住んで政務を執った。東院に
だいせいろう
ある大青楼は、3階建て西洋式耐火れんが建築物。巨大な建
物の中には応接室や宴会場があった。また、当時のダンスホ
すいふぶちょう
ールだった帥府舞庁や関帝廟なども残っている。

張氏帥府大青楼

世界遺産に登録されたホンタイジの陵墓　オススメ度 ★★★　世界遺産

昭陵／昭陵　zhāolíng
しょうりょう

清太宗（ホンタイジ）と孝端文皇后の陵墓。北郊外にある
ほくこう　　　　　　　　　　　こうたんぶんこうごう
ため北陵とも呼ばれ、陵墓を含めた広大なエリアが公園とし
て市民に開放されている。2004年「明・清朝の皇帝陵墓群」
として世界遺産に追加登録された。

清朝初期の陵墓のなかでは最大の規模を誇る。1643年に
造営が始まったが、完成したのは1651年だった。陵墓は下
げ
馬牌から始
ばはい
まり、大紅
だいこう
門をくぐる
もん
と神道があ
る。そのま
ま進むと方
城があり、
ここが昭陵
の中心。方
城後方には
宝城があ
る。

両側に石獣が並ぶ神道

張氏帥府博物館
MP.435-B5
住瀋河区朝陽街少帥府巷46号
☎24842454
オ5〜10月8:30〜17:30
11〜4月8:30〜17:00
※入場は閉館30分前まで
休なし
料50元（張氏帥府博物館、趙四小姐楼、瀋陽金融博物館）、60元（張氏帥府博物館、趙四小姐楼、瀋陽金融博物館、臨時展示）
交①地下鉄1号線「中街」②105、113、117、118、132、133、134、168、213、237、257、273、290、294路バス「大南門」
Uwww.syzssf.com

張氏帥府事務所

趙一荻故居

昭陵
MP.434-B1
住皇姑区泰山路12号北陵公園
☎86800294
オ4月中旬〜10月上旬
8:00〜17:00
10月中旬〜4月上旬
8:30〜16:30
休なし
料昭陵：4月中旬〜10月上旬＝50元、10月中旬〜4月上旬＝30元
※北陵公園のみ観光の場合は6元
交①地下鉄2号線「北陵公園」②136、205、210、213、217、220、227、245、290路バス「北陵公園」

昭陵の入口

437

ケンピンスキーホテル瀋陽（しんよう）／沈阳凯宾斯基饭店 shěnyáng kǎibīnsījī fàndiàn ★★★

瀋陽の最高級ホテルで、青年公園やオフィス街に隣接している。客室のインテリアは中国とヨーロピアンを上手に融合している。地下鉄2号線「青年公園」のすぐ北のオフィス街にある。

Ⓜ P.434-B3
住 瀋河区青年大街109号
☎ 22988888
📠 22988888
Ⓢ 546〜768元
Ⓣ 546〜768元
サ なし
カ ADJMV
Ⓤ www.kempinski.com

両替　ビジネスセンター　インターネット

ルメリディアン瀋陽和平（しんようわへい）／沈阳和平艾美酒店 shěnyáng hépíng àiměi jiǔdiàn ★★★★★

2017年11月に中山広場の近くにオープンした外資系ホテル。客室などの内装を積水ハウスが担当しており、シックで落ち着いた色調や環境を意識した素材を使っている。ロボットによるチェックインもできる。

Ⓜ P.435-C1
住 和平区北二馬路45号
☎ 23746666
📠 89746666
Ⓢ 772元
Ⓣ 772元
サ なし
カ ADMV
Ⓤ www.marriott.co.jp

両替　ビジネスセンター　インターネット

ソフィテル瀋陽麗都ホテル（しんようリド）／沈阳丽都索菲特酒店 shěnyáng lìdū suǒfēitè jiǔdiàn ★★★★★

瀋陽市の南部、南湖科学技術開発区に位置する。客室はコンテンポラリーな内装が施された、ゆとりのあるエレガントな造り。長期滞在者用にキッチンの付いたコンドミニアムタイプの部屋もある。

Ⓜ P.434-B4
住 和平区青年大街386号
☎ 23188888
📠 23188000
Ⓢ 788元
Ⓣ 788元
サ なし
カ ADJMV
Ⓤ www.accorhotels.com

両替　ビジネスセンター　インターネット

クラウンプラザ瀋陽中山（しんようちゅうさん）／沈阳中山皇冠假日酒店 shěnyáng zhōngshān huángguān jiàrì jiǔdiàn ★★★★★

瀋陽駅まで徒歩10分の好立地にある高級ホテル。客室は広く、くつろげる。スイートには広いシャワーブースや大きなライティングデスクを完備。

Ⓜ P.435-C1
住 和平区南京北街208号
☎ 22341999
📠 23341199
Ⓢ 449〜649元
Ⓣ 449〜649元
サ なし
カ ADJMV
Ⓤ www.ichotelsgroup.com

両替　ビジネスセンター　インターネット

瀋陽今旅酒店（しんようきんりょしゅてん）／沈阳今旅酒店 shěnyáng jīnlǚ jiǔdiàn ★★★★

2015年5月、トレーダースホテル瀋陽から改名した。設備やサービスは5つ星級の豪華さだ。衛星放送で日本語の番組を観られる。コンシェルジュは観光の手配や翻訳サービスの対応をしてくれる。

Ⓜ P.435-B2
住 和平区中華路68号
☎ 23412288
📠 23411988
Ⓢ 546〜604元
Ⓣ 546〜604元
サ なし
カ ADJMV
Ⓤ www.hoteljen.com/cn

両替　ビジネスセンター　インターネット

ホテル

遼寧賓館／辽宁宾馆
りょうねいひんかん　liáoníng bīnguǎn ★★★

1927年創業。開業当時は南満洲鉄道直営の「奉天ヤマトホテル」だった。内外ともにクラシカルなヨーロッパ調。設備やサービスは新しい4〜5つ星ホテルに比べると見劣りするが、かつての残映を体験したい人におすすめ。

両替　ビジネスセンター　インターネット

Ⓜ P.435-C1
住和平区中山路97号
☎23839166
🖷23839103
Ⓢ358〜398元
Ⓣ358〜398元
サなし
🄰ADJMV
Ⓤwww.liaoninghotel.com

グルメ

那家老院子／那家老院子
なけろういんし　nàjiā lǎoyuànzi

瀋陽の地元料理を味わえる中国料理チェーン店。山地でとれたキノコや豆腐の煮込み料理は味わい深く、ボリュームたっぷり。薄い豆腐の皮でおかずを包んで食べるのも東北風で、トウモロコシのパンもほんのり甘くておいしい。100〜200元くらいで収まる安さも人気。

Ⓜ P.434-B3
住瀋河区南三経街67号
☎24625555
🕐9:30〜21:30
休なし
🄲不可

新洪記／新洪记
しんこうき　xīnhóngji

海鮮餃子で有名な店。ボリュームがあって1斤（500g）で149元。海鮮の種類も多いので、4人なら半斤（250g）ずつ2、3種類頼むといい。いつも混んでいるので、予約が必要だ。2015年に瀋陽駅の西に移転した。

Ⓜ地図外（P.434-A3左）
住鉄西区興工北街128号
☎22518111
🕐10:00〜21:30
休なし
🄲不可

雷屋／雷屋
かみなりや　léiwū

2014年10月にオープンした和食居酒屋。「瀋陽の食のレベルは高いです。お店に来ていただけるとおいしい店を教えます」とオーナーの河原雷さん。2号店は鉄西区北四東路19号、2019年には3号店もオープン予定。

Ⓜ P.434-B3
住和平区南四経街106-9号
☎31526452
🕐11:00〜23:00
休なし
🄲不可

アミューズメント

SHY48星夢劇院／SHY48星梦剧院
せいむげきいん　xīngmèng jùyuàn

中国のアイドルグループは「中国大型女子偶像団体」と呼ばれ、上海、北京、広州、瀋陽、重慶で活動中。瀋陽のSHY48は上海SNH48の姉妹グループとして結成。2017年1月から中街にあるこの劇場で公演。
Ⓤ www.shy48.com

Ⓜ P.435-B3
住瀋河区北中街路116号豫瓏城3階
☎400-6176598（9:00〜21:00）
🕐1日2公演。時間は公式サイトを参照
休金・土・日曜
💰60〜168元（席により異なる）

発展を続ける北方の香港

大連
だいれん

ダーリエン
大連 Dà Lián

市外局番●0411

大連駅前に建つ高層ビル

ウルムチ・ハルビン
北京・●大連
ラサ・西安・成都・上海
昆明・広州
・香港

都市DATA

大連市
人口:591万人
面積:1万3238k㎡
7区2県級市1県を管轄

在瀋陽日本国総領事館在大連領事事務所
(駐瀋陽総領事館常駐大連領事办公室)
MP.444-A4
住西崗区中山路147号森茂大厦3階
☎83704077
FAX83704066
オ8:30～12:00、13:00～17:00
休土・日曜、日中両国の祝日
Uwww.dalian.cn.emb-japan.go.jp

市公安局出入境管理局
(市公安局出入境管理局)
M地図外(P.442-C1上)
住甘井子区中華路600号
☎86766108
オ8:30～16:30
休土・日曜、祝日
観光ビザを最長30日間延長可能。手数料は160元

e-care大連国際診療センター
(e-care大連国际诊疗中心)
MP.443-E2
住中山区港湾街20号名仕財富中心1階
☎39811919(日本語可)
400-699-1019(無料電話)
オ8:30～17:30 ※24時間往診可能 **休**なし
Uwww.5ecare.com

概要と歩き方

　遼東半島の最南端に位置し、東に黄海、西に渤海、南に海を隔て山東半島を望む大連。日本をはじめ多くの外国企業が進出する経済先進地域であり、その繁栄ぶりから「北方の香港」と呼ばれる港湾都市である。2012年末にはハルビン～大連間高速鉄道が開業し、内陸の都市とのアクセスが大きく改善された。

　大連は四季がはっきりしている。日本の仙台市、アメリカのサンフランシスコ市と同緯度にあり、モンスーン型温帯気候に属している。平均気温は春の約10℃、最も暑い8月で24℃、秋の13℃、最も寒い1月の−4.9℃と、ほかの中国東北部の都市に比べ温暖で過ごしやすい。市の南部には、老虎灘をはじめとするビーチリゾートがある。

　大連は長い間、三山浦と呼ばれる小さい漁村にすぎなかった。19世紀後半、ヨーロッパ列国の侵略が本格化すると、清朝政府はその圧力に屈し、1898年、帝政ロシアとの間に旅順と大連を租借地とする条約を結ぶ。翌年、帝政ロシアの勅命により青泥窪一帯は「ダーリニー」(ロシア語で「遠い」を意味する)となり、日露戦争を経て日本による直接統治(租借地)が始まった1905年、現在の都市名である「大連」と名づけられた。

　大連は坂道の多い町だ。そのため、市内では自転車をほとんど見かけない。バスや路面電車など公共交通機関が発達していて、市内観光にはたいへん便利。中山広場や大連駅前は交通の起点なので、ホテルはこのあたりで選ぶと便利だ。

大連市郊外の棒棰島海水浴場

	1月	2月	3月	4月	5月	6月	7月	8月	9月	10月	11月	12月
平均最高気温(℃)	-1.1	0.4	6.2	14.0	20.1	24.2	26.7	27.5	23.9	17.9	9.4	2.2
平均最低気温(℃)	-8.3	-6.5	-1.1	5.6	11.6	16.5	20.7	21.4	16.7	10.1	1.8	-4.9
平均気温(℃)	-4.9	-3.3	2.2	9.4	15.5	19.9	23.3	24.2	19.9	13.7	5.5	-1.5

町の気象データ(→P.517):「預報」>「辽宁」>「大连」>区・市・県から選択

Access 交通

空港見取図➡P.663　中国国内の移動➡P.667　鉄道時刻表検索➡P.26

✈ 飛行機
市区の西北11kmに位置する大連周水子国際空港（DLC）を利用する。日中間運航便があり、国内線は主要都市との間に運航便がある。

国際線 成田（22便）、関西（23便）、中部（4便）、福岡（7便）、広島（5便）、富山（2便）。

国内線 北京、上海、広州など主要都市との間に運航便があるほか、長白山や延吉などの東北地方内の便もある。

所要時間(目安) 北京首都（PEK）／1時間25分　上海浦東（PVG）／2時間　ハルビン（HEB）／1時間45分　西安（XIY）／2時間40分　広州（CAN）／3時間45分

🚆 鉄道
大連は瀋大線の起終点。市区中心にある大連駅と高速鉄道専用の大連北駅がある。両駅の間には路線バス909路が運行されている（所要50分）。

所要時間(目安) 【大連北（dlb）】瀋陽北（syb）／高鉄：1時間35分　長春西（ccx）／高鉄：2時間40分　吉林（jl）／高鉄：4時間　ハルビン西（hebx）／高鉄：3時間40分　丹東（dd）／動車：1時間50分　北京南（bjn）／高鉄：4時間55分　天津（tj）／高鉄：4時間5分　【大連（dl）】瀋陽北（syb）／高鉄：2時間　長春（cc）／高鉄：3時間30分　延吉西（yjx）／高鉄：6時間10分　北京（bj）／動車：6時間10分　天津（tj）／高鉄：4時間40分

🚌 バス
市内には多数のバスターミナルがあるが、観光客が利用するのは、大連駅前の勝利広場東にある虎躍快速バス乗り場（瀋陽行き）と大連駅南長距離バス乗り場（丹東行き）、大連駅の北側にある大連建設街長距離バスターミナル（旅順行き）。

所要時間(目安) 旅順／1時間　丹東／4時間　瀋陽／5時間

Data

✈ 飛行機
●**大連周水子国際空港**（大連周水子国際机場）
Ⓜ P.442-A1　🏠甘井子区迎客路100号　☎96600
🕐24時間　🚫なし　💴不可
🌐www.dlairport.com
[移動手段] 地下鉄／2号線「机場」　タクシー（空港～中山広場）／35元、所要20分が目安
　3ヵ月以内の航空券を販売。
●**民航航空券売り場**（民航售票処）
Ⓜ P.444-A4
🏠西崗区中山路143号民航大厦1階
☎国内線＝83612888　国際線＝83612222
🕐国内線7:00～19:30　国際線8:00～18:00
🚫なし　💴不可
[移動手段] タクシー（民航航空券売り場～中山広場）／10元、所要5分が目安　路線バス／15、409、531、532、701、702、710路「希望広場」
　3ヵ月以内の航空券を販売。
●**中国南方航空航空券販売センター**
（中国南方航空公司售票中心）
Ⓜ P.442-A1　🏠甘井子区迎客路65号
☎83883613　🕐8:30～17:00　🚫なし　💴不可
[移動手段] 地下鉄／2号線「机場」　タクシー（中国南方航空航空券販売センター～中山広場）／35元、所要20分が目安
　3ヵ月以内の航空券を販売。
●**日本航空大連支店**（日本航空公司大連支店）
Ⓜ P.444-A4　🏠西崗区中山路147号森茂大廈4階
☎83693925、4008-88-0808
🕐9:00～17:00　🚫土・日曜、祝日　💴ADJMV
[移動手段] 地下鉄／2号線「一二九街」　タクシー（日本航空大連支店～中山広場）／10元、所要5分が目安　路線バス／15、409、710路「希望広場」
●**全日空大連支店**（全日空大連支店）
Ⓜ P.444-A4　🏠西崗区中山路147号森茂大廈1階

☎83698816、4008-82-8888
🕐9:00～17:00　🚫土・日曜、祝日　💴ADJMV
[移動手段] 地下鉄／2号線「一二九街」　タクシー（全日空大連支店～中山広場）／10元、所要5分が目安　路線バス／15、409、710路「希望広場」

🚆 鉄道
●**大連駅**（大連火車站）
Ⓜ P.444-B2　🏠中山区長江路260号
☎共通電話＝12306　🕐5:30～22:00
🚫なし　💴不可
[移動手段] 地下鉄／2号線「友好広場」　タクシー（大連駅～中山広場）／10元、所要7分が目安　路線バス／7、30、201、909路「大連火車站」
　58日以内の切符を販売。
●**大連北駅**（大連火車北站）
Ⓜ地図外（P.442-B1上）　🏠甘井子区華北路
☎共通電話＝12306　🕐6:00～22:30
🚫なし　💴不可
[移動手段] 地下鉄／1号線「大連北站」　タクシー（大連北駅～中山広場）／45元、所要25分が目安　路線バス／1、8、516路「大連北站」
　58日以内の切符を販売。

大連北駅

🚌 バス
●**虎躍快速バス乗り場**（虎躍快速客運站）
Ⓜ P.444-B2　🏠中山区勝利広場東
☎82502666　🕐6:00～18:00
🚫なし　💴不可
[移動手段] 地下鉄／2号線「友好広場」　タクシー（虎躍快速バス乗り場～中山広場）／10元、所要7分が目安　路線バス／7、909路「大連火車站」
　7日以内の切符を販売。瀋陽（7便）など。

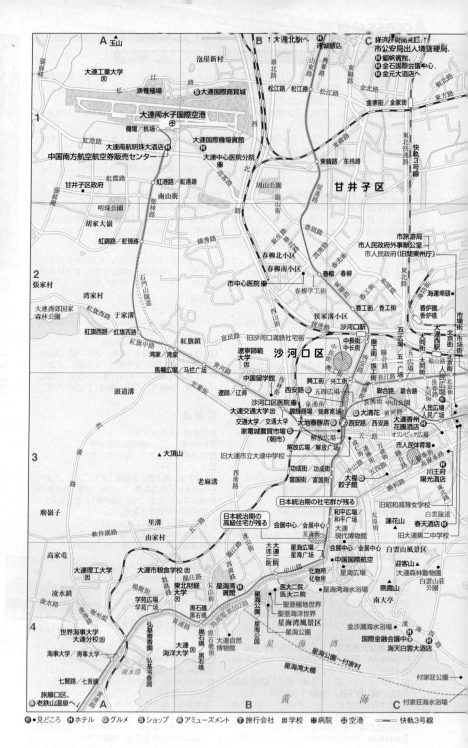

D

甘井子街
甘井子公園
甘北路
北明街
甘海路
黄山砲台遺跡
東山街
甘井子駅
E
1
工興路
石油化工公司埠頭
旧日本人街(甘井子)
文体南街
大連化学工公司埠頭
甘海路
老甘井子
甘井子粮食埠頭
(旧満鉄甘井子石炭埠頭)
黄
海
大連化学工業公司埠頭
大 連 湾
海

G
203高地へ
←
水師営会見所へ
N
烈士墓
二龍山堡塁
東鶏冠山北堡塁
H
望台山砲台
0 500m
三里橋
鶏冠山道路
5
工科旅順
工科大学
孫家溝
旅順日露刑務所旧址
万忠墓へ
旅
関東軍司令部
日本関東法院
旧址陳列館
工科旅順
ヤマトホテル
日旅順
博物館
文明町大街
新市街大街
将軍山
旅順駅
海軍兵器廠
少年宮
白玉山塔
区公安局
中蘇友誼記念塔
旅順博物館
勝利塔
体育館
解放塔
黄
区政府
新紀元大酒店
友誼公園
6
蛇園
海
軍港艦
旅順商場市場
中央大街
金州艦
旅順遊園
長江路
黄金山▲
老虎尾
旅順口

旧通信省宿舎
旧大連第一中学校
旧大連第一中学校
P.444-445
大連港乗船券販売センター
大連港務局
仁川行きフェリー乗り場
大連港候船庁
大連港フェリーターミナル
F
2
東関街
東北大街
二九路
二九街
港湾広場
港湾街
民主街
民生街
世紀街
三八広場
三八广场
二七广场
皇城老媽
国際会議中心
e-care大連国際診療センター
名仕財富中心
会議中心／会议中心
大連
大
連
1
2km
N
勝利橋
勝利街
大連火車站
大連火車站
七広場
北斗街
金広東海岸
海昌欣城
海之韵公園／海之韵広場
黄金街
路面電車201路
華楽広場
華楽街
春海街
海昌欣城
金广·东海岸
黄白咀
3
寺児溝
魯迅路
春海街
華楽広場
王家屯
台子山
東山
濱海怪坡
西
崗
区
リフト
勝利東路
大連観光塔
旧南満洲工業専門学校
旧大連高等商業学校
南山鉄道
大連京劇団
(旧東本願寺)
旧春日小学校
Hフラマ南山花園酒店
南山植物園
H大連南山国際青年旅舎
華楽広場
鹿園
濱海北路
旧大連中央試験所
石葵西隧道
解放路
大連泰達美
居酒店
H
一品誠記
山屏街
唐家屯
棒槌島景区
棒槌島賓館H
棒槌島海水浴場
ゴルフ場
棒槌島
4
旧日本人街
(文化台)
長春街
文化街
催家屯
中南路
中山区
図書館
怡怡楼
桃源街
解放路
長興巷
虎灘北溝
虎灘小区
老虎灘
虎灘海
老虎灘
石槽村
石槽村風景区
老虎灘漁港～棒槌島
画霧山
仲夏路
怡心園酒店H
高尚路
老虎灘海洋公園
王子飯店
石槽村
付家荘
付家荘風景区
華日酒店H
鳥語林
老虎灘
老虎牙
濱海中路
燕窩嶺風景区
燕窩嶺
北大橋
西咀
F

地下鉄1号線　地下鉄2号線　◎乗り換え駅
路面電車201路　路面電車202路　-------遊覧船　o—o リフト

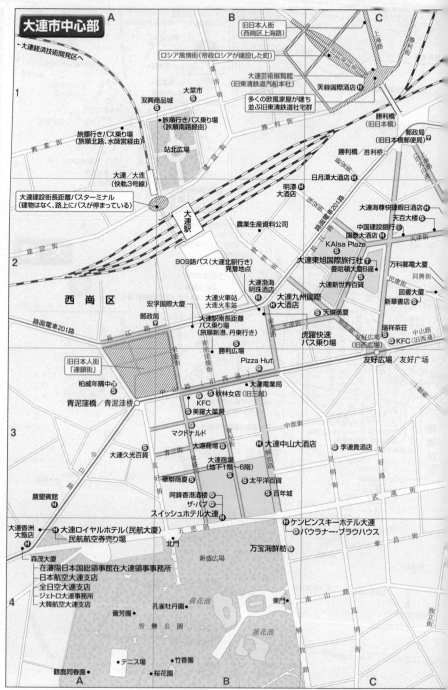

大連市中心部

- **A** | **B** | **C**

旧日本人街
（西崗区上海路）

ロシア風情街（帝政ロシアが建設した町）

大連芸術展覧館
（旧東清鉄道汽船本社）

多くの欧風家屋が建ち
並ぶ旧東清鉄道社宅群

芙蓉国際酒店

上海街

勝利街

1

大連経済技術開発区へ

双興商品城

大菜市

勝利橋
（旧日本橋）

郵政局
（旧日本橋郵便局）

旅順行きバス乗り場
（旅順南路経由）

旅順行きバス乗り場
（旅順北路、水師営経由）

站北広場

勝利街

勝利橋／胜利桥

大連／大连
（快軌3号線）

日月潭大酒店

大連建設街長距離バスターミナル
（建物はなく、路上にバスが停まっている）

明潭
大酒店

大連海尊快捷暇日酒店

大百大楼

中国建設銀行

2

大連駅

農業生産資料公司

国泰大酒店

路面電車201路

KAlsa Plaza

西崗区

909路バス（大連北駅行き）
発着地点

大連東旭国際旅行社

曼哈頓大廈B座

大連新世界百貨

万科郵電大廈

同興街

宏宇国際大廈

大連渤海
明珠酒店

大連九州国際
大酒店

大連火車站
大连火车站

新華書店

路面電車201路

郵政局

大連駅南長距離
バス乗り場
（旅順新港、丹東行き）

天倫商廈

瑞祥茶荘

中山路

KFC（旧西通）

虎躍快速
バス乗り場

友好広場
（旧西広場）

旧日本人街
「連鎖街」

勝利広場

Pizza Hut

友好広場／友好广场

柏威年購中心

大連電業局

3

青泥窪橋／青泥洼桥

秋林女店（旧三越）

大連久光百貨

KFC

美羅大薬房

マクドナルド

大連商場

大連中山大酒店

李連貴酒店

華聯商廈

大連商場
（地下1階～6階）

太平洋百貨

農墾賓館

阿鋒香港酒楼

ザ・バブ

スイッシュホテル大連

百年城

大連香洲
大飯店

大連ロイヤルホテル（民航大廈）

民航航空券売り場

ケンビンスキーホテル大連

パウラナー・ブラウハウス

4

森茂大廈

在瀋陽日本国総領事館在大連領事事務所
日本航空大連支店
全日空大連支店
ジェトロ大連事務所
大韓航空大連支店

北門

新盛広場

万宝海鮮舫

孔雀牡丹園

荷花池

東門

蓮花池

蔷芳園

労働公園

テニス場

竹香園

鶴鹿同春園

桜花園

- **A** | **B** | **C**

●見どころ　Ｈホテル　Ｇグルメ　Ｓショップ　Ｂ銀行　Ｔ旅行会社　Ｘ学校　郵便局　病院　繁華街

444

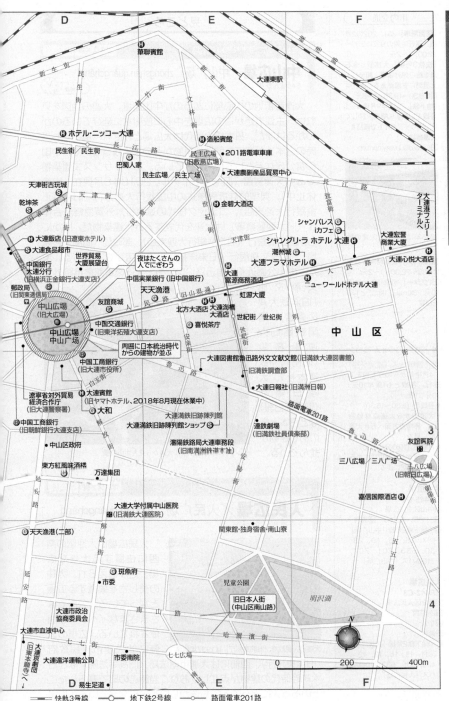

D   E   F

1

華聯賓館 H

大連東駅

ホテル・ニッコー大連 H

造船賓館 H

民生街/民生街

民主広場
(旧敷島広場) 201路電車車庫

巴蜀人家

民主広場 民主广场

大連農副産品貿易中心

天津古玩城

乾坤茶

金碧大酒店 H

シャンパレス S
iカフェ G

大連宏誉
商業大廈

大連飯店(旧遼東ホテル) S

大連食品超市 S

世界貿易
大廈展望台

中国銀行
大連分行
(旧横浜正金銀行大連支店)

シャングリ・ラ ホテル 大連 H

潮州城 S

大連心悦大酒店 H

夜はたくさんの
人でにぎわう

大連
富源商務酒店

2

郵政局
(旧関東通信局)

中信実業銀行(旧中国銀行)

大連フラマホテル H

虹源大廈

ニューワールドホテル大連 H

中山広場
(旧大広場)

天天漁港

友誼商城

北方大酒店 大連海鮮
大酒店

喜悦茶庁

世紀街/世纪街

中山区

中山広場
中山广场

中国交通銀行
(旧東洋拓殖大連支店)

周囲に日本統治時代
からの建物が並ぶ

中国工商銀行
(旧大連市役所)

大連図書館魯迅路外文文献文館(旧満鉄大連図書館)

旧満鉄調査部

遼寧省対外貿易
経済合作庁
(旧大連警察署)

大連賓館
(旧ヤマトホテル、2018年8月現在休業中)

大和

大連満鉄旧跡陳列館ショップ S

大連日報社(旧満洲日報)

路面電車201路

中国工商銀行
(旧朝鮮銀行大連支店)

瀋陽鉄路局大連車務段
(旧南満洲鉄道本社)

連鉄劇場
(旧満鉄社員倶楽部)

3

友誼医院 H

中山区政府

東方紅風味酒楼

万達集団

大連大学付属中山医院
(旧満鉄大連医院)

三八広場/三八广场
(旧朝日広場)

嘉信国際酒店 H

天天漁港(二部) S

関東館・独身宿舎・南山寮

斑魚府

市委

児童公園

旧日本人街
(中山区南山路)

明沢湖

4

大連市政治
協商委員会

大連市血液中心

大連京劇団
(旧東本願寺へ)

七七路

市委南院

大連遠洋運輸公司

七七広場

0   200   400m

易生足道

D   E   F

快軌3号線   地下鉄2号線   路面電車201路

市内交通

【路面電車】 201、202の2路線。運行時間の目安は5:30〜22:00、1〜2元

【快軌3号線】 大連駅と金石灘を結ぶ郊外電車。開発区と九里間に支線がある。運行時間は6:30〜19:30、1〜8元

【地下鉄】 2018年9月現在、1号線と2号線が開業。詳しくは公式ウェブサイトで確認を

大連地鉄
Ⓤwww.dlsubway.com.cn

2015年に開通した大連の地下鉄

【路線バス】 運行時間の目安5:30〜22:30、1〜2元
【タクシー】 初乗り3km未満10元、3km以上1kmごとに2元加算

ⓘ ▶▶▶ インフォメーション

観光循環バス（旅游环路）
　4月中旬から10月下旬まで運行。各便とも1乗車10元、30分に1便。
▶昼間便（8:30〜16:30）
　大連駅から大連森林動物園、棒棰島方面へ行き大連駅に戻る
▶夜景便（19:00〜21:00）
　大連駅から星海広場まで行き、大連駅に戻る

中山広場
Ⓜ**P.445-D2**
住中山区中山广场
Ⓣ24時間　休なし　料無料
交①地下鉄2号線「中山广场」
②7、15、16、19、23、30、533、701、707、710路バス「中山广场」

人民広場
Ⓜ**P.442-C3**
住西崗区人民广场
Ⓣ24時間
休なし
料無料
交①地下鉄2号線「人民广场」
②11、15、16、19、43、409、505、533、708路バス「人民广场」

欧風建築物に囲まれている広場　**オススメ度 ★★★**

中山広場／中山广场　zhōngshān guǎngchǎng
ちゅうざんひろば

1時間 🕐

　大連市街地の中心部にあるのが中山広場。大連の地図を見れば、主要道路がこの広場を中心に放射状に延びているのがわかるはずだ。日本統治時代は大広場と呼ばれ、現在でも当時の日本人が建てた欧風建築物がそのまま残っていて、中国の官公庁などとして使用されている。ルネッサンス式建築物である大連賓館（旧ヤマトホテル。2018年8月現在、営業休止中）、典型的な折衷様式の中国銀行大連分行（旧横浜正金銀行大連支店）、ゴシック様式の遼寧省対外貿易経済合作庁（旧大連警察署）は大連を代表する近代建築物だ。ほかにも中国工商銀行（旧朝鮮銀行大連支店）、郵政局（旧関東逓信局）、中国交通銀行（旧東洋拓殖大連支店）などがある。また、中山公園近くの魯迅路沿いにも、大連図書館魯迅路外文文献文館（旧満鉄大連図書館）、瀋陽鉄路局大連車務段（旧南満洲鉄道本社）、大連日報社（旧満洲日報）など日本と縁のある建物が並んでいる。

インターコンチネンタル大連から見た中山公園

旧ソ連の兵隊像が広場を見下ろす　**オススメ度 ★★★**

人民広場／人民广场　rénmín guǎngchǎng
じんみんひろば

大連市人民政府（旧関東州庁）は1937年創建

　人民広場は大連駅の南西に位置する大きな広場。芝が植えられ、大連の美しさを象徴する広場となっている。公園ではさまざまなイベントが開催されている。広場の北側には大連市人民政府（旧関東州庁）、西側には大連市司法局（旧高等法院）など日本統治時代の建物が点在しており、当時この町で暮らしたことのある人にとってとても懐かしい風景になっている。広場西側の一帯には日本統治時代に建てられた日本人の社宅群がわずかだが、一部残っている。

郊外の見どころ

日露戦争最大の激戦地　　　　　　　オススメ度 ★★★

203高地／二○三高地　èrlíngsān gāodì
にひゃくさんこう ち

1時間

1904（明治37）年、日露戦争が始まると、ロシア軍の基地があった旅順に日本軍が攻め込んだ。乃木希典将軍率いる日本陸軍第三軍は、同年8月に第1回総攻撃をしかけたが失敗し、1万5000人もの死傷者を出すほどの多大な被害を受けた。2度目の総攻撃も失敗したが、それでも11月26日に3度目の総攻撃を開始し、乃木将軍の息子が戦死するなどしたものの、12月5日にようやく203高地の奪取に成功した。戦

爾霊山の記念碑

後、乃木将軍は砲弾の破片などを集めて山頂に爾霊山と記し、戦死者を弔った。

爾霊山は現存し、203高地の観光名所になっている。山頂からは旅順港が見渡せる。

日露両軍指揮官が会見した所　　　　　オススメ度 ★★★

水師営会見所／水师营会见所　shuǐshīyíng huìjiànsuǒ
すい し えいかいけんじょ

203高地の陥落を受けてロシア側から停戦の申し入れがあり、1905年1月5日、乃木将軍とロシアのステッセル中将の会談が水師営で行われた。水師営という地名は、1715（清の康熙54）年に康熙帝がこの地に設けた軍の駐屯地の名前に由来する。現存の建物は当時の資料を参考にして忠実に再建されたもの。中には日露戦争時に実際に使われていた品物が展示されている。

203高地と並ぶ激戦地　　　　　　　オススメ度 ★★★

東鶏冠山北堡塁／
ひがしけいかんざんほく ほ るい

东鸡冠山北堡垒　dōngjīguānshān běibǎolěi

水師営の南東に位置する東鶏冠山に築かれた日露戦争時のロシア側防御要塞跡。各所に大砲が設置され、入港してくる敵艦を砲撃した。1904年8月の第1回旅順総攻撃では、この要塞のために全滅させられている。日本軍はトンネルを掘って地下から爆破する作戦を取り何とか陥落させたが、そのときの日本側の死傷者は9000名を数えた。現在、堡塁があった場所には旅順日俄戦争陳列館がある。

ⓘ ▶▶▶ インフォメーション

大連から旅順口への移動

　大連駅南長距離バス乗り場から旅順新港行きに乗る。7:10〜17:50の間に1日14便。また大連駅北側の広場からも旅順バスターミナル行きの2種類のバスが出ている。いずれも7元、所要1時間30分が目安。

旅順口へのタクシーチャーター料金

　大連市区でタクシーをチャーターして203高地、水師営会見所、東鶏冠山北堡塁の3ヵ所を観光した場合、400元が目安。

203高地
Ⓜ 地図外（P.443-G5左）
住 旅順口区203高地
☎ 86398277
オ 5月〜10月上旬
　　7:30〜17:30
　　10月中旬〜4月
　　8:00〜16:00
休 なし　料 無料
交 タクシーで旅順口区内から20元、所要20分が目安

ⓘ ▶▶▶ インフォメーション

　日露戦争の激戦地として知られ、203高地などがある大連市旅順口区は2009年5月以降全面開放されている。ただし、軍事施設が点在しているため、撮影禁止区域や立入禁止区域が存在するので標識に注意して歩こう。

水師営会見所
Ⓜ 地図外（P.443-G5上）
住 旅順口区水師営会見所
☎ 86233509
オ 9:00〜16:00
休 なし　料 無料
交 タクシーで旅順口区内から30元、所要25分が目安

ロシア軍の要塞跡

東鶏冠山北堡塁
Ⓜ P.443-H5
住 旅順口区東鶏冠山北堡塁
☎ 86287271
オ 5月〜10月上旬
　　6:30〜17:30
　　10月中旬〜4月
　　8:00〜16:00
休 なし　料 無料
交 タクシーで旅順口区内から20元、所要20分が目安

スイッシュホテル大連／大連瑞诗酒店 ★★★
だいれん　dàlián ruìshī jiǔdiàn

大連駅から徒歩10分という好ロケーションに位置する高級シティホテル。客室からは緑豊かな労働公園や大連港を眺められる。日本人客への対応も万全で、8階に日本語ゲストサービスデスクを設置。

MP.444-B3
住中山区五恵路21号
☎82303388　FAX82302266
S438～646元
T438～646元
サなし
カADJMV
Uwww.swishhotel.com.cn

両替｜ビジネスセンター｜インターネット

大連フラマホテル／大连富丽华大酒店 ★★★ ★★
だいれん　dàlián fùlìhuá dàjiǔdiàn

1988年に開業した中国東北地区では最大規模のホテル。日本人客の利用も多い。東楼（旧館）と西楼（新館）に分かれている。

両替｜ビジネスセンター｜インターネット　Uwww.furama.com.cn

MP.445-F2
住中山区人民路60号
☎82630888　FAX82804455
S東楼＝688元、西楼＝803元
T東楼＝803元、西楼＝803元
サなし　カADJMV

シャングリ・ラ ホテル 大連／大连香格里拉大酒店 ★★★ ★★
だいれん　dàlián xiānggélǐlā dàjiǔdiàn

日本からのツアー客や出張客が多いため日本人スタッフが多く、日本語も通じやすい。ビジネスやアミューズメントの施設も充実。

両替｜ビジネスセンター｜インターネット　Uwww.shangri-la.com/jp

MP.445-F2
住中山区人民路66号
☎82525000　FAX82525050
S900元、1000元
T900元、1000元
サ16%　カADJMV

ホテル・ニッコー大連／大连日航饭店 ★★★ ★★
だいれん　dàlián rìháng fàndiàn

円筒形にそびえるガラス張りのビルは36階建て。客室はとてもモダンでスタイリッシュ。快適な滞在を楽しめる。ビュッフェ形式の朝食も人気。高層階から大連港も見渡せる。

両替｜ビジネスセンター｜インターネット

MP.445-D1
住中山区長江路123号
☎82529999
FAX82529900
S638元
T738元
サなし
カADJMV
Uwww.nikkodalian.com.cn

ケンピンスキーホテル大連／大连凯宾斯基饭店 ★★★ ★★
だいれん　dàlián kǎibīnsījī fàndiàn

労働公園のすぐそばに立つ高層建築で、客室からの眺めもすばらしい。本格エステなど、宿泊客でなくても楽しめる施設が揃う。

両替｜ビジネスセンター｜インターネット　Uwww.kempinski.com

MP.444-B4
住中山区解放路92号
☎82598888　FAX82596666
S708元
T852元
サなし　カADJMV

大連九州国際大酒店／大连九州国际大酒店 ★★
だいれんきゅうしゅうこくさいだいしゅてん　dàlián jiǔzhōu guójì dàjiǔdiàn

大連駅のすぐ近くに立つ高級ホテル。ラマダプラザ大連が2015年4月より名称変更。交通の便がよく、観光やビジネスに最適。

両替｜ビジネスセンター｜インターネット

MP.444-B2
住中山区勝利広場18号
☎82808888
FAX82809704
S389元　T439元
サなし　カADJMV

大連中山大酒店／大连中山大酒店 ★★ ★★
だいれんちゅうざんだいしゅてん　dàlián zhōngshān dàjiǔdiàn

勝利広場から南へ延びる解放路に面する高級ホテル。ショッピングエリアにあるため、周辺はとてもにぎやか。便利な立地条件だ。

両替｜ビジネスセンター｜インターネット　Uwww.zs-hotel.com

MP.444-B3
住中山区解放路3-5号
☎82812888　FAX82810150
S528元
T528元
サなし　カADJMV

大連ロイヤルホテル／民航大厦 ★★ ★★
だいれん　mínháng dàshà

ホテル内に民航航空券売り場があり、徒歩数分の場所には日系企業が多数入っている森茂大廈（森ビル）がある。

両替｜ビジネスセンター｜インターネット　Uwww.dlroyal-hotel.jp

MP.444-A4
住西崗区中山路143号
☎83633111
FAX83638211
S450元　T510元
サなし　カADJMV

天天漁港／大天漁港
てんてんぎょこう　tiāntiān yúgǎng

大連で最も有名な海鮮料理レストラン。エビ、カニ、アワビなどの新鮮な魚介をさまざまな調理法で提供。店内には、生きた魚介の入った大きな水槽が置かれ、食べたいものを選ぶ。市内に多くの支店をもつ。

Ⓜ P.445-E2
🏠 中山区人民路10号
☎ 82801118
🕐 10:00～22:00
休 なし
🅒 ADJMV

皇城老媽／皇城老妈
こうじょうろうば　huángchéng lǎomā

成都に本店のある四川風火鍋専門の全国チェーン。本場の激辛鍋から味わい深い白湯まで、スープに定評がある。なかでも3種の野生キノコ入りスープの三菌湯は、漢方成分もたっぷりで体に優しい。西安路にも支店がある。

Ⓜ P.443-E2
🏠 中山区港湾広場3A号
☎ 84301111
🕐 11:00～翌2:00
休 なし
🅒 不可
Ⓤ www.hclm.net

パウラナー・ブラウハウス／普拉那啤酒坊
pǔlānà píjiǔfáng

ケンピンスキーホテル大連の地下1階にある本格ドイツビアバー。毎晩バンドのステージがあり、店内はいつもにぎやかだ。

Ⓜ P.444-B4
🏠 中山区解放路92号ケンピンスキーホテル大連地下1階
☎ 82598888
🕐 17:30～翌1:30
休 なし　🅒 ADJMV

大和／大和
やまと　dàhé

大連賓館は2017年秋から改装のため休業中で、営業再開の時期は未定だ。だが　館内2階に「大和」という名のカフェが営業しており、散策の合間にひと休みするのがおすすめ。

Ⓜ P.445-D3
🏠 中山区中山広場4号大連賓館2階
携帯＝13842876668（日本語可）
🕐 8:30～18:00
休 なし
🅒 不可

西安路／西安路
せいあんろ　xīānlù

地下鉄1号線と2号線が交差する西安路駅から興工街駅にかけては中央大道、羅斯福国際中心、マイカルなどの巨大なショッピングモールやレストランが集中する大連で最もにぎわうエリアだ。

Ⓜ P.442-C3
🏠 沙河口区西安路
🕐 店舗により異なる
🅒 店舗により異なる
Ⓤ www.qqpark.com.cn（中央大道）

大連東旭国際旅行社／大连东旭国际旅行社
たいれんとうきょくこくさいりょこうしゃ　dàlián dōngxù guójì lǚxíngshè

明るく元気な女性社長の劉建雲さん率いる同社には大連外国語学院卒で日本語堪能な賈飛さんをはじめ、優秀な女性スタッフが揃っている。
✉ dlorientaru@yahoo.co.jp（日本語可）

Ⓜ P.444-C2
🏠 中山区友好路曼哈頓大厦B座3613室
☎ 82559532
🕐 9:00～17:00
休 土曜の午後、日曜
🅒 不可

満洲国の首都があった北国春城

長春
ちょうしゅん

长春 Cháng Chūn

市外局番●0431

旧満洲国中央銀行（現中国人民銀行長春支店）

都市DATA

長春市
人口：756万人
面積：2万565km²
7区2県級市1県を管轄
長春市は吉林省の省都

市公安局外国人管理処
（市公安局外国人管理処）
Ⓜ**P.451-B3**
🏠朝陽区光明路688号
☎88927465
⏰9:00〜11:30、
　13:00〜16:30
休土・日曜、祝日
観光ビザを最高30日間延長
可能。手数料は160元

省人民医院
（省人民医院）
Ⓜ**P.451-A3**
🏠朝陽区工農大路1183号
☎85595114、救急=85595321
⏰24時間 休なし

市内交通

【地下鉄】1号線（北環城路
〜紅嘴子）と2号線（双豊〜
東盛大街）。運行時間の目安
は5:00〜21:30、2〜40元
【路面電車】54路（工農大路
〜西安大路）、55路（工農大
路〜長春西駅）、1元
【軽軌】3号線（長春站〜長
影世紀城）と4号線（長春站
北〜車場環）。運行時間の目
安は6:00〜21:00、2〜4元
【タクシー】初乗り2.5km未
満5元、2.5km以上1kmごと
に2元加算。燃油代1元加算

概要と歩き方

　吉林省の省都長春は、伊通河の河畔に位置する。北国春城、塞北春城と称されるだけあって、冬は寒いが夏はとても過ごしやすい。1800年に清朝政府が長春庁をおいたのが始まりで、1932年には満洲国（中国では偽満洲国という）の首都になり新京となった。1930年代から1945年まで、長春には多くの日本人が暮らしていた。満洲国時代の建物が今でもそのまま使われていて、その遺構は長春の観光ポイントとなっている。現在は、国内外の自動車会社の工場がある町としても知られ、映画の制作も盛んに行われている。

　長春の町は、長春駅から南に真っすぐ延びる人民大街を中心に構成されている。繁華街の重慶路、人民広場、人民大街にはホテルやショップが集まっている。また、長春駅前から人民広場にいたるあたりには、バスターミナルなど交通諸機関が集中している。長春の見どころは、何といっても偽満皇宮博物院などの満洲国建築遺構だろう。新民大街あたりにたくさん残る。長春では路面電車にも乗ってみよう。車両は新しくなったが、路線は満洲国時代に敷設されたものだ。長春駅〜人民広場〜解放大路〜自由大路〜南湖大路〜長春高速バスターミナル〜市政府という経路で人民大街を南北に走る66路バスは2階建て車両を使用している。

長春駅は2018年9月現在、改修工事中

2017年6月、長春にも地下鉄1号線が開通

	1月	2月	3月	4月	5月	6月	7月	8月	9月	10月	11月	12月
平均最高気温(℃)	-10.5	-6.1	2.5	13.5	21.4	26.1	28.2	26.9	21.5	13.3	1.5	-7.5
平均最低気温(℃)	-21.9	-18.5	-9.4	0.4	8.0	14.4	18.6	16.9	9.2	1.2	-9.0	-18.1
平均気温(℃)	-16.2	-12.3	-3.4	6.9	14.7	20.2	23.4	21.9	15.4	7.3	-3.7	-12.8

町の気象データ（→P.517）：「预报」＞「吉林」＞「长春」＞区・市・県から選択

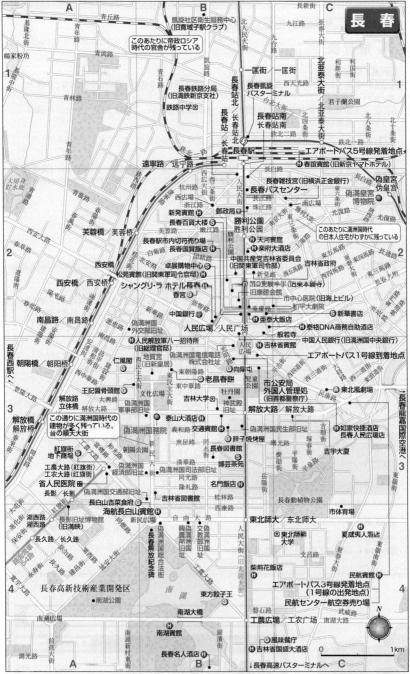

長春

吉林省 長春

概要と歩き方／長春マップ

このあたりに帝政ロシア時代の官舎が残っている

凱旋社区街生服務中心（旧寛域子駅クラブ）

楊家粉坊

長春鉄路分局（旧満鉄新京支社）

鉄路中学 🏫

長春凱旋バスターミナル

一匡街／一匡街

北大人民大街

九江路

亜泰大街

北亜泰大街

君子蘭公園

エアポートバス5号線発着地点

長春站北／长春站北

長春站南／长春站南

鉄北二路

鉄北一路

遠寧路／远宁路

長春站／长春站

春誼賓館（旧新京ヤマトホテル）

偽皇宮／伪皇宫

長春雑技宮（旧横浜正金銀行）

このあたりに満洲国時代の日本人住宅がわずかに残っている

偽満皇宮博物院

長春バスセンター

杭州大街

人民大街

新発賓館 🏨

郵政局

勝利公園／胜利公园

🏨 天河賓館

楽府大酒店

吉林省政府

長春百貨大楼

長春駅市内切符売り場

長春国貿飯店 🏨

卓展購物中心

松苑賓館（旧関東軍司令部旧官邸）

芙蓉橋／芙蓉桥

西安橋／西安桥

シャングリ・ラ ホテル長春 🏨

香宮

中国共産党吉林省委員会（旧関東軍司令部）

新発路

偽満実業部旧址（旧東本願寺）

旧康徳会館

🏨 新華書店

南昌路／南昌路

中国銀行 🏦

市中心医院（旧海上ビル）

平平大劇院

🏨 亜泰大飯店

般若寺

泰格DNA商務自助酒店 🏨

国人民銀行（旧満洲国中央銀行） 🏦

人民広場／人民广场

吉林省賓館 🏨

長春西駅へ→

朝陽橋／朝阳桥

人民解放軍八一招待所（旧総理官邸）

仁風閣

地質宮（旧新皇宮）

偽満洲国外交部旧址

エアポートバス1号線到着地点

偽満洲国電信電話株式会社址

向陽屯

老昌香餅

王記醤骨頭館

偽満洲国軍事部旧址

文化広場

吉林大学 🏫

牡丹園

神武殿旧址

市公安局外国人管理処（旧首都警察庁）

🏨 東北風劇場

解放立体橋

この通りに満洲国時代の建物が多く残っている。昔の順天大街

解放大路／解放大路

偽満洲国国務院

義山大酒店

偽満洲国民生部旧址

交通賓館 🏨

🏨 如家快捷酒店 長春人民広場店

吉宇大厦

胖子焼烤摊

長春図書館

紅旗街地下商場

工農大路（紅旗街）工农大路（红旗街）

省人民医院 🏥

長影／长影

偽満洲国経済部旧址

偽満洲国司法部旧址

博芸苑菜

同光路

長春勤植物園

名門飯店

吉林省図書館

桂林路

市体育場

海航長白山賓館 🏨

長影旧址博物館（旧満映）

偽満洲国交通部旧址

長久路／长久路

偽満洲国総合法衙

自由大路

偽満洲国興農部旧址

偽満洲国文教部旧址

東北大師／东北大师

🏨 夏威夷大酒店

長春解放紀念碑

🏫 東北師範大学

文昌路

柴荊花飯店

民航大厦 🏨

エアポートバス3号線発着地点（1号線の出発地点）

民航センター航空券売り場

長春高新技術産業開発区

南湖公園

南湖大橋

南湖賓館

南湖大橋

東方餃子王

工農広場／工农广场

風味餐厅

吉林省国盛大酒店 🏨

長春名人酒店 🏨

↓長春高速バスターミナルへ

🔵 見どころ 🏨 ホテル 🍴 グルメ 🛍 ショップ 🎮 アミューズメント 🏦 銀行 🏫 学校 📮 郵便局 🏥 病院 ▨ 繁華街

—— 地下鉄1号線 —○— 軽軌3号線 —■— 軽軌4号線 —— 路面電車54路

0 1km

N

451

中国国内の移動➡P.667 鉄道時刻表検索➡P.26

✈ 飛行機

市区の北東約35kmに位置する長春龍嘉国際空港（CGQ）を利用する。日中間運航便があり、国内線は主要都市の空港との間に運航便がある。

【国際線】成田（2便）。

【国内線】北京、上海、深圳など主要都市との間に運航便があるほか、長白山、延吉などの東北地方内の便もある。

【所要時間（目安）】北京首都（PEK）／1時間50分　上海浦東（PVG）／2時間50分　長白山（NBS）／1時間　延吉（YNJ）／50分

🚆 鉄道

長春は京哈線、長図線、長白線が交差する交通の要衝。市区中心にある長春駅と高速鉄道専用の長春西駅がある。

【所要時間（目安）】【長春（cc）】吉林（jl）／城際：40分　延吉西（yjx）／城際：2時間5分　【長春西（ccx）】瀋陽北（syb）／高鉄：1時間5分　大連北（dlb）／高鉄：2時間40分　ハルビン西（hebx）／高鉄：55分　北京南（bjn）／高鉄：6時間15分　天津（tj）／高鉄：5時間20分

🚌 バス

長春駅の南に位置する長春バスセンターを利用する。

【所要時間（目安）】瀋陽／4時間30分　大連／8時間

Data

✈ 飛行機

● **長春龍嘉国際空港**（长春龙嘉国际机场）
Ⓜ 地図外（P.451-C3右）　⸝ 九台市龍嘉鎮
☎88797111　⌚24時間　休なし　カ不可
[移動手段] エアポートバス／市内に5路線あり（最も便利なのは民航センター航空券売り場発着の3号線）20元　タクシー（空港～人民広場）／100元、所要45分が目安　城際列車（空港～長春駅）／1等10.5元、2等8.5元、所要16分

日本からの直行便もある長春龍嘉国際空港

🚆 鉄道

● **長春駅**（长春火车站）
Ⓜ P.451-B1　⸝ 寛城区長白路5号　☎共通電話＝

12306　⌚24時間　休なし　カ不可
[移動手段] 地下鉄／1号線「長春站南」　タクシー（長春駅～人民広場）／10元、所要5分が目安　路線バス／1、6、25、62、66、257、301、306、362路「長春站」
　28日以内の切符を販売。

● **長春西駅**（长春火车西站）
Ⓜ 地図外（P.451-A3左）　⸝ 緑園区安慶路
☎共通電話＝12306
⌚6:30～22:00　休なし　カ不可
[移動手段] タクシー（長春西駅～人民広場）／40元、所要30分が目安　路面電車／55路「長春西站」　路線バス／139、159、173路「長春西站」
　28日以内の切符を販売。

🚌 バス

● **長春バスセンター**（长春客运中心站）
Ⓜ P.451-B2
⸝ 寛城区人民大街226号　☎4007017070
⌚5:40～18:00　休なし　カ不可
[移動手段] タクシー（バスセンター～人民広場）／10元、所要8分が目安　地下鉄／1号線「長春站南」
　6日以内の切符を販売。

溥儀が執務した宮殿

見どころ

満洲国の仮御所だった場所　　　　　　　　オススメ度 ★★★

偽満皇宮博物院／
（ぎ まんこうぐうはくぶついん）
3時間
伪满皇宫博物院　wěimǎn huánggōng bówùyuàn

清王朝最後の皇帝溥儀が満洲国の皇帝に即位したとき、新

宮殿完成までの仮御所として造られたが、宮殿は未完成で終わったため、溥儀は在位期間の大部分をここで過ごした。溥儀が暮らしていた勤民楼（きんみんろう）、その奥には懐遠楼（かいえんろう）がある。館内は当時のままの状態で保存、復元されており、溥儀の満洲国時代の生活がよく理解できる。

同徳殿では人形で当時の様子を再現

2005年に土中から発掘された東清鉄道の機関車が保存されている

偽満皇宮博物院
M P.451-C2
住 寛城区光復北路5号
☎ 82866611
オ 5〜9月8:30〜17:20
　10〜4月8:30〜16:50
※入場は閉館1時間10分前まで
休 なし
料 80元
交 ①軽軌4号線「偽皇宮」②264路バス「偽皇宮」。8、16、80、88、115、116、256、257、268、357路バス「光復路」、徒歩8分
U www.wmhg.com.cn
※軽軌4号線の駅は博物院入口の東側にあるので不便

遺構群のなかでもひときわ目立つ　　　オススメ度 ★★★

偽満洲国務院／伪满洲国务院　wěimǎnzhōu guówùyuàn
ぎ まんしゅうこく む いん

　満洲国の最高行政機関がおかれていた建物で、1936年に完成した。興亜式と呼ばれる中洋折衷様式の建物。

　このほか、偽満洲国八大部（軍事部旧址、司法部旧址、経済部旧址、外交部旧址、文教部旧址、交通部旧址、興農部旧址、民生部旧址）と総称される満洲国諸機関の建物も現存しているが、いずれも使用されているためで、無断で入場することはできない。

興亜式という様式が特徴

偽満洲国務院
M P.451-B3
住 朝陽区新民大街126号
☎ なし
オ 24時間
休 なし
交 13、156、213、240、264、283路バス「吉大一院」
※2018年9月現在、吉林大学基礎医学院として利用されており、内部公開は中止されている。見学は外観のみ

ホテル

シャングリ・ラ ホテル 長春／长春香格里拉大酒店　★★★
ちょうしゅん　chángchūn xiānggélǐlā dàjiǔdiàn　★★

人民広場から約500mの好立地にある高級ホテル。客室はエレガントな雰囲気で、市内を一望できる。スタッフはフレンドリーな接客態度。

両替　ビジネスセンター　インターネット

M P.451-B2
住 朝陽区西安大路569号
☎ 88981818　FAX 88981919
S 788元
T 888元
＋10%＋6%
カ ADJMV
U www.shangri-la.com/jp

海航長白山賓館／海航长白山宾馆　★★
かいこうちょうはくさんひんかん　hǎiháng chángbáishān bīnguǎn　★★

南湖公園の向かい側にある白亜のホテル。レストランでは、長白山特産の新鮮なキノコなどを食材にした料理を満喫できる。

両替　ビジネスセンター　インターネット　U www.hnahotelsandresorts.com

M P.451-B4
住 朝陽区新民大街1448号
☎ 85588888　FAX 85642003
S 480元、580元、680元
T 480元、580元、680元
＋ なし　カ ADJMV

グルメ

老昌春餅／老昌春饼
ろうしょうしゅんぺい　lǎochāng chūnbǐng

東北地方の名物料理、春餅のレストラン。小麦粉の薄い皮に味噌をつけて肉や野菜、キノコなどの料理を包んで食べる。料理は10〜20元と安くていろいろ味わえる。U www.laochangchunbing.com

M P.451-B3
住 東民主大街666号
☎ 88983990
オ 9:30〜22:00
休 なし
カ 不可

霧氷を見られる町

吉林
（きつりん）

吉林 Jí Lín ♂
ジーリン

市外局番●0432

松花湖スキー場のゴンドラは夏季も運行

ウルムチ● ハルビン● 吉林●
北京● ●大連
西安● ●上海
ラサ● 成都●
昆明● ●広州
　　　香港

都市DATA

吉林市
人口：430万人
面積：2万7722km²
4区4県級市1県を管轄

市公安局出入境管理処
（市公安局出入境管理处）
MP.456-A3
住船営区解放西路16号吉林
　市政府政務大庁3階
☎64820335
オ8:30〜11:30、
　13:00〜16:30
休土・日曜、祝日
観光ビザを最長30日間延長
可能。手数料は160元

市中心医院
（市中心医院）
MP.456-B3
住船営区南京街4号
☎62456181
オ24時間
休なし

松花湖行きバスは吉林駅東口
から出る

市内交通

【路線バス】運行時間の目安
は5:30〜20:30、1元
【タクシー】初乗り2.5km未
満5元、2.5km以上1kmごと
に1.8元加算。さらに燃油代1
元加算

概要と歩き方

　昔の吉林には満洲族の祖先である粛慎人が住んでおり、彼らはこの地を川沿いの町という意味のGirin ula（吉林烏拉）と呼んでいた。ここから吉林という名前が誕生した。別名は江城（こうじょう）。吉林は吉林省のほぼ中央に位置しており、東に長白山脈が延びているため、東から南にかけては山がちな地形（高度1200mを超える山が7峰もある）にあり、西から北にかけては肥沃な東北平原が広がる。市内には長白山に発源する松花江（しょうかこう）が逆S字に蛇行して流れている。また、冬場は非常に冷え込むため、空気中の水分が木々を覆うようにして凍る霧氷現象が起こることでも知られている。霧氷の観察ポイントとしては、吉林天主教堂から臨江門大橋にかけてがおすすめだ。

吉林天主教堂

　吉林駅の西側に吉林公路バスセンターがあり、郊外の松花湖（豊満ダム）には中康路から9路バスで行くことができる（3元）。吉林市内で最も大きな道は南北に延びる吉林大街で、特に駅前から西に延びる中康路との交差点から吉林大橋にかけてがにぎやか。2015年に市内東南15kmの山あいに松花湖国際スキー場が開業した。プリンスホテルが運営する最新施設だ。

松花湖は夏になると遊覧船が出る

	1月	2月	3月	4月	5月	6月	7月	8月	9月	10月	11月	12月
平均最高気温(℃)	-11.0	-5.0	3.0	13.0	21.0	25.0	28.0	25.0	22.0	12.0	4.0	-5.0
平均最低気温(℃)	-25.0	-20.0	-8.0	-1.0	7.0	13.0	18.0	17.0	8.0	-1.0	-9.0	-15.0
平均気温(℃)	-18.0	-12.0	-2.0	6.0	14.0	19.0	23.0	21.0	15.0	5.0	-2.0	-10.0

町の気象データ（→P.517）:「预报」>「吉林」>「吉林」>区・市・県から選択

Access 交通

中国国内の移動→P.667 鉄道時刻表検索→P.26

✈ **飛行機** 吉林市内には空港がなく、市区の西約70kmに位置する長春龍嘉国際空港（CGQ）を利用する（→P.452）。空港最寄りの龍嘉駅と吉林駅は高速鉄道で所要30分。

🚆 **鉄道** 長図線の途中駅である吉林駅を利用する。

所要時間(目安)【吉林 (jl)】長春 (cc)／城際：40分　瀋陽北 (syb)／高鉄：2時間10分　大連北 (dlb)／高鉄：4時間10分　北京南(bjn)／高鉄：7時間　延吉西(yjx)／城際：2時間30分

🚌 **バス** 吉林駅西側に位置する吉林市長距離バスターミナルを利用する。長春行きは吉林大街と中康路の交差点から出発。

所要時間(目安) 長春／2時間　ハルビン／4時間

Data

✈ 飛行機
● **民航吉林市中心航空券売り場**
　（民航吉林市中心售票处）
Ⓜ P.456-B3　住昌邑区天津街1989号
☎66518888　オ8:00〜16:30　休なし　カ不可
[移動手段] タクシー（航空券売り場〜吉林駅）／8元、所要5分が目安　路線バス／3、30、42路「江城广场」
　3ヵ月以内の航空券を販売。
※長春龍嘉国際空港へは、高速鉄道を利用するのが便利。龍嘉駅下車。1時間に2〜3本あり、駅から空港は徒歩5分。22.5元、所要30分。タクシーの場合は、200元、所要1時間が目安

🚆 鉄道
● **吉林駅**（吉林火车站）
Ⓜ P.456-B2　住船営区重慶路1号　☎共通電話＝

12306　オ24時間　休なし　カ不可
[移動手段] タクシー（吉林駅〜大東門広場）／8元、所要5分が目安　路線バス／1、7、101路「吉林站」
　28日以内の切符を販売。

吉林駅西口

🚌 バス
● **吉林市長距離バスターミナル**
　（吉林市长途客运站）
Ⓜ P.456-B2　住船営区吉林駅西広場地下1階
☎63305310　オ5:30〜17:20　休なし　カ不可
[移動手段] タクシー（バスターミナル〜大東門広場）／8元、所要5分が目安　路線バス／4、8、22路「吉林站西广场」
　5日以内の切符を販売。ハルビン（9便、66元）、長春（8便、23元）など。

見どころ

高句麗時代の山城跡　　オススメ度 ★★★

龍潭山遺址公園／
りゅうたんさんいしこうえん
3時間
龙潭山遗址公园　lóngtánshān yízhǐ gōngyuán

龍潭山遺址公園
Ⓜ P.456-C2
住龍潭区龍山路2号
☎63093384
オ24時間
休なし
料無料
交12、30、42、44路バス「龙潭山遗址公园」

　市内の北東部、松花江の河畔にある森林公園。園内には、高句麗、遼、金時代の遺跡が点在している。
　高句麗山城は、5世紀に好太王が扶余国を制圧したときに築いた山城だといわれている。2.4kmの城壁があり、城壁の西北角には、龍潭と呼ばれている貯水池（水牢とも呼ばれる）や旱牢が残っている。山の中腹に立つ龍鳳寺は、1754（清の乾隆19）年に創建された寺院で、院内には龍王廟、関帝廟、観音堂などの建築物がある。山頂に残る南天門という見張り台跡からは吉林市内を一望できる。
　また、公園の南側には、漢方薬の材料になる鹿角を取るための龍潭山養鹿場がある。1733（清の雍正11）年に始まったこの事業は300年近く続いている。

澄んだ水が美しい龍潭

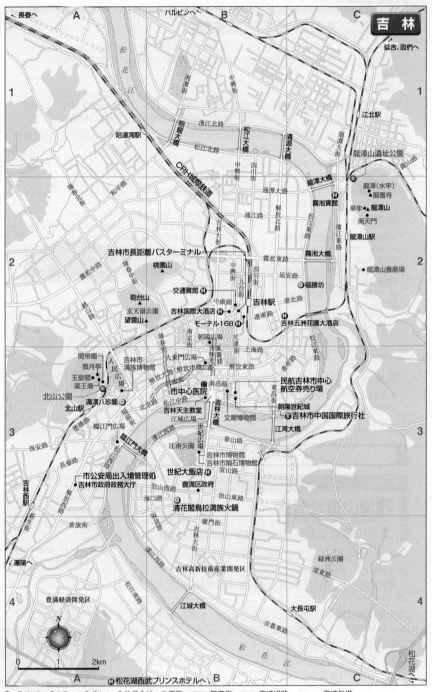

吉 林

延吉、図門へ

長春へ
ハルビンへ

A　　B　　C

松花江

CRH城際鉄道

哈達湾駅

湘潭街
中興街
濱江北路
松江北路
松江北路
中興街
清源大橋
松江大橋
四川街
龍潭大街

龍潭大橋
龍潭（水牢）
龍鳳寺
霧淞賓館
阜牢　龍潭山
南天門
龍潭山駅
龍潭山遺址公園

江北駅

吉林市長距離バスターミナル
桃園山

通潭大路
解放北路
通江路
霧淞東路
延安路
経江東路
濱江東路

福膳坊

龍潭山養鹿場

砲台山
玄天嶺公園
望雲山

中興街
四川街
九台街
中康路
吉林駅
交通館
吉林国際大酒店
モーテル168
吉林五洲花園大酒店

朝陽広場
南京街
天津街
上海路
解放東路

関帝廟
攬月亭
玉皇閣
薬王廟
北山公園
北山駅
滿漢八珍閣
吉林市滿族博物館
人民広場
大東門広場

青昌路
東昌路
民航吉林市中心
航空券売り場
朝陽世紀路
吉林市中国国際旅行社

臨江門広場
臨江門大橋
市中心医院
吉林天主教堂
江城広場
吉林大橋
文廟博物館
江湾大橋

世紀広場
江南公園
華山路
吉林市博物館
吉林市隕石博物館
宣河路
世紀大飯店
豊満区政府

市公安局出入境管理処
吉林市政府政務大厅
黄旗街

吉林西駅

清花閣烏拉滿族火鍋
海口路
船山西路

吉林高新技術産業開発区

緑洲公園
涷東路

江城大橋
大長屯駅

豊満経済開発区

松花江

N

0　　1　　2km

A　　B　　C

松花湖西武プリンスホテルへ
松花湖へ

瀋陽へ

● 見どころ　Ｈ ホテル　● グルメ　Ｔ 旅行会社　■ 病院　▨ 繁華街　▨ 高速道路　— 高速鉄道

456

寺観が多い公園　オススメ度 ★★★

北山公園／北山公园　běishān gōngyuán
ほくざんこうえん

1926年開園の公園。清代に建立された宗教施設が数多くあり、陰暦の4月8日から5月31日にかけてさまざまな宗教行事が執り行われ、多くの市民が参拝に訪れる。

園内には、関帝廟（儒教）、坎離宮（道教）、広済寺（仏教）など各宗教の施設が揃っていて、園内最大の建物である玉皇閣には、如来（仏教）、老子（道教）、孔子（儒教）が一緒に祀られている。

北山公園
[M]P.456-A3
[住]船営区徳勝路51号
☎65078553
[オ]5月～10月上旬7:30～17:00
10月中旬～4月8:00～16:00
[休]なし
[料]入園料＝無料、鳥語林＝20元、薬王廟と関帝廟＝3元、玉皇閣＝2元、坎離宮＝1元、平安鐘楼＝20元
[交]7、42、59、107路バス「北山公园」

ダム建設によって生まれた景勝地区　オススメ度 ★★★

松花湖／松花湖　sōnghuāhú
しょうかこ

第二松花江の上流にある豊満ダム（日本が建設した電源開発用ダム）の建設によってできた人造湖。全長180km、水深は最も深い所で70m、湖面面積は550k㎡になる。

五虎島はダムから17kmの所にある島で、ダム湖ができるまでは五虎山といわれていた。現在では避暑地として有名。五虎島へは夏のみ遊覧船（島には約1時間30分滞在）が出ていて、湖上から美しい風景を堪能できる。

松花湖
[M]地図外（P.456-C4下）
[住]豊満区松花湖風景区
☎64697666
[オ]24時間
[休]なし
[料]松花湖風景区＝10元、五虎島入場料＝150元、五虎島行き遊覧船＝往復50元、臥龍潭行き遊覧船＝往復100元
※遊覧船は5～10月の7:30～14:00頃まで運航（五虎島行きは16:00頃まで）。満席を待って出発
[交]33路、333路（快速）バス「丰満」
※松花湖は5～10月が観光シーズン
[U]www.jlsonghuahu.cn

ホテル

世紀大飯店／世纪大饭店　shìjì dàfàndiàn ★★★★★
せいきだいはんてん

吉林大橋を南に渡って約1kmの所にあるホテル。市内を一望できる世紀広場のタワーや吉林市隕石博物館にもほど近い。

[両替] [ビジネスセンター] [インターネット]

[M]P.456-B3
[住]豊満区吉林大街77号
☎62168888　[FAX]62168777
[S]420元、460元
[T]420元、460元
[サ]なし　[カ]ADJMV

グルメ

清花閣烏拉満族火鍋／清花阁乌拉满族火锅　qīnghuāgé wūlā mǎnzú huǒguō
せいかかくうらまんぞくひか

吉林市北部に住む伝統ある満族村、烏拉鎮で継承された本格的な火鍋の店。スープは意外やカニ味噌入りの海鮮風だが、羊肉とともに東北名物の酸菜を入れるなど、この土地でしか食べられない美食といえる。

[M]P.456-B3
[住]豊満区廈門街海口路交差近く
☎64660011
[オ]10:00～21:00
[休]なし
[カ]不可

旅行会社

吉林市中国国際旅行社／吉林市中国国际旅行社　jílínshì zhōngguó guójì lǚxíngshè
きつりんしちゅうごくこくさいりょこうしゃ

例年7月中旬から9月中旬にかけて長白山ツアーを催行しており、2日でひとり680元（中国人向けツアー。3日前までに予約）。鉄道切符手配1枚50元、ベテランの日本語ガイドの佟強さんも在籍。連絡先は☎13804424697（携帯）。
[U]www.cits-jl.com

[M]P.456-B3
[住]松江東路朝陽世紀城502室
☎62445707
[FAX]62489678
[オ]5～9月（夏）8:30～11:30、13:30～17:00　10～4月（冬）8:30～11:30、13:30～16:30
[休]夏＝なし　冬＝土・日曜、祝日　[カ]不可

高句麗時代の遺跡が点在する

集安
しゅうあん

集安 Jí Ān　　市外局番●0435

鴨緑江展望台。対岸の山は北朝鮮

ウルムチ　ハルビン
北京　大連
西安　成都
ラサ
昆明　広州
香港

集安

都市DATA

集安市
人口: 22万人
面積: 3408km²
集安市は通化市管轄下
の県級市

市公安局外事科
（市公安局外事科）
MP.460-B2
住黎明街1159号
☎6222617
オ8:00～11:30、
13:00～16:30
休土・日曜、祝日
観光ビザの延長は不可

市医院（市医院）
MP.460-B1
住迎賓路111号
☎6223590
オ24時間
休なし

中朝国境をボートで遊覧でき
る

市内交通

【路線バス】運行時間の目安
は7:30～19:30、1元。15分
おきに太王線が好太王碑方
面へ出ている
【タクシー】市内は1乗車5元

概要と歩き方

　高句麗が桓仁県の五女山城からここへ移ってきてから（1世紀とも2世紀ともいわれている）427年に平壌に遷都するまで、集安は高句麗の政治と文化の中心であった。そのため、集安には高句麗関係の遺跡や古墳が多数現存しており、古墳群は2004年にユネスコの世界文化遺産に登録された。

　集安は吉林省の南端に位置する小都市で、辺境の小江南とも呼ばれている。南東は北朝鮮と国境を接している。長白山系の老嶺山脈の東部にあるため全体的に山がちで、ほかの町とのアクセスは不便。

　集安の町は小さく、見どころはすべて郊外にある。バスと徒歩だけではかなり不便で時間もかかるので、市内でタクシーをチャーター（4～5時間で100元程度が目安）して効率よく見て回りたい。

　また、鴨緑江を挟んだ対岸は北朝鮮の満浦だが、黎明街が堤防に突き当たるあたりから鴨緑江遊覧のモーターボート（個人営業）が出ている。遊覧時間は約10分で、料金は40元程度。

支石墓の様式をもつ陪墳

市街地にも城門が今も残る

	1月	2月	3月	4月	5月	6月	7月	8月	9月	10月	11月	12月
平均最高気温(℃)	-8.0	-1.0	6.0	16.0	23.0	27.0	29.0	28.0	23.0	17.0	9.0	-4.0
平均最低気温(℃)	-23.0	-16.0	-5.0	2.0	8.0	14.0	19.0	18.0	11.0	2.0	-5.0	-15.0
平均気温(℃)	-15.0	-8.0	1.0	9.0	15.0	20.0	24.0	23.0	17.0	9.0	2.0	-9.0

町の気象データ（→P.517）:「預報」>「吉林」>「通化」>「集安」

Access 交通

中国国内の移動➡P.667　鉄道時刻表検索➡P.26

🚆 鉄道

梅集線の起終点駅である集安駅を利用するが、通化との間に1日2便の列車が発着するのみ。

所要時間(目安)【集安(ja)】通化(th)／普快：3時間5分

🚌 バス

集安バスターミナルを利用する。

所要時間(目安) 丹東／6時間30分　通化／2時間　長春／6時間

Data

🚆 鉄道

●**集安駅**（集安火車站）
Ⓜ**P.460-C1** 🏠集安市東郊　☎6143142
🕐8:00〜15:00　休なし　🅟不可
[移動手段] **タクシー**(集安駅〜勝利路・黎明街交差点)／10元、所要7分が目安　路線バス／6路「火車站」
　28日以内の切符を販売。集安発通化行き(11：04発)1便のみ。

🚌 バス

●**集安バスターミナル**（集安市长途客运站）
Ⓜ**P.460-A2** 🏠勝利路1028号　☎6214020
🕐5:00〜17:00　休なし　🅟不可
[移動手段] **タクシー**(バスターミナル〜勝利路・黎明街交差点)／5元、所要3分が目安　路線バス／6路「客运站」
　2日以内の切符を販売。通化 (5:00〜17:00の間1時間に1便)、長春(2便)など。
●**乗合タクシー**
　建設街と迎賓路の交差点あたり(Ⓜ**P.460-B1**)から通化行きの乗合タクシーが出ている。4人揃って出発となっており、ひとり50元。200元払えばチャーター可能。通化までは所要1時間30分が目安。

見どころ

高句麗最高の王をたたえる碑文が刻まれている　**オススメ度** ★★★　世界遺産

好太王碑／好太王碑　hǎotàiwáng bēi

🕐3時間

　市の北東約4kmにある石碑。好太王（永楽太王）は、4世紀末に即位した第19代の高句麗王。通称は広開土王。その在位期間中（391〜412年）に朝鮮半島の南部などを征服し、高句麗史上空前の繁栄を生み出した。好太王碑は彼の息子である長寿王によって建てられた墓碑だ。碑文は1775文字で、倭国に関する記述もあるため、日本の古代史ファンの間ではとても有名な石碑となっている。好太王碑の西側には、太王陵と呼ばれる古墳がある。1辺66mの正方形で、高さが14.8m。10トン以上ある花崗岩を積み上げて造られている。

太王陵

好太王碑は建物の内部に保存されている

園内の展示施設では碑石の拓本が見られる

好太王碑
Ⓜ**P.460-B3**
🏠市内中心北東4km
☎集安博物館=6262796
🕐5〜9月8:00〜17:00
　10〜4月8:00〜16:00
休なし
🎫30元
🚕タクシーをチャーターする。往復20元が目安。周囲の見どころを全部回った場合は200元が目安

ⓘ ▶▶▶ インフォメーション
共通券
　集安の5つの遺跡をすべて回るなら、個別に買うより集安博物館で販売している1日共通券135元を購入すると、各所でそれぞれ買うより割安。

集安でただひとりの日本語ガイドの金明竹さんは朝鮮族。平日は仕事だが、週末は高句麗遺跡を案内してくれる。事前に連絡が必要。
☎携帯=13943540538
　（日本語可）
✉jadwykzx@163.om

459

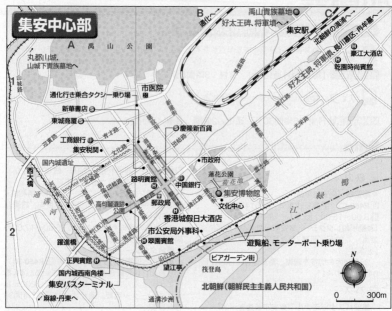

集安中心部

A 禹山公園
丸都山城、
山城下貴族墓地へ

通化行き乗合タクシー乗り場
新華書店 ⑤
東城商厦 ⑤
工商銀行 ❸
集安税関
国内城遺址
路明賓館 ❶
市医院 🏥
慶隆新百貨 ⑤
市政府
蓮花公園
荷花池
中国銀行 ❸
集安博物館
文化中心
高句麗遺跡公園
郵政局 📮
香港城假日大酒店
市公安局外事科
翠園賓館 ❶
望江亭
ビアガーデン街

西大橋
通溝河
躍進橋
正興賓館 ❶
国内城西南角楼
集安バスターミナル
麻線・丹東へ

B
通化へ
禹山貴族墓地
好太王碑、将軍墳へ
集安駅

C
北朝鮮の満浦へ
長川墓区、冉牟墓へ
豪江大酒店
乾園時尚賓館
好太王碑、将軍墳、長川墓区、冉牟墓へ

鴨緑江

筏登島
北朝鮮(朝鮮民主主義人民共和国)

N
0 ─── 300m

● 見どころ　❶ ホテル　⑤ グルメ　⑤ ショップ　❸ 銀行　❷ 旅行会社　🏫 学校　📮 郵便局　🏥 病院　▨ 繁華街　〜〜 堤防

ℹ️ ▶▶▶ インフォメーション

集安博物館
　高句麗時代の文化財を展示
する博物館。
M P.460-B2
住 建設街 **☎** 6262796
オ 5〜9月8:00〜17:00
　10〜4月8:00〜16:00
休 なし　**料** 70元
交 6路「市政府」

集安博物館

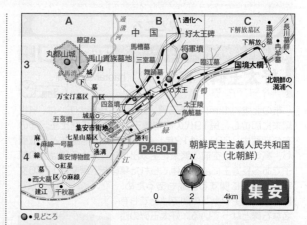

A
瞭望台
丸都山城
中国
通溝河
禹山貴族墓地
馬槽墓
三室墓
禹山墓区
舞踊墓
万宝汀墓区
四盔墳
城区
城后
太王
五盔墳
麻線
集安市街地
七星山墓区
麻線一号墓
勝利
通溝
P.460上
麻線墓
紅星
西大墓区
麻線
建江
千秋墓

B
通化へ
好太王碑
将軍墳
臨江墓
太王陵
角觝墓

C
下解放墓区
下解放
環紋墓
長川墓群、
冉牟墓
国境大橋
北朝鮮の
満浦へ

鴨緑江

朝鮮民主主義人民共和国
(北朝鮮)

N
0 ─ 2 ─ 4km

集安

● 見どころ

ℹ️ ▶▶▶ インフォメーション

集安の見どころ間の距離

　集安の見どころの距離の目安は次のとおり。
▶ 翠園賓館〜集安博物館＝約0.8km
▶ 翠園賓館〜集安駅＝約2.5km
▶ 翠園賓館〜丸都山城、山城下貴族墓区＝約4km
▶ 翠園賓館〜禹山貴族墓地＝約2.5km
▶ 禹山貴族墓地〜好太王碑＝約2km
▶ 好太王碑〜将軍墳＝約2km
▶ 翠園賓館〜冉牟墓＝約10km

▶ 翠園賓館〜長川墓群＝約22km

墓地の中の壁画の撮影は禁止。レプリカが展示室にある

集安中心部マップ／集安マップ／見どころ／ホテル

集安で最も立派な古墳

将軍墳／将军坟 jiāngjūn fén
しょうぐんふん

オススメ度 ★★★ 世界遺産

市区北東6km地点にある高句麗王陵墓。東方金字塔王陵墓とも称される。5世紀初頭の王墓と推測されており、好太王か長寿王の墓という説が有力。古墳は1000を超える花崗岩の塊を積み上げて造られており、1辺が31.58mの正方形で、高さは12.4m。

将軍墳全景。ピラミッドのように登ることもできる

将軍墳
Ⓜ P.460-B3
🏠市内中心北東6km
☎6262796（集安博物館）
🕐5～9月8:00～17:00
　10～4月8:00～16:00
休なし
料30元
※共通券あり（→P.459）
🚕タクシーをチャーターする。往復30元が目安

高句麗の山城

丸都山城／丸都山城 wándū shānchéng
がんとさんじょう

オススメ度 ★★★ 世界遺産

市区の北西3km地点にある高句麗期の典型的な山城。城壁の長さは6951mで、城門は5つあり、南門の甕城が唯一外部とつながっていた。周囲を山に囲まれており、東側の入口は通溝河に面する1ヵ所で、自然の形をうまく利用した要塞となっている。この城は戦争時の避難場所として造られたものだが、高句麗存亡の際には臨時の都ともなった。

丸都山城
Ⓜ P.460-A3
🏠市内中心北3km
☎6262796（集安博物館）
🕐5月～10月上旬8:00～17:30
　10月中旬～4月8:00～16:00
休なし
料30元
※共通券あり（→P.459）
🚕タクシーをチャーターする。往復20元が目安

古代日本と高句麗の関係を物語る

禹山貴族墓地／禹山贵族墓地 yǔshān guìzú mùdì
うさんきぞくぼち

オススメ度 ★★★ 世界遺産

禹山貴族墓地は高句麗の王族や貴族の古墳群。なかでも有名なのが五盔墳と呼ばれる高句麗晩期に造られた古墳。内部を見学できる5号墓の壁面に描かれた四神（青龍、朱雀、玄武、白虎）は日本の高松塚古墳にも見られるもの。

草に覆われ、こんもりと兜のような墓地がいくつも点在する

禹山貴族墓地
Ⓜ P.460-B3
🏠集安駅北1km
☎6262796（集安博物館）
🕐5～9月8:00～17:00
　10～4月8:00～16:00
休なし
料30元
※共通券あり（→P.459）
🚕①タクシーをチャーターする。往復20元が目安
　②6路バス「火车站」下車後、集安駅に隣接する税関東側の踏切を渡り北へ徒歩10分。5号墓の入口は時計回りに北へ進む

ホテル

香港城假日大酒店／香港城假日大酒店
ホンコンじょうかしつだいしゅてん
xiānggǎngchéng jiàrì dàjiǔdiàn

★★
★★

集安市内で唯一の4つ星ホテル。外国人が利用するのはたいていここ。客室は広くて快適。窓から国内城の城壁や市内を見渡せる。ホテルのすぐ近くに朝市が出るので、早起きして散歩しよう。

Ⓜ P.460-B2
🏠黎明街22号
☎6655888
📠6655777
Ⓢ438元 🛏388元
Ⓢなし
🅿不可
Ⓤwww.xgcjrdjd.com

両替 ビジネスセンター インターネット

帝政ロシアの面影が色濃く残る町

ハルビン

ハーアールビン
哈尔滨 Hā Ěr Bīn

市外局番●0451

ハルビン氷雪祭りの会場

ウルムチ　北京　大連
西安　　　上海
ラサ　成都
昆明　　広州
　　　香港

ハルビン○

都市DATA

ハルビン市
人口：994万人
面積：5万3186km²
9区2県級市7県を管轄
ハルビン市は黒龍江省
の省都

市公安局出入境管理処
（市公安局出入境管理処）
MP.464-B1
住道里区工程街2号
☎87661130
◎8:30～11:30、
　13:30～16:30
休土・日曜、祝日
観光ビザを最長30日間延長
可能。手数料は160元

ハルビン医科大学付属第
一医院
（哈尔滨医科大学附属第一医院）
MP.464-C2
住南崗区東大直街199号
☎救急=85553246
◎24時間　休なし

市内交通

【地下鉄】2018年9月現在、1
号線と3号線の一部が営業。
詳しくは公式ウェブサイトにて
ハルビン地鉄（哈尔滨地铁）
Uwww.harbin-metro.com
【路線バス】運行時間の目安
は6:30～21:00、普通車1元、
空調付き2元
【タクシー】初乗り3km未満8
元、3km以上1kmごとに1.9元
加算。さらに燃油代1元加算

概要と歩き方

　中国で最も北部に位置する黒龍江省の省都であるハルビン
は、シベリア鉄道でモスクワへと通じる東北アジアの交通の
枢軸でもある。2012年末にハルビン～大連間高速鉄道が開
業し、長春や瀋陽、大連とのアクセスが改善された。

　19世紀末までは小さな漁村に過ぎなかったこの町を劇的に
変化させたのが、清朝と帝政ロシアの間で結ばれた不平等条
約（1896年）により敷設が許された東清鉄道だ。ハルビン
は鉄道建設の基地として近代都市へと変貌を遂げた。やがて
1920年代後半には、秋林公司や馬迭爾賓館（モデルンホテ
ル）といった現在も残る著名な欧風建築が数多く建てられた。
その結果、今日のハルビンは「東方のモスクワ（東方莫斯
科）」「東方の小パリ（東方小巴黎）」などと呼ばれている。

　ハルビンの見どころは、ほとんど市街区に集中している。
まずは中央大街（旧キタイスカヤ）の見物から始めよう。多く
の欧風建築物が建ち並ぶ石畳の歩行者専用道は、ぜひゆっく
り散策したい。その先に広がるのが斯大林公園。眼前には松
花江が悠々と流れている。松花江の対岸にある太陽島公園へ
は、船着場から出ている船やロープウエイ、バスなどで行く。
太陽島側には中国版サファリパー
クともいえる東北虎林園もある。

　古い建築に興味がある人は、旧
日本人街である西大直街を中心と
するハルビン鉄路局周辺、旧中国
人地区の靖宇街周辺を歩いて町並
みを眺めてみるのもおもしろい。

　毎年1月初めから開催される氷
雪祭りは有名で、冬の風物詩とし
て多くの観光客を集めている。

雪の彫刻が並ぶ氷祭りの会場

	1月	2月	3月	4月	5月	6月	7月	8月	9月	10月	11月	12月
平均最高気温（℃）	-13.3	-8.4	1.1	12.5	20.7	25.8	28.1	26.6	20.5	11.9	-0.5	-10.4
平均最低気温（℃）	-25.2	-21.6	-11.3	-0.3	7.3	13.8	18.1	16.4	8.7	0.0	-11.1	-21.1
平均気温（℃）	-19.3	-15.1	-5.1	6.1	14.0	19.8	23.1	21.5	14.7	6.0	-5.7	-15.8

町の気象データ〈→P.517〉：「預報」>「黑龙江」>「哈尔滨」>区・市・県から選択

462

中国国内の移動 ➡ P.667 　鉄道時刻表検索 ➡ P.26

✈ 飛行機

市区の南西約50kmに位置するハルビン太平国際空港（HRB）を利用する。日中間運航便が4路線あり、国内線は主要都市との間に運航便がある。空港は国内線の第1ターミナルと国際線の第2ターミナルがある。

国際線 成田（6便）、関西（3便）、新潟（3便）。

国内線 北京、上海、大連など主要都市との間に運航便があるほか、黒河などの東北地方内の便もある。

所要時間（目安） 北京首都（PEK）／2時間　上海浦東（PVG）／3時間10分　大連（DLC）／1時間40分　黒河（HEK）／1時間10分

🚉 鉄道

ハルビンは京哈線、濱洲線、濱北線、濱綏線、拉濱線などの鉄道が交差する交通の要衝である。旅行者が利用するのは、市区中心にあるハルビン駅と高速鉄道専用のハルビン西駅。

所要時間（目安） 【ハルビン西（hebx）】長春西（ccx）／高鉄：55分　吉林（jl）／高鉄：1時間55分　瀋陽北（syb）／高鉄：2時間　大連北（dlb）／高鉄：3時間35分　北京南（bjn）／高鉄：7時間15分　満洲里（mzl）／快速：12時間20分　ハイラル（hle）／快速：10時間10分　綏芬河（sfh）／快速：5時間45分　黒河（hh）／快速：11時間　延吉西（yjx）／動車：4時間10分

🚌 バス

ハルビン駅前にある南崗バスターミナルを利用する。黒龍江省や吉林省各地への便のほか、ロシアのウラジオストク行きバスが1日1便ある。

所要時間（目安） 長春／3時間30分　吉林／4時間　ウラジオストク／12時間
※ウラジオストクへ行くには事前にロシア電子簡易ビザの取得が必要

Data

✈ 飛行機

●**ハルビン太平国際空港**（哈尔滨太平国际机场）
Ⓜ **地図外（P.464-A3左）** 🏠 太平鎮迎賓路
☎82894220　🕐24時間　休なし　🃏不可
[移動手段] エアポートバス／3路線あるが、空港から市内に向かう際はハルビン駅を経由する1号線が便利。20元、所要1時間が目安。空港→市内＝5:00～最終便の間30分に1便　市内→空港＝6:00～20:00の間30分に1便　タクシー（空港～ハルビン駅）／120元、所要1時間が目安
●**ハルビン民航航空券売り場**（哈尔滨民航售票处）
Ⓜ P.464-C4　🏠 南崗区中山路99号民航大厦
☎82651188　🕐国内線7:00～21:00　国際線8:00～19:00　休なし　🃏不可
[移動手段] タクシー（航空券売り場～ハルビン駅）／10元、所要10分が目安　路線バス／2、3、21、22、27、68、103、108路「天鵝飯店」
　3ヵ月以内の航空券を販売。

ハルビン空港国際ターミナル

🚉 鉄道

●**ハルビン駅**（哈尔滨火车站）
Ⓜ **P.464-B2**
🏠 南崗区鉄路街1号　☎共通電話＝12306
🕐24時間　休なし　🃏不可
[移動手段] タクシー（ハルビン駅～中央大街）／10元、所要8分が目安　路線バス／2、7、8、108路「哈站」
　28日以内の切符を販売。

●**ハルビン西駅**（哈尔滨火车西站）
Ⓜ **地図外（P.464-A3左）**
🏠 南崗区ハルビン大街501号
☎共通電話＝12306　🕐6:00～22:30
休なし　🃏不可
[移動手段] 地下鉄／3号線「哈尔滨西站」　タクシー（ハルビン西駅～中央大街）／35元、所要25分が目安　路線バス／11、31、96、120路など「哈客站」
　28日以内の切符を販売。高速鉄道専用駅。

高速鉄道の専用駅であるハルビン西駅

🚌 バス

●**南崗バスターミナル**（南崗公路汽车站）
Ⓜ P.464-B3　🏠 南崗区春申街26号
☎82830116
🕐4:30～18:00　休なし　🃏不可
[移動手段] タクシー（バスターミナル～中央大街）／10元、所要8分が目安　路線バス／2、7、8、108路「哈站」
　7日以内の切符を販売。

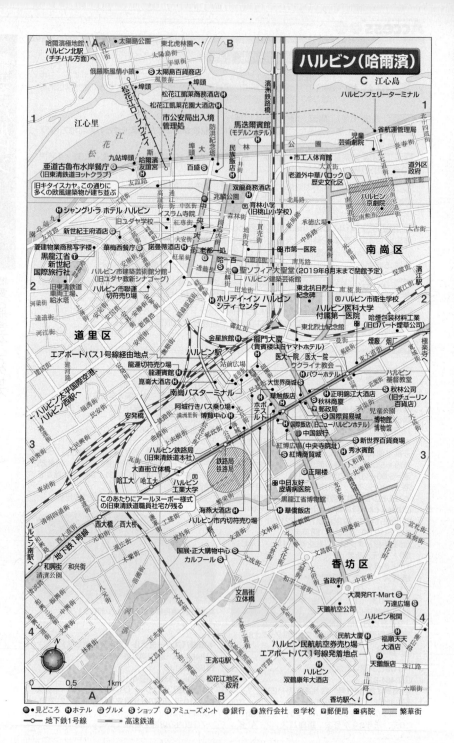

ハルビン（哈爾濱）

哈爾濱極地館
ハルビン北駅
（チチハル方面へ）

太陽島公園
東北虎林園へ

俄羅斯風情小鎮

太陽島百貨商店

松花江凱莱商務酒店 H
松花江凱莱花園大酒店 H
市公安局出入境
管理処

馬迭爾賓館
（モデルンホテル）

ハルビンフェリーターミナル
C 江心島

児童
芸術劇院
省航運管理局

亜道古魯布水岸餐庁
（旧東清鉄道ヨットクラブ）

九站埠頭

旧キタイスカヤ。この通りに
多くの欧風建築物が建ち並ぶ

民族飯店
双龍商務酒店

市工人体育館
老道外中華バロック
歴史文化区

ハルビン
京劇院

道外区
政府

H シャングリ・ラ ホテル ハルビン
新世紀王府酒店 H
菱建物業商務写字楼
黒龍江省
新世紀
国際旅行社

旧ユダヤ学校

華梅西餐庁
諾富特酒店 H

老都一処

イスラム寺院

育林小学
（旧桃山小学校）

承徳広場

ハルビン医科大学
付属第一医院

南崗区

ハルビン市建築芸術館分館
（旧ユダヤ教新シナゴーグ）

旧ロシア総領事館
ハルビン鉄道
車両工場、給水塔

ハルビン市聯運
切符売り場

哈一百

聖ソフィア大聖堂（2019年8月末まで閉館予定）
ハルビン建築芸術館

東北抗日烈士
紀念碑

ハルビン市衛生学校

哈煙包装材料工業
（旧ロバート煙草公司）

ホリデイ・イン ハルビン
シティ センター

東北烈士紀念館

煙廠 畑口

道里区

エアポートバス1号線経由地点

龍運切符売り場
龍運賓館 H
崑崙大酒店 H

金星旅館 H

ハルビン駅

站前広場

龍門大廈
（貴賓楼旧ヤマトホテル）

医大一院／医大一院
ウクライナ教会

パワーホテル H

ハルビン
基督教堂

秋林公司
（旧チューリン
百貨店）

ハルビン太平国際空港
ハルビン西駅へ

南崗バスターミナル

阿城行きバス乗り場
博覧中心

大世界商城

大世界商城

ポストホテル H

馬迭飯店

秋林商厦

国際貿易城

国際飯店（旧ニューハルビンホテル）

児童公園

博物館／
博物館

正明錦江大酒店 H
秋林商厦
郵政局

新世界百貨商場

安発橋

ハルビン鉄路局
（旧東清鉄道総本社）

大直街立体橋

哈工大／哈工大

ハルビン
工業大学

鉄路局
鉄路局

中国銀行

紅博広場（中央寺院址）
紅博商覧城

秀水賓館 H

正陽楼

秀水賓館

このあたりにアールヌーボー様式
の旧東清鉄道職員社宅が残る

海燕大酒店 H

ハルビン市内切符売り場

中日友好
皮膚病医院
黒龍江省博物館

華僑飯店

西大橋／西大橋

ハルビン
南駅へ

地下鉄1号線

和興街／和興街
清浜公園

国展・正大購物中心
カルフール

香坊区

省政府
大潤発RT-Mart
万達広場

天鵝航空公司

ハルビン税関

福順天天
大酒店 H

文昌街
立体橋

民航大廈
大酒店 H

天鵝飯店

王兆屯駅

松花江地区
政府

ハルビン民航航空券売り場
エアポートバス1号線発着地点

ハルビン
双鶴康年大酒店 H

香坊駅へ

0　0.5　1km

A　　B　　香坊区　C

● 見どころ　H ホテル　G グルメ　S ショップ　A アミューズメント　$ 銀行　T 旅行社　X 学校　郵 郵便局　病 病院　▒ 繁華街
地下鉄1号線　高速鉄道

464

見どころ

ロシア風の町並みが残る

オススメ度 ★★★

中央大街／中央大街　zhōngyāng dàjiē
ちゅうおうたいがい

2時間

1900年に建設が始められたハルビンを代表する歴史的な通り。ロシア語で「キタイスカヤ（中国街）」と呼ばれていた。1903年に帝政ロシアがハルビン駅周辺を鉄道付属地に組み入れてから急速に開発が進み、欧米や日本の商店や銀行の並ぶ満洲有数の商業地となった。なかでも有名なのが89号のモ

モデルンホテル

デルンホテル（1913年創建）、107号の旧秋林洋行（1919年創建）、120号の旧松浦洋行（現在の観光センター）などだ。現在は、ハルビンを代表するショッピング通り。ロシア料理店もある。

コの字型がユニークな旧万国洋行

旧松浦洋行（現観光センター）

ハルビンを代表するロシア正教教会

オススメ度 ★★★

聖ソフィア大聖堂／
せい　　　　　　　　だいせいどう

1時間

圣索菲亚大教堂　shèng suǒfēiyà dàjiàotáng

1907年に創建されたロシア正教の会教。ハルビンに現存する欧風建築物を代表する。高さ53.35m、建築面積は721㎡。もともとは帝政ロシア兵士のための教会として建てられ、ロシア人社会の発展にともない拡張された。ビザンチン様式の影響を強く受けており、一度に2000人を収容できる。内部はハルビン建築芸術館。

ロシア建築独特のドーム屋根が目印

中央大街
M P.464-B1〜2
住 道里区中央大街
交 なし
オ 24時間
休 なし
料 無料
交 北端=2、8、12、16、23、29、101、102、103、201路バス「防洪紀念塔」　南端=21、102、105、106路バス「経緯街」

旧カフェ・ミーアチュール

旧ユダヤ学校　M P.464-B2

冬の中央大街は輝くばかりの美しさ

聖ソフィア大聖堂
M P.464-B2
住 道里区透籠街88号
☎ 84686904
オ 8:30〜17:00
※入場は閉館15分前まで
休 なし
料 16元
交 8、23、28、116、201路バス「建筑艺术广场」
※聖ソフィア大聖堂は2019年8月末まで改修工事のため入場できない

ハルビンの歴史がわかる

シャングリ・ラ ホテル ハルピン／哈尔滨香格里拉大酒店 ★★★★★
hāěrbīn xiānggélǐlā dàjiǔdiàn

設備とサービスは申し分ない。客室はゆったりとした造りで、松花江側と商業地側に分かれている。館内にはフィットネスセンターやプール、サウナ、テニスコートなどの付帯施設も充実。12月中旬〜2月末日は値上がりする。

両替　ビジネスセンター　インターネット

Ⓜ P.464-A2
住 道里区友誼路555号
☎ 84858888
FAX 84621777
Ⓢ 1000〜1250元
Ⓣ 1000〜1250元
サ 10%＋6%
カ ADJMV
Ⓤ www.shangri-la.com/jp

ホリデイ・イン ハルビン シティ センター／哈尔滨万达假日酒店 ★★★★
hāěrbīn wàndá jiàrì jiǔdiàn

中央大街の南入口に位置し、ビジネスや観光に便利。英語や日本語のスタッフがいる。12月中旬〜2月末日は値上がりする。

両替　ビジネスセンター　インターネット　Ⓤ www.holidayinn.com

Ⓜ P.464-B2
住 道里区経緯街90号
☎ 84226666　FAX 84221661
Ⓢ 608〜768元
Ⓣ 608〜768元
サ なし　カ ADJMV

馬迭爾賓館／马迭尔宾馆 ★★★★
モデルンひんかん
mǎdiéěr bīnguǎn

中央大街の中央に位置し、ピンクの外観がひときわ目立つ洋風ホテル。1906年、ユダヤ系実業家によって開業された。当時の名称「モデルンホテル」で今も親しまれている。12月中旬〜2月末日は値上がりする。

両替　ビジネスセンター　インターネット

Ⓜ P.464-B2
住 道里区中央大街89号
☎ 84884000
FAX 84614997
Ⓢ 499〜699元
Ⓣ 499〜699元
サ なし
カ MV
Ⓤ www.madieer.cn

龍門大廈／龙门大厦 ★★★
りゅうもんたいか
lóngmén dàshà

ホテルは主楼と貴賓楼（左写真）に分かれるが、後者は1901年創建のアールヌーボー建築。1937〜1945年の間、南満洲鉄道株式会社が経営するヤマトホテルだった。12月中旬〜2月末日は値上がりする。

両替　ビジネスセンター　インターネット

Ⓜ P.464-B2
住 南崗区紅軍街85号
☎ 主楼＝86791888
　 貴賓楼＝83117777
FAX 主楼＝86425230
　 貴賓楼＝53639969
Ⓢ 180〜358元
Ⓣ 260〜458元
サ なし
カ ADJMV

亜道古魯布水岸餐庁／亚道古鲁布水岸餐厅
ヤドグルフすいがんさんちょう
yàdàogǔlǔbù shuǐàn cāntīng

「亜道古魯布」はロシア語のヨットクラブの意味。斯大林公園内の西の端にある旧東清鉄道ヨットクラブ（1912年建造）を改装したレストラン。中国料理とロシア料理、ビアホールの3つがある。

Ⓜ P.464-A1
住 道里区九站街1-3号斯大林公園内
☎ 51620777
営 9:30〜14:00、
　 16:00〜22:00
休 なし　カ 不可

黒龍江省新世紀国際旅行社／黑龙江省新世纪国际旅行社
こくりゅうこうしょうしんせい　き　こくさいりょこうしゃ
hēilóngjiāngshěng xīnshìjì guójì lǚxíngshè

日本語ガイド1日500元、市内車チャーター1日500元。日本語スタッフも多い。呼海友社長は日本語が堪能で、ハルビン市内の歴史建築を案内してくれる。

✉ hncits2006@yahoo.co.jp
Ⓤ www.hljncits.com/jp

Ⓜ P.464-A2
住 道里区愛建路7号菱建物業
　 商務写字楼408室
☎ 84599292（日本部）
FAX 84599191（日本部）
営 8:30〜12:00、
　 13:00〜17:00
休 日曜、祝日
カ 不可

西北エリア

世界遺産、三蔵法師ゆかりの大雁塔
(陝西省西安市)
写真:金井千絵

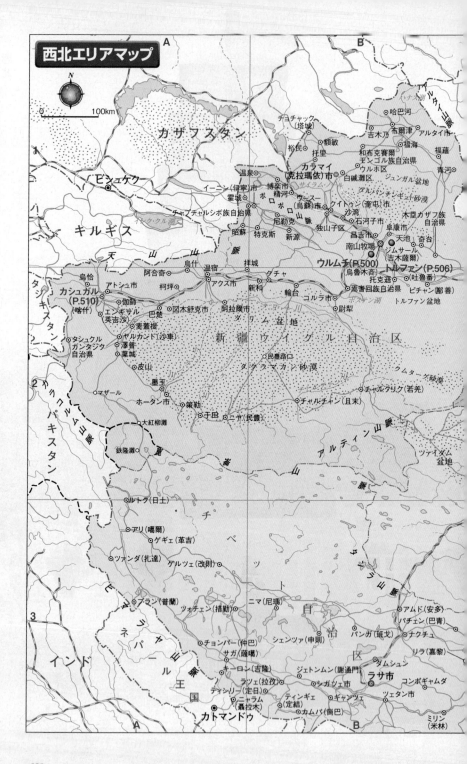

西北エリアマップ

0 ——— 100km

カザフスタン

キルギス

ビシュケク

天山山脈

タジキスタン

パキスタン

カラコルム山脈

カシュガル
(P.510)
(喀什)

アシュ市

烏恰

阿合奇

烏什

柯坪

アクス市

温宿

拝城

グチャ

新和

輪台

コルラ市

尉犂

ボステン湖

焉耆回族自治県

ピチャン(鄯善)

吐魯番

トルファン盆地

トルファン(P.506)

托克遜

伽師

巴楚

図木舒克市

阿拉爾市

チョチャック
(塔城)

裕民

額敏

托里

和布克賽爾
モンゴル族自治県

ウルホ区

福海

福蘊

青河

アルタイ市

布爾津

哈巴河

吉木乃

アルタイ山脈

カラマイ
(克拉瑪依)市

温泉

イーニン(伊寧)市

博楽市

精河

ボロ

サイラム湖

ウースー
(烏蘇)市

ジュンガル盆地

白碱灘区

グイトゥン(奎屯)市

沙湾

石河子市

昌吉市

阜康市

天池

合台

木塁カザフ族
自治県

ジムサール(吉木薩爾)

ウルムチ(P.500)
(烏魯木斉)

南山牧場

グルバンテュンギュト砂漠

チャプチャルシボ族自治県

霍城

昭蘇

特克斯

新源

尼勒克

独山子区

巴里坤哈薩克自治県

クムタグ砂漠

タリム盆地

新疆ウイグル自治区

麦蓋提

英吉沙

エンギサル

ヤルカンド(沙車)

澤普

葉城

皮山

墨玉

于田

ニヤ(民豊)

策勒

ホータン市

タクラマカン砂漠

民豊路口

チャルチャン(且末)

チャルクリク(若羌)

アルティン山脈

ツァイダム盆地

タシュクル
ガンタジク
自治県

マザール

大紅柳灘

鉄隆灘

崑崙山脈

ルトク(日土)

チ

ベ

ッ

ト

高

原

崑

崙

山

脈

カラコルム山脈

アリ(噶爾)

ゲギェ(革吉)

ツァンダ(扎達)

ゲルツェ(改則)

ニマ(尼瑪)

アムド(安多)

バチェン(巴青)

ナクチュ

バンガ(班戈)

リラ(嘉黎)

ダムシュン

プラン(普蘭)

ツォチェン(措勤)

チョンパー(仲巴)

サガ(薩嘎)

シェンツァ(申則)

自

治

区

タンラ山脈

ネパール王国

ヒマラヤ山脈

キーロン(吉隆)

ジェトンムン(謝通門)

シガツェ市

ラサ市

コンポギャムダ

ツェタン市

ミリン(米林)

ラツェ(拉孜)

ティシリー(定日)

ニィラム(聶拉木)

ティンギェ(定結)

ギャンツェ

カムパ(崗巴)

インド

カトマンドゥ

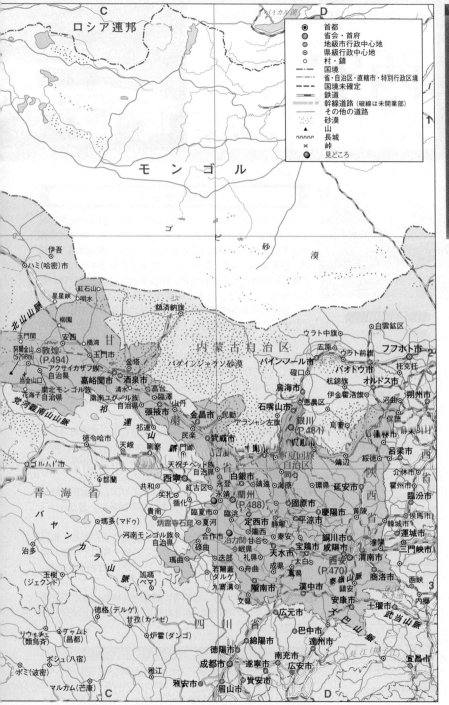

凡例
◉ 首都
◉ 省会・首府
◎ 地級市行政中心地
○ 県級行政中心地
○ 村・鎮
── 国境
── 省・自治区・直轄市・特別行政区境
── 国境未確定
─── 鉄道
── 幹線道路（破線は未開業部）
┄┄ その他の道路
 砂漠
▲ 山
 長城
╳ 峠
● 見どころ

バイカル湖

ロシア連邦

モンゴル

ゴ ビ 砂 漠

伊吾

ハミ（哈密）市

星星峡
紅石山
明水
額済納旗

北山山脈

柳園
玉門関
安西
橋湾
玉門市
金塔
ウラト中旗
五原
ウラト前旗
フフホト市
白雲鉱区
托克托

阿爾金山
（5798m）
敦煌
(P.494)
甘粛省

バダインジャラン砂漠

内蒙古自治区

バイン・フール市
碗口
杭錦旗
バオトウ市
オルドス市
朔州市
河曲

当金山口
アクサイカザフ族自治県
嘉峪関市
酒泉市
高台
臨澤
山丹
清水
粛南ユーグル族自治県
張掖市
金昌市
民勤
石嘴山市
烏海市
伊金霍洛旗
保徳

党河南山山脈
海子自治県

連
山
祁連
副寨
天峻
民楽
関門崗
武威市
アラシャン左旗
靖辺
臨河
林
呂梁市
西

徳令哈市
都蘭
共和
天祝チベット族自治県
西寧
紅古区
永登
白銀市
靖遠
海原
環県
延安市
綏徳
介休市
霍州市
臨汾市

青海省

バ
ヤ
ン
カ
ラ
山
脈

ゴルムド市
尖扎
循化
永靖
蘭州
(P.488)
臨夏市
臨洮
定西市
静寧
固原市
平涼市
慶陽市
黄陵
銅川市
侯馬市
韓城市
運城市

瑪多（マドゥ）
貴南
河南モンゴル族自治県
炳霊寺石窟
夏河
合作市
迭部
岷県
漳県
達力関
甘谷
秦安
天水市
礼県
宝鶏市
咸陽市
西安
(P.470)
渭南市
潼関
商洛市
西峡
三門峡市
内郷

治多
玉樹
（ジェクンド）
瑪曲
碌曲
若爾蓋
（ダルゲ）
舟曲
成県
太白
鳳県
漢中市
泰嶺山脈
安康市
泰嶺
十堰市
武当山脈
宜昌市

徳格（デルゲ）
甘孜（カンゼ）
入寨溝
文県
隴南市
広元市
巴中市
達州市

リウォチェ
（類烏斉）
炉霍（ダンゴ）
昌都
雅江
綿陽市
徳陽市
南充市
広安市

ボシュ（八宿）
成都市
遂寧市
宜賓市

ボミ（波密）
雅安市
眉山市
長江（揚子江）

マルカム（芒康）

西安
せいあん

シルクロードの出発点だった悠久の古都

シーアン
西安 Xī Ān

市外局番●029

ライトアップされた鐘楼

ウルムチ
ラサ
昆明
西安
成都
北京 大連
上海
広州
香港
ハルビン

都市DATA

西安市
人口：796万人
面積：1万106k㎡
11区2県を管轄
西安市は陝西省の省都

市公安局出入境管理処
（市公安局出入境管理処）
MP.472-B4
雁塔区科技路2号西斜七路
出入境管理局2階簽証科
☎86755622（外国人専用）
87275934
❹9:00〜17:00
❺土・日曜、祝日
観光ビザを最長30日間延長
可能。手数料は160元

省人民医院
（省人民医院）
MP.472-C3
碑林区友誼西路256号
☎85251331
❹24時間
❺なし
英語は通じる

市内交通①

【地下鉄】2018年7月現在、
3路線が開業。詳しくは公式
ウェブサイトで確認は
西安地鉄
Ⓤwww.xametro.gov.cn

概要と歩き方

　かつて長安と呼ばれた古都西安は、紀元前11世紀から紀元後10世紀までの約2000年間、秦、漢、隋、唐など中国歴代王朝の都として繁栄してきた。始皇帝、漢の武帝、司馬遷、則天武后、楊貴妃など多くの歴史上の英雄やヒロインが活躍した場所としても有名で、市内や近郊に彼らの足跡がたくさん残っている。日本との関係も深く、隋代には遣隋使が、唐代には遣唐使が派遣され、阿倍仲麻呂や空海など長安に留学し、その後活躍した人物も多い。また、西安は世界的な交易路シルクロードの起点としても有名だ。この道を通って絹やお茶、陶磁器が中国から中央アジアやヨーロッパまで運ばれ、西方からは仏教や珍しい物産が持ち込まれた。

　このような歴史をもつ西安には見どころが多数あるので、事前にしっかり計画を立てておきたい。ルートは、4つのエリアに大別できる。
❶西安市街地／碑林博物館、陝西歴史博物館、大雁塔などがある。繁華街は東大街、西大街、北大街、南大街と、解放路。自由市場もあり、歩きがいのあるストリートが多い。路線バスや地下鉄、自転車、徒歩で回ることができる。
❷東線ルート／西安観光の中心となるエリア。秦始皇帝陵博物院、華清池などスケールの大きいものが多い。游5路バスを利用するか、東線1日ツアーに参加する。
❸西線ルート／法門寺、茂陵博物館、乾陵などがある。市区中心部から離れており、さらに見どころ間も離れている。効率的に観光するには、やはりタクシーの利用がおすすめだ。1日ツアーもある。
❹南線ルート／興教寺、香積寺、草堂寺、終南山など宗教関係の史跡が多いのが特徴。基本的にタクシーをチャーターしての見学になる。

	1月	2月	3月	4月	5月	6月	7月	8月	9月	10月	11月	12月
平均最高気温(℃)	4.0	8.0	14.0	20.0	26.0	32.0	32.0	31.0	25.0	19.0	12.0	6.0
平均最低気温(℃)	-4.0	-1.0	3.0	8.0	13.0	18.0	21.0	20.0	15.0	9.0	2.0	-3.0
平均気温(℃)	0.0	2.0	8.0	14.0	19.0	25.0	27.0	25.0	19.0	14.0	7.0	1.0

冊の気象データ(→P.517)：「預報」＞「陝西」＞「西安」＞区・県から選択

Access 交通

中国国内の移動➡P.667　鉄道時刻表検索➡P.26

飛行機

市区の北西約25kmに位置する西安咸陽国際空港(XIY)を利用する。日中間運航便が4路線ある。

[国際線] 成田(10便)、関西(14便)、中部(9便)、沖縄(2便)。
[国内線] 北京、上海、広州など主要都市との間に運航便がある。
[所要時間(目安)] 北京首都(PEK)／2時間15分　上海浦東(PVG)／2時間40分　広州(CAN)／2時間45分　成都(CTU)／1時間35分　青島(TAO)／2時間　福州(FOC)／3時間　瀋陽(SHE)／3時間10分

鉄道

隴海線や西康線などの西安駅、西成専線や大西専線など高速鉄道専用の西安北駅を利用する。西安は東西交通の要衝であるため、列車の本数は多い。

[所要時間(目安)] 【西安(xa)】銀川(yc)／快速：12時間10分　蘭州(lz)／直達：8時間30分　敦煌(dh)／快速：24時間15分　ウルムチ南(wlmqn)／快速：34時間　西寧(xn)／直達：11時間10分　【西安北(xab)】北京西(bjx)／高鉄：4時間35分　上海虹橋(shhq)／高鉄：6時間

バス

市内にはいくつかのバスターミナルがあるが、旅行者はおもに陝西省西安バスターミナルと城西バスターミナルを利用する。陝西省西安バスターミナルは銀川や蘭州などとを結ぶ長距離がメインで、城西バスターミナルは近距離便がメイン。

[所要時間(目安)] 銀川／10時間　興平／50分　乾県／1時間10分

Data

飛行機

● **西安咸陽国際空港**(西安咸阳国际机场)
[M] **P.480-A～B1**　[住] 咸陽市渭城区底張鎮
☎ 問い合わせ＝96788
航空券売り場＝96780
[オ] 始発便～最終便　[休] なし　[カ] 不可
[U] www.xxia.com
[移動手段] **エアポートバス**／路線は多数あり。詳細は公式サイトトップ＞メニューバー「机场交通」＞「机场大巴」 **タクシー**(空港～鐘楼)／120元、所要1時間が目安(メーターを使用しないケースが多い)

● **中国東方航空西北航空券売り場**
(中国东方航空公司西北售票处)
[M] **P.472-B2**　[住] 蓮湖区労働南路207号西北民航大廈対面　☎ 95530　[オ] 月～金曜8:30～18:00 土・日曜、祝日9:00～17:00　[休] なし　[カ] 不可
[移動手段] **タクシー**(航空券売り場～鐘楼)／15元、所要15分が目安　**路線バス**／23、24、31、222、252、300、521、611、612路「西稍门」
3ヵ月以内の航空券を販売。

鉄道

● **西安駅**(西安火车站)
[M] **P.473-D1**　[住] 新城区環城北路44号
☎ 共通電話＝12306　[オ] 24時間　[休] なし　[カ] 不可
[移動手段] **タクシー**(西安駅～鐘楼)／15元、所要15分が目安　**地下鉄**／1号線「五路口」、徒歩10分　**路線バス**／游5(306)、游8(610)、14、30、42、103、511、607、611、703路「火车站」
28日以内の切符を販売。

● **西安北駅**(西安火车北站)
[M] **P.480-B1**　[住] 未央区尚新路李家街村
☎ 共通電話＝12306
[オ] 5:30～24:00　[休] なし　[カ] 不可
[移動手段] **タクシー**(西安北駅～鐘楼)／50元、所要50分が目安　**地下鉄**／2号線「北客站」
28日以内の切符を販売。

西安北駅は西北エリア最大の規模

バス

● **陝西省西安バスターミナル**(陕西省西安客运站)
[M] **P.473-D1**　[住] 新城区解放路354号
☎ 87427420　[オ] 6:00～20:00　[休] なし　[カ] 不可
[移動手段] **タクシー**(陝西省西安バスターミナル～鐘楼)／15元、所要15分が目安　**地下鉄**／1号線「五路口」、徒歩10分　**路線バス**／游5(306)、游8(610)、14、30、42、103、511、607、611、703路「火车站」
7日以内の切符を販売。銀川(4便)など。

● **城西バスターミナル**(城西客运站)
[M] **地図外(P.472-A2左)**　[住] 蓮湖区棗園東路92号
☎ 84630000　[オ] 6:30～19:30　[休] なし　[カ] 不可
[移動手段] **タクシー**(城西バスターミナル～鼓楼)／25元、所要30分が目安　**地下鉄**／1号線「汉城路」
10日以内の切符を販売。興平(7:30～19:30の間20分に1便)、乾県(7:00～19:30の間20分に1便)、法門寺(9:00、10:00、11:40、16:30発)など。

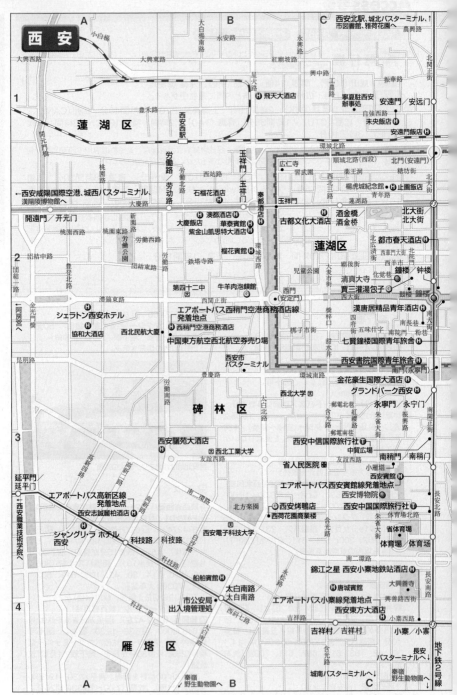

西安

A　B　C

蓮湖区

1

小白楊　水安路　永興路

大白楊南路　紅廟坡路　農興路

大興東路　星火路　興中路　工農路　振華路　寧夏駐西安弁事処　北関正街

大興西路　豊禾路　飛天大酒店 Ⓗ　自強西路　安遠門／安遠門　安遠門飯店 Ⓗ

開元門橋　西安西駅　末央飯店 Ⓗ

2

←西安咸陽国際空港、城西バスターミナル、漢陽陵博物館へ

開遠門／开元门　労働路／劳动路　玉祥門／玉祥门

桃園路　西站路　石榴花酒店 Ⓗ　玉祥門　秦都酒店 Ⓗ　広仁寺　順城北路（西段）　北門（安遠門）　順城北路　環城北路

新園路　大慶飯店 Ⓗ　澳都酒店 Ⓗ　華泰賓館 Ⓗ　玉祥門　古都文化大酒店 Ⓗ　薬王洞　楊虎城紀念館 ⬤ 止園飯店 Ⓗ　北大街

桃園西路　労働東路　紫金山凱思特大酒店 Ⓗ　西北三環　化覚巷　青年路　青年路　北大街／北大街

団結中路　豊登北路　労働公園　鉄塔寺路　稲花賓館 Ⓗ　環城西路　**蓮湖区**　北広済街　都市春天大酒店 Ⓗ　鐘楼／钟楼　北大街

団結一路　澧鎬東路　第四十二中 Ⓧ　牛羊肉泡饃館 Ⓖ　西関正街　児童公園　大麦市街　清真大寺 ⬤　化覚巷　鐘楼／钟楼　鼓楼／鼓楼　鐘楼

阿房宮へ　西門（安定門）　西羊市街　賈三灌湯包子 Ⓖ　西大街　南院門　粉巷

3

昆明路　シェラトン西安ホテル Ⓗ　エアポートバス西稍門空港商務酒店線発着地点　四府街　五味什字　七賢鐘楼国際青年旅舎 Ⓗ

協和大酒店 Ⓗ　西稍門空港商務酒店 Ⓗ　榊子市街　甜水井　南院門　院門　粉巷

西北民航大廈　中国東方航空西北航空券売り場 Ⓣ　環城南路　南長巷　西安書院国際青年旅舎 Ⓗ

豊慶路　環城南路　西安書院国際青年旅舎　南門（永寧門）

碑林区　西北大学 Ⓧ　金花豪生国際大酒店 Ⓗ

豊登南路　太白北路　西北大学　グランドパーク西安 Ⓗ　南関正街

郵電北巷　永寧門／永宁门　振興路

西安驪苑大酒店 Ⓗ　紅纓路　郵電南巷　南稍門／南稍门　南関正街

西北工業大学 Ⓧ　朱雀大街　西安中信国際旅行社 Ⓣ　中賀広場

友誼西路　含光路　中賀広場

省人民医院 Ⓗ　友誼東路　小雁塔　西安賓館 Ⓗ

4

延平門／延平门　エアポートバス高新区線発着地点　エアポートバス西安賓館線発着地点　長安北路

西安職業技術学院へ　西安志誠麗柏酒店 Ⓗ　北方楽園　西安烤鴨店 Ⓖ　西安博物院 ⬤　体育路北路

西荷花園商業楼 Ⓖ　西安中国国際旅行社 Ⓣ　体育場／体育场

シャングリ・ラ ホテル西安 Ⓗ　科技路／科技路　西安電子科技大学 Ⓧ　含光路　朱雀大街　省体育場 Ⓧ　体育場

船舶賓館 Ⓗ　南二環路　錦江之星 Ⓗ　西安小寨地鉄站酒店 Ⓗ　大興善寺 ⬤　長安南路

市公安局出入境管理処　唐城賓館 Ⓗ　興善路西街

太白南路／太白南路　エアポートバス小寨線発着地点　小寨西路

科技二路　西斜七路　吉祥路　西安東方大酒店 Ⓗ　小寨／小寨

雁塔区　吉祥村／吉祥村　地下鉄2号線

秦嶺野生動物園へ　城南バスターミナルへ↓　長安バスターミナルへ↓　秦嶺野生動物園へ

A　B　C

472

⬤ 見どころ　Ⓗ ホテル　Ⓖ グルメ　Ⓢ ショップ　Ⓐ アミューズメント　Ⓑ 銀行　Ⓣ 旅行会社　Ⓧ 学校　Ⓟ 郵便局　Ⓗ 病院　▨▨ 繁華街

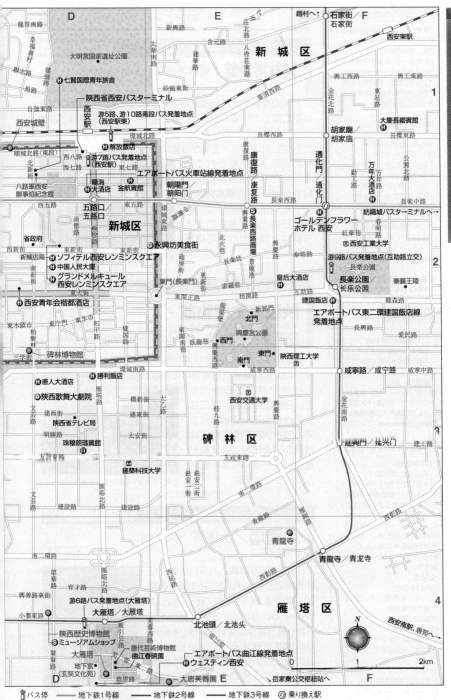

D		E			F

趙村へ←
石家街／石家街

西安東駅

新城区

大明宮国家遺址公園

H 七賢国際青年旅舎

陝西省西安バスターミナル

西安駅

游5路・游10路南段バス発着地点
（西安駅東）

1

西安城壁

H 解放飯店

游7路バス発着地点
（西安駅）

胡家廟／胡家庙

大慶長纈賓館 H

万年大酒店

エアポートバス火車站線発着地点

八路軍西安
辨事処紀念館

H 大酒店

金航賓館

朝陽門／朝阳門

新城区

五路口
五路口

永興坊美食街

紡織城バスターミナルへ→

S 長楽西路商業街

ゴールデンフラワー
ホテル 西安

省政府

H ソフィテル西安レンミンスクエア

H 中国人民大廈

H グランドメルキュール
西安レンミンスクエア

西安工業大学

游9路バス発着地点（互助路立交）

長楽公園

H 西安青年会楷都酒店

東門（長楽門）

東関正街

皇后大酒店

H 建国飯店

長楽公園／长乐公园

秦襄王陵

碑林博物館

北門

興慶宮公園

H 勝利飯店

西門

南門

東門

陝西理工大学

エアポートバス東二環建国飯店線
発着地点

H 唐人大酒店

A 陝西歌舞大劇院

咸寧路／咸宁路

陝西省テレビ局

珠穆朗瑪賓館

西安交通大学

碑林区

建築科技大学

延興門／延兴门

3

青龍寺

青龍寺／青龙寺

雁塔区

西安南駅、唐苑へ→

游6路バス発着地点（大雁塔）

大雁塔／大雁塔

北池頭／北池头

N

西安南駅、唐苑へ→

4

陝西歴史博物館

S ミュージアムショップ

大雁塔

地下宮
（玄英文化苑）

唐代芸術博物館

曲江春暁園

エアポートバス曲江線発着地点

H ウェスティン西安

大唐芙蓉園

岳家寨公交枢紐站へ→

0 1 2km

D		E			F

バス停　——地下鉄1号線　——地下鉄2号線　——地下鉄3号線　⊙乗り換え駅

473

市内交通②

【路線バス】 運行時間の目安は6:00～23:00、市区は1～2元、郊外行き1～7.5元

【タクシー】 普通車＝初乗り3km未満8.5元、3km以上1kmごとに2元加算。高級車＝初乗り2km未満8.5元、2km以上1kmごとに2.4元加算

碑林博物館
[M]P.473-D3 [住]碑林区三学街15号 ☎87210764
[オ]3～6月、9～11月
8:00～18:30
7～8月8:00～19:00
12～2月8:00～18:00
※入場は閉館45分前まで
[休]なし [料]3～11月＝75元、12～2月＝50元
[交]①地下鉄2号線「永宁门」
②14、23、40、208路バス「文昌门」
[U]www.beilin-museum.com

陝西歴史博物館
[M]P.473-D4
[住]雁塔区小寨東路91号
☎85253806
[オ]3月15日～11月14日
8:30～18:00
11月15日～3月14日
9:00～17:30
※入場は閉館1時間30分前まで
[休]月曜 [料]入場料＝無料、珍宝館＝30元
[交]①地下鉄2、3号線「小寨」
②游8（610）、5、19、24、30、701路バス「翠华路」
[U]www.sxhm.com

[i] インフォメーション

無料参観券
陝西歴史博物館では、無料参観券配布窓口でパスポートを提示し、参観券を受け取る。配布枚数に制限がある（開館から12:00までは3000枚、12:30から閉館1時間30分前までは3000枚）。それぞれの制限枚数に達ししだい、配布終了。12:00～12:30は配布停止。

大雁塔
[M]P.473-D4
[住]雁塔区雁塔南路北口大雁塔南広場北側
☎85527958
[オ]8:00～18:00
※入場は閉門20分前まで、塔は閉門30分前まで
[休]なし
[料]50元
※塔に上る際は別途30元
[交]①地下鉄3号線「大雁塔」
②游6、游8(610)、5、30、521、601、606路バス「大雁塔」「大雁塔南广场」

見どころ

貴重な石碑が林立する博物館　オススメ度 ★★★

碑林博物館（ひりんはくぶつかん）／碑林博物馆　bēilín bówùguǎn

2時間

1950年創立の陝西省立博物館。8万点以上の貴重な文化財を収蔵している。唐三彩、墓室壁画、ローマ貨幣などが陳列された歴史陳列室、石仏、レリーフ、墓石などが陳列された石刻芸術陳列室、全国から集めた石碑が陳列されている碑林の3部分で構成されている。唐の玄宗直筆の石台孝経や、65万字の儒家経典を彫った開成石経のほか、顔真卿（がんしんけい）ら唐代の大書家による石碑など見逃せない石碑が多い。

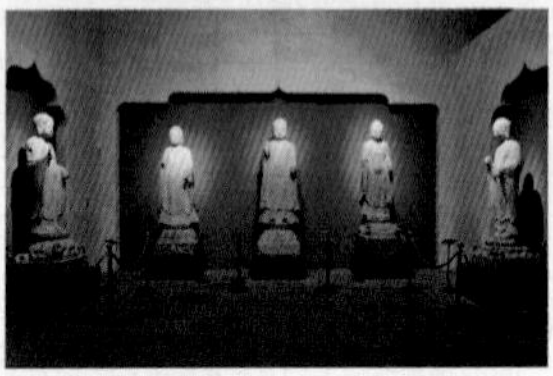
見応えのある展示

3000点もの逸品が展示されている　オススメ度 ★★★

陝西歴史博物館（せんせいれきしはくぶつかん）／陕西历史博物馆　shǎnxī lìshǐ bówùguǎn

2時間

敷地面積7万㎡の巨大な博物館。展示されている3000点余りの文化財はどれも貴重なものばかり。1階の第一展示室には先史時代から秦代まで、2階の第二展示室には漢代から魏晋南北朝時代まで、2階の第三展示室には隋代から清代までの文物が陳列してある。ミュージアムショップも充実。

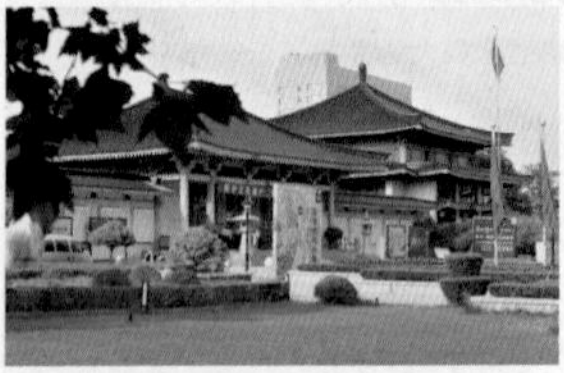
充実した内容を無料で見学できる

三蔵法師が翻訳に取り組んだ場所　オススメ度 ★★★　世界遺産

大雁塔（だいがんとう）／大雁塔　dàyàntǎ

1時間

648（唐の貞観22）年創建の慈恩寺内に立つ仏塔。652（唐の永徽3）年の創建で四角7層、高さは64mある。もともと玄奘三蔵がインドから持ち帰ったサンスクリット経典や仏像を保管するために造られた。塔頂部からは西安市内を一望できる。敷地内には大雁塔のほかに大仏殿、翻経院、元果院などがあるが、創建当時に比べると7分の1の規模。2014年に世界文化遺産に登録された。

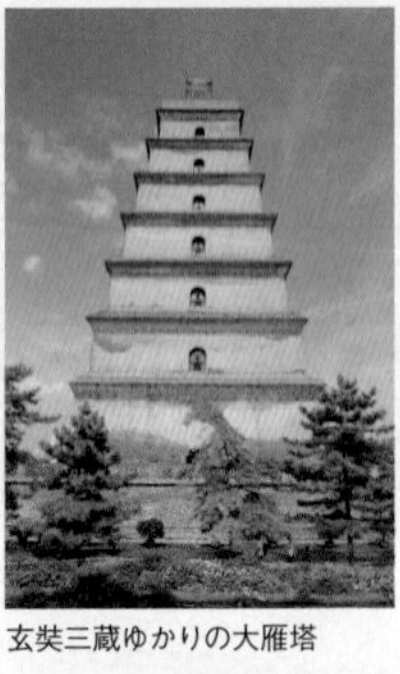
玄奘三蔵ゆかりの大雁塔

西安博物院／西安博物院 xīān bówùyuàn
せいあんはくぶついん

仏僧義浄ゆかりの地にある観光地　オススメ度 ★★★

西安博物院は、文物展館区と歴史名勝区、園林游覧区の3つで構成される複合的な観光スポットの総称。中心となるのは、歴史名勝区にある684(唐の文明元)年創建の薦福寺と707(唐の景龍元)年創建の小雁塔。

薦福寺は第5代皇帝の睿宗が父の高宗の冥福を祈って建てた寺院(創建当初は献福寺)で、唐代における仏典翻訳の中心となった名刹。インドや東南アジアから海路仏典を持ち帰った義浄(635〜713年)もここで翻訳を行った。

小雁塔は正式名称を薦福寺塔というが、大雁塔に比べて小ぶりなためこう呼ばれるようになった。特徴は軒の間が狭い密檐式の建築様式。当初は15層だったが、明代に発生した地震によって13層(高さ43m)となった。創建当初、薦福寺は別の場所に立っていたが、唐末の戦乱で壊され、再建に際し小雁塔のあった場所に移された。

文物展館区にあり、総称にも使われている西安博物院は、磁器や仏教造像など13万点に及ぶ文化財を収蔵している。

青龍寺／青龙寺 qīnglóngsì
せいりゅうじ

空海が学んだ仏教寺院　オススメ度 ★★★

582(隋の開皇2)年創建の寺院。711(唐の景雲2)年に青龍寺と改名された。遣唐使の一員として瓦して来てきた空海は、ここで恵果和尚に弟子入りして密教の奥義を伝授された。帰国後、高野山に金剛峯寺を建立し、真言宗の開祖となったのはあまりにも有名。唐の戦乱で廃寺となっていたが、1973年に塔の土台と殿堂の跡が発見され、空海紀念堂や空海紀念碑などが建てられるなど整備が進み、現在では多くの日本人も訪れている。

青龍寺境内にある空海紀念碑

清真大寺／清真大寺 qīngzhēndàsì
せいしんだいじ

西安最大のイスラム寺院　オススメ度 ★★★

西安で最も有名かつ最大の清真寺(イスラム寺院)。中軸線上に建物を配置する中国の伝統的な建築様式だが、偶像がない、動物模様を使用しないなど、装飾はイスラムの教えに従っている。創建は742(唐の天宝元)年といい、その後も各王朝によって拡張、修築されて現在の姿となった。

イスラム寺院では肌の露出は厳禁。短パン、スカート、タンクトップ、ぞうり履きといった服装では入場を断られることがあるので注意。

西安博物院
Ⓜ P.472-C3
🏠 碑林区友誼西路72号
☎ 87803591
🕐 3月15日〜10月31日
　9:00〜18:00
　11月1日〜3月14日
　9:00〜17:30
休 火曜
料 無料
交 ①地下鉄2号線「南稍門」
　②游7、游8(610)、18、21、
　29、40、46、203、218、
　224、407、410、521路バ
　ス「小雁塔」
Ⓤ www.xabwy.com

約1300年前に建立された小雁塔

青龍寺
Ⓜ P.473-E4
🏠 雁塔区西影路鉄炉廟村北1号
☎ 85521498
🕐 青龍寺景区
　8:00〜17:30
　青龍寺遺址博物館
　9:00〜17:00
※博物館への入場は閉館30分前まで
休 なし
※博物館は月曜休館
料 無料
交 ①地下鉄3号線「青龙寺」
　②游6、19、25、41、237、
　242、400、521路バス
　「青龙寺」

清真大寺
Ⓜ P.472-C2
🏠 蓮湖区化覚巷30号
☎ 87219807
🕐 5月〜10月上旬
　8:00〜19:00
　10月中旬〜4月
　8:00〜18:00
休 なし
料 3〜11月=25元
　12〜2月=15元
交 ①地下鉄2号線「鐘楼」
　②游7、游8(610)、12、
　15、26、29、37、45、
　222路バス「鐘楼」

町の中心に鎮座する重要建築物　オススメ度 ★★★

鐘楼／钟楼　zhōnglóu
しょうろう

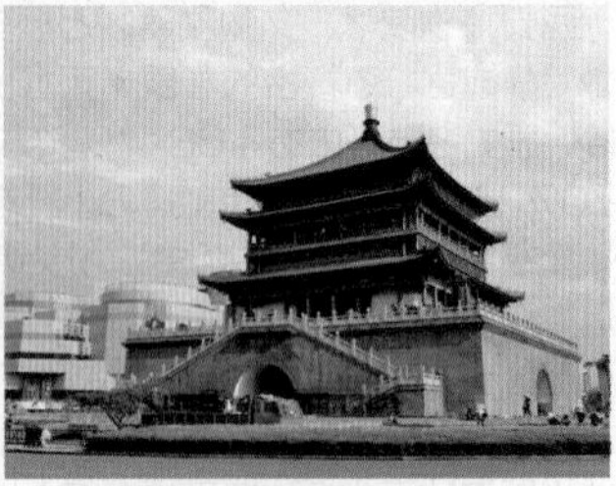
ロータリーの中心に立つ鐘楼

市街の中心部、東西南北の4つの大街が交わる場所に立つのが高さ36mの鐘楼。時を告げ戦時に物見台や司令部として使われたりするなど、西安の町にとって非常に重要な役割を担っていた。

明代の1384年に創建され、当初は西大街と広済街の交わるあたりにあったが、1582（明の万暦10）年に現在の場所に移された。徒歩5分ほどの所に、かつて太鼓の音で時刻を知らせた鼓楼がある。

鐘楼
[M]P.472-C2
[住]碑林区東大街、西大街、南大街、北大街交差点
☎87214665、87274580、87288397
[オ]5月～10月上旬
8:30～20:30
10月中旬～4月
8:30～18:00
※入場は閉門30分前まで
[休]なし
[料]鐘楼＝35元、鼓楼＝35元
※鼓楼との共通券は50元
[交]①地下鉄2号線「钟楼」
②游7、游8（610）、12、15、26、29、37、45、222路バス「钟楼」
[U]www.xazgl.com

[i] インフォメーション
[編]鐘ショー（鼓楼）
鐘楼西側にある鼓楼では古代から伝わる鐘の打楽器、編鐘の演奏ショー（上演約10分）が行われている。
[オ]9:30、10:15、11:00、11:45、14:00、14:45、15:30、16:20

西安古城のシンボル　オススメ度 ★★★

西安城壁／西安城墙　xīān chéngqiáng
せいあんじょうへき

現在西安にある城壁は、唐の長安城を基礎にして、1370～1378年にかけてれんがを積み重ねて築かれた。その後たびたび修理が行われ、現在の姿になった。周囲の長さ約14km、高さ12m、上部の幅12～14m、底部の幅15～18m。東西に長く、南北は短い。

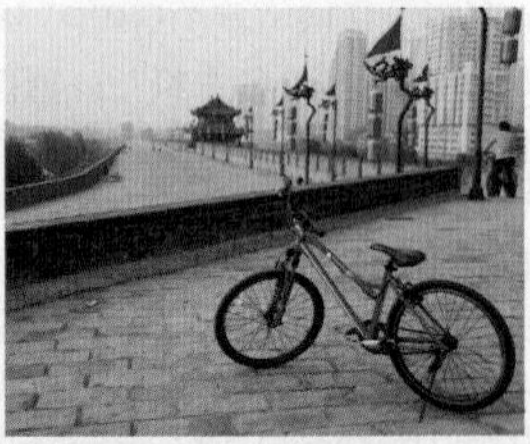
城壁の上は自転車でも移動できる

観光ポイントになっているのは、西門（安定門）と南門（永寧門）で、城壁の上に上って市内を見渡すことができる。

また、城壁の上を自転車で走ることもできる（[料]3時間で45元。保証金200～300元）。

西安城壁
[M]西門＝P.472-B2
南門＝P.472-C3
[住]南門＝碑林区南大街2号
☎南門＝87272792
[オ]中山門8:00～21:00
南門：8:00～24:00
上記以外の城門：
5～10月8:00～19:00
11～4月8:00～18:00
[休]なし
[料]54元
[交]南門：
①地下鉄2号線「永宁门」
②游7、12、23、26、40、46、609路バス「南门」
[U]www.xacitywall.com

唐代の御苑跡に造られたテーマパーク　オススメ度 ★★★

大唐芙蓉園／大唐芙蓉园　dàtáng fúróngyuán
だいとうふようえん

市区南部エリアは曲江と呼ばれ、唐代には芙蓉園という皇室専用の庭園があった所。大唐芙蓉園は2005年に芙蓉湖のほとりに造られた唐代の文化を中心に据えたテーマパーク。広さ66万7000㎡に紫雲楼など唐代の建物を再現した建築物が並び、唐代をイメージしたショーも上演される。

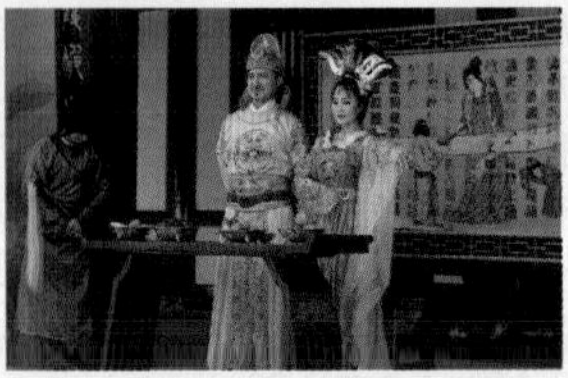
ショーはぜひ見学したい

大唐芙蓉園
[M]P.473-E4
[住]雁塔区芙蓉西路99号
☎85511888
[オ]5～9月9:00～22:00
10～4月9:00～21:00
※入場は閉門1時間前まで
[休]なし
[料]3～11月＝120元
12～2月＝90元
※鳳鳴九天劇団のショー（17:00～18:00）は218元（入場料含む）
[交]游9、23、24、212、307、609路バス「大唐芙蓉园西门」
[U]www.tangparadise.cn

西安観光のハイライト

オススメ度 ★★★ 世界遺産

秦始皇帝陵博物院／
しんしこうていりょうはくぶついん

秦始皇帝陵博物院 qínshǐhuáng dìlíng bówùyuàn

3時間～

世界遺産に登録された「秦の始皇陵」に関連する出土品や陵墓を一般公開している西安のメインスポット。もとは兵馬俑を展示する博物館だけだったが、2010年10月に秦始皇陵遺址公園（驪山園）などを併合し、規模を拡張した。

秦始皇兵馬俑博物館／
しんしこうへいばようはくぶっかん

秦始皇兵馬俑博物館 qínshǐhuáng bīngmǎyǒng bówùguǎn

兵馬俑は、始皇帝の陵墓を守るために制作された兵士や軍馬の等身大の素焼き陶器。1974年、井戸を掘っていた農民によって偶然発見された。その発掘現場をそのまま博物

1号坑の兵馬俑

館としている。ていねいに彩色が施され、ポーズや顔の表情が皆異なるなど凝った造りをしている。1号坑、2号坑、3号坑が公開されている。兵馬俑の撮影可。

秦始皇陵遺址公園／
しんしこうりょういしこうえん

秦始皇陵遺址公園 qínshǐhuánglíng yízhǐ gōngyuán

皇帝に即位した始皇帝はすぐさま陵墓の建設を命じ、驪山に陵墓用の穴を掘り始めた。司馬遷の『史記』によると、陵墓の中には地下宮殿があり、そこには銅を敷き詰めた上に財宝が積まれ、水銀の川が流れるなど、生前の生活を模した空間になっていたといわれる。

母系氏族社会の遺跡

オススメ度 ★★★

半坡博物館／半坡博物館 bànpō bówùguǎn
はんばはくぶつかん

1時間

1953年に発掘された約6000年前の母系氏族社会の村落遺跡で、時代的には新石器時代に属する。発掘された遺跡は、居住地、公共墓地、陶器製造場に分けられる。

博物館には陳列室が設けられており、人面や魚が描かれた皿や底のとがった尖底瓶などを見ることができる。

博物館内にある発掘された半坡遺跡

秦始皇帝陵博物院
M P.480-B1
住 臨潼区秦陵北路
☎ 81399127
開 3月16日～11月15日
　8:30～18:00
　11月16日～3月15日
　8:30～17:30
※入場は閉館1時間前まで
休 なし
料 3～11月＝150元
　12～2月＝120元
交 游5（306）、307、914路
　バス「兵馬俑」
U www.bmy.com.cn

ⓘ ▶▶▶ インフォメーション

無料バス
　秦始皇兵馬俑博物館と秦始皇陵遺址公園との間に無料バスが運行されている。片道15分。
開 秦始皇兵馬俑博物館発＝
　3～11月8:30～18:30
　12～2月8:30～18:00
　秦始皇陵遺址公園発＝
　3～11月9:00～19:00
　12～2月9:00～18:30
　秦始皇兵馬俑博物館、秦始皇陵遺址公園ともに広く、移動のために電動カートが運用されている。
料 秦始皇兵馬俑博物館＝5元、秦始皇陵遺址公園＝15元

秦始皇陵遺址公園の景観

半坡博物館
M P.480-B1
住 灞橋区半坡路155号
☎ 62815385、62815430
開 5～10月8:00～17:30
　11～4月8:00～17:00
※入場は閉館30分前まで
休 なし
料 5～10月＝65元
　11～4月＝45元
交 ①地下鉄1号線「半坡」
　②105、269路バス「半坡博物館」。11、42、105、213、237、307、401路バス「半坡公交枢紐站」
U www.bpmuseum.com

法門寺

MP.480-A1
住 宝鶏市扶風県法門鎮
☎(0917)5258888
オ8:30～18:30
　法門寺博物館（珍宝館）と
　法門寺寺院8:30～17:30
※入場は閉門1時間前まで
休なし
料3～11月＝120元
　12～2月＝90元
交城西バスターミナルから
　「法門寺」直通バスで終点
　(37.5元、所要2時間)。下
　車後、「法門寺路口」行き
　に乗り換える
※「扶風客運站」からの最終は
　18:00発
Uwww.famensi.com

ⓘ ▶▶▶ インフォメーション

合十舎利塔
　合十舎利塔は、法門寺奥に
ある仏陀の指の骨を納めた高
さ148mの塔。土・日曜、陰暦
の初一、十五日の10:00～
16:00に地中から出現する。円
融門と塔の間には幅108m、
長さ1230mの仏光大道があ
り、観光専用車(**料**30元)が運
行されている。

華山

MP.480-C1
住華陰市華山風景区
☎4000913777
オ24時間　**休**なし
料3～11月＝180元
　12～2月＝100元
※入場券は2日間有効
交西安北駅から列車（動車や
　高鉄がおすすめ）で「华山
　北站」。「华山山门售票处」
　行き無料送迎車に乗車して
　終点(7:00～19:00の間、15
　分に1便。所要10分)
Uwww.huashan16.com

ⓘ ▶▶▶ インフォメーション

華山のロープウエイ
　華山には東線と西線のふた
つがあり、入場券売り場から
各ロープウエイ乗り場との間
に専用車が運行されている
(東線片道20元、西線片道40
元)。
　冬季はメンテナンスのため
10日ほど運休する。
オ3～11月7:00～19:00
　12～2月8:00～17:00
　(東線は18:00まで)
休冬に10日前後
料3～11月：
　東線片道＝80元、往復＝150元
　西線片道＝140元
　12～2月：
　東線片道＝45元、往復＝80元
　西線片道＝120元

地下宮殿で有名な古刹　　　　　　オススメ度 ★★★

法門寺／法门寺　fǎménsì
（ほうもんじ）

1時間 🕐

法門寺の敷地内。右は真身宝塔

　創建は後漢の桓帝から霊帝にかけての時代(147～189年)で、1800年以上の歴史をもつ古刹。

　1987年、法門寺の仏塔を再建する際に、1100年余り密閉されていた地下宮殿が発見され、仏舎利（釈迦の遺骨）をはじめとした多くの貴重な仏教文物が発掘された。これらの珍宝は敷地内にある法門寺博物館に展示されている。

五岳のひとつ　　　　　　　　　　オススメ度 ★★★

華山／华山　huàshān
（かざん）

1時間 🕐

華山の難関「蒼龍嶺」

　西安の東約120kmの所にある華山は、五岳の西岳に当たり、険峻さが特徴。古くは太華山と呼ばれていた。中峰、南峰、西峰、東峰などの峰々がぐるりと輪のように連なり、最高峰は南峰の2160m。絶壁に沿って造られている登山道が少なくなく、なかでも格別なのが、南北1500m、幅1mの登山道「蒼龍嶺」。道の両脇は断崖絶壁で、スリル満点だ。

楊貴妃が温泉浴をした場所　　　　オススメ度 ★★★

華清池／华清池　huáqīngchí
（かせいち）

　驪山の北麓に位置し、温泉と景色が美しいことで知られている。温泉は2700年前にすでに発見されていて、歴代王朝によって離宮が建てられ、その中に浴槽が造られた。特に有名なのが唐代の華清宮で、池のように巨大な浴槽があった。

また、華清池は、玄宗皇帝と楊貴妃のロマンスでも有名。楊貴妃がここの温泉で美しい肌を磨いたというエピソードは、白居易の有名な詩「長恨歌」にも詠われている。

撮影スポットとして人気の楊貴妃像

唐代を代表する王墓

オススメ度 ★★★

乾陵／乾陵 qiánlíng
けんりょう

唐の第3代皇帝、高宗とその妻、則天武后の合葬墓。乾陵は、梁山の主峰と南の峰を利用して造られている。陵墓内には、墓前への参道である神道に通じる526段の石段や、神道の石柱である華表、ペガサスの石像、六十一番臣と呼ばれている首なしの臣下の

乾陵参道

石像などがある。また、乾陵の東南部には、則天武后の次男が眠る章懐太子墓、孫が眠る懿徳太子墓博物館、陵墓から出土した壁画や陶器を展示している乾陵博物館などがある。

前漢王朝の陵墓群

オススメ度 ★★★

茂陵博物館／茂陵博物馆 màolíng bówùguǎn
も りょうはくぶつかん

渭河の北岸にある前漢時代の陵墓群からなる博物館。前漢の11皇帝のうち9人の皇帝の陵墓が東西50kmにわたってほぼ一直線に並んでいる。このうち、高祖劉邦の長陵、武帝の茂陵、景帝の陽陵、恵帝の安陵、昭帝の平陵を合わせて五陵と呼ぶ。そのなかでも最大規模を誇るのが茂陵で、高さ46.5m、墓底部の四辺が240mもある。隣には、匈奴討伐に活躍した霍去病の墓がある。

漢代に造られた馬踏匈奴像

三蔵法師が眠る場所

オススメ度 ★★★　世界遺産

興教寺／兴教寺 xīngjiàosì
こうきょうじ

唐代の高僧、玄奘三蔵の遺骨が埋葬されている所。664年に玄奘が逝去すると、亡骸は長安城の東にある白鹿原に埋葬された。その3年後、高宗の詔により遺骨は現在の少陵原に移され、寺院が建立された。後に第7代粛宗がこの地を訪れたとき、寺の額に「興教」と書き、興教寺と呼ばれるようになった。玄奘の遺骨は、唐三蔵塔に安置されている。2014年「シルクロード：長安＝天山回廊の交易路網」の一部として世界文化遺産に登録された。

興教寺唐三蔵塔

※華清池の本文はP.478

華清池
M P.480-B1
住臨潼区華清路38号
☎83812003
◪3〜11月7:00〜19:00
　12〜2月7:30〜18:00
※入場は閉門30分前まで
休なし 料3〜11月＝150元、
12〜2月＝120元
交游5（306）、307、914、
915路バス「华清池」
U www.hqc.cn

乾陵
M P.480-A1
住乾県乾陵旅游区
☎乾陵博物館＝35510222
◪3〜11月8:00〜19:00
　12〜2月8:00〜18:00
休なし 料3〜11月＝122元、
12〜2月＝82元、観光専用車
＝30元
交城西バスターミナルから
「乾県」行きで「乾県客运
站」（24元、所要1時間10
分）。タクシーに乗り換え
て「永泰公主墓」に到着後、
観光専用車を利用する。順
路は「懿徳太子墓」→「乾
陵」→「章怀太子墓」→
「永泰公主墓」。観光後は永
泰公主墓からタクシーで乾
県バスターミナルに戻る
※「乾県客运站」からの最終は
18:30発
U www.tangwenhua.com

茂陵博物館
M P.480-A1
住興平市道常村茂陵
☎38456140
◪3〜11月8:00〜18:00
　12〜2月8:00〜17:30
休なし 料3〜11月＝80元、
12〜2月＝60元
交①旅行会社で車をチャータ
ーする
②城西バスターミナルから
「兴平」行きで終点（16.5
元、所要45分）。興平市の
11路バスに乗り換えて
「茂陵博物館」（5元、所要
30分）
※「兴平」からの最終は18:00
頃発

興教寺
M P.480-B1
住長安区杜曲鎮西韋村
☎85937335
◪8:00〜18:00 休なし
料無料
交地下鉄2号線「航天城」。
徒歩で3分の東長安街西で
長安区の917路バスに乗り
換えて「兴教寺」（2元、
所要30分）、徒歩10分
※「兴教寺」からの最終は
19:00頃発

ソフィテル西安レンミンスクエア／西安索菲特人民大厦 ★★★ ★★
xīān suǒfēitè rénmín dàshà

城内のほぼ中央部に位置する雅高人民大厦にある4つのホテルのうち、5つ星ホテルのひとつ。敷地内にはソフィテルのコンベンションセンターもある。

MAP P.473-D2
住 新城区東新街319号
☎ 87928888
FAX 87928999
S 820～910元
T 820～910元
サ 10％＋6％
カ ADJMV
U www.accorhotels.com

| 両 替 | ビジネスセンター | インターネット |

ゴールデンフラワー ホテル 西安／西安金花大酒店 ★★★ ★★
xīān jīnhuā dàjiǔdiàn

屋内プールやフィットネスセンターなど施設も充実。興慶宮公園も徒歩圏内で、空港へのアクセスも便利。

MAP P.473-F2
住 新城区長楽西路8号
☎ 83232981
FAX 83235477
S 398～498元
T 398～498元
サ なし
カ ADJMV

| 両 替 | ビジネスセンター | インターネット |

▶▶ インフォメーション

西安の観光専用バス

西安では観光専用バスが出ている。2018年8月現在の路線は下記のとおり。
※路線によっては満席を待っての発車なので注意が必要
游4路（市図書館～漢陽陵博物館）／市内発＝8:30、10:20、12:00、13:40、15:20、17:00。市内行き＝9:30、11:10、12:50、14:30、16:10、18:00。2元、所要40分
游5路（306路）（西安駅東～華清池～臨潼博物館～秦始皇帝陵博物院）／市内発＝7:00～19:00の間15分に1便。市内行き＝8:10～19:00の間15分に1便。2～7元、全行程1時間
※偽物が多いので注意。正規バスは乗車後に切符を購入する。また、往復券を販売することはない
游6路（大雁塔～青龍寺～唐苑）／ともに7:00～19:30の間15分に1便。2元、全行程30分
游7路（西安駅～鐘楼・鼓楼～小雁塔～西安職業技術学院）／ともに6:50～19:30の間20分に1便。2元、全行程50分

游8路（610路）（趙村東～西安駅～鐘楼西～小雁塔～大雁塔～大唐芙蓉園～岳家寨公交枢紐站）／ともに6:30～19:30の間15分に1便。2元、全行程1時間
游9路（互助路立交～秦嶺野生動物園）／市内発＝6:00～20:00の間15～20分に1便。市内行き＝6:00～19:30の間15～20分に1便。1～4元、所要1時間40分
游10路（万寿路北口～渭河電場）／万寿路北口発＝6:30～19:30の間15～20分に1便。渭河電場発＝6:30～19:00の間15～20分に1便。1～7元、所要1時間15分
※游1路、游2路、游3路は廃止となり、そのまま欠番となっている

人気の観光地である大雁塔

西安周辺の見どころ

● 見どころ　✈ 空港　━━ 鉄道　━━ 高速鉄道　━━ 高速道路（━━ 工事中）　━━ 幹線道路

グランドパーク西安／西安君乐城堡酒店
せいあん　xīān jūnlè chéngbǎo dàjiǔdiàn ★★★ ★★

西安中心部を取り囲む城壁のすぐ南側に位置する高級ホテル。各種サービスや施設も日本人向けに整っている。鐘楼や碑林博物館といった見どころへのアクセスもよい。
U www.parkhotelgroup.com

M P.472-C3
住 碑林区環城南路西段12号
☎ 87608888
FAX 87231500
S 598～698元
T 598～698元
サ なし
カ ADJMV

両替　ビジネスセンター　インターネット

シェラトン西安ホテル／西安喜来登大酒店
せいあん　xīān xǐláidēng dàjiǔdiàn ★★★ ★★

各種レストランをはじめ、ジムやヨガルーム、マッサージルーム、サウナなどの施設も充実。このほか、近隣レストランの夕食宅配サービスなども行っている。

M P.472-A2
住 蓮湖区灃鎬東路262号
☎ 84261888
FAX 84262188
S 600～730元
T 600～730元
サ 10%+6%
カ ADJMV
U www.sheraton.com/xian

両替　ビジネスセンター　インターネット

ウェスティン西安／西安威斯汀酒店
せいあん　xīān wēisītīng jiǔdiàn ★★★ ★★

市の南部、大雁塔や大唐芙蓉園に近い場所にある。客室はシンプルかつスタイリッシュなインテリア。広東料理を提供する「中国元素」のほか、日本料理を味わえる「舞」など、レストランが充実している。

M P.473-D4
住 雁塔区慈恩路66号
☎ 65686568
FAX 68938333
S 826～1026元
T 826～1026元
サ 10%+6%
カ ADJMV
U www.starwoodhotels.com

両替　ビジネスセンター　インターネット

西安驪苑大酒店／西安骊苑大酒店
せいあんりえんだいしゅてん　xīān líyuàn dàjiǔdiàn ★★ ★★

技術開発区に位置する高級ホテル。通称「ガーデンホテル」。大きなエントランスが目印。客室内で日本の衛星放送を視聴できる。広東料理レストランやカフェ、ジムなどの施設が揃っている。

M P.472-B3
住 蓮湖区労働南路8号
☎ 84263388
FAX 84263288
S 380元
T 380元
サ なし
カ ADJMV
U www.legardens.com

両替　ビジネスセンター　インターネット

西安東方大酒店／西安东方大酒店
せいあんとうほうだいしゅてん　xīān dōngfāng dàjiǔdiàn ★★ ★★

英語名はオリエントホテル。市区南部に位置する。地下鉄2、3号線「小寨」駅まで約500mと交通の便もまずまず。館内にはレストラン、ショップ、ラウンジ、バー、スポーツジムなどが揃っている。

M P.472-C4
住 雁塔区朱雀大街393号
☎ 87654321
FAX 85261768
S 358～458元
T 358～458元
サ なし
カ ADJMV
U www.orienthotelxian.com

両替　ビジネスセンター　インターネット

古都文化大酒店／古都文化大酒店 ★★ ★★
ことぶんかだいしゅてん　gǔdū wénhuà dàjiǔdiàn

各種レストラン、専門ショップ、フィットネスクラブ、サウナ、娯楽室などの施設を備えている。

両替　ビジネスセンター　インターネット　U www.gdhxian.com

📍P.472-C2
🏠蓮湖区蓮湖路172号
☎87216868　📠87219754
⑤418〜588元
①418〜588元
サなし　🄰ADJMV

グランドメルキュール西安レンミンスクエア／西安豪华美居人民大厦
せいあん　xīān háohuá měijū rénmin dàshà

雅高人民大廈にある4つのホテルのうちのひとつ。美しい庭園に囲まれ、落ち着いた雰囲気の中庭をもつ閑静なホテル。設備は5つ星クラス。

両替　ビジネスセンター　インターネット　U www.accorhotels.com

📍P.473-D2
🏠新城区東新街319号
☎87928888
📠87928999
⑤656元　①656元
サ10%+6%　🄰ADJMV

金花豪生国際大酒店／金花豪生国际大酒店
きんかごうせいこくさいだいしゅてん　jīnhuā háoshēng guójì dàjiǔdiàn

グランドパーク西安に隣接するホテル。星なし渉外ホテルだが、設備は高級ホテルそのもの。ホテルは西安城壁のすぐ南側に位置するため、高層階の客室からは城壁や城内の町並みを一望できる。

両替　ビジネスセンター　インターネット

📍P.472-C3
🏠碑林区環城南路西段18号
☎88181111
📠88429999
⑤538〜738元
①538〜638元
サなし
🄰ADJMV
U www.gchhotels.com

都市春天酒店／都市春天酒店
とししゅんてんしゅてん　dūshì chūntiān jiǔdiàn

鐘楼のあるロータリーの北東に位置しており、眺めはよい。地下鉄駅も近くアクセスの便もよい。

両替　ビジネスセンター　インターネット

📍P.472-C2
🏠碑林区北大街1号
☎87233005
📠87218222
⑤320元　①260元
サなし　🄰不可

漢唐居精品青年酒店／汉唐居精品青年酒店
かんとうきょせいひんせいねんしゅてん　hàntángjū jīngpǐn qīngnián jiǔdiàn

鐘楼から約1kmの便利な場所にある。レトロな雰囲気が人気のホステル。全室トイレ付き。1階にはカフェが、2階にはバーがある。

両替　ビジネスセンター　インターネット　U www.hantanghouse.com/zh-cn

📍P.472-C2
🏠新城区南長巷32号
☎87389765　📠87389767
⑤220元　①220元
Ⓓ50元（8人部屋）
サなし　🄰不可

西安書院国際青年旅舎／西安书院国际青年旅舍
せいあんしょいんこくさいせいねんりょしゃ　xīān shūyuàn guójì qīngnián lǚshè

南門（永寧門）のすぐ西側にある西安のユースホステル。世界各地からバックパッカーがやってきている。スタッフはフレンドリー。

両替　ビジネスセンター　インターネット

📍P.472-C3
🏠碑林区南門里順城西巷2号
☎87280092
⑤180元　①180元　③230元　Ⓓ40〜60元(4〜8人部屋)
サなし　🄰不可

七賢鐘楼国際青年旅舎／七贤钟楼国际青年旅舍
しちけんしょうろうこくさいせいねんりょしゃ　qīxián zhōnglóu guójì qīngnián lǚshè

町の中心である鐘楼の東側に位置するユースホステル。アクセス、立地条件ともに非常によい。

両替　ビジネスセンター　インターネット　U www.yhachina.com

📍P.472-C2
🏠碑林区東大街菊花園87号
☎87519115
⑤210元　①210元　Ⓓ60元(8人部屋)
サなし　🄰不可

錦江之星 西安小寨地鉄站酒店／锦江之星 西安小寨地铁站酒店
きんこうのせい せいあんしょうさいちてつえきしゅてん　jǐnjiāng zhīxīng xīān xiǎozhài dìtiězhàn jiǔdiàn

「経済型」チェーンホテル。客室は簡素ながら清潔。地下鉄2、3号線「小寨」駅も近く至便。

両替　ビジネスセンター　インターネット　U www.jinjianginns.com

📍P.472-C4
🏠雁塔区小寨西路11号
☎85265833
⑤219〜269元
①239〜269元
サなし　🄰不可

西安烤鴨店／西安烤鸭店
せいあんカオヤーてん　xīān kǎoyādiàn

ローストダックの人気店。ローストダックは作り方と食べ方によって値段が違い、1羽まるごとで138元〜。ローストダックのほか水かきの前菜などメニューは豊富。

📍P.472-B3
🏠碑林区労衛路1号西荷花園商業楼　☎87816881
🕚11:00〜14:00、17:00〜1:00
休なし　🄰不可

グルメ

賈三灌湯包子／贾三灌汤包子
かさんかんとうパオズ　jiǎsān guàntāng bāozi

包子で有名な店。あんは羊肉（17元）、牛肉（16元）、三鮮（16元）などから選べる。皮が薄く、ボリュームたっぷりのあんがスープを含み、濃厚な味が特徴。本店は西羊市街にある。

📍 P.472-C2
🏠 新城区北院門93号
☎ 87257507
🕐 8:00〜22:30
休 なし
カ 不可
🌐 www.jiasanfood.com

永興坊美食街／永兴坊美食街
えいこうぼうびしょくがい　yóngxīngfáng měishíjiē

石造りのレトロな建物が並ぶストリートで、麺類やスイーツなど各地の名物を食べられる。各店には食材を作るための道具が置かれ、粉を石臼でひいたり油を搾ったりする様子を見学できる。

📍 P.473-E2
🏠 新城区東新街小東門（中山門内）
🕐 10:00〜22:00
休 なし
カ 不可

アミューズメント

陝西歌舞大劇院／陕西歌舞大剧院
せんせいかぶだいげきいん　shǎnxī gēwǔ dàjùyuàn

ディナーショーを楽しめるレストラン。ショーの上演は4〜11月は20:00〜21:10、12〜3月は19:30〜20:40。冬季は不定期開催となるので確認が必要。ショーのみを観る場合は268元。食事付きはひとり418元。

📍 P.473-D3
🏠 碑林区文芸路161号
☎ 87853295、87853296
📠 87853294
🕐 チケット販売＝8:30〜21:00
休 なし
カ ADJMV
🌐 www.tangpalacedanceshow.com

旅行会社

西安中信国際旅行社／西安中信国际旅行社
せいあんちゅうしんこくさいりょこうしゃ　xī'ān zhōngxin guójì lǚxíngshè

市内の車チャーター代が1日400元（5人乗り）、日本語ガイドが1日300元（市内）。西安市街観光、東線、西線などのツアーがあり、参加人数で料金は変わる。いずれも専用ガイドと専用車とを使用したプライベートツアーで、ほかの観光客との混載にならないのが特徴。

📍 P.472-C3
🏠 碑林区南関正街中貿広場5号楼2単元16階
☎ 87881980（日本語可）
📠 87881980（日本語可）
🕐 10:00〜19:00
休 土・日曜、祝日
カ MV
🌐 www.nwcts.com.cn
✉ koji@nwcts.com.cn

西安中国国際旅行社／西安中国国际旅行社
せいあんちゅうごくこくさいりょこうしゃ　xī'ān zhōngguó guójì lǚxíngshè

市内の車チャーター代は1日450元、日本語ガイドは1日500元。東線、西線、華山など各ツアーの手配が可能。費用や細かい路線については要問い合わせ。事務所に日本語担当者不在の際は下記携帯電話に連絡を入れるとよい。
☎ 携帯＝13991132353（王亜寧）

📍 P.472-C3
🏠 碑林区長安北路48号
☎ 85264563（日本部）
📠 85261155（日本部）
🕐 9:00〜17:00
休 土・日曜、祝日
カ 不可
✉ ouanei@citsxa.com（日本語可）

西夏王国の首都であった平原の都市

銀川
ぎんせん

インチュアン
銀川 Yín Chuān

市外局番●0951

銀川南関清真大寺は自治区内最大のモスク

都市DATA

銀川市
人口：168万人
面積：8874km²
3区1県級市2県を管轄
銀川市は寧夏回族自治区の首府

市公安局出入境管理局
（市公安局出入境管理局）
Ⓜ地図外（P.486-A1上）
🏠金鳳区万寿路177号市民大庁
☎5555011
🕐9:00～12:00、13:00～17:00
休土・日曜、祝日
観光ビザを最長30日間延長可能。手数料は160元

市第一人民医院
（市第一人民医院）
ⓂP.486-B3
🏠興慶区利群西街2号
☎6697021
🕐24時間
休なし

市内交通

【路線バス】運行時間の目安は6:30～20:00。BRT1号線銀川バスターミナル～鉄道西駅6:30～22:00、1元
【タクシー】初乗り3km未満7元、3km以上10km未満1kmごとに車種によって1.2元または1.4元加算

概要と歩き方

寧夏回族自治区の首府である銀川は、平原のただ中にある都市。東郊外には南から北へ黄河が悠々と流れ、北には万里の長城が延びている。長城の北側は内蒙古自治区だ。銀川一帯はオルドスと呼ばれたエリアで、紀元前から遊牧民族と中国歴代王朝が覇権を争った場所である。歴史上銀川が最も栄えたのは12世紀の西夏王国の時代。当時は興慶府と呼ばれ、現在の寧夏回族自治区、甘粛省、内蒙古自治区などを支配下においた王国の都として繁栄を謳歌した。井上靖の小説『敦煌』はこの西夏の建国期が舞台となっている。現在はイスラム教徒である回族が多く暮らす町で、市内のあちらこちらにモスクが立っている。

銀川は東西に長く広がっている。町の中心部は3つの地区に分かれており、最も東側にあるのが興慶。古くからの市街地を含み、解放東街・西街にはショップやホテル、銀行などが集中している。興慶区の西側は工業区として開発された金鳳区と西夏区があり、鉄道駅は西夏区にある。興慶区と金鳳区、西夏区は、1路や17路のバスで行き来が可能。

興慶区市街の東側にある玉皇閣は、明代に建てられた重厚な楼閣

	1月	2月	3月	4月	5月	6月	7月	8月	9月	10月	11月	12月
平均最高気温(℃)	-1.0	2.0	9.0	17.0	23.0	26.0	28.0	26.0	22.0	15.0	6.0	0.0
平均最低気温(℃)	-13.0	-9.0	-2.0	5.0	11.0	16.0	18.0	16.0	11.0	3.0	-2.0	-10.0
平均気温(℃)	-7.0	-2.0	3.0	11.0	17.0	21.0	23.0	22.0	17.0	10.0	1.0	-5.0

町の気象データ（→P.517）：[予報] > [寧夏] > [銀川] >区・市・県から選択

Access 交通

中国国内の移動➡P.667　鉄道時刻表検索➡P.26

✈ 飛行機
市区の南東約26kmに位置する銀川河東国際空港(INC)を利用する。

国際線 関西(7便)。

国内線 北京、上海など主要都市との間に運航便がある。

所要時間(目安) 北京首都(PEK)／2時間　上海浦東(PVG)／3時間　ウルムチ(URC)／3時間10分　西安(XIY)／1時間15分　成都(CTU)／2時間

🚃 鉄道
包蘭線の途中駅である銀川駅を利用する。西安や蘭州方面など西北エリア各地とを結ぶ列車が運行されている。

所要時間(目安) 【銀川(yc)】蘭州(lz)／快速：7時間15分　西安(xa)／特快：11時間50分　ウルムチ(wlmq)／直達：23時間55分　北京西(bjx)／直達：11時間45分

🚌 バス
旅行者がおもに利用するのは銀川バスターミナル。西安や蘭州方面をはじめとする西北エリア各地との間に便がある。

所要時間(目安) 西安／9時間　蘭州／6時間　西寧／8時間　天水／8時間　武威／6時間　西峰／6時間

Data

✈ 飛行機
● **銀川河東国際空港**（銀川河东国际机场）
Ⓜ 地図外（P.486-C3右下）　⌂ 霊武市臨河鎮
☎ 問い合わせ＝96111
　航空券売り場＝6912225
✈ 始発便～最終便　休 なし　カ 不可
[移動手段] **エアポートバス**（空港～民航大廈）／20元、所要40分が目安。空港→市内＝到着便に合わせて運行　市内→空港＝5:30～22:00の間30分に1便　**タクシー**（空港～鼓楼）／80元、所要35分が目安

銀川河東国際空港

● **市内航空券売り場**
　（銀川河东机场市内民航售票处）
Ⓜ P.486-C3
⌂ 興慶区長城東路540号西港航空酒店
☎ 4090008　✈ 8:00～19:00
休 なし　カ 不可
[移動手段] **タクシー**（航空券売り場～鼓楼）／7元、所要7分が目安　**路線バス**／12、29路「南関清真寺」。7、21路「公路局」
　3ヵ月以内の航空券を販売。

🚃 鉄道
● **銀川駅**（銀川火车站）
Ⓜ 地図外（P.486-A1左）　⌂ 金鳳区上海西路710号
☎ 共通電話＝12306、3922222　✈ 24時間
休 なし　カ 不可

[移動手段] **タクシー**（銀川駅～鼓楼）／25元、所要25分が目安　**路線バス**／15、30、45路「銀川火车站」。BRT1号線、11、101、107路「火车西站」
　28日以内の切符を販売。

市区西部に位置する銀川駅

● **銀川郵政大廈鉄道切符売り場**
　（銀川邮政大廈客票代售点）
Ⓜ P.486-B2
⌂ 興慶区民族北街2号郵政大廈営業庁
☎ なし　✈ 8:00～12:00、13:00～18:00
休 なし　カ 不可
[移動手段] **路線バス**／23、27、29、40、49路「邮电大楼」
　28日以内の切符を販売。手数料は1枚5元。

🚌 バス
● **銀川バスターミナル**（銀川汽车站）
Ⓜ 地図外（P.486-C3右下）
⌂ 興慶区清和南街1382号　☎ 5613927
✈ 6:00～19:00　休 なし　カ 不可
[移動手段] **タクシー**（バスターミナル～鼓楼）／15元、所要15分が目安　**路線バス**／BRT1号線、15、101、313、316路「銀川汽车站」
　3日以内の切符を販売。西安(3便。隔日で4便)、西寧(1便)、蘭州(8:05～17:05の間45分に1便)など。

寧夏回族自治区 銀川　概要と歩き方／アクセス

西夏王陵
[M]**地図外（P.486-A1左）**
[住]銀川市西郊外賀蘭山東麓中段
☎5668960、5668966
[オ]5月～10月上旬8:00～18:30
10月中旬～4月9:00～17:00
[休]なし [料]95元
※敷地内の電動カート代を含む
[交]①新月広場（[M]**地図外／P.486-C1右**）から游1路バスで「西夏王陵」（8元、所要1時間）
4月20日～10月20日＝9:00、9:30発
※「西夏王陵」からの帰りは13:30、14:30発
10月21日～4月19日＝9:30発
※「西夏王陵」からの帰りは14:30発
②南薫門（[M]**P.486-C3**）から101A路バスで終点（「西夏风情园」）。タクシーに乗り換える（20元、所要15分が目安）
③タクシーをチャーターする。往復200元が目安（待ち時間含む）

見どころ

西夏王国の陵墓群 オススメ度 ★★★

西夏王陵（せいかおうりょう）／西夏王陵 xīxià wánglíng

1時間

市内から西へ約25km行った賀蘭山東麓にある西夏（1038～1227年）の王墓群。平原から突き出ている盛り土のようなものが西夏王陵で、独特の形をしている。東西4km、南北10kmのエリアに9つの皇帝陵と70余りの陪葬墓が残っている。建国王李元昊（りげんこう）の陵墓である泰陵はひときわ大きい。もともとは霊台という八角形をした塔だったが、風化して現在のような円錐形になってしまった。墓室は地下に造られた。

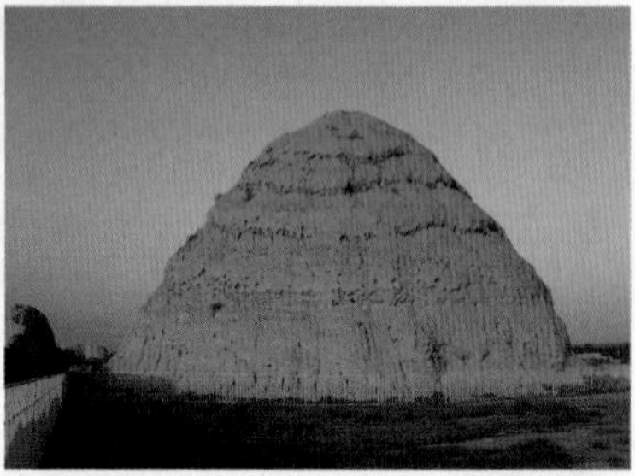

皇帝陵の霊台。現在は土盛りと化しているが、創建当初は八角形の塔だった

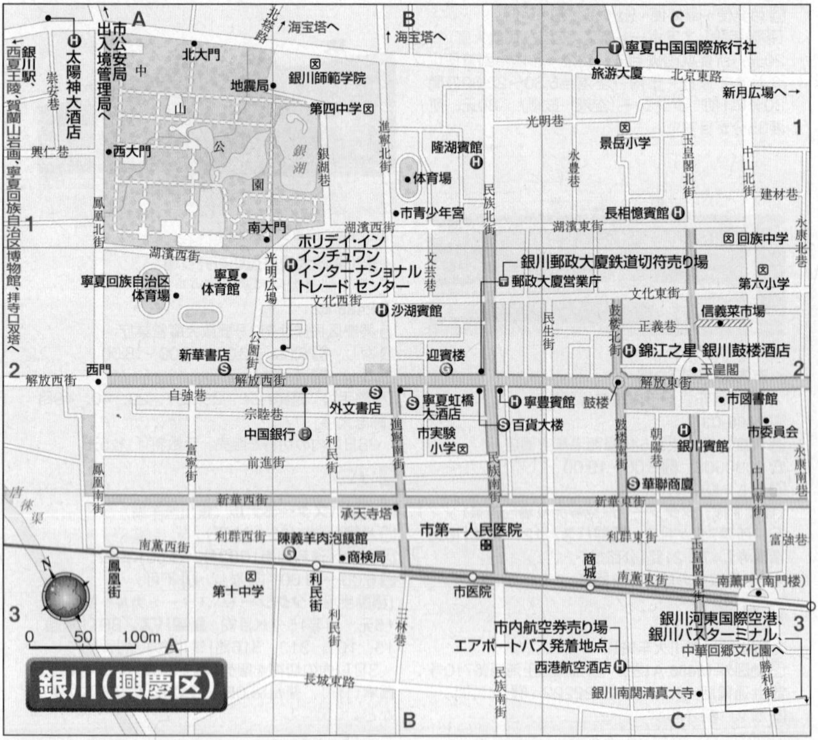

●見どころ [H]ホテル [G]グルメ [S]ショップ [B]銀行 [T]旅行会社 [文]学校 [〒]郵便局 [病]病院 ▥繁華街 ―BRT1号線

渓谷に刻まれた原始絵画

賀蘭山岩画／贺兰山岩画　hèlánshān yánhuà
がらんさんがんが

オススメ度 ★★★

北部の岩山に描かれた絵が賀蘭山岩画。渓谷の岩壁に600mにわたって人、動物、狩猟などが線刻や磨刻で描かれている。紀元前8世紀から1000年以上も続けて造られたらしく、西夏文字の題記もある。どれも原始的で素朴な作風で、見る者の心を和ませてくれる。

岩に刻まれた画

賀蘭山岩画
Ⓜ地図外（P.486-A1左）
⊞銀川市北郊外賀蘭山東麓賀蘭口
☎6011772
🕘9:00～18:30　休なし
💰入場料=70元（電動カート代含む）、拝寺口双塔=無料
🚌①新月広場（Ⓜ地図外／P.486-C1右）から游览バスで「贺兰山岩画」（8:00、9:00発。15元、所要1時間30分）
※運行は4月20日～10月20日の期間のみ
※「贺兰山岩画」からは15:00、15:30発
※拝寺口双塔を訪れる際は旅游2路バス「拝寺口双塔路口」で下車するが、双塔までは1kmあるので、8:00のバスを利用するしかない　②タクシーをチャーターする。往復300元が目安（拝寺口双塔も含む）

寧夏の歴史や文化がよくわかる

寧夏回族自治区博物館／
ねいかかいぞくじちくはくぶつかん
宁夏回族自治区博物馆　níngxià huízú zìzhìqū bówùguǎn

オススメ度 ★★★

2008年に開館した博物館。市の中心部からはやや離れているが、広々とした3階建てで、自治区の歴史から現代の産業、西夏時代の出土品の展示、回族文化の紹介など、充実した内容ながら無料で公開されているので、訪れる価値はある。

巨大な建物

寧夏回族自治区博物館
Ⓜ地図外（P.486-A1左）
⊞金鳳区人民広場東街6号銀川市人民政府東側
☎5085093
🕘9:00～17:00
※入場は閉館30分前まで
休月曜
💰無料
🚌1、2、33、38、301路バス「宁夏博物馆」
Ⓤwww.nxbwg.com/cn

ホテル

ホリデイ・イン インチュワン インターナショナル トレード センター／银川国贸中心假日酒店 ★★★ ★★

銀川有数の繁華街である解放西街に位置する5つ星ホテル。17階建てで屋内プールやジムなどの施設も揃っている。

両替　ビジネスセンター　インターネット　Ⓤwww.holidayinn.com

Ⓜ P.486-B2
⊞興慶区解放西街141号
☎7800000　🖷7685888
Ⓢ588～708元
Ⓣ588～708元
サなし　カADJMV

太陽神大酒店／太阳神大酒店　tàiyángshén dàjiǔdiàn ★★★★
たいようしんだいしゅてん

重厚な外観の4つ星ホテル。入口を入ると大理石の豪華なロビーが迎えてくれる。屋内プールやカラオケ、サウナ、美容院がある。

両替　ビジネスセンター　インターネット　Ⓤwww.nxapollo.com

Ⓜ P.486-A1
⊞興慶区北京東路123号
☎7868888　🖷7869999
Ⓢ388～488元
Ⓣ388～488元
サなし　カJMV

錦江之星 銀川鼓楼酒店／锦江之星 银川鼓楼酒店　jǐnjiāng zhīxīng yínchuān gǔlóu jiǔdiàn
きんこうしせい ぎんせんころうしゅてん

「経済型」チェーンホテル。客室は簡素ながらひととおりのものは揃っている。繁華街にあり、鼓楼や玉皇閣にも近い。

両替　ビジネスセンター　インターネット　Ⓤwww.jinjianginns.com

Ⓜ P.486-C2
⊞興慶区鼓楼北街15号
☎6029966　🖷6028252
Ⓢ209～269元
Ⓣ199～239元
サなし　カ不可

旅行会社

寧夏中国国際旅行社／宁夏中国国际旅行社
ねいかちゅうごくこくさいりょこうしゃ　ningxià zhōngguó guójì lǚxíngshè

日本語ガイド1日1000元。西夏王陵、賀蘭山岩画、拝寺口双塔、水洞溝を回る車チャーターは1日1000元（11～4月は800元）。日本語が通じる。　Ⓤwww.nxcits.com

Ⓜ P.486-C1　⊞興慶区北京東路375号旅游大廈2階　☎6713026（日本語可）　🖷6717839（日本語可）
🕘5～9月8:00～12:00、14:30～18:30　10～4月8:30～12:00、14:00～18:00
休土・日曜、祝日　カ不可

蘭州

らんしゅう

兰州 Lán Zhōu

ランジョウ

市外局番●0931

唐代に造られた炳霊寺石窟の大仏

ウルムチ・
北京・ ・大連
・ハルビン
蘭州○ ・西安
ラサ ・成都 ・上海
昆明 ・広州
・香港

都市DATA

蘭州市
人口：322万人
面積：1万3083㎢
5区3県を管轄
蘭州市は甘粛省の省都

市公安局出入境管理処
（市公安局出入境管理処）
MP.491-D1
慶陽路153号民安大厦4楼
☎5167270
◎9:00～12:00、
14:00～17:00
休土・日曜、祝日
観光ビザを最長30日間延長
可能。手数料は160元

蘭州軍区蘭州総医院
（兰州军区兰州总医院）
MP.490-B1
南濱河中路333号
☎8994114
◎24時間
休なし

市内交通

【路線バス】運行時間の目安は
6:30～21:30、1～2.5元
【タクシー】初乗り3km未満
10元、3km以上1kmごとに1.4
元加算

ⓘ ▶▶▶ インフォメーション

地下鉄を建設中
2018年8月現在、中心部
を東西に走る1号線を建設中。
開業は2018年末を予定。

概要と歩き方

　甘粛省最大の都市で、中国のド真ん中に位置している。かつては金城と呼ばれた。古来より交通の要衝として栄え、河西回廊を西へ向かうシルクロード・ルートと青海方面へ向かうチベット・ルートはここで分岐している。蘭州の市街地（標高1510m）は南北を高い山々に囲まれ、その間を黄河が西から東へ流れている。蘭州には黄河では最も上流に架かっている黄河第一橋（中山橋）という鉄橋があり、ちょっとした観光地になっている。

　蘭州の町は黄河に沿って、東西に長く延びている。繁華街は蘭州駅から北へ向かう天水路とそれと交差して東西に延びる東崗路で、ホテルやレストランはこのエリアに集中している。東西の移動は蘭州駅と蘭州西駅を結ぶ1路バスを利用すると便利。市内の見どころは、黄河の眺めがすばらしい白塔山公園や、漢の将軍霍去病ゆかりの五泉山公園など。また、町の歴史を理解するために甘粛省博物館も訪ねたいところ。

　チベット自治区のラサへ通じるチベット鉄道は、ほとんどがこの蘭州を通過している（2018年8月現在、チベット自治区への旅行は規定に応じた手配が必要→P.516）。

黄河に架けられた中山橋

	1月	2月	3月	4月	5月	6月	7月	8月	9月	10月	11月	12月
平均最高気温(℃)	1.0	5.4	12.7	19.3	23.8	27.5	29.2	27.6	22.1	16.5	8.8	2.1
平均最低気温(℃)	-12.6	-8.0	-0.8	5.3	10.2	13.6	16.3	15.3	10.7	4.1	-3.1	-10.4
平均気温(℃)	-6.9	-2.3	5.2	11.8	16.6	20.3	22.2	21.0	15.8	9.4	1.7	-5.5

町の気象データ（→P.517）：「预报」>「甘粛」>「兰州」>区・県から選択

中国国内の移動⇒P.667　鉄道時刻表検索⇒P.26

✈ 飛行機

市区の北西約75kmに位置する蘭州中川空港（LHW）を利用する。日中間運航便は1路線。国内線は主要都市との便が運航されている。

国際線 中部（7便）。

国内線 便数の多い北京や上海とのアクセスがおすすめ。

所要時間(目安) 北京首都（PEK）／2時間10分　上海浦東（PVG）／2時間35分　敦煌（DNA）／1時間40分　ウルムチ（URC）／2時間40分　西安（XIY）／1時間10分

🚆 鉄道

隴海線や包蘭線、蘭新線の蘭州駅と、動車組が発着する蘭新客運線の蘭州西駅がある。中国の東西を結ぶ幹線であり、西北エリアやラサと結ぶ列車がある。

所要時間(目安) 【蘭州（lz）】敦煌（dh）／旅游：12時間40分　北京西（bjx）／直達：16時間5分　西安（xa）／直達：8時間10分　銀川（yc）／快速：8時間10分　ラサ（ls）／直達：24時間　【蘭州西（lzx）】柳園南（lyn）／動車：6時間20分　西寧（xn）／動車：1時間15分　ウルムチ（wlmq）／動車：11時間25分

🚌 バス

旅行者はおもに蘭州バスセンターを利用する。西安や銀川、西北エリア各地とを結ぶ路線がある。

所要時間(目安) 西安／11時間　銀川／5時間30分　敦煌／15時間　西寧／4時間

Data

✈ 飛行機

● **蘭州中川空港**（兰州中川机场）
Ⓜ 地図外（P.490-A1左）　住 永登県中川鎮
☎ 96556　オ 始発便～最終便　休 なし　カ 不可
[移動手段] エアポートバス（空港→東方大酒店、甘粛省管理局民航航空券売り場→空港）／30元、所要1時間15分が目安　空港→市内=到着便に合わせて運行　市内→空港=5:00～20:30の間15～20分に1便　タクシー（空港～東方紅広場）／150元、所要1時間が目安

● **中国東方航空蘭州航空券販売センター**
（中国东方航空公司兰州售票中心）
Ⓜ P.491-E1　住 東崗西路586号　☎ 8732028
オ 8:30～19:00　休 なし　カ 不可
[移動手段] タクシー（中国東方航空蘭州航空券販売センター～東方紅広場）／10元、所要7分が目安　路線バス／1、4、58、75、81、115路「盘旋路西口」
　3ヵ月以内の航空券を販売。

● **甘粛省管理局民航航空券売り場**
（甘肃省管理局民航售票处）
Ⓜ P.491-E1　住 東崗西路616号　☎ 8889666
オ 8:30～19:00　休 なし　カ 不可
[移動手段] タクシー（甘粛省管理局民航航空券売り場～東方紅広場）／10元、所要5分が目安　路線バス／1、4、58、75、81、115路「盘旋路西口」
　3ヵ月以内の航空券を販売。エアポートバスの出発地点。

🚆 鉄道

● **蘭州駅**（兰州火车站）
Ⓜ P.491-E2　住 火車站東路393号
☎ 共通電話＝12306
オ 24時間　休 なし　カ 不可
[移動手段] タクシー（蘭州駅～東方紅広場）／10元、所要10分が目安　路線バス／1、6、9、12、

31、33、112、131、137路「兰州车站」
　28日以内の切符を販売。

● **蘭州西駅**（兰州西客站）
Ⓜ P.490-A2　住 西津西路187号　☎ 共通電話＝12306　オ 6:10～24:00　休 なし　カ 不可
[移動手段] タクシー（蘭州西駅～東方紅広場）／25元、所要30分が目安　路線バス／1、31、35、K102、108、129、137路「兰州西客站」
　28日以内の切符を販売。

● **金輪大廈蘭鉄客貨営銷センター**
（金轮大廈兰铁客货营销中心）
Ⓜ P.491-E2　住 民主東路385号蘭鉄鉄路局傍
☎ なし　オ 8:00～19:00　休 なし　カ 不可
[移動手段] タクシー（金輪大廈蘭鉄客貨営銷センター～東方紅広場）／10元、所要5分が目安　路線バス／9、56、117、140、142路「铁路局」
　28日以内の切符を販売。手数料は1枚5元。

🚌 バス

● **蘭州バスセンター**（兰州客运中心）
Ⓜ P.491-E2　住 火車站東路338号
☎ 8807114　オ 6:30～20:00
休 なし　カ 不可
[移動手段] タクシー（蘭州バスセンター～東方紅広場）／15元、所要15分が目安　路線バス／7、9、12、16、33、114、124、126路「兰州客运中心」
　2日以内の切符を販売。銀川（7:30発、9:00～14:00の間1時間に1便、17:30発。140元、所要6時間30分）、西寧4便（11:00、12:40、14:35、17:35発。67元、所要3時間30分）など。

炳霊寺石窟
MP.469-E3
住臨夏回族自治州永靖県小
積石山大寺溝中
☎(0930)8879057、
8879386
開5月～10月上旬8:00～18:00
10月中旬～4月9:00～16:00
休なし　料50元
※特別窟は別料金。126窟＝
80元、128窟＝60元、132
窟＝90元、169・172窟共
通券＝300元
交蘭州西バスターミナル（M
P.490-B1）から「刘家峡」行
きで「刘家峡水库大坝路
口」(7:00～18:40の間20
分に1便。25元、所要2時
間)。徒歩3分の埠頭で炳
霊寺行きモーターボートま
たは大型船に乗り換える
(8:00～16:00)。モーター
ボート往復120元、所要1
時間10分。大型船往復60
元、所要3時間30分
※「刘家峡」からの最終は18:00
～18:30の間に「刘家峡水
库大坝路口」を通過する

見どころ

黄河河岸に造られた石窟　　オススメ度 ★★★　世界遺産

炳霊寺石窟／炳灵寺石窟　bǐnglíngsì shíkū
へいれいじ せっくつ

1.5時間

　蘭州市の南西約100kmにある石窟群。2014年「シルクロード：長安＝天山回廊の交易路網」の一部として世界文化遺産に登録された。「炳霊」とはチベット語で「十万仏」の意味で、黄河北岸の切り立った崖に、長さ約2km、上下4層にわたって大小183の石窟が掘られている。3分の2は唐代のもので、最も古い窟は西秦時代(385～431年)のもの。険しい峡谷に造営されたため、外国人探検家の持ち出しやイスラム教徒の破壊を免れ、

絶景の中を進む大型船

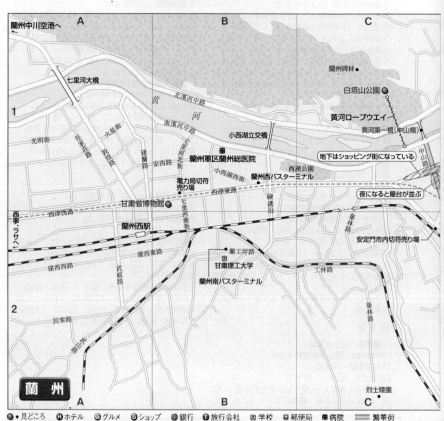

蘭州中川空港へ

七里河大橋

黄　河

北濱河中路

南濱河中路

小西湖立交橋

蘭州軍区蘭州総医院

電力局切符
売り場

甘粛省博物館

蘭州西駅

蘭州碑林

白塔山公園

黄河ロープウエイ

黄河第一橋(中山橋)

地下はショッピング街になっている

西湖公園

蘭州西バスターミナル

夜になると屋台が並ぶ

安定門市内切符売り場

蘭工坪路

甘粛理工大学

蘭州南バスターミナル

烈士陵園

蘭　州

●・見どころ　Ⓗホテル　Ⓖグルメ　Ⓢショップ　圆銀行　Ⓣ旅行会社　図学校　郵郵便局　病病院　繁華街

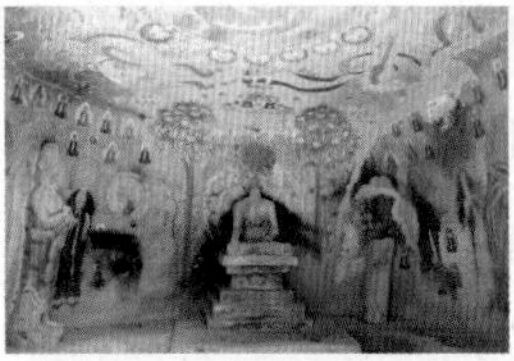

石窟の中には貴重な仏像や壁画が残されている。年代によって異なる様式を比較するのもおもしろい。最も有名なのは、171窟にある唐代の大仏。

第8窟（隋代）

マンモスの化石を見に行こう　オススメ度 ★★★

甘粛省博物館／甘肃省博物馆　gānsùshěng bówùguǎn

かんしゅくしょうはくぶつかん

省内各地からの文化財や化石を、地下1階、地上3階建ての建物内で展示している。「甘粛シルクロード文明」「甘粛の彩陶展」「甘粛古生物化石展」の3つのコーナーに分かれ、どのコーナーでもそれぞれすばらしい展示物を見ることができる。特に化石展のマンモスの化石は必見。

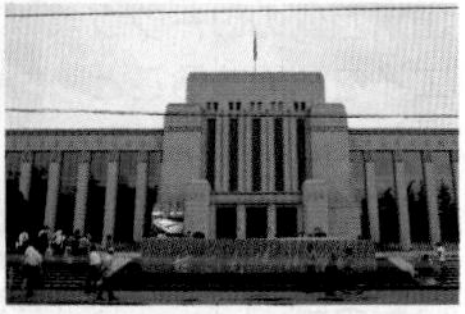

甘粛省のシルクロードの歴史を知るのに最適な博物館

[i] インフォメーション

炳霊寺石窟観光の注意

シーズン

5月上旬～10月上旬がオンシーズン（6～8月がベスト）。この期間以外は船が激減する。

船と観光時間

モーターボートは9人集まったら出発で8:00～12:00の間は簡単に乗船できる（それ以降は難しい）。到着後の観光時間は1時間から1時間30分。

甘粛省博物館

[M]P.490-B1

[住]西津西路3号

☎2339133

[オ]9:00～17:00

※入場は閉館1時間前まで

[休]月曜

[料]無料

[交]1、18、31、58、106、137路バス「七里河桥」

[U]www.gansumuseum.com

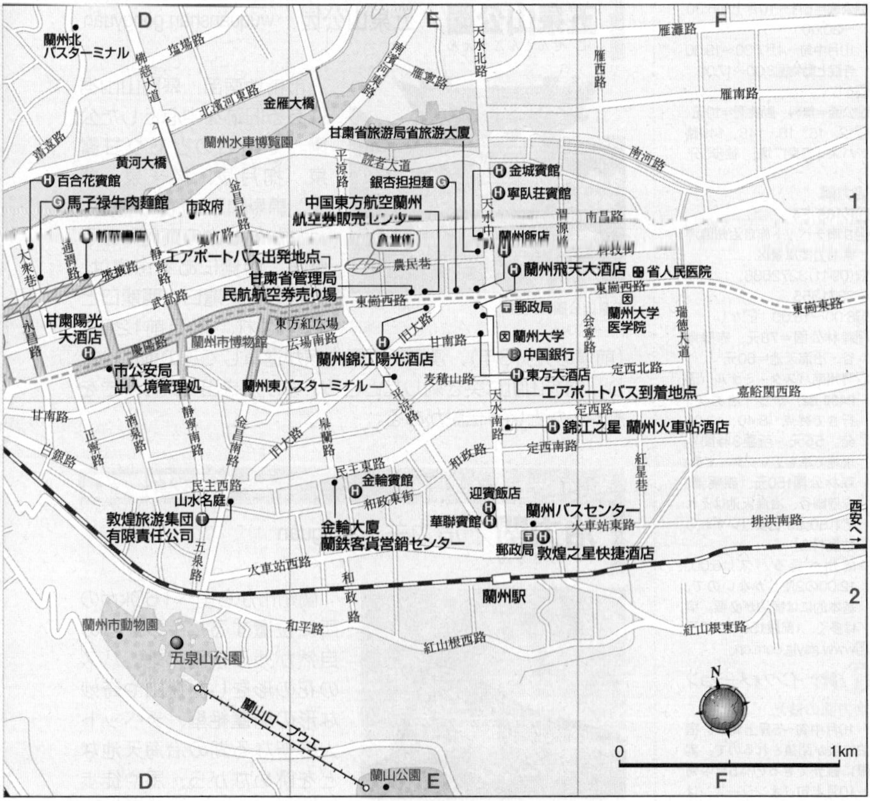

--- 地下鉄建設中

白塔山公園
MP.490-C1
- 住白塔山1号 ☎8360800
- オ公園=6:00～21:00
  寺院群=4月～10月上旬
  8:00～18:00
  10月中旬～3月8:00～17:00
- 休なし 料無料
- 交15、25、105、109、139路
  バス「中山橋（黄河南）」。
  20、53、131路バス「白塔
  山公園」

(i) ▶▶▶ インフォメーション
黄河ロープウエイ
　3月中旬～10月の間運行。
- 住濱河東路323号
  ※市内側の乗り場
- ☎8482097
- オ6～8月8:30～19:00
  ※上記以外は9:00～18:00
- 休3月中旬～10月=なし
  11月～3月上旬=全休
- 料往復=45元（上り=35元、
  下り=25元）

五泉山公園
MP.491-D2
- 住五泉南路103号
- ☎8243247
- オ公園=5月～10月上旬6:30
  ～20:00
  10月中旬～4月7:30～19:30
  寺院と動物園8:00～17:00
- 休なし
- 料公園=無料、動物園=10元
- 交12、15、18、146、149路
  バス「五泉广场」、徒歩5分

冶力関
MP.469-E4
- 住甘南チベット族自治州臨潭
  県冶力関風景区
- ☎(0941)3272666、
  3271355
- オ8:00～18:00 休なし
- 料森林公園=78元、赤壁幽
  谷・冶海天池=60元
- 交蘭州南バスターミナル（M
  P.490-B2）から「冶力关」
  行きで終点（8:40、13:00
  発。55元、所要3時間）。
  現地で車をチャーターする。
  森林公園150元、親昵溝、
  赤壁幽谷、冶海天池はそれ
  ぞれ50元が目安（いずれも
  往復料金）
  ※蘭州へ戻るバスは6:00、
  12:00の2便しかないので、
  基本的には宿泊が必要。宿
  は多く、1部屋150～200元
- U www.gsylg.com.cn

(i) ▶▶▶ インフォメーション
冶力関の観光
　10月中旬～5月上旬は、宿
泊施設が閉鎖されるので、実
際に観光できるのは5月中旬
～10月上旬（オンシーズンは
7～8月）。

黄河の眺望がすばらしい　オススメ度 ★★★

白塔山公園／白塔山公园　báitǎshān gōngyuán
はくとうさんこうえん

　白塔山は黄河の北岸に位置する山で、標高は約1700m。頂上に立つ高さ17mの白塔は、チベットからチンギス・ハンのもとへ遣わされた僧がここで病死して、その供養のために建てられたものだといわれる。ただし、現在の塔は明代に改修されたもの。

　山肌にはいくつもの楼閣が建てられており、頂上までは中山橋西側のロープウエイを利用することもできる。頂上から眺める黄河の流れは、非常にすばらしいものだ。

白塔山公園からの黄河と蘭州市街の眺め

霍去病ゆかりの泉を中心とした公園　オススメ度 ★★★

五泉山公園／五泉山公园　wǔquánshān gōngyuán
ごせんざんこうえん

五泉山公園の入口

　市街地南部、皋蘭山山裾にある旧跡を中心とした公園。その名のとおり甘露泉、掬月泉、摸子泉、蒙泉、恵泉の5つの泉がある。
　なかでも山の東側にある蒙泉、西側にある恵泉は、それぞれ東龍口、西龍口とも呼ばれ、紀元前120年（前漢の元狩3年）、漢の将軍霍去病が進軍してこの地にいたり、剣を山肌に突き刺したところ、泉が湧き出て兵の渇きを癒やしたという伝説がある。

新しく観光整備された景勝地　オススメ度 ★★★

冶力関／冶力关　yělìguān
やりきかん

赤壁幽谷では雄大な景色が見られる

　蘭州市から南へ160kmの所に位置する、手つかずの自然が残る景勝の地。ハスの花の形をした蓮山や奇妙な形の断崖絶壁、チベット人の聖なる湖の冶海天池などを眺めながら、馬や徒歩で散策できる。

甘粛陽光大酒店／甘肃阳光大酒店

かんしゅくようこうだいしゅてん　gānsù yángguāng dàjiǔdiàn

★★★ ★★

ドアを入ると豪華なロビーが広がっている。部屋のタイプはさまざまで、バスタブなしの場合もあるので、チェックイン時に確認しよう。

両替	ビジネスセンター	インターネット

M P.491-D1
住 慶陽路428号
☎ 4608888
FAX 4608889
S 652～766元
T 600元
サ なし
カ ADJMV

蘭州飛天大酒店／兰州飞天大酒店

らんしゅうひてんだいしゅてん　lánzhōu fēitiān dàjiǔdiàn

★★ ★★

交通量の多い交差点に立つ高層ホテル。便利なロケーションにある。室内は静かで高級感があり、高層階からは町の眺めを楽しめる。ビュッフェ形式の朝食付き。

両替	ビジネスセンター	インターネット

M P.491-E1
住 天水南路529号
☎ 8532888
FAX 8532333
S 470元
T 440元
サ なし
カ ADJMV

蘭州錦江陽光酒店／兰州锦江阳光酒店

らんしゅうきんこうようこうしゅてん　lánzhōu jǐnjiāng yángguāng jiǔdiàn

★★ ★★

ロビーも客室内もとてもきれいで、バスルーム内の設備も充実している。サウナやフィットネスセンター、ダンスホールもある。

両替　ビジネスセンター　インターネット　U www.jinjianghotels.com

M P.491-E1
住 東崗西路589号
☎ 8805511　FAX 8412856
S 466～566元
T 466～516元
サ なし　カ ADJMV

敦煌之星快捷店店／敦煌之星快捷酒店

とんこうしせいかいしょうじてん　dūnhuángzhīxīng kuàijié jiǔdiàn

蘭州駅から近い便利な場所にある。客室はシンプルだが清潔で快適。インターネット接続可能なのはシングルのみ。

両替　ビジネスセンター　インターネット

M P.491-E2
住 火車站東路293号
☎ 8793266
FAX 8647106
S 218元　T 228元
サ なし　カ 不可

錦江之星 蘭州火車站酒店／锦江之星 兰州火车站酒店

きんこうしせい らんしゅうかしゃたんしゅてん　jǐnjiāngzhīxīng lánzhōu huǒchēzhàn jiǔdiàn

「経済型」チェーンホテル。客室は簡素ながら清潔。蘭州駅から北に延びる天水南路に位置している。

両替　ビジネスセンター　インターネット　U www.jinjianginns.com

M P.491-E2
住 天水南路182号
☎ 8617333　FAX 8612890
S 219～249元
T 199～219元
サ なし　カ 不可

馬子禄牛肉麺館／马子禄牛肉面馆

ばしろくぎゅうにくめんかん　mǎzilù niúròumiànguǎn

牛肉麺（拉麺）の老舗中の老舗。スープは透き通っているがコクがあり、日本人の口に合う味だ。注文は1階は牛肉麺（1杯8元）。2階は牛肉麺セット（20元と30元）となっている。牛肉麺セットは牛肉ラーメン中碗2杯に牛肉皿などの前菜が3品付く（写真）。

M P.491-D1
住 張掖路大衆巷86号
☎ 8450505
営 6:30～14:30
休 陰暦の大みそか～初八
（1月8日）
カ 不可

敦煌旅游（集団）有限責任公司／敦煌旅游(集团)有限责任公司

とんこうりょゆう（しゅうだん）ゆうげんせきにんこうし　dūnhuáng (lǚyóu)jítuán yǒuxiànzérèngōngsī

日本語を話せるスタッフを揃える。市内の車チャーター1日500元（ワゴン車）。日本語ガイドは1日400元。メール、電話は日本語で大丈夫。✉ 395346979@qq.com

M P.491-D2　住 金昌南路154号山水名庭水座601室
☎ 8860818　FAX 8860808
営 9:00～18:00
休 土・日曜、祝日　カ 不可
U www.tabi-silkroad.com

沙漠の大画廊・莫高窟で知られるオアシス

敦煌
とんこう

トンホアン
敦煌 Dūn Huáng 　　市外局番●0937

砂の山を登る人々

ウルムチ・
敦煌○
　　　　　　・ハルビン
　　　　北京　・大連
　　　西安　　　上海
ラサ　成都　　・
　　　　　　　　広州
昆明・
　　　　　香港

都市DATA

敦煌市
人口：14万人
面積：3万1200k㎡
敦煌市は酒泉市管轄下
の県級市

市公安局出入境管理処
（市公安局出入境管理処）
MP496-A2
住陽関中路1066号
☎8872077
オ5～9月8:00～12:00、
　15:00～18:30
　10～4月8:30～12:00、
　14:30～18:00
休土・日曜、祝日
観光ビザの延長は不可
市人民医院（市人民医院）
M地図外（P.496-C2右）
住陽関東路20号
☎8859120
オ24時間　休なし

概要と歩き方

　敦煌は甘粛省のゴビ灘に浮かぶオアシス都市で、昔は沙州と呼ばれていた。紀元前111年に漢の武帝がおいた河西四郡（敦煌、武威、酒泉、張掖）のひとつで、チベット系の吐蕃、タングート系の西夏、トルコ系のウイグルなどの国が支配した時代もあった。このように、敦煌の歴史は民族興亡史でもあったが、各民族の文化が融合したおかげで、豊かなシルクロード文化が花開いた。その代表が中国三大石窟のひとつである莫高窟（ほかは山西省大同市の雲崗石窟と河南省洛陽市の龍門石窟）。沙漠の大画廊と形容されるように壁画がよく残されている石窟が連なり、各時代の仏教美術様式を知ることができる。

　繁華街は東西に延びる陽関中路沿いと、南北に延びる沙州北路、南路が交差するあたり。宿はこの近辺で探すとよい。

　見どころの多くは郊外にあり、徒歩やバスで行くのは難しい。鳴沙山などの近場へはレンタサイクルも便利。そのほかの場所へは車をチャーターして行くことになる。効率的に観光するには、1日ツアーの観光バスの利用がおすすめ。

	1月	2月	3月	4月	5月	6月	7月	8月	9月	10月	11月	12月
平均最高気温(℃)	-1.0	4.4	13.2	21.0	26.9	31.0	32.9	32.0	26.7	18.8	7.9	0.0
平均最低気温(℃)	-15.1	-11.0	-3.3	3.8	9.5	13.7	16.2	14.8	8.3	0.6	-5.8	-12.6
平均気温(℃)	-7.3	-3.0	5.2	12.6	18.8	22.8	25.1	23.9	17.7	10.0	1.0	-6.2

町の気象データ（→P.517）：「預報」＞「甘粛」＞「酒泉」＞「敦煌」

Access 交通

中国国内の移動→P.667　　鉄道時刻表検索→P.26

✈ 飛行機
市区の東約13kmに位置する敦煌空港（DNH）を利用する。北京や西安などの空港との間に運航便がある。冬は欠航になることもある。

国際線 日中間運航便はないので、北京や上海で乗り継ぐとよい。
国内線 便数の多い西安や蘭州とのアクセスが便利。
所要時間（目安） 北京首都（PEK）／7時間10分　西安（XIY）／2時間15分　蘭州（ZGC）／1時間35分　上海浦東（PVG）／7時間15分　成都（CTU）／3時間45分

🚃 鉄道

敦煌には駅が3つある。敦煌駅、市区から約120km離れた蘭新線の柳園駅と高速鉄道の柳園南駅。両駅と市内との間にはバスが運行されている。

[所要時間(目安)]【敦煌(dh)】蘭州(lz)／旅游：11時間15分　【柳園南(lyn)】蘭州西(lzx)／動車：6時間30分　ウルムチ(wlmq)／動車：5時間　トルファン北(tlfb)／動車：3時間35分　西寧(xn)／動車：5時間10分　【柳園(ly)】蘭州(lz)／直達：8時間50分

🚌 バス

敦煌バスターミナルを利用する。西安や銀川、西北エリア各地へは鉄道のほうが早いが、嘉峪関にはバスのほうが便利。

[所要時間(目安)] 西寧／20時間　嘉峪関／5時間　蘭州／18時間　柳園／2時間

Data

✈ 飛行機

●**敦煌空港**（敦煌机场）
Ⓜ地図外（P.496-C2右）　住莫高鎮陽光大道
☎5958888　時始発便～最終便　休なし　力不可
[移動手段]**タクシー**（空港～沙州市場）／40元、所要20分が目安
●**民航航空券売り場**（民航售票处）
ⓂP.496-C2　住陽関東路246号　☎8829000
時4～10月8:00～12:00、15:00～19:00、11～3月8:30～12:00、14:30～18:30
休なし　力不可
[移動手段]**タクシー**（航空券売り場～沙州市場）／5元、所要3分が目安　路線バス／2路「民航局」
3ヵ月以内の航空券を販売。

🚃 鉄道

●**敦煌駅**（敦煌火车站）
Ⓜ地図外（P.496-C2右）　住五墩郷
☎共通電話＝12306　時6:00～20:30
休なし　力不可
[移動手段]**タクシー**（敦煌駅～沙州市場）／40元、所要20分が目安　専用バス（敦煌駅～敦煌絲路怡苑大酒店）／3元、所要30分が目安
28日以内の切符を販売。

●**柳園南駅**（柳園火车南站）
Ⓜ地図外（P.496-B1上）　住瓜州県柳園鎮
☎共通電話＝12306　時10:00～19:30
休なし　力不可
28日以内の切符を販売。
●**柳園駅**（柳園火车站）
Ⓜ地図外（P.496-B1上）　住瓜州県柳園鎮
☎共通電話＝12306　時24時間　休なし　力不可
28日以内の切符を販売。

🚌 バス

●**敦煌バスターミナル**（敦煌汽车站）
ⓂP.496-C2　住三危路　☎8822129、8822174
時6:40～19:30　休なし　力不可
[移動手段]**タクシー**（バスターミナル～沙州市場）／5元、所要5分が目安　路線バス／4路「敦煌客運中心」
3日以内の切符を販売。嘉峪関（12便）、酒泉（9便）など。このほかに敦煌バスターミナルと柳園南駅、柳園駅（両駅の距離は4km）を結ぶバスが運行されている。36元、所要2時間。市内→駅＝9:30～18:50の間に10便。駅→市内＝列車の到着に合わせて運行。バスのほかに乗合タクシーもある。1台200元（定員4人で乗客数による頭割り）。市内発着は敦煌バスターミナル。

見どころ

眼前に広がる砂だけの世界

オススメ度 ★ ★ ★

鳴沙山・月牙泉／
めいさざん　げつがせん

⏱ **2時間**

鳴沙山・月牙泉　míngshāshān yuèyáquán

　鳴沙山は敦煌の南約5kmの所にあり、東西40km、南北20kmにわたる広大な砂の峰。シルクロードといえば、月下の沙漠を歩く隊商のイメージを抱く人が多いと思うが、ここでは実際にラクダに乗って砂漠を散策することもできるし（100元）、砂滑り（1回15元）を楽しむことも可能。

　月牙泉は鳴沙山の谷間に湧き出た泉で、三日月（中国語で月牙）の形をしていることからその名がある。

月牙泉は枯れたことがないという

市内交通

【路線バス】運行時間の目安は8:00～18:30、1～2元
【タクシー】市内一律5元。郊外は要交渉

鳴沙山・月牙泉
Ⓜ地図外（P.496-B3下）
住敦煌市南郊
☎8883388
時4月中旬～10月中旬　6:00～20:00
10月下旬～4月上旬　7:30～18:00
休なし　料120元
※電動カート＝片道10元
交①3路バス「鳴沙山・月牙泉」
②タクシーで中心部から20元、所要15分が目安
Ⓤwww.mssyyq.com

Ⓗ莫高窟
☎莫高窟=8869060
　予約=8825000
◪5～10月=8:00～18:00
　11～4月=9:00～17:30
※入場は1日6000人まで
Ⓗなし
◪5～10月=220元
　11～4月=120元
※特別窟は別料金。156、217、
254、322窟は各人150元。
45、57、158、220、275、
321窟は各人200元。参観希
望者は予約を入れるとよい
※日本語ガイドは要予約(無料)
Ⓤwww.mogaoku.net
◪→P.497インフォメーショ
ン参照

ⓘ ▶▶▶ インフォメーション
入場時の注意
①入場時に身分証明書の確認
を行う場合があるのでパスポー
トを持参すること。
②カメラや大きなバッグの持
ち込みは禁止（入場口に荷物
預かり所がある）。

莫高窟／莫高窟 mògāokū
ばっこうくつ

4時間🕐

　敦煌の南東約25kmの所にある鳴沙山東端の断崖に開削された大規模な石窟で、1987年に世界文化遺産に登録された。5世紀（一説には366年とも）から1000年以上にわたり造営が続けられ、現在492の窟が確認できる。壁画の面積は4万5000㎡で「沙漠の大画廊」ともいわれ、中国仏教美術の歴史を概観できる。また、入口横にある莫高窟陳列館（参観料に含まれる）では非公開の有名窟を復元公開している。

莫高窟の石窟群

莫高窟のシンボル九層楼

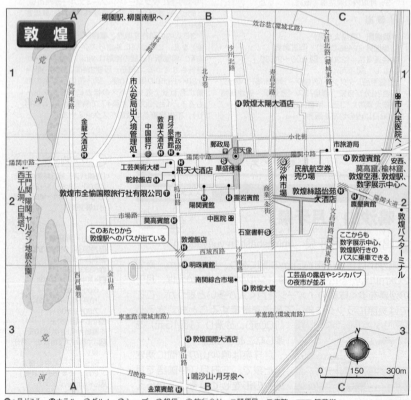

●=見どころ Ⓗ=ホテル Ⓖ=グルメ Ⓢ=ショップ Ⓑ=銀行 Ⓣ=旅行社 郵=郵便局 病=病院 ＝＝＝=繁華街

郊外の見どころ

漢王朝の西端にあった関所跡

オススメ度 ★★★　世界遺産

玉門関／玉门关　yùménguān
ぎょくもんかん

　ゴビ灘の中に立っている漢代の関所跡。敦煌の北西80kmの所にあり、当時、ここから西は漢王朝の勢力が及ばない所だった。現在の玉門関は小

現存する玉門関はとても小さい

方盤城と呼ばれ、10mほどの風化した城壁が残っている。また、近くには漢代に造られた万里の長城が延々と続いていて、狼煙のための燃料（草木の束）も見受けられる。
　2014年「シルクロード：長安＝天山回廊の交易路網」の一部として世界文化遺産に登録された。

唐詩にも詠まれた関所跡

オススメ度 ★★★

陽関／阳关　yángguān
ようかん

　敦煌の南西70kmにある。唐の詩人王維の詩に「西のかた、陽関を出ずれば故人無からん」と詠われた古代の関所跡といわれている。

陽関の一部といわれる烽火台

　現在では漢代のものという烽火台が高台の上に朽ちた姿で残っているだけだが、ここからの茫洋たる風景を目にするとかつてのシルクロードの歴史を思わずにはいられない。

大沙漠中の風食地形

オススメ度 ★★★

ヤルダン地貌公園／
雅丹地貌公園　yǎdān dìmào gōngyuán
ちほうこつえん

　通称は魔鬼城。玉門関から西へ約85kmにあるヤルダン地形（風化土堆群）で、東西25km、南北2kmにわたって風化した岩の奇景が広がっている。張芸謀監督の映画『英雄－HERO－』のロケ地となったことで一躍有名になった。奇岩にはそれぞれ名称があり、特に沙漠中に船のような形の巨岩が並ぶ「艦隊出海」は圧巻。

艦隊出海と名づけられたエリア

ⓘ ▶▶▶ インフォメーション

莫高窟見学の手順
　2018年8月現在、莫高窟見学希望者は、まず数字展示中心（Ⓜ地図外／P.496-C2右）を訪れ、莫高窟の映像を2本見なければならない（8:00〜15:30、各20分）。見終えた後、観光専用バス（無料）に乗車して莫高窟に向かう（所要20分）。
　莫高窟到着後、ガイド同伴で観光する。帰りも観光専用バスで数字展示中心に戻る。
数字展示中心（数字展示中心）
Ⓜ地図外（P.496-C2右）
住陽関大道太陽村酒店近く
⏰7:15〜15:30　休なし
💳ADJMV
🚌12路バス「数字中心」
※一部は「火车站」に向かうので乗車前に運転手に確認すること

ⓘ ▶▶▶ インフォメーション

莫高窟の入場券
　2018年8月現在、外国人観光客の莫高窟観光は1日3回に制限されている。規定は次のとおり。
①参加できる時間帯：
5〜10月8:30、11:30、14:30
11〜4月9:00、11:00、14:00
②入場券を購入できるのは、数字展示中心入場券売り場のみ。入場券は、少なくとも出発30分前までに購入しておくこと。また、購入時にはパスポートが必須なので忘れずに所持すること
敦煌研究院莫高窟参観予約網（敦煌研究院莫高窟参観预约网）
☎予約問い合わせ＝
8825066
⏰9:00〜16:00
Ⓤwww.mgk.org.cn

玉門関
Ⓜ地図外（P.496-A2左）
住敦煌市郊外戈壁灘
⏰5〜10月8:00〜18:00
11〜4月9:00〜16:00
休なし　料40元
🚌旅行会社の西線線1日コース（玉門関、陽関、西千仏洞、白馬塔などに行く）に参加する

※陽関、ヤルダン地貌公園のデータ→P.498

※陽関、ヤルダン地貌公園の
　本文→P.519

陽関
Ｍ地図外（P.496-A2左）
住敦煌市陽関
オ5～10月8:00～18:00
　11～4月9:00～16:00
休なし　料60元
交旅行会社の西路線1日コー
　スに参加する

ヤルダン地貌公園
Ｍ地図外（P.496-A2左）
住敦煌市雅丹地貌公園
オ5～10月8:00～18:00
　11～4月9:00～16:00
休なし
料120元
交旅行会社の西路線1日コー
　スに参加する

楡林窟
Ｍ地図外（P.496-C2右）
住瓜州県楡林窟
オ5～10月8:00～18:00
　11～4月9:00～16:00
休なし
料55元
※特別窟は石窟ごとに別料金
交旅行会社の東路線1日コー
　ス（楡林窟、鎖陽城、東
　千仏洞に行く）に参加する

西千仏洞
Ｍ地図外（P.496-A2左）
住敦煌市西千仏洞
オ5～10月8:00～18:00
　11～4月9:00～16:00
休なし
料40元
交旅行会社の西路線1日コー
　スに参加する

白馬塔
Ｍ地図外（P.496-A2左）
住党河郷白馬寺村
オ5～10月8:00～18:00
　11～4月9:00～16:00
休なし
料15元
交①旅行会社の西路線1日コ
　ースに参加する
　②沙州市場から徒歩30分

壁画が見事な石窟　　　　　　オススメ度 ★★★

楡林窟／楡林窟　yúlínkū
ゆりんくつ

断崖に開削された楡林窟

敦煌から東へ約100kmにある瓜州はシルクロードの要衝。楡林窟は瓜州県の南約70kmにある楡林河の渓谷に開かれた大規模な石窟で、俗称は万仏峡。現存する石窟は41あり、唐代から清代にわたっての壁画や塑像が残る。

北魏と唐の壁画が残る石窟　　オススメ度 ★★★

西千仏洞／西千佛洞　xīqiānfódòng
にしせんぶつどう

西千仏洞は観光客が去るとひっそりとしてしまう

敦煌市中心から西南に約35km行った、党河の流れる断崖上にある石窟で、莫高窟の西にあることから西千仏洞と呼ばれる。

現存する石窟は合計19ヵ所で、莫高窟と同系列の様式の北魏と唐の壁画が残っているが、大半が破損している。

鳩摩羅什の馬を祀った塔　　オススメ度 ★★★

白馬塔／白马塔　báimǎtǎ
はくばとう

町の中心から3kmほどで、自転車でも行ける

亀茲国の高僧鳩摩羅什が4世紀末に敦煌を訪れたとき、経典を積んでいた白馬が死んでしまった。その死を悲しみ建立されたのがこの白馬塔。

このあたりは敦煌故城と呼ばれるエリアで、1725（清の雍正3）年まで敦煌城があった。現在でも城壁の一部が残っていて、往時をしのぶことができる。

敦煌太陽大酒店／敦煌太阳大酒店
とんこうたいようだいしゅてん　dūnhuáng tàiyáng dàjiǔdiàn ★★★★

沙州北路にある12階建ての4つ星ホテル。日本の団体がよく利用するため、日本語を話せるスタッフが多い。

MP.496-B1
住沙州北路5号
☎8829998
FAX8822019
S300～500元
T300～500元
サなし
カADJMV

両替　ビジネスセンター　インターネット

敦煌賓館／敦煌宾馆
とんこうひんかん　dūnhuáng bīnguǎn ★★★★

老舗の高級ホテル。南楼、新八楼、貴賓楼などの建物に分かれており、貴賓楼には国内外の要人がよく宿泊している。南楼のみ通年営業しているが、ほかは冬季はクローズする。

MP.496-C2
住陽関中路151号
☎8859128、8859368
FAX8822195
S400～880元
T400～620元
サなし
カJMV
Uwww.dunhuanghotel.com

両替　ビジネスセンター　インターネット

飛天大酒店／飞天大酒店
ひてんだいしゅてん　fēitiān dàjiǔdiàn ★★★★

敦煌市政府の前にある4つ星ホテル。中国風の豪華な内装。レストランでは敦煌の郷土料理などを味わうことができる。

両替　ビジネスセンター　インターネット

MP.496-B2
住鳴山北路15号
☎8853999　**FAX**8853877
S290～350元
T290～350元
サなし　**カ**MV

敦煌絲路怡苑大酒店／敦煌丝路怡苑大酒店
とんこうしろいえんだいしゅてん　dūnhuáng sīlù yíyuán dàjiǔdiàn

星なし渉外ホテルだが、設備は5つ星相当。ホテルの前は数字中心や敦煌駅、敦煌空港に向かう12路バスの発着点になっている。

両替　ビジネスセンター　インターネット

MP.496-C2
住環城東路6号
☎8823807　**FAX**8822371
S380～780元
T380～780元
サなし　**カ**不可

沙州市場／沙州市场
さしゅうしじょう　shāzhōu shìchǎng

甘粛省のさまざまなシャオチー（軽い食べ物）が一堂に会した食堂広場。料理には価格が明示してあるので安心。ほとんどの料理はテイクアウトできる。夏の夜は広場がビアガーデンとなり、とてもにぎやか。

MP.496-C2
住陽関中路
☎なし
オ夏はだいたい24:00過ぎ
休なし
カ不可

敦煌市全愉国際旅行社有限公司／敦煌市全愉国际旅行社有限公司
とんこうしぜんゆこくさいりょこうしゃゆうげんこうし　dūnhuángshì quányú guójì lǚxíngshè yǒuxiàn gōngsī

列車の切符手配は柳園駅発が1枚60元、敦煌駅発が1枚50元。日本語ガイドは1日400元。車のチャーターは1000元～（人数や車種で異なる）。正確な料金は事前に希望を伝え、確認すること。莫高窟入場券の予約も可能（手数料1枚80～100元）。
✉dhharu@126.com（日本語可）

MP.496-B2
住鳴山路9号商業歩行街3楼
☎8822275（日本語可）
FAX8836575（日本語可）
オ5月～10月上旬8:00～20:00　10月中旬～4月9:00～17:00
休5月～10月上旬＝なし　10月中旬～4月＝土・日曜、祝日　**カ**不可

ウルムチ

ウールームーチー
乌鲁木齐 Wū Lǔ Mù Qí 　市外局番●0991

人民公園は人々の憩いの場

都市DATA

ウルムチ市
人口：258万人
面積：1万3788k㎡
7区1県を管轄
ウルムチ市は新疆ウイグル自治区の首府

市公安局出入境管理処
（市公安局出入境管理处）
M地図外（P.502-C1上）
個龍盛街778号益民大廈
☎4675690
オ10:30～13:30、15:30～18:30
休土・日曜、祝日
観光ビザを最長30日間延長可能。手数料は160元

市第一人民医院
（市第一人民医院）
M地図外（P.502-A1上）
個河南東路806号
☎3838516
オ24時間
休なし

市内交通

【路線バス】運行時間の目安は7:30～23:30、1元
【タクシー】初乗り3km未満10元、3km以上1kmごとに1.3元加算

概要と歩き方

　世界で最も内陸に位置する都市として知られるウルムチは、省・自治区としては中国最大の面積をもつ、新疆ウイグル自治区の政治、経済、文化の中心となっている。漢族、ウイグル族、カザフ族、モンゴル族、回族など42の民族が自治区内で暮らしている。ウルムチは内陸性乾燥気候のため気温の年較差、日較差が激しく、とても乾燥しているが、周囲に万年雪を頂く高峰が連なっているため、ウルムチ河や白楊河などの河川が多く、オアシス都市になっている。

　この地域は、前漢時代に西域都護府がおかれ、中国と遊牧民族国家との間で攻防が繰り広げられた。

　ウルムチが本格的な都市として発展するのは、明代になってモンゴル族オイラート部が築城してからになる。新疆の中心地となったのは、清朝政府がここに満洲八旗兵を駐屯させて軍事拠点としてから。19世紀にロシアが侵攻してくると対ロシアの前線拠点として重要度を増し、ウルムチの町も大きくなった。

　現在のウルムチは、高層ビルの建ち並ぶ近代的都市だ。紅山公園の頂上から町を見渡したり、民主路、中山路などの繁華街を歩くと、ここが中国西端の町だとはとても思えない。

　しかし、人民路から南へ解放南路を下って行くと、シルクロードに踏み入った実感が湧いてくる。ここで生活しているのはウイグル族の人々で、商店では羊肉、ブドウ、ウリなどが売られ、香辛料の香りが漂ってくる。

ウルムチの繁華街、二道橋市場

	1月	2月	3月	4月	5月	6月	7月	8月	9月	10月	11月	12月
平均最高気温(℃)	-8.0	-6.0	1.0	15.0	21.0	26.0	28.0	27.0	21.0	12.0	1.0	-6.0
平均最低気温(℃)	-15.0	-13.0	-5.0	5.0	11.0	16.0	19.0	17.0	11.0	3.0	-5.0	-13.0
平均気温(℃)	-11.0	-10.0	-1.0	10.0	16.0	21.0	24.0	22.0	16.0	7.0	-2.0	-9.0

町の気象データ（→P.517）：「預報」＞「新疆」＞「乌鲁木齐」＞区・県から選択

Access 交通

ウルムチ駅からウルムチ南駅に改称

中国国内の移動➡P.667　鉄道時刻表検索➡P.26

✈ 飛行機

市区の北西17kmに位置するウルムチ地窩堡国際空港（URC）を利用する。新疆ウイグル自治区内のハブ空港となっており、各地に運航便がある。

【国際線】関西（7便）。

【国内線】各地に運航便があるが、北京や上海のアクセスが便利。

【所要時間（目安）】北京首都（PEK）／3時間40分　上海浦東（PVG）／4時間20分

🚆 鉄道

ウルムチ駅とウルムチ南駅があるが、主要駅は前者。ウルムチ駅は蘭新線、蘭新客専線、南疆線の主要駅で、カザフスタンとの間に国際列車も運行されている。なお、夏の寝台券は入手困難。

【所要時間（目安）】【ウルムチ（wlmq）】トルファン北（tlfb）／動車：1時間20分　カシュガル（ks）／特快：17時間25分　柳園南（lyn）／動車：5時間　蘭州西（lzx）／動車：11時間30分　西安（xa）／直達：25時間　【ウルムチ南（wlmqn）】カシュガル（ks）／普快：18時間10分

🚌 バス

ウルムチバスターミナルと南郊バスターミナルを利用する。ウルムチは新疆ウイグル自治区各都市への発着地点となっているが、新疆内を走るバスは天候や諸事情により遅れることがよくある。また、発車時刻が北京時間か新疆時間かも要確認。

【所要時間（目安）】イーニン／11時間　アルタイ／10時間　コルラ／5〜7時間　ハミ／9時間

✦ Data

✈ 飛行機

● **ウルムチ地窩堡国際空港**
（乌鲁木齐地窝堡国际机场）

Ⓜ地図外（P.502-A1上）　住迎賓路1342号
☎3801453　⊘始発便〜最終便
休なし　力不可　Ⓤwww.xjairport.com
[移動手段] エアポートバス（空港〜中国南方航空友好南路航空券売り場〜ウルムチ南駅）／15元（中国南方航空の乗客は無料）、所要30分（ウルムチ南駅まで40分）が目安。空港→市内＝8:00〜11:00の間1時間に1便、11:00〜翌1:00の間15〜30分に1便　市内→空港＝航空券売り場発＝7:00〜22:00の間30分〜1時間に1便　ウルムチ駅発＝7:30〜21:30の間30分に1便　タクシー（空港〜順明時代購物）／50元、所要30分が目安

● **中国南方航空友好南路航空券売り場**
（南方航空公司友好南路售票处）

ⓂP.502-A1
住友好南路576号南航明珠国際酒店副楼1階
☎95539　⊘10:00〜18:30　休なし　力不可
[移動手段] タクシー（航空券売り場〜順明時代購物）12元、所要10分が目安　路線バス／7、17、52、68、157、311、907、910路「红山」
3ヵ月以内の航空券を販売。

🚆 鉄道

● **ウルムチ駅**（乌鲁木齐火车站）

Ⓜ地図外（P.502-A1上）　住高鉄北六路1号
☎共通電話＝12306　⊘4:40〜翌0:40
休なし　力不可
[移動手段] タクシー（ウルムチ駅〜順明時代購物）／35元、所要30分が目安　路線バス／BRT5号線、K2、29、54、301、909路「乌鲁木齐站北广场」
28日以内の切符を販売。

● **ウルムチ南駅**（乌鲁木齐火车南站）

ⓂP.502-A3　住南站路135号
☎共通電話＝12306
⊘5:20〜翌0:30　休なし　力不可
[移動手段] タクシー（ウルムチ南駅〜順明時代購物）／15元、所要15分が目安　路線バス／K2、8、10、16、36、44、52路「火车南站」
28日以内の切符を販売。

🚌 バス

● **ウルムチバスターミナル**（乌鲁木齐汽车客运站）

ⓂP.502-A2　住黒龍江路51号　☎5878898
⊘8:00〜21:00　休なし　力不可
[移動手段] タクシー（ウルムチバスターミナル〜順明時代購物）／12元、所要10分が目安　路線バス／44、105、310、912路「长途汽车站」
3日以内の切符を販売。イーニン（3便）、アルタイ（20:00発）、コルラ（20:00発）、ハミ（20:00発）など。

● **南郊バスターミナル**（南郊客运站）

ⓂP.502-B4　住燕児窩路1号　☎2866635
⊘8:40〜20:30　休なし　力不可
[移動手段] タクシー（南郊バスターミナル〜順明時代購物）／15元、所要15分が目安　路線バス／1、311、537路「三屯碑」
当日の切符のみ販売。トルファン（10:00〜19:00の間に5便）、クチャ（19:30発）、カシュガル（18:00発）など。

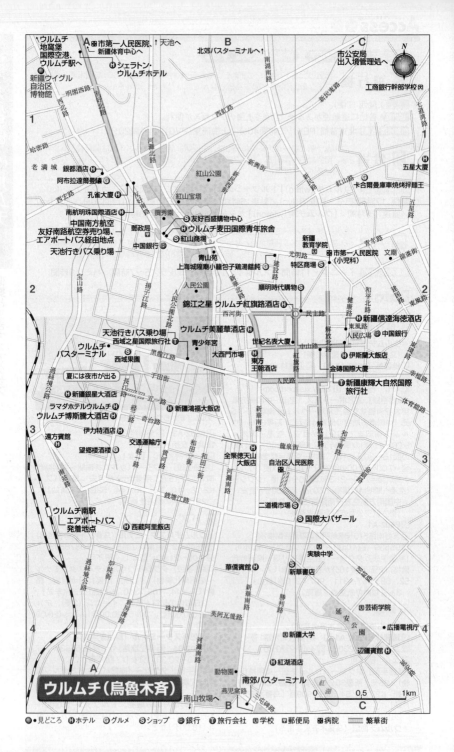

市第一人民医院、天池へ
新疆体育中心へ
シェラトン・
ウルムチホテル

北郊バスターミナルへ↑

市公安局
出入境管理処へ

工商銀行幹部学校园

ウルムチ
地窩堡
国際空港、
ウルムチ駅へ

新疆ウイグル
自治区
博物館

老満城
銀都酒店 H
阿布拉達爾盛豊轟 S
孔雀大廈 H

紅山公園

紅山宝塔

五星大廈
卡合爾曼庫車焼烤拌麺王

南航明珠国際酒店 H

中国南方航空
友好南路航空券売り場、
エアポートバス経由地点
天池行きバス乗り場

友好百盛購物中心 S
ウルムチ麦田国際青年旅舎 H
紅山商場 S

新疆
教育学院

市第一人民医院
(小児科)

郵政局
中国銀行

青山苑
上海城隍廟小籠包子鶏湯餛飩
順明時代購物 S

特区商場

順明時代購物 S

人民公園

新疆信達海徳酒店 H
中国銀行

天池行きバス乗り場
西域之星国際旅行社
西域果園

ウルムチ
バスターミナル

錦江之星 ウルムチ紅旗路酒店 H

ウルムチ美麗華酒店 H
青少年宮

大西門市場
世紀名表大廈
東方
王朝酒店

人民広場

伊斯蘭大飯店 H

夏には夜市が出る

金碑国際大廈
新疆康輝大自然国際
旅行社 T

新疆銀星大酒店 H
ラマダホテルウルムチ H
ウルムチ博斯騰大酒店 H
伊力特酒店 H

新疆鴻福大飯店 H

遠方賓館
望郷楼酒楼 H

交通運輸庁 T

全聚徳天山
大飯店 H

自治区人民医院

ウルムチ南駅
エアポートバス
発着地点

西蔵阿里飯店 H

二道橋市場

国際大バザール S

実験中学 図

華僑賓館
新華書店

新疆大学 図

芸術学院 図

広播電視庁 ●
辺疆賓館 H

ウルムチ（烏魯木斉）

動物園

南郊バスターミナル

紅湖酒店 H

0   0.5   1km

南山牧場へ
燕児窩路

A   B   C

●・見どころ H ホテル ● グルメ S ショップ B 銀行 T 旅行会社 図 学校 ● 郵便局 B 病院 繁華街

見どころ

中国のスイスと称される景勝地　　オススメ度 ★★★　世界遺産

天池／天池　tiānchí
てんち

1日 🕐

　2013年6月に開催された第37回世界遺産委員会で世界遺産（中国で10番目の自然遺産）に登録された「新疆天山」は4つの自然保護区で構成されているが、天池はそのひとつボゴタ自然保護区の中核となる湖。

　ウルムチの北東約90kmの所にある天池は、モンゴル語で聖なる山を意味するボゴタ峰（標高5445m）の中腹、高度1980m地点にある。全長3400m、最大幅1500mの半月形で、深度が105mもある。緑豊かな針葉樹林に囲まれ、湖の奥には万年雪を頂くボゴタ峰を望むことができる。山の緑と湖の青は、見事なコントラストをなしており、中国人がここを中国のスイスと呼んで自慢するのもうなずける。

天池の背後には万年雪を頂く天山山脈が見える

　観光バスやタクシーは、山水が流れる渓流沿いの道をどんどん上っていく。天池一帯は森林保護区に指定されていて、豊かな自然がたくさん残っている。森が切れると入山口で入山料を支払う。湖畔の駐車場が到着地点で、ここからは徒歩で散策となる。森のあちこちでキーグズイ（カザフ族の移動式住居）を見ることができる。観光用のテントやゲストハウスもあり、カザフ族の生活を体験するために、わざわざ天池内で宿泊する人も少なくない。また、乗馬を気軽に楽しめるので、原生林の中を馬に乗って散策するのもよいだろう。

天池から流れ出た水は滝となる

天池
Ⓜ P.468-C2
🏠 昌吉回族自治州阜康市
☎ 4008706110
　（0994）3526477
🕐 4〜10月9:00〜19:30
　11〜3月10:00〜18:00
🈺 なし
💴 入山料：4〜10月＝125元
　11〜3月＝60元
　王母祖廟＝25元、福寿館
　＝10元
🚌 ①5月〜10月上旬の間、西域之星国際旅行社（ⓂP502-B2）と南航明珠国際酒店（ⓂP502-A1）から「天池」行きのバスが出ている。8:00〜8:30の間に出発し、戻りは「天池」を16:30〜17:00頃発。往復80〜100元、片道1時間10分が目安
②北郊バスターミナルから「阜康」行きで終点（7:40〜20:30の間15分に1便。15元。所要1時間15分）。乗合タクシーに乗り換える（5元、所要15分）
※「阜康」からの最終は20:30発
Ⓤ www.xjtstc.com

ⓘ ▶▶▶ インフォメーション

天池の乗り物
遊覧船
💴 80〜95元
観光専用バス
🕐 8:00〜19:00
💴 90元
※チケットは往復料金

南山牧場

M P.468-C2
住 白楊溝 **☎** 5837888
⚑ 5月上旬〜10月中旬
休 10月下旬〜4月＝全体
※観光シーズンは毎年の天候
によって決まる。上記の期
間は目安
料 45元
交 1日ツアーに参加する

(i) ▶▶▶ インフォメーション

滝までの乗り物
①電動カート
　白楊溝の駐車場から滝まで
約3kmの区間を結んでいる。
料 片道30元、往復60元
※5〜6人集まったら出発す
る。片道15分
②乗馬
　駐車場と滝の往復で120元
が目安。個人で営業している
ので、必ず乗馬前に料金や時
間について取り決めておくこ
と。

白楊溝にある滝

新疆ウイグル自治区博物館

M P.502-A1
住 西北路581号
☎ 4552826
⚑ 4月15日〜10月15日
　10:00〜18:00
　10月16日〜4月14日
　10:30〜18:00
※入場は閉館1時間30分前まで
休 月曜　**料** 無料
交 7、51、52、68、303、
　311路バス「博物館」

充実した展示の博物館

新疆民俗風情陳列室の展示

ウルムチ南部に広がる牧場地区　　オススメ度 ★★★
ウルムチ南部に広がる牧場地区　　**オススメ度** ★★★

南山牧場／南山牧場　nánshānmùchǎng
なんざんぼくじょう

0.5日 🕐

　南山はウルムチ南部の天山山脈北麓に広がる山岳地帯。東
西に数多くの渓谷があり、自然の地形を生かした牧場が多数
ある。なかでも、東白楊溝や西白楊溝、水西溝などが有名で
観光地となっている。

　1日ツアーで向かうのは、たいてい標高2252mの西白楊
溝。駐車場で車を降りて5kmほど奥へ進む。途中に牧草地
や森が広がり、最奥部に高さ40mの滝がある。この区間は
馬やロバに乗って行き来できる。牧草地にはキーグズイ（カ
ザフ族の移動
式住居）が点
在している
が、ほとんど
が観光客向け
のもの。宿泊
が可能で、夕
食には民族料
理を出しても
らえる。

のどかな風景が広がる

ミイラ博物館として世界的に有名　　**オススメ度** ★★★

新疆ウイグル自治区博物館／
しんきょう　　　　　　じ　ち　く　はくぶつかん

新疆维吾尔自治区博物馆　xīnjiāng wéiwúěr zìzhìqū bówùguǎn

　新疆ウイグル自治区が誇る総合博物館で、各時代の遺物や
少数民族の習俗に関する展示を行っている。

　建物の1階は、新疆歴史文物陳列室と新疆民俗風情陳列室
に分かれている。新疆歴史文物陳列室には旧石器時代から清
朝にいたる各時代の文化財が展示されている。シルクロード
の交易で栄えた町で発掘された布や土器、木製品などの生活
用具や、唐代の餃子や干しブドウなどの食材が見もの。

　新疆民俗風情陳列室には、新疆に住む12の民族の衣装や
アクセサリー、住居などが展示されている。

　2階には古代ミイラの陳列室があり、ここにある「楼蘭美
女」が博物館の目
玉。これは1980
年にタクラマカン
砂漠の東にある楼
蘭鉄板河遺跡で発
掘された女性のミ
イラで、調査の結
果今から約3800
年前のものと判明
した。

シルクロードの町で出土した遺物などが展示されている

ホテル

新疆信達海徳酒店／新疆信达海德酒店
しんきょうしんたつかいとくしゅてん　xīnjiāng xīndá hǎidé jiǔdiàn ★★★ ★★

人民広場に面した36階建ての5つ星ホテル。中国料理、西洋料理、イスラム料理、日本料理のレストランがある。ジムなどの施設も充実。

🅜P.502-C2
🏠健康路219号
☎2322828
📠2204841
Ⓢ690元
Ⓣ690元
🆂なし
🅚ADJMV

両替　ビジネスセンター　インターネット

シェラトン・ウルムチホテル／喜来登乌鲁木齐酒店 ★★★ ★★
xǐláidēng wūlǔmùqí jiǔdiàn

2006年に開業した5つ星ホテル。メインストリートのひとつ友好北路に面しており何かと便利。ほとんどの部屋がゆったりとした造り。

🅜P.502-A1
🏠友好北路669号
☎6999999
📠6999888
Ⓢ699元　Ⓣ699元
🆂なし　🅚ADJMV

両替　ビジネスセンター　インターネット　🆄www.starwoodhotels.com

ウルムチ美麗華酒店／乌鲁木齐美丽华酒店 ★★★ ★★
びれいかしゅてん　xīnjiāng xīndáhǎidé jiǔdiàn

ウルムチの繁華街、大西門にある。中国料理、イスラム料理など5つのレストランがある。

🅜P.502-B2
🏠新華北路305号
☎2937888　📠2822333
Ⓢ800～1000元
Ⓣ800～1000元
🆂なし　🅚ADJMV

両替　ビジネスセンター　インターネット　🆄www.mirage-hotel.com

ウルムチ博斯騰大酒店／乌鲁木齐博斯腾大酒店 ★★★
ボステンだいしゅてん　wūlǔmùqí bósīténg dàjiǔdiàn

ウルムチ南駅から1.5km、ウルムチバスターミナルから1kmと長距離移動のための交通機関へのアクセスはよい。

🅜P.502-A3
🏠長江路285号
☎5876966　📠5878588
Ⓢ429～469元
Ⓣ429～469元
🆂なし　🅚不可

両替　ビジネスセンター　インターネット

錦江之星 ウルムチ紅旗路酒店／锦江之星 乌鲁木齐红旗路酒店
きんこうしせい　こうきろしゅてん　jǐnjiāngzhīxīng wūlǔmùqí hóngqílù jiǔdiàn

「経済型」チェーンホテル。客室は簡素ながら清潔。繁華街の中心に位置する。

🅜P.502-B2
🏠紅旗路93号世紀名表大厦
☎2815000　📠2327500
Ⓢ289～339元
Ⓣ289～309元
🆂なし　🅚不可

両替　ビジネスセンター　インターネット　🆄www.jinjianginns.com

ウルムチ麦田国際青年旅舎／乌鲁木齐麦田国际青年旅舍
ばくてんこくさいせいねんりょしゃ　wūlǔmùqí màitián guójì qīngniánlǚshè

紅山公園に近い有効百貨購物中心の東隣にあり、周囲には食事のできる場所も多い。

🅜P.502 B2
🏠友好南路726号
☎4591488
Ⓢ180元　Ⓣ180元　③280元　④280元　Ⓓ60元（6人部屋）🆂なし　🅚不可

両替　ビジネスセンター　インターネット

ショップ

国際大バザール／国际大巴扎
こくさいだい　guójì dàbāzhá

赤れんがのイスラム建築で、足を踏み入れるとドライフルーツや工芸品など、西域情緒たっぷりの商品に目を奪われる。4月中旬～10月上旬の20:00頃からウイグルの歌舞ショーが行われている。299～599元（食事付き。食事は19:15～）、所要約1時間15分。

🅜P.502-C3
🏠解放南路8号
☎8558800
歌舞問い合わせ＝
8555485、8555486
🕐5～9月10:00～20:00
10～4月10:30～19:30
🅷なし
🅚不可

旅行会社

新疆康輝大自然国際旅行社／新疆康辉大自然国际旅行社
しんきょうこうきだいしぜんこくさいりょこうしゃ　xīnjiāng kānghuī dàzìrán guójì lǚxíngshè

日本語ガイドは1日500～600元、車のチャーター（市内）1日800～1000元。このほか、天池1日ツアー（中国語ガイド）が260～360元。🆄www.nature-tour.com　✉751306470@qq.com（日本語可）

🅜P.502-C2　🏠中山路338号金碑国際大廈13楼　☎2331926
📠　🕐5月～10月上旬9:30～13:30、15:30～20:00 10月中旬～4月10:30～14:00、15:30～19:30
🅷土・日曜、祝日　🅚不可

世界有数の低地にあるオアシス

トルファン

トゥールーファン
吐魯番 Tù Lǔ Fān　　市外局番●0995

火焔山にある『西遊記』の登場人物の像

都市DATA

トルファン市
人口：63万人
面積：7万49㎢
1区2県を管轄

市公安局
(市公安局)
M**地図外 (P.508-C2右)**
[住]高昌区G7京新高速北側
[電]8523147
[時]5〜9月10:00〜14:00、
16:30〜20:00
10〜4月10:00〜11:30、
15:30〜19:30
[休]土・日曜、祝日
観光ビザを最長30日間延長
可能。手数料は160元
市人民医院
(市人民医院)
M**地図外 (P.508-C2右)**
[住]高昌区G7京新高速北側
(中央水景公園西側)
[電]8704254
[時]24時間
[休]なし

市内交通

【路線バス】運行時間の目安
は7:00〜21:00、1元
【タクシー】初乗り3km未満7
元、3km以上1kmごとに1.4元
加算。郊外に行く場合は要相
談

概要と歩き方

　トルファン盆地（最低部は標高マイナス154m）の中心に位置し、天山南路と天山北路が合流する場所として古くからシルクロードの要衝として栄えてきた町。5〜7世紀には漢族の移民によって麴氏高昌国が建国され繁栄を極めた。唐の直接支配を経て、ウイグル民族が西ウイグル（高昌ウイグル）王国を建国すると、ベゼクリク千仏洞を代表とする高度な文化が出現し、トルファンは最盛期を迎えた。

　火州と呼ばれるように最高気温は50℃近くまで上がり、『西遊記』に出てくる火焔山はトルファンの火焔山をモデルにしているとされるほど。夏の暑さは激烈で、長時間歩くと簡単に日射病にかかってしまうので、水分補給は十分に。

　トルファンの町は意外に近代的。道路が整備され、ビルも立っている。しかし、町なかにはウイグル族がたくさん暮らしているので、東方にはないオアシス都市の雰囲気はたっぷりある。トルファンの中心は高昌路と老城路の交わる一帯で、ホテル、ショップ、官公庁が集まっている。再開発が進み、生まれ変わった中心部とは逆にトルファン賓館の南側、蘇公塔に続く解放路は昔ながらのウイグル族の家並みが今も残っている。木陰で涼む老人や用水路で水遊びをする子供たちなど、ウイグル族の生活を垣間見る、ただ歩くだけで楽しい通りだ。トルファンは有名な観光都市だけあって、ホテルやツアーの客引きがたくさんいる。執拗に追ってくるので、曖昧な返事はしないこと。

　2014年6月、「シルクロード：長安―天山回廊網」の一部として高昌故城と交河故城が世界遺産に登録された。

青年路のブドウ棚

	1月	2月	3月	4月	5月	6月	7月	8月	9月	10月	11月	12月
平均最高気温(℃)	-3.0	6.0	17.0	25.0	32.0	37.0	39.0	37.0	32.0	21.0	10.0	0.0
平均最低気温(℃)	-15.0	-7.0	2.0	10.0	16.0	22.0	25.0	22.0	15.0	6.0	-3.0	-11.0
平均気温(℃)	-9.0	0.0	9.0	17.0	24.0	29.0	32.0	29.0	23.0	13.0	3.0	-5.0

町の気象データ(→P.517)：「預報」>「新疆」>「吐魯番」>区・県から選択

中国国内の移動 ➡ P.667　鉄道時刻表検索 ➡ P.26

🚆 鉄道

動車組が発着する蘭新客専線のトルファン北駅（北西約15km）と市内の北西約60kmに位置するトルファン駅を利用する。トルファン駅は蘭新線と南疆線の分岐点。なお、トルファン駅からの始発列車はなく、寝台券等の入手は困難。

所要時間(目安)【トルファン北(tlfb)】ウルムチ(wlmq)／動車：1時間20分　カシュガル(ks)／特快：14時間55分　柳園南(lyn)／動車：3時間35分　蘭州西(lzx)／動車：10時間5分　西安(xa)／直達：23時間15分　【トルファン(tlf)】カシュガル(ks)／特快：14時間55分

🚌 バス

トルファン市バスセンターを利用する。新疆ウイグル自治区の各都市へバスが出ているが、ウルムチの南郊バスターミナルへ向かう便が多い。長距離移動の場合、まずウルムチに行ってから乗り換えるとよい。

所要時間(目安)　ウルムチ／3時間　ピチャン／1時間40分　大河沿／1時間　コルラ／6時間　ハミ／6時間

Data

🚆 鉄道

● トルファン北駅（吐魯番火車北站）
Ⓜ 地図外（P.508-B1上）　住北西郊外　☎共通電話＝12306　オ5：30～23：10　休なし　力不可
[移動手段]タクシー（トルファン北駅～旅游文化広場）／50元、所要25分が目安　路線バス／202路「吐魯番北站」
　28日以内の切符を販売。高速鉄道の専用駅。

● トルファン駅（吐魯番火車站）
Ⓜ 地図外（P.508-B1上）　住大河沿鎮
☎7656222　オ4：00～翌2：00　休なし　力不可
[移動手段]タクシー（トルファン駅～旅游文化広場）／150元、所要1時間が目安　バス／「大河沿」（トルファン市バスセンター発）
　28日以内の切符を販売。

🚌 バス

● トルファン市バスセンター
（吐魯番市客运中心）
Ⓜ P.508 A3　住椿樹路545号
☎8522325　オ7：30～19：30　休なし　力不可
[移動手段]タクシー（トルファン市バスセンター～旅游文化広場）／7元、所要5分が目安　路線バス／2、5、7路「市人民医院」、徒歩5分
　ウルムチ、ピチャン、大河沿行きは当日の切符のみ、そのほかの地域は2日以内の切符を販売。ウルムチ（10：00～19：30の間6便。45～55元、所要2時間30分）、大河沿（9：30～19：30の間1時間に1便。15元、所要1時間）、コルラ（10：30発）など。

見どころ

古代ウイグル人の文化を今に伝える　　　オススメ度 ★★★

ベゼクリク千仏洞／
せんぶつどう
柏孜克里克千佛洞　bǎizīkèlǐkè qiānfódòng

1時間 🕐

　火焔山中のムルトゥク河南岸にある仏教石窟。開削は6世紀の高昌国時代に始まり、最盛期は西ウイグル王国があった9世紀。当時のウイグル族は仏教を信仰しており、ここが王族の寺院だった。83窟の大部分は西ウイグル時代のものだが、壁画などの多くはヨーロッパやロシア、日本の探検隊に持ち去られてしまった。しかし、石窟内に残る仏像や仏画がウイグル文化の高さを物語っている。

ベゼクリク千仏洞

ベゼクリク千仏洞
Ⓜ 地図外（P.508-C2右）
住市区東北郊外木頭溝西岸
☎8689116
オ4月下旬～10月上旬
　9：00～19：30
　10月中旬～4月中旬
　10：00～18：00
休なし
料40元
交旅行会社で1日ツアーを手配する（→P.509旅行会社）

ⓘ ▶▶▶ インフォメーション
見どころの入場券
　2018年8月現在、アイディン湖を除くトルファンの見どころの入場券は下記連絡先で予約することになっている。
● トルファン精品旅游文化営銷服務有限公司（吐魯番精品旅游文化営銷服務有限公司）
☎8687555（中国語）

交河故城
M地図外（P.508-A2左）
住雅爾郷雅爾果勒村
☎8651222
オ4月下旬～10月上旬
　9:00～19:30
　10月中旬～4月中旬
　10:00～18:00
休なし
料70元
交旅行会社で1日ツアーを手
配する（→P.509旅行会社）

(i)▶▶▶ インフォメーション

電動カート
入場券売り場から交河故城
まで1.2kmあるが、その間電
動カートが運行されている。
料金は往復15元。

謎のオアシス王国があった場所	**オススメ度** ★★★	世界遺産

交河故城／交河故城　jiāohé gùchéng
こうがこじょう

2時間

　昔の王城跡地で、車師前国の都であったともいわれている。6世紀初頭の麹氏高昌国期、ここに交河郡城が築かれたが、現存する遺跡は唐代以降に造られたもの。南北1km、東西300mのエリアに遺跡が点在している。北西部には寺院遺跡が集まっていて仏塔が多く、墓地群もある。北東部は居住地跡で保存状態が比較的よく、通路や壁が残っている。

遺構のほとんどが唐代のもの

●●見どころ　Ｈホテル　Ｇグルメ　Ｓショップ　●銀行　Ｔ旅行会社　図学校　図郵便局　図病院　━━繁華街

高昌故城／高昌故城 gāochāng gùchéng

高昌国の町があった所

オススメ度 ★★★

世界遺産

1時間

漢代から約1000年間栄えたトルファンの王城跡地。総面積は200万㎡。最盛期は麴氏高昌国から西ウイグル（高昌ウイグル）王国の時代。唐代、玄奘三蔵がインドへ行く途中にここに滞在し、1ヵ月にわたって説法を行った。

荒涼とした風景が広がる

高昌故城
Ⓜ地図外（P.508-C2右）
🏠市区東郊外三堡郷
☎8687555
🕐4月下旬～10月上旬
　9:00～19:30
　10月中旬～4月中旬
　10:00～18:00
休なし
💰入場料＝70元、電動カート＝30元
✉旅行会社で1日ツアーを手配する（→P.509旅行会社）

アスターナ古墳群／阿斯塔那古墓群 āsītǎnà gǔmùqún

オアシスの民が眠る墓地群

オススメ度 ★★★

麴氏高昌国と唐代西州の墓地群。カラ・ホージャ古墳群ともいう。墓室からはミイラや壁画、絹製品、陶磁器が発見された。現在、210、215、216号の3ヵ所が見学できる。210号墓にある夫婦のミイラは必見。

地下の墳墓に続く階段

アスターナ古墳群
Ⓜ地図外（P.508-C2右）
🏠市区東郊外三堡郷
☎8687555
🕐4月下旬～10月上旬
　9:00～19:30
　10月中旬～4月中旬
　10:00～18:00
休なし
💰40元
✉旅行会社で1日ツアーを手配する（→P.509旅行会社）
※2018年8月現在、改修工事のため閉鎖中。2019年夏に再開予定。

ホテル

トルファン吐哈石油大厦／吐魯番吐哈石油大厦 tǔlǔfān tǔhā shíyóu dàshà ★★★ ★★

トルファン最高級のホテル。建物は1号楼から3号楼まで3つに分かれている。ホテル内にはサウナも完備。

両替｜ビジネスセンター｜インターネット Ⓤtul1e3lt.auyou.com

Ⓜ P.508-C2
🏠文化路230号
☎8666666
🖷8666668
Ⓢ350元 Ⓣ350元
サなし 力不可

西州大酒店／西州大酒店 xīzhōu dàjiǔdiàn ★★★

文化東路と青年路の交差点角に位置する3つ星ホテル。イスラムや湖南料理レストランがある。

両替｜ビジネスセンター｜インターネット

Ⓜ P.508-B2
🏠青年路882号
☎8553666
🖷なし
Ⓢ260元 Ⓣ240元
サなし 力不可

派柏 雲酒店／派柏 云酒店 pàibǎi yúnjiǔdiàn

繁華街のひとつ老城西路に位置するホテル。トルファン交通賓館が改称。正式名称は云品牌吐魯番老城西路大十字派柏雲酒店。

両替｜ビジネスセンター｜インターネット Ⓤwww.bthhotels.com

Ⓜ P.508-B2
🏠老城西路230号
☎8867777
🖷なし
Ⓢ169元 Ⓣ139～159元
サなし 力不可

旅行会社

トルファン同程国際旅行社有限公司／吐魯番同程国際旅行社有限公司

鉄道の切符手配1枚30元、日本語ガイド1日600元、送迎片道トルファン北駅まで80元。トルファン1日ツアーの車チャーターは550元。2018年秋～冬頃に途家斯維登度假酒店（2018年秋オープン予定。Ⓜ P.508-B2）内に移転予定。

Ⓜ P.508-B2
🏠高昌中路330号高昌大酒店1階
☎8528688 🖷8528688
🕐5～10月9:00～13:00、
　14:00～20:00
　11～4月 10:00～13:30、
　15:30～19:00
休11～4月 土・日曜、祝日
力不可

ウイグル色が濃厚な中国西端の町

カシュガル

喀什 Kā Shí （カーシー）

市外局番●0998

エイティガール寺院

カシュガル

都市DATA

カシュガル市
人口：64万人
面積：791k㎡
カシュガル市はカシュガル地区の行政中心

地区公安局（地区公安局）
M地図外（P.512-C2右）
住深喀大道深喀二中東側
☎2822030
ⵊ5〜9月10:00〜13:30、16:30
〜20:00　10〜4月10:00〜
14:00、16:00〜19:30
休土・日曜、祝日
観光ビザの延長は不可

市第一人民医院
（市第一人民医院）
MP.512-B1
住迎賓大道120号
☎2970222　**ⵊ**24時間　**休**なし

概要と歩き方

　カシュガルは、古いペルシャ語で玉の集まる所という意味で、東トルキスタン西部の中心都市として、シルクロード貿易とともに栄えてきた古い町。年々漢族移住者が増えているため思いのほか漢族の住人が多く感じられるが、中国で最もウイグル色の強い町であることは間違いない。少し町から出れば、ウイグル農民の昔ながらの生活を垣間見る。

　カシュガルは、人民東路と西路、解放北路と南路の十字路を中心として発展してきた町で、人民東路を境に、北側にウイグル族、南側に漢族の居住区がある。エイティガール寺院一帯ではミナレット（尖塔）から礼拝の呼びかけが聞こえる。小さな町なので歩いて回ることも可能だが、夏季は暑いのでレンタサイクルがおすすめだ。カシュガルといえばバザールが有名。絨毯や民族楽器などが人気だ。

タイルが美しいアパク・ホージャ墓

	1月	2月	3月	4月	5月	6月	7月	8月	9月	10月	11月	12月
平均最高気温(℃)	0.0	4.0	13.0	21.0	26.0	30.0	32.0	30.0	26.0	19.0	10.0	1.0
平均最低気温(℃)	-10.0	-6.0	1.0	8.0	12.0	16.0	18.0	17.0	12.0	4.0	-1.0	-7.0
平均気温(℃)	-5.0	-1.0	7.0	15.0	19.0	23.0	25.0	24.0	19.0	12.0	3.0	-3.0

町の気象データ（→P.517）：「预报」＞「新疆」＞「喀什」＞「喀什」

Access 交通

中国国内の移動→P.667　　鉄道時刻表検索→P.26

✈ 飛行機

市内の北約10kmに位置するカシュガル空港（KHG）を利用する。

国際線　日中間運航便はない。北京や上海で乗り継ぐとよい。
国内線　ウルムチへの運航便が多数ある。長距離移動の場合、ウルムチに移動するとよい。
所要時間(目安)　ウルムチ（URC）／1時間45分　北京首都（PEK）／6時間30分　上海虹橋（SHA）／7時間25分

🚆 鉄道

南疆線、喀和線の起終点であるカシュガル駅を利用する。便数は少なく、ウルムチからのアクセスが便利。ウルムチとトルファン、ホータンへの列車がある。

所要時間(目安)【カシュガル（ks）】ウルムチ（wlmq）／特快：17時間10分　トルファン（tlf）／特快：14時間54分　ホータン（ht）／特快：5時間32分

🚌 バス　カシュガル地区総合バスターミナルとカシュガル南バスターミナルのふたつがある。ともに郊外に位置する。

所要時間(目安)　ウルムチ／27時間　ホータン／8時間　イーニン／30時間

Data

✈ 飛行機

●**カシュガル空港**（喀什机场）
Ｍ地図外（P512-B1上）　但迎賓大道
☎2927119　開9:00～最終便　休なし　力不可
[移動手段] タクシー（空港〜エイティガール広場）／30〜40元、所要20分が目安　路線バス／2路「喀什机場」

🚃 鉄道

●**カシュガル駅**（喀什火车站）
Ｍ地図外（P512-C1右）　但世紀大道北路
☎56372??　開8:00～24:00　休なし　力不可
[移動手段] タクシー（カシュガル駅〜エイティガール広場）／20、所要15分が目安　路線バス／20、28路「火车站」
28日以内の切符を販売。

●**カシュガル市内鉄道切符売り場**（喀什火车站市内售票处）
ＭP512-B2　但天南路29号　☎なし
開9:30～19:00　休なし　力不可
[移動手段] タクシー（鉄道切符売り場〜エイティガール広場）／5元、所要5分が目安　路線バス／3、14、17、20、26路「客运站」

28日以内の切符を販売。手数料は1枚5元。

🚌 バス

●**カシュガル地区総合バスターミナル**（喀什地区客运总站）
Ｍ地図外（P512-C1右）
但世紀大道北路と天山東路交差点西南側
☎携帯＝13909988565
開9:00～21:30　休なし　力不可
[移動手段] タクシー（カシュガル地区バスターミナル〜エイティガール広場）／20元、所要15分が目安　路線バス／28路「喀什汽车客运站」
2日以内の切符を販売。ウルムチ（18:30発。運休するときもある）など。

●**カシュガル南バスターミナル**（喀什汽车南站）
Ｍ地図外（P512-B2下）
但疏勒県315号国道と昆仑路交差点西南側
☎携帯＝13579346510　開9:00～21:00
休なし　力不可
[移動手段] タクシー（カシュガル南バスターミナル〜エイティガール広場）／30元、所要20分が目安　路線バス／1路「兵站」
2日以内の切符を販売。ホータン（20:00発）など。

見どころ

歴代の権力者たちが眠る

オススメ度 ★★★

アパク・ホージャ墓／

阿帕克和桌麻扎　āpàkèhuózhuō mázhā

1時間

16世紀末の新疆イスラム教白帽派の指導者アパク・ホージャとその家族（5代72人）の陵墓。清の乾隆帝のウイグル妃（香妃）が葬られたと誤伝されたため、香妃墓とも呼ばれる。1874年の大規模な修復によって中央アジア式となった。

新疆最大のイスラム寺院

オススメ度 ★★★

エイティガール寺院／

艾提尕尔清真寺　àitígǎěr qīngzhēnsì

1時間

市の中心にあるイスラム教のモスクで、新疆ウイグル自治区で最大の規模を誇る。イスラム暦846（1422）年に創

市内交通

【路線バス】運行時間の目安は7:00～21:00、1〜2元
【タクシー】初乗り2km未満5元、2km以上1kmごとに1.2元加算。アパク・ホージャ墓まで20元

アパク・ホージャ墓
Ｍ地図外（P512-C1右）
但艾孜熱特路浩罕村香妃路
☎2950196　開4月下旬～10月上旬10:00～20:00　10月中旬～4月中旬10:30～19:30　休なし　料30元
交20路バス「香妃墓」

エイティガール寺院
ＭP512-B1　但解放北路
☎宗教室＝2823235
開9:30～19:30　※金曜14:00～16:00は参観不可
休なし　料45元　交2、7、8、22、28路バス「艾提尕尔」
※礼拝日、イスラム教の祭日は非公開。寺院内の撮影は許可が必要

建された。正門の高さは12m、左右のミナレット（尖塔）は18mで、壁面には細密文様が彫られている。祭日（グルバン節、ローズ節など）には数万人が集まる。

ホテル

カシュガル天縁商務酒店／喀什天缘商务酒店 ★★★★
てんえんしょうむしゅてん　kāshí tiānyuán shāngwù jiǔdiàn

人民公園の毛沢東像から西へ100mの所に位置する。カシュガル老城に近く、散策や買い物にも便利。

両替　ビジネスセンター　インターネット

MP.512-B2
住人民東路8号
☎2802222
FAX2802266
S298～328元　**T**268元
サなし　**カ**MV

其尼瓦克賓館／其尼瓦克宾馆 ★★★★
チニバグひんかん　qíníwǎkè bīnguǎn

中華人民共和国成立以前にはイギリス総領事館だった場所に立つ老舗ホテル。ホテルは3棟からなるが、2018年8月現在、友誼楼は改修中。

両替　ビジネスセンター　インターネット

MP.512-A1
住色満路144号
☎2300666　**FAX**2624702
S438元
T338元
サなし　**カ**MV

旅行会社

カシュガル中国国際旅行社／喀什中国国际旅行社
ちゅうごくこくさいりょこうしゃ　kāshí zhōngguó guójì lǚxíngshè

切符手配は鉄道1枚50元、バス1枚30元。日本語ガイドが1日500元。車チャーターは市内1日500元。空港送迎は片道200元。ウイグル族の民家訪問については要問い合わせ。

Uwww.kscits.com.cn
✉382004271@qq.com（日本語可）

MP.512-A1
住色満路144号其尼瓦克賓館内
☎2983156　**FAX**2983830
オ5～9月9:30～13:30、
16:00～20:00
10～4月10:00～14:00、
15:30～19:30
休5～9月＝なし
10～4月＝土・日曜、祝日
カ不可

カシュガル（喀什）

●•見どころ　**H**ホテル　**S**ショップ　**B**銀行　**T**旅行会社　**X**学校　**X**郵便局　**H**病院　▬▬▬ 繁華街

西南エリア

独特の形状をした天主教堂（雲南省
大理ペー族自治州大理市）
写真／単 侃明

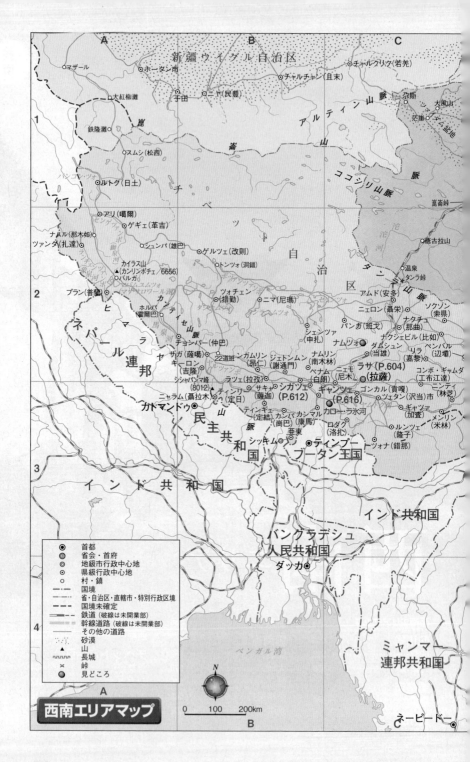

西南エリアマップ

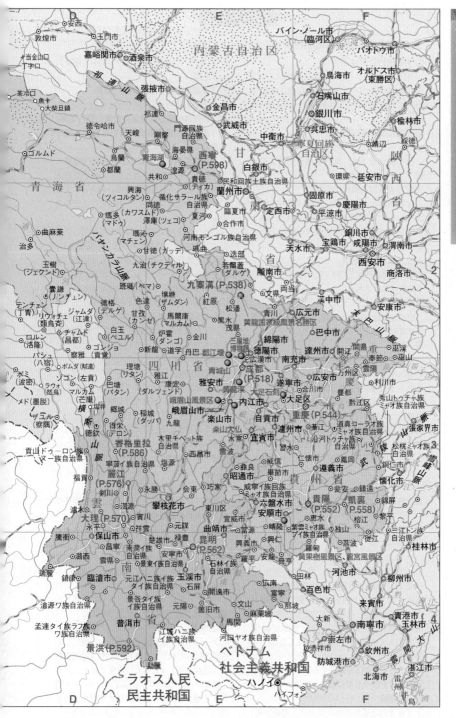

D

E

F

安西市

玉門市

バイン・ノール市
（臨河区）

バオトウ市

敦煌市

内蒙古自治区

烏海市

オルドス市
（東勝区）

当金山口

丁字口

嘉峪関市

酒泉市

石嘴山市

茶冷口

張掖市

金昌市

銀川市

榆林市

魚儿

大柴旦鎮

祁連

武威市

呉忠市

靖辺

綏徳

ゴルムド

徳令哈市

天峻

剛察

中衛市

寧夏回族
自治区

陝

烏蘭

海晏県

青海湖

西寧
（P.598）

白銀市

環県

延安市

西

都蘭

共和

湟源

貴徳

蘭州市

固原市

慶陽市

省

青海省

興海
（ツィコルタン）

循化サラール族
自治県

民和回族土族自治県

定西市

平涼市

銅川市

慶陽市

2

曲麻莱

同徳

瑪多（カワスムド）
（マドゥ）

澤庫（ツェコ）

夏河

合作市

宝鶏市

咸陽市

渭南市

治多

瑪沁
（マチェン）

河南モンゴル族自治県

甘徳（ガッデ）

碌曲

天水市

西安市

商洛市

玉樹
（ジェクンド）

班瑪（ペマ）

若爾蓋
（ダルゲ）

龍南市

文県

両当

漢中市

安康市

巴

囊謙
（ノンチェン）

徳格
（デルゲ）

色達
（ザムダン）

壌塘

紅原

松潘

九寨溝（P.538）

青川

広元市

巴中市

巴山脈

巫渓

テンチェン
（丁青）

甘孜
（カンゼ）

馬爾康
（マルカム）

黒水

茂県

黄龍国家級風景名勝区

綿陽市

達州市

開江

奉節

巫山

リウォチェ
（類烏斉）

ジャムダ
（江達）

白玉
（ペユル）

炉霍

金川

新龍

道孚

丹巴

江堰

三星堆
博物館

徳陽市

南充市

広安市

九龍坡区

雲陽

利川市

チャムド
（昌都）

ゴンジョ
（貢覚）

四川省

理塘
（リタン）

康定

青城山

成都
（P.518）

広漢市

遂寧市

合川区

豊都

秀山トゥチャ族
ミャオ族自治県

バシュ
（八宿）

ボムダ（邦達）

雅江

巴塘
（バタン）

（ダルツェンド）

雅安市

大足石刻

大足区

重慶（P.544）

黔江区

ポミ
（波密）

ゾゴン（左貢）

マルカム
（芒康）

郷城

稲城
（ダッパ）

九寨

峨眉山風景区

楽山大仏

内江市

自貢市

瀘州市

道真コーラオ族
ミャオ族自治県

張家界市

メド（墨脱）

ザユル
（察隅）

徳欽
（デロン）

得栄
（デロン）

峨眉山市

水富

宜賓市

威信

沿河トゥチャ族
自治県

松桃ミャオ族
自治県

横

甘孜チベット族
自治州

西昌市

雷波

仁懐市

鳳岡

武

銅仁市

懐化市

3

貢山ドゥーロン
ヌー族自治県

香格里拉
（P.586）

塩源

慕良

昭通市

黒節点

遵義市

安화

鎮遠

錦屏

福貢

麗江
（P.576）

永勝

会東

巧家

咸寧彝族回族
ミャオ族自治県

貴陽（P.552）

凱裏（P.558）

黎平

雲

剣川

攀枝花市

六盤水市

恵水

三江トン族
自治県

瀘水

洱源

宣威

安順市

晴隆

紫雲ミャオ族
彝族自治県

独山

従江
自治県

桂林市

騰衝

永平

祥雲

元謀

曲靖市

富源

興義市

興仁

羅平

冊亨

安龍

田林

荔波

黄果樹風景区、宮窟風景区

河池市

柳州市

保山市

昌寧

大理（P.570）

楚雄彝族
自治県

安寧市

昆明
（P.562）

石林彝族
自治県

広南

富寧

那坡

来賓市

瑞麗

鎮康

雲県

南澗彝族
自治県

景東彝族
自治県

玉渓市

元江ハニ族
タイ族自治県

石屏

開遠市

文山

馬関

大新

百色市

崇左市

南寧市

貴港市

玉林市

欽州市

孟連タイ族ラフ族
ワ族自治県

臨滄市

滄源ワ族自治県

南

普洱市

江城ハニ族
イ族自治県

景洪（P.592）

勐臘

元陽

緑春県

河口ヤオ族自治県

麻栗坡

文山

田坡

愚祥市

防城港市

北海市

湛江市

雷州半島

ラオス人民
民主共和国

ベトナム
社会主義共和国

ハノイ

ハイフォン

D

E

F

515

チベット自治区への旅行

◉手配旅行以外は不可

外国人によるチベット自治区旅行は、中国の他地域への旅行と異なり、自治区内の旅程すべてを旅行会社で手配しなければならない。

◉旅行に関する規定

チベット自治区への旅行については、以下に記す規定がある。旅行計画を立てる前に知っておくことが必要。

人数および個人資格の制限

人数制限はなく、ひとりでも手配可能。ただし、マスコミ関係者、自衛隊所属歴のある人は関係機関を通して旅行を申請しなければならず、旅行会社での手配は不可。

立ち入り期間の制限

毎年3月、外国人のチベット自治区への立ち入りは禁止される。

携帯禁止物

チベット自治区に入る際、政治色の強い写真や書籍の持ち込みは禁止。

滞在期間

許可されるチベット自治区での滞在期間は最長30日。

チベット自治区内の行動

チベット自治区到着時（基本的にはラサ）、空港または駅で旅行会社が手配したガイドの出迎えを受け市内に向かう。チベット自治区での日中は常にガイド同伴の行動となる。

旅行会社の営業時間終了（多くは18:30〜19:00頃）後であれば、適度な自由行動は許可される。ただし、活動内容と活動時間の概要を旅行会社に伝えておかなければならない。なお、自由行動では、家庭訪問と路線バスの利用は不可。タクシーのみ利用可。

禁止撮影対象

チベット自治区内を旅行中、軍や共産党および地方政府機関の施設、警察站、派出所、検査站、勤務中の警官などの撮影は禁止。撮影が発見された場合、重い処分が下される。最悪の場合、即時チベット自治区から退去させられ、ブラックリストに名前が載り、二度とチベット自治区には入れなくなる。

◉必要書類

チベット自治区を旅行する際、関係機関からの許可書類が必要になる。

【必要書類】
① 「西藏自治区旅游発展委員会入藏確認函」

※ 「パーミット」や「入境許可証」と呼ばれる書類
② 「西藏自治区公安庁」発行書類
③ 「外国人旅行証」
④ 「西藏自治区外事僑務办公室」発行書類
⑤ 「西藏自治区军事设施保护办公室」発行書類
⑥ 「西藏自治区公安边防总队」発行書類

上記6点すべてが必要となるのはアリ地区のみ。それ以外は目的地や旅行の内容によって必要書類は異なるが、一般的には上記のうち3、4点。

これらの書類は実際には手配を依頼した旅行会社が申請書類を作成することになるし、それらを旅行者が所持することもないが、規定があることを知っておこう。また、希望者はチベット自治区を離れる際に記念として①〜③のコピーをもらうことは可能。

なお、書類作成日数はアリ地区で20営業日、それ以外で15営業日（ともに書類送付時間も含める）となっているので、計画を立てる際の目安にするとよい。

◉旅行の手配

まずは旅行会社と連絡を取り、希望する旅行を伝え、旅程、料金などを相談する。

旅行会社に関しては、日本、中国どちらで探してもかまわないが、チベット旅行を専門とする旅行会社でしか対応してもらえない。本書の都市紹介ページにある会社や広告を出している会社であれば、確実に対応してもらえるので連絡を取ってみよう。

手配を依頼することを決めたら、旅行会社が求める資料を集めて渡す。

基本的にはパスポートの写真のあるページのコピーまたはスキャンデータが必須。中国滞在が16日を超える場合はビザが必要となるので、ビザを取得してそのコピーまたはスキャンデータも必要となる。

やりとりだが、中国の旅行会社に依頼した場合も電子メールやファクスで可能。

◉注意点

チベット自治区に向かう際、飛行機にしても鉄道にしても①「西藏自治区旅游発展委員会入藏確認函」がなければ搭乗できない。

日本からまたは中国入国直後からガイドが同伴する場合は、ガイドが書類を持参するので問題ないが、チベット自治区到着時からガイド

同伴となる場合は、チベット自治区に入る前に中国国内で「西藏自治区旅游発展委員会入藏確認函」を受領しなければならない。

　手配を依頼した旅行会社に相談し、EMS（→P.693）受領可能なホテルや提携旅行会社を紹介してもらう必要がある。

※本記事は2018年7月現在の状況に基づいている。旅行計画に際しては最新の情報を入手すること

中国の気象データを調べる

　インターネットを利用すれば、中国各地における1週間の天気予報などのチェックも可能となった！　ただし、中国の天気予報はよく外れるので、参考資料として利用する程度にしておいたほうが無難。

　　　　　　　　（記事内容は2018年7月現在）

◉中国天気網（中国語・英語）

Ｕ www.weather.com.cn

　中国気象局が提供する気象情報をチェックできるウェブサイト。運営は中国気象局所属の中国気象局公共気象服務中心が行っている。ここではその利用法を簡単に説明する。

図1 中国大気網トップ画面（中国語）

❶中国語を使える方

　中国天気網トップ画面最上部の「輸入城市，乡镇，街道，景点名称 查天気」（図1の④部）に知りたい町や見どころの名称を入力またはコピー＆ペーストし、右端の検索マークをクリックすると該当のトップページが開く。また、入力、コピー＆ペーストせずにクリックすると、「正在热搜」「本地周边」などの候補一覧が表示される。

　中国語を使えなくても、インターネットの翻訳サービス（→P.623）などを使い、見どころの名称や都市名を中国漢字にすることができれば簡単に利用できる。

❷中国語を使えない方

　中国天気網トップ画面左上にあるロゴの下にある「预报」（図1の⑧部）をクリックすると、「国内天气预报　全国今日天气」という中国全図が表示される（図2）ので、該当する町の所属する行政区分の上にポイント（虫眼鏡で表示される）を移動さ

せクリックする。クリックのたびに拡大図が表示されるが、順序は「直轄市・省・自治区」→「地级市・地区・自治州」→「区（中心部を示す城区も含む）・県级市・県」。すると、ポップアップ画面が出るので地名の下にある「実況」（左）または「今日白天」（右）をクリックする。

　見どころの気象情報は、まず所在地画面（図3）を開き、右上（⑥部）にある「周辺景点」から選択すれば確認できる。

図2「预报」をクリックすると表示される画面

気象データ

　町のページである所在地画面は、上部に天気予報、下部（画面が小さい場合は下スクロールが必要）に気象データのグラフがあるので、必要なデータを選択すればよい。

　天気予報には「今天」「7天」「8-15天」「40天」があり、気象データグラフには24時間以内の「温度」「風力」がある。

図3 表示された成都市武侯区（所在地画面）の気象データ。⑥から見どころも選択できる

　　　　　　（「地球の歩き方」編集室）

本書掲載の町については、それぞれの町の「概要と歩き方」の下、または気温データ表の下にクリック順を記載してある。
成都市（→P.518）武侯区の場合
町の気象データ →P.517│予報│四川│成都│区・市・県から選択
①Ｕ www.weather.com.cnにアクセス
②トップページのメニューバーから「预报」を選択
③地図で「四川」を選択　④地図で「成都」を選択
⑤地図で「武侯」を選択

成都
せいと

成都 Chéng Dū
チェンドゥー

市外局番 ● 028

錦江に架かる安順廊橋

ウルムチ ● ● ハルビン
北京 ● ● 大連
西安 ●
ラサ ● ● 上海
● 成都
昆明 ● ● 広州
香港

都市DATA

成都市
人口：1319万人
面積：1万4312k㎡
11区5県級市4県を管轄
成都市は四川省の省都

市公安局出入境管理処
（市公安局出入境管理処）
Ⓜ**P.522-C2**
🏠青羊区人民西路2号成都市
公安局出入境接待中心
☎86407067、86407769
⏰9:00～12:00、13:00～17:00
🈺土・日曜、祝日
観光ビザを最長30日間延長
可能。手数料は160元

省国際医院（国際医院）
Ⓜ**P.522-B4** 🏠武侯区人民
南路三段国学巷37号
☎85422408
⏰24時間 🈺なし
※英語を話せる医師がいる

市内交通

【地下鉄】2018年7月現在、
6路線が営業。詳しくは公式
ウェブサイトにて確認を
成都地鉄
🌐www.cdmetro.cn
路線図→P.682
【路線バス】運行時間の目安
は6:00～22:00、2元
【タクシー】初乗り2km未満
8～9元、2km以上1kmごと
に1.9元加算

概要と歩き方

　四川という名称は、13世紀半ばに元朝がこの地に四川行省という行政区を設置したことに始まる。清朝の時代に正式名称として採用された。

　この四川省の省都（中国語では省会）が成都。中国西南エリアの商業、貿易、金融、農業の中心となる大都市で、交通の要衝である。市花はフヨウで市樹はイチョウ。

　この都市は日本人にとって、三国時代に活躍した劉備と諸葛亮ゆかりの地であること、パンダの故郷、そして激辛な四川料理と、中国のなかでも身近に思える所だが、こういったイメージは、すなわち中国に対するイメージそのものといえるかもしれない。

　天府の国と呼ばれ、肥沃な四川盆地の中心地だった成都の歴史は古く、2500年前にはすでに城壁で囲まれた大規模な町が造られた。現在の成都の形となったのは、清の康熙年間（1661～1722年）に清城が築かれて以降だ。

　列車は、町の北側にある成都駅（成都北駅とも呼ばれる）か成都東駅（成都駅の南東約10km）に到着する。成都駅と約10km離れた成都南駅の間に南北に延びるのが人民路で、道沿いにホテルが並び、中間あたりがいちばんの繁華街となっている。地下鉄か路線バスで中心部に向かおう。

　バスは、成都郊外の大きなバスターミナルに着くことが多いが、近くに路線バスのターミナルや地下鉄駅があるので、地図を購入してバスターミナルの位置を確認し、中心部に移動すればよい。

　成都の中心部には、武侯祠博物館をはじめとする名所旧跡が多数あり、歴史好きにはこたえられない。そして、郊外には世界遺産の都江堰や青城山などの見どころも満載だ。

　成都のもうひとつの楽しみは食事。麻婆豆腐や担担麺といっ

	1月	2月	3月	4月	5月	6月	7月	8月	9月	10月	11月	12月
平均最高気温(℃)	9.6	11.6	16.6	22.0	26.3	28.2	30.1	30.1	25.5	20.7	15.7	11.0
平均最低気温(℃)	2.6	4.6	8.5	13.0	17.3	20.4	22.3	21.8	18.6	14.4	9.4	4.5
平均気温(℃)	6.1	8.1	12.6	17.1	21.8	24.3	26.3	26.0	22.1	17.6	12.6	7.7

町の気象データ（→P.517）:「預報」＞「四川」＞「成都」＞区・市・県から選択

た四川料理は、中国のどこでも食べられるが、ぜひ本場で試してみよう。本場の味は日本人には辛過ぎるかもしれない。辛い料理が苦手な人は、茶館でのんびりと過ごしてはどうだろう。

清朝時代の町並みを再現した錦里

四川省は中国最大のパンダ生息地

ℹ ▶▶ インフォメーション

成都からチベット自治区への移動

　チベット自治区への移動には、日本から国際線があり、ラサに向かう国内線の便数も多く、さらにチベット鉄道の始発列車もあることから、成都を利用する旅行者が多い。

　外国人がチベット自治区を旅行するには、旅行会社でのツアーの手配が必要（→P.516）だが、成都にはツアー手配が可能な旅行会社も多く、成都到着後にチベット自治区への旅行を手配することも簡単。ただし、手続きには時間がかかるため、できるだけ日本にいる間に手配を済ませておいたほうが無難。外国人チベット旅行の手配に慣れている旅行会社に依頼するとよい。

　成都到着後に許可証を受け取る際、受け取り場所にけホテルが便利なので、確実に受け取るため、そこに予約を入れておくとよい。

　なお、チベット自治区の旅行に関する規定は、何の前触れもなく突然変更となることもあるので、出発前に必ず最新情報を確認しておくこと。

成都の見どころを結ぶシャトルバス

　見どころの多い成都だが、道は北京のように碁盤目状ではなく、路線バスや地下鉄を乗り継いで簡単に移動できるわけではない。

　もちろんタクシーを利用すればスムーズだが、より安く移動できるのが、見どころを結ぶシャトルバス「成都景区直通車」。市内の主要な見どころやショッピングスポットを結ぶ路線がある。このほか、都江堰など郊外の見どころもカバーされている（なかには日帰りツアーもある）。

　申し込みブースは武侯祠博物館や空港など10ヵ所以上あり、パンフレットなども用意されているので、チェックしてみるとよい。主要路線は次のとおり。

武侯祠博物館・錦里発
　成都パンダ繁育研究基地／7:30発。8:30～11:30、13:30～14:30の間30分に1便。15元、所要50分
・寛窄巷子／8:35～19:00の間30分～1時間に1便。3元、所要15分
・杜甫草堂／9:00～17:30の間30分に1便。3元、所要15分
・都江堰／10:30発。29元、所要2時間（都江堰からの戻りは16:30）
・青城山前山／9:30発。29元、所要2時間（都江堰からの戻りは17:00）
・青城山前山・都江堰／8:30発。往復88元（都江堰からの戻りは17:00発）
・三星堆博物館／10:00発。往復29元、所要1時間30分（三星堆博物館からの戻りは15:30発）

成都パンダ繁育研究基地発
・武侯祠博物館・錦里／9:20～17:30の間15～45分に1便。10元、所要1時間
・寛窄巷子／9:00～17:00の間30分に1便。10元、所要45分

金沙遺址博物館発
・杜甫草堂／9:30～17:30の間15～45分に1便。3元、所要15分

寛窄巷子発
・武侯祠博物館・錦里／8:00発。9:00～18:30の間10～30分に1便。19:20発。3元、所要15分
・杜甫草堂／9:45～17:50の間9便。3元、所要15分
・成都パンダ繁育研究基地／8:00～14:30の間7便。15元、所要50分

杜甫草堂発
・武侯祠博物館・錦里／9:45～17:45の間15～45分に1便。3元、所要15分
・寛窄巷子／10:05～18:20の間9便。3元、所要30分
・金沙遺址博物館／9:15～17:15の間30分に1便。3元、所要15分

成都景区直通車
☎4000821717　Ⓤwww.cd917.com
※記事は2018年7月現在。利用時には最新情報を確認すること

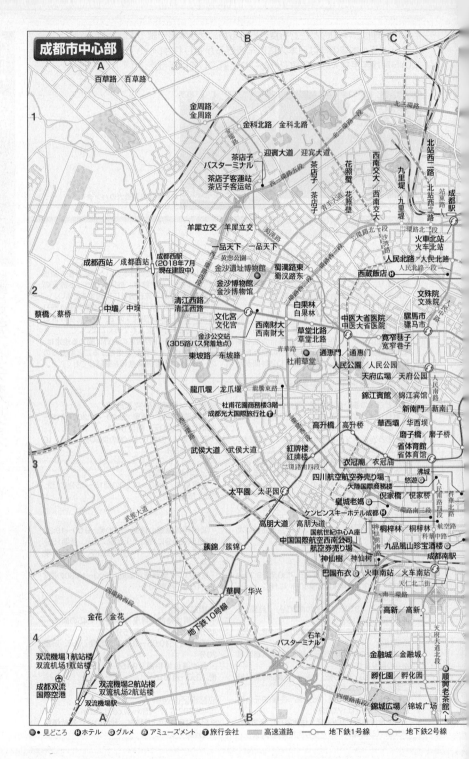

成都市中心部

A　B　C

1
百草路／百草路

金周路／金周路

金科北路／金科北路

迎賓大道／迎宾大道

茶店子／茶店子

茶店子バスターミナル

茶店子客運站／茶店子客运站

花照壁／花照壁

西南交大／西南交大

九里堤／九里堤

北站西二路／北站西二路

成都駅／站东路

2
羊犀立交／羊犀立交

一品天下／一品天下

蜀漢路東／蜀汉路东

火車北站／火车北站

成都西站／成都西站

成都西駅（2018年7月現在建設中）

金沙遺址博物館／金沙遗址博物馆

金沙博物館／金沙博物馆

人民北路／人民北路

西蔵飯店／H

中壩／中坝

蔡橋／蔡桥

清江西路／清江西路

白果林／白果林

文殊院／文殊院

駱馬市／骡马市

中医大省医院／中医大省医院

寛窄巷子／宽窄巷子

文化宮／文化宮

西南財大／西南財大

草堂北路／草堂北路

東坡路／东坡路

金沙公交站（305路バス発着地点）

杜甫草堂

通惠門／通惠门

人民公園／人民公园

3
龍爪堰／龙爪堰

天府広場／天府广场

錦江賓館／锦江宾馆

杜甫花園商務楼3階／成都光大国際旅行社 T

高升橋／高升桥

新南門／新南门

紅牌楼／红牌楼

華西壩／华西坝

磨子橋／磨子桥

武侯大道／武侯大道

衣冠廟／衣冠庙

省体育館／省体育馆

四川航空航空券売り場

沸城 遊遊

太平園／太平园

大陸国際商務楼

皇城老媽／皇城老妈

倪家橋／倪家桥

ケンビンスキーホテル成都 H

桐梓林／桐梓林

高朋大道／高朋大道

国航世紀中心A座

中国国際航空西南公司

航空券売り場

九品風山珍宝酒楼／九品风山珍宝酒楼

簇錦／簇锦

神仙樹／神仙树

成都南駅／成都南站

巴国布衣／巴国布衣

火車南站／火车南站

4
華興／华兴

地下鉄10号線

高新／高新

金花／金花

石羊バスターミナル

金融城／金融城

双流機場1航站楼／双流机场1航站楼

孵化園／孵化园

成都双流国際空港

双流機場2航站楼／双流机场2航站楼

双流機場駅

錦城広場／锦城广场

順興老茶館／

天府大道北段

A　B　C

● 見どころ　H ホテル　G グルメ　A アミューズメント　T 旅行会社　高速道路　—○— 地下鉄1号線　—○— 地下鉄2号線

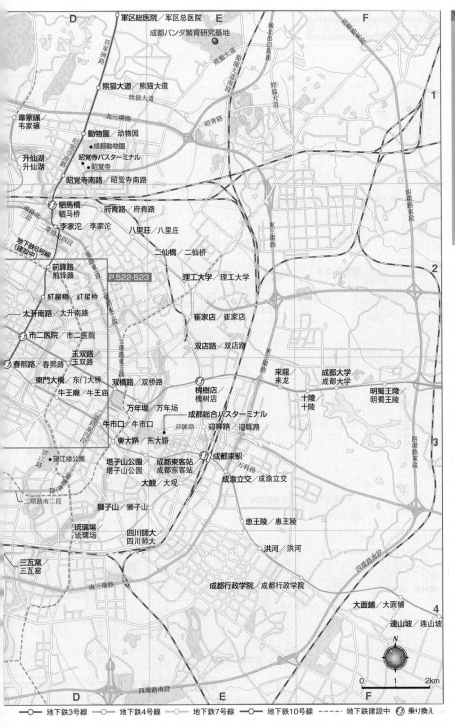

軍区総医院／軍区総医院

成都パンダ繁育研究基地

熊猫大道／熊猫大道
熊猫大道

韋家碾／
韦家碾

升仙湖／
升仙湖

成都動物園
動物園／动物园

昭覚寺バスターミナル
●昭覚寺

昭覚寺南路／昭覚寺南路

地下鉄6号線
（建設中）

駟馬橋／驷马桥

府青路／府青路

李家沱／李家沱

八里荘／八里庄

二仙橋／二仙桥

前鋒路／
前锋路

P.522-523

理工大学／理工大学

紅屋橋／紅屋桥

太升南路／太升南路

崔家店／崔家店

市二医院／市二医院

双店路／双店路

玉双路／
玉双路

春熙路／春熙路

双橋路／双桥路

来龍／
来龙

成都大学
成都大学

東門大橋／东门大桥

槐樹店／
槐树店

十陵／
十陵

明蜀王陵／
明蜀王陵

牛王廟／牛王庙

万年場／万年场

成都総合バスターミナル

牛市口／牛市口

迎暉路／迎晖路

東大路／东大路

望江楼公園

塔子山公園
塔子山公園

成都東客站
成都东客站

成都東駅／成都东駅

大観／大观

成渝立交／成渝立交

獅子山／狮子山

琉璃場／
琉璃场

四川師大
四川师大

恵王陵／恵王陵

洪河／洪河

三瓦窯／
三瓦窑

成都行政学院／成都行政学院

大面鋪／大面铺

連山坡／连山坡

0　　1　　2km

N

—○— 地下鉄3号線　　—○— 地下鉄4号線　　—○— 地下鉄7号線　　—○— 地下鉄10号線　　----- 地下鉄建設中　　Ⓝ 乗り換え

成都市中心部拡大図

金牛区

青羊区

錦江区

武侯区

永陵路

永陵博物館

四月城街

三洞橋街

西大街

提鞠街

新華大道(通錦西路)

同元路

西体路

東城根下街

八宝街

青龍街

長順街

東門街

長順上街

新華大道(江漢路)

新華大道(文殊院)

万福橋

古い町並みを再現したエリア

文殊院

文殊坊

文殊院／文殊院

棟子樹

鉑金城2号楼

錦江之星
成都文殊坊酒店

銀絲街

順城大街

中医大省医院／中医大省医院

寛窄巷子
寛窄巷子

地下鉄4号線

地下鉄2号線

蜀都大道(通恵門路)

通恵門／通恵門

寛窄巷子

蜀都大道(金河路)

文化公園

青羊上街

青羊宮

青羊正街

百花潭公園

西城根中街

西華門街

東城根上街

羊市街

西玉龍街

驟馬市／驟馬市

陳麻婆豆腐店

シェラトン成都
麗都ホテル

成都体育中心

市公安局出入境管理処
成都市公安局
出入境接待中心

紅旗連鎖
総府店

銀河王朝
大酒店

人民中路一段

華興門街

蜀都大道(人民東路)

人民公園／人民公園

蜀都大道(少城路)

人民公園

西城根南街(文翁路)

Xishu Garden Inn

蜀都大道(人民西路)

天府広場／天府広場

西御街

天府広場

東御街

人民中路二段

錦江区

南
河

大石東路

錦里中路

金盾路

新光華街

人民南路一段

人民南路二段

磨鞋街

地下鉄5号線(建設中)

環路西二段

環路西一段

銀杏金閣酒楼

錦里東路

南河橋

通祠路

武侯祠大街

南門大橋
(万里橋、老南門大橋)

濱江東路

錦江賓館／錦江賓館

機場専線1号線
発着地点

岷山飯店

ソフィテル
成都 泰合

恵陵(劉備墓)

武侯祠博物館

武侯祠大街

錦里客桟

錦里

夢之旅国際青年旅館

四川大学華西医院／
省国際医院

四川大学
(華西校区西区)

洗面橋文化広場

文翁路

文殊街

中南大街

人民南路三段

大学路

濱江中路

錦江橋

如家-成都新南門酒店

華西壩／華西壩

四川大学(華西校区)

高升橋／高升桥

環路南四段

西南民族大学

チベット族が多く住むエリア

洗面橋横街

洗面橋横街

洗面橋

衣冠廟／衣冠庙

環路南三段

地下鉄3号線

省体育館／省体育館

地下鉄1号線

環路南二段

人民南路三段

●見どころ　Ｈホテル　Ｇグルメ　Ｓショップ　Ｔ旅行会社　Ｘ学校　Ｘ病院　○— 地下鉄1号線　○— 地下鉄2号線

522

MIX HOSTEL

金牛区

甘記肥腸粉

前鋒路／前锋路

北門大橋

地下鉄3号線

太升橋

青羊区

紅星橋／红星桥

紅星橋

成都楽浮国際青年旅舎

成華区

太升南路／太升南路

市二医院／市二医院

新華橋

イビス成都春熙路酒店

武成門橋

成都伊勢丹百貨

利都広場B座

玉双路／玉双路

国際金融中心3号楼

ニッコロー成都
バイ マルコポーロ

東風橋

春熙路／春熙路

東門大橋／东门大桥

東門橋

地下鉄4号線

新南門橋

成都旅游バスセンター

新南門／新南门

牛王廟／牛王庙

興安橋

合江橋

シャングリ・ラ ホテル
成都

錦江区

地下鉄2号線

SOHO商務港
4階：四川大地探検旅行社

九眼橋

武侯区

磨子橋／磨子桥

亜華商慶

四川省登山協会

牛市口／牛市口

N

0　250　500m

D　　　　　E　　　　　F

━○━ 地下鉄3号線　　━○━ 地下鉄4号線　　----- 地下鉄建設中　　◎ 乗り換え

中国国内の移動➡P.667　鉄道時刻表検索➡P.26

✈ 飛行機

市区中心の南西17kmに位置する成都双流国際空港(CTU)を利用する。日中間運航便が3路線あり、国内線は主要都市との間に運航便があって非常に便利。空港は国際線と四川航空がメインの第1ターミナルと国内線専用の第2ターミナルに分かれており、両者の間は徒歩15分。

国際線 成田(15便)、関西(6便)、中部(7便)。

国内線 北京、上海、昆明、貴陽など主要都市との間に運航便があるが、日本との乗り継ぎを考えると上海の利用がおすすめ。

所要時間(目安) 北京首都(PEK)／2時間35分　上海浦東(PVG)／2時間55分　昆明(KMG)／1時間35分　麗江(LJG)／1時間35分　香格里拉(DIG)／1時間45分　貴陽(KWE)／1時間5分

🚇 鉄道

成都は成渝線、宝成線、成昆線などの鉄道が交差する交通の要衝であり、アクセスはよい。旅行者が利用するのは成都駅と、高速鉄道および域際鉄道専用の成都東駅、成都南駅とがあるので、利用時にはどの駅の発着列車なのかを確認すること。

所要時間(目安) 【成都(cd)】重慶北(cqb)／直達:2時間54分　昆明(km)／快速:18時間33分　ラサ(ls)／直達:36時間18分　【成都東(cdd)】楽山(ls)／城際:46分　峨眉山(ems)／城際:1時間5分　重慶西(cqx)／高鉄:1時間17分　重慶北(cqb)／高鉄:1時間36分　昆明南(kmn)／高鉄:6時間46分　貴陽北(gyb)／高鉄:3時間48分　漢口(hk)／動車:7時間49分　北京西(bjx)／高鉄:7時間47分　【成都南(cdn)】楽山(ls)／城際:46分　峨眉山(ems)／城際:1時間5分

🚌 バス

市内には多数のバスターミナルがあるが、観光客がよく利用するのは成都旅游バスセンターや茶店子バスターミナル。

所要時間(目安) 雅安／2時間　峨眉山／2時間30分　楽山／2時間　青城山前山／1時間10分

Data

✈ 飛行機

●**成都双流国際空港**（成都双流国际机场）
Ⓜ P.520-A4　住双流区机場路　☎85205555
🛫始発便〜最終便
休なし　カ不可　Ⓤwww.cdairport.com
[移動手段] **エアポートバス**（1号線：空港〜人民南路二段）／10元、所要90分。空港→市内＝6:30〜最終便の間20分に1便　市内→空港＝6:00〜22:00の間20分に1便　※このほかに5路線あり　詳細→Ⓤwww.cdairport.comを開いて「机场交通」＞「机场专线」　**タクシー**（空港〜地下鉄「春熙路」駅）／80元、所要40分が目安（メーター不使用が多い）　**地下鉄**／10号線「双流机场1站航楼」「双流机场2航站楼」　※自分の利用するターミナルを確認すること
　3ヵ月以内の航空券を販売。

●**中国国際航空西南公司航空券売り場**（中国国际航空公司西南公司售票处）
Ⓜ P.520-C3
住武侯区航空路1号国航世紀中心A座1階大庁
☎95583　🛫8:30〜17:00　休なし　カ不可
[移動手段] **タクシー**（中国国際航空西南公司航空券売り場〜地下鉄「春熙路」駅）／20元、所要25分が目安　**地下鉄**／1号線「桐梓林」
　3ヵ月以内の航空券を販売。

●**四川航空航空券売り場**（四川航空公司售票处）
Ⓜ P.520-C3
住武侯区人民南路四段11号大鹿国際商務楼19階
☎88888888　🛫8:30〜18:00　休なし　カ不可
[移動手段] **タクシー**（四川航空航空券売り場〜

地下鉄「春熙路」駅）／15元、所要15分が目安　**地下鉄**／1、3号線「省体育館」
　3ヵ月以内の航空券を販売。

🚇 鉄道

●**成都駅**（成都火车站）
Ⓜ P.520-C2　住金牛区二環路北二段站東路1号
☎共通電話＝12306
🛫24時間　休なし　カ不可
[移動手段] **タクシー**（成都駅〜地下鉄「春熙路」駅）／20元、所要25分が目安　**地下鉄**／1、7号線「火车北站」
　28日以内の切符を販売。通称は「成都北駅」。

●**成都東駅**（成都火车东站）
Ⓜ P.521-E3　住成華区保和街道万科路4号
☎共通電話＝12306　🛫5:00〜23:55
休なし　カ不可
[移動手段] **タクシー**（成都東駅〜地下鉄「春熙路」駅）／30元、所要30分が目安　**地下鉄**／2、7号線「成都东客站」
　28日以内の切符を販売。成楽城際鉄路の中心的な駅。

高鉄の多くが停車する成都東駅

●**成都南駅**（成都火车南站）
[M] **P.520-C4** [住]武侯区天府大道北段天仁北二街
☎共通電話＝12306 [オ]6:30～22:10
[休]なし [カ]不可
[移動手段] タクシー（成都南駅～地下鉄「春熙路」駅）／25元、所要25分が目安 **地下鉄**／1、7号線「火车南站」
　28日以内の切符を販売。

●**犀浦駅**（犀浦火车站）
[M] **P.525-B2** [住]郫都区犀浦鎮犀湖街88号
☎共通電話＝12306 [オ]6:25～23:40
[休]なし [カ]不可
[移動手段] タクシー（犀浦駅～地下鉄「春熙路」駅）／50元、40分が目安 **地下鉄**／2号線「犀浦」
　28日以内の切符を販売。都江堰や青城山に向かう城際列車の乗車駅。

バス

●**成都旅游バスセンター**（成都旅游客运中心）
[M] **P.523-D3** [住]武侯区臨江中路57号
☎85433609 [オ]6:30～19:30 [休]なし [カ]不可
[移動手段] タクシー（成都旅游バスセンター～地下鉄「春熙路」駅）／10元、所要10分が目安 **地下鉄**／3号線「新南门」
　9日以内の切符を販売。通称は「新南門バスセンター」。雅安（旅游：7:00～19:30の間22便）、青城山前山（8:30、9:30発）、峨眉山（バスセンター：7:30～19:00の間30分に1便）、楽山（肖壩：7:50～19:30の間24便）、九寨溝（1便）など。

●**茶店子バスターミナル**（茶店子客运站）
[M] **P.520-B1** [住]金牛区西三環路五段289号
☎87506610 [オ]6:00～19:00 [休]なし [カ]不可
[移動手段] タクシー（茶店子バスターミナル～地下鉄「春熙路」駅）／30元、所要35分が目安
地下鉄／2号線「茶店子客运站」
　7日以内の切符を販売。都江堰（7:30～19:30の間30分に1便）、九寨溝（1便）、松潘（3便）など。

地下鉄2号線と連結しておりアクセスはよい

●**成都総合バスターミナル**（成都汽车总站）
[M] **P.521-E3** [住]成華区迎暉路194号
☎84711692 [オ]6:30～20:00 [休]なし [カ]不可
[移動手段] タクシー（成都総合バスターミナル～地下鉄「春熙路」駅）／17元、所要20分が目安
路線バス／2、4、58、71、81路「五桂桥公交站」
　5日以内の切符を販売。重慶（陳家坪経由菜園壩:8:30～17:10の間6便）など。

成都市全図

●見どころ [H]ホテル [S]ショップ 省・自治区境 市・地区・自治州境 県級市・県境 鉄道 高速鉄道 高速道路 高速道路（建設中） 空港

武侯祠博物館

武侯祠博物館
M P522-A3
住 武侯区武侯祠大街231号
☎ 人場券売り場＝85535951
開 5～10月8:00～20:00
※入場は閉門30分前まで
11～4月8:00～18:30
※入場は閉門1時間前まで
休 なし
料 60元
※日本語音声ガイド機＝40元。デポジット（保証金）として200元が必要
交 ①地下鉄3号線「高升橋」徒歩13分
②1、57、82、334、335路バス「武侯祠」
③成都景区直通車を利用する（→P.519）
U www.wuhouci.net.cn

ⓘ ▶▶▶ インフォメーション

日本語ガイド

大門入口で日本語ガイドを頼むことが可能。日本語ガイドは常駐しているわけではないので、予約がおすすめ。
☎ 85568685、85546718
料 150元
※所要時間は1時間

諸葛亮と劉備の祠堂 | オススメ度 ★★★

武侯祠博物館／武侯祠博物馆 wǔhóucí bówùguǎn
ぶ こう し はくぶつかん

1時間

武侯祠を中心に、劉備（161～223年、字は玄徳）や諸葛亮（181～234年、字は孔明）など、三国時代の蜀（中国では蜀漢）にゆかりのある武将を祀る博物館。

武侯祠の起源は、221（蜀の章武元）年、劉備の陵墓である恵陵を改修した際、その傍らに建てられた漢昭烈廟。紀元500年頃（南朝の斉から梁にかけて）には、別の場所にあった諸葛亮を祀った武侯祠が移築された。1390（明の洪武23）年に蜀献王朱椿が武侯祠に参拝して以降、君臣を合同して祀る祠堂として考えられるようになり、人々は武侯祠と呼ぶようになった。明末の戦乱で焼け落ちたが、1671（清の康熙10）年に再建され、現在の形となった。

武侯祠大街に面した、「漢昭烈廟」の扁額がかかる大門をくぐると正面に劉備殿、左右に6つの石碑がある。劉備殿には3mの劉備座像が納められ、その東には文臣像を祀った文臣廊、西には武将を祀った武将廊がある。石碑で有名なのは、剣南川西節度使であった武元衡が809（唐の元和4）年に建てた「蜀丞相諸葛武侯堂碑」。

さらに進むと諸葛亮殿、その先に三義廟（1842年再建）がある。これらの建物の西側にある恵陵は昭烈帝（劉備）と甘夫人、穆皇后の夫婦3人が眠る合葬墓。その高さは12m、周囲は180mと皇帝陵墓としては小規模。

れんが造りの恵陵入口

時間があるようなら、武侯祠博物館の東側に造られた錦里を歩き、四川省のシャオチーなどを食するのもよい。

優しい表情の諸葛亮の像

三義廟。内部には劉備、関羽、張飛の像が並ぶ

市内でパンダに会える

オススメ度 ★★★

成都パンダ繁育研究基地／
せい と　　　　　　　はんいくけんきゅうき ち

3時間

成都大熊猫繁育研究基地　chéngdū dàxióngmāo fányù yánjiūjīdì

　希少動物であるジャイアントパンダの生態を科学的に研究し、保護・繁殖に役立てるために設立された施設。広大な敷地を本来の生息地に似せて造り、自然に近い環境での飼育を行っている。パンダは幼少期、青年期、成体と分かれて飼育されているが活動的なのはやはり幼少期。数頭でじゃれ合う姿は観光客の注目の的だ。

三星堆との関係が深い古代遺跡

オススメ度 ★★★

金沙遺址博物館／
きん さ　い し はくぶつかん

2時間

金沙遺址博物館　jīnshā yízhǐ bówùguǎn

　2001年、住宅の工事現場から古代四川文明（古蜀文明）の遺跡が発見された。遺跡からは現在成都市のシンボルになっている金の太陽神鳥のほか、金のマスク、大量の玉製品、青銅や石製の人物像、土器、マンモスの牙などが出土し、郊外の三星堆に勝るとも劣らぬ発見となった。遺跡は発掘時のままに保存されることとなり、出土品を展示する陳列館とともに2007年に総合博物館としてオープンした。出土品は三星堆の文化との強い関連性が指摘されており、古代史へのロマンをかき立てられる。

遺跡は巨大な建物の内部にあるので、雨の日に訪れてもいい

今も信仰を集める古刹

オススメ度 ★★★

文殊院／文殊院　wénshūyuàn
もんじゅいん

　南北朝時代（5世紀初め～6世紀末）に創建された仏教寺院。唐代に信相院と改称された後、一時妙園塔院となり、宋代に再び信相寺と呼ばれるようになった。明末に戦乱で焼失したが、1681（清の康熙20）年に再建され、文殊院と改称された。
　山門を入ると、まず左右に鐘楼と鼓楼の塔が向かい合って立っている。正面に三大士殿（観音殿）があり、その奥に大雄宝殿（本堂）、説法堂、蔵経殿と続く。周囲は緑豊かな園林で、市民の憩いの場となっている。
　寺院の南の文殊坊は古い町並みを再現しており、ショッピングやシャオチー屋台巡りをする多くの観光客でにぎわいを見せている。

成都パンダ繁育研究基地
M P.521-E1
住成華区熊猫大道1375号
☎83510033
　游客服務中心=83516748
開8:00～18:00
※入場は閉門1時間前まで
休なし　入場料=58元
交①地下鉄3号線「熊猫大道」。198路バスに乗り換え「熊猫基地」
　②成都景区直達車を利用する（→P.519）
U www.panda.org.cn

▶▶▶ インフォメーション

游覧観光車
開8:00～17:00
料往復10元

何気ないしぐさもかわいい

金沙遺址博物館
M P.520-B2
住青羊区金沙遺址路2号
☎87303522
開5～10月8:00～20:00
　11～4月8:00～18:30
※入場は閉館1時間前まで
休月曜
※1～2月、7～8月および法定祝日は開館
料80元
※日本語音声ガイド機=10元。デポジット（保証金）として200元が必要
交①地下鉄7号線「金沙博物館」
　②7、83、123、147路バス「金沙遺址路口」
　③成都景区直達車を利用する（→P.519）
U www.jinshasitemuseum.com

文殊院
M P.522-C1
住青羊区文殊院街66号
☎86932375
開8:30～17:00
休なし
料無料
交地下鉄1号線「文殊院」
U www.cdfjxh.com

杜甫草堂
MP.520-B2
住青羊区青華路37号
☎87319258
木5～9月
　8:00～20:00
　11～4月
　8:00～18:30
※入場は閉門1時間前まで
休なし　料60元
交①地下鉄4号線「草堂北路」、徒歩12分
　②19、35、58、82路バス「杜甫草堂」
　③成都景区直通車を利用する（→P.519インフォメーション）
Ｕwww.cddfct.com

ⓘ ▶▶▶ インフォメーション
日本語音声ガイド機
料20元
※デポジット（保証金）100元が必要

杜甫の庵を再現した茅屋

青羊宮
MP.522-A2
住青羊区一環路西二段9号
☎87766584
木8:00～17:00
休なし　料10元
交①地下鉄2、4号線「中医大省医院」
　②11、34、42、58路バス「青羊宮」

易の八卦を表した八卦亭

永陵博物館
MP.522-A1
住青羊区永陵路10号
☎87789003
木9:00～17:30
※入館は閉館30分前まで
休なし
料20元
交①30、48、54路バス「永陵路東」
　②地下鉄4号線「寛窄巷子」、徒歩15分
Ｕwww.cdylbwg.org

杜甫草堂／杜甫草堂　dùfǔ cǎotáng
とほそうどう

　詩聖として名高い唐の大詩人杜甫（712～770年）は、安禄山の乱によって759年、成都に避難することになった。翌年からは友人の助けを得て、成都の西郊外、浣花渓のほとりに庵を建てた。杜甫は4年余り成都に住み、240編以上の詩を作り、その生涯で最も充実した時期をここで過ごしたともいわれている。その住居が杜甫草堂。

　創建当時の建物はすぐになくなり、北宋時代に草堂があった場所に祠堂が建てられ、規模が徐々に大きくなっていった。現在の建築群は1811（清の嘉慶16）年に修建されたものがもとになっている。

　草堂の中心は詩史堂で、両側は陳列室となっている。杜甫の生い立ちと現代に与えた影響の2部構成になっている。

青羊宮／青羊宮　qīngyánggōng
せいようきゅう

　全国的にも著名な道観（道教寺院）。最初の建築物は周代に遡るが、現存する宮観は清代に再建されたもの。当時は青羊肆と呼ばれていた。

　主要建築物は南北一線上に並んでおり、なかでも八卦亭と三清殿（無極殿）は特徴的。さらに三清殿の前にある一対の黄銅製の羊がユニーク。青羊といわれる一角の羊は、1723年（清の雍正元年）に大学士張鵬が北京で購入して奉納したもので、双角の羊は1829（清の道光9）年に雲南の工匠陳文炳と顧体によって鋳造されたもの。ともに災厄をはらう神羊とされ、多くの人に触られて、表面は光り輝いている。一角の羊は独角獣とも呼ばれる12種の動物の化身で、耳はネズミ、鼻は牛、爪はトラ、口はウサギ、角は龍、尾は蛇、顔は馬、ひげは羊、首はサル、目はニワトリ、腹は犬、尻は豚だという具合だ。

永陵博物館／永陵博物館　yǒnglíng bówùguǎn
えいりょうはくぶつかん

　王建（847～918年）は五代十国時代に、成都を中心とした地方を治めた前蜀（907～925年）を建国し皇帝と称した。彼の墓である永陵は1942年に発掘され、その後全国重要文化財に指定された。

　直径80m、高さ15mの陵墓の中に、全長約23mの墓室があり、その中央に置かれた石棺の側面には楽隊や踊り子が彫り込まれている。

郊外の見どころ

古代水利施設で有名　オススメ度 ★★★　世界遺産

都江堰／都江堰　dūjiāngyàn

とこうえん

3時間

秦堰楼から見た金剛堤

成都の北西48km、都江堰市の岷江上流にある水利施設。初めは都安堰と呼ばれていたが、10世紀以降、都江堰というようになった。この大規模な工事は、紀元前3世紀に岷江の氾濫を防ぐために、蜀の郡守李冰(りひょう)が指揮を執って始まった。息子の李二郎(りじろう)が受け継いだが、完成するのはその死後、数世紀経ってから。

都江堰の構造は魚嘴(ぎょし)、飛沙堰(ひさえん)、宝瓶口(ほうへいこう)の3部分からなる。岷江の流れは、まず人工の中州によって外江（上流に向かって左）と内江（上流に向かって右）に分けられ、外江はそのまま岷江として下流へ流される。内江は灌漑用水として宝瓶口へ導かれ、さらにいくつかの用水路に振り分けられて成都平原を潤す。この堤防を兼ねる中州は、竹製の籠に石を詰めたものを積んで造られた。この中州の先端部が魚嘴で、最後部が飛沙堰。岷江が増水し内江に氾濫の危険が生じたときは、内江の水が飛沙堰を経由して外江に戻るようになっている。

都江堰
[M]P.525-B1
[住]都江堰市公園路
☎統一インフォメーション＝4001151222
入場券売り場＝87283890
[オ]4～10月8:30～18:00
11～3月8:30～17:30
[休]なし　[料]90元
[交]①成都から城際鉄道で「都江堰」(1日4便。15元、所要30分)。駅前から4路バスに乗り換えて終点(「离堆公园」。1元、所要25分)
②茶店子バスターミナルから「都江堰」行きで終点。7路バスに乗り換えて終点(「离堆公园」)
※「都江堰」からの最終は19:00頃発
③成都景区直通車を利用する（→P.519）
[U]www.djy517.com

[i] インフォメーション
園内遊覧車
碑亭　魚嘴間を運行。
[料]片道＝10元、往復＝15元

五斗米道発祥の地　オススメ度 ★★★　世界遺産

青城山／青城山　qīngchéngshān

せいじょうさん

成都から西に65kmの所にある標高およそ1600m、周囲120kmという広大な山で、数十の峰からなり、大きく前山と后山のふたつに分けられる（ただ単に青城山という場合は前山のことを指す）。緑の木々が山全体を覆っていて青い城のようなので、青城山と呼ばれるようになった。

青城山は道教ゆかりの地。後漢の末期、道教の前身といわれる宗教集団五斗米道(ごとべいどう)（天師道ともいう）の創始者張陵(ちょうりょう)が、ここで布教を始めた。その後も道教の聖山として栄え、現在でも多くの道士が修行をしている。

山中には遊歩道が整備されているので気軽に歩ける。一般的な観光ルートは、前山の山門から入場して主殿である上清宮まで行くもの。高い木々に囲まれており真夏でも涼しく、蒸し暑い成都とは別世界。あちこち立ち寄りながらで約2時間の行程。天師洞、祖師殿、呼応亭などを見て回ると1日かかる。月城湖と四望観を結ぶ前山リフトの利用も可能。

前山と后山を結ぶ公共交通はないので日を分けて観光することになる。

青城山
[M]P.525-A2
[住]都江堰市青城山
☎前山＝87288617
后山＝87112055
[オ]5月～10月上旬8:00～18:00
10月中旬～4月8:30～17:30
[休]なし
[料]前山＝90元、后山＝20元
[交]前山：
①成都駅から城際鉄道で「青城山」(1日3便。15元、所要40分)。101路バスで「前山景区」(8:00～18:00の間15分に1便。1.5元、所要7分)
②成都景区直通車を利用する（→P.519）
后山：
成都駅から城際鉄道で「青城山」。「前山后山」行きミニバスで終点(15元、8:30～17:00の間、満席を待って出発)
※「前山后山」からの最終は17:00発

[i] インフォメーション
リフト
前山リフト
[料]片道＝35元、往復＝60元
月城湖と四望観を結ぶ。
后山金驪リフト
[料]片道＝30元、往復＝60元
飛泉坊と石筍堂を結ぶ。
后山白雲リフト
[料]片道＝45元、往復＝80元
又一村と白雲寺を結ぶ。

三星堆博物館
[M]P.525-B1
[住]広漢市南興鎮西安路133号
☎(0838)5500349
[オ]総合館8:30~18:00
青銅器館8:30~18:30
※入場券販売は8:30~17:00
[休]なし
[料]80元
※日本語音声ガイド機=10元。パスポートの提示が必要
[交]①成都の昭覚寺バスターミナル([M]P.521-D1)から「广汉」行きで終点(7:00~20:00の間15分に1便。17元、所要50分)。バスターミナル内で広漢6路または広漢10路バスに乗り換えて「三星堆博物馆」(2元、所要30分)
※「广汉」からの最終は18:30頃発
②成都景区直通車を利用する(→P.519。具体的情報は公式ウェブサイトにて)
[U]www.sxd.cn

[i] インフォメーション
日本語ガイド
予約しておくと手配が可能。
[料]160元

四川独特の文化を展示　オススメ度 ★★★

三星堆博物館／三星堆博物馆 sānxīngduī bówùguǎn
さんせいたいはくぶつかん

1986年、成都の北約40kmの広漢市三星堆でふたつの祭祀跡が発見された。考古学的な調査が進められた結果、新石器時代末期から夏末商初にかけての遺跡で、古蜀国の都であると結論づけられた。

出土した青銅器や金製品はどれもほかに類を見ない形をしており、独自の文化をもっていたことを証明したが、その出土品を展示するため、1997年に建てられたのがこの博物館。必見の展示物は、銅神樹、青銅大立人像と銅面具。

謎のポーズの青銅大立人像

縦目といわれる突出した目をもつ銅面具

ホテル

シャングリ・ラ ホテル 成都／成都香格里拉大酒店 ★★★★★
せいと　chéngdū xiānggélǐlā dàjiǔdiàn

成都で最高級のサービスと設備を誇る5つ星ホテル。ベッドは全室キングサイズ。大画面液晶テレビが完備されている。肩までつかれるほど深いバスタブは疲れた体にうれしい。

[両替] [ビジネスセンター] [インターネット]

[M]P.523-E4
[住]錦江区濱江東路9号
☎88889999
[FAX]88886666
[S]990~1300元
[T]990~1300元
[サ]10%+6%
[カ]ADJMV
[U]www.shangri-la.com/jp

錦江賓館／锦江宾馆 ★★★★★
きんこうひんかん　jǐnjiāng bīnguǎn

1960年に開業した成都を代表する5つ星ホテル。南河のそばに位置し、空港や駅からのアクセスもよい。中国料理や日本料理、西洋料理レストランがある。客室は貴賓楼と主楼に分かれる。

[両替] [ビジネスセンター] [インターネット]

[M]P.522-C3
[住]錦江区人民南路二段80号
☎85506666
[FAX]85506550
[S]689~789元
[T]1199~1299元
[サ]なし [カ]ADJMV
[U]www.jjhotel.com

シェラトン成都麗都ホテル／天府丽都喜来登饭店 ★★★★★
せいとれいと　tiānfǔ lìdū xǐláidēng fàndiàn

ビジネス街である人民中路に位置する。客室は落ち着いた雰囲気でゆったりとくつろげる。

[両替] [ビジネスセンター] [インターネット] [U]www.starwoodhotels.com

[M]P.522-C2
[住]青羊区人民中路一段15号
☎86768999 [FAX]86768888
[S]772~842元
[T]772元
[サ]なし [カ]ADJMV

岷山飯店／岷山饭店

みんざんはんてん　mínshān fàndiàn　★★★★★

錦江賓館の道を挟んで東側にある5つ星ホテル。広東料理と四川料理のレストランがある。

両替　ビジネスセンター　インターネット　U www.minshan.com.cn

M P.522-C3
住 錦江区人民南路二段55号
☎85583333　FAX 85551384
附楼＝ S 588元　T 588元
主楼＝ S 688元　T 688元
サ なし　カ ADJMV

Xishu Garden Inn／探索西部青年旅舎

シーシュー ガーデン イン　tànsuǒ xībù qīngnián lǚshè　★★★

人民公園北東に位置しており、屋上庭園からは成都の町並みを堪能できる。フレンドリーなスタッフが対応してくれる。

両替　ビジネスセンター　インターネット　U www.hiwestchina.com

M P.522-B2
住 青羊区東城根南街19号附5号
☎62105818　FAX 62105956
S 138元　T 160～220元
D 50～60元（4～12人部屋）
サ なし　カ 不可

錦江之星 成都文殊院酒店／锦江之星 成都文殊院酒店

きんこうし せい せい と もんじゅいんしゅてん　jǐnjiāngzhīxīng chéngdū wénshūyuàn jiǔdiàn

「経済型」チェーンホテル。正式な支店名は「成都文殊院地鉄站酒店」。

両替　ビジネスセンター　インターネット　U www.jinjianginns.com

M P.522-C1
住 青羊区銀絲街3号
☎86938939　FAX 86917890
S 199～249元
T 219～249元
サ なし　カ 不可

錦里客桟／锦里客桟

きん り きゃくさん　jǐnlǐ kèzhàn

「錦甲」の中にある星なし渉外ホテル。このホテル自体も町並み同様に明清時代の雰囲気をもち、回廊から眺める中庭の様子もすばらしい。

両替　ビジネスセンター　インターネット　U www.cdjinli.com

M P.522-A～B3
住 武侯区武侯大街231号
☎66311333　FAX 85552516
S 398～518元
T 398～518元
サ なし　カ 不可

MIX HOSTEL／驴友记青年旅舎

ミックス ホステル　lǘyǒujì qīngnián lǚshè

こぢんまりとして雰囲気のよいホステル。小旅行や料理教室など、さまざまなイベントを行っている。ドミトリーは男女別室。

両替　ビジネスセンター　インターネット　U www.mixhostel.com

M P.523-D1
住 金牛区星輝西路23号
☎83222271　FAX なし
S 128元　T 128元　③ 178元
D 50～55元（4～6人部屋）
サ なし　カ 不可

イビス成都春熙酒店／宜必思成都春熙酒店

せいと しゅんしゅてん　yíbìsī chéngdū chūnxī jiǔdiàn

「経済型」チェーンホテル。成都有数の繁華街である春熙路に近く非常に便利。客室内の設備は必要なものがひととおり揃っている。

両替　ビジネスセンター　インターネット　U www.huazhu.com

M P.523-D2
住 錦江区紅星路二段20号
☎86930088　FAX 86931552
S 259～289元
T 299～319元
サ なし　カ JMV

陳麻婆豆腐店／陈麻婆豆腐店

ちんマーボーとうふてん　chénmápó dòufǔdiàn

麻婆豆腐の元祖といわれる店。もともと「陳ばあさん」が作った豆腐料理であることから、陳麻婆豆腐となった。本場の味はとうがらしの辛さよりも山椒粉で舌がしびれる感じのほうが強い。大と小がある。小皿13元、大皿22元。市内に支店がある。

M P.522-C2
住 青羊区西玉龍街197号
☎86754512
時 11:00～14:00、
　17:30～21:00
休 なし
カ 不可

巴国布衣／巴国布衣

はこくふい　bāguó bùyī

昔から伝わる四川料理「川菜」を現代的にアレンジし庶民的な価格で楽しめる有名店。四川の名物料理各種が楽しめる。中国全土に支店をもつ。古民具を使った内装が好評。夜には昔の茶館を再現した客席で変臉ショーも楽しめる。予算はひとり150元が目安。

M P.520-C4
住 武侯区神仙樹南路63号
☎85511888
時 10:00～14:00、
　17:00～21:00
休 なし
カ V

皇城老媽／皇城老妈
こうじょうろうも
huángchéng lǎomā

成都で火鍋といったらまず名前が挙がる有名店。1階にある回転寿司のようなセルフ式火鍋コーナーは昼（11:00～15:00）140元、夜160元（21:00～翌1:00は110元）。夜は変臉などのショーを楽しめる。

M P.520-C3
住 武侯区二環路南三段20号
☎ 85139999
オ 11:00～15:00、17:00～翌1:00
休 なし
力 ADJMV
U www.hclm.net

九品風山珍宝酒楼／九品风山珍宝酒楼
きゅうひんふうさんちんぽうしゅろう
jiǔpǐn fēngshān zhēnbǎo jiǔlóu

四川省の山々はマツタケをはじめキノコの産地として知られている。ここではいろいろな効能があるという多数のキノコを取り揃え、薬膳スープの火鍋として楽しむことができる。日本では味わえないキノコも多い。予算はひとり120元が目安。

M P.520-C3
住 武侯区科華中路178号
☎ 85212323
オ 11:00～22:30
休 なし
力 不可
U www.jpfszb.cn

紅旗連鎖総府店／红旗连锁总府店
こうきれんさそうふてん
hóngqí liánsuǒ zǒngfǔdiàn

成都市内でよく見かけるコンビニエンスストアチェーンだが、ここはほかと異なり四川省の名産品のみを扱うかなり大きな店舗。豆板醤や豆豉、蒙山茶などの種類が豊富で、おみやげ探しにぴったりの場所だ。乾燥キクラゲやマツタケもおすすめ。

M P.522-C2
住 錦江区総府路87号
☎ 86622751
オ 7:45～22:30
休 なし
力 不可

順興老茶館／顺兴老茶馆
じゅんこうろうちゃかん
shùnxīnglǎo cháguǎn

四川の伝統芸能を含むショーを、比較的手頃な料金で楽しめる劇場。舞踊、雑技、喜劇、影絵などをお茶を飲みながら眺める。クライマックスは瞬時に面が入れ替わる変臉。店内はレトロ調で雰囲気がよく、レストランとしても利用価値が高い。ショーは混み合うので予約を。

M 地図外（P.520-C4下）
住 武侯区新天府大道中段1号新会展中心廊橋166号
☎ 85380007、85380008
オ ショー19:30～20:30
レストラン11:00～14:00、17:00～20:00
休 なし **力** 不可
图 ショー＝88元

四川大地探検旅行社／四川大地探检旅行社
しせんだいちたんけんりょこうしゃ
sìchuān dàdì tànjiǎn lǚxíngshè

車のチャーター（市内）は1日900元、日本語ガイドは1日500～600元。登山やトレッキング、高山植物観賞など特殊な旅行に強いのが魅力で、四川省やチベット自治区、雲南省などのツアーも手広く対応可能。

M P.523-E4
住 錦江区宏済新路5号SOHO商務港401室
☎ 84540955（日本語可）
FAX 84540956（日本語可）
オ 9:00～17:30
休 土・日曜、祝日
力 不可
✉ info@earthexpeditions.cn
（日本語可）

船上から見上げた楽山大仏

成都からの小旅行①

楽山
らくさん

乐山 Lè Shān
ラーシャン

▶D06 成都 九寨溝 麗江 (2018〜19)→P.80

町の様子

楽山市は成都の南約170kmに位置し、四川盆地南西部における水陸交通の要衝。楽山を有名にしているのは世界最大ともいわれる大仏で、中国各地はもちろん世界各国から多くの観光客が訪問する。また、郊外の沙湾区は郭沫若の出身地としても知られている。成都からはバスで片道約2時間なので大仏観光だけなら十分日帰りが可能だ。

楽山の町は楽山港がある旧市街とそれ以外の新市街に分かれている。3つのバスターミナルはいずれも新市街にあるが、観光スポットは大仏とその周辺だけといってよく、バスターミナルと大仏の間は路線バスで移動できる。成都旅游バスセンターからのバスが着く肖壩旅游バスターミナルから楽山港、楽山大仏、烏尤寺へは13路バスで（楽山港へは9路も可）。楽山市バスセンターへは6路バスで行ける。

楽山大仏と凌雲寺、麻浩崖墓、烏尤寺は同一エリアにあり入場券も共通。肖壩旅游バスターミナルから13路バスで楽山大仏北門に

行き、案内表示に従って凌雲寺、凌雲桟道を経て大仏の足元へ（長蛇の列なので時間がなければ省略してもかまわない）。南門から出て、漁村という伝統レストラン街から麻浩崖墓、烏尤寺と回れる。

【便利な市内バス路線のおもな経由地】
1路：肖壩旅游車站（肖壩旅游バスターミナル）〜土橋街（旧市街）〜聯運車站（楽山聯運バスターミナル）〜綿竹新街
3路：高鉄楽山站（高鉄楽山駅）〜客運中心站（楽山市バスセンター）〜楽山広場〜楽山大仏〜東方仏都〜烏尤寺〜嘉華水泥廠
6路：肖壩派出所〜肖壩旅游車站（肖壩旅游バスターミナル）〜楽山広場〜客運中心站（楽山市バスセンター）〜新一中南門
12路：楽山港〜土橋街（旧市街）〜客運中心站（楽山市バスセンター）〜漩水沱
13路：肖壩派出所〜肖壩旅游車站（肖壩旅游バスターミナル）〜海棠公園〜土橋街（旧市街）〜陽光広場〜楽山大仏〜東方仏都〜烏尤寺〜紅岩路口

見どころ

世界遺産 楽山大仏 楽山大仏は、岷江を望む岩壁に彫られた世界最大の磨崖仏。正式には凌雲大仏といい、高さ71m、肩幅28m、頭部の高さ14m、頭部の直径10mという巨大な仏像だ。地上からでは全体を見ることはできず、岷江に浮かぶ船に乗る必要があるほど。あまりにも巨大なせいか、造形がアンバランスでどことなくユーモラスである。1996年には峨眉山（→P.536）と合わせて世界遺産に登録された。

大仏建立のいきさつは氾濫を繰り返す岷江の治水を願ってのため。唐の玄宗皇帝の時代、凌雲寺の僧であった海通が713（唐の開元元）年大仏建立を発願、完成したのは809（唐の貞元19）年で実に90年もの歳

月を要した。赤土系のもろい岩肌に刻まれたため、風化が進んでおり継続的に補修作業が行われている。

近寄ると頭部しか見えないほど巨大な大仏

533

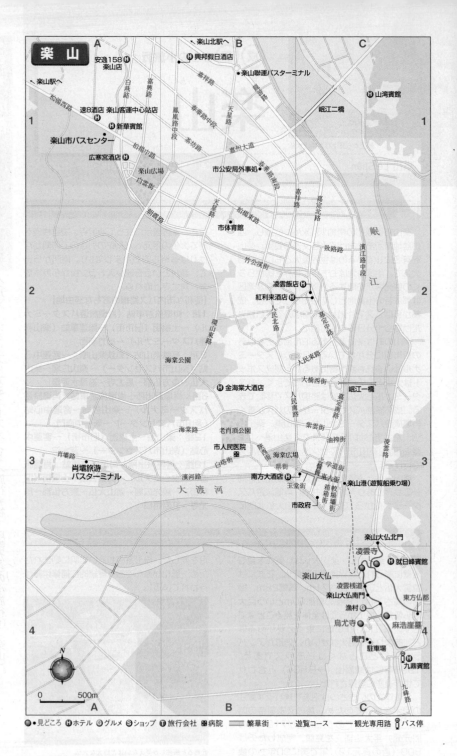

楽 山

地図内テキスト:

楽山北駅へ
安逸158 楽山店
興邦假日酒店
楽山聯運バスターミナル
山湾賓館
楽山駅へ
速8酒店 楽山客運中心站店
岷江二橋
新華賓館
楽山市バスセンター
広寒宮酒店
楽山広場
白雲街
市公安局外事処
松湖西路
柏楊中路
嘉祥路
落雁路
白燕路
鳳凰路中段
青果路中段
嘉州大道
嘉定北路
天星路
嘉祥路
嘉定中路
致路路
濱江路中段
市体育館
柏楊東路
天星路
朝霞路
棚山東路
竹公溪街
人民北路
凌雲飯店
紅利来酒店
嘉定中路
海棠公園
人民東路
大橋西街
岷江一橋
金海棠大酒店
人民南路
紫雲街
嘉定南路
油搾街
凌雲路
海棠路
老肖頂公園
肖壩旅游
バスターミナル
肖壩路
市人民医院
白塔街
濱河路
學道街
海棠広場
車子街
龍神街
南方大酒店
玉堂街
軒場壩街
楽山港（遊覧船乗り場）
市政府
大渡河
県街
楽山大仏北門
凌雲寺
就日峰賓館
楽山大仏
凌雲桟道
東方仏都
楽山大仏南門
漁村
麻浩崖墓
烏尤寺
南門
駐車場
九鼎賓館
九峰路

凡例:

●見どころ　Ｈホテル　Ｇグルメ　Ｓショップ　Ｔ旅行会社　Ｈ病院　繁華街　-----遊覧コース　——観光専用路　バス停

0　500m

大仏全体を拝観するには楽山港から出ている遊覧船が便利。大仏の前まで行き、数分間流れに逆らい停まってくれる。20人程度が集まれば順次出発するが、時間がないときは少人数でモーターボートを貸し切り利用もできる。大仏の足元へは桟道で下りられるが、道が狭くて時間がかかり長蛇の列になっている。足元も悪いので注意が必要だ。

楽山大仏エリア内には凌雲寺、麻浩崖墓、烏尤寺という見どころがあり、大仏と共通チケットで見ることができる。

凌雲寺　楽山大仏を擁する禅宗の寺で、別名大仏寺。境内にはいくつかの仏閣が点在している。起源は唐代にまで遡るが、現存する建物は明、清代に再建されたもの。古くから景勝地として名高く、北宋期の蘇軾（蘇東坡）もここを訪れて詩を残している。

烏尤寺　烏尤山の山頂にあるこぢんまりとした仏教寺院で、創建は唐代。

麻浩崖墓　1800年以上前の後漢時代に造られた陵墓群。凌雲山と烏尤山に挟まれた幅200mの範囲に、岩壁を掘り抜いた大小544もの横穴式陵墓が蜂の巣のように残されている。風化が激しいが、こまやかな彫刻や陰文（彫られた文字）の一部が残る。

大仏の足元へ下りる桟道の行列

大勢の観光客でにぎわう凌雲寺の山門

レプリカの副葬品が並ぶ麻浩崖墓の内部

楽山大仏
[M] **P.534-C4**
☎楽山大仏管理処＝(0833)2302416
入場券売り場＝(0833)2302207
[オ]4月～10月上旬7:30～19:30
10月中旬～3月8:00～18:30
※入場は閉門1時間前まで
[休]なし　[料]陸路＝90元（楽山大仏、霊宝塔、凌雲寺、烏尤寺、麻浩崖墓を含む）、水路（船から眺める場合）＝70元　※保険（5元）は任意
[交]3、13路バス「乐山大佛」　[U]www.leshandafo.com

[名][物] 川沿いの町らしく、川魚料理や龍蝦と俗称されるザリガニ料理などが名物だが、観光地ということもあり価格は高め。大衆的な店ではよく加熱してもらうなどの注意も必要。楽山大仏の漁村というレストラン街や楽山港周辺に地元料理を食べられる小さな店が多くある。

[宿][泊] 成都から日帰り可能なため、観光に快適な宿泊施設は少ない。1室150～200元クラスの大衆的なホテルは楽山市バスセンター周辺か旧市街の玉堂街周辺で探すとよい。

成都～楽山のアクセス

▶成都発
鉄道：成都東駅（→P.524）または成都南駅（→P.525）から「峨眉山」行きで「乐山」（多数あり）。
バス：成都旅游バスセンター（→P.525）から「乐山」行きで終点（7:50～19:30の間24便。46元、所要2時間）。ここからのバスは通常、肖壩旅游バスターミナルに到着。

▶楽山発
鉄道：楽山駅（**地図外／[M] P.534-A1左**）から「成都东」「成都南」または「峨眉山」行きで終点（多数あり。成都東＝2等54元、所要54分～。峨眉山＝2等11元、所要14分～）。
※市内～楽山駅／1、3、22路バス「高铁乐山站」
バス：肖壩旅游バスターミナル（**[M] P.534-A3**）から「成都旅游客运中心」行きで終点（7:10～19:00の間20便、46元）。または楽山市バスセンター（**[M] P.534-A1**）から「成都石羊客运站」行きで終点（7:00～19:20の間20便。46元）。所要時間の短いノンストップ便は肖壩旅游バスターミナル発着。

▶成都景区直通車（→P.519）
日帰りでよければ、これがおすすめ。

華蔵寺金殿

峨眉山
（が び さん）

峨眉山 É Méi Shān

▶D06 成都 九寨溝 麗江（2018〜19）→P.74

町の様子

　成都の南西に位置する峨眉山は、山西省五台山、浙江省普陀山、安徽省九華山とともに仏教四大名山のひとつに数えられる聖地で、古来より仙境（仙人の住む場所）とたたえられてきた。

　峨眉山の標高は3099m。人々は、金頂（3077m）にある華蔵寺（けぞうじ）に参拝するため山上を目指す。頂上付近で雲海が広がる神秘的な風景を目の当たりにすると、峨眉山が仙境と呼ばれるゆえんが理解できるだろう。

　峨眉山は山全体が風景区となっている。岩山、樹海、雲霞が組み合わさり、それが太陽や月に照らされ、幻想的な光景を造り出す。道路が整備され、ロープウエイができてからは頂上まで誰でも簡単に行けるようになった。

　成都からは1日ツアーも多いので、それに参加するのもよいだろう。申し込みは、外国人宿泊客の多いゲストハウスのフロントなどで可能。

　風景区入口付近に峨眉山旅游バスセンター、市区に峨眉山市バスセンターがある。峨眉山市区から風景区伏虎寺間の移動には、5路バスを利用するとよい（阙2元）。

無梁磚殿（万年寺）

見どころ

世界遺産 峨眉山風景区　峨眉山を中心とした景勝地。1996年に楽山大仏（→P.533）とともにユネスコの世界遺産（文化と自然の複合遺産）に登録された。

　峨眉山の見どころは、豊かな自然や山中にある宗教的建築物。後漢時代に建立が始まり当初は道教関連の施設が多かったが、唐宋期（7〜13世紀）に仏教寺院の創建が増加し、明清期に最盛期を迎え、一時は大小を合わせ、100近い建物があったといわれている。

　清朝以降は仏教が廃れたこともあり、荒れるに任せていたが、これまでに報国寺、万年寺、伏虎寺、金頂など多くの仏閣が修復されている。

金頂に立つ四面十方普賢像

　峨眉山観光のベストシーズンは7月から9月にかけてだが、もともと曇りの日が多いため、この時期に峨眉山を訪れても御来光を拝める確率は半分程度なので過度の期待は禁物だ。

　また、山頂と麓では気温の差が激しい（冬で3℃、夏で10℃）ので、夏季でも上着が必要だ。雷洞坪のロープウエイ乗り場にはレンタルジャンパー店がある。

峨眉山風景区
Ⓜ P.515-E3　☎客服中心＝4008196333
入場券売り場管理処＝(0833)5523646
🕐4月〜10月上旬6:00〜18:00
　10月下旬〜3月7:00〜18:00　休なし
💰1月16日〜12月14日＝185元
　12月15日〜1月15日＝110元
※入山券は2日間有効　🌐www.ems517.com

ロープウエイ
金頂ロープウエイ
　接引殿と金頂を結ぶ。
☎5098019
💰1月10日〜12月14日　上り＝65元、下り＝55元
　12月15日〜1月15日　上り＝30元、下り＝20元

万年ロープウエイ
　万年寺停車場と万年寺を結ぶ。
☎5090128
📅1月16日～12月14日　上り＝65元、下り＝45元
　12月15日～1月15日　上り＝30元、下り＝20元

観光専用車
　2系統あり、ともに2日間有効。
A路線：📅90元

峨眉山旅游バスセンター→雷洞坪停車場→万年寺停車場、
五顕崗停車場→峨眉山旅游バスセンター　※万年寺車
場→五顕崗停車場の区間はロープウエイと徒歩で移動
B路線：📅40元
峨眉山旅游バスセンター→万年寺停車場、五顕崗停車場
→峨眉山旅游バスセンター　※万年寺停車場→五顕崗停
車場の区間はロープウエイと徒歩で移動

ホテル	金頂大酒店／金頂大酒店	★★★

きんちょうだいしゅてん　jīndǐng dàjiǔdiàn

金頂付近に立つ3つ星ホテル。客室が少ないこともあり、オンシー
ズンは満室となることが多いので、宿泊には予約が必要。

両 替　ビジネスセンター　インターネット

Ⓜ P.537-B1
住 峨眉山風景区金頂
☎ (0833)5098077
🄵 (0833)5098015
Ⓢ 784元　Ⓣ 784元
サ なし　カ V

🚗 成都、楽山～峨眉山のアクセス

▶**成都・楽山発**
鉄道：成都東駅や成都南駅、楽山駅から「峨眉
山」行きで終点（多数あり。成都東＝2等65元、
所要1時間5分～。楽山＝2等11元、所要15分）。
バス：成都発／成都旅游バスセンター（→P.520）
から「峨眉山市各中心」行き（7:30～19:00の
間30分に1便。42元、所要2時間30分）で終点。
楽山発／肖壩旅游バスターミナル（Ⓜ P.534-A3）
から「峨眉山旅游客运中心（报国寺）」行きで終
点（7:30～17:30の間30分に1便。11元、所要1
時間）。

▶**峨眉山発**
鉄道：峨眉山駅（**地図外**／Ⓜ P.537-B2下）から
「成都东」や「成都南」、「乐山」（1日多数。成
都东＝2等65元、所要1時間6分～。楽山＝2等
11元、所要15分）に乗車する。
※报国寺～峨眉山駅／5B路バス「高铁广场站」
バス：成都／峨眉山旅游バスセンター（报国寺）
から「成都旅游客运中心」行きで終点（9:00～
16:00の間1時間に1便、17:30発。42元、所要2
時間30分）。楽山／峨眉山旅游バスセンター（报
国寺）から「肖坝旅游汽车站」行きで終点（8:30
～17:30の間30分に1便。11元、所要1時間）

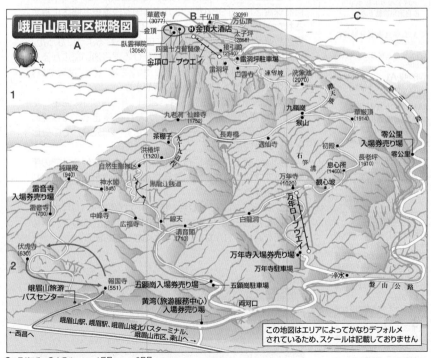

峨眉山風景区概略図

A　B　千仏頂 (3099)
華蔵寺 (3077)　万仏頂
金頂　Ⓗ 金頂大酒店　C
臥雲禅院 (3058)　接引殿 (2540)
四面十方普賢像　太子坪 (2858)
金頂ロープウエイ　雷洞坪駐車場
雷洞坪　白雲寺　洗象池 (2070)
連望坡

九老洞　仙峰寺 (1752)　九嶺崗
猴山
茶棚子　長寿橋　韋馱頂 (1914)
洪椿坪 (1120)　週山寺　初殿　零公里
純陽殿 (940)　自然生態猴区　石　長老坪 (1610)　入場券売り場
神水閣 (845)　黒龍江桟道　笋　息心所 (1460)　零公里
雷音寺 (700)　中峰寺　広福寺　線天　万年寺 (1020)　観心坡
雷音寺入場券売り場　清音閣 (710)　白龍洞　万年ロープウエイ
伏虎寺 (630)　万年寺入場券売り場
万年寺駐車場　浄水
峨眉山旅游バスセンター　報国寺 (551)　盤山公路
五顕崗入場券売り場　五顕崗駐車場
黄湾（旅游服務中心）入場券売り場　両河口

←西昌へ
峨眉山駅、峨眉駅、峨眉山城北バスターミナル、峨眉山市区、楽山へ→

この地図はエリアによってかなりデフォルメ
されているため、スケールは記載しておりません

●・見どころ　Ⓗ ホテル　← 1日目　← 2日目

最深部に位置する長海

九寨溝

神秘的な景観が続く峡谷

きゅうさいこう

ジウジャイゴウ 九寨沟 Jiǔ Zhài Gōu　　市外局番●0837

※データは2018年3月現在

ウルムチ・　　　　　・ハルビン
　　　　北京・　　・大連
九寨溝　　　西安・　・上海
ラサ・　　・成都
　　昆明・　　　　・広州
　　　　　・香港

都市DATA

九寨溝県
人口：7万人
面積：5290k㎡
アバチベット族チャン
族自治州管轄下の県

**県公安局九寨溝分局漳扎
鎮派出所**
（県公安局九寨沟分局漳扎鎮
派出所）
MP540-A1
住漳扎鎮　☎7734032
オ24時間　休なし
観光ビザの延長は不可

県人民医院漳扎鎮分院
（県人民医院漳扎鎮分院）
MP540-A1
住漳扎鎮
☎救急=7734981
オ24時間　休なし
酸素吸入は1時間15元。この
ほかにベッド使用料や診察料
などもかかる

市内交通

【路線バス】 漳扎鎮～九寨溝県を結ぶが、実
際は漳扎鎮～国大停
車場～九寨溝県と九寨
溝県～国大停車場～九
寨溝県の2路線
に分かれている。停留所はな
く、挙手でバスを停めて乗車
する。3元
【タクシー】 漳扎鎮内は一律
10元。漳扎鎮～九寨溝国家級
風景区入口は20～30元。長
距離移動の場合、乗車前に運
賃交渉が必要。空港～九寨溝
は片道200元（夜間300元）

概要と歩き方

　九寨溝は、成都の北約300km、四川省最北部に位置する
アバチベット族チャン族自治州の北東部にある景勝地。正式
には、九寨溝国家級風景名勝区といい、行政の中心地九寨溝
（永楽鎮）とは別の場所。名前は、峡谷沿いにチベット族の
暮らす小さな集落（盤信、彭布、故窪、盤亜、則査窪、黒
角、樹正、荷葉、扎西）が9つあったことに由来する。

　九寨溝は周囲を標高2000～4500mの山に囲まれており、
住民以外立ち入ることもまれな地域だった。1960年代以降
は、徐々に調査が進み、1975年、専門家によってその自然の
すばらしさが人々に伝えられた。その結果、1978年末には
自然保護区に、1984年には九寨溝国家級風景名勝区に指定
された。1992年に黄龍（→P.543）と同時にユネスコの世
界自然遺産に登録され、世界的に広く知られるようになった。

　九寨溝の魅力は、尕爾納山から延びる渓谷沿いに広がる神
秘的な自然景観。特に湖水の青、木々の緑（秋には黄や紅）
など豊かな色彩が人々を魅了してやまない。

　九寨溝国家級風景名勝区は、2017年8月8日に発生した
九寨溝地震の影響で観光客受け入れを停止していたが、
2018年3月8日より、一定の条件下（→P.539）での受け
入れ再開を決定した。

　当面は、個人で現地に行って申し込むより旅行会社での手
配をおすすめするが、利用する交通手段やホテルなども合わ
せて相談すること。

　オンシーズンは7～10月。特に木々が色づく10月がおす
すめ。ただし、10月初旬は中国の連休に当たるので、早め
に手配を進めておかないと行けなくなってしまう。

	1月	2月	3月	4月	5月	6月	7月	8月	9月	10月	11月	12月
平均最高気温(℃)						データなし						
平均最低気温(℃)						データなし						
平均気温(℃)	1.7	4.4	9.3	14.1	17.2	19.7	22.2	21.8	17.5	13.2	7.7	3.0

町の気象データ（→P.517）：「預報」＞「四川」＞「阿坝」＞「九寨沟」

Access 交通

中国国内の移動➡P.667　鉄道時刻表検索➡P.26

✈ 飛行機

九寨溝国家級風景名勝区の南約120kmに位置する九寨黄龍空港(JZH)を利用する。

[国際線] 日中間運航便はないので、運航便の多い成都や北京、上海で乗り継ぐとよい。

[国内線] 最も便数が多いのは成都。冬季はかなりの減便となる。

[所要時間(目安)] 成都(CTU)／1時間5分

🚌 バス

九寨溝口旅游バスセンターを利用する。雨季に当たる夏は大雨で道路が通行止めとなることもある。陸路アクセスを考えている人は天気予報に注意。

[所要時間(目安)] 成都／9時間　松潘／3時間30分

Data

✈ 飛行機

● **九寨黄龍空港**(九寨黄龙机场)

[M] **地図外(P.540-A2左)** [住]松潘県川主寺鎮

☎インフォメーション＝7243770

航空券売り場＝7243737

[オ]6:00～最終便 [休]なし [カ]不可

[移動手段] **エアポートバス**(空港～九寨溝口)／50元、所要2時間が目安。空港→市内＝8人集まって出発　市内→空港＝事前に電話を入れてピックアップしてもらう(☎7243612) **タクシー**(空港～九寨溝口)／200元(夜間300元)、所要1時間30分が目安

3ヵ月以内の航空券を販売。

🚌 バス

● **九寨溝口旅游バスセンター**

(九寨沟口旅游客运中心)

[M] **P.540-C1** [住]漳扎鎮九寨溝口

☎7739900 [オ]6:30～17:00 [休]なし [カ]不可

[移動手段] **タクシー**(九寨溝口旅游バスセンター～九寨溝口)／10元、所要10～15分が目安

5日以内の切符を販売。成都、松潘(1便)などアバチベット族チャン族自治州を中心とした四川省内便がメイン。

成都便(成都旅游、茶店子)はオンシーズンには6:30～9:00の間10便前後、オフシーズンには2～3便。また、5月～10月上旬には黄龍とを結ぶ黄龍観光専用バスも運行される。7:00発、45元(往復)。観光時間は3～4時間。なお、積雪や大雨などの天候でキャンセルとなることもある。

ℹ インフォメーション

九寨溝への観光客受け入れ再開(2021年9月28日～)

2018年以降たびたび自然災害に見舞われた九寨溝だが、全面復旧工事が完了し、観光客の受け入れを再開している。ただし、環境保全のため、入場者数は1日3万～4万1000人に制限されているので、観光客の多い夏期は旅行会社などを利用した予約をおすすめする。なお、新型コロナウイルス対策として、マスク必着、入口における検温などが施行されているので注意。

また、九寨溝のある四川省アバチベット族チャン族自治州内で新型コロナウイルスが蔓延した際には、九寨溝への観光客の受け入れが停止されるので、中国における最新の新型コロナウイルスに関連するニュースにも注視しておきたい。

●景区内の観光

以前と同様に観光バスを利用して各見どころに向かい観光することになっている。基本的にはまず、最奥部の長海に向かい、その後観光しながら諾日朗センターに戻り、原始林景区方面に行って観光するか入口に向かって観光する。

なお、入場者が少ない際(300人以内)には集団で行動することになっており、同じバスに乗車し、決まった行程を観光することになる。

●入場券の購入

電話確認したところ、インターネットを利用した事前購入ができない外国人のために外国人専用の窓口を設置して当日券を販売するということだった。ただ、万全を期すのであれば、旅行会社などを通して入場券を事前に手配しておくことをおすすめする。

(情報は2022年4月11日現在)

九寨溝には自然が育んだ絶景が広がる

箭竹海から流れ落ちる箭竹海瀑布

この世のものとは思えぬ景観　オススメ度 ★★★　世界遺産

九寨溝国家級風景名勝区／

きゅうさいこうこっかきゅうふうけいめいしょうく

九寨沟国家级风景名胜区　jiǔzhàigōu guójiājí fēngjǐng míngshèngqū

1～2日

　九寨溝国家級風景名勝区は約720km²の広さをもつ景勝地で、古くは翠海と呼ばれていた。Y字形に延びる樹正溝、日則溝、則査窪溝という3つの峡谷を中心に原始森林景区、日則景区、樹正景区、宝鏡崖景区、長海景区の5つのエリアに区分される。そこには、100を超える湖や、湿地、滝など

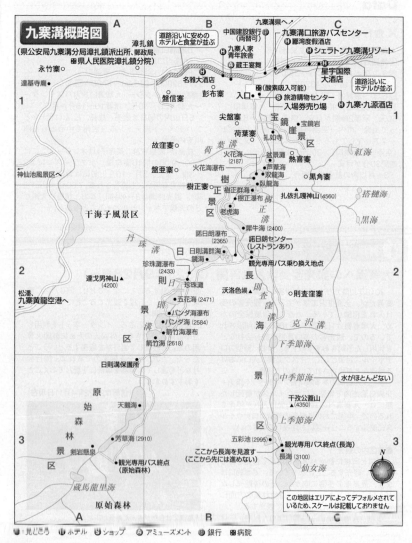

九寨溝概略図

（県公安局九寨溝分局漳扎鎮派出所、郵政局、県人民医院漳扎鎮分院）

漳扎鎮

道路沿いに安めのホテルと食堂が並ぶ

九寨溝県へ→

中国建設銀行（両替可）

九寨溝口旅游巴士センター

㊋瀾湾度假酒店

㊋シェラトン九寨溝リゾート

九寨人家青年旅舎

蔵王宴舞

星宇国際大酒店

道路沿いにホテルが並ぶ

永竹寨　達基寺廟

名雅大酒店

彭布寨

（酸素吸入可能）

入口

㊋九寨・九源酒店

旅游購物センター

入場券売り場

盤信寨

尖盤寨

荷葉寨

扎如寺

宝鏡崖景区

宝鏡岩

故窪寨

盤亜寨

火花海(2187)

荷葉溝

火花海瀑布

盆景灘

熱喜寨

芦葦海

紅海

双龍海

臥龍海

樹正寨

樹正景区

樹正瀑布

樹正群海

老虎海

扎依扎嘎神山(4560)

搭雉海

黒角寨

黒海

干海子風景区

丹珠溝

諾日朗瀑布(2365)

犀牛海(2400)

諾日朗センター（レストランあり）

松潘、九寨黄龍空港へ→

達戈男神山▲(4200)

珍珠灘瀑布(2433)

日則溝群海

鏡海

珍珠灘

観光専用バス乗り換え地点

沃洛色嫫

則査窪寨

神仙池風景区へ→

五花海(2471)

パンダ海瀑布

パンダ海(2584)

箭竹海瀑布

箭竹海(2618)

日則溝保護所

天鵝海

芳草海(2910)

剣岩懸泉

観光専用バス終点（原始森林）

蔵馬龍里海

原始森林

日則景区

則査窪溝

克沢溝

下季節海

中季節海

水がほとんどない

干孜公嘎山▲(4350)

上季節海

五彩池(2995)

ここから長海を見渡す（ここから先には進めない）

長海(3100)

観光専用バス終点（長海）

仙女海

長海景区

この地図はエリアによってデフォルメされているため、スケールは記載しておりません

N

原始森林

㊟見どころ　㊋ホテル　㊡ショップ　㊄アミューズメント　㊐銀行　㊊病院

が点在し、透明度の高い水面に周囲の緑や雪山の白、秋の色づいた木々の葉が映えるさまが、信じがたいほど美しく、多くの観光客を引きつける。

九寨溝の独特の景観は、地殻変動や氷河による浸食、火山活動などによって生み出されたもので、その完成までは長い時間を必要とした。現在も残る湖は、氷河の消失（4000年ほど前）によって生まれた「海子」という堰止め湖の一種。

原始森林景区／原始森林景区　yuánshǐ sēnlín jǐngqū
げんししんりんけいく

風景名勝区の南西奥に位置する景勝エリアであり、観光専用バス西側路線の終点。ここを訪れる観光客はさほど多くなく、雲杉をはじめとする森林に覆われ、静謐な雰囲気に包まれている。おもな見どころは芳草海、天鵝海など。

日則景区／日則景区　rìzé jǐngqū
にっそくけいく

原始森林景区の北に広がる開けたエリア。九寨溝観光の中心となる。九寨溝の代表的なイメージである青い海子や滝、緑豊かな木々などが織りなす色彩豊かな景観を堪能できる。木々が色づく秋にはさらにすばらしい風景が広がる。パンダ海、五花海、珍珠灘瀑布などが代表的。

パンダ海は海抜2584m地点にある平均水深14mの海子。湖は広く、澄んでおり、泳ぐ魚も見ることができる。風のない日には、湖面に青い空、白い雲、緑の木々を映し出す。以前はこの湖で水を飲むパンダが目撃されたことからこう呼ばれることになった。

五花海は海抜2471m地点にある水深5mの海子。九寨溝を代表する見どころ。湖底にはマグネシウムや銅などを含んだ石灰質が沈殿し、多種な藻が生えていることから、いろいろな色彩が生み出されている。その色合いは、信じられないくらいきれい。その景観を目にすれば、「九寨溝一絶（九寨溝にしかない）」といわれるのも納得がいくだろう。

以前は五花海より高い東側の道路から全体を見渡すことができたが、安全面や交通事情から禁止され、湖の奥にある平台から全体を見ることになった。そこから少し上った所に小さい展望台が造られているが、視野はかなり狭くなる。

九寨溝国家級風景名勝区

M P.540　**住** 九寨溝県
☎ 7739444、7739753
営 4月1日～11月15日
　　7:00～18:00
　　11月16日～3月31日
　　8:30～17:30
※入場券販売はいずれも14:00まで
休 なし
料 入場料＝110元
　　観光バス＝90元
※運行時間は7:00～18:00
※有効期間はともに当日
※窓口では任意で保険（10元）に加入できる
※2019年以降は未定
交 ホテルから入口まで徒歩またはタクシーを利用する
U www.jiuzhai.com

原始森林景区
M P.540-A3

日則景区
M P.540-A～B2～3

蒼い湖水に沈む倒木が神秘的

九寨溝で最も大きい滝、諾日朗瀑布（樹正景区→P.542）

樹正景区／树正景区　shùzhèng jǐngqū

入口と諾日朗瀑布との間に広がる景勝エリア。比較的平らな景観が続くエリアで、水の流れと滝が見どころの中心となる。観光スポットとしては、犀牛海、老虎海、樹正瀑布、樹正群海、火花海などがある。

宝鏡崖景区／宝镜崖景区　bǎojìngyá jǐngqū

樹正景区の北に広がる景勝エリア。一般的な順路での観光では、最後に訪れる人が多い。いちばんの見どころは、浅瀬に生えるツツジや松などの木々の根元に酸化カルシウムが沈着した様子を盆栽に見立てた盆景灘。そのほかに、アシが生い茂る芦葦海などもある。

長海景区／长海景区　chánghǎi jǐngqū

諾日朗センターと長海とを結ぶ18kmの則査窪溝に広がる景。見どころは景区南東の最奥部にある長海と五彩池のふたつ。

五彩池は九寨溝のなかで最も鮮やかな湖

長海は海抜3100m地点にある湖。山に沿ってS字状に湾曲する長さ5km、最大幅600m、最深部は100m強、面積93万㎡と九寨溝一の規模を誇る。水源は周囲の高峰からの雪解け水。湖水は深い藍色で、万年雪の白、森林の緑との対比が美しい。また、展望台側の岸辺には老人柏と呼ばれる古木が立つ。

五彩池は海抜2995m地点にある面積5645㎡、最深部6.6mの小さな海子だが、見事な色彩で九寨溝有数の人気スポットになっている。長海から1kmほどで遊歩道も整備されており、徒歩で簡単に移動できる。

海子はクリアブルーやオレンジ、グリーンなど鮮やかな色をしているが、これは水酸化カルシウムを多く含む湖水、それを吸収した水生植物などによるもので、その日の風向きや太陽光によって色合いが変化する。

シェラトン九寨溝リゾート／九寨沟喜来登国际大酒店 ★★★／★★　jiǔzhàigōu xǐláidēng guójì dàjiǔdiàn

チベット式のホスピタリティを提供している。館内のレストランでは、西洋料理、中国料理を堪能できる。10月は価格が最高となる。

両替　ビジネスセンター　インターネット　Ｕwww.starwoodhotels.com/sheraton

MP.540-C1
住漳扎鎮火地壩
☎7739988
ＦＡＸ(028)66627499
Ｓ1488元　Ｔ1488元
サなし　ＣＡＤＪＭＶ

星宇国際大酒店／星宇国際大酒店 ★★★／★★　xīngyǔ guójì dàjiǔdiàn

九寨溝国家級風景名勝区入口の東にあり、1～3号楼に分かれている。外観はチベット族の建築様式。12～3月は全面休業。

両替　ビジネスセンター　インターネット　Ｕwww.xingyuhotel.com

MP.540-C1
住漳扎鎮火地壩
☎6961888
ＦＡＸ6969666
Ｓ1000元　Ｔ900元
サなし　Ｃ不可

九寨・九源酒店／九寨・九源酒店 ★★／★★　jiǔzhài jiǔyuán jiǔdiàn

周囲は静かでゆったりくつろげる。中国料理と西洋料理を提供するレストランを併設。また、ホテルの周囲にもレストランはある。

両替　ビジネスセンター　インターネット

MP.540-C1
住漳扎鎮火地壩
☎6966999
Ｓリパ〜526元
Ｔ370〜526元
サなし　Ｃ不可

九寨溝からの小旅行

黄龍
こうりゅう

空の色を映す五彩池

ホワンロン
黄龙 Huáng Lóng

▶D06 成都 九寨溝 麗江（2018〜19）→P.86

町の様子

黄龍国家級風景区は黄龍溝にある広さ600㎡の景勝地。町といえるのは入場券売り場の手前くらいで、宿泊施設が若干ある程度。

見どころ

世界遺産 黄龍国家級風景名勝区 平均海抜3000mを超える高地に、長さ7.5km、幅300mにわたる渓谷沿いの探勝コースがある。豊かな緑と湿原の景色が広がり、キンシコウなどの希少動物が生息している。また、大量の石灰質を含む地下水が造り出す棚田のような池は天候により多彩な色彩に変化する。1992年に世界自然遺産に登録された。

黄龍は高地であり、風景名勝区入口から奥の五彩池（標高3700m）まで約7kmもある。往復とも歩いての探勝は体力的にし時間的にもかなりつらい。上りに黄龍ロープウエイを使い、帰りは徒歩で下るのがおすすめ。ロープウエイの山頂駅から五彩池までは高低の少ない遊歩道があり、片道50分ほどで到達できる。遊歩道の途中には酸素吸入のできる休憩所があるので、上手に利用しながら観光しよう。冬は寒さが厳しく、交通も不便となるので観光には不適。

黄龍国家級風景名勝区
MP515-E2 ☎(0837)7249055、7249188
ⓘ4月1日〜11月15日7:30〜18:00 11月16日〜3月31日10:00〜15:30 ※状況により閉鎖もあり 休なし 料4月1日〜11月15日=200元、11月16日〜3月31日=60元
Ⓤwww.huanglong.com

黄龍ロープウエイ
料上り=80元、下り=40元 ※12月〜3月は運休

名物 マツタケなどのキノコやチベット文化圏ならではのヤク肉料理やバター茶が名物。ただし、観光地なので価格は高い。

宿泊 宿泊施設が少ないので、九寨溝から日帰りするのがおすすめ。

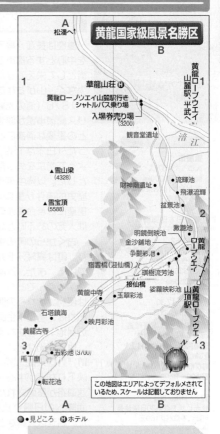

黄龍国家級風景名勝区

●=見どころ Ⓗ=ホテル

この地図はエリアによってデフォルメされているため、スケールは記載しておりません

九寨溝〜黄龍のアクセス

▶**九寨溝または松潘から** 九寨溝からは5月〜10月上旬の間、観光専用バスが1便出ている（7:00発、往復45元）。便数が少ないのでタクシーが便利。九寨黄龍空港から黄龍まで片道300元（夜350元）。松潘から黄龍までタクシー往復は400元が目安。
▶**黄龍から** 松潘や九寨溝行きのバスがある。

重慶

じゅうけい

チョンチン
重庆 Chóng Qìng

市外局番●023

解放碑を中心とした繁華街の近代的な景観

ウルムチ・ ・ハルビン
・北京 ・大連
西安・ ・上海
ラサ・ 成都・○重慶
昆明・ ・広州
・香港

都市DATA

重慶市
人口：3343万人
面積：8万2000㎢
26区8県4自治県を管轄
する直轄市

在重慶日本国総領事館
（日本国駐重慶総領事館）
MP547-E2
個渝中区邹容路68号重慶大
都会商廈37階
☎63733585
📠63733589
⏰8:45～12:30、
13:30～17:30
休土・日曜、祝日

市公安局出入境管理処
（市公安局出入境管理処）
M地図外（P547-D1上）
個渝北区金石大道311号
☎63961944、63961916
⏰9:00～12:00、
14:00～17:00
休土・日曜、祝日
観光ビザを最長30日間延長
可能。手数料は160元

市救急医療センター
（市急救医疗中心）
MP546-A3
個渝中区健康路1号市第四
民医院内
☎63692248
⏰24時間
休なし

概要と歩き方

　重慶は長江（揚子江）と嘉陵江の合流点に位置する渝中区
を中心とする都市で、古くから長江を利用した水上交通の要
衝として栄えてきた。その略称は巴または渝。町には平地が
少なく、山がちなことから山城という別称ももつ。

　1876（清の光緒2）年に結ばれた煙台条約によってイギ
リス総領事館が開設されてからは、中国内陸部における外国
との重要な通商口として、多くの西洋列強が進出する町とな
った（日本は1896年に領事館を開設）。日中戦争の勃発に
よって南京を失った国民党は、重慶を首都に定め抵抗の拠点
とした。以降中華人民共和国が成立する1949年まで多くの
歴史的事件が重慶で発生した。このような歴史的背景から、
重慶には革命関連の史跡が多く残っており、中国人観光客に
は人気のある町となっている。

　古くからの町の中心であった渝中区は面積もかぎられてお
り、町は嘉陵江北岸の江北区や渝北区などの周辺部に広がっ
ている。また、渝中区とその周辺部を結ぶため、軌道交通の
整備が進んでおり、市内のアクセス
は便利。これらの開発計画に興味が
あれば、重慶市企画展覧館（朝天門
広場地下）を訪ねるとよい。

　重慶観光は上述した革命関連の史
跡、外国人観光客にも人気が高い三
峡下りなどが中心。そのほかに、高
速道路が整備されたおかげで大足や
武隆への日帰り旅行も可能になっ
た。料理は火鍋など激辛のものが中
心だが、一度はチャレンジしてみた
い。

洪崖洞をイメージしたモニュメント

	1月	2月	3月	4月	5月	6月	7月	8月	9月	10月	11月	12月
平均最高気温(℃)	10.4	12.6	17.9	23.1	20.7	29.3	33.4	33.8	28.0	21.8	16.8	12.1
平均最低気温(℃)	5.7	7.0	10.9	15.1	18.8	21.6	24.4	24.3	20.7	16.1	11.8	7.4
平均気温(℃)	8.1	9.8	14.4	19.1	22.8	25.5	28.9	29.1	24.1	18.8	14.3	9.8

町の気象データ（→P.517）：「預報」＞「重庆」＞区・県から選択

中国国内の移動➡P.667　鉄道時刻表検索➡P.26

✈ 飛行機

渝中区の北18kmに位置する重慶江北国際空港(CKG)を利用する。日中間運航便は2路線あり、国内線は主要都市との間に運航便がある。

国際線　成田(11便)、関西(3便)。

国内線　北京、上海、広州、昆明など主要都市との間に運航便がある。

所要時間(目安)　北京首都(PEK)／1時間40分　上海浦東(PVG)／2時間20分　広州(CAN)／2時間　昆明(KMG)／1時間30分　西安(XIY)／1時間20分

🚃 鉄道

重慶は多くの鉄道が交差する交通の要衝。重慶市内には主要な駅が3つあるが、観光客が利用するのは重慶西駅と重慶北駅。なかでも2018年1月に開業した重慶西駅は西南エリアの鉄道駅としては最大規模。利用時にはどの駅か確認すること。

所要時間(目安)　【重慶西(cqx)】成都東(cdd)／高鉄：1時間17分　貴陽北(gyb)／動車：2時間2分　昆明南(kmn)／高鉄：4時間35分　【重慶北(cqb)】成都東(cdd)／高鉄：1時間34分

🚌 バス

市内には多数のバスターミナルがあるが、アクセスを考えると重慶バスターミナルや重慶北駅南広場バスターミナルなどが便利。

所要時間(目安)　大足／2時間　武隆／2時間　成都／4時間　楽山／6時間

Data

✈ 飛行機

●**重慶江北国際空港**（重庆江北国际机场）
Ⓜ地図外（P547-D1上）　住渝北区両路鎮
☎966666　営始発便~最終便　休なし　切不可
Ⓤwww.cqa.cn
[移動手段] エアポートバス(K01路：空港~加州花園~上清寺~人民大礼堂~渝中半島旅游区游客中心)／一律15元、所要1時間が目安　空港→市内＝到着便のある間30分に1便　市内→空港＝5:30~21:00の間30分に1便　タクシー（空港~解放碑）／100元、所要50分が目安　軌道交通／3、10号線「江北机場T2航站楼」。10号線「江北机場T3航站楼」

🚃 鉄道

●**重慶西駅**（重庆火车西站）
Ⓜ地図外（P546-A3左）
住沙坪壩区新橋街道鳳中path段168号
営6:00~24:00　休なし　切不可
[移動手段] タクシー（重慶西駅~解放碑）／55元、所要45分が目安　路線バス／G01、G02、325、411、473路バス「重庆西站」
28日以内の切符を販売。G01は解放碑発着、G02は重慶北駅発着。

●**重慶北駅**（重庆火车北站）
Ⓜ地図外（P547-D1上）
住渝北区昆崙大道51号附8号
☎共通電話＝12306　営24時間
休なし　切不可
[移動手段] タクシー（重慶北駅~解放碑）／南広場＝25元、所要25分が目安。北広場＝30元、30分が目安　軌道交通／南広場＝3号線「重庆北站南广场」。北広場＝10号線「重庆北站北广场」
28日以内の切符を販売。南広場と北広場では交通経路が異なるので注意。特にタクシー利用時は乗車時に必ずどちらか伝えること。

🚌 バス

●**重慶バスターミナル**（重庆汽车站）
Ⓜ P.546-A3　住渝中区菜園壩菜袁路6号
☎89033855　営6:00~21:00　休なし　切不可
[移動手段] タクシー（重慶バスターミナル~解放碑）／20元、所要20分が目安　軌道交通／1、3号線「両路口」。下車後、皇冠エスカレーター利用(2元)
10日以内の切符を販売。重慶駅の南隣に位置する。大足(7:40~18:20の間4便)、成都(総合バスターミナル：4便)、楽山(バスセンター：6便)、峨眉山(報国寺：9:00発)など。

●**重慶北駅南広場バスターミナル**
（重庆北站南广场汽车站）
Ⓜ地図外（P547-D1上）　住渝北区泰山大道中段
☎89139918　営5:30~21:00　休なし　切不可
[移動手段] タクシー（重慶北駅南広場バスターミナル~解放碑）／25元、所要25分が目安　軌道交通／3号線「重庆北站南广场」
7日以内の切符を販売。巫山(8便)、大足(7:30~21:20の間12便)、楽山(バスセンター：3便)など。

●**陳家坪バスターミナル**（陈家坪汽车站）
Ⓜ地図外（P546-A2左）　住九龍坡区石楊路39号
☎89088988　営6:30~20:30　休なし　切不可
[移動手段] タクシー（陳家坪バスターミナル~解放碑）／35元、所要40分が目安　軌道交通／1号線「石橋铺」。南に約700m　路線バス／109、298、341、364、404路「陈家坪长途站」
7日以内の切符を販売。大足(6:40~20:30の間6便)、楽山(バスセンター：4便)、峨眉山(2便)など。

●**四公里枢紐バスターミナル**
（四公里交通换乘枢纽）
Ⓜ地図外（P546-B4下）　住南岸区煙雨路
☎88361260　営7:00~19:30　休なし　切不可
[移動手段] タクシー（四公里枢紐バスターミナル~解放碑）／25元、所要20分が目安　軌道交通／3号線「四公里」
3日以内の切符を販売。武隆(7:30~15:50の間50分に1便。17:00、18:10、19:40発)など。

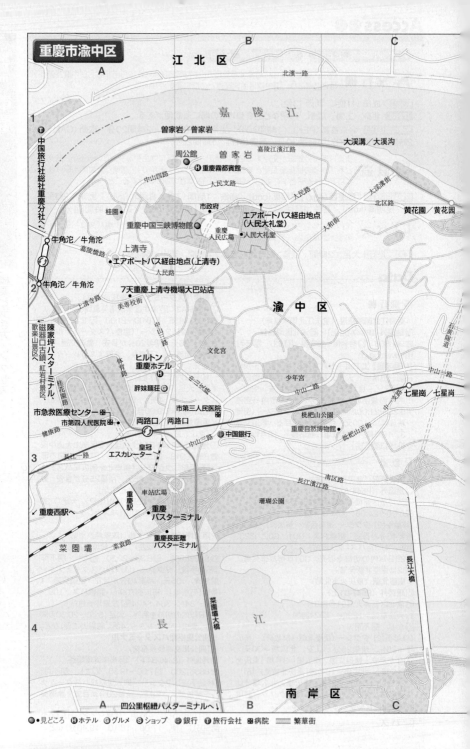

重慶市渝中区

A　B　C

江北区

嘉陵江

1

北濱一路

曽家岩／曽家岩

中国旅行社総社重慶分社へ↗

周公館　曽家岩

嘉陵江濱江路

大渓溝／大渓沟

重慶霧都賓館

中山四路

大渓清街

大渓清街

人民支路

人民路

北区路

桂園

市政府

北区路

黄花園／黄花園

重慶中国三峡博物館

重慶人民広場

エアポートバス経由地点（人民大礼堂）

和街

牛角沱／牛角沱

上清寺

人民大礼堂

嘉陵橋路

エアポートバス経由地点（上清寺）

渝中区

石黄陵道

2

牛角沱／牛角沱

人民路

上清寺路

7天重慶上清寺機場大巴站店

中山一路

美専校街

陳家坪バスターミナル、磁器口古鎮、歌楽山景区へ↗

中山三路

文化宮

紅岩村景区へ

ヒルトン重慶ホテル

少年宮

中山二路

七星崗／七星岗

体育路

中三支路

桂花園路

胖妹麺荘

枇杷山公園

重慶自然博物館

中山一路

市急救医療センター

第三人民医院

枇杷山正街

市第四人民医院

両路口／両路口

中国銀行

3

健康路

長江路

皇冠エスカレーター

中山三路

南区路

長江濱江路

重慶駅

車站広場

珊瑚公園

↙重慶西駅へ

重慶バスターミナル

重慶長距離バスターミナル

長江大橋

菜園壩

菜園壩路

菜園壩大橋

4

長

江

南岸区

A　B　C

四公里枢紐バスターミナルへ↙

●・見どころ　Ｈホテル　Ｇグルメ　Ｓショップ　Ｓ銀行　Ｔ旅行会社　病院　繁華街

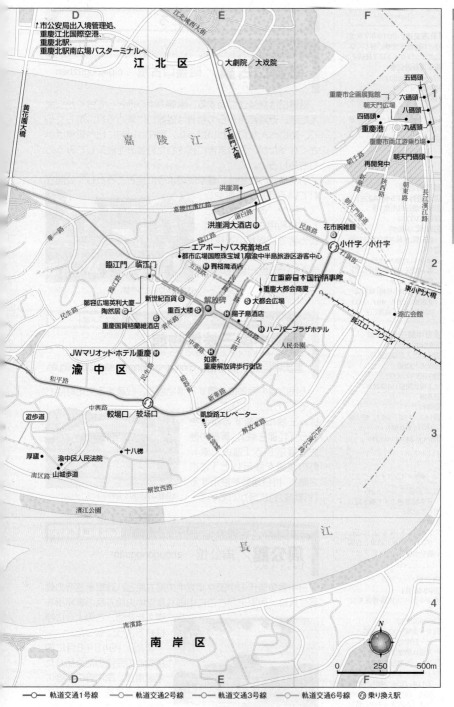

D

1市公安局出入境管理処、
重慶江北国際空港、
重慶北駅、
重慶北駅南広場バスターミナルへ

江 北 区

黄花園大橋

千廝門大橋

嘉 陵 江

E

江北城西大街

大劇院／大戯院

F

五碼頭

六碼頭

重慶市企画展覧館
朝天門広場

八碼頭

四碼頭

重慶港

九碼頭

1

重慶市両江游り場

朝天門碼頭

再開発中

新華路

陝西路

朝東路

長江濱江路

洪崖洞

嘉陵江濱江路

洪崖洞大酒店 H

臨江路

エアポートバス発着地点
都市広場国際珠宝城1階渝中半島旅游区游客中心

臨江門／臨江門

賽格爾酒店 H

鄒容広場英利大厦
陶然居

新世紀百貨 S

重百大楼 S

解放碑

大都会広場 S

揚子島酒店 S

在重慶日本国総領事館
重慶大都会商慶

濱白路

民族路

花市晩雑麺

小什字／小什字

打銅街

東小門大橋

湖広会館

長江ロープウェイ

渝中区

JWマリオット・ホテル重慶 H

民生路

和平路

中興路

較場口／較場口

如家-
重慶解放碑歩行街店 H

ハーバープラザホテル

人民公園

凱旋路エレベーター

2

3

遊歩道

厚蘆

渝中区人民法院

十八梯

南区路 山城歩道

解放西路

濱江公園

南濱路

南 岸 区

長

江

4

N

0   250   500m

D   E   F

—○— 軌道交通1号線   —○— 軌道交通2号線   —○— 軌道交通3号線   —○— 軌道交通6号線   ◎ 乗り換え駅

市内交通

【軌道交通】2018年7月現在、6路線が営業。詳しくは公式ウェブサイトにて確認を

重慶市軌道交通

[U]www.cqmetro.cn

路線図→P.684

【路線バス】運行時間の目安は6:00〜21:30、2元

【タクシー】初乗り3km未満10元、3km以上1kmごとに2元加算

磁器口古鎮

[M]地図外（P.546-A2左）

[住]沙坪壩区磁南路1号

☎65010003

[オ]磁器口24時間
鐘家院、宝輪寺8:00〜17:30

[休]なし

[料]磁器口古鎮＝無料、宝輪寺＝10元（焼香代として）、鐘家院＝10元

[交]①軌道交通1号線「磁器口」
②202、261、467、503、808路バス「磁器口」

重慶中国三峡博物館

[M]P.546-B2

[住]渝中区人民路236号

☎63679066

[オ]9:00〜17:00
※入場は閉館1時間前まで

[休]月曜

[料]無料

[交]112、152、262、881路バス「大礼堂」

[U]www.3gmuseum.cn

[i] インフォメーション

日本語音声ガイド機

日本語音声ガイド機を貸し出している。

[料]20元
※デポジット（保証金）100元、パスポートなどの身分証明書が必要

周公館

[M]P.546-B1

[住]渝中区中山四路曽家岩50号

☎63862323

[オ]月〜金曜9:00〜19:00
土・日曜9:00〜17:00
※入場は閉館30分前まで

[休]なし　[料]無料

[交]①軌道交通2号線「曽家岩」
②114、152、461、465、601、602、612、818路バス「上清寺（中山三路）」

見どころ

水運の要衝として栄えた古鎮　オススメ度 ★★★

磁器口古鎮（じきこうこちん）／磁器口古镇　cíqìkǒugǔzhèn

磁器口は嘉陵江に面する、水運の中心地として古くから栄えた港。近隣都市からの物資は磁器口に集められ、市も立って、たいへんなにぎわいだった。現在は以前に比べ規模は小さくなったが、昔のままに残された町並みを散策してみるのもおもしろい。

明清様式の建物は、鐘家院のように見どころとして公開されているほか、茶館やレストラン、みやげ物店としても利用され、多くの観光客でにぎわいを見せている。町なかには宝輪寺という6世紀創建の古刹もある。

磁器口入口に立つ牌楼

重慶に関する展示がメインの博物館　オススメ度 ★★★

重慶中国三峡博物館（じゅうけいちゅうごくさんきょうはくぶつかん）／重庆中国三峡博物馆　chóngqìng zhōngguó sānxiá bówùguǎn

人民広場の西側に位置する博物館で、収蔵する文化財はおよそ17万点にも及ぶ。館内は、三峡に関連する展示を行う「壮麗三峡」、重慶の歴史を展示する「遠古巴渝」、町の変遷を展示した「城市之路」、抗日運動を展示する「抗戦歳月」に分かれている。

博物館は近代的な外観をもつ

中国共産党の拠点として使用された施設　オススメ度 ★★★

周公館（しゅうこうかん）／周公馆　zhōugōngguǎn

日中戦争時代の中国共産党中央南方局と八路軍事務所の職員住居跡。周恩来がここに中国共産党中央南方局の事務所を構えたため、このように呼ばれるようになった。

また、1945年8月に国民党との会談のため訪れた毛沢東が、国内外の記者に対して会見を行った場所でもある。

周恩来像と後ろに立つ周公館

世界遺産に登録された石刻　オススメ度 ★★★ 世界遺産

大足石刻／大足石刻　dàzú shíkè
だいそくせっこく

　重慶市区の西約170kmに位置する大足には、仏教を中心とした宗教関連の石刻が多く残っている。その重要性が世界的に認められ、1999年には世界文化遺産に登録された。石刻群の中心となるのは宝頂山石刻と北山石刻。重慶を早朝に出れば十分日帰り観光も可能。

　宝頂山石刻は町の北東約15kmの宝頂山にあり、12世紀後期に仏教の修験場として仏像が彫られたのがその始まり。13の石刻群で構成されており、全幅30mを超える釈迦涅槃聖跡図が特に有名。

釈迦涅槃聖跡図は圧巻（宝頂山石刻）

　北山石刻は町の北2kmの北山にある石刻群で9世紀末から12世紀中期にかけて彫られた約5000体の像が現存する。代表的なものには、数珠手観音窟や孔雀明王窟などがある。

六道輪廻（宝頂山石刻）

数珠手観音窟（北山石刻第125窟）

●●見どころ　Hホテル　面病院

重慶市　重慶

見どころ／郊外の見どころ／大足区中心マップ

大足石刻
M P.515-E3
U www.dazusk.com

宝頂山石刻
M 地図外（P.549-C1右）
住 大足区宝頂山
☎ 43734666、43785774
開 8:30～18:00
※入場は閉門1時間30分前まで
休 なし
料 宝頂山石刻：
　3～11月＝135元
　12～2月＝110元
交 ①205路バス「宝頂山石刻」
　（6:30～18:30の間運行。3元、所要40分）
　②タクシーを利用する。大足バスターミナルから片道40～50元が目安

北山石刻
M P.549-A1
住 龍崗鎮北郊外
☎ 43734666、43785774
開 8:30～18:00
※入場は閉門1時間30分前まで
休 なし
料 3～11月＝90元
　12～2月＝70元
交 タクシーを利用する。大足バスターミナルから片道10～15元が目安

ⓘ ▶▶▶ インフォメーション

重慶からのアクセス
　重慶バスターミナルや陳家坪バスターミナルなどで大足行きに乗車する。6:30～18:00の間40分～1時間に1便。所要2時間30分。

宝頂山石刻の電動カート
　駐車場と入場券売り場の間（約500m）に電動カートが運行されている。
料 往復3元

共通券
　宝頂山石刻と北山石刻には共通券がある（2日間有効）。
料 3～11月＝170元
　12～2月＝120元

549

三峡遊覧／三峡游　sānxiáyóu
さんきょうゆうらん

インフォメーション

新三峡クルーズ

ダム工事によって、日本からのツアー企画は一時衰退したが、新たな観光ポイントを加えた『新三峡クルーズ』が、数多くの船会社によって運航されている。

三峡遊覧コース

基本区間は重慶〜宜昌（湖北省）。下り3泊4日、上り4泊5日。2500〜2800元。上りのコースは日本からのツアーではほとんど企画されない。

三峡ダムの完成による変化

三峡ダムから上流は、水位が上昇し川幅は広がったが、周囲が切り立った山々であることから、以前の景色と大きく変わった印象は受けない。むしろ水深を得て大型船の運航も可能になった。

さらに、従来の船に加え、インターナショナルなサービスの5つ星大型クルーズ船（5、6隻）が導入され、より快適な船旅ができるようになったのは大きな変化だ。5つ星の船でも海のクルーズのようにフォーマルを強いるところはなく、カジュアルな雰囲気で過ごしやすい。

上陸地点

鬼城、雪玉洞、白帝城、小三峡、神農峡、三峡ダムなどのうち、各ツアーともダムを入れて4ヵ所ほどに立ち寄る。上陸地点はツアーや船会社によって異なるので、必ず事前に確認しよう。

揚子江とも呼ばれる長江は、チベット高原のタンラ山脈に源流を発し、6300kmを流れて東シナ海（中国語では東海）に注ぐ。その大河の中流域に、瞿塘峡、巫峡、西陵峡の3つの渓谷が連なる三峡と呼ばれる場所があり、重なり合う山々、両岸から絶壁が迫り、黄土色の激流が水しぶきを上げる、天下の絶景を造り出している。

昔は旅人の行く手を阻んだ三峡も、三峡ダムの完成によって川幅が広がり、流れも緩やかになった。水位は上昇したが、沿岸の景観は今も魅力にあふれている。

三峡を旅するには、遊覧船を利用することになるが、船のグレードや船室などで大きく料金が変わる。申し込む際は、条件と料金の比較検討をよく行うこと。

▶白帝城（はくていじょう）／白帝城（báidìchéng）

『三国志』劉備遺言の場を再現。李白の詩碑などもある

白帝城は、奉節県の瞿塘峡の西側に位置する楼閣。三面を長江に囲まれた山上に立ち、軍事上の要衝として知られてきた。その歴史は前漢末、この地を掌握した公孫述が築城したことに始まるが、彼が白帝と自称したことから、白帝城と呼ばれるようになった。

日本人にとっては、三国時代の蜀の皇帝劉備が呉に破れ、諸葛亮に後事を託して生涯を終えた地として知られている。しかし、彼らが祀られたのは、1533（明の嘉靖12）年以降のことだ。

▶瞿塘峡（くとうきょう）／瞿塘峡（qútángxiá）

夔門に彫られた文字

白帝城から8km下流にある三峡最西部の峡谷。全長8kmと最も短いが、ほぼ垂直にそそり立つ断崖の景観がすばらしい。古桟道と呼ばれる道の跡や崖の横穴に入れられた棺桶も見える。この棺桶はふいごに見立てて作られたもの。このあたりは風箱峡とも呼ばれている。

▶巫峡（ふきょう）／巫峡（wūxiá）

北岸六峰、南岸六峰を合わせて巫山十二峰と呼ばれる、景観の美しい山々に囲まれた全長44kmの峡谷。その断崖の美しさは三峡一。

▶三峡ダム（さんきょうだむ）／三峡大坝（sānxiá dàbà）

三峡ダム壇子嶺観景台から見た三峡ダム

全長76kmと三峡のなかでも長い渓谷、西陵峡の終点（宜昌出発なら始点）ともいえる場所にあるのが三峡ダムだ。1993年に着工し、2009年に竣工したこのダムは、堤高185m、総貯水量393億㎡を誇る。

ヒルトン重慶ホテル／重庆希尔顿酒店 ★★★★★
chóngqìng xiěrdùn jiǔdiàn

人民大礼堂の南西約900mの所に位置する重慶の最高級ホテル。館内には、ジムやプール、テニスコートなどの施設があり、レストランは広東、四川料理の「酔月庁」、西洋料理の「Café @ Two」がある。

両替　ビジネスセンター　インターネット

Ⓜ P.546-A2～3
⯀ 渝中区中山三路139号
☎ 89039999
🖷 89038666
Ⓢ 838～1037元
Ⓣ 838～1037元
サ なし
カ ADJMV
Ⓤ www.hilton.com.cn

JWマリオット・ホテル重慶／重庆JW万豪酒店 ★★★★★
chóngqìng JW wànháo jiǔdiàn

解放碑の南西約300mにある。客室からは重慶の景観を堪能できる。バスルームは広く、リラックスできる。館内には、西洋料理、日本料理、中国料理の各レストランがある。

両替　ビジネスセンター　インターネット

Ⓜ P.547-E3
⯀ 渝中区民生路235号
☎ 63799999
🖷 63709999
Ⓢ 918～1068元
Ⓣ 918～1068元
サ 10%＋6%
カ ADJMV
Ⓤ www.marriott.com.cn

洪崖洞大酒店／洪崖洞大酒店 ★★★★
hóngyádòng dàjiǔdiàn

2006年開業の4つ星ホテルで、嘉陵江の南岸の崖に沿うように立つ洪崖洞建築群のひとつ。

両替　ビジネスセンター　インターネット

Ⓜ P.547-E2
⯀ 渝中区滄白路56号洪崖洞景区11楼
☎ 63992888　🖷 63992999
Ⓢ 398～608元
Ⓣ 508～608元
サ なし　カ ADJMV

海棠香国酒店／海棠香国酒店 ★★★
hǎitáng xiāngguó jiǔdiàn

大足区内では設備の整ったホテル。大足バスターミナルの東約200mに位置しており、移動に便利。

両替　ビジネスセンター　インターネット

Ⓜ P.549-B2
⯀ 大足区南環中路35号
☎ 437355555
🖷 43764350
Ⓢ 188元　Ⓣ 168～188元
サ なし　カ 不可

如家-重慶解放碑歩行街店／如家-重庆解放碑步行街店
rújiā　chóngqìng jiěfàngbēi bùxíngjiēdiàn

「経済型」チェーンホテル。繁華街のひとつ八一路に面しており、解放碑にも近い。

両替　ビジネスセンター　インターネット　Ⓤ www.bthhotels.com

Ⓜ P.547-E3
⯀ 渝中区八一路218号
☎ 63998888　🖷 63835511
Ⓢ 289～309元
Ⓣ 309～329元
サ なし　カ 不可

7天重慶上清寺機場大巴站店／7天重庆上清寺机场大巴站店
qītiā chóngqìng shàngqīngsì jīchǎng dàbāzhàndiàn

「経済型」チェーンホテル。簡素かつ清潔な施設が評価。軌道交通2、3号線「牛角沱」駅から約200mと便利。

両替　ビジネスセンター　インターネット　Ⓤ www.plateno.com

Ⓜ P.546-A2
⯀ 渝中区上清寺美専校街10号
☎ 63603088　🖷 なし
Ⓢ 121～188元
Ⓣ 188～254元
サ なし　カ 不可

中国旅行社総社重慶分社／中国旅行社总社重庆分社
zhōngguó lǚxíngshè zǒngshè chóngqìng fēnshè

電話、ファクス、メールすべてで日本語対応可能なので安心。鉄道、長距離バス切符、乗船券の手配は1枚50元。このほか、三峡遊覧の乗船券も手配できる。日本語ガイドは1日500元、車のチャーターは重慶市内が1日600元、大足が1日1400元。

Ⓜ 地図外（P.546-A2左）
⯀ 江北区建新北路一支路6号　未来国際大廈29階
☎ 63516522（日本語可）
🖷 67751799（日本語可）
オ 9:00～12:00、14:00～17:30
休 土・日曜、祝日　カ 不可
✉ ludong@ctsho-cq.com（日本語可）

雲南高原の東端に位置する貴州の省都

貴陽
きょう

グイヤン
贵阳 Guì Yáng

市外局番●0851

甲秀楼は貴陽を代表する建築物

ウルムチ● ●ハルビン
北京● ●大連
西安● ●上海
ラサ● 成都●
昆明● ○貴陽
広州●
●香港

都市DATA

貴陽市
人口：375万人
面積：8035k㎡
6区1県級市3県を管轄
貴陽市は貴州省の省都

市公安局出入境管理処
(市公安局出入境管理処)
Ⓜ P554-E5
🏠観山湖区誠信路金誠街101号
黔桂国際商務中心辦公楼2階
☎86797907
🕐9:00～12:00、13:30～17:00
休土・日曜、祝日
観光ビザを最長30日間延長
可能。手数料は160元

貴州医科大学付属医院
(贵州医科大学附属医院)
Ⓜ P554-C2
🏠雲岩区貴医街28号
☎86855119
🕐24時間
休なし

市内交通

【軌道交通】 2017年12月28
日に1号線西段が開業。詳し
くは公式ウェブサイトを
貴陽軌道交通
Ⓤwww.gyurt.com
【路線バス】 運行時間の目安
は6:30～22:00、1～2元
【タクシー】 初乗り3km未満
10元、3km以上1kmごとに
1.8元加算

概要と歩き方

貴州省の省都である貴陽は、省のほぼ中央に位置する。雲貴高原の東部にあり、市中心の標高は1071m、周囲を山に囲まれた坂の多い町だ。夏は晴天が少ないため、さほど暑くなく、冬でも厳しい寒さにはならず、1年を通して気候は温暖。貴陽の町は木々が多いことから、林城の別名をもつ。

春秋戦国時代（紀元前8世紀～紀元前3世紀）にはすでにこの地に古牁牂国、夜郎国などの独立国家が存在しており、その後も各時代の中央政権に組み込まれたり離れたりしてきた。貴陽の町が発展するのは、16世紀中頃に明朝がこの地に貴陽府を設置してから後のことだ。

ミャオ族、プイ族、トン族、スイ族、イ族など17の少数民族が多く暮らす貴州は少数民族の故郷とも呼ばれている。さすがに市内では民族衣装を着た人を見ることはほとんどないが、貴陽の郊外にはプイ族、ミャオ族などの少数民族の村が点在している。

貴陽はもともと規模の小さい町。中華北路から中華南路にかけて繁華街で、この周辺に商業施設が集中している。

車社会への移行にともなう深刻な交通渋滞と住宅や商業施設建設により町は急速に郊外へ拡大している。いたるところで大規模な工事が行われており、行政機関の一部は市区西部の観山湖区へ移転し、バスターミナルも郊外へ移された。

2017年末に貴陽北駅と行政機関が集まる西部を結ぶ軌道交通（地下鉄）1号線が開業した。

貴陽北駅は2014年末に開業した高速鉄道専用駅

	1月	2月	3月	4月	5月	6月	7月	8月	9月	10月	11月	12月
平均最高気温(℃)	9.3	10.9	16.8	21.6	24.5	26.7	29.0	28.8	25.8	20.7	15.9	11.3
平均最低気温(℃)	2.4	3.4	7.7	12.3	16.0	18.7	20.7	19.9	17.2	12.9	8.6	4.0
平均気温(℃)	4.9	6.4	11.4	16.2	19.9	22.2	24.2	23.7	20.7	16.0	11.5	7.1

町の気象データ（→P.517）：「預報」＞「貴州」＞「貴陽」＞区・県・自治県から選択

Access 交通

中国国内の移動➡P.667　鉄道時刻表検索➡P.26

飛行機

市区南東12kmに位置する貴陽龍洞堡国際空港(KWE)を利用する。国内線は主要都市との間に運航便があり、日中間運航便が1路線ある。

[国際線] 関西(2便)。
[国内線] 北京、上海、広州、成都、重慶など主要都市との間に運航便がある。
[所要時間(目安)] 北京首都(PEK)/3時間　上海浦東(PVG)/2時間35分　成都(CTU)/1時間20分　昆明(KMG)/1時間20分　重慶江北(CKG)/1時間5分

鉄道

在来線が発着する貴陽駅と高速鉄道専用の貴陽北駅、貴陽東駅がある。高速鉄道網の発達で、昆明、広州、桂林、重慶方面へのアクセスが格段によくなった。

[所要時間(目安)] **【貴陽(gy)】**重慶西(cqx)/快速:3時間47分　**【貴陽北(gyb)】**成都東(cdd)/高鉄:3時間32分　重慶西(cqx)/高鉄:2時間1分　昆明南(kmn)/高鉄:1時間59分　**【貴陽東(gyd)】**桂林西(glx)/高鉄:2時間4分　凱裏南(kln)/高鉄:34分

バス

北西郊外にある金陽バスターミナルを利用する。市内中心部からの移動には約1時間かかる。凱裏、銅仁へは東部の貴陽東バスターミナルを利用する。

[所要時間(目安)] 安順/1時間30分　黄果樹/2時間　赤水/5時間30分　凱裏/3時間　銅仁/5時間30分

Data

飛行機

● **貴陽龍洞堡国際空港**(贵阳龙洞堡国际机场)
[M] **地図外(P.554-C3右)**　[住] 南明区機場路1号
☎ 総合案内=96967　航空券売り場=85499100
[オ] 始発便~最終便　[休] なし　[カ] 不可
[U] www.gyairport.com
[移動手段] **エアポートバス**(空港→貴陽駅→紀念塔→市南路→空港の循環路線)/10元、所要30分が目安。空港→市内=8:00~最終便の間30分に1便　市内→空港=8:00~翌1:00の間30分に1便　**タクシー**(空港~噴水池)/50元、所要25分が目安　**路線バス**/216路「龙洞堡机场」(2元、所要50分が目安)
　3ヵ月以内の航空券を販売。

● **貴州省民航貴陽航空券売り場**
(贵州省民航贵阳售票处)
[M] **P.554-C4**　[住] 南明区遵義路55号
☎ 国内線=85977777　国際線=85985480
[オ] 8:30~17:00　[休] なし　[カ] 不可
[移動手段] **タクシー**(航空券売り場~噴水池)/10元、所要10分が目安　**路線バス**/1、2、17、20、24、36、65路「展览馆」
　3ヵ月以内の航空券を販売。

鉄道

● **貴陽北駅**(贵阳火车北站)
[M] **P.554-A1**　[住] 観山湖区貴北大道東端
☎ 共通電話=12306　[オ] 西切符売り場=5:50~23:45　北切符売り場=5:40~21:20
[休] なし　[カ] 不可
[移動手段] **タクシー**(貴陽北駅~噴水池)/25元、所要20分が目安　**軌道交通**/1号線「贵阳北站」**路線バス**/観山8、65、261、262路「贵阳北站」
　28日以内の切符を販売。高速鉄道メイン駅。

● **貴陽東駅**(贵阳火车东站)
[M] **地図外(P.554-B1上)**　[住] 烏当区蘭海高速公路西
☎ 共通電話=12306　[オ] 8:30~21:05
[休] なし　[カ] 不可
[移動手段] **タクシー**(貴陽東駅~噴水池)/50元、所要30分が目安　**路線バス**/K271、270、272路「贵阳东站」
　28日以内の切符を販売。2017年11月にオープンした高速鉄道専用駅。

● **貴陽駅**(贵阳火车站)
[M] **P.554-B4**　[住] 南明区遵義路296号
☎ 共通電話=12306　[オ] 24時間　[休] なし　[カ] 不可
[移動手段] **タクシー**(貴陽駅~噴水池)/15元、所要20分が目安　**路線バス**/1、2、17、20、65、203、219、240、261路「火车站」
　28日以内の切符を販売。

バス

● **金陽バスターミナル**(金阳客车站)
[M] **P.554-D6**
[住] 観山湖区商城東路西南国際商貿城2号広場
☎ 82218000　[オ] 7:00~20:00　[休] なし　[カ] 不可
[移動手段] **タクシー**(金陽バスターミナル~噴水池)/45元、所要40分が目安　**路線バス**/観山8、28、208、219、224、229路「金阳客站」
　5日以内の切符を販売。「西站」と呼ばれることもある。安順(7:00~19:00の間20~30分に1便)、黄果樹(7:30~12:40の間20~40分に1便)、赤水(9:00、11:00、16:00発)など。

● **貴陽東バスターミナル**(贵阳客运东站)
[M] **地図外(P.554-C4右)**
[住] 南明区西南環路小碧郷水壩村　☎ 85859089
[オ] 7:30~19:30　[休] なし　[カ] 不可
[移動手段] **タクシー**(貴陽東バスターミナル~噴水池)/35元、所要30分が目安　**路線バス**/46、229、240、262路「客运东站」
　2日以内の切符を販売。凱裏(8:30~18:00の間1時間に1便)、銅仁(10:00、13:00、15:00、17:30発)、荔波(6便)など。

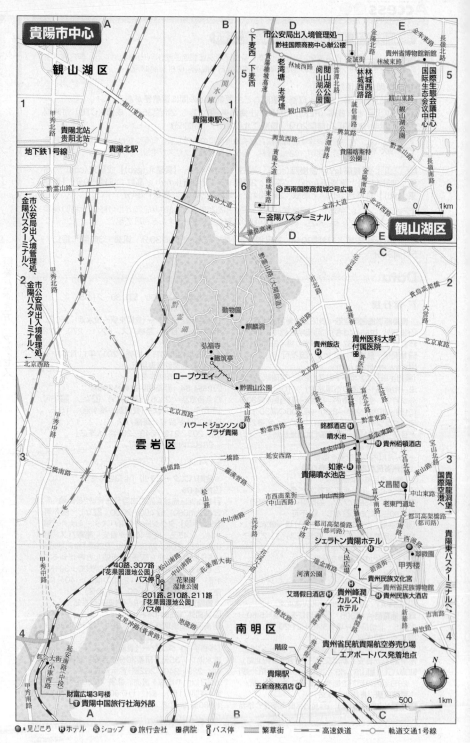

貴陽市中心

観山湖区

A B

貴陽東駅へ→

1

観山東路
貴陽北站
貴陽北站
地下鉄1号線
貴陽北駅
甲秀北路

黔霊山路

市公安局出入境管理処、
金陽バスターミナルへ←

2
市公安局出入境管理処、
金陽バスターミナルへ←
北京西路
甲秀中路

橋南路

橋頭路

雲岩区

3
二橋路
羅漢営路

松山路
中山南路

40路、307路
「花果園湿地公園」
バス停
201路、210路、211路
「花果園湿地公園」
バス停

花果園
湿地公園

松山南路
中山路街
花果園大街

4
五里冲路(貴陽路)
延安南路(中段)
都会大街路(中段)
小河路
甲秀南路
財富広場3号楼
貴陽中国旅行社海外部

A B

観山湖区 (D–E)

市公安局出入境管理処
黔桂国際商務中心弁公楼
金誠街
林城西路
誠信南路
観山西路
老湾塘
老湾塘
閣山湖公園

国際生態会議中心
国際生態会議中心
貴州省博物館新館
林城東路
観山東路
観山湖公園
長嶺南路

興筑西路
雲潭南路
興筑路
貴陽喀斯特公園
黔霊山路

5

6
貴陽大道
商城東路
S 西南国際商貿城2号広場
金陽大道
北京西路
金陽バスターミナル

0 1km
N

D E

C

2
黔霊山路(大山環路)

動物園
麒麟洞
黔霊湖
弘福寺
瞰筑亭
ロープウエイ
黔霊山公園

東山南路
東山路

貴州飯店 H
貴州医科大学
付属医院

北京東路
大営路

塩務街
北京路
新添大道
富水北路
富水路

銘都酒店 H
噴水池
貴州栢頓酒店 H

ハワード ジョンソン
プラザ貴陽 H
黔霊西路
延安西路

如家-
貴陽噴水池店
延安東路
文昌北路
宝山北路
山京北路
東山路

文昌閣
中山東路
老東門遺址

3
市西商業街
(中山西路)
中山西路
中山中路
都司高架橋路
(都司路)

貴陽龍洞堡
国際空港へ→
貴陽東バスターミナルへ→

シェラトン貴陽ホテル H
西湖路
甲秀楼
翠微園

河濱公園
瑞金南路
人民広場
前進街
新華路

艾瑪假日酒店 H
貴州民族文化宮
貴州省民族博物館
貴州峰潤
カルストホテル H
貴州民族大酒店

貴州省民航貴陽航空券売り場
エアポートバス発着地点

4
階段
市南路
市北路

貴陽駅
五新商務酒店 H

N
0 500 1km

B C

● 見どころ　H ホテル　S ショップ　T 旅行会社　田 病院　バス停　繁華街　高速鉄道　軌道交通1号線

554

見どころ

明代創建の美しい楼閣　オススメ度 ★★★

甲秀楼／甲秀楼　jiǎxiùlóu
こうしゅうろう

貴陽市の中央を蛇行して南明河が流れているが、その河の中にある巨大な岩の上に立つ楼閣。1598（明の万暦26）年に創建されたもので、貴陽のシンボル的存在となっている。創建当時は川岸に建てられたが幾度も兵火に見舞われ、再建されたときに岩の上へ移された。

建物は3層構造で、高さ約23m。内部には甲秀楼の模型や資料が展示されている。上階には陶製や木製の調度品に囲まれたレトロな雰囲気の部屋があり、3階から見渡す川の眺めは絶景。

橋の奥に見えるのが甲秀楼

甲秀楼
[M]P.554-C3～4
[住]南明区西湖路翠微巷8号
☎85503811
[オ]8:00～18:00
[休]なし
[料]無料
[交]15、46、48、52、62、305路バス「甲秀楼」
[U]www.gyjxl.com

甲秀楼と並び貴陽を代表する歴史的建造物　オススメ度 ★★★

文昌閣／文昌阁　wénchānggé
ぶんしょうかく

1609（明の万暦37）年、当時の東門月城の上に建てられた道教寺院で、学問の神とされる文昌帝君を祀っている。甲秀楼とともに中国の重要文化財に指定されている。東門城壁も再建されているので、合わせて訪れるとよい。

清代に入ってたびたび修復が行われた、大きな地震に見舞われても倒壊することのなかった主楼は、高さ20m、九角3層の独特な形状をしており、柱などは9の倍数になっている。

文昌閣
[M]P.554-C3
[住]南明区文昌北路29号
[オ]9:00～17:00
[休]なし
[料]無料
※記帳が必要
[交]4、5、6、21、22、31、32、40、42路バス「中山东路」

人を引きつける外観をもつ文昌閣

ホテル

シェラトン貴陽ホテル／贵阳喜来登贵航酒店 ★★★★★
きよう　guìyáng xǐláidēng guìháng jiǔdiàn

貴陽最高級のホテル。客室はいずれも広々としており、モダンで個性的なデザイン。

[両替] [ビジネスセンター] [インターネット] [U]www.sheraton.com/guiyang

[M]P.554-C3～4
[住]南明区中華南路49号
☎85888888 [FAX]85889999
[S]825～1025元
[T]825～1025元
[サ]10%＋6% [カ]ADJMV

貴州峰潤カルストホテル／贵州峰润喀斯特酒店 ★★★★
guìzhōu fēngrùn kāsītè jiǔdiàn

人民広場の南に位置し、エアポートバス発着地点（貴州省民航貴陽航空券売り場）まで約500mと便利な立地。

[両替] [ビジネスセンター] [インターネット]

[M]P.554-C4
[住]南明区瑞金南路25号
☎[illegible] [FAX]88194880
[S][illegible]元
[T]448～548元
[サ]なし [カ]JMV

如家-貴陽噴水池店／如家-贵阳喷水池店
じょか　きようふんすいちてん　rújiā　guìyáng pēnshuǐchídiàn

中華中路に面する建物をくぐった所に位置する。バス停がそばにあり、交通の便は非常によい。設備は簡素だがひととおり揃っている。

[両替] [ビジネスセンター] [インターネット]

[M]P.554-C3
[住]雲岩区中華中路145号
☎88617888 [FAX]88611668
[S]199～249元
[T]249元
[サ]なし [カ]不可

旅行会社

貴陽中国旅行社海外部／贵阳中国旅行社海外部
きようちゅうごくりょこうしゃかいがいぶ　guìyáng zhōngguó lǚxíngshè hǎiwàibù

日本語ガイド1日600元、車のチャーターは市内1日1200元、黄果樹と天龍屯堡の1日ツアー2600元。やりとりは日本語可。
[U]www.china8.jp/guizhou/company.html ✉guizhou@china.com

[M]P.554-A4 [住]南明区延安南路中段財富広場3号楼21楼2111号 ☎85979761（日本語可） [FAX]85979791
[オ]8:30～12:00、13:00～17:30
[休]土・日曜、祝日 [カ]不可

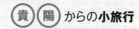

貴陽からの小旅行

安順

あんじゅん

黄果樹瀑布（黄果樹風景区）

安順 Ān Shùn

▶D06 成都・九寨溝・麗江（2018〜19）→P.260

町の様子

　貴陽の西約100kmに位置する。人口の約4割が少数民族で、ミャオ族、プイ族、回族など20を超える民族が暮らしている。起伏に富んだ地形のため川や滝、洞窟、鍾乳洞などがあちこちに見られる景勝地となっている。

　安順の町なかには特に見どころはなく、観光地は周囲の山中に点在しているが、主要観光地である黄果樹風景区や龍宮風景区と安順の町との間にはバスが運行されているのでアクセスの便はよい。ただ、2ヵ所とも見どころは多いので、じっくり観光するにはそれぞれ最低1日は必要。

　便数こそ少ないが貴陽からのアクセスも可能。日本語ガイドが必要であれば貴陽の旅行会社に手配を依頼したほうが無難だ。

ライトアップされた鍾乳洞（龍宮風景区虎穴洞）

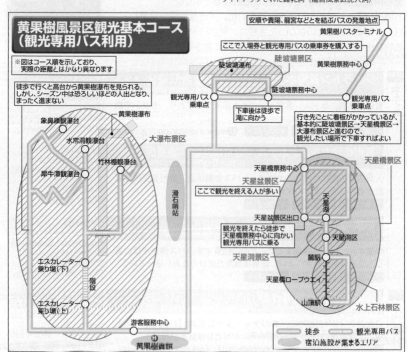

黄果樹風景区観光基本コース（観光専用バス利用）

安順や貴陽、龍宮などとを結ぶバスの発着地点
黄果樹バスターミナル

ここで入場券と観光専用バスの乗車券を購入する

※図はコース順を示しており、実際の距離とはかなり異なります

陡坡塘瀑布
陡坡塘景区
黄果樹票務中心

徒歩で行くと高台から黄果樹瀑布を見られる。しかし、シーズン中は恐ろしいほどの人出となり、まったく進まない

観光専用バス乗車点
陡坡塘票務中心
観光専用バス乗車点

下車後は徒歩で滝に向かう

行き先ごとに看板がかかっているが、基本的に陡坡塘景区→天星橋景区→大瀑布景区と進むので、観光したい場所で下車すればよい

象鼻嶺観瀑台
黄果樹瀑布
水帘洞観瀑台
大瀑布景区
竹林坡観瀑台
犀牛潭観瀑台

天星橋票務中心
天星橋景区
天星盆景区

ここで観光を終える人が多い

澄石哨站

天星盆景区出口

観光を終えたら徒歩で天星橋票務中心に向かい観光専用バスに乗る

エスカレーター乗り場（下）
階段
天星橋景区

エスカレーター乗り場（上）

天星洞区
麓駅
天星洞景区

天星橋ロープウエイ

游客服務中心
山頂駅
水上石林景区

黄果樹賓館

徒歩　　　観光専用バス
宿泊施設が集まるエリア

556

見どころ

黄果樹風景区　安順市区の南西約45kmにある。白水河に架かる数多くの滝と、奇岩で有名。見どころの中心は大瀑布景区と陡坡塘景区の2エリア。景区内の移動には観光専用バスの利用がおすすめ。

大瀑布景区は高さ77.8m、滝口の広さ83.3m、滝幅101mの黄果樹瀑布を中心とする。カルスト地形の浸食とヒマラヤの造山活動による亀裂などによって生まれた巨大な滝で、その規模はアジア最大。水量の多い夏季には迫力のある姿を見せる。川岸までは遊歩道やエスカレーターで下りるが、シーズン中遊歩道は人出で遅々として進まないのでエスカレーター利用がおすすめ。

展望台では水しぶきを避けるため、カッパなど羽織れる雨具を準備していくとよい。

陡坡塘景区は風景区入口近くに位置する。中心は陡坡塘瀑布。高さ21mと迫力は黄果樹瀑布に劣るが、滝口の広さは105mとさらに広い。天星橋景区は岩と木、水が織りなす静かな景観が中心となる景勝エリア。

黄果樹風景区
[M]P.515-E3　[住]安順市鎮寧県プイ族ミャオ族自治県
☎(0851)33592136　[オ]4～10月7:00～18:30、11～3月7:30～18:00　※入場は17:00まで　[休]なし　[料]3～11月＝180元、12～2月＝160元
※大瀑布景区、天星橋景区、陡坡塘景区の共通券。2日間有効。風景区内の観光専用バスは50元、黄果樹瀑布へのエスカレーターは片道30元、往復50元。天星橋ロープウエイ＝10元
[交]安順東バスターミナルから「黄果树风景区」行きで終点（7:30～19:00の間30分に1便。22元、所要1時間）。安順に戻る最終は18:30頃発
[U]www.hgscn.com

龍宮風景区　安順市区の南27kmにある広大な風景区。景区中心入口と景区漩塘入口というふたつの出入口があり、徒歩とボートで行き来ができるようになっている。河が流れる鍾乳洞があり、中をボートで観光するのがハイライトとなっている。全長5kmにも及び、水のある鍾乳洞としては中国一長いといわれる。鍾乳洞を抜けると遊歩道が続いており、カルスト地形の山々が連なるのどかな田園風景を楽しめる。水がなく歩いて見られる玉龍洞や観音洞といった洞窟もいくつかある。鍾乳洞は七色にライトアップされており、幻想的な雰囲気。ひととおり回るには、遅くとも14:00までに入場すること。

龍宮風景区
[M]P.515-E3　[住]安順市鎮寧県プイ族ミャオ族自治県龍宮鎮
☎4009661984、(0851)336610　[オ]3～10月8:00～18:00、11～2月9:00～17:30　※入場は16:00まで
[休]なし　[料]150元　※船代含む
[交]安順東バスターミナルから「龙宫」行きで終点（7:30～17:00の間30～45分に1便。15元、所要45分）。安順に戻る最終は18:00頃発
[U]www.china-longgong.com

[名][物]　400近くの伝統劇団があり、祝祭日に仮面劇が上演される。木製の仮面はみやげ物として人気。少数民族のろうけつ染めや刺繍、絨毯なども人気。

[宿][泊]　安価なホテルは安順市内で探せる。黄果樹風景区にはリゾートホテルがある。

ホテル

黄果樹賓館／黄果树宾馆
こうかじゅひんかん　huangguǒshù bīnguǎn

旧名は金谷瀑布山荘で黄果樹風景区内にある。大瀑布景区入口まで歩いて5分。黄果樹瀑布が見える客室「観瀑房」は要予約。

[両替]　[ビジネスセンター]　[インターネット]　[U]jd.hgscn.com

[M]地図外　[住]鎮寧プイ族ミャオ族自治県黄果樹風景区内
☎(0851)33595888
[FAX](0851)33595999
[S]678元　[T]428元
[サ]なし　[カ]ADJMV

7天優品・安順火車站広場店／7天优品・安顺火车站广场店
しちてんゆうひん　あんじゅんかしゃたんひろばてん　qītiān yōupǐn　ānshùn huǒchēzhàn guǎngchǎngdiàn

「経済型」チェーンホテル7天連鎖酒店の上級ブランド。客室にはひととおりの物が揃っている。安順駅の北側に位置し、アクセスは非常によい。

[両替]　[ビジネスセンター]　[インターネット]　[U]www.plateno.com

[M]地図外
[住]安順市西秀区中華南路121号
☎(0851)33232777
[FAX]なし
[S]221～266元　[T]266～277元　[サ]なし　[カ]不可

貴陽～安順のアクセス

▶貴陽から
金陽バスターミナル（→P.553、[M]P.554-D6）を利用するとよい。7:00～19:00の間20～30分に1便。35元、所要1時間30分。

▶安順から
安順東バスターミナル（[M]地図外／7:00～19:00の間20～30分に1便。35元、所要1時間30分）を利用するとよい。

郊外には少数民族の村が点在する

凱裏（がいり）

凱里 Kǎi Lǐ（カイ リー）

市外局番●0855

ミャオ族による民族歌舞ショー（西江千戸ミャオ寨）

ハルビン
ウルムチ
北京
大連
西安
上海
ラサ
成都
凱裏
昆明
広州
香港

概要と歩き方

凱裏市は、黔東南ミャオ族トン族自治州の州都。少数民族が7割余りを占め、そのうちミャオ族が約40%、トン族が約30%で、ほかにはプイ族、ヤオ族、チワン族、スイ族などの民族が暮らしている。自治州の中央を苗嶺山脈が走っていて、全体に山深く起伏が激しい。春節や春、秋には多くの民族の祭りが開かれ、中国内から多くの人が集まる。

凱裏は州都といっても比較的小さな町だ。州民族博物館から北に延びている韶山南路、韶山北路がメインストリート。繁華街は大十字周辺で、この周辺にホテルが多い。市内の見どころは、州民族博物館くらいで、観光のメインは自治州内に点在する少数民族の村。雷山県の西江千戸ミャオ寨や黎平県の肇興（トン族）を除き、ほとんどはあまり観光開発されておらず、本来の少数民族の素朴な暮らしが残っている。そういった村は、アクセスの不便な所も多く、事前に情報を収集することが必要。短期間で効率的に回るには、貴陽や凱裏の旅行会社に相談し、旅を手配してもらうとよい。旅費を節約して村々を訪ねたい場合は、榕江や従江、黎平などの拠点となる町へ行き、そこからローカルバスやタクシーを利用する。ただし、簡単な中国語会話能力が必要となる。

	1月	2月	3月	4月	5月	6月	7月	8月	9月	10月	11月	12月
平均最高気温(℃)	12.0	14.0	19.0	24.0	28.0	31.0	33.0	33.0	30.0	25.0	20.0	15.0
平均最低気温(℃)	5.0	6.0	10.0	15.0	16.0	22.0	23.0	23.0	20.0	16.0	11.0	6.0
平均気温(℃)	8.0	9.0	14.0	19.0	23.0	26.0	28.0	28.0	25.0	20.0	15.0	10.0

町の気象データ（→P.517）:「预报」>「贵州」>「黔东南」>「凯里」

都市DATA

凱裏市
人口：55万人
面積：1570㎢
黔東南ミャオ族トン族自治州管轄下の県級市

州公安局出入境管理処
（州公安局出入境管理处）
Ⓜ**P.560-B4**
住博南路5号荷香居小区黔東南州政務服務中心
☎8512131、8512130
オ9:00〜12:00、13:00〜17:00
休土・日曜、祝日
観光ビザを最長30日間延長可能。手数料は160元

州人民医院（州人民医院）
Ⓜ**P.560-B3**
住韶山南路31号
☎8218790
オ24時間　休なし

Access 交通

中国国内の移動➡P.667　鉄道時刻表検索➡P.26

鉄道

在来線が発着する凱里駅と高速鉄道専用の凱里南駅がある。高速鉄道網の建設により、貴陽、昆明、長沙方面へは大幅に時間短縮されている。

所要時間(目安)【凱里(kl)】成都(cd)／快速：19時間40分　貴陽(gy)／快速：2時間30分　【凱里南(kln)】成都東(cdd)／高鉄:4時間55分　重慶西(cqx)／高鉄:2時間55分　昆明南(kmn)／高鉄:2時間45分　長沙南(csn)／高鉄:2時間25分　貴陽北(gyb)／高鉄:35分

🚌 バス

貴陽とを結ぶ路線が多い。旅行者がおもに使うのは凱裏バスターミナル。

所要時間(目安) 貴陽／3時間　西江／1時間20分　従江／5時間

Data

🚆 鉄道

●**凱裏駅**（凱里火車站）

Ⓜ P.560-B1　**住** 清江路88号　**☎**共通電話＝12306

オ 24時間　**休** なし　**カ** 不可

[移動手段] **タクシー**（凱裏駅～天籟之都大酒店）／
10元、所要10分が目安　**路線バス**／1、2路「火車站」

　28日以内の切符を販売。

●**凱裏南駅**（凱里火車南站）

Ⓜ P.559-A1　**住** 金匯大道　**☎**共通電話＝12306

オ 6:30～22:20　**休** なし　**カ** 不可

[移動手段] **タクシー**（凱裏南駅～天籟之都大酒
店）／50元、所要30分が目安　**路線バス**／20、
21路「凱里高鉄南站」

　28日以内の切符を販売。市中心部の南西約
15kmに位置する。

●**市内鉄道切符売り場**（市内售票処）

Ⓜ P.560-C2

住 文化北路38号洗馬河中国郵政営業庁内

☎ 3817920　**オ** 9:00～17:00　**休** なし　**カ** 不可

[移動手段] **タクシー**（市内鉄道切符売り場～天
籟之都大酒店）／8元、所要8分が目安　**路線バ
ス**／1、6、8、9、12、21路「洗馬河」

　28日以内の切符を販売。手数料は1枚5元。

🚌 バス

●**凱裏バスターミナル**（凱里客运站）

Ⓜ P.560-C2　**住** 文化北路25号　**☎** 8239739

オ 6:00～19:30　**休** なし　**カ** 不可

[移動手段] **タクシー**（凱裏バスターミナル～天
籟之都大酒店）／8元、所要7分が目安　**路線バ
ス**／1、6、8、9、12路「凱运司客车站」

　3日以内の切符を販売。貴陽（東バスターミナ
ル：7:00～18:30の間1時間に1便）、西江（8:30
～17:40の間20～40分に1便）、従江（8便）など。

貴州省内便がメインの凱裏バスターミナル

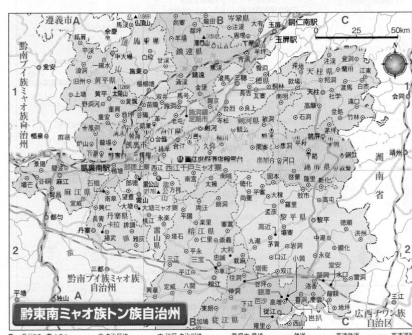

黔東南ミャオ族トン族自治州

● 見どころ　Ⓗ ホテル　──── 省・自治区境　─·─·─ 市・地区・自治州境　──── 県級市・県境　━━━ 鉄道　──── 高速鉄道　──── 高速道路

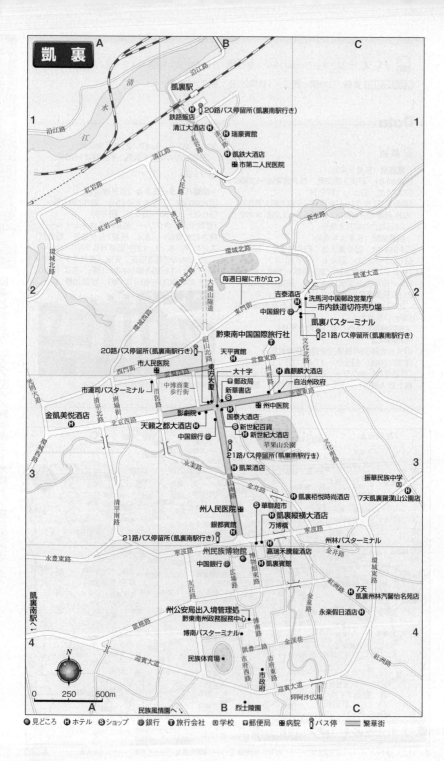

凱裏

沿江路
清水江
凱裏駅
鉄路飯店
20路バス停留所(凱裏南駅行き)
清江大酒店
清江路
瑞豪賓館
凱鉄大酒店
市第二人民医院

1

沿江路

紅岩路
紅岩一路

新生路

凱運大道

環城北路

環城北路
大閣山隧道
毎週日曜に市が立つ

東門街
吉泰酒店
洗馬河中国郵政営業庁
市内鉄道切符売り場
中国銀行
凱裏バスターミナル
21路バス停留所(凱裏南駅行き)

2

黔東南中国国際旅行社
文化北路
天平賓館
20路バス停留所(凱裏南駅行き)
韶山北路
市人民医院
西門街
大十字
東方大廈
鑫麒麟大酒店
市運司バスターミナル
中博商業歩行街
郵政局
新華書店
自治州政府
金凱美悦酒店
北京西路
影劇院
天籟之都大酒店
国泰大酒店
中国銀行
新世紀大酒店
苹果山公園
州中医院
21路バス停留所(凱裏南駅行き)
凱莱酒店

3

火楽路
金井路
振華民族中学
凱裏栢悦時尚酒店
7天凱裏羅漢山公園店
州人民医院
華聯超市
凱裏縦横大酒店
万博槇
21路バス停留所(凱裏南駅行き)
州林バスターミナル
嘉瑞禾騰龍酒店
金井路
寧波路
中国銀行
州民族博物館
凱裏賓館
博物館路
広場路

7天
凱裏州林汽馨怡名苑店
州公安局出入境管理処
黔東南州政務服務中心
博南バスターミナル
永楽假日酒店

4

凱裏南駅へ
永豊東路
環城東路
金渓巷
凱瑞路
民族体育場
市政府
迎賓大道
仰阿沙広場

N
0 250 500m

A B C
民族風情園へ
烈士陵園

● 見どころ H ホテル S ショップ ⑤ 銀行 T 旅行社 学校 郵便局 病院 バス停 繁華街

560

見どころ

中国最大のミャオ族の村　　オススメ度 ★★★

西江千戸ミャオ寨／西江千戸苗寨　xījiāng qiānhù miáozhài
せいこうせんこさい

3時間〜1日 🕐

　凱裏市の東約20㎞。長裙ミャオ族（西江式ミャオ族）が居住する村で、山の斜面を覆うように建てられた高床式木造建築群は必見。名前が示すように、村内の民家は1288戸を数え、人口は6000人近い。その99%がミャオ族だ。

　おもな見どころは、ミャオ族の歴史や文化などを展示している西江ミャオ族博物館、先祖伝来の銅鼓を保管し祭事を執り行う「鼓蔵頭」の家、村の農業指導者的役割を担う「活路頭」の家など。集落の向かい側の高台に展望台があり、そこから眺める村の全景が美しい。広場では11:30〜12:10と17:00〜17:40の2回、民族舞踊ショーが行われる。

山の斜面に木造家屋が隙間なく建ち並ぶ

少数民族の暮らしがよくわかる　　オススメ度 ★★★

州民族博物館／州民族博物館　zhōumínzú bówùguǎn
しゅうみんぞくはくぶつかん

　韶山南路の南端にある3階建ての建物。自治州内に住むミャオ族やトン族をはじめとした少数民族関連の展示が豊富。凱裏近郊に点在する少数民族の村を訪ねる前に見学しておくと、その理解に非常に役立つ。

市内交通

【路線バス】運行時間の目安は6:30〜22:00、1〜2元。凱裏南駅と凱裏市中心部とを結ぶ16路バスは4元。
【タクシー】初乗り2km未満6元、2km以上1kmごとに1.6元加算。また、市内では同一方向に向かう乗客を同乗させることも珍しくないので、気にしないように（料金はそれぞれ支払う）

西江千戸ミャオ寨
Ⓜ P.559-B2
🏠 雷山県西江鎮
☎ 3348829
⌚ 24時間
休 なし
💰 100元
※風景区内観光車は20元
🚌 凱裏バスターミナルから「西江」行きで終点
※「西江」からの最終は17:20頃発
Ⓤ www.chinaxijiang.com

州民族博物館
Ⓜ P.560-B4
🏠 広場路5号
☎ 8068089
⌚ 9:00〜17:00
※入場は閉館30分前まで
休 なし
💰 無料
🚌 7路バス「万博東」。1、2、5路バス「供電局大楼」。6、12、16、18路バス「万博西」

ホテル

金凱美悦酒店／金凱美悦酒店　jīnkǎi měiyuè jiǔdiàn　★★ ★★
きんかいびえつしゅてん

北京西路に立つホテルで近代的な外観が印象的。客室は比較的新しく清潔で、快適に過ごせる。
両替　ビジネスセンター　インターネット

Ⓜ P.560-A3
🏠 北京西路70号
☎ 8276688　Fax 8278288
Ⓢ 328元
Ⓣ 328元
サ なし　カ 不可

凱裏縦横大酒店／凱裏縦横大酒店　kǎilǐ zònghéng dàjiǔdiàn
がいりじゅうおうだいしゅてん

州民族博物館近くの寧波路にある。星なしだが設備は4つ星クラス。スーパーマーケットの華聯超市が隣接しており便利。
両替　ビジネスセンター　インターネット

Ⓜ P.560-B2
🏠 寧波路5号
☎ 8698808　Fax 8698288
Ⓢ 368〜410元
Ⓣ 368〜418元
サ なし　カ 不可

天籟之都大酒店／天籟之都大酒店　tiānlài zhī dū dàjiǔdiàn
てんらいしとだいしゅてん

大十字と呼ばれる、繁華街中心部の交差点西側にある。星なしだが設備は3つ星クラス。ロビーにはミャオ族風の装飾が施されている。
両替　ビジネスセンター　インターネット

Ⓜ P.560-B3
🏠 北京西路3号
☎ 2216666　Fax 2190888
Ⓢ 238〜288元
Ⓣ 238〜288元
サ なし　カ 不可

旅行会社

黔東南中国国際旅行社／黔東南中国国際旅行社　qiándōngnán zhōngguó guójì lǚxíngshè
けんとうなんちゅうごくこくさいりょこうしゃ

日本語ガイドは1日400元から。電話やファクスで相談すれば、日程と旅行代金の見積もりを出してくれる。少数民族の家庭訪問や文化体験ができるツアーもある。✉ bangdongxiong@163.com

Ⓜ P.560-B2
🏠 営盤南路53号
☎ 8222099（日本語可）
Fax 8222099（日本語可）
⌚ 9:00〜17:30
休 土・日曜、祝日　カ 不可

昆明

こんめい

クンミン
昆明 Kūn Míng

市外局番●0871

南屏街は昆明有数の繁華街

ウルムチ● ●ハルビン
北京● ●大連
ラサ● ●西安 ●上海
●成都
昆明● ●広州
●香港

都市DATA

昆明市
人口：542万人
面積：2万1473㎢
7区1県級市3県3自治県
を管轄
昆明市は雲南省の省都

市公安局出入境管理処
（市公安局出入境管理処）
MP.565-E2
住盤龍区拓東路118号
☎63143436
オ9:00～11:30、
13:00～17:00
休土・日曜、祝日
観光ビザを最長30日間延長
可能。手数料は160元

市第一人民医院
（市第一人民医院）
MP.565-D3
住西山区巡津街122号
☎63188200
オ24時間
休なし

市内交通

【軌道交通】2018年8月現
在、4路線が営業。詳しくは
公式ウェブサイトで確認を
昆明軌道交通
Uwww.kmgdgs.com
【路線バス】運行時間の目安
は6:00～22:00、1～7元
【タクシー】初乗り3km未満8
元、3km以上1kmごとに1.8
元加算。さらに燃油代1.5元加
算

概要と歩き方

標高約1900mの高原にある雲南省の省都。1年を通して気候は穏やかで緑が絶えないことから春城と呼ばれている。

昆明の歴史は古く、旧石器時代の3万年前には滇池周辺に古代人が住んでいたことを示す遺跡がある。紀元前3世紀に楚の将軍荘蹻が滇国を建国した。紀元前109年、前漢の武帝は国王に滇王之印を与えて正式な国家として認め、南詔国の時代にはその東都として栄えた。1254年、フビライ・ハンが派遣したモンゴル軍に占領され、やがて元朝が成立すると、雲南行省が設置され昆明県と呼ばれるようになった。

市街地はおもに環城路によって囲まれた部分で、交通渋滞解消のため、空港が北東約30kmに移転、長距離バスターミナルも郊外に移転し、市街地には観光客が利用する昆明駅が残るくらい。2016年に開業した昆明と上海とを結ぶ滬昆客運専線の昆明南駅も南郊外に位置する。

2018年8月現在、昆明南駅と昆明南部バスターミナル（1号線）、昆明北部バスターミナル（2号線）、昆明東部バスターミナル（3、6号線）、昆明西部バスターミナル（3号線）、空港（6号線）が軌道交通で結ばれており、非常に便利。

デパート等の商業施設は東風広場西側の南屏街周辺に集まっている。正義路の西側は昆明老街という古い建物が残るエリア。南屏街にある雲南古玩城では毎週土曜日に骨董品の市場が開かれ多くの収集家でにぎわう。

翠湖公園周辺には雰囲気のあるカフェや茶館等が多く、喧騒から離れてひと息入れるのにおすすめ。また、雲南大学周辺の文林街や文化巷にはカフェやレストラン、バーなどが多く、おしゃれな若者や留学生、外国人でにぎわっており、西洋料理以外にも日本料理、韓国料理、タイ料理、インド料理などのレストランがある。

	1月	2月	3月	4月	5月	6月	7月	8月	9月	10月	11月	12月
平均最高気温(℃)	15.2	17.2	20.5	23.7	24.7	23.8	23.9	23.8	22.5	20.0	17.4	15.1
平均最低気温(℃)	2.0	3.4	6.3	10.0	14.1	16.4	16.8	16.2	14.4	11.6	7.1	2.9
平均気温(℃)	8.4	10.1	13.0	16.6	14.1	19.7	15.8	19.6	17.0	15.1	11.6	8.6

気象データ（→P.517）：「預報」＞「雲南」＞「昆明」＞区・市・県から選択

Access 交通

中国国内の移動➡P.667 ｜ 鉄道時刻表検索➡P.26

✈ 飛行機

市区北東約30kmに位置する昆明長水国際空港（KMG）を利用する。日中間運航便は1路線あり、国内線は主要都市との間に運航便がある。

[国際線] 関西（14便）。

[国内線] 北京、上海、広州、成都など主要都市との間に運航便があるが、日本との乗り継ぎを考えると上海利用がおすすめ。

[所要時間(目安)] 北京首都（PEK）／3時間25分　上海浦東（PVG）／3時間20分　成都（CTU）／1時間40分　麗江（LJG）／1時間　香格里拉（DIG）／1時間20分　景洪（JHG）／1時間5分

🚆 鉄道

在来線の成都方面成昆線、貴陽方面滬昆線、南寧方面南混線、河口北方面行きなどは昆明駅を、高速鉄道の貴陽・上海方面、南寧方面は昆明南駅を利用する。高速鉄道開業で長距離移動は著しい時間短縮された。

[所要時間(目安)] 【昆明（km）】成都（cd）／快速：16時間48分　大理（dl）／動車：1時間52分　麗江（lj）／快速：8時間52分　河口北（hkb）／快速：5時間21分　【昆明南（kmn）】成都東（cdd）／高鉄：5時間34分　重慶西（cqx）／高鉄：4時間46分　上海虹橋（shhq）／高鉄：11時間31分　貴陽北（gyb）／高鉄：1時間59分　南寧（nn）／動車：4時間32分

🚌 バス

観光客はおもに郊外にある昆明東部バスターミナル、昆明西部バスターミナル、昆明南部バスターミナル、昆明北部バスターミナルなどを利用するが、出発地や目的地によって発着するターミナルが異なるので注意が必要。

[所要時間(目安)] 石林／1時間30分　大理／4時間30分　麗江／8時間　景洪／0時間

Data

✈ 飛行機

● 昆明長水国際空港（昆明长水国际机场）
Ｍ P566-B2　住 官渡区大板橋鎮長水村
☎ 総合案内＝96566　オ 始発便〜最終便
休 なし　カ 不可　Ｕ www.ynairport.com
[移動手段] エアポートバス／6路線あり。料金は 律26元。詳細➡Ｕ www.ynairport.com/jckx.ihtml　タクシー（空港〜地下鉄「東風広場」駅）／100元、所要40分が目安　軌道交通／6号線「机場中心」
　3ヵ月以内の航空券を販売。
● 中国東方航空航空券売り場
（中国东方航空公司售票处）
Ｍ P565-E2　住 盤龍区拓東路28号　☎ 95530
オ 8:30〜19:30　休 なし　カ 不可
[移動手段] タクシー（中国東方航空航空券売り場〜地下鉄「東風広場」駅）／10元、所要5分が目安　軌道交通／2号線「塘子巷」　路線バス／2、23、26、47、68、83、89路「塘子巷（北京路）」
　3ヵ月以内の航空券を販売。

🚆 鉄道

● 昆明駅（昆明火车站）
Ｍ P565-E4　住 官渡区北京路1号　☎ 共通電話＝12306　オ 4:30〜23:30　休 なし　カ 不可
[移動手段] タクシー（昆明駅〜地下鉄「東風広場」駅）／10元、所要12分が目安　軌道交通／1号線「昆明火車站」
　28日以内の切符を販売。
● 昆明南駅（昆明火车南站）
Ｍ P566-B3　住 呈貢区呉家営街道　☎ 共通電話＝12306　オ 6:00〜23:20　休 なし　カ 不可
[移動手段] タクシー（昆明南駅〜地下鉄「東風広場」駅）／100元、所要50分が目安　軌道交通／

1号線支線「昆明南火车站」
　28日以内の切符を販売。

🚌 バス

● 昆明東部バスターミナル（昆明东部汽车客运站）
Ｍ 地図外（P565-F2右）　住 盤龍区東三環虹橋路
☎ 63833680　オ 6:30〜21:20　休 なし　カ 不可
[移動手段] タクシー（昆明東部バスターミナル〜地下鉄「東風広場」駅）／25元、所要20分が目安　軌道交通／3、6号線「东部汽车站」
　7日以内の切符を販売。石林風景名勝区（6:30〜18:30の間満席を待って出発）、直美（7:00〜21:20の間10〜15分に1便）、羅平（18便）など。
● 昆明西部バスターミナル（昆明西部汽车客运站）
Ｍ 地図外（P564-A1左）　住 西山区益寧路18号
☎ 68182746　オ 7:00〜21:30　休 なし　カ 不可
[移動手段] タクシー（昆明西部バスターミナル〜地下鉄「東風広場」駅）／30元、所要30分が目安　軌道交通／3号線「西部汽车站」
　7日以内の切符を販売。大理（7:40〜19:20の間40便）、麗江（4便）、香格里拉（4便）、徳欽（1便）、騰衝（7便）など。
● 昆明南部バスターミナル（昆明南部汽车客运站）
Ｍ P566-B3　住 官渡区彩雲北路商博街7号
☎ 67361683　オ 6:40〜22:00　休 なし　カ 不可
[移動手段] タクシー（昆明南部バスターミナル〜地下鉄「東風広場」駅）／45元、所要40分が目安　軌道交通／1号線「南部汽车站」
　6日以内の切符を販売。澄江（6:30〜20:00の間満席を待って出発）、建水（7:30〜20:30の間15便）、元陽（3便）、景洪（19便）、勐臘（3便）など。

昆明市区中心

A　B　C

円通山

中国銀行

文化街

龍翔街

雲南大学

円通禅寺

東風西路

文林街

翠湖北路

青雲街

北門街

翠湖東路

円通街

界梯路

五華区

1

エアポートバス(1号線)発着地点

昆明西駅酒店

銭局街

翠湖公園

昆湖傾城国際青年旅舎

南疆賓館鉄道切符売り場

南疆賓館

昆明国際青年旅舎

翠湖南路

翠湖賓館

市体育館

市体育場

西昌路

省図書館

華山西路

省人民政府

市体育館
市体育館

人民西路

潘家湾／潘家湾

小西門
バスターミナル

翠菜街

石屏会館

中和巷

華山南路

華山東路

昆明西部バスターミナルへ

軌道交通3号線

環城西路

浣化橋

人民中路

鉄局路

2

昆明医学院
第一付属医院

ウォルマート

東風西路

グランドパーク昆明

昆明老街(古い町並みが残る)

銭王街

正義路

正義西路

大観路

篆塘公園

雲南芸術劇院

五路

晶耳故居

光華街

雲南映象

五一路鉄道切符売り場

景星街

景星花鳥
珠宝世界

カルフール

西門路

昆明大脚氏
国際青年旅舎

五一路／五一路

昆明百貨大楼

大観公園へ

雲南民族村
雲南民族博物館、

新聞路

篆塘路

新紀元大酒店

南屏街

宝善街

西壩路

西壩路

金碧路

南強街

金碧公園

西山区

安康路

省第一人民医院

金碧広場

金碧坊

金馬坊

西昌路

西寺巷

西寺塔

石橋舗

東寺塔

3

雲南民族村、雲南民族博物館、
昆明花木藍客桟へ

気象路

西寺塔

東寺街

近日楼

棗林街

環城南路

二環南路

西園南路

気象路

滇池路

海埂路

4

滇池路

1910昆明南駅へ

A　B　C

二環南路

見どころ　H ホテル　G グルメ　S ショップ　A アミューズメント　銀行　旅行会社　学校　郵便局　病院　繁華街

564

昆明動物園

円通大橋

円通街

7天
昆明青年路店

春城之星酒店
集豊店

北京路

青年路

穿心鼓楼／穿心鼓楼

穿金路

軌道交通2号線

盤龍区

昆明北部バスターミナルへ

白鳳路

環城東路

新華書店

中国銀行

交三橋／交三橋

人民中路

百盛購物広場

金鷹広場酒店

威遠街

人民東路

中国金泉大酒店

ウォルマート

人民東路

市図書館

昆明藤沢
友誼会館

白塔路

エアポートバス（6号線）
経由地点

昆明飯店

拓東体育館／
拓东体育館

軌道交通3号線

東風東路

東風広場／东风厂场

東風路

雲南古玩城

新世界百貨

天恒大酒店

東風広場

宝善街

拓東体育館

環城東路

昆明東部バスターミナル、
昆明長水国際空港へ

建新園 宝善街店

邦克酒店

祥雲美食城

祥雲街

魂新街

中国東方航空
航空券売り場

尚義街

緑州大酒店

市公安局出入境管理処

拓東路

市第一人民医院

后新街

啓新街

塘子巷／塘子巷

昆明市博物館

軌道交通6号線（建設中）

官渡区

昆明南部バスターミナルへ

郵政局

馬市口

春城路

環城東路

昆湖飯店

中国
銀行

V8商旅酒店

和平北路

和平路

和平南路

昆明中国国際旅行社

環城南路／环城南路

金龍所店

北京路

昆明住華広場酒店

永康路

環城南路

昆明錦江大酒店

紅塔大慶

ベトナム社会主義共和国
駐昆明総領事館

春城路

永康路

エアポートバス（2号線）発着地点

永善路

南壩街

永勝路

永安路

軌道交通1号線

昆明駅

昆明火車站／昆明火车站

N

二環南路

昆明南駅、雲南省博物館、官渡古鎮へ

0 — 500m

高速道路　—○— 軌道交通1号線　—○— 軌道交通2号線　—○— 軌道交通3号線
- - - 軌道交通（建設中）　Ⓗ 乗り換え駅

西山森林公園

P566-A3

住 西山区西山

☎ 68426668

時 8:00～18:00

休 なし

料 龍門=40元

交 ①軌道交通／3号線「西山公園」

②6、C11、51、94路 バス「高峣」

※ともに入場後電動カートに乗り換える（片道＝12.5元）

インフォメーション

西山森林公園の乗り物

☎ 64311338

海埂ロープウエイ

龍門リフト乗り場と滇池対岸にある雲南民族村を結ぶ。

時 8:40～17:30

料 片道=40元、往復=70元

龍門リフト

望海亭と龍門を結ぶリフトで、非常に眺めがよい。上空は風が少し強いので肌寒い。

時 8:30～17:30

料 片道=25元

龍門から見下ろす滇池の風景が美しい　**オススメ度 ★★★**

西山森林公園／西山森林公園　xīshān sēnlín gōnyuán
せいざんしんりんこうえん　　　　　　　　　　　　（3時間～1日）

　昆明市の西郊外15kmの所にある景勝エリア。滇池の西側に沿うように華亭山、太華山、羅漢山などの山々が南北40kmにわたって連なり、全体が森林公園となっている。

　おもな見どころは、龍門景区内にある石窟と道観、龍門に行く途中の山中にある華亭寺と太華寺、それと山頂まで連なる遊歩道で結ばれたハイキングエリア。これらすべてを見て回るのであれば丸1日は必要だが龍門石窟だけならば2時間ほど。

少数民族を紹介するテーマパーク　**オススメ度 ★★★**

雲南民族村／云南民族村　yúnnán mínzúcūn
うんなんみんぞくむら　　　　　　　　　　　　　（3時間～1日）

　昆明市区から西南に約8kmの滇池北岸にあるテーマパーク。雲南省に暮らす少数民族の風俗と生活に触れることができる。園内には25の少数民族の村が再現されており、特徴のある民族衣装をまとった本当の少数民族の男女が出迎えてくれる。それぞれの村には各民族の住居および広場や塔といっ

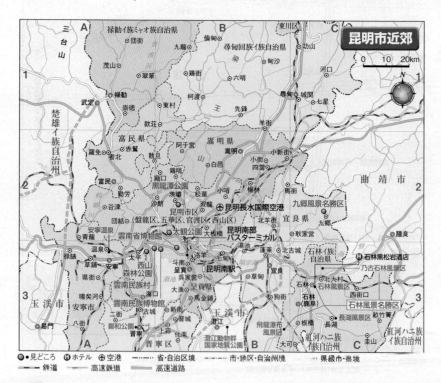

たシンボル的な建築物が建てられており、決まった時間ごとに歌や踊りのショーも行われている。

　敷地は非常に広いため、園内を移動するだけでも1時間近くかかる。じっくり見れば、丸1日を費やしてしまう。

少数民族の文化について理解を深める　　オススメ度 ★★★

雲南民族博物館／
うんなんみんぞくはくぶつかん
云南民族博物館　yúnnán mínzú bówùguǎn

　雲南民族村入口から道を挟んだ反対側に立つ博物館で、少数民族に関する博物館としては中国でも最大規模である。13万㎡の敷地に16の展示室が設けられており、展示総面積は6000㎡余りになる。雲南少数民族社会形態、民族服飾の紡績技術と芸術、民族の祭事文化、民間楽器などの展示室には各少数民族に関する収蔵品が系統立てて展示されている。一部の展示室を除いて日本語の説明はないが、民族衣装や楽器など見るだけでも楽しい。2階にある書籍販売コーナーには少数民族に関する貴重な書籍が取り揃えられている。

古代青銅器文明に関する豊富な展示　　オススメ度 ★★★

雲南省博物館／
うんなんしょうはくぶつかん
云南省博物館　yúnnánshěng bówùguǎn

　市の南部に位置する雲南省立の総合博物館。赤茶色の重厚な外観で、建物の総面積は6万㎡。20万点以上の収蔵品があり、うち1万点以上を展示している。

　メインの展示室は2階と3階にある。2階の「遠古雲南」では、地球や生命、人類の誕生、発展の歴史について展示。隣の「青銅文明」では、滇池周辺の遺跡から出土した表現力豊かな青銅器が見られるが、通称牛虎銅案という青銅のテーブルが有名。3階の「南詔大理国」では、金色に輝く銀背光金阿嵯耶観音立像を見落とさないように。

　1階では絵画や書を展示するほか、企画展も行われる。

梅の名所として知られる景勝地　　オススメ度 ★★☆

黒龍潭公園／黒龙潭公园　hēilóngtán gōngyuán
こくりゅうたんこうえん

　昆明市の北郊外12kmの龍泉山麓に位置する、歴史ある風景名勝区のひとつ。静寂な雰囲気に包まれた竹林の中にある池は、その神秘的な雰囲気から黒い龍がすむと考えられるようになり、やがて黒龍潭と呼ばれるようになった。

　黒龍潭はふたつの池に分かれており、それらの池はつながっているのだが、それぞれの池にすむ魚は決して隣の池に行くことがないと信じられており、古くから「両水相交、魚不往来」といわれ、昆明でも有数の奇観とされている。

雲南民族村
M P.566-A～B3
住 西山区滇池路1310号
☎ 68279327
オ 10月8日～4月30日8:30～18:00
　5月1日～10月7日9:00～21:30
※ともに入場は閉門30分前まで
休 なし
料 90元
交 A1、24、44、73、94路バス「云南民族村」
U www.ynmzc.cc

雲南民族博物館
M P.566-B3
住 西山区滇池路1503号
☎ 64311385
オ 9:00～16:30
※入場は閉館30分前まで
休 月曜
料 無料
交 A1、24、44、73、94路バス「云南民族村」
U www.ynmuseum.com

雲南省博物館
M P.566-B3
住 官渡区広福路6393号
☎ 67286863
オ 9:00～17:00
※入場は閉館30分前まで
休 月曜
料 無料
交 C85、C143、165、232路バス「官渡古鎮（広福路）」
U www.ynmuseum.org

きらびやかな金鑲紅藍宝石冠

黒龍潭公園
M P.566-B2
住 盤龍区茨壩鎮藍枝路1号
☎ 65150910
オ 8:00～20:00
※入場は閉門2時間前まで
休 なし
料 20元
交 9、79、128路バス「黒龙潭」

大観公園

MP.566-B2
住西山区大観路284号
☎68242448
オ月〜木曜7:00〜19:00
　金〜日曜、祝日7:00〜
　22:00
※入場は閉園30分前まで
休なし
割26元
※大観楼含む（8:30〜17:00）
交4、22、52、95、100、
　124路バス「大観楼」
Uwww.kmdgpark.com

石林風景名勝区

MP.566-B〜C3
住石林イ族自治県石林風景
　名勝区
☎インフォメーション＝
　67710137
　入場券売り場＝67711278
オ7:00〜19:00
※入場は閉門1時間前まで
休なし
割175元
交①昆明東部バスターミナル
　から「石林風景名勝区」行
　きノンストップバスで終点
※「石林風景名勝区」からの
　最終は19:00頃発
　②旅行会社で車をチャータ
　ーする。九郷風景名勝区と
　合わせ900元が目安
Uwww.chinastoneforest.com

ⓘ ▶▶▶ インフォメーション

電動カート
　入場券売り場（近くにバス
発着地点がある）と石林風景
区入口の間約4kmを結ぶ電動
カートがある。
オ7:00〜19:00　**休**なし
割25元（往復のみ）

九郷風景名勝区

※本文→P.569
MP.566-C2
住宜良県九郷イ族回族自治郷
☎67511998
オ8:00〜18:00
休なし
割90元
交①旅行会社で車をチャータ
　ーする。石林風景名勝区と
　合わせ900元が目安
　②昆明東部バスターミナル
　から「宜良」行きで終点。
　21路バスに乗り換えて「九
　乡风景名胜区」（30分に1
　便。10元、所要1時間）
※「九乡风景名胜区」から「宜
　良」の最終は17:30頃
※「宜良」から「昆明」の最
　終は19:00頃発
Uwww.ynjx.com

568

オススメ度 ★★★

大観楼から滇池を望むことができる

大観公園／大观公园 dàguān gōngyuán
だいかんこうえん

　昆明市区南西部、滇池の北東岸に位置する庭園様式の公園で、総面積は50万㎡ほど。清代初期にこの場所に大観河という運河が造られ、17世紀に雲南巡撫の王継文が沼地の中州に楼閣を建造した。その後中州の周囲を掘って池が造られ、その周囲が堤防で固められ、現在の姿となった。

　公園内にはハスの池があり、その前にあるのが八角の近華浦門楼で、ここからがメインエリア。北から西にかけて回廊があり、南側には牧夢亭、催耕館などの主要な建築物が並ぶ。

　そのなかで最も有名なのが大観楼。クスノキで造られた3層の楼閣で、屋根は瑠璃瓦で葺かれている。最上階からは滇池の全景が眼前に広がり、西岸に横たわる西山を見られる。

湖畔に立つ大観楼は清代創建の楼閣

郊外の見どころ

オススメ度 ★★★　世界遺産

カルスト地形の奇観が広がる

石林風景名勝区／
せきりんふうけいめいしょうく
石林风景名胜区 shílín fēngjǐng míngshèngqū

3時間

　昆明から南東へ100kmほど行った石林イ族自治県にある一大景勝地。2007年に、中国南部カルスト群として、ユネスコの世界自然遺産に登録された。総面積は1100㎢余り、そのうち保護面積は約350㎢。カルスト地形で知られ、これらは後期古生代の地殻変動により海が隆起して石灰質の岩面が地表に露出し、風雨による浸食や地震によって削られたことで出現した。一般開放されているのは石林風景区と長湖風景区の2ヵ所。

高台から見た李子園菁景区の奇観

　石林風景区は観光客向けに整備されたエリアで、景観が最も美しい所でもある。大石林景区、小石林景区、歩哨山景区、李子園菁景区、万年霊芝景区の5つで構成されるが、大石林景区、小石林景区を回るだけで十分だろう。入場の際に入口で石林の地図を買うことをおすすめする。

蓮花池の後方は小石林景区

美しい渓谷と巨大鍾乳洞がある　オススメ度 ★ ★ ★　🚗

九郷風景名勝区／
きゅうごうふうけいめいしょうく

九乡风景名胜区　jiǔxiāng fēngjǐng míngshèngqū

③時間 🕐

インフォメーション

九郷風景名勝区のリフト
　遊歩道の終点からメインゲートへ戻るリフトがある。所要15分。
🕐8:00～18:00
※最終出者に合わせて運行
💰片道＝30元

　九郷風景名勝区は、昆明から東に90kmほど行った所にある宜良県内の景勝地。カルスト地形によって形成された景観が観光の目玉だが、石林と違いこちらは地下にある鍾乳洞で、地元では「地上石林、地下九郷（地上に石林あれば、地下に九郷あり）」といわれる。エリア内にある洞窟は100を超え、遊歩道の全長は約5kmに達する。

　観光客が最初に訪れるのが蔭翠峡。もとは鍾乳洞だったが地殻変動で天井部分が落ちたため、岸壁に露出する鍾乳石をボートから見られる。すさまじい音を立てて水が流れる驚魂峡を歩き、やがて鍾乳洞の中の大きなホールのような雄獅大庁に着く。ほかにもたくさんの石筍が見られる神女宮やふたつの滝がひとつになって流れ込む雌雄瀑など、多くの見どころがある。

ライトアップされた鍾乳洞

ホテル

昆明佳華広場酒店／昆明佳华广场酒店　★★★　★★
こんめいけいかひろばしゅてん　kūnming jiāhuá guǎngchǎng jiǔdiàn

北京路に立つ大型高級ホテル。昆明最大の国際会議場をもちビジネス客の利用が多い。屋内プールや卓球場などの娯楽施設も充実。

両替　ビジネスセンター　インターネット　Ｕwww.kaiwahplaza.com

Ⓜ P.565-E4
🏠官渡区北京路157号
☎63562828　🅵63561818
Ⓢ660～828元
Ⓣ660～828元
切なし　🅵ADJMV

昆湖傾城国際青年旅舎／昆湖倾城国际青年旅舍
こんこけいじょうこくさいせいねんりょしゃ　kūnhú qīngchéng guójì qīngnián lǚshè

翠湖公園の東側に位置するユースホステル。コインランドリー、レンタサイクルなどのサービスを利用できる。

両替　ビジネスセンター　インターネット　Ｕwww.yhachina.com

Ⓜ P.564-C1
🏠五華区華山西路92号
☎63378910　🅵なし
Ⓢ208～268元　Ⓣ238元
Ⓓ40～50元（8人、16人部屋）
切なし　🅵不可

昆明大脚氏国際青年旅舎／昆明大脚氏国际青年旅舍
こんめいだいきゃくしこくさいせいねんりょしゃ　kūnmíng dàjiǎoshì guójì qīngnián lǚshè

繁華街を離れた小さな通りにある。ドミトリーもあるため、バックパッカーの利用が多い。64路バス「云南日報社」下車。

両替　ビジネスセンター　インターネット　Ｕwww.yhachina.com

Ⓜ P.564-A2
🏠五華区篆塘路23号
☎64103777　🅵なし
Ⓢ198元　Ⓣ188元
Ⓓ45～50元（6人、8人部屋）
切なし　🅵不可

昆明花木蘭客代／昆明花木兰客栈
こんめいもくらんきゃくだい　kūnmíng huāmùlán kèzhàn

バックパッカーの利用者が多く、ハンノホステルとも呼ばれている。ドミトリーは女性専用。

両替　ビジネスセンター　インターネット

Ⓜ柚図外（P.564-A3左）
🏠西山区西園路西海小区別墅01（国際旅舎楼）
📱携帯＝18468291870
🅵なし　Ⓢ228元　Ⓣ198元
Ⓓ45元　切なし　🅵不可

グルメ

石屏会館／石屏会馆
せきへいかいかん　shípínghuìguǎn

清代に建てられた古い建築物を改修したレストラン。趣のある個室でゆっくりと食事できるのが魅力。夜は"石屏烤豆腐"28元、"云南汽锅鸡"中皿138元、大皿168元などが名物。

Ⓜ P.564-B1
🏠五華区翠湖南路中和巷24号
☎63627444
🕐11:00～13:30、
　17:00～20:30
休なし　🅵不可

旅行会社

昆明中国国際旅行社／昆明中国国际旅行社
こんめいちゅうごくこくさいりょこうしゃ　kūnmíng zhōngguó guójì lǚxíngshè

日本部があり、問題なく日本語が通じる。日本語ガイド1日400元。市内での車のチャーターは1日600元。下記メールアドレスは「lixl」が英小文字、「02」が数字。
Ｕwww.kmcits.cn　✉lixl02_km@cits.com.cn

Ⓜ P.565-E3
🏠官渡区环城南路1118号603室
☎63555114（日本部）
🅵63132332（日本部）
🕐9:00～12:00、14:00～17:30
休土・日曜、祝日　🅵不可

大理

だ い り

大理国を築いたペー族が多く住む町

大理 Dà Lǐ

市外局番●0872

大理古城の町並み

ウルムチ● ●ハルビン
●北京 ●大連
●西安 ●上海
ラサ● ●成都
大理● ●昆明 ●広州
●香港

都市DATA

大理市
人口：61万人
面積：1468km²
大理市は大理ペー族自治州の行政中心

州公安局外管処
(州公安局外管処)
MP.573-A1
住下関鎮慶路66号大理州公安局1階
☎2142149
働8:30～11:30,14:30～17:30
休土・日曜、祝日
観光ビザを最長30日間延長可能。手続料は160元

市第一人民医院
(市第一人民医院)
MP.573-A3
住下関鎮泰安路36号
☎2124462
働24時間
休なし

市内交通

【路線バス】運行時間の目安は6:30～20:30、1元。大理駅と大理古城西門(発着は六十医院)を結ぶ8路バスは2元、全行程所要1時間30分、大理駅と崇聖寺三塔を結ぶ三塔専線の運行時間は6:30～19:30、2元、全行程所要1時間30分
【タクシー】初乗り3km未満8元、3km以上1kmごとに2元加算。下関～古城は60～80元

概要と歩き方

　大理市は雲南省の西部に位置する大理ペー族自治州の中心地、穏やかな気候で知られる。大理はペー(白)族の居住エリアで、伝統文化が色濃く残っている。また、風光明媚な所としても有名で、4000m級の峰が連なる蒼山と澄んだ水をたたえる洱海を中心とした風景は、山水如画と称される。

　このエリアは、古くから中国とインドを結ぶ交易路の要衝として発展を遂げてきたが、その本格的な歴史は、8世紀になって唐朝の後押しを受けた蒙舎詔が、6つの権力グループを統一して南詔(未詳～902年)という地方政権を樹立したことに始まる。そのあとを受けて建国された大理国(938～1253年)を合わせ、500年もの間この地方を統治した。

　大理には、大理古城と下関というふたつの中心がある。下関は現在の大理ペー族自治州の行政、経済、交通の中心。大理古城は昔の中心地で、下関の北西約14kmに位置する。見どころは大理古城のほうにあるので、下関に到着したらそのまま大理古城に向かおう。大理の見どころは、大理古城のほか、洱海周辺、蒼山および近郊の県部がある。近郊の県部を除けば、2日くらいでおもな観光スポットは見ることができる。

三塔は大理のシンボル的な建築物

	1月	2月	3月	4月	5月	6月	7月	8月	9月	10月	11月	12月
平均最高気温(℃)	15.3	16.7	19.7	22.5	24.8	25.0	24.4	24.3	23.3	21.2	18.1	15.8
平均最低気温(℃)	2.2	3.9	6.7	9.5	13.1	16.4	16.1	15.8	14.4	11.6	6.8	2.8
平均気温(℃)	8.2	10.2	13.1	15.8	18.7	20.2	19.9	19.2	17.8	15.4	11.4	8.1

町の気象データ(→P.517)：「預報」>「云南」>「大理」>「大理」

Access 交通

中国国内の移動➡P.667　鉄道時刻表検索➡P.26

飛行機

下関鎮の北東約13㎞に位置する大理荒草壩空港(DAL)を利用する。エアポートバスは2路線あり。

[国際線] 日中間運航便はないので、上海や成都、昆明で乗り継ぐとよい。
[国内線] 北京、成都、昆明、景洪、上海、貴陽などとの間に運航便がある。
[所要時間(目安)] 成都(CTU)／1時間35分　昆明(KMG)／55分　景洪(JHG)／1時間5分　北京首都(PEK)／3時間20分　上海虹橋(SHA)／3時間25分

鉄道

昆明大理鉄路と大麗線の起終点である大理駅を利用する。オンシーズンは利用者が激増するので切符の手配を早めにすること。

[所要時間(目安)] 【大理(dl)】昆明(km)／動車：1時間52分　昆明南(kmn)／動車：2時間14分　麗江(lj)／快速：1時間41分

バス

大理バスターミナル、大理北バスターミナル、大理興盛バスターミナル、大理快速バスターミナル、大理西南バスターミナル、これら5つのバスターミナルを利用する。出発地や目的地によって発着ターミナルが異なるので注意が必要。

[所要時間(目安)] 昆明／5時間　麗江／4時間　香格里拉／8時間　景洪／15時間　剣川／3時間　雲龍／3時間30分　巍山／1時間30分

Data

飛行機

● **大理荒草壩空港**（大理荒草坝机场）
[M] **P.575-A2**　[住] 経済開発区上登工業区
☎ インフォメーション＝2428915
航空券売り場＝2428917
[オ] 始発便～最終便　[休] なし　[カ] 不可
[移動手段] **エアポートバス**／空港→市内＝到着便に合わせて運行　市内→空港（①美登酒店 [M] **P.573-B3**　②大理古城游客中心）＝①7:00、7:30、9:30、11:00、15:30発。15元、所要45分が目安　②6:30、7:00、8:30、10:00、11:00、13:00、14:00、15:00発。25元、所要1時間30分が目安　**タクシー**（空港～大理古城洋人街）／150元、所要1時間15分が目安（メーターは使用しない）
3ヵ月以内の航空券を販売。

● **民航航空券売り場**（市内民航售票处）
[M] **P.573-A3**
[住] 下関鎮蒼山路118号蒼山飯店入口右
☎ 2315335　[オ] 8:00～18:00　[休] なし　[カ] 不可
[移動手段] **タクシー**（民航航空券売り場～大理古城洋人街）／60元、所要35分が目安　**路線バス**／10、16、22路「苍山饭店」
3ヵ月以内の航空券を販売。

鉄道

● **大理駅**（大理火车站）
[M] **P.573-C3**　[住] 下関鎮巍山路261号
☎ 共通電話＝12306　[オ] 3:50～24:00
[休] なし　[カ] 不可
[移動手段] **タクシー**（大理駅～大理古城洋人街）／60元、所要40分が目安　**路線バス**／1、5、8、21路、三塔専線「火车站」
28日以内の切符を販売。

バス

●下関

● **大理バスターミナル**（大理汽车客运站）
[M] **P.573-C3**　[住] 下関鎮巍山路372号
☎ 2310348　[オ] 6:30～19:30　[休] なし　[カ] 不可
[移動手段] **タクシー**（大理バスターミナル～大理古城洋人街）／60元、所要40分が目安　**路線バス**／1、5、8、21路、三塔専線「火车站」
昆明、景洪行きは5日以内の切符を、それ以外は当日の切符を販売。「东站」と呼ばれている。昆明（西部：9:55、14:55発）、景洪(3便)、挖色（8:00～18:00の間20分に1便）など。

● **大理北バスターミナル**（大理汽车客运北站）
[M] **P.573-A2**　[住] 下関鎮榆華路30号　☎ 2298568
[オ] 6:30～19:00　[休] なし　[カ] 不可
[移動手段] **タクシー**（大理北バスターミナル～大理古城洋人街）／50元、所要30分が目安　**路線バス**／8、9、23路、三塔専線「客运北站」
3日以内の切符を販売。昆明（西部：9:00～13:00、14:00～17:30の間1時間に1便）、麗江（8:00～18:30の間15便）、香格里拉（7:00～11:30の間30分に1便、12:15、13:00発）、蝴蝶泉（8:30～18:00の間満席を待って出発）、洱源（6:45～19:00の間満席を待って出発）など。

● **大理興盛バスターミナル**（兴盛客运站）
[M] **地図外（P.573-A3下）**
[住] 下関鎮南澗路風車広場西側
☎ 2125502　[オ] 7:00～19:30　[休] なし　[カ] 不可
[移動手段] **タクシー**（大理興盛バスターミナル～大理古城洋人街）／60元、所要40分が目安　**路線バス**／2、21路「客运南站」
3日以内の切符を販売。昆明（西部：7:20～19:30の間15便）など。

大理古城

見どころ

かつての雲南地方の中心地　　　　　　　オススメ度 ★★★

大理古城／大理古城　dàlǐ gǔchéng
だいりこじょう

3時間

大理古城は下関の北西14kmに位置し、779年南詔国の時代に建造された町。その後、大理国の都として引き継がれたが、元のフビライにより破壊された。再建されたのは1382（明の洪武15）年で、現在見られる大理古城の姿は当時を基本としている。古城はほぼ正方形をした全長約6kmの城壁に囲まれており、東西南北に4つの大きな城門がある。残念ながら現在では古城内の商業化が進み、古い建物はあまり残っていないが、ほかの中国の町とは違ったペー族の文化は感じられることだろう。

大理古城
M P.572
住大理古城
☎大理古城游客中心＝5368500
時24時間　休なし　料無料
※ツアー客は古城保護費30元の支払いが必要
交4路バス「玉局路口」。三塔専線「一塔路口」
※城門はいくつかあるが、南門が正門

大理古城のメインストリート、復興路

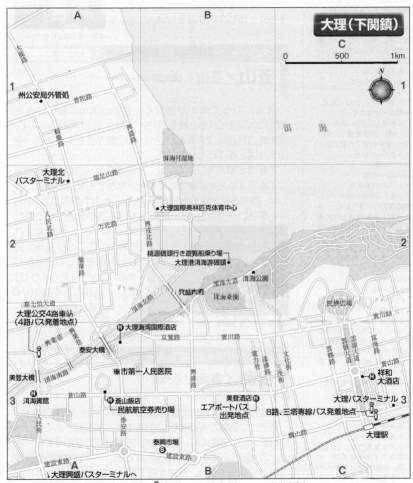

● 見どころ　H ホテル　S ショップ　B 病院　バス停　高速道路　鉄道建設中

崇聖寺三塔文化旅游区／
すうせいじさんとうぶんかりょゆうく
崇圣寺三塔文化旅游区　chóngshèngsì sāntǎ wénhuà lǚyóuqū

(3時間) 🕐

崇聖寺三塔は、大理古城の中心から北西に1.5kmほど行った所にある仏塔。崇聖寺は唐の開元年間に建てられた仏教寺院で、唐宋時代には南詔国と大理国の王室の菩提寺だったが、清代に戦禍と自然災害に遭い、三塔のみとなった。2006年に西側の広大な敷地に新たに崇聖寺が再建され、三塔とその南側にある三塔倒影公園とを合わせて崇聖寺三塔文化旅游区と呼んでいる。

三塔の南側にある三塔倒影公園には大きな池があり、水面に映る三塔の景色は絶景。蒼山の傾斜を利用して造られている崇聖寺最高所の望海亭から見下ろす三塔もまたすばらしい。

中央の塔の高さは約70m

蒼山／蒼山　cāngshān
そうざん

洱海に沿って峰々が連なる全長約50kmの蒼山。海抜3500m以上の19の峰をもち、7峰は海抜4000m以上、最高峰の馬龍峰は海抜4122m。山の間から谷川が流れ、蒼山十八渓と呼ばれている。

万年雪を頂く美しい山々は、大理風花雪月四景のひとつとして古来より人々に愛されてきた。なかでも天候の変化が激しく、刻々と姿を変える雲霞は有名だ。蒼山中腹部には、中和寺と感通ロープウエイの山上駅を結ぶ玉帯雲游路という遊歩道（約17km）が整備されており、ここから洱海の美しい景色を楽しむことができる。ただし、たっぷり1日はかかるので、単独のハイキングは避けたほうが無難。

蒼山は洱海に沿う連峰

喜洲／喜洲　xǐzhōu
きしゅう

大理古城から17km北に行った、洱海の西岸に位置する村。喜洲には白壁と青瓦をもつ88軒のペー族民居があるが、特に厳家大院、董家大院、楊家大院の3軒は保存状態が非常によく、明清時代の姿をそのまま残している。ペー族独自の建築様式は一見の価値あり。厳家大院では、民族衣装を着たペー族による歌や踊り、伝統的作法にのっとった三道茶を楽しめる。

祥和大酒店／祥和大酒店 ★★★★
しょうわだいしゅてん　xiánghé dàjiǔdiàn

下関に位置する高級ホテルで、大理バスターミナルまで歩いて8分と便利。サウナ等の施設も充実している。

両替　ビジネスセンター　インターネット

M P573-C3
住 下関鎮雲嶺大道15号
☎2327888　FAX2322860
S 280元
T 280元
サなし　カ不可

大理古城蘭林閣酒店／大理古城兰林阁酒店 ★★★★
だいりこじょうらんりんかくしゅてん　dàlǐ gǔchéng lánlíngé jiǔdiàn

ペー族の伝統様式で建てられた庭園式ホテル。レストランではペー族料理が楽しめる。

両替　ビジネスセンター　インターネット　U www.lanlinge.com

M P572-B2
住 玉洱路96号
☎2666188　FAX2666189
S 380～480元
T 360～460元
サなし　カJMV

懶人回家客桟／懒人回家客栈
らいしんかいかきゃくさん　lǎnrén huíjiā kèzhàn

通常の客室のほかにファミリールーム（ダブルベッドとロフトにシングルベッド）もある。

両替　ビジネスセンター　インターネット

M P572-A2
住 護国路3号
☎2674222　FAX なし
S 178～388元
D 118～128元
サなし　カ不可

登巴国際連鎖客桟 大理古城店／登巴国际连锁客栈 大理古城店
とうばこくさいれんさきゃくさん だいりこじょうてん　dēngbā guójì liánsuǒ kèzhàn dàlǐ gǔchéngdiàn

大理古城東門近くに立つペー族の民居を改築したホテル。周囲にはレストランも多く、8路バス「风花雪月」も近い。

両替　ビジネスセンター　インターネット

M P572-C2
住 大理古城玉洱路360号
☎15750211037、15292175016
（ともに携帯）　S 100元
T 100元　D 30～35元
サなし　カ不可

大理新四季（春夏秋冬）青年旅舎／大理新四季(春夏秋冬)青年旅舍
だいりしんしき（しゅんかしゅうとう）せいねんりょしゃ　dàlǐ xīnsìjì (chūn xià qiū dōng) qīngnián lǚshè

2009年開業。洋人街まで歩いて数分と立地条件もよい。ドミトリーは6人または10人部屋。

両替　ビジネスセンター　インターネット

M P572-B3
住 人民路26号
☎2671668　FAX なし
S 160元　T 120元
③150元　D 30～35元　サなし　カ不可

大理古城游客中心／大理古城游客中心
だいりこじょうゆうきゃくちゅうしん　dàlǐ gǔchéng yóukè zhōngxīn

大理観光に対する情報を提供すると同時に各見どころへの直通バスを運行しており、いくつかの路線では入場料などの割引もある。おもな運行路線は、崇聖寺三塔、洗馬潭大ロープウエイなど。

M P572-B3
住 大理古城一塔路42号（南門東側）
☎4008728177、2560706
FAX なし　オ6:30～21:00
休 なし　カ不可

蒼山景区

●見どころ　✈空港　-----洱海遊覧船ルート　━━鉄道　=====鉄道建設中　▨▨▨高速道路

麗江古城南門広場

玉龍雪山の麓に広がるナシ族の世界

麗江
れいこう

リージャン
丽江 Lì Jiāng

市外局番●0888

ウルムチ・
・ハルビン
北京●　●大連
　●西安　上海
ラサ　　●成都　●
麗江○　　　広州
昆明●　　香港

都市DATA

麗江市
人口：119万人
面積：2万1219km²
1区2県2自治県を管轄

市公安局外国人出入境管理処
（市公安局外国人出入境管理処）
MP578-B2
個古城区太和西路110号
☎5188437
働8:30～11:30、15:00～17:30
休土・日曜、祝日
観光ビザを最長30日間延長可能。手数料は160元。

市人民医院（市人民医院）
MP578-B1
個古城区福慧路526号
☎5115615
働24時間
休なし

市内交通

【路線バス】運行時間の目安は7:00～20:30、1元
【タクシー】初乗り2km未満8元、2km以上1kmごとに2.6元加算

町なかを走るレトロなバス

概要と歩き方

　麗江は昆明から約600km、大理から約200kmの所にある標高2400mの町。その歴史は、雲南省北部を支配していた木氏一族が、南宋末（800年ほど前）に本拠地を白沙（→P.584）からこの地に移したことから始まり、以来清末までチベットと雲南を結ぶ交易路、茶馬古道の要衝として栄えてきた。

　木氏一族は町の整備を進め、石畳の道、道に沿って造られた清らかな水の流れる水路、その水路に架かる多くの石橋、豊かな水を汲むための井戸、これらが一体となった美しい町並みを造り出した。町の周囲には玉龍雪山を代表とする美しい自然が広がり、古い時代から景勝地として多くの人々に知られる存在であった。麗江を愛した代表格が明代の著名な地理学者である徐霞客。彼は全国各地を歩き回ったが、この町を気に入って、何度か当時の町の支配者であった木氏を訪ねてきたという記録が残っている。

　この麗江をつくり上げたのは、現在もこの地に多く暮らす少数民族のナシ（納西）族。彼らは象形文字のひとつトンパ（東巴）文字を使い、独自の文化と宗教（チベット仏教と関連がある）をもつ民族で、その文化的背景と町の美しさが認められ、麗江は1997年にユネスコの世界文化遺産に登録された。

　町は香格里拉大道を中心とする新市街エリアと、獅子山以東の古城エリアのふたつの顔

麗江古城では多くの水路と石橋を目にする（万子橋）

	1月	2月	3月	4月	5月	6月	7月	8月	9月	10月	11月	12月
平均最高気温(℃)	13.6	14.7	17.3	20.1	23.2	23.3	23.1	22.7	21.5	19.6	16.8	14.4
平均最低気温(℃)	-0.3	1.8	4.5	7.7	11.0	13.9	14.6	13.7	12.3	8.8	3.1	0.0
平均気温(℃)	6.0	7.5	10.3	13.3	16.5	17.9	17.9	17.2	15.9	13.2	9.2	6.5

町の気象データ（→P.517）：「預報」>「云南」>「丽江」>区・県から選択

をもっている。宿泊施設は両地区にあるが、おすすめはやはり古城エリア。ナシ族の民家を改造したホテル「客桟」が多数ある。

Access 交通

中国国内の移動⇒P.667　鉄道時刻表検索⇒P.26

✈ 飛行機　市区中心の南28kmに位置する麗江三義国際空港(LJG)を利用する。

国際線 日中間運航便はないので、北京や上海、成都で乗り継ぐとよい。
国内線 北京、上海、成都、昆明など主要都市との間に運航便がある。
所要時間(目安) 昆明(KMG)／55分　景洪(JHG)／1時間10分　成都(CTU)／1時間30分　重慶江北(CKG)／1時間40分　ラサ(LXA)／2時間10分　北京首都(PEK)／3時間25分　上海虹橋(SHA)／3時間30分　広州(CAN)／2時間25分

🚄 鉄道　広麗線の起終点である麗江駅を利用する。オンシーズンは利用者が激増するので切符の手配を早めにすること。

所要時間(目安) 【麗江(lj)】昆明(km)　快速：8時間5分　大理(dl)／快速：1時間41分

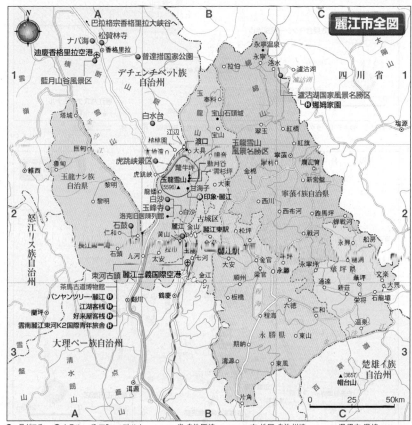

麗江市全図

●●見どころ　Ｈホテル　⦿アミューズメント　━━━省・自治区境　━━━市・地区・自治州境　━━━県級市・県境
══鉄道　════高速道路　⊕空港

雲南省　麗江

概要と歩き方／アクセス／麗江市全図

577

麗江

A
束河古鎮へ↑
象山東路

B
象山北路
玉泉路
麗江市博物館

C
黒龍潭
● 五鳳楼
五孔橋、得月楼

象山西路
香格里拉大道

錦江之星 麗江玉龍雪山景観酒店Ⓗ

麗江東駅市内切符売り場

喜洋羊餐館
花馬街店Ⓑ

黒龍潭景区●

トンバ文化研究所

玉泉路
如家-
麗江古城
北門福慧路店
Ⓗ金泉大酒店

麗江高速バスターミナル
束河古鎮行き
乗合タクシー乗車地点
エアポートバス発着地点

雲南航空
麗江観光酒店

福慧路
藍天賓館Ⓗ

民航航空券販売センター
Ⓖ麗客隆超市

麗房商慶

麗江中国国際旅行社
麗江官房大酒店Ⓗ

緑龍假日飯店Ⓗ
市人民医院⊞
七星旅游商貿街

人民広場
魚米河商業
歩行街

紅太陽広場

毛沢東像

玉龍雪山行きミニバン発着地点

麗江東駅市内切符売り場

P.578下

中国銀行Ⓢ
七星路

6路バス「七星街」(束河古鎮行き)

金星街

古城エリア

麗江金甲
総合批発交易市場

古城区工商局Ⓣ
麗江実力大酒店Ⓗ

金甲路

獅子山▲

石鼓行き乗合タクシー発着地点

金凱広場
金凱街
長水路

N
0 500m

麗江旅游バスターミナル

祥和路

市公安局外国人
出入境管理処

麗江駅へ
太和西路
康仲路

麗江バスターミナル

● 見どころ　Ⓗ ホテル　Ⓖ グルメ　Ⓢ ショップ　Ⓢ 銀行　Ⓣ 旅行会社　⊞ 病院　Ⓟ バス停　▨ 繁華街

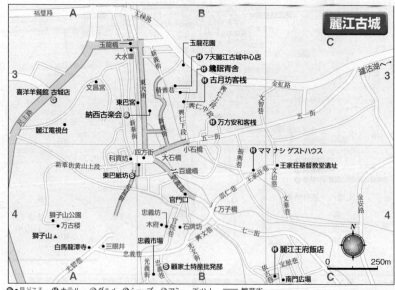

麗江古城

A
福慧路
玉泉路

B
玉龍花園

C

玉龍橋
大水車

7天麗江古城中心店Ⓗ
鼾眠青舎Ⓗ
古月坊客桟Ⓗ

金虹路

瀘沽湖へ→

喜洋羊餐館 古城店●

文昌宮
東巴宮

文智巷

納西古楽会Ⓐ
麗江電視台

万方安和客桟Ⓗ

小石橋
大石橋

ママ ナシ ゲストハウスⒽ
王家荘基督教堂遺址

科貢坊
東巴紙坊

二百歳橋

獅子山公園
● 万古楼

官門口
忠義坊
木府
石牌坊

万子橋

麗江王府飯店Ⓗ

獅子山▲
白馬龍潭寺
● 三眼井

忠義市場
顧家土特産批発部

N
0 250m

南門広場

● 見どころ　Ⓗ ホテル　Ⓖ グルメ　Ⓢ ショップ　Ⓐ アミューズメント　▨ 繁華街

バス

市内にはバスターミナルが3つあるが、旅行者がメインに利用するのは康仲路にある麗江バスターミナル。

所要時間(目安) 昆明／8時間　大理／4時間　香格里拉／4時間　瀘沽湖／5時間

···Data···

✈ 飛行機

●麗江三義国際空港（丽江三义国际机场）
M P.577-B2　住 七河郷三義　**☎** 5173088
オ 始発便～最終便　**休** なし　**カ** 不可
[移動手段] **エアポートバス**（空港～藍慧賓館）
／20元、所要50分が目安。空港→市内＝到着便
に合わせて運行　市内→空港＝6:30～22:00の
間30分に1便　**タクシー**（空港～麗江古城入口）
／120元、所要45分が目安
　3ヵ月以内の航空券を販売。

麗江三義国際空港

●民航航空券販売センター（民航售票中心）
M P.578-B1　住 古城区福慧路329号
☎ 5161289、5399999
オ 8:30～19:30　**休** なし　**カ** 不可
[移動手段] **タクシー**（航空券販売センター～麗
江古城入口）／8元、所要7分が目安　**路線バス**
／1、9路「民航站」。8、11、16路「福慧市場」
　3ヵ月以内の航空券を販売。エアポートバスの
発着地点は北側。

🚆 鉄道

●麗江駅（丽江火车站）
M P.577-B2　住 玉龍県黄山鎮上吉村南口
☎ 共通電話＝12306　**オ** 7:00～22:50
休 なし　**カ** 不可
[移動手段] **タクシー**（麗江駅～麗江古城入口）
／35元、所要30分が目安　**路線バス**／18路
「丽江火车站」
　28日以内の切符を販売。

郊外に位置する麗江駅

●麗江東駅市内切符売り場（丽江东站市内售票处）
M P.578-B1
住 古城区魚米河商業歩行街BW41層1号3号鋪面
☎ 5126992　**オ** 8:00～18:00　**休** なし　**カ** 不可
[移動手段] **タクシー**（切符売り場～麗江古城入

口）／8元、所要3分が目安　**路線バス**／3、6、
8、9、20路「红太阳广场」
　28日以内の切符を販売。手数料は1枚5元。

この魚米河商業歩行街のほかに、香格里拉大道にも麗江東駅市内切符売り場がある

🚌 バス

●麗江バスターミナル（丽江客运站）
M P.578-C2　住 古城区康仲路25号
☎ 5122536　**オ** 7:00～20:50
休 なし　**カ** 不可
[移動手段] **タクシー**（麗江バスターミナル～麗
江古城入口）／15元、所要15分が目安　**路線バ
ス**／8、11、12、19路「客运站」
　7日以内の切符を販売。昆明（西部：7便）、大
理（北バスターミナル：7:10～19:00の間21便）、
香格里拉（7:30～16:00の間30分に1便）、瀘沽湖
（9:00、10:00、15:00発）など雲南省内便がメイ
ン。
※瀘沽湖行きは麗江高速バスが始発で、麗江バ
スターミナルを経由する

独特の外観をした麗江バスターミナル

●麗江高速バスターミナル（丽江高快客运站）
M P.578-B1　住 古城区香格里拉人道925号
☎ 5169758、5120999
オ 7:00～20:30　**休** なし　**カ** 不可
[移動手段] **タクシー**（麗江高速バスターミナル
～麗江古城入口）／10元、所要10分が目安　**路
線バス**／8、11、16路「高快客运站」
　7日以内の切符を販売。昆明（西部：4便）、
大理（北バスターミナル：6便）、香格里拉（6
便）、瀘沽湖（8:30、9:30、14:30発）など雲南
省内便がメインン。

麗江古城

M P.578下
住 古城区大研古鎮
☎ 5111118、5111119
オ 24時間 **休** なし
料 麗江城保護費＝80元
※ 14日間有効
※ 2018年8月現在、黒龍潭公園（→P.581）と白沙壁画（→P.584）のみ麗江古城保護費の領収書チェックが行われている。この2ヵ所を訪れる予定のない人は購入する必要はない（実質無料）
交 1、2、3、4、8、11路バス「古城口」
U www.ljta.gov.cn

四方街

M P.578-B4
住 古城区大研古鎮
オ 24時間 **休** なし
料 無料
交 徒歩で行ける

古城の中心、四方街

木府

M P.578-B4
住 古城区光義街49号
☎ 5181468
オ 8:30～17:30
※ 入場は閉門30分前まで
休 なし
料 60元
交 徒歩で行ける

獅子山公園

M P.578-A4
住 古城区獅子山
☎ 5182712
オ 4～10月7:00～19:30
11～3月8:00～18:30
※ 入場は閉門30分前まで
休 なし
料 50元
交 徒歩で行く

獅子山に立つ万古楼

見どころ

世界文化遺産に登録された古い町並み　｜オススメ度 ★★★｜　世界遺産

麗江古城／丽江古城　lìjiāng gǔchéng
れいこうこじょう
⏱ 5時間

麗江古城は民主路、長水路、祥和路、金虹路に囲まれたエリアに広がる古い町並みで、細く入り組んだ石畳の路地、清らかな水が流れる水路、明清代の古い木造建築などが残ることで有名。広さは約3.8km²。1996年の地震でかなり倒壊したが、1997年の世界文化遺産登録によって整備された。しかし現在では商業化が著しく進み、古い町並みは残しているものの、ある種のテーマパークのような雰囲気になってしまったのが少々残念。人混みも尋常ではない。のんびりと歩きながら古い町並みを眺めたいのであれば、束河古鎮（→P.582）の町外れか白沙（→P.584）に行くとよい。

四方街／四方街　sìfāngjiē
しほうがい

麗江古城の中心部にある、四角形をした石畳の広場。ここから迷路のような路地が四方八方に延びている。周囲にレストラン、みやげ物屋などが集中しているため、昼夜を問わずたくさんの観光客でにぎわっている。四方街の西側には科貢坊がある。もともとは清代に造られたものが、1994年に火災に遭い、現存するのはその後再建されたもの。

木府／木府　mùfǔ
もくふ

元、明、清の3つの王朝に22代470年にわたって麗江エリアの統治を委ねられた木氏が暮らした館。木氏は白沙を中心に勢力を築いたナシ族の豪族だったが、南宋末期に獅子山の東側に本拠地を移し、元朝以降の王朝とうまく付き合い、チベットとの交易で富を蓄えていった。

忠義坊は4本の石柱で造られた牌坊で木府の入口に当たる。議事庁は木氏が政務を執った場所で、万巻楼は曲阜の孔廟を参考にして建てられた書庫。護法殿は木氏の私事的な話し合いがもたれた場所。いちばん奥にあるのが道教の創始者とされる3人を祀った三清殿。現存する建物は、世界遺産登録申請時に修復、再建されたもの。

木府議事庁

獅子山公園／狮子山公园　shīzǐshān gōngyuán
ししざんこうえん

新市街と古城の間に位置する小山、獅子山の上部が公園となっている。広さは約18万m²で、公園内には5層の楼閣、万古楼がある。高さは33mあり、古城地区では最も高い場所だ。楼閣の最上階からは、古城の家並みや木府を俯瞰することができ、天気がよければ玉龍雪山も見られる。

緑と水に囲まれた公園　オススメ度 ★★★

黒龍潭景区／黒龙潭景区 hēilóngtán jǐngqū

こくりゅうたんけいく

五鳳楼

旧市街の北約1kmに位置する公園で、池の水が玉のように碧いので玉泉公園とも呼ばれている。1737（清の乾隆2）年に玉泉龍王廟として造られたのが始まり。公園内の池、黒龍潭とトンパ教の聖地、香格里拉の白水台（→P.590）はつながっていて、白水台の水が枯れると黒龍潭も枯れるという伝説もある。弓形をした池の周囲にはしだれ柳が植えられ、池の中ほどには大理石で造られた五孔橋が架かっている。天気のいい日には、水面に雪の帽子をかぶった玉龍雪山と青空が映り美しい。

このほか、1601（明の万暦29）年創建の五鳳楼と、彫刻が美しい3層の得月楼も見逃せない。池の南側にトンパ文化研究所があり、トンパ文字教室が開設されている。1時間100元ほどでトンパ文字を教えてくれる。事前にきちんと金額を確認しておかないとあとでもめることもあるので注意しよう。また、研究所内にはナシ族の手漉き紙の製造方法が展示されている。トンパ紙は毒をもつ木を原料としているため、何百年経っても虫食いの被害がなく保存できるという特性をもっている。

得月楼と五孔橋

不思議なトンパ文字を堪能できる　オススメ度 ★★★

麗江市博物館／丽江市博物馆 lìjiāngshì bówùguǎn

れいこうしはくぶつかん

黒龍潭景区の後門（北側）の向かい側に位置する。ナシ族の起源および特徴、彼らの文化、特に伝統的祭儀とトンパ文字に関する展示が充実している。

トンパ文字はトンパ教の経典に使われているナシ族固有の象形文字で、現在も使用されており、その形のユニークさが世界中の研究者から注目を浴びている。しかし、残念ながら現在ではトンパ文字を十分読み書きできる老東巴と呼ばれる人は10人もいないという。

麗江市博物館の入口

黒龍潭景区
[M]P.578-C1
[住]古城区民主路黒龍潭景区
☎5188041
[オ]7:00～19:30
[休]なし
[料]無料
[交]3、6、8、9路バス「黑龙潭」
※入場の際、麗江古城保護費の領収書の提示を求められる

黒龍潭の後方に見えるのが玉龍雪山

麗江市博物館
[M]P.578-C1
[住]古城区教育路
☎5180270
[オ]9:00～17:00
※入場は閉館30分前まで
[休]第1・3月曜
[料]無料
[交]3、6、8、9路バス「黑龙潭」
※黒龍潭景区の北門を出てすぐ

[i] インフォメーション

玉龍雪山風景名勝区の観光専用バス
※本文→P.582
甘子海と玉龍雪山ロープウエイ、藍月谷、雲杉坪ロープウエイ、犛牛坪ロープウエイを結んでいる。乗車回数の制限はない。
[オ]7:00～18:30　[休]なし
[料]20元
甘海子からの戻りは1・2号停車場→3号停車場の順で停まる。ミニバンで麗江に戻る場合は、1・2号停車場で下車すること。

電動カート
藍月谷と雲杉坪では電動カートが運行されている。
[料]藍月谷＝50元、雲杉坪＝20元、共通乗車券＝60元

玉龍雪山のロープウエイ
[オ]7:00～15:30
※下りは16:00頃（目安）
[休]なし
[料]玉龍雪山ロープウエイ＝180元、雲杉坪ロープウエイ＝55元、犛牛坪ロープウエイ＝60元
※すべて往復料金

ナシ族が崇拝する神々の暮らす山　オススメ度 ★★★

玉龍雪山風景名勝区／
（ぎょくりゅうせつざんふうけいめいしょうく）
玉龙雪山风景名胜区　yùlóngxuěshān fēngjǐngmíngshèngqū

1時間

麗江の北約15kmにある玉龍
雪山を中心とした景勝地。おも
な見どころは、ビジターセンタ
ーと『印象・麗江』の野外劇場
がある甘海子、玉龍雪山、藍月
谷、雲杉坪、犛牛坪などで、雄
大な自然景観が楽しめる。

玉龍雪山ロープウエイを降りた標高
4506m地点。右側に4680mへ向かう
登山道が見える

麗江から行くと風景名勝区に
入る前の道路上に入場ゲートがあり、そこで入場券を買っ
て、ビジターセンターのある甘海子で降りる。ミニバンで来
た場合もここで下車しなければならない。甘海子からは、景
区内の見どころを結ぶ観光専用バスに乗り換える。甘海子で
は、観光専用バスのほかロープウエイのチケットも購入でき
る。玉龍雪山（氷川公園）のロープウエイは天気のよい日は
非常に混むので、訪れるなら時間に余裕をもって。

観光専用バス乗車時と玉龍雪山ロープウエイに乗り込む際
にパスポートチェックがあるので忘れずに携帯すること。

農村風景と古い町並みの調和が美しい　オススメ度 ★★★　世界遺産

束河古鎮／束河古鎮　shùhé gǔzhèn
（そくがこちん）

3時間

麗江の北西4kmに位置するナシ族
の古い村で、1997年麗江古城とと
もに世界文化遺産に登録された。

水路沿いにはカフェやレストラ
ンが連なる

束河古鎮の入口の門を通り抜け、
煙柳路を道なりに進んで行くと四方
聴音広場と呼ばれる広場に出る。傍
らにあるステージでは毎日15:30か
ら16:30の間、ナシ族やイ族、チベット族、ぺー族の歌や
踊りが演じられる。広場からさらに石畳の道を先へ進むと、
青龍河と呼ばれる小川に出て、小川沿いに上流へ歩いて行く
とすぐに四方街にたどり着く。ここが村の中心だ。

四方街から北に向かう中和路には、木氏のかつての住居だ
った大覚宮と茶馬古道博物館がある。

泉が湧き出る九鼎龍潭では、毎日13:00〜17:00の間、
ナシ族の老人たちによる民族音楽の演奏が行われる。無料な
ので気軽に楽しむことができる。19:30からは四方聴音広
場で、たき火を囲みながらナシ族の伝統的ダンスが始まる。
なお、これらの催し物は変更されることも多いので、入場ゲ
ート付近にある案内所で確認しておこう。

高低差3000mにも及ぶ深い峡谷　　オススメ度 ★ ★ ★

虎跳峡景区／虎跳峡景区　hŭtiàoxiá jĭngqū

こ ちょうきょうけいく

3時間

虎跳峡は、麗江の玉龍雪山と香格里拉の哈巴雪山の間を流れる金沙江沿いに延びる全長20km、高低差3000mの大峡谷。このエリアで金沙江の川幅が非常に狭くなっており、トラがこの峡谷を飛び越

左側の山が玉龍雪山、右側が哈巴雪山

えたという伝説が名前の由来。最も狭い所で30m、川の流れが激しい。虎跳峡は上流から順に上虎跳峡、中虎跳峡、下虎跳峡の3部分に分けられていて、一般にツアーなどで虎跳峡観光といえば、麗江側の上虎跳峡の観光を指すことが多い。しかし、景観が最も美しいのは、香格里拉側の中虎跳峡。ここでは峡谷が鋭く切り立っていて迫力がある。

　上虎跳峡の麗江側では、大きめの駐車場に停車したあと、岩壁を削って造った道を2.5kmほど歩いて展望台に向かう。展望台は水面に近い場所に造られており、轟音で話し声は聞こえず、水しぶきを浴びるほど。同様な展望台が対岸（香格里拉側）にもある。

神秘的な湖の周辺に母系社会のモソ人が暮らす　　オススメ度 ★ ★ ★

瀘沽湖国家風景名勝区／

ろここここっかふうけいめいしょうく

4時間

泸沽湖国家风景名胜区　lúgūhú guójiā fēngjǐng míngshèngqū

瀘沽湖は麗江から北へ100kmほど離れた、四川省にまたがる湖で、面積は約50km、平均水深は45m、最深部は93mにも達する（中国で2番目に深い湖）。湖の標高は2690mで、注目すべきは湖水の透明度（11m）にある。

　瀘沽湖周辺にはナシ族の支系であるモソ人と呼ばれる人々が暮らしている。彼らは母系社会を保持しており、一家の主は年長の女性で、財産は母から娘へと受け継がれる。結婚形態はいわゆる妻問い婚で、男性が女性のもとに通うもの。彼らはチベット仏教を信仰しており、老人たちが手にマニ車を持ち、回しながら歩いている姿をよく見かける。湖周辺ではこういった彼らの文化の一部を見ることもできる。

　瀘沽湖の見どころは、湖とその周囲に点在する集落だ。しかし、公共の交通機関は整備されていないので、乗合タクシーをチャーターするか、レンタサイクル、もしくは徒歩での移動になる。一般的なのは、洛水村から時計回りに里格村、尼賽村、小洛水村、大嘴村へと進むルート。

麗江から来る途中の展望台から見た瀘沽湖

虎跳峡景区
（香格里拉側）
Ｍ P.577-B2
住 香格里拉県虎跳峡鎮
☎ 5162893
時 8:30～16:00
休 なし
料 麗江側＝50元
　香格里拉側＝65元
交 麗江市内でタクシーをチャーターする。往復500元が目安
※2018年8月現在、麗江側を修復工事中

川岸から見た中虎跳峡

瀘沽湖国家風景名勝区
Ｍ P.577-C1
住 寧蒗イ族自治県永寧郷
☎ 5881280
時 24時間
休 なし
料 100元
交 麗江高速バスターミナルから「泸沽湖」行きで終点。8:30、9:30、14:30発。71～85元、所要5時間
※「泸沽湖」からのバスは9:00、10:00、15:00発。戻り客が多いので到着時に1、2日後の切符購入をおすすめする
時 9:00～19:00

ｉ インフォメーション

手こぎボート
　洛水村のボート乗り場から里務比島往復のボート料金は50元。6人集まって出発。

篝火晩会
　モソの人による歌と踊りのショー。雨天中止。
時 20:30～22:00
料 30元

レンタサイクル
　洛水村ではレンタサイクルを利用できる。1日30元が目安。デポジット（保証金）300元とパスポート提出が必要。

格姆女神山リフト
料 98元（往復）

白沙壁画を収蔵する大宝積宮

壁画で有名なナシ族の村　　　オススメ度 ★★★

白沙／白沙　báishā
はくさ

　白沙は、麗江から北へ12km行った所にある昔ながらの家
屋が多く残る村だ。ここは、現在の麗江の町を築いた豪族木
氏の本拠地であり、かつて政治や文化の中心地だった。
　見どころは、木氏がナシ族、ペー族、チベット族、漢族の
絵師に描かせた白沙壁画と呼ばれるもの。比較的保存状態の
よいものは、瑠璃殿と大宝積宮に残るが、心ない観光客の手
により傷を付けられている部分も多い。また、敷地内には木
氏の歴史を紹介した展示室もある。
　村ではナシ族の人たちが暮らす住居も見られる。古い建物
もまだ残っているので、のんびりと散策しながらナシ族の日
常生活に触れてみるのもいいだろう。

椿の木で知られるチベット寺院　　　オススメ度 ★★★

玉峰寺／玉峰寺　yùfēngsì
ぎょくほうじ

　白沙から3kmほど山のほうに進んだ所にあるチベット仏
教寺院で、現存するものは清の康熙年間（1661～1722
年）に再建されたもの。規模は小さく、普段は見るべきもの
はあまりないが、境内にある樹齢500年の山茶之王と呼ば
れるツバキの木が開花する時期（1～3月）には訪れる価値
がある。また、ナシ族の重要な祭りである三朶節（陰暦2月
8日）はここを中心に執り行われ、多くの人が訪れる。

　麗江市街地から白沙までは
サイクリングに最適なコース
で、外国人観光客を中心にレ
ンタサイクルで来る人も多
い。しかし玉峰寺に行くには
急な坂を上らなければならな
いので注意。

玉峰寺山門

長江の大きなうねりを見下ろす　　　オススメ度 ★★★

石鼓／石鼓　shígǔ
せきこ

　石鼓は麗江の西25kmにある町で、チベットとの交易にお
ける中継地として栄えた所だ。この町の見どころは、金沙江
（長江の上流）がＶ字形に大きくカーブする長江第一湾。そ
の眺めは壮観だが、川沿いにある展望所からでは、川自体が
大きいため、あまり実感できないだろう。
　最良のポイントは、麗江から行った場合、石鼓鎮に着く手
前300mの左側にある食堂兼宿泊施設、一湾飯店だ。この
食堂の背後にある丘に15分くらいかけて登れば、眼下に長
江第一湾の全景が広がる。

麗江官房大酒店／丽江官房大酒店　★★★★★
lìjiāng guānfáng dàjiǔdiàn

麗江で最も高い建物で、北側の客室からは玉龍雪山を展望できる。23階には回転レストランがあり眺めがよい。空港へのエアポートバス発着地点は徒歩で3分ほど。全室に加湿器が設置されている。

M P.578-B1
住 古城区香格里拉大道966号
☎ 5188888
FAX 5181888
S 320～580元
T 260～368元
サ なし
カ ADJMV

両替　ビジネスセンター　インターネット

麗江王府飯店／丽江王府饭店
lìjiāng wángfǔ fàndiàn

かつて木氏の客人用の宿泊施設があった場所に建てられた星なし渉外ホテル。設備は5つ星クラス。ナシ族の建築様式を取り入れた造り。

M P.578-C4
住 古城区南門街依古巷9号
☎ 5189666
FAX 5182929
S 388～499元
T 388～499元
サ なし
カ JMV
U www.ljhotel.cn

両替　ビジネスセンター　インターネット

古月坊客桟／古月坊客栈
gǔyuèfáng kèzhàn

古城内の北側に位置し、大水車、四方街どちらも徒歩5分以内と便利な立地。ナシ族民家を改造した旅館。

M P.578-B3
住 古城区五一街興仁下段30号
☎ 5147988　**FAX** なし
S 160～230元
T 160～230元
サ なし　**カ** 不可

両替　ビジネスセンター　インターネット

饞眠青舎／馋眠青舍
chánmián qīngshè

古城内に位置する。外国人も多く旅行情報も豊富なので情報収集に適している。

M P.578-B3
住 古城区新義街積善巷44号
☎ 5180124
S 128元　**T** 128元
D 35元（8人部屋）
サ なし　**カ** 不可

両替　ビジネスセンター　インターネット

如家-麗江古城北門福慧路店／如家-丽江古城北门福慧路店
rújiā lìjiāng gǔchéng běimén fúhuìlùdiàn

「経済型」チェーンホテル。客室の設備は簡素ながらも清潔。大通りから少し中に入るが近くに切符売り場などもあり便利。

M P.578-B1
住 古城区福星路中段118号
☎ 5550066　**FAX** 5550388
S 149元
T 159元
サ なし　**カ** 不可

両替　ビジネスセンター　インターネット　**U** www.bthhotels.com

娜姆家園／娜姆家园
nàmǔ jiāyuán

モソ人の民居様式のホテル。瀘沽湖洛水下村にあり、ボート乗り場から歩いて3分。

M P.577-C1
住 寧蒗彝族自治県永寧郷瀘沽湖下村洛沽路中段
☎ 携帯=15003482700
FAX なし　**S** 280元　**T** 160～189元　**サ** なし　**カ** 不可

両替　ビジネスセンター　インターネット

納西古楽会／纳西古乐会
nàxī gǔyuèhuì

古城内で毎晩開かれているナシ族の民族音楽コンサート。演奏よりもトークのほうが長いのが難点。中国語を理解できる人と民族音楽に興味のある人にはおすすめ。

M P.578-B3
住 古城区東大街
☎ 5127971
オ 20:00～21:30　**休** なし
料 A席=160元、B席=140元、C席=120元　**カ** 不可

麗江中国国際旅行社／丽江中国国际旅行社
lìjiāng zhōngguó guójì lǚxíngshè

鉄道切符の手配は1枚40元、バスは30元。日本語ガイドは1日500元。日本語にも対応可。虎跳峡1日700元、宝山石宝寨2000元（ともに車代のみ）。**U** www.ljcits.cn　✉ puyan0825@sina.com

M P.578-B1
住 古城区香格里拉大道946号福房商廈4階412室
☎ 5160372　**FAX** 5158644
オ 9:00～12:00、14:30～17:30
休 土・日曜、祝日　**カ** 不可

雄大な自然に広がるチベット族の世界

シャングリラ
香格里拉

シアンガーリーラー
香格里拉 Xiāng Gé Lǐ Lā　市外局番●0887

拉姆央措湖から見た松賛林寺全景

ウルムチ
ハルビン
北京・大連
ラサ・西安・上海
香格里拉
成都
昆明　広州
香港

都市DATA

香格里拉市
人口：15万人
面積：1万1613㎞
デチェンチベット族自
治州の行政中心

州公安局外事科
(州公安局外事科)
Ⓜ地図外(P.588-C4下)
⽥康珠大道
☎8226834
⽊9:00～12:00、
14:30～17:00
⽊土・日曜、祝日
観光ビザを最長30日間延長
可能。手数料は160元

州人民医院
(州人民医院)
ⓂP.588-A3
⽥池慈卡街58号
☎8238738
⽊24時間
⽊なし
酸素吸入は1時間4元 だが、
ベッド代などと合計すると40
～50元となる

市内交通

【路線バス】運行時間の目安
は7:00～18:30、1元
【タクシー】町の中心部は昼
間8～10元、夜間10～15元。
郊外は要交渉

概要と歩き方

　香格里拉は昆明から約710km、雲南省の西北端にあるデチェンチベット族自治州の中心地（標高3276m）で、この民族自治州はチベット自治区および四川省と境界を接しており、古くからチベットの影響を強く受けてきた。この町から北西に進めばチベット自治区に入り（外国人の往来は制限されている）、北東に進めば四川省西部のチベット族居住区にいたる。なお、チベット語での呼び名はギェルタン（漢字で噶丹と書く）。また、自治州の名であるデチェン（迪慶）はチベット語で吉祥如意の土地を意味する。

　映画化された小説『失われた地平線』（ジェームズ・ヒルトン著）の舞台になった理想郷シャングリラはこのエリアがモデルであると地方政府が主張し、2002年に中甸という名前を改称して現在の香格里拉となった。

　自治州内には、雲南省最高峰の梅里雪山（標高6740m、チベット族はカワ・カルポまたはカワクボと呼ぶ）を中心に高峰が多く、平均海抜は3380m。これらの高峰の間をぬうように、金沙江と瀾滄江というふたつの大河が流れ、すばらしい景観を造り出しており、その豊かな自然は、自治州の西を流れる怒江と合わせ、2003年ユネスコの世界自然遺産に登録された。

　香格里拉の中心である建塘鎮は、中心鎮公堂を囲む旧市街（古城）とその北側にできた新市街に分かれているが、約1.5km四方に収まるほど小さく、町なかの移動は路線バスと徒歩で問題はない。

高台から見下ろす白水台（→P.590）

	1月	2月	3月	4月	5月	6月	7月	8月	9月	10月	11月	12月
平均最高気温(℃)	6.0	8.0	9.0	14.0	18.0	19.0	19.0	18.0	17.0	15.0	11.0	8.0
平均最低気温(℃)	-1.0	1.0	4.0	7.0	10.0	13.0	14.0	14.0	12.0	8.0	5.0	0.0
平均気温(℃)	2.0	4.0	6.0	10.0	14.0	16.0	16.0	15.0	14.0	11.0	7.0	4.0

町の気象データ(→P.517)：「預報」＞「云南」＞「迪庆」＞「香格里拉」

なお、香格里拉バスターミナルと古城は1路バスで結ばれている。おもな見どころは郊外にあるため、公共の交通機関だけでは移動に時間もかかるし不便を感じる。時間に余裕がない場合は、行き先を絞るか車をチャーターしたほうが便利だ。例えば、藍月山谷とナパ海、松賛林寺の3ヵ所を1日で巡る場合、200元が目安。巴拉格宗香格里拉大峡谷や普達措国家公園などの遠距離の場合は、さらに高くなる。

香格里拉の名物として、7月から8月にかけて採れるマツタケのほか、ヤクの干し肉（牦牛干巴）、バター茶（酥油茶）などがある。多くの物資や食料は麗江から運搬しているため、雲南省でも物価が高い。

最後に注意することを2点。町は3000mを超える高地にあるので、高山病対策は十分に練ること。特に麗江を経ず昆明から直接飛行機で移動してきた場合は注意が必要。また、香格里拉の天気は変化が激しい。郊外に出かけるときには、雨具を忘れずに準備して行こう。

旧市街の中心にある小高い山が亀山公園

普達措国家公園の黄葉

Access 交通

中国国内の移動 ➡ P.667

✈ 飛行機
建塘鎮中心部の南西4kmに位置する迪慶香格里拉空港（DIG）を利用する。

国際線　日中間運航便はないので、北京や成都で乗り継ぐとよい。
国内線　昆明、成都、景洪、ラサなどとの間に運航便がある。

所要時間(目安)　昆明（KMG）／1時間　成都（CTU）／1時間20分　ラサ（LXA）／2時間5分

🚌 バス
建塘鎮の北側に位置する香格里拉バスターミナルを利用する。バスは香格里拉における主要交通手段。ただし、天候（夏は雨による土砂崩れによる不通、冬は降雪）によって路線が運行停止となることも珍しくない。

所要時間(目安)　昆明／12時間　麗江／4時間　大理／7時間　徳欽／7時間　稲城／9時間　郷城／12時間

Data

✈ 飛行機
● 迪慶香格里拉空港（迪庆香格里拉机场）
Ⓜ P577-A1、地図外（P588-A4左）　⽤ 神鷹路
☎ 8229910　⼒ 始発便・最終便　冧 なし　⼒ 不可

迪慶香格里拉空港

[移動手段] タクシー（空港～古城）／昼間35元、所要20分が目安

当日の航空券のみ販売。

● 中国東方航空航空券売り場
（中国东方航空公司售票处）
Ⓜ P588-A3
⽤ 池慈卡街60号観光酒店1階
☎ 8234567　⼒ 8:30～19:30　冧 なし　⼒ 不可

[移動手段] タクシー（航空券売り場～古城）／昼間8元、所要5分　路線バス／1、3路「州医院」
3ヵ月以内の航空券を販売。

🚌 バス
● 香格里拉バスターミナル
（香格里拉汽车客运站）
Ⓜ P588-B1　⽤ 康定路23号　☎ 8223501
⼒ 6:30～19:00　冧 なし　⼒ 不可

[移動手段] タクシー（バスターミナル～古城）／昼間8元、所要10分が目安　路線バス／1、7路「客运站」
3日以内の切符を販売。昆明（西部：4便）、麗江（8:00～18:00の間18便）、大理（下関：7:00～13:00の間7便）、徳欽（5便）、稲城（1便）など、雲南省内北部の町とを結ぶ便がメイン。

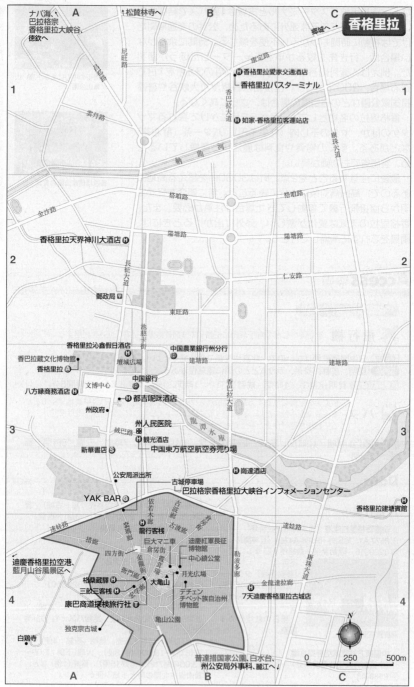

香格里拉

ナパ海、
巴拉格宗
香格里拉大峡谷、
徳欽へ

←松賛林寺へ

郷城へ→

香格里拉愛家交通酒店
香格里拉バスターミナル

如家-香格里拉客運站店

尼旺路

昌都路

康定路

雲丹路

納　曲　河

金沙路

格咱路

格咱路

陽塘路

陽塘路

香格里拉天界神川大酒店 H

長征大道

仁安路

郵政局

東旺路

建塘路

建塘路

香格里拉沁鑫假日酒店

中国農業銀行州分行

香巴拉蔵文化博物館
香格里拉 A

池慈卜街

壇城広場

文博中心

中国銀行

八方緑商務酒店 H

絨巴路

都吉呢咪酒店 H

州政府

龍潭水庫

州人民医院

新華書店 S

観光酒店 H

中国東方航空航空券売り場

崗達酒店 H

公安局派出所

古城停車場

巴拉格宗香格里拉大峡谷インフォメーションセンター

YAK BAR G

香格里拉建賓館 H

依若木廊

袋臘街

龍行客桟

古渡廊

古渡街

欧若廊

達娃路

迪慶香格里拉空港、
藍月山谷風景区へ

措廊

四方街

衛門廊

巨大マニ車
倉房街

迪慶紅軍長征
博物館

中心鎮公堂

買賣場

月光広場

格桑蔵駅 H

夢廊街

大亀山

康巴商道探検旅行社

三畝三客桟 H

デチェン
チベット族自治州
博物館

金龍達拉廊

7天迪慶香格里拉古城店 H

独克宗古城

亀山公園

N

普達措国家公園、白水台、
州公安局外科、麗江へ

0　　250　　500m

A　　　　　　　　B　　　　　　　　C

● ●見どころ　H ホテル　G グルメ　S ショップ　A アミューズメント　● 銀行　T 旅行会社　□ 郵便局　田 病院

見どころ

ポタラ宮にもたとえられるチベット仏教寺院　　オススメ度 ★★★

松賛林寺／松赞林寺　sōngzànlínsì
しょうさんりんじ

　市の中心部から北へ5km離れた丘陵地帯に位置する雲南省最大のチベット仏教寺院（チベット仏教最大宗派のゲルク派）。寺院のチベット名はソンツェンリン・ゴンパといい、その漢訳が松賛林寺で、帰化寺と呼ばれることもある。

　寺院の創建は明代末期（17世紀初頭）だが、ダライ・ラマ5世の発願により1679〜1681年（清の康熙18〜20年）に規模が拡大された。20世紀には、文化大革命などで破壊されたが、現在も再建が続けられ、雲南のポタラ宮とも呼ばれる壮大な姿を取り戻しつつある。

　毎年陰暦の11月29日には、格冬節（跳神節）と呼ばれる、仮面を付けて踊る踊りが奉納される。

修復、整備が進む松賛林寺

香格里拉最大の牧草地　　オススメ度 ★★★　🚗

ナパ海／纳帕海　nàpàhǎi
かい

　ナパ海は香格里拉の北西に位置する、三方を山に囲まれた緑豊かな草原。古から夏にかけて雨量が増えると、山から流れ出た水が集まって湿原となり、一面緑に覆われる。この時期には多くのチベット族が放牧に訪れ、香格里拉最大の牧草地になる。この時期に訪れる観光客も多く、乗馬を楽しむこともできる。写真を撮る場合は尼西方面に少し行った地点にある展望台へ行くとよい。

郊外の見どころ

天を仰ぐような自然の造った大峡谷　　オススメ度 ★★★

巴拉格宗香格里拉大峡谷／
バラグゾンシャングリラだいきょうこく
（3時間〜）
巴拉格宗香格里拉大峡谷　bālāgézōng xiānggélǐlā dàxiágǔ

　香格里拉から北西に約75km離れた、四川省に隣接する広さ176㎢の大峡谷。金沙江の支流崗曲河が造り上げた峡谷で、長さは154km、標高差は約3000mにも及ぶ。香格里拉県の最高峰である巴拉格宗雪山（5545m）もここにある。

　エリア内には、香格里拉大峡谷、通天峡、巴拉村の3つの見どころがある。

松赞林寺
Ⓜ P.577-A1
　地図外（P.588-A1上）
🏠 尼旺路3号
☎ 8229411
🕐 7:30〜19:00
※入場は閉門1時間前まで
休 なし
料 115元（シャトルバス含む）
🚌 3路バス「松赞林寺游客中心」
※3路バスは寺院門前の切符売り場に到着する。入場券購入後、松賛林寺行きシャトルバスに乗り換える（所要6分）。帰路はシャトルバス到着に合わせて3路バスが発車する

ナパ海
Ⓜ P.577-A1
　地図外（P.588-A1上）
🏠 建塘鎮北郊外
🕐 24時間
※乗馬は8:00〜18:00が目安
休 なし
料 外観見学＝無料
　草原に入る＝40元
※乗馬は200〜300元
🚕 タクシーをチャーターする。乗馬ポイントまで片道40元が目安。湖を1周すると150〜200元が目安

雨量が増え美しい景観に変わったナパ海

巴拉格宗香格里拉大峡谷
Ⓜ 地図外（P.588-A1上）
🏠 尼西郷巴拉
☎ 8288619
🕐 8:00〜17:00　休 なし。
料 入場料＝150元
　景区園内観光バス＝60元
　ボートによる川下り料金＝1人120元
🚕 ①古城のインフォメーションセンターから専用バスで終点。8:30〜9:00の間1便。往復50元、所要1時間45分
※帰りのバスは17:30〜18:00の間に出発。到着時に運転手に確認しておくとよい
※前日までに予約しておくこと
　②タクシーをチャーターする。往復500元が目安
Ⓤ www.balagezong.com

通天峡桟道は全長約700mで、氷河の侵食作用により造り上げられた奇観が楽しめる。

香格里拉大峡谷桟道は直立する峡谷の岸壁にプラットホームを渡して造った全長約2500mの遊歩道。その終点からはゴムボートに乗り、河を下って戻ってこられる。

岩壁に取り付けられた遊歩道（香格里拉大峡谷桟道）

巴拉村は標高3000mのチベット族が暮らす集落。この村は1300年の歴史があり、現在でもチベット族が住んではいるが、周囲を高山に囲まれた厳しい環境にある。天気がよければここから巴拉格宗雪山を見ることができる。ベストシーズンは紅葉が美しい10月下旬から11月にかけて。

（i）インフォメーション

巴拉格宗香格里拉大峡谷古城インフォメーションセンター
（巴拉格宗香格里拉大峡谷古城咨询处）

M P.588-A3　古城停车场
☎8229222
5～10月上旬8:30～21:00
10月中旬～4月8:30～19:30
なし

峡谷内の観光
専用バスはガイドセンター（导游接待游客）に着く。ここでガイド（中国語のみ）同伴で景区内観光バスに乗り換える。

観光バスは巴拉村、香格里拉大峡谷、通天峡の順に進む。各見どころには十分な見学時間がある。移動は団体行動で、通天峡からは景区入口に戻る。

普达措国家公園
M P.577-A1
普达措
☎インフォメーション=8232533
4～10月7:30～19:00
11～3月8:30～19:00
※入場は閉園3時間前まで
なし
130元（シャトルバス料金84元を含む）
属都湖の遊覧船＝1人50元
※遊覧船の運航は夏季のみ
①香格里拉バスターミナルから「普达措」行きで終点
夏=8:00、9:30、10:00発。
冬=9:00、10:00発。15元、所要40分
※「普达措」からの戻りは一般的に13:00、14:30発。帰路バス利用者は、降車時にその旨運転手に告げ、車代を支払い、乗車カードを受け取る
②タクシーを利用する。往復200元が目安
U www.puda-cuo.com

白水台
M P.577-B1
三壩郷白地村白水台
☎8866105
8:00～19:00
なし　30元
①旅行会社で四輪駆動車をチャーターする。往復400元が目安
②香格里拉バスターミナルから「三坝」行きで「白水台」。9:00発。25元、所要3時間30分
※「瓦刷」から「香格里拉」に戻るバスは14:15～14:30頃「白水台」を通る

四季折々の自然が美しい
オススメ度 ★★★

普達措国家公園／
ぷ だ つ ぉ こっか こうえん
普达措国家公园　pǔdácuò guójiā gōngyuán

香格里拉から東に22km離れた、中国で最初の国立公園。総面積は1313㎞²と広いが、一般旅行者が行ける所はかぎられている。特に2017年9月以降は、自然保護の観点から観光客の訪問が許されるのは属都湖を中心としたエリアに制限されている。

属都湖は標高3500mを超える高山湖で、湖畔には2.7kmの木板を敷いた遊歩道が設置されている。左に湖と草原、右に針葉樹の原生林を見ながら歩いていく。4月から5月にかけては草原の緑、5月から7月にかけては咲き乱れる高山植物が美しい。

属都湖の畔では放牧が行われている

トンバ文化発祥の地
オススメ度 ★★★

白水台／白水台　báishuǐtái
はくすいだい

香格里拉の南東約100kmの所にある白水台は、酸化カルシウムを多量に含む地下水が泉となって湧き出し、そこから流れ出る過程で徐々に結晶化してできあがった棚田状の台地。総面積は約14万㎡で、四川省の黄龍（→P.543）のミニチュア版といったところ。独特の景観もさることながら、この地は、麗江

自然が造り出した白い棚田

を中心に香格里拉にも暮らすナシ族の精神的文化的支柱となっているトンパ教の聖地。

見どころは道路からも比較的近く、歩いても約1時間あれば見て回れるし、馬やカゴで移動することもできる。

藍月山谷風景区
Ⓜ P.577-A1
地図外（P.588-A4左）
住 石卡雪山
☎ 8232565、8228666
⏰ 8:30～18:30
※入場は閉門2時間30分前まで
休 なし　料 入場料＝無料
交 香格里拉でタクシーに乗る。片道40～50元、所要20分が目安

ⓘ ▶▶▶ インフォメーション
ロープウエイ
　ロープウエイは8人乗りで、入場口～亜拉青波牧場（所要10分）、亜拉青波牧場～石卡雪山（所要25分）のふたつに分かれている。料金は一括支払い。
⏰ 8:30～18:00　休 なし
料 往復220元

晴れた日には遠くの山並みを見渡せる　　オススメ度 ★★★

藍月山谷風景区／
らんげつさんこくふうけいく
蓝月山谷风景区　lányuè shāngǔ fēngjǐngqū

香格里拉の南西7kmに位置する高地景勝エリア。麓にはヤクの放牧地が広がるが、ふたつのロープウエイで石卡雪山（4449m）の山頂付近まで行くと森林限界を突破し、展望台からは梅里雪山や玉龍雪山をはじめとした周囲の高峰を見渡せる（遠くまで視界が晴れるのは年間に数えるほど）。

展望台からの眺望

ホテル

香格里拉天界神川大酒店／香格里拉天界神川大酒店　★★★★★
シャングリラてんかいしんせんだいしゅてん　xiānggélǐlā tiānjiè shénchuān dàjiǔdiàn

香格里拉で唯一の5つ星ホテル。古城からは離れている。ホテルの中庭にはプールがあり屋内ガーデンとなっていて気温が低い日でも暖かい。

Ⓜ P.588-A2
住 長征大道165号
☎ 8228008
Ⓕ 8223776
Ⓢ 580～680元
Ⓣ 580～680元
Ⓢ なし
Ⓒ ADJMV

両替　ビジネスセンター　インターネット

都吉呢咪酒店／都吉呢咪酒店
トジニミしゅてん　dūjí nímí jiǔdiàn

州政府近くに位置するチベット式のホテル。星なし渉外ホテルだが、設備は5つ星クラス。ホテルの上部には立体マンダラがあり、宿泊客は8:00～11:00の間見学できる。

Ⓜ P.588-A3
住 長征大道32号
☎ 8886666
Ⓕ 8876638
Ⓢ 360元
Ⓣ 330～360元
Ⓢ なし
Ⓒ 不可

両替　ビジネスセンター　インターネット

グルメ

YAK BAR
ヤク　バー

古城停車場の向かいにあるレストラン＆バー。旅行情報も多く、レンタサイクルも行っている。韓国料理のほか、チベット料理、西洋料理、日本料理もある。

Ⓜ P.588-A3
住 達娃路
☎ 8288665
⏰ 9:00～22:00
休 なし
Ⓒ 不可

旅行会社

康巴商道探検旅行社／康巴商道探检旅行社
カムバしょうどうたんけんりょこうしゃ　kāngbā shāngdao tànjiǎn lǚxíngshè

外国人専門の旅行会社で、おもな観光地ツアーの手配のほかに独自のトレッキングツアーをアレンジしている。車のチャーター1日900～1000元（4WD）。✉ shanshan2008@msn.cn（日本語可）

Ⓜ P.588-B4
住 独克宗古城宏学廊
☎ 8288648　Ⓕ 8288870
⏰ 月～金曜9:00～12:00、14:00
～17:30、土曜9:00～12:00
休 日曜、祝日　Ⓒ ADJMV

景洪

けいこう

景洪 Jǐng Hóng

市外局番●0691

町の中心を流れる瀾滄江

ウルムチ
ハルビン
北京　大連
西安　上海
ラサ　成都
昆明　広州
景洪
香港

都市DATA

景洪市
人口：41万人
面積：7133km²
景洪市はシーサンパンナ
タイ族自治州の行政中心

州公安局出入境管理処
（州公安局出入境管理处）
M P.594-B3
⊞景徳路13号
☎2167059、2167266
⏰8:00～11:30、
　14:30～17:30
休土・日曜、祝日
観光ビザを最長30日間延長
可能。手数料は160元

州人民医院
（州人民医院）
M P.594-B2
⊞嘎蘭南路4号
☎2123646
⏰24時間
休なし

市内交通

【路線バス】運行時間の目安
は7:00～21:00、1元
【タクシー】初乗り2.5km未
満8元、2.5km以上1kmご
とに2元加算

概要と歩き方

　景洪市を中心に、勐海県、勐臘県の3つの行政地区に分かれているシーサンパンナタイ族自治州は雲南省の南西部にあり、ミャンマー、ラオスと接している。州全体の人口は約100万人で、うちタイ族と漢族がそれぞれ30％ずつを占め、残りはハニ族、ブーラン族、ヤオ族、ラフ族など10以上に及ぶ少数民族から構成される。

　1570（明の隆慶4）年に現地の最高行政官である宣慰司がこの地方を12の地区に分割した。タイ語で「12」のことを表す「シップソーン」と、水田を測る単位であった「千の田」という意味の「パンナ」をつなげたシップソーンパンナに中国語の西双版納という漢字を当てた。以降「西双版納（xīshuāng bǎnnà）」と呼ばれ、これが地名の由来となった。

　シーサンパンナは全域が熱帯雨林気候に属し、州全体の60％を森林が覆う。雨季は5～10月、乾季は11～4月で、乾季から雨季に移る5月の連休頃が最も暑い。

　シーサンパンナ各地を巡る場合、景洪を中心に東西南北に観光スポットが点在しており、景洪からバスを使って移動することになる。現在、主要都市への交通インフラはほぼ整い、以前は悪路が多く時間のかかったラオスやミャンマー国境への道のりも楽に行けるようになった。

　景洪の市街地は瀾滄江（メコン川の上流）の西側に広がっており、繁華街は孔雀湖を中心に小さく固まっている。夕暮れになると大勢の人が孔雀湖公園に涼みにやってきて夜更けまでにぎわう。その北には民族工芸市場がある。ミャンマーとの国境に近いこともあって、ミャンマー特産のヒスイを売る色黒のミャンマー人の姿もよく見かける。

　市街地側の瀾滄江沿いは整備されており、シーサンパンナ大橋のたもとから北西へ向かって遊歩道ができている。

	1月	2月	3月	4月	5月	6月	7月	8月	9月	10月	11月	12月
平均最高気温（℃）	23.5	25.8	28.9	30.7	30.4	28.6	27.6	28.1	28.4	26.9	24.7	22.9
平均最低気温（℃）	6.1	6.5	9.0	13.0	17.4	20.0	20.2	19.9	18.9	16.7	12.3	8.1
平均気温（℃）	14.8	16.1	19.0	21.8	23.9	24.3	23.9	24.0	23.7	21.8	18.5	15.5

町の気象データ（→P.517）：「预报」＞「云南」＞「西双版納」＞「景洪」

中国国内の移動→P.667

✈ 飛行機
市内中心の南約5kmに位置するシーサンパンナ嘎洒国際空港(JHG)を利用する。ただし、運航路線は少ない。

[国際線] 日中間運航便はないので、北京や上海(ともに経由便)、昆明で乗り継ぐとよい。
[国内線] 成都や昆明、麗江などとの間に運航便がある。
[所要時間(目安)] 昆明(KMG)／1時間　大理(DLU)／1時間　麗江(LJG)／1時間15分　香格里拉(DIG)／1時間25分　成都(CTU)／1時間55分　重慶(CKG)／1時間55分

🚌 バス
景洪市内にはバスターミナルが3つある。州内はおもにシーサンパンナバスターミナルを利用する。昆明、大理、麗江などのシーサンパンナ自治州外およびラオス行き国際バスは町の北側にある景洪バスターミナルを利用する。

[所要時間(目安)] 昆明／9時間　大理／14時間　勐臘／3時間　ルアンナムター／6時間

Data

✈ 飛行機

●シーサンパンナ嘎洒国際空港
(西双版納嘎洒国際机场)
Ⓜ地図外(P.594-A4左)　個嘎洒鎮
☎総合案内=2159130　⏰始発便～最終便
休なし　カ不可
[移動手段] タクシー(空港～孔雀湖公園)／40元、所要15分が目安(基本的にはメーターは使用しない)　路線バス／1路「職業中学」、徒歩10分
3ヵ月以内の航空券を販売。

町の南に位置するシーサンパンナ嘎洒国際空港

●中国東方航空景洪航空券売場
(中国東方航空公司景洪售票処)
Ⓜ P594-C4　個勐泐大道88号 鑫盛時代広場A棟8楼
☎2126999　⏰9:00～11:30、13:00～17:00
休なし　カ不可
[移動手段] タクシー(中国東方航空シーサンパンナ営業部～孔雀湖公園)／10元、所要10分が目安　路線バス／4路「天順超市」
3ヵ月以内の航空券を販売。

🚌 バス

●シーサンパンナバスターミナル
(西双版納客運站)
Ⓜ P.594-B2　個民航路3号
☎2138567、2124427
⏰6:00～21:00　休なし　カ不可
[移動手段] タクシー(シーサンパンナバスターミナル～孔雀湖公園)／8元、所要3分が目安
路線バス／2路「版納客運站」

3日以内の切符を販売。打洛(7:10～17:40の間30分に1便)、勐海(6:00～18:30の間20分に1便)、勐遮(9:00、10:20発)、勐臘(7:00～18:20の間30分に1便)、勐崙(6:30～17:30の間30分に1便)、基諾山(8:00～15:00の間、満席を待って出発。ただし、1～8人乗り)、勐罕(7:00～18:30の間30分に1便)など。
※勐遮へ行く場合、基本的には勐海行きで終点まで行き、勐遮行きに乗り換える

自治州内便はおもにシーサンパンナバスターミナルが発着地点となっている

●景洪バスターミナル(景洪汽車客運站)
Ⓜ P.594-B2　個勐泐大道16号　☎2123171
⏰6:00～22:00　休なし　カ不可
[移動手段] タクシー(景洪バスターミナル～孔雀湖公園)／8元、所要6分が目安　路線バス／2、4路「人販賣買買市」

5日以内の切符を販売。昆明(南部：9便)、成都(1便)、瑞麗(1便)、麗江(1便)、勐臘(6便)、大理(1便)、ルアンナムター(1便)など。

●景洪南バスターミナル(景洪客運南站)
Ⓜ P.594-B4　個勐海路77号　☎2139137
⏰6:00～22:00　休なし　カ不可
[移動手段] タクシー(景洪南バスターミナル～孔雀湖公園)／10元、所要10分が目安　路線バス／4路「天順超市」

5日以内の切符を販売。昆明(9便)、大理(7:10、17:00発)、勐龍(7:00～19:00の間20分に1便)、勐崙(7:10～11:40の間1時間に1便)など。

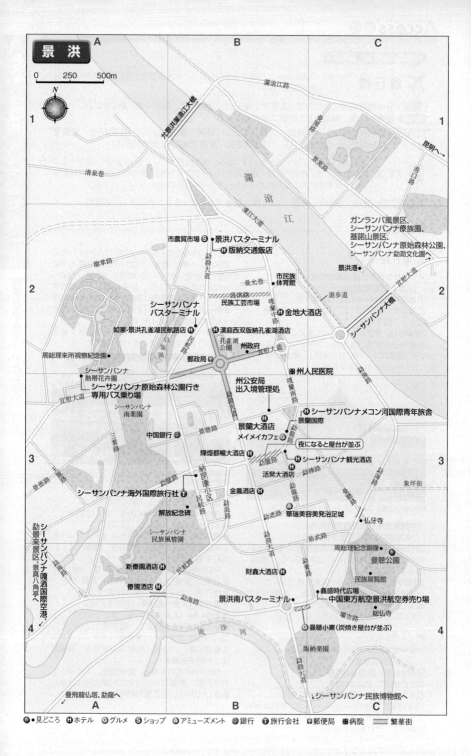

景洪

0 250 500m

N

1

清泉巷

澜滄江路
景洪澜滄江大橋
漢江大道
勐龍大道

龍掌路

澜滄江

昆明へ

港口路

2

市農貿市場 S ● 景洪バスターミナル
H 版納交通飯店

曼允巷

市民族
体育館

遊歩道

ガンランバ風景区、
シーサンバンナ傣族園、
基諾山景区、
シーサンバンナ原始森林公園、
シーサンバンナ勐勐文化園へ

● 景洪港

シーサンバンナ大橋

シーサンバンナ
バスターミナル
H 如家-景洪孔雀湖民航路店

民族工芸市場

H 金地大酒店

宜慰大道

周総理来所視察紀念園

シーサンバンナ
熱帯花卉園

シーサンバンナ原始森林公園行き
専用バス乗り場

宜慰大道

シーサンバンナ
南薬園

H 漢庭西双版納孔雀湖酒店

郵政局

孔雀湖
公園

州政府

州人民医院

州公安局
出入境管理処

3

中国銀行

景徳路

シーサンバンナ海外国際旅行社 T

輝煌都輔大酒店 H

活発大酒店 H

金鳳酒店 H

解放紀念碑 ●

シーサンバンナ
民族風情園

新傣園酒店 H

傣園酒店 H

勐泐大道

景蘭大酒店 H
メイメイカフェ

景蘭国際
H ● シーサンバンナメコン河国際青年旅舎

● 夜になると屋台が並ぶ

H ● シーサンバンナ観光酒店

象坪街

華瑞美容美発浴足城

易武路

仏牙寺

周総理紀念銅像
曼聴公園

民族展覧館

財鑫大酒店 H

鑫盛時代広場

中国東方航空景洪航空券売り場

景洪南バスターミナル ●

総仏寺

4

シーサンバンナ
嘎洒国際空港

勐景来景区、景貴八角亭へ

勐海路

流沙河

版納楽園

曼聴小寨(炭焼き屋台が並ぶ)

勐泐大道

曼飛龍仏塔、勐龍へ

シーサンバンナ民族博物館へ

● 見どころ　H ホテル　S グルメ　S ショップ　A アミューズメント　 銀行　T 旅行会社　 郵便局　 病院　　繁華街

594

見どころ

クジャクもいる緑豊かな公園

オススメ度 ★★★

曼聴公園／曼听公园　màntīng gōngyuán
まんちょうこうえん

　町の南東部にあり、総敷地面積は2万6600㎡、原生林を生かした森林公園となっている。大木が生い茂っており、直射日光が当たらず日中でも比較的涼しい。

　公園内にはクジャク園、少数民族の住居を模した民族展覧館、1961年周恩来が水かけ祭りに参加したことを記念したモニュメントなどがある。また、入口のすぐ北側には南方上座部仏教の寺院もある。毎晩、少数民族による歌や踊りが上演（タイ族宮廷料理の食事付き）されているので、夕食を兼ねて訪れるのもよい。

曼聴公園の入口

シーサンパンナの総合博物館

オススメ度 ★★★

シーサンパンナ民族博物館／
みんぞくはくぶつかん

西双版纳民族博物馆　xīshuāngbǎnnà mínzú bówùguǎn

　市の南郊外、勐泐大仏寺の東に位置する。2010年に完成し、総面積は1万6000㎡とかなり広い。少数民族以外にも、歴史や自然についても紹介する総合的博物館。

　展示は大きく3つに分かれている。1階はシーサンパンナの歴史に関する展示で、古代から中国共産党による解放までの大まかな歴史が展示されている。2階はタイ族をはじめとした少数民族に関する展示室で、民族ごとに展示されている。

　3階はシーサンパンナの自然生態に関する展示で、ゾウの骨格標本や動物の剥製、樹木標本などを見ることができる。

郊外の見どころ

南国風情が漂うタイ族の町

オススメ度 ★★★

ガンランバ風景区／
ふうけいく

橄榄坝风景区　gǎnlǎnbà fēngjǐngqū

2時間 🕐

　景洪の南東約37kmにある勐罕には、ガンランバと呼ばれるエリアがある。この一帯にはタイ族の村が点在しており、伝統的な高床式住居に暮らす人々の生活を見ることができる。

　町の南側には有名な観光スポット、シーサンパンナ傣族園（→P.596）がある。徒歩でも15～20分なので、合わせて観光するのがおすすめ。

曼聴公園
Ⓜ P.594-C4
🏠 曼聴路35号
☎ 2160296
🕐 8:00～17:00
休 なし
💴 日中＝54元
　18:30～22:00＝
　200～480元
※夜はかがり火祭り、ショーと夕食付き
🚌 4路バス「版纳石化」。徒歩15分
Ⓤ www.jinx21.com

100羽近いクジャクがいる

シーサンパンナ民族博物館
Ⓜ 地図外（P.594-C4下）
🏠 雨林大道西双版納旅游度假区2区景弄楓片区
☎ 8930999
🕐 8:00～12:00、
　14:30～18:00
※入場は午前、午後ともに閉館30分前まで
休 月曜
💴 無料
🚌 4路バス「大佛寺」

ガンランバ風景区
Ⓜ 地図外（P.594-C2右）
🏠 勐罕鎮ガンランバ風景区
🕐 24時間
休 なし
🚌 シーサンパンナ バスターミナルから「勐罕」行き終点。7:00～18:30の間30分に1便。12元、所要40分
※「勐罕」からの最終は18:30頃発

色鮮やかな朝市の様子

左カラム

シーサンパンナ傣族園

Ⓜ地図外（P.594-C2右）
住勐罕鎮シーサンパンナ傣族園
☎2415155
⌚24時間
※民族舞踊14:40～15:20
休なし
料入場料＝65元
　電動カート＝40元
　水かけ祭りショー参加＝50元
※入場料、ガイド、電動カート、水かけ祭りショー特別席などが含まれた190元の貴賓チケットもある
🚌シーサンパンナバスターミナルから「勐罕」行きで終点。7:00～18:30の間30分に1便。12元、所要40分
※「勐罕」からの最終は18:30頃発
Ⓤwww.jinx21.com

基諾山景区

Ⓜ地図外（P.594-C2右）
住基諾山郷基諾山景区
☎2470606
⌚8:00～17:00
※入場は閉門の30分前まで
※民族舞踊は8:50～16:30の間5ヵ所で計7ステージ上演される。1回10分程度
休なし
料160元（ショーとスナックを含む）
🚌シーサンパンナバスターミナルから「基诺山」行きで終点。8:00～15:00の間、満席を待って出発。13元、所要40分
※利用者の傾向から早めの出発が望ましい
※「基诺山景区」からの最終は15:30頃発
※ミニバスの定員は7～8人

シーサンパンナ原始森林公園

Ⓜ地図外（P.594-C2右）
住昆洛公路景洪城区8km
☎2759889
⌚8:00～18:00
※入場は閉園30分前まで
休なし
料入場料＝65元
　電動カート＝片道40元、往復50元
🚌①シーサンパンナ熱帯花卉園正門前（ⓂP594-A3）から専用バスで終点。7:20、8:00、9:00、10:00、11:00、15:00、17:00発。5元、所要30分
※「西双版納原始森林公園」からの最終は18:20発
②タクシーで町から片道50元が目安

本文

シーサンパンナ傣族園／
タイぞくえん
西双版納傣族園　xīshuāngbǎnnà dǎizúyuán

2時間～

ガンランバの南側に広がる5つのタイ族集落の外周を囲い、人々の生活エリアをそのままテーマパークにした施設。園内ではタイ族の伝統的高床式住居が見られるほか、曼春満古仏寺や曼聴白塔といった歴史あるタイ族寺院もある。園内の西端の通りは瀾滄江に面しており、のどかな瀾滄江の流れが見られる。

歴史を感じさせる曼春満古仏寺

潑水広場では毎日13:30～14:00と15:30～16:00の2回水かけ祭りショー（参加は有料）が行われている。また、集落内の民家に泊まってみるのもおもしろい体験だろう。

基諾山景区／基诺山景区　jīnuòshān jǐngqū
ジノーさんけいく

2時間

中国55の少数民族のうち、いちばん最後（1979年）に認定された民族であるジノー族の暮らす村。1999年に観光と文化保護を目的に整備され、シーサンパンナの基諾山を中心に2万人ほどしかいない彼らの貴重な生活様式や風俗を見ることができる。女性は三角頭巾が特徴で、頭巾の中は長い髪を束ね頭の上でぐるぐると巻き、まるで巻き貝をのせたような形にして固定してある。民族衣装は手織りの布で作られており、腰のあたりのカラフルな細い横縞模様が美しい。

シーサンパンナ原始森林公園／
げんし しんりんこうえん
西双版納原始森林公園　xīshuāngbǎnnà yuánshǐ sēnlín gōngyuán

3～4時間

全体の広さが1万5000㎡もある巨大な公園。見どころはいちばん奥にある原生林で、竹を編んで造られた遊歩道を1時間30分ほどかけて歩く。メインゲートから原生林まで約3kmあるため電動カートを利用するとよい。

公園内にはアイニ族（ハニ族の一支族）の山村を再現したアイニ寨が造られている。また、クジャクの飛行ショーや少数民族の民族楽器を使った演奏なども定期的に行われており、森林公園というよりも、シーサンパンナの自然と文化のテーマパークといったところ。

園内の竹を編んだ遊歩道

雲南省 景洪

郊外の見どころ／ホテル／旅行会社

ミャンマー国境近くのタイ族の村　オススメ度 ★★★

勐景来景区／勐景来景区　měngjǐnglái jǐngqū
もうけいらいけいく

中国とミャンマーの国境の町、打洛の東にある伝統的高床式住居が残るタイ族の村で、文化保存のために村全体を囲って保護している。約100戸の高床式住居に500人近いタイ族が暮らしている。村内にはシーサンパンナ最大規模の仏塔群があり、1082年タイ族の王によって建てられたという。その数は大小合わせると計101座あったという。修復されているものはその一部だが、金色に輝き、空に向かってそびえ立つさまは壮観だ。

仏塔の奥に、種をインドから運んできたとされる大きな菩提樹がある。村の中ではタイ族の人々が糸を紡いだり、籠や壁板などの竹細工を作ったりと、のどかに暮らしている。村の南側は打洛江が流れていて、日中には子供たちが川遊びをしている。

勐景来のシンボル、金色の仏塔群

勐景来景区
Ⓜ地図外（P.594-A4左）
住勐海県打洛鎮勐景来
☎5566828
⏰8:30～17:00
※入場は閉門30分前まで
休なし
料70元
🚌シーサンパンナバスターミナルから「打洛」行きで「勐景来路口」。7:10～17:40の間30分に1便。35元、所要3時間
※「打洛」からの最終は17:30頃発。最終を待たず、17:00頃までに降車地点でバスに乗車することが望ましい

ホテル

景蘭大酒店／景兰大酒店　jǐnglán dàjiǔdiàn　★★ ★★
けいらんだいしゅてん

正面入口に立つ2頭のゾウが目印となる4つ星ホテル。周辺にはレストランやカフェ、バーなどの店が多数ある。

両替　ビジネスセンター　インターネット　Ⓤjl.jinglanhotel.com

ⓂP.594-B3
住景徳路6号
☎2129999
🖷2199198
Ⓢ350元　Ⓣ300元
サなし　カMV

金地大酒店／金地大酒店　jīndì dàjiǔdiàn
きんちだいしゅてん

星なし渉外ホテルだがサービスや施設は4つ星クラス。ホテルの裏にスパ施設がある。レストランは仏、東料理を楽しめ、個室も利用できる。

両替　ビジネスセンター　インターネット

ⓂP.594-B2
住嘎蘭中路100号
☎2150888
🖷2150000
Ⓢ220～580元
Ⓣ220～580元
サなし
カMV

シーサンパンナメコン河国際青年旅舎／西双版纳湄公河国际青年旅舎　xīshuāngbǎnnà méigōnghé guójì qīngnián lǚshè

カフェやレストランが集まっているエリアに位置するユースホステル。部屋は新しくて清潔。外国人バックパッカーの利用も多い。

両替　ビジネスセンター　インターネット

ⓂP.594-B2
住勐龍路景蘭国際C横
☎2150000
Ⓢ88元　Ⓣ88元
Ⓓ30元（4～6人部屋）
サなし　カ不可

版納交通飯店／版纳交通饭店　bǎnnà jiāotōng fàndiàn
ばんなこうつうはんてん

長距離バスや国際バスが発着する景洪バスターミナル横にある。早朝のラオス行きのバスに乗る際に便利。

両替　ビジネスセンター　インターネット

ⓂP.594-B2
住勐泐大道14号
☎2124005　🖷2124005
Ⓢ108元　Ⓣ118元
Ⓢ158元
サなし　カ不可

旅行会社

シーサンパンナ海外国際旅行社／西双版纳海外国际旅行社　xīshuāngbǎnnà hǎiwài guójì lǚxíngshè
かいがいこくさいりょこうしゃ

日本語ガイド1日500～600元（メールでの予約が必須）。各種旅行のアレンジや車の手配が可能。内容や料金はメールにて要相談。
✉bncits@hotmail.com（中国語または英語）

ⓂP.594-B3　住民航路28号
納昆康小区16棟1単元402号
☎2129810　🖷2125980
⏰9:00～12:00、
　15:00～18:00
休土・日曜、祝日　カ不可

チベット鉄道の出発点

西寧
せいねい

シーニン
西宁 Xī Níng

市外局番●0971

タール寺蔵経堂

ウルムチ●
●ハルビン
北京●　●大連
西寧●　●西安
　　　●上海
ラサ　　　　成都
　　　　●　　　●
昆明●　　●広州
　　　　　　●香港

都市DATA

西寧市
標高：2275m
人口：199万人
面積：7679km²
4区2県1民族自治県を
管轄
西寧市は青海省の省都

市公安局出入境管理処
（市公安局出入境管理処）
MP.600-C2
個城中区北大街35号
☎8251758
オ8:30〜12:00、
14:30〜17:00
困土・日曜、祝日
観光ビザを最長30日間延長
可能。手数料は160元

省人民医院（省人民医院）
MP.601-D2
個城東区共和路2号
☎8066292
オ24時間
困なし

市内交通

【路線バス】運行時間の目安
は6:30〜21:30、1元
【タクシー】初乗り3km未満
8元、3km以上1kmごとに
1.6元加算

概要と歩き方

　青海省の省都である西寧市は盆地にある都市で、古くはシルクロードの南ルートといわれる唐蕃古道の要衝として発展してきた。チベット語ではスランという。

　青海省は大草原で放牧をするチベット族が多いエリアだが、省都西寧は、イスラム教徒の回族が多く暮らす蘭州と直線距離にして200kmほどの距離にあり、回族が多い。もちろん人口の8割は漢民族が占めているが、町には白い帽子をかぶった回族の人々をいたるところで見かける。

　町は西から東に流れる湟水の南側に開けている。繁華街は北大街、南大街、東大街、西大街が交差する旧市街と、長江路、五四大街。さらに、政府主導による西部大開発によって町は急ピッチで開発されて西側へ拡張しており、行政機関などの移転が進んでいる。一方、インフラの整備が追いつかず、市民の乗用車購入が急激に進んだこともあって、市区は慢性的な交通渋滞が生じている。

　西寧とラサを結ぶチベット鉄道（青蔵線）が開業して以降、列車の発着駅というメリットに加え、町が約2300mにあることからチベットに入る前の高地順応地として注目されるようになった。そこに、青海省政府が観光事業に力を入れ始めたため、夏は供給可能な部屋数を超える旅行者が訪れるようになってしまった。この時期に訪れる際はホテルを予約しておいたほうが無難。

西寧の代表的な建築物である東関清真大寺

	1月	2月	3月	4月	5月	6月	7月	8月	9月	10月	11月	12月
平均最高気温(℃)	1.2	4.1	9.8	15.8	19.8	22.7	24.5	23.8	18.7	14.0	7.3	2.3
平均最低気温(℃)	-14.5	-10.8	-4.1	1.4	5.9	9.2	11.6	11.1	7.4	1.5	-6.0	-12.5
平均気温(℃)	-6.7	-3.3	2.9	8.6	12.9	16.0	18.1	17.5	13.1	7.7	0.6	-5.0

町の気象データ（→P.517）：「預報」＞「青海」＞「西寧」＞区・県・自治県から選択

中国国内の移動➡P.667　鉄道時刻表検索➡P.26

✈ 飛行機

市区の南東約25kmに位置する西寧曹家堡国際空港(XNN)を利用する。エアポートバスは西寧バスセンターとハー路バスターミナル発着。日中間運航便は成都経由便。

国際線〉成田 (4便)。

国内線〉北京や上海、成都からのアクセスが便利。

所要時間(目安)〉北京首都 (PEK) ／2時間25分　上海浦東 (PVG) ／2時間40分　西安 (XIY) ／1時間35分　ラサ(LXA) ／2時間15分　成都(CTU) ／1時間40分

🚆 鉄道

西寧は蘭青線、青蔵線などの起点点で各地からアクセス可能。また、蘭州とウルムチとを結ぶ高速鉄道、蘭新線も西寧を通るため、鉄道アクセスはより便利になった。

所要時間(目安)〉【西寧(xn)】西安北(xab)／動車：4時間30分　銀川(yc)／快速：11時間55分　蘭州西 (lzw) ／動車：1時間11分　トルファン北 (tlfb) ／動車：8時間39分　ウルムチ南(wlmqn)／動車：9時間42分　ラサ(ls)／直達：20時間48分　北京西(bjx)／直達：18時間43分　成都(cd)／快速：14時間30分

🚌 バス

西寧バスセンターと西寧新寧路バスターミナルを利用する。利用時はどのバスターミナル発着か確認しておくとよい。

所要時間(目安)〉蘭州／3時間30分　湟中／50分　青海湖／5時間

▶Data

✈ 飛行機

● **西寧曹家堡国際空港** (西宁曹家堡国际机场)
Ⓜ地図外 (P601-F3右)
住 海東地区互助県高寨郷
☎ 8188114　オ 始発便～最終便　休 なし
カ 不可
[移動手段] **エアポートバス**／一律21元、所要50分～1時間。空港→市内 (西寧バスセンター→ハー路バスターミナル)＝始発便～最終便の間30～45分に1便　市内→空港：西寧バスセンター発＝8:00、9:00発、10:00～14:00の間30分に1便。15:00～18:00の間1時間に1便。ハー路バスターミナ発＝5:30、7:00発、8:10～19:40の間30分に1便、20:00発　**タクシー** (空港～大十字)／100元、所要40分が目安

　航空券売り場で3ヵ月以内の航空券を販売。エアポートバスは、空港発が西寧センター経由でハー路バスターミナル行き、市内発が西寧バスセンターとハー路バスターミナル発。前者はハー路バスターミナルを経由 (所要10分) して空港に向かう。

🚆 鉄道

● **西寧駅** (西宁火车站)
Ⓜ P601-D1　住 城東区互助中路128号
☎ 共通電話＝12306　オ 6:00～23:00
休 なし
[移動手段] **タクシー** (西寧駅～大十字)／13元、所要15分が目安　**路線バス**／1、3、9、11、16、20、31、103、909路「火车站」
　28日以内の切符を販売。
● **大十字市内切符売り場** (大十字市内售票处)
Ⓜ P600-C2　住 城中区西大街218号郵政局2階
オ 9:00～12:00、13:30～17:00　休 なし　カ 不可
[移動手段] **タクシー** (大十字～西寧駅)／13元、所要15分が目安　**路線バス**／1、2、14、22、

£S、3Q、3QΓ人I宇」
　28日以内の切符を販売。手数料は1枚5元。

🚌 バス

● **西寧バスセンター** (西宁客运中心站)
Ⓜ P601-D1　住 祁連路西寧駅東側
☎ 6333006　オ 7:00～18:30
休 なし　カ 不可
[移動手段] **タクシー** (西寧バスセンター～大十字)／13元、所要15分が目安　**路線バス**／1、3、9、11、16、20、31、103、909路「火车站」
　5日以内の切符を販売。蘭州(9:50、10:50発)、青海湖二郎剣景区直通 (5月～10月上旬の9:00発)など。

西寧駅東側にある西寧バスセンター

● **西寧新寧路バスターミナル**
(西宁新宁路汽车站)
Ⓜ P600-B2　住 城西区新寧路19号
☎ 6155795　オ 6:50～19:00　休 なし　カ 不可
[移動手段] **タクシー** (西寧新寧路バスターミナル～大十字)／13元、所要15分が目安　**路線バス**／13、18、25、31、40、106路「盐湖巷口」
　5日以内の切符を販売。湟中 (7:00～19:00の間20～30分に1便) や蘭州 (9:40、16:00、18:00発)などがある。

東関清真大寺

ⓂP.601-D2
🏠城東区東関大街31号
☎8177126
🕐5～9月8:00～18:00
　10～4月8:30～17:00
※礼拝時間11.00～14.00
※金曜、イスラム教の宗教活
　動期間は見学不可
🎫無料
🚌1、2、5、10、14、17、
　22、23、25、26、33路
　バス「东稍门」

青海蔵文化博物院

ⓂP.601-G4
🏠城北区経二路36号生物園区
☎5317881
🕐4～9月9:00～18:00
　10～3月9:00～17:00
※入場は閉館30分前まで
🚫なし
🎫入場料＝無料
　タンカ＝60元
🚌1路バス「新乐花园」
Ⓤwww.tbtmm.com

青海省最大のイスラム寺院　[オススメ度 ★★★]

東関清真大寺／
とうかんせいしんだいじ

东关清真大寺　dōngguān qīngzhēn dàsì

青海省最大のイスラム教寺院。明代の1380年の創建で、約640年の歴史をもち、中国西北地区におけるイスラム教学問センターの役割を担ってきた。

　入口に当たる左右のミナレット（尖塔）を過ぎると広大な広場となっており、建築の中心となる大殿は入母屋造りで、チベット様式の宝瓶を配している。

巨大タンカを収蔵する博物館　[オススメ度 ★★★]

青海蔵文化博物院／
せいかいぞうぶんかはくぶついん

青海藏文化博物院　qīnghǎi zàngwénhuà bówùyuàn

1階はチベットの歴史とチベット医学の展示エリアで、チ

●・見どころ　Ⓗホテル　Ⓖグルメ　Ⓢショップ　Ⓣ旅行会社　Ⓑ銀行　🏫学校　🏤郵便局　🏥病院　🚏バス停　▬▬繁華街　▬▬高速道路

ベット医学のタンカが多数展示されている。2階には長さ618mの長大なタンカが展示されている。このタンカは企画設計に27年、制作に5年が費やされ、携わった絵師の延べ人数は400人に達する。ギネスブックにも載っており、チベット絵画の集大成ともいえる。タンカには、ダライ・ラマ14世を除く歴代ダライ・ラマや亡命したカルマ・カギュ派のカルマパ17世が描かれている。

チベット様式の外観を備える
青海蔵文化博物院

青海省第一の近代的博物館　　　　　　　オススメ度 ★★★

青海省博物館／青海省博物館　qīnghǎishěng bówùguǎn
せいかいしょうはくぶつかん

　1957年に設立された省立博物館。当初は馨廬にあったが、2001年に新寧広場の東側に移転し、青海省初の近代的博物館として再オープンした。

　展示スペースは、青海省の歴史と文化を紹介する「江河源文明‐青海歴史文物展」（1階）と青海省に暮らす少数民族の文化や宗教を紹介する「青海省非物質文化遺産展」（2階）のふたつに分かれている。また、2階の購買部では青海省に関連する書籍も販売している。

青海省博物館
M P.600-B2
住城西区西関大街58号
☎6111164
オ4月15日～10月15日
　9:00～16:30
　10月16日～4月14日
　9:30～16:00
※入場は閉館30分前まで
休月曜　料無料
交12、18、22、35、41路
バス「新宁广场南」。9、
16、24、25、31路「新宁
广场」
U www.qhmuseum.cn

生物科技産業園区

西寧市区中心

城東区

909路バス発着地点
路線バスターミナル

五一橋
西寧駅
建国路橋
（歩行者専用）

省人民医院
馨廬
西寧バスセンター
エアポートバス発着地点
青海恒裕国際H
青年旅舍

東関清真大寺

一路バスターミナル
エアポートバス発着地点

城北区

青海民族大学

城東区

改修によってきらびやかな造りとなった南禅寺山門

山腹に造られた道教寺院

オススメ度 ★★★

土楼観／土楼观　tǔlóuguān
どろうかん

　湟水の北岸に位置する北山の山腹に寄り添うように造られた宗教施設。山頂の寧寿塔（明代の創建）や「9窟18洞」と呼ばれる山腹に掘られた修行洞窟を中心に構成されている。建設が始まったのは386（北魏の登国元）年といわれている。創建当初は仏教寺院だったが、やがて仏教、道教、儒教の複合宗教施設となっていった（1983年以降は道教施設）。山腹から西寧の町並みを一望できる。

西寧随一の古刹

オススメ度 ★★★

南禅寺／南禅寺　nánchánsì
なんぜんじ

　市区南部に位置する鳳凰山山麓に立つ仏教寺院。青海省では最も歴史のある中国仏教寺院で、北宋期には小さな寺院があったと伝わるが、1410（明の永楽8）年の整備によって仏教寺院としての体裁が整えられた。その後何度か再建されたが、現在の規模となったのは清の光緒年間（1875〜1908年）。大雄宝殿、玉仏殿、弥勒殿、地蔵殿など5つの建物を備える。

郊外の見どころ

青海省を代表するチベット仏教寺院

オススメ度 ★★★

クンブム（タール寺）／塔尔寺　tǎěrsì
じ

2〜4時間

　クンブムは、セラ・ゴンパ（→P.609）、デプン・ゴンパ（→P.609）、ガンデン・ゴンパ（→P.610）、タシルンポ寺（→P.613）、ラプラン寺（甘粛省）と並ぶチベット仏教ゲルク派六大寺院のひとつで、創建は1560（明の嘉靖39）年。中国語ではタール寺といい、一般的にはこの名で知られている。クンブムは、チベット語で十万の獅子吼仏像の寺という意味。かつてはアムド地方のチベット仏教の学問センターとして重要な地位を占め、多くの修行僧がここで生活をしていた。20世紀の初頭には、日本人僧侶の寺本婉雅も2年ほど滞在している。

　クンブムの建物は山の斜面に並ぶようにして立っている。麓にある入口には、8つの宝塔が一列に並ぶ如来八塔がある。これは仏の八大功徳を表している。
　寺院のほぼ中央に立っているのが蔵経堂。中の柱に沿って座布団が幾列にも並べられていて、周囲には仏像が安置され、経典が整然と収納されている。蔵経堂の隣にあるのが、大金瓦院。その名のとおり屋根瓦が金色で、中にはツォンカパの大銀塔がある。

中山門南側に位置する如来八塔

中国最大の塩水湖　　オススメ度 ★★★

青海湖／青海湖　qīnghǎihú
せいかいこ

4～6時間

青海湖
MAP P.515-E1
住海北チベット族自治州
☎(0974)8827772
時8:00～17:00　休なし
※冬季は行く価値はない
料二郎剣＝100元、仙女湾＝
60元、日月山＝40元
※二郎剣は夏季に専用車が走
る（20元）
※10月16日～4月15日は半額
（日月山は通年同額）
交西寧で1日ツアーに参加す
る（4月16日～10月15日）
URL www.qhh.gov.cn
※2018年7月現在、鳥島は鳥
類保護のため、閉鎖

周囲約360kmと中国で最大規模の塩水湖。面積は約4500㎢（琵琶湖の約6倍）、平均水深は19m。湖面海抜は約3200m。西部モンゴル語でココノール、チベット語でツォ・ンゴンボといい、「青海」がその漢訳。

観光に適した時節は5月上旬から9月上旬だが、特に菜の花が絨毯のように湖岸に広がる夏がベスト。菜の花の黄色と湖の青いコントラストは感動モノ。広い青海湖のおもな観光ポイントは、次の3ヵ所。

151基地は青海湖東南部に位置する観光ポイント。湖畔からの風景がすばらしく、遊覧船で湖に出ることもできる。

青海湖からは離れるが、青海湖東部の日月山口という標高3520mの峠に立つ日亭と月亭も有名。7世紀、吐蕃に嫁いだ文成公主がここで振り返り、唐に別れを告げたといわれている名勝地。

日月山日亭

ホテル

銀龍酒店／银龙酒店　yínlóng jiǔdiàn　★★★ ★★
ぎんりゅうしゅてん

黄河路、勝利路、五四大街が交わる地点に立つ。ジムやサウナなどの施設も完備している。

両替　ビジネスセンター　インターネット

MAP P.600-C2
住城西区黄河路38号
☎6166666　FAX616/428
S880元
T880元
サなし　カADJMV

青海賓館／青海宾馆　qīnghǎi bīnguǎn　★★★ ★★
せいかいひんかん

衛星放送など最新の設備を備えたホテル。大小12もあるレストランでは西洋料理も楽しめる。

両替　ビジネスセンター　インターネット　URL www.qhhotel.com

MAP P.600-B2
住城西区黄河路158号
☎6148999
FAX6148998
S860元　T860元
サなし　カADMV

青海建銀賓館／青海建银宾馆　qīnghǎi jiànyín bīnguǎn　★★ ★★
せいかいけんぎんひんかん

市中心部の便利な場所にあり、水井巷市場もすぐ近く。床が大理石の客室もある。

両替　ビジネスセンター　インターネット　URL qhjyhotel.com

MAP P.600-C2
住城中区西大街55号
☎8261885
FAX8261551
S880元　T880元
サなし　カADJMV

西寧王府井和頤酒店／西宁王府井和颐酒店　xīníng wángfǔjǐng héyí jiǔdiàn
せいねいおうふせいわいしゅてん

繁華街である西大街に位置する星なし渉外ホテル。非常に交通の便がよい。

両替　ビジネスセンター　インターネット　URL www.bthhotels.com

MAP P.600-C2　住城中区西大
街39号王府井西寧9口館
☎8125888　FAX8132666
S549～659元
T549元
サなし　カ不可

青海恒裕国際青年旅舎／青海恒裕国际青年旅舍　qīnghǎi héngyù guójì qīngnián lǚshè
せいかいこうゆうこくさいせいねんりょしゃ

国民党の将軍であった馬歩芳の私邸「馨廬」の一部を利用して営業しているユースホステル。12月中旬～3月中旬は全面休業。

両替　ビジネスセンター　インターネット

MAP P.601-D2
住城東区為民巷13号
☎5223399　FAX5220099
S158～238元　T168元
③228元　D55～65元（4
～10人部屋）

旅行会社

青海省中国青年旅行社／青海省中国青年旅行社　qīnghǎishěng zhōngguó qīngnián lǚxíngshè
せいかいしょうちゅうごくせいねんりょこうしゃ

日本語ガイドは4～10月が500～600元、11～3月が400～500元。車のチャーター（青海湖日帰り）は700元。

URL qhcyts.com　✉qhoki@msn.com

MAP P.600-B1　住城西区勝利
路53号青旅商務大廈605室
☎6128730　FAX6128593
時7～8月8:30～18:00　9～6
月8:30～12:00、14:30～18:00
休9～6月=土・日曜、祝日

ラサ

ラーサー
拉薩 Lā Sà

市外局番●0891

ポタラ宮観景台から見たポタラ宮

ウルムチ● ●ハルビン
北京● ●大連
●西安 ●上海
ラサ○ ●成都
昆明● ●広州
●香港

都市DATA

ラサ市
人口：50万人
面積：3万1662km²
2区6県を管轄
ラサ市はチベット自治
区の首府

**自治区公安庁外国人出入
境管理局**
（自治区公安庁外国人出入境
管理局）
MP.607-F3
⊞北京東路18号
☎6311219
◷9:30～13:00、
　15:30～18:00
⚓土・日曜、祝日
観光ビザの延長は不可

**自治区人民医院救急セン
ター**
（自治区人民医院急救中心）
MP.607-E3
⊞林廓北路18号
☎6322200
◷24時間 ⚓なし
酸素吸入は1時間54元。さら
にベッド代や診療代が加算さ
れる

市内交通

【路線バス】外国人は利用不
可
【タクシー】初乗り3km未満
10元。3km以上1kmごとに2
元加算
【三輪リキシャ】1乗車5～10
元。人数が集まればタクシー
のほうが安くなる

概要と歩き方

　世界の屋根と称されるチベット高原の中心に位置するラサ
は、標高3650m。富士山の山頂より少し低い所にある。
　チベットを初めて統一した吐蕃が7世紀初頭、この地に遷
都してから町の歴史は始まった。9世紀半ばに吐蕃が滅亡し
た後、チベットは長い混乱期を迎えたが、17世紀にモンゴ
ルのグシ・ハンのあと押しを受けたダライ・ラマ5世が再統
一を果たすと再び都となり、ポタラ宮やデプン・ゴンパなど
が相次いで建設され、チベット人の絶対的な拠り所となった。
　古くから多くの外国人を引きつけていたが、経済水準の
上がった中国人にとっても憧れの地となり、多くの観光客が
訪れるようになった。2006年夏にチベット鉄道が開業する
と、さらに多くの人々が訪れるようになった。
　ラサへのアクセスは上述した鉄道のほか、飛行機とバスが
ある。チベット鉄道は、キチュ（ラサ）河の南岸に位置する
ドゥールンデチェン区にあるラサ駅が終点。ここからシガツ
ェに向かう拉日線も開通している。空港はラサから70kmほ
どの所にあり、市内とはエアポートバスで結ばれている。
　ラサの町は、ジョカン（大昭寺）を中心とした旧市街（チ
ベット族居住エリア）と町の西側で急速に開発の進む新市街
（漢族居住エリア）に分かれるが、観光を考えると、ジョカ
ン周辺で宿を探したほうがよい。

　ラサを含め、チベット自治区の
主要な町は3000mを超える高地
にあり、かなり厳しい環境にあ
る。高山病をはじめ、体調管理に
十分注意し、無理をしない勇気を
もってほしい。
※チベット自治区への旅行→P.516

林廓西路と北京中路の交差点に立
つ黄金のヤク像（通称）

	1月	2月	3月	4月	5月	6月	7月	8月	9月	10月	11月	12月
平均最高気温(℃)	7.2	9.1	12.2	15.8	19.9	23.3	22.4	21.2	20.1	16.7	11.9	8.2
平均最低気温(℃)	-9.6	-6.5	-2.6	1.1	5.3	9.7	10.3	9.6	7.8	1.7	-4.8	-8.8
平均気温(℃)	-1.2	1.3	4.7	8.5	12.6	16.5	16.3	15.5	14.0	9.2	3.6	-0.2

町の気象データ（→P.517）：「預報」＞「西蔵」＞「拉薩」＞区・県・自治県から選択

中国国内の移動➡P.667　鉄道時刻表検索➡P.26

※2018年7月現在、外国人がチベット自治区内を自由に移動することはできない

✈ 飛行機

市区の南西約65kmに位置するラサゴンカル国際空港（LXA）を利用する。

国際線 日中間運航便はないので、上海や成都、北京で乗り継ぐとよい。

国内線 北京や上海、成都からのアクセスが便利。

所要時間（目安） 北京首都（PEK）／3時間40分　上海浦東（PVG）／6時間40分　西安（XIY）／2時間50分　成都（CTU）／2時間　西寧（XNN）／2時間25分　昆明（KMG）／2時間25分

🚆 鉄道

市区南東部に位置する、青蔵鉄道のラサ駅を利用する。この路線は乗車自体が観光コースとなっているため、夏は全種乗車券の購入が困難となる。旅行会社を通しての手配でも難しく、入手できた場合でも手数料が乗車券の数倍となることもある。

所要時間（目安） 【ラサ（ls）】シガツェ（rkz）／直達：2時間53分　西寧（xn）／直達：21時間43分　北京西（bjx）／直達：39時間58分　西安（xa）／直達：33時間4分　成都（cd）／直達：36時間25分

🚌 バス

市内には大小多くのバスターミナルがあるが、ラサバスターミナルが主要なターミナル。また、早朝にバルコルから近郊見どころ行きのバスが出る。

所要時間（目安） シガツェ／5時間　ギャンツェ／6時間　ツェタン／3時間30分

Data

✈ 飛行機

● ラサゴンカル国際空港（拉薩贡嘎国际机场）
Ⓜ 地図外（P.606-A4左）
🏠 山南市ゴンカル県甲竹林鎮
☎ インフォメーション＝6216465
　航空券売り場＝6216458
🕐 6:00～最終便　休 なし　カ 不可
[移動手段] **エアポートバス**（空港～民航ラサ航空券売り場）／30元、所要1時間10分。空港→市内＝到着便に合わせて運行　市内→空港＝5:30～19:30の間20分～1時間に1便　**タクシー**（空港～バルコル）／200元、所要1時間が目安
　航空券売り場で3ヵ月以内の航空券を販売。

コンパートメント席は人気なので早めの移動が望ましい

● 中国民航ラサ航空券売り場（民航拉萨售票处）
Ⓜ P.607-E3　🏠 娘熱南路1号　☎ 6825430
🕐 5～9月9:00～18:30　10～4月9:30～18:00
休 なし　カ 不可
[移動手段] **タクシー**（民航ラサ航空券売り場～バルコル）／10元、所要7分が目安　**路線バス**／1、3、4、7、11、13、20、22路「民航局」
　3ヵ月以内の航空券を販売。

● 中国国際航空ラサ航空券売り場
（中国国际航空拉萨售票处）
Ⓜ P.606-C3　🏠 北京中路67号西蔵大廈1階
☎ 6820777　🕐 9:30～18:00
休 なし　カ 不可
[移動手段] **タクシー**（中国国際航空ラサ航空券

売り場～バルコル）／15元、所要15分が目安　**路線バス**／16、17、25路「西郊电信大楼」
　3ヵ月以内の航空券を販売。

🚆 鉄道

● ラサ駅（拉萨火车站）
Ⓜ 地図外（P.606-B4下）
🏠 ドゥールンデチェン区柳梧上村
☎ 共通電話＝12306　🕐 7:30～18:00
休 なし　カ 不可
[移動手段] **タクシー**（ラサ駅～バルコル）／40元、所要25分が目安　**路線バス**／1、13、14路「火车广场」
　20日以内の切符を販売。

ラサ駅前の斜合はチベット風の人々が建物。2018年7月現在、外観の撮影は不可

🚌 バス

● ラサバスターミナル（拉萨汽车站）
Ⓜ P.606-C4　🏠 民族南路1号　☎ 6507070
🕐 7:00～18:30　休 なし　カ 不可
[移動手段] **タクシー**（ラサバスターミナル～バルコル）／15元、所要10分が目安　**路線バス**／1、2、10、14、15、18、19路「西郊客运站」
　2日以内の切符を販売。ツェタン（8:00～18:00の間40分に1便）、シガツェ（8:00～18:00の間1時間に1便）、ギャンツェ（2便）など長距離便がメイン。「西郊客运站」と呼ばれることもある。

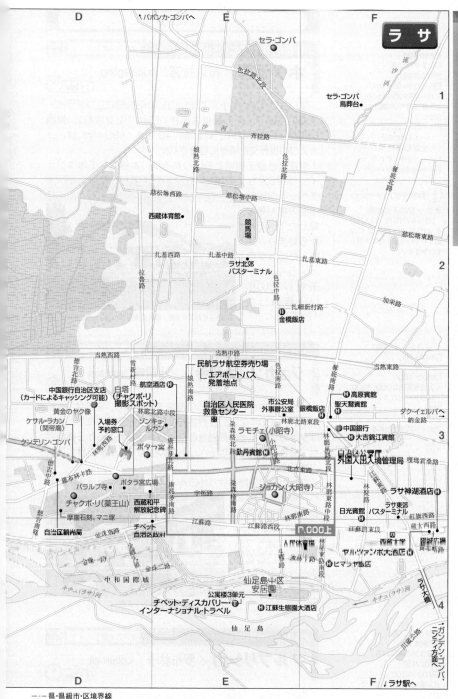

ラサ

D　　　　　　　　　E　　　　　　　　　F

バボンカ・ゴンパへ

セラ・ゴンパ

色拉段北段

セラ・ゴンパ
鳥葬台

流沙河

1

色拉北路

娘熱北路

斉拉路

流沙河

勒庭北路

慈松塘西路　　　慈松塘中路

慈松塘東路

西蔵体育館

競馬場

加栄路

扎基西路　　扎基中路

ラサ北郊
バスターミナル

扎基東路

2

拉魯路

色拉中路

色拉南路

扎細新村路

金橋飯店

勒庭南路

当熱西路　　　　当熱中路

当熱東路

徳吉北路

雪新村路

民航ラサ航空券売り場

エアポートバス
発着地点

娘熱南路

中国銀行自治区支店
（カードによるキャッシング可能）

航空酒店

自治区人民医院
救急センター

市公安局
外事錦公室

銀橋飯店

高原賓館
聖天鷺賓館

ダク・イェルパへ
納金路

3

黄金のヤク像

白塔
（チャクボ・リ
撮影スポット）

林廓北路中段

林廓北路東段

中国銀行

ケサル・ラカン
（関帝廟）

ソンキョ・
ルカン

入場券
予約窓口

染格格
北路

林廓北路西段

ラモチェ（小昭寺）

大吉錦江賓館

クンデリン・ゴンパ

ポタラ宮

欧丹賓館

外国人出入境管理局

嬢瑪賓桑路

羅布林卡路

ポタラ宮広場

康昂多路南段

康昂多路北段

北京東路

江蘇錦江賓館

ジョカン（大昭寺）

染森格南路

ラサ神湖酒店

パラルプ寺

宇拓路

林廓東路北段

チャクボ・リ（薬王山）

西蔵和平
解放紀念碑

林廓東路中段

日光賓館

ラサ東郊
バスターミナル

摩崖石刻、マニ塚

江蘇路

江蘇路西段

紅旗西路

徳吉南路

チベット
自治区政府

藍大西路

自治区観光局

上000,ル

西蔵大学

人民休育館

江蘇路東段

4

金珠中路

林廓南路北段

ヤル・ツァンポ大酒店

新城西路

菜市錦三路

中和国際城

滝木川路

林廓南路南段

ヒマラヤ飯店

川蔵公路

キ
チ
ュ
（
ラ
サ
）
河

ラサ大橋

金珠二路

仙足島中区
安居園

公寓楼3単元

チベット・ディスカバリー・
インターナショナル・トラベル

江蘇生態園大酒店

ガ
ン
デ
ン
・
ゴ
ン
パ
、
ニ
ェ
テ
ィ
方
面
へ

仙足島

ラサ駅へ

D　　　　　　　　　E　　　　　　　　　F

－－－ 県・県級市・区境界線

607

ポタラ宮
MP.607-D3
住北京中路35号
☎6822896
開5～10月9:30～16:00
11～4月9:30～15:00
※入場は閉門1時間前まで
休なし
料5～10月＝200元
11～4月＝100元
※珍宝館入場料を含む
交ガイド同伴で訪れる
Uwww.potalapalace.cn

ⓘ ▶▶▶ インフォメーション
ポタラ宮の入場制限
　2018年7月現在、個人旅行者は1日2000～2500人に制限されているが、外国人観光客は関係ない。

ジョカン（大昭寺）
MP.606-H5
住八廓街　**☎**6336858
開9:00～18:30
※入場券販売は9:00～13:30、
14:30～17:00
休なし
料85元
交ガイド同伴で訪れる

ノルブリンカ
MP.606-C3
住羅布林卡南路21号
☎6822157
開9:00～18:00
※入場は閉門30分前まで
休なし
料60元
交ガイド同伴で訪れる

世界遺産に登録されたチベットのシンボル　オススメ度 ★★★　世界遺産

ポタラ宮／布达拉宫　bùdálāgōng

1～3時間

　マルポリ（チベット語で赤い山）の南斜面に立つダライ・ラマの宮殿で、その規模は高さ115m（山を含む）、東西360m、南北300m、総面積約40万㎡。1994年には、ユネスコの世界文化遺産に登録された。

　創建は吐蕃王朝期ともいわれるが、本格的な工事はダライ・ラマ5世がチベットの政教両面の権力を掌握した1645年から始まり、完成したのはダライ・ラマ5世が逝去して10年以上経過した1695年。

正面から見たポタラ宮。植え込みもきれいに手入れされている

旧市街地の中心となっている名刹　オススメ度 ★★★　世界遺産

ジョカン（大昭寺）／大昭寺　dàzhāosì

1～2時間

　ラサの旧市街地区の中心に位置する寺院で、創建は7世紀中期。2000年には、世界遺産として追加登録された。寺院はジョカン寺とその周囲を取り囲むトゥルナン寺から構成されており、ジョカンはチベット語の通称で、大昭寺は中国語の呼び名。

　ジョカンの周囲にはバルコル（八廓街）という巡礼路があり、毎日多くの巡礼者や観光客でにぎわいを見せる。また、ショップも多いので、ここでチベットみやげを探すとよいだろう。

大昭寺広場から見たジョカン正面

ダライ・ラマの離宮　オススメ度 ★★★　世界遺産

ノルブリンカ／罗布林卡　luóbùlínkǎ

1～2時間

　市街地西部に位置するノルブリンカは、ダライ・ラマ7世が18世紀に造営を始めたもので、完成後は毎年チベット暦の4月から9月までの間、ダライ・ラマの夏の離宮として使

用されることになった。36万㎡の面積をもつ敷地内には、ケルサン・ディキェ・ポタンなど歴代ダライ・ラマが建立したいくつもの離宮があるが、最大の見どころは、ダライ・ラマ14世が実際に生活したタクテン・ミギュ・ポタン。

ノルブリンカ入口

かつて日本人僧侶も修行した寺院　オススメ度 ★★★
セラ・ゴンパ／色拉寺　sèlāsì
3時間

　中心部から8km北に行った、セラ・ウツェ山麓に立つ寺院。チベット仏教の改革を進めたツォンカパの弟子であるジャンチェン・チョジェ・サキャ・イェシェによって、1419年に創建されたゲルク派の大寺院。最盛期には、5500人もの僧侶がここで修行に励み、日本人僧侶である河口慧海や多田等観もここでチベット仏教を学んだ。

セラ・ゴンパ
M P.607-E1
色拉路1号
6387452
9:00～17:00
なし　50元
ガイド同伴で訪れる

(i) ▶▶▶ インフォメーション
セラ・ゴンパでの注意
　15:00～17:00の間中庭で問答修行がある（月曜はなし）ため、境内のほとんどの建物が15:00前後に閉門となる。ほとんどの建物の中は暗いので、壁画をしっかり見たい人は懐中電灯を持参するとよい。
　また、スマートフォンのカメラ以外での撮影は禁止。

ゲルク派最大規模を誇る寺院　オススメ度 ★★★
デプン・ゴンパ／哲蚌寺　zhébàngsì
2時間

　1416年にツォンカパの弟子のひとりジャムヤン・ジュチェによって創建されたゲルク派寺院。寺院は20万㎡を超える面積をもち、最盛期には1万人に達する僧侶を抱えていたともいわれ、そ

ガンデン・ポタンはダライ・ラマ5世の寝殿としても使われていた

の規模はゲルク派六大寺院（→P.613欄外）最大。現在のデプン　ゴンパは、寺院の中心となっているツォクチェン（大集会殿）やガンデン・ポタン（寝殿）などで構成されている。

デプン・ゴンパ
M P.606-A2
北京西路北側
6867346
9:00～16:30
なし　60元
ガイド同伴で訪れる

(i) ▶▶▶ インフォメーション
デプン・ゴンパでの注意
　14:30～16:00の間は閉門となる建物が多いので、午前中の観光がおすすめ。

チベットで最初に建てられた仏教寺院　オススメ度 ★★★
ラモチェ（小昭寺）／小昭寺　xiǎozhaosì

　ラモチェは、チベット語で「この地で最も大きな建物」を意味する仏教寺院。唐から吐蕃のソンツェン・ガムポ王に嫁いできた文成公主が7世紀に建立した仏教寺院。創建当初は、彼女が将来した釈迦牟尼像を祀っていたが、現在その像はジョカンに祀られている。

ラモチェ（小昭寺）
M P.607-E3
小昭寺路
6363542
10:00～17:00
なし　30元
ガイド同伴で訪れる

信者でにぎわうラモチェ

ポタラ宮の南西に位置する岩山　オススメ度 ★★★
チャクポ・リ（薬王山）／药王山　yàowángshān

　チャクポ・リはポタラ宮の南西側にある山で、中国語で薬

MP607-D3
住パラルプ寺＝北京中路
　摩崖石刻＝徳吉南路
オパラルプ寺9:00〜19:00
　摩崖石刻9:30〜18:30
休なし
图パラルプ寺＝20元
　摩崖石刻＝15元
交ガイド同伴で訪れる

ⓘ ▶▶▶ インフォメーション

白塔（チャクポ・リ）撮
影スポット
MP607-D3　**住**北京中路
オ5〜9月6:30〜22:00
　10〜4月7:00〜19:00
休なし　**图**2元
交2、4、7路バス「电视台」。
　6、8、13、14路バス「药
　王山菜市场」

ナムツォ
MP516-C2
住ラサ市ダムシュン県とナク
　チュ地区ベルゴン県の境界
オ24時間
休なし
※路面凍結時や積雪時は入場
　できない
图120元
交ガイド同伴で訪れる

ガンデン・ゴンパ
M地図外（P.607-F4右）
住タクツェ県ワンボル山
☎6140035
オ9:00〜16:00
休なし
图50元
交ガイド同伴で訪れる

王山という。以前この小山には、17世紀にダライ・ラマ5
世が建てたメーパ・タツァンというチベット医学を教える学
堂があり、チベット医学の中心となっていた。北京路に面し
て立つ白塔には上ることができ（有料）、ここからポタラ宮
を一望できる。絶好の撮影ポイントとなっているので、記念
撮影に行ってみよう。朝と夕方がおすすめ。

　また、チャクポ・リには宗教施設も多く、パラルプ寺や摩
崖石刻と呼ばれる石刻群がある。

郊外の見どころ

聖なる湖　　　　　　　　　　　　　　　**オススメ度** ★★★ 🚗

ナムツォ／纳木错　nàmùcuò
（1〜2日 🕐）

　チベット語で「天の湖」を意味するナムツォは、ラサの北
約130km、海抜4718mの高地にある塩水湖で、その面積
は琵琶湖の約3倍。天気がよければ、南岸には万年雪を頂く
ニェンチェンタンラ山脈が見え、湖面の青と雪山の白の絶妙
なコントラストを堪能できる。

　ツアーは日帰りが中心だが、申し込み時に交渉すれば、1
泊することも可能だ。

夏の日の出直後の風景。草原の緑とナムツォの青、ニェンチェンタンラ峰の白がとても
印象的

チベット仏教の最大宗派、ゲルク派総本山　**オススメ度** ★★★ 🚗

ガンデン・ゴンパ／甘丹寺　gāndānsì
（3〜6時間 🕐）

　ガンデン・ゴンパは、ラサの東約50kmの所にあるワンボ
ル山に立つ寺院で、現在のチベット仏教最大宗派であるゲル
ク派の創始者ツォンカパによって1409年に建立された。

　14世紀後期、チベット仏教の腐敗を目の当たりにしたツ
ォンカパは、仏教本来の姿を取り戻そうと、新たな宗派を興
し、その布教に努めた。

　チベット暦の6月15日には、この寺院で巨大なタンカ
（仏画）の開帳が行われる。日程は旅行会社などで確認する
とよい。

ホテル

チベット自治区　ラサ

見どころ／郊外の見どころ／ホテル／グルメ／旅行会社

ラサ飯店／拉薩饭店
はんてん　lāsā fàndiàn ★★★ ★★

北京路と民族路の交差点、南西に位置する5つ星ホテル。繁華街に近く、観光の拠点として便利。客室は中国式とチベット式の2タイプがある。

M P.606-C3
住民族中路1号
☎6832221
FAX6835796
チベット式＝S900元
T900元
中国式＝S800元　T800元
サなし
カADJMV

両替　ビジネスセンター　インターネット

ヤルツァンポ大酒店／雅鲁藏布大酒店
だいしゅてん　yǎlǔzàngbù dàjiǔdiàn ★★ ★★

チベット様式の部屋を備えるホテル。スタッフの一部はチベットの民族衣装で迎えてくれる。

M P.607-F4
住貢布塘路陽城广场B座
☎6309999
FAX6309888
S500元　T500元
サなし　カADJMV

両替　ビジネスセンター　インターネット

ラサ神湖酒店／拉萨神湖酒店
しんこしゅてん　lāsā shénhú jiǔdiàn ★★ ★★

ヤルツァンポ大酒店と同じ敷地内に立つ。建物の形は同じだがスタイルは西洋風と対照的。

M P.607-F4
住貢布塘路陽城广场A座
☎6301111
FAX6305999
S700元　T700元
サなし　カADJMV

両替　ビジネスセンター　インターネット

ラサ亜賓館／拉萨亚宾馆
あひんかん　lāsā yà bīnguǎn ★★★

通称ヤクホテル。屋上には旧市街やポタラ宮を望むティーハウスがあり、食事も取れる。夏は予約を入れておいたほうが無難。ドミトリーのバスとトイレは共用なので注意。

M P.606-H5
住北京東路100号
☎6300007、6300008
FAX6300191
S380〜480元
T300〜480元
D50元（4人部屋）
サなし
カ不可

両替　ビジネスセンター　インターネット

束措国際青年旅舎／东措国际青年旅舍
たびそこくさいせいねんりょしゃ　dōngcuò guójì qīngnián lǚshè

ドミトリーはシャワー、トイレ共用。夏の旅行シーズンは常に満室状態なので早めに予約をしたほうがよい。

M P.606-I5
住北京東路10号
☎6273388　FAXなし
S200元　T200元
D35〜45元（3〜9人部屋）
サなし　カ不可

両替　ビジネスセンター　インターネット　U www.yhachina.com

グルメ

Makye Ame Restaurant／玛古阿米
マキ　アメ　レストラン

チベット、インド、ネパール、西洋料理をメインとするカフェ＆レストラン。バルコルの南東角の2階と3階に店を構えている。バルコルを行き交う人々を眺めながらの食事はおつなもの。メインディッシュは30元前後。

M P.606-I6
住八廓街
☎6328608
時11:00〜23:00
休なし
カ不可

雪域餐庁／雪域餐厅
せついきさんちょう　xuěyù cāntīng

英語名はスノーランド・レストラン。チベット、インド、ネパール、中国、西洋料理と幅広いメニューが魅力。食事どきはほぼ満席状態。英語が通じる。

M P.606-H5
住丹傑林路
☎6337323
時11:00〜22:00
休なし
カ不可

旅行会社

チベット・ディスカバリー・インターナショナル・トラベル／西藏探索国际旅行社
xīzàng tànsuǒ guójì lǚxíngshè

ツアーは旅程の相談後料金を決定する。文章での照会には回答に時間が必要（日本語可）。北京にも支社がある。日本語ガイドは1日500〜600元。✉pelma@discoverytibet.com（北京支社。日本語可）

M P.607-E4　住仙足島中区安居園公寓楼3単元2楼2号
☎6328851　FAX6328822
時9:00〜21:00　休夏＝なし　冬＝土・日曜、祝日
カ不可

シガツェ

リーカーツァー
日喀則 Rì Kā Zé　　市外局番●0892

タシルンボ寺タシ・ナムギャル・ラカン

ウルムチ ・ハルビン
北京・ ・大連
シガツェ ・西安 ・上海
・ラサ ・成都
昆明・ ・広州
・香港

都市DATA

シガツェ市
人口：75万人
面積：18万2000k㎡
1区17県を管轄

市公安局出入境管理科
（市公安局出入境管理科）
MP.614-C3
住サンジュツェ区吉林南路9号
☎8822240
◢9:30～12:30、
　15:30～18:30
休土・日曜、祝日
観光ビザの延長は不可

市人民医院
（市人民医院）
MP.614-C3
住サンジュツェ区吉林南路
☎8822650
◢24時間
休なし
酸素吸入は1時間30元。さら
にベッド代や診療代が加算さ
れる

市内交通

【路線バス】路線バスは運行
されているが、外国人は利用
できない
【タクシー】初乗り3km未満
10元、3km以上1kmごとに2
元加算
【三輪リキシャ】1乗車5元

概要と歩き方

　シガツェはラサの西約280kmに位置する桑珠孜区（人口11万人、標高3900mにあるチベット第2の町）を中心とする市。桑珠孜区はヤルツァンポ川とその支流ニャンチュ河の合流点付近に開けた町で、ツァン地方（チベット西南部）における農牧産品の集積地として重要な地位にある。同時にネパールとラサを結ぶ要衝で、宿場町の雰囲気をもった町。

　シガツェが発展を遂げたのは、チャンチュプ・ギャルツェンが、サキャ政権を倒し、パクモド政権を樹立した14世紀初期以降。それからはツァン地方の政治、経済、信仰の中心となっていった。

　町の中心は、北側の旧市街と南側の新市街に分かれている。新市街は、開発途中といった感じで、バスターミナルやホテルなどが並び、漢族も多く見られるエリア。それとは対照的に、旧市街はチベット族居住エリアで、チベットの伝統的な雰囲気を濃厚に醸し出している。

　町はおよそ1.5km四方の大きさなので、徒歩でも問題はないが、標高などを考えると、無理をせず、三輪リキシャや路線バスを利用したほうがよいだろう。

　2014年8月にラサとシガツェとを結ぶ鉄道が完成し、移動時間は短縮されたが、残念ながら外国人は旅行会社での手配（ガイド付き）が必要。

雪強路と青島路の交差点から
見たシガツェ・ゾン

高台から見たシガツェの町

	1月	2月	3月	4月	5月	6月	7月	8月	9月	10月	11月	12月
平均最高気温(℃)	5.8	8.1	11.1	15.4	19.3	22.4	21.1	19.8	18.8	15.4	10.6	6.9
平均最低気温(℃)	-13.0	-9.3	-5.1	-0.6	3.3	7.6	8.7	8.1	5.7	-1.3	-8.2	-12.1
平均気温(℃)	-3.4	-0.5	3.5	7.2	11.0	15.3	15.0	14.2	12.6	7.2	0.5	-2.3

町の気象データ（→P.517）：「预报」＞「西藏」＞「日喀则」＞「桑珠孜」

Access 交通

中国国内の移動 ➡ P.667　鉄道時刻表検索 ➡ P.26

※2018年7月現在、外国人がチベット自治区内を自由に移動することはできない

✈ 飛行機
サンジュツェ区中心の東43kmに位置するシガツェ和平空港（RKZ）を利用する。

国際線 日中間運航便はないので、成都で乗り継ぐとよい。

国内線 2018年7月現在、成都線のみ。

所要時間（目安） 成都（CTU）／2時間20分

🚃 鉄道
拉日線のシガツェ駅を利用する。2018年7月現在、ラサとの間を1日3往復。

所要時間（目安） 【シガツェ（rkz）】ラサ（ls）／直達：2時間37分

🚌 バス
シガツェ総合バスターミナルを利用する。なお、外国人は利用できない。

所要時間（目安） ラサ／5時間　ギャンツェ／1時間30分　サキャ／4時間

Data

✈ 飛行機
● **シガツェ和平空港**（日喀則和平机場）
Ⓜ 地図外（P.614-C1右）　🏢 サンジュツェ区江当郷
🚌 始発便～最終便　🈺 なし　🅿 不可
[移動手段] **タクシー**（空港～青島路上海路交差点）／150元、所要50分が目安

🚃 鉄道
● **シガツェ駅**（日喀則火车站）
Ⓜ 地図外（P.614-C3下）
🏢 サンジュツェ区占堆村是甲措
☎ 共通電話＝12306　🕐 10:00～18:40
🈺 なし　🅿 不可
[移動手段] **タクシー**（シガツェ駅～青島路上海路交差点）／30元、所要15分が目安　路線バス／4路「火车站」

28日以内の切符を販売。

🚌 バス
● **シガツェ総合バスターミナル**（日喀則客运总站）
Ⓜ P.614-C1　🏢 リンジュツェ区迎賓路
☎ 8822903　🕐 7:30～19:00
🈺 なし　🅿 不可
[移動手段] **タクシー**（バスターミナル～青島路上海路交差点）／10元、所要5分が目安　路線バス／5路「汽车总站」

当日の切符のみ販売。ラサ（8:00～18:30の間45分に1便）、ギャンツェ（9:00～18:30の間1時間に1便）、サキャ（2便）など。

なお、シガツェとギャンツェとを結ぶバスなどは安康客運賓館の中庭（Ⓜ P.614-B2）が発着地点となっている。

見どころ

パンチェン・ラマの居所　オススメ度 ★★★

タシルンポ寺／扎.什伦布寺 zháshílúnbùsì
じ

🕐 3時間～

　タシルンポ寺は1447年にゲルク派の開祖ツォンカパの高弟であるゲンドゥン・トゥップ（ダライ・ラマ1世）によって創建され、ゲルク派六大寺院のひとつにも数えられる寺院。ダライ・ラマ5世の時代、タシルンポ寺の僧院長だったローサン・チョエキ・ギャルツェンが阿弥陀菩薩の化身であるパンチェン・ラマとしての地位を得てからは、歴代パンチェン・ラマの居所として繁栄し、多くの僧侶が暮らしていた。

　見どころは、パンチェン・ラマ4世の霊塔を安置した霊塔殿や1994年に建てられたパンチェン・ラマ10世の霊塔。

タシルンポ寺
Ⓜ P.614-B2
🏢 サンジュツェ区几吉朗卡路1号
☎ 8825220
🕐 0:00　0:00
※13:00～15:00の間は主要な仏殿は見学不可
🈺 なし
💰 5～10月＝100元
　11～4月＝50元
🚕 ①中心部から徒歩または三輪リキシャ
　②3路バス「扎什伦布寺」

ⓘ ▶▶▶ インフォメーション

ゲルク派六大寺院
　タシルンポ寺のほかは、ラサのセラ・ゴンパ、デプン・ゴンパ、タクツェのガンデン・ゴンパ、青海省湟中のクンブム（タール寺）、甘粛省夏河のラブラン寺の5つ。

デチェン・ケルサン・ポ
タン
MP614-B3
住サンジュツェ区新宮路
電なし
オ9:00～18:00
休なし
料30元
交①中心部から徒歩または三
　輪リキシャ
　②3路バス「班禅行宮」

夏の離宮　　　　　　　　　　　オススメ度 ★★★

デチェン・ケルサン・ポタン／

徳庆格桑颇章　déqìng gésāng pōzhāng

　パンチェン・ラマが夏の間暮らした離宮。1989年1月
28日にはパンチェン・ラマ10世がここで逝去したといわれ
ている。タシルンポ寺の南に位置し、総面積は50万㎡強。
　1844（清の道光24）年、パンチェン・ラマ7世がラサ
のノルブリンカ（→P.608）を模して造らせた。

名僧ブトンが座主を務めた寺院　　オススメ度 ★★★

シャル・ゴンパ／夏鲁寺　xiàlǔsì

　シャル・ゴンパは、シガツェからギャンツェ方面に約20
km行った所にある寺院で、その創建は1087年。1333年
に大規模な拡張工事が行われたが、中国から多くの大工を集
め、中国（元代）の建築様式を積極的に取り入れた。

シャル・ゴンパ

シガツェ（日喀則）
（サンジュツェ区）

チベット族の多く暮らすエリア

ここからシガツェの
町を一望できる

ラサ行きバス出発地点

ラサへ
シガツェ和平空港

見どころ　Ｈホテル　Ｇグルメ　Ｓショップ　銀行　郵便局　病院　繁華街

614

　14世紀の工事を指揮したのは、当時の住職であったプトン。彼はチベット中から経典を集め、チベット大蔵経の編纂を行い、仏典の解説書を著した大学者であった。なお、彼の門下生はシャル派と呼ばれた。

ナルタン版大蔵経の編纂拠点となった寺院　オススメ度 ★★★

ナルタン・ゴンパ／那当寺　nàdāngsì

　シガツェから西へ約20km行った所にある。1033年の創建。小さなチベット仏教寺院だが、ナルタン版大蔵経が編纂されたことで有名だ。

　1730年からは、ここに建てられた印経院で散逸した仏典の収集、編纂および印刷作業が行われ、チベット仏教にとって非常に重要な場所となっていた。印経院に納められていた大蔵経の版木は世界の宝ともいえるものであったが、残念なことに、文化大革命中の1960年代後半に寺院とともに徹底的に破壊されたが、徐々に再建が進められている。

シャル・ゴンパ
Ⓜ地図外（P.614-C3下）
住甲措雄郷シャル村
☎なし
オ9:30〜-18:00
休なし
料40元
交旅行会社でシガツェツアーを手配する際に組み込む

ナルタン・ゴンパ
Ⓜ地図外（P.614-A3左）
住ジェトンムン県ナルタン鎮
☎なし
オ9:30〜18:00
休なし
料30元
交旅行会社でシガツェツアーを手配する際に組み込む

ホテル

扎西曲塔人酒店／扎西曲塔大酒店　★★ ★★
タシ きょくとうだいしゅてん　zhāxī qǔtǎ dàjiǔdiàn
チベット人居住エリアの南西端に位置する4つ星ホテルで、シガツェにおける最高級ホテルのひとつ。部屋はチベット式。
［両替］［ビジネスセンター］［インターネット］

ⓂP.614-B1
住リンジュヅェ区雪瑞路2号
☎8830111　FAX8832181
S690元
T690元
サなし 力不可

シガツェ哈達神湖酒店／日喀則哈达神湖酒店　★★ ★★
カ たしんこしゅてん　rìkāzé hādá shénhú jiǔdiàn
町の中心から少し東側に位置する。ジムなどの施設も充実している。
［両替］［ビジネスセンター］［インターネット］

ⓂP.614-C1
住サンジュヅェ区青島路14号
☎8839999　FAX8828111
S380元
T380元
サなし 力不可

ウツェ大酒店／乌孜大酒店　★★★
だいしゅてん　wūzī dàjiǔdiàn
市街地東南部に位置する3つ星ホテル。設備面は充実している。
［両替］［ビジネスセンター］［インターネット］

ⓂP.614-C2
住サンジュヅェ区黒龍江中路21号
☎8838999　FAX8836988
S240元 T240元
③340元 サなし 力不可

郵政賓館／邮政宾馆　★★
シガツェでは中級クラスに相当するホテル。繁華街にあり便利。その反面、タシルンポ寺などの観光地からは少し離れている。
［両替］［ビジネスセンター］［インターネット］

ⓂP.614-B2
住サンジュヅェ区上海中路11号
S300元
T280元
サなし 力不可

桑珠孜飯店／桑珠孜饭店　★★
そうじゅ し はんてん　sāngzhūzī fàndiàn
チベット族が居住する旧市街と現在の繁華街の接点に位置する1985年開業の古参ホテル。ここでは、西洋料理も食べられる。
［両替］［ビジネスセンター］［インターネット］

ⓂP.614-B1
住サンジュヅェ区青島路48号
☎8822280　FAX8821135
S300元 T280元
③390元 D50元（5人部屋）
サなし 力不可

グルメ

ソンツェン・チベッタン・レストラン／松赞餐厅
sōngzàn cāntīng
タシルンポ寺の近くにある。西洋、チベット、インド、ネパールなど各種料理を提供しており、メインディッシュは15〜40元といったところ。12月から3月にかけては全面休業となるので注意。

ⓂP.614-B2
住サンジュヅェ区喜格孜風情街19号 ☎8832469
オ9:30〜22:30
休4〜11月＝なし　12〜3月＝全休 力不可

ギャンツェ

ジャンズー
江孜 Jiāng Zī

市外局番●0892

巨大な仏塔パンコル・チョルテン

ウルムチ●
●ハルビン
北京● ●大連
●西安
ラサ ●成都 ●上海
ギャンツェ
●昆明 ●広州
●香港

都市DATA

ギャンツェ県
人口：7万人
面積：3800km²
ギャンツェ県はシガツェ
地区管轄下の県

市内交通

【タクシー】初乗り3km未満
10元、3km以上1kmごとに2
元加算。ただし、タクシーの
数は非常に少ない

概要と歩き方

　ギャンツェはラサの南西約260km、シガツェの南東約100km、標高3950mに位置する町。古くからインドとチベットを結ぶ交通の要衝として栄えてきたが、パクパ・ペルサンポのときに最盛期を迎え、17世紀にモンゴルのグシ・ハンの侵攻を受けるまで、チベットでも有力な地方政権の中心地であった。さらに、チベット仏教各派共通の学問センターであったパンコル・チョーデの門前町としても知られている。その後、20世紀初頭に、現在のブータンとの国境に位置するトモ（亜東）が外国に開放されてからは、軍事的にも重視されるようになり、1904年には、イギリス軍の攻撃を受けたこともある。

　町の名前の由来については、サキャ政権の大臣パクパ・ペマがツォン山の頂に宮殿を建設したとき、名僧パクトン・ランギェルがその美しさに感動し、チェ・ガル・ギャン（チベット語で王者、宮殿、頂上を表す語）と名づけ、それが訛ってギャンツェと呼ばれるようになった、という説がある。

町の気象データ（→P.517）：「預報」>「西藏」>「日喀則」>「江孜」

Access 交通

中国国内の移動→ P.667　鉄道時刻表検索→ P.26

※2018年7月現在、外国人がチベット自治区内を自由に移動することはできない

🚌 **バス** 町にはバスターミナルがひとつあるだけ。

所要時間(目安) ラサ／6時間　シガツェ／2時間

Data

🚌 **バス**

●**ギャンツェ県バスターミナル**（江孜県汽车站）
Ⓜ P617-B3　住 英雄路10号
☎ 8172773　携帯＝15348923845
オ 8:00～19:00　休 なし　カ 不可

[移動手段] **タクシー**（バスターミナル～各ホテル）／10元、所要5～10分が目安

　当日の切符のみ販売。シガツェ（9:00～19:00の間1時間に1便）のほか、ラサ（9:00、10:00発）など。シガツェ路線には乗合タクシー（4人乗り満席を待って出発。ひとり40元）もある

見どころ

～の仏塔を誇る寺院

オススメ度 ★★★

～コル・チョーデ／白居寺　báijūsì

2時間

　～ンツェ市街地北西部の岩山を中心に造られたパンコ～ ～ョーデは、1418年にギャンツェ王のラプテン・クン～ ～・パクパとギャンツェ在住の僧侶が共同して創建したと～ ～る寺院。

　当時チベットでは、ツォンカパによるチベット仏教の改革～進められ、ガンデン・ゴンパやデプン・ゴンパなど、チベッ～仏教を代表する寺院が各地に建立された時期であり、ギャ～ンツェでは、名君が続けて実権を握ったことで、文化的にも経済的にも寺院建立の基盤は整っていた。

　創建当初は、サキャ派に属する寺院であったが、後にはサキャ派、ゲルク派、シャル派など各派が共存する仏教研究の中心地として発展した。

　正門をくぐると広場があり、正面にツォクチェン（大集会堂）が見える。1階には大広間があり、僧侶の修行場となっ～

ギャンツェ（江孜）

● 見どころ　Ｈ ホテル　● グルメ　● 郵便局　● 病院　■■■ 繁華街

県公安局（县公安局）
Ｍ P617-B3
住 英雄路
☎ 8173444
時 9:30～12:30、　15:30～18:30
休 土・日曜、祝日
観光ビザの延長は不可

県人民医院（县人民医院）
Ｍ P617-C3
住 上海路5号
☎ 8173533
時 24時間
休 なし
酸素吸入は1時間30元。さらにベッド代や診療代が加算される

ⓘ ▶▶▶ インフォメーション

両替
　ギャンツェには外貨を人民元に両替できる銀行はない。ラサやシガツェで多めに両替しておくこと。

宗山広場から見たギャンツェ・ゾン

バンコル・チョーデ
Ｍ P617-A1
住 白居路
☎ なし
時 9:00～18:00
休 なし
料 5～10月＝60元　11～4月＝30元
※仏塔（バンコル・チョルテン）内部を見学する場合は別途10元
交 旅行会社でギャンツェツアーを手配する際に組み込む

バンコル・チョルテン最上階の飾り

ている。その奥には、本尊□□
いる。また、2階には巨大な□□□□□□□□□
ダラがある。

　ツォクチェン（大集会堂）の西□□□
塔（ストゥーパ）が立っているが、□□□
ル・チョルテン（別名ギャンツェ・クン□仏□□
の仏塔の内部には77もの部屋があり、□□□
た仏像や見事な壁画を見学することもでき□□
らはギャンツェの町並みや周囲の景色を堪能□

独特の外観をもつパンコル・チョルテン。チ
ベットを代表する建築物だ

帕拉荘園
M 地図外（P.617-B3下）
住 江熱郷班覚倫布村83号
オ 9:30～18:00
休 なし
料 30元
交 旅行会社でギャンツェツアー
　を手配する際に組み込む

住人のいない帕拉荘園

カロー・ラ氷河
M P.614-C3
住 □□ツェとナンカルツェ
　の県境
オ 白昼
休 なし
※路面凍結時は通行不可
料 50元
※日中、展望台では料金を徴
　収される
交 旅行会社でギャンツェツアー
　を手配する際に組み込む

地方貴族の住居	オススメ度 ★★★

帕拉荘園／帕拉庄园　pàlāzhuāngyuán
ばつら しょうえん

　豊かなギャンツェには、かつて多くの貴族が荘園をもって
いた。帕拉荘園は、保存状態のよいもののひとつ。20世紀
初頭のイギリス軍侵攻により破壊されたが、拡大して再建し
た結果、80を超える部屋を備える大きな屋敷となった。

郊外の見どころ

眼前に迫る氷河	オススメ度 ★★★

カロー・ラ氷河／卡若拉冰川　kǎruòlā bīngchuān
ひょうが

0.5～1時間

　ギャンツェとナンカルツ
ェの県境にそびえるノジン・
カンツァン（標高7191m）
の北側、S307号線のすぐ
そばに位置するのがカロー・
ラ氷河。簡単に登って行け
そうな気がするほど近くに
見える氷河は絶景。

眼前に迫る氷河

ホテル

雅迪花園酒店／雅迪花园酒店　★★★
がてきかえんしゅてん　yádí huāyuán jiǔdiàn

2018年1月現在、ギャンツェにおける最高級ホテル。外国人旅行客
の利用も多い。シャワーは24時間お湯が出る。

両替　ビジネスセンター　インターネット

M P.617-B2
住 □□□□1号
☎ 8175500　**FAX** 8175598
S 340～□80元
T 340～380元
サ なし　**カ** 不可

ギャンツェ飯店／江孜饭店　★★★
はんてん　jiāngzī fàndiàn

ギャンツェを訪れる外国人観光客の利用が多いホテル。館内にレス
トランもある。

両替　ビジネスセンター　インターネット

M P.617-B3
住 上海路8号
☎ 8172222　**FAX** 8172366
S 320元
T 320元
サ なし　**カ** 不可

明湖飯店／明湖饭店　★★
めいこはんてん　mínghú fàndiàn

3つ星ホテル相当の設備をもつホテル。中国料理をメインとするレ
ストランがある。

両替　ビジネスセンター　インターネット

M P.617-C3
住 上海路6号
☎ 8176008　**FAX** 8176008
S 220元　**T** 220元
S 300元
サ なし　**カ** 不可

中国では「担担麺」よりずっとメジャー！ 重慶の「小麺」を食べてみよう！

中国を代表する汁なし麺は、「重慶小麺」

中国の汁なし麺といえば、四川省成都と自貢の名物である担担麺（タンタンミェン）、と思う日本人がほとんど。しかし、実際に中国に行ってみると、重慶名物の小麺（シャオミェン）のほうが担担麺よりずっとメジャー。「担担麺」を看板にしている食堂は、あまり見かけないが、「重慶小麺」を看板にしている食堂は、中国全土どこにでもある。重慶小麺は、日本人に知られていない中国を代表する麺のひとつなのだ。

具は基本的にゆで野菜のみ（恵氏小麺）。細麺なのでラー油と麺がよくからむ

重慶小麺とは、いったいどんな麺？

名物料理が激辛の「火鍋」という重慶だけあって、「小麺」はラー油がたっぷり入った激辛麺であり、重慶人が愛してやまない朝ごはんだ。香ばしいラー油と麺を混ぜると、ネチッ、ネチッと音がするほど、こってりした食感が特徴。朝から激辛料理というのは日本人にはきついが、重慶人はしびれるような辛さで目が覚め、胃腸が活動し始める、ということらしい。

辛さはさておき、小麺の定義を説明するのは難しい。小麺の「小」には、「簡単な」、「安い」といった意味がある。厳密に言えば、「小麺」とは、野菜だけの簡単な麺料理ということになるが、実際には、牛肉やそぼろ肉などの具を加えたものも「小麺」に含めてよいようだ。また、基本的に「小麺」は汁なしだが、少数派として「汁あり」も存在する。

胖妹麺荘（Ⓜ P546-A3 🏠重慶市渝中区中山三路139号）の牛肉をトッピングした「小麺」は汁あり。お昼は肉を加えたものが人気。胖妹麺荘も「小面50強」の上位常連店

毎年発表される小麺ランキング

毎年、「小面50強」と呼ばれるトップ50が発表される。媒体によって異なるので、お店を限定するのは難しいが、中央電視台の人気ドキュメンタリー番組の「舌尖上的中国第二季（舌の上の中国第2シーズン）」で取り上げられた秦雲老太婆攤攤麺は、超人気店のひとつ。私の重慶での常宿に近い花市碗雑麺や恵氏小麺もトップ10以内に常連の人気店だ。花市碗雑麺の看板に書かれた「前5強」とは、これは「トップ5」を指している。

お昼時の人気店は席の確保が大変。店に入れなかった人が、店の前で風呂椅子のようなものをテーブル代わりに食事をしている

小麺と担担麺の違いは？

恵氏小麺で小麺を食べたとき、担担麺との違いがわからなくなった。私が食べたのは野菜だけの基本の小麺だったが、肉みそを加えると、担担麺そのもの。肉みそを加えた小麺と担担麺では、まったく違いがないのでは？

そこで恵氏小麺のご主人にふたつの麺料理の違いを尋ねてみた。それは調味料の違いだった。小麺も担担麺もラー油ベースのたれで食べる点は同じ。しかし芝麻醤や麻醤と呼ばれるゴマペーストは担担麺にしか入っていない。芝麻醤が入ると、マイルドな辛味になり、入っていない小麺では、ストレートな辛味が味わえる。似ているようで異なる小麺と担担麺。小麺の本場の重慶に行ったら、ぜひ、小麺を食べよう！

（ライター／浜井幸子）

恵氏小麺（Ⓜ P547-D3 🏠重慶市渝中区較場口118号）は、細麺好きにおすすめしたい

花市碗雑麺の碗雑麺は、豆の甘さが肉みその辛さを和らげてくれる。こちらはやや太麺。もっちりした食感でおすすめ

あなたの旅の体験談をお送りください

「地球の歩き方」は、たくさんの旅行者からご協力をいただいて、
改訂版や新刊を制作しています。
あなたの旅の体験や貴重な情報を、これから旅に出る人たちへ分けてあげてください。
なお、お送りいただいたご投稿がガイドブックに掲載された場合は、
初回掲載本を1冊プレゼントします！

ご投稿はインターネットから！

URL www.arukikata.co.jp/guidebook/toukou.html
画像も送れるカンタン「投稿フォーム」
※左記のQRコードをスマートフォンなどで読み取ってアクセス！

または「地球の歩き方　投稿」で検索してもすぐに見つかります

 地球の歩き方　投稿 検索

▶投稿にあたってのお願い

★ご投稿は、次のような《テーマ》に分けてお書きください。

《新発見》────ガイドブック未掲載のレストラン、ホテル、ショップなどの情報
《旅の提案》───未掲載の町や見どころ、新しいルートや楽しみ方などの情報
《アドバイス》──旅先で工夫したこと、注意したこと、トラブル体験など
《訂正・反論》──掲載されている記事・データの追加修正や更新、異論、反論など

> ※記入例「○○編20XX年度版△△ページ掲載の□□ホテルが移転していました……」

★データはできるだけ正確に。
　ホテルやレストランなどの情報は、名称、住所、電話番号、アクセスなどを正確にお書きください。
　ウェブサイトのURLや地図などは画像でご投稿いただくのもおすすめです。

★ご自身の体験をお寄せください。
　雑誌やインターネット上の情報などの丸写しはせず、実際の体験に基づいた具体的な情報をお
　待ちしています。

▶ご確認ください
※採用されたご投稿は、必ずしも該当タイトルに掲載されるわけではありません。関連他タイトルへの掲載もありえます。
※例えば「新しい市内交通バスが発売されている」など、すでに編集部で取材・調査を終えているものと同内容のご投稿をい
　ただいた場合は、ご投稿を採用したとはみなされず掲載本をプレゼントできないケースがあります。
※当社は個人情報を第三者へ提供いたしません。また、ご記入いただきましたご自身の情報については、ご投稿内容の確認
　や掲載本の送付などの用途以外には使用いたしません。
※ご投稿の採用の可否についてのお問い合わせはご遠慮ください。
※原稿は原文を尊重しますが、スペースなどの関係で編集部でリライトする場合があります。

旅の準備と技術

霊官殿から見た武当山金頂景区の古建築。武当山は世界文化遺産に登録された道教の聖地（湖北省十堰市丹江口市）
写真：単 侃明

中国国家観光局

中国の観光に関する情報提供を行っているのが中国国家観光局。ウェブサイトも開設しているので、アクセスしてみよう。ただし、定期的に情報を更新しているわけではない。

2018年8月現在、東京と大阪に事務所があり、中国旅行に関する資料などを閲覧することが可能で、中国各地の観光に関するパンフレットも自由に持ち帰ることができる。近くに行ったときに立ち寄ってみよう。

※オープン中でも担当者不在で対応できない場合があるようです

中国駐東京観光代表処

🏠〒105-0001　東京都港区虎ノ門2-5-2
　エアチャイナビル8階
☎(03)3591-8686　📠(03)3591-6886
⏰10:00〜12:30、14:00〜18:00
🚫土・日曜、日中両国の祝日
🚇東京メトロ銀座線「虎ノ門」

中国駐大阪観光代表処

🏠〒556-0017　大阪府大阪市浪速区
　湊町1-4-1 OCATビル4階
☎(06)6635-3280　📠(06)6635-3281
⏰9:30〜12:30、14:00〜18:00
🚫土・日曜、日中両国の祝日
🌐www.cnta-osaka.jp
🚇JR関西本線「JR難波」、近鉄難波線、阪神なんば線「大阪難波」、南海電鉄「なんば」大阪メトロ御堂筋線、四つ橋線、千日前線「なんば」

本を利用する

中国に関する書籍はいろいろなジャンルのものが数多く出版されている。時間の許すかぎりガイドブック以外の書籍などで情報を収集してみよう。

【中国専門書店】
内山書店

🏠〒101-0051
　東京都千代田区神田神保町1-15
☎(03)3294-0671　📠(03)3294-0417
⏰火〜土曜10:00〜19:00
　日曜11:00〜18:00
🚫月曜、祝日、年末年始
🌐www.uchiyama-shoten.co.jp

1917年に上海でオープンした老舗書店。オンラインでの注文も可能。

東方書店

🏠〒101-0051
　東京都千代田区神田神保町1-3
☎(03)3294-1001(代表)
📠(03)3294-1003
⏰月〜土曜10:00〜19:00
　日曜、祝日12:00〜18:00
🚫年末年始、一部祝日(不定)
🌐www.toho-shoten.co.jp

大阪に関西支社(店舗併設)がある。
🏠〒564-0063　大阪府吹田市江坂町2-6-1
☎(06)6337-4760(代表)
📠(06)6337-4762
⏰10:00〜17:30
🚫土・日曜、祝日、年末年始

【図書館】

公益財団法人日本交通公社 「旅の図書館」

住 〒107-0062　東京都港区南青山2-7-29　日本交通公社ビル

☎ (03)5770-8380

オ 10:30〜17:00

休 土・日曜、毎月第4水曜、年末年始、その他

U www.jtb.or.jp/library　※蔵書検索可能

　観光の研究や実務に役立つ専門図書館として南青山にリニューアルオープン。地図やパンフレット等の配布はなく、旅行の相談や問い合わせも不可だが、資料の閲覧やコピー（有料）は可能。

海外安全情報

　海外旅行の安全に関する情報収集は非常に大切なことだ。中国は特に危険な国ではないが、以前に比べると治安は悪化しているし、場所や時期によっては治安が不安定になることもある。このため、中国やその周辺国への旅行を計画するときには、インターネットや旅行会社で安全情報を確認したほうがよい。

　外務省の領事サービスセンター（海外安全担当）では、各国の日本大使館、領事館を中心に、治安状況、日本人が被害者となった事例、感染症の有無などに関する情報を収集し、ウェブサイトなどで告知している。

外務省領事局 領事サービスセンター

住 〒100-8919　東京都千代田区霞が関2-2-1

☎ (03)5501-8162（直通）

外務省　海外安全ホームページ

U www.anzen.mofa.go.jp

※外務省の「危険情報」は、「十分注意してください」「不要不急の渡航は止めてください」「渡航は止めてください（渡航中止勧告）」「待避してください。渡航は止めてください（退避勧告）」の4段階に区分されている。これらの情報が出ていたら注意

旅行会社に尋ねる

　中国を専門に扱っている旅行会社で最新の中国情報を確認してみよう。特にチベット自治区への旅行に関する規定はよく変更されるので、旅行計画の時点で一度尋ねてみる価値はある。ただし、どの旅行会社でも必ず気軽に回答してくれるというわけではない。問い合わせのみの場合は断られることもある。

インターネットを利用する

　「地球の歩き方」ホームページをはじめ、旅行会社などが開設するウェブサイトで情報を収集することも可能。

「地球の歩き方」ホームページ

U www.arukikata.co.jp

「地球の歩き方」公式ウェブサイトのトップ画面

　また、インターネットが普及し、自分のウェブサイトやブログで中国旅行の体験を述べる人も増加しており、キーワードを入力すれば、生の情報も得やすくなった。

　しかし、そのような情報は個人の主観に基づいて記述されたものが少なくない。総合的に判断する必要があるので注意しよう。

渡航先の最新の安全情報を確認できる「たびレジ」に登録しよう

　外務省提供の「たびレジ」は、旅程や滞在先、連絡先を登録するだけで、渡航先の最新安全情報を無料で受け取ることのできる海外旅行登録システム。メール配信先には本人以外も登録できるので、同じ情報を家族などとも共有できる。

　またこの登録内容は、万一大規模な事件や事故、災害が発生した場合に滞在先の在外公館が行う安否確認や必要な支援に生かされる。安全対策として、出発前にぜひ登録しよう。

U www.ezairyu.mofa.go.jp/tabireg

インターネットの翻訳サービス

　入力が面倒ならインターネットのウェブサイトが外国語だったとき、インターネット上の翻訳サービスを利用すれば、完璧な翻訳とはいかないが、内容を理解する手助けにはなる。

● excite.翻訳（中国語）

U www.excite.co.jp/world/chinese

● weblio日中中日辞典

U cjjc.weblio.jp

● Google翻訳

U translate.google.co.jp

● 楽天Infoseekマルチ翻訳

U translation.infoseek.ne.jp

● Microsoft Translator

U www.bing.com/translator

旅の予算とモデルプラン

旅の予算を考える

旅のスタイルで予算は変わる

急激な経済発展で中国の物価もかなり上昇しており、1日数百円で旅行することはほぼ無理。

一方で1泊数千元するような超高級ホテルも登場しており、そこで提供されるサービスを楽しむような超豪華旅行もできる。

現地での1日当たりの大まかな費用の目安として、4〜5つ星ホテルに宿泊する豪華旅行で約4万円、一般旅行で約1万5000円、節約旅行で約5000円と考えればよい。

通貨レートの変動によって上記目安の金額も変わってくるので注意が必要。

旅行予算の内訳

❶日本での旅行準備

旅行出発前に準備するものや事柄として、パスポートの取得、日中間の交通費（飛行機または船）、ビザ取得（該当者のみ）、海外旅行傷害保険などがあり、それぞれに費用が発生する。概算については、下の「旅行予算の内訳」中の該当ページに目安を挙げているので、参考にしてほしい。

このほか、中国に関する情報収集（書籍など）、所持していく物品、旅行バッグやスーツケースなどを準備する費用の確保も必要だ。なお、旅行に必要な物品はP.635のリストでチェックしてみよう。

❷宿泊費

宿泊費は、中国旅行で誰もが確実に用意しなければならない費用であり、「旅のスタイルで予算は変わる」で記したように、希望する旅行のグレードによって予算は大きく変わる。さらに、部屋代は基本的に1室当たりの料金になっているので、ふたりで泊まれば、ひとり当たりの宿泊費は半分で済む。

1泊の目安としては、ドミトリー利用で60元、ツインルームで星なし渉外ホテルが200元、3つ星ホテルが300元、5つ星で600〜1000元といったところだ。

しかし、オンシーズンや特定の催事（例えば広州の広州交易会など）開催期間中は宿泊代が高騰するので、ホテル予約サイトなどで必ず最新の料金を確認してほしい。

❸食費

❷同様に、どういったグレードの旅行をするのかで変わってくる。下町の人たちが利用する食堂クラスなら1食20元くらいだし、高級広東料理レストランで海鮮を食べようと思ったら、1食1000元以上必要だろう。

せっかく中国を旅するのに、毎日安い食堂で食事を取るのは残念なことだ。だから、一度くらいは有名なレストランで名物料理が食べられるよう、予算を確保しておこう。

中国料理は基本的に大人数で食べることを前提にしているので、人数を集めて食事に行けば、ひとり当たりの費用は安くなる。

❹観光に必要な費用

観光地を訪れる場合、入場料のほかに交通費が必要となる。市内に地下鉄路線も増えて、安い費用で効率よく移動することもできるので、合わせて1日200元と考えておけば、問題はないだろう。しかし、郊外に位置する観光地を訪れようと思ったら、近接していない場合1日1ヵ所が限界。

かぎられた時間で効率よく回ろうと思ったら、やはり車をチャーターして行ったほうがよい。タクシーなら1日600元が目安（行き先によって変動はある）。割高かもしれないが、そのぶん、自分に合わせた観光が可能だ。

入場料は、世界遺産を中心に軒並み値上がりしており、なかには200元を超える所もめずらしくない。予算にかぎりのある場合、訪れたい観光地に優先順位をつけておくとよいだろう。

■旅行予算の内訳

旅行前		旅行中	
○	自宅と空港や港との間の交通費	○	宿泊費→ホテル項目
○	日中間の交通費→P.644	○	食費→グルメ項目
●	パスポート（すでに所有していれば不要）→P.636	○	観光費用→見どころ項目
●	ビザ（15日以内の旅行は不要）→P.637	●	おみやげ
●	海外旅行傷害保険→P.643	●	予備の費用
●	衣類など旅行に携帯するもの	●	都市間の移動費用→アクセス項目

○＝誰でも必要　●＝それぞれの都合で必要になる

また、年配者（60ないし65歳以上）は、パスポートなど年齢を証明できる証明書を提示すれば、何かしらの割引を受けられることが多い。また、学生料金などが設定されている所もあるので、学生はできるだけ学生証も持参するとよいだろう。

❺都市間の移動費用

手軽なのは長距離バス。豪華バスを利用して200km100元が目安。ただし、安全の面から夜間のバス利用は避けたほうがよい。

旅行者の利用が最も多いのは列車だが、寝台券の入手は難しくなっている。一方、短距離区間を走る列車の座席なら前日や当日でも入手は比較的簡単。

高速鉄道については利用者が急増しており、その場での購入はかなり難しくなっている。Trip.comなどを利用して早めに予約しておくことをおすすめする。

中・長距離の移動には、高速鉄道または飛行機がおすすめ。中国でも格安航空券が登場し、区間によっては1等寝台と変わらないような金額になっている。

旅のプランを立てる

中国は3000年とも4000年ともいわれる悠久の歴史をもつ国であり、その国土も日本の

約25倍といった広大なものだ。したがって、観光資源も歴史的文化財から大自然の景観まで非常に豊富。それらのうち、世界遺産に登録されている所を観光するだけでもどれだけ日数がかかるかわからないほどだ。

最初から訪れたい町や見どころが決まっている場合や長期間の旅行が可能な場合は別として、前もって大まかな旅行プランを立てておく必要があるだろう。

旅のルートづくり

まずは入国地点を決める

2018年8月現在、空路は日本側22空港、中国側40空港（香港、マカオを含む）の間に定期便（→P.644）が、海路は日本側2ヵ所と中国側1ヵ所の間に定期船（→P.646）がそれぞれ運航している。

観光予定の町に日本からの運航便があれば別だが、日中間と中国国内の移動を考えると、その基本となるのは北京と上海。特に上海へは、多くの日本の地方都市から直行便が出ている。この2都市をインとアウトに考え、日程や旅行資金から訪問地とルートを決める。

次に、いくつか具体例を挙げ、その特徴などを簡単に説明してみるので、それを参考に自分の中国旅行を考えてみよう。

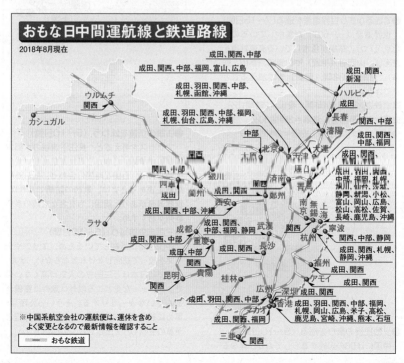

おもな日中間運航線と鉄道路線

2018年8月現在

プランニング例

❶北京・上海・西安三都巡り（10～15日間）

日本でも知名度の高い3つの都市を周遊するルート。いずれの都市も旅行関連のサービスは充実しており、中国旅行の初心者でも旅行はしやすい。北京と西安は歴史的な遺跡が多く、上海は中国最先端の町。移動には高速鉄道か飛行機を利用することになる。3都市とも日本から定期便があり、順序を変えたり、都市数を減らしたりすることも可能だ。

高速鉄道／北京～上海、西安～北京＝4時間20分。上海～西安＝6時間

飛行機／北京～上海、西安～北京＝2時間20分。上海～西安＝2時間40分

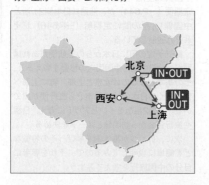

❷できるかぎり世界遺産を巡る(7～15日間)

世界遺産（→P.627）が集中しているのは北京（7つ）。路線が急増している高速鉄道を使えば、山西省（平遥）や山東省（泰山、曲阜）、河南省（洛陽、登封）まで加えることができる。

高速鉄道／平遥＝4時間、泰山＝2時間15分、曲阜＝2時間15分、洛陽＝3時間30分、登封（鄭州）＝2時間25分、安陽＝2時間20分

❸少数民族の祭りを巡る（5～10日間）

中国には56の民族が暮らしており、異なる文化をもっている。年々平準化が進み、日常生活でそれを目にすることは難しくなっている。しかし、各民族の祭りともなれば別。かなり観光化されてはいるが、民族それぞれの服装を身にまとい、いろいろなイベントが催される。

エリア的には雲南省か貴州省がおすすめ。個人で祭りの情報を収集し、旅行を手配するには限界があるので、各地の旅行会社に問い合わせてみよう。ただ、早めの準備が必要なので注意。

訪問地は時間的に1、2ヵ所が妥当。

❹中国東北・満洲の旅（15日間）

日本と関係の深かった満洲国期の建築物が残る大連、瀋陽、長春、ハルビンを巡るルート。どの町にも日本からの定期便があり、旅程を短縮することも可能。また、吉林や世界遺産のある集安を加えるのもよいだろう（日程は1週間プラス）。冬季にはハルビンで－20℃を下回る極寒の世界を体験することができる。

❺古鎮の情趣を味わう（5～10日間）

アクセスを考えると、長江下流域の水郷古鎮がおすすめ。日本からの便が最も多いのは上海なので、自由な時間に合わせ、訪れる町の数を決めるとよい。最初の訪問であれば、世界遺産があり、周囲にも有名な古鎮の多い蘇州がおすすめ。

❻三国志史跡巡り（5～15日間）

中国各地に点在しているため、エリアやテーマを絞って訪問しなければならない。また、中国では日本ほど三国志の人気は高くないので、メジャーな見どころ以外は意外に整備が進んでいなかったりする。そういった所は、早めに旅行会社にリクエストを出し、旅程と予算の見積もりを出してもらうとよい。

中国の世界遺産

世界遺産とは

1972年の第17回ユネスコ総会で「世界の文化遺産および自然遺産に関する条約」が採択された。この条約は、世界各地に残る文化と自然を人類共通の財産として保護することを目的としたもので、条約では人類が責任をもって保護すべき文化遺産と自然遺産を認定し、そのリストを作成することを定めている。

これが世界遺産リスト（世界遺産名録）で、そこに登録されたものが世界遺産（世界遺産）と呼ばれることになる。

世界遺産は、自然遺産、文化遺産、複合遺産の3つに区分される。自然遺産とは観賞・学術・保護上顕著な価値を有している地形や生物、景観などを含む地域のことを指す。文化遺産とは歴史・芸術・研究上の価値を有する建造物、遺跡、記念碑を指す。複合遺産とは上記ふたつの価値を併せもつものを指す。

世界遺産リストは、第2回世界遺産委員会（1978年）で12件（文化遺産8件、自然遺産4件）が登録されたのを始まりとし、その後毎年世界遺産委員会で各国から推薦された物件の審議を行い、新たな世界遺産が登録されている。

2018年7月現在、その総数は1092件（内訳は文化遺産845件、自然遺産209件、複合遺産38件）に及ぶ。

【関連ウェブサイト】
ユネスコ世界遺産ウェブサイト
Ⓤwhc.unesco.org（英語／フランス語）
公益社団法人日本ユネスコ協会連盟
「世界遺産とは」
Ⓤwww.unesco.or.jp/isan/about

中国国内の世界遺産

中国の世界遺産は1987年に登録が始まった。2018年8月現在、53の物件が登録されており、これはイタリア（54件）に次ぐ第2位。その内訳は、文化遺産が36件、自然遺産が13件、複合遺産が4件。

次にエリアごとに物件を簡潔に紹介する。
※多くの場所で構成される世界遺産は主要都市のあるエリアで区分している
※❶文化遺産 ❽自然遺産 ❹複合遺産

華北・東北エリア

❶北京と瀋陽の明・清の皇宮群

（1987年、2004年）／明清故宮
所在地：北京市、遼寧省瀋陽市

中国古代宮廷建築の粋を集めた北京故宮は、紫禁城とも呼ばれる。元の大都を基礎に明・清のふたつの王朝で皇宮となった所であり、中国で初めて世界遺産に登録された物件のひとつ。2004年には清朝初期の皇宮であった瀋陽故宮（盛京皇宮）が追加登録された。

❹泰山（1987年）／泰山

所在地：山東省泰安市

山東省中部の泰安北部にそびえる、中国五岳の筆頭泰山には、風光明媚な景観が広がり、歴史的建造物や宗教的建造物、古代の石碑などが残る。

東岳廟

❺周口店の北京原人遺跡（1987年）／

周口店北京人遺址
所在地：北京市

北京市区の南西50kmの房山区で発見された更新世中期の洞窟遺跡。1929年に原人の完全な下顎骨が発見され、北京原人と命名された。

❶万里の長城（1987年）／長城

所在地：北京市、天津市、河北省、山東省、河南省、山西省、内蒙古自治区、黒龍江省、吉林省、遼寧省、陝西省、甘粛省、寧夏回族自治区、青海省、新疆ウイグル自治区

北方からの異民族侵入を防ぐため、明朝までの歴代王朝によって築かれた城壁。16の省・直轄市・自治区にまたがり、総延長距離は2万kmにも及ぶ。

アクセスから考えると北京がおすすめ。

⑬承徳の避暑山荘と外八廟（1994年）／

承徳避暑山庄及其周囲寺庙
所在地：河北省

清朝皇帝の避暑地として造営された。康熙帝以降は夏宮とされ、夏の間ここで執政が行われた。外八廟は避暑山荘の周囲に立つ、特徴ある建築のチベット仏教寺院群。

⑭曲阜の孔廟、孔林、孔府（1994年）／
曲阜孔庙，孔林，孔府
所在地：山東省

孔子の故郷にある、孔子に関連する史跡群。孔子を祀る孔廟は中国三大宮殿建築のひとつに数えられる。孔林は孔一族の墓所、孔府はその子孫が暮らした邸宅。

⑰古都平遥（1997年）／平遥古城
所在地：山西省晋中市平遥県

明代に造られた城壁に囲まれた古い町。その基礎は14世紀にできあがったが、明清代に米穀や塩などの商売で活躍した山西商人の登場にともないおおいに発展し、やがて金融業にも手を広げ、町は非常に豊かになった。

⑳頤和園、北京の皇帝の庭園（1998年）／
北京皇家园林-颐和园
所在地：北京市

1750年に造営が開始された中国を代表する皇帝庭園のひとつ。総面積2.9km²の庭園は人造湖である昆明湖と、その造営の際に出た土を積み上げた万寿山で構成されている。

㉑天壇：北京の皇帝の廟壇（1998年）／
北京皇家祭坛-天坛
所在地：北京市

明清朝の皇帝が天を祭り、豊作祈願を行った中国最大の祭壇。建設は明の第3代皇帝の永楽帝の治世である1420年に始まり、現在の規模となったのは1751年。

㉕明・清朝の皇帝陵墓群（2000年、2003、2004年）／明清皇家陵寝
所在地：北京市、河北省易県・遵化市、江蘇省南京市、湖北省鐘祥市、安徽省鳳陽県、遼寧省瀋陽市・新賓満族自治県

中国の世界遺産（華北&東北）

明清朝における皇帝およびその縁者の陵墓群（計30基）。中国各地に点在しているが、特に北京に集中している。

❷龍門石窟（2000年）／龙门石窟
所在地：河南省洛陽市

古都洛陽の南12kmの所を流れる伊河の両岸およそ1kmにわたって造営された石窟群で、中国四大石窟のひとつ。開削は5世紀末から始まり、以後400年以上にわたって続いた。

❷雲崗石窟（2001年）／云冈石窟
所在地：山西省大同市

中国四大石窟のひとつ。東西約1kmにわたって252の石窟、5万体以上の彫像が造られた。造営の開始は5世紀中期の北魏時代で、遼・金時代に最大規模になった。

白仏爺洞（第20窟。460〜470年）

❸古代高句麗王国の首都と古墳群（2004年）／高句丽王城，王陵及贵族墓葬
所在地：吉林省集安市

紀元前37年から668年にかけて中国東北地方から朝鮮半島北部にあった高句麗の3つの都市遺跡と古墳群。中国側では吉林省集安を中心に点在している。

❸殷墟（2006年）／安阳殷墟
所在地：河南省安陽市

商（日本では殷と呼ばれることが多い）の最後の都跡。宮殿と王族の陵墓から多くの副葬品や青銅器が出土した。卜占に使われた獣骨や亀甲に刻まれた甲骨文字（中国最古の文字）は出土品の中にも数多くあり、王朝の成り立ちを知る重要な手がかりとなった。

❸五台山（2009年）／五台山
所在地：山西省五台県

中国三大霊山、中国四大仏教名山のうちのひとつ。中国北部では最も高く険しい5つの峰をもつ山で、古くは北魏の時代より寺院が建立されている。唐代の仏教寺院も現存している。

❹「天地之中」歴史建築群（2010年）／登封"天地之中"历史古迹
所在地：河南省登封市

古代中国の宇宙観では、登封一帯が天地の中央にあると考えられ、古くから栄え、多くの文化的宗教的施設が造られた。そのうち、嵩陽書院など11の古代建築が世界遺産に登録された。

❹上都遺跡（2012年）／元上都遗址
所在地：内蒙古自治区シリンゴル盟

後に元朝の皇帝に即位したフビライの命によって1256年に築かれた夏の都。宮城・皇城・外城の3つの城で構成されており、外周の長さは9kmに及ぶ。マルコ・ポーロによって西洋にも紹介された。

華中・華南エリア

❼黄山（1990年）／黄山
所在地：安徽省黄山市

72峰からなる山岳風景区で、山中には多くの道観（道教寺院）、仏閣も建立されている。古くから仙境として中国人に愛される山で、多くの文人が詩や絵画に残している。

奇峰が見事な黄山

❿武陵源の自然景観と歴史地域（1992年）／武陵源风景名胜区
所在地：湖南省武陵源市

武陵源市と慈利県にまたがる景勝エリア。3000を超える砂岩からなる群峰の高低差は200mに達し、渓谷に滝や急流などが点在するさまは圧巻。

⓫武当山の古代建築群（1994年）／武当山古建筑群
所在地：湖北省丹江口市

道教の聖地、武当山に建立された多くの道観群。元代に戦火で灰燼に帰したが、明代に再建した。それらは明代初期の政治・宗教に関する資料でもある。また、山中には武術道場も多く、欧米人に人気が高い。

⓯廬山国立公園（1996年）／庐山国家地质公园
所在地：江西省九江市

古くからそのすばらしい景観で、有名な詩人たちに愛された景勝地。3世紀以来、多くの仏教寺院や道観が建立され、中国文明の精神的な中心地のひとつにも挙げられる。

⑱**蘇州古典園林**（1997年、2000年）／
　苏州古典园林
所在地：江蘇省蘇州市
　水の都、蘇州に残る高級官僚などが造営した江南式庭園群。1997年に拙政園、留園、網師園、環秀山荘が、2000年に滄浪亭、獅子林、耦園、芸圃、退思園が登録された。

㉓**武夷山**（1999年、2017年）／武夷山
所在地：福建省武夷山市
　郊外に広がる武夷山を中心とする景勝地。

赤い岩肌が特徴的

古くから仏教や道教の殿宇が建てられていることや、南宋の哲学者朱熹が朱子学を大成した場所として評価された。

㉔**安徽南部の古村落—西逓・宏村**（2000年）
　／皖南古村落-西递，宏村
所在地：安徽省黟県
　黄山山麓に位置する西逓と宏村のふたつの村に残る明清古民居群。西逓は10世紀初期、宏村は12世紀初期頃に有力な一族が移住してきて町の基礎をつくった。

㉛**マカオ歴史市街地区**（2005年）／
　澳門歴史城区
所在地：マカオ特別行政区
　1999年12月、ポルトガルから中国に返還されたマカオは、16世紀初期以降、東アジアにおける貿易拠点として発展を遂げた町。南欧風の建築様式と中国清朝期の建築様式が混在するエキゾチックな町並みを現在も残している。

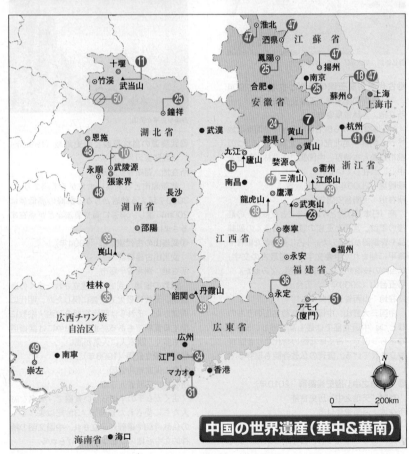

中国の世界遺産（華中&華南）

㉞**開平楼閣と村落**（2007年）／
开平碉楼与村落

所在地：広東省江門市

江門市内に点在する建築群。この地から世界各地に渡った華僑が19世紀後半から20世紀前半にかけて出身地に築いた邸宅などを中心としており、中国建築と西洋建築の折衷様式が特徴。

㊱**福建の土楼**（2008年）／福建土楼

所在地：福建省西南部

永定をはじめ、福建省南西部にある土楼群。異民族の侵入に追われて南下した客家の人々が築き上げた集合住宅で、城壁に囲まれた要塞のような建築物となっている。

㊲**三清山国立公園**（2008年）／
三清山世界地質公園

所在地：江西省上饒市

中新世に生まれた花崗岩を中心に、比較的狭いエリアに珍しい地層が集まっていることが評価され世界遺産になった。また、道教の名山でもあり、主峰の玉京峰と玉華峰、玉虚峰の3峰が並ぶさまを道教の三大神にたとえて三清山の名がついた。

㊴**中国丹霞**（2010年）／中国丹霞

所在地：広東省韶関市（丹霞山）、浙江省衢州市（江郎山）、江西省鷹潭市（龍虎山）、福建省泰寧県、湖南省邵陽市（崀山）、貴州省赤水

鋭い奇峰が連なる丹霞山。山は赤い堆積岩が隆起してできたもので、その地層はこの山にちなみ丹霞地形と名づけられた。同様の景観をもつ江郎山、崀山、泰寧、龍虎山、赤水と合わせ登録された。

㊶**杭州西湖の文化的景観**（2011年）／
杭州西湖文化景観

所在地：浙江省杭州市

西湖は杭州市区西部に位置する外周約15kmの湖。古くから景勝地として知られ、その華しさは「人間天堂（地上にある天国）」と称される。また、白居易や蘇軾（蘇東坡）など中国を代表する文人とも縁が深い。

㊼**大運河**（2014年）／大运河

所在地：浙江省、江蘇省、安徽省、北京市、天津市、河北省、山東省、河南省

中国の歴代王朝の物流を支えた運河について、北京から浙江省寧波にいたる京杭大運河や浙東運河、隋唐大運河を中心に運河31段、関連する遺跡58が登録された。それぞれは小さなもののため、このテーマを見て回るのは苦労する。

㊽**土司遺跡群**（2015年）／土司遺址

所在地：湖南省永順県、湖北省恩施市、貴州省遵義市

13世紀から20世紀にかけて朝廷が中国西南部の少数民族に対して行った統治政策「土司制度」における行政軍事の中心となった遺跡群。老司城遺跡（湖南省永順県）、唐崖土司城址（湖北省恩施市）、海龍屯（貴州省遵義市）の3ヵ所が登録された。

㊾**左江花山の岩絵の文化的景観**（2016年）／左江花山岩画文化景観

所在地：広西チワン族自治区崇左市

左江と明江の流域の急峻な崖に描かれた岩絵。紀元前5世紀から2世紀に描かれたもので、題材は儀式において青銅製ドラムをたたく人と考えられている。

㊿**湖北神農架**（2016年）／湖北神农架

所在地：湖北省神農架林区

湖北省西部に位置する省直轄の神農架林区には、中国中部で最大級の森林地帯が広がっており、金絲猴やウンピョウをはじめとする希少な動植物が生息している。この価値が認められ世界遺産に登録された。

(51)**歴史的共同租界、鼓浪嶼**（2017年）／
鼓浪嶼

所在地：福建省アモイ市

明代に鼓浪嶼と改称された島は、1842年に締結された南京条約によって開港させられた港のひとつで、それ以降共同租界として欧米、日本によって開発が進められた。現在でも洋風建築物が残り、独特の景観を見せている。

西北・西南エリア

❷**秦の始皇陵**（1987年）／
秦始皇陵及兵馬俑坑

所在地：陝西省西安市

1974年に発見された、中国を初めて統一した秦の始皇帝の陵墓。副葬品として造られた兵馬俑は、発掘された地点に秦始皇兵馬俑博物館として整備され、埋められたときの偉容を現在でも目にすることができる。

❸**莫高窟**（1987年）／莫高窟

所在地：甘粛省敦煌市

中国四大石窟のひとつ。開削が始まったのは五胡十六国期の前秦で、元代まで続き、700を超える石窟が確認されている。それぞれの石窟が重要な仏教美術で、特に壁画は価値が高い。

❽**黄龍の景観と歴史地域**（1992年）／
黄龙风景名胜区

所在地：四川省アバチベット族チャン族自治

州松潘県

九寨溝の南側、3000mを超える高原地帯に広がる景勝地。地下水が多くの石灰質を含むため、乳白色の結晶が堆積し、他に類を見ない景観を造り出した。

五彩池

❾**九寨溝の渓谷の景観と歴史地域**（1992年）／九寨沟风景名胜区
所在地：四川省アバチベット族チャン族自治州九寨溝県

九寨溝という渓谷沿いに広がる景勝エリア。青い湖水に周囲の緑や空の青が映えるさまは絶景。

2017年（地震）、2018年（豪雨）と立て続けに自然災害に見舞われ、2018年9月現在、観光客の受け入れは停止。

⓬**ラサのポタラ宮歴史地区**（1994年、2000、2001年）／拉萨市布达拉宫历史建筑群
所在地：チベット自治区ラサ市

チベット仏教の最高指導者ダライ・ラマの宮殿ポタラ宮や名刹ジョカン（大昭寺）、夏の離宮ノルブリンカなどで構成される。白い壁が印象的なチベット建築を堪能できる。

⓰**峨眉山と楽山大仏**（1996年）／峨眉山-乐山大佛
所在地：四川省楽山市

1世紀にはすでに仏教寺院が建立された、中国四大仏教名山のひとつ峨眉山と、洪水を鎮めるために凌雲山の岸壁に開削された楽山大仏を合わせた世界遺産。

⓳**麗江旧市街**（1997年）／丽江古城
所在地：雲南省麗江市

雲南省北部、標高2400mにある少数民族ナシ族が築いた町。雲南とチベットの交易路の要衝として栄えた。網の目状に延びる石畳の小道と小川に架かる石橋、それに沿って建つ木造建築、万年雪を頂く玉龍雪山が織りなす景観は見事。

⓬**大足石刻**（1999年）／大足石刻
所在地：重慶市大足区

重慶市西部に残る石刻芸術の総称で、9世紀末から13世紀中期にかけて造営された。総数5万体を超える石刻の題材は宗教的なものから民間習俗まで幅広い。

㉗**青城山と都江堰水利**（灌漑）**施設**（2000年）／青城山-都江堰
所在地：四川省成都市

紀元前3世紀に川の氾濫を防ぐため建設された都江堰の水利施設と、中国四大道教名山のひとつで都江堰西南部に位置する群山、青城山が合わせて登録された。

㉙**雲南三江併流の保護地域群**（2003年）／云南三江并流保护区
所在地：雲南省北部

長江（金沙江）、メコン川（瀾滄江）、サルウィン川（怒江）の3つの大河の源流が平行に流れる地域は、高低差3000mの大渓谷や氷河、6000mを超える高峰など豊かな自然が広がっている。

㉜**四川ジャイアントパンダ保護区群**（2006年）／四川大熊猫栖息地
所在地：四川省北部

邛崍山と夾金山を中心とする7つの自然保護区と9つの風景名勝区で構成されるエリアは、ジャイアントパンダが多く生息する。臥龍自然保護区にはジャイアントパンダの保護・研究のための施設もある。

㊱**中国南部カルスト**（2007年、2014年）／中国南方喀斯特
所在地：雲南省、重慶市、貴州省、江西省、広西チワン族自治区

雲南省、重慶市、貴州省、広西チワン族自治区を中心にカルスト地形が広がっており、さまざまな景観が存在する。2014年に桂林と施秉、金仏山、環江が追加登録された。

㊺**澄江化石埋蔵地**（2012年）／澄江化石遗址
所在地：雲南省玉渓市澄江県

1984年以降、200点以上の動植物の化石が発見されたおよそ512万㎡のエリア。ここで発見された化石は、5億3000万年前（カンブリア紀早期）の動植物のものだが、この時代には、地球上に多様な生物が生まれたと考えられており、学術的な価値も高い。

㊹**紅河ハニ棚田群の文化的景観**（2013年）／红河哈尼梯田文化景观
所在地：雲南省紅河ハニ族イ族自治州

ハニ族によって紅河南岸の哀牢山に開かれた約17㎢の棚田群。すでに1000年以上の歴史をもち、その効率的な土地利用法と灌漑設備には感嘆させられる。

㊺**新疆の天山**（2013年）／新疆天山
所在地：新疆ウイグル自治区

昌吉回族自治州のボゴダ峰、アクス地区のトゥム峰、イリ地区のカラジュン草原、バイ

ンコリンモンゴル自治州のバインブルク草原
の4つの地区（合計5759㎢）に広がる雄大な
自然景観。

⑯シルクロード：長安＝天山回廊の交易路網
（2014年）／丝绸之路：长安-天山廊道的
路网

所在地：陝西省、甘粛省、新疆ウイグル自治
区、河南省

東西を結んだ交易路「シルクロード」につ
いて、中国とカザフスタン、キルギスが共同
で申請した世界文化遺産。中国では5つの省・
自治区にある22の遺跡が登録された。

㊱青海可可西里（2017年）／青海可可西里
所在地：青海省南東部

可可西里国家級自然保護区と三江源国家級
自然保護区に広がる6万㎢近い自然には、貴
重な動植物が残っている。可可西里はモンゴ
ル語で「青い尾根」を指すココシリが語源。

㊳梵浄山（2018年）／梵浄山

所在地：貴州省銅仁市

標高2493mの主峰武陵山を中心に広がる
国家級自然保護区。多種多様な動植物が存在
し、仏光などの特殊な気象現象でも知られ
る。また、弥勒菩薩に関する道場があるなど
仏教の聖地としても名高い。

蘑菇石万宝岩景区蘑菇石

中国の世界遺産（西北＆西南）

気候と旅の服装・道具

中国の気候と旅のシーズン

　中国の気候は全体的に冬は乾燥し、夏は高温で降水量が最も多いという傾向にあるが、世界第3位の広大な国土をもち、多種多様な地理的特徴を併せもつ国のため、同じ季節であっても、旅の準備には注意が必要だ。

●華北・華中エリア
気候：緯度で見ると日本の青森から奄美大島くらいのエリア。沿海部を除き、1年を通して乾燥している。冬は、当然北は寒く、上海や杭州（鹿児島と同緯度）でもかなり寒い。ただし、雪はほとんど降らない。春は比較的短く、華中では6月に日本の梅雨のような天候になる。夏は全域で30℃近くになる。特に長江（揚子江）沿いの町は蒸し暑く、「中国三大竈」と称される町のうち、武漢と南京の2都市がこのエリアにある。秋は各地ともにさわやかだが、華北エリアでは冬の訪れも早め。
旅のシーズン：1年を通して観光は可能だが、ベストシーズンは春と秋。旅行費用を安く上げたいなら冬がおすすめ。

●華南エリア
気候：エリア北西部を除き、1年を通して気温が10℃を下回ることは少ない。そのぶん蒸し暑い期間が長く、体調管理に注意が必要。また、福建、広東、海南各省は秋に台風が来襲することも珍しくない。
旅のシーズン：1年を通してそれなりに観光客でにぎわうが、広州や深圳では、交易会が開催される時期には、宿泊代が2倍程度に跳ね上がるので注意。また、桂林では冬季に灘江の水位が下がり、川下りの距離が短くなることもある。

●東北エリア
気候：日本の秋田からサハリン（樺太）南部の緯度に相当するため、当然冬は寒い（−20℃〜−5℃）。降雪が少なく、北海道出身者のたとえでは「骨身にこたえる」寒さだそうで、万全の防寒具が必要となる。
　一方、夏は30℃を超える日があるほど暑い（ただし、日没後はかなり涼しい）。
旅のシーズン：魅力的な観光施設が少なく、国内観光客もほどほど。春と秋は短く、氷祭りが開催される極寒の冬がベストシーズンといえるかもしれない。

●西北エリア
気候：中国の中で最も乾燥したエリアであり、その程度は西に向かうほど激しくなる。また、気温の年較差や日較差が大きく、特に砂漠地帯では水分補給など体調管理が重要になる。そのほかに、春先に砂嵐が発生しやすく、飛行機を筆頭に、交通機関に影響が出やすくなるので注意が必要。
旅のシーズン：暑い夏がおすすめだが、西安、敦煌、トルファンなどには中国内外から多くの観光客が押し寄せ、列車の寝台を確保するのに苦労する。
　一方、冬は長距離バスの運行さえ少なくなり、観光は避けたほうがよい。

●西南エリア
気候：四川省や重慶市の盆地部分と青蔵高原、雲貴高原で構成されるエリア。盆地部では冬は比較的温暖で夏は蒸し暑い。青蔵高原では冬は厳しく、夏の平均気温も高くはない。しかし、平均標高3000mを超えるチベット自治区は日差しが強く、冬でも日なたは暖かかったりする。また、このエリアでは、夏の雪も珍しくない。雲貴高原は1年を通し温暖な気候だが、雲南省南部の低地帯は亜熱帯気候に属し、雨季（4月中旬〜10月）と乾季（11月〜4月上旬）に分かれる。
旅のシーズン：1年を通じて訪問可能だが、冬に入ると、四川省西部・雲南省北部・青海省エリアでは、観光関連施設は大部分が休業状態となってしまう。このため、おすすめは夏ということになるだろう。ただし、チベット自治区は雨季に当たり、チョモランマ（エベレスト）などの山の頂を見ることは難しくなる。

旅に必要な服装・道具

　中国は広大なので、季節や旅行先によって準備する服装や道具に違いが出てくるが、冬の東北エリアや華南エリア、夏の青蔵高原などを除き、日本の季節に準じたものを用意すれば問題ない。
　よほど辺鄙な町でなければ、ほとんどのものは手に入るので、衣類などを現地で調達することも可能になっている。
　短期間で1、2都市を回る旅行であれば、日本国内で必要なものを揃え、スーツケースで行くとよいだろう。多くの町を旅するつもりなら、リュックに必要最低限のものを詰め、不足分を現地で買い足していくこともできる。

品名	必要度	準備	荷造り	備考
パスポート（→P.636）	◎			残存有効期間を必ずチェックすること
航空券・乗船券（→P.644）	◎			名前、出発日時、発着空港の確認を！
現金（→P.640）	◎			しっかり管理しよう！
クレジットカード（→P.642）	◎			ホテルチェックイン時のデポジットとして利用可能。ICカードは暗証番号を忘れずに！
海外旅行傷害保険（→P.643）	◎			万一のときのために加入しておくと心強い
顔写真（4.5×3.5cm）（→P.688）	○			撮影6ヵ月以内（カラー写真が望ましい）のもの。各種書類申請時に必要
戸籍謄(抄)本（→P.636、688）	△			パスポート紛失時に必須。発行6ヵ月以内のもの
パスポートのコピーとeチケットの控え（→P.644、714）	◎			忘れずに持参すること。そして、オリジナルとは違う所に入れて保管すること
緊急連絡先を控えたメモ（→P.689）	◎			いざというときに慌てないように
下着／靴下	◎			使い捨てでもかまわないものなら、帰国時に荷物は減る
一般衣類	◎			着慣れた楽なものを。現地でも購入できる
何か羽織るもの	○			夏でも必要。クーラーは半端ではない
防寒具	△			チベットを訪れるなら、季節を問わずあるとよい
石鹸／シャンプー／歯ブラシ	○			現地でも入手できるが、使い慣れたものがいい人は
ティッシュ／トイレットペーパー	○			現地でも入手できるが、品質の気になる人は
マスク／化粧品／薬品／生理用品	○			自分に合ったものを用意しておいたほうが安心
ファスナー付き1ℓの透明ビニール袋	◎			化粧水や目薬などを機内に持ち込むなら必須
100mℓまでの液体を入れる容器	◎			小分けした液体は上記の袋に入れれば機内に持ち込める
タオル／手ぬぐい	○			3つ星以上のホテルならほぼ置いてある
洗剤／洗濯ひも／洗濯ばさみ	△			長期旅行の際は、持っていく衣類を少なくするためにも必要
つめきり	△			長期旅行なら必須。ただし、機内持ち込み不可。託送荷物に入れること
予備のめがね／コンタクト	△			念のため、必要な人は準備していこう
サングラス／日焼け止め／帽子	○			チベットや内蒙古、シルクロードは日差しが強烈
南京錠／ワイヤー鍵	◎			自分の荷物は自分で守ろう！
ビーチサンダル	○			部屋履きやシャワールームで重宝する
ビニール袋	○			洗濯物や汚れ物を入れるなど、あれこれ使える
傘／カッパ	○			現地でも入手可能
カメラ	○			ほこりの多い中国ではレンズ交換は危険！
懐中電灯	△			石窟など暗い観光地で役に立つ
予備の電池	△			現地でも入手できるが、すぐ交換して使うにはあると便利
携帯やデジカメの充電器、変換プラグ	△			充電できなければ電子機器はじゃまな荷物
モバイルバッテリー（→P.665）	△			リチウム／リチウムイオン電池は扱いに注意
目覚まし時計	△			安宿には備え付けの目覚まし時計はない
シェーバー	△			電池式か、充電式なら海外対応のものを！
ガイドブック／地図	◎			今読んでいるこの本を置いていかないで！
メモ帳／筆記用具	○			旅の記録にはもちろん、筆談でも活躍
裁縫道具	△			長期旅行なら。機内には持ち込めないので託送荷物に！

◎＝必需品／○＝あると便利／△＝特定の人・時期・エリアに必要

旅の準備と技術

気候と旅の服装・道具

パスポートとビザ

パスポートの取得

パスポートには5年間有効と10年間有効の2種類があり、どちらも有効期間中なら何回でも渡航できる数次旅券。渡航先や目的にも制限がない。ただし、20歳未満の人は5年間有効のものしか申請できない。サイズは12.5cm×8.8cmと胸のポケットに入る大きさ。発給手数料は5年用が1万1000円、10年用が1万6000円（受領時に支払う）。

パスポートの申請

パスポートの申請は、基本的に住民票がある都道府県の旅券課で行うが、学生、単身赴任者、災害により一時的に避難している人などで住民登録が現住所ではなく、実家の住所のままという場合、現在住んでいる所で申請できる居所申請という制度がある。詳細は旅券課に問い合わせよう。

また、申請書のオリジナルに本人のサインがあれば代理申請も可能。旅行会社に戸籍、写真などの必要書類を送付すると、手数料4000円前後で代理申請をしてくれる（代理受領は不可）。

なお、中国の観光ビザを取得するには、パスポートの残存有効期間が重要となる（→P.637）ので、有効期間が残り少ない人は早めに更新手続きをしよう。

そのほか、最新の情報は外務省のウェブサイトで確認すること。

10年用

5年用

パスポートの申請書類

❶一般旅券発給申請書（1通）
❷写真（1枚）（タテ4.5cm×ヨコ3.5cm）
❸戸籍謄本（抄本）（1通）

都道府県パスポートセンターでパスポートを申請する場合、原則として住民票は不要。詳しくは外務省のウェブサイトで要確認。

❹身元確認のための証明書

運転免許証や写真付き個人番号カード（マイナンバーカード）を1点、または写真のない保険証や年金手帳などと社員証や学生証を組み合わせて持参する。

❺（未成年者のみ）保護者の同意サインまたは同意書

各都道府県の担当窓口の一覧

パスポートA to Z（外務省）
Ⓤwww.mofa.go.jp/mofaj/toko/passport

パスポート申請先都道府県ホームページへのリンク（外務省）
Ⓤwww.mofa.go.jp/mofaj/toko/passport/pass_6.html

東京都の担当窓口

東京都生活文化局都民生活部旅券課
🏠〒163-8001　東京都新宿区西新宿2-8-1　東京都庁都民広場地下1階
☎電話案内センター＝(03)5908-0400
Ⓤwww.seikatubunka.metro.tokyo.jp/passport

大阪府の担当窓口

大阪府パスポートセンター
🏠〒540-0008　大阪府大阪市中央区大手前3-1-43　大阪府庁新別館南館地下1階
☎(06)6944-6626
Ⓤwww.pref.osaka.lg.jp/passport

パスポートの受領

パスポートは通常、申請7～10日後に発給される。受領の際は必ず本人が、受理票、発給手数料を持って窓口に取りに行く。

パスポートに関する注意

国際民間航空機関（ICAO）の決定により、2015年11月25日以降、機械読取式でない旅券（パスポート）は原則として使用できない。日本では1992年11月以降、機械読取式旅券となっているが、2014年3月19日以前に旅券の身分事項に変更があった人はICチップに反映されておらず、国によっては国際標準外と判断される可能性もあるので注意が必要。

外務省による関連通達
Ⓤwww.mofa.go.jp
「パスポート　機械読取式」で検索

2024年1月現在、すべての渡航にビザが必要。詳細は中国ビザ申請サービスセンター（U www.visaforchina.cn/globle）または担当地域の領事館でご確認ください

ビザの取得

観光ビザの取得

渡航目的によってビザの種類は異なり、2018年7月現在、観光目的で入国する者に発給されるのは観光ビザ（Lビザともいう）で、一般的に30日間。

観光ビザの申請については、中国大使館、各総領事館で規定が異なる。さらに、ビザの発給については、当該国の大使館、総領事館に決定権があるため、突然必要書類等が変更になることもある。

2018年7月現在、中国のビザ申請は審査が非常に厳しくなっている。次の必要書類が不備なく揃っていないと受理してもらえないので注意。

必要書類

2018年7月現在、観光ビザの申請に必要な書類は次の5点。

①パスポート原本およびその写し

※余白2ページ以上、残存有効期限6ヵ月以上

②6ヵ月以内に撮影したカラー証明写真1枚

※サイズはタテ4.8×ヨコ3.3cm（背景は白）

ノービザ入国時の注意点

注意点

日本国籍者のノービザ入国について現地で確認した情報をまとめてみる。

❶パスポート（一般旅券）を持ち、商用、観光、親族訪問、トランジットの目的で中国に入国する日本国籍者は入国日から15日以内の滞在の場合、ビザが免除される。ただし、入国地点は、必ず外国人の通過が許可された出入国（出入境）ポイントであること。

❷ノービザで入国する際、入国審査（イミグレーション）で復路の航空券の提出は不要。

注意：中国の入国審査処では、場合によっては「出国航空券の提出を求めることもある」と言っていたので、15日以内に日本に帰国、または第三国に出国する航空券を購入しておくとよい。

❸有効なパスポートを所持していること。

注意：領事部は「ノービザ入国の場合、所持している帰国のための航空券に記載されている日付よりもパスポートの失効日があとであること」としている。しかし、有効期間が帰国日の翌日までのパスポートを持って上海浦東国際空港で入国審査を受けた際、別室に呼ばれ、関係部署へ照会の結果、ようやく入国が許されたという事例もある。

また、パスポートの残存有効期間が6ヵ月を切る乗客については、搭乗手続きをほかの乗客と区別する航空会社もあるようだし、旅行会社でも「6ヵ月プラス中国滞在日数が必要」という所もある。

以上を考慮すると、残存有効期間が6ヵ月を切ったパスポートを所持している人は、パスポートの更新を行っておいたほうが無難だ。

❹登山やバイク、乗用車を持ち込み運転するなど特殊な観光をする場合およびチベット自治区を訪問する場合は、必ずビザの取得が必要。

※チベット自治区滞在を含め、中国滞在が15日以内の場合、ノービザでかつチベット自治区滞在のための書類が正式発行された事例も

❺15日以内の滞在予定で中国に入国したが、何らかの事情で15日を超える滞在となってしまう場合は、現地の公安局の出入境管理部門でビザを申請しなければならない。なお、滞在許可期間を超過した者は、公安機関と出国審査で規定に基づく処罰が与えられることになるので注意。

注意：いくつかの公安局入出境管理部門に確認したところ、「原則としてノービザ入国者に対して、中国入国後にビザを発給することはない」という回答もあった。実際には、発給されたという情報も確認できたが、15日間目いっぱい滞在する予定の人は、念のため中国入国以前に滞在目的に合ったビザを取得したほうが無難。

そのほかの注意

中国に10日間滞在し、いったん香港に出たあと、再び中国に入国して日本に帰国する予定だったが、航空券に記載されていた日本出国日と帰国日までの日数が15日を超えていたため、そのとき利用した某航空会社では、中規としてノービザの搭乗を拒否され、仕方なくノーマルチケットを購入することになった（ただし、使用したのは最初に購入したほうで、ノーマルチケットは帰国後に払い戻してもらえた）。

これは、中国入国を拒否されて強制送還などになった場合、その費用を航空会社が負担しなければならないという事情を航空会社が回避するための手段と考えることができる。上記のようなルートの旅行を計画している人は、航空券購入時に正直に事情を説明し、可能かどうか確認しておこう。

記事は2018年7月現在の状況に基づいて作成した。旅行計画時や出発前には、最新の状況を確認すること。　　　　　　（地球の歩き方編集室）

※注意事項→P.638右段 囲み記事
③中華人民共和国査証申請表
※Ｕwww.visaforchina.orgからダウンロード可能
④航空券またはeチケット控えのコピー
⑤下記のいずれか
・ホテル手配確認書
・中国国内機関発行の招聘状（FAX、写し可）
※東京・名古屋は旅行会社で代理申請の場合、英文不可。大阪は個人申請・代理申請ともに英文不可
・中国在住者発行の招聘状（FAX、写し可）と発行者の身分証明書両面コピーおよびパスポート（中国人）または中国滞在証明の写し（外国人）
※招聘状について、東京・名古屋は旅行会社で代理申請の場合、英文不可。大阪は個人申請・代理申請ともに英文不可
　観光ビザ以外の場合は、下記囲み記事で紹介した「中国ビザ申請サービスセンター」のホームページで確認したり、旅行会社に問い合わせたりするとよい。特に写真については規定外のものだと申請を受け付けてくれないので注意が必要。

写真に関する規定

　2018年7月現在、申請に必要な写真について、サイズや背景以外にも非常に厳格な規定がある。規定以外の写真だと申請を受け付けてもらえないので注意が必要。詳細は下記ウェブサイトで確認できる。
中国ビザ申請サービスセンター
（東京・名古屋）
Ｕwww.visaforchina.org
※カーソルを日本国旗に移動させ、Tokyo and Nagoya/Osakaから選択＞メニューバー「基本情報」＞「お知らせ」＞「ビザ申請の際提出する写真について」

駐日中国大使館・総領事館
中華人民共和国駐日本国大使館（領事部）
管轄区：東京都、神奈川県、千葉県、埼玉県、長野県、山梨県、静岡県、群馬県、栃木県、茨城県
※ビザ申請→下 囲み記事
住〒106-0046　東京都港区元麻布3-4-33
休土・日曜、日中両国の祝日
Ｕwww.china-embassy.or.jp/jpn
在大阪中華人民共和国総領事館
管轄区：大阪府、京都府、兵庫県、奈良県、

中国ビザ申請サービスセンターの開設

　2016年10月27日ビザ申請分より、混雑緩和と待ち時間短縮などを目的に、「中国ビザ申請センター（中国签证申请服务中心）」へ関連業務が委託されている。
　該当するのは、東京の中国大使館領事部、大阪と名古屋の中華人民共和国総領事館各管轄区における一般旅券所持者で、個人による申請が可能。
　また、旅行会社での代理申請も可能だが、指定業者のみの取り扱いとなっている。
　諸費用は、ビザ申請料のほかに手数料が必要。料金や所要日数は要問い合わせ。
　なお、一般旅券所持者による香港特別行政区とマカオ特別行政区の査証に関しては、従来どおり大使館領事部と各総領事館で申請を受け付ける。

■中国ビザ申請サービスセンター
　（中国签证申请服务中心）
Ｕwww.visaforchina.org
■東京ビザ申請サービスセンター
住〒105-0001　東京都港区虎ノ門4-1-17 神谷

町プライムレイス8階
☎(03)6430-2066　FAX(03)6432-0550
✉tokyocenter@visaforchina.org
オビザ申請＝9:00～15:00
　ビザ受領＝9:00～16:00
休土・日曜、祝日
■大阪ビザ申請サービスセンター
住〒541-0059　大阪府大阪市中央区博労町3-3-7 ビル博大9階
☎(03)6430-2066　FAX(03)6432-0550
✉osakacenter@visaforchina.org
オビザ申請＝9:00～15:00
　ビザ受領＝9:00～16:00
休土・日曜、祝日
■名古屋ビザ申請サービスセンター
住〒460-0003　愛知県名古屋市中区錦1-5-11 名古屋伊藤忠ビル4階 413号室
☎(03)6430-2066　FAX(052)228-0129
✉nagoyacenter@visaforchina.org
オビザ申請＝9:00～15:00
　ビザ受領＝9:00～16:00
休土・日曜、祝日

和歌山県、滋賀県、愛媛県、徳島県、高知県、香川県、広島県、島根県、岡山県、鳥取県

※ビザ申請→P.638下 囲み記事

[住]〒550-0004
大阪府大阪市西区靭本町3-9-2

[休]土・日曜、日中両国の祝日

[U]osaka.china-consulate.org/jpn

在福岡中華人民共和国総領事館

管轄区：福岡県、佐賀県、大分県、熊本県、鹿児島県、宮崎県、沖縄県、山口県

※観光ビザの申請は旅行会社を通して行う

[住]〒810-0065
福岡県福岡市中央区地行浜1-3-3

☎(092)752-0085

[休]土・日曜、日中両国の祝日

[U]www.chn-consulate-fukuoka.or.jp/jpn

在長崎中華人民共和国総領事館

管轄区：長崎県

※観光ビザの申請は旅行会社を通して行う

[住]〒852-8114　長崎県長崎市橋口町10-35

☎(095)849-3311

[休]土・日曜、日中両国の祝日

[U]nagasaki.china-consulate.org/jpn

在札幌中華人民共和国総領事館

管轄区：北海道、青森県、秋田県、岩手県

※観光ビザの申請は旅行会社を通して行う

[住]〒064-0913
北海道札幌市中央区南十三条西23-5-1

☎(011)563-5563

[休]土・日曜、日中両国の祝日

[U]sapporo.china-consulate.org/jpn

在名古屋中華人民共和国総領事館

管轄区：愛知県、岐阜県、福井県、富山県、石川県、三重県

※ビザ申請→P.638下 囲み記事

[住]〒461-0005
愛知県名古屋市東区東桜2-8-37

[休]土・日曜、日中両国の祝日

[U]nagoya.china-consulate.org/jpn

在新潟中華人民共和国総領事館

管轄区：新潟県、福島県、山形県、宮城県

※観光ビザの申請は旅行会社を通して行う

[住]〒951-8104
新潟県新潟市中央区西大畑町5220-18

☎(025)228-8888

[休]土・日曜、日中両国の祝日

[U]niigata.china-consulate.org/jpn

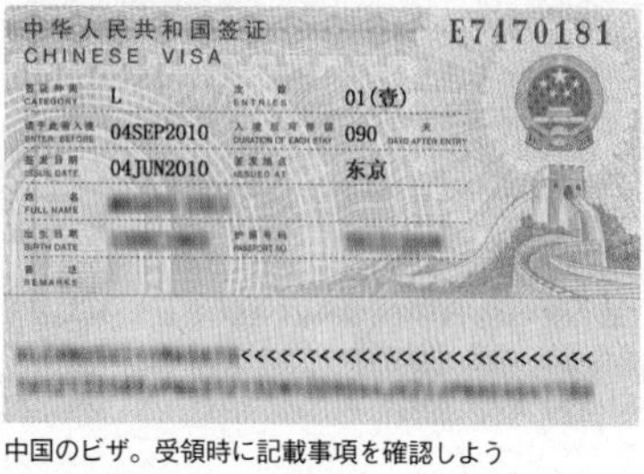

中国のビザ。受領時に記載事項を確認しよう

周辺国のビザ

各国の情報

※公式ホームページなどで必ず最新の情報を確認すること

❶モンゴル

条件を満たせば、30日以内の滞在はビザ不要。それ以上の滞在はビザが必要。

駐日モンゴル国大使館

[住]〒150-0047　東京都渋谷区神山町21-4

☎(03)3469-2179、2195(領事部)

[U]www.tokyo.embassy.mn/jpn

❷カザフスタン

条件を満たせば、30日以内の滞在はビザ不要。それ以上の滞在はビザが必要。

駐日カザフスタン共和国大使館

[住]〒106-0041　東京都港区麻布台1-8-14

☎(03)3589-1821　[FAX](03)3589-1822

[U]mfa.gov.kz/ja/tokyo

❸ネパール

ビザが必要で、個人でも取得可能。また、入国時の取得も可。

在日ネパール連邦民主共和国大使館

[住]〒153-0064　東京都目黒区下目黒6-20-28
フクカワハウスB

☎(03)3713-6241　[FAX](03)3719-0737

[U]jp.nepalembassy.gov.np/ja

❹ラオス

条件を満たせば、15日以内の滞在はビザ不要。それ以上の滞在はビザが必要。

駐日ラオス人民民主共和国大使館

[住]〒106-0031　東京都港区西麻布3-3-22

☎(03)5411-2291(代表)

[U]www.laoembassytokyo.com

❺ベトナム

条件を満たせば、15日以内の滞在はビザ不要。それ以上の滞在はビザが必要。

駐日ベトナム社会主義共和国大使館

[住]〒151-0062　東京都渋谷区元代々木町50-11

☎(03)3466-3311　[U]www.vnembassy-jp.org

通貨・両替・カード

中国の通貨

中国の通貨は人民元（人民幣、中国元ともいう）といい、アルファベットではRMBと表記する。中国国内の指定銀行では主要な外貨の両替業務を行っている。もちろん日本円との両替も可能で、2024年4月3日現在のレートは1元≒21.4円。

▼中国銀行の当日レート（中国語・英語）

Ⓤwww.boc.cn/sourcedb/whpj

※「牌价选择」から「日元」を選択し、「现钞买入价」をチェック

日本で人民元を入手する
人民元への両替が可能なスポット

日本国内で人民元への外貨両替を扱うスポットは増えている。ただし、中国国内で人民元に両替するのに比べ、レートが悪い、両替可能な金融機関が都市部に集中している、取引額に制限が設けられているなどの不便な点もある。

【おもな外貨両替取り扱い銀行】

▼SMBC信託銀行 PRESTIA EXCHANGE

Ⓤwww.smbctb.co.jp/index.html

▼みずほ銀行

Ⓤwww.mizuhobank.co.jp/tenpoinfo/gaika_ryogae/index.html

▼三菱東京UFJ銀行

Ⓤwww.bk.mufg.jp/tsukau/kaigai/senmon

【外貨両替専門店】

▼トラベレックスジャパン

☎(03)3568-1061　Ⓤwww.travelex.co.jp

▼東京クレジットサービス

ワールドカレンシーショップ

レートの問い合わせ＝☎(03)5275-7610

Ⓤwww.tokyo-card.co.jp/wcs/wcs-shop-j.php

【空港】

▼成田国際空港

Ⓤwww.narita-airport.jp

「空港で過ごす」＞「サービス施設」＞「銀行／両替所」

▼羽田空港国際線旅客ターミナル

Ⓤwww.haneda-airport.jp

「国際線フライト情報」内の「銀行・外貨両替」をクリック

▼関西国際空港

Ⓤwww.kansai-airport.or.jp

バーメニューから「便利なサービス」＞「お金・両替・保険」＞「外貨両替所」

▼中部国際空港セントレア

Ⓤwww.centrair.jp

「サービス施設」＞「外貨両替・お金・保険」で必要なメニューをクリック

中国で人民元に両替する
両替の手順と注意点

銀行の窓口で現金またはT/Cを人民元に両替する際は、備え付けの用紙に必要事項を記入し、お金またはT/C、パスポートと一緒に窓口に出す（→P.641囲み記事「両替には携帯電話の番号が必須」）。都市部の窓口は常に混雑しており、1時間程度待たされることも少なくないので時間に余裕をもつこと。

お金を受け取ったら、その場で金額を確認し、紙幣に損傷があれば、交換してもらおう。いったんその場を離れてしまうと、金額が合わないなどの苦情には一切応じてくれない。

お金と一緒に受け取る両替証明書は、再両替するときに必要となるので、旅行中にいちばん多く両替したときのものを中国から出国

■お金の持っていき方

おすすめ度			
おすすめ度 ★★★	日本円やUSドル、ユーロなどの現金を持参し、中国で両替する	メリット	日本での両替よりレートがよい。日本円の場合、両替しなかったぶんは帰国後そのまま使える
		デメリット	中国到着後、すぐに両替が必要。盗難に備える必要がある
おすすめ度 ★★	クレジットカードを利用する（買い物およびキャッシング）	メリット	現金の管理が不要で安全。現地ATMで人民元をキャッシングした場合、両替よりもよいレートのことが多い
		デメリット	使用できる場所に制限がある。スキミングや架空請求などに注意が必要
おすすめ度 ★★	トラベルプリペイドカードやデビットカードを利用する（買い物およびATMでの人民元引き出し）	メリット	口座残高以上は使えないので予算管理に便利
		デメリット	都市部以外では使用可能な場所がかぎられる
おすすめ度 ★	日本国内で両替し、人民元をあらかじめ入手する	メリット	現地到着後、すぐに行動できる
		デメリット	両替レートが悪い

※短期旅行なら日本円現金とクレジットカード持参がいちばん便利

両替には携帯電話の番号が必須

　中国の銀行で両替する場合、その銀行に口座を持っていないと、中国の携帯電話番号（スマートフォンを含む）が必要となる。

　上記ふたつのいずれかを持っていない人は、原則として「个人税收居民身份证明文件」という書類に必要事項を記入すれば両替できる。ただし、マイナンバーや健康保険証番号など日本の個人識別番号をひとつ記載しなければならない。覚えていない人はメモしておこう。

　マイナンバー要求の根拠は、国税局の公式ウェブサイトで確認できる。

国税局

Uwww.nta.go.jp

「番号制度概要に関するFAQ」

※Q3-13-2をクリック

するまでしっかり保管すること。ただし、有効期間に注意。

トラベラーズチェックの新規発行は終了

　アメリカン・エキスプレスが2014年3月31日でトラベラーズチェック（T/C）の新規発行と販売を終了したため、日本国内でT/Cを購入することはできない。発行済みT/Cの国内外での使用と換金は従来どおり可能。

デビットカード

デビットカードを活用しよう

　JCB、VISAなどの国際ブランドで、複数の金融機関がデビットカードを発行している。

　使用方法はクレジットカードと同じだが、支払いは後払いではなく発行銀行の預金口座から原則「即時引き落とし」となる。口座の残高以上は使えないので、予算管理にも便利。ATMで現地通貨の引き出しも可能だ。

▼JCBデビットカード

Uwww.jcb.jp/products/jcbdebit

▼Visaデビットカード

Uwww.visa.co.jp/pay-with-visa/find-a-card/debit-cards.html

銀聯カード

　「銀聯」とは、2002年に中国の80以上の金融機関が立ち上げた金融サービス機関で、そこが発行する「銀聯カード」は中国国内外で利用できるプリペイドもしくはデビットタイプのマネーカード。2009年からは、日本国内でも発行されている。

　「銀聯カード」は中国、香港、マカオにある中国銀聯加盟300万前後の店舗で利用可能であり、銀聯マークのあるATMで現地通貨の引き出しもできる（不可のカードもある）。カードの種類により提供されるサービスが異なるので、専用ウェブサイトで確認を。

▼中国銀聯

Ujp.unionpay.com

▼中国銀行銀聯デビットカード

Uwww.bankofchina.com/jp/jp

　トップページ「個人向け業務」＞「カード」中の「銀聯デビットカード」

　中国銀行（Bank of China）東京支店が発行する海外初の「銀聯デビットカード」。

▼三井住友銀聯カード

Uwww.smbc-card.com/mem/addcard/ginren.jsp

　三井住友カードが発行する銀聯ブランドのクレジットカード。

※使用時、申し込みのときに設定した4桁の暗証番号の前に「00」を付けて6桁として

トラベルプリペイドカード

　外貨両替の手間や不安を解消してくれる便利なカード。作成時の審査はなく、国内での外貨両替よりよい為替レートのことが多い。出発前にコンビニATMなどで円をチャージ（預け入れ）し、渡航先のATMではチャージした範囲内で現地通貨を引き出せるため、使い過ぎの心配はなく多額の現金を持ち歩かずに済む。

　おもに下記のようなカードが発行されている。

▼クレディセゾン発行

「NEO MONEY ネオ・マネー」

▼アプラス発行

「GAICA ガイカ」

■両替のお得度（そのときのレートにより一概に言えない部分もあり、あくまでも目安）

市中の中国銀行	市中の一般銀行	ホテル	空港の中国銀行	空港の両替所	日本での両替
基本レートでの両替が可能。1元以下の端数も受け取れる	中国銀行のレートに若干の手数料が上乗せされるケースが多い	1元以下の端数は切り捨てられるのが一般的	市中の支店とレートは同じだが、空港によっては他店より高い手数料が必要となることも	空港などにある両替所は、中国銀行に比べて基本レートが悪いうえ、1回につき40〜60元の手数料が必要	銀行と外貨両替店ではレートが異なる。外貨両替店で大量に両替すればやや有利になることもある

641

入力し、サインもする。暗証番号を忘れると使えないので注意

カードを利用する
クレジットカード
　中国でもクレジットカードを利用できる場所は増えている。例えば、北京や上海などの大都市なら、デパートやおしゃれなショップ、高級レストランなどで利用可能だ。また、中級以上のホテルでは、チェックインの際にクレジットカードをデポジット（保証金）代わりに使えるため、とても便利だ。

　カードが使える所では必ず使えるといっていいのが、VISAとMasterCard。JCBも使える所が増えている。その次が、アメリカン・エキスプレス。ダイナースはまだまだ使える所が少ない。

　また、カード利用可の表示があっても中国の銀聯カードのみで国際カードが使えない店舗も多いので要注意。

ICカードは暗証番号に注意
　クレジットカードのスキミング対策などでICカード（ICチップ付きのクレジットカード）の導入が進んでいるが、このカードで支払う際には、サインではなく暗証番号（英語でPINまたはPIN Code）が必要となる。この番号を忘れるとカードを使用できなくなるので、日本出発前にしっかりと確認し、忘れないための工夫をしておこう。不明な場合はカード会社に確認を。2週間ほどかかるので注意。

中国のモバイル決済
　中国では広く深くキャッシュレス化が浸透している。その中心となっているのが、WeChat Pay（ウィチャットペイ／微信支付）とAlpay（アリペイ／支付宝）。
　ともにアカウントを取得し、中国でスマートフォンを使える環境を整えれば、外国人でもそのサービスを利用できる。その便利さを体験してみよう！
※P.22〜24参照

国際キャッシュカード
　国際キャッシュカードとは、日本で金融機関に預けた日本円を旅行先のATMなどから現地通貨で引き出せるカードのことで、中国でも中国銀行などのATMで利用できる。
　このカードは、メガバンクなどが発行して

日本円決済に注意！
　海外でクレジットカードを使った際、カード決済のレシートが現地通貨ではなく、日本円払いというケースが増えている。日本円換算でのカード決済自体は違法ではないのだが、店が両替手数料を上乗せし、人民元決済より高くなっていることが多い。必ずレシートで金額と決済通貨とを確認しよう。

いるが、それぞれに使用条件が異なるので、ウェブサイトなどで相違を比較、確認して申し込むようにしよう。

人民元が余ったら
人民元の持ち出し制限
　海外に持ち出すことのできる人民元の限度額は2万元（2018年8月28日現在のレートで約34万円）となっているので、注意が必要。

人民元を外貨に両替する
　余った人民元は、国際空港にある銀行（中国銀行など）で再両替することができるがレートは悪い。余らせないようできるだけ使い切るか、訪中予定のある人は次回用にそのまま持っているのがよいだろう。また、日本国内の外貨両替スポット（トラベレックスなど）

人民元紙幣（上から10元、20元）

2015年11月に発行された新100元札

でも人民元を日本円に両替できるが、換金レートは悪い。

再両替時の注意

両替時に必要となるのが、両替証明書、パスポート。これらと両替する人民元を合わせて銀行の窓口に提出する。あとは係員が書類に記入して、外貨と端数分の人民元（少額）を手渡してくれる（順番待ちのときは番号札を渡される）。手続きには時間がかかるので、早めに窓口に行くこと。

また、人民元から外貨への両替は、提出する両替証明書に記載された金額が上限となるので、滞在中、いちばん多く両替したときの両替証明書を保管しておくようにしよう。

香港・マカオの通貨
それぞれに通貨がある

香港とマカオは、イギリスとポルトガルから中国に返還され、その一部となった。しかし、「一国二制度」という政治体制を採用しているため、通貨も別々に存在しており、香港の通貨は香港ドル（HK$）、マカオの通貨はマカオパタカ（通貨コードはMOP）。

もちろん日本円との両替も可能。2018年8月28日現在のレートは、香港ドルが1HK$≒14.2円、マカオパタカが1MOP≒13.7円。

注意が必要なのは、マカオパタカの通用範囲の狭さ。マカオパタカは香港や中国では使えない。香港ドルはマカオでも同様に使用でき、10HK$の硬貨を除き、問題なく受け取ってくれる。交換レートは1：1（実際のレートより悪い）なので、いちいち換算する必要もない。ただ、おつりがマカオパタカで来る場合もあるので、受け取ったら確認しよう。

発行銀行も複数ある

香港では、10HK$は香港特別行政区政府が、20HK$以上の紙幣については、3行の銀行が発行を行っている。香港渣打銀行（Standard Chartered Bank）、香港上海滙豐銀行（HSBC）、中國銀行香港分行（Bank of China）ごとに、それぞれ紙幣の図案が異なり、紙幣の種類も6種類と多い。

マカオでは中國銀行澳門分行（BANCO DA CHINA, SUCURSAL DE MACAU）と大西洋銀行澳門分行（BANCO NACIONAL ULTRAMARINO）の2行が紙幣を発行している。紙幣の種類は6種類。

香港ドル紙幣（上から10HK$、50HK$）

マカオパタカ紙幣（100MOP）

海外旅行傷害保険

保険種類と加入タイプ

海外でけがや病気にかかった場合、治療費や入院費はかなり高いし、言葉などでも心細いものだ。こういったトラブルを避けるために海外旅行傷害保険への加入がおすすめ。保険の種類と加入タイプについてだが、大別すると、補償内容を組み合わせた「セット型」保険と自分で補償内容を選択する「オーダーメイド型」保険がある。

ネットで申し込む海外旅行傷害保険

体調を崩したり、カメラを盗まれたり、さまざまなアクシデントの可能性がある海外旅行。こうしたときに頼りになるのが海外旅行傷害保険。各社独自の商品が販売されており、インターネットを利用して簡単に申し込めるようになっている。加入前に比較検討してみるとよい。

「地球の歩き方」ホームページからも申し込み可能。
U www.arukikata.co.jp/hoken

飛行機と航空券

2018年9月現在、日本の24空港と中国の40空港（香港とマカオを含む）の間に定期便が運航されている。

直行便と経由便

飛行機では、出発地点と目的地の間を直接結ぶ直行便と、出発地点と目的地の間に中継地が入る経由便の2種類がある。路線によっては、このふたつが併存している所があるが、所要時間が大きく変わってくるので、航空券購入前に確認が必要だ。

航空券の種類

航空券にはいろいろな種類があり、条件によって同じルートであっても料金が異なる。

国際線の航空券は、大きく正規航空券、ペックス航空券、格安航空券の3つに分けることができる。運賃は、正規の航空券が最も高く、その次にペックス航空券、そして最も安いのが格安航空券となる。

正規航空券

ノーマルチケットと呼ばれる正規航空券は航空会社お墨付きのチケット。格安航空券の数倍の値段だが、

❶一般の旅行会社や航空会社で購入できて、その場で座席の有無がわかる。
❷発券から1年間有効で、出発日や帰国日を自由に変更できる。
❸途中の都市に降りることができる（Y2には制限あり）。
❹利用便を変更することができる。

などのメリットがある。出発日が変更になったときや現地で病気になり予定を変更して早めに帰国したい場合には、この航空券が役に立つ。また、帰国便が欠航になっても別の航空会社の便に簡単に乗り換えられる。

ペックス航空券

ペックス航空券とは航空会社が個人向けに直接販売する正規の割引航空券。正規航空券より安いぶんだけ制限もある。詳しい条件は各航空会社の公式ウェブサイトでチェックできる。

格安航空券

「ディスカウントチケット」とも呼ばれるもの。旅行会社でのみ扱われている。パンフレットやインターネットなどで料金などを比較

eチケット、ウェブ（オンライン）チェックイン

eチケット

「eチケット」とは電子航空券の別名で、航空券を各航空会社が電子的に保管することによって、空港で紙の航空券を提示することなく、搭乗券を受け取ることのできるサービス。このサービスを利用すれば、紙の航空券は不要で、eメールやファクス、郵便などで送ってもらった「eチケット」の控えを空港に持参するだけでよい。

申し込み時にクレジットカード番号やパスポート番号を通知する必要があること、中国入国審査時には帰国便の「eチケット」控えを持っていくなどの注意も必要だが、❶出発直前でも条件が整えば

中国のeチケット領収書。日中ともに、ほぼすべての航空券がeチケット化されている

申し込みが可能、❷航空券の盗難や紛失などの心配が不要（「eチケット」控えを再発行するだけでよい）といったメリットがある。

「eチケット」には航空券の控えのほかに旅程表が添付されることも多い。万一パスポートを紛失した際には、この旅程表を提出すると手続きがスムーズに進むので、こちらもプリントアウトして持っていこう。

ウェブ（オンライン）チェックイン

日系や欧米系を中心に公式ウェブサイトからチェックイン手続きを行える「ウェブ（オンラインと呼ぶ会社もある）チェックイン」サービスを提供している航空会社がある。

事前に、搭乗する航空会社のウェブサイトにアクセスしてチェックインを済ませておけば空港での手続きが簡単で済む。時間節約のためと、オーバーブッキングに巻き込まれないためにも利用できる場合は利用したほうがよい。

詳細は各航空会社の公式ウェブサイトで確認するとよい。

してみるとよい。

　格安航空券は価格が安いが、「正規航空券」や「ペックス航空券」と比べ制約があるので、購入前に必ず確認すること。

シーズナリティ（季節による価格変動）

　このほか、航空券の料金と密接に関係するものにシーズナリティ（季節や時期による料金変動）がある。

　中国への飛行機は、観光シーズンである4月から10月までが高く、オフシーズンである11月から3月までが安い。ただし、年末年始、ゴールデンウイーク、お盆の時期は例外で、正規航空券と大きくは変わらない。

　このシーズナリティは航空会社や販売している旅行会社によって数日ずれることもあるので、航空券購入時には情報収集し、比較検討することで、旅行費用を節約できる。

そのほかの注意点

　2018年8月現在、航空会社は運賃に燃油特別付加運賃を加えて航空券を販売している。この燃油特別付加運賃は、原油を仕入れた時点の原油価格を考慮して決定するため、金額が変わることがある。このため、航空運賃とは別に徴収される場合もある。航空券購入の前には、このあたりのこともしっかり確認する必要がある。

■日中間の運航便一覧（2018年9月現在）

	成田	羽田	関西	中部	福岡	札幌	仙台	茨城	静岡	新潟	小松	富山	岡山	広島	米子	松山	高松	熊本	佐賀	長崎	鹿児島	宮崎	沖縄	石垣
北京	○	○	○	◎	●	○	●							◎									◎	
天津	○	○	◎	◎																			◎	
済南		◎																						
青島	◎		◎	◎	◎																			
煙台			◎	◎																				
鄭州	◎		◎																					
太原				●																				
上海虹橋		○																						
上海浦東	○	○	○	○	○	○	○	○	○	○	○	○		○			○	○	○	○			○	
南京	○	○	◎																				◎	
無錫			◎																					
揚州			◎																					
南通			◎																					
杭州			◎																				◎	
寧波			◎	◎					◎															
武漢	◎		◎	●	●																			
広州	○	○	◎	●																				
深圳	◎		◎																					
長沙	◎		◎																					
福州	◎		◎																					
アモイ	◎		◎																					
三亜			●																					
香港	○	○	○	○	○							○	○	○		○	○			○	○	○	○	
マカオ	◎		◎																					
瀋陽	◎		○	○																				
大連	◎		◎	◎								○		◎										
長春	○																							
延吉			◎																					
ハルビン	◎		◎							◎														
西安	◎		○	●																			◎	
銀川				●																				
蘭州				●																				
ウルムチ				●																				
成都	◎		◎											●										
重慶	○		◎																					
貴陽			◎																					
昆明				●																				
西寧	●																							

◎＝直行便　○＝直行便＆経由便　●＝経由便のみ
※休航になる場合もあるので航空会社に確認のこと
※南通、延吉は本書非掲載

マイレージサービス

マイレージサービスとは、搭乗区間の距離をマイル数でカウントし、規定のマイル数に到達すると、無料航空券や座席のアップグレード（例えば、エコノミークラスからビジネスクラスに変更）などの特典を受けられるサービスのこと。サービス内容や諸条件は航空会社によって異なる。詳細は各航空会社のウェブサイトなどでチェックしよう。

三大マイレージサービス・グループ
※以下2018年8月現在
▼スターアライアンス
Ⓤwww.staralliance.com/ja
　中国国際航空、全日空（ANA）、アシアナ航空、ユナイテッド航空、深圳航空など28の航空会社が加盟。
▼スカイチーム
Ⓤwww.skyteam.com/ja
　中国南方航空、デルタ航空、中国東方航空、厦門航空など20の航空会社が加盟。
▼ワンワールド
Ⓤja.oneworld.com
　キャセイパシフィック航空、日本航空など14の航空会社が加盟。

フェリー

　日本と中国の間には定期船が運航されている。便数がかぎられる、港から目的地までの移動が大変などのマイナス面もあるが、多くの荷物を持ち込めるなどのメリットもある。
　なお、フェリーはメンテナンスなどで運休となることもあるので注意。

新鑒真号（大阪・神戸⇔上海）
　大阪・神戸と上海を結ぶ貨客船。火曜12:00に出発し、木曜に上海に到着する。上海からは土曜に出発し、日本に月曜9:30に到着する。乗船券は、乗船日の2ヵ月前から日中国際フェリーや全国各旅行会社で予約、販売している。インターネットでの予約も可能。

【日本側問い合わせ先】
日中国際フェリー株式会社
🏠〒550-0013　大阪府大阪市西区
　　新町1-8-6三愛ビル2階
☎(06)6536-6541　📠(06)6536-6542
Ⓤwww.shinganjin.com

【中国側問い合わせ先】
中日国際輪渡有限公司（中日国际轮渡有限公司）

🏠上海市虹口区東大名路908号金岸大廈18階
☎(021)63257642　📠(021)65957818
Ⓤwww.chinjif.com

■新鑒真号運賃表　　　　　　　　単位（日本円）

等級	定員（部屋数）	一般個人		学生・障害者	
		片道	往復	片道	往復
貴賓室（洋室）	2人(2)	10万	15万	9万	13万5000
特別室（洋室）	2人(8)	4万	6万	3万6000	5万4000
1等室（洋室）	4人(12)	2万5000	3万7500	2万2500	3万3700
2等室（洋室）	8人(30)	2万	3万	1万8000	2万7000
2等室（和室）	合計37人(3)	2万	3万	1万8000	2万7000

※1 貴賓室は1室（定員2人）の運賃。そのほかは大人1人の運賃
※2 燃油特別付加運賃として、1人片道2000円を別途支払う

蘇州號（大阪⇔上海）
　大阪と上海を結ぶ貨客船。金曜12:00に出発し、日曜に上海に到着する。上海からは火曜に出発し、日本に木曜9:00に到着する。乗船券は、乗船日の2ヵ月前から上海フェリーや全国各旅行会社で予約、販売している。インターネットでの予約も可能。

【日本側問い合わせ先】
上海フェリー株式会社
🏠〒541-0058　大阪府大阪市中央区
　　南久宝寺4-1-2御堂筋ダイビル5階
☎(06)6243-6345　📠(06)6243-6308
Ⓤwww.shanghai-ferry.co.jp

【中国側問い合わせ先】
上海国際輪渡有限公司
（上海国际轮渡有限公司）
🏠上海市虹口区東大名路908号金岸大廈15階D-G座
☎(021)65375111
📠(021)65379111
Ⓤwww.suzhouhao.com

■蘇州號運賃表　　　　　　　　単位（日本円）

等級	定員（部屋数）	一般個人		学生・障害者	
		片道	往復	片道	往復
貴賓室（洋室）	2人(2)	10万	15万	9万	13万5000
特別室（洋室）	2人(6)	4万	6万	3万6000	5万4000
特別室B（洋室）	4人(10)	3万7000	5万5500	3万3300	4万9950
特別室C（洋室）	1人(6)	3万8000	5万7000	3万4200	5万1300
1等室	5人(10)	2万5000	3万7500	2万2500	3万3750
2等室A	5人(22)	2万2000	3万3000	1万9800	2万9700
2等室B（洋室）	40人(1)	2万	3万	1万8000	2万7000
2等室B（和室）	16人(1)				

※1 貴賓室は1室（定員2人）の運賃。そのほかは大人1人の運賃
※2 燃油特別付加運賃として、1人片道2000円を別途支払う

日本を出国する

時間帯や時期によっては空港アクセスや空港内が非常に混雑するケースがある。混雑に加え、テロ対策などでチェックインや出国審査に予想外の時間がかかるケースも生じている。空港には出発2時間前には到着し、早めにチェックインや出国審査を済ませておくことをおすすめする。出国の手順については下記の表を参照。

船便利用の場合も、飛行機利用のときと手続きの流れに大きな違いはない。運航会社ごとに乗船手続きの締め切り時刻が決まっているので、それに遅れることのないよう早めにターミナルに到着しよう。

機内への液体物持ち込みは原則禁止

テロ対策のため、100mℓを超える液体物の空港保安区域（出国審査後のエリア）および機内への持ち込みは両国ともに各空港で禁止となっている。つまり、出国審査前に一般エリアの売店で購入した飲み物や化粧品類は持ち込めないということ。審査後に免税店で購入した酒や化粧品などは持ち込みが可能。

100mℓ以下の医薬品などは透明ビニール袋に入れるなどして持ち込めるが、制限があるので詳細は事前に空港や各航空会社に問い合わせをすること。

※液体物にはレトルトカレーや漬物、味噌類など水分が多い半固形物も含まれる

■飛行機で日本を出国するときの手順

1 チェックイン

空港に着いたらチェックインカウンターへ。航空券かプリントアウトしたeチケット控えまたはバウチャーとパスポートを提示して手続きを行い、搭乗券（ボーディングパス）を受け取る。託送荷物はここで預け引換証（バゲージクレームタグ）をもらう。リチウム／リチウムイオン電池は預けられない（→P.665）

※空港へは出発2時間前までに。荷物検査に時間がかかるので、ぎりぎりだと搭乗できない場合もある。手続き締め切りは通常出発1時間前

※空港サービス施設使用料と燃油特別付加運賃は、原則として航空券購入時に航空券代金に加算されている。なお、原油価格が大幅に上昇した場合、空港で燃油特別付加運賃を追加徴収されることもある

ウェブ（オンライン）チェックインを導入している航空会社の場合、当日の手続きが簡単になるので、ウェブチェックインをしておいたほうがよい（→P.644）

↓

2 安全検査（セキュリティチェック）

機内持ち込み手荷物の検査とボディチェック。ナイフや先のとがった工具は機内持ち込み不可（発見時は任意廃棄）なのであらかじめ預けておくこと。また、液体物とリチウム／リチウムイオン電池の機内持ち込みには制限がある。詳細は利用する航空会社で確認を！

↓

3 税関申告（該当者のみ）

高価な外国製品（時計や貴金属、ブランド品など）を身につけているときは、あらかじめ税関に「外国製品の持出し届」を出しておく。申告しないと帰国時に海外で新たに購入したものと見なされて課税されてしまう。申告が必要かどうかは出国審査の前に税関カウンターにて問い合わせを！

↓

4 出国審査（イミグレーション）

パスポートを提示し出国スタンプを押してもらう。機械で読み取るのでカバーは外しておく。事前登録しておけば押印の必要がない自動化ゲートの利用が可能。出国審査場では写真撮影と携帯電話の使用は禁止

※成田、羽田、中部、関西の各空港では、事前登録により指紋認証でスピーディな出入国管理を行う「自動化ゲート」を利用できる。押印が省略されるので、パスポートのページ不足対策にも有用。登録は成田、羽田、中部、関西の各空港にて。出発時間によるが、当日でも可能

↓

5 免税品ショッピング

出国審査が終わったあとは免税エリア。旅行中に吸うたばこなどはここで購入。中国入国の際の免税範囲は酒1.5ℓと紙巻きたばこ400本まで（香港、マカオについては→P.651）

↓

6 搭乗

搭乗券に記載されたゲートから搭乗。通常、搭乗開始は出発30分前から。遅くとも搭乗時刻15分前にはゲート前にいるようにしたい

※成田国際空港第2ターミナルや関西国際空港は免税店のあるエリアとゲートがシャトル連絡が必要なほど離れているので、時間に遅れないように注意

入出国書類の記入例

入出国に必要な書類

　中国に入国する際は、基本的に入国カードと出国カードが一体となった外国人入国／出国カードを提出する。

　2018年8月現在、入国カードと出国カードが切り離されて入国審査の前に置かれている所が多い（機内配布のものは一体型もあり）。

　このほか、税関に申告する物品（→P.650）がある人は、税関申告書を提出しなければならないので注意。

入国／出国カード

　入国／出国カードにつき、日本人は名前をはじめ、すべての項目をローマ字（英文）で記入しなければならないことに注意したい。

　したがって、本人サイン以外は漢字や仮名で記入してはならない。

　入出国書類は係官の目の前で記入する必要はない。航空券購入時やツアー申し込み後、さらには機内や船内などで事前に書類を入手できるので、暇な時間に記入しておけば、入出国や税関検査時にスムーズだ。事前に入手できない場合は入国審査や税関検査台の前に置いてあるので、その場で記入する。

健康申告書類

　2018年8月現在提出不要だが、新型インフルエンザの流行時などには「出入境健康申告カード」の提出が義務化される。中国滞在中の住所と電話番号はホテルのものでよい。

出入境健康申告カードの記入項目

1. 中国入国後7日以内の日程と連絡先（ホテル名）、旅行継続の場合の便名と搭乗日
2. 7日以内に中国出国の場合は出国予定日と目的国およびフライトナンバー
3. 過去7日以内に滞在した国と都市
4. 過去7日以内のインフルエンザ患者との接

■入国カード　※2024年1月現在、外国人入国／出国カードの様式は変更されています
※一体型の場合もある

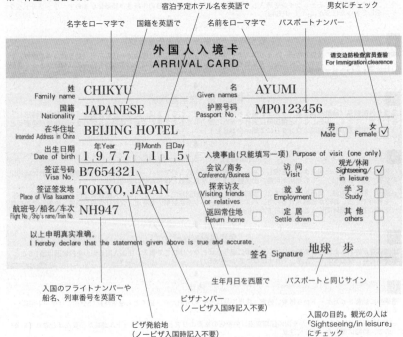

名字をローマ字で　国籍を英語で　宿泊予定ホテル名を英語で　名前をローマ字で　パスポートナンバー　男女にチェック

入国のフライトナンバーや船名、列車番号を英語で

ビザ発給地（ノービザ入国時記入不要）

ビザナンバー（ノービザ入国時記入不要）

生年月日を西暦で

パスポートと同じサイン

入国の目的。観光の人は「Sightseeing/in leisure」にチェック

触の有無

5. 発熱、咳、のど痛、筋肉・関節痛、鼻づまり、頭痛、下痢、嘔吐、鼻水、呼吸困難、だるさ、その他の症状の有無

※申告カードには名字と名前、性別、生年月日、国籍、パスポートナンバー、目的地、フライトナンバーや船名、列車番号、座席番号と上の項目を英語で記入し、末尾にサインと日付を入れる

入出国旅客荷物物品申告書

中国入出国時の税関において申告する物品のない人は、申告書の記入・提出は不要。申告する物品のある人は、申告書の記入、提出が必要だ。

中国入国時の注意

中国での入国審査時に本書を発見され、没収されるなどのトラブルが発生しています。

没収は空路ではなく陸路の国境で起きることが多く、理由はそのときその場の審査官によりさまざまです。おもに中国側の政治的立場に基づく何かしらの事由を理由として述べられるようですが、本書には直接、あるいは何ら関係がないことであっても咎められる事例が報告されています。

話し合いで解決できる余地は一切ありません。したがってトラブルをできるだけ避けるために、入出国手続きの際には本書を目に触れない所へしまっておくことをおすすめします。書類の記入例などは、当該ページをコピーしたり、切り取ったりして書類記入時の参考にするよう対処してください。

万一トラブルが発生した際には、管轄する大使館・総領事館（→P.688）にご連絡ください。

■出国カード　※2024年1月現在、外国人入国／出国カードの様式は変更されています
※一体型の場合もある

男女にチェック

名前をローマ字で　　　名字をローマ字で

パスポートナンバー

生年月日を西暦で

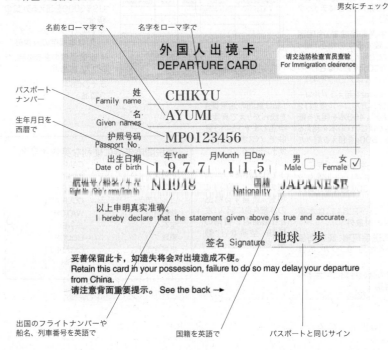

出国のフライトナンバーや船名、列車番号を英語で

国籍を英語で　　　パスポートと同じサイン

■中華人民共和国税関　入出国旅客荷物物品申告書

※申告が必要な人のみ記入して、提出する

名字(Surname)、名前(Given Name)をローマ字で。男女にチェック(男性はMale、女性はFemale)

生年月日を西暦で(年／月／日の順)。国籍を英語で

パスポートナンバー

【入国の場合は左欄に記入】
出発地

入国のフライトナンバーや
船名、列車番号を英語で

入国年月日

入国に際し、以下の物品を
持ち込む場合はチェック

1.動物、植物、動植物製
品、微生物、生物学的製
品、人体組織、血液、および
血液製剤

2.(中国居住者)中国国外
で取得した物品で、人民元
換算5000元を超えるもの
(中国非居住者はチェック
不要)

3.(中国非居住者)中国国
内に残す予定の物品(贈り
物などとして)で、人民元換
算2000元を超えるもの(中
国居住者はチェック不要)

4.1500mℓを超えるアルコー
ル飲料(アルコール度数12
%以上)、400本を超える紙
巻きたばこ、100本を超える
葉巻、500gを超える刻みた
ばこ

5.2万元を超える人民元の
現金、またはUSドル換算で
US$5000を超える外貨の
現金
※T/C(→P.641)は本規
定の対象外

6.別送手荷物、商業価値
のある物品、サンプル、広告
品

7.その他の税関に申告すべ
き物品

「私は裏面の注意書き
を読んだうえで真実を
申告します」という意
味で、パスポートと同じ
サインをする

上記左欄の1〜7、右
欄の1〜5に該当する
場合、該当する物品
の詳細を表に記入(左
から物品名／貨幣の
種類、型番など、数
量、金額)

【出国の場合は右欄に記入】
目的地

出国のフライトナンバーや
船名、列車番号を英語で

出国年月日

出国に際し、以下の物品を
持ち出す場合はチェック

1.文化的遺物、絶滅に瀕し
た動植物およびそれらの標
本、生物学的資源、金、銀、
その他の貴金属

2.(中国居住者)ひとつが
人民元換算5000元を超え
るカメラ、ビデオ、ノートPCな
どの旅行必需品で、中国国
内に持ち帰るもの

3.2万元を超える人民元の
現金、またはUSドル換算で
US$5000を超える外貨の
現金
※T/C(トラベラーズチェッ
ク)は本規定の対象外

4.商業価値のある物品、サ
ンプル、広告品

5.その他の税関に申告すべ
き物品

●税関申告時に便利な英語物品名

カメラ	CAMERA
ビデオカメラ	VIDEO CAMERA
ノートパソコン	NOTE PC
ゴルフ用品	GOLF ARTICLE
腕時計	WATCH
宝石	JEWEL
酒類	LIQUOR
紙巻きたばこ	CIGARETTE
現金	CASH

■入出国カード〈複写式〉（香港用）

名字をローマ字で

名前をローマ字で

パスポートナンバー

国籍を英語で

出生地を英語で

自宅住所を英語で

入国のフライトナンバーや
船名、列車番号を英語で。
出国時は、2枚目に出国の
フライトナンバーや船名、
列車番号を英語で

パスポートと同じサイン

性別を英語で。
男性はM、女性はF

パスポート発給地と
発行年月日（日／月
／年の順）

生年月日を西暦で
（日／月／年の順）

宿泊予定ホテル名を
英語で

出発地を英語で。
出国時は2枚目に
目的地を記入する

IMMIGRATION DEPARTMENT HONG KONG 香港入境事務處	ID 93 (1/2006)
ARRIVAL CARD 旅客抵港申報表	IMMIGRATION ORDINANCE (Cap. 115) 入境條例［第 115 章］
All travellers should complete this card except Hong Kong Identity Card holders 旅客香港身分證持有人外、所有旅客均須填寫此申報表	Section 5(4) and (5) 第 5(4) 及 (5) 條

Family name (in capitals) 姓 (請用正楷填寫)　　Sex 性別
CHIKYU　　F

Given names (in capitals) 名 (請用正楷填寫)
AYUMI

Travel document No. 旅行證件號碼　　Place and date of issue 發出地點及日期
MP0123456　　TOKYO 20/5/2015

Nationality 國籍　　Date of birth 出生日期
JAPANESE　　15 / 1 / 1990
　　day 日　month 月　year 年

Place of birth 出生地點　　Address in Hong Kong 香港地址
TOKYO　　THE PENINSULA

Home address 住址
2-9-1, HATCHOBORI, CHUO-KU, TOKYO JAPAN

Flight No./Ship's name 班機編號／船名　　From 來自
CX501　　NARITA

Signature of traveller 旅客簽署
地球 歩

Please write clearly 請用端正字體填寫
Do not fold 切勿摺疊

TJ232438

※ ▢ =2枚目複写部分

▶▶ インフォメーション

特別行政区の税関

特別行政区の税関については下記ウェブサイトなどを参照するとよい。

香港
香港税関『Duty-free Concessions（免税優恵）』
Ⓤ www.customs.gov.hk/en/passenger_
clearance/duty_free

マカオ
マカオ税関『Commodities for Individual's Own Use or Consumption（個人による使用または消費のための商品）』
Ⓤ www.customs.gov.mo/cn/customs2.
html#customs2_2

マカオの入出国・出入境

2013年7月10日から、事前記入したカードの提出は不要となり、代わりに渡航者の氏名、パスポートナンバー、到着日、滞在有効期間が自動印字された用紙「入境申報表(ARRIVAL CARD)」を受け取ることになった（同時にパスポートへの押印も廃止）。入国時に受け取ったカードは出国時に提出する必要はないが、念のため出国まで保管しておくとよい。

■香港入国（入境）時の免税範囲など

品物	内容
酒類	アルコール度数30％以上のもの1ℓまで（18歳以上）
たばこ類	紙巻きたばこ19本まで、葉巻1本もしくは複数の葉巻の総量25gまで、そのほかのたばこ25gまでのいずれか（18歳以上）
おもな禁止品	火薬類、銃器、麻薬などの危険物。ワシントン条約で保護された動植物およびその製品。偽ブランド品や海賊版

■マカオ入国（入境）時の免税範囲など

品物	内容
酒類	アルコール度数30％以下のもの1ℓまで
たばこ類	紙巻きたばこ19本まで、葉巻1本（1本当たり3g以内のもの）、刻みたばこ25gまで　※合計25g以下
おもな禁止品	火薬類、銃器、麻薬などの危険物。ワシントン条約で保護された動植物およびその製品。偽ブランド品や海賊版

中国に入国する

中国の入国手続き

直行便の場合

中国に入国する際には、着陸の1時間くらい前に、機内で中国の入国／出国カード（一体型またはそれぞれで切り離されたもの）や税関申告書（該当者のみ）などの書類が配られるので、提出が必要なものを到着までに記入しておく（記入例→P.648）。

到着すると検疫カウンターがあるので、状況に応じて「出入境健康申告カード」を提出

託送荷物を受け取るターンテーブル（広州白雲国際空港）

し、体調に異変があったら申し出る。

2018年4月下旬頃から中国に入国する際、入国審査において個

空港で両替して、市内まで移動できる人民元を入手しよう

人生体認識情報が採取されることになった。まずは機械による指紋採取（→P.714）。設置場所は空港によって異なるが、入国カウンター前に設置されていることが多い。指紋採取を終え、機械から出力された紙を受領したら（空港によっては紙が出力されない所もある）入国カウンターに進む。

入国カウンターでは、パスポートと入国カードを担当官に手渡し、係官の指示に従い、デスクに設置されたカメラに正対し、顔画像を読み取らせる。以上の手順に不備がなけれ

■中国の免税範囲、輸出入禁止品（特別行政区に関してはP.651参照）

品物	内容
現金	外国通貨でUSドル換算US$5000、人民元で2万元までは申告不要。これを超える場合は要申告
物品	贈答品などとして中国国内に残す物品で人民元換算2000元を超えるもの（中国在住者は申告不要）
酒・たばこ・香水	酒類（アルコール度数12％を超えるもの）1.5ℓまで 紙巻きたばこ400本、葉巻100本、刻みたばこ500gまで（日本帰国時の免税範囲に注意→P.665） 香水については個人で使用する範囲ならば申告不要
※輸出入禁止品 ○は入国時 ●は出国時	○●あらゆる種類の武器、模造武器、弾薬、爆発物
	○●偽造貨幣、偽造有価証券
	○●中国の政治、経済、文化、道徳に対して有害な印刷物、フィルム、写真、音楽レコード、映画フィルム、テープ・CD（オーディオおよびビデオ）、コンピューター用ストレージ機器
	○●あらゆる猛毒類
	○●アヘン、モルヒネ、ヘロイン、大麻および習慣性麻酔薬や向精神性薬品
	○ 新鮮な果物、ナス科野菜、生きた動物（ペットとしての犬猫は除外）、動物標本、動植物病原体、害虫および有害生物、動物の死体、土壌、遺伝子組み換え有機体組織およびその標本、動植物の疫病が発生・流行している国や地域と関連のある動植物およびその標本やそのほかの検疫物
	○ 人畜の健康に障害を及ぼす物品、流行性疾病が流行しているエリアから運ばれてきた食品や薬品およびその他の物品
	●国家機密をともなった原稿、印刷物、フィルム、写真、音楽レコード、映画フィルム、テープ・CD（オーディオおよびビデオ）、コンピューター用ストレージ機器
	●貴重文化財および輸出を禁止された遺物
	●絶滅を危惧される動植物および希少動植物（それらの標本も含まれる）、またそれらの種子や生殖物質

※中国では外国人による無許可の測量行為が法で禁止されているため、測量用携帯GPS機器は持ち込まないほうが無難
※文化財の無断持ち出しは禁止。具体的には、1911年以前に生産・制作された文化財はすべて禁止、1949年以前に生産・制作された歴史的・芸術的・科学的価値があるものは原則禁止、1966年以前に生産・制作された少数民族の代表的文化財はすべて禁止。化石はすべて禁止。詳細を掲載していた中国政府網（Ｕwww.gov.cn）から関連文書が削除されたため、インターネットで「文物出境審核標準」（中国語）と入力し検索するとよい

ば、質問されることもない。パスポートに入国スタンプが押されたあと、パスポートのみを返却してくれ、これで入国審査は完了。

入国審査が終了したら、次は託送荷物の受け取りだ。自分が乗った飛行機のフライトナンバーと搭乗地が表示されているターンテーブルに向かい、自分の荷物が出てくるのを待つ。中国では、出てくるまでにけっこう時間がかかるので、気長に待とう。

なお、託送荷物のない人はそのまま税関申告に向かう。

自分の託送荷物を受け取ったら、次は税関申告。申告する物品がある人は、「入出国旅客荷物物品申告書」（→P.650）に必要事項を記入し、税関に提出しなければならない。

税関申告では該当するゲートを通らなければならないので注意しよう。申告不要な人は、緑色の●が目印である「NOTHING TO DECLARE」のゲート（荷物のX線検査がある場合がある）、申告が必要な人は、赤色の■が目印の「GOODS TO DECLARE」のゲートを通る。

これらの手続きが完了したら、出口に向かう。そこで荷物と引換証（バゲージクレームタグ）の照合が行われるのだが、ノーチェックのことが多い。

日本からの定期便がある国際空港では、出口の手前や税関を出たロビーに外貨を人民元に両替できる銀行や外貨ショップがある所が多いので、人民元を持っていない人はここで両替しよう。外貨ショップは銀行よりレートが悪い。

経由便の場合

例えば大連経由便で北京に向かう場合、入国手続きは最初に着陸する大連で行うことになる。入国手続きは、直行便の場合と同じだが、次のような流れになる。

飛行機を降りた所でサインボードなどを持った職員が出迎え、トランジットボーディ

ングパスを渡してくれる。全員が集まったところで、職員が誘導してくれるので、そのあとに続いて移動して入国審査を受ける。それが終わったら、トランジット乗客専用の待合室に移動し、準備ができるまでそこで待機する。その後、アナウンスに従い、再び飛行機に乗り込む。

税関申告は最終目的地で手続きを行い、該当者はそこで税関申告書を提出する。

■入国審査の流れ

1　検疫

状況によって「出入境健康申告カード」提出が必要となることもある。発熱や嘔吐などの症状がある人は係官に申し出ること

※2018年8月現在提出不要

※空港によっては検疫を受ける前に指紋採取を行う場合もある

↓

2　入国審査

必要書類を持って自分が該当する審査窓口に並ぶ。順番が来るまで白線を越えないこと。なお、経由便利用者は指示に従い、審査後最終目的地に向かう

必要書類＝中国の入国カード（→P.649）、パスポート

審査窓口＝中国人、外国人、外交官・乗務員に分かれており、日本人観光客は「外国人」窓口に並ぶ。係官から「中国人」窓口に並ぶよう指示があることもある

※対象は満14歳から満70歳まで。窓口に並ぶ前に指紋採取、窓口での審査時に顔画像読み取りがある

↓

3　荷物の受け取り

フライトナンバーと出発地が表示されたターンテーブルで自分の荷物が出てくるのを待つ。万一、荷物の破損や紛失といった事故が発生したら、速やかに係員に申し出ること

↓

4　税関検査

託送荷物を受け取ったら、税関検査場所に移動する。免税範囲を超えた物品や申告が必要なものは申告書（→P.650）に記入し、係官に提出してスタンプをもらう

↓

5　出口に向かう

まれに出口の前で引換証（バゲージクレームタグ）と託送荷物に貼られたシールの番号をチェックしている場合もあるので、引換証の半券をすぐ取り出せるようにしておこう

経由便利用の場合、掲示や職員の指示に従って移動しよう

いよいよ中国の空港に到着。次は入国審査

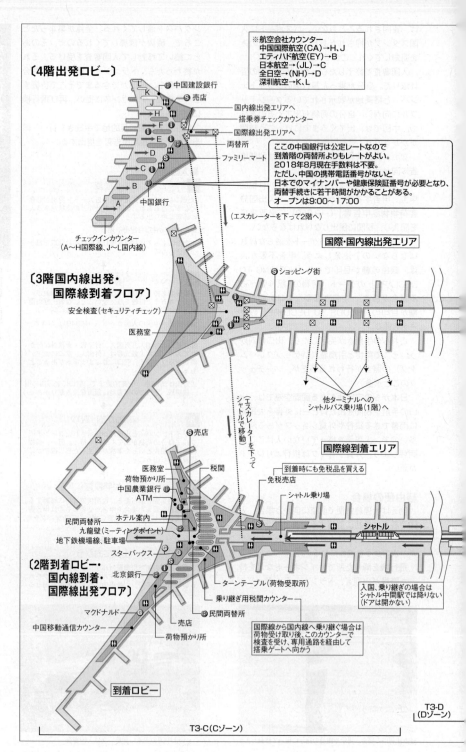

※航空会社カウンター
中国国際航空(CA)→H、J
エティハド航空(EY)→B
日本航空→(JL)→C
全日空→(NH)→D
深圳航空→K、L

〔4階出発ロビー〕

中国建設銀行
売店
国内線出発エリアへ
搭乗券チェックカウンター
国際線出発エリアへ
両替所
ファミリーマート

ここの中国銀行は公定レートなので
到着階の両替所よりもレートがよい。
2018年8月現在手数料は不要。
ただし、中国の携帯電話番号がないと
日本でのマイナンバーや健康保険証番号が必要となり、
両替手続きに若干時間がかかることがある。
オープンは9:00〜17:00

中国銀行

チェックインカウンター
(A〜H国際線、J〜L国内線)

(エスカレーターを下って2階へ)

国際・国内線出発エリア

〔3階国内線出発・
　国際線到着フロア〕

ショッピング街

安全検査(セキュリティチェック)

医務室

他ターミナルへの
シャトルバス乗り場(1階)へ

(エスカレーターを下って
シャトルで移動)

国際線到着エリア

売店

税関

到着時にも免税品を買える

医務室
荷物預かり所
中国農業銀行
ATM

免税売店

シャトル乗り場

民間両替所
ホテル案内
九龍壁(ミーティングポイント)
地下鉄機場線、駐車場
スターバックス

シャトル

〔2階到着ロビー・
　国内線到着・
　国際線出発フロア〕

北京銀行

入国、乗り継ぎの場合は
シャトル中間駅では降りない
(ドアは開かない)

マクドナルド

中国移動通信カウンター

売店

荷物預かり所

ターンテーブル(荷物受取所)

乗り継ぎ用税関カウンター

民間両替所

国際線から国内線へ乗り継ぐ場合は
荷物受け取り後、このカウンターで
検査を受け、専用通路を経由して
搭乗ゲートへ向かう

到着ロビー

T3-D
(Dゾーン)

T3-C(Cゾーン)

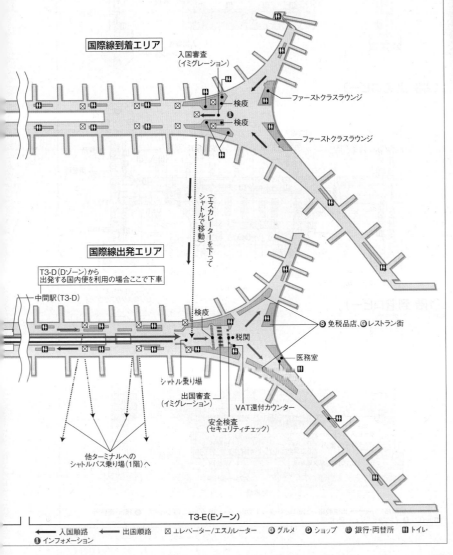

北京首都国際空港第3旅客ターミナル

（2018年8月現在）

北京首都国際機場：<U> www.bcia.com.cn

※日本との直行便の場合、
中国国際航空（CA）、エティハド航空（EY）、日本航空（JL）、
全日空（NH）、深圳航空（ZH）が使用
※空港内は全面禁煙

国際線到着エリア

入国審査
（イミグレーション）

ファーストクラスラウンジ

検疫

検疫

ファーストクラスラウンジ

（エスカレーターを下って
シャトルで移動）

国際線出発エリア

T3-D（Dゾーン）から
出発する国内便を利用の場合ここで下車

中間駅（T3-D）

検疫

免税品店、レストラン街

税関

医務室

シャトル乗り場

出国審査
（イミグレーション）

VAT還付カウンター

安全検査
（セキュリティチェック）

他ターミナルへの
シャトルバス乗り場（1階）へ

T3-E（Eゾーン）

入国順路　　出国順路　区 エレベーター/エスカレーター　グルメ　ショップ　銀行・両替所　トイレ・
インフォメーション

655

北京首都国際空港第2旅客ターミナル

(2018年8月現在)

北京首都国際機場: U www.bcia.com.cn
※日本との運航便の場合、海南航空（HU）、
　中国東方航空（MU）、パキスタン航空（PK）が使用
※空港内は全面禁煙

〔3階 入国手続きロビー〕

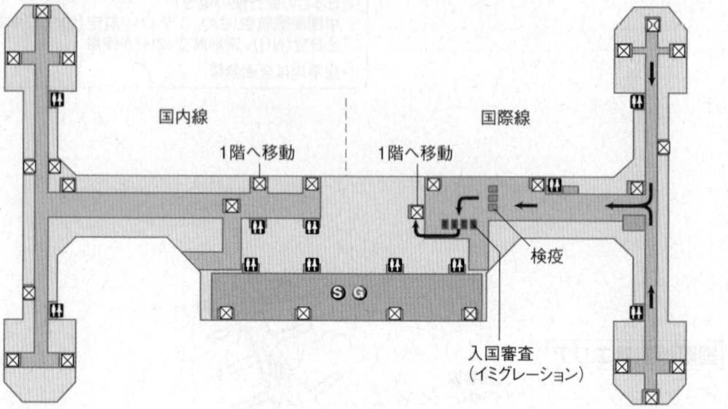

国内線　　　国際線

1階へ移動　1階へ移動

検疫

入国審査
（イミグレーション）

〔2階 出発ロビー〕

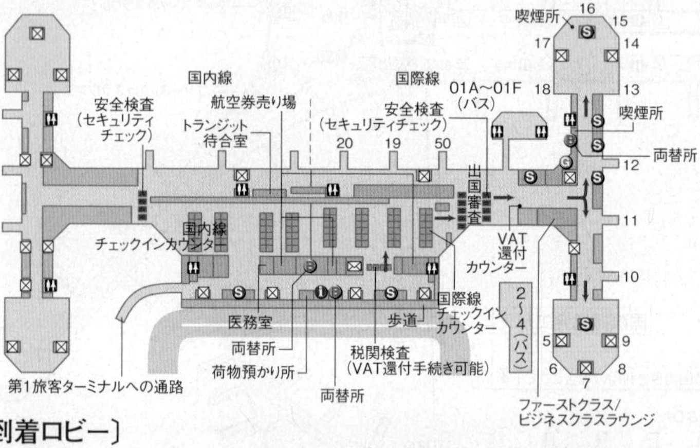

喫煙所

16
17　15
　　14
　　13
喫煙所
　　12　両替所

11

10

9
8
7

国内線　　　国際線

安全検査
（セキュリティチェック）

航空券売り場

トランジット待合室

安全検査
（セキュリティチェック）

01A～01F
（バス）

20　19　50

出国審査

VAT還付カウンター

国内線チェックインカウンター

国際線チェックインカウンター

2～4
（バス）

医務室

歩道

両替所
荷物預かり所

税関検査
（VAT還付手続き可能）

第1旅客ターミナルへの通路

両替所

ファーストクラス/
ビジネスクラスラウンジ

〔1階 到着ロビー〕

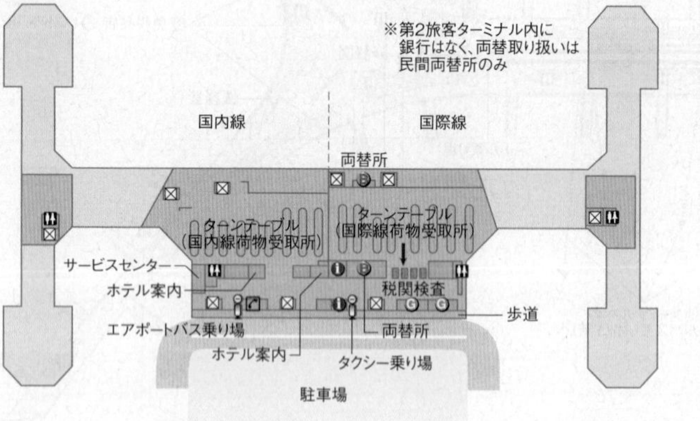

※第2旅客ターミナル内に
銀行はなく、両替取り扱いは
民間両替所のみ

国内線　　　国際線

両替所

ターンテーブル
（国内線荷物受取所）

ターンテーブル
（国際線荷物受取所）

サービスセンター

ホテル案内

税関検査

歩道

エアポートバス乗り場

両替所

ホテル案内

タクシー乗り場

駐車場

← 入国順路　← 出国順路　⊠ エレベーター/エスカレーター　Ⓖ グルメ　Ⓢ ショップ　Ⓑ 銀行・両替所
⊞ トイレ　❶ インフォメーション　☎ 電話

上海虹橋国際空港第1ターミナル

(2018年8月現在)

上海機場(集団)有限公司: **U** www.shanghaiairport.com
※空港内は全面禁煙
※VAT還付は、チェックイン前に税関で書類手続きを行い、出国審査後に2階出発ロビーの制限エリア内にある「離境退税」の表示がある専用窓口で払い戻しを受ける

〔2階/3階/4階 出発ロビー〕

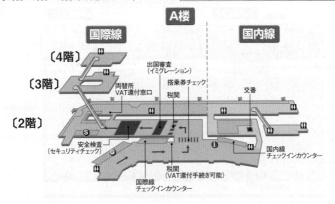

A楼

国際線　　　国内線

〔4階〕

〔3階〕
両替所
VAT還付窓口

出国審査(イミグレーション)
搭乗券チェック
税関
交番

〔2階〕
安全検査(セキュリティチェック)
税関(VAT還付手続き可能)
国際線チェックインカウンター
国内線チェックインカウンター

〔1階 到着ロビー〕

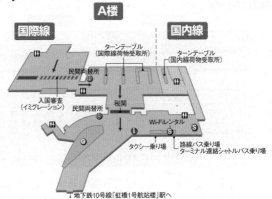

A楼

国際線　　　国内線

ターンテーブル(国際線荷物受取所)
ターンテーブル(国内線荷物受取所)
民間両替所
入国審査(イミグレーション)
民間両替所
税関
Wi-Fiレンタル
タクシー乗り場
路線バス乗り場
ターミナル連絡シャトルバス乗り場

↓地下鉄10号線「虹橋1号航站楼」駅へ

〔上海虹橋国際空港 第1ターミナル(1号航站楼)全体図〕

※2017年3月にターミナルロビーがB楼からA楼に移転した

(1階)

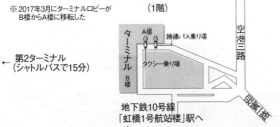

ターミナルA楼
路線バス乗り場
タクシー乗り場
ターミナルB楼
空港三路
外環隧道

←第2ターミナル(シャトルバスで15分)

地下鉄10号線「虹橋1号航站楼」駅へ
↓

←━━ 入国順路　←━━ 出国順路　Ⓖ グルメ　Ⓢ ショップ　Ⓑ 銀行・両替所　Ⓗ トイレ　Ⓘ インフォメーション

（2018年8月現在）

上海機場（集団）有限公司: **U** www.shanghaiairport.com
※空港内は全面禁煙
※VAT還付は、チェックイン前に税関で書類手続きを行い、
3階出発ロビーの19ゲート付近「離境退税」の表示がある
専用窓口で払い戻しを受ける（24時間受付）

〔3階 出発ロビー〕

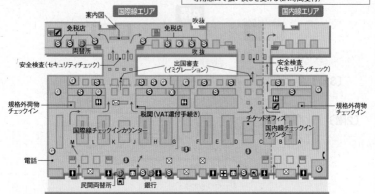

※2階はレストランフロア

〔1階 到着ロビー〕

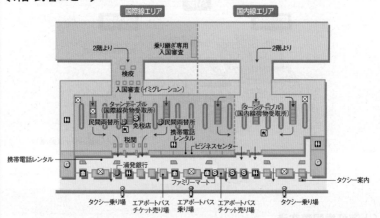

〔上海浦東国際空港全体図〕

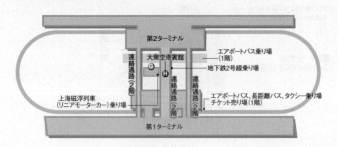

⟵ 入国順路　⟵ 出国順路　⊠エレベーター/エスカレーター　🅗ホテル　🅖グルメ　Ⓢショップ　🅡リラクセーション　🅑銀行・両替所
⊠郵便局　🚻トイレ　❶インフォメーション　✚救護室　🛄手荷物預かり所　🅟カート置き場　◪授乳室

上海浦東国際空港第2ターミナル
（2018年8月現在）

上海機場（集団）有限公司: 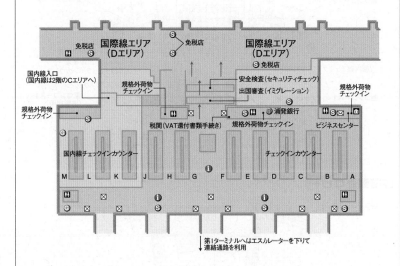 www.shanghaiairport.com
※空港内は全面禁煙
※4階はレストランフロア
※VAT還付は、チェックイン前に税関で書類手続きを行い、出国審査後に3階出発ロビーのD83ゲート付近「離境退税」の表示がある専用窓口で払い戻しを受ける（24時間受付）

〔3階 出発ロビー〕

〔2階 到着ロビー〕

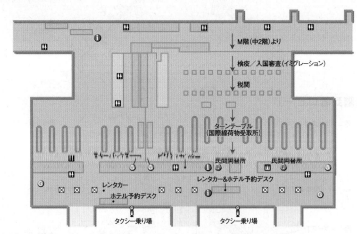

※1階はエアポートバス乗り場

⟵ 入国順路　⟵ 出国順路　⊠エレベーター/エスカレーター　Ⓖグルメ　Ⓢショップ　Ⓑ銀行・両替所
⊠郵便局　🚻トイレ　ⓘインフォメーション　🔲手荷物預かり所

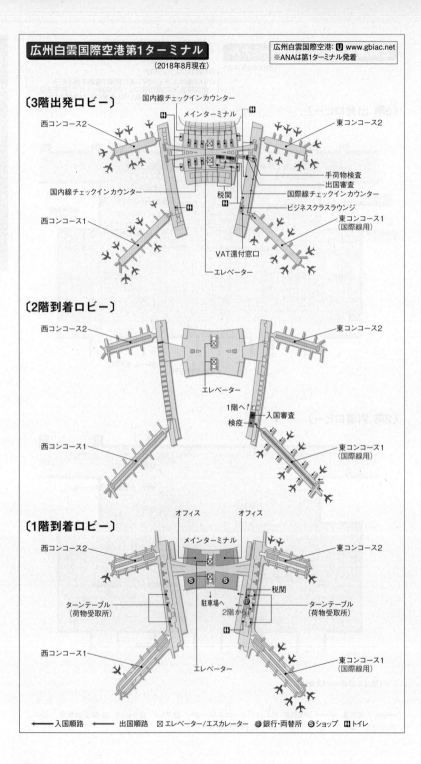

広州白雲国際空港第1ターミナル
（2018年8月現在）

広州白雲国際空港: **U** www.gbiac.net
※ANAは第1ターミナル発着

〔3階出発ロビー〕

国内線チェックインカウンター
メインターミナル
西コンコース2
東コンコース2
手荷物検査
出国審査
国内線チェックインカウンター
税関
国際線チェックインカウンター
ビジネスクラスラウンジ
西コンコース1
東コンコース1
（国際線用）
VAT還付窓口
エレベーター

〔2階到着ロビー〕

西コンコース2
東コンコース2
エレベーター
1階へ↑
入国審査
検疫
西コンコース1
東コンコース1
（国際線用）

〔1階到着ロビー〕

オフィス
オフィス
メインターミナル
西コンコース2
東コンコース2
税関
ターンテーブル
（荷物受取所）
駐車場へ
2階から↑
ターンテーブル
（荷物受取所）
西コンコース1
東コンコース1
（国際線用）
エレベーター

◀── 入国順路　◀── 出国順路　⊠ エレベーター/エスカレーター　⑤ 銀行・両替所　Ⓢ ショップ　🚻 トイレ

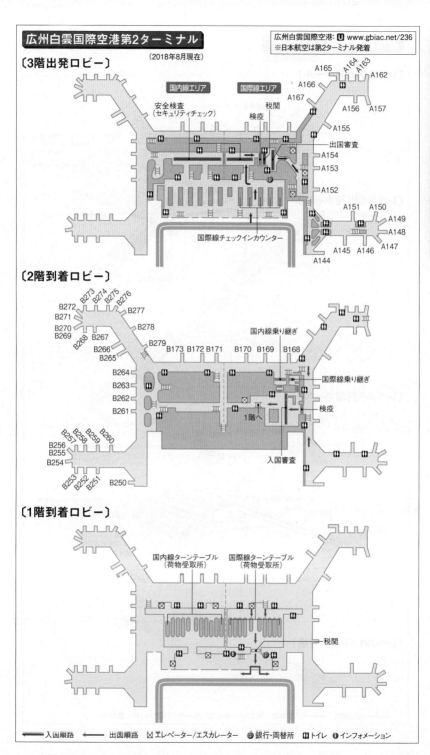

広州白雲国際空港第2ターミナル

(2018年8月現在)

広州白雲国際空港: www.gbiac.net/236
※日本航空は第2ターミナル発着

〔3階出発ロビー〕

国内線エリア　　国際線エリア

安全検査
(セキュリティチェック)

税関

検疫

出国審査

国際線チェックインカウンター

A165　A164　A163
A166　　　　A162
A167
　　　A156　A157
A155
A154
A153
A152
A151　A150
A149
A148
A147
A145　A146
A144

〔2階到着ロビー〕

B273　B274　B275
B272　　　　　B276
B271
B270　　　　　B277
B269　B268　B267　B278
B266　　　　　B279
B265
B264　　B173　B172　B171　B170　B169　B168
B263
B262
B261

国内線乗り継ぎ

国際線乗り継ぎ

検疫

1階へ

入国審査

B256　B257　B258　B259　B260
B255
B254
B253　B252　B251　B250

〔1階到着ロビー〕

国内線ターンテーブル
(荷物受取所)

国際線ターンテーブル
(荷物受取所)

税関

━━━ 入国順路　　◀━━ 出国順路　　⊠ エレベーター/エスカレーター　　● 銀行・両替所　　🚻 トイレ　　❶ インフォメーション

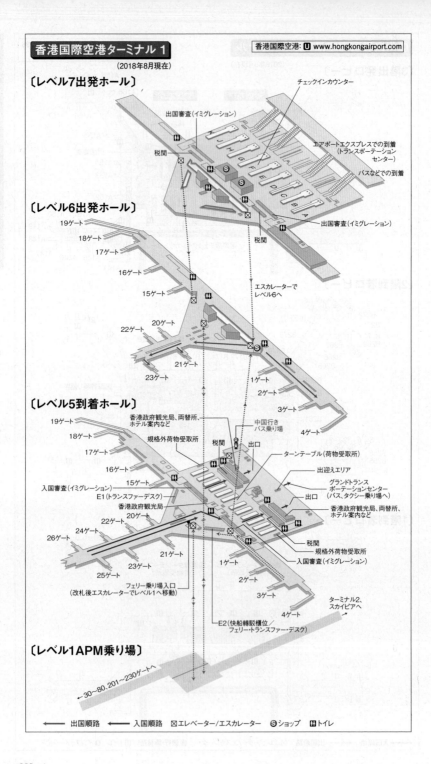

香港国際空港ターミナル1

（2018年8月現在）

香港国際空港：U www.hongkongairport.com

〔レベル7出発ホール〕

チェックインカウンター

出国審査（イミグレーション）

税関

エアポートエクスプレスでの到着
（トランスポーテーション
センター）

バスなどでの到着

出国審査（イミグレーション）

税関

〔レベル6出発ホール〕

19ゲート
18ゲート
17ゲート
16ゲート
15ゲート
22ゲート
20ゲート
21ゲート
23ゲート

エスカレーターで
レベル6へ

1ゲート
2ゲート
3ゲート
4ゲート

〔レベル5到着ホール〕

19ゲート
18ゲート
17ゲート
16ゲート
15ゲート

香港政府観光局、両替所、
ホテル案内など

規格外荷物受取所

税関

出口

中国行き
バス乗り場

ターンテーブル（荷物受取所）

出迎えエリア

グランドトランス
ポーテーションセンター
（バス、タクシー乗り場へ）

出口

香港政府観光局、両替所、
ホテル案内など

税関

規格外荷物受取所

入国審査（イミグレーション）

入国審査（イミグレーション）
E1（トランスファーデスク）

香港政府観光局

26ゲート
24ゲート
22ゲート
20ゲート
25ゲート
23ゲート
21ゲート

フェリー乗り場入口
（改札後エスカレーターでレベル1へ移動）

1ゲート
2ゲート
3ゲート
4ゲート

ターミナル2、
スカイピアへ

E2（快船轉駁櫃位／
フェリー・トランスファーデスク）

〔レベル1APM乗り場〕

←30～80、201～230ゲートへ

← 出国順路　← 入国順路　⊠エレベーター/エスカレーター　Ⓢショップ　🚻トイレ

大連周水子国際空港

（2018年8月現在）

大連周水子国際空港：**U** www.dlairport.com

〔2階 出発ロビー〕

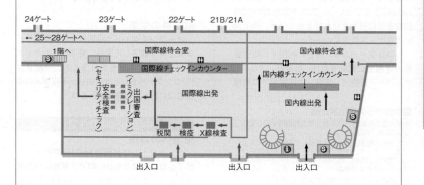

〔1階 到着ロビー〕

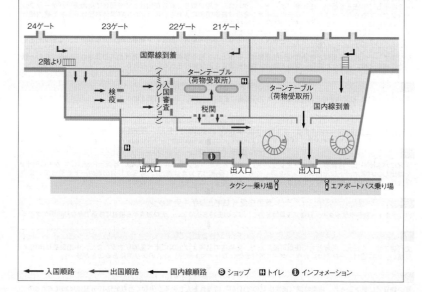

←── 入国順路　　←── 出国順路　　──── 国内線順路　　**S** ショップ　　🚻 トイレ　　❶ インフォメーション

中国を出国する

帰国時の諸手続き

リコンファーム

リコンファームとは飛行機の予約の再確認のことで、中国語では「確認座位(quèrèn zuòwèi)」などという。搭乗予定時刻の72時間前までに行わなければならないが、今では必要なケースは少ない。

リコンファームは、自分の利用する航空会社の連絡先に電話をかけ、搭乗日、フライトナンバー、目的地、氏名、中国国内での連絡先(ホテルの電話番号と部屋番号、または携帯電話の番号)を伝えればよい。日系の航空会社なら日本語が通じるがそれ以外は中国語もしくは英語の対応となる。

航空券の変更

オープンチケットや帰国日などを変更できる航空券を購入した人は、帰国日がわかった時点で早めに手続きを行うこと。手続きは「リコンファーム」とほぼ同じ。不安な人は直接窓口に行って処理するとよい。

■中国からの輸出禁止品

中華人民共和国持ち込み禁止物品範囲内と同じ物品(P.652表の輸出禁止品)

内容が国家機密にかかわる原稿、印刷物、フィルム、写真、レコード、映画、録音テープ、ビデオテープ、CD、VCD、DVD、Blu-ray、コンピューター用の各種メディアおよび物品

文化遺産およびその他輸出禁止品(→P.652)

絶滅の危機に瀕している希少動植物(標本含む)およびその種子、繁殖材料

中国出国時の注意点

空港への移動

チェックインは出発時刻の1時間前までに終了しなければならないので、早めに行動するとよい。ホテルでタクシーの予約ができるなら、フロントに依頼しておこう。

■飛行機で中国を出国するときの手順(上海浦東国際空港の例。空港により順序の異なることがある)

※2018年8月現在、空港では厳格に手続きを進めているため出国審査を終えるまでかなりの時間がかかる

1 空港へ向かう

少なくとも出発予定の2時間前には空港に到着しておくこと。上海など複数の空港、ターミナルに分かれている都市もあるので、出発前にいま一度確認しておくこと。チェックイン締め切りは通常出発1時間前。また、タクシーを利用する場合は、前もってホテルのフロントで手配しておくこと。雨の日などは道端で流しのタクシーをつかまえるのは難しい

2 チェックイン

空港に着いたらチェックインカウンターへ。航空券かプリントアウトしたeチケット控えまたはバウチャーとパスポートを提示して手続きを行い、搭乗券(ボーディングパス)を受け取る。託送荷物はここで預けて引換証(バゲージクレームタグ)をもらう。リチウム/リチウムイオン電池は託送荷物に入れないように。VAT還付を受ける品物を機内預けしたい場合は、チェックインする前に税関窓口で手続きする
※空港へは出発2時間前までに。手続き締め切りは通常出発1時間前
※ウェブ(オンライン)チェックインを導入している航空会社の場合、当日の手続きが簡単になるので、ウェブチェックインをしておいたほうがよい
※空港サービス施設使用料と燃油特別付加運賃は、原則として航空券購入時に航空券代金に加算されている。なお、原油価格が大幅に上昇した場合、空港で燃油特別付加運賃を追加徴収されることもある

3 出国手続きを行うフロアに向かう

空港によっては、税関申告や出国審査はターミナルの奥にあるケースも。早めの行動を取るように

4 税関申告(該当者のみ)

該当者は、入出国旅客荷物物品申告書(記入例→中国=P.650)に必要事項を記入し、税関職員に提出する

5 出国審査(イミグレーション)

係官にパスポート、搭乗券(ボーディングパス)、出国カード(記入例→中国=P.649、香港=P.651、マカオは廃止)を提出し、パスポートに出国スタンプを押してもらう(香港、マカオは廃止)。あらかじめ出国カードを持っていない場合は、審査カウンターの前で出国カードを取り、記入する。出国時には、通常質問されることはない

6 安全検査(セキュリティチェック)

ペットボトル飲料やライター、刃物(工具類を含む)はこの先持ち込めない。テロ対策から検査は厳重でかなり時間がかかる

7 免税ショッピング

免税店では、人民元、外貨ともに使用可能。ただ、免税店の品揃えは他国に比べ見劣りする。また、中国製品は市内より高い。VAT還付(→P.714)カウンター(還付金受け取りカウンター)はこのエリアにあることが多い

8 搭乗

買い物などに気を取られ、搭乗時間(通常出発の30分前)に遅れる人もいる。少なくとも出発45分前には指定されたゲートの前にいるようにしよう。広大な空港の場合は特に注意が必要。空港によっては電動カート(有料)などがある所も

また、夕刻のラッシュに当たってしまうと車では身動きが取れなくなることがある。夕刻の飛行機を利用する人は、できるだけ時間に余裕をもって行動する必要がある。

出国時の諸注意

中国には輸出禁止品や持ち出し制限（→P.664、665）があり、日本にも持ち込みが制限・禁止されている物品（→P.666）があるので、事前に知っておこう。

中国入国時に税関で申告する物品があった人は、そのときに受け取った申告書（右半分が出国旅客荷物物品申告書になっている）を提出して手続きを行う。

飛行機で出国する

ターミナルが複数ある空港もあるので、事前にインターネットや航空会社の問い合わせ窓口などでどのターミナルか確認しておこう。また、大都市の空港はかなり広いので、チェックインを終えて搭乗券（ボーディングパス）を入手したら、まずはしっかりと搭乗ゲートを確認しよう。うっかり間違えてしまうと、乗り遅れてしまう恐れがある。

経由便で中国を出国する場合、出国手続きは中国の最終出発地で行うので注意しよう（例えば、北京→大連→成田という経由便では、出国手続きは大連で行う）。

機内持ち込み制限

中国民用航空総局（CAAC）の通達によって、中国でも機内への液体物持ち込みに制限が設けられている。その内容は日本と同じで、次のようなことになっている。

❶すべての液体物は100mℓ以下の容器に入れる。液体物には、歯磨きやヘアジェルのほか、レトルト食品や味噌、漬物類なども含まれる。

❷❶の容器をすべてファスナー付きの透明プラスチック袋に入れる。サイズは最大で20×20cm。

❸機内に持ち込めるのは❷の袋ひとつだけ。

また、中国ではライターの機内持ち込みは一切禁止されている。

このほか、2018年8月現在、携帯電話やカメラ、PCなどの電源として使用されているリチウム電池を託送荷物に入れることは禁止されている。荷物を預ける前にそれらを抜いて、機内持ち込み手荷物に移しておくこと。

また、ワット時定格量（Wh）によって個数制限が設けられているので注意が必要となる。

100Wh以下の予備電池は無制限。100Whより多く160Wh以下は2個まで。160Whを超えるものは不可。詳しくは各航空会社に確認を。

日本へ帰国する

入国手続き

飛行機、船ともに手続きはほぼ同じ。最初に検疫があるが、中国からの場合は基本的に申告不要（伝染性の疾病が発生した場合は別。また、体調に異常があるときは健康相談室へ）。入国審査でパスポートを提示して帰国のスタンプをもらったあとターンテーブルから自分の荷物を受け取り税関検査台に進む。免税範囲内なら緑色、超えている、あるいはわからない場合は赤色の検査台で検査を受ける。

「携帯品・別送品申告書」1部（おみやげやオーダーメイド品などを現地から郵送した人は2部）を係官に提出する。免税の範囲や輸入禁止品は右表やP.666表を参照。

帰国した気の緩みから到着ロビーでの荷物の盗難が相次いでいるので注意しよう。

税関
Ⓤwww.customs.go.jp

■日本帰国の際の免税範囲

品名	数量または価格	備考
酒類	3本	1本760mℓ程度のもの
たばこ	紙巻きのみ：国産、外国産各200本 葉巻のみ：50本 その他：250g	外国たばこと国産たばこ200本（1カートン）ずつまでが免税範囲となる
香水	2オンス	1オンスは約28mℓ
1品目の海外市価が1万円以下の物	全量	下記の免税枠20万円に含めなくてよい
その他	海外市価の合計が20万円以内のもの	品物の合計額が20万円を超える場合、20万円分を免税とし、残りの品物に課税する。どれを課税品とするかなどは税関で指示してくれる

■日本への持ち込みが禁止されているもの

品名	備考
麻薬、向精神薬、大麻、アヘン、けしがら、覚せい剤およびアヘン吸煙具	大麻種子（麻の実）も規制対象
けん銃、小銃、機関銃、砲、これらの銃砲弾およびけん銃部品	
爆発物、火薬類	ダイナマイトなど
化学兵器の禁止および特定物質の規制等に関する法律第2条第3項に規定する特定物質	化学兵器の原料となる物質
感染症の予防および感染症の患者に対する医療に関する法律第6条第20項に規定する一種病原体等および同条第21項に規定する二種病原体等	痘そうウイルス、ペスト菌や炭疽菌など
貨幣、紙幣、銀行券、印紙、郵便切手または有価証券の偽造品、変造品、模造品および偽造カード（生カードを含む）	偽造金貨や偽札など
公安または風俗を害すべき書籍、図画、彫刻物その他の物品	わいせつ雑誌、わいせつDVDなど
児童ポルノ	
特許権、実用新案権、意匠権、商標権、著作権、著作隣接権、回路配置利用権または育成者権を侵害する物品	不正コピーDVDや不正コピーソフトなど
不正競争防止法第2条第1項第1号から第3号までに掲げる行為を組成する物品	偽ブランド品など
植物防疫法や家畜伝染病予防法において輸入が禁止されているもの	詳細については最寄りの動物検疫所、検疫所に問い合わせ。特定外来生物については環境省自然環境局野生生物課に問い合わせ

■日本への持ち込みが制限されているもの

品名	備考
ワシントン条約により輸入が制限されている動植物やその製品	ワニ、蛇、リクガメ、象牙、じゃ香、サボテンなど（漢方薬などの加工品、製品も規制の対象となる）
事前に検疫確認が必要な生きた動植物、肉製品（ソーセージやジャーキー類含む）、米など	植物：税関検査の前に検疫カウンターでの確認が必要 動物：動物検疫所ウェブサイトで渡航前に確認を Ⓤwww.maff.go.jp/aqs
猟銃、空気銃、刀剣（刃渡り15cm以上）など	公安委員会の所持許可を受けるなど所定の手続きが必要
医薬品、化粧品	医薬品および医薬部外品：2ヵ月分以内、外用剤：1品目24個以内、化粧品：1品目24個以内、医療器具：1セット（家庭用のみ）
輸入貿易管理令で規制され、経済産業大臣の輸入割当や承認が必要なもの	1000枚を超える大量の海苔など

■携帯品・別送品申告書（別送品がある場合は2部提出）

※土が付いていない野菜、切り花などは持ち込みが可能。その際は、税関検査前に植物検疫カウンターで現物を見せて検査を受ける

※肉類は基本的に持ち込みができないが、常温保存が可能な缶詰、レトルトパウチ加工（真空パックとは異なる）のものは持ち込み可能。ジャーキー類やハム、ソーセージなど（金華ハム、調理済み北京ダックなど含む）は上記加工品以外は不可

※日本薬局方の生薬として記載されているものは日本では薬品の扱いとなるので量に注意。例えば桂皮やナツメなど

中国国内の移動

飛行機を利用する

航空券の購入

中国もオンライン化が主流となり、端末のある航空券売り場なら現地以外のフライトも手配できるようになり、旅行の手配が楽になった。

町なかの旅行会社などではディスカウントチケットも扱うようになっている。ただし、キャンセル時の払い戻し（基本的に購入場所のみ）などでトラブルが発生することもあるので、よく考えてから購入しよう。

購入時には、パスポートを持参し、購入書に必要事項を記入する必要があるので、お金と合わせ忘れないように持っていこう。なお、国内線でもリコンファームが必要となる場合もあるので注意すること。

搭乗手順

国内線の利用方法は基本的に次のとおり。

❶1時間前までには空港に行く

チェックインカウンターのオープン時間は、空港によって異なるが、出発時刻の45分前まで。手続きを始めて飛行機に乗り込むまでに30分は必要だから、出発時刻の1時間前には空港に到着しているようにしよう。空港がある町では、航空券売り場などからエアポートバスが出ていることが多いので、これを利用すると安くて便利。

❷空港に到着する

係員にパスポートと航空券を見せる。すべての空港で入口に荷物のX線検査があるので荷物を通して中へ入る。

❸チェックインする

自分が乗るフライトナンバーが表示されたチェックインカウンターに並ぶ。順番が来たらパスポートと航空券を係員に手渡し、搭

中国国際航空の自動チェックイン機（青島流亭国際空港）

券を発券してもらう。

託送荷物には引換証（バゲージクレームタグ）を付けてもらい、控えの半券を受け取る。荷物が規定重量を超えた場合は指定のカウンターで超過料金を支払う。

多くの空港では、自動チェックインできる機械を設置しているので、利用すると時間を短縮できる。

使用方法は、パスポートを読み込ませ、フライトナンバー等の情報を入力するだけ。すぐに搭乗券が発券される。近くに係員がいるので、わからなければ尋ねるとよい。

託送荷物のある人は、自動チェックイン専用の託送荷物受付デスクがあるので、そちらに向かう。

❹待合室へ行く

待合室に入る前に安全検査を受ける。まずはカウンターで係官にパスポート、搭乗券を手渡す。係官は中をチェックしたあと、搭乗券に確認済みのスタンプを押して、パスポート、搭乗券を返してくれる。次に手荷物検査とボディチェックがある。手荷物はX線検査機に通し、本人は危険なものを身につけていないかどうかチェックされる。PCは手荷物から出して、単独でX線検査機を通すこと。

❺飛行機に搭乗する

出発時刻の30分くらい前になると搭乗手続きが始まるので、搭乗券に書いてあるゲート（搭乗口）に並ぶ。自分の順番が来たら、係員に搭乗券を渡し、搭乗券の半券を受け取る。ゲートから直接搭乗できる場合もあれば、飛行機がある場所までシャトルバスに乗るか歩いて行き、タラップを上がって搭乗することもある。

機内でのルールは日本と同じ。中国の国内線は空港内も機内も禁煙だ。機内では飲み物や食事が提供される。

❻目的地に着いたら

飛行機が目的地に着陸したら、託送荷物の受け取り場所を目指す。荷物を受け取ったら、出口に向かう。

空港によっては出口で荷物チェックをする所もある。このとき、引換証の半券を提示し、間違いなく自分の荷物であることを証明しよう。

おもな列車の種類

高速鉄道の開業や新型車両の導入にともない、列車の種類も多様化している。種別は列車番号の頭文字で区別。

D＝動車／dòngchē

時速200キロ以上で走る高速列車「CRH」などを含む動力分散型列車。短距離運行が比較的多かったが、長距離列車も増えている。

動車や高鉄、城際が走る路線は全国で急増している

C＝城際／chéngjì

高速列車「CRH」を使った都市間列車。北京南～天津間などで運行。

G＝高鉄／gāotiě

CRHでも時速300キロ運転をする最高速タイプの列車。運営区間は年々増えている。

Z＝直達／zhídá

25T型という客車で運行される特快列車。料金は特快列車と同じ。

T＝特快／tèkuài

昔からある標準的な特急列車。昼行も夜行もあり、高速化が進んでいる。

K＝快速／kuàisù

特快よりも停車駅が多く、地方路線をカバーする運行が多い。設備は見劣りする。

L＝臨時／línshí

繁忙期に運行される臨時列車。速度や設備は快速に準じる場合が多い。

Y＝旅游／lǚyóu

主として観光用に運行される列車。設備や運行形態は地域により多様。

頭文字なし＝普通／pǔtōng

ローカル線で運行されている普通列車。列車番号1001～5998は普通旅客快車（普快）、6001～8998は普通旅客慢車（慢車）。

高速鉄道の座席種類

1等（一等）／yīděng

日本でいうグリーン車。片側2列で座席はゆったりしている。在来線の軟座に相当する。

2等（二等）／èrděng

日本でいう普通車。片側2列＋3列で、座席間隔は日本の新幹線普通車とほぼ同様。

商務（商务）／shāngwù

京滬高速鉄道など一部路線に設定。1等より上級で、飛行機のビジネスクラス並みの豪華シート。ほとんどの駅に専用の待合室があり、改札も一般乗客とは別になる。

特等・観光（特等・观光）／tèděng・guānguāng

路線により呼び方が異なるが、前面展望可能な車両を使用した一部の列車の先頭車と最後尾車にある展望席。座席は1等と同じ。

在来線の座席種類

等級は「軟（グリーン車相当）」と「硬（普通車相当）」に、種別は「座（座席）」「臥（寝台）」にそれぞれ大別できる。

軟臥（软卧）／ruǎnwò

4人1室のコンパートメント式寝台車。片側にクッションの利いたベッドが2段ずつあり、廊下とはドアで仕切られている。1列車当たりの席が少なく、切符の入手は比較的困難。

高包（高包）／gāobāo

一部の列車に連結される最高級寝台車。ふたり1室のコンパートメント式。

軟座（软座）／ruǎnzuò

比較的短距離の列車に連結されているグリーン座席車に相当する車両。席は片側2列でゆったりとした配置。

硬臥（硬卧）／yìngwò

上・中・下段がある普通寝台車。廊下との仕切りはなく、ベッドも硬いが長距離列車では人気が高く切符の入手は困難。

硬座（硬座）／yìngzuò

片側2列＋3列の普通座席車。申し訳程度のクッションがある硬いシートで、長距離移動にはかなりこたえる。

切符の購入

所在地以外の町から発車する列車の切符も購入可能（一部不可）となっているので、旅程が決まったら、早めに購入することが重

パスポートが必要

一部列車を除き、鉄道切符の購入に際して、身分証明書（パスポート）の提示が必要。代理購入の場合は、代理人（旅行会社や友人）に証明書コピーを送付して依頼する。外国人の切符購入は駅などの窓口でのみ可能で、自動券売機は2018年8月現在非対応。

要。切符の購入方法には次の方法がある。

❶旅行会社に依頼する

1枚につき20〜50元の手数料が必要となる。また、購入に身分証明書が必要となってからは、手続きを扱わない旅行会社も増えている。

❷窓口で購入する

駅や市内に鉄道切符売り場があるので、そこで購入する（後者は要手数料）。売り場は本書の各都市「Access」のデータ項に記載のほか、中国鉄道客戸服務中心（→P.26）の「客票代售点査詢」で確認できる。

❸日本で予約する

Trip.comを利用すれば日本で切符の予約ができる。予約が完了すると番号をもらえるので、出力するかスマートフォンに保存し、駅や町中の切符売り場で番号を示して、切符を受け取ることができる（パスポート必須）。なお、市中の売り場は、1枚5元の手数料がかかるので注意。

バスを利用する

小さな町まで網羅するバス

中国の交通手段を血管にたとえるなら、鉄道が大動脈、バスが毛細血管といったところだろうか。バスの路線は中国全土を網の目のように覆っているので、かなり小さな町まで行くことができる。特に広東省の充実ぶりには目を見張るものがある。

バスの特徴

高速鉄道の整備で長距離バスは減ってきている。バス利用のメリットは、5時間以内（目安は300〜400km）だろう。

鉄道だと列に並んで切符を購入しなければならないし、途中駅から乗車した場合、まず座席は確保できない。これがバスだと、切符は当日でも購入できる。そのほか、鉄道よりはるかに路線や便数が多いこともメリットとして挙げられる。

もちろん欠点もある。最大の欠点は安全面の軽視だ。運転手はとにかくスピードを出す。こういったことは、乗客の心がけで解決できるようなことではないが、夜間の移動や長距離の移動にはできるだけ利用しないなどの注意が必要だ。

バスターミナル

バスターミナルは、小さな町では中心部にある場合が多く、都市部では渋滞を避ける意味から中心部を離れた2、3ヵ所以上に分かれている所が多い。

切符はバスターミナル内の切符売り場で10〜2日前から（近郊は当日券が多い）販売されているので、「その便に乗らなければ」という人は前日までに購入しておくとよいだろう。

なお、やりとりは基本的に中国語なので、言葉に不安のある人は、行き先、日時、枚数などを紙に書いて販売員に渡せばよい。

バスの乗り方

特別な順序があるわけではない。20分前までにバスターミナルに行き、入口で荷物のチェックを受け、待合室に入る。出発の10分ほど前から改札が始まるので、それを終えたら自分の乗るバスに向かい、荷物を積み込む。

なお、切符を当日購入しようと考えている場合は、少し早めにバスターミナルに向かおう。また、大きいバスターミナルだと、同じ時間帯に同じ目的地に向かうバスが重なることもあるので、時間間際の行動は避けたい。

船を利用する

中国の航路

海岸線の町同士を結ぶ航路もあるが、鉄道や空路が整備された中国では移動手段としての利便性は低くなっている。船旅を楽しみたいという人でなければ、移動手段から除外してもかまわないだろう。

珠江デルタは例外

広東省のほぼ中央部を流れる珠江には、大小多くの支流が入り組んで流れ込んでいる。その水運を活用して、古くから水上交通網が整備されてきた。

経済発展によって高速道路が網の目状に張り巡らされるようになると、中国サイドの町と香港、マカオを結ぶ旅客航路として集中的に使用されるようになってきた。特に香港とマカオには、さほど広くはないエリアにいくつもの港が建設され、乗客はより手軽に利用できるようになっている。

特に便利なのは、香港国際空港に隣接したスカイピア。空港到着後、香港で入国審査を受けずに、そのまま中国広東省の広州、深圳、東莞虎門、中山、珠海などに移動できるサービスを提供している。

市内交通

空港と市街地の間の移動

エアポートバスで市内へ

便数の少ない地方空港を除き、ほとんどの空港と市内はエアポートバスで結ばれている。これが手頃な価格で簡単に利用できる移動手段だ。

空港から市内に向かうバスは、1階の到着ロビー出口付近が乗り場になっていることが多い。場所がわからないときは空港の職員に尋ねよう。切符は空港内のカウンターで売っている所と乗車して車掌から購入する所とがある。距離にもよるが、料金は10〜30元程度。

このほか、路線バスが空港まで運行されている町もあるが、停留所から空港のターミナルまで少々離れていることがあるので注意。

代表的なエアポートバス（西寧）

タクシーで市内へ

空港の内部や外には客引きがいっぱいいるが、空港の到着ロビーの前にタクシー乗り場があるので、トラブルを防ぐためにも必ずこういった正規の乗り場で乗車すること。

タクシーがらみのトラブルで最も多いのが、空港から市内へのタクシーだ。初めてその町に着いた人も多いからだろうが、相場の5〜10倍もの料金を平気でふっかけてくる運転手がいる。空港の出口で声をかけてくる運転手は、ほとんどがこういった手合いだから、絶対に無視すること。

空港と市内の間の料金相場がわからないときは、空港の職員やホテルの従業員に尋ねれば、だいたいの料金がわかる。

また、各都市のアクセス欄にも料金の目安を記載しているので、参考にしてほしい。とにかく、タクシーにボられないためにも、相場を確認してから乗車するようにしたい。

空港へのアクセス

エアポートバスで市内から空港へ行く場合、市内でいちばん大きな航空券売り場が出発地点となることが多いが、都市によって異なるので、航空券を購入するときに確認しよう。

便数の多い都市では20〜30分おきにバスが出ている。しかし、地方の小さな空港だと、フライトに合わせてエアポートバスも運行されているので、自分が利用するバスの出発時刻を知っておく必要がある。これも航空券購入時に確認しておこう。

このほか、都市部では、宿泊客へのサービスとして空港行きのシャトルバスを無料で運行している高級ホテルもある。こういったサービスは前日の夜までに予約を入れる必要があるので、利用希望者はフロントで忘れずに予約しておこう。

町なかの交通機関

タクシー

日本人旅行者にとって、タクシーは町なかの移動や近郊の観光に最も便利な乗り物であることは間違いない。初乗り料金が5〜10元（距離は3km程度）、それ以降も1kmごとに数元ずつ加算されていく程度なので、気軽に利用することができる。

中国のタクシーも手を挙げれば停まってくれるし、希望すれば降りるときに領収書を発行してくれる。ただ、日本のように自動ドアのものはない。このほか、反対車線を走っているタクシーはなかなか停まってくれない。

注意すべき点は、料金に関するトラブルが少なくないこと。なかにはメーターを使用せず、最初に話し合いで決める町もあるので、必ず乗車前に交渉すること。言葉に自信がなければ、ノートにでも書いてもらうとよいか

中国で最もポピュラーな中型タクシー

もしれない。

トラブル発生時には、運転手の名前（運転席や助手席の前に表示してある）や車のナンバーを控えておくと後々の処理がやりやすい。

アプリを利用した配車サービス

アメリカのUber（ウーバー）のように、中国にも「滴滴出行」などのスマートフォンのアプリを利用した配車サービスがある。

利用条件として、中国の携帯番号を持っていること、WeChat Payなどのモバイル決済とのリンクなどが必要。また、運転手とのやりとりが可能な中国語力も必要となる。

滴滴出行（滴滴出行／dīdī chūxíng）
U www.didichuxing.com
WeChat Pay（微信支付／wēixìn zhīfù）
U pay.weixin.qq.com
※→P.22

路線バス

町なかで安く、利用しやすい交通機関といえば路線バスだ。都市部では網の目状に張り巡らされていて、直行するバスがなくてもうまく乗り継いで目的地に行くことができる。

空調付きのバスとなしのバスが同じ路線を走ることがあり、料金は後者が安い。また、私営で運行しているミニバス（路線番号もある）が走っている町もある。料金は割高。

路線バスの多くはおつりが出ないワンマンバスなので、乗車前に小銭を用意しておく必要がある。市内から郊外に向かうバスは、距離によって料金が変わるものが多いので、車掌が同乗していることが多い。車掌がいればおつりはもらえる。ワンマンの場合は乗車時に行き先を申告して切符を発行してもらう方式もある。

一部の町ではBRT（バス・ラピッド・トランジットの略）と呼ばれるバスも運行されている。これは道路を走る地下鉄のようなもので、専用レーンや駅を設けて専用車を走らせるシステム。しかし、用地や交通事情などにより、全区間でこれを実現した路線はなく、路線バスとほとんど変わらないのが実情。

最後に路線バス利用時の注意点。スリやひったくり、置き引きなどには十分に注意しよう。また、夜間にあまり乗客のいないバスの利用も避けたほうがよい。

地下鉄

2018年8月現在、北京、上海、広州（仏山含む）、香港といった大都市のみならず、天

深圳の地下鉄1号線（旧羅宝線）

津や南京、深圳、長沙、成都、瀋陽といった地方中核都市でも、地下鉄の営業が開始されており、その数は30を超える。都市によっては、地上部を走る路線を含めて軌道交通と呼ばれている。

地下鉄利用の最大のメリットは移動の時間が読めること。バスやタクシーだと道路の状況によっては思わぬ時間がかかってしまうことを考えると、かなり利用価値がある。

都市鉄道

路面電車から最新の都市交通システムやモノレールまでいろいろなものがある。こういったものに興味がある人にとっては、それに乗ること自体が観光目的になるだろう。

そのほか
三輪リキシャ

地方都市や観光地でよく見かける。幌も付いており、雨の日や短距離の移動には便利。料金は1乗車3〜5元といったところ。料金を巡るトラブルが最も多い乗り物でもあるので、乗車前に料金を確認しておこう。

バイクタクシー

田舎の辺鄙な観光地などに出かけると、停留所にバスが到着すると、バイクが群がってくる光景を目にするだろう。彼らは公式な営業許可を持ってやっているわけではないので、事故や料金のトラブルなども多い。できるだけ利用を避けたい。

ICカード

ほとんどの町で交通機関用のICカードが発行されている。ただ、町ごとに異なっていて互換性がなく、地下鉄がある大都市を除くバス以外に使用できないので、長期滞在者やリピーター以外には、メリットは少ない。しかし、広東省の主要都市と香港は例外。共通で使用でき、交通機関以外にコンビニなどでも利用できるICカードがある。

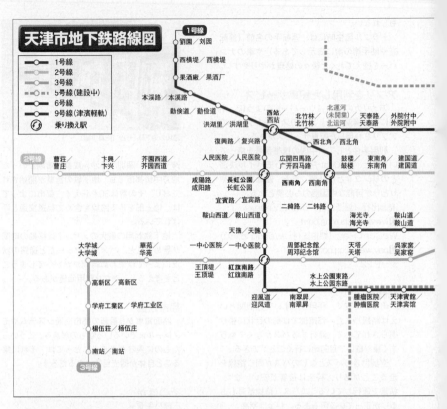

天津市地下鉄路線図

- 1号線
- 2号線
- 3号線
- 5号線(建設中)
- 6号線
- 9号線(津濱軽軌)
- 乗り換え駅

1号線

劉園／刘园
西横堤／西横堤
果酒廠／果酒厂
本渓路／本溪路
勤倹道／勤俭道
洪湖里／洪湖里
西站／西站
北竹林／北竹林
北運河／北运河(未開業)
天泰路／天泰路
外院付中／外院附中
復興路／复兴路
広開四馬路／广开四马路
西北角／西北角
鼓楼／鼓楼
東南角／东南角
建国道／建国道

2号線

曹荘／曹庄
卞興／卞兴
芥園西道／芥园西道
人民医院／人民医院
咸陽路／咸阳路
長虹公園／长虹公园
西南角／西南角
宜賓路／宜宾路
二緯路／二纬路
海光寺／海光寺
鞍山道／鞍山道
鞍山西道／鞍山西道
天撻／天拖
大学城／大学城
華苑／华苑
一中心医院／一中心医院
周鄧紀念館／周邓纪念馆
天塔／天塔
呉家窰／吴家窑
高新区／高新区
王頂堤／王顶堤
紅旗南路／红旗南路
水上公園東路／水上公园东路
学府工業区／学府工业区
迎風道／迎风道
南翠屏／南翠屏
腫瘤医院／肿瘤医院
天津賓館／天津宾馆
楊伍荘／杨伍庄
南站／南站

3号線

青島市地下鉄路線図

2018年8月現在
青島地鉄： www.qd-metro.com

- 2号線
- 3号線
- 11号線
- 乗り換え駅

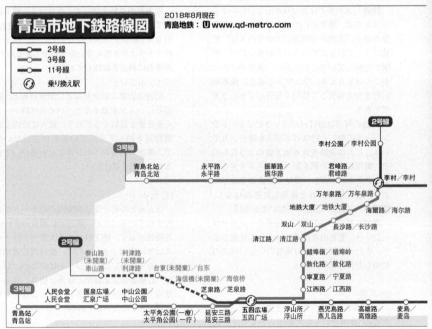

2号線

李村公園／李村公园
李村／李村

3号線

青島北站／青岛北站
永平路／永平路
振華路／振华路
君峰路／君峰路
万年泉路／万年泉路
地鉄大廈／地铁大厦
海爾路／海尔路
双山／双山
長沙路／长沙路
清江路／清江路
錯埠嶺／错埠岭
敦化路／敦化路
車夏路／宁夏路
江西路／江西路

2号線
泰山路(未開業)／泰山路
利津路(未開業)／利津路
台東(未開業)／台东
海信橋(未開業)／海信桥
芝泉路／芝泉路

3号線
人民会堂／人民会堂
匯泉広場／汇泉广场
中山公園／中山公园

青島站／青岛站
太平角公園(一療)／太平角公园(一疗)
延安三路／延安三路
五四広場／五四广场
浮山所／浮山所
燕児島路／燕儿岛路
高雄路／高雄路
麦島／麦岛

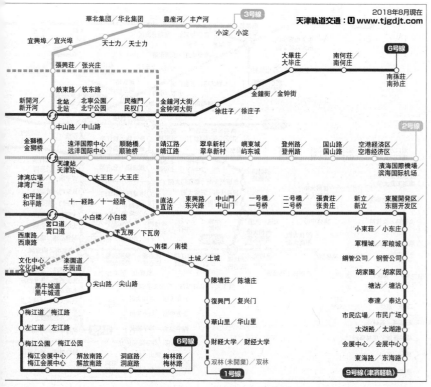

2018年8月現在
天津軌道交通：Ⓤ www.tjgdjt.com

3号線

華北集団／华北集团　豊産河／丰产河
小淀／小淀

宜興埠／宜兴埠
天士力／天士力
大畢荘／大毕庄　南何荘／南何庄
6号線
南孫荘／南孙庄

張興荘／张兴庄
金鐘街／金钟街

鉄東路／铁东路　　北站／北站　民権門／民权门　金鐘河大街／金钟河大街　徐荘子／徐庄子
北辰公園／北宁公园

新開河／新开河

中山路／中山路

金獅橋／金狮桥　遠洋国際中心／远洋国际中心　順馳橋／顺驰桥　靖江路／靖江路　翠阜新村／翠阜新村　嶼東城／屿东城　登州路／登州路　国山路／国山路　空港経済区／空港经济区
2号線

天津站／天津站
濱海国際機場／滨海国际机场

津湾広場／津湾广场
大王荘／大王庄

和平路／和平路　十一経路／十一经路　直沽／直沽　東興路／东兴路　中山門／中山门　一号橋／一号桥　二号橋／二号桥　張貴荘／张贵庄　新立／新立　東麗開発区／东丽开发区

営口道／营口道　小白楼／小白楼　　　　　　　　　　　　　　　　　　　　　　　　　　　　　　　　　　小東荘／小东庄

西康路／西康路　　　　下瓦房／下瓦房　　　　　　　　　　　　　　　　　　　　　　　　　　　　　軍糧城／军粮城

南楼／南楼　　　　　　　　　　　　　　　　　　　　　　鋼管公司／钢管公司

文化中心／文化中心　楽園道／乐园道　　　　土城／土城　　　　　　　　　　　　　　　　胡家園／胡家园

黒牛城道／黒牛城道　尖山路／尖山路　　　陳塘荘／陈塘庄　　　　　　　　　　　　　塘沽／塘沽

梅江道／梅江路　　　　　　　　　　　復興門／复兴门　　　　　　　　　　　　　泰達／泰达

左江道／左江路　　　　　　　　　　　華山里／华山里　　　　　　　　　　　　市民広場／市民广场

梅江公園／梅江公园　　　　　　　　　財経大学／财经大学　　　　　　　　　　太湖路／太湖路

梅江会展中心／梅江会展中心　解放南路／解放南路　洞庭路／洞庭路　梅林路／梅林路　　　　　　　　　　　会展中心／会展中心
6号線

双林（未開業）／双林　　　　　　　東海路／东海路
1号線　　　　　　　　　　　　　　9号線（津滨軽軌）

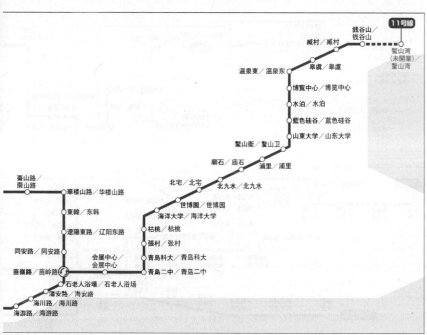

銭谷山／钱谷山
11号線

臧村／臧村
鰲山湾（未開業）／鳌山湾

温泉東／温泉东　皐虞／皋虞

博覧中心／博览中心

水泊／水泊

藍色硅谷／蓝色硅谷

繁山衛／鳌山卫　山東大学／山东大学

廟石／庙石　浦里／浦里

北宅／北宅　北九水／北九水

秦山路／秦山路

華楼山路／华楼山路　世博園／世博园

東韓／东韩　海洋大学／海洋大学

遼陽東路／辽阳东路　枯桃／枯桃

同安路／同安路　　　　張村／张村

苗嶺路／苗岭路　会展中心／会展中心　青島科大／青岛科大

石老人浴場／石老人浴场　青島二中／青岛二中

海安路／海安路

海川路／海川路

海游路／海游路

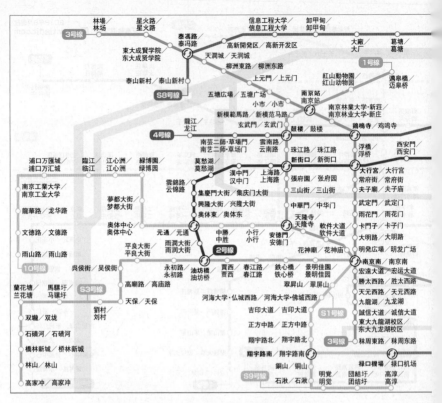

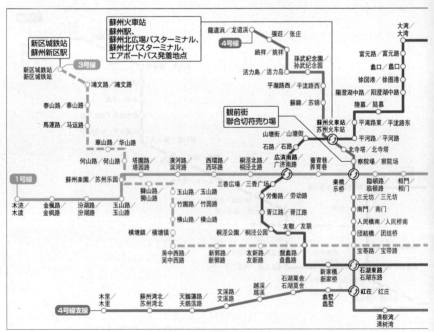

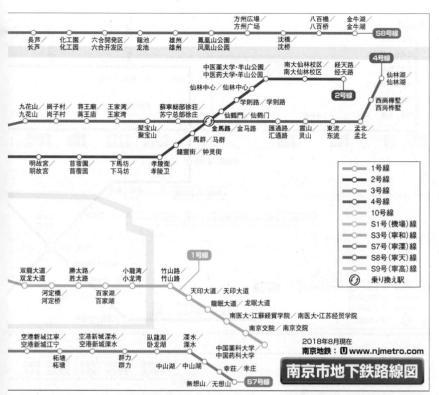

南京市地下鉄路線図

2018年8月現在
南京地鉄：www.njmetro.com

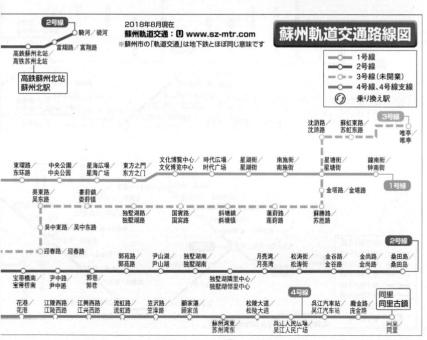

蘇州軌道交通路線図

2018年8月現在
蘇州軌道交通：www.sz-mtr.com
※蘇州市の「軌道交通」は地下鉄とほぼ同じ意味です

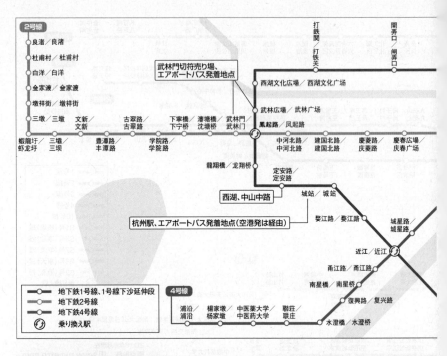

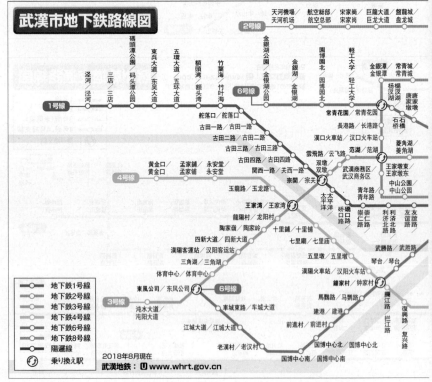

武漢市地下鉄路線図

2018年8月現在
武漢地鉄：🇺 www.whrt.gov.cn

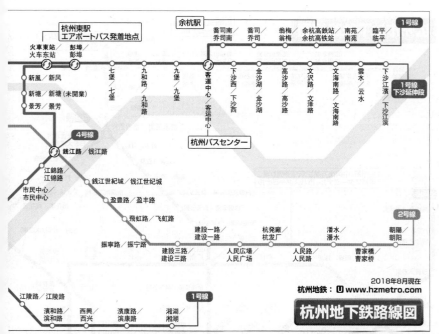

余杭駅

1号線
喬司南／乔司南
喬司／乔司
翁梅／翁梅
余杭高鉄站／余杭高铁站
南苑／南苑
臨平／临平

杭州東駅
エアポートバス発着地点

火車東站／火车东站
彭埠／彭埠

新風／新风
新塘（未開業）／新塘（未开业）
景芳／景芳

七堡／七堡
九和路／九和路
九堡／九堡

客運中心／客运中心
杭州バスセンター

1号線下沙延伸段
下沙西／下沙西
金沙湖／金沙湖
高沙路／高沙路
文沢路／文泽路
文海南路／文海南路
雲水／云水
下沙江濱／下沙江滨

4号線
銭江路／钱江路
江錦路／江锦路
市民中心／市民中心

銭江世紀城／钱江世纪城
盈豊路／盈丰路
飛虹路／飞虹路
振寧路／振宁路

2号線
建設一路／建设一路
建設三路／建设三路
人民広場／人民广场
杭発廠／杭发厂
人民路／人民路
潘水／潘水
曹家橋／曹家桥
朝陽／朝阳

江陵路／江陵路
濱和路／滨和路
西興／西兴
濱康路／滨康路
湘湖／湘湖

1号線

2018年8月現在
杭州地鉄：www.hzmetro.com

杭州地下鉄路線図

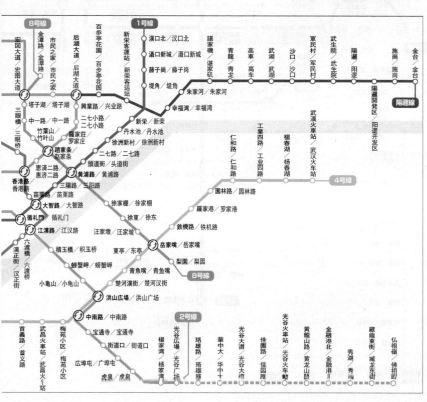

8号線
宏図大道／宏图大道
金潭路／金潭路
市民之家／市民之家
后湖大道／后湖大道
百歩亭花園／百步亭花园
新栄客運站／新荣客运站
藤子崗／藤子岗
堤角／堤角
漢口北／汉口北
滠口新城／滠口新城
滠口新城／滠口新城

1号線
諶家磯／谌家矶
青龍／青龙
高車／高车
武湖／武湖
沙口／沙口
軍民村／军民村
武生院／武生院
陽邏／阳逻
施崗／施岗
金台／金台

朱家河／朱家河
幸福湾／幸福湾

陽邏開発区／阳逻开发区
陽邏線／阳逻线

塔子湖／塔子湖
中一路／中一路
竹葉山／竹叶山
趙家条／赵家条
恵済二路／惠济二路
香港路／香港路
苗栗路／苗栗路
大智路／大智路
循礼門／循礼门
江漢路／江汉路
六渡橋／六渡桥
漢正街／汉正街

興業路／兴业路
二七小路／二七小路
羅家荘／罗家庄
黄浦路／黄浦路
三陽路／三阳路
徐家棚／徐家棚
徐東／徐东
汪家墩／汪家墩

新栄／新荣
丹水池／丹水池
徐洲新村／徐洲新村
二七路／二七路
頭道街／头道街

仁和路／仁和路
工業四路／工业四路
楊春湖／杨春湖
武漢火車站／武汉火车站

園林路／园林路
羅家港／罗家港
鉄機路／铁机路

4号線

三眼橋／三眼桥
積玉橋／积玉桥
螃蟹岬／螃蟹岬
小亀山／小龟山
東亭／东亭
青魚嘴／青鱼嘴
楚河漢街／楚河汉街

岳家嘴／岳家嘴
梨園／梨园

8号線

洪山広場／洪山广场

中南路／中南路

2号線

首義路／首义路
武昌火車站／武昌火车站
梅苑小区／梅苑小区
宝通寺／宝通寺
街道口／街道口
広埠屯／广埠屯
虎泉／虎泉

光谷広場／光谷广场
珞雄路／珞雄路
華中大／华中大
楊家湾／杨家湾

光谷大道／光谷大道
佳園路／佳园路
国際／国际

光谷火車站／光谷火车站
黄龍山路／黄龙山路
金融港北／金融港北

金融港II／金融港II
秀湖／秀湖

蔵龍東街／藏龙东街
仏祖嶺／佛祖岭

677

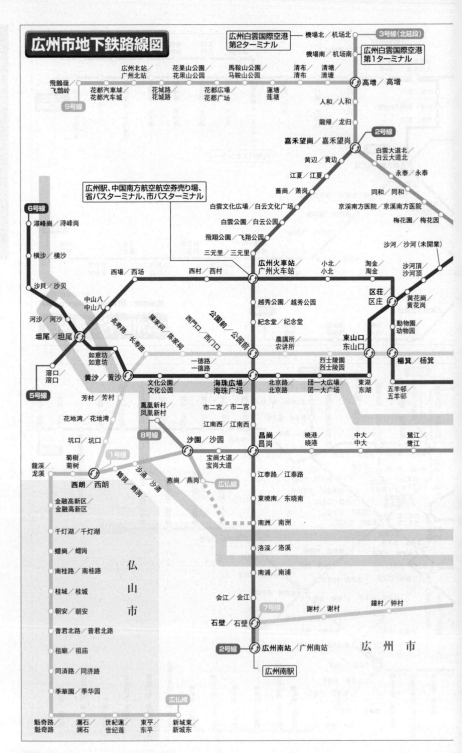

広州市地下鉄路線図

広州白雲国際空港
第2ターミナル

機場北／机场北

機場南／机场南

3号線(北延段)

広州白雲国際空港
第1ターミナル

広州北站／广州北站
花都山公園／花果山公园
馬鞍山公園／马鞍山公园
清布／清布
清塘／清塘

飛鵝嶺／飞鹅岭
花都汽車城／花都汽车城
花城路／花城路
花都広場／花都广场
蓮塘／莲塘
高増／高増

9号線
人和／人和
龍帰／龙归
嘉禾望崗／嘉禾望岗

2号線

白雲大道北／白云大道北

6号線
広州駅、中国南方航空航空券売り場、
省バスターミナル、市バスターミナル
黄辺／黄边
江夏／江夏
蕭崗／萧岗
白雲文化広場／白云文化广场
白雲公園／白云公园
永泰／永泰
同和／同和
京溪南方医院／京溪南方医院
梅花園／梅花园

尋峰崗／寻峰岗

横沙／横沙
西場／西场
西村／西村
飛翔公園／飞翔公园
三元里／三元里
広州火車站／广州火车站
小北／小北
沙河(未開業)／沙河(未开业)

沙貝／沙贝
中山八／中山八
越秀公園／越秀公园
淘金／淘金
沙河頂／沙河顶
区荘／区庄
黄花崗／黄花岗

河沙／河沙
長寿路／长寿路
陳家祠／陈家祠
西門口／西门口
公園前／公园前
紀念堂／纪念堂
動物園／动物园

坦尾／坦尾
如意坊／如意坊
一徳路／一徳路
農講所／农讲所
東山口／东山口
楊箕／杨箕

溶口／溶口
黄沙／黄沙
文化公園／文化公园
海珠広場／海珠广场
北京路／北京路
団一大広場／团一大广场
東湖／东湖
五羊邨／五羊邨

5号線
花地湾／花地湾
鳳凰新村／凤凰新村
市二宮／市二宫
江南西／江南西
昌崗／昌岗
晩港／晚港
中大／中大
鷺江／鹭江

坑口／坑口
菊樹／菊树
8号線
沙園／沙园
宝崗大道／宝岗大道
江泰路／江泰路

龍渓／龙溪
1号線
西朗／西朗
鶴洞／鹤洞
燕崗／燕岗
東暁南／东晓南
広仏線

金融高新区／金融高新区
南洲／南洲

千灯湖／千灯湖

蟻崗／蚬岗
洛渓／洛溪

南桂路／南桂路
仏
山
市
南浦／南浦

桂城／桂城

朝安／朝安
会江／会江
謝村／谢村
鐘村／钟村

普君北路／普君北路
7号線

祖廟／祖庙

同済路／同济路
石壁／石壁

季華園／季华园
2号線
広州南站／广州南站
広州市

広仏線
広州南駅

魁奇路／魁奇路
瀾石／澜石
世紀蓮／世纪莲
東平／东平
新城東／新城东

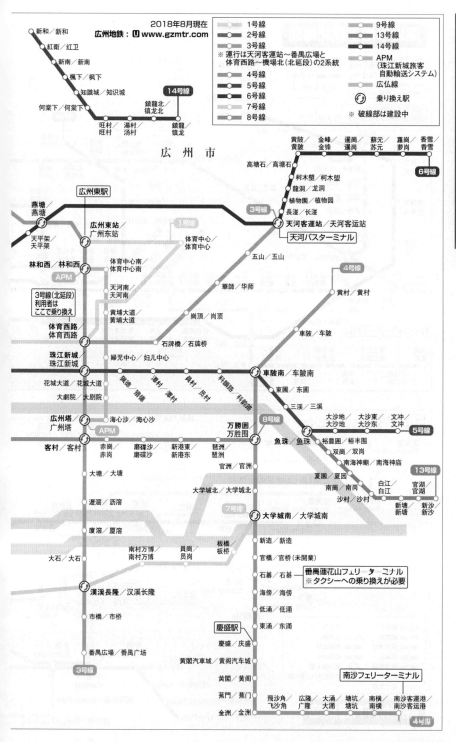

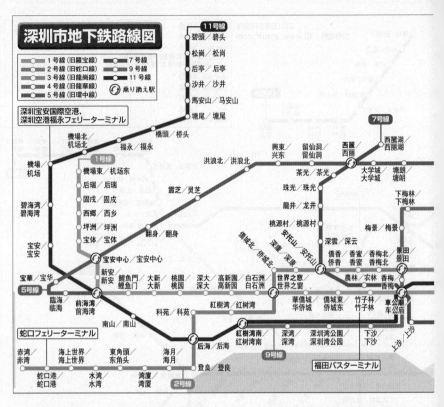

深圳市地下鉄路線図

11号線

- 1号線（旧羅宝線）
- 2号線（旧蛇口線）
- 3号線（旧龍崗線）
- 4号線（旧龍華線）
- 5号線（旧環中線）
- 7号線
- 9号線
- 11号線
- 乗り換え駅

深圳宝安国際空港、
深圳空港福永フェリーターミナル

碧頭／碧头
松崗／松岗
后亭／后亭
沙井／沙井
馬安山／马安山
塘尾／塘尾

機場北／机场北
福永／福永
橋頭／桥头

1号線
機場東／机场东
后瑞／后瑞
固戍／固戍
西郷／西乡
坪洲／坪洲
宝体／宝体

機場／机场
碧海湾／碧海湾
宝安／宝安
宝華／宝华

霊芝／灵芝
翻身／翻身

興東／兴东
洪浪北／洪浪北
留仙洞／留仙洞
茶光／茶光
珠光／珠光
龍井／龙井
桃源村／桃源村
深雲／深云

西麗湖／西丽湖
7号線
西麗／西丽
大学城／大学城
塘朗／塘朗
下梅林／下梅林
梅景／梅景
景田／景田

宝安中心／宝安中心
新安／新安
鯉魚門／鲤鱼门
大新／大新
桃園／桃园
深大／深大
高新園／高新园
白石洲／白石洲
世界之窓／世界之窗
安托山／安托山
僑城北／侨城北
深康／深康
僑香／侨香
香蜜／香蜜
香梅北／香梅北
農林／农林
香梅／香梅

5号線
臨海／临海
前海湾／前海湾
科苑／科苑
紅樹湾／红树湾
華僑城／华侨城
僑城東／侨城东
竹子林／竹子林
車公廟／车公庙
上沙／上沙

南山／南山

后海／后海
紅樹湾南／红树湾南
深圳湾／深圳湾
深圳湾公園／深圳湾公园
下沙／下沙

9号線

蛇口フェリーターミナル

赤湾／赤湾
海上世界／海上世界
東角頭／东角头
海月／海月
登良／登良

蛇口港／蛇口港
水湾／水湾
湾厦／湾厦

2号線

福田バスターミナル

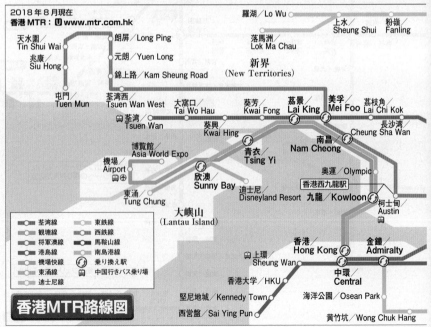

香港MTR路線図

2018年8月現在
香港MTR：www.mtr.com.hk

- 荃湾線
- 観塘線
- 将軍澳線
- 港島線
- 機場快線
- 東涌線
- 迪士尼線
- 東鉄線
- 蛇口線
- 西鉄線
- 馬鞍山線
- 南島港線
- 乗り換え駅
- 中国行きバス乗り場

羅湖／Lo Wu
上水／Sheung Shui
粉嶺／Fanling
落馬洲／Lok Ma Chau

新界（New Territories）

天水圍／Tin Shui Wai
兆康／Siu Hong
屯門／Tuen Mun

朗屏／Long Ping
元朗／Yuen Long
錦上路／Kam Sheung Road

荃湾西／Tsuen Wan West
荃湾／Tsuen Wan
大窩口／Tai Wo Hau
葵芳／Kwai Fong
荔景／Lai King
美孚／Mei Foo
荔枝角／Lai Chi Kok
長沙湾／Cheung Sha Wan

葵興／Kwai Hing
青衣／Tsing Yi
南昌／Nam Cheong
奥運／Olympic

博覧館／Asia World Expo
機場／Airport
欣澳／Sunny Bay
東涌／Tung Chung

迪士尼／Disneyland Resort
香港西九龍駅
九龍／Kowloon
柯士甸／Austin

大嶼山（Lantau Island）

香港／Hong Kong
金鐘／Admiralty
中環／Central

上環／Sheung Wan
香港大学／HKU
海洋公園／Osean Park

堅尼地城／Kennedy Town
西営盤／Sai Ying Pun
黄竹坑／Wong Chuk Hang

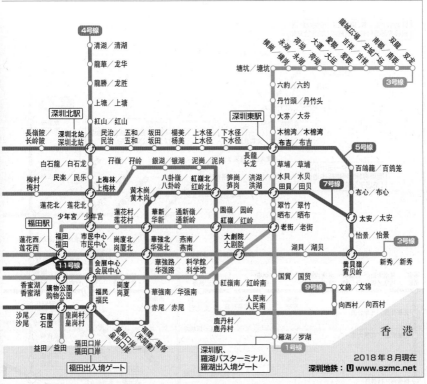

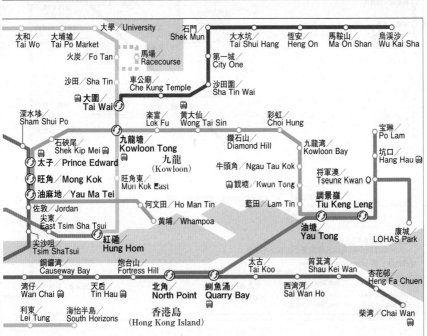

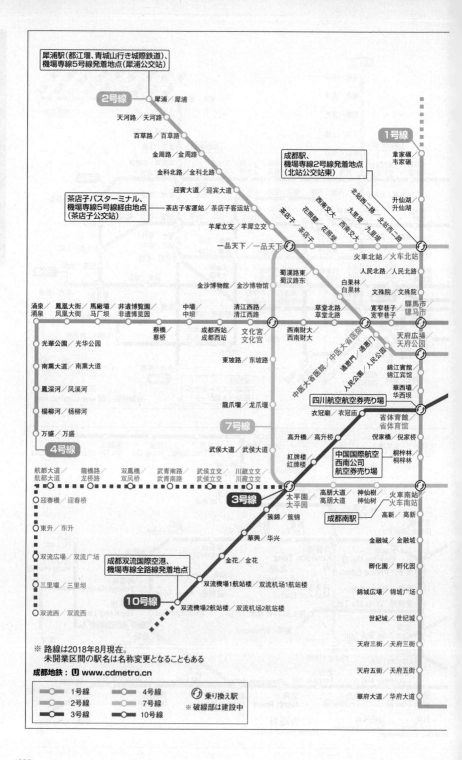

犀浦駅（都江堰、青城山行き城際鉄道）、
機場専線5号線発着地点（犀浦公交站）

2号線

犀浦／犀浦

天河路／天河路

百草路／百草路

金周路／金周路

金科北路／金科北路

迎賓大道／迎宾大道

茶店子バスターミナル、
機場専線5号線経由地点
（茶店子公交站）

茶店子客運站／茶店子客运站

羊犀立交／羊犀立交

一品天下／一品天下

金沙博物館／金沙博物馆

蜀漢路東／蜀汉路东

涌泉／涌泉　鳳凰大街／凤凰大街　馬廠壩／马厂坝　非遺博覧園／非遗博览园　中壩／中坝　清江西路／清江西路

光華公園／光华公园　　蔡橋／蔡桥　成都西站／成都西站　文化宮／文化宫

南薫大道／南薫大道　　東坡路／东坡路

鳳渓河／凤溪河　　龍爪堰／龙爪堰

楊柳河／杨柳河　　7号線

万盛／万盛　　武侯大道／武侯大道

4号線　　紅牌楼／红牌楼

航都大道／航都大道　龍橋路／龙桥路　双鳳橋／双凤桥　武青南路／武青南路　武侯立交／武侯立交　川蔵立交／川藏立交

○迎春橋／迎春桥

○東升／东升

○双流広場／双流广场

成都双流国際空港、
機場専線全路線発着地点

○三里壩／三里坝　　10号線

○双流西／双流西

成都駅、
機場専線2号線発着地点
（北站公交站東）

1号線

韋家碾
韦家碾

升仙湖／升仙湖

北站西二路／北站西二路　九里堤／九里堤

茶店子／茶店子　花照壁／花照壁　西南交大／西南交大

火車北站／火车北站

人民北路／人民北路

文殊院／文殊院

白果林／白果林　寛窄巷子／宽窄巷子

草堂北路／草堂北路　駟馬橋／驷马桥

西南財大／西南财大

天府広場／天府广场

中医大省医院／中医大省医院　通惠門／通惠门　天府公園／天府公园

人民公園／人民公园　錦江賓館／锦江宾馆

華西壩／华西坝

四川航空航空券売り場

衣冠廟／衣冠庙　　省体育館／省体育馆

高升橋／高升桥　　倪家橋／倪家桥

中国国際航空
西南公司
航空券売り場　桐梓林／桐梓林

高朋大道／高朋大道　神仙樹／神仙树　火車南站／火车南站

成都南駅　高新／高新

簇錦／簇锦

華興／华兴　　金融城／金融城

金花／金花　　孵化園／孵化园

双流機場1航站楼／双流机场1航站楼　錦城広場／锦城广场

双流機場2航站楼／双流机场2航站楼　世紀城／世纪城

天府三街／天府三街

天府五街／天府五街

華府大道／华府大道

※ 路線は2018年8月現在。
　未開業区間の駅名は名称変更となることもある

成都地鉄：Ⓤ www.cdmetro.cn

　　1号線　　　　　4号線　　　◎ 乗り換え駅
　　2号線　　　　　7号線　　　※ 破線部は建設中
　　3号線　　　　　10号線

3号線

太平園／太平园

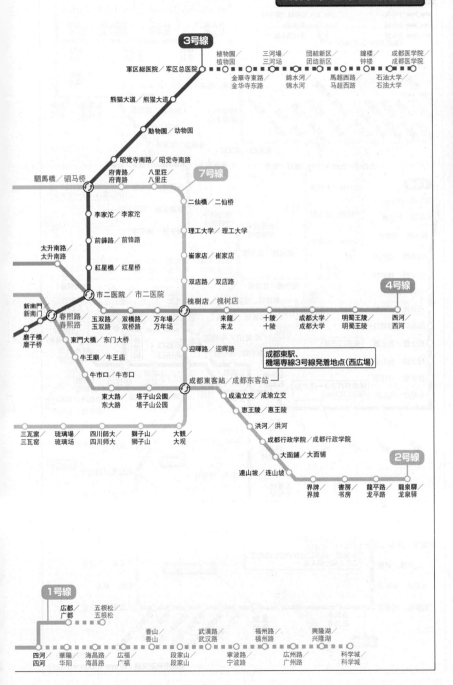

成都市地下鉄路線図

3号線
軍区総医院／军区总医院
熊猫大道／熊猫大道
動物園／动物园
昭覚寺南路／昭觉寺南路
府青路／府青路

植物園／植物园　　三河場／三河场　　団結新区／团结新区　　鐘楼／钟楼　　成都医学院／成都医学院
金華寺東路／金华寺东路　錦水河／锦水河　馬超西路／马超西路　石油大学／石油大学

駟馬橋／驷马桥

7号線
八里荘／八里庄
二仙橋／二仙桥
李家沱／李家沱
理工大学／理工大学
前鋒路／前锋路
崔家店／崔家店
太升南路／太升南路
紅星橋／红星桥
双店路／双店路
市二医院／市二医院
槐樹店／槐树店

4号線
新南門／新南门
春熙路／春熙路
玉双路／玉双路　双橋路／双桥路　万年場／万年场
来龍／来龙　十陵／十陵　成都大学／成都大学　明蜀王陵／明蜀王陵　西河／西河
磨子橋／磨子桥
東門大橋／东门大桥
牛王廟／牛王庙
迎暉路／迎晖路
牛市口／牛市口
成都東客站／成都东客站

**成都東駅、
機場専線3号線発着地点（西広場）**
成渝立交／成渝立交
東大路／东大路　塔子山公園／塔子山公园
恵王陵／惠王陵
三瓦窯／三瓦窑　琉璃場／琉璃场　四川師大／四川师大　獅子山／狮子山　大観／大观
洪河／洪河
成都行政学院／成都行政学院
大面鋪／大面铺

2号線
連山坡／连山坡
界牌／界牌　書房／书房　龍平路／龙平路　龍泉驛／龙泉驿

1号線
広都／广都　五根松／五根松
香山／香山　武漢路／武汉路　福州路／福州路　興隆湖／兴隆湖
四河／四河　華陽／华阳　海昌路／海昌路　広福／广福　段家山／段家山　寧波路／宁波路　広州路／广州路　科学城／科学城

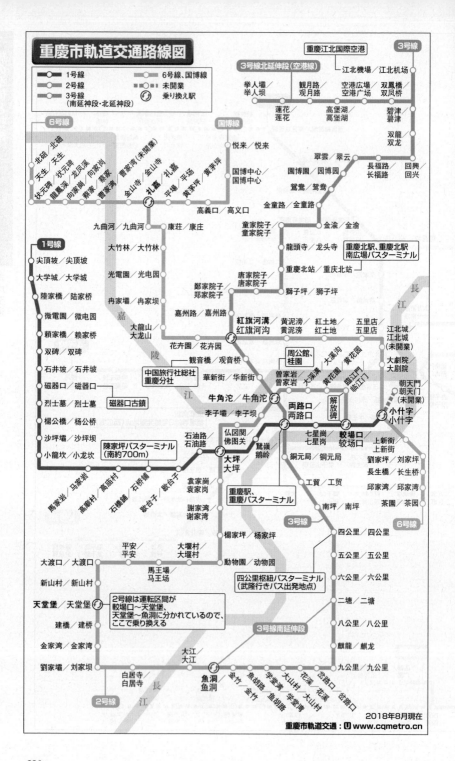

重慶市軌道交通路線図

1号線
2号線
3号線（南延神段・北延神段）
6号線、国博線
未開業
乗り換え駅

2018年8月現在
重慶市軌道交通：www.cqmetro.cn

体調管理

体調管理に注意を払おう

無理な行動は控えよう

　日本と中国の時差は1時間。ヨーロッパなどの旅行と比較すると、時差に悩まされることもなく、到着後すぐに行動することができる。しかし、脂っこい食事や乾燥した気候など日本での生活と異なる面も少なくなく、長期間の旅行では、その積み重ねでストレスや疲労がたまる。

　いったん体調を崩すと、回復までに思わぬ時間を取られてしまうので、症状を感じたときは無理をせず、休養することが大切だ。

常備薬を持参しよう

　もし病気になってしまっても、風邪や下痢程度のことが多いので、日本から常備薬を持っていくとよい。中国でも漢方以外に一般的な西洋薬を町なかの薬局で購入することができるが、言葉の問題で店員に症状をうまく説明できないとか、現地の薬が自分の体に合わないということも考えられる。薬は飲み慣れたものが安心だ。

　いざというときのために、頭痛薬、風邪薬、下痢止め、抗生物質、絆創膏などの携帯をおすすめする。

こまめに水分を補給しよう

　旅行中は水分が不足しがち。特に中国の夏は長く厳しいので、エリアを問わず注意が必要だ。お茶やペットボトル飲料を飲むなり、果物を摂取するなりして、意識的に水分の補給を図るようにしよう。

　現地では水道水を平気で飲む人もいるが、日本で生活する人がこの水を飲んだら、かなりの確率で下痢になってしまう。生水の摂取は避けること。また、都市部では水道水の汚染も進んでいるので、沸かしても飲まないほうがよい。

　ホテルの部屋には、ボトル入り飲用水のほか電気湯沸かし器やポット、それにティーバッグが用意されている（ドミトリーは異なる）ので、それを使えばいいし、上質のペットボトルや水筒などにお湯やお茶を移し替えておけば、町なかでも簡単かつ安価に水分補給ができる。

　列車内でも給湯コーナーが各車両にあるので、カップと茶葉やコーヒーなどを用意して

小さな町ならとりあえず「人民医院」へ行こう

おけば水分補給が可能だ。

　ミネラルウオーターや純水が売られているので、水分補給にこれらを利用するのもよい。

　町から遠く離れた観光地や山を登る際には注意が必要。不便になるほど水の価格は高くなるので、出発前に準備しておくこと。

注意したい病気

　風邪以外にも、次のような病気には注意したい。

下痢

　気候や食べ物が合わず下痢になる人は多いが、市販の下痢止めの薬でたいてい治る。

　細菌性の下痢もあるが、こちらは便が水のような状態になり、嘔吐、発熱などの症状が出る。いずれにしろ下痢がひどい場合はすぐ病院に行くこと。

肝炎

　中国でよくかかる肝炎は、初めは風邪のような症状で黄疸が出る。1ヵ月ほど入院して安静にしていれば回復するが、無理をすると命にかかわるので、黄疸症状が出たら病院で医師の診断を受けること。

狂犬病

　急激な経済発展を遂げている中国の都市部では、ペットとして犬猫に人気が出ている。基本的に届け出や、犬は狂犬病の予防接種が義務付けられているのだが、無届けのことが多い。そのほとんどが予防接種を行っておらず、狂犬病が少なからず発生している（中国では広東省の発生率が全国一）。旅行中はむやみに犬猫に接触しないように心がけ、心配な人は日本で予防接種をしていこう。

高山病

　高山病は標高1800～2500mを超える高地に行ったとき、気圧や摂取する酸素量の減少によって人体に生じるさまざまな症状（低酸

素症）の総称。具体的には、吐き気や頭痛、手足のむくみなどの症状が見られる。

症状が現れたときは無理をせず、できるだけ早く病院に行くか、下山するなどの対処を取ろう。

ホテルの売店などでも酸素ボンベは売られている

病気になったら
ホテルの従業員に相談する

病状が悪化し、薬では対処できなくなったら病院に行くしかない。しかし、見知らぬ土地で病院を探し、診察してもらうのは心配なものだ。そういったときには、ホテルのフロントに相談してみよう。

外国人の多く暮らす大都市には、外国人に対応できる病院も少なくないので、連れて行ってもらおう。

言葉に不安があるなら、フロントで依頼し旅行会社などに日本語ガイドをアテンドしてもらうという手もある。

なお、4つ星以上のホテルであれば、ホテル内に提携した医師がいるケースが多く、彼らのほとんどは英語ができる。

病院での手続き
受診の流れ

病院で診察を受ける流れは、おおまかに次のようになっている。

❶受付で症状を説明し、診察の申し込み（挂号）を行う。このとき、「内科」や「外科」など診察を希望する部門ごとに診察料を前払いすることになっている。
❷指示された診察室（診室）に入って診察を受ける。ただし、ほとんどの医師は中国語（よくて英語）しか話せない。
❸医師に処方箋（注射や点滴、検査などを含む）を書いてもらい、薬局や検査室に行く（それぞれの過程で会計所に行って精算する）。
❹入院が必要なら、入院手続きを行う。

病院に行く際には、パスポートとある程度の現金が必要なので忘れないように。

また、海外旅行傷害保険に加入した人は、帰国後の手続きに必要な診断書（できれば英語）や領収書をもらっておくこと。

感染症情報と予防接種
海外渡航者のための感染症情報

厚生労働省のウェブサイトに「海外で健康に過ごすために」のページがある。海外渡航時の健康面の注意や予防接種などに関する情報が掲載されており、ひととおりの知識を得ることができる。一度目を通しておこう。

厚生労働省検疫所
「海外で健康に過ごすために」
Ⓤwww.forth.go.jp

予防接種

日本では、検疫所などで予防接種を受けることが可能（要予約）だ。基本的に長期旅行者以外は必要ないが、心配ならば最寄りの検疫所に連絡をしてみよう。一定期間あけて数回接種が必要なものもある。

おもな検疫所
東京検疫所
☎検疫衛生課＝(03)3599-1515
オ予約・問い合わせ（祝日を除く）
　月～金曜9:00～12:00、13:00～17:00
Ⓤwww.forth.go.jp/keneki/tokyo
大阪検疫所
☎予防接種＝(06)6571-3522
オ予約・問い合わせ（祝日を除く）
　月～金曜9:00～17:00
Ⓤwww.forth.go.jp/keneki/osaka
名古屋検疫所
☎電話相談窓口＝(052)661-4131
　予約専用＝0569-38-8205
オ予約（祝日を除く）
　月～金曜8:30～17:00
Ⓤwww.forth.go.jp/keneki/nagoya

安全対策

中国の治安状況

日本よりも治安はよくない

最新ハイテク監視システムの整備にともない、治安は回復傾向にある。しかし、日本ほどではないので、「海外に来ている」ことを常に意識し、用心して行動しよう。

また、中国人の日本人に対する感情は複雑なものがあるので、ちょっとしたきっかけで相手の反日感情を呼び覚ましてしまうこともある。領土問題など微妙な話題は避けたほうがよいだろう。

トラブルに遭ったら公安局へ行く

盗難や事故に遭ったときは、まず公安局（中国の警察）へ行くこと。外国人専門に対応する部門は、外事科や外国人管理処などと呼ばれることが多い。盗難に遭った場合は、こういった部門に行って、盗難証明書（または紛失証明書）を発行してもらう。

届け出を出しても、盗まれたり落としたりしたものが戻ってくることはまずないし、捜査をしてくれることもないが、海外旅行傷害保険で携行品損害補償をかけていれば、あとで保険会社にこれらの証明書を提出し、保険金を請求することができる。

なお、調書は中国語で書かなければならないので、中国語ができない人は、中国語を話せる日本人か日本語の通訳（旅行会社などに依頼する）と一緒に行くこと。これは公安局に日本語のできる職員が少ないため。

※注意→P.688

詐欺

日本人がターゲットにされる犯罪では、相変わらず詐欺が多い。典型的なものは、「日本に興味がある」とか「写真を撮ってあげる」などと話しかけられ（日本語、中国語、英語すべてあり）、その後レストランやカフェ、ショップなどに連れて行かれ、法外な料金を請求されたというケース。旅先での出会いは楽しいことだが、十分な注意が必要だ。

そのほか

麻薬に関係して処罰されたり、国境での行動を疑われて拘束されたりする事案も耳にするようになってきた。

前者については、知らないうちに巻き込まれた場合もあるようなので、見知らぬ人から荷物を運ぶよう依頼された場合は、はっきり断るようにしたい。後者については、「犯罪を犯した」と関係当局に判断されてしまうものだが、可能なかぎり旅行会社で日本語ガイドを手配してもらい、一緒に行くことをおすすめする。国境以外でも、知らずに軍事施設に近づいたり、撮影してしまったりした際も面倒なので、注意が必要。

盗難・紛失時の対処法

素早く手続きを進める

携行品・お金の盗難や紛失はよく発生する旅行中のトラブルだ。トラブルに巻き込まれると大変なショックを受けるが、損害を軽く抑えるためにも迅速な対応が必要となる。

盗難や紛失などのトラブルに見舞われても、すぐに行動できるよう、旅行出発前に連絡先などをまとめておくとよい。

まず、現地の公安局に届け出て、盗難（または紛失）証明書を発行してもらう。証明書をすぐにもらえない場合は、届け出日時、公安局の住所、電話番号、警察官名、受付番号などをメモしておくこと。

T/C（トラベラーズチェック）

発行元に電話して、リファンド（再発行または払い戻し）手続きをする。

航空券

eチケットは紛失する心配がないので安心。「eチケット控え」を紛失した場合も無料で再発行できる。当日忘れてもパスポートなどの公的書類で本人確認ができれば搭乗可能。

紙片の航空券を紛失した際は、基本的に代替え航空券の購入が必要。詳細は利用航空会社に確認すること。

クレジットカード

悪用されるのを防ぐためにもカード会社に大至急連絡を入れること。カード裏面の発行会社名と緊急連絡先をメモし、財布とは別に保管しておこう。

携行品

海外旅行傷害保険に加入していれば、旅行中に盗難、破損、火災などで損害を受けた際、各保険会社の規定に従って保険金を受け取ることができる。損害に遭ったら、指定された連絡先に電話をして、どのような行動を取ればよいのか確認しよう。

保険金は、基本的に日本に帰国してからの申請・受け取りとなることが多いので、現地の関連部署が発行する書類（盗難の場合は公安局の盗難証明書）を入手しておくこと。

中国にある日本大使館・領事館
▼在中国日本大使館領事部
Ⓜ P.41-F1 　🏠北京市朝陽区亮馬橋東街1号
☎ パスポート関連＝(010)65326539／2628、邦人保護＝(010)65325964
🅕 (010)65329284
Ⓤ www.cn.emb-japan.go.jp/index_j.htm
管轄地域：北京市、天津市、陝西省、山西省、甘粛省、河南省、河北省、湖北省、湖南省、青海省、新疆ウイグル自治区、寧夏回族自治区、チベット自治区、内蒙古自治区
▼在青島日本国総領事館
Ⓜ P.95-F3 　🏠山東省青島市市南区香港中路59号青島国際金融中心45階
☎ (0532)80900001　🅕 (0532)80900009
Ⓤ www.qingdao.cn.emb-japan.go.jp

管轄地域：山東省
▼在上海日本国総領事館　別館　領事部門
Ⓜ P.198-C3 　🏠上海市長寧区延安西路2299号上海世貿大廈13階
☎ (021)52574766　🅕 (021)62786088
Ⓤ www.shanghai.cn.emb-japan.go.jp
管轄地域：上海市、安徽省、浙江省、江蘇省、江西省
※夜間、休日の緊急事態発生時には代表電話にかけ、内線0で緊急連絡事務所につながる
▼在広州日本国総領事館
Ⓜ P.329-C2 　🏠広東省広州市越秀区環市東路368号広州世貿花園大廈
☎ (020)83343009　🅕 (020)83338972
Ⓤ www.guangzhou.cn.emb-japan.go.jp
管轄地域：広東省、海南省、福建省、広西チワン族自治区
▼在香港日本国総領事館
Ⓜ P.418-B2 　🏠香港特別行政区中環康楽廣場8号交易廣場第一座46階、47階
☎ (852)25221184　🅕 (852)28680156

ⓘ ▶▶▶ インフォメーション

パスポートをなくしたら

　現地の公安局に届け出て盗難（または紛失、焼失）証明書を発行してもらい、次に日本大使館領事部、総領事館に出向き諸手続きを行う。旅行を続けたい場合は「一般旅券の新規発給」（❶❷）、すぐに日本へ帰国する場合は「帰国のための渡航書」（❶❸）をそれぞれ申請する。なお、旅券の顔写真があるページと航空券や日程表のコピーがあると手続きが早い。コピーは原本とは別の場所に保管しておくとよい。
❶盗難、紛失、焼失届け出／紛失一般旅券等届出書1通、公安局の発行した証明書または消防署等の発行した罹災証明書、写真（タテ4.5cm×ヨコ3.5cm）1枚、その他参考となる書類（運転免許証など）　❷新規旅券発給申請（❶と同時に行う）／一般旅券発給申請書1通、戸籍謄本また

は抄本1通、写真（タテ4.5cm×ヨコ3.5cm）1枚　❸帰国のための渡航書申請（❶と同時に行う）／渡航書発給申請書1通、戸籍謄本または抄本1通（日本国籍を証明できる書類でも可。例えば運転免許証等）、日程確認書類（旅行会社にもらった日程表または帰りの航空券）、写真1枚
※詳細は大使館領事部、総領事館で確認
※手数料は10年用旅券1000元（申請可能年齢は20歳以上）、5年用旅券690元（12歳未満は375元）、帰国のための渡航書155元
Ⓤ www.mofa.go.jp/mofaj/toko/passport/pass_5.html
申請書類を受領した後、各都市の公安局の出入境管理部門に行き、中国ビザ取得の手続きをする必要がある

パスポートのコピーを忘れずに！

　パスポートの再発行や「帰国のための渡航書」作成のために必要となる、公安局が発行する証明書「护照报失証明」について、北京市公安局関連部門が下記4点の揃っていない申請は受理しないことを明言している。
必要書類：①本人写真　②「报案証明」（事案発生証明。派出所で発行）　③パスポートのコピー　④臨時宿泊登記
　このうち、③は紛失・盗難パスポートのコピーなので、事件発生後の提出は上記理由で不可能。
　在中国日本大使館では上記案件について、公式ウェブサイトに2018年8月24日付で、「【日本大使館からのお願い】中国に渡航・滞在する方

は『パスポートのコピー』のご準備を！」という文章を掲載している。そこでは対策として、旅行前にⒶパスポートの人定事項ページ（顔写真のあるページ）のコピーとⒷスマートフォンなどを使用した当該ページの撮影を推奨している。また、同時に旅行に際してはパスポート原本とⒶⒷを分けて保管することも推奨している。
　通知は北京に関するものだが、他地域でも状況は同様であると考えられることから、旅行前には、大使館の公式ウェブサイトに目を通し、パスポートのコピー（紙面および画像データ）を忘れずに行うこと。

Uwww.hk.emb-japan.go.jp
▼在瀋陽日本国総領事館
M P.434-B3
住遼寧省瀋陽市和平区十四緯路50号
☎(024)23227490　FAX(024)23222394
Uwww.shenyang.cn.emb-japan.go.jp
管轄地域：遼寧省（大連市を除く）、吉林省、黒龍江省
▼在瀋陽日本国総領事館在大連領事事務所
M P.446-A4　住遼寧省大連市西崗区中山路147号森茂大厦3階
☎(0411)83704077　FAX(0411)83704066
Uwww.dalian.cn.emb-japan.go.jp

管轄地域：大連市
▼在重慶日本国総領事館
M P.547-E2　住重慶市渝中区鄒容路68号重慶大都会商厦37階
☎(023)63733585　FAX(023)63733589
Uwww.chongqing.cn.emb-japan.go.jp/index_j.htm
管轄地域：重慶市、四川省、貴州省、雲南省

※日本大使館・領事館に行く際は、基本的にパスポートなど本人確認書類の持参が必要
※出発前に「たびレジ」への登録をおすすめする→P.623

📖 ▶▶▶ コラム

シェアサイクルの利用

中国はシェアサイクルが盛ん

シェアサイクルは日本でも一部の都市で導入が進んでいるが、中国はそれと比べようがないほど盛ん。広く各地で導入されており、市民の足として活用されている。

運営組織は大手のmobike（モバイク）とofo（オフォ）、地方行政機関関連に集約されつつある。mobikeとofoは日本での事業も開始しているので、スマートフォンアプリをダウンロードして登録し、さらにスマートフォンを中国でも使用できるようにしておけば、日本人でも利用できるようになった。特にmobikeは最初にチャージする額が「500円から」という敷居の低さもあっておすすめ。
mobike（モバイク／摩拝単車）
Umobike.com/jp
ofo（オフォ／小黄車）
Uwww.ofo.com

シェアサイクルを使うメリット

登録を済ませ、中国でアプリを起動できる環境にしておけば、日本人も利用できる（→P.25）。

中国のシェアサイクル最大のメリットは、拠点が多く、ちょっとした移動にも手軽に利用できる点。「乗り捨て」感覚に近い。

加えて、ひと乗り1元からという料金設定もありがたい。路線バスと同額かそれ以下なのだ。

デメリットとしては、利用者の意識が低く、拠点以外での「乗り捨て」も多く、利用者の多い大都市ほど、交通問題を引き起こしていること。その状況は、たびたび海外報道機関でも取り上げられている。

利用法

アプリを立ち上げると、近くにある「利用できる自転車」が表示されるので、そこへ移動する。

到着したら、まず自転車をチェックする。ブレーキの不具合やチェーンが外れていないかどうかなどのチェックは常識の範囲だろうが、チェーンがない、サドルがないなど日本では考えられない個体もあるので注意！

自転車を決めたら、ハンドルや鍵の所に貼られているQRコードをアプリで読み込む。これで解錠されたらOK。左右を確認して出発！

目的地に到着したら、駐輪してある自転車のあたりに停める。最後に施錠（レバーを押しながら回す）し、電子音が鳴ったら完了。

施錠が完了していないと次の利用者の料金も引き落とされることになるので注意！

注意点

現地で利用して気がついた点は次のとおり。
①中国の交通ルールに慣れる

日本と違って中国は右側通行。右折車は進行方向の信号にかかわらず右折可能であることから交差点では要注意。
②ライトは付いていない

車両の設備としてライトはないので、夜間の利用は避けたほうがよい。どうしても利用したい場合は、自分で用意していくこと。
③交通事故のリスク

慣れぬ交通事情では加害者になることもある。必ず保険に加入しておくこと。

各都市の状況

最後に2018年4〜8月の間に実証できた都市の状況を簡単に報告しておく。
北京：mobike、ofoともによく目にし、利用者は多い。このため、自転車は楽に探せて簡単に利用できる。ただし、管理がずさんで利用できない自転車も少なくなかった。
泰安：ofoが優勢。自転車とバイクの駐輪許可地点が歩道などに明確に記されており、利用者（または管理者）もほぼそこに駐輪しており、整然としている。
上海：mobike、ofoともによく目にし、利用者は多い。地下鉄駅周辺には大量の自転車が置かれている。ただし、管理がずさんで自転車が路上にあふれているのは日常的な光景だ。
瀋陽：mobikeが普及。北京や上海に比べ、自転車の数は少ないが、問題なく利用できる。ただし、冬季は零下になるので利用は控えたい。

ビザの延長と外国人旅行証

ビザの延長

滞在を延長する

日本で取得した観光ビザ（Lビザ）の有効期間は一般的に30日間。中国では、原則的に1回だけ滞在期間を延長することができる。2回目のビザ延長は病気で動きが取れないとか、お金を盗まれて知人からの送金を待たなければならない、などの特別な理由が必要になる。

延長を申請した期間について滞在費が十分かどうかを、申請時に担当官が確認することもある。公安局の規定では、その目安を1日US$100相当の所持金としている。所持金は現金やT/Cなどで外貨、人民元のいずれでもかまわない。

ビザ延長の申請は基本的に市や自治州などの行政機関がおかれている比較的規模の大きな町の公安局（まれに行政サービス機関）で行う。

外国人を管理している部門に行くと申請用紙が置いてあるので、必要事項を記入して、パスポートと手数料160元、写真、場所によっては宿泊証明書を提出する。その際、それ以降の旅行スケジュールを質問されることもある。

取得には当日〜5業務日（土・日曜、祝日は含まず）が必要となるので、時間に余裕をみて行動しよう。ただし、ビザの延長は申請日からカウントされるので、早過ぎるとそれだけ滞在期間が短くなる。

滞在延長が許可されると、入国したときのビザに失効のスタンプが押され、パスポートに新しいビザシールが貼られて戻ってくる。たまに、延長期間が間違っていることもあるので、パスポートを受け取ったら、その場で記載事項を確認し、問題を発見したらすぐに申し出ること。

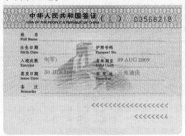

延長して新しく貼られたビザ

ノービザ入国者

ノービザ入国者についても滞在の延長は可能なはずだが、大都市を除くと申請を受け付けてくれないことが多いので注意が必要だ。なお、雲南省は全体的に寛容に対処してくれることが多い。

※ノービザ入国、ビザの取得→P.637

外国人旅行証

未開放地区へ行くために必要な書類

中国には、外国人が自由に旅行することができない所がある。そこに行きたい場合は、公安局へ行って許可を受ける必要がある。その許可証が外国人旅行証（略して旅行証と呼ぶこともある）だ。

これがないと、バスにも乗れないし、たどり着いたとしてもホテルにも宿泊できない。特に国境近辺を訪れる場合、これの取得が必要となることが少なくない。しかし、申請すればどこへでも行けるというわけではない。

申請方法

申請は公安局で行う。所定の用紙に姓名、年齢、パスポートナンバー、ビザナンバー、行きたい場所、行く目的などを記入し、手数料（町によって異なる）やパスポートと一緒に渡す。

外国人旅行証は、審査後に発行されるので、受け取りまでに必要な日数はケース・バイ・ケース。その場で発行してくれる場合もある。

申請場所

外国人旅行証の申請場所は、原則として目的地の最寄りの町の公安局。事前に手配しようとしても、四川省の成都でチベット自治区の町に関する申請を行うことはできない。なお、旅行会社で旅行の手配を行う場合、旅行会社が手続きを代行してくれることもある。

チベット自治区の場合

2018年8月現在、チベット自治区では、ビザの延長も外国人旅行証の手続きもどちらも個人では受け付けてもらえない。

※P.516参照

ホテルの手配と利用

ホテルを予約する

予約サイトを利用する

インターネットの予約サイトを利用して手軽に中国のホテルも手配できる。インターネットで検索すれば、いろいろな予約サイトを発見できるだろうから、比較検討して利用しよう。

中国のホテル

ホテルの制限

外国人は、自由にホテルに泊まれるわけではない。中国では、誰でも宿泊できるホテルと、宿泊登記が必要な外国人や華僑は宿泊できないホテルに区分されている。

外国人の宿泊できないホテルには安ホテルが多いので、宿を取る前に、フロントでしっかり確認しておこう。運が悪いと夜中に公安職員の巡回を受け、罰金などの処分を受ける場合もある。

下で紹介する「経済型連鎖酒店」でも支店によっては泊まれない所がある。公式ウェブサイトで「内宾」という表示のあるものがそれだ。

また、友人、知人の家に泊まる場合は自ら公安局に出向いて登記する必要がある。

※宿泊に際し家族でも登録のない者は届け出が必要とされる事例も発生しているので注意が必要

ホテルのランク

外国人が宿泊できるホテルは「渉外ホテル」と呼ばれ、6つのランクに分かれている。これは国家観光局が認定しているもので、星の数でランクを表しており、最高級が5つ星で最低が星なし（単に「渉外ホテル」と呼ばれることもある）となっている。

日本人が快適に滞在できるのは3つ星以上のホテル。一般的に、これ以下になるとサービスや治安の面で問題が出てくる。

しかし、最近は4つ星、5つ星の許可待ちだとか、高級ホテル並みの設備をもつ星なしの「渉外ホテル」という物件も増えている。

おすすめホテル

中国各地に増えているのが、「経済型連鎖酒店」というタイプのホテル。都市部でも200〜400元というお手頃価格。

部屋の中がシンプルかつ機能的に造られているのが特徴。具体的には、シャワー（バスタブはない）、インターネット回線、エアコン、テレビなどの設備がある。また、相対的に立地条件もかなりよい。

タイプとしては、全国展開しているものから「省」や「市」など限られたエリアで展開するものまである。

▼首旅如家（ホテルブランド「如家酒店」など）
Ⓤ www.bthhotels.com
▼錦江之星
Ⓤ www.jinjianginns.com
▼華住酒店集団（ホテルブランド「漢庭」など）
Ⓤ www.huazhu.com
▼鉑涛旅行（ホテルブランド「7天酒店」など）
Ⓤ www.plateno.com
▼速8酒店
Ⓤ www.super8.com.cn（英語・中国語）

宿泊料金

宿泊料はひと部屋当たり

基本的に中国ではひと部屋当たりで計算をするので、ツインルームにひとりで泊まってもふたりで泊まっても料金は同じ。

サービス料と諸税

正規の部屋代以外に、高級ホテルでは10〜15％のサービス料が加算されることがある。サービス料のかかるホテルでは、ホテル内のレストランなどいろいろなものに加算されることが多い。また、一部の地方では、「都市建設税」などの税金が付加される場合もある。

2016年5月1日より、宿泊料に6％の増値税（一種の消費税）が加算されることになったが、ホテルによって内税と外税に分かれている。

チップは不要

中国ではチップは不要。ホテルでも渡す必要はないし、高級ホテルではその代わりに前述のサービス料を支払っている。チップを露骨に請求する客室係員や、宿泊客に「チップをあげてください」というガイドに出会ったとしても、感謝の気持ちであげたいと思ったときに数十元渡せば、それで十分だ。

宿泊料はシーズンや曜日で変動する

中国でもホテル料金は季節によって変動する。基本的に4〜10月がオンシーズンで、11〜3月がオフシーズン。これは中国の観光シーズンが春から秋にかけてだからだ。しかし、マリンリゾートが売りの海南省はほぼ逆の形になり、10〜2月がオンシーズン、3〜9月がオフシーズンとなる。

ホテルに宿泊する

チェックイン

一般的なホテルでは、14:00以降にチェックインし、12:00までにチェックアウトする規則になっているが、早朝や夜中でもチェックインはできる。予約している人はそれを告げて、ネームリストから探してもらおう。なお、予約時点でチェックインが遅くなることがわかっていたら、必ずその旨を伝えておこう。到着予定時刻より遅れそうになったら、必ずホテルに連絡を入れよう。そうしないと予約が取り消されることもある。

現地到着後、予約なしで直接ホテルに出向いて宿泊する場合、フロントで部屋があることを確認して、次に値段の交渉を行う。運がよければ、表示価格より安くなる。

部屋が決まったらチェックインの手続きに入る。まず、チェックインカードに必要事項を記入する（不要な所もある）。記入が終わったら、支払い方法を決める。

カードの場合はクレジットカードを係員に渡して有効かどうかを確認してもらう。現金払いの場合は、デポジット（保証金）を要求される。その金額の目安は、宿泊予定日数＋1泊分。このとき預かり証を発行してくれるので、紛失しないようしっかり保管しておく

こと。カードが利用できないホテルでは、必ず現金のデポジットが必要になるので、それ相応の人民元の現金を用意しておこう。

手続きが終わったら、宿泊カードと部屋のキーをもらう。宿泊カードは遅く戻ってきたときなど掲示を求められるので、宿泊中はいつも持っておくこと。

チェックアウト

チェックアウトのときは、フロントでキーを渡して精算してもらう。精算書の内容は必ず確認すること。チェックインのときにデポジットを払った人は、預かり証を提示して差額を支払い、残りを返金してもらう。クレジットカードの人は、金額を確認してサインする。

原則として、チェックアウトは午前中。ほとんどのホテルで荷物を預かってくれるので、列車などの出発時刻が午後のときは、フロントに荷物を預けておくと便利。

その際は「我要寄存行李,可以吗? (wǒ yào jìcún xínglǐ, kěyǐ ma)」と伝えればよい。係員が引換券を渡してくれるので（そうでない場合もある）、なくさないようにしっかり保管しておくこと。

ホテルのエレベーター

カード式キーを採用しているホテルでは、エレベーター内にカード読み取り機を設置し、客室に向かう際はそこでキーを読み取らせないとフロアボタンが表示されないよう設定している所が多い（下りは不要）。

食事

食事は中国旅行の楽しみ

中国を旅行する際の楽しみのひとつが、本場の中国料理を食べることだろう。広大な国土と多民族で構成される中国では、それぞれの地方に独特の料理がある。なかでも、北京料理、上海料理、四川料理、広東料理の4つは「中国四大料理」と呼ばれるほど有名。

それぞれの特徴

❶北京料理

黄河流域から北のエリアで作られる北方料

理の総称。主食にはうどん、肉まん、ギョウザなど粉食料理が多く、料理の味つけは、脂っこく、塩味が効いている。このほか宮廷料理を北京料理のジャンルに含めることもある。代表的料理には「北京ダック」がある。

❷上海料理

上海料理は、長江下流域つまり江南地方の料理の総称で、上海料理、揚州料理、杭州料理などに分けられる。

温暖で食材が豊富な地方だけに、素材を生かした料理が多く、甘味のある濃厚な味つけ

が特徴的で、あんかけ料理も多い。

❸四川料理

西南地方の料理の総称。このエリアは、夏は蒸し暑いため、酸味と辛味の強い味つけが特徴。四川省のものが有名で、「麻婆豆腐」「棒棒鶏」「担担麺」などは日本でも有名。

❹広東料理

華南地方の料理の総称。「食在広州（食は広州にあり）」という俗諺で知られるように、広州料理がその代表格。味つけは淡泊で、素材のもつ味を生かす料理法で、日本人好み。

注文の仕方

注文方法が2種類ある。ひとつは席に座ってオーダーする方法。もうひとつはあらかじめ食券を買い、テーブルで渡す方法だ。一般から高級のレストランが前者、食堂レベルのレストランや飲茶などでは後者のことが多い。

テーブルに座って注文するタイプのレストランでは、席に着くとメニューが渡されるので注文する料理が決まったら店員を呼ぶ。

食券制になっているレストランでは、食券を購入し、空いているテーブルに座る。する

と店員が来て食券を半分にちぎって持っていき、しばらくすると料理を持ってくる。

また、フードコートで多いのが、入口のレジであらかじめICカードにお金をチャージする方式。デポジットに加え好みの金額をチャージし、各ブースではカードを提示して注文し、支払う。カードの残額とデポジットは帰りにレジで精算し、返金してもらう。

お金の支払いなど

テーブルオーダー式のレストランでは、食べ終わったあとに料金を支払う。

完全に食べ終わるか食べ終わりそうなときに店員を呼んで、精算してほしいと言う。「请结账（qǐng jié zhàng）」とか「买单（mǎi dān）」（ともに「お勘定」の意味）と言えばよい。中国語ができなくても、紙に書いて渡せば理解してくれる。

領収書がほしい場合はこの時点で頼む。「我要发票（wǒ yào fā piào）」（領収書が欲しいのですが）と言えばよい。

中国にはチップの習慣はない。高級店では、ホテルでなくても10％程度のサービス料を取られることも多い。

買い物

おみやげを買いに行こう

おみやげを選ぶ

❶お茶

お茶には、茶葉とティーバッグのものがあるが、茶葉のほうがおすすめ。種類としては、ウーロン茶、ジャスミン茶、緑茶、プーアル茶などいろいろなお茶がある。試飲できる店も増えているので、名前より自分の気に入った味のお茶を選ぶとよい。

❷漢方薬

中国特産の漢方薬といえば、朝鮮人参や鹿茸。このほか万能薬タイガーバームやロイヤルゼリー、真珠の粉末などが安く購入できる。なお、麝香の入ったものや水牛の角などはワシントン条約で取引が禁止されているので、日本に持ち込むことはできない。

❸少数民族関連グッズ

雲南省、貴州省、チベット自治区、新疆ウイグル自治区など西北・西南エリアは、独自の文化をもつ少数民族が暮らしているが、そういった所を旅行したときには、民族衣装やアクセサリーなどをおみやげにするのもよい。

❹お菓子

中国でもなかなかおいしいお菓子が作られるようになった。また、月餅など中国の伝統的なお菓子でも長持ちするものが登場している。中国では陰暦8月15日が月見（中秋節）となっているので、その前に中国を旅行したときのおみやげにおすすめ。

コピー商品の購入は厳禁！

中国をはじめとする海外ではコピー商品問題が深刻化している。旅行先では、有名ブランドのロゴやデザイン、キャラクターなどを模倣した偽ブランド品や、ゲームや音楽ソフトを違法に複製した「コピー商品」を、絶対に購入しないように。

これらの品物を持って帰国すると、空港の税関で没収されるだけでなく、場合によっては損害賠償請求を受けることも。「知らなかった」では済まされないのだ。

（地球の歩き方編集室）

商品チェックは念入りに

中国では、同じ商品だからといってどれも同じ品質だと思ってはいけない。だから買いたいものが決まったら、なるべくたくさんの商品を出してもらって、細かくチェックすること。

財布に大金を入れない

財布の中に100元札を何枚も入れたまま人混みの中に出かけるのは、防犯上避けたほうがよい。財布にはちょっと使うぶん（多くても200〜300元程度）だけ入れておくようにしよう。

クレジットカードを使う

外国人が立ち寄るような店ならば、ほとんどの所でMasterCard、VISA、JCB、アメリカン・エキスプレスのカードが使える。カードを使えば、大金を持ち歩く必要がなくても便利だ。カードの使い方は日本とまったく同じ。注意が必要なのは決済のとき。偽造カードを作られないように、決済は必ず目の前でやってもらうようにする。複写に失敗したら用紙はきちんと破ってもらう、金額欄の数字が合っているかどうか確認するなどの注意が必要だ。

進むキャッシュレス化

中国ではWeChat PayやAlipayといったスマホ決済サービスが人々の間に急速に浸透しており、ちょっとした買い物でも利用されている。

2018年8月現在、中国国外在住者でも中国を訪れた際に利用できるようになった。興味のある人はアプリをダウンロードし、登録を済ませていくとよい。
※→P.22

中国の通信事情

郵便

中国の郵便事情

中国は日本と距離が近いこともあり、手紙が5〜10日間、航空小包が7〜10日間、船便が1〜2ヵ月で届く。郵政局（中国の郵便局）やポストはどんな町に行ってもあるから、手紙や小包（一部、国際郵便業務を扱わない所もある）はいつでも出すことができる。
▼中国郵政集団公司
Ｕwww.chinapost.com.cn（中国語・英語）

手紙とはがき

手紙に関しては特別な規則はない。切手を貼って表に「Air Mail」もしくは「航空信」と書き、投函すればよい。住所は、頭に「日本国」と漢字で書けば、あとはすべて日本語

でかまわない。

速く送りたい場合は、EMS（International Express Mail Services。日本の「国際スピード郵便」に相当）を使うと便利。数日で日本へ着く。
▼中国郵政速達物流（EMS）
Ｕwww.ems.com.cn

国際小包

国際小包は国際郵便業務を扱う郵政局から送ることができる。航空便の料金は1kgまでが124.2元、それ以降、重さに応じて加算される（P.695表参照）。

航空便以外には、割安な船便もあるが、日本までの正確な所要日数は不明。また、両者の間を取ったようなSAL便というサービスもあるので、係員に尋ねてみよう。

国際小包の場合、郵便料金のほかにも、税関料（1件につき5元）、保険手数料（1件につき3元）、保険料（200元ごとに3元）などが加算される。

日本に送る場合は、郵政局内の税関で検査を受けなければならない。封をせずに郵政局へ持っていき、申込書に送り先や内容物を記入し、荷物を箱などに詰めた状態で担当官に見せる（箱の購入も可能）。検査が終わったあとに封をする。箱に宛名を書かなければな

中国のポストは基本的に緑で四角い

■郵便料金（2018年8月現在）

※中国郵政集団公司の公式ウェブサイト（→P.694左段）で最新料金を確認できる

日本への航空便料金

項目	重さなど	料金
はがき	1枚	5.0元
封書	20g以下	5.0元
	20gを超える10gごとに	1.0元加算
小型包装物（2kgまで）	100g以下	30.0元
	100gを超える100gごとに	27.0元加算
小包（上記以上）	1kg以下	124.2元
	1kgを超える1kgごとに	29.6元加算

日本へのEMS料金

項目	重さなど	料金
書類	500g以下	115.0元
	500gを超える500gごとに	40.0元加算
物品	500g以下	180.0元
	500gを超える500gごとに	40.0元加算

中国国内郵便料金

項目	重さなど	料金
はがき	1枚	0.8元
封書	市内100g以下20gごとに	0.8元
	100gを超える100gごとに	1.2元加算
	市外100g以下20gごとに	1.2元
	100gを超える100gごとに	2.0元加算

中国国内の特快専通便（Domestic EMS）料金

重さなど	料金	
500g以下	20.0元	
500gを超える500gごとに	1区（500km以内）：4.0元加算	
	2区（500kmを超え、1000km以内）：6.0元加算	
	3区（1000kmを超え、1500km以内）：9.0元加算	
	4区（1500kmを超え、2500km以内）：10.0元加算	
	5区（2500kmを超える）：17.0元加算	

らないので、油性のフェルトペンを持っていくとよい。

なお、旅行中に記念品などを日本に送った場合は別送品の手続きが必要（→P.665）。

国際電話

ホテルからかける

客室からの国際電話のかけ方はホテルによって異なるので、不明な点があったら客室に置いてあるサービス案内を読んだり、フロントに問い合わせるなどして、しっかり確認しよう。ただし、ホテルからかける国際電話は通話料が高くつくので、その点を理解したうえで利用するかどうかを決めよう。

電話料金はチェックアウトの際に部屋代と合わせて請求されることが多い。

電話ボックスからかける

ICカード式やIPカード式の電話機があるが、数は減っている。ICカードはホテルのフロントや郵便局などで売っており、20元、50元、100元、200元などの種類がある。

カード式の電話は、日本のカード式公衆電話と同じように使える。IPカード式電話はインターネットを使った通話サービス。料金は安いが、必要な暗証番号の桁数がとても多い。

■ICカード式電話のかけ方

1　カードを購入する

郵政局や町角の売店などで購入可能。金額は使用頻度を考えて購入すること。IPカードと間違えないこと！

↓

2　ICカード式電話の表示を探す

郵政局などにあるが、携帯電話の普及により少なくなっている

↓

3　受話器を取り、カードを差し込む

カードを差し込むとき、シールの貼ってあるほうが上なので注意

↓

4　番号をプッシュする

まず「00」をプッシュする

↓

次に国番号（日本にかけるなら「81」）をプッシュする

↓

次に相手先の市外局番と携帯電話の最初の「0」を取った番号（「03-1234-5678」にかけるなら「3-1234-5678」）をプッシュする

↓

5　電話を終える

受話器を置くと自動的にカードが出てくるものもあるが、ボタンを押してカードを取り出すものもある。取り忘れのないように！

国際電話のかけ方（中国から日本）

日本の電話会社でも中国から簡単に日本へ電話できるサービスを扱っている。

▼日本語オペレーターに申し込むコレクトコール

中国から日本語のオペレーターを通して電話できる。支払いはクレジットカードかコレクトコール。

●アクセス番号

▼KDDI→ジャパンダイレクト

☎108-811（おもに北京など北部から）

☎108-2811（おもに上海、広州など南部から）

▼国際クレジットカード通話

クレジットカードの番号を入力してかけることのできる国際電話。日本語の音声ガイダンスに従って、操作すればよい。

●アクセス番号
▼KDDI→スーパージャパンダイレクト
☎108-810（おもに北京など北部から）
☎108-2810（おもに上海、広州など南部から）

■通話手順

1	アクセス番号を入力。前述のどれかを選ぶ

↓

2	クレジットカードの番号＋「♯」を入力

↓

3	暗証番号＋「♯」を入力

↓

4	相手の電話番号を市外局番から入力し、＋「♯」を入力

▼プリペイドカードで通話する

国際電話プリペイドカードを利用する通話も便利だ。カードは日本出国前にコンビニや成田などの国際空港であらかじめ購入できる。前述のアクセス番号にダイヤルし、日本語の音声ガイダンスに従って操作する。
・KDDI→スーパーワールドカード
※利用法についてはKDDIまで問い合わせを

国際電話のかけ方（日本から中国）
■通話手順

1	〈国際電話会社の番号〉（下記参照）

＋

2	〈国際電話識別番号　010〉

＋

3	〈国番号、エリア番号〉（中国は86、香港は852、マカオは853）

＋

4	〈相手先の電話番号〉（市外局番と携帯電話の最初の0を取る。香港、マカオはなし）

■国際電話会社の番号

国際電話会社名	番号
NTTコミュニケーションズ※	0033
ソフトバンク	0061

※　NTTドコモはWORLD CALLに事前登録が必要。
※　携帯電話の3キャリアは「0」を長押しして「＋」を表示し、続けて国番号からダイヤルしてもかけられる

■日本での国際電話の問い合わせ先

通信会社名	電話番号とURL
NTTコミュニケーションズ	☎0120-003300（無料）Ⓤwww.ntt.com
ソフトバンク	☎0088-24-0018（無料）Ⓤwww.softbank.jp
au（携帯）	☎157（auの携帯から無料）Ⓤwww.au.kddi.com
NTTドコモ（携帯）	☎151（NTTドコモの携帯から無料）Ⓤwww.docomo.ne.jp
ソフトバンク（携帯）	☎157（ソフトバンクの携帯から無料）Ⓤmb.softbank.jp/mb

携帯電話

中国で携帯電話を使う場合、自分の携帯電話を持参して国際ローミングサービスを利用する、あるいは中国で使える携帯電話をレンタルするなどの方法がある。

ほかには、モバイルWi-Fiルーターを日本の出発空港でレンタルする方法がある。定額料金なので、現地でのネット利用に便利。ただし、規制により中国で使えないサービス（→P.413）を使いたい場合はオプションでVPN付きを申し込む必要がある。

※日本でSIMフリーの機種を使用している人は、中国でSIMカードを購入して差し替えれば、中国の料金で通話やメール、ウェブ閲覧などが可能。ただし、中国のインターネット規制は受ける

■料金や通話エリアの詳細

通信会社名	料金などに関するURL
au	Ⓤwww.au.kddi.com
NTTドコモ	Ⓤwww.nttdocomo.co.jp/service/world
ソフトバンク	Ⓤmb.softbank.jp/mb

●携帯電話を紛失した際の、中国からの連絡先（利用停止の手続き。全社24時間対応）

au
・00（国際電話識別番号）+81+3+6670-6944 [※1]

400番電話

頭3桁に400の付く10桁の電話番号は、企業が顧客にサービスを提供するための番号で、発信者は市内通話料のみを負担すればよい仕組み。固定電話、携帯電話ともに利用可能だが、サービス提供エリアはチベット自治区、香港、マカオを除く中国国内のみ。

ちなみに400の次桁は通信会社の番号。0と6が中国聯通、1と7が中国移動、8と9が中国電信となっている。

NTTドコモ

・00（国際電話識別番号）+81+3+6832-6600※2

ソフトバンク

・00（国際電話識別番号）+81+92+687-0025※3

※1 auの携帯から無料、一般電話からは有料
※2 NTTドコモの携帯から無料、一般電話からは有料
※3 ソフトバンクの携帯から無料、一般電話からは有料

インターネット

インターネット規制

中国にはインターネット規制がある（→P.413）。日本で一般的なFacebookやTwitter、LINEなどのSNSがそのまま使えない、GoogleやYahoo!の検索が使えないなどの不便がある。

ウェブメール

ユーザーIDとパスワードを持っていれば、ネットカフェやホテルなどで簡単に利用することができる。ただし、日本で広く普及しているGmailは規制のため、中国国内ではVPNを使うなどしないとアクセスできない。ビジネスや学校で常用している人は特に注意。

Yahoo! JAPAN

U mail.yahoo.co.jp

Yahoo! JAPANの無料メールサービス。Yahoo! JAPANのウェブサイトにアクセス後、「メールアドレスを取得」をクリックして新規登録を行う。

Microsoft

U www.microsoft.com

MicrosoftではHotmailやOutlook.comなどの無料メールサービスを提供している。公式ウェブサイトにアクセス後、アカウントを作成して新規登録を行う。

▼自分が使っているメールアドレスを使用する

現在、会社や個人で使用しているメールアドレスを海外で利用することもできる。詳細は利用しているプロバイダに確認してみよう。

ホテルでのネット利用

ログインパスワードを携帯電話のSNSに送信するホテルも増えている。携帯電話を持っていない人はフロントに相談するとよい。

INFORMATION

中国でスマホ、ネットを使うには

まずは、ホテルなどのネットサービス（有料または無料）、Wi-Fiスポット（インターネットアクセスポイント。無料）を活用する方法がある。中国では、主要ホテルや町なかにWi-Fiスポットがあるので、宿泊ホテルでの利用可否やどこにWi-Fiスポットがあるかなどの情報を事前にネットなどで調べておくとよいだろう。ただしWi-Fiスポットでは、通信速度が不安定だったり、繋がらない場合があったり、利用できる場所が限定されたりするというデメリットもある。ストレスなくスマホやネットを使おうとするなら、以下のような方法も検討したい。

☆ 各携帯電話会社の「パケット定額」

1日当たりの料金が定額となるもので、NTTドコモなど各社がサービスを提供している。

いつも利用しているスマホを利用できる。また、海外旅行期間を通じてではなく、任意の1日だけ決められたデータ通信量を利用することのできるサービスもあるので、ほかの通信手段がない場合の緊急用としても利用できる。なお、「パケット定額」の対象外となる国や地域があり、そうした場所でのデータ通信は、費用が高額となる場合があるので、注意が必要だ。

☆ 海外用モバイルWi-Fiルーターをレンタル

中国で利用できる「Wi-Fiルーター」をレンタルする方法がある。定額料金で利用できるもので、「グローバルWiFi（【URL】https://townwifi.com/）」など各社が提供している。Wi-Fiルーターとは、現地でもスマホやタブレット、PCなどでネットを利用するための機器のことをいい、事前に予約しておいて、空港などで受け取る。利用料金が安く、ルーター1台で複数の機器と接続できる（同行者とシェアできる）ほか、いつでもどこでも、移動しながらでも快適にネットを利用できるとして、利用者が増えている。

ルーターは空港などで受け取る

ほかにも、いろいろな方法があるので、詳しい情報は「地球の歩き方」ホームページで確認してほしい。

【URL】http://www.arukikata.co.jp/net/

中国を知ろう！

中国の基礎知識

国土

中国はユーラシア大陸の東部、太平洋西岸に位置する総面積約960万km²の国。世界陸地面積の15分の1を占め、ヨーロッパ全体の面積とほぼ同じ。東西は5200km、南北5500km。海岸線の総距離は1800km、陸地国境線の合計は2万2800km、5000以上の島をもつ。

地勢的には西高東低で、3つの階層に区分できる。最上層は西南部の青蔵高原を中心とするエリア。特にチベット自治区は「世界の屋根」と表現され、平均標高は4500m、世界最高峰のチョモランマを筆頭に8000mを超える山は11峰にも上る。

その次が、内蒙古自治区の内モンゴル高原、華北エリアに広がる黄土高原、貴州省から雲南省に延びる雲貴高原の3つの高地とタリム盆地、ジュンガル盆地（ともに新疆ウイグル自治区）、四川盆地の3つの盆地。

最低層は東北地方に広がる東北平原、黄河下流域の華北平原、長江（揚子江）の中下流域の平野部で、国民の多くがこのエリアで暮らしている。

川と湖は国土同様、大きなものが多く、最長の川である長江は全長6300km（世界第3位）にも及ぶ。また、湖は面積が100km²前後のものが100以上、最大は塩水湖で青海湖、淡水湖で鄱陽湖。

独特の景観が魅力の黄龍（→P.543）

気候

中国は広大な国土をもつがゆえに、気候は多種多様で、寒帯から熱帯まで、ほぼすべての気候帯を網羅している。

それらは、おおまかに3つのエリアに区分できる。東部季節風区は中東部に広がる平野地帯で、温度や湿度が人の生活に適しており、この気候帯エリアには中国を代表する大都市が多くある。

西北乾燥区は国土の西北部に広がる高地地帯。降水量が極端に少なく、気温は年較差、日較差ともに大きい。中国のシルクロード諸都市は、ほとんどがこの気候区に属しているので、夏の旅行では水分補給が重要になる。

最後は、チベット高原乾寒区と呼ばれるエリア。青蔵高原全体がこの気候区分に属し、1年中乾燥していて気温も低いのが特徴。草原も多いが、標高4000mを超えると、荒涼とした土地が多くなる。

行政区分

中国の行政区画は4つのレベルに区分されている。

❶省級=直轄市（北京市など4）、省（広東省など23）、自治区（チベット自治区など5）、特別行政区（香港、マカオのふたつ）

❷地級=地級市（293）、地区（8）、自治州（30）、盟（3。内蒙古自治区のみ）

❸県級=市轄区（954。直轄市および規模の大きな地級市に設置）、県級市（360）、県（1366）、自治県（117）、旗（49。内蒙古自治区のみ）、自治旗（3。内蒙古自治区のみ）、特区（1。貴州省）、林区（1。湖北省）

❹郷級=区公所（2）、鎮（2万883）、郷（1万870）、蘇木（152。内蒙古自治区のみ）、民族郷（981）、民族蘇木（1。内蒙古自治区）、街道（8105）

このなかで混乱するのは、❷の地級市と❸の県級市の関係。実例を挙げると、大連市（❷レベル）の中に瓦房店市（❸レベル）があるのだが、地図ではともに「大連市」「瓦房店市」としか表記がない。

※データは『中華人民共和国 行政区画簡冊 2017年』による。中華人民共和国の資料のため、省には台湾省が含まれ23となっている

民族と言語

中国は多民族国家で、56の民族がそれぞれの文化や言語をもっている。公用語は、人口の92%を占める漢民族が話す漢語。

しかし、この漢語もエリアによって差が大きく、現地の言葉で会話するとなると、北京、上海、広東の人は意思の疎通が図れないほど。

こういった事情を解決するため、北京官話

（明・清朝の都であった北京の官僚が使用していた言葉）をもとにして、漢語の共通語が作り出されたわけだが、これが「普通話（プートンファ）」、われわれが中国語と呼んでいる言葉の正確な名称だ。

中華人民共和国成立後、政府は一貫してこの普通話の普及に努めているが、今でも地方では、理解できない人がいる。

中国の歴史

中国史上最初の国家（紀元前2070年頃〜紀元前222年）

中国の歴史書に登場する最初の王朝は夏王朝だが、まだその時代のものだと明らかに認められる考古学的な発見がないため、現在のところ、実在した最初の王朝は、河南省北西部を中心とした商（日本では殷）とされている。だが、考古学上の新発見によって夏王朝の実在した可能性は高まっている。19代盤庚（ばんこう）以降の都とされる殷墟では、宮殿跡や多数の陵墓が発見されており、これらは、殷が強大な権力をもった王朝であったことを証明している。また、この時代には、精緻な青銅器や占いに使用された甲骨文字も発明されている。

この王朝最後の王は暴虐の限りを尽くした紂王（ちゅうおう）（紀元前11世紀）で、彼を討ったのが現在の陝西省南部にあった周の武王。彼は西安郊外の鎬京を都とし、華北平原（いわゆる中原）を中心に発展していった。

しかし、周王朝が単独でこのエリアを統治することはできず、多くの豪族に国を建てる見返りに貢物や軍隊の提供を義務づける封建制度という社会的ピラミッドの頂点に立つことでどうにか支配力を及ぼすことに成功した。

しかし、周の繁栄は外敵の侵攻によりかげり始め、ついに紀元前770年に都を今の洛陽に遷都（これ以前を西周、以降を東周と区分する）せざるを得なかった。

社会的な頂点であった周の衰退により、春秋の五覇（斉の桓公、晋の文公、秦の穆公、宋の襄公、楚の荘公）や戦国の七雄（秦、楚、燕、韓、魏、趙、斉）と呼ばれる有力諸侯が覇権を争う時代に突入していった。

統一王朝の登場〜秦・漢時代（紀元前221年〜紀元前220年）

戦国の七雄のうち、最も西方に位置した秦は、諸子百家のなかから、法家の思想（法を重んじ、君主に権力を集中して国を治める考え方）を取り入れ急速に発展を遂げた。

紀元前256年に周を滅亡させ、ついに紀元前221年に斉を破って、中国を統一した。

時の秦王嬴政（えいせい）は自らを始皇帝（最初の皇帝という意味）と名乗り、咸陽（渭水を挟んだ西安の対岸）を都とする秦王朝を開いた。

始皇帝はまず天下を郡と県に分け、その長官を中央から派遣し、地方を中央の支配下におき、政治の中央集権化を進めた（郡県制）。さらに、それまで諸国で異なっていた文字や通貨、度量衡なども統一し、まったく新しい社会体制の構築に取り組んだ。この結果生まれた仕組みは、秦以降の中国王朝の基盤として受け継がれることとなった。

また、秦は万里の長城などの土木工事、法家思想による思想統制、焚書坑儒と呼ばれる思想弾圧も行った。これらの急激かつ過激な変革は人々に多大な労役を与え、反感を買うことになった。それは始皇帝の死後、一気に噴き出し、各地で反乱が勃発。わずか15年で秦王朝は滅亡してしまった。

秦の滅亡後、覇権を争ったのは、項羽と劉邦の二大勢力だった。最初有力だったのは項羽のほうだったが、やがて劉邦の巻き返しに遭い、垓下の戦い（紀元前202年。安徽省霊璧県郊外）で滅亡。勝利した劉邦は長安を都とする漢王朝を建て、漢の高祖として即位し、新たな中央集権体制を確立した。

その後、一時外戚の王莽により15年間権力を奪われたが、皇族の劉秀（即位して光武帝となる）によって再興されると、漢は前後合わせて400年という、中国史上最も長命な王朝となった。この繁栄は、「漢」という文字が「漢字」や「漢語」として後世に伝わったことに象徴される。

なお、王莽による簒奪の前を前漢（都は長安。中国では西漢）、後を後漢（都は洛陽。中国では東漢と呼ばれる）と区分している。

漢は第7代皇帝武帝のときに最盛期を迎えた。領土の面では東は朝鮮半島から南はベトナム北部までを支配下におき、北と西では、

秦始皇兵馬俑博物館（西安）の1号銅車馬

遊牧民族の匈奴を追い払って西域までも傘下に収め、この地にローマとつながる、いわゆるシルクロード（絹に代表される交易路）を開拓した。

社会的混乱と貴族文化の繁栄～魏晋南北朝時代（220年～589年）

黄巾の乱（2世紀後半）や外戚・宦官の弊害によって後漢王朝の威信は失われ、各地に群雄が割拠する事態となったが、やがて沛（現在の安徽省亳州市）出身の曹操が袁紹を破って華北を掌握した。

彼は南へも兵を進めたが、208年赤壁の戦いで孫権・劉備の連合軍に敗れ、中国統一の夢は破れた。これにより華北を中心とする曹操、長江中下流域を中心とする孫権、四川地方を中心とする劉備が鼎立する状態となった。

220年に曹操が死亡して息子の曹丕が跡を継ぐと、彼は献帝を廃位（漢の滅亡）して魏を建国した。これを契機に劉備が蜀を、孫権が呉を相次いで建国し、三国時代に突入した。

この時代を舞台に作られたのが『三国志演義』（明代施耐庵あるいは羅貫中の作と伝わる）。この本は江戸時代に日本にも伝わり、『三国志』と呼ばれ、現在でも日本人に親しまれている。

この三国鼎立の時代も長くは続かなかった。まず、263年に蜀が滅び、265年に魏が滅亡（晋の成立）、280年に呉が姿を消した。

三国を統一したのは、魏建国の功臣であった司馬懿の孫、司馬炎によって建国された晋（西晋）であった。漢の滅亡から始まった混乱を教訓に、長期政権を打ち立てようと考え、一族の者を王として重要地を統治させたが、3世紀末には王族同士の争い（八王の乱）に発展、再び混乱の時代に戻ってしまった。

この混乱のなか、中国内部に移住した周辺民族が勢力を伸ばし、やがて匈奴の劉聰が長安に攻め込み、316年晋はいったん滅亡する（永嘉の乱）。

長江以北では、鮮卑、匈奴、羯、羌、氐（五胡）などの民族が相次いで国を建てる混乱期（五胡十六国時代）に入ったが、439年、鮮卑の拓跋氏が建国した北魏によって華北が統一され、大きな混乱は治まった。しかし、577年に北周が華北を統一するまでは、東魏・北斉、西魏・北周の対立する時代が続

いた（北朝）。

一方、江南と呼ばれる長江以南では、建業（現在の南京）にあった王族の司馬睿が317年に即位して晋（東晋）の再興に成功した。しかし、基盤の弱かった東晋は常に政治的混乱に苦しみ、420年有力な武人であった劉裕に帝位を譲って滅亡し、以降170年ほどの間に宋、斉、梁、陳が成立することとなった（南朝）。

以上のように、西晋滅亡後、長江の南北で基盤の弱い王朝と豪族や貴族が権勢を争う時代を迎えたが、華北（北朝）では、武人政治による国家権力の強化が徐々に進んで、次の隋唐時代の基礎がつくられ、江南（南朝）では華やかな貴族文化とその後の中国を支える経済的基盤が生み出された。

世界帝国の出現～隋・唐代（589年～907年）

北斉建国の功臣楊忠の子楊堅は自分の娘を皇后に入れるなど外戚として権力を振るうようになり、やがて禅譲という形で隋を建国すると、589年南朝の陳を滅ぼし、中国の統一に成功した。彼は均田制や科挙による官僚登用など新しい政策を導入したが、志半ばで次子の楊広（煬帝）に暗殺されてしまった。

即位した楊広は、江南と華北を結ぶ大運河や万里の長城の建設に取り組んだが、3度に及ぶ高句麗遠征の失敗で人心を失い、618年に現在の揚州で暗殺され、隋は中国統一後わずか30年ほどで崩壊した。

隋末の混乱期に挙兵した李淵（高祖）は、長安を陥落。楊広の暗殺を知ると即位し、618年唐王朝が成立した。

唐の第2代皇帝李世民（李淵の次子。太宗）は、父李淵に挙兵を勧め、平定に功のあった人物で、兄を破って即位した後は、中国統一や律令政治の整備など、王朝の基礎を固める事業に取り組み、その治世は後に貞観の治と呼ばれる理想的な時代となった。

このあとを継いだ高宗は、父太宗の寵愛を受けていた女性を宮中に呼び戻し、やがて皇后としたが、この人物が則天武后。彼女は徐々に朝廷内に権力を築き上げ、夫高宗の死後、実権を掌握。中宗、睿宗と次々に廃位し、やがて690年には国号を周に改め、中国史上初（そして唯一）の女帝として即位した（武周革命）。彼女の政治は密告の奨励など暗い面もあったが、新興地主階級など新しい政治の担い手を生み出すなどの面もあった。

則天武后の死後、混乱を収拾したのが李隆

基（のちの玄宗）。彼は則天武后一派を一掃し、父である睿宗を復位させ、その後を受けて開元の治と呼ばれる平和と繁栄に満ちた時代を築き上げた。しかし、晩年は楊貴妃に溺れ、政治を省みず、安史の乱（755〜763年）を引き起こし、唐衰退の原因を生み出すことになった。

安史の乱の鎮圧のため、従来辺境の防衛に当たらせていた節度使を投入し、鎮圧後も重要地に節度使を配置したが、彼らはやがて軍閥勢力となり、その支配地域に朝廷の力が及ばなくなっていった。やがて、黄巣の乱（875〜884年）で国内は分裂状態に陥り、ついに907年、反乱平定に功績のあった朱全忠に帝位を奪われ、滅亡した。

唐の都長安は、玄宗の時代に100万人の人口があったといわれ、世界各地から物産の集積する世界都市であった。また、阿倍仲麻呂（日本）、安禄山（ソグド系か?）、高仙芝（高句麗）など、周辺国の有能な人材を官吏に登用するなど国際色豊かな王朝でもあった。

対外勢力との対峙〜五代十国・宋代 （907年〜1279年）

907年、朱全忠は唐を倒して後梁を建国したが、すぐにほかの勢力に取って代わられ、結局およそ50年の間に5つの国（後梁、後唐、後晋、後漢、後周）が相次いで興廃を繰り返した。これらの政権は開封を中心とする地方政権にすぎず、周囲には軍閥勢力が割拠する混乱した時代だった。

こういった状況のなかで、960年後周の将軍趙匡胤が禅譲によって宋を建国、979年に全国の統一を完成した。

即位した趙匡胤（太祖）は、軍閥割拠による混乱を目の当たりにして、文官によって軍隊をコントロールすることにした。さらに、その文官の採用制度についても、最終試験（殿試）を皇帝自らが行うことで、権力を皇帝に集中させる体制を確立した。

対外的には、北方に勃興した遼と11世紀中期以降、西方で勢力を伸ばした西夏の圧力を受け、国家財政が圧迫されていった。この状況を変えようと、遼の北方に登場した金を利用しようと試みたが、逆に遼を滅ぼした金に攻め込まれ、1127年に滅亡する（靖康の変）。

しかし、その直後高宗が杭州に都を定め、王朝を再建した（靖康の変までが北宋、杭州遷都後が南宋）。それ以降、淮河を挟んで金と対峙し、江南の開発を進めつつ命脈を保っ

たが、モンゴル帝国のあとを継いだ元の侵攻によって、1279年滅亡した。

この時代は、絶えず対外勢力の圧迫を受けたが、農業、手工業の発展、新興勢力の登場、文治主義による君主独裁制の確立など、中国史上の重要な転換期でもあった。

モンゴルによる中国支配〜元代 （1271年〜1368年）

12世紀末、金の北方に広がるモンゴル高原では、モンゴル部にテムジンが現れ、諸部族を統一し、1206年クリルタイ（族長会議）でモンゴルの首長＝ハン（汗）に推戴され、チンギス・ハンと名乗った。ここにモンゴル帝国が成立し、中国北部から西方に向け、領土を拡大していった。

チンギス・ハンの死後も帝国は膨張し、第4代皇帝モンケ・ハンのときに南宋への侵攻が本格化した。彼は遠征の途中で死去するが、あとを継いだ弟のフビライが1271年に即位し、国号を中国風の元に改めた。1279年に南宋を滅ぼし、中国の統一を果たした。

元はフビライの統治下、西方との交易などで最盛期を迎えたが、彼の死後は後継者争いなどで衰退し、1351年に起こった紅巾の乱をきっかけに漢人（金の遺民）や南人（南宋の遺民）などの被支配者層の不満が爆発。中国各地に反乱の火の手が上がり、100年足らずで滅亡し、支配層のモンゴル族は北方のモンゴル高原に戻っていった。

チンギス・ハン陵（パオトウ）

皇帝独裁制の確立〜明代 （1368年〜1644年）

朱元璋（太祖）は社会の最下層出身であったが、元末の動乱のなかで元や各地の群雄を次々に倒し、1368年金陵（現在の南京）で即位し、明を建国した。彼は一世一元制を制定し、これ以降、皇帝は元号をもって呼ばれるようになった（このため、太祖は洪武帝とも呼ばれる）。

太祖は皇帝の独裁による中央集権を確立するべく、中央の官僚機構と地方の行政機関を

皇帝に直属するよう改変した。さらに、建国に功のあった部下を徐々に粛清し、各地に自分の子供を王として配し、国内統治を進めた。

太祖のあとを継いだ建文帝（恵帝）は、自らの権力を絶対的なものにするため、次々に自分を脅かす各地の王を排除していき、ついに北平（現在の北京）の燕王を残すのみとなった。ここで燕王は建文帝との対決を決意、機先を制し金陵に侵攻し、攻略に成功。第3代永楽帝として即位した（靖難の変。1399～1402年）。

永楽帝は即位後、北平に遷都して北京と改め、権力の強化を押し進め、モンゴル、ベトナムなど積極的に対外政策に取り組んだ。特に宦官の鄭和による西征では、遠く東アフリカに達し、多くの朝貢を促すこととなった。

彼の死後、北方でモンゴル族が勢いを盛り返し、しきりに明に侵攻するようになった。これに対処するため、万里の長城の建設や修復が盛んに行われた（現在残る長城の大部分は明代のもの）。また、16世紀以降、南方で倭寇に苦しめられ、朝鮮半島では豊臣秀吉の出兵（1592～1598年）への対処などの問題が発生。加えて国内でも東林党の党争など官僚や宦官の対立が激化し、疲弊していった。そして、1644年、李自成の乱によって、その歴史を閉じた。

中国史上最大の版図を築いた王朝～清代（1644年～1912年）

16世紀末の東北地方では、満洲族のヌルハチが周辺部族を糾合し、1616年に後金を建国してからは、現在の瀋陽を中心に勢力を伸ばし、明朝と対峙するようになった。

後金は1636年に国号を清に変え、1644年に明が滅ぶと、山海関で戦っていた明の将軍呉三桂に先導されて北京に入城、李自成を滅ぼした。その後地方にあった反対勢力を次々に平定。三藩の乱の鎮圧、台湾の鄭一族の降伏により中国を統一した。

康熙・雍正・乾隆帝（第4～6代皇帝）の時代およそ100年に全盛期を迎えた。対外的にも内政的にも目を見張るものがあったが、

頤和園に残る石舫は、乾隆帝の命で造られた（北京）

征服王朝であったことから、政治批判は厳禁していた。

やがて18世紀末にはその権勢にかげりが見え始める。国内で白蓮教徒の乱（1796～1804年）、太平天国の乱（1851～1864年）といった大乱が起こり、さらに欧米列強の外圧も加わるようになった。

アヘン戦争、アロー号事件などで不平等条約を締結させられ、日清戦争（1894～1895年）に破れると、さらに激しい圧力を受けるようになった。

王朝内ではこれに対処すべく、光緒帝などを中心に体制の刷新が図られたが、西太后らの反対であえなく頓挫したことで、清朝の命運は尽き、宣統帝が1912年に退位し、清は滅亡した。

混乱の中国～中華民国成立期（1912年～1945年）

清朝が衰えると、滅満興漢のスローガンを掲げる民族運動が高まり、1911年孫文の指導のもと辛亥革命が起こり、1912年2月に宣統帝を退位させ、清朝を倒した。

彼は南京で中華民国の臨時大総統に就任したが、清滅亡後の中国を統治するあらゆる力がなかったため、すぐにその地位を袁世凱に委譲し、三民主義（民族・民権・民生）を柱とする政府を作り上げようとした。

しかし、袁世凱は独裁的権力を指向するようになり、反対勢力を制圧し、1916年1月に帝位に就こうとした。しかし、各地で反対行動が起こり、6月に袁世凱は悶死した。

この後軍閥を中心とする抗争が激化し、そこを外国勢力につけ込まれた。

特に露骨な介入を行ったのが日本だった。日清戦争や義和団の乱で中国進出の足がかりをつくり、第1次世界大戦が勃発して、ヨーロッパ勢力が弱体化すると、山東半島に出兵、対華21ヵ条の要求を突きつけ、巨大な権利の譲渡を中国側に受諾させた。1919年のパリ講和条約でこの権利を各国に承認させることに成功したが、この事情を知った中国人は反日デモを開始。瞬く間に中国全土に広がっていった（五四運動）。

このような混乱のなか、辛亥革命の頓挫により日本に亡命していた孫文は中国に戻り、国民党を結成。また、上海では共産党が創立され、反日反帝国主義勢力の両輪が生まれた。

孫文の呼びかけによって、1924年広州で第1次国共合作が成立し、北方軍閥の討伐が

開始された。

　しかし、その途上孫文が病没してしまい、あとを継いだ蒋介石は南京を陥落させ、さらに共産党の弾圧を始めた。共産党は長征と呼ばれる大移動を行い、多大な犠牲を払って延安（陝西省北部）に拠点を築くことに成功した。

　一方、国民党は北伐を再開し、ついに北京を制圧して中国統一に成功した。

　日本はこの間隙を突いて中国東北部への進出を画策。1932年清朝最後の皇帝であった宣統帝溥儀を担ぎ出し、満洲国の建国に成功した。満洲国は1945年ソ連軍の侵攻により崩壊、わずか13年で姿を消すこととなった。

中華人民共和国の成立
（1945年〜現在）

　日本が降伏すると、国民党と共産党の間に内戦が勃発した。当初はアメリカの後押しを受けた国民党が優勢だったが、体制の独裁・腐敗によって志気は低く、徐々に共産党に押され、1949年10月に北京で中華人民共和国成立が宣言されると、台湾に逃れた。

　中華人民共和国は毛沢東率いる共産党の指導のもと、社会主義国家の成立を目指したが、当時の社会経済は壊滅状態。さらに米ソ対立による困難に直面し、急速な改革に着手せざるを得なくなった。また、1958年に始まる大躍進政策の失敗や1966〜1976年の文化大革命で社会は大混乱に陥った。

　しかし、毛沢東や周恩来が死亡したあと、鄧小平が3度目の復活を果たすと、経済復興を第一に据えた政策を押し進め、1989年の第2次天安門事件による停滞はあったが、目覚ましい発展を遂げることになった。

　2008年8月には北京オリンピック、2010年には上海万博を成功させた。

　2012年9月、大規模な反日デモが発生し、両国の関係は悪化した。2013年春に習近平が国家主席に就任し、2014年秋のAPECでの安倍首相との会談以降、日中関係に改善の兆しが見られる。

　高速鉄道網の整備が進み、移動が便利になってきた。

■ 日中の歴史年表

年代	中国		日本
紀元前3000	新石器時代（仰韶文化・龍山文化）		縄文
1027	商（日本では殷）		
	周		
770	春秋時代		
453			
	戦国時代		
221	秦		
206	前漢		弥生
紀元8	新		
25	後漢		
220	三国時代		
265	西晋		古墳
316			
	南北朝時代		
589	隋		飛鳥
618			
	唐		奈良
907	五代十国時代		平安
960			
	北宋		
1127	南宋	金	
1234		モンゴル帝国	鎌倉
1279	元		
1368	明		室町
1644	清	安土桃山	江戸
1912	中華民国		明治
			大正
1949	中華人民共和国		昭和
			平成

周恩来の銅像（重慶市桂園）

中国語を使おう！

中国に行ったからには、中国の人たちと中国語で話したい！　町で、お店で、ホテルで、列車で、まずは「你好！/ Nǐhǎo」（こんにちは！）から始めてみよう。

ニイハオ

中国の標準語「普通话」

標準語は作られた言葉

　広大な国土をもち、56の民族が暮らす中国では、地域や民族によって異なる方言・言語が使われている。92％を占める漢族の言葉だけでも、北方方言（北京を中心とするエリアや東北地方の方言）、上海語（上海を中心とする昔の「呉」の方言）、広東語（広東省を中心としたエリアの方言）、福建語（福建省方言）など大きく7つに分けられる。これらの方言は、別の言語といっていいほど異なり、互いにコミュニケーションを図ることができない。

　このため考え出されたのが、中国の標準語である「普通话（pǔtōnghuà）」。これは北方方言を中心に作られた言葉で、テレビやラジオ、また学校など公共の場所で使われており、中国どこへ行っても通用する言葉である。

中国語の基礎

文の構造

　中国語は格変化や時制による動詞の変化はないし、日本語のような動詞の活用もなく、比較的学びやすい言語といえる。

　乱暴な言い方をすれば、中国語で大切なのは語順とそれぞれの言葉の組み合わせ方だ。たとえ文法の知識がなくても、基本となる文型と単語を知っていれば簡単な文は作れる。会話ができなくても筆談で中国人とコミュニケーションすることも可能。

中国語の発音

　「中国語の発音は難しい」とよく言われる。確かに、母音だけでも単母音と複合母音の2種類があり、子音には息を強く吐き出す「有気音」（p、t、q、c）や、舌を反らせて丸める「そり舌音（巻舌音）」（zh、ch、sh）など、日本語には存在しない発音もある。

　しかし、前に述べたように、中国は広く方言も多いため、正確な「標準語」発音をしている人は、実際のところ少数派である。特に前述した「そり舌音（巻舌音）」は、南方の中国人にとっても発音が難しく、'zi'、'ci'、'si' と発音されることが多い。

表音記号「ピンイン」

　中国語の発音をアルファベットで表記したものがピンイン（拼音）だ。しかし、日本語のローマ字綴りとは発音が異なるものが多くあるので注意が必要。

●母音

①単母音

【a】：日本語の「ア」に近いが、口をより大きく開ける。

【o】：日本語の「オ」に近いが、口を丸く大きく開ける。

【e】：口を軽く開け、「エ」の口の形でのどに力を入れて「オ」を発音する。

【i】：日本語の「イ」に近いが、口を左右に強く引いて発音する。

【u】：日本語の「ウ」より口をすぼめて丸く突き出す。ろうそくを吹き消すイメージで。

【ü】：口をすぼめて「ウ」の口で「イ」。口笛を吹くときの口の形に近い。

※【ü】が子音【j】【q】【x】と組み合わされるときは【ju】【qu】【xu】と表記される

②複合母音（二重母音）

　ふたつの音をスムーズに続けて発音する

【ai】【ei】【ao】【ou】：前の母音を強く発音する。

【ia】【ie】【ua】【uo】【üe】：後ろの母音を強く発音する。

※二重母音の中の【e】は日本語の「エ」に近い音になる

③複合母音（三重母音）

　3つの音をスムーズに続けて発音する。

【iao】【iou】【uai】【uei】：真ん中の母音を強く発音する。

④複合母音（鼻母音）

【an】【ian】【uan】【üan】【en】【in】【uen】【ün】：【-n】の鼻母音。舌先を上の歯茎の裏に付けたまま息を鼻に通す。日本語「案内(an'nai)」の「n」の発音。

※【ian】は「イアン」ではなく「イエン」

【ang】【iang】【uang】【eng】【ueng】【ing】【ong】【iong】：【-ng】の鼻母音。舌先はどこにも付けず、舌の奥を盛り上げた状態で息を鼻に通す。日本語「案外(an'gai)」「n'g」の発音に近い。

※【eng】は「エン」より「オン」に近い発音になる

● 子音（＋母音）

「有気音」と「無気音」に注意が必要。

「有気音」は子音を発音したあと、ためた息を一気に強く吐き出して母音を発音する。

「無気音」は子音を発音したあと、続いて静かに母音に移る。下には無気音とそれに対応する有気音をセットで挙げてある。

例えば【bo】と【po】の場合、口の形は同じで、息の吐き出し方が異なる。

【bo】（無気音）：日本語の「ボ」と「ポ」の中間の音。息をゆっくり出す。

【po】（有気音）：日本語の「ポ」を強くはっきり勢いよく出す。息は一気に吐き出す。

【fo】：下唇を軽く嚙んで「フォ」。

【mo】：日本語の「モ」に近い。

【de】（無気音）：「ド」と「ト」の中間の音。息をゆっくり出す。

【te】（有気音）：日本語の「ト」を強くはっきり勢いよく出す。息は一気に吐き出す。

【ne】：日本語の「ヌ」に近い。

【le】：日本語の「ル」に近い。

【ji】（無気音）：日本語の「ジ」と「チ」の中間音。息をゆっくり出す。

【qi】（有気音）：日本語の「チ」を強くはっきり勢いよく出す。息は一気に吐き出す。

【xi】：日本語の「シ」に近い。口を左右に強く引いて発音。

【ge】（無気音）：日本語の「グ」と「ク」の中間音。息をゆっくり出す。

【ke】（有気音）：日本語の「ク」を強くはっきり勢いよく出す。息は一気に吐き出す。

【he】：日本語の「フ」に近い。のどの奥から発音する。

【zi】（無気音）：日本語の「ズ」と「ツ」の中間音。息をゆっくり出す。口は左右に引く。

【ci】（有気音）：日本語の「ツ」を強くはっきり勢いよく出す。息は一気に吐き出す。口は左右に引く。

【si】：日本語の「ス」に近い。口は左右に引く。

【zhi】（無気音）：舌を上にそらし、上あごの前の部分に当てて「ヂ」。息をゆっくり出す。

【chi】（有気音）：舌を上にそらし、上あごの前の部分に当てて「チ」を強くはっきり勢いよく発音。

【shi】：舌を上にそらし、上あごの前の部分に当てて「シ」。

【ri】：舌を上にそらし、上あごの前の部分に当てて「リ」。

声調（四声）

中国語の漢字には、それぞれ発音とともに4つの音の高低（イントネーション）がある。これは「声調」と呼ばれ、4つのパターンは「四声」と呼ばれている。

この「声調（四声）」は中国語の特徴で、日本人にはけっこう難しいものだ。

第一声：(ā) 高く平らに伸ばす

第二声：(á) 低い音から一気に高い音に上げる

第三声：(ǎ) 低い音を保ち、最後は少し高く上げる

第四声：(à) 高い音から一気に低い音へ下げる

軽　声：(a) 軽く短く発音する

■注意

後ろに来る単語の声調によって変わってくる例外的なものがあるので注意しよう。

①「一」の発音は単独では「yī」（一声）だが、後ろに一、二、三声が続くときは四声「yì」に、後ろが四声のときは二声「yí」になる。

例：一天「yì tiān」、一次「yí cì」

②「不」の発音は通常四声「bù」だが、後ろに四声が続くときは二声「bú」になる。

例：不是「bú shì」

③三声＋三声のとき、前の三声は二声になる。

例：你好　表記上は「nǐ hǎo」→発音時には「ní hǎo」となる

簡体字と繁体字

現在、中国大陸では簡略化された「簡体字（简体字）」という漢字が使われている。これは識字率向上のため、1964年に公布された「簡化字総表」に基づくもの。日本で使われている漢字とは形が異なるものも多いので注意が必要。

なお、香港やマカオ、台湾などでは「繁体字」という漢字が使われている。こちらは1716年（清の康熙55年）に完成した『康熙字典』を基本としており、日本の旧字体と共通するものが多い。

単語を覚えよう

中国を旅行する際に中国語が必要となる場面は多い。そこで中国語がわからない人の力強い味方となるのが「漢字」。中国で使われている漢字は日本のものと形の違いはあるが、書いて見せれば思った以上に通じる。

次ページから中国語の基本的な単語と文型をピックアップしているので、それらを組み合わせて文を作り、中国人とのコミュニケーションにチャレンジしよう。

基本単語

■名詞

①人称代名詞

私：我 ウォー wǒ	あなた (敬語)：您 ニン nín	彼女ら：她们 ターメン tā men
私たち：我们 ウォーメン wǒ men	彼：他 ター tā	それ：它 ター tā
あなた：你 ニー nǐ	彼女：她 ター tā	それら：它们 ターメン tā men
あなたたち：你们 ニーメン nǐ men	彼ら：他们 ターメン tā men	誰：谁 シェイ shéi

②代名詞

これ：这※1 ジャー zhè	何：什么 シェン モ shén me	どこ：哪里 ナー リ nǎ lǐ
それ／あれ：那※2 ナー nà	ここ：这里 ジャー リ zhè lǐ	※1 会話では「这个／zhèige」がよく使われる
どれ：哪※3 ナー nǎ	そこ／あそこ：那里 ナー リ nà lǐ	※2 会話では「那个／nèige」がよく使われる
		※3 会話では「哪个／něige」がよく使われる

③数

0：零 リン líng	5：五 ウー wǔ	10：十 シー shí	102：一百零二 イーバイリンアル yì bǎi líng èr
1：一 イー yī	6：六 リウ liù	11：十一 シーイー shí yī	110：一百一十 イーバイイーシー yì bǎi yì shí
2：二※4 アール èr	7：七 チー qī	12：十二 シーアル shí èr	111：一百一十一 イーバイイーシーイー yì bǎi yì shí yī
3：三 サン sān	8：八 バー bā	100：一百 イーバイ yì bǎi	112：一百一十二 イーバイイーシーアル yì bǎi yì shí èr
4：四 スー sì	9：九 ジウ jiǔ	101：一百零一 イーバイリンイー yì bǎi líng yī	1000：一千 イーチエン yì qiān

1001：一千零一 イーチエンリンイー yì qiān líng yī	1010：一千零一十 イーチエンリンイーシー yì qiān líng yì shí	1100：一千一百 イーチエンイーバイ yì qiān yì bǎi
1002：一千零二 イーチエンリンアル yì qiān líng èr	1011：一千零一十一 イーチエンリンイーシーイー yì qiān líng yì shí yī	10000：一万 イーワン yí wàn

※4 「两／liǎng」後ろに助数詞が付くとき 例 两个：liǎng ge

④時間

今日：今天 ジンティエン jīn tiān	昨日：昨天 ズオティエン zuó tiān	3月1日 (口語)：三月一号 サン ユエ イー ハオ sān yuè yī hào
明日：明天 ミンティエン míng tiān	おととい：前天 チエンティエン qián tiān	今週：这个星期 ジェイ ガ シンチ zhè ge xīng qī
あさって：后天 ホウティエン hòu tiān	3月1日 (書き言葉)：三月一日 サン ユエ イー リー sān yuè yī rì	来週：下个星期 シア ガ シンチ xià ge xīng qī

出発前に中国語会話の練習をしよう！！

「地球の歩き方」とECC Web Lessonとの共同企画で、旅に役立つ中国語会話の文例が"ネイティブの発音"で聞ける！

「ゆっくり」「ふつう」の再生スピードがあるので初心者でも安心。

Ⓤwww.arukikata.co.jp/tabikaiwa/

先週：**上个星期** シャン ガ シンチー shàng ge xīng qī	お昼：**中午** ジョンウー zhōng wǔ	土曜日：**星期六** シンチーリウ xīng qī liù
今月：**这个月** ジェイ ガ ユエ zhèi ge yuè	今：**现在** シエンザイ xiàn zài	日曜日：**星期天（日）** シンチーティエン　リー xīng qī tiān　rì
来月：**下个月** シア ガ ユエ xià ge yuè	3時：**三点** サンティエン sān diǎn	1日：**一天** イーティエン yì tiān
先月：**上个月** シャン ガ ユエ shàng ge yuè	5時半：**五点半** ウーティエンバン wǔ diǎn bàn	1週間：**一个星期** イー ガ シンチー yí ge xīng qī
今年：**今年** ジンニエン jīn nián	7時15分：**七点一刻** チーティエンイーカー qī diǎn yí kè	1ヵ月：**一个月** イー ガ ユエ yí ge yuè
来年：**明年** ミンニエン míng nián	9時40分：**九点四十分** ジウティエンスーシーフェン jiǔ diǎn sì shí fēn	1年：**一年** イーニエン yì nián
去年：**去年** チューニエン qù nián	月曜日：**星期一** シンチーイー xīng qī yī	1時間：**一个小时** イー ガ シアオシー yí ge xiǎoshí
朝：**早晨** ザオチェン zǎo chén	火曜日：**星期二** シンチーアル xīng qī èr	30分：**半个小时** バン ガ シアオシー bàn ge xiǎoshí
夜：**晚上** ワンシャン wǎn shàng	水曜日：**星期三** シンチーサン xīng qī sān	2時間半：**两个半小时** リャン ガ バンシアオシー liǎng ge bàn xiǎo shí
午前：**上午** シャンウー shàng wǔ	木曜日：**星期四** シンチースー xīng qī sì	15分：**一刻钟** イー カ ジョン yí kè zhōng
午後：**下午** シアウー xià wǔ	金曜日：**星期五** シンチーウー xīng qī wǔ	1分：**一分钟** イーフェンジョン yì fēn zhōng

⑤単位

個（何を数えるときにも使える）：**个** ガ gè	両（10両＝1斤）：**两** リャン liǎng	cm：**厘米** リ　ミ lí mǐ
斤（1斤＝500g）：**斤** ジン jīn	km：**公里** ゴンリー gōng lǐ	尺（1/3m）：**尺** チー chǐ
公斤（1公斤＝1kg）：**公斤** ゴンジン gōng jīn	m：**米** ミー mǐ	寸（0.1尺）：**寸** ツン cùn

⑥通貨単位

中国の通貨単位は「元(yuán)」、補助単位は「角(jiǎo)」、「分(fēn)」。しかし、口語では元を「块(kuài)」、角を「毛(máo)」と言うので注意。

書き言葉：　3元4角：**三元四角** サンユエンスージアオ sān yuán sì jiǎo	口語：　3元4角：**三块四毛** サンクアイスーマオ sān kuài sì máo

⑦方向・方角

東：**东边** ドンビエン dōng biān	右：**右边** ヨウビエン yòu biān	前：**前边** チェンビエン qián biān
西：**西边** シービエン xī biān	左：**左边** ズオビエン zuǒ biān	後ろ：**后边** ホウビエン hòu biān
南：**南边** ナンビエン nán biān	上：**上面** シャンミエン shàng miàn	右へ（左へ）曲がる：
北：**北边** ベイビエン běi biān	下：**下面** シアミエン xià miàn	**往右（左）拐** ワンヨウ　ズオ　グアイ wǎng yòu　zuǒ　guǎi

⑧交通

優等座席（鉄道）：**软座** ルアンズオ ruǎn zuò	普通座席（鉄道）：**硬座** インズオ yìng zuò	優等寝台（鉄道）：**软卧** ルアンウォー ruǎn wò

普通寝台（鉄道）：硬卧 ying wò	飛行機：飞机 fēi jī	切符：票 piào
バス：公共汽车／巴士 gōng gòng qì chē / bā shì	空港：机场 jī chǎng	航空券：机票 jī piào
長距離バス：长途汽车 cháng tú qì chē	鉄道駅：火车站 huǒ chē zhàn	列車切符：火车票 huǒ chē piào
タクシー：出租车／的士 chū zū chē / dī shi	バス停・バスターミナル：车站 chē zhàn	乗車券：车票 chē piào
地下鉄：地铁 dì tiě	長距離バスターミナル：长途汽车站 cháng tú qì chē zhàn	切符売り場：售票处 shòu piào chù

⑨レストラン

レストラン：餐厅 cān tīng	水餃子：饺子 jiǎo zi	ミネラルウオーター：矿泉水 kuàng quán shuǐ
メニュー：菜单 cài dān	肉まん：包子 bāo zi	箸：筷子 kuài zi
中国料理：中国菜 zhōng guó cài	チャーハン：炒饭 chǎo fàn	スプーン（さじ）：汤匙（勺子） tāng chí　sháo zi
日本料理：日本菜 rì běn cài	ビール：啤酒 pí jiǔ	コップ：杯子 bēi zi
ご飯：米饭 mǐ fàn	お茶：茶水 chá shuǐ	お皿：盘子 pán zi

⑩ホテル

シングル：单人间 dān rén jiān	部屋：房间 fáng jiān	バスタオル：浴巾 yù jīn
ツイン：双人间 shuāng rén jiān	ビジネスセンター：商务中心 shāng wù zhōng xīn	スリッパ：拖鞋 tuō xié
ドミトリー：多人间 duō rén jiān	石鹸：香皂 xiāng zào	毛布：毛毯 máo tǎn

■形容詞

よい：好 hǎo	遅い（時間）：晚 wǎn	黄色い：黄 huáng
大きい：大 dà	高い（値段）：贵 guì	緑の：绿 lù
小さい：小 xiǎo	高い（高さ）：高 gāo	白い：白 bái
多い：多 duō	安い：便宜 pián yi	黒い：黑 hēi
少ない：少 shǎo	近い：近 jìn	甘い：甜 tián
早い：早 zǎo	遠い：远 yuǎn	辛い：辣 là
速い：快 kuài	赤い：红 hóng	塩辛い：咸 xián
遅い（速さ）：慢 màn	青い：蓝 lán	脂っぽい：油腻 yóu nì

■動詞

| 行く：去 qù | 歩く：走 zǒu | 乗る：坐 zuò |

食べる：	吃 チー chī	見る：	看 カン kàn	使う：	用 ヨン yòng
飲む：	喝 ハー hē	言う・話す：	说 シュオー shuō	換える：	换 ファン huàn
買う：	买 マイ mǎi	泊まる：	住 ジュー zhù	欲しい：	要 ヤオ yào

基本文型

■判断文（「A是B」 AはBです）

①肯定文

ウォーシー リーベンレン
我是日本人。 　　　私は日本人です。
wǒ shì rì běn rén

②疑問文（2パターンあり。Ⓐのほうが楽）

Ⓐ A是B吗?

ニー シーシュエション マ
你是学生吗? 　　　あなたは学生ですか?
nǐ shì xué shēng ma

Ⓑ A是不是B?

ニー シー ブー シーシュエション
你是不是学生? 　　　あなたは学生ですか?
nǐ shì bu shì xué shēng

③否定文

ウォーブー シーシュエション
我不是学生。 　　　私は学生ではありません。
wǒ bú shì xué shēng

■動詞文

①肯定文

ウォーチュー シーショウジエン
我去洗手间。 　　　私はトイレへ行きます。
wǒ qù xǐ shǒu jiān

②疑問文（2パターンあり。Ⓐのほうが楽）

Ⓐ文末に「吗」を付ける

ニーチュー シーショウジエン マ
你去洗手间吗? 　　　あなたはトイレへ行きますか?
nǐ qù xǐ shǒu jiān ma

Ⓑ動詞＋「不」＋動詞

ニーチュー ブ チューシーショウジエン
你去不去洗手间? 　　　あなたはトイレへ行きますか?
nǐ qù bu qù xǐ shǒu jiān

③否定文

ウォーブー チュー シーショウジエン
我不去洗手间。 　　　私はトイレへ行きません。
wǒ bú qù xǐ shǒu jiān

■形容詞文（「很」＋形容詞）

「很」自体は「大変」という意味の単語だが、形容詞と一緒に使われる肯定文では、一般的にあまり意味をもたない。

①肯定文

ジェイ ガ バオ ヘン グイ
这个包很贵。
zhè gè bāo hěn guì

このかばんは高いです。

②疑問文(2パターンあり。いずれも「很」は不要となるので注意。Ⓐのほうが楽)

Ⓐ文末に「吗」を付ける

ジェイ ガ バオ グイ マ
这个包贵吗？
zhè gè bāo guì ma

このかばんは高いですか？

Ⓑ形容詞＋「不」＋形容詞

ジェイ ガ バオ グイ ブ グイ
这个包贵不贵？
zhè ge bāo guì bu guì

このかばんは高いですか？

③否定文（「很」は不要となるので注意）

ジェイ ガ バオ ブーグイ
这个包不贵。
zhè ge bāo bú guì

このかばんは高くありません。

■有（います／あります）

①肯定文（人or場所）＋「有」＋物

ボー ウーグアンリー ヨウ シーショウジエン
博物馆里有洗手间。
bó wù guǎn lǐ yǒu xǐ shǒu jiān

博物館（の中）にトイレがあります。

※「里」は「〜の中」を意味する。例：房间里（fáng jiān lǐ）→「部屋の中」　包里（bāo lǐ）→「かばんの中」

②疑問文（2パターンあり。Ⓐのほうが楽）

Ⓐ人（場所）＋「有」＋物＋「吗」？

ボー ウーグアンリー ヨウ シーショウジエン マ
博物馆里有洗手间吗？
bó wù guǎn lǐ yǒu xǐ shǒu jiān ma

博物館（の中）にトイレがありますか？

Ⓑ人（場所）＋「有没有」＋物？

ボー ウーグアンリー ヨウ メイ ヨウ シーショウジエン
博物馆里有没有洗手间？
bó wù guǎn lǐ yǒu méi yǒu xǐ shǒu jiān

博物館（の中）にトイレがありますか？

③否定文

ボー ウーグアンリー メイ ヨウ シーショウジエン
博物馆里没有洗手间。
bó wù guǎn lǐ méi yǒu xǐ shǒu jiān

博物館（の中）にトイレはありません。

※「有（yǒu）」と「在（zài）」
「有」に似た表現として「在」があるが、このふたつには使い方の違いがある。「有」は[場所＋有＋物]という語順になり、この「物」は不特定の物となる。一方、「在」は[物＋在＋場所]という語順になり、この「物」は特定の物となる。

■疑問詞疑問文

中国語の疑問文の仕組みは簡単。わからない所を疑問詞に置き換えるだけだ。語順は変わらない。

①何：什么（shén me）

ジャー シー シェン モ
这是什么？
zhè shì shén me

これは何ですか？

②いつ：什么时候（shén me shí hòu）

シェン モ シー ホウ チュイ シャン ハイ
什么时候去上海？
shén me shí hòu qù shàng hǎi

いつ上海へ行きますか？

③何時：几点（jǐ diǎn）

チャオ シー ジー ディェン カイ メン
超市几点开门？
chāo shì jǐ diǎn kāi mén

スーパーは何時に開きますか？

④どこ：哪里（nǎ lǐ）

シー ショウ ジェン ザイ ナー リ
洗手间在哪里？
xǐ shǒu jiān zài nǎ lǐ

トイレはどこですか？

⑤誰：谁（shéi）

ター シー シェイ
他是谁？
tā shì shéi

彼は誰ですか？

⑥どのように：怎么（zěn me）

ゴン アン ジュー ゼン モ ゾウ
公安局怎么走？
gōng ān jú zěn me zǒu

公安局へはどうやって行きますか？

⑦なぜ：为什么（wèi shén me）

ウェイ シェン モ ジェイ ガ ツァン ティン レン ヘン ドゥオ
为什么这个餐厅人很多？
wèi shén me zhèi ge cān tīng rén hěn duō

どうしてこのレストランはこんなに人が多いんですか？

シチュエーション別
基本会話

■あいさつなど

ニイ ハオ 。／ザオ シャン ハオ 。／ワン シャン ハオ 。
你好。／早上好。／晚上好。
nǐ hǎo　　zǎo shàng hǎo　　wǎn shàng hǎo

こんにちは。／おはよう。／こんばんは。

シエ シエ
谢谢。
xiè xie

ありがとう。

ブー カー チ
不客气。
bú kè qi

どういたしまして。

ザイ ジェン
再见。
zài jiàn

さようなら。

ドゥイ ブ チー 。／ブー ハオ イー ス 。
对不起。／不好意思。
duì bu qǐ　　bù hǎo yì si

すみません（謝罪など）。／すみません（慰労など）。

■基本会話

シー　　ブーシー
是。／不是。
shì　　bú shì

はい。／いいえ。

ドゥイ　　ブードゥイ
对。／不对。
duì　　bú duì

そうです。／違います。

カー イー　　ブーカー イー
可以。／不可以。
kě yǐ　　bù kě yǐ

いいです（許可）。／だめです（不許可）。

ミンバイ ラ　　ブーミンバイ
明白了。／不明白。
míng bai le　　bù míng bai

わかりました。／わかりません。

チンウェン
请问。
qǐng wèn

お尋ねしますが。

チンシエ イー シア
请写一下。
qǐng xiě yí xià

書いてください。

チンザイシュオーイービエン
请再说一遍。
qǐng zài shuō yí biàn

もう一度言ってください。

チンマンディアルシュオー
请慢点儿说。
qǐng màn diǎnr shuō

ゆっくり話してください。

チンドンイー シア
请等一下。
qǐng děng yí xià

待ってください。

■レストランで

ゲイウォーカンイーシアツァイダン
给我看一下菜单。
gěi wǒ kàn yí xià cài dān

メニューを見せてください。

ディエンツァイ
点菜。
diǎn cài

注文お願いします。

ウォーヤオジェイガ
我要这个。
wǒ yào zhèi ge

これをください。

ヘンハオチー
很好吃。
hěn hǎo chī

おいしいです。

タイラーラ
太辣了。
tài là le

辛過ぎます。

ジエジャン　　マイダン
结帐。／买单。
jié zhàng　　mǎi dān

お勘定お願いします。

■ショップで

ゲイウォーカンイーシア
给我看一下。
gěi wǒ kàn yí xià

見せてください。

タイダーラ　　　　タイシアオラ
太大了。⇔太小了。
tài dà le　　　　tài xiǎo le

大き過ぎます。⇔ 小さ過ぎます。

ドゥオシャオチエン
多少钱？
duō shǎo qián

いくらですか？

タイグイラ
太贵了。
tài guì le

高過ぎます。

ノンビエンイーディアルマ
能便宜点儿吗？
néng pián yi diǎnr ma

安くしてくれませんか？

ウォーヤオ ジェイ ガ
我要这个。
wǒ yào zhèi ge

これをください。

■ホテルで

ファンフェイ ドゥオ シャオ チエン
房费多少钱？
fáng fèi duō shǎo qián

宿泊料金はいくらですか？

カー イー シャンワン マ
可以上网吗？
kě yǐ shàng wǎng ma

インターネットは使えますか？

カー イー ジー ツン シン リー マ
可以寄存行李吗？
kě yǐ jì cún xíng lǐ ma

荷物は預けられますか？

ウォー ヤオ トゥイ ファン
我要退房。
wǒ yào tuì fáng

チェックアウトします。

ウォーヤオ ザイ ジュー イー ティエン
我要再住一天。
wǒ yào zài zhù yì tiān

もう1泊延長したいのですが。

メイ ヨウ ラー シュイ
没有热水。
méi yǒu rè shuǐ

お湯が出ません。

ウォー シアン ファン ファン ジエン
我想换房间。
wǒ xiǎng huàn fáng jiān

部屋を換えたいです。

■交通機関で

ウォー ヤオ チュー フオ チャー ジャン
我要去火车站。
wǒ yào qù huǒ chē zhàn

駅までお願いします（タクシー利用時）。

チュー ボー ウー グアン ズオ ジー ルー チャー
去博物馆坐几路车？
qù bó wù guǎn zuò jǐ lù chē

博物館へ行くには何番のバスに乗ればいいですか？

ウォーヤオ リャンジャン スーユエイー ハオ ダオ シャンハイ ダ インウォーピャオ
我要两张4月1号到上海的硬卧票。
wǒ yào liǎng zhāng sì yuè yī hào dào shàng hǎi de yìng wò piào

4月1日上海行きの硬臥切符を2枚ください。

ウォーヤオ トゥイ ピャオ
我要退票。
wǒ yào tuì piào

切符をキャンセルします。

■病院で

シェンティー ブー シュー フ
身体不舒服。
shēn tǐ bù shū fu

体の調子が悪いです。

ウォー グア ネイ カー　　ワイ カー
我挂内科（外科）。
wǒ guà nèi kē　　wài kē

内科（外科）の診察をお願いします。

ファー シャオ
发烧。
fā shāo

熱があります。

トウ　ドゥーズ／ヤー／サンズ　トン
头（肚子／牙／嗓子）疼。
tóu　dù zi／yá／sǎng zi　téng

頭（おなか／歯／のど）が痛いです。

カー ソウ
咳嗽。
ké sòu

せきが出ます。

トウ ユン
头晕。
tóu yūn

めまいがします。

ラー ドゥーズ
拉肚子。
lā dù zi

下痢をしています。

ウォー ヨウ グオ ミン ジョン
我有过敏症。
wǒ yǒu guò mǐn zhèng

アレルギーがあります。

指紋採取

2018年2月頃より、中国では入国時に機械による指紋採取が始まった。設置場所や機械は空港によって異なるが、入国審査窓口付近であることが多い。撮影禁止エリアにあるので、絶対撮影しないこと。

北京首都国際空港での使用手順は次のとおり。

①パスポート読み取り

初期画面は中国語onlyだが、読取口にパスポートの人定事項ページ（顔写真のあるページ）を置くと日本語の操作案内に切り替わるので慌てる必要はない。

②左手の親指以外4本を画面に置く

読み取りが終わると画面の4つの□に指紋マーク（親指はふたつ）が現れる

③右手の親指以外4本を画面に置く

④両手親指を画面に置く

②～④が成功すると指紋採取完了。出力された紙を受け取り（出てこない空港もある）、入国審査の列に並び、入国審査を待つ。
※指紋の読み取りは、機械によって「指を離すもの」と「指を揃える」ものがあるようです

中国の大気汚染

体質により要注意

中国の大気汚染については広く知られるところとなった。汚染の深刻化する冬季には航空機の運航に影響が出るほどのひどい霧が発生している状況だ。健康な人が短期間滞在するくらいならさほどの心配は不要と思われるが、持病や体質によってはある程度の影響が出る可能性もあるので、かかりつけの医師等に相談し、自分に合った対策を講じよう。

汚染状況のチェック

大気汚染は中国国内で大きな社会問題となり、リアルタイムに近い状態で汚染状況をチェックできるウェブサイトも登場した。しかし、中国政府から各気象局に大気汚染に関する警報の禁止通達が出されたため、今後もそれらを利用できるかどうかは不明。

アメリカ大使館・領事館のウェブサイトでも観測結果を公表している。これを活用して最新の大気汚染情報を収集するとよい。

■アメリカ大使館・領事館の観測結果
Ⓤwww.stateair.net/web/post/1/1.html（英語）
地図で北京の現状と予報が見られる。
北京、成都、広州、上海、瀋陽のPM2.5データを公表している。

VATの一部還付を開始

中国ではVAT（付加価値税）として、日本の消費税に当たる「増値税」があり、最大17%の税率（内税方式）。この一部（実質9%）を出国者に還付する制度が開始された。適応されるのは、中国入国後183日未満の旅行者が、購入から90日以内に手続きした場合。条件などは次のとおり。

①「退税商店　TAX FREE」の表示がある対象店舗で、同日内に同一店舗で500元以上の買い物をする。金額は合算して500元以上でかまわない。2018年8月現在、北京市、天津市、上海市、安徽省、福建省、海南省、遼寧省、四川省などの一部都市。

②購入時にパスポートを提示し、「離境退税申請単（出国時税還付申請票）」と専用の機械で発行された「増値税普通発票（専用領収書）」を発行してもらう。領収書は一般のものとは異なるので注意。

③空港や国際フェリーターミナルでパスポートと上記2種類の書類および商品現物を提示し確認印をもらうと、商品現物の提示が必要な点に注意。荷物を預ける前に税関で手続きする。

④空港や国際フェリーターミナル内の免税エリアにある窓口で書類を提示し、人民元または外貨現金で還付を受ける。1万元（約18万円）以上の還付を受ける場合は銀行振り込みとなるが、観光客で対象者は少ないだろう。

退税商店
TAX FREE

対象商店であることを示すマーク

スマートフォンで飛行機や列車を検索

中国でもスマートフォンは爆発的に普及しており、旅行に便利な無料アプリもたくさん揃うようになってきた。出発地と到着地、日程を入力すれば便の検索ができる下記などはインストールしておくと便利。本来ならばスマートフォンでチケット購入も可能なのだが、中国国内に銀行口座を持たない外国人旅行者は基本的に不可能（→P.26）。

都市交通についてもさまざまなアプリがある。検索するときは中国語に切り替えて「北京公交査询」などと入力する。

鉄路12306
（鉄路12306）

中国国鉄の公式アプリ。列車の検索が可能。入力は同じくピンインの頭文字で。

「鉄路12306」の検索画面。列車ごとに所要時間や残席数が表示される

※アプリのダウンロードやご利用は自己責任でご判断ください

地球の歩き方 シリーズ一覧

2024年4月現在

*地球の歩き方ガイドブックは、改訂時に価格が変わることがあります。 *表示価格は定価（税込）です。 *最新情報は、ホームページをご覧ください。www.arukikata.co.jp/guidebook/

地球の歩き方 ガイドブック

A ヨーロッパ

A01	ヨーロッパ	¥1870
A02	イギリス	¥2530
A03	ロンドン	¥1980
A04	湖水地方＆スコットランド	¥1870
A05	アイルランド	¥1980
A06	フランス	¥2420
A07	パリ＆近郊の町	¥1980
A08	南仏プロヴァンス コート・ダジュール＆モナコ	¥1760
A09	イタリア	¥2530
A10	ローマ	¥1760
A11	ミラノ ヴェネツィアと湖水地方	¥1870
A12	フィレンツェとトスカーナ	¥1870
A13	南イタリアとシチリア	¥1870
A14	ドイツ	¥1980
A15	南ドイツ フランクフルト ミュンヘン ロマンチック街道 古城街道	¥2090
A16	ベルリンと北ドイツ ハンブルク ドレスデン ライプツィヒ	¥1870
A17	ウィーンとオーストリア	¥2090
A18	スイス	¥2200
A19	オランダ ベルギー ルクセンブルク	¥2420
A20	スペイン	¥2420
A21	マドリードとアンダルシア	¥1760
A22	バルセロナ＆近郊の町 イビサ島／マヨルカ島	¥1760
A23	ポルトガル	¥2200
A24	ギリシアとエーゲ海の島々＆キプロス	¥1870
A25	中欧	¥1980
A26	チェコ ポーランド スロヴァキア	¥1870
A27	ハンガリー	¥1870
A28	ブルガリア ルーマニア	¥1980
A29	北欧 デンマーク ノルウェー スウェーデン フィンランド	¥1870
A30	バルトの国々 エストニア ラトヴィア リトアニア	¥1870
A31	ロシア ベラルーシ ウクライナ モルドヴァ コーカサスの国々	¥2090
A32	極東ロシア シベリア サハリン	¥1980
A34	クロアチア スロヴェニア	¥2200

B 南北アメリカ

B01	アメリカ	¥2090
B02	アメリカ西海岸	¥2200
B03	ロスアンゼルス	¥2090
B04	サンフランシスコとシリコンバレー	¥1870
B05	シアトル ポートランド	¥2420
B06	ニューヨーク マンハッタン＆ブルックリン	¥2200
B07	ボストン	¥1980
B08	ワシントンDC	¥2420
B09	ラスベガス セドナ＆グランドキャニオンと大西部	¥2090
B10	フロリダ	¥2310
B11	シカゴ	¥1870
B12	アメリカ南部	¥1980
B13	アメリカの国立公園	¥2640
B14	ダラス ヒューストン デンバー グランドサークル フェニックス サンタフェ	¥1980
B15	アラスカ	¥1980
B16	カナダ	¥2420
B17	カナダ西部 カナディアン・ロッキーとバンクーバー	¥2000
B18	カナダ東部 ナイアガラ・フォールズ メープル街道 プリンス・エドワード島 トロント オタワ モントリオール ケベック・シティ	¥2090
B19	メキシコ	¥1980
B20	中米	¥2090
B21	ブラジル ベネズエラ	¥2200
B22	アルゼンチン チリ パラグアイ ウルグアイ	¥2200
B23	ペルー ボリビア エクアドル コロンビア	¥2200
B24	キューバ バハマ ジャマイカ カリブの島々	¥2035
B25	アメリカ・ドライブ	¥1980

C 太平洋／インド洋島々

C01	ハワイ オアフ島＆ホノルル	¥2200
C02	ハワイ島	¥2200
C03	サイパン ロタ＆テニアン	¥1540
C04	グアム	¥1980
C05	タヒチ イースター島	¥1870
C06	フィジー	¥1650
C07	ニューカレドニア	¥1650
C08	モルディブ	¥1870
C10	ニュージーランド	¥2200
C11	オーストラリア	¥2750
C12	ゴールドコースト＆ケアンズ	¥2420
C13	シドニー＆メルボルン	¥1760

D アジア

D01	中国	¥2090
D02	上海 杭州 蘇州	¥1870
D03	北京	¥1760
D04	大連 瀋陽 ハルビン 中国東北部の自然と文化	¥1980
D05	広州 アモイ 桂林 珠江デルタと華南地方	¥1980
D06	成都 重慶 九寨溝 麗江 四川 雲南	¥1980
D07	西安 敦煌 ウルムチ シルクロードと中国北西部	¥1980
D08	チベット	¥2090
D09	香港 マカオ 深圳	¥2420
D10	台湾	¥2090
D11	台北	¥1980
D13	台南 高雄 屏東＆南台湾の町	¥1980
D14	モンゴル	¥2420
D15	中央アジア サマルカンドとシルクロードの国々	¥2090
D16	東南アジア	¥1870
D17	タイ	¥2200
D18	バンコク	¥1980
D19	マレーシア ブルネイ	¥2090
D20	シンガポール	¥1980
D21	ベトナム	¥2090
D22	アンコール・ワットとカンボジア	¥2200
D23	ラオス	¥2420
D24	ミャンマー（ビルマ）	¥2090
D25	インドネシア	¥2200
D26	バリ島	¥2200
D27	フィリピン マニラ セブ ボラカイ ボホール エルニド	¥2200
D28	インド	¥2640
D30	ネパールとヒマラヤトレッキング	¥2200
D31	ブータン	¥1870
D32	マカオ	¥1760
D34	釜山 慶州	¥1540
D35	バングラデシュ	¥2090
D37	韓国	¥2090
D38	ソウル	¥1870

E 中近東 アフリカ

E01	ドバイとアラビア半島の国々	¥2090
E02	エジプト	¥1980
E03	イスタンブールとトルコの大地	¥2090
E04	ペトラ遺跡とヨルダン レバノン	¥2090
E05	イスラエル	¥2090
E06	イラン ペルシアの旅	¥2200
E07	モロッコ	¥1980
E08	チュニジア	¥2090
E09	東アフリカ ウガンダ エチオピア ケニア タンザニア ルワンダ	¥2090
E10	南アフリカ	¥2200
E11	リビア	¥2200
E12	マダガスカル	¥1980

J 国内版

J00	日本	¥3300
J01	東京 23区	¥2200
J02	東京 多摩地域	¥2020
J03	京都	¥2200
J04	沖縄	¥2200
J05	北海道	¥2200
J06	神奈川	¥2420
J07	埼玉	¥2200
J08	千葉	¥2200
J09	札幌・小樽	¥2200
J10	愛知	¥2200
J11	世田谷区	¥2200
J12	四国	¥2420
J13	北九州市	¥2200
J14	東京の島々	¥2640

地球の歩き方 aruco

●海外

1	パリ	¥1650
2	ソウル	¥1650
3	台北	¥1650
4	トルコ	¥1430
5	インド	¥1540
6	ロンドン	¥1650
7	香港	¥1320
9	ニューヨーク	¥1320
10	ホーチミン ダナン ホイアン	¥1650
11	ホノルル	¥1650
12	バリ島	¥1650
13	上海	¥1320
14	モロッコ	¥1540
15	チェコ	¥1320
16	ベルギー	¥1430
17	ウィーン ブダペスト	¥1320
18	イタリア	¥1760
19	スリランカ	¥1540
20	クロアチア スロヴェニア	¥1430
21	スペイン	¥1320
22	シンガポール	¥1650
23	バンコク	¥1650
24	グアム	¥1320
25	オーストラリア	¥1760
26	フィンランド エストニア	¥1430
27	アンコール・ワット	¥1430
28	ドイツ	¥1430
29	ハノイ	¥1650
30	台湾	¥1650
31	カナダ	¥1320
33	サイパン テニアン ロタ	¥1320
34	セブ ボホール エルニド	¥1320
35	ロスアンゼルス	¥1320
36	フランス	¥1430
37	ポルトガル	¥1650
38	ダナン ホイアン フエ	¥1430

●国内

	北海道	¥1760
	京都	¥1760
	沖縄	¥1760
	東京	¥1540
	東京で楽しむフランス	¥1430
	東京で楽しむ韓国	¥1430
	東京で楽しむ台湾	¥1430
	東京の手みやげ	¥1430
	東京おやつさんぽ	¥1430
	東京のパン屋さん	¥1430
	東京で楽しむ北欧	¥1430
	東京のカフェめぐり	¥1480
	東京で楽しむハワイ	¥1480
	nyaruco 東京ねこさんぽ	¥1480
	東京で楽しむイタリア＆スペイン	¥1480
	東京で楽しむアジアの国々	¥1480
	東京ひとりさんぽ	¥1480
	東京パワースポットさんぽ	¥1599
	東京で楽しむ英国	¥1599

地球の歩き方 Plat

1	パリ	¥1320
2	ニューヨーク	¥1320
3	台北	¥1100
4	ロンドン	¥1320
6	ドイツ	¥1320
7	ホーチミン／ハノイ／ダナン／ホイアン	¥1320
8	スペイン	¥1320
10	シンガポール	¥1100
11	アイスランド	¥1540
14	マルタ	¥1540
15	フィンランド	¥1320
16	クアラルンプール マラッカ	¥1650
17	ウラジオストク／ハバロフスク	¥1430
18	サンクトペテルブルク／モスクワ	¥1540
19	エジプト	¥1320
20	香港	¥1100
22	ブルネイ	¥1430
23	ウズベキスタン サマルカンド ブハラ ヒヴァ タシケント	¥1650
24	ドバイ	¥1320
25	サンフランシスコ	¥1320
26	パース／西オーストラリア	¥1320
27	ジョージア	¥1540
28	台南	¥1430

地球の歩き方 リゾートスタイル

R02	ハワイ島	¥1650
R03	マウイ島	¥1650
R04	カウアイ島	¥1870
R05	こどもと行くハワイ	¥1540
R06	ハワイ ドライブ・マップ	¥1980
R07	ハワイ バスの旅	¥1320
R08	グアム	¥1430
R09	こどもと行くグアム	¥1650
R10	パラオ	¥1650
R12	ブーケット サムイ島 ビビ島	¥1650
R13	ペナン ランカウイ クアラルンプール	¥1650
R14	バリ島	¥1430
R15	セブ＆ボラカイ ボホール シキホール	¥1650
R16	テーマパーク in オーランド	¥1870
R17	カンクン コスメル イスラ・ムヘーレス	¥1650
R20	ダナン ホイアン ホーチミン ハノイ	¥1650

地球の歩き方 御朱印

1	御朱印でめぐる鎌倉のお寺 三十三観音完全掲載 三訂版	¥1650
2	御朱印でめぐる京都のお寺 改訂版	¥1650
3	御朱印でめぐる奈良のお寺 改訂版	¥1650
4	御朱印でめぐる東京のお寺	¥1650
5	日本全国この御朱印が凄い! 第壱集 増補改訂版	¥1650
6	日本全国この御朱印が凄い! 第弐集 都道府県網羅版	¥1650
7	御朱印でめぐる全国の神社 開運さんぽ	¥1430
8	御朱印でめぐる高野山 改訂版	¥1650
9	御朱印でめぐる関東の神社 週末開運さんぽ	¥1430
10	御朱印でめぐる秩父の寺社 三十四観音完全掲載 改訂版	¥1650
11	御朱印でめぐる関東の百寺 坂東三十三観音と古寺	¥1650
12	御朱印でめぐる関西の神社 週末開運さんぽ	¥1430
13	御朱印でめぐる関西の百寺 西国三十三所と古寺	¥1650
14	御朱印でめぐる東京の神社 週末開運さんぽ 改訂版	¥1540
15	御朱印でめぐる神奈川の神社 週末開運さんぽ 改訂版	¥1540
16	御朱印でめぐる埼玉の神社 週末開運さんぽ	¥1430
17	御朱印でめぐる北海道の神社 週末開運さんぽ	¥1430
18	御朱印でめぐる九州の神社 週末開運さんぽ 改訂版	¥1540
19	御朱印でめぐる千葉の神社 週末開運さんぽ	¥1430
20	御朱印でめぐる東海の神社 週末開運さんぽ	¥1430
21	御朱印でめぐる京都の神社 週末開運さんぽ 改訂版	¥1540
22	御朱印でめぐる神奈川のお寺	¥1650
23	御朱印でめぐる大阪 兵庫の神社 週末開運さんぽ	¥1430
24	御朱印でめぐる愛知の神社 週末開運さんぽ 改訂版	¥1540
25	御朱印でめぐる栃木 日光の神社 週末開運さんぽ	¥1430
26	御朱印でめぐる福岡の神社 週末開運さんぽ 改訂版	¥1540
27	御朱印でめぐる広島 岡山の神社 週末開運さんぽ	¥1430
28	御朱印でめぐる山陰 山陽の神社 週末開運さんぽ	¥1430
29	御朱印でめぐる埼玉のお寺	¥1650
30	御朱印でめぐる千葉のお寺	¥1650
31	御朱印でめぐる東京の七福神	¥1540
32	御朱印でめぐる東北の神社 週末開運さんぽ 改訂版	¥1540
33	御朱印でめぐる全国の稲荷神社 週末開運さんぽ	¥1430
34	御朱印でめぐる新潟 佐渡の神社 週末開運さんぽ	¥1430
35	御朱印でめぐる静岡 富士 伊豆の神社 週末開運さんぽ 改訂版	¥1430
36	御朱印でめぐる四国の神社 週末開運さんぽ	¥1430
37	御朱印でめぐる中央線沿線の寺社 週末開運さんぽ	¥1540
38	御朱印でめぐる東急線沿線の寺社 週末開運さんぽ	¥1540
39	御朱印でめぐる茨城の神社 週末開運さんぽ	¥1430
40	御朱印でめぐる関東の聖地 週末開運さんぽ	¥1430
41	御朱印でめぐる東海のお寺	¥1650
42	日本全国ねこの御朱印&お守りめぐり 週末開運にゃんさんぽ	¥1760
43	御朱印でめぐる信州 甲州の神社 週末開運さんぽ	¥1430
44	御朱印でめぐる全国の聖地 週末開運さんぽ	¥1430
46	御朱印でめぐる茨城のお寺	¥1650
47	御朱印でめぐる全国の神社 週末開運さんぽ	¥1540
48	日本全国 日本酒でめぐる 酒蔵&ちょこっと御朱印〈東日本編〉	¥1760
49	日本全国 日本酒でめぐる 酒蔵&ちょこっと御朱印〈西日本編〉	¥1760
50	関東版ねこの御朱印&お守りめぐり 週末開運にゃんさんぽ	¥1760
52	一生に一度は参りたい! 御朱印でめぐる全国の絶景寺社図鑑	¥2479
53	御朱印でめぐる東北のお寺 週末開運さんぽ	¥1650
54	御朱印でめぐる関西のお寺 週末開運さんぽ	¥1760
D51	鉄印帳でめぐる全国の魅力的な鉄道40	¥1650
	御朱印はじめました 関東の神社 週末開運さんぽ	¥1210

地球の歩き方 島旅

1	五島列島 3訂版	¥1650
2	奄美大島 喜界島 加計呂麻島 (奄美群島①) 4訂版	¥1650
3	与論島 沖永良部島 徳之島 (奄美群島②) 改訂版	¥1650
4	利尻 礼文 4訂版	¥1650
5	天草 改訂版	¥1760
6	壱岐 4訂版	¥1650
7	種子島 3訂版	¥1650
8	小笠原 父島 母島 3訂版	¥1650
9	隠岐 3訂版	¥1870
10	佐渡 3訂版	¥1650
11	宮古島 伊良部島 下地島 来間島 池間島 多良間島 大神島 改訂版	¥1650
12	久米島 渡名喜島 改訂版	¥1650
13	小豆島〜瀬戸内の島々1〜 改訂版	¥1650
14	直島 豊島 女木島 男木島 犬島〜瀬戸内の島々2〜	¥1650
15	伊豆大島 利島〜伊豆諸島1〜 改訂版	¥1650
16	新島 式根島 神津島〜伊豆諸島2〜 改訂版	¥1650
17	沖縄本島周辺15離島	¥1650
18	たけとみの島々 竹富島 西表島 波照間島 小浜島 黒島 鳩間島 新城島 由布島 加屋	¥1650
19	淡路島〜瀬戸内の島々3〜 改訂版	¥1760
20	石垣島 竹富島 西表島 小浜島 由布島 新城島 波照間島	¥1650
21	対馬	¥1650
22	島旅ねこ にゃんこの島の歩き方	¥1344
23	屋久島	¥1650

地球の歩き方 旅の図鑑

W01	世界244の国と地域	¥1760
W02	世界の指導者図鑑	¥1650
W03	世界の魅力的な奇岩と巨石139選	¥1760
W04	世界246の首都と主要都市	¥1760
W05	世界のすごい島300	¥1760
W06	地球の歩き方的! 世界なんでもランキング	¥1760
W07	世界のグルメ図鑑 116の国と地域の名物料理を 食の雑学とともに解説	¥1760
W08	世界のすごい巨像	¥1760
W09	世界のすごい城と宮殿333	¥1760
W10	世界197ヵ国のふしぎな聖地& パワースポット	¥1870
W11	世界の祝祭	¥1760
W12	世界のカレー図鑑	¥1980
W13	世界遺産 絶景でめぐる自然遺産 完全版	¥1980
W15	地球の果ての歩き方	¥1980
W16	世界の中華料理図鑑	¥1980
W17	世界の地元メシ図鑑	¥1980
W18	世界遺産の歩き方 学んで旅する! すごい世界遺産190選	¥1980
W19	世界の魅力的なビーチと湖	¥1980
W20	世界のすごい駅	¥1980
W21	世界のおみやげ図鑑	¥1980
W22	いつか旅してみたい!世界の美しい古都	¥1980
W23	世界のすごいホテル	¥1980
W24	日本の凄い神木	¥2200
W25	世界のお菓子図鑑	¥1980
W26	世界の麺図鑑	¥1980
W27	世界のお酒図鑑	¥1980
W28	世界の魅力的な道	¥1980
W29	世界の映画の舞台&ロケ地	¥2090
W30	すごい地球!	¥2200
W31	世界のすごい墓	¥1980
W32	日本のグルメ図鑑	¥1980

地球の歩き方 旅の名言 & 絶景

ALOHAを感じるハワイのことばと絶景100	¥1650
自分らしく生きるフランスのことばと絶景100	¥1650
人生観が変わるインドのことばと絶景100	¥1650
生きる知恵を授かるアラブのことばと絶景100	¥1650
心に寄り添う台湾のことばと絶景100	¥1650
道しるべとなるドイツのことばと絶景100	¥1650
共感と勇気がわく韓国のことばと絶景100	¥1650
人生を楽しみ尽くすイタリアのことばと絶景100	¥1650
今すぐ旅に出たくなる! 地球の歩き方のことばと絶景100	¥1650
悠久の教えをひもとく中国のことばと絶景100	¥1650

地球の歩き方 旅と健康

地球のなぞり方 旅地図 アメリカ大陸編	¥1430
地球のなぞり方 旅地図 ヨーロッパ編	¥1430
地球のなぞり方 旅地図 アジア編	¥1430
地球のなぞり方 旅地図 日本編	¥1430
脳がどんどん強くなる! すごい地球の歩き方	¥1650

地球の歩き方 旅の読み物

今こそ学びたい日本のこと	¥1760
週末だけで70ヵ国159都市を旅したリーマントラベラーが教える自分の時間の作り方	¥1540
史跡と神話の舞台をホロホロ! ハワイ・カルチャーさんぽ	¥1760

地球の歩き方 BOOKS

御船印でめぐる船旅	¥1870
BRAND NEW HAWAII とびきりリアルな最新ハワイガイド	¥1650
FAMILY TAIWAN TRIP #子連れ台湾	¥1518
GIRL'S GETAWAY TO LOS ANGELES	¥1760
HAWAII RISA'S FAVORITES 大人女子はハワイで美味しく美しく	¥1650
LOVELY GREEN NEW ZEALAND 未来の国を旅するガイドブック	¥1760
MAKI'S DEAREST HAWAII	¥1540
MY TRAVEL, MY LIFE Maki's Family Travel Book	¥1760
いろはに北欧	¥1760
ヴィクトリア朝が教えてくれる英国の魅力	¥1320
ダナン&ホイアン PHOTO TRAVEL GUIDE	¥1650
とっておきのフィンランド	¥1760
フィンランドでかなえる100の夢	¥1760
マレーシア 地元で愛される名物食堂	¥1430
香港 地元で愛される名物食堂	¥1540
最高のハワイの過ごし方	¥1540
子連れで沖縄 旅のアドレス& テクニック117	¥1100
食事作りに手間暇かけないドイツ人、手料理神話にこだわり続ける日本人	¥1100
台北 メトロさんぽ MRTを使って、おいしいとかわいいを巡る旅	¥1518
北欧が好き! フィンランド・スウェーデン・デンマーク・ノルウェーの素敵な町めぐり	¥1210
北欧が好き!2 建築&デザインでめぐるフィンランド・スウェーデン・デンマーク・ノルウェー	¥1210
日本全国 開運神社 このお守りがすごい!	¥1522
地球の歩き方 ディズニーの世界 名作アニメーション映画の舞台	¥2420

地球の歩き方 スペシャルコラボ BOOK

地球の歩き方 ムー	¥2420
地球の歩き方 JOJO ジョジョの奇妙な冒険	¥2420
地球の歩き方 宇宙兄弟 We are Space Travelers!	¥2420
地球の歩き方 ムーJAPAN 〜神秘の国の歩き方〜	¥2420

地球の歩き方 旅の図鑑シリーズ

見て読んで海外のことを学ぶことができ、旅気分を楽しめる新シリーズ。
1979年の創刊以来、長年蓄積してきた世界各国の情報と取材経験を生かし、
従来の「地球の歩き方」には載せきれなかった、
旅にぐっと深みが増すような雑学や豆知識が盛り込まれています。

W01
世界244の国と地域
¥1760

W07
世界のグルメ図鑑
¥1760

W02
世界の指導者図鑑
¥1650

W03
世界の魅力的な
奇岩と巨石139選
¥1760

W04
世界246の首都と
主要都市
¥1760

W05
世界のすごい島300
¥1760

W06
世界なんでも
ランキング
¥1760

W08
世界のすごい巨像
¥1760

W09
世界のすごい城と
宮殿333
¥1760

W11
世界の祝祭
¥1760

W10 世界197ヵ国のふしぎな聖地&パワースポット ¥1870		**W12** 世界のカレー図鑑 ¥1980	
W13 世界遺産 絶景でめぐる自然遺産 完全版 ¥1980		**W15** 地球の果ての歩き方 ¥1980	
W16 世界の中華料理図鑑 ¥1980		**W17** 世界の地元メシ図鑑 ¥1980	
W18 世界遺産の歩き方 ¥1980		**W19** 世界の魅力的なビーチと湖 ¥1980	
W20 世界のすごい駅 ¥1980		**W21** 世界のおみやげ図鑑 ¥1980	
W22 いつか旅してみたい世界の美しい古都 ¥1980		**W23** 世界のすごいホテル ¥1980	
W24 日本の凄い神木 ¥2200		**W25** 世界のお菓子図鑑 ¥1980	
W26 世界の麺図鑑 ¥1980		**W27** 世界のお酒図鑑 ¥1980	
W28 世界の魅力的な道 178 選 ¥1980		**W29** 世界の映画の舞台&ロケ地 ¥2090	
W31 世界のすごい墓 ¥1980		**W30** すごい地球! ¥2200	

※表示価格は定価（税込）です。改訂時に価格が変更になる場合があります。

制　作：斉藤麻理／Producer：Mari Saito
編　集：オフィス カラムス（碓井正人　服部朗宏）
　　　／Editors：Office Calamus LLP（Masato Usui, Akihiro Hattori）
編集協力：中村正人　浜井幸子　菅沼佐和子
　　　／Masato Nakamura, Sachiko Hamai, Sawako Suganuma
取　材：オフィス カラムス　中村正人　単侃明　金井千絵　龍美怡
　　　／Reporters：Office Calamus LLP, Masato Nakamura, Kanming Shan,
　　　Chie Kanai, Meiyi Lung
デザイン：明昌堂（高橋夏子）、株式会社ダイヤモンド・グラフィック社
　　　／Design：Meisho-do（Natsuko Takahashi）, DIAMOND GRAPHIC Co., Ltd.,
表　紙：日出嶋昭男／Cover Design：Akio Hidejima
地　図：千住大輔（アルト・ディークラフト）／Maps：Daisuke Senju（Alto Dcraft）
校　正：東京出版サービスセンター／
　　　Proofreading：TOKYO SYUPPAN SERVICE CENTER
中国語監修：井上朋子／Linguistic Advisor（Chinese）：Tomoko Inoue
写　真：オフィス カラムス　竹田武史　佐藤憲一　稲垣徳文　徐花香　菅沼佐和子　浜井幸子
　　　金井千絵　単侃明　内田事務所
　　　／Photos：Office Calamus LLP, Takeshi Takeda, Kenichi Sato, Norifumi Inagaki,
　　　Huaxiang Xu, Sawako Suganuma, Sachiko Hamai, Chie Kanai, Kanming Shan,
　　　Uchida Office Co., Ltd.

協　力：内田恵美子

本書の内容について、ご意見・ご感想はこちらまで
〒141-8425 東京都品川区西五反田2-11-8
株式会社地球の歩き方
地球の歩き方サービスデスク「中国編」投稿係
URL▶https://www.arukikata.co.jp/guidebook/toukou.html
地球の歩き方ホームページ（海外・国内旅行の総合情報）
URL▶https://www.arukikata.co.jp
ガイドブック『地球の歩き方』公式サイト
URL▶https://www.arukikata.co.jp/guidebook/

地球の歩き方 D01 中国 2019～2020年版

1979年12月31日　初版発行
2024年 5月10日　改訂第32版第3刷発行

Published by Arukikata. Co.,Ltd.
2-11-8 Nishigotanda, Shinagawa-ku, Tokyo, 141-8425

著作編集　　地球の歩き方編集室
発行人　　　新井邦弘
編集人　　　由良暁世
発行所　　　株式会社地球の歩き方
　　　　　　〒141-8425　東京都品川区西五反田2-11-8
発売元　　　株式会社学研プラス
　　　　　　〒141-8415　東京都品川区西五反田2-11-8
印刷製本　　株式会社ダイヤモンド・グラフィック社

※本書は基本的に2018年6月～8月の取材データに基づいて作られています。
　発行後に料金、営業時間、定休日などが変更になる場合がありますのでご了承ください。
更新・訂正情報：https://book.arukikata.co.jp/travel-support/

●この本に関する各種お問い合わせ先
・本の内容については、下記サイトのお問い合わせフォームよりお願いします。
　URL▶https://www.arukikata.co.jp/guidebook/toukou.html
・在庫については　Tel 03-6431-1250（販売部）
・不良品（乱丁、落丁）については　Tel 0570-000577
　学研業務センター　〒354-0045　埼玉県入間郡三芳町上富279-1
・上記以外のお問い合わせは　Tel 0570-056-710（学研グループ総合案内）

学研の書籍・雑誌についての新刊情報・詳細情報は、下記をご覧ください。
学研出版サイト　https://hon.gakken.jp/